# Das Bäckerbuch

## in Lernfeldern

von

Josef Loderbauer

5., überarbeitete und erweiterte Auflage

Dr. Felix Büchner

Handwerk und Technik · Hamburg

ISBN 978-3-582-**40205**-9



Verlag Dr. Felix Büchner – Handwerk und Technik GmbH,
Lademannbogen 135, 22339 Hamburg; Postfach 63 05 00, 22331 Hamburg – 2011
E-Mail: info@handwerk-technik.de – Internet: www.handwerk-technik.de

Illustrationen: Susanne Kleiber, 20251 Hamburg
Umschlaggestaltung: tiff.any GmbH, 10999 Berlin
Layout und Satz: tiff.any GmbH, 10999 Berlin
Druck: Stürtz GmbH, 97080 Würzburg

# Vorwort

„Das Bäckerbuch" enthält alle Lernfelder des bundesweit gültigen Rahmenlehrplans für die Berufsausbildung zur Bäckerin und zum Bäcker. Die Kapitel 1 bis 22 decken die Lerninhalte des 1. Ausbildungsjahres ab. „Das Verkaufsbuch Bäckerei und Konditorei" sowie „Das Konditorbuch in Lernfeldern" enthalten dieselben Inhalte in diesen Kapiteln.

Der Lernfeldgedanke zieht sich wie ein roter Faden durch alle Inhalte: Jedes Kapitel beginnt mit einer Situation aus dem beruflichen Alltag und darauf abgestimmten Einstiegsfragen, die im Kapitel beantwortet werden. Am Ende jedes Kapitels befinden sich Wiederholungsaufgaben und Rechenaufgaben zur Lernzielkontrolle sowie eine handlungsorientierte, dunkelbraun hervorgehobene Aufgabe. Den Abschluss jedes Lernfelds bildet eine komplette Seite mit lernfeldorientierten Aufgaben, denen jeweils eine berufliche Handlung vorangestellt ist.

„Das Bäckerbuch" ist das ideale Lehrbuch für Auszubildende im Berufsschulunterricht und in der beruflichen Ausbildung sowie in der Meisterschule. Außerdem dient es den Schülerinnen und Schülern zur gezielten Vorbereitung auf die Prüfungen im Bäckerhandwerk und den Fachkräften im Bäckereibetrieb als umfassendes Nachschlagewerk. „Das Bäckerbuch" zeichnet sich durch seine übersichtliche Gliederung und Gestaltung sowie leichte Verständlichkeit und einheitliche Struktur innerhalb der Kapitel aus. Die Textinhalte werden durchgängig mit praxisorientierten Bildern veranschaulicht und oft in übersichtlichen Tabellen zusammengefasst, z. B. die Gebäckfehler und ihre Ursachen. Im gesamten Fachbuch werden neue Technologien und moderne Arbeitsweisen für alle Betriebsgrößen beschrieben. Zur besseren Verständlichkeit werden häufig die Arbeitsschritte, die in großen Bäckereien in Maschinen ablaufen, in ihrer handwerklichen Ausführung beschrieben.

Zu den Inhalten des Fachbuches gehören:

- Praxisgerechte Rezepturen der Bäckereierzeugnisse mit genauer Beschreibung und Bebilderung der handwerklichen Herstellungsweisen.
- Gesetzliche Bestimmungen und Leitsätze für die Rohstoffe und die Bäckereierzeugnisse sowie die Kennzeichnungsvorschriften in der Produktion und im Verkauf.
- Zutaten und Rezepte sowie Herstellungsbeschreibungen für Snacks und kleine Gerichte.
- Beschreibungen der Rohstoffe für die Erzeugnisse der Bäckerei einschließlich ihrer Verwendung und Eigenschaften.
- Grundlagen der gesunden Ernährung sowie die Inhaltsstoffe der Lebensmittel.
- Beschreibung der Verkaufsförderung durch Marketing.
- Verkaufsargumente für die Beratung im Verkauf in Bezug auf die Qualitätsmerkmale, Frischhaltung und Lagerung sowie die besondere Eignung der Bäckereierzeugnisse.
- Aktionen zur Verkaufsförderung von der Planung bis zur Durchführung und der Auswertung.

Verschiedene Fachbegriffe, die ursprünglich aus dem Französischen stammen und auch heute teilweise in der französischen Schreibweise zu finden sind, werden in diesem Fachbuch in der deutschen Schreibweise angegeben, z. B. Nugat (Nougat), Soße (Sauce), Kanapee (Canapé).

Wegen der besseren Lesbarkeit wird in diesem Fachbuch häufig vom Bäcker gesprochen und nicht von der Bäckerin/dem Bäcker.

Der Autor und der Verlag wünschen viel Erfolg mit diesem neuen, modernen Fachbuch.

Josef Loderbauer
(Autor)

Herbst 2010

# Inhaltsverzeichnis

LF 1
Unterweisen
einer neuen Mitarbeiterin/
eines neuen Mitarbeiters

# 1 Bäckerin/Bäcker – ein Handwerksberuf

**Situation**

Ihre Bäckerei plant eine Aktion, bei der den Kunden die lange Tradition des Backgewerbes von den Anfängen bis zur heutigen modernen Bäckerei nähergebracht werden soll. Dafür sollen Sie eine Wandtafel mit folgenden Themenschwerpunkten zusammenstellen:

- Wie entstand und entwickelte sich der Bäckerberuf?
- Welchen Ursprung hatten die Gebäckformen, z. B. Zöpfe, Hörnchen, Stangen und andere Figurengebäcke?
- Welche Anforderungen werden heutzutage an einen modernen Bäckereibetrieb und deren Beschäftigte gestellt?
- Wie ist die Ausbildung zur Bäckerin/zum Bäcker gesetzlich geregelt?



## 1.1 Geschichte der Bäckerei

*Über einem erhitzten Stein getrockneter Fladen*

Getreide hat bei der Ernährung der Menschen schon immer eine große Rolle gespielt. Bereits vor 8000 Jahren wurden aus Hirse, dem ersten Getreide, Brote in Form von Fladen gebacken. Aus zerdrückten und zerkleinerten Getreidekörnern mischte man mit Wasser einen Brei. Dieser wurde zuerst in der Sonne getrocknet und später auf heißen Steinen angebacken.

### Der Sauerteig

Von den Ägyptern weiß man, dass sie bereits 1800 v. Chr. das erste lockere und gesäuerte Brot backten. Sie erfanden durch Zufall den Sauerteig. In einem aus Vergesslichkeit liegen gelassenen Brei entwickelten sich Hefen und Milchsäurebakterien aus der Luft. Dieser lockere, gesäuerte Brei wurde aus Sparsamkeit trotzdem gebacken. Da dieses Brot nicht nur besser schmeckte und bekömmlicher war, sondern auch noch durch die Säuerung länger haltbar war, wurde der weiche Teig so lange liegen gelassen, bis er gesäuert war. Erst dann wurde das Brot getrocknet bzw. gebacken.

Die Griechen verbesserten dann um 600 v. Chr. die Sauerteigführungen beim Brotbacken. Außerdem verfeinerten sie bei besonderen Anlässen das Brot mit Milch, Eiern, Honig, Fetten, Früchten, Gewürzen u. a.

Ägypter und Griechen entwickelten im Laufe der Zeit verschiedene Backöfen, die das Brotbacken erleichterten.

### Weizenteige bei den Römern

Die Römer, die hauptsächlich Weizenteige bevorzugten, übernahmen ab dem 3. Jahrhundert v. Chr. das Backverfahren von den Griechen. In dieser Zeit entstanden die ersten Großbäckereien, die teilweise schon mit zweistöckigen Backöfen arbeiteten, die mit Glas- oder Keramikscherben isoliert wurden.

*Bäckerei im Römischen Reich: Wasserstelle (links), Getreidemühle (rechts), Backofen (Mitte)*

Als die Römer Germanien einnahmen, bauten sie nördlich der Alpen bis zum Limes, der Grenze des Römischen Reiches, Getreidesilos für ihr Weizenmehl und gründeten dort Bäckereien, damit sie nicht auf ihr beliebtes Weizenbrot verzichten mussten.

Bis zu dieser Zeit backten die **Germanen,** die in unserem Gebiet angesiedelt waren, einfaches Fladenbrot, das in der Hauptsache aus Hirse, Gerste und Hafer bestand und in der Sonne getrocknet oder auf heißen Steinen geröstet wurde. Durch den Einfluss der Römer lernten die Germanen das Weizenmehl schätzen und modernere Backverfahren anzuwenden.

LF 1

## Gewerbliche Bäckereien entstanden

*Mittelalterliche Bäckerei*

Im 8. Jahrhundert n. Chr. entstanden gewerbliche Bäckereien in Mitteleuropa, im Reich Karls des Großen. Nun arbeiteten Männer bei der gewerblichen Ausführung des Brotbackens, was vorher ausschließlich die Tätigkeit der Bäuerinnen auf dem Lande und der Hausfrauen in den Städten war.

## Klosterbäckereien forschten

Die weitere Entwicklung der Backkunst war im frühen Mittelalter in erster Linie den Klöstern zu verdanken, die eigenständige Klosterbäckereien führten. In dieser Epoche waren Bäckereien und Brauereien häufig verbunden, da diese beiden Gewerbezweige sich der Technik der Gärung bedienten.

## Zu Zünften organisierte Bäckereien im Mittelalter

Im 10. Jahrhundert (Mittelalter) organisierten sich die gewerbetreibenden Bäckereien und auch die anderen handwerklichen Berufe in den Städten zu Zünften, die sich bei der Ausübung ihres Gewerbes selbst strengen Vorschriften unterwarfen, z. B. bei dem Bau und der Beheizung der Backöfen und den Qualitätskontrollen der Backwaren. Es gab damals nicht nur hochwertiges Roggen- und Weizenbrot, sondern auch Feingebackenes wie Roggenbrötchen, Speckkuchen und Eierbrot. In der Zunft, der heutigen Innung ähnlich, galt der Bäckermeister in der Gesellschaft als angesehener Herr, wobei der Geselle nur ein Backknecht war.

## Lebkuchenherstellung und Wachszieherei

*Lebkuchenbäckerei*

Als die Bäcker im 15. Jahrhundert, zum Ende des Mittelalters, die Kunst des Brotbackens beherrschten, entwickelten sich in verschiedenen Regionen spezielle Brotsorten, die dort bevorzugt wurden.
Es entstanden auch „Feine Backwaren", denen zum Süßen Trockenfrüchte und Honig zugegeben wurden.
So spezialisierten sich anfangs im Nürnberger Raum und dann in verschiedenen anderen Regionen einige Bäcker als Lebküchner, Lebküchler oder Lebzelter. 1643 gründeten die Lebküchner in Nürnberg eine Lebkuchenzunft.

Die Lebkuchenhersteller betrieben mit dem Wachs, dem Nebenprodukt des Honigs, ein weiteres Gewerbe, die Wachszieherei. Sie belieferten Kirchen und Haushalte mit Kerzen und kunstvollen Wachsbildern.

## Hefe von den Brauereien

Die Brauereien belieferten im 18. Jahrhundert die Bäcker mit Bierhefe zur Teiglockerung. Nun konnten auch Backwaren mit Weizenmehl ohne Sauerteig gelockert werden.
Erst 1850 wurde in Wien die Backhefe erfunden, die speziell für Bäckereizwecke gezüchtet wurde.

### Backhilfsmittel

Die Qualität der Backwaren war stets in hohem Maße von der Erntequalität des Jahres abhängig. „Backen und Brauen gerät nicht immer“ war das geflügelte Sprichwort. Die Backmittelindustrie entwickelte deshalb Back(hilfs)-mittel, die eine gleichmäßige Gebäckqualität sicherten. Als erste Backhilfen gab man Sauerkrautsaft, saure Milch, gärenden Wein und süßen Rübensirup in den Teig.

### Zuckerbäckerei

*Brunnentempel aus Zucker und Eiweißspritzglasur*

Die „Zuckerbäckerei“ entstand, als der Zucker im 19. Jahrhundert zu einem erschwinglichen Lebensmittel in Europa wurde, weil dieser aus der Zuckerrübe gewonnen werden konnte. „Zuckerbäcker“ stellten nun Kuchen, Gebäcke und Torten her. Mit den gehobenen Ansprüchen des prunkvollen Hoflebens bezeichneten sich die Zuckerbäcker als Konditoren.
Sie erfreuten sich bald großer Beliebtheit mit ihren süßen, aromatischen Leckereien, die abwechslungsreich und vielfach in kunstvollem Stile angeboten wurden. Der Beruf des Konditors entwickelte sich zu einem geschätzten und anerkannten Handwerksberuf. Die heutigen Berufsbilder des Bäckers und des Konditors überschneiden sich in vielen Teilen, vor allem im Bereich der „Feinen Backwaren“.

### Gleichbleibende Mehlqualität von den Kunstmühlen

*Walzenstuhl einer Mühle*

Die anhaltend gute Qualität der Backwaren zu Beginn des 20. Jahrhunderts war auf die immer moderner mahlenden Mühlen, die Kunstmühlen, die ohne Wasserantrieb arbeiteten, zurückzuführen. Heute bezieht die Bäckerei die Mehle mit gleichbleibend guten Backeigenschaften zu günstigen Preisen fast ausschließlich aus Großmühlen.

**Aufgaben**

1. Welche Form hatten die ersten Brote, die vor ca. 8 000 Jahren aus Hirse hergestellt wurden?
2. Wie wurden diese ersten Brote getrocknet bzw. gebacken?
3. Wie stellten die Ägypter bereits 1800 v. Chr. die ersten gelockerten und gesäuerten Brote her?
4. Welche Art von Betrieben entstand bei den Römern ab dem 3. Jh. v. Chr., die Brote in modernen Öfen backten?
5. Wie entwickelte sich im 8. Jh. n. Chr. das Brotbacken im Reich Karls des Großen in Mitteleuropa?
6. Wie hießen im Mittelalter die Zusammenschlüsse der organisierten gewerbetreibenden Bäckereien in den Städten?
7. Wie nannten sich im 15. Jh. die Bäcker im Nürnberger Raum, die die Teige mit Honig süßten?
8. Aus welchem Gewerbe erhielten im 18. Jahrhundert die Bäcker die erste Hefe zur Teiglockerung?
9. Wie bezeichneten sich die Bäcker, die mit dem erschwinglich gewordenen Zucker der Zuckerrübe Kuchen und Gebäcke herstellten?
10. Wie nannte sich die Berufsgruppe, die immer prunkvollere Erzeugnisse aus Zucker herstellte, wobei der heutige Berufsname entstand?
11. Ihre Bäckerei plant eine Bilderausstellung zur Geschichte der Bäckerei, um den Kunden die lange Tradition des Backgewerbes zu veranschaulichen. Sie sammeln Themen für die Ausstellung.

LF 1

## 1.2 Die Brezel – Symbol der Bäckerei

„Der Erfolg hat viele Väter.“ Deshalb gibt es um die allseits beliebten Brezeln so viele Erzählungen wie um kein anderes Gebäck. Eine glaubwürdige Version ist folgende Entstehungsgeschichte der Brezel, die ursprünglich ein Fastengebäck war.
Ein Mönch einer Klosterbäckerei erhielt den Auftrag, ein Fastengebäck zu erstellen, das zwar sättigte, jedoch nicht allzu gut schmeckte. Auch sollte dieses Gebäck eine religiöse Form bekommen, damit es sich von anderen Backwerken abhob. Der Mönch fertigte einen festen Teig aus Weizenmehl und Wasser – ohne Salz.
Er beobachtete täglich seine Mitbrüder beim Gang zu den Gebetsstunden, wenn sie demütig mit gesenkten Köpfen die Arme zum Gebet vor der Brust überkreuzten, wobei die Hände die Schultern berührten.

*Brezeln*

Deshalb formte er den festen Teig zu einem Strang und überkreuzte diesen, ähnlich wie die Mönche ihre Arme verschränkten.

Ein passender Name dafür war gleich gefunden. Da in den Klöstern im Mittelalter lateinisch gebetet wurde, nannte der Mönch dieses Fastengebäck „bracchium", das im Lateinischen so viel wie überkreuzte Unterarme bedeutet. Im Althochdeutschen hieß dies „Brezitella", woraus im Bayrischen die „Breze" und im Schwäbischen die „Brezel" abgeleitet wurde.

LF 1

Später, als man dem einfachen Teig aus Weizenmehl und Wasser noch Salz und etwas Schmalz zumischte, entstand ein Gebäck, das nicht nur in der Fastenzeit beliebt war.

Aus der ursprünglich „weißen Brezel" entwickelte sich durch einen Zufall die Laugenbrezel. Einem Münchner Bäckerburschen fiel beim Putzen eine teigige Brezel, die zum Backen bereitstand, in die Putzlauge. Da man zu dieser Zeit die knappen Lebensmittel nicht wegwarf, weil sie zu wertvoll waren, backte sie der „Unglücksrabe" aus, damit keine Brezel fehlte. Vom Geschmack dieses Gebäckes mit der bisher unbekannten dunkelbraunen Kruste waren alle begeistert, sodass von da an der Siegeszug der Brezel begann.

Die **Laugenbrezel** war früher nur in Bayern und Württemberg bekannt. In Bayern wurde sie sogar zum Markenzeichen, manchmal auch in Verbindung mit der Weißwurst. Inzwischen gehören Laugenbrezeln zum selbstverständlichen, unverzichtbaren Standardgebäck aller Bäckereien in Deutschland.

Die Brezel galt bald als **Berufssymbol** der Bäcker und wurde von der Bäckerzunft ins deutsche Bäckerwappen aufgenommen. Sie verkörpert das Markenzeichen der Backkunst.
Typisch über der Ladentür von Bäckereien ist seither eine große schmiedeeiserne Brezel als deutlich sichtbares Zeichen für ein Bäckereigeschäft.

## Entstehung des deutschen Bäckerwappens

*Bäckerwappen*

Das deutsche Bäckerwappen hat seinen Ursprung in der Zeit der Türkenbelagerung vor Wien. In der Schlacht bei Mühldorf (1322) kämpften die Münchner Bäcker tapfer gegen die Belagerer und retteten durch ihren Löwenmut dem Kaiser Krone und Reich.

Als Dank genehmigte der Kaiser folgende Symbole im Banner der Bäcker, das später zum deutschen Bäckerwappen auserkoren wurde:

- Für ihren Mut zeichnete man die Bäcker mit zwei steigenden Löwen in ihrem Wappen aus, die Stärke und Kraft symbolisieren.
- Die zwei Schwerter, die die beiden Löwen stolz nach oben halten, sollen den Kampf verdeutlichen.
- Die Brezel, das Symbol der Bäckerei, bildet den Mittelpunkt des Bäckerwappens. Sie wird von den Schwertern der Löwen durchkreuzt und somit festgehalten. Die vier Brötchen unter der Brezel charakterisieren zusätzlich den Berufsstand der Bäcker.
- Den Stolz der Bäcker und die kaiserliche Anerkennung für erfolgreich geleistete Kriegsdienste drückt die kaiserliche Krone aus, die über der Brezel schwebt.

Auch heute noch soll das Bäckerwappen an die Ehrbarkeit des Berufsstandes erinnern und den Stolz auf das Können und die Leistung verkörpern.

### Aufgaben

1. Welches Gebäck steht als Symbol für die Bäckerei?
2. Erklären Sie die Entstehung der Brezel.
3. Ein neuer Auszubildender hat von Ihrem Betrieb ein Berichtsheft bekommen. Auf dem Umschlag sieht er das deutsche Bäckerwappen. Er möchte von Ihnen wissen, was die zwei Löwen mit gekreuzten Schwertern, die eine Brezel festhalten, und die Krone darüber bedeuten.

## 1.3 Entstehung der Gebäckformen

Die abwechslungsreichen Gebäckformen entstanden bereits im Altertum durch Religionen und die verschiedenen Kulturen. Häufig dienten die unterschiedlich geformten Gebäcke als

- Totengebäcke,
- Symbole für Fruchtbarkeit und Erotik,
- Geisterbeschwörung,
- Opfergaben für Götter und Göttinnen oder
- Ersatz für ursprüngliche Ernte-, Tier- und Menschenopfer.

Religiöse „Gebildebrote" waren Brauch bei allen Festlichkeiten. Man wollte damit die Götter versöhnlich stimmen und andererseits Wünsche ausdrücken.

Viele dieser Gebildegebäcke wurden früher den Toten als Grabeinlage auf den langen Weg ins Jenseits und für das ewige Leben mitgegeben, damit sie immer etwas zu essen hatten und es ihnen immer gut gehen möge. Manchmal galten die Gebäcke als Symbol für besonders wichtige Dinge im Leben der Toten.

Christliche Gebäckformen entstanden hauptsächlich in den Klöstern, die die Backkunst zur damaligen Zeit am besten beherrschten. Dabei wurden viele heidnische Motive in christliche umgedeutet.
Zur volkstümlichen Brauchtumspflege kennt man bis heute noch gebietstypische Gebäckformen, die ihren Sinn beibehalten haben.

### Gebäcke in Zopfform

Allen verflochtenen Gebäckformen wurde in der heidnischen Frühzeit eine Glücksbedeutung zugeschrieben. Die Teigstränge bei den Zöpfen, die nach innen geflochten wurden, sollten das Glück fangen und festhalten, aber auch Hexen, Dämonen und alles andere Schlechte nicht hereinlassen, sondern es vertreiben.

*Gebäcke in Zopfform*

#### Zöpfe als Totengebäcke

Überwiegend waren gebackene Zöpfe jedoch Totengebäcke. Sie dienten als Ersatz-Opfergabe für die Zöpfe aus Frauenhaaren.
Damit die Frauen ihren verstorbenen Ehegatten bis ins Jenseits verbunden blieben, schnitt man der Witwe und manchmal auch den Sklavinnen die Haarzöpfe ab und legte sie mit ins Grab, damit sie ihn symbolisch auf dem Weg ins Reich der Toten begleiteten.
Die Totengebäcke wurden früher häufig mit Mohn bestreut, da die Schlaf bringende Kraft des Mohns den Totenschlaf versinnbildlichen sollte.

#### Zöpfe für die Armen

Später gab man die Zopfgebäcke nicht mehr ins Grab, sondern verteilte sie bei der Beerdigung an die Armen. So entstanden dann die Seelenzöpfe, die an Allerheiligen im Totenmonat November gebietsweise bis heute noch Brauch sind. Diese Zöpfe wurden als Festtagsgebäcke auch den Patenkindern geschenkt. Die Qualität der Zöpfe zeigte den Wohlstand der Gegend auf.

LF 1

### Hörnchen

Hörnchen stellen das Symbol des Glück bringenden Hufeisens dar und waren früher ein Totengebäck der Bauern.
Das Pferd war von alters her ständiger Begleiter der Menschen bei der landwirtschaftlichen Arbeit. Der Wohlstand des Bauern und seines Anwesens wurde nach der Anzahl und der Pracht der Pferde gemessen. Starb der Bauer, nahm man von einem seiner besten Pferde ein Hufeisen ab und legte es in das Grab. Zumindest ein Teil seines Reichtums und Ansehens sollte ihn in die Ewigkeit begleiten.
Das Erbteil wurde jedoch für die Hinterbliebenen geschmälert, wenn das Pferd durch die Hufabnahme nicht mehr so leistungsfähig war. Deshalb backte man hufeisenförmige Gebäcke, die Hörnchen, und legte diese als Ersatz für die Hufeisen in die Grabstätte.

*Hörnchen*

## Gebäckringe

*Laugenring*

Auch die Laugenringe dienten als Totengebäcke. Verstarb eine wohlhabende Frau, so bekam sie ihren Schmuck mit ins Jenseits. Damit der wertvolle Familienschmuck erhalten blieb, legte man ein ringförmiges Gebäck als Symbol für Arm- oder Halsreifen bzw. Fingerschmuck in das Grab.

## Brötchen in Stangenform und gedrückte Brötchen

*Gedrückte Brötchen*

*Gebäckstangen*

Sie wurden als Fruchtbarkeitsgebäcke verwendet. Viele Kinder waren die sicherste Altersversorgung der Eheleute. Deshalb wünschte man den Frischvermählten einen reichen Kindersegen und schenkte ihnen symbolisch Fruchtbarkeitsgebäcke, dem Mann eine Gebäckstange, der Frau das gedrückte Brötchen.

LF 1

## Schrippen

*Schrippen*

Diese länglichen Kleingebäcke mit dem kräftigen Ausbund (Rissbildung) in der Mitte sind das heidnische Symbol für Menschenopfer. Dieses in der gesamten Länge aufgerissene Gebäck sollte den entwürdigten Menschen versinnbildlichen.

## Gebäckkränze

*Gebäckkranz*

Glück und Segen sollten Weizengebäcke in Kranzform spenden, z. B. zur Hochzeit, zur Hauseinweihung, als Geschenk für den Gastgeber. Kränze umschlossen um den Beschenkten herum das Glück.

## Figurengebäcke

*Figurengebäck*

Figurengebäcke regten immer schon die Fantasie der Menschen an.
Gebäcke in Form von Männlein und Weiblein, Teufeln und Heiligen sowie Tieren und Früchten entstammen heidnischem, christlichem und volkstümlichem Kulturgut. Viele Figurengebäcke sind bis heute unverzichtbares Brauchtum.

Jede Zeitepoche unterliegt einer bestimmten Moderichtung. So entstehen speziell geformte Backwaren aus dem jeweiligen Zeitgeschmack heraus. Lud man sich früher z. B. einen Dichter oder Musiker ins Haus, ließ man beim Bäcker eine Lyra (altgriechisches Saiteninstrument) backen. Dank des Gestaltungsgeschicks der Bäcker können sie bis heute mit verschiedensten Motiven und Schriftbändern aus Weizenteig als Schaustücke jeden Anlass dekorieren.

### Figuren zu Ostern

*Figurengebäcke zu Ostern*

Im Heidentum forderten die Götter Opfer. Man versuchte diese Götter zu versöhnen und sie milde zu stimmen, damit man vor Krankheit und Elend geschützt wurde. Der geeignete Zeitpunkt für solche Opferungen war das Frühlingsfest, die Zeit um Ostern.
Man formte als Scheinopfer Gebäcke zu Hasen, Hennen und Hähnen, die für Nachwuchs der Haus- und Hoftiere sorgen sollten und somit das Symbol der Fruchtbarkeit auch für den eigenen Kindersegen waren.

Der Hase war das heilige Tier der Frühlingsgöttin „Ostara“. Dieser Göttin verdankt das Osterfest seinen Namen. Als Opfergabe verlangte sie grundsätzlich Eier, am besten waren bemalte. Der Osterhase und die bemalten Eier sind das heidnische und christliche Symbol für Fruchtbarkeit und Auferstehung.

### Figuren zu Weihnachten

In der Weihnachtszeit stellte man Weihnachtsmänner und Tannenbäume als Symbol für diese Zeit her und auch kunstvolle Backwaren, z. B. reliefartige Spekulatius (knusprige Mürbeteiggebäcke). Die Model (Formen) zum Herstellen dieser Backwaren wurden vor allem im 17. und 18. Jahrhundert kunstvoll aus Holz geschnitzt und aus Ton sowie Metall gegossen. Diese Model sind bis heute wertvolle Ausstellungsstücke der Backwarenbranche.

*Weihnachtsgebäck*

**Aufgaben**

1. Welche Zwecke erfüllten die verschiedenen Gebäcke häufig?
2. Wie wurden früher die Model hergestellt?
3. Ihre Bäckerei plant eine Aktion zu verschiedenen traditionellen Gebäcken. Sie sollen dafür auf Plakaten für eine Informationsreihe die Entstehung der Gebäckformen im Altertum beschreiben, z. B.
   - Gebäcke in Zopfform,
   - Hörnchen,
   - Gebäckringe,
   - Brötchen in Stangenform und gedrückte Brötchen,
   - Schrippen,
   - Figurengebäcke zu Ostern und Weihnachten.

## 1.4 Erzeugnisse der Bäckerei und Konditorei

### Typische Erzeugnisse, die nur in der Bäckerei bzw. Konditorei hergestellt werden:

**Bäckerei**

- Brote
- Weizenbrote → S. 397
- roggenhaltige Brote → S. 453
- Vollkornbrote → S. 492
- Schrotbrote → S. 493
- Brötchen → S. 376
- Laugenbrezeln, Laugengebäcke → S. 391
- Snacks → S. 416

*Arbeiten in der Bäckerei*

**Konditorei**

- Anschnitttorten, Festtagstorten → S. 548
- Desserts → S. 550
- Petits Fours → S. 550
- Marzipanartikel → S. 609
- Schokoladenartikel → S. 594
- Pralinen
- Speiseeis

*Arbeiten in der Konditorei*

### Feine Backwaren, die in der Bäckerei wie auch in der Konditorei hergestellt werden:

- Hefeteiggebäcke → S. 269
- Blätterteiggebäcke → S. 308
- Plunderteiggebäcke → S. 299
- Strudelteiggebäcke → S. 329
- Mürbeteiggebäcke → S. 334
- Lebkuchen und Früchtebrot → S. 349
- Obsttorten, Obstschnitten → S. 582

- Gebäcke aus Massen, z. B.
  - Biskuitmasse → S. 161
  - Wiener Masse → S. 516
  - Lebkuchenmasse → S. 544
  - Sandmasse → S. 522
  - Röstmasse → S. 533
  - Baisermasse → S. 512
  - Brandmasse → S. 529
  - Makronenmasse → S. 536

LF 1

Bäcker und Konditoren sind berufsverwandt, beide Berufe werden dem backenden Gewerbe zugeordnet. Viele Gebäcke werden sowohl in der Bäckerei als auch in der Konditorei hergestellt. Beide Berufe sind jedoch in Deutschland eigenständige Handwerksberufe, wobei das Berufsbild von den hauptsächlich hergestellten Erzeugnissen bestimmt wird.

### Das Café

Im ruhigen, gemütlichen Bäckerei-Café findet der Gast das gesamte Warensortiment der Bäckerei bzw. Konditorei sowie kleine Gerichte und Getränke aller Art. Bei schönem Wetter werden gerne Cafés mit Garten- oder Terrassenbetrieb besucht.

*Café*



Für Gäste, die nur eine Kleinigkeit essen möchten oder die sich nicht so viel Zeit nehmen wollen, gibt es das **Stehcafé**, das im Verkaufsraum der Bäckerei integriert ist. Kleine Stehtische mit hohen Hockern (Stehhilfen) befinden sich im erweiterten Kundenbereich des Ladens.

*Stehcafé*

**Aufgaben**

1. Nennen Sie Waren, die nur in der Bäckerei hergestellt werden.
2. Geben Sie die Erzeugnisse an, die in der Konditorei hergestellt werden.
3. Nennen Sie Erzeugnisse, die von beiden Berufen sowohl in der Bäckerei als auch in der Konditorei hergestellt werden.
4. Beschreiben Sie die beiden Cafétypen.
5. Die Kunden Ihrer Bäckerei sind mit Ihrem Angebot an Brot und Brötchen sehr zufrieden. Sie sind jedoch erstaunt, dass es im Gegensatz zur Konditorei in der Nähe Ihrer Bäckerei keine Pralinen aus eigener Herstellung gibt. Daher erläutern Sie die unterschiedlichen Berufsfelder und Erzeugnisse der Bäckerei und Konditorei.

## 1.5 Die Bäckerei heute

Die Anzahl der kleineren Bäckereibetriebe nimmt immer weiter ab, Großbetriebe mit vielen Filialen als Bäckereiläden oder Backshops in Supermärkten sind im Trend.

### Anforderungen an die Bäckerin/den Bäcker

An eine Bäckerin/einen Bäcker werden folgende Voraussetzungen gestellt, die bei der Berufswahl berücksichtigt werden sollen:

- Charaktereigenschaften: Ehrlichkeit, Zuverlässigkeit, Hilfsbereitschaft
- anerzogenes Hygienebewusstsein
- feinmotorisches, handwerkliches Geschick
- geistige Gewandtheit, z. B. beim Umrechnen der Rezepturen
- Bereitschaft, früh aufzustehen und in den Nachtstunden zu arbeiten
- Bereitschaft, mit modernen Maschinen und Technologien umzugehen und sich auf dem neuesten Stand zu halten
- Fähigkeit, selbstständig sowie im Team arbeiten zu können

### Arbeitsbedingungen

Moderne Maschinen und Backöfen erleichtern erheblich die körperlich schweren Tätigkeiten in der Bäckerei, z. B. erübrigen Mehlsilos das Schleppen der schweren Mehlsäcke und das Beschicken der Etagen- und Stikkenöfen erfolgt ohne Kraftanstrengung. Dadurch ist der Anteil an männlichen und weiblichen Beschäftigten in der Bäckerei ziemlich ausgeglichen.

Kühlanlagen ermöglichen die Herstellung von Teiglingen zu einer für den Betrieb günstigen Zeit, sodass diese zu einem beliebigen Zeitpunkt gebacken werden können.

*Produktionsraum einer Großbäckerei*

Frosterräume machen ein rationelles Arbeiten möglich, weil man größere Mengen der Erzeugnisse an einem Tag herstellen und tiefgefrieren kann. Die täglich benötigten Rationen werden dann aus dem Froster entnommen.

Reinigungsmaschinen wie Spül- und Blechputzmaschinen entlasten das Fachpersonal während der Produktion von zahlreichen Reinigungsarbeiten. Reinigungspersonal übernimmt weitgehend die Reinigungsarbeit nach der Produktion.

### Bäcker im Verkauf

Der moderne Bäcker wird immer mehr in den Verkauf eingebunden. Auch in diesem Punkt hat die Zukunft schon begonnen. Kunden wollen fachkundig beraten werden und vertrauen dabei vor allem der Fachkraft in der Produktion. Bäcker können auch im Verkauf eingesetzt werden. Sie geben Verkaufsargumente aus erster Hand und beurteilen die Erzeugnisse aus der praktischen Tätigkeit.

Zur Ausbildung der Bäcker gehört deshalb auch das Einschätzenlernen der Kunden, um diese individuell bedienen zu können. Ebenso fördert eine gepflegte Ausdrucksweise den Kontakt zu den Kunden. Durch eine fachkundige, ehrliche Gesprächsführung lässt sich das Vertrauen am besten gewinnen.

Der fortschrittliche Bäcker kennt sich außerdem mit üblichen Verpackungstechniken sowie dem Präsentieren der Waren in der Verkaufstheke und im Schaufenster aus. Auch Werbeplakate und Preisschilder fertigt er selbst an.

### Erwartungen der Kunden an eine gute Bäckerei

*Frische Backwaren hoher Qualität*

- Verbraucher erwarten täglich ein ausreichend großes Warenangebot.
- Sie erwarten immer gleichbleibend gute Qualitätswaren.
- Sie erwarten immer frische Backwaren.
  Deshalb werden im Fachgeschäft die Backwaren, die frisch am besten schmecken, z. B. Brötchen, Brezeln, Baguettes, Croissants, Plunder- und Blätterteiggebäcke, als Tiefkühlteiglinge in den Verkaufsstellen von Verkäuferinnen mehrmals täglich im Ladenbackofen gebacken. So können sie immer frisch angeboten werden.
- Sie erwarten Waren, die mit frischen, einwandfreien Rohstoffen hergestellt werden.
- Gesundheitsbewusste Verbraucher bevorzugen häufig Vollkornbrote und -brötchen sowie Öko- bzw. Bio-Erzeugnisse.

### Einsatz von Convenience-Produkten

Aus Zeitgründen und zum Teil mangels Fachkräften verwenden viele Betriebe „Convenience-Produkte“. Das können Fertigmischungen von der Backmittelindustrie und auch fertige Tiefkühlteiglinge sein. Dies führt zu einer Vereinheitlichung der Erzeugnisse in den Bäckereien und kann manchmal zu einer Verringerung der Qualität der Waren führen. Außerdem gehen viele individuelle Rezepturen und Geschmacksrichtungen verschiedener Gebäcke verloren.

LF 1

Alle Bäckereierzeugnisse in diesem Fachbuch werden deshalb mit herkömmlichen Rezepturangaben und Herstellungsweisen beschrieben, die zwar ein großes Können der Fachkraft erfordern, aber auch hohe Qualität garantieren. Sie spiegeln zusätzlich die breite Palette der Tätigkeit in der Bäckerei wider.
Die Rezepturen entsprechen dem zunehmenden Verbraucheranspruch: „Weniger Zucker und Fett für lockere, bekömmliche Erzeugnisse“.

#### Aufgaben

1. Welche Anforderungen werden an einen Bäcker/eine Bäckerin gestellt, die bei der Berufswahl berücksichtigt werden sollten?
2. Beschreiben Sie die Aussage, dass der moderne Bäcker auch im Verkauf eingebunden ist.
3. Welche Erwartungen stellen Verbraucher an eine gute Bäckerei?
4. Informieren Sie sich im Internet über das Angebot an Convenience-Produkten. Diskutieren Sie mit anderen Auszubildenden das Pro und Kontra.

# 1.6 Berufsausbildung, Fort- und Weiterbildung

## Berufsausbildung

Der Beruf des Bäckers zählt zu den Handwerksberufen. Jeder Handwerksbetrieb ist bei der **Handwerkskammer** eingetragen, die in ihrer Region für die Berufsausbildung zuständig ist.

Die Berufsausbildung ist gesetzlich in der **„Verordnung über die Berufsausbildung zum Bäcker/zur Bäckerin"** festgelegt. Sie regelt die Berufsausbildung zum Bäckergesellen wie folgt:

- Drei Jahre Ausbildung als Auszubildender/Auszubildende (Lehrling) in einer Bäckerei. Bei guten betrieblichen und schulischen Leistungen kann die Ausbildungszeit verkürzt werden.
- Der regelmäßige Berufsschulbesuch in Fachklassen unterstützt und ergänzt die betriebliche Ausbildung und ist während der dreijährigen Ausbildungszeit verpflichtend.
- Die Zwischenprüfung vor dem Ende des zweiten Ausbildungsjahres ermittelt den derzeitigen Leistungsstand nach dem vorgegebenen Lehrplan in Theorie und Praxis. Sie ist Voraussetzung zur Zulassung zur Gesellenprüfung.
- Die Gesellenprüfung erfolgt am Ende des dritten Ausbildungsjahres in der Praxis und in der Theorie, die die Lerninhalte der Technologie, Mathematik sowie Wirtschafts- und Sozialkunde beinhaltet.
- Nach bestandener Prüfung bestätigen das Prüfungszeugnis und der Gesellenbrief den Gesellen/die Gesellin als Bäcker/Bäckerin.

In der Berufsausbildung

GESELLENBRIEF

VOR DEM GESELLENPRÜFUNGSAUSSCHUSS
DER HANDWERKSKAMMER
NIEDERBAYERN-OBERPFALZ HAT

HERR FLORIAN MUSTERMANN

GEBOREN AM 12.07.1992

DIE GESELLENPRÜFUNG IM AUSBILDUNGSBERUF

BÄCKER

MUSTERPRÜFUNGSORT, 22.07.2010

ERFOLGREICH BESTANDEN.

HANDWERKSKAMMER NIEDERBAYERN · OBERPFALZ

MUSTERINNUNG

Hans Stark, Franz Preibeck – Präsidenten

Toni Hinterdobler – Hauptgeschäftsführer

Hans Bäckermeister – Prüfungsvorsitzender

Gesellenbrief

## Bäckermeister

In den Handwerksberufen, bei denen die Gesundheit der Menschen nur durch hygienischen und fachlich richtigen Umgang mit Lebensmitteln gewährleistet ist, ist zum Führen eines Handwerks- und Ausbildungsbetriebes ein Meisterbrief Voraussetzung. Dazu zählen die Ernährungsberufe und somit auch der Beruf des Bäckers. Der Nachweis des Prüfungszeugnisses als Bäckermeister/-in zeigt dem Kunden, dass er sich in einem Fachgeschäft befindet, in dem er stets einwandfreie Qualitätswaren erhält.

Die Voraussetzungen und Anforderungen für die Meisterprüfung regeln die von den Handwerkskammern anerkannten Meisterschulen.

- Voraussetzung zur Anmeldung für die Meisterprüfung ist das Prüfungszeugnis als Bäcker/-in.
- Die Meisterschulen bieten einen Meisterlehrgang vor den Prüfungen an, der gezielt auf die Prüfungsanforderungen vorbereitet.

Das Prüfungszeugnis als Bäckermeister/-in berechtigt,

- eine Meisterstelle in einer Bäckerei anzunehmen und die Bäckerei zu leiten,
- einen Bäckereibetrieb zu eröffnen und zu führen,
- Auszubildende (Lehrlinge) im Bäckerhandwerk auszubilden.

## Fortbildung

Gut ausgebildete und vor allem vielseitige Bäcker werden immer benötigt. Wichtig ist, dass die Fachkräfte durch regelmäßige Fortbildungen auf dem neuesten Stand bleiben, z. B.:

- Ausrichten des Backwarensortiments und der Backwarenqualität an den Wünschen der Kunden,
- Aneignen modernster Technologien zur Warenherstellung,
- Handhabung computergesteuerter Maschinen,
- richtiges Einstellen der Kälteanlagen und Backöfen.

Auch mit dem Computer sollte der moderne Bäcker vertraut sein. Bestellungen und Lagerhaltung erfolgen am Computer, die Listen der benötigten Warenmengen für die Produktion werden mit dem Computer geschrieben, Rezepturen abgerufen und Rezept- sowie Mengenumrechnungen vorgenommen.

*Weiterbildung durch den Erwerb eines höheren Schulabschlusses*

Jeder Bäcker sollte regelmäßig Fortbildungsveranstaltungen besuchen, um die immer vielseitiger werdenden Aufgaben erfüllen zu können.
Zur beruflichen Fortbildung zählen auch das regelmäßige Zurhandnehmen von Fachbüchern und das Lesen der Fachzeitschriften.

## Weiterbildung

Die Bäckergesellin/der Bäckergeselle hat verschiedene Möglichkeiten, sich schulisch weiterzubilden und den erlernten Beruf auszubauen. Dafür sind unterschiedliche schulische Voraussetzungen nötig, die nach der Gesellenprüfung erlangt werden können.
Die Berufe, die mit einer Weiterbildung eingeschlagen werden können, sind:

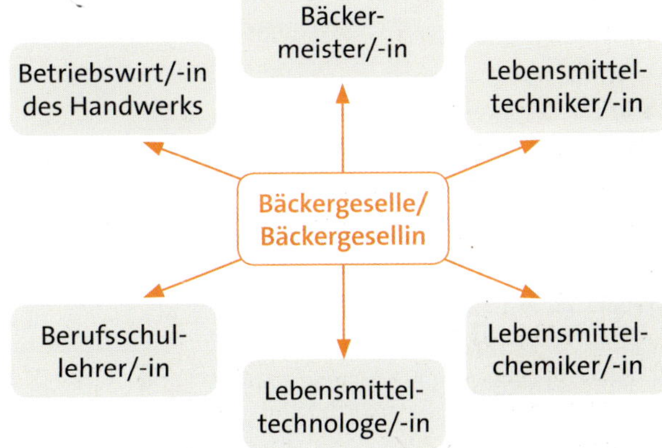


LF 1

### Aufgaben

1. Wie heißt die Organisation, in der alle Handwerksberufe zusammengeschlossen sind und die für die Bäckerausbildung verantwortlich ist?
2. Erklären Sie, was die „Verordnung über die Berufsausbildung zum Bäcker/zur Bäckerin" über die Dauer der Ausbildung in Betrieb und Schule sowie über die Prüfungen festlegt.
3. Beschreiben Sie, wozu das Prüfungszeugnis als Bäckermeister/-in berechtigt.
4. Nennen Sie Berufe, die nach der Gesellenprüfung als Bäcker/-in mit einer Weiterbildung eingeschlagen werden können.
5. Schüler einer Schule kommen in Ihren Bäckereibetrieb und informieren sich vor ihrem eigenen Berufseinstieg über den Bäckerberuf. Ein Schüler fragt Sie, wie lange die Ausbildung dauert und welche Prüfungen man dabei ablegen muss. Er möchte noch wissen, in welche Berufsschule er gehen müsste und wie oft der Unterricht stattfindet.
6. Sie haben große Zukunftspläne: Später möchten Sie ein eigenes Café eröffnen. Sie wissen natürlich, dass Sie dafür erst einmal während der Ausbildung viel lernen müssen. Recherchieren Sie im Internet, welche weiteren Qualifizierungen, z. B. höherer Bildungsabschluss, Sie erlangen müssten oder ob regelmäßige Fortbildungen ausreichen würden.

# 2 Mitarbeit in Produktion und Verkauf

**Situation**

Eine Schulklasse hat sich zur Betriebsbesichtigung angekündigt. Sie sollen sich entsprechend darauf vorbereiten und die Schüler herumführen.

- Welche Produktions- und welche Verkaufsräume gibt es?
- Welche wichtigen Maschinen gehören zur Einrichtung Ihrer Bäckerei?
- Mit welchen Geräten und Werkzeugen arbeiten Sie häufig?
- Welche Arbeitsabläufe werden in Ihrem Betrieb mit dem Computer gesteuert?
- Warum sind Teamwork und ein gutes Betriebsklima wichtig für den Erfolg eines Betriebes?
- Welche Anforderungen werden an die Bäckereierzeugnisse gestellt?

LF 1

## 2.1 Produktions- und Verkaufsräume

Bäckereien haben in der Öffentlichkeit bei den Verbrauchern ein bestimmtes Image. Dazu gehört, dass der Bäckereibetrieb rundum einladend aussehen muss.

**Kunden erwarten heutzutage:**

- eine saubere, ansprechende Hausfassade
- eine moderne Ladeneinrichtung
- einen hell beleuchteten Laden
- übersichtlich präsentierte Waren

**Betriebsräume**

Um einen reibungslosen, rationellen Arbeitsablauf zu ermöglichen, wird in der Bäckerei eine bestimmte Anzahl von Betriebsräumen mit festgelegten Funktionen benötigt. Die Wege des Personals bei der Arbeit, von den Maschinen zum Arbeitstisch und von Raum zu Raum, sollen so kurz wie möglich sein. Einige Bäckereien führen auch ein Café.

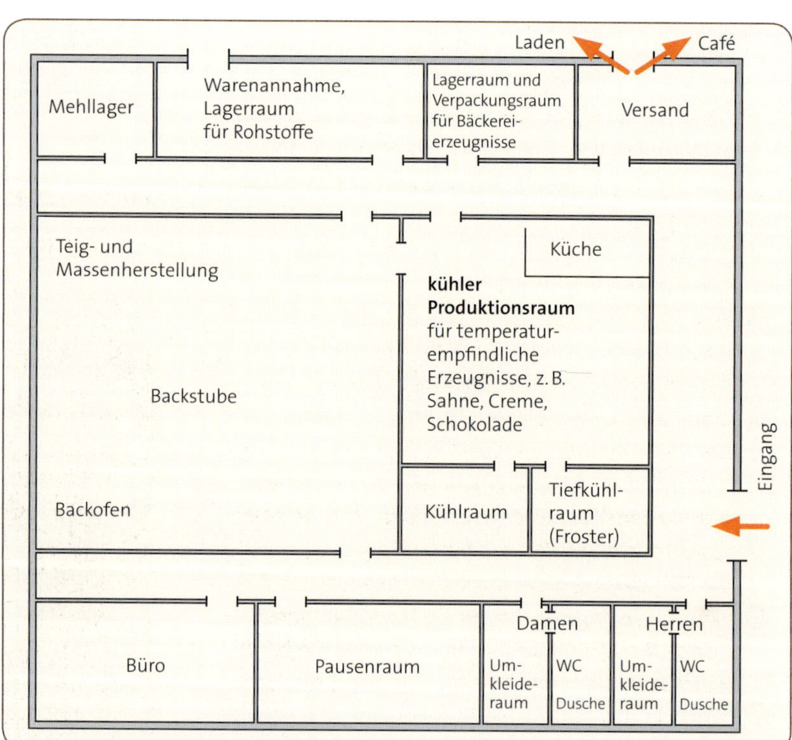


*Grundriss der Produktionsräume*

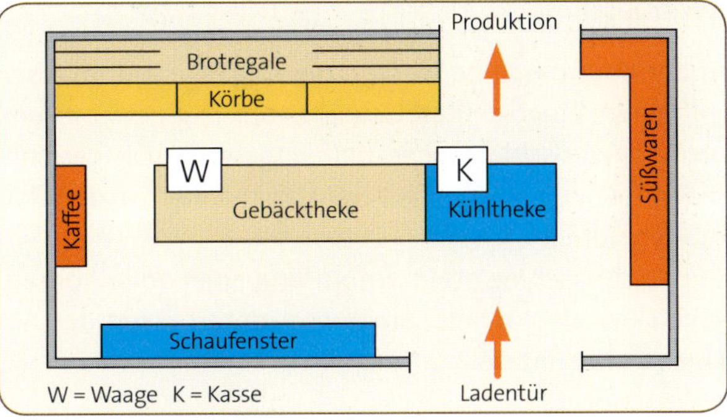

*Grundriss Verkaufsraum*

**Aufgaben**

1. Skizzieren Sie den Grundriss der Betriebsräume in Ihrer Bäckerei und vergleichen Sie diesen mit dem Beispiel im Buch.
2. Die Waren Ihrer Bäckerei sollen verkaufsfördernd präsentiert werden. Informieren Sie sich darüber, welche Einrichtungsgegenstände es gibt und für welche Backwaren diese geeignet sind. Stellen Sie Ihre Ergebnisse in der Klasse zur Diskussion.

**Rechenaufgaben**

1. Der Boden der Backstube soll mit Kunststoffboden ausgelegt werden. Die Backstube hat folgende Maße: Länge 13,50 m; Breite 940 cm.
   a) Wie viel $m^2$ Kunststoffbelag werden benötigt?
   b) Am Rand des Bodens soll der Kunststoffbelag abgerundet etwas hochgezogen werden. Wie viel m sind dies, wenn eine Tür 14 dm und die andere 120 cm breit ist?
2. Eine Frosteranlage verbraucht in der Stunde 2,4 kW. Eine Kilowattstunde kostet 0,17 €. Berechnen Sie, welche Betriebskosten die Anlage jährlich verursacht.
3. Der Produktionsraum einer Bäckerei misst 10,20 m × 7,80 m. Je Arbeitskraft ist mindestens 4 $m^2$ Arbeitsfläche vorgeschrieben. Wie viele Personen dürfen höchstens beschäftigt sein, wenn die Einrichtung insgesamt 17 $m^2$ beansprucht?
4. Eine Kühlanlage hat folgende Abmessungen: Länge 4 m, Tiefe 3 m und Höhe 2,40 m. Sie ist in 4 gleich große Kühlzellen für Gärunterbrecher und Gärverzögerer eingeteilt. Berechnen Sie das Volumen einer Kühlzelle.

## 2.2 Maschinen, Geräte und Werkzeuge

### Maschinen in der Bäckerei

Körperlich schwere Handarbeit und zeitlich aufwendige Arbeiten werden in der Bäckerei so weit wie möglich von Maschinen übernommen.
Ohne moderne Maschinen ist kein Bäckereibetrieb mehr konkurrenzfähig.

**Die Vorteile der Maschinen:**

- Körperliche Arbeiten werden erleichtert.
- Erzeugnisse lassen sich in kürzerer Zeit herstellen.
- Gleichbleibende Qualität der Waren wird erzielt.
- Die Waren sehen gleichmäßig schön aus.
- Erhöhung der Produktionsmenge ist möglich.
- Durch die schnelle und sichere Arbeitsweise werden die Herstellungskosten der Waren verringert.

Um die Vorteile optimal zu nutzen, informieren sich Fachkräfte ständig bei Ausstellungen und Messen über das vielfältige Maschinenangebot.
Das vielfältige Maschinenangebot bezieht sich auf manuell zu bedienende Einzelmaschinen bis zu computergesteuerten Großanlagen. Jeder Bäckereibesitzer wird bei der Anschaffung die für seine Betriebsgröße passenden Maschinen auswählen, da große Maschinen und Anlagen viel Kapital erfordern. Ebenso wird die Bäckerei auf einen geringen Energieverbrauch der Maschinen achten, um laufende Kosten zu senken und den Umweltschutz zu fördern.

### Knetmaschinen

*Spiralkneter*

*Hubkneter*

LF 1

### Spiralkneter

Für die Herstellung von Weizenteigen werden Knetmaschinen benötigt, die die Teige intensiv kneten. Am häufigsten werden in den Bäckereien Spiralkneter eingesetzt, die bei hoher Knetgeschwindigkeit eine optimale Teigentwicklung gewährleisten. Außerdem eignen sich Spiralkneter auch für Teige, die schonend geknetet werden müssen, indem man sie im Langsamgang knetet.

### Hubkneter

Hubkneter zeichnen sich durch die schonende Knetung der langsameren kreisförmig drehenden Bewegungen des Knetarms aus (Drehung des Knetarms von unten nach oben = Hub). Diese schonende Knetung ist erforderlich für roggenhaltige Teige, Mürbeteige und schwere, fettreiche Hefeteige. Auch die Zutaten für Marzipan werden bei langsamen Bewegungen des Knetarms zusammengemischt (angewirkt).

### Teigteil- und Schleifmaschine (Wirkmaschine)

LF 1

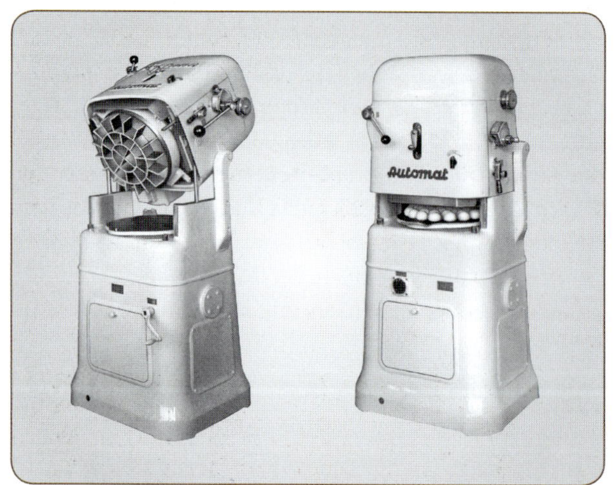


*Teigteil- und Schleifmaschine (Wirkmaschine)*

Der Teig wird zu Pressen, auch Ballen genannt, abgewogen, flach gedrückt, auf Schleifplatten (Wirkplatten) gelegt und in die Maschine gegeben. Aus einer Presse entstehen meist 30 Teiglinge bei folgender Bearbeitung:

- Die Pressen zu runden Teiglingen schleifen (wirken).
- Die Pressen zu gleichmäßigen eckigen Teigstücken teilen für eckige Brötchen oder zum Weiterverarbeiten zu Strängen, z. B. für Brezeln.

### Kopfmaschine

In der Kopfmaschine werden die Teiglinge automatisch mit einem eingestellten Gewicht vom Teig getrennt und wenn gewünscht rundgeschliffen (gewirkt). Die geschliffenen Teiglinge werden auf Transportbändern in den Gärraum befördert.

Die Kopfmaschine steht am Anfang einer vollautomatischen Brötchenanlage, am sogenannten „Kopf der Anlage“. Daher hat sie ihren Namen.

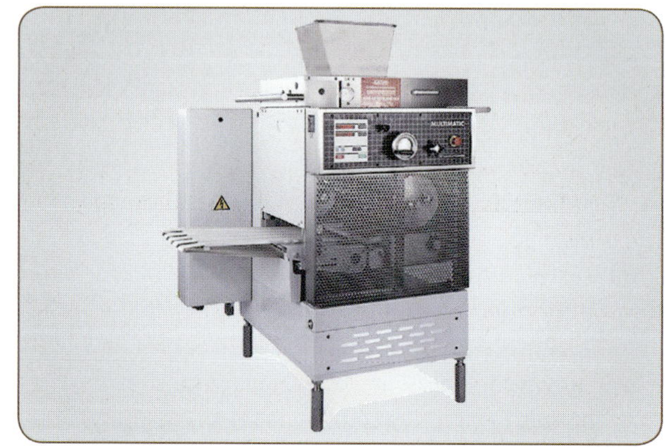

*Kopfmaschine*

### Vollautomatische Brötchenanlage

Bäckereien ab einer gewissen Größe stellen die Brötchen mit vollautomatischen, computergesteuerten Anlagen her, in denen hohe Stückzahlen in kurzer Zeit produziert werden können. Die „Brötchenstraße“ arbeitet automatisch vom Teig bis zum Backen der Brötchen. Dabei können die Teiglinge zu verschiedenen Brötchenformen, z. B. Kaiserbrötchen oder Schrippen, bearbeitet werden.

*Vollautomatische Brötchenanlage mit Kopfmaschine (rechts)*

### Stüpfelmaschine (Stanzautomat)

*Stüpfelmaschine*

Die rundgeschliffenen (gewirkten) Teiglinge für Kaiser- und Sternbrötchen sowie Salz-, Mohn- und Sesambrötchen werden reihenweise automatisch mit dem entsprechenden Stüpfeleinsatz (Stanzeinsatz) eingedrückt.

### Teigausrollmaschine

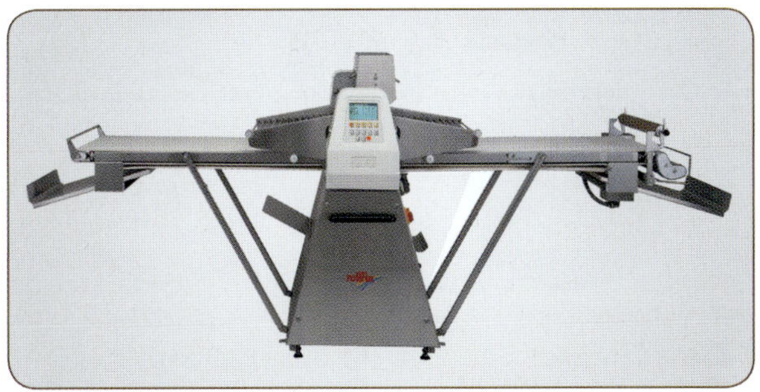

*Teigausrollmaschine*

Alle Teigarten können bis auf den Viertelmillimeter genau zwischen zwei Rollwalzen exakt gleichmäßig dick ausgerollt werden. Stufenweise wird der Teig dünner gerollt und dabei auf Transportbändern durch die Walzen hin- und hergeführt.

Für Plunder- und Blätterteiggebäcke kann die Teigausrollmaschine mit Schneidewalzen ergänzt werden, die den ausgerollten Teig in gleich große Stücke schneidet. Zudem gibt es einen Zusatz zum Füllen der geschnittenen Teiglinge.
Mit einem Aufsatz, der hinter den Walzen der Teigausrollmaschine angebracht ist, können Teiglinge zu Strängen gerollt und zu Stangen bzw. Hörnchen gewickelt werden.

### Rührmaschine

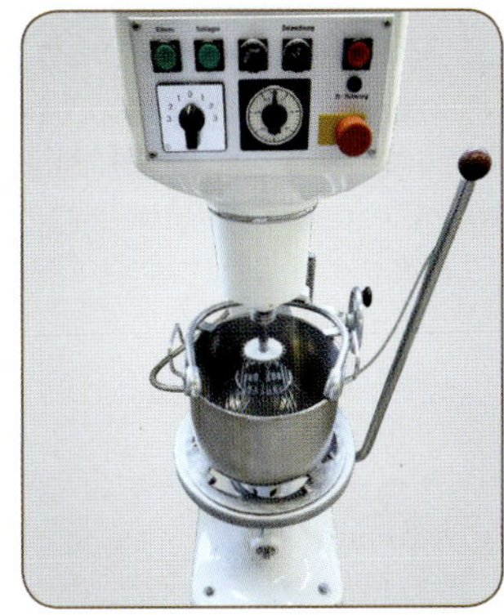

*Rührmaschine*

Die **Rührmaschine**, auch als Aufschlagmaschine bezeichnet, eignet sich zum Aufschlagen von Eiermassen und Schaumigrühren von Cremes und Rührmassen (Sandmassen).
Mit dem **feindrahtigen Aufschlagbesen** wird bei hoher Rührgeschwindigkeit Luft in die Eier eingerührt, bis eine großvolumige stabile Eiermasse entsteht.
Der **grobdrahtige Rührbesen** wird beim Schaumigschlagen von Fetten und fetthaltigen Massen verwendet.

## Geräte und Werkzeuge

Geräte und Werkzeuge sind unentbehrliche Helfer in der Bäckerei, damit die handwerklichen Tätigkeiten schneller und leichter sowie sauber ausgeführt werden können. Sie sind für ganz bestimmte Tätigkeiten geeignet.

Die gebräuchlichsten Geräte und Werkzeuge bei der täglichen Arbeit soll jeder Bäcker korrekt benennen können, obwohl diese auch manchmal regional unterschiedlich bezeichnet werden.

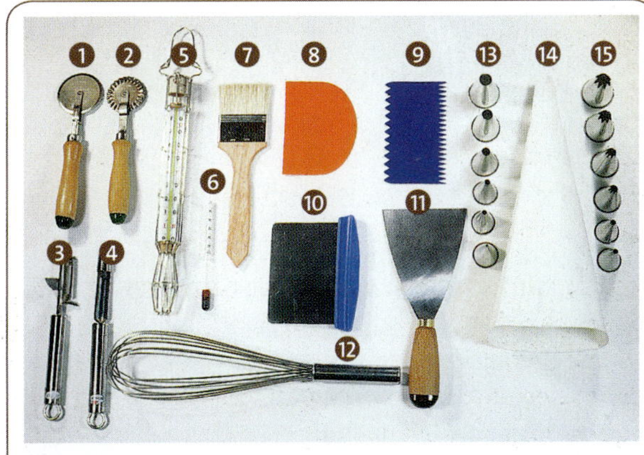

1. Teigrädchen – glatt
2. Teigrädchen – gerippt
3. Apfelschäler
4. Apfelentkerner
5. Zuckerthermometer
6. Zuckerwaage
7. Pinsel
8. Schaber (aus Kunststoff)
9. Garnierkamm
10. Spachtel – rechteckig
11. Spachtel – dreieckig
12. Rührbesen (Handrührbesen)
13. Lochtüllen
14. Dressierbeutel (Spritzbeutel)
15. Sterntüllen

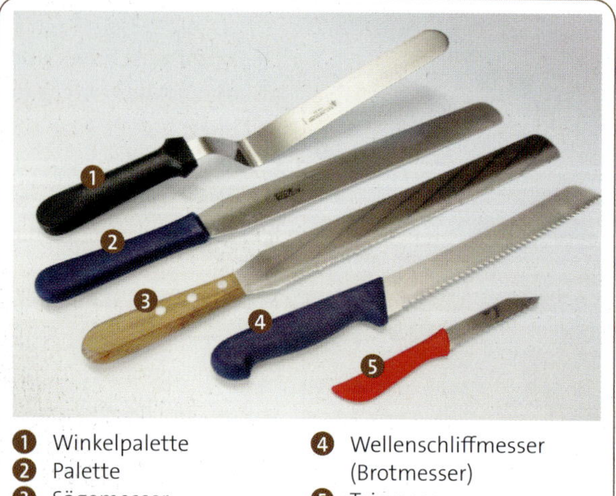

1. Winkelpalette
2. Palette
3. Sägemesser
4. Wellenschliffmesser (Brotmesser)
5. Teigmesser

1. Torteneinteiler
2. Formen für Sahnerollen
3. Formen für Schaumrollen
4. Wasserstreicher
5. rundes Überziehgitter
6. runder Brotkorb
7. länglicher Brotkorb
8. ausziehbarer Einteiler
9. rechteckiges Überziehgitter (Ablaufgitter)

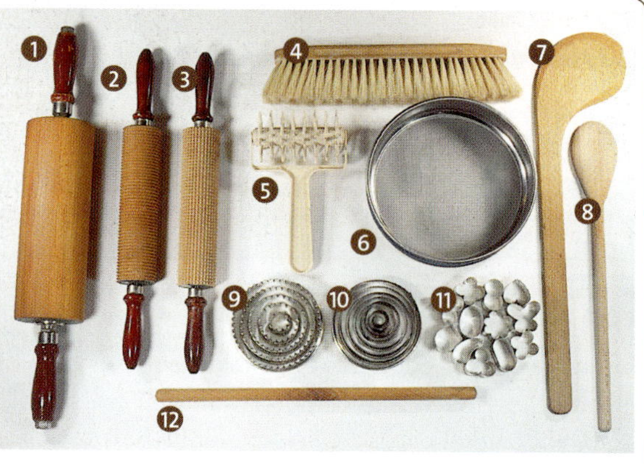

1. Rollholz (mit Kugellager)
2. Riefholz (für Marzipan) – mit Rillen
3. Riefholz (für Marzipan) – mit Karos
4. Tischbesen
5. Stipprolle
6. Handsieb
7. Melierspatel (Massenrührspatel)
8. Rührlöffel (Rührspatel)
9. Ausstecher – gerippt (gewellt)
10. Ausstecher – rund
11. Ausstecher – verschiedene Formen
12. Rundholz

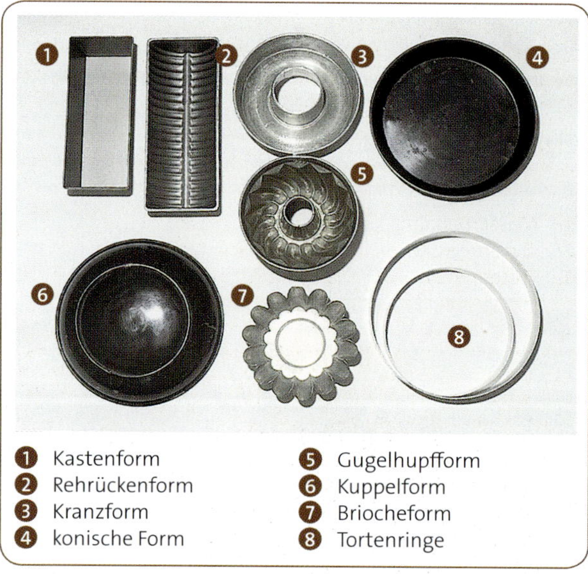

1. Kastenform
2. Rehrückenform
3. Kranzform
4. konische Form
5. Gugelhupfform
6. Kuppelform
7. Briocheform
8. Tortenringe

1. Papierabreißgerät mit Rollenpapier
2. Edelstahlkessel
3. Kupferkessel

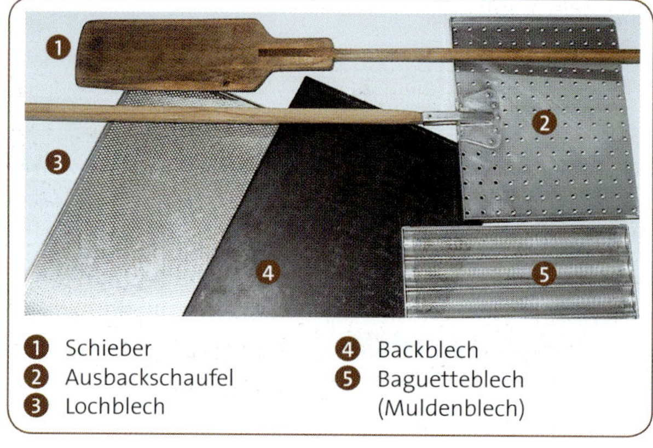

1. Schieber
2. Ausbackschaufel
3. Lochblech
4. Backblech
5. Baguetteblech (Muldenblech)

LF 1

1. Edelstahlschüssel
2. Kupferkasserolle
3. Literbecher
4. Plastikschüssel
5. Pfanne
6. elektronisches Thermometer
7. Abwiegeschaufel

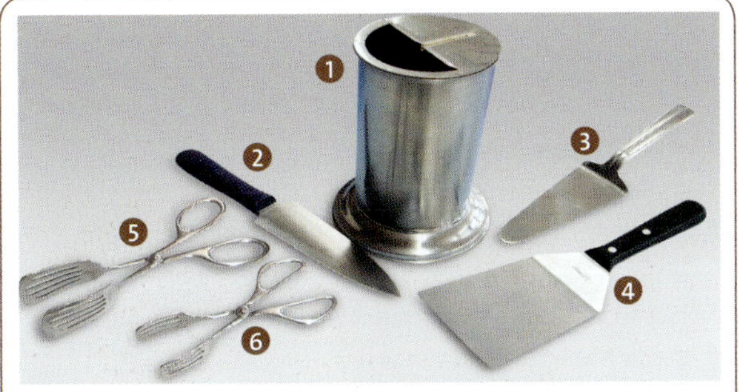

1. Messerbehälter
2. Tortenmesser
3. Tortenheber
4. Gebäckheber
5. Gebäckzange
6. Pralinenzange

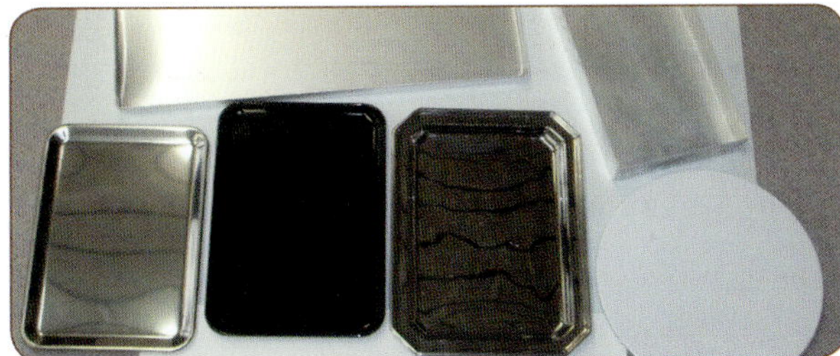

*Thekenblech, Schnittblech, Tabletts, Tortenplatte*

*Schragen (Transportwagen)*

*Gärwagen mit Abziehrahmen*

LF 1

**Aufgaben**

1. Nennen Sie die Maschinen in Ihrem Betrieb und beschreiben Sie deren Aufgabenbereiche.
2. Für welche Teige verwenden Sie in Ihrer Bäckerei folgende Knetmaschinen?
   - Spiralkneter
   - Hubkneter
3. Wie viele Teiglinge erhält man nach dem Teilen bzw. Schleifen (Rundwirken) einer Presse (Ballen) auf einer Schleifplatte?
4. Erklären Sie, welche Aufgaben eine Kopfmaschine erfüllt.
5. Erläutern Sie die Funktion einer vollautomatischen Brötchenanlage.
6. Erklären Sie, wofür der feindrahtige Aufschlagbesen und wofür der grobdrahtige Rührbesen in der Rührmaschine verwendet werden.
7. Sie sind für die Einarbeitung einer neuen Praktikantin zuständig und erklären ihr deshalb die wichtigsten Maschinen und zeigen ihr die alltäglichen Arbeitsgeräte und Werkzeuge in der Produktion der Bäckerei.

### Rechenaufgaben

1. Eine Rührmaschine kostet netto 9 400,00 €. Hinzu kommen noch 19 % Mehrwertsteuer.
   a) Wie viel € muss die Bäckerei für die Rührmaschine bezahlen?
   b) Wie hoch ist die Mehrwertsteuer in €?
2. Eine Kaffeemaschine für das Bäckerei-Café kostet 9 225,00 €. Bei einer Fachmesse bekommt die Bäckerei die gleiche Maschine zum Messepreis von 8 118,00 €.
   a) Wie hoch ist die Preisersparnis in €?
   b) Um wie viel % ist die Kaffeemaschine auf der Messe preisgünstiger?
3. Eine Bäckerei kauft folgende Geräte und Werkzeuge:

| | | | |
|---|---|---|---|
| 15 | Teigmesser | je | 2,40 € |
| 8 | Kuchenformen | je | 23,20 € |
| 5 | Alu-Bleche | je | 11,90 € |
| 6 | Paletten | je | 19,50 € |
| 2 | Sägemesser | je | 22,90 € |
| 25 | Tortenscheiben | je | 2,80 € |
| 4 | Sätze Tüllen | je | 8,60 € |
| 8 | Dressierbeutel | je | 5,30 € |

   a) Berechnen Sie den Gesamtpreis für alle Werkzeuge und Geräte.
   b) Die Bäckerei bekommt für diese Waren einen Ausstellungsrabatt von 15 %. Wie hoch ist der Nettoverkaufspreis?
4. Ein Tortenring hat einen Durchmesser von 26 cm und eine Höhe von 5 cm. Wie viel Liter Biskuitmasse sind für 8 Ringe notwendig, wenn sie zu 3/4 gefüllt werden?
5. Für eine Teigteil- und Schleifmaschine (Wirkmaschine) werden nach Abzug von 2,5 % Skonto 19 750,00 € bezahlt. Wie viel kostete die Maschine ursprünglich und wie hoch ist der gegebene Rabatt in €?
6. Der Neupreis einer Knetmaschine beträgt 28 125 €. Für die gleiche Maschine in gebrauchtem Zustand wird einer Bäckerei 9 562,50 € Rabatt gewährt.
   a) Wie viel muss die Bäckerei für die gebrauchte Knetmaschine bezahlen?
   b) Berechnen Sie den Rabatt in %.
7. Die Rechnung für eine Verpackungsmaschine über 15 280 € wird zu spät beglichen, sodass nun 15 639,08 € fällig werden. Wie viel € und % kostet diese Maschine jetzt mehr?

LF 1

## 2.3 EDV im Bäckereibetrieb

EDV ist die Abkürzung für **E**lektronische **D**aten**v**erarbeitung.

### EDV in der Produktion

*Computereinsatz in der Bäckerei*

- Computer in Maschinen, Kälteanlagen und Backöfen werden programmiert, sodass Arbeitsabläufe automatisch gesteuert und durchgeführt werden.
- Rezepturen werden im Computer gespeichert und können jederzeit abgerufen werden.
- Die Lagerbestände an Rohstoffen können im Computer eingesehen werden. So werden Neubestellungen nach Bedarf vorgenommen.

### EDV im Verkauf und in der Verwaltung (Büro)

- Die Waren und Warenmengen, die an jedem Tag hergestellt werden sollen, werden als „Backzettel" für die Produktion ausgedruckt.
- Besondere Bestellungen von Kunden werden an die Produktion weitergegeben.
- Der Lagerbestand des Verpackungsmaterials wird geregelt und Material neu bestellt.
- Werbeplakate und Preisschilder können mithilfe der EDV erstellt werden.
- Der Personaleinsatz in der Produktion und in den Filialen der Verkaufsstellen wird geregelt.
- Rechnungen und Lieferscheine können erstellt werden.
- Der gesamte Schriftverkehr wird erledigt.
- Tägliche Abrechnungen der vernetzten Kassen in den Filialen können verwaltet werden.

## Interneteinsatz in der Bäckerei

**Internet** ist die Abkürzung für „**Inter**connectet **net**work". In dem weltweiten Netzwerk des Internets sind Computer verbunden, die Informationen untereinander austauschen können.

**Link** ist die Kurzbezeichnung für „Hyper**link**". Ein Link ist eine Verbindung, Verknüpfung oder ein Verweis von einem Dokument einer Homepage.

**Online-Shopping** ist das Kaufen über das Internet. Beispielsweise bietet eine Bäckerei ihre Waren auf einer Homepage an. Die Kunden können sich die gewünschten Waren aussuchen und per E-Mail die Waren bestellen. Die Bezahlung erfolgt meistens per Kreditkarte oder Abbuchung vom Konto.

### Internetadresse

Die Internetadresse wird in folgender Form geschrieben: *www.baeckerhandwerk.de*.

Die einzelnen Teile der Internetadresse stehen für:
- **www** = World Wide Web = Internet
- **Bäckerhandwerk** = die Netzadresse des Homepage-Inhabers
- **de** = Deutschland

Ist die Internetadresse international, wird statt „de" häufig das Kürzel „com" angegeben.

Die Trennung der einzelnen Adressteile erfolgt durch Punkte oder Minuszeichen. Alle Eingaben werden in Kleinbuchstaben und ohne Leertaste geschrieben.

Um eine gewünschte Adresse oder Informationen über ein Thema zu finden, gibt man in einer „Suchmaschine", z. B. www.google.de, ein Schlagwort/Suchwort ein und erhält daraufhin eine Ergebnisliste der Interneteinträge.

## Homepage einer Bäckerei

Immer mehr Betriebe präsentieren sich ihren Kunden und einer breiten Öffentlichkeit im Internet. Dies geschieht auf einer sogenannten Homepage, die mehrere Unterseiten enthalten kann. Die Seiten werden mit Bildern, Grafiken und Texten gestaltet, die das Interesse für den Verbraucher wecken sollen.

Die Homepage einer Bäckerei enthält z. B.:
- Startseite mit Firmenlogo und ansprechenden Bildern der Firmenfassade, des Ladens, des Caféraums, des Firmenautos, der Backstube oder eines Bäckers bei einer typischen Tätigkeit
- das Warenangebot mit Bildern
- Spezialitäten der Bäckerei mit Bildern
- saisonale Spezialitäten mit Angaben der Besonderheiten, z. B. Lebkuchen, Stollen, Osterbrot, Siedegebäcke
- Festtagstorten, z. B. Hochzeitstorten, Geburtstagstorten mit Bildern
- Aktionen und Angebote
- eine Bestellseite, auf der die Kunden Waren der Bäckerei per E-Mail bestellen können
- Adresse, Telefonnummer und E-Mail-Adresse

*Homepage*

Die Internetadresse gehört auf alle Werbemittel der Bäckerei, sodass sie ständig der Öffentlichkeit nahegebracht wird, z. B. Verpackungsmaterial, Geschäftsbriefkopf.

## E-Mail

Ein Teil des Schriftverkehrs in der Bäckerei wird per E-Mail erledigt. Dieser englische Begriff steht für „electronic mail" und bedeutet elektronische Post.
Das Kennzeichen der E-Mail-Adresse ist das @ (gesprochen: ett), z. B. *Frischback@t-online.de*.
Bei Bäckereien, die sich im Internet darstellen, können die Kunden Bestellungen per E-Mail aufgeben.

Die Vorteile der E-Mail gegenüber dem Postverkehr sind:
- Die Nachrichten sind sekundenschnell beim Empfänger.
- Bestellungen können auch außerhalb der Geschäftszeiten dem Empfänger zugeschickt werden und dieser kann sie jederzeit lesen.

LF 1

**Aufgaben**

1. Nennen Sie die Maschinen, Kälteanlagen und Öfen, bei denen die Arbeitsabläufe Computer programmiert und so automatisch durchgeführt werden.
2. Für welche Tätigkeiten wird der Computer im Verkauf und in der Verwaltung (Büro) eingesetzt?
3. Nennen Sie die Internetadresse Ihrer Bäckerei oder eines bekannten Betriebes und erklären Sie die einzelnen Teile der Internetadresse.
4. Erläutern Sie den Begriff „Homepage".
5. Was sollte eine Homepage einer Bäckerei enthalten?
6. Nennen Sie Ihre E-Mail-Adresse oder die Ihrer Bäckerei.
7. Nennen Sie Beispiele für Geschäftsvorgänge der Bäckerei, die per E-Mail getätigt werden können.
8. Nennen Sie Beispiele, welche Informationen sich eine Bäckerei aus dem Internet holen kann.
9. Suchen Sie Internetadressen heraus, die für die Ausbildung in der Bäckerei von Bedeutung sind.
10. Immer mehr Kunden möchten ihre Bestellung per Internet abwickeln. Erarbeiten Sie eine Checkliste für die Erstellung einer Homepage Ihrer Bäckerei. Welche Inhalte sollen den Kunden über die Homepage angeboten werden?



## 2.4 Zusammenarbeit im Team

### Arbeitsbereiche und Arbeitsaufgaben in der Bäckerei

Die Größe des Betriebes und das Warenangebot bestimmen weitgehend den Aufgabenbereich der Beschäftigten in der Bäckerei.

**Kleinere Bäckereien:**
Wenige Bäcker sind für die gesamten Arbeitsbereiche für die Herstellung aller Waren zuständig. Dafür sind gute Fachkräfte erforderlich, die in abwechslungsreicher Arbeit die breite Palette der Bäckereierzeugnisse selbstständig herstellen.

**Mittlere und große Bäckereien:**
Der Trend geht zu mittleren und größeren Betriebseinheiten. In diesen Betrieben ist die Arbeit meist in bestimmte Arbeitsbereiche (Posten) aufgeteilt, sodass jeder Bäcker für spezielle Aufgaben zuständig ist, z. B. im Bereich der Teigherstellung und Teigaufarbeitung, bei der Massenherstellung und anderen Feinen Backwaren, als Ofenposten beim Backen, bei der Fertigung von Sahne- und Cremeerzeugnissen, bei der Speisenzubereitung usw.

*Bäckerin am Teigposten*

Bei der Produktion großer Warenmengen oder bei einfachen Arbeiten unterstützen manchmal angelernte Kräfte die Arbeit der Bäcker. Auch Teilzeitkräfte vervollständigen das Personal nach Bedarf.

### Zusammenarbeit: Produktion und Verkauf

Die Produktion und der Verkauf sollen sich durch Informationen wechselseitig ergänzen.

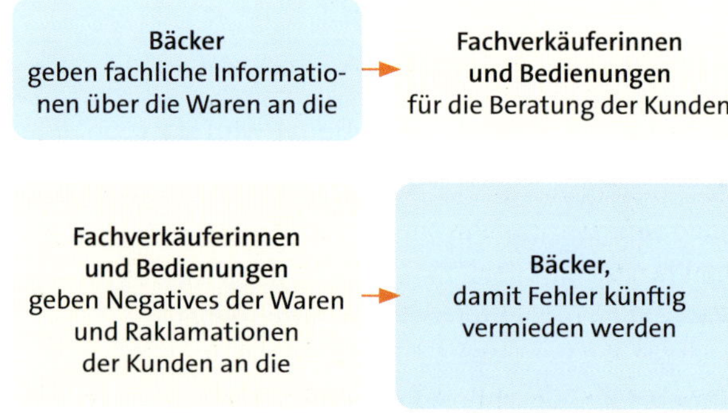


### Teamwork bzw. Teamarbeit

Nur „zusammen" ergeben die Beschäftigten einen erfolgreichen Bäckereibetrieb. Deshalb ist Teamwork bzw. Teamarbeit das Schlagwort für gute Zusammenarbeit. Alle Beschäftigten sollen sich hilfsbereit ergänzen und so auch auftretende Schwierigkeiten ohne Probleme zusammen lösen. Teamgeist und somit gute Stimmung während der Arbeit sind nur in einem guten Betriebsklima vorhanden. Die Betriebsleitung und jeder Mitarbeiter selbst sind für ein angenehmes Miteinander verantwortlich.

*Erfolg durch Teamwork*

## Betriebsklima

Der Ausspruch „Ein gutes Betriebsklima erledigt die halbe Arbeit und ist Voraussetzung für den Betriebserfolg" ist eine Weisheit.

*Freundliches Miteinander*

Bei einem guten Betriebsklima arbeiten alle Beschäftigten gerne miteinander und fühlen sich dem Betrieb zugehörig. Dies erleichtert allen die Arbeit und erhöht so die Leistungsfähigkeit.
Jeder zufriedene Mitarbeiter identifiziert sich mit dem Betrieb und setzt sich deshalb für die Bäckerei ein und redet gut über die Firma.
Auch die Kunden erkennen gute Beziehungen innerhalb eines Teams an freundlichen und leistungsbereiten Beschäftigten.

Jeder Betrieb braucht seine Mitarbeiter, die Mitarbeiter brauchen ihren Betrieb. Geht es dem Betrieb gut, dann sind auch die Mitarbeiter zufrieden.

### Einfluss der Mitarbeiter auf das Betriebsklima

Jeder einzelne Mitarbeiter kann und muss etwas zu einem guten Betriebsklima beitragen. Folgende Beispiele fördern eine angenehme Zusammenarbeit:

- Den Tag im Betrieb pünktlich und ohne Hetze beginnen.
- Alle Mitarbeiter freundlich grüßen. Ein paar nette Worte wirken Wunder und kommen wie ein Echo zurück.
- Die gewöhnlichen Anstandsregeln beachten, also z. B. sich nicht in die Privatangelegenheiten anderer einmischen oder bei Intrigen oder Klatsch mitmachen.
- Fehler nicht immer bei anderen suchen; eigene Fehler einsehen und vermeiden.
- Grundsätzlich hilfsbereit sein, ohne sich dabei ausnutzen zu lassen.
- Berechtigte Kritik an Kollegen selbst ruhig vortragen, nicht hinter dem Rücken der Betroffenen nörgeln.
- Nicht in der Öffentlichkeit über die Firma herziehen, da dies Kunden abschreckt.

Erfüllt ein Mitarbeiter aus eigener Schuld die gestellten Aufgaben über einen längeren Zeitraum nicht und fügt sich nicht in das Team, so ist das geschäftsschädigend und trübt das Betriebsklima.

LF 1

### Einfluss der Betriebsleitung auf das Betriebsklima

Die Betriebsleitung trifft die ersten wichtigen Entscheidungen bei der Einstellung des Personals. Beim Vorstellungsgespräch haben freundliche, interessierte und motivierte Bäcker die besten Chancen. Verkäuferinnen und Bedienungen, denen die natürliche Freundlichkeit fehlt, die gelangweilt und deprimiert wirken, passen nicht in ein leistungsstarkes Team. Die Beziehungen innerhalb des Teams sind sehr wichtig.

**Einsatzbereitschaft der Mitarbeiter steigern**
Dieses Ziel kann die Betriebsleitung erreichen durch:
- leistungsgerechte Bezahlung
- korrekte Freizeitregelung wie Arbeitszeiten, freie Tage, Urlaub u. a.
- Eingehen auf Wünsche, z. B. bei der Urlaubszeit
- freundliche Behandlung des Personals ohne Verletzung der Würde
- Honorierung von besonderen Leistungen, z. B. Überstunden bezahlen, Beförderungen durchführen

Mitarbeitergespräche ermöglichen nicht nur den regelmäßigen Kontakt zum Mitarbeiter, sondern es können auch Probleme angesprochen und vor allem Unzufriedenheiten ausgeräumt werden.

**Verantwortungsbewusstsein der Mitarbeiter steigern**

Jeder Einzelne soll nach seinen Fähigkeiten in den Betriebsablauf eingebunden sein, d. h., er soll selbstständig Aufgaben erfüllen, für die er die Verantwortung trägt. So wird das Gefühl vermittelt, gebraucht zu werden und wichtig zu sein. Jeder Mitarbeiter wird gleichermaßen geschätzt.

**Leistungsbereitschaft der Mitarbeiter steigern**

Jeder Mensch braucht Lob. Deshalb sollen Mitarbeiter zur rechten Zeit gelobt werden, z. B. bei außergewöhnlichen Leistungen oder bei ständig guten Leistungen.

Echtes Lob motiviert, spornt an und stärkt gleichzeitig die Identifikation mit dem Betrieb.

Vergessenes Lob oder ständig fehlende Anerkennung demotivieren, die Leistungsbereitschaft lässt nach.

**Kritik angemessen anbringen**

- Berechtigte Kritik ist wichtig und hat den Sinn, es beim nächsten Mal besser zu machen.
- Dabei sollten jedoch vom Kritisierenden Verbesserungsvorschläge gemacht werden, z. B. den Arbeitsvorgang vormachen und praktizierbare Hilfen anbieten.
- Der kritisierte Mitarbeiter muss die Möglichkeit zur Stellungnahme haben.
- Vergleiche mit anderen Kollegen sollten unbedingt vermieden werden, z. B.: „Deine Kollegin hat beim Garnieren von Torten und Desserts viel mehr Geschick als du."
- Kritik darf nie beleidigend sein.
- Kritik möglichst nicht vor der Belegschaft anbringen und auf keinen Fall vor den Kunden.
- Der Kritisierte sollte sich nicht in Zeitnot befinden, damit er die Kritik genau aufnimmt.

Vorgesetzte, die den Faktor Mensch vernachlässigen, schaden deshalb letztlich der Firma. Nur zufriedene Mitarbeiter sind leistungsfähig und leistungsbereit.

LF 1

**Aufgaben**

1. Wie werden die Arbeitsbereiche in Ihrer Bäckerei aufgeteilt? Wenn in Ihrem Betrieb in „Posten" gearbeitet wird, beschreiben Sie diese Tätigkeiten.
2. Erklären Sie die wechselseitige Zusammenarbeit im Bäckereibetrieb:
   - Bäcker mit Verkäuferinnen und Bedienungen
   - Verkäuferinnen und Bedienungen mit Bäckern
3. Erklären Sie den Begriff „Teamwork" in der Bäckerei.
4. Erläutern Sie den Begriff „gutes Betriebsklima".
5. Geben Sie Beispiele, wie jeder Mitarbeiter etwas zu einem guten Betriebsklima beitragen kann.
6. Nennen Sie Möglichkeiten, wie die Betriebsleitung bei folgenden Punkten die Mitarbeiter motivieren und so das Betriebsklima verbessern kann:
   - Einstellung des Personals
   - Steigern der Einsatzbereitschaft
   - Steigern des Verantwortungsbewusstseins
   - Steigern der Leistungsbereitschaft
   - Anbringen von Kritik
7. Schon seit Längerem reklamieren Kunden, dass die Plundergebäcke zu wenig Füllung enthalten würden. Trotzdem ändert Ihr Chef nichts. Beraten Sie sich mit Ihren Kolleginnen und Kollegen, wie Sie die Kommunikation verbessern können.
8. Überlegen Sie, wie Sie Ihre Mitarbeiterinnen und Mitarbeiter motivieren und ihnen gegenüber Kritik anbringen würden, wenn Sie die Chefin bzw. der Chef einer Bäckerei wären.

**Rechenaufgaben**

1. Eine Bäckerin hat einen Bruttolohn von 1950,00 €. Die gesetzlichen Abzüge belaufen sich auf 673,85 €. Für das Ansparen eines Bausparvertrages werden ihr monatlich 102,80 € abgezogen. Wie viel € bekommt sie ausbezahlt?
2. Ein Bäckergeselle möchte 1 140,00 € netto verdienen. Er weiß, dass er 40 % Abzüge hat. Wie viel € müsste er beim Vorstellungsgespräch als Bruttolohn verlangen?
3. Vom Bruttogehalt von 1 820,00 € werden einem ledigen Bäcker 570,40 € Lohnsteuer abgezogen. Nach der Hochzeit zahlt ihm sein Betrieb brutto 2 180,00 €, von denen er 27 % Steuern bezahlen muss.
   a) Wie viel verdient der ledige Bäcker netto?
   b) Wie viel Prozent werden dem ledigen Bäcker abgezogen?
   c) Wie viel € verdient er, wenn er verheiratet ist?

## 2.5 Anforderungen an Bäckereierzeugnisse

*Frische Bäckereierzeugnisse bester Qualität*

Die Kunden der Bäckerei erwarten
- gesunde Lebensmittel,
- absolute Frische,
- besten Geschmack,
- appetitliches Aussehen,
- lange Frischhaltung.

Damit die Erwartungen der Kunden erfüllt werden, sollten kritische Qualitätsbeurteilungen in regelmäßigen Abständen durchgeführt werden. Dadurch können Schwachpunkte erkannt und beseitigt werden.

### Beurteilungen der Erzeugnisse im Betrieb

- Die Bäcker und die Verkäuferinnen im Betrieb, die unmittelbaren Fachkräfte, sollten immer wieder selbst ihre Waren objektiv testen und beurteilen.
- Das Verkaufspersonal und die Bedienungen sollten den Bäckern Rückmeldungen der Kundeneindrücke über die Waren geben. Die Urteile der Kunden und deren Kaufverhalten geben wichtige Hinweise zur Verbesserung der Erzeugnisse.

### Gebäckprüfung (Gebäckbeurteilung) durch Fachverbände

Fachorganisationen, z.B. die DLG (Deutsche Landwirtschafts-Gesellschaft) und der Zentralverband des Deutschen Bäckerhandwerks, führen Gebäckprüfungen durch, an denen sich Bäckereien freiwillig mit Backwaren beteiligen können. Die verschiedenen Gebäcke werden von fachkundigen Prüfern auf ihre Qualität und Mängel getestet, z. B. bei Brotprüfungen und Stollenprüfungen.

**Die DLG-Prüfer bewerten die Gebäcke nach ihrem eigenen DLG-Schema.**

Die Prüfmerkmale sind:
1. Form, Aussehen
2. Oberflächen-, Krusteneigenschaften
3. Lockerung, Krumenbild
4. Struktur, Elastizität
5. Geruch
6. Geschmack

Die detaillierten Prüfungsmerkmale werden bei den entsprechenden Erzeugnissen genannt → Seite 282, 387, 401, 424.

LF 1

#### Bewertung der geprüften Backwaren

Bei einer Gebäckprüfung, z. B. bei einer Brotprüfung, kann eine Bäckerei jede einzelne Brotsorte, die sie im Laden anbietet, auf deren Qualität testen lassen. Dabei wird jedes zu prüfende Brot mit einer Nummer versehen und anonym von den DLG-Prüfern bewertet, um Beeinflussungen der Prüfer auszuschalten.
Bei dem zu prüfenden Gebäck wird jedes der sechs oben genannten Prüfmerkmale mit den Punkten von 5 bis 0 bewertet.

**5-Punkte-Skala und Bewertungstabelle**

| Punkte | Qualitätsbeschreibung | Allgemeine Eigenschaften |
|---|---|---|
| 5 | sehr gut | keine Abweichung von den Qualitätserwartungen |
| 4 | gut | geringfügige Abweichungen |
| 3 | zufriedenstellend | leichte Abweichungen |
| 2 | weniger zufriedenstellend | deutliche Abweichungen |
| 1 | nicht zufriedenstellend | starke Abweichungen |
| 0 | ungenügend | nicht bewertbar |

Jedes Prüfmerkmal wird unterschiedlich gewichtet, z. B. bei einer Brotprüfung:

| Prüfmerkmale | Gewichtungsfaktoren |
|---|---|
| Form, Aussehen | × 2 |
| Oberflächen-, Krusteneigenschaften | × 2 |
| Lockerung, Krumenbild | × 3 |
| Struktur, Elastizität | × 4 |
| Geruch | × 3 |
| Geschmack | × 6 |
| | Gewichtungsfaktoren 20 |

Die erreichten Punkte von jedem Prüfungsmerkmal werden mit dem entsprechenden Gewichtungsfaktor multipliziert. Die addierten Punkte werden durch die Gewichtungsfaktoren 20 dividiert. Das Ergebnis ergibt die erzielte Qualitätszahl.

Beispiel für ein Brot mit 92 erreichten Punkten:

$$\frac{92 \text{ (erreichte Punkte)}}{20 \text{ (Gewichtungsfaktoren)}} = \textbf{4,60 (erzielte Qualitätszahl)}$$

LF 1

**DLG-Preise**

Einwandfrei geprüfte Backwaren werden mit folgenden DLG-Preisen prämiert:

| DLG-Preise | Qualitätszahl für das geprüfte Gebäck |
|---|---|
| **Goldener DLG-Preis** | 5,00 |
| **Silberner DLG-Preis** | 4,50 – 4,99 |
| **Bronzener DLG-Preis** | 4,00 – 4,49 |

**DLG-Urkunde**

Für die prämierten Backwaren erhält die Bäckerei auch eine DLG-Urkunde. Diese werbewirksame Urkunde mit dem DLG-Preis sollte an einer für die Kunden gut sichtbaren Stelle im Laden platziert werden. Ebenso kann die Fachverkäuferin im Verkaufsgespräch das prämierte Brot hervorheben.

**Bedeutung der Gebäckprüfungen für eine Bäckerei**

- Die Mängel der Gebäcke werden bei der Beurteilung im Detail festgehalten und dem Betrieb schriftlich mitgeteilt.
- So kann jede Bäckerei künftig die Fehler bei der Gebäckherstellung gezielt abstellen und somit Qualitätsverbesserungen der Gebäcke erreichen.

- Einwandfrei geprüfte Backwaren werden mit dem DLG-Preis prämiert. Die prämierten Gebäcke dürfen mit dem Gütesiegel versehen werden und sind somit gute Werbemittel.

*DLG-Urkunde*

**Frische – ein wichtiges Qualitätsmerkmal**

Bäckereierzeugnisse werden als frisch bezeichnet, solange sie ihre typischen Qualitätsmerkmale aufweisen.

Frische ist bei den Backwaren unterschiedlich.

| Gebäckbeispiele | Frischeanforderung |
|---|---|
| Brötchen, Brezeln, Baguettes, Plundergebäcke, Blätterteiggebäcke mit Füllungen | Gebäcke, die frisch gegessen werden sollen – je frischer, desto besser |
| Sahnetorten, Sahnedesserts, Spritzkuchen (Brandmassegebäcke), Bienenstich, Pflaumenkuchen, Berliner | Gebäcke, die am Tag der Herstellung verkauft und gegessen werden sollen |
| Brote, Hefezöpfe | Gebäcke, die frisch am Tag der Herstellung verkauft werden sollen, die jedoch bei den Kunden noch einige Tage ihre Frischeeigenschaften behalten |
| Mürbeteiggebäcke, Kuchen aus Sandmasse (Rührkuchen), Käsekuchen, Lebkuchen, Stollen, Makronen | Dauerbackwaren, die längere Zeit ihre Frischeeigenschaften behalten |

Die Kunden erhalten auf Fragen zur Gebäckfrische grundsätzlich ehrliche Antworten.

Die Frische der Backwaren ist sensorisch, d. h. mit den Sinnen feststellbar.

| Sinne | Frische Backwaren | Ältere Backwaren |
|---|---|---|
| **Augen** | • appetitliche Farbe<br>• gute Lockerung und schöner Stand sowie Form | • verblassen<br>• werden runzlig und fallen etwas ein |
| **Geruch** | riechen intensiv, z. B. beim Ausbacken im Ladenbackofen | verlieren zunehmend die Aromastoffe |
| **Geschmack** | voller typischer Geschmack | schmecken zunehmend leerer |
| **Tasten** | weiche Krume | zunehmend trockenere Krume |

*Frische Bäckereierzeugnisse bester Qualität*

## Bio- oder Öko-Backwaren

*EU-Biosiegel*

Immer mehr gesundheitsbewusste Menschen bevorzugen von „Bio-Bäckern" Backwaren, die mit Lebensmitteln aus „kontrolliert ökologischem Anbau" hergestellt werden. Diese Bio- oder Öko-Backwaren werden mit dem staatlichen Biosiegel und/oder mit dem EU-Biosiegel gekennzeichnet.

Kunden, die sich nach ökologischen Gesichtspunkten ernähren, bevorzugen auch

- saisonales Obst und Gemüse, das in der momentanen Jahreszeit geerntet wird,
- Lebensmittel aus der Region,
- möglichst frische Lebensmittel ohne Zusätze.

### Ökologische oder biologische Landwirtschaft

Die Landwirtschaft verzichtet auf den Einsatz von chemischen Dünge- und Pflanzenschutzmitteln sowie die Gentechnik. Beim Wachstum der Lebensmittel steht der Naturkreislauf im Vordergrund. Dabei bleiben Natur und Umwelt weitgehend geschont.

Beispiele der ökologischen bzw. biologischen Landwirtschaft:

- Die Anbauflächen werden nur mit Mist oder Gülle gedüngt. Auch extra angebaute Pflanzen werden zur Düngung in den Boden gepflügt.
- Vorbeugend zum Pflanzenschutz werden auf den Anbauflächen jährlich andere Pflanzen angebaut (wechselnde Fruchtfolge).
- Die Tierhaltung erfolgt artgerecht mit ausreichendem Auslauf.
- Die Futtermittel für die Tiere sind ökologisch, d. h. ohne chemische Mittel.

Bio- bzw. Öko-Bäckereien stellen überwiegend Vollkornbackwaren mit Getreide aus kontrolliert biologischem Anbau her, die weitgehend ohne chemische Schadstoffe sind.

*Bio-Backwaren aus Vollkornmehl*

## Naturbelassene Lebensmittel

Für die gesunde Ernährung verarbeiten Bio- bzw. Öko-Bäckereien möglichst naturbelassene, unbehandelte Lebensmittel, damit alle gesunden Nährstoffe in den Backwaren erhalten bleiben.

Behandelte Lebensmittel werden zur Verfeinerung des Geschmacks und zur längeren Haltbarkeit verändert, z. B. durch Schälen der Getreidekörner und Behandlung mit Hitze. Dabei verlieren die Lebensmittel wichtige Vitamine, Mineralstoffe und Ballaststoffe.

| Naturbelassene Lebensmittel | Behandelte Lebensmittel |
|---|---|
| Vollkornschrot und -mehl | geschältes Getreide, z. B. Mehl der Type 405 und 550 |
| frisches Obst und Gemüse | Obst- und Gemüsekonserven |
| tiefgefrorene Lebensmittel | Lebensmittel mit chemischen Konservierungsstoffen, Lebensmittel in Konserven |



## Frische Lebensmittel

Frische Lebensmittel schmecken gut und enthalten meist keine haltbar machenden chemischen Stoffe. Deshalb bevorzugen gesundheitsbewusste Kunden Lebensmittel, die durch kurze Transportwege frisch sind und die Umwelt schonen, z. B.

- saisonales Obst und Gemüse, das in der momentanen Jahreszeit geerntet wird,
- Lebensmittel aus der Region.

*Frisches Gemüse*

### Aufgaben

1. Welche Erwartungen haben Verbraucher an die Erzeugnisse aus dem Fachbetrieb der Bäckerei?
2. Welche Möglichkeiten hat die Bäckerei selbst, ihre Erzeugnisse zu prüfen und zu beurteilen?
3. Nennen Sie die Fachorganisationen, die Gebäckprüfungen durchführen.
4. Mit welchen DLG-Preisen werden einwandfrei geprüfte Backwaren ausgezeichnet?
5. Erläutern Sie, was eine Bäckerei mit einer DLG-Urkunde bewirken kann.
6. Erklären Sie die Bedeutung der Gebäckbeurteilungen für eine Bäckerei.
7. Wie lange werden Bäckereierzeugnisse als frisch bezeichnet?
8. Nennen Sie die Sinne, mit denen die Frische der Backwaren feststellbar ist und geben Sie Beispiele, wie frische Backwaren und ältere Gebäcke sensorisch erkannt werden.
9. Erklären Sie, welche Backwaren Bio- bzw. Öko-Bäckereien überwiegend herstellen und welches Getreide sie dafür verwenden.
10. Beschreiben Sie Merkmale der ökologischen bzw. biologischen Landwirtschaft in Bezug auf
    - Düngung der Anbauflächen,
    - vorbeugenden Pflanzenschutz,
    - Tierhaltung,
    - Futtermittel für die Tiere.
11. Nennen Sie Beispiele aus der Bäckerei für naturbelassene Lebensmittel und stellen Sie diesen behandelte Rohstoffe gegenüber.
12. Nennen Sie Lebensmittel, die durch kurze Transportwege frisch erhältlich sind und die Umwelt schonen.
13. Ihr Chef legt immer großen Wert auf die betriebsinterne Gebäckbeurteilung, denn er möchte nur beste Qualitätswaren herstellen und verkaufen. Nun wurde das Mehrkornbrot sogar mit dem goldenen DLG-Preis ausgezeichnet. Die Urkunde haben Sie in das Schaufenster gehängt, um die Auszeichnung für Werbezwecke zu nutzen. Erklären Sie den nachfragenden Kunden, warum das Brot mit diesem Preis ausgezeichnet wurde und welche Kriterien bei der Gebäckprüfung eine Rolle spielen.

# 3 Arbeitssicherheit – Unfallverhütung



## Situation

Sie beobachten, wie ein Mitarbeiter Ihres Betriebes beim Tragen eines Korbes mit Brötchen die Treppe hinabstürzt. Er hat eine Platzwunde am Kopf und klagt über heftige Schmerzen im Knie. Sie rufen sofort die Rettungsleitstelle an und beauftragen den Ersthelfer, Erste Hilfe zu leisten. Später sollen Sie mit Ihrem Kollegen eine detaillierte Unfallschilderung für die Berufsgenossenschaft erstellen und Möglichkeiten der Unfallvermeidung diskutieren.

- Welche Inhalte hat der Unfallbericht?
- Welche Aufgaben hat die Berufsgenossenschaft?
- Welche Arbeitskleidung ist in der Produktion der Bäckerei vorgeschrieben?
- Welche Unfallverhütungsvorschriften sind zu beachten?
- Wie sind die Arbeitsschutzvorschriften für die Betriebsräume im Bäckereibetrieb?
- Welche Erste-Hilfe-Maßnahmen sind im Falle eines Unfalls durchzuführen?

Der Schutz vor Unfällen während der Arbeit und die Maßnahmen zur Unfallverhütung müssen bei Arbeitgebern und Arbeitnehmern gleichermaßen Grundvoraussetzungen für die Beschäftigung im Betrieb sein. Nicht beachtete Unfallverhütung hat für alle Beteiligten negative Folgen. Auswirkungen können sein:

**Für den Betrieb:**
- Arbeitsausfall des Verletzten ergibt Mehrarbeit für die Kollegen
- Kosten für anfallende Mehrarbeit der übrigen Beschäftigten im Betrieb und für Aushilfskräfte
- Gehaltsfortzahlung ohne Arbeitsleistung
- Strafe wegen Missachtung der Unfallverhütungsvorschriften

**Für den Verletzten:**
- Schmerzen
- Krankenhausaufenthalt und Arztbesuche
- Belastung für die Familie
- bleibende körperliche Schäden
- Berufsaufgabe

ARBEITSUNFALL

**Für die Versicherung und die Allgemeinheit:**
- Bezahlung des Verdienstausfalls bei längerer Krankheit
- Kosten für ärztliche Versorgung und Medikamente
- Rehabilitationskosten (Krankengymnastik, Kuraufenthalt u. a.)
- Bezahlung der Rente

## 3.1 Berufsgenossenschaft

Jeder Gewerbebetrieb muss zwangsläufig Mitglied in der für den entsprechenden Berufszweig zuständigen Berufsgenossenschaft sein. Für das Lebensmittelgewerbe – und somit für Bäckereibetriebe – ist die **Berufsgenossenschaft Nahrungsmittel und Gaststätten (BGN)** zuständig, die ihren Hauptsitz in Mannheim hat.

Die BGN ist Träger der gesetzlichen Unfallversicherung. Laut Gesetz muss jeder Beschäftigte, auch Auszubildende und Aushilfen, gegen Arbeitsunfälle bei der BGN versichert sein. Die Beiträge für diese Pflichtversicherung jedes Arbeitnehmers bezahlt zu 100 % der Arbeitgeber.

LF 1

### Arbeitsunfälle

Zu den Arbeitsunfällen zählt die Berufsgenossenschaft
- Unfälle am Arbeitsplatz bei betrieblicher Tätigkeit,
- Wegeunfälle auf dem direkten Weg von und zur Arbeit,
- Berufskrankheiten.

Unfälle während der Arbeitspausen, bei denen keine betrieblichen Tätigkeiten ausgeführt werden, z. B. beim Essen in der Kantine, werden nicht von der Unfallversicherung übernommen, sondern von der Krankenkasse.

Unfälle auf dem Weg von und zur Berufsschule und in der Schule fallen nicht unter die Berufsgenossenschaft, sondern werden von der schulischen Unfallversicherung (Gemeindeunfallversicherung = GUV) getragen.

### Berufskrankheiten

Berufskrankheiten sind Erkrankungen, die während der Arbeit oder durch die Arbeit entstehen. Die Ursache der Erkrankung muss in der ausgeübten Berufstätigkeit liegen. Es muss ein nachweisbarer Zusammenhang zwischen der Ausübung der Berufstätigkeit und der Erkrankung bestehen.

Die Erkrankung muss in der „Liste der anerkannten Berufskrankheiten" stehen. Ein Gutachter von der Berufsgenossenschaft prüft und bestätigt in jedem Fall die Berufskrankheit.

**Anerkannte Berufskrankheiten:**
- Mehlasthma, das Atembeschwerden verursacht und hauptsächlich durch Mehlstaub ausgelöst wird. Dieser kann auch weitere Allergien wie Hustenreiz, Augentränen, Fließschnupfen und Nieszwang nach sich ziehen.
- Allergische Hauterkrankungen (Ekzeme), also Hautausschläge, Juckreiz, Rötung. Sie werden überwiegend hervorgerufen durch Mehlstaub, Teigsäuren und Backmittel.

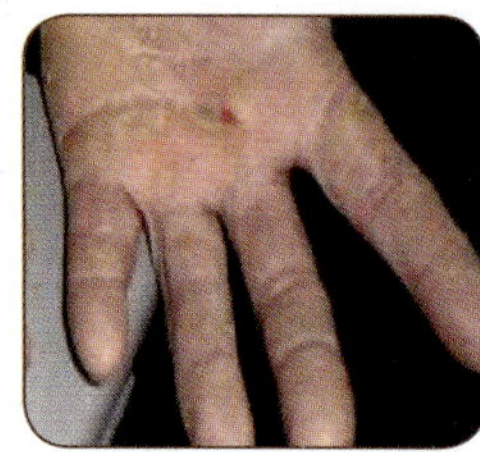
*Ekzem (Hauterkrankung)*

- Skeletterkrankungen mit Schäden an der Wirbelsäule, die Rückenleiden hervorrufen. Sie entstehen durch langjährige Belastung, überwiegend durch eine ständige gebückte Oberkörperhaltung.

Kariesbildung durch überdurchschnittlichen Kontakt vor allem mit Zucker beim Abschmecken sowie stärkehaltigen Lebensmitteln und Säuren kann durch regelmäßige Mundpflege (Zähneputzen) vorgebeugt werden und zählt deshalb bei Bäckern nicht zu den anerkannten Berufskrankheiten.

### Unfallanzeige

Anzeigepflichtig ist der Unternehmer.
- Nach einem Arbeitsunfall mit einer Arbeitsunfähigkeit von drei Tagen und mehr muss eine Unfallanzeige ausgefüllt und an die Berufsgenossenschaft geschickt werden. Die Anzeige muss innerhalb von drei Tagen erstattet werden, nachdem der Unternehmer von dem Unfall Kenntnis erhalten hat.
- Tödliche Unfälle und Unfälle mit schwerwiegenden Gesundheitsschäden müssen der BGN sofort, d. h. noch am selben Tag gemeldet werden.

Auf dem vorgedruckten Formular der Unfallanzeige müssen die berufliche Tätigkeit und der Unfallhergang genau beschrieben werden.

### Leistungen der Unfallversicherung

Die Berufsgenossenschaft trägt die Kosten, die durch einen Arbeitsunfall oder durch Berufskrankheiten entstehen. Dies sind im Einzelnen:

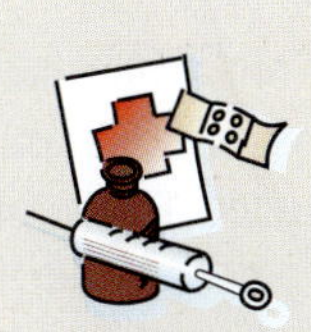

Medizinische Rehabilitation, z. B.
- ambulante Heilbehandlung (Arztkosten, Krankengymnastik, Medikamente)
- stationärer Krankenhausaufenthalt

Berufsfördernde Leistungen zur Rehabilitation, z. B. Umschulung

Leistungen zur Pflegebedürftigkeit, z. B. Pflegedienst, Pflegeheim

Geldleistungen, z. B.
- Verletztengeld als Lohnersatz
- Rente
- Sterbegeld
- Hinterbliebenenrente

*(Quelle: nach BGN)*

**Aufgaben**

1. Nennen Sie die Berufsgenossenschaft für das Lebensmittelgewerbe und somit für Bäckereien.
2. Nennen Sie den Träger der gesetzlichen Unfallversicherung, die eine Pflichtversicherung ist.
3. Wer bezahlt die Beiträge zur Unfallversicherung?
4. Die Berufsgenossenschaft erkennt drei Arten von Arbeitsunfällen an. Nennen Sie diese.
5. Nennen Sie die drei anerkannten Berufskrankheiten bei Bäckern.
6. Beschreiben Sie, wann eine Unfallanzeige bei Arbeitsunfällen an die Berufsgenossenschaft geschickt werden muss.
7. Wer hat die Anzeigepflicht bei Arbeitsunfällen an die Berufsgenossenschaft?
8. Nennen Sie die vier Leistungen mit Beispielen, die die Berufsgenossenschaft bei Arbeitsunfällen erbringt.
9. Einer Ihrer Kollegen fürchtet um seinen Arbeitsplatz, weil er immer wieder Atembeschwerden in der Backstube bekommt. Er befürchtet, Mehlasthma zu haben. Informieren Sie sich, wodurch diese Krankheit ausgelöst wird und ob sie geheilt werden kann.

### Verantwortung für Sicherheit und Gesundheit im Betrieb

Die Sicherheit und Gesundheit im Betrieb ist gesetzlich geregelt, z. B. im Arbeitsschutzgesetz und durch die Unfallverhütungsvorschriften. Der Betriebsinhaber muss sich über die Gesetze und Vorschriften selbst informieren.

Grundsätzlich ist der Unternehmer für die Sicherheit und Gesundheit im Betrieb verantwortlich. Er hat deshalb folgende Verpflichtungen zu erfüllen:
- Er muss dafür sorgen, dass die Gesetze und Vorschriften eingehalten werden.
- Er ist verpflichtet, alle Mitarbeiter/-innen regelmäßig zu sicherem und gesundheitsförderndem Verhalten am Arbeitsplatz anzuhalten, zu unterweisen, zu informieren und als Vorbild mit gutem Beispiel voranzugehen.

Aber auch die Mitarbeiter sind verpflichtet alles zu tun, damit ein sicheres Arbeiten gewährleistet ist. Sie müssen sich an die Vorschriften halten, da dies sonst arbeitsrechtliche Folgen haben kann.

## 3.2 Arbeitsstätten-Verordnung

Damit die Gesundheit der Beschäftigten in der Bäckerei geschützt wird, müssen die Arbeitsräume den Unfallverhütungsvorschriften entsprechen. Außerdem müssen die Betriebsräume den Beschäftigten ein gesundes, menschengerechtes Umfeld bei ihrer täglichen Arbeit bieten. Diese Arbeitsschutzvorschriften, für deren Einhaltung der Betriebsinhaber verantwortlich ist, werden von der Berufsgenossenschaft festgelegt.

### Arbeitsschutzvorschriften für Arbeitsräume

**Arbeitsräume**
- Sie müssen ausreichend beleuchtet sein.
- Gekennzeichnete Fluchtwege und Notausgänge sind erforderlich. Sie dürfen nicht eingeengt werden, sind immer freizuhalten und müssen allen Mitarbeitern bekannt gemacht werden.

**Fußböden**

- Sie dürfen keine Stolperstellen aufweisen. Als Stolperstellen gelten bereits Höhenunterschiede über 4 mm.
- Sie müssen wegen der Sturzgefahr rutschhemmend sein.
- Sie müssen wie die Wände leicht zu reinigen sein.

**Schädigende Umgebungseinflüsse**

Starker Lärm, ständiger Staub und Schmutz sowie ausstrahlende Gifte gefährden die Gesundheit der Beschäftigten und müssen deshalb vermieden werden.

*Schädigende Umgebungseinflüsse*

*Vorrichtung zum Absaugen des Mehlstaubs*

**Schutz gegen Brandgefahr**

- Es müssen geprüfte Feuerlöscher angebracht sein. Die Füllmenge und Anzahl der Feuerlöscher ergibt sich in Bäckereien nach der Flächengröße der Räume. Eine Funktionsüberprüfung muss alle zwei Jahre durch einen Fachbetrieb erfolgen.
- Die Beschäftigten sind in die richtige Handhabung der Feuerlöscher einzuweisen.
- Die Feuerlöscher müssen jedem Betriebsangehörigen leicht zugänglich sein.

## Arbeitsschutzvorschriften für Sozialräume

Die Arbeitsstätten-Verordnung schreibt folgende Sozialräume im Bäckereibetrieb vor sowie deren zweckmäßige Einrichtungen:

### Pausenräume

Bei mehr als zehn Beschäftigten, dazu zählen die Bäcker und Verkäuferinnen sowie das Bedienungspersonal, muss der Betrieb einen Pausenraum bereitstellen. Darin müssen Tische und Sitzgelegenheiten entsprechend der Anzahl der Beschäftigten stehen. Für schwangere Beschäftigte müssen Sitz- und Liegemöglichkeiten zum zwischenzeitlichen Ausruhen vorhanden sein.

Der Arbeitgeber muss geeignete Maßnahmen ergreifen, um Nichtraucher vor Belästigungen durch Tabakrauch zu schützen.

### Umkleideräume

Da die Bäckerinnen und Bäcker sowie die Verkäufer/-innen und Bedienungen Berufskleidung tragen müssen, sind Umkleideräume, getrennt nach Frauen und Männern, vorgeschrieben, die wie folgt ausgestattet sein müssen:

- ein abschließbarer Kleiderschrank für jeden Beschäftigten
- für je vier Schrankeinheiten im Umkleideraum mindestens eine Sitzgelegenheit
- Spiegel
- Abfallbehälter

### Waschräume

Auch die Anforderungen an die Waschräume sind festgelegt:

- getrennte Waschräume für Frauen und Männer
- fließend warmes und kaltes Wasser in den Waschräumen
- Mittel zur hygienischen Reinigung müssen vorhanden sein; zulässig sind Seifenspender und zum Abtrocknen der Hände Einmalhandtücher
- in jedem Waschraum muss ein Abfallbehälter stehen
- Wasch- und Umkleideräume müssen voneinander getrennt sein, aber einen unmittelbaren Zugang zueinander haben

### Toiletten

Die Toiletten müssen folgende Anforderungen erfüllen:

- bei mehr als fünf Beschäftigten müssen sie ausschließlich dem Personal zur Verfügung stehen

- getrennte Toilettenräume für Frauen und Männer bei mehr als fünf Beschäftigten verschiedenen Geschlechts im Betrieb
- Toilettenräume müssen in unmittelbarer Nähe von Pausen-, Umkleide- und Waschräumen sein. Sie dürfen höchstens eine Geschosshöhe vom Arbeitsplatz entfernt sein, wobei der Weg zu den Toiletten nicht durchs Freie führen soll.
- Handwaschbecken, Seifenspender und Einmalhandtücher müssen vorhanden sein
- Toilettenräume müssen ausreichend belüftbar sein

*Hygienisches Reinigen der Hände*

**Aufgaben**

1. Wie heißt die Berufsgenossenschaft für Ernährungsberufe?
2. Geben Sie an, wer im Betrieb in der Unfallversicherung der Berufsgenossenschaft versichert sein muss.
3. Wer ist für die Sicherheit und Gesundheit der Beschäftigten im Betrieb verantwortlich? Nennen Sie Verpflichtungen des Verantwortlichen.
4. Welche Verpflichtungen haben die Beschäftigten für ihre eigene Sicherheit und Gesundheit während der Arbeit?
5. Beschreiben Sie die wichtigsten Arbeitsschutzvorschriften nach der Arbeitsstätten-Verordnung
   - für die Arbeitsräume,
   - für die Fußböden,
   - gegen schädigende Umgebungseinflüsse,
   - für den Schutz gegen Brandgefahr.
6. Nennen Sie die nach der Arbeitsstätten-Verordnung vorgeschriebenen Sozialräume in Bäckereibetrieben und erklären Sie deren Einrichtungen.
7. Da Sie sich vor der Arbeit Ihre Berufskleidung anziehen müssen, hätten Sie gerne in Ihrem Betrieb einen abschließbaren Schrank, in dem Sie Ihre persönlichen Sachen unterbringen können. Ihr Chef meint aber, dass dafür kein Platz vorhanden sei. Schauen Sie in der Arbeitsstätten-Verordnung nach, ob auch etwas über Kleiderschränke in der Verordnung steht und welche Vorschriften der Betrieb noch beachten muss.

## 3.3 Unfallgefahren und Unfallverhütung

Bei Unfällen ist keine Erkenntnis zutreffender:
**„Gefahr erkannt – Gefahr gebannt."**
Unfälle im Betrieb werden meistens verursacht durch:

- Nichterkennen der Gefahrenquellen
- Leichtsinn
- Bequemlichkeit
- Nichtbeachtung der Unfallvorschriften, oft auch durch zu hastiges und unüberlegtes Arbeiten
- Übermüdung, z. B. durch fehlende Pausen

Um Unfälle im Betrieb zu vermeiden, sollen deshalb alle Beschäftigten regelmäßig auf die Gefahrenquellen in der Bäckerei aufmerksam gemacht werden. Besonders wichtig ist, dass vor allem neu in das Berufsleben eintretende Auszubildende und neue Anlernkräfte von den Ersthelfern im Betrieb und von erfahrenen Berufskollegen auf die Unfallgefahren hingewiesen werden. Diese Sicherheitsunterweisungen sollen möglichst praxisnah geschehen, d. h. an den entsprechenden Maschinen und Geräten sowie bei den gefährlichen Stoffen in der Bäckerei.

LF 1

Werden die Gefahrenquellen erkannt und sofort ausgeschaltet, können Arbeitsunfälle zur Ausnahme werden.

| Gefahrenquellen | Vorbeugungsmaßnahmen |
|---|---|
| **Zur Vermeidung von Stürzen** | |
| Nasse Fußböden und Treppen | Verschüttete Flüssigkeiten umgehend aufwischen und gründlich trocknen. |
| Beschmutzte Fußböden und Treppen | Zu Boden Gefallenes wie Cremes, Früchte u. a. sofort entfernen und aufwischen. |
| Fettige Fußböden | Mit heißem Wasser, das ein fettlösendes Mittel enthält, sofort säubern. |
| Beschädigte Fußböden und Treppen | Schäden wie Stolperstellen müssen schnellstens behoben werden. |
| Ungesicherte Treppen | Zu jeder Treppe gehört ein Handlauf. Auf Treppen dürfen keine Gegenstände abgestellt werden. Treppen müssen gut beleuchtet sein. |

| Gefahrenquellen | Vorbeugungsmaßnahmen |
|---|---|
| **Zur Vermeidung von Stürzen** | |
| Schlechte Beleuchtung in den Arbeitsräumen | Sämtliche Arbeitsbereiche im Betrieb müssen ausreichend beleuchtet sein. |
| Hindernisse im Arbeitsbereich, z. B. Körbe, Bleche, Eimer, Schachteln | Der Arbeitsplatz sowie die Arbeitswege müssen frei und aufgeräumt sein, um Stolperstellen zu vermeiden. |
| Stromkabel führen über Lauf- und Fahrwege | Sie dürfen nicht von den Maschinen über den Arbeitsweg zur Steckdose führen. Es sind Stolperstellen und die Kabel werden dabei beschädigt. |
| Leitern und Steighilfen | Vor dem Besteigen der Leiter muss deren sicherer Stand geprüft werden. Auf der obersten Stufe der Leiter bzw. Staffelei sich nicht zu weit hinausbeugen. Übereinandergestellte Hocker, Stühle, Kisten, Körbe u. a. sind keine Steighilfen, sondern selbst gebaute Fallen.<br>*Selbst gebaute Falle* |
| Schlechtes Schuhwerk<br>*Vorschriftsmäßiges Schuhwerk* | Für die Arbeit eignen sich nur Schuhe mit festem Sitz am Fuß und Fersenhalt sowie rutschhemmenden Sohlen. |
| **Zur Vermeidung von Schnittverletzungen** | |
| Messer im Spülwasser | Messer und scharfe Geräte in einen Behälter neben die Spüle stellen oder ordentlich in die Spülmaschine einräumen.<br>Sie dürfen nicht im Spülwasser liegen, weil sie dort nicht sichtbar sind und somit eine zusätzliche Gefahrenquelle darstellen. |

| Gefahrenquellen | Vorbeugungsmaßnahmen |
|---|---|
| Abwaschen und Abtrocknen von Messern | Mit einem Spüllappen und dem Geschirrtuch nur über die stumpfe Seite des Messers fahren. |
| Herumliegende Messer | Die Messer nach dem Gebrauch sofort wieder in die dafür vorgesehenen Behälter legen. |
| Öffnen von Dosen | Nur stabile, scharf schneidende Dosenöffner verwenden. Die Dosen vorsichtig öffnen, damit man sich nicht an dem scharfen Blech der geöffneten Dose schneidet. |
| Herabfallende Messer | Nicht versuchen, diese beim Herabfallen aufzufangen. |
| **Zur Vermeidung von Verletzungen an Maschinen** | |
| Maschinen | • Grundsätzlich nie in eine laufende Maschine greifen.<br>• Nicht bei laufenden Maschinen hinter die Schutzvorrichtung fassen.<br>Bei leichtsinnigem Umgang können Quetschungen, Prellungen, Knochenbrüche, Schnittverletzungen u. a. die Folgen sein. |
| **Zur Vermeidung von Verletzungen durch Strom** | |
| Reinigen von Maschinen und Steckdosen | Vor dem Nassreinigen der Maschinen den Stecker herausziehen. Weder mit trockenen noch mit nassen Händen in die Strom führende Steckdose fassen. |
| Schadhafte Kabel, Stecker und Steckdosen<br>*Schadhafter Stecker* | Beschädigte Strom führende Teile umgehend von Elektropersonal reparieren lassen. Den Stecker nicht am Kabel aus der Steckdose herausziehen, damit das Kabel nicht beschädigt wird. |

| Gefahrenquellen | Vorbeugungsmaßnahmen |
|---|---|
| **Zur Vermeidung von Verbrennungen** | |
| Backofen: Einschieben und Herausnehmen der Backbleche | Beim Einschieben der Backbleche in den Herd und beim Herausnehmen den Schieber verwenden und nicht mit dem Arm in den Herd greifen. Heiße Blechwagen für Stikkenöfen, Backbleche und Backformen mit Ofenhandschuhen anfassen. |
| Fettbackgerät:<br>• mit heißem Siedefett | Das Fettbackgerät muss standfest angebracht sein und darf nicht mit heißem Siedefett bewegt werden. Verbrennungen beim Ablassen von altem Fett vermeiden und heißes Fett nur sicher transportieren. |
| • beim Fettbrand | Mit einem Feuerlöscher löschen bzw. den Deckel auf das Fettbackgerät legen, um die Flammen durch Luftabschluss zu ersticken. Nie mit Wasser löschen, da schon kleinste Mengen Wasser eine gefährliche Stichflamme erzeugen. |
| **Zur Vermeidung von Verkühlungen** | |
| Tiefkühlraum (Frosterraum) | Den Tiefkühlraum grundsätzlich nur mit kälteschützender Bekleidung betreten; ein Anorak und Handschuhe sollten deshalb vor dem Frosterraum für jeden erreichbar angebracht sein. |
| **Zur Vermeidung von Verätzungen** | |
| Brezellauge, Natronlauge<br> <br>*Ätzend* *Giftig* | Beim Umgang mit Brezellauge immer Schutzkleidung, z. B. Gummihandschuhe und Schutzbrille, tragen. Konzentriert arbeiten, damit die Lauge nicht in die Augen spritzt. Brezellauge und andere gefährliche Stoffe nur in gut gekennzeichnete Behältnisse abfüllen. |

Die Unfallversicherung kommt zwar für Unfälle und deren Folgen auf, sie kann jedoch gesundheitliche Beeinträchtigungen und den Verlust der Lebensfreude durch keinen Geldbetrag ausgleichen. Es lohnt sich deshalb, über Unfallgefahren nachzudenken und vorbeugende Maßnahmen zu berücksichtigen.

Auch sollten bei der Arbeit die nötigen Pausen eingelegt werden, damit nicht durch Überbeanspruchung die Konzentration nachlässt und damit die Unfallgefahr steigt.

§

**Gesetzliche Bestimmung beim Umgang mit Maschinen**
Nach dem Jugendarbeitsschutzgesetz dürfen Jugendliche über 16 und unter 17 Jahren zu Ausbildungszwecken an Maschinen arbeiten, wenn sie über die Unfallgefahren belehrt worden sind und eine Aufsichtsperson anwesend ist.

Bei jeder Arbeit ist die Sicherheit vorrangig. Sicherheit geht auch vor Schnelligkeit. Nur wer konzentriert arbeitet, bleibt auf Dauer gesund und leistungsfähig.

### Aufgaben

1. Geben Sie betriebliche Gefahrenquellen an, die Stürze verursachen können, und beschreiben Sie dazu die vorbeugenden Maßnahmen.
2. Nennen Sie Beispiele, wodurch Schnittverletzungen durch Messer beim Abwaschen vermieden werden können.
3. Beschreiben Sie zwei Vorbeugemaßnahmen, damit Unfälle an Maschinen verhindert werden.
4. Geben Sie Gefahrenquellen durch Strom an und wie Verletzungen vermieden werden können.
5. Wie können Verbrennungen beim Arbeiten am Backofen und mit einem Fettbackgerät entstehen?
6. Erklären Sie, wie ein Fettbrand im Fettbackgerät gelöscht werden soll.
7. Erläutern Sie, was beim Betreten des Frosterraums beachtet werden soll, um Verkühlungen zu vermeiden.
8. a) Worin wird Natronlauge aufbewahrt?
   b) Wie kann man Verätzungen durch Natron- bzw. Brezellauge in der Bäckerei vorbeugen?
9. Beim Backen der Berliner war morgens Fett auf den Boden gespritzt und nicht sofort vom Fußboden aufgewischt worden. Ihre Chefin war sehr wütend darüber und nimmt dies zum Anlass, mit allen Beschäftigten eine Unterweisung über die Unfallgefahren durchzuführen. Sie werden von ihr aufgefordert, Gefahrenquellen in der Bäckerei zu benennen.

## 3.4 Erste Hilfe

Erste Hilfe ist die sofortige Hilfe bei Unfällen oder plötzlich auftretenden (akuten) Erkrankungen bzw. Verletzungen. Sie ist eine sehr wirksame Hilfe, da sie

- den ersten Schmerz lindert,
- dem Verletzten die Angst nimmt und
- die Unfall- bzw. Krankheitsfolgen mildert.

Verletzte brauchen deshalb Erste Hilfe. Diese zu leisten, gehört zur selbstverständlichen Menschlichkeit.

Erste Hilfe muss und kann jeder leisten! Alle Menschen sind im Notfall zur Ersten Hilfe verpflichtet. Unterlassene Hilfeleistung ist eine Straftat.

### Telefonischer Notruf

Um telefonisch Hilfe anfordern zu können, müssen die Notrufnummern bekannt sein. Sie sollten möglichst am Telefon sichtbar vermerkt sein, damit der Anrufende trotz der ersten Aufregung die korrekte Nummer wählt.
Damit die Rettungsstellen schnellstmöglich Hilfe leisten können, müssen beim Telefonieren wichtige Angaben gemacht werden.

**Notrufnummern:**

**112** = Rettungsleitstelle (Krankenwagen, Notarzt); in einigen Bundesländern ist eine andere Nummer erforderlich
**112** = Feuerwehr
**110** = allgemeiner Notruf (Polizei)

**Angaben beim Notruf:**

**Wo** ist der Unfall bzw. die Erkrankung passiert?
- genaue Ortsbeschreibung

**Was** ist passiert?
- kurze Beschreibung der Unfallsituation bzw. des Krankheitsverlaufs

**Wie viele** Verletzte sind es?
- evtl. wird ein weiterer Krankenwagen benötigt

**Welche** Art der Verletzung ist es?
- damit notwendige Hilfsmittel mitgebracht werden oder ein Notarzt mitkommt

**Warten** auf Rückfragen (ggf. Name und Telefonnummer für Rückrufe angeben)

Beispiel:

| | |
|---|---|
| Wo? | Bäckerei Backherz, Rosengasse 12 |
| Was? | Mein Kollege ist ausgerutscht und mit dem Kopf auf die Kante einer Maschine aufgeschlagen. |
| Wie viele? | Es ist ein Verletzter. |
| Welche? | Er hat eine Platzwunde am Kopf und ist bewusstlos. |
| Warten | Mein Name ist Fritz Hurtig. |

### Ersthelfer

Anerkannter Ersthelfer ist, wer einen Erste-Hilfe-Lehrgang von mindestens acht Doppelstunden erfolgreich bei einer zur Ausbildung berechtigten Hilfsorganisation abgelegt hat. Der Lehrgang sollte regelmäßig, in nicht zu großen Abständen, wiederholt werden.

Jeder Arbeitgeber hat dafür zu sorgen, dass genügend Beschäftigte als Ersthelfer ausgebildet sind und diese jedem Mitarbeiter im Betrieb bekannt sind.

**Gesetzliche Bestimmung über die Anzahl der Ersthelfer im Betrieb:**
In Betrieben von zwei bis zu 20 anwesenden Beschäftigten ist mindestens ein ausgebildeter Ersthelfer bzw. eine Ersthelferin erforderlich.
Bei mehr als 20 anwesenden Beschäftigten in der Bäckerei müssen mindestens 10 % der Beschäftigten als Ersthelfer ausgebildet sein.

### Erste-Hilfe-Material

- Das vorhandene Erste-Hilfe-Material muss der Betriebsgröße entsprechen.
- Der Verbandskasten muss gegen schädigende Einflüsse wie Hitze und Nässe geschützt sein.
- Für den vollständigen und einwandfreien Inhalt des Verbandskastens muss ein Mitarbeiter bzw. eine Mitarbeiterin verantwortlich sein.

LF 1

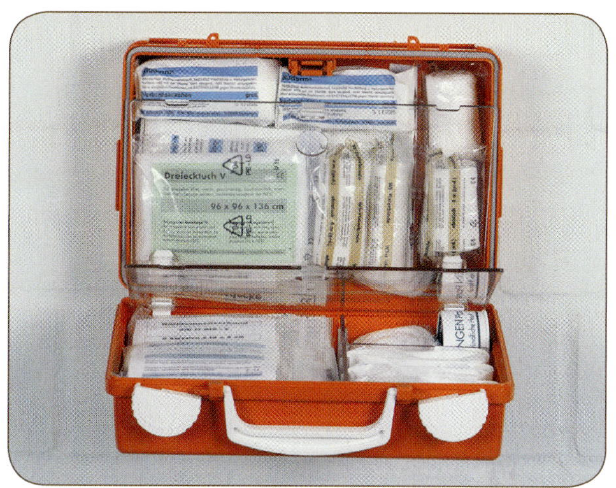

*Verbandskasten*

Der Verbandskasten ist durch ein weißes Kreuz auf grünem Feld zu erkennen.

**Beachten Sie beim Verbandskasten:**

- Der Standort des Verbandskastens muss jedem bekannt und für jeden Betriebsangehörigen leicht erreichbar und zugänglich sein.
- Er muss stets aufgefüllt und übersichtlich eingeräumt sein.
- Erste-Hilfe-Material mit abgelaufenem Verfallsdatum und nicht mehr einwandfreies Material müssen erneuert werden.

*So sollte es im Notfall nicht sein*

**Grundsätze bei der Ersten Hilfe:**

- Immer Ruhe bewahren, um effektiv arbeiten zu können und den Verletzten nicht zu beunruhigen.
- Den Verletzten möglichst nicht alleine lassen.
- Den Verletzten trösten.
- Wenn nötig, die Rettungsleitstelle benachrichtigen.

Ist dem Ersthelfer bzw. der Ersthelferin die Schwere der Verletzung unklar, sollte sofort die Rettungsleitstelle verständigt oder der Arzt aufgesucht werden.

## Erste-Hilfe-Maßnahmen

| Unfälle/Erkrankungen | Erste-Hilfe-Maßnahmen |
|---|---|
| Kleine Schnittverletzungen | Wundschnellverband (Heftpflaster) anlegen. Dabei das Mullkissen, das nicht berührt werden darf, auf die Wunde legen und das Pflaster auf die unverletzte Haut kleben.<br>*Wundschnellverband anlegen* |
| Platzwunden und schwere Schnittverletzungen | Verbandspäckchen anlegen oder sterile Wundauflage (Kompresse) auflegen und mit einer Mullbinde umwickeln, dann sofort den Arzt aufsuchen, falls die Wunde genäht werden muss. Die Seite der Wundauflage nicht mit den Fingern berühren (Infektionsgefahr). Wenn möglich, sollte das verletzte Glied hochgehalten oder -gelagert werden, damit das Blut von der Wunde zurückfließen kann.<br>sterile Wundauflage<br>Mullbinde<br>*Verbandspäckchen* |
| Schwellungen, z. B. durch Quetschungen, Prellungen oder Verstauchungen | Sofort kühlendes Material auf die Schwellung geben, damit die Bildung des Blutergusses gehemmt wird und sich somit die Schwellung nicht verstärkt, z. B. Eiswürfel, Gefrierakku, Eisspray. Die Kältemittel nicht direkt auf die blanke Haut geben, um Hautschäden durch Erfrierungen zu vermeiden. |

LF 1

| Unfälle/Erkrankungen | Erste-Hilfe-Maßnahmen |
|---|---|
| Verbrennungen | Die Brandwunde sofort in kaltes Wasser tauchen oder unter fließendes kaltes Wasser halten, bis die Schmerzen nachlassen. Großflächige Brandwunden, z. B. größer als eine Handfläche, mit einem Brandwundentuch abdecken und umgehend den Arzt aufsuchen. Durch Verbrennung angeklebte Kleider nicht wegreißen. |
| Schwindelgefühle | Bei dieser Kreislaufschwäche hinsetzen oder in Rückenlage entspannen, bis Besserung eintritt. |
| Bei Schockanzeichen wie Schwindel, Blässe, Schweiß auf der Stirn, Zittern und bei kurzer Ohnmacht | In Rückenlage Beine hochlagern, bis durch die bessere Blutversorgung des Herzens und somit der Organe erkennbare Besserung eintritt. *Schocklagerung* |



| Unfälle/Erkrankungen | Erste-Hilfe-Maßnahmen |
|---|---|
| Gehirnerschütterung | Den Verletzten vorsichtig hinlegen und sofort ohne Erschütterung zum Arzt bringen oder die Rettungsleitstelle verständigen. Merkmale: Übelkeit, Schwindel, Kopfschmerzen, Gedächtnislücken, Erinnerungslücken in Bezug auf den Unfallhergang |
| Verätzungen der Augen durch Spritzer von Natron- bzw. Brezellauge | Das betroffene Auge fortlaufend von der Nase her nach außen mit Wasser spülen, mindestens 20 Minuten, bis der Schmerz aufhört oder ein Arzt die Behandlung übernimmt. Ansonsten beide Augen verbinden und vom Augenarzt behandeln lassen. *Augenspülung* |

Blutende Verletzungen werden wegen der Infektionsgefahr grundsätzlich mit Einmalhandschuhen versorgt.

**Aufgaben**

1. Erklären Sie den Begriff „Erste Hilfe".
2. Nennen Sie die Telefonnummern und die Rettungsstellen zum Anfordern von Hilfe.
3. Nennen Sie die fünf Angaben, die beim telefonischen Notruf erforderlich sind.
4. Erklären Sie, wie man Ersthelfer in einem Betrieb werden kann.
5. Wie viele Beschäftigte müssen in der Bäckerei als Ersthelfer ausgebildet sein
   - bei zwei bis 20 Beschäftigten im Betrieb,
   - bei über 20 Beschäftigten im Betrieb?
6. Welchen Anforderungen (Standort, Inhalt) muss der Verbandskasten im Betrieb entsprechen?
7. Nennen Sie die vier Grundsätze, die bei der Ersten Hilfe beachtet werden sollten.
8. Beschreiben Sie die Erste-Hilfe-Maßnahmen bei folgenden Arbeitsunfällen bzw. Erkrankungen:
   - Platzwunden und schwere Schnittverletzungen
   - Schwellungen durch Quetschungen, Prellungen oder Verstauchungen
   - kleinere und großflächige Verbrennungen
   - Schwindelgefühl
   - Gehirnerschütterung
   - Schock und Ohnmacht
   - Brezellauge
9. Sie sind in Ihrer Bäckerei Ersthelfer/-in und sollen ein Merkblatt für die Sicherheit der Beschäftigten im Betrieb verfassen. Dies soll dann für alle gut sichtbar im Pausenraum ausgehängt werden und mögliche Unfälle und Erkrankungen in der Bäckerei sowie die entsprechenden Erste-Hilfe-Maßnahmen beinhalten.

## 3.5 Ergonomie

Ergonomie ist die Wissenschaft, die erklärt, wie der menschliche Körper bei bestimmten Arbeiten nicht zu stark belastet oder geschädigt wird.
Die tägliche Arbeit sollte so geleistet werden können, dass sie für den Körper wenig belastend ist. Nur so können die Leistungsfähigkeit erhalten und Langzeitschäden verhindert werden.

Die stärksten Beanspruchungen für den Körper sind eine ständig einseitige Belastung und eine schlechte Körperhaltung beim Arbeiten. Die Folgen davon sind Rückenschmerzen, Muskelverspannungen und Ermüdungserscheinungen.

Erkennt man die einseitigen bzw. falschen Belastungen für den Körper, können Gegenmaßnahmen ergriffen werden:

*Falsche Körperhaltung*

*Richtige Körperhaltung*

*Falsche Sitzhaltung*

*Richtige Sitzhaltung*

*Ergonomisches Modellieren*

*Falsches Tragen*

*Richtiges Tragen*

*Falsches Hochheben*

*Richtiges Hochheben*



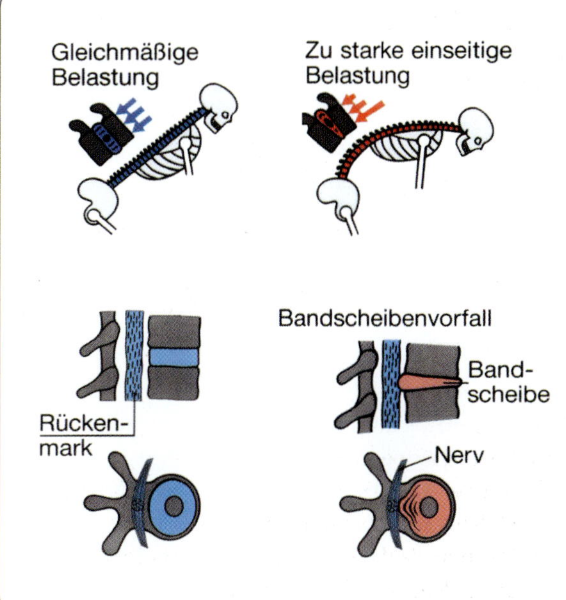


*Auswirkungen von Hebetechniken*

Nur durch ständig körpergerechtes Arbeiten bleibt der Körper leistungsfähig und können körperliche Langzeitschäden, z. B. Rückenschäden, verhindert werden. Bei Jugendlichen ist die körpergerechte Arbeit besonders wichtig, weil die Organe noch im Wachstum und somit nicht fertig ausgebildet sind.

| Belastungen | Negative Auswirkungen auf den Körper | Abhilfen bei der Arbeit |
|---|---|---|
| Schlechte Beleuchtung | • Konzentrationsstörungen<br>• Kopfschmerzen | Beim Arbeiten generell für gute Lichtverhältnisse sorgen, wie geeignete Beleuchtungsstärke und geringe Blendwirkung. |
| Zu enge Arbeitskleidung und unbequeme Arbeitsschuhe | • Beine und Füße schmerzen<br>• Bewegungen werden beeinträchtigt | Keine beengende Kleidung und bequeme Schuhe tragen. |
| Langes Stehen, vor allem auf einer Stelle | • Ermüdungserscheinungen<br>• schmerzende Beine | Bestimmte Arbeiten im Sitzen oder mit einer Stehhilfe verrichten, damit das Körpergewicht entlastet wird. In den Pausen sitzen und evtl. Füße hochlagern. |
| Falsches Sitzen über längere Zeit | Durch diese falschen Körperhaltungen ergeben sich:<br>• Rückenschmerzen<br>• Muskelverspannungen<br>• Ermüdungserscheinungen<br><br>*Falsche Körperhaltung* | Beim Sitzen den Oberkörper aufrecht halten. Nach vorne geneigte Schultern vermeiden. Die Wirbelsäule durch die Stuhllehne stützen. |
| Langes Bücken und lang anhaltende gebückte Körperhaltung, z. B. durch zu niedrige Arbeitstische | | Möglichst alle Arbeiten bei aufrechter Körperhaltung erledigen, z. B. durch<br>• Anpassen der Arbeitstischhöhe an die Körpergröße<br>oder<br>• eine entsprechende Unterlage unter dem Arbeitsgerät. |
| Falsches Hochheben und Absetzen von schweren Gegenständen | | In die Hocke gehen und Gegenstände mit aufrechtem Oberkörper hochheben und genauso wieder absetzen. |
| Falsches Tragen von schweren Gegenständen | | Die Last dicht vor dem Körper tragen oder beide Körperseiten gleichmäßig belasten. Dabei den Orberkörper aufrecht halten. |



## Aufgaben

1. Erklären Sie den Begriff „Ergonomie".
2. Nennen Sie die zwei stärksten Beanspruchungen für den Körper beim Arbeiten.
3. Nennen Sie die drei Folgen der stärksten Beanspruchungen des Körpers beim Arbeiten.
4. Ständig anhaltende Belastungen wirken sich negativ auf den Körper aus. Nennen Sie die Auswirkungen bei folgenden Belastungen und beschreiben Sie, wie sie verhindert werden können:
   - schlechte Beleuchtung
   - zu enge Arbeitskleidung und unbequeme Arbeitsschuhe
   - langes Stehen, vor allem auf einer Stelle
   - falsches Sitzen über längere Zeit
   - langes Bücken und lang anhaltende gebückte Körperhaltung, z. B. zu niedrige Arbeitstische
   - falsches Hochheben und Absetzen von schweren Gegenständen
   - falsches Tragen von schweren Gegenständen
5. Warum ist ergonomisches Arbeiten vor allem bei Jugendlichen besonders wichig?
6. Warum ist langes Stehen auf einer Stelle während der Arbeit belastender als Stehen und zwischendurch häufiges Gehen?
7. Eine Ihrer Kolleginnen klagt über häufige Rückenschmerzen, vor allem beim Hochheben der Gebäckkörbe und beim längeren Arbeiten am Computer. Einer anderen Kollegin schmerzen oft die Füße und Beine während der Arbeit. Erklären Sie Ihren Kolleginnen die Ursachen hierfür und geben Sie ihnen Tipps, wie sie ihren Körper bei der Arbeit entlasten und schwere Gegenstände rückenschonend hochheben können.

# 4 Umweltschutz

**Situation**

Die neue Praktikantin legt großen Wert auf Ordnung und Sauberkeit. Deshalb stellt sie die Spülmaschine sofort an, nachdem sie einige Teile hineingestellt hat. Wenn sie Arbeitstische reinigt, nimmt sie übertrieben viel Spülmittel, sodass das Reinigungswasser überschäumt. Als sie das Fettbackgerät säubern soll, will sie das verbrauchte Fett in den Ausguss schütten.

Damit die Praktikantin bei ihren Tätigkeiten auch an den Umweltschutz denkt, bittet Ihr Chef Sie, die Praktikantin in Bezug auf die Wasserreinhaltung, Abfallentsorgung und Energieeinsparung in der Bäckerei zu unterrichten.

- Welche Bedeutung hat der Umweltschutz für die Bäckerei?
- Durch welche Maßnahmen kann die Bäckerei einen Beitrag zum Umweltschutz leisten?
- Durch welche Maßnahmen kann jeder Mitarbeiter persönlich die Umwelt entlasten?

LF 1

## Die großen Belastungen der Umwelt

Die Lebensweise der Menschen belastet die Luft, das Wasser und den Boden und gefährdet so die Umwelt. Die großen Belastungen sind:

- Große Mengen an Abfällen fallen an, die Schadstoffe bei der Entsorgung abgeben.
- Abgase von Kfz, Heizungen und Fabriken werden in die Luft ausgestoßen.
- Abwässer verunreinigen die Flüsse und das Grundwasser.
- Lärm belastet das Nervensystem und kann z. B. zu Kopfschmerzen, Nervosität und Schlafstörungen führen. Auch Schwerhörigkeit ist eine Folgeerscheinung.

> Umweltschutz geht uns alle an!
> Deshalb müssen Betriebe, Haushalte und jeder Einzelne zum Schutz der Umwelt beitragen.

### Umweltbewusste Kunden

Diese Kunden kaufen gerne in einer Bio-Bäckerei, weil sie dort Waren erhalten, die mit umweltschonend gewonnenen Lebensmitteln hergestellt werden. Umweltschonend sind:

- **Bio-Backwaren**
  Sie werden mit Mehl bzw. Vollkornschrot aus kontrolliert biologischem Anbau hergestellt. Das Getreide wird nicht mit chemischen Düngern und Pflanzenschutzmitteln behandelt. Wird Getreide mit Kunstdünger gedüngt, ist nich nur das Getreide chemisch belastet, sondern durch das Einsickern auch der Boden und das Grundwasser.
- **Lebensmittel aus der Region**
  In Bio-Bäckereien werden die Lebensmittel zum Verarbeiten der Backwaren aus der Umgebung gekauft, z. B. Obst, Gemüse, Milch und Milcherzeugnisse. Lange Transportwege für Lebensmittel kosten Energie und belasten die Umwelt durch Abgase und Lärm.

Der Werbeeffekt für Bäckereierzeugnisse mit diesen Lebensmitteln ist wegen des Umweltschutzes und des höheren Gesundheitswertes bei vielen Kunden sehr groß.

**Umweltbelastende Faktoren in der Bäckerei**

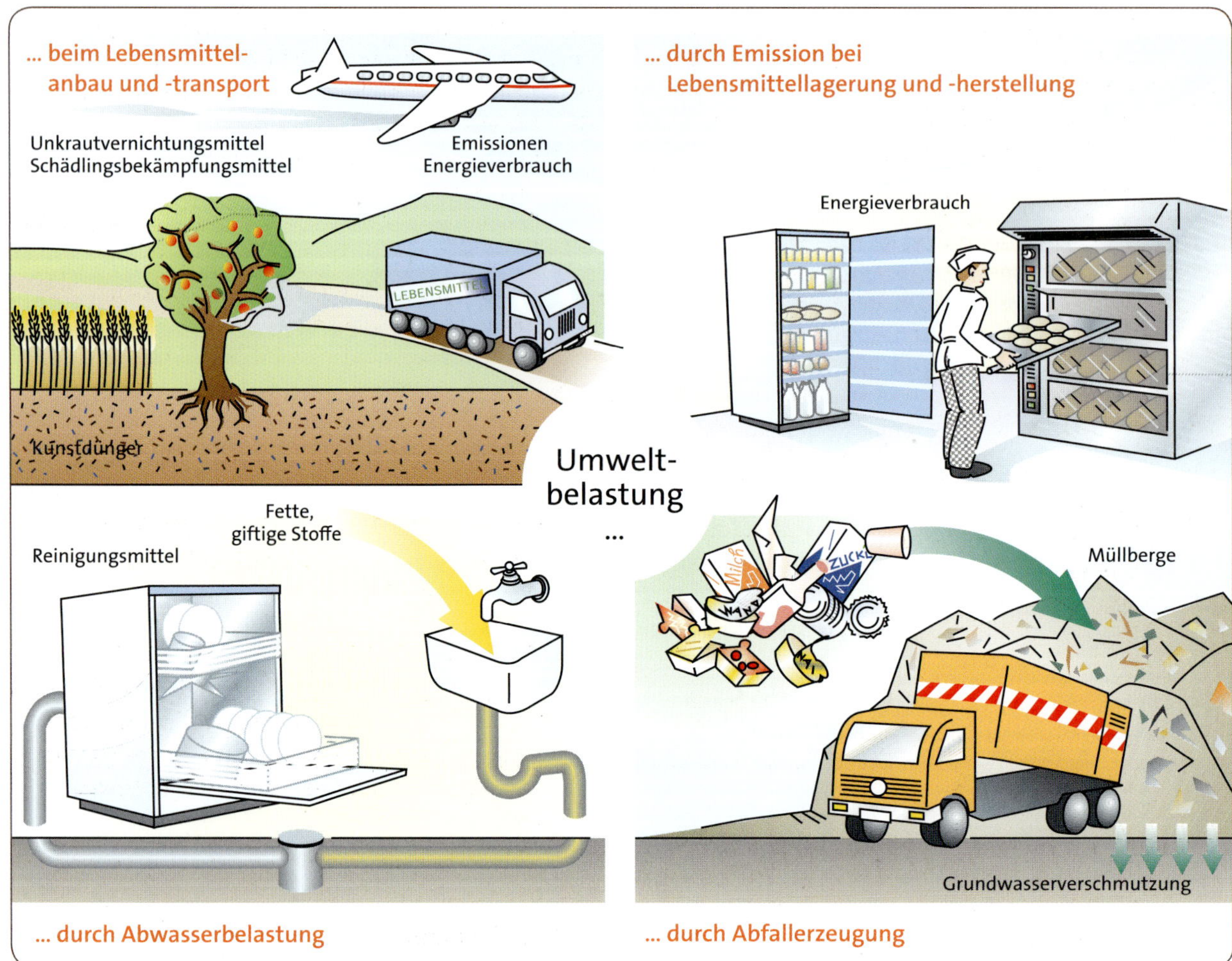




## 4.1 Reinhaltung des Wassers

Wasser ist ein wertvolles Gut. Nicht überall auf der Welt steht den Menschen ausreichend sauberes und gesundheitlich unbedenkliches Wasser zur Verfügung.
Damit das Trinkwasser weiterhin sauber bleibt, dürfen möglichst keine Verunreinigungen oder gar Giftstoffe in die Kanalisation eingeleitet werden, da sie teilweise nicht wieder aus dem Wasser herausgefiltert werden können.
Das von Menschen verbrauchte Wasser fließt durch die Kanalisation und gelangt in die Kläranlagen. Dort wird es gereinigt, bevor es in die Flüsse geführt wird und in das Grundwasser gelangt.

Sauberes Wasser ist lebensnotwendig. Damit kein Notstand bei der Wasserversorgung eintritt, müssen die Menschen insbesondere in den niederschlagsarmen Jahreszeiten sparsam mit dem Trinkwasser umgehen.

Beispiele aus dem täglichen Leben, was wir für die Erhaltung und Qualität des Wassers tun können:

- **Trinkwasser** nicht verschwenden, z. B.
  - Wasserhahn nicht unnötig lange öffnen,
  - nur voll beladene Spülmaschinen einschalten.
- **Reinigungsmittel** sparsam verwenden, z. B. vorgeschriebene Dosierung für die Spülmaschine einhalten.
- **Verbrauchtes Siedefett**, das gesundheitsschädlich ist, nicht in den Ausguss oder Gully schütten. Es belastet die Kläranlagen und anschließend das Grundwasser. Deshalb wird es z. B. in den Fettabscheider gegeben und von dort gesondert entsorgt.
- **Giftige Stoffe,** z. B. Farben und Batterien mit ihren Säuren, gehören zum Sondermüll und dürfen nicht weggeschüttet oder in den Restmüll gegeben werden. Sie belasten das Grundwasser.

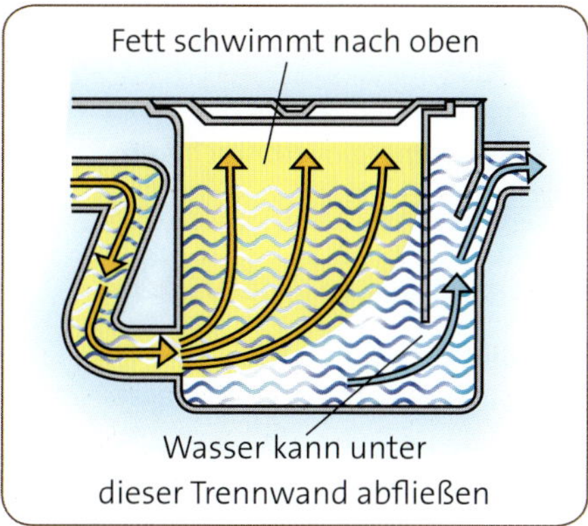


*Fettabscheider*

**Aufgaben**

1. Nennen Sie die vier großen Belastungen der Umwelt durch den Menschen.
2. Beschreiben Sie, warum auch Lärm zur Umweltbelastung zählt.
3. Welche Waren wünschen sich umweltbewusste Kunden von der Bäckerei?
4. Erklären Sie, was mit dem Abwasser, das in die Kanalisation gelangt, geschieht.
5. Welche Möglichkeiten hat die Bäckerei, zu verhindern, dass das Abwasser, das in die Kanalisation gelangt, verseucht wird?
6. Sie stellen fest, dass in Ihrer Bäckerei manchmal Desinfektionsmittel benutzt werden und das Spülmittel ohne Messbecher in die Spülmaschine eingefüllt wird. Außerdem wird die Spülmaschine oft bereits eingeschaltet, obwohl sie erst halb beladen ist. Über diese Abwasserbelastung wollen Sie mit Ihrer Chefin reden und sich auf das Gespräch mit ihr gut vorbereiten. Informieren Sie sich über das Angebot an Reinigungsmitteln auf dem Markt und stellen Sie eine Berechnung der Spülkosten auf. Sprechen Sie in der Diskussion mit Ihrer Chefin auch den Einsatz von Desinfektionsmitteln an.

## 4.2 Abfallvermeidung und Abfallentsorgung

Die Müllberge wachsen. Auch Abfall aus dem Bäckereibetrieb trägt dazu bei. Die einzelnen Abfälle belasten in unterschiedlicher Weise die Umwelt, z. B. gelangen Giftstoffe über die Mülldeponien in das Grundwasser, Müllverbrennungsanlagen belasten die Luft usw.

### Abfälle vermeiden

Die umweltschonendste Methode, den Müllberg zu verringern, besteht darin, keinen Abfall zu verursachen.
Auch in der Bäckerei gibt es einige einfache Möglichkeiten der Abfallvermeidung, z. B.

- Mehrwegverpackungen statt Einwegverpackungen bevorzugen.
- Pfandflaschen anstelle von Einwegflaschen verwenden.
- Nachfüllprodukte verwenden, z. B. Kanister mit Aromen zum Nachfüllen in Tropfflaschen oder Handwaschmittel im Kanister.
- Sparsam mit Backpapier auf Blechen umgehen.
- Folien zum Verpacken und Einschweißen überlegt einsetzen.
- Verpackungspapier beim Verkauf nur so viel wie nötig verwenden.
- Keine Portionsverpackungen im Café anbieten.
- Papiertüten und Papierfalttaschen statt Plastiktaschen im Verkauf benutzen.

Die Einsparungen bei Verpackungen für Lebensmittel und für Backwaren dürfen nicht auf Kosten der Hygiene gehen. Ebenso darf die Betriebshygiene nicht unter einem übertriebenen Umweltdenken leiden.

LF 1

### Abfälle trennen

Nicht jeder Abfall ist vermeidbar. Die anfallenden Abfallmengen können jedoch um ein Vielfaches verringert werden, indem man Müll sortiert und die getrennten Abfälle der Wiederverwertung (Recycling) zuführt.

*Beispiel der Abfallsortierung in der Bäckerei*

Recycling ist die Wiederverwertung bereits benutzter Rohstoffe.

In jedem Betrieb sollten deshalb Abfallbehälter für verschiedene Materialien aufgestellt werden, für Papier, Lebensmittelabfälle, Glas, Kunststoff, Konservendosen (Weißblech) und Restmüll. Die Trennungsmöglichkeiten für Abfälle sind gebietsweise unterschiedlich.

**Durch Abfalltrennung werden Rohstoffvorräte geschont.**
Da getrennte Abfälle beim Recyclingverfahren wieder für neue Produkte verwertet werden, werden keine neuen Rohstoffe benötigt, z. B.:

- Plastik (Kunststoff) wird eingeschmolzen und daraus wird wieder Kunststoff gegossen.
- Aus Altpapier wird wieder neues Papier hergestellt.
- Lebensmittelabfälle (Bioabfälle) werden kompostiert und z. B. landwirtschaftlichen Betrieben übergeben.
- Altes Siedefett aus dem Fettbackgerät wird zu Kraftstoff für Motoren verarbeitet.
- Aus Altglas (Konservengläsern, Glasflaschen von Spirituosen, Getränken u. a.) wird neues Glas hergestellt.
- Weißblech und Alu werden zu Konservendosen, Deckeln für Joghurt-, Quark- und Sahnebecher verarbeitet.

LF 1

**Durch Abfalltrennung werden der Boden, das Grundwasser und die Luft geschützt.**
Zum Beispiel wird **Sondermüll** wie Medikamente, Batterien, Säuren, Laugen fachgerecht entsorgt, sodass keine giftigen Stoffe in den Boden versickern. Aus Müllverbrennungsanlagen und Mülldeponien gelangen wegen der geringeren Müllmenge weniger Schadstoffe in die Luft.

**Aufgaben**

1. Nennen Sie einfache Möglichkeiten, wie man in der Bäckerei Abfall vermeiden kann.
2. Geben Sie die Möglichkeiten der Abfalltrennung in der Bäckerei an.
3. Erklären Sie den Begriff „Recycling".
4. Beschreiben Sie die zwei großen Vorteile der Abfalltrennung für die Umwelt.
5. Ihnen liegt viel daran, dass Ihre Bäckerei mehr für die Umwelt tut. Sie überprüfen deshalb bei der nächsten Warenanlieferung bei jedem einzelnen Produkt, ob es keinen überflüssigen Abfall verursacht. Machen Sie sich dazu Notizen, um auch Ihre Kollegen darüber informieren zu können.

## 4.3 Energie sparen

Sorgsam mit Energie umzugehen, senkt Kosten und schont die Umwelt. Hauptenergieverbraucher im Betrieb sind Backöfen sowie Kühl- und Gefriereinrichtungen.

**Möglichkeiten zum Energiesparen in der Bäckerei**

**Für den Betriebsinhaber**

- Brenner der Ölheizung regelmäßig einstellen lassen.
- Mit Sonnenkollektoren die Sonnenenergie nutzen.
- Durch Wärmerückgewinnung die Abwärme beim Backofen und in der Abluft der Kühlanlagen auffangen und wieder nutzen.
- Neue Maschinen sparen zum Teil mehr Energie als alte. Die Größe der Maschinen und der Backöfen sollte beim Neukauf den Betriebsanforderungen angepasst sein – unnötige Größe verbraucht nutzlose Energie.
- Die beheizten Backöfen sollen ständig beschickt werden, weil durch einen leeren Ofen unnötige Kosten enstehen.
- Lieber wenige Kühl- und Gefrierräume gut befüllen, als viele Räume nur mit wenigen Lebensmitteln, Teiglingen und Backwaren belegen.
- Türrahmendichtungen von Kühl- und Gefrierräumen regelmäßig überprüfen.

**Für Beschäftigte in der Bäckerei**

- Räume nicht überheizen.
- Licht nicht unnötig brennen lassen.
- Türen von Kühl- und Gäranlagen nur so kurz wie nötig öffnen.
- Backherde möglichst immer voll beschicken.
- Backöfen nicht unnötig lange heizen.
- Kühl- und Gefrieranlagen nicht kälter einstellen als nötig.

**Aufgaben**

1. Nennen Sie Möglichkeiten des Energiesparens
   - für den Betriebsinhaber,
   - für jeden Beschäftigten in der Bäckerei,
2. Ihre Bäckerei hat die Strom- und Ölabrechnung erhalten. Schon wieder muss mehr bezahlt werden als im letzten Jahr, denn die Energie ist teurer geworden und noch dazu wurde mehr verbraucht. Überlegen Sie, was jeder Einzelne dazu beitragen kann, damit in Zukunft in der Bäckerei und auch während der Freizeit Energie eingespart wird.

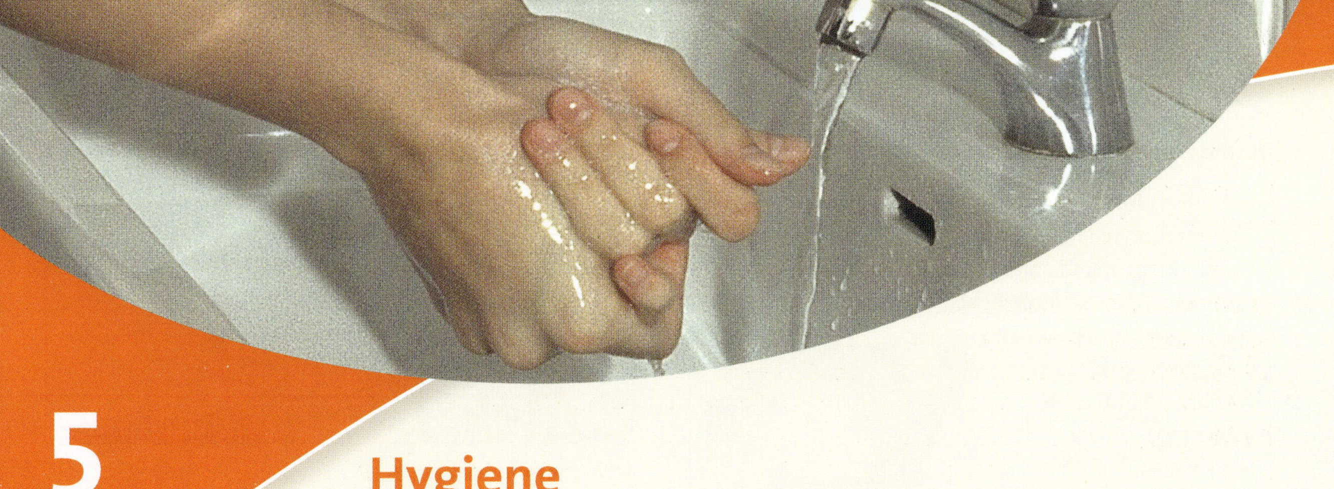

# 5 Hygiene

**Situation**

Ihr Chef plant eine Mitarbeiterschulung zur Lebensmittelhygiene für alle Beschäftigten. Sie sollen ihm behilflich sein und eine Zusammenfassung der wichtigsten Punkte erstellen.

- Welche Hygienemaßnahmen müssen in der Bäckerei eingehalten werden?
- Wie werden die Hygienemaßnahmen kontrolliert und dokumentiert?
- Welche Mikroorganismen und tierischen Schädlinge können in der Bäckerei auftreten?
- Welche Grundsätze sind beim Reinigen des Betriebes zu beachten?
- Welche Vorteile bietet ein Reinigungsplan?



Hygiene ist in Lebensmittelbetrieben das oberste Gebot und deshalb gesetzlich vorgeschrieben. Nur in hygienischen Betrieben fühlen sich Bäcker während der Arbeit wohl und sehen auch die Waren sauber und appetitlich aus. Hygiene ist deshalb allgemein eine wichtige Voraussetzung für den Verkaufserfolg und die beste Werbung für einen Betrieb.

## 5.1 Hygiene in der Bäckerei

Die Durchführung der Hygiene in Lebensmittelbetrieben basiert auf dem international anerkannten „HACCP-Konzept" (Hazard Analysis and Critical Control Points) und gilt für alle Beschäftigten in Lebensmittelbetrieben.

„HACCP" bedeutet:

| | | | |
|---|---|---|---|
| **H** | = Hazard | = Gefahr, Risiko | **Gefahren-analyse** |
| **A** | = Analysis | = Analyse (Untersuchung) | |
| **C** | = Critical | = kritisch | **kritischer Kontroll-punkte** |
| **C** | = Control | = Kontroll- | |
| **P** | = Points | = Punkte | |

Die Hygiene wird nach den europäischen Richtlinien (EG-Richtlinien) in drei Bereiche unterteilt, die sehr eng miteinander verbunden sind.

| Betriebs-hygiene | Produkthygiene | Personal-hygiene |
|---|---|---|
| Betriebsräume, Einrichtungs-gegenstände, Maschinen und Geräte | Umgang mit Lebensmitteln und Bäckerei-erzeugnissen | für alle Beschäftigten im Bäckerei-betrieb |

### Betriebshygiene

Die Betriebshygiene umfasst die Hygiene in allen Betriebsräumen, in denen Lebensmittel und Bäckereiwaren hergestellt, gelagert und verkauft werden. Auch die Sozialräume und die Toiletten fallen unter die Betriebshygiene.

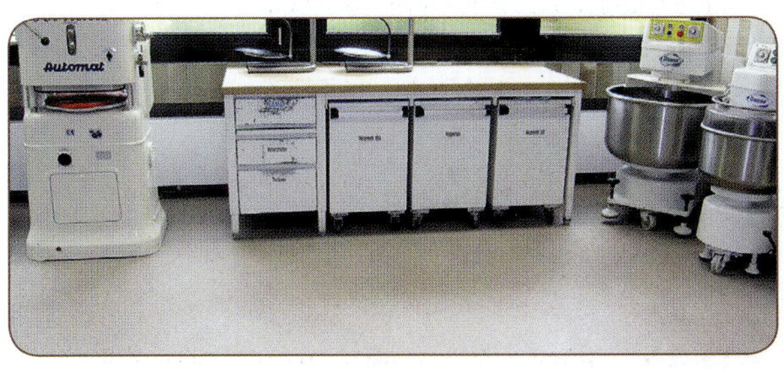


*Einwandfreier, leicht zu reinigender Fußboden*

### Anforderungen an die Räume im Bäckereibetrieb

- Betriebsräume müssen in einem guten baulichen Zustand und leicht zu reinigen sein.
- Fensterbretter sind stets sauber zu halten und dürfen nicht als Abstellfläche benutzt werden.
- Spülbecken zum Reinigen von Geräten und zum Abwaschen der Lebensmittel müssen vom Handwaschbecken getrennt sein, z. B. eine Spüle mit zwei getrennten Becken.
- In jeder Toilette müssen ein Handwaschbecken mit Warm- und Kaltwasserzufuhr sowie Mittel zum hygienischen Waschen und Trocknen der Hände vorhanden sein. Flüssigseife und Spender mit Einmalhandtüchern sind ideal.
- Die Türen der Toiletten dürfen nicht direkt in die Betriebsräume zu öffnen sein.

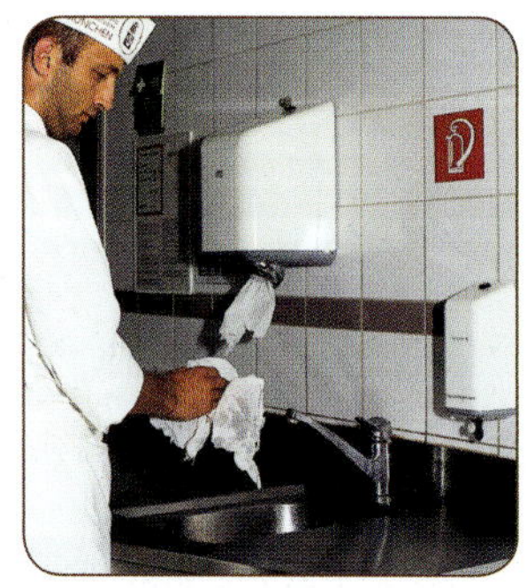

*Handwaschbecken*

LF 1

*So darf es nicht sein*

- Die Betriebsräume dürfen nicht für betriebsfremde Zwecke benutzt werden. Sie müssen frei von lebensmittelfremden Gerüchen sein.

### Reinigungsplan

Damit der gesamte Betrieb regelmäßig gereinigt wird, ist ein Reinigungsplan hilfreich, den der Betriebsinhaber für die Produktions-, Lager- und Verpackungsräume sowie für Laden und Café aufstellt.
Der Reinigungsplan wird in Form einer Checkliste schriftlich festgehalten und für alle Beschäftigten ausgehängt.

| Reinigungsplan (Reinigungsbeispiele) | Täglich | Wöchentlich | Monatlich | Name, wer für die Reinigung zuständig ist |
|---|---|---|---|---|
| **Arbeitstische** zum Arbeitsende nass abwaschen und trocknen lassen. | X | | | Lisa |
| **Knetkessel der Knetmaschine** nach der letzten Teigherstellung auswaschen und austrocknen. Maschinenkörper abfegen und vom groben Schmutz befreien. | X | | | Christian |
| **Gesamte Knetmaschine** abwaschen und abtrocknen. | | X | | Christian |
| **Fußboden** zwischendurch fegen und zum Arbeitsende nass wischen. | X | | | Julia |
| **Backofen:** Herde bei Bedarf auskehren oder saugen. Fronten der Herde abfegen und abwischen. | X | | | Thomas |
| **Rohstofflager:** | | | | |
| • Boden kehren, Ware einordnen, offene Behälter verschließen. | X | | | Michael |
| • Boden nass wischen. | | X | | Putzhilfe: Frau Weber |
| • Regale nass auswaschen und grundreinigen. | | | X | Putzhilfe: Frau Weber |
| **Kühlraum:** | | | | |
| • Boden kehren, Türklinke nass abwaschen und abtrocknen. Regale aufräumen, verdorbene Waren entsorgen. | X | | | Michael |
| • Regale nass auswaschen. | | X | | Putzhilfe: Frau Weber |
| • Wände nass abwaschen, Kühlaggregat reinigen, Türdichtungen reinigen. | | | X | Putzhilfe: Frau Weber |

Der Reinigungsplan beinhaltet:
- **Was** wird gereinigt?
- **Wann** und wie oft wird gereinigt?
- **Wie** wird gereinigt?
- **Womit** wird gereinigt?
- **Wer** ist für welche Reinigung verantwortlich?

### Kontrollplan

Der Betriebsinhaber sollte einen Verantwortlichen bestimmen, der die Reinigungsmaßnahmen überwacht und für die Abschaffung der Mängel sorgt.
Das folgende Beispiel stellt nur ein Teil eines Kontrollplans dar, der beliebig fortgesetzt werden kann.

| Kontrollplan der Hygiene in der Produktion | Anmerkungen |
|---|---|
| Fußböden und Wände | *Eine Wandfliese neben der Spülmaschine ist beschädigt und muss erneuert werden.* |
| Fenster und Türen | *Fensterbretter nicht als Abstellflächen benutzen.* |
| Spülbecken und Waschbecken | *in Ordnung* |
| Arbeitstische | *Die Rollhölzer im Mittelteil des Metalltisches nach jedem Gebrauch sauber abwischen.* |
| Maschinen und Anlagen | *Der Stecker der Teigausrollmaschine hat einen Sprung und muss umgehend vom Elektriker erneuert werden.* |
| Geräte | *in Ordnung* |
| Backofen | *in Ordnung* |
| **Kontrolle durchgeführt am: 23.09. ...** ____________ | **Unterschrift** ____________ |

Der Hygiene- oder Reinigungsplan ist nicht nur eine Anweisung, sondern vor allem eine Hilfestellung für das Personal. Auch die Lebensmittelkontrolleure können so leichter überprüfen, ob alle kritischen Punkte erfasst worden sind und zu welchem Zeitpunkt gereinigt wurde.

Wichtig ist, dass die Reinigungsmaßnahmen praktiziert werden. Allein das Anlegen und Ausfüllen von Checklisten garantiert noch lange nicht, dass alles sauber ist.

## Produkthygiene

Die Produkthygiene ist die Hygiene an den Lebensmitteln selbst und den daraus hergestellten Bäckereierzeugnissen. Sie dürfen auch durch die Lagerung nicht beeinträchtigt werden.
Außerdem müssen Lebensmittel in der Bäckerei vor schädigenden Umwelteinflüssen wie Straßenstaub, Autoabgasen, Zigarettenrauch u. a. geschützt werden.
Ebenso sind Haustiere in den Betriebsräumen verboten.

### Warenannahme und Warenüberprüfung

Die Lebensmittelhygiene erfordert eine korrekte Wareneingangskontrolle bei der Warenannahme einer Lieferung.

**Lebensmittel, die nicht angenommen werden dürfen:**
wenn sie z. B. durch tierische Schädlinge, Mikroorganismen oder Schmutz nicht mehr einwandfrei oder in einem gesundheitlich bedenklichen Zustand sind.

LF 1

**Kontrolle der verpackten Lebensmittel:**
- Die Verpackungen auf Beschädigungen und Verschmutzungen kontrollieren.
- Sind die Verpackungen in einem nicht einwandfreien Zustand, werden die Lebensmittel selbst auf Verderb geprüft.
- Das Mindesthaltbarkeitsdatum der verpackten Lebensmittel prüfen. Ware mit abgelaufenem Mindesthaltbarkeitsdatum nicht annehmen.

**Kontrolle der unverpackten Lebensmittel:**
Sie werden stichprobenartig auf Verderb kontrolliert.

**Anforderungen an kühlpflichtige Lebensmittel:**
Sie müssen gekühlt angeliefert und sofort nach der Anlieferung und Prüfung kühl gelagert werden, z. B. Sahne, Milch, Butter, Käse, Eier.
Tiefkühlwaren müssen in gefrorenem Zustand bei −18 °C geliefert und sofort bei der Anlieferung in der Bäckerei in den Froster gegeben werden, damit die Tiefkühltemperatur von −18 °C nicht unterbrochen wird.

*Kühlpflichtige Lebensmittel*

### Lagerung der Rohstoffe

Fachgerechte Lagerung der Rohstoffe schützt vor Lebensmittelverderb und vermeidet Schädlingsbefall.

*Rohstoffe in Behältern*

LF 1

Hauptsächlich ist bei der Lagerung zu beachten:
- Lebensmittel in einem kühlen und trockenen Lagerraum aufbewahren.
- Rohstoffvorräte sollten in verschließbaren oder abdeckbaren, lebensmittelgeeigneten Behältern aufbewahrt werden, z. B. in Plastikwannen.
- Neu gelieferte, frische Lebensmittel hinten im Regal einräumen und ältere Ware nach vorne stellen, damit sie zuerst verbraucht wird (FIFO – first in, first out).
- Lebensmittel mit abegelaufenem Mindesthaltbarkeitsdatum dürfen nicht mehr im Lagerraum sein.

### Lagerung im Kühlschrank oder Kühlraum

Es ist vorgeschrieben, dass Lebensmittel und Bäckereierzeugnisse, die in kurzer Zeit leicht verderblich sind, gekühlt gelagert werden müssen, z. B. Erzeugnisse mit Sahne, Creme und nicht erhitzten Eiern sowie Füllungen wie Nuss- und Mohnfüllung.

### Prüfung der Rohstoffe beim Verarbeiten nach der Lagerung

Vor der Verarbeitung sollten die Rohstoffe sensorisch (mit den Sinnen) geprüft werden, ob sie in einem einwandfreien Zustand sind, z. B. an den Eiern beim Aufschlagen riechen, ob sie frisch sind, Käse und Konfitüre anschauen, ob sich Schimmel darauf befindet, geriebene Nüsse probieren, ob sie einen ranzigen Beigeschmack haben.

**Schädlingsbefall** ist regelmäßig zu kontrollieren und gegebenenfalls fachgerecht zu bekämpfen. Dabei ist zu beachten, dass
- nur für den Lebensmittelbetrieb zugelassene Schädlingsbekämpfungsmittel verwendet werden,
- diese Mittel nur in Räumen angewendet werden, in denen keine offenen Lebensmittel lagern.

**Gefährliche und ungenießbare Stoffe** sind in gekennzeichneten Behältnissen, evtl. mit Gefahrensymbolen, aufzubewahren, z. B. Natronlauge, Reinigungsmittel. Bei der Lagerung darf keine Verwechslung mit Lebensmitteln möglich sein.

*Kennzeichnung der Natronlauge für Brezellauge*

**Der Laderaum des Transportfahrzeugs für Bäckereierzeugnisse** muss in einem hygienisch einwandfreien Zustand und frei von Fremdgerüchen sein. Auch beim Transport dürfen Lebensmittel nicht nachteilig beeinflusst werden.

### Verkauf von Lebensmitteln

- Leicht verderbliche Waren im Laden in der Kühltheke anbieten.
- Nicht mehr frische oder verdorbene Waren sofort aus dem Laden entfernen.
- Unverpackte Bäckereierzeugnisse müssen im Laden hinter dem Glas der Verkaufstheke platziert werden, sodass sie nicht vom Kunden angehaucht oder angehustet werden können. Deshalb dürfen diese offenen Waren z. B. nicht auf die Verkaufstheke gestellt werden.
- Lebensmittel und Bäckereierzeugnisse zur Selbstbedienung müssen verpackt angeboten werden.
- Auch Kostproben dürfen nicht unabgedeckt auf der Verkaufstheke stehen.
- Schilder dürfen nicht in den Bäckereierzeugnissen stecken.
- Von den Kunden zurückgenommene unverpackte Bäckereierzeugnisse dürfen nicht wieder verkauft oder verarbeitet werden.

**Lebensmittelabfälle und andere Abfälle** dürfen nicht in Räumen gesammelt und gelagert werden, in denen Lebensmittel hergestellt, behandelt und verkauft werden, damit sie die Lebensmittel nicht nachteilig beeinflussen.

Die Abfalllager müssen sauber und frei von tierischen Schädlingen sein. Lebensmittelabfallbehälter sollen verschlossen sein.

## Personalhygiene

Die Personalhygiene umfasst
- die persönliche Sauberkeit der Beschäftigten,
- saubere, vollständige Berufskleidung,
- Gesundheit der Beschäftigten, damit keine gesundheitsschädigenden Mikroorganismen auf Lebensmittel übertragen werden.

„Der erste Eindruck ist der entscheidende." Dies gilt vor allem für Verkäuferinnen und Bedienungen sowie für Ausfahrer, die das Aushängeschild eines Bäckereibetriebes sind. Auch wenn nur wenige Kunden die Bäcker in der Produktion sehen, wirken gepflegte Bäcker bei der Arbeit auf betriebsfremde Personen besonders positiv. Die Hygiene und Sauberkeit einer Bäckerei ist nach außen sichtbar und gern Gesprächsthema zwischen Mitarbeitern und Bekannten sowie Kunden untereinander. Auch wenn Stammkunden die Mitarbeiter einer Bäckerei in der Freizeit sehen, übertragen sie ihren Eindruck von der Person auf die Hygiene in der Bäckerei.

### Infektionsschutzgesetz

Jede Person, die mit Lebensmitteln umgeht, muss bei erstmaligem Arbeitsantritt eine maximal drei Monate alte Bescheinigung über die Belehrung des Infektionsschutzgesetzes vorlegen, dass sie über ansteckende Krankheiten und daraus folgende Tätigkeitsverbote unterrichtet wurde.
Die Unterrichtung über das Infektionsschutzgesetz und die Bescheinigung darüber müssen vom Gesundheitsamt oder von einem vom Gesundheitsamt beauftragten Arzt erfolgen.

Die Belehrung über das Infektionsschutzgesetz muss bei der mindestens einmal jährlich stattfindenden Hygieneschulung wiederholt werden → Seite 55.

**Tätigkeitsverbot** (Arbeitsverbot) nach dem Infektionsschutzgesetz verbietet die Arbeit von Personen bei
- ansteckenden Krankheiten, z. B.Salmonellose, Typhus, Cholera, Hepatitis A und E,
- infizierten Wunden oder Hautkrankheiten, bei denen die Möglichkeit besteht, dass deren Krankheitserreger auf Lebensmittel übertragen werden können. Zum Beispiel können Verletzungen an der Hand mit Staphylokokken infiziert sein, die zu den gesundheitsschädlichen Bakterien zählen.

Treten bei Beschäftigten Krankheiten auf, die zu einem Tätigkeitsverbot führen, müssen diese unverzüglich dem Arbeitgeber mitgeteilt werden, der sofort eine weitere Beschäftigung im Betrieb untersagt.

Personen, die an ansteckenden Krankheiten leiden, dürfen erst wieder beschäftigt werden, wenn sie durch ein Zeugnis des Gesundheitsamtes nachweisen, dass hiergegen keine Bedenken vorliegen.

Das Wissen der Beschäftigten über ansteckende Krankheiten und deren Tätigkeitsverbot hat folgenden Sinn:
- Vorbeugung übertragbarer Krankheiten durch Menschen
- Infektionen (Ansteckung durch Krankheiten) erkennen
- Verhinderung der Weiterverbreitung ansteckender Krankheiten



### Übertragung von Keimen auf Lebensmittel

Beschäftigte in der Bäckerei können gesundheitsschädliche Keime auf Lebensmittel übertragen, was zu einer Weiterverbreitung auf andere Personen führt. Dies geschieht durch:
- unsaubere Hände und Fingernägel
- Uhren und Schmuck wie Fingerringe und Armbänder, weil sich darunter gesundheitsschädliche Mikroorganismen verbreiten
- ungepflegte Haare, durch Absonderungen aus Haaren und Kopfhaut
- infizierte Wunden (Wunden mit Krankheitskeimen)
- Schnittwunden und andere offene Wunden an Händen und Armen; sie müssen mit einem wasserdichten Verband sauber und vollständig abgedeckt werden
- Husten und Niesen auf Lebensmittel
  Durch die beim Niesen und Husten entstehenden Tröpfchen gelangen krankheitsauslösende Erreger auf die Lebensmittel. Außerdem wirkt es sehr abstoßend. Deshalb muss man sich vorher von den Lebensmitteln abwenden.

## Körperhygiene

Zur gründlichen persönlichen Körperhygiene eines Bäckers/einer Bäckerin gehören:

- tägliches Duschen und Haarewaschen
- täglich gründliche Mund- und Zahnpflege
- stets saubere Hände
- lange Haare hinten zusammen- oder hochbinden
  Ein Hygienerisiko stellen nicht nur ausfallende Haare dar, sondern auch Fett- und Schuppenabsonderungen sowie aus den Haaren fallende Keime.
- Pflege der Fingernägel, die kurz geschnitten und frei von Schmutz unter den Fingernägeln sein müssen. Frauen verzichten auf Nagellack.

*Hier ist einiges aus hygienischer Sicht nicht in Ordnung*

*Hygienische Bäckerin*

LF 1

## Sauberkeit der Hände

Zu einem bedeutenden Bereich der Personalhygiene zählt die Sauberkeit und Pflege der Hände. Für jeden Bäcker und jede Bäckerin sollten deshalb saubere Hände bei der Arbeit eine Selbstverständlichkeit sein.

**Gründliches Händewaschen** erfolgt immer

- unmittelbar vor Arbeitsbeginn,
- nach jeder Arbeitsunterbrechung,
- vor dem Umgang mit leicht zu infizierenden Lebensmitteln wie Eiern, Sahne, Cremes und Speiseeis,
- nach Verschmutzungen der Hände während der Arbeit,
- nach dem Aufschlagen von Eiern,
- nach dem Naseputzen und nach dem Husten, wenn man die Hand vor den Mund hält,
- nach jedem Toilettenbesuch,
- nach dem Anfassen von schmutzigen Gegenständen und Abfällen,
- nach Beendigung von Reinigungsarbeiten.

## Berufskleidung

Im Produktionsbereich eines Lebensmittelbetriebes müssen die Beschäftigten eine entsprechende Berufskleidung tragen. Straßenkleidung und -schuhe sind während der Arbeit nicht erlaubt. Auch ist das Aufbewahren der Straßenkleidung und -schuhe im Produktionsbereich nicht gestattet. Sie sind in den Umkleideräumen unterzubringen.

### Anforderungen an die Berufskleidung

- Die gesamte Arbeitskleidung muss immer in einem sauberen und gebügelten Zustand sein und sollte unter Umständen täglich gewechselt werden.
- Die Arbeitskleidung für Bäcker ist kochfest. Straßenkleidung kann für den Bäckereibetrieb nicht ausreichend gereinigt werden.
- Ein weißes kurzärmeliges Hemd bzw. außerhalb der Produktionsräume eine weiße Bäckerjacke tragen. Ärmellose T-Shirts sind nicht geeignet, da sie den Achselschweiß nicht aufsaugen.
- Die weiße Arbeitsschürze muss grundsätzlich vor Arbeitsbeginn sauber sein. Sie wird am stärksten beansprucht. Wenn sie nach dem Waschen nicht mehr weiß wird, muss sie erneuert werden.
- Vor dem Toilettenbesuch wird die Arbeitsschürze abgenommen.
- Die Beschäftigten sollten in den Produktionsräumen die Haare mit einer geeigneten Kopfbedeckung bedecken, z. B. mit Mütze, Tuch oder Haarnetz.
- Die gepflegten und sauberen Arbeitsschuhe sollten regelmäßig gereinigt werden.

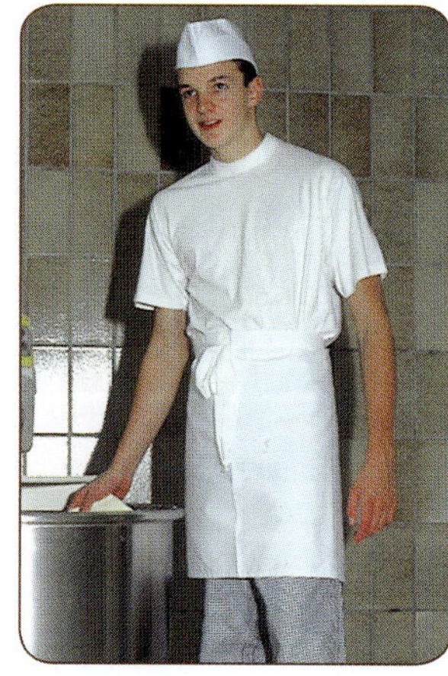

*Bäcker in korrekter Berufskleidung*

**Bedeutung des Erscheinungsbildes der Mitarbeiter:**

- Ein gepflegtes Äußeres stärkt das Selbstbewusstsein und das Selbstwertgefühl jedes einzelnen Mitarbeiters; dies sind Voraussetzungen für den Betriebserfolg.
- Gepflegtes Aussehen aller Mitarbeiter ist die beste Werbung für den Betrieb und wirkt auf Kunden kaufmotivierend.

**Verbote in den Produktionsräumen**

- Das Rauchen und Schnupfen ist in den Betriebsräumen verboten.
- Das Essen und Trinken in den Produktionsräumen ist verboten. Dafür sind Pausen da, die in den Pausenräumen gehalten werden.
- Es ist verboten, Glasflaschen in die Produktionsräume zu bringen (Gefahr durch Glassplitter).
- Das Tragen von Schmuckstücken, z. B. Fingerringen, Armbändern und Uhren, ist bei der Arbeit verboten. Darunter könnten sich Lebensmittelreste absetzen und gesundheitsschädliche Mikroorganismen vermehren.

## Hygieneschulung

Damit die Maßnahmen der Hygiene im Betrieb ständig eingehalten werden, ist es für jede Bäckerei gesetzlich Pflicht, dass alle Beschäftigten regelmäßig zur Lebensmittelhygiene geschult werden. Die Schulung soll die Notwendigkeit der Hygiene klarstellen und die Beschäftigten zum hygienischen Handeln motivieren. Dabei sollte geeignetes Schulungsmaterial zur Verfügung stehen, z. B. „Das Bäckerbuch".

Eine Hygieneschulung muss mindestens einmal jährlich für alle Beschäftigten im Bäckereibetrieb durchgeführt werden.

Zum Arbeitsbeginn eines neuen Mitarbeiters in der Bäckerei, der bisher noch nicht mit Lebensmitteln gearbeitet hat, muss ebenso eine Hygieneschulung stattfinden.

Die Hygieneschulung kann z. B. ein Bäckermeister des Betriebes durchführen. Der Betriebsinhaber sollte über die gehaltene Hygieneunterweisung einen Nachweisplan anlegen, auf dem die teilgenommenen Personen der Bäckerei jeweils unterschreiben.

Themen bei einer Hygieneschulung sind vor allem:

- Arten der Mikroorganismen und deren Lebensbedingungen.
- Das Erkennen von eiweiß- und wasserreichen Lebensmitteln und Bäckereierzeugnissen, die durch Mikroorganismen leicht verderblich sind, z. B. Eier, Milcherzeugnisse, Füllungen, Cremes, Sahne, Speiseeis.
- Fachgerechte Lagerung der verschiedenen Rohstoffe und Bäckereierzeugnisse.
- Schimmelbefall und vorbeugende Maßnahmen.
- Vermeidung des Infizierens der Lebensmittel durch Salmonellen.
- Reinigungsmaßnahmen im Bäckereibetrieb.
- Körperhygiene und Sinn der sauberen und vollständigen Berufskleidung der Bäcker während der Arbeit.

*Hygieneschulung der Mitarbeiter*

**Aufgaben**

1. Die Hygiene in Lebensmittelbetrieben wird in drei Bereiche eingeteilt. Nennen Sie diese.
2. Erklären Sie den Begriff der Betriebshygiene.
3. Beschreiben Sie einige hygienische Anforderungen an die Betriebsräume.
4. Nennen Sie die fünf Fragen, die ein Reinigungsplan in der Bäckerei beinhalten sollte (5-W-Fragen).
5. Erstellen Sie einen funktionsfähigen Reinigungsplan bezogen auf Ihre Bäckerei oder auf den praktischen Unterricht in Ihrer Berufsschule.
6. Erläutern Sie, was man unter Produkthygiene versteht.
7. Beschreiben Sie die Grundsätze einer Warenannahme und Warenüberprüfung:
   - Lebensmittel, die nicht angenommen werden dürfen
   - Kontrolle der verpackten Lebensmittel
   - Kontrolle der unverpackten Lebensmittel
   - Anforderungen an kühlpflichtige Lebensmittel
8. Wie sollten leicht verderbliche Waren gelagert werden?

→

LF 1

9 Beschreiben Sie,
- wie der Lagerraum für Rohstoffe sein soll,
- worin die Rohstoffe gelagert werden sollen,
- wie neu gelieferte Rohstoffe eingeräumt werden sollen,
- wie festgestellt werden kann, dass sich keine alten Rohstoffe im Lagerraum befinden.

10 Wo müssen die während der Arbeit anfallenden Abfälle gelagert werden?

11 Erklären Sie die besondere Aufbewahrung von gefährlichen und ungenießbaren Stoffen in der Bäckerei.

12 Beschreiben Sie, wie offene Ware im Verkauf angeboten werden muss.

13 Wie müssen Waren zur Selbstbedienung angeboten werden?

14 Nennen Sie die drei Punkte, die die Personalhygiene umfasst.

15 Erklären Sie die Vorschrift nach dem Infektionsschutzgesetz für Personen, die mit Lebensmitteln umgehen, bei erstmaligem Arbeitsantritt in einem Lebensmittelbetrieb.

16 Nennen Sie Krankheiten, bei denen Tätigkeitsverbot in der Bäckerei besteht.

17 Nennen Sie den Sinn der Vorschrift des Infektionsschutzgesetzes.

18 Geben Sie Beispiele an, wodurch Keime von den Beschäftigten der Bäckerei auf Lebensmittel übertragen und verbreitet werden können.

19 Nennen Sie die fünf Grundsätze, die zur täglichen persönlichen Körperhygiene gehören.

20 Geben Sie Beispiele an, wann sich Bäcker bei der täglichen Arbeit gründlich die Hände waschen.

21 Beschreiben Sie die Anforderungen an die Berufskleidung für Bäcker.

22 Nennen Sie die hygienischen Vorschriften in den Produktionsräumen in Bezug auf
- Rauchen und Schnupfen,
- Essen und Trinken,
- Glasflaschen,
- Tragen von Fingerringen, Armbändern und Uhren bei der Arbeit.

23 Wann muss eine Hygieneschulung für die Mitarbeiter im Bäckereibetrieb erfolgen?

24 Geben Sie Beispiele an, welche Inhalte eine Hygieneschulung für die Beschäftigten in der Bäckerei enthalten sollte.

25 Ihr Kollege ist der Meinung, dass Ihr Chef es mit dem Saubermachen und den Hygienevorschriften ganz schön übertreibt. Sogar hinter den Maschinen muss er wöchentlich saubermachen und auf den Fensterbänken darf er nicht einmal die Gewürze lagern. Erläutern Sie Ihrem Kollegen die verschiedenen Anforderungen an die Betriebsstätten, damit er den Sinn erkennt.

26 Sie beschweren sich, dass Sie die meisten Reinigungsarbeiten in der Bäckerei erledigen müssen und dass einige Putzarbeiten im Betrieb vernachlässigt werden. Bei der Personalversammlung stellen Sie deshalb mit Ihren Kolleginnen und Kollegen sowie Ihrem Chef einen Reinigungsplan für die Betriebsräume der Produktion in Ihrer Bäckerei auf.

LF 1

## 5.2 Mikroorganismen

Mikroorganismen werden auch als Keime oder Erreger bezeichnet. Sie verändern Lebensmittel. Mikroorganismen sind Kleinstlebewesen, die überall in der Natur vorkommen und nicht mit bloßem Auge, sondern nur unter dem Mikroskop zu erkennen sind. Die Bezeichnung „Mikroorganismen" ist aus dem Griechischen abgeleitet und bedeutet:

mikros = klein
organismen = Lebewesen
→ Kleinlebewesen

### Arten der Mikroorganismen

**„Sporen"** nennt man die Überlebensformen der widerstandsfähigen Mikroorganismen. Sie überleben sogar Hitze und Kälte sowie oft monatelangen Nahrungs- und Feuchtigkeitsmangel. Sporen enthalten in winzigen stabilen Hüllen nur die Erbanlagen der Mikroorganismen. Bei günstigen Lebensbedingungen bilden sich aus den Sporen wieder wachstumsfähige Mikroorganismen.

Mikroorganismen befinden sich überall: in der Luft, im Boden, im Wasser, in Mensch und Tier. Außer auf den bevorzugten Lebensmitteln sind sie auch an Berufskleidung, Geräten, Maschinen und Einrichtungsgegenständen und vor allem an den Händen zu finden.

| Bakterien | Schimmelpilze | Hefen |
|---|---|---|
| **nützlich:** Milchsäurebakterien<br>• im Sauerteig<br>• in säuerlichen Milcherzeugnissen<br>• im Sauerkraut | **nützlich:**<br>• Edelschimmelpilze im Käse | **nützlich:**<br>• Backhefe<br>• Brauhefe<br>• Weinhefe |
| **schädlich:**<br>• Salmonellen<br>• Eitererreger<br>• Staphylokokken<br>• Kolibakterien<br>• Botulinusbakterien<br>• Milchsäurebakterien machen Milch und Sahne sauer | **schädlich:**<br>Schimmelpilze auf verschimmelten Lebensmitteln (z. B. Brot) | **schädlich:**<br>Hefepilze aus der Luft vergären Konfitüren, Cremes, Fruchtsäfte |

Unsauberkeit fördert das Wachstum der Mikroorganismen enorm.
Nicht die Mikroorganismen selbst, sondern ihre Ausscheidungsprodukte verändern die Lebensmittel.

## Lebensbedingungen der Mikroorganismen

Mikroorganismen finden in der Bäckerei ideale Vermehrungsbedingungen. Je zahlreicher sie auftreten, desto gefährlicher sind sie. Manche der winzigen Kleinlebewesen werden mit bloßem Auge sichtbar, wenn sie sich in großen Mengen ausgebreitet haben. Hierbei spricht man von „Kolonien", z. B. Schimmelrasen, Backhefe im Paket.
Das Wachstum und die Vermehrung der Mikroorganismen sind abhängig von

- Nahrung,
- Wassergehalt,
- Temperatur,
- Sauerstoff,
- pH-Wert.

### Nahrung

Als Nahrung dienen die Energie liefernden Nährstoffe wie Zucker, Eiweiß und Fett. Die meisten Mikroorganismen bevorzugen jedoch einen bestimmten Nährstoff, z. B. die Salmonellen das Eiweiß oder die Hefen den Zucker.

## Wassergehalt

Mikroorganismen vermehren sich in Lebensmitteln nur, wenn genügend Wasser vorhanden ist. Die Mikroorganismen benötigen das freie, ungebundene Wasser in den Lebensmitteln, da sie die Nährstoffe nur in Wasser gelöst aufnehmen können.
Nicht der Gesamtgehalt des Wassers in einem Lebensmittel ist entscheidend, sondern der Wasseranteil, der nicht im Lebensmittel von Salz, Zucker, Eiweiß u. a. gebunden wird und deswegen frei verfügbar ist.

Je feuchter ein Lebensmittel ist, desto mehr Wasser steht den Mikroorganismen zur Verfügung, umso besser vermehren sie sich.

### $a_w$-Wert

Das freie, ungebundene Wasser in den Lebensmitteln bezeichnet man als **„aktives Wasser"**. Der **„$a_w$-Wert"** gibt die Wasseraktivität im Bereich von 1 bis 0 an. Der Lebensmittelverderb erfolgt bei einem Wert von 0,6 bis 1.

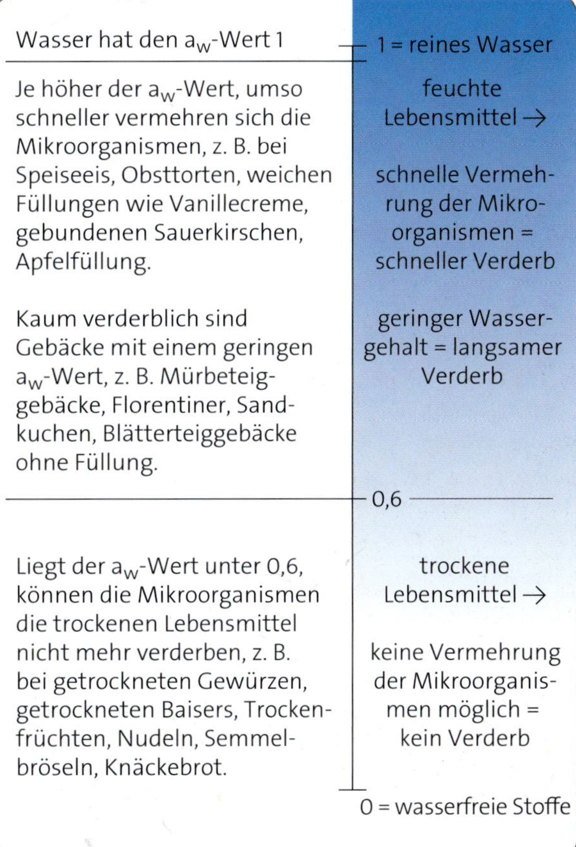


LF 1

### Senken des $a_w$-Werts

Senkt man den $a_w$-Wert der Lebensmittel, wird deren Verderb gehemmt bzw. verhindert. Sie sind länger haltbar.

#### Salz oder Zucker

Salz und Zucker sind Wasser anziehend (hygroskopisch) und binden deshalb das freie Wasser der Lebensmittel, z. B. bei Konfitüren, Dickzuckerfrüchten, gepökeltem Fleisch, Salzheringen.

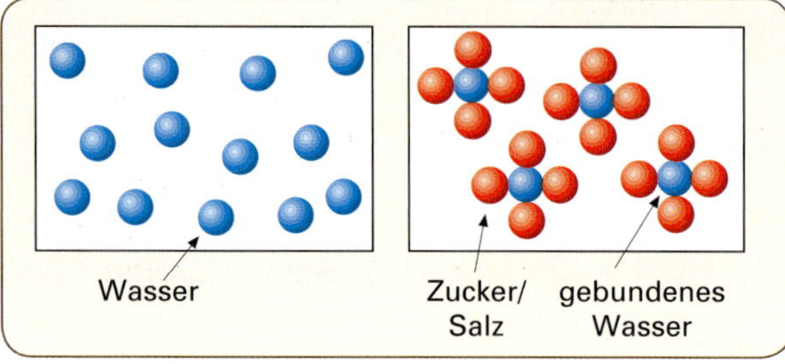


*Zucker und Salz binden Wasser*



#### Trocknen

Durch Trocknen wird den Lebensmitteln ein Großteil des Wassers entzogen, z. B. bei Trockenfrüchten, Zwieback, Trockenzwiebeln, Knäckebrot.

#### Tiefgefrieren

Das freie Wasser der Lebensmittel wird dabei zu Eis und ist somit für die Mikroorganismen nicht mehr verfügbar. Die Lebensmittel sind dadurch langfristig haltbar.

### Temperatur

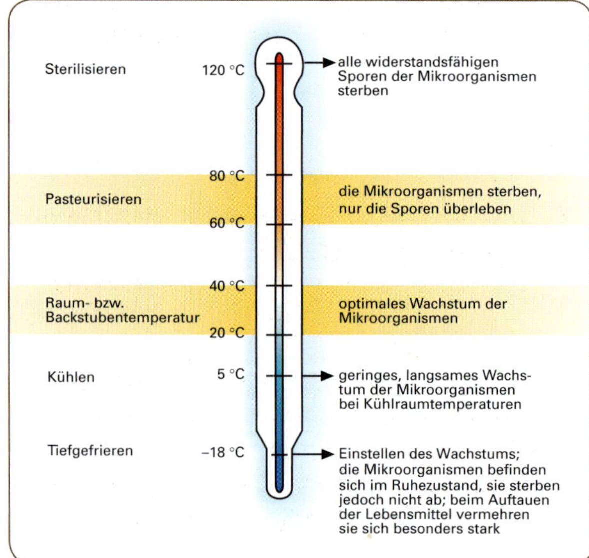


*Wachstum der Mikroorganismen bei verschiedenen Temperaturen*

Durch Temperaturveränderungen kann man das Wachstum der Mikroorganismen beeinflussen.

### Sauerstoff

Die meisten Mikroorganismen benötigen zum Wachstum Sauerstoff. Auch das Ranzigwerden von Fetten wird ohne Sauerstoff verzögert. Bei Vakuumverpackungen nimmt man den sauerstoffabhängigen Mikroorganismen durch Sauerstoffentzug die Lebensgrundlage.

#### Sauerstoffabhängigkeit von Mikroorganismen

| Sauerstoffabhängigkeit | Beispiele |
|---|---|
| Mikroorganismen, die zum Wachstum Sauerstoff benötigen (Aerobier) | Schimmelpilze, Hefen zum Wachstum |
| Mikroorganismen, die ohne Sauerstoff leben können (Anaerobier) | Botulinusbakterien, Hefen zum Gären |
| Mikroorganismen, die mit und ohne Sauerstoff leben können (fakultative Anaerobier) | Milchsäurebakterien, Fäulniserreger, Eitererreger |

### pH-Wert

Der pH-Wert ist eine Maßzahl für die Stärke der Säure oder der Lauge (Base) in einer wässrigen Lösung.

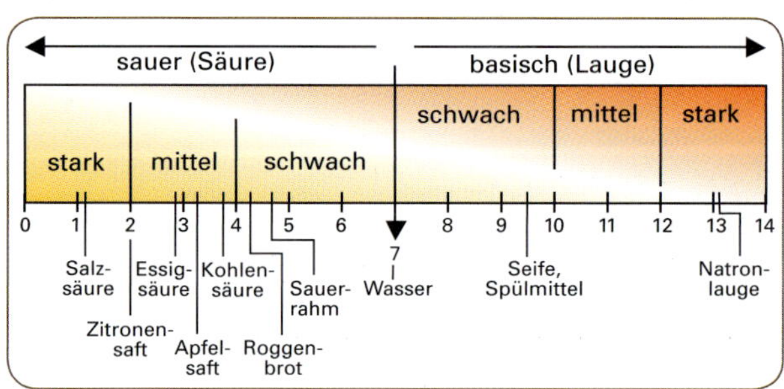


*ph-Werte*

Für die Entwicklung der Mikroorganismen ist der pH-Wert der Lebensmittel von großer Bedeutung. Auch sind die Mikroorganismen nur in einem bestimmten pH-Bereich lebensfähig.

- Um den pH-Wert 7 ist das Wachstum der meisten Mikroorganismen am günstigsten.
- Ab dem pH-Wert 4,2 und darunter können schädliche Mikroorganismen nicht mehr leben.
- Auch der stark laugige Bereich schadet den Mikroorganismen. Die meisten stellen ihre Aktivität bei einem pH-Wert von 10 ein.

### Säuren und Laugen

Starke Laugen sind ähnlich giftig wie starke Säuren, z. B. Natronlauge und Salzsäure. In schwacher Form werden Laugen meist zur Reinigung verwendet (Seife, Waschlauge). Eine geringe Laugenkonzentration von ca. 3,5 % besitzt auch die Brezellauge.

> Beim Umgang mit Lebensmitteln müssen den schädlichen und genussuntauglichen Mikroorganismen die günstigen Lebensbedingungen entzogen werden. Ist nur eine der Lebensbedingungen nicht gegeben, wird die Vermehrung und somit auch der Verderb der Lebensmittel gehemmt oder verhindert.

## Vermehrungsgeschwindigkeit der Mikroorganismen

Je mehr Anfangskeime auf den Lebensmitteln vorhanden sind, umso schneller steigt die Zahl der Mikroorganismen an und umso schneller verderben die Lebensmittel. Deshalb ist besonders darauf zu achten, dass der Anfangskeimgehalt auf Lebensmitteln und Bäckereierzeugnissen möglichst niedrig gehalten wird.

Beispiele, in welcher Zeit sich die Mikroorganismen bei optimalen Bedingungen auf das Doppelte vermehren:

| | |
|---|---|
| Salmonellen | 20 Minuten |
| Kolibakterien | 20 Minuten |
| Schimmelpilze | 60 Minuten |
| Milchsäurebakterien | 100 Minuten |
| Hefen (nicht Backhefe) | 120 Minuten |
| Backhefe | 240 Minuten |

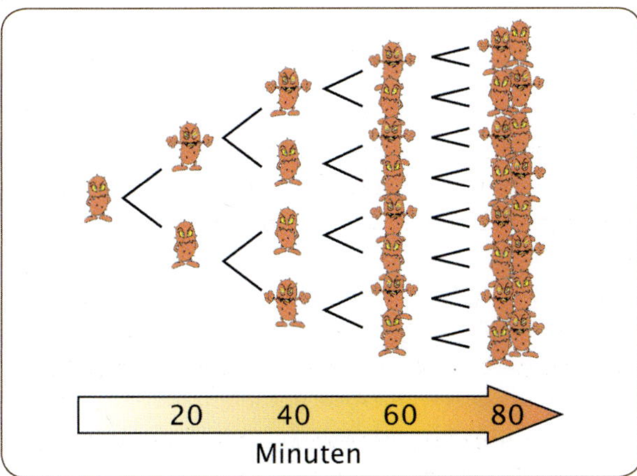


*Vermehrungsgeschwindigkeit von Mikroorganismen*

Geht man von Tausenden Anfangskeimen in Lebensmitteln aus, werden in wenigen Stunden daraus Millionen.

### Aufgaben

1. Nennen Sie die drei wichtigen Arten der Mikroorganismen und geben Sie jeweils nützliche und schädliche Mikroorganismen an.
2. Erklären Sie den Begriff „Sporen".
3. Erläutern Sie den $a_w$-Wert.
4. Nennen Sie Beispiele für Bäckereierzeugnisse mit folgendem $a_w$-Wert und beschreiben Sie die Besonderheiten in den Bereichen:
   - $a_w$-Wert von 1 bis 0,6
   - $a_w$-Wert von 0,6 bis 0
5. Geben Sie Beispiele an, womit man den $a_w$-Wert von Lebensmitteln und Bäckereierzeugnissen senken kann.
6. Beschreiben Sie die Lebensweise der Mikroorganismen bei folgenden Temperaturen:
   - 120 °C (Sterilisieren)
   - 60 bis 80 °C (Pasteurisieren)
   - 20 bis 40 °C (Raum- und Backstubentemperatur)
   - 5 °C (Kühlung)
   - −18 °C (Tiefgefrieren)
7. Erklären Sie folgende pH-Werte von Lebensmitteln und Bäckereierzeugnissen:
   - pH-Wert = 7
   - pH-Wert über 7
   - pH-Wert unter 7
8. Ihre neue Kollegin hält die Hygienemaßnahmen in Ihrer Bäckerei für übertrieben. Sie erklären ihr, warum es so wichtig ist, die Keimanzahl von Anfang an so gering wie möglich zu halten.

### Rechenaufgaben

1. Auf einer Arbeitsschürze wurden je $cm^2$ 24 Mikroorganismen festgestellt.
   a) Berechnen Sie die Gesamtzahl der Mikroorganismen auf der Arbeitsschürze, die 60 cm breit und 1,10 m lang ist.
   b) Wie hoch wäre die Keimzahl nach 1 Minute, wenn sie sich alle 20 Sekunden verdoppeln?
2. Schimmelpilze verdoppeln sich bei idealen Verhältnissen alle 60 Minuten. Wie viele davon bilden sich aus 300 Erregern in 5 Stunden?

LF 1

## 5.3 Schädliche Mikroorganismen

Krank machende Mikroorganismen bewirken Magen- und Darmerkrankungen mit Übelkeit, Erbrechen, Durchfall und Kopfschmerzen. Sie werden hauptsächlich durch Unsauberkeit auf Lebensmittel übertragen oder sie vermehren sich sehr stark durch falsche oder zu lange Lagerung der Lebensmittel.

### Schimmelpilze

**Vorkommen:**
Die Sporen der Schimmelpilze werden vom Luftzug getragen und gelangen so auf Lebensmittel.

**Übertragung:**
Sie können durch menschlichen Kontakt, z. B. durch die Hände, Kleidung, Arbeitsgeräte und Einrichtungsgegenstände, auf die Lebensmittel übertragen werden.

LF 1

**Anfällige Lebensmittel:**
Schimmelpilze bevorzugen feuchte Lebensmittel, z. B. Konfitüren, Füllungen wie Nuss-, Mohn-, Kirsch-, Apfel-, Quarkfüllung, Vanillecreme und die Krume der Backwaren.

*Verschimmelte Lebensmittel wegwerfen*

Auf trockenen Lebensmitteln, z. B. auf Semmelbröseln, können sie nicht wachsen. Auch die trockene Kruste kann deshalb nicht schimmeln. Gelangen die Schimmelpilze jedoch in die feuchte Gebäckkrume, z. B. durch Krustenrisse, entsteht der Schimmel im Inneren der Brote.

Schimmelpilze nehmen aber auch die Feuchtigkeit aus der Umgebungsluft zum Wachstum auf. So können auch trockene Lebensmittel und Bäckereierzeugnisse bei feuchter Lagerung außen schimmeln.

**Infizierte Lebensmittel:**
Gesundheitsgefährdende Schimmelpilze, die sich zu einem Fadengeflecht (Myzel) und später zu einem Schimmelrasen vermehren, geben unsichtbare Pilzgifte ab, die sogenannten **Mykotoxine** (Toxine sind Giftstoffe), die tief in die Lebensmittel eindringen. Auch Kochen zerstört diese Gifte nicht. Mykotoxine schädigen die Leber und können Krebs, vor allem Leberkrebs, verursachen.

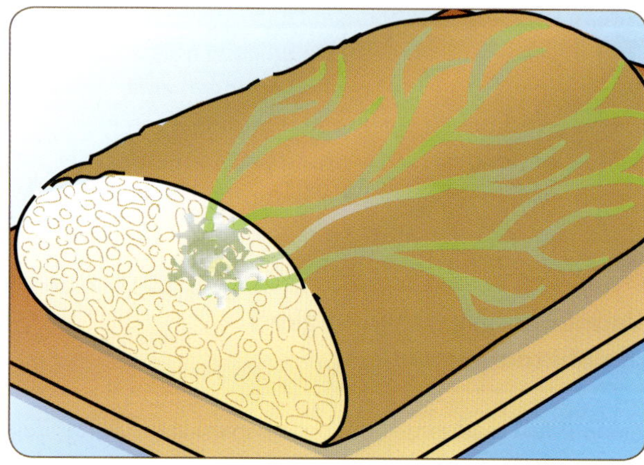

*Giftstoffe (Mykotoxine) durchdringen das Lebensmittel*

Weil nicht die Schimmelpilze, sondern deren Gifte die Gesundheit der Menschen schädigen, zählen sie zu den Lebensmittel vergiftenden Mikroorganismen.

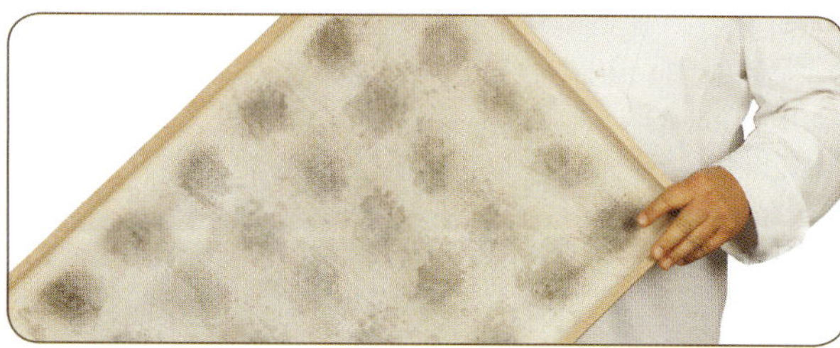

*Von Schimmel befallene Teigtücher sind gesundheitsschädlich und ekelerregend*

Verschimmelte Lebensmittel müssen sofort weggeworfen und aus den Betriebsräumen entfernt werden. Sie dürfen nicht an Tiere verfüttert werden. Man soll die Lebensmittel auch nicht essen, nachdem der Schimmelrasen entfernt wurde, weil man nicht weiß, wie tief die Giftstoffe (Mykotoxine) in die Lebensmittel vorgedrungen sind.
Nüsse mit braunen Stellen im Kern dürfen nicht mehr gegessen werden, sie enthalten besonders viele gesundheitsschädigende Schimmelpilzgifte (Aflatoxine).

**Vorbeugende Maßnahmen gegen Schimmelbefall auf Lebensmitteln und Bäckereierzeugnissen:**

- Auf Betriebs-, Produkt- und Personalhygiene im gesamten Bäckereibetrieb achten.
- Säure hemmt die Vermehrung der Schimmelpilze, sodass auch Weizenbrote mit Weizensauerteig vor allem in den Sommermonaten nicht so schnell schimmeln.
- Teigtücher, z. B. in Kippkästen für Brötchenteiglinge und Abziehrahmen, die im Gärraum feucht werden, werden täglich nach Arbeitsschluss in einem gut belüfteten Raum getrocknet.
- Bei verpackten Lebensmitteln fehlt den Schimmelpilzen der lebensnotwendige Sauerstoff, z. B. verlängert sich die Frischhaltung der Bäckereierzeugnisse beim luftdichten Verpacken mit Folie und vakuumverpackte Lebensmittel können nicht schimmeln.
- Lebensmittel und Bäckereierzeugnisse entsprechend kühl und trocken lagern.

## Salmonellen

**Vorkommen:**
Salmonellen sind Bakterien, die sich im Magen- und Darmbereich von Mensch und Tier befinden.

**Übertragung:**
Der Mensch infiziert (anstecken) sich jedoch meist über mit Salmonellen behaftete Lebensmittel.

**Anfällige Lebensmittel:**
Gefährliche Salmonellenträger sind:

- Eier
- Geflügel
- Hackfleisch
- Fisch

*Salmonellengefährdete Lebensmittel*

In der Bäckerei sind vor allem eihaltige Speisen mit rohen, unerhitzten Eiern gefährdet, z. B. Cremes, Tiramisudesserts und eihaltige Salate und Mayonnaise. Auch Fleisch, Wurst und Fisch.

**Infizierte Lebensmittel:**
Salmonellenbehaftete Lebensmittel sind nicht erkennbar. Sie verändern weder das Aussehen noch sind sie durch einen unangenehmen Geruch oder Geschmack feststellbar. Gefährlich sind Salmonellen auch wegen der schnellen Vermehrung, besonders bei 20 bis 45 °C. Sie verdoppeln sich beispielsweise bei ca. 35 °C schon nach 20 Minuten, d. h., aus 1000 Anfangskeimen werden nach drei Stunden über eine Million Salmonellen.

Werden salmonelleninfizierte Lebensmittel verzehrt, führt dies meistens nach 12 bis 36 Stunden zu grippeähnlichen Krankheitserscheinungen wie Übelkeit, Kopfschmerzen, Bauchschmerzen, Erbrechen, Durchfall, Gliederschmerzen und Fieber. Bei schwerer Infizierung kann die Infektion tödlich verlaufen.

**Salmonellenerkrankung:**
Stellt der Arzt z. B. bei einem Bäcker Salmonellose (Salmonellenerkrankung) fest, so muss er dies beim Gesundheitsamt melden (Meldepflicht). Der Bäcker darf so lange nicht mehr arbeiten, bis ihn der Arzt beim Gesundheitsamt wieder gesund meldet.

**Bekämpfung der Salmonellen:**
Salmonellen werden sicher durch Hitze zerstört:

- beim Kochen der Lebensmittel,
- beim Erhitzen der Lebensmittel auf 80 °C, 10 Minuten lang, z. B. beim Pasteurisieren der Eier..

**Vorbeugende Maßnahmen gegen Salmonellen**

- Gründliches Händewaschen nach dem Toilettenbesuch und nach dem Aufschlagen von Eiern vermeidet eine Salmonellenübertragung.
- Für nicht gekochte bzw. erhitzte Erzeugnisse:
  - nur frische Eier (bis ca. 1 Woche alt) oder
  - pasteurisierte Eier verwenden.
- Aufgetaute Eier: Gefriereier kühl lagern und am selben Tag verarbeiten.
- Aufgetaute eihaltige Speisen, die nicht erhitzt wurden, sofort verzehren.
- Leicht verderbliche Lebensmittel und Erzeugnisse aus Sahne, Milch, Eiern im Kühlschrank/Kühlraum (unter 10 °C) nicht zu lange aufbewahren.

LF 1

## Staphylokokken (Eitererreger)

Vorkommen:
Staphylokokken befinden sich hauptsächlich im Nasen- und Rachenraum der Menschen und auch in Wunden.
**Übertragung:**
Sie werden durch Niesen und Husten auf Lebensmittel übertragen und häufig über offene Wunden an Händen und Armen.
Die Staphylokokken vermehren sich sehr schnell auf den Lebensmitteln und bilden schädliche Gifte, die plötzliches Erbrechen, Durchfall und Kreislaufstörungen verursachen.
**Vorbeugung:**
Wunden müssen dicht abgedeckt werden.
Selbstverständlich wendet man sich beim Niesen und Husten von Lebensmitteln ab.
Die meisten Eitererreger werden bei über 80 °C abgetötet.
**Anfällige Lebensmittel:**
Besonders anfällig sind eier- und eiweißreiche Lebensmittel, z.B. Milch, Milcherzeugnisse, Cremes, Speiseeis, Fisch und Fleisch.

LF 1

## Botulinusbakterien (Clostridium botulinum)

Die Sporen der Botulinusbakterien, die nur ohne Sauerstoff wachsen, vergiften Lebensmittel in Konservendosen, wenn diese nicht lange genug über 120 °C erhitzt wurden. Der durch die giftigen Gase gewölbte, aufgeblähte Dosendeckel wird als **„Bombage"** bezeichnet.

*Einwandfreie Konservendose*

*Bombage*

## Kolibakterien (Coli-Bakterien)

Vorkommen:
Kolibakterien befinden sich im Darm von Mensch und Tier und sind deshalb in Fäkalien enthalten.
**Übertragung:**
- Kolibakterien können durch mangelnde Hygiene nach dem Toilettenbesuch in Lebensmittel kommen.
- Sie können in das Trinkwasser durch starke fäkale Verunreinigung (Verunreinigung mit Stuhl) gelangen.

**Vorbeugen:**
Beim Kochen von Wasser sterben Kolibakterien.

## Fäulniserreger

Fäulniserreger findet man in verfaultem Obst und Gemüse. Da diese unappetitlich aussehen sowie unangenehm riechen und schmecken, sind Vergiftungen selten.

### Aufgaben

1. Welche Lebensmittel sind besonders für Schimmelbefall gefährdet?
2. Erklären Sie die Tätigkeit der Schimmelpilze auf und in Lebensmitteln und nennen Sie die gesundheitsgefährdende Wirkung.
3. Was machen Sie mit verschimmelten Lebensmitteln und Bäckereierzeugnissen? Begründen Sie.
4. Nennen Sie vorbeugende Maßnahmen, um einen Schimmelbefall zu vermeiden:
   a) während der Produktion, b) bei der Lagerung.
5. Zählen Sie Lebensmittel auf, die gefährliche Salmonellenträger sind.
6. Nennen Sie die zwei Möglichkeiten, wie Salmonellen in Lebensmitteln abgetötet werden können.
7. Geben Sie Vorbeugemaßnahmen gegen die Vermehrung von Salmonellen an.
8. Wie können Staphylokokken (Eitererreger) auf Lebensmittel übertragen werden?
9. Nennen Sie Vorbeugemaßnahmen, damit Staphylokokken nicht auf Lebensmittel übertragen werden in Bezug auf
   - Wunden,
   - Niesen und Husten.
10. Woran kann man mit Botulinusbakterien infizierte Lebensmittel in Konservendosen äußerlich erkennen?
11. Wie heißen die Bakterien, die vor allem Obst und Gemüse verderben?
12. Ihr Chef beauftragt Sie, während der in der nächsten Woche stattfindenden Hygieneschulung einen Vortrag über schädliche Mikroorganismen und deren Lebensbedingungen zu halten.

## 5.4 Tierische Schädlinge

Die Betriebsräume in der Bäckerei müssen unbedingt frei von Schädlingen gehalten werden.

Schädlinge wie Insekten und Nager
- verursachen Fressschäden,
- verursachen Verunreinigungen durch Ausscheidungen, die für unangenehmen Geruch und Geschmack sorgen,
- übertragen Mikroorganismen auf Lebensmittel,
- sind ekelerregend.

### Mehlschädlinge

Sie sind deshalb so unangenehm, weil sie sich so schnell vermehren und dadurch das Mehl verunreinigen. Mehlschädlinge entwickeln sich dort im Mehl, wo es längere Zeit unbewegt liegt, z. B. Mehlstaub, der in Ecken, Rändern und Ritzen von Mehllager, Maschinen, Arbeitstischen, Schubladen liegt.

Die häufigsten Mehlschädlinge sind Mehlmotten und Mehlwürmer.

#### Mehlmotten

Mehlmotten sind graue Falter. Ein Mehlmottenweibchen legt im Laufe seines Lebens 200 bis 300 Eier in das Mehl ab. Aus den daraus entstehenden Raupen (Larven), die sich an geschützten Stellen wie Ritzen, Fugen, Ecken bei starker Fresslust vier- bis fünfmal häuten, entwickeln sich Puppen. Diese spinnen mit weißen klebrigen Fäden ein Gespinst um sich. Aus der Puppe schlüpft dann der fertige Falter.

*Mehlmotte*

Die Entwicklungsgeschwindigkeit hängt von der Temperatur ab.
Da Mehlmotten kälteempfindlich sind, bietet die warme Backstube ideale Bedingungen.

*Larve der Mehlmotte*

#### Mehlwürmer

Die gelblich-braunen zwei bis drei Zentimeter langen Mehlwürmer häuten sich mehrmals im Mehl und verunreinigen es. Sie sind unappetitlich und ekelerregend. In liegen gebliebenen Mehlresten und im Mehlstaub in Ecken von Räumen, Schubladen und Maschinen finden sie günstige Entwicklungsmöglichkeiten.

*Mehlwurm*

#### Mehl- und Brotkäfer

Sie sind mittlerweile in der modernen Bäckerei unbekannt. Wegen der etwas längeren Entwicklungszeit können sie sich nur noch in grob unsauberen Betrieben vermehren.

*Mehlkäfer*

*Brotkäfer*

#### Mehlmilben

Die mit bloßem Auge nicht sichtbaren Mehlmilben, die das Mehl genussuntauglich machen und bei Menschen Allergien auslösen können, befinden sich nur in feuchten Mehlen und sind aufgrund der trockenen Mehllagerung nicht mehr anzutreffen.

*Mehlmilbe*

### Schaben (Kakerlaken)

Sie haben eine braune bis schwarze Farbe und sind bis zu drei Zentimeter lang.

*Schabe*

LF 1

## Silberfischchen

Es sind kleine, sehr schmale, silbrig-graue Insekten. Sie werden kaum bemerkt, da sie beim Eintreten der Menschen in den Raum regungslos liegen bleiben. Silberfischchen fressen alles, sogar Verpackungsmaterial.

*Silberfischchen*

**Schaben und Silberfischchen**
- sind nachtaktiv,
- leben tagsüber versteckt in Ritzen und Fugen von Mauern und Fliesen,
- befinden sich an feuchten und warmen Orten, z. B. in der Nähe von Wasserleitungen und Schwadenrohren.

Schaben und Silberfischchen vermehren sich bei guten Bedingungen sehr stark, legen bei Dunkelheit weite Wege zurück und verunreinigen die Lebensmittel durch Keimübertragungen. Da diese Schädlinge sich bei Störungen durch Licht und Geräusche in ihre Schlupfwinkel zurückziehen und dadurch nicht sichtbar sind, werden sie nicht immer ausreichend bekämpft.

LF 1

## Fliegen

Ihre hauptsächlichen Brutstätten sind Abfall und Kot. Von dort übertragen sie krankheitserregende Mikroorganismen auf die Lebensmittel.

*Fliege*

## Mäuse und Ratten

Diese Nagetiere hinterlassen deutliche Fressschäden und Verunreinigungen sowie üblen Geruch. Sie halten sich gerne im Müll auf und transportieren von dort über Fell und Pfoten schädigende Mikroorganismen auf die Lebensmittel. Auch enthält der Kot eine große Anzahl von Mikroorganismen, die an die Lebensmittel gelangen. Mäuse kommen vor allem in der kalten Jahreszeit durch offene Türen und Kellerfenster.

*Maus*

Sind Ratten im Lebensmittelbetrieb, ist dies ein Zeichen von großer Unsauberkeit. Sie werden durch offene Abfallbehälter und Komposthaufen angelockt, wenn dort Küchenabfälle, besonders mit Fleischresten, entsorgt werden.

**Vorbeugende Maßnahmen gegen Schädlinge**

- **Mehlschädlinge:**
  Regelmäßige Reinigung, damit Ecken und Fugen der Räume, Einrichtungsgegenstände und Maschinen mehlfrei sind. Das Mehl darf nicht so lange unbewegt liegen, bis sich die Schädlinge entwickelt haben.
- **Schaben und Silberfischchen:**
  Ritzen und Spalten in Fliesen und Mauern verschließen, vor allem im Bereich von Wasserrohren, Wasserhähnen und Spülbecken, damit ihre Schlupfwinkel versperrt sind.
- **Fliegen:**
  – Abfallbehälter verschließen und regelmäßig reinigen.
  – Fliegengitter an den Fenstern anbringen.
  – Lebensmittel abdecken oder verpacken.
- **Mäuse:**
  – Türen möglichst schließen und Kellerfenster vergittern, damit sie nicht ins Haus gelangen.
  – Sofort Fallen aufstellen, wo Fraß- und Kotspuren sind.

**Schädlinge sofort bekämpfen,**
- weil sie sich schnell vermehren,
- weil bereits bei einer geringen Anzahl von Schädlingen Gesundheitsgefahren für Menschen durch die Übertragung von Mikroorganismen bestehen,
- weil Schädlinge im Betrieb auf grobe Unsauberkeit hinweisen.

In Lebensmittelbetrieben darf kein Gift gestreut und giftige Schädlingsbekämpfungsmittel dürfen nicht gesprüht werden, da sie mit Lebensmitteln in Berührung kommen können.

**Aufgaben**

1. Beschreiben Sie vier Faktoren, warum die Betriebsräume in der Bäckerei frei von Schädlingen sein müssen.
2. An welchen Stellen können sich Mehlschädlinge besonders gut vermehren?
3. Nennen Sie die zwei am häufigsten vorkommenden Mehlschädlinge und beschreiben Sie diese.
4. Beschreiben Sie die Lebensweisen der Schaben und Silberfischchen und nennen Sie die Lebensräume.
5. Nennen Sie die zwei hauptsächlichen Brutstätten der Fliegen.
6. Erklären Sie, wie Fliegen Lebensmittel infizieren können.
7. Erläutern Sie, welche Schäden Mäuse und Ratten anrichten können, wenn sie an Lebensmittel gelangen.
8. Erklären Sie, warum Schädlinge sofort bekämpft werden müssen.
9. Beschreiben Sie die Vorbeugemaßnahmen gegen
   - Mehlschädlinge,
   - Fliegen,
   - Schaben, Silberfischchen,
   - Mäuse.
10. Sie erzählen Ihrer Chefin, dass Sie im Mehllager kleine graue Falter gesehen haben. Sie ist froh, dass Sie ihr das sofort berichten, da die Schädlinge umgehend bekämpft werden müssen. Stellen Sie eine Übersicht mit entsprechenden Abbildungen der tierischen Schädlinge zusammen, die zukünftig in einer Mappe in den Mitarbeiterräumen der Bäckerei liegt, damit die Kollegen Schädlinge sofort erkennen und beseitigen können.

**Rechenaufgabe**

Für eine einmalige Generalreinigung des Betriebes als Vorbeugemaßnahmen gegen Schädlinge bezahlt ein Bäckereibetrieb 465,00 € netto plus 19 % Mehrwertsteuer. Die Reinigungsfirma gibt der Bäckerei 8 % Rabatt. Wenn die Bäckerei den Betrag innerhalb 10 Tagen bezahlt, gewährt die Reinigungsfirma 2 % Skonto.

a) Berechnen Sie die Reinigungskosten nach Abzug des Rabatts.
b) Wieviel muss die Bäckerei zahlen, wenn sie den Betrag innerhalb von 10 Tagen überweist?

## 5.5 Reinigen des Betriebes

Das Reinigen der Betriebsräume, Einrichtungsgegenstände, Maschinen und Geräte gehört zur täglichen Arbeit.

**Gründe für die regelmäßige Reinigung sind:**
- Die Lebensmittel werden vor Verderb bewahrt.
- Die Gesundheit der Beschäftigten und der Verbraucher wird geschützt.
- Ein sauberer Betrieb hat ein werbewirksames Aussehen.
- Die Funktionsfähigkeit und Nutzungsdauer der Räume, Einrichtungsgegenstände, Maschinen und Geräte werden verlängert.

Die gründlichere Reinigung erfolgt durch die Nassreinigung.

**Zum Nassreinigen benötigt man**
- Wasser (nur Trinkwasser ist erlaubt),
- Reinigungsmittel,
- mechanische Mittel.

### Einfluss des Wassers beim Reinigen

Die günstigste Wassertemperatur beim Spülen und Reinigen von Hand liegt bei ca. 50 bis 60°C. Bei höheren Wassertemperaturen wird das Wasser für die Haut unverträglich. Kühleres Wasser erzielt nicht die wichtigen folgenden Wirkungen.

Wirkung des warmen Wassers:
Speisereste und Schmutz lösen sich in warmem Wasser und werden somit von den verschmutzten Gegenständen weggespült, bis sie sauber sind.

LF 1

### Das Wassermolekül

Ein Wassermolekül besteht aus
- 1 Atom Sauerstoff und
- 2 Atomen Wasserstoff.

*Wassermolekül*

Die Randschichten der Moleküle ziehen sich zusammen, das führt zur Oberflächenspannung des Wassers. Deutlich sichtbar ist dies bei Wassertropfen, z. B. wenn der Wasserhahn tropft oder auch wenn sich das Wasser bei einem übervollen Wasserglas über den Glasrand wölbt.

## Einfluss der Reinigungsmittel

Durch die Zugabe von Reinigungsmitteln wird die Oberflächenspannung des Wassers zerstört.

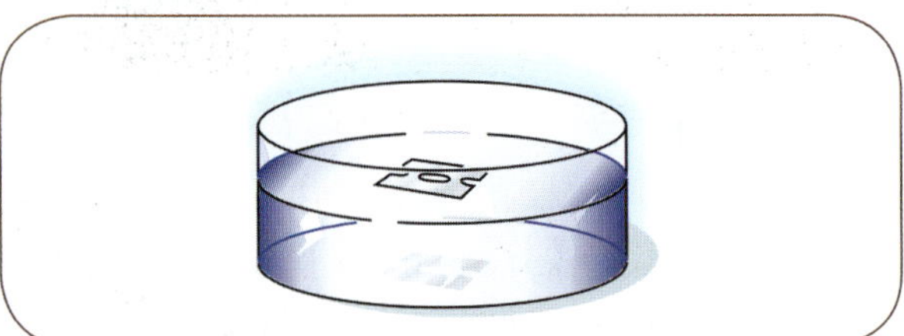

*Wasser ohne Spülmittel*

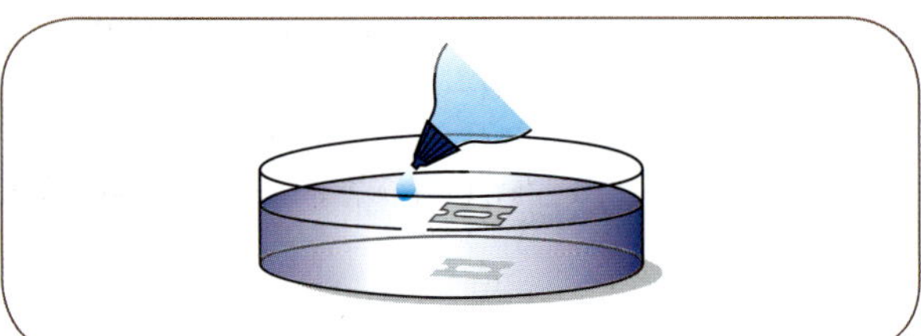

*Zugabe von Spülmittel*

*Wasser mit Spülmittel*

Aufgrund der Oberflächenspannung schwimmt in dem Versuch die Rasierklinge auf dem Wasser. Durch die Zugabe von Reinigungsmittel wird das Wasser „entspannt". Die Rasierklinge fällt deshalb zu Boden.

Nach dem Reinigen mit klarem Wasser bleibt ein schmieriger Fettfilm auf den Gegenständen. Das Wasser kann wegen der Oberflächenspannung nur schlecht in den Schmutz eindringen.

„Entspanntes" Wasser kann sich leichter unter den Schmutz schieben, ihn abheben und wegspülen. Deshalb löst sich auch der Fettfilm durch Zugabe von Reinigungsmittel.

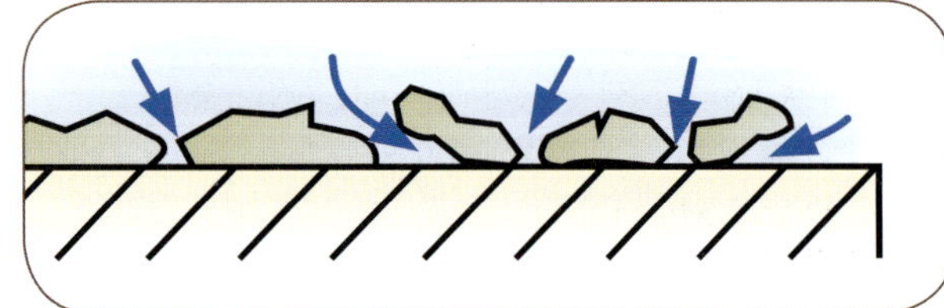

*Entspanntes Wasser kann in den Schmutz eindringen*

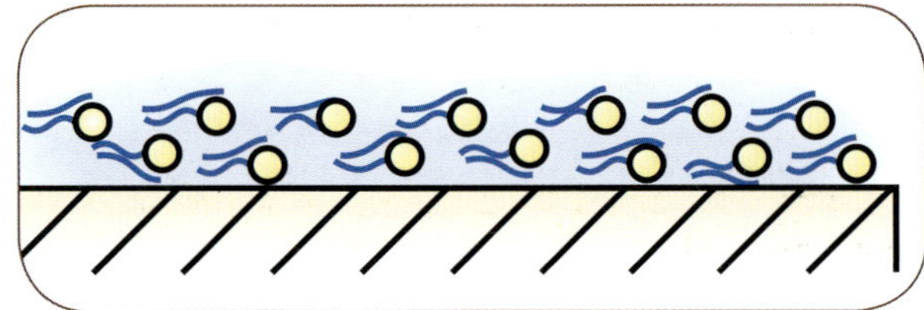

*Fett wird durch das Reinigungsmittel im Wasser feinstverteilt und weggespült*

## Reinigungsmittel

**Spülmittel** eignen sich für den Abwasch leicht verschmutzter Gegenstände, z. B. Tabletts, Geschirr, Bestecke, Gläser.
Für Spülmaschinen benötigt man besondere Spülmittel mit zusätzlichem Klarspüler. Außerdem wird Salz zur Enthärtung des Wassers zugegeben.

*Spülmaschine*

**Reinigungsmittel für Oberflächen** sind besonders schonende Mittel, die schnell reinigen sowie eine Glanz bringende und Schmutz abweisende Wirkung besitzen, z. B. für Glas (Fenster und Vitrinen), Edelstahl, Kunststoff.

**Reinigungsmittel für Fußböden** besitzen fett- und kalklösende Mittel mit stärkerer Reinigungswirkung.

**Reinigungsmittel für hartnäckigen Schmutz** besitzen aggressive chemische Zusätze. Sie werden z. B. verwendet für eingebrannte Bleche, eingebrannten Staub an den Glastüren der Backherde, festen Schmutz an Fliesen. Meist werden diese Mittel in Verbindung mit Schwämmen, Edelstahlreibern u. a. angewendet.

**Grundsätze beim Reinigen**

- Grundsätzlich in warmes Wasser etwas Reinigungsmittel geben, da Gegenstände nur so schmutz- und fettfrei werden.
- Alle Reinigungsmittel belasten das Abwasser. Darum nicht zu viel Reinigungsmittel verwenden; nur so viel wie nötig.
- Angetrockneten Schmutz zuerst einweichen und dann entfernen.
- Nach dem Reinigen der Gegenstände werden Reinigungsmittelreste mit ausreichend klarem Wasser von den Gegenständen abgespült.

Putztücher, Schwämme und Bürsten müssen nach jedem Gebrauch unter fließend warmem Wasser ausgewaschen und häufig erneuert werden. Wird mit unsauberen Tüchern, Schwämmen und Bürsten „gesäubert", ist dies eine Keimverbreitung und -vermehrung und keine Reinigung.

## Mechanische Hilfsmittel zum Entfernen von Schmutz

- Weiche Putztücher und Schwämme helfen leichten Schmutz wegzuwischen. Auch empfindliche Oberflächen werden auf diese Weise schonend behandelt.
- Spülbürsten sorgen bei hartnäckigerem Schmutz für eine gründliche Reinigung.
- Scheuerschwämme und Edelstahlreiber sind bei fest sitzendem Schmutz am wirksamsten.
- Edelstahlreiber beseitigen auch eingebrannte Stellen in Edelstahlschüsseln und Schnittenblechen, ohne dass sie die Oberfläche beschädigen.

*Mechanische Hilfsmittel für die Reinigung*

**Wasserdruck** wird zum Reinigen in der Spülmaschine oder bei der Grobreinigung von Böden und Fliesen mit Hochdruckreiniger oder Dampfstrahler genutzt. Dabei wird das Wasser mit großem Druck durch Düsen gepresst und hebt den Schmutz an der Stelle ab, die vom Wasserstrahl getroffen wird.

*Dampfstrahler bzw. Hochdruckreiniger*

LF 1

### Aufgaben

1. Nennen Sie die günstigste Wassertemperatur beim Spülen und Reinigen.
2. Warum wird warmes Wasser zum Spülen und Reinigen benötigt?
3. Geben Sie die Zusammensetzung eines Wassermoleküls an und beschreiben Sie, wie es zur Oberflächenspannung des Wassers kommt.
4. Erklären Sie, warum Reinigungsmittel zum Reinigen in das Wasser gegeben wird.
5. Nennen Sie verschiedene Reinigungsmittel für bestimmte Anwendungen und beschreiben Sie diese.
6. Womit müssen Reinigungsmittelreste auf Gegenständen am Schluss des Reinigens entfernt werden?
7. Warum sollen Reinigungsmittel sparsam dosiert werden?
8. Nennen Sie mechanische Hilfsmittel zum Entfernen von Schmutz.
9. Erklären Sie, was geschieht, wenn mit unsauberen Tüchern, Schwämmen und Bürsten gereinigt wird, die nicht nach jedem Gebrauch sauber gemacht werden.
10. Beschreiben Sie, wie Gegenstände in der Spülmaschine gereinigt werden.
11. Die neue Auszubildende Ihres Betriebes ist diese Woche laut Reinigungsplan für das Saubermachen des Ladens, der Regale und Verkaufstheke sowie der Tabletts und Kleingeräte eingeteilt. Erklären Sie ihr, wie und mit welchen Reinigungsmitteln der unterschiedliche Schmutz am besten entfernt werden kann, insbesondere der Fettfilm auf Tabletts und der eingebrannte Schmutz auf den Backblechen. Erstellen Sie gemeinsam mit der Auszubildenden eine entsprechende Tabelle.

## Berufliche Handlung

Ein neuer Auszubildender beginnt in Ihrem Betrieb seine Ausbildung zum Bäcker. Von Ihrem Chef werden Sie beauftragt, den neuen Kollegen in den Betrieb einzuweisen und ihm die typischen Gebäcke zu erklären. Sie sind ihm auch bei den ersten Einträgen in das Berichtsheft behilflich, in das er alles Wissenswerte über den Bäckerberuf schreiben soll.

### Bäckerin/Bäcker – ein Handwerksberuf

1. Geben Sie an, welches Gebäck den Berufsstand der Bäckerei symbolisiert.
2. Auf dem Umschlag des Berichtsheftes sieht der neue Auszubildende das Deutsche Bäckerwappen. Erläutern Sie seine Bedeutung.
3. Schreiben Sie für den Auszubildenden typische Gebäcke der Bäckerei und dann Erzeugnisse der Konditorei auf, sodass er den Unterschied und die Verwandtschaft der Berufe anhand der Waren erkennen kann.
4. Bevor der erste Berufsschulbesuch beginnt, erzählen Sie dem neuen Auszubildenden den Ablauf der Ausbildung im Bäckereibetrieb und in der Berufsschule und welche Prüfungen er ablegen muss, bis er Bäckergeselle ist.
5. Überlegen Sie zusammen mit Ihrem Kollegen, welche Möglichkeiten der Weiterbildung man als Bäckergeselle hat und welche Berufe dann eingeschlagen werden können.

### Produktion und Verkauf in der Bäckerei

6. Erläutern Sie dem Auszubildenden bei der Betriebsbesichtigung die Produktions- und Sozialräume, die in jeder Bäckerei erforderlich sind.
7. Benennen und erklären Sie in den Produktionsräumen die Verwendung der einzelnen Maschinen, Geräte und Werkzeuge.

### Sicherheit am Arbeitsplatz

8. Weisen Sie den neuen Kollegen bei der Vorstellung der Maschinen eindeutig auf die Unfallgefahren hin. Zählen Sie außerdem weitere Gefahrenquellen im Bäckereibetrieb auf.
9. Zeigen Sie dem neuen Auszubildenden, wo sich der Erste-Hilfe-Kasten im Betrieb befindet, und erläutern Sie ihm zusammenm mit dem Ersthelfer Ihrer Bäckerei Erste-Hilfe-Maßnahmen bei möglichen Arbeitsunfällen, z.B. nach Stürzen, Schnittverletzungen, Quetschungen, Verbrennungen und Ätzungen durch Brezellauge.
10. Erklären Sie dem jungen Kollegen das ergonomische Arbeiten in der Bäckerei, damit er durch einseitige Arbeiten keine Rückenschmerzen und Muskelverspannungen bekommt sowie Ermüdungserscheinungen auftreten.

### Umweltschutz

11. Anfallende Abfälle müssen getrennt werden, damit diese dem Recycling zugeführt werden können und so die Abfallmenge verringert wird. Erläutern Sie, wie dies in Ihrer Bäckerei gehandhabt wird.
12. Energieverschwendung belastet die Umwelt und kostet Geld. Zählen Sie deshalb dem neuen Auszubildenden einige Möglichkeiten auf, in der Bäckerei Energie zu sparen.

### Hygiene

13. Erstellen Sie mit Ihrem neuen Kollegen ein Beispiel eines Reinigungsplans für Ihre Bäckerei, in den er miteinbezogen wird.
14. Nehmen Sie die eingetroffene Warenlieferung zusammen mit Ihrem neuen Kollegen an und erklären Sie ihm, wie die Waren kontrolliert werden. Weisen Sie auch auf die Besonderheiten bei Tiefkühlwaren und leicht verderblichen Waren hin.
15. Erläutern Sie die persönliche Hygiene in Bezug auf Berufskleidung und begründen Sie, warum das Tragen von Ringen und Armbändern während der Arbeit nicht erlaubt ist.
16. Unterstützen Sie den Auszubildenden beim Eintrag in sein Berichtsheft über Mikroorganismen und ihre Lebensbedingungen. Geben Sie außerdem Auskunft über Schimmelpilze und Salmonellen in der Bäckerei und erklären Sie die Vorbeugemaßnahmen, damit diese Mikroorganismen gar nicht erst auftreten.
17. Beim Abspülen von Tabletts im Spülbecken wundert sich der neue Auszubildende, warum er den Fettfilm auf den Tabletts nicht entfernen kann. Erläutern Sie das richtige Abwaschen.

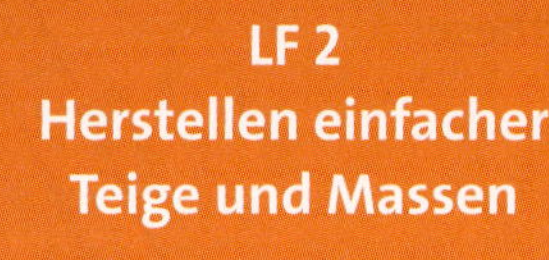


# 6 Inhaltsstoffe der Lebensmittel

**Situation**

Ihre Bäckerei möchte eine Kundenaktion zum Thema „Vollkornbrote und Vollkornbackwaren" durchführen. Mit Ihren Kolleginnen und Kollegen sollen Sie mögliche Inhalte für einen Flyer sammeln.

- Welche energieliefernden und nicht energieliefernden Nährstoffe sind in diesen Backwaren enthalten?
- Welche Bedeutung haben die enthaltenen Nährstoffe für den menschlichen Körper?
- Welche Empfehlungen für eine gesunde Ernährung können Sie Ihren Kunden geben?
- Welche Vollkornbrote und Vollkornbackwaren bietet Ihre Bäckerei an?



Alle Lebensmittel, die gegessen und getrunken werden, bestehen aus verschiedenen Nährstoffen. Diese Nährstoffe werden in drei Gruppen eingeteilt.

| Energieliefernde Nährstoffe | Wirkstoffe = nicht energieliefernde Nährstoffe | Vom Körper nicht verwertbare Nährstoffe |
|---|---|---|
| Sie geben dem Körper Wärme und Kraft. | Sie nehmen Einfluss auf Gesundheit und Wohlbefinden. | Sie fördern die Verdauung und werden dann ausgeschieden. |
| Kohlenhydrate<br>Fette<br>Eiweiß | Wasser<br>Mineralstoffe<br>Vitamine | Ballaststoffe |

Jeder einzelne Nährstoff ist gleich wichtig für den menschlichen Körper. Nur die Gesamtheit ermöglicht ein gesundes Leben. Pflanzliche und tierische Lebensmittel ergänzen sich bei einer abwechslungsreichen Ernährung.

| Pflanzliche Lebensmittel | Tierische Lebensmittel |
|---|---|
| Getreideerzeugnisse, Obst, Gemüse, Öle usw. | Milch, Milcherzeugnisse, Eier, Fleisch, Fisch usw. |

## 6.1 Kohlenhydrate

### Aufbau der Kohlenhydrate

Die Kohlenhydrate werden in den **Pflanzen** aufgebaut.

- Die Pflanze nimmt in den Blättern das **Wasser ($H_2O$)** des Bodens, das durch die Wurzeln in die Pflanze gelangt, und **Kohlenstoffdioxid ($CO_2$)** aus der Luft auf.
- Aus $H_2O$ und $CO_2$ baut das **Chlorophyll (Blattgrün)** mithilfe der **Sonnenenergie** den **Zucker** auf.
- Die Pflanze gibt dabei **Sauerstoff ($O_2$)** an die Luft ab.

Diesen Vorgang des Zuckeraufbaus in den Pflanzen nennt man **Fotosynthese**.

**Begriffserklärungen**

Da Licht die Energie für den Kohlenhydrataufbau liefert, heißt der Vorgang **„Fotosynthese"**.
Foto steht für Licht, Synthese heißt Aufbau.
Kohlenhydrate heißen so, weil sie aus **Kohlenstoff** und Wasser **(Hydro)** aufgebaut sind.

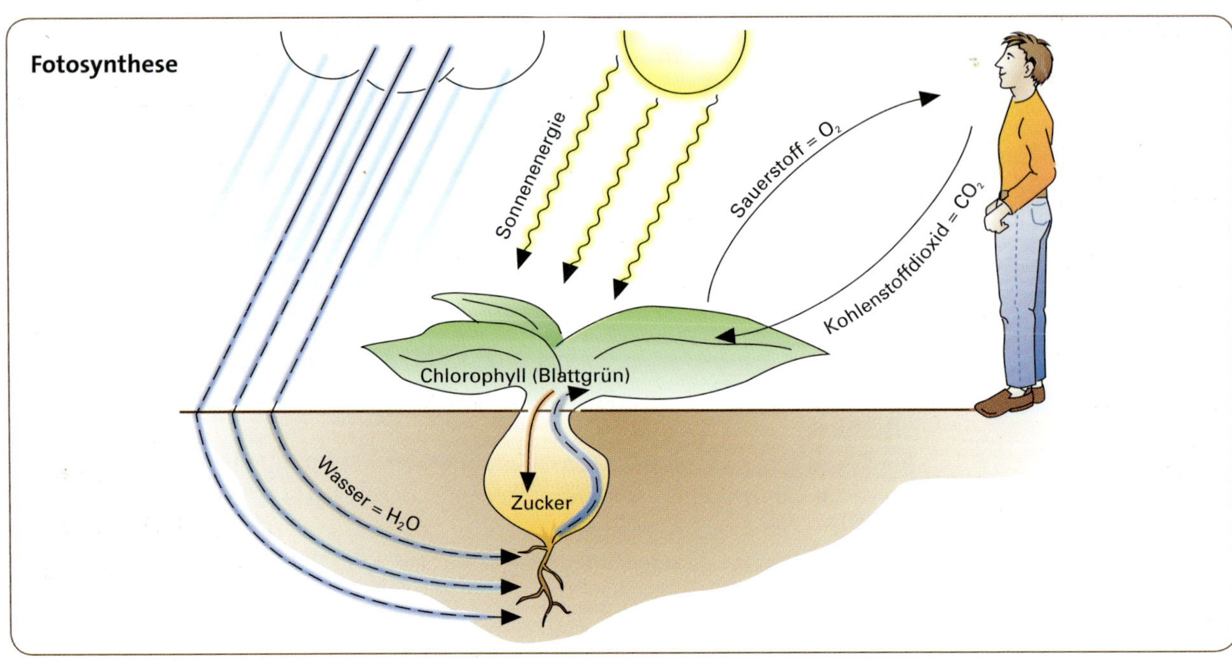


## Einteilung der Kohlenhydrate

LF 2

Die Kohlenhydrate werden in drei Gruppen unterteilt:

- Einfachzucker = Monosaccharide (mono = ein)
- Doppelzucker = Disaccharide (di = zwei)
- Vielfachzucker = Polysaccharide (poly = viel)

**Saccharide = Zucker**

### Einfachzucker (Monosaccharide)

Die Einfachzucker sind die **kleinsten Bausteine der Kohlenhydrate**.

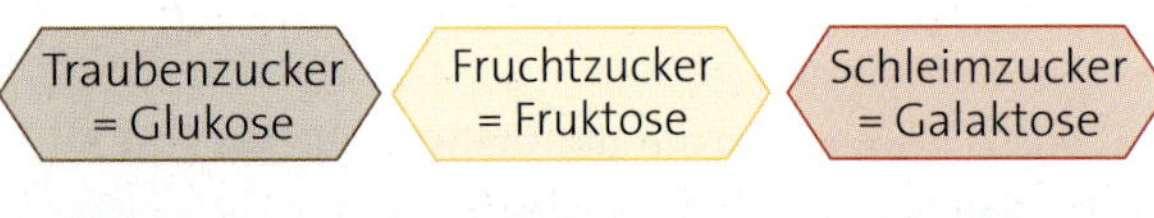

*Haushaltszucker = Saccharose (Doppelzucker)*

### Doppelzucker (Disaccharide)

In den Pflanzen werden zwei Einfachzucker unterschiedlich kombiniert und zu Doppelzucker aufgebaut.

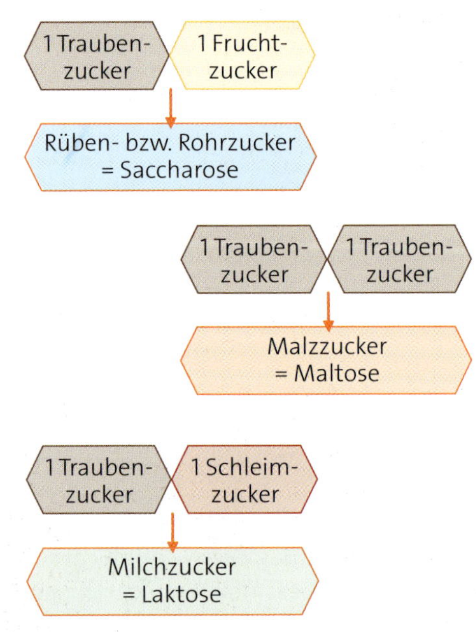


Wird Rüben- bzw. Rohrzucker durch Enzyme gespalten, so entsteht **Invertzucker**.
Invertzucker besteht aus Trauben- und Fruchtzucker und zählt zum Einfachzucker, weil der Doppelzucker gespalten ist. Honig besteht z. B. zu 70 % aus Invertzucker.

### Vielfachzucker (Polysaccharide)

| Zellulose = Ballaststoffe | Stärke | Dextrine |
|---|---|---|
| Die Traubenzuckermoleküle sind dicht zusammengepresst und deshalb nicht verdaulich, z. B. in den Schalen der Getreidekörner. Zellulose kann nicht gespalten werden, weil es in der Natur dafür keine Enzyme gibt. | Stärke ist aus vielen Traubenzuckern zusammengesetzt und gilt in der Natur als Zuckerreserve, die bei Bedarf schnell zu Traubenzucker abgebaut werden kann. Stärke ist besonders im Mehl aller Getreidearten und in Kartoffeln enthalten. | Durch Hitze ab ca. 120 °C oder durch Enzyme wird die Stärke zu Dextrinen gespalten. Dextrine enthalten deshalb weniger Traubenzucker als die Stärke. Dextrine sind braun, z. B. auf der Gebäckkruste. |

*Zellulose (Ballaststoffe), Dextrine, Stärke*

## Süßkraft der Kohlenhydrate

Die Süße der Kohlenhydrate ist unterschiedlich stark. Allgemein gilt: Je mehr Traubenzuckereinheiten die Kohlenhydrate haben, desto weniger süß schmecken sie. Allgemein wird Rüben- und Rohrzucker (Kristallzucker) zum Süßen verwendet. Fruchtzucker besitzt jedoch die stärkste Süßkraft, sodass deren Stärke der Süße mit 100 % angegeben wird.

*Lebensmittel, die Kohlenhydrate enthalten*

| Kohlenhydratarten | Süßkraft |
|---|---|
| Fruchtzucker (100 %) | |
| Rüben- bzw. Rohrzucker (ca. 80 %) | |
| Traubenzucker (ca. 50 %) | |
| Malzzucker (ca. 40 %), intensiver Malzgeschmack | |
| Milch- und Schleimzucker (ca. 25 %) | |
| Dextrine | kaum süß schmeckend |
| Stärke | nicht süß schmeckend |
| Zellulose | nicht süß schmeckend |

Beispiele für Kohlenhydratarten, die in bestimmten Lebensmitteln überwiegend vorkommen, und deren Süßkraft:

| Kohlenhydrate | Lebensmittel | Süßkraft |
|---|---|---|
| Trauben- und Fruchtzucker | Obst, Honig | süß |
| Rohr- und Rübenzucker | Kristallzucker (Haushaltszucker) und Puderzucker sowie die damit gesüßten Lebensmittel | süß |
| Malzzucker | gekeimtes Getreide für Malzmehl (Backmittel), Bier, Malzbonbons | leicht süß |
| Milchzucker | Milch und Milcherzeugnisse | kaum süß |
| Stärke | Getreide, Brote, Brötchen und andere Backwaren, Nudeln, Kartoffeln | nicht süß |
| Zellulose (Ballaststoffe) | Vollkornerzeugnisse | nicht süß |

### Aufgaben

1. Nennen Sie
   - drei energieliefernde Nährstoffe,
   - drei nicht energieliefernde Nährstoffe,
   - einen vom menschlichen Körper nicht verwertbaren Nährstoff.
2. Geben Sie Beispiele für pflanzliche und tierische Lebensmittel.
3. Erklären Sie den Aufbau des Zuckers in der Pflanze.
4. Nennen Sie die drei Kohlenhydratgruppen und geben Sie jeweils drei Kohlenhydratarten an.
5. Aus welchen Einfachzuckern bestehen
   - Rüben- und Rohrzucker,
   - Malzzucker,
   - Milchzucker?
6. Beschreiben Sie, wie Dextrine entstehen und woraus sie zusammengesetzt sind.
7. Erklären Sie, woraus sich Stärke zusammensetzt.
8. Welche Kohlenhydratart hat die größte Süßkraft und welche liegt an zweiter Stelle, die hauptsächlich zum Süßen verwendet wird?
9. Nennen Sie die Kohlenhydratarten, die in folgenden Lebensmitteln überwiegend vorkommen:
   - Obst, Honig
   - Kristallzucker und die damit gesüßten Lebensmittel
   - Milch und Milcherzeugnisse
   - Malzmehl, Bier
   - Getreide, Backwaren, Nudeln, Kartoffeln
   - Vollkornerzeugnisse
10. Sie haben gelesen, dass 55 % des täglichen Energiebedarfs durch Kohlenhydrate gedeckt werden sollen. Nun wundert es Sie nicht mehr, dass die Kunden oft nach kohlenhydratreichen Erzeugnissen fragen. Welche Erzeugnisse empfehlen Sie ihnen?

LF 2

### Rechenaufgabe

Ein Honig besteht aus 17 % Wasser, 8 % Malzzucker und 4 % Rübenzucker. Der Rest ist Invertzucker.

a) Wie viel % Invertzucker enthält dieser Honig?

b) Berechnen Sie den Gesamtzuckergehalt in kg von 12,500 kg Honig.

c) Wie viel g Doppelzucker sind in den 12,5 kg Honig enthalten?

## 6.2 Fette (Lipide)

Grundsätzlich werden pflanzliche und tierische Fette unterschieden.

| Pflanzliche Fette | Tierische Fette |
|---|---|
| Der bei der Fotosynthese gebildete Zucker wird in den Samen und Früchten der Pflanzen zu Fett umgewandelt. | Tierische Fette entstehen durch die Umwandlung von Pflanzenfetten und Kohlenhydraten im Tierkörper. |

### Chemische Zusammensetzung der Fette

Ein Fettmolekül ist eine Verbindung von **einem Glyzerin** und **drei Fettsäuren**. Dies ist der kleinste Fettbaustein.

Glyzerin ist bei allen Fettmolekülen der gleiche Bestandteil. Die vom Glyzerin gebundenen Fettsäuren jedoch unterscheiden sich. Deshalb gibt es unterschiedliche Fette.

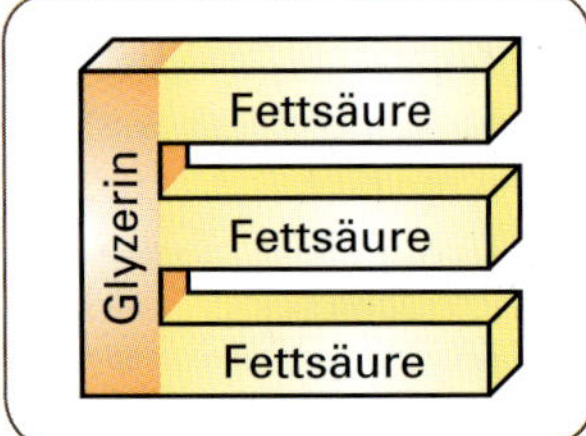


### Fettsäuren

Fettsäuren bestehen aus einer Kette von C-Atomen (Kohlenstoffatomen), die H-Atome und O-Atome (Wasserstoff- und Sauerstoffatome) binden. Die chemische Struktur der unterschiedlichen Fettsäuren ist dafür ausschlaggebend, ob Fette fest, weich oder flüssig sind.

Die wichtigsten Fettsäuren sind:

### Gesättigte Fettsäuren

- Stearinsäure
- Palmitinsäure

Alle Kohlenstoffatome (C-Atome) binden Wasserstoffatome (H-Atome) und sind somit mit Wasserstoffatomen gesättigt.

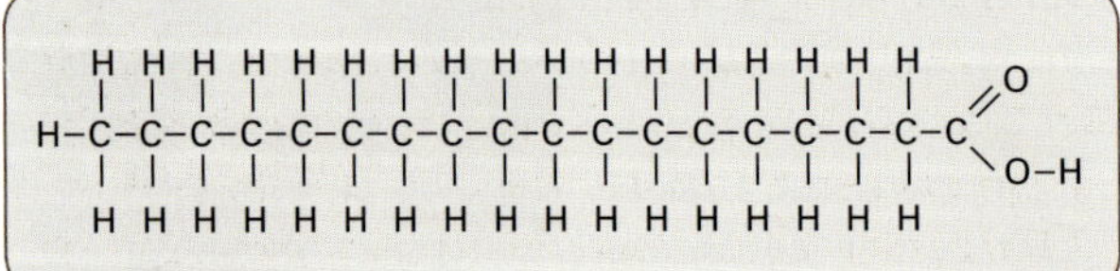


*Stearinsäure (gesättigt)*

Gesättigte Fettsäuren am Glyzerin ergeben feste Fette.

### Ungesättigte Fettsäuren

Man unterscheidet:
- einfach ungesättigte Fettsäure = **Ölsäure**
- zweifach ungesättigte Fettsäure = **Linolsäure**
- dreifach ungesättigte Fettsäure = **Linolensäure**

Verbinden sich zwei C-Atome doppelt, können keine Wasserstoffatome mehr gebunden werden. So sind die C-Atome wegen der fehlenden H-Atome ungesättigt.

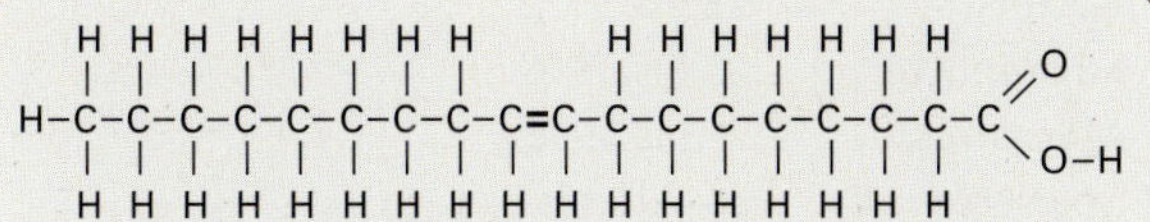

*Ölsäure mit einer Doppelbindung der Kohlenstoffatome (einfach ungesättigt)*

```
  H H H H H     H     H H H H H H H
  | | | | |     |     | | | | | | |   //O
H-C-C-C-C-C-C=C-C-C=C-C-C-C-C-C-C-C-C
  | | | | | | | | | | | | | | | | |   \O-H
  H H H H H H H H H H H H H H H H H
```

*Linolsäure mit zwei Doppelbindungen (zweifach ungesättigt)*

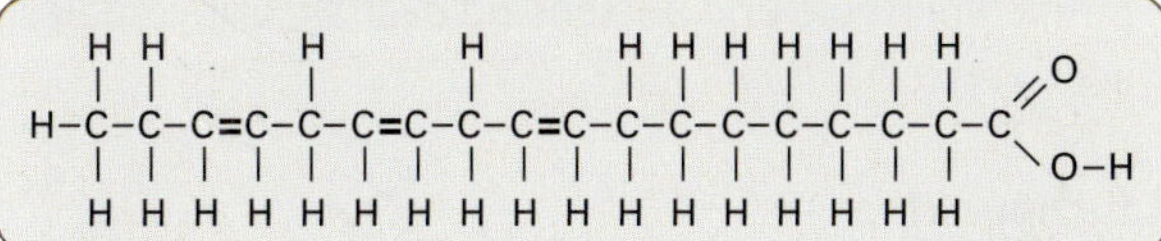

*Linolensäure mit drei Doppelbindungen (dreifach ungesättigt)*

Ungesättigte Fettsäuren, die an Glyzerin gebunden sind, ergeben **Öle**.

Zwei- und dreifach ungesättigte Fettsäuren kann der Körper nicht selbst bilden, sie müssen deshalb mit den Lebensmitteln bei der Ernährung aufgenommen werden. Sie befinden sich hauptsächlich in Pflanzenölen. Wegen ihrer Wichtigkeit für den Körper bezeichnet man sie als **essenzielle Fettsäuren** (lebensnotwendige Fettsäuren).

#### Bedeutung der ungesättigten Fettsäuren für die Ernährung

- Öle mit den ungesättigten Fettsäuren sind leichter verdaulich als gesättigte Fettsäuren.
- Nur in Fetten mit ungesättigten Fettsäuren, vor allem in Ölen, können sich die fettlöslichen Vitamine (A, D, E und K) lösen. Nur in gelöster Form können sie vom Dünndarm in die Blutbahn übergehen und dort ihre Aufgaben im Körper erfüllen. Bei zu fettarmer Ernährung besteht die Gefahr eines Vitaminmangels im Körper.

### Tierische und pflanzliche Fette

Fette werden wie folgt unterschieden:

| | Pflanzliche Fette | Tierische Fette |
|---|---|---|
| **flüssig** | Olivenöl<br>Sonnenblumenöl<br>Weizenkeimöl<br>Sojaöl<br>Rapsöl | Fischöle |
| **fest** | Rahmenkernfett<br>Kakaobutter | Butter, Schweineschmalz, Gänseschmalz |

**Fetthaltige Lebensmittel,** die in der Bäckerei verarbeitet werden:

| Pflanzliche Rohstoffe | Tierische Rohstoffe |
|---|---|
| Speiseöle, Margarine, Nüsse, Mandeln, Sesam, Mohn, Leinsamen, Sonnenblumenkerne, Schokolade, Fettglasur | Butter, Schlagsahne, Käse, Eigelb |



### Fetthärtung

Generell gilt, dass Fette mit gesättigten Fettsäuren bei Raumtemperatur fest und Fette mit ungesättigten Fettsäuren flüssig sind. Deshalb werden Speiseöle zu weichen oder festen Fetten gehärtet, damit sie sich für spezielle Verwendungen eignen. Beispiele:
Erdnussöl mit seinem niedrigen Rauchpunkt (→ Seite 74) wird zu Erdnussfett gehärtet und eignet sich somit als Siedefett zum Backen von Berlinern.
Pflanzliche Öle werden zu Margarinen gehärtet, sodass sich Creme- und Backmargarine schaumig rühren lässt und Ziehmargarine beim Tourieren von Plunder- und Blätterteig ausrollfähig ist.

**Möglichkeiten der Fetthärtung:**

**Umesterung**
Ungesättigte Fettsäuren werden vom Glyzerin getrennt und an ihre Stelle gesättigte Fettsäuren gegeben. So wird flüssiges Fett zu weichem oder festem Fett.

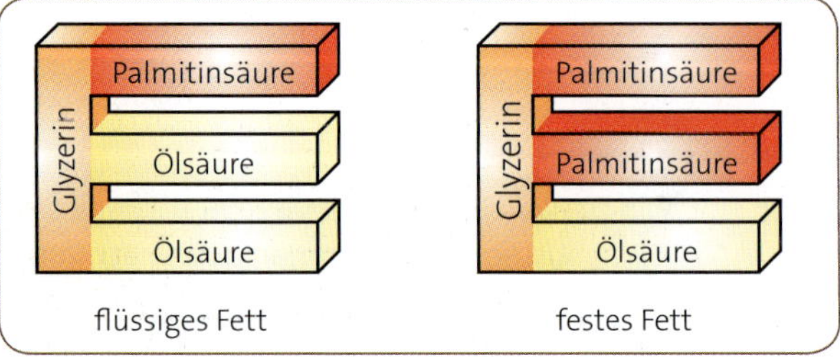


*Beispiel für eine Umesterung*

**Hydrierung**
Den ungesättigten Fettsäuren werden Wasserstoffatome zugesetzt, sodass sie zu gesättigten Fettsäuren umgewandelt werden → Seite 73, z. B.

$C_{17}\mathbf{H_{33}}COOH$ = Ölsäure = ungesättigt
+ **2 H**-Atome
= $C_{17}\mathbf{H_{35}}COOH$ = Stearinsäure = gesättigt

Bei der Fetthärtung durch Hydrierung enstehen **Transfettsäuren**, die den Cholesterinspiegel erhöhen können.

## Eigenschaften der Fette

Die wichtigsten Eigenschaften der Fette sind:
- Schmelzbereich
- Rauchpunkt
- Löslichkeit
- Emulgierbarkeit

### Schmelzbereich

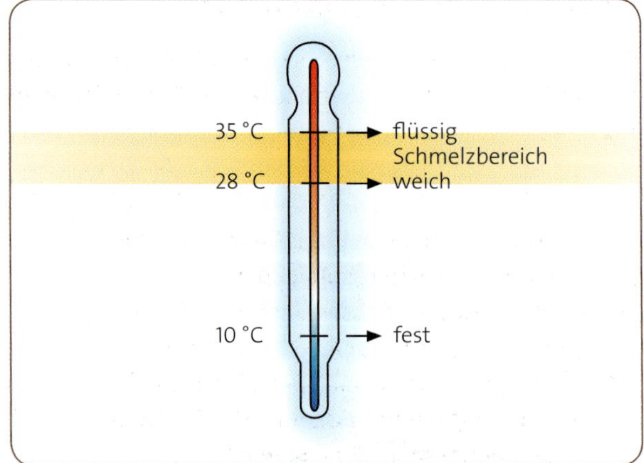


*Schmelzbereich der Butter*

Den Temperaturbereich, in dem feste Fette durch Erwärmung **flüssig** werden, bezeichnet man als Schmelzbereich.

Je fester die Fette sind, desto höher liegt gewöhnlich der Schmelzbereich, z. B.
- Erdnussfett, Ziehmargarine 35 bis 40 °C
- Butter 28 bis 35 °C
- Kakaobutter 23 bis 35 °C
- Margarine 25 bis 35 °C
- Speiseöle ca. –10 bis 0 °C

Vorteile der Fette mit einem Schmelzbereich unterhalb der menschlichen Körpertemperatur von 37 °C:
- Sie schmelzen im Mund und werden somit geschmacklich als angenehmer empfunden, als die im Mund noch festen Fette, die unangenehm talgig schmecken.
- Je weiter der Schmelzbereich der Fette unterhalb der menschlichen Körpertemperatur liegt, desto leichter verdaulich sind sie, weil sie vom Körper besser aufgenommen werden als Fette mit höherem Schmelzpunkt. Speiseöle und Butter sind deshalb gut verdauliche Fette.

### Rauchpunkt

Der Rauch- oder Siedepunkt ist der Temperaturbereich, in dem das Fett sichtbar zu rauchen beginnt. Dabei zersetzt sich das Fett, indem sich Fettsäuren vom Glyzerin trennen. Das Fett ist dann gesundheitsschädlich.

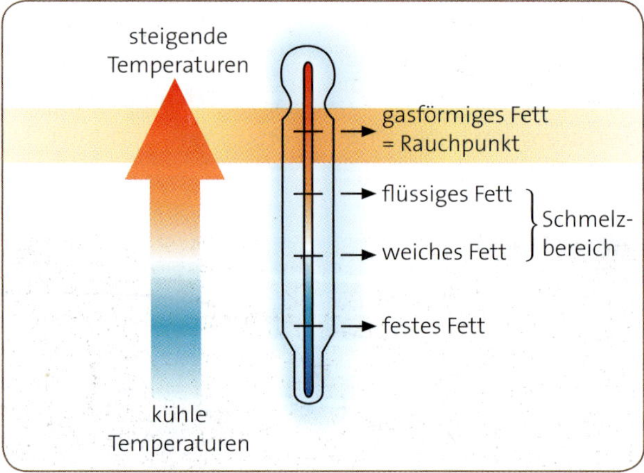


*Rauchpunkt der Fette*

Siedefette zum Backen von Berlinern und zum Frittieren müssen einen Rauchpunkt von über 200 °C besitzen, obwohl die Back- oder Frittiertemperatur bei 175 bis 180 °C liegt.
Zum Beispiel ist gehärtetes Erdnussfett mit einem Rauchpunkt von ca. 230 °C das ideale Siedefett. Butter, Margarine sowie Öle und Butterschmalz sind dazu nicht geeignet.

*Der Rauchpunkt der Fette ist sehr unterschiedlich*

Der Rauchpunkt des Siedefetts senkt sich durch die anhaltende Hitze bei jedem Gebrauch. Hat der Rauchpunkt nach ca. 20 Backstunden die Backtemperatur der Berliner von ca. 180 °C erreicht, muss das nun verbrauchte Siedefett vollständig erneuert werden.

Anzeichen, die auf den Rauchpunkt eines heißen Siedefetts bei 180 °C hinweisen:

- sehr dunkles bis schwarzes Fett
- Fett raucht
- beißender Geruch des Fettrauchs
- Fettgeruch und -geschmack haben sich nachteilig verändert

Durch die Geschmacksveränderung des Siedefetts bekommen auch die Berliner einen Geschmack von verdorbenem Fett, das außerdem für den Körper unverträglich und gesundheitsschädlich ist. Dieses Siedefett muss sofort völlig erneuert werden.

*Dunkles, rauchendes Siedefett*

### Löslichkeit

**Fette sind in Wasser nicht löslich, weil Fett und Wasser sich abstoßen.**

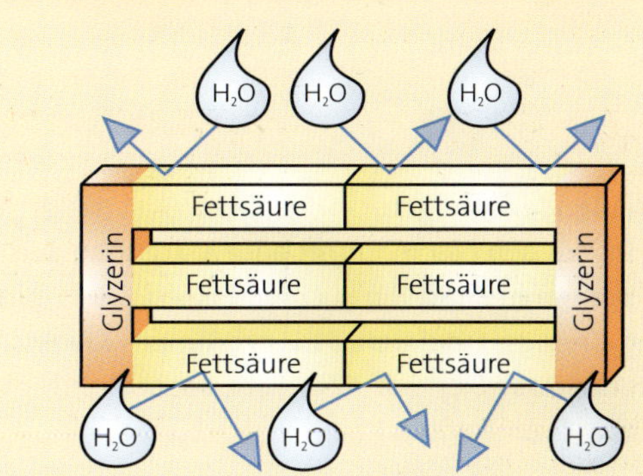


Deshalb eignet sich Fett als **Trennmittel,** z. B. beim Einfetten von Backblechen und Backformen, sodass die Gebäcke nicht ankleben, weil Fett das Wasser der Teige und Massen abstößt.

### Gewicht der Fette

**Fett ist leichter als Wasser.**

Deshalb setzt sich der Rahm (Milchfett) auf der unbehandelten Milch vom Bauern oben ab. Ebenso schwimmen Fettaugen oben auf der Fleischbrühe.

*Fett setzt sich an der Wasseroberfläche ab*

### Emulgierbarkeit von Fett und Wasser

Öle und andere Fette lassen sich mit Wasser auch durch starkes Rühren nicht mischen. Sie setzen sich an der Oberfläche ab.

- Um Fett und Wasser vermischen zu können, benötigt man einen **„Emulgator"**.
- Werden Fett und Wasser durch einen Emulgator gleichmäßig und dauerhaft miteinander vermischt, spricht man von einer **„Emulsion"**.
- Den Vorgang der Vermischung von Fett und Wasser nennt man **„Emulgieren"**.

Die Emulsionen werden unterteilt in:
- Fett-in-Wasser-Emulsion, z. B. Milch, Sahne
  Dabei wird flüssiges Fett so fein im Wasser verteilt, dass sich selbst bei längerem Stehenlassen kein Fett oben absetzt.
- Wasser-in-Fett-Emulsion, z. B. Butter, Margarine

### Lezithin

Ein bedeutender Emulgator in der Bäckerei ist das Lezithin im Eigelb. Werden Eier in Butter oder Margarine gerührt, z. B. bei der Herstellung von Kuchenmassen, Spritzmürbeteig und Cremes, emulgiert das Lezithin des Eigelbs den Wasseranteil der Eier mit dem Fett, sodass eine glatte Masse bzw. Creme entsteht.

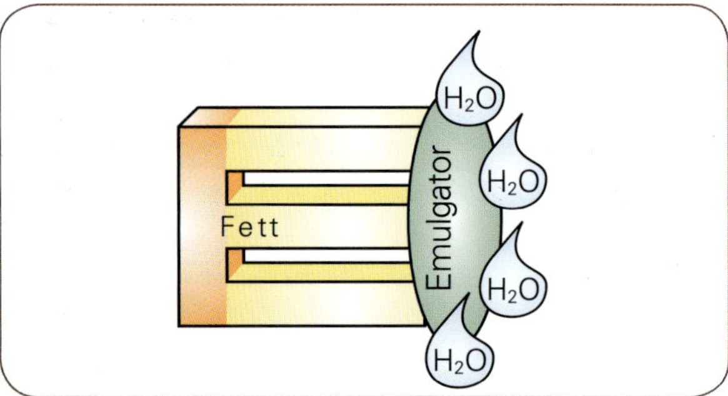


*Der Emulgator bindet Fett und Wasser*

Lezithin wird in der Lebensmittelindustrie auch künstlich hergestellt, z. B. für Backmittel sowie Fertigmehlmischungen und Fertigcremes der Convenience-Produkte. Bei der Herstellung im All-in-Verfahren werden somit Fett und Wasser in Teigen und Massen emulgiert.

### Fette sind Geschmacksträger

Fette selbst geben den Lebensmitteln und Backwaren einen guten Geschmack. Außerdem binden Fette die Geruchs- und Geschmacksstoffe anderer Zutaten, z. B. die Gewürze und Aromen in fetthaltigen Massen oder die geschmackgebenden Zutaten in Buttercreme.

## Verderb der Fette

Bei längerer und vor allem bei unsachgemäßer Lagerung verderben Fette und werden **„ranzig"**.

Beim Fettverderb wird das Fett zersetzt, d. h., die Fettsäuren werden vom Glyzerin getrennt und liegen dann als freie Fettsäuren vor, die ranzig riechen. Zersetztes Fett ist gesundheitsschädlich.

**Fette werden zersetzt und verderben durch:**
- Mikroorganismen • Enzyme • Sauerstoff

**Die Zersetzung von Fett wird bei der Lagerung beschleunigt durch:**
- Feuchtigkeit • Licht • Wärme

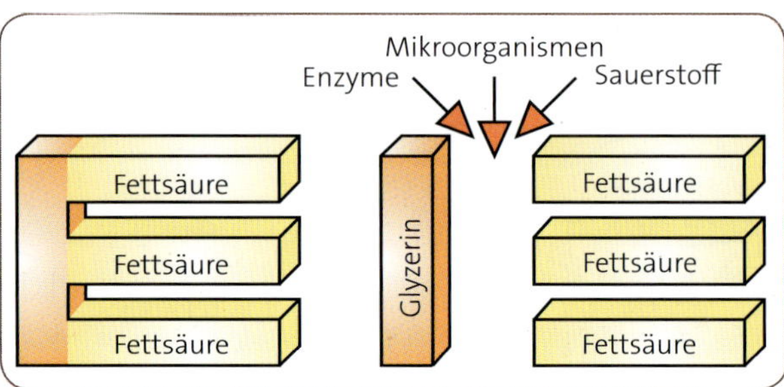


*Genusstaugliches Fett* *Ranziges, verdorbenes Fett*

Zu beachten ist, dass Fette sofort Fremdgerüche annehmen, da sie Geruchsstoffe binden und dadurch einen negativen Beigeschmack bekommen. Fette binden nicht nur angenehme Geruchs- und Geschmacksstoffe, z. B. Aromapasten in Buttercreme, sondern auch unangenehme Fremdgerüche, wie stark riechende Lebensmittel bei der Lagerung in der Kühlung.

### Lagerbedingungen für Fette

Bei der Aufbewahrung von Fetten müssen die Tätigkeit der Mikroorganismen und Enzyme gehemmt sowie die Einwirkung von Sauerstoff vermindert werden, damit die Fette nicht verderben. Dies bedeutet für die Lagerung der Fette:
- kühl
- trocken
- dunkel
- frei von Fremdgerüchen
- luftdicht in luftundurchlässigem Papier verpacken, Öle in Flaschen gut verschließen

Nur durch eine sachgemäße Lagerung bleiben Fette lange genusstauglich.
Feste Fette sind länger lagerfähig als Öle.

## Fettähnliche Stoffe (Fettbegleitstoffe)

Fettähnliche Stoffe bestehen aus einem Glyzerin mit nur einer oder zwei Fettsäuren und anderen Säuren. Sie kommen immer gemeinsam mit Fetten vor und werden deshalb auch als Fettbegleitstoffe bezeichnet.

*Eigelb, Gewürze und farbiges Gemüse mit einem hohen Anteil an fettähnlichen Stoffen*

Zu den fettähnlichen Stoffen zählen Lezithin, Karotin, ätherische Öle und Cholesterin.

**Lezithin** befindet sich vor allem im Eigelb und in Sojabohnen. Bei der Herstellung von z.B. Feinen Backwaren, Cremes und Speiseeis dient es als Emulgator.

**Ätherische Öle** sind die Geruchs- und Geschmacksstoffe (Aromastoffe) in Gewürzen, Kaffee und Tee. Sie bewirken den feinen Geruch und Geschmack von Lebensmitteln. Auch beim Kauen der Lebensmittel werden die ätherischen Öle sofort frei und geben den beliebten Geschmack. Aufgrund der Flüchtigkeit sind sie jedoch schlecht lagerfähig.

**Karotin** ist ein natürlicher Farbstoff, der sich im Eigelb sowie in allen farbigen Gemüsesorten befindet. Karotin ist die Vorstufe des Vitamin A, das erst im Körper seine gesunde Wirkung ausübt.

**Cholesterin** ist für den Stoffwechsel im menschlichen Körper wichtig, sodass der Körper selbst Cholesterin bildet. Ist der Cholesteringehalt durch eine Stoffwechselerkrankung im Blut zu hoch, führt dies zur Verengung der Blutgefäße im Körper. Dadurch steigt das Risiko für Arterienverkalkung, Durchblutungsstörung, Herzinfarkt und Gehirnschlag. Menschen mit einem zu hohen Cholesterinwert im Blut sollten möglichst wenig cholesterinhaltige Lebensmittel essen.
Cholesterin ist nur in tierischen Lebensmitteln enthalten, z.B. in Butter, Sahne, Käse, im Eigelb, fettem Fleisch, fetten Wurstwaren.



### Aufgaben

1. Nennen Sie die chemische Zusammensetzung der Fette.
2. Geben Sie bedeutende Fettsäuren an:
   - gesättigte Fettsäuren
   - ungesättigte Fettsäuren
3. Beschreiben Sie die Bedeutung der ungesättigten Fettsäuren für die Verdauung und für die Aufnahme der fettlöslichen Vitamine in die Blutbahn des menschlichen Körpers.
4. Nennen Sie fettreiche pflanzliche und tierische Lebensmittel, die in der Bäckerei verwendet werden.
5. Beschreiben Sie die Fetthärtung bei der
   - Umesterung,
   - Hydrierung.
6. Erklären Sie den
   - Schmelzbereich der Fette,
   - Rauchpunkt der Fette.
7. Nennen Sie die Anzeichen, wenn Siedefett den Rauchpunkt erreicht hat.
8. Welche Eigenschaft haben Fette wegen der Wasser abweisenden Wirkung der Fettsäuren?
9. Erklären Sie, warum der Rahm auf der Rohmilch schwimmt.
10. Erläutern Sie die Begriffe „Emulsion“ und „Emulgator“.
11. Erklären Sie, warum fetthaltige Lebensmittel sowie Backwaren geschmackvoller sind als fettarme.
12. a) Nennen Sie drei Faktoren, die Fette verderben.
    b) Durch welche drei Einflüsse wird der Fettverderb bei falscher Lagerung beschleunigt?
13. a) Erklären Sie, was beim Fettverderb geschieht.
    b) Wie nennt man verdorbenes Fett?
14. Beschreiben Sie die fachgerechte Lagerung von Fetten.
15. In welchen Lebensmitteln kommen folgende fettähnliche Stoffe vorwiegend vor und welche bedeutenden Eigenschaften haben sie:
    - Lezithin,
    - Karotin,
    - ätherische Öle,
    - Cholesterin?
16. Da Ihre Freundin schlanker werden möchte, geben Sie ihr den Tipp, fettarme Lebensmittel zu bevorzugen. Als Sie Ihre Freundin das nächste Mal treffen, beschwert sie sich, dass die fettarmen Lebensmittel nicht so gut schmecken wie die fettreichen. Erklären Sie ihr, woran das liegt.

## 6.3 Eiweiß (Protein)

Eiweiße werden in Pflanzen gebildet.
Das Tiereiweiß stammt von der pflanzlichen Nahrung, die die Tiere zu sich nehmen.

### Aufbau von Eiweiß

Eiweiße sind wie die Kohlenhydrate und Fette aus den Grundelementen C, H und O aufgebaut, zusätzlich aber aus zwei weiteren Elementen: Stickstoff und Schwefel.

| Elemente | Chemisches Symbol | |
|---|---|---|
| Kohlenstoff | C = Carbon | |
| Sauerstoff | O = Oxygen | **Aminosäure** |
| Wasserstoff | H = Hydrogen | (kleinster |
| Stickstoff | N = Nitrogen | Eiweißbaustein) |
| Schwefel | S = Schwefel | |

Eine Verknüpfung von mindestens 100 Aminosäuren wird als Eiweiß oder Protein bezeichnet. Statt Eiweiße kann man deshalb auch den Begriff „Proteine" verwenden, da beide Begriffe dieselbe Bedeutung haben.

LF 2

### Eiweißstoffe des Weizenmehls

#### Der Kleber

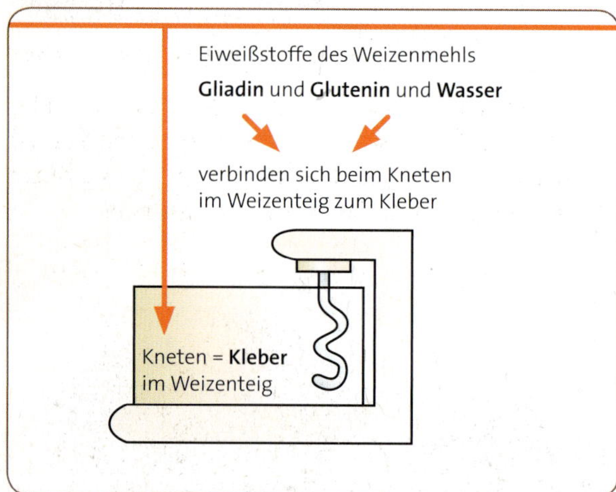


*Entstehung des Klebers*

**Gliadin und Glutenin,** die Eiweißstoffe des Weizenmehls, verbinden sich bei der Teigbereitung mit Wasser zum **„Kleber"**. Gliadin und Glutenin werden deshalb auch als **Klebereiweiß** bezeichnet.

**Eigenschaften des Klebers:**

- **quellfähig**
  Durch die Quellfähigkeit bindet der Kleber einen Großteil des Teigwassers, es entsteht ein Teig, der beim Anfassen kaum klebt.

- **elastisch**
  Durch die Elastizität des Klebers kann der Weizenteig ausgerollt und geformt werden, z. B. zu Strängen.

- **dehnbar**
  Durch die Dehnbarkeit kann der Kleber die Gärgase im Teig als Poren festhalten, indem sich der Kleber ballonartig ausdehnt, ohne zu platzen. Der Teig wird dadurch gelockert und die Gebäckkrume wird verdaulich und gut bekömmlich.

Die Klebereigenschaften können nachgewiesen werden durch **Auswaschen des Klebers** aus einem Weizenteig:

100 g Weizenmehl
60 g Wasser
2 g Salz
} zu einem Weizenteig kneten

Dieser Weizenteig wird unter einem dünnen Wasserstrahl durch ständiges Kneten mit der Hand ausgewaschen. Er wird so lange geknetet, bis alle in Wasser löslichen Teile des Teiges herausgewaschen sind und dann nur noch klares Wasser abfließt.

*Auswaschen des Klebers*

#### Feuchtkleber

Übrig bleibt der wasserunlösliche Kleber, der als „Feuchtkleber" bezeichnet wird. Die kaugummiartige Struktur des Feuchtklebers ist elastisch und dehnbar.

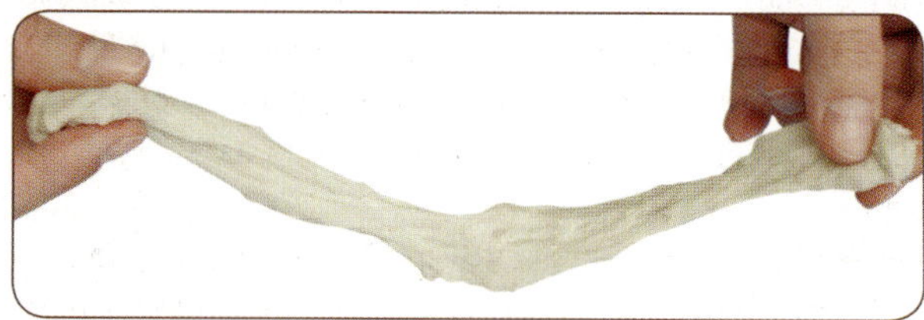

*Dehnfähiger elastischer Kleber*

### Trockenkleber

Der Feuchtkleber wird zu einer Kugel geformt und im Ofen bzw. im Mikrowellengerät erhitzt. Dabei verdunstet das Wasser und es entsteht der „Trockenkleber". Der durch die Hitze gebildete Wasserdampf wird vom Kleber zu vielen kleinen Poren festgehalten. Dabei dehnt er sich aus und bekommt ein großes Volumen.

Feuchtkleber Trockenkleber

Trockenkleber im Anschnitt

Die Eigenschaften des Klebers sind mit einem Kaugummi vergleichbar. Bläst man in den Kaugummi vor dem Mund Luft hinein, wird diese zu einer großen Blase festgehalten.

In den Weizenteigen hält der Kleber das Kohlendioxid, das von der Hefe beim Gären gebildet wird, als Poren fest.
Die Gase in den Poren dehnen sich zu Beginn des Backens weiter aus, werden aber immer noch vom Kleber festgehalten.

Getreidearten wie Hafer, Gerste, Mais, Hirse und Reis besitzen zwar Eiweiß, jedoch keine Klebereiweißstoffe. Aus diesem Getreide können nur Fladen (flache Gebäcke) hergestellt werden, weil sie die Gärgase nicht festhalten können.
Bei der Herstellung von Brot und Brötchen werden sie deshalb dem Brotgetreide wie Weizen und Roggen zugegeben, weil sie alleine nicht „backfähig" sind.

### Eiweißstoffe des Roggenmehls

Die Eiweißstoffe Gliadin und Glutenin des Roggenmehls sind von wassergierigen Schleimstoffen, den sogenannten **Pentosanen** → Seite 434, durchzogen. Pentosane sind Quellstoffe, die einen großen Anteil Wasser im Roggenteig binden können.

**Roggenteige besitzen keinen Kleber**
Bei der Teigknetung legen sich die Pentosane zwischen Gliadin und Glutenin des Roggenmehls und verhindern eine Kleberbildung.

### Weitere Eiweißstoffe

**Albumine** und **Globuline** sind Eiweißstoffe von Milch und Eiern.

**Kasein** ist das Haupteiweiß der Milch, das durch Säure gerinnt und die saure Milch deshalb fest werden lässt.

**Mucineiweiße** befinden sich im Eiklar. Sie halten beim Aufschlagen des Eischnees die eingeschlagene Luft fest.

*Aufgeschlagenes Eiklar = Eischnee*

**Kollagen** wird aus Knochen und Häuten von Tieren gewonnen. Gelatine besteht aus Kollagen. Sie wird in der Bäckerei als Bindemittel, z. B. für Schlagsahne, verwendet. Kollagen ist wie alle Eiweißstoffe quellfähig und bindet so größere Wassermengen und stabilisiert die Schlagsahne.

*Gelatine*

LF 2

## Eigenschaften der Eiweißstoffe

### Denaturierung der Eiweißstoffe

Denaturierte Eiweißstoffe sind geronnene (fest gewordene) Eiweißstoffe, die nicht mehr in ihre ursprüngliche (flüssige) Form gebracht werden können.
Denaturierte Eiweißstoffe in unserer Nahrung sind leichter verdaulich als urspüngliche Eiweißstoffe.

Folgende Vorgänge bewirken eine Denaturierung:

**Hitze** bei 60 bis 70 °C
- Die Eiweißstoffe im Eigelb und Eiklar werden fest, z. B. beim Spiegelei und gekochten Ei oder in Teigen und Massen beim Backen.

*Geronnenes Eiweiß*

LF 2

- Auf der erhitzten Milch bilden geronnene Albumine und Globuline die Haut auf der Milch (es ist kein Fett).
- Der feuchte Kleber im Teig gibt beim Gerinnen während des Backens Wasser ab, das von der aufquellenden und verkleisternden Stärke gebunden wird. Dadurch entsteht eine verdauliche Krume.

**Säure**
Beim Sauerwerden der Milch gerinnt das Kasein durch die sich bildende Milchsäure. Das Kasein flockt aus, es wird fest, so entstehen z. B. Dickmilch (Sauermilch), Joghurt, Sauermilchkäse wie Quark, Mozzarella.

**Lab**
Dies ist ein Enzym aus dem Rindermagen. Das Kasein der Milch gerinnt auch in Verbindung mit dem Enzym Lab, z. B. bei der Herstellung von Süßmilchkäse wie Camembert, Edamer, Gouda, Emmentaler u. a.

### Quellfähigkeit der Eiweißstoffe

Eiweißstoffe quellen in Teigen, Massen und Schlagsahne auf und nehmen dabei einen großen Teil des Wassers auf und binden dieses. Diese quellfähige Eigenschaft nutzt man, indem man Eiweißstoffe in Backmittel und in Fertigmehlmischungen gibt.

## Biologische Wertigkeit von Eiweiß

Der Körper benötigt zum Aufbau und zur Erneuerung der Zellen Eiweiß. Zum Aufbau von Körpereiweiß wird jede der 20 verschiedenen Aminosäuren, die es gibt, benötigt.

- 12 Aminosäuren kann der Körper selbst mit ausreichend eiweißreichen Lebensmitteln bei der Ernährung bilden.
- 8 der Aminosäuren kann der Körper selbst nicht aufbauen. Diese Aminosäuren müssen mit den Lebensmitteln bei der Ernährung dem Körper zugeführt werden. Sie werden deshalb als essenzielle (unentbehrliche) Aminosäuren bezeichnet.

Die tägliche Zufuhr eiweißhaltiger Lebensmittel ist deshalb lebensnotwendig.

**Die wichtigsten Eiweißlieferanten sind:**
- Milch und Milcherzeugnisse
- Eier
- Fleisch
- Fisch
- Getreideerzeugnisse
- Erbsen, Linsen
- Nüsse
- Mandeln

*Eiweißreiche Lebensmittel*

### Biologische Wertigkeit

Körpereiweiß enthält zu 100 % alle Aminosäuren, auch die essenziellen, und ist somit biologisch vollwertig. Schon das Fehlen einer einzigen essenziellen (unentbehrlichen) Aminosäure führt zur Abnahme der „biologischen Wertigkeit".

> Die biologische Wertigkeit gibt an, wie viel Gramm Körpereiweiß aus 100 g Eiweiß, das ein Lebensmittel enthält, aufgebaut werden kann.

Biologische Wertigkeit von Eiweißstoffen folgender Lebensmittel:

Die Prozentzahlen in der Abbildung geben die biologische Wertigkeit der Eiweißstoffe dieser Lebensmittel an, z. B. kann der Körper aus 100 g Milcheiweiß 91 g zum Zellaufbau verwenden, da es dem Körpereiweiß gleich ist.
Der Rest dieser Eiweißstoffe wird im Körper verbrannt und zur Energiegewinnung verwendet. Enthält unsere Nahrung mehr Eiweiß, als unser Körper benötigt, wird auch dieses überschüssige Eiweiß verbrannt.

Unsere Ernährung sollte aus abwechslungsreichen und eiweißhaltigen Lebensmitteln bestehen. Fehlen einem Lebensmittel essenzielle Aminosäuren, können diese aus anderen Lebensmitteln ergänzt werden. Zusammen sind die Eiweißstoffe der verschiedenen Lebensmittel unserer Nahrung biologisch höherwertiger. Pflanzliche und tierische Lebensmittel ergänzen sich sehr gut.

Beispielsweise wird bei einer Mahlzeit Brot gegessen und Milch getrunken. Die Eiweißstoffe beider Lebensmittel besitzen unterschiedlich viele essenzielle Aminosäuren, die sich zu biologisch höherwertigem Eiweiß ergänzen.

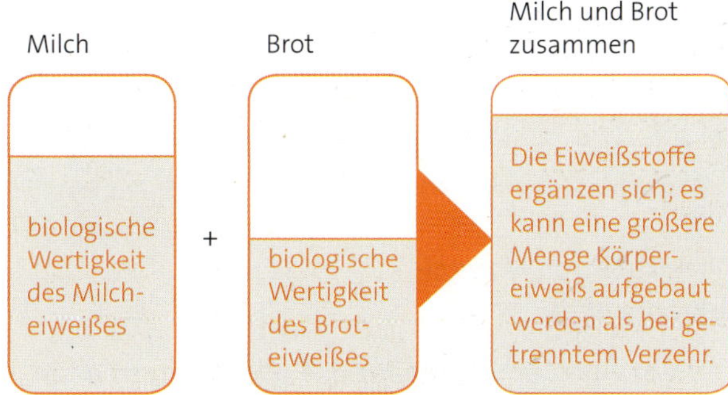


*Erhöhung der biologischen Wertigkeit durch gleichzeitigen Verzehr von verschiedenen Lebensmitteln*

**Aufgaben**

1. Wie heißt der kleinste Eiweißbaustein?
2. Erläutern Sie den Begriff „Protein“ bzw. „Eiweiß“.
3. Nennen Sie die Eiweißstoffe des Weizenmehls, die den Kleber bilden.
4. Erklären Sie, wie sich der Kleber im Weizenteig bildet.
5. Beschreiben Sie die drei wichtigsten Eigenschaften des Klebers und seine Fähigkeiten bei der Teigbereitung und im Teig.
6. Erklären Sie, warum in Roggenteigen keine Kleberbildung möglich ist.
7. Erläutern Sie, warum z. B. aus Gerste, Hafer, Mais nur flache Fladen gebacken werden.
8. Beschreiben Sie die Eigenschaft der Mucineiweiße im Eiklar.
9. Aus welchem Eiweißstoff besteht Gelatine und woraus wird er gewonnen?
10. Erklären Sie, warum Gelatine z. B. in der Schlagsahne als Bindemittel verwendet werden kann.
11. Wird Milch auf 60 bis 70 °C erhitzt, entsteht an der Oberfläche der abgekühlten Milch eine Haut. Woraus besteht die Haut und wie entsteht sie?
12. Erläutern Sie, warum Milch, die zu Sauermilch und Joghurt verarbeitet wird, ausflockt, d. h. fest wird.
13. Welche Eigenschaften haben Eiweißstoffe in Wasser, z. B. in Teigen, Massen und Schlagsahne?
14. Nennen Sie eiweißreiche Lebensmittel.
15. Erklären Sie den Begriff „essenzielle Aminosäuren“.
16. Warum ist das Körpereiweiß zu 100 % biologisch vollwertig?
17. Erläutern Sie die biologische Wertigkeit der Eiweißstoffe in Lebensmitteln.
18. Was besagt die biologische Wertigkeit der Milch von 91 %?
19. Beschreiben Sie, warum unsere Nahrung aus abwechslungsreichen und eiweißreichen Lebensmitteln bestehen soll.
20. Bei einer Fortbildungsveranstaltung sollen Sie folgende Aufgaben in Gruppenarbeit lösen:
    - Warum können Weizenteige ausgerollt und geformt werden und warum ist die Krume der Weizengebäcke so schön gelockert?
    - Warum lässt sich Eiklar zu einem lockeren, großvolumigen Eischnee aufschlagen?
    - Warum werden Eier, die in die Pfanne geschlagen oder gekocht werden, fest?

LF 2

## 6.4 Vitamine

Vita (lateinisch) bedeutet Leben.
Vitamine sind essenzielle, d. h. unentbehrliche Stoffe, die der Körper selbst nicht oder nicht ausreichend bilden kann. Sie müssen deshalb mit den Lebensmitteln bei der Ernährung dem Körper zugeführt werden.

Obwohl die Vitamine nur in Milligramm in den Lebensmitteln enthalten sind, beeinflussen sie sehr stark die Gesundheit, das Wohlbefinden und die Leistungsfähigkeit des Körpers.
Weil die Vitamine so wichtig sind, sind sie ein zugkräftiges Werbeargument, z. B. bei Vollkornerzeugnissen sowie Frischobst und Gemüse.
Die internationale Bezeichnung der Vitamine wird manchmal statt der bekannten Großbuchstaben verwendet, z. B. Ascorbinsäure statt Vitamin C.

### Vitaminhaltige Lebensmittel und Mangelerkrankungen

Die einzelnen Lebensmittel enthalten meistens nur bestimmte Vitamine. Werden dem Körper zu wenig Vitamine zugeführt oder fehlen einzelne Vitamine, treten Mangelerscheinungen mit unterschiedlichen Anzeichen auf.

LF 2

Vitamine werden nach ihrer Löslichkeit eingeteilt.

#### Wasserlösliche Vitamine

| Bezeichnungen | Hauptsächliches Vorkommen | Mangelerkrankungen |
|---|---|---|
| **Vitamin-B-Gruppe ($B_1$ = Thiamin, $B_2$ = Riboflavin, $B_6$ = Pyridoxin, $B_{12}$ = Cobalamin) Folsäure Niacin Biotin Pantothensäure** | Vollkornerzeugnisse, Hefe, Schweinefleisch, Fisch, Obst, Gemüse, Milch, Milchprodukte | Hauterkrankungen, Hautveränderungen, Müdigkeit und Schwäche, Nervenstörungen |
| **Vitamin C (Ascorbinsäure)** | Obst, vor allem Beerenobst, Kiwis und Zitrusfrüchte, Gemüse, Kartoffeln | Zahnfleischerkrankungen (Skorbut), verzögerte Wundheilung, Anfälligkeit für Infektionen, Müdigkeit, Schwäche |

Die Vitamine der B-Gruppe und Vitamin C der Lebensmittel lösen sich im Wasser bei der Ernährung und können so im Körper ihre Aufgaben erfüllen.
Diese Vitamine werden aber auch leicht aus Lebensmitteln herausgelöst, wenn diese längere Zeit beim Abwaschen im Wasser liegen und das Wasser dann weggeschüttet wird.

#### Fettlösliche Vitamine

| Bezeichnungen | Hauptsächliches Vorkommen | Mangelerkrankungen |
|---|---|---|
| **Vitamin A (Retinol)** | alle roten, gelben und grünen Gemüse, z. B. Karotten, Milch und Milcherzeugnisse, Eigelb | Sehschwäche, Nachtblindheit, Infektionsanfälligkeit, Wachstumsstörungen, trockene Schleimhaut |
| **Vitamin D (Calciferol)** | Milch und Milcherzeugnisse, Eigelb, Leber, Pilze, Fisch | Rachitis (Knochenerweichung) |
| **Vitamin E (Tocopherol)** | Speiseöle, Ölsamen wie Nüsse, Sonnenblumenkerne, Vollkornprodukte, Eigelb, Fisch | kommen kaum vor, da es im Fettgewebe gespeichert werden kann und deshalb bei Bedarf vorhanden ist |
| **Vitamin K** | Grüngemüse, alle Kohlsorten, Sauerkraut | gestörte Blutgerinnung; kommt jedoch bei gesunden Menschen nicht vor |

Die Vitamine A, D, E und K benötigen Fett, damit sie wirksam werden. Um ihre Aufgaben im Körper erfüllen zu können, müssen sie zuerst in den Lebensmitteln oder in den Verdauungsorganen in Fett gelöst werden, z. B. im Speiseöl in Rohkostsalaten.

#### Anzeichen von Mangelerkrankungen

Leichter Vitaminmangel einzelner oder mehrerer Vitamine macht sich anfangs häufig mit Müdigkeit und Unwohlsein bemerkbar.

Häufige Anzeichen von länger anhaltendem Vitaminmangel können sein:
- ständige Müdigkeit
- erhöhte Nervosität
- Konzentrationsschwäche
- häufige Erkrankungen
- unreine Haut

### Aufgabe der Vitamine im Körper

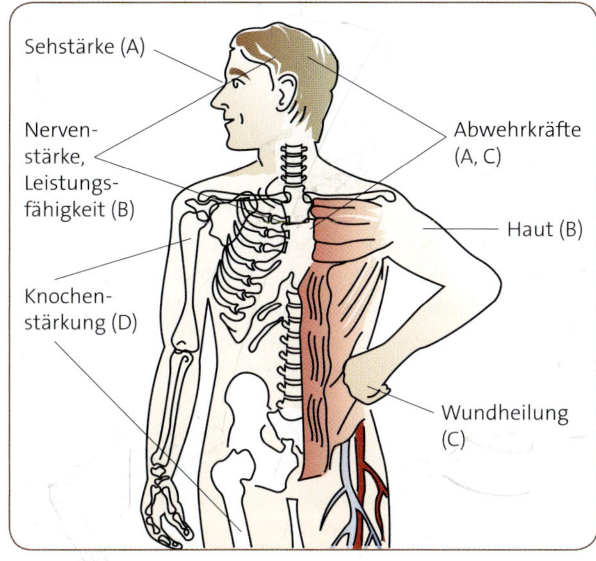


## Vitaminbedarf

Der Vitaminbedarf ist nicht bei allen Menschen gleich. Einen erhöhten Vitaminbedarf haben:
- Kinder und Jugendliche im Wachstum
- ältere Menschen
- Schwangere und stillende Mütter
- kranke Menschen

Durch schädliche Lebens- und Essgewohnheiten benötigt der Körper ebenfalls eine erhöhte Vitaminmenge. Zu den sogenannten „Vitaminräubern" zählen:
- Stress
- Rauchen
- hoher Alkoholkonsum
- hoher Zuckerverzehr
- Medikamenteneinnahme

## Vitaminträger in unserer Nahrung

Durch abwechslungs- und vitaminreiche Kost können wir unseren Körper vor Vitamin-Mangelerscheinungen schützen. Besonders empfehlenswert ist eine gemischte, ausgewogene Ernährung.

Zu einer ausgewogenen Ernährung gehören:
- Milch und Milcherzeugnisse – enthalten alle Vitamine
- viel frisches und rohes, auch tiefgefrorenes Obst und Gemüse – enthält vor allem Vitamin C
- Vollkornbrot und andere Vollkornerzeugnisse – enthalten vor allem Vitamine der B-Gruppe

*Vitaminreiche Lebensmittel*

**Empfindlichkeit der Vitamine**
Vitamine sind empfindliche Inhaltsstoffe der Lebensmittel. Zerstört werden sie vorrangig durch:

- **Hitze** – Eine kurzzeitige höhere Erhitzung der Lebensmittel ist weniger vitaminschädlich als ein längerfristiges Warmhalten.

- **Licht** – Sonnenlicht zerstört Vitamine in den Lebensmitteln sehr schnell, z. B. Obst und Gemüse, das im Freien ausgestellt wird.

- **Sauerstoff** – Bei längerer Lagerung gelangt Luft (Sauerstoff) an unverpackte Lebensmittel, deshalb vor allem frische Lebensmittel häufiger in kleinen Mengen einkaufen.

## Erhaltung der Vitamine in den Lebensmitteln

Lebensmittel sollten möglichst frisch gegessen werden, weil die Vitamine bei zunehmender Lagerdauer zerstört werden.
Ideale Lagerung der Lebensmittel:
- kühl und dunkel
- verpackt bei längerer Lagerung

**Aufgaben**

1. Erklären Sie den Begriff „essenzielle Vitamine".
2. Nennen Sie die zwei Gruppen der Vitamine, die nach ihrer Löslichkeit benannt werden, und geben Sie die dazugehörigen Vitamine an.
3. Nennen Sie die Anzeichen von Vitaminmangel:
   - bei leichtem Vitaminmangel einzelner oder mehrerer Vitamine,
   - bei länger anhaltendem, verstärktem Vitaminmangel.
4. Welche Aufgaben im Körper haben
   - Vitamin A,
   - Vitamin-B-Gruppe,
   - Vitamin C,
   - Vitamin D?
5. Wie können Sie sich vor Vitamin-Mangelerscheinungen schützen?
6. Nennen Sie die Lebensmittelgruppen, die einen hohen Anteil folgender Vitamine enthalten:
   - alle Vitamine
   - Vitamine der B-Gruppe
   - Vitamin C
7. Nennen Sie besonders vitaminreiche Lebensmittel, die in der Bäckerei verarbeitet werden.
8. Nennen Sie Einflüsse, die Vitamine zerstören.
9. Wie sollten Lebensmittel gelagert werden, um die Vitamine darin zu erhalten?
10. Ihre Mitschülerin klagt über ständige Müdigkeit und Konzentrationsschwäche. Außerdem ist sie recht häufig krank. Sie fragen sie nach ihren Ernährungsgewohnheiten und erklären ihr, wie wichtig es ist, ausreichend Vitamine aufzunehmen. Stellen Sie gemeinsam mit Ihrer Mitschülerin eine Liste mit vitaminarmen und vitaminreichen Lebensmitteln zusammen.

LF 2

## 6.5 Mineralstoffe

### Vorkommen

Die Mineralstoffe gelangen aus dem Boden in die Pflanzen. Tiere fressen die mineralstoffhaltigen Pflanzen. Somit befinden sich sowohl in pflanzlichen als auch in tierischen Lebensmitteln Mineralstoffe in ausreichender Menge.

### Bedeutung für den Körper

Mineralstoffe sind ebenso wichtig wie die Vitamine und können ebenfalls vom Körper nicht selbst gebildet werden. Deshalb zählen Mineralstoffe auch zu den „essenziellen Nährstoffen".

Der Mensch benötigt Mineralstoffe als

| Baustoffe | Wirkstoffe |
|---|---|
| zum Aufbau des Körpers als Bestandteile von z. B. Knochen, Zähnen und Blut. | da sie bei den Stoffwechselvorgängen mitwirken. Sie regeln z. B. den Wasserhaushalt im Körper und sorgen für die normale Erregbarkeit der Nerven und Muskeln. |

*Wege der Mineralstoffe in den menschlichen Körper*

### Bedarf an Mineralstoffen

Da der Mensch täglich Mineralstoffe ausscheidet, müssen diese dem Körper durch Lebensmittel bei der Ernährung wieder zugeführt werden.

Der Bedarf an Mineralstoffen erhöht sich durch
- starkes Schwitzen, z. B. bei schwerer Arbeit, Sport, warmem Klima,
- anhaltende Durchfälle und häufiges Erbrechen,
- Schwangerschaft und Stillzeit.

Mit Mineralwasser, bei Durchfall mit Tee, kann man Mineralstoffverlusten entgegenwirken.

### Eigenschaften der Mineralstoffe

Im Gegensatz zu den Vitaminen sind Mineralstoffe unempfindliche Bestandteile unserer Nahrung, denen z. B. Hitze, Licht und Sauerstoff nichts anhaben können.
Da jedoch alle Mineralstoffe im Wasser löslich sind, werden sie im Wasser aus den Lebensmitteln ausgelaugt (= herausgezogen) und befinden sich dann im Wasser, z. B. in Konservendosen oder beim Blanchieren (Weichwerden im Wasser) von Obst und Gemüse. Wird das Wasser dann weggeschüttet, gehen die Mineralstoffe verloren.

Mineralstoffe sind mineralisch. Werden Lebensmittel verbrannt, bleiben sie als Asche übrig, da sie nicht verbrennen → Seite 96.

### Wichtige Mengenelemente

Mengenelemente sind Mineralstoffe, die über 50 mg je Kilogramm Körpergewicht im Körper enthalten sind.

| Bezeichnungen | Vorkommen | Wichtigste Aufgaben | Mangelerscheinungen |
|---|---|---|---|
| **Natrium (Na)** | Bestandteil des Speisesalzes und dadurch in allen gesalzenen Lebensmitteln | bindet Wasser und regelt den Wasserhaushalt im Körper | treten nur bei starkem Wasserverlust durch starkes Schwitzen und Durchfall auf, wobei der Körper viel Kochsalz verliert;<br>die Folgen:<br>• Kreislaufstörungen<br>• Übelkeit |
| **Chlor (Cl)** | Bestandteil des Speisesalzes und dadurch in allen gesalzenen Lebensmitteln | Bildung der Salzsäure im Magen;<br>reguliert das Wasser in den Körperzellen und im Gewebe (zwischen den Körperzellen) | Schwierigkeiten bei der Eiweißverdauung im Magen; ein Chlormangel ist kaum möglich, weil in unserer Nahrung ausreichend Kochsalz vorhanden ist |
| **Kalium (K)** | Gemüse, Obst, Kartoffeln, Milch, Milcherzeugnisse, Vollkornerzeugnisse | wirkt auf die Funktionen der Nerven und Herzmuskeln;<br>regelt den Wasserhaushalt im Körper | • Muskelschwäche<br>• Störung der Herztätigkeit<br>• Wasseransammlung im Gewebe (zwischen den Körperzellen) |
| **Kalzium (Ca)** | Milch, Milcherzeugnisse (der tägliche Bedarf ist ohne diese Lebensmittel nicht zu decken), grünes Gemüse, Mineralwässer | Baustoff für Knochen und Zähne;<br>Blutgerinnung für die Bewegungen der Muskeln | • Knochenbrüchigkeit (Osteoporose),<br>• Übererregbarkeit der Muskeln und Nerven<br>Mangelerscheinungen treten häufig bei Kindern, Jugendlichen, Schwangeren und Stillenden wegen des verstärkten Knochenaufbaus auf |
| **Phosphor (P)** | Milch, Milcherzeugnisse, Fisch, Phosphatzusatz, z. B. bei Cola-Getränken, Wurst, Schmelzkäse | dient mit Kalzium zum Aufbau der Knochen und Zähne | kein Mangel, da es in allen Lebensmitteln ausreichend enthalten ist |
| **Magnesium (Mg)** | Vollkornerzeugnisse, Milch, Milcherzeugnisse, Nüsse, Fleisch, grüne Gemüsesorten | für die Bewegungen der Muskeln;<br>aktiviert die Enzyme | Muskelkrämpfe |

### Wichtige Spurenelemente

Spurenelemente sind Mineralstoffe, die unter 50 mg je Kilogrammm Körpergewicht im Körper enthalten sind.

| Bezeichnungen | Vorkommen | Wichtigste Aufgaben | Mangelerscheinungen |
|---|---|---|---|
| **Eisen (Fe)** | Fleisch,<br>Vollkornerzeugnisse,<br>Gemüse,<br>Leber | Bestandteil des roten Blutfarbstoffes;<br>transportiert den Sauerstoff im Blut in die Körperzellen | Blutarmut<br>Anzeichen von Eisenmangel sind:<br>• Müdigkeit, Erschöpfung<br>• Konzentrationsstörungen<br>• Infektionsanfälligkeit |
| **Jod (I)** | Seefisch,<br>Milch,<br>jodiertes Speisesalz | Bestandteil des Schilddrüsenhormons | Kropfbildung |
| **Fluor (F)** | schwarzer Tee,<br>Mineralwässer | härtet den Zahnschmelz | erhöhte Kariesanfälligkeit |
| **Zink (Zn)** | Fleisch,<br>Vollkornerzeugnisse,<br>Milcherzeugnisse | Aufbau von Insulin;<br>Bestandteil der Enzyme;<br>verstärkt die Abwehrkräfte | • Wachstumsstörung<br>• erhöhte Krankheitsanfälligkeit |

LF 2

Weitere wichtige Spurenelemente sind Mangan (Mn), Kupfer (Cu), Selen (Se), Chrom (Cr), Kobalt (Co), Molybdän (Mb).

### Wirkung der Mineralstoffe im Körper

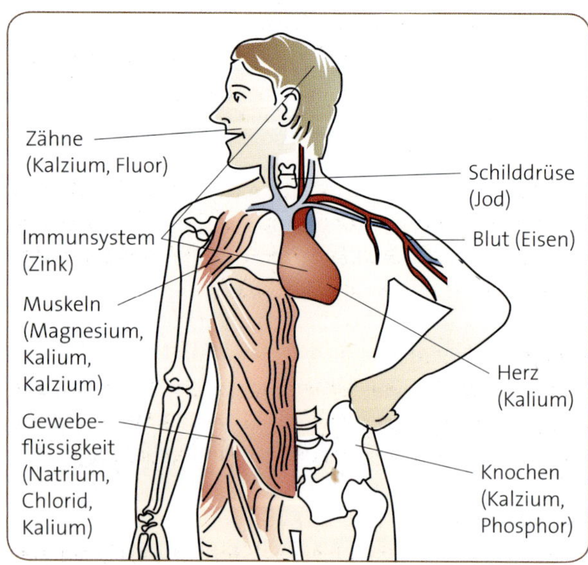


### Mineralstoffhaltige Lebensmittel

Unser Speiseplan sollte regelmäßig die hauptsächlichen Mineralstoffträger enthalten:

- Milch und Milcherzeugnisse
- Vollkornerzeugnisse
- Obst und Gemüse
- Fleisch
- Fisch
- Mineralwässer

Nur durch eine abwechslungsreiche Kost werden dem Körper alle Mineralstoffe in ausreichender Menge zugeführt.

*Mineralstoffhaltige Lebensmittel*

**Aufgaben**

1. Warum werden Mineralstoffe als essenzielle Nährstoffe bezeichnet?
2. Warum benötigt der Körper Mineralstoffe?
3. Erklären Sie, warum Lebensmittel nicht zu lange im Wasser liegen sollten.
4. Nennen Sie die zwei Arten der Mineralstoffe, die nach dem mengenmäßigen Bedarf im Körper unterschieden werden, und geben Sie jeweils einige Beispiele dazu an.
5. Beschreiben Sie die hauptsächlichen Mangelerkrankungen, wenn folgende Mineralstoffe dem Körper fehlen:
   - Natrium
   - Kalium
   - Jod
   - Chlor
   - Magnesium
   - Fluor
   - Kalzium
   - Eisen
   - Zink
6. Nennen Sie die Mineralstoffe mit Formelzeichen, die zur Gesunderhaltung wichtig sind für:
   - den Wasserhaushalt im Körper
   - den Baustoff der Knochen und Zähne
   - die Funktionen der Nerven, Muskeln und Herzmuskeln
   - die Bewegungen der Muskeln
   - die Blutbildung
   - das Schilddrüsenhormon
   - die Härtung des Zahnschmelzes
   - die Stärkung der Abwehrkräfte
7. Nennen Sie mineralstoffhaltige Lebensmittel.
8. Ein Kunde möchte von Ihnen wissen, warum alle Erzeugnisse Ihrer Bäckerei mit Jodsalz hergestellt werden. Nachdem Sie ihm seine Frage beantwortet haben, sagt er erstaunt: „Ich wusste gar nicht, dass ein Mineralstoff so wichtig sein kann." Welche Mineralstoffe, die der Körper unbedingt benötigt, können Sie ihm noch nennen?

## 6.6 Wasser

Der Mensch kann zwar einige Tage hungern, doch ohne Wasser kommt der Körper nicht lange aus. Sinkt der Wasserspiegel im Körper, verspürt man Durst.

### Bestandteile des Wassers

Wasser besteht aus unzähligen Wassermolekülen.

*Wassermolekül*

2 Atome Wasserstoff ($H_2$) und 1 Atom Sauerstoff (O) bilden ein Wassermolekül ($H_2O$).

- Leitungswasser enthält außer $H_2O$ noch Mineralstoffe, die das Wasser aus den Erdschichten gelöst hat. Diese beeinflussen den Geschmack und die Klarheit des Wassers.
- Frisches Leitungswasser ist mit Sauerstoff angereichert und wirkt erfrischend.

### Die Wasserhärte

Die Härte des Wassers wird von den Mineralstoffen im Wasser bestimmt, vor allem von Kalzium und Magnesium, die sich aus dem Quellboden im Wasser lösen.

Die Wasserwerke teilen das Wasser in folgende Härtebereiche ein: **weich – mittel – hart**.
Die Wasserhärte der jeweiligen Region wird von den Wasserversorgungsbetrieben bekannt gegeben.

**Wassergeschmack**
Die Menge der Mineralstoffe beeinflusst den Geschmack des Wassers und auch der Getränke, die mit Wasser hergestellt werden, z. B. Kaffee, Tee, Bier. Weiches bis mittelhartes Wasser schmeckt am besten.

**Reinigungswirkung**
Mineralstoffe im Wasser verringern die Reinigungswirkung der Reinigungsmittel. Je härter das Wasser, desto mehr Spül- und Reinigungsmittel werden benötigt.

**Verkalkungen**
Je höher der Härtebereich des Wassers ist, desto schneller verkalken Maschinen und Geräte. Wird Wasser erhitzt, bilden sich Kalkablagerungen an der Innenseite von Rohren und Gefäßen (z. B. Schwadenrohre des Gärraums und des Backofens). Diese Ablagerungen müssen regelmäßig mit Entkalkungsmitteln entfernt werden.

## Anforderungen an das Trinkwasser

Wasser aus der Wasserleitung erfüllt nach der Trinkwasser-Verordnung höchste Anforderungen und ist deshalb von bester Qualität und Sauberkeit.

- Es darf keine krankheitserregenden Mikroorganismen enthalten.
- Es muss frei von giftigen Stoffen sein.
- Es muss klar und geruchlos sein.

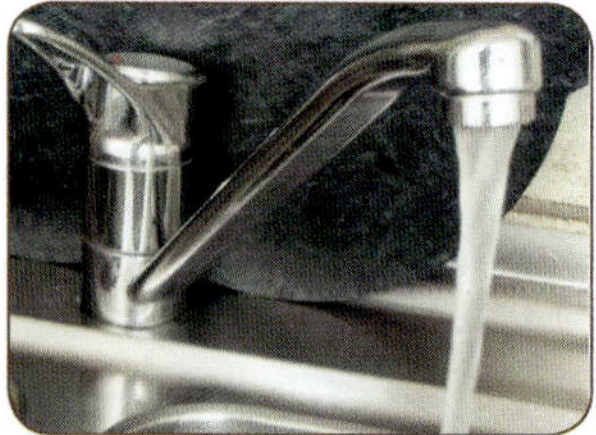

*Trinkwasser*

## Aggregatzustände des Wassers

Die Temperaturen beeinflussen die Beschaffenheit des bei Raumtemperatur flüssigen Wassers. Entzieht man dem Wasser Wärme, bis eine Temperatur von unter 0 °C entsteht, gefriert es zu Eis. Führt man Wärme zu, wird das Eis wieder flüssig, bei 100 °C verdampft Wasser.

| | | |
|---|---|---|
| **Gefrierpunkt** | = | die Temperatur, bei der Wasser zu Eis wird |
| **Siedepunkt** | = | die Temperatur, bei der Wasser zu Dampf wird |
| **Aggregatzustand** | = | die Zustandsform des Wassers: fest, flüssig oder gasförmig |

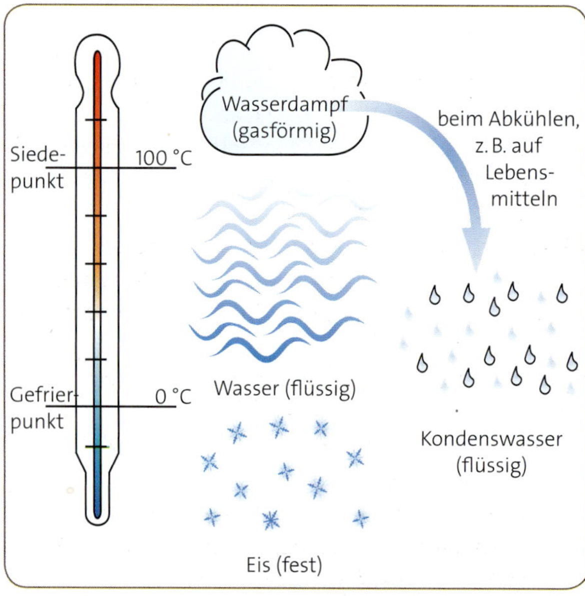


*Aggregatzustände des Wassers bei normalem Luftdruck*

### Veränderter Siede- und Gefrierpunkt

Bei Normalluftdruck verdampft Wasser bei 100 °C. Im Vakuum verdampft es bereits bei wesentlich geringeren Temperaturen, da der Druck der Luft fehlt.
Auf einem Berg von ca. 3000 m Höhe kocht Wasser wegen des geringeren Luftdrucks bereits bei 89 °C.

Wird Zucker im Wasser gelöst, z. B. beim Läuterzucker, erhöht sich der Siedepunkt über 100 °C. Je mehr Zucker im Wasser gelöst ist, umso höher ist die Temperatur, bis Wasser kocht.

Zusätze im Wasser, wie Salz und Alkohol, setzen den Gefrierpunkt unter 0 °C herab.

### Kondenswasser

- Beim Schwadengeben (→ Seite 487) in den Gärraum und in den Backofen wird kochendes Wasser durch die Schwadenrohre geschickt und dringt als Wasserdampf in den Gärraum bzw. den Backherd ein.
- Der Wasserdampf kühlt an den Teiglingen ab, wird somit wieder flüssig und lagert sich als Kondenswasser auf der Oberfläche der Teiglinge ab.
- Die Oberflächen der Teiglinge bleiben also feucht und elastisch und können dem Gasdruck aus dem Teiginneren zur Lockerung und Volumenvergrößerung nachgeben.

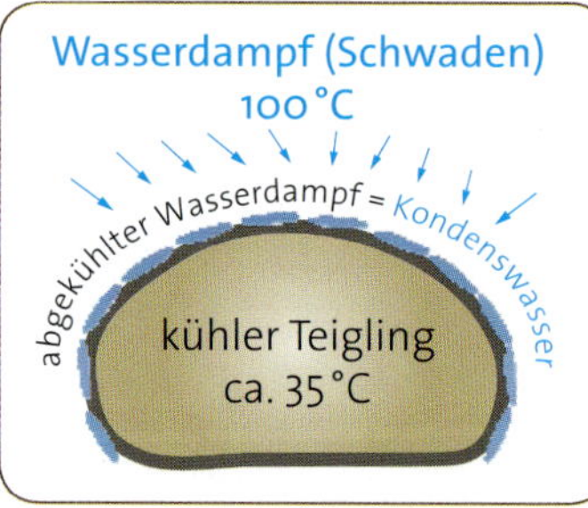


*Wirkung des Kondenswassers*

## Täglicher Wasserbedarf des Körpers

Damit die Körperfunktionen reibungslos ablaufen können, benötigt der Körper ständig Wasser. Deshalb sollte den ganzen Tag über ausreichend Wasser getrunken werden. Neben dem Wasser aus Getränken ergänzt auch das Wasser der Lebensmittel, die gegessen werden, den Wasserhaushalt des Körpers. Es gibt kaum ein Lebensmittel, das kein Wasser enthält.

Der Körper verliert ständig Wasser
- durch Schweiß über die Haut,
- durch Urin über die Nieren,
- durch Kot über den Darm,
- mit der Luft, die ausgeatmet wird.

Um den Wassergehalt des Körpers konstant zu halten, benötigen Erwachsene täglich bis zu drei Liter Wasser. Davon sollten ca. eineinhalb bis zwei Liter als Getränke getrunken werden, der Rest, ca. ein Liter, wird durch wasserhaltige Lebensmittel abgedeckt.

Wasser enthält keine energieliefernden Nährstoffe und somit keine Kalorien. Es kann daher in unbegrenzten Mengen getrunken werden.

**Erhöhter Wasserbedarf**

Der Wasserbedarf des Körpers und somit der Durst steigen erheblich bei

- körperlicher Anstrengung durch Arbeit und Sport,
- großer Hitze im Sommer oder in der Backstube,
- stark gesalzenen oder gesüßten Speisen,
- ballaststoffreicher Kost (Vollkornerzeugnisse), die sehr viel Wasser aufsaugt,
- Krankheiten wie Fieber oder Durchfall.

Unter diesen Umständen sollte man besonders viel Flüssigkeit (alkoholfrei) trinken, auch wenn der Durst manchmal nicht so groß ist. Somit beugt man Schwäche und weiteren Störungen im Körper vor.

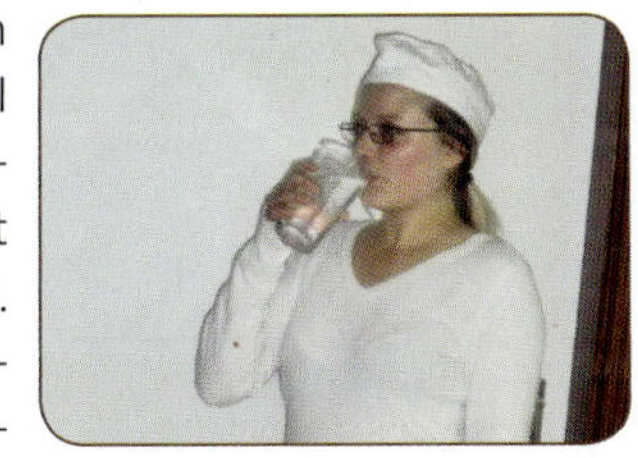

*Regelmäßig Wasser trinken*

## Aufgaben des Wassers im Körper

**Baustoff**

Der Körper besteht zu ca. 65% aus Wasser. Wasser ist Bestandteil aller Körperzellen und -flüssigkeiten.
Die Wasserverteilung im Körper:

- ca. 70 % als Zellflüssigkeit innerhalb der Zellen
- ca. 20 % als Gewebeflüssigkeit zwischen den Zellen = freies Wasser ($a_w$-Wert)
- ca. 10 % im Blut

**Lösungsmittel**

Das Wasser löst die Nahrung bei der Verdauung. Die gelösten Nährstoffe können vom Darm in die Blutgefäße des Körpers übergehen.

**Transportmittel**

- Durch das wasserhaltige Blut werden die Nährstoffe in den gesamten Körper transportiert.
- Unbrauchbare Stoffe werden durch das Wasser aus dem Körper befördert, z. B. mit Schweiß und Urin. Somit ist Wasser auch Entgiftungsmittel.

**Wärmeregulation**

Durch Hitze und größere Anstrengung wird es dem Körper „zu warm". Er reagiert mit Schweiß auf der Haut. Bei der Verdunstung des Schweißes wird dem Körper Wärme entzogen und er kühlt ab.

LF 2

### Aufgaben

1. Geben Sie den chemischen Aufbau und die Formel eines Wassermoleküls an.
2. Welche zwei Bestandteile besitzt frisches Leitungswasser außer $H_2O$ noch?
3. Wodurch wird die Härte des Wassers bestimmt?
4. Beschreiben Sie die Auswirkungen bei zunehmendem Härtebereich des Wassers
   - auf Maschinen und Schwadenrohre,
   - beim Verbrauch von Spül- und Reinigungsmitteln.
5. Nennen Sie die drei Anforderungen, die nach der Trinkwasser-Verordnung an das Trinkwasser gestellt werden.
6. Beschreiben Sie die Aggregatzustände des Wassers bei normalem Luftdruck mit den entsprechenden Temperaturgraden.
7. Womit kann der Siedepunkt erhöht und der Gefrierpunkt herabgesetzt werden?
8. Beschreiben Sie die Veränderungen des Wasserdampfes beim Schwadengeben auf den Teiglingen.
9. Wodurch verliert der Körper ständig Wasser?
10. Beschreiben Sie, wodurch der tägliche Wasserbedarf der Menschen gedeckt wird, und geben Sie in etwa die Menge an.
11. Nennen Sie Ursachen, die den täglichen Wasserbedarf des Körpers erhöhen.
12. Nennen und erklären Sie die vier Aufgaben des Wassers im Körper.
13. Schon wieder müssen Sie die Kaffeemaschine im Café entkalken. Erklären Sie, warum die Kaffeemaschine regelmäßig entkalkt werden muss.

## 6.7 Ballaststoffe und sekundäre Pflanzenstoffe

### Ballaststoffe

Ballaststoffe sind nur in pflanzlichen Lebensmitteln enthalten. Sie zählen zu den Vielfachzuckern der Kohlenhydrate. Wichtige Ballaststoffe sind:

- Zellulose: in den Schalen der Getreidekörner,
- Pentosane: quellfähige, wassergierige Schleimstoffe des Getreides, vor allem im Roggen,
- Pektine: Bindemittel im Obst.

Täglich sollten 30–40 g Ballaststoffe aufgenommen werden. 1 Scheibe Vollkornbrot (50 g) enthält 3,3 g Ballaststoffe. 1 Weizenbrötchen (50 g) enthält 1,5 g Ballaststoffe.

#### Ballaststoffreiche Lebensmittel

Besonders ballaststoffreich sind:

- **Getreideerzeugnisse:** Die Schalen des Getreidekorns bestehen überwiegend aus Ballaststoffen und sind die hauptsächlichen Ballaststoffträger unserer Nahrung. Besonders ballaststoffreich sind deshalb
  - Vollkorn- und Schrotbrote bzw. -brötchen,
  - Vollkornbackwaren,
  - Vollkornhaferflocken.

  Einen hohen Ballaststoffanteil haben auch roggenhaltige Brote und Brötchen, die mit schalenreichen Mehlen (Mehle mit hoher Typenzahl) hergestellt werden.
- **Obst**, vor allem Nüsse, Mandeln und Trockenfrüchte
- **Gemüse**, besonders Hülsenfrüchte wie Bohnen, Erbsen und Linsen

*Ballaststoffreiche Lebensmittel*

#### Wirkung der Ballaststoffe im Körper

Ballaststoffe sind Inhaltsstoffe der Lebensmittel, die im Körper nicht verdaut (zerkleinert) werden können und somit nicht vom Körper verwertet werden. Sie gelangen vom Dünndarm in den Dickdarm und werden dann ausgeschieden. Deshalb liefern sie dem Körper auch keine Energie (Joule bzw. Kalorien). Aus diesem Grund nannte man sie irrtümlicherweise „Ballaststoffe", weil sie als Ballast (wertlos) empfunden wurden.

Ballaststoffe binden im Körper viel Wasser, quellen dabei auf und vergrößern sich. Wegen der starken Wasserbindung sollte ausreichend Wasser getrunken werden.

Ballaststoffe erfüllen wichtige Aufgaben im Körper:

#### Ballaststoffe regen die Verdauung an

- Im Dickdarm saugen die Ballaststoffe Wasser auf, quellen und vergrößern sich dabei.
- Die durch die Quellung vergrößerten Ballaststoffe reizen die Darmwand des Dickdarms. Dadurch wird die Darmtätigkeit zum schnellen Abtransport und Ausscheiden des Stuhles angeregt.
- Gleichzeitig wird durch die Wasseraufnahme bei der Verquellung der Ballaststoffe der Kot weich und kann so leicht aus dem Dickdarm befördert und ausgeschieden werden.

Bei Ballaststoffmangel bleibt der Kot zu lange im Dickdarm, weil die Darmwände nicht zum Abtransport aktiviert werden. Bei der langen Verweildauer im Dickdarm wird dem Kot zunehmend Wasser entzogen, der immer trockener und fester wird. Dies führt zu Verstopfung.

*Ballaststoffmangel führt zu Verstopfung*

LF 2

**Ballaststoffe geben ein Sättigungsgefühl**
Die Ballaststoffe quellen im Magen auf und füllen ihn. Sie bleiben recht lange im Magen und im Dünndarm. Die Folge ist ein schnelles und lange anhaltendes Sättigungsgefühl, ohne dem Körper Energie zuzuführen. Ballaststoffreiche Nahrung eignet sich daher zum Abnehmen. Bei einer ballaststoffreichen Ernährung ist auf eine erhöhte Getränkemenge zu achten.

## Sekundäre Pflanzenstoffe

Sekundäre Pflanzenstoffe befinden sich in geringen Mengen in pflanzlichen Lebensmitteln, hauptsächlich in den Schalen und Randschichten von Obst und Gemüse, aber auch in Getreide und Ölsamen. DIe Pflanzen produzieren diese Stoffe als Abwehrstoffe gegen Schädlinge und Krankheiten.

Ihren Namen haben die sekundären Pflanzenstoffe, weil sie keine Energie liefern. Deshalb wurden sie früher als sekundäre (zweitrangige) Nährstoffe bezeichnet

Sekundäre Pflanzenstoffe erfüllen gesundheitsfördernde Wirkungen im menschlichen Körper, z. B.
- Unterstützung der Verdauung,
- Beeinflussung der Stoffwechselvorgänge,
- Senkung des Cholesterinspiegels im Blut,
- Regulation des Blutzuckerspiegels im Blut,
- Stärkung des Immunsystems,
- Schutz vor Krebs.

Zu den sekundären Pflanzenstoffen gehören z. B. Carotinoide, Flavonoide, Sulfide, Phytosterine und Polyphenole.

**Carotinoide** sind in Obst und Gemüse für die gelbe und rote Färbung verantwortlich. Sie kommen hauptsächlich in Paprika, Tomate, Karotten, Apriksosen, Grünkohl und Spinat vor.

**Flavonoide** befinden sich vor allem in Grünkohl, Brokkoli, Endivien, Sellerie, Preiselbeeren und Kresse. Auch Kopfsalat, Tomaten, rote Paprika, Äpfel und Weintrauben haben einen relativ hohen Gehalt.

**Sulfide**, also schwefelhaltige Substanzen, kommen hauptsächlich in Knoblauch und Zwiebelgewächsen vor.

**Phytosterine** befinden sich insbesondere in Sonnenblumenkernen, Sojabohnen und Getreidekeimlingen.

**Polyphenole** kommen in den Randschichten von Gemüse, Obst und Getreide vor.

Da vor allem Obst und Gemüse reich an sekundären Pflanzenstoffen sind, sollten sie regelmäßig gegessen werden → Seite 140.

*Lebensmittel mit sekundären Pflanzenstoffen*

Das Fehlen von sekundären Pflanzenstoffen in der Ernährung führt nicht unmittelbar zu Mangelerscheinungen, begünstigt aber die Entstehung verschiedener Krankheiten.

LF 2

**Aufgaben**

1. Nennen Sie drei wichtige Ballaststoffe.
2. Nennen Sie ballaststoffreiche Lebensmittel.
3. Erklären Sie, wie es sich mit der Verdauung und dem Energiewert der Ballaststoffe im menschlichen Körper verhält.
4. Geben Sie die Eigenschaften der Ballaststoffe im Körper an.
5. Nennen und erklären Sie die zwei bedeutenden Aufgaben, die die Ballaststoffe im Körper erfüllen.
6. Welche gesundheitsfördernden Wirkungen haben sekundäre Pflanzenstoffe im menschlichen Körper?
7. Nennen Sie die zwei Lebensmittelgruppen, die besonders reich an sekundären Pflanzenstoffen sind.
8. Ihre Kollegin, die an Gesundheitsfragen sehr interessiert ist, fragt Sie: „Warum wird bei den Diätplänen, z. B. bei den Frühjahrskuren in den Zeitschriften, als Brot grundsätzlich Vollkornbrot empfohlen? Ist das am gesündesten?"
9. Informieren Sie sich in Nährwerttabellen, in wie vielen Scheiben Roggenbrot und Toastbrot jeweils 30 g Ballaststoffe enthalten sind.

## 6.8 Farbstoffe und Aromastoffe

Aroma ist der Geruch und/oder Geschmack der Lebensmittel. Farb- sowie Aromastoffe in den Lebensmitteln bestimmen maßgeblich den Genusswert der Lebensmittel und Bäckereierzeugnisse.

**Wirkungen von Farb- und Aromastoffen:**
Farbstoffe geben den Lebensmitteln ein schönes, ansprechendes Aussehen.
Aromastoffe verbessern das Aroma der Lebensmittel. Dadurch regen sie die Produktion der Verdauungssäfte im Körper an. „Es läuft einem das Wasser im Munde zusammen."
Dies wirkt **appetitanregend** und **verdauungsfördernd.**

### Farbstoffe

Jedes Lebensmittel hat von Natur aus eine typische Farbe, z. B. gelber Eidotter, rote Erdbeeren, Kirschen und Himbeeren, blaue bzw. rote Weintrauben, braune Schokolade und Kakaopulver usw.

*Farbige Obstschnitten*

Farbstoffe beleben das Aussehen unserer Lebensmittel und der Bäckereierzeugnisse und wirken deshalb verkaufsfördernd.

LF 2

#### Färben durch Hitze

Lebensmittel erhalten durch Hitze eine ansprechende Braunfärbung und einen verbesserten Geschmack, z. B.

- braune Gebäckkruste beim Backen
- hellbraune gehobelte Mandeln nach dem Rösten
- Braunfärbung des Zuckers beim Karamellisieren
- Braunfärbung der Kakao- und Kaffeebohnen beim Rösten

### Aromastoffe

Als Aromen werden die Geruchs- und/oder Geschmacksstoffe der Lebensmittel bzw. Backwaren bezeichnet. Riechen und Schmecken stehen häufig in engem Zusammenhang.

#### Wichtige Geruchs- und Geschmacksstoffe

| Geruchs- und Geschmacksstoffe | Lebensmittelbeispiele |
|---|---|
| **ätherische Öle**<br>= intensives Aroma | Kaffee, Tee, Gewürze, Orangen- und Zitronenschalen, Zwiebeln, Knoblauch |
| **Bitterstoffe**<br>= bitter im Geschmack | Kakao, Grapefruit, Hopfen |
| **Gerbstoffe**<br>= herb-bitterer Geschmack | Kaffee, Tee, Kakao, Rotwein, Quitten |
| **Säuren**<br>= säuerlicher Geschmack | Fruchtsäuren wie Zitronen-, Wein-, Apfelsäure; Milch-, Essigsäure |

Bei Lebensmitteln mit ätherischen Ölen geht das Aroma bei längerer Lagerung verloren.

#### Aufgaben

1. Welche Wirkungen üben Farb- und Aromastoffe in Lebensmitteln auf Mensch und Körper aus?
2. Nennen Sie Lebensmittel, die von Natur aus eine kräftige Farbe besitzen.
3. Geben Sie Lebensmittelbeispiele an, die bei Hitze eine ansprechende Braunfärbung erhalten.
4. Nennen Sie vier Geruchs- und Geschmacksstoffe und geben Sie jeweils Lebensmittelbeispiele an.
5. Erklären Sie, was man unter Aromen versteht.
6. Sie servieren einem Gast im Café eine Tasse Kaffee. Der Gast bedankt sich und sagt: „Der Kaffee riecht schon richtig gut und schmecken tut er bei Ihnen ja sowieso immer hervorragend." Der Kunde möchte von Ihnen wissen, ob diese Tatsache an der Herstellung oder an den Inhaltsstoffen des Kaffees liegt.

# 7 Rohstoffe und Zutaten

**Situation**

Ihre Bäckerei ist besonders stolz darauf, dass ihre Bäckereierzeugnisse weitgehend ohne Fertigmehle und Fertigmischungen hergestellt werden.
Deshalb werden in Ihrer Bäckerei viele verschiedene Rohstoffe verarbeitet. In dieser Woche sollen Sie die Rohstoffe bestellen und sofort nach der Annahme der Lieferung fachgerecht lagern.

- Welche Rohstoffe werden in der Bäckerei hauptsächlich verarbeitet?
- Wie wirken sich die Rohstoffe auf die Teige bzw. auf die Gebäcke aus?
- Wie werden die Rohstoffe fachgerecht gelagert?
- Welche Convenience-Produkte gibt es in der Bäckerei?



**Rohstoffe** sind die Lebensmittel, die die Qualität und den Gesundheitswert der Bäckereierzeugnisse bestimmen.
**Zutaten** sind Lebensmittel und auch Lebensmittel-Zusatzstoffe → Seite 231, die für die Herstellung der Bäckereierzeugnisse verwendet werden.
Das Wissen über die Zusammensetzung und Eigenschaften der Zutaten ist deshalb für jede Fachkraft von großer Bedeutung.

## 7.1 Getreide und Mahlerzeugnisse

Als der Mensch sesshaft wurde, züchtete er aus den Wildgräsern die Getreidearten. Die Getreidekörner zerrieb und zerquetschte er zwischen Steinen und bereitete daraus mit Wasser einen Brei, den er auf erhitzten Steinen trocknete bzw. erhitzte.

Welche Grasarten während des langen Entwicklungsweges zu Getreidearten gezüchtet wurden, wurde durch Klima, Bodenbeschaffenheit, Ertragsreichtum und Geschmack des Getreides bestimmt. So wurden unabhängig voneinander in verschiedenen Kontinenten, Ländern und Gebieten Getreidearten gezüchtet, angebaut und kultiviert.

Hirse ist das älteste Getreide. Aus dem Dinkel wurde der ertragreiche Weizen gezüchtet. Über das römische Reich kam der Weizen in unsere Gegend. Erst viel später züchtete man in Gegenden mit rauem Klima und kargem Boden, wo der Weizen nicht gedieh, den anspruchslosen Roggen.

Als Amerika entdeckt wurde, erfuhren die Europäer der „alten Welt" vom Mais. Mais war schon immer das Getreide der Ureinwohner Amerikas.
Der Reis spielte in den asiatischen Ländern für die Ernährung eine bedeutende Rolle und wurde dort seit jeher kultiviert.

Getreide war und ist das wichtigste Grundnahrungsmittel und für die Ernährung der Weltbevölkerung von größter Bedeutung.

*Getreidekörner: Roggen und Weizen*

## Getreidearten

Die Getreidearten werden allgemein als **„Korn“** bezeichnet und nach ihrer **Backfähigkeit** eingeteilt.

**Bestimmungen der Leitsätze**
Getreide wird unterteilt in:

**Brotgetreide**
Getreidearten, die allein backfähig sind, werden als Brotgetreide bezeichnet. Die Bestandteile der Mehle dieser Getreidearten können die Lockerungsgase der Teige und Massen zu Poren festhalten, woraus lockere, verdauliche Gebäcke werden.

**Andere Getreidearten**
Die „anderen Getreidearten“ sind nicht alleine backfähig und können deshalb nur als Zugabe zum Brotgetreide verarbeitet werden.

| Brotgetreide: backfähige Getreidearten | Andere Getreidearten | |
|---|---|---|
| Weizen<br>Dinkel = Weizenart<br>Roggen | Gerste<br>Hafer<br>Mais | Reis<br>Hirse<br>Buchweizen |

*Getreidearten*

Roggen und Weizen unterscheiden sich farblich. Roggenkörner sind grau-bläulich und Weizenkörner gelb-braun. Deshalb ist Weizenmehl hell und Roggenmehl dunkel.

**Dinkel** ist eine Weizenart, eine Urform des Weizens, jedoch nicht so ertragreich wie Weizen. Dinkel lässt sich wie Weizen verarbeiten.

**Vorzüge des Dinkels gegenüber Weizen:**

- Dinkel enthält einen besonders hohen Anteil an gesundem, biologisch wertvollem Eiweiß und
- Dinkel bindet bei der Teigbereitung das Wasser besser als Weizen, sodass die Gebäcke länger frisch bleiben.
- Obwohl Dinkel eine Weizenart ist, wird er von den meisten Menschen, die gegenüber Weizen allergisch reagieren, vertragen.

Grünkern ist unreifer Dinkel. Er wird in halbreifem Zustand geerntet, wobei die Getreidekörner noch grün sind. Beim Darren (Trocknen) nach der Ernte bekommt der Grünkern das herzhaft würzige Aroma.
Grünkern alleine ist jedoch nicht backfähig, weil sich aus diesem Mehl kein gashaltefähiger Kleber bilden kann. Deshalb eignet er sich besonders für Suppeneinlagen, Aufläufe u. a.

**Ölsamen** wie Sesam, Mohn, Leinsamen, Sonnenblumenkerne, Kürbiskerne sind besonders ölhaltige Samen verschiedener Pflanzen und zählen nicht zu den Getreidearten.

## Aufbau des Getreidekorns

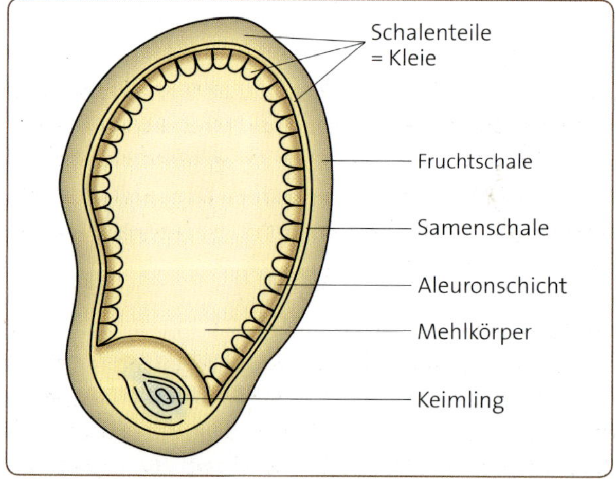


*Aufbau des Getreidekorns*

Die Zusammensetzung eines Getreidekorns ist bei allen Getreidearten ähnlich.

| Bestand-teil | Besonder-heit | Inhaltsstoffe |
|---|---|---|
| Frucht-schale | holzig, hart und unverdaulich | Diese Schalenteile bestehen vorwiegend aus Zellulose und sind der hauptsächliche Ballaststofflieferant in der Ernährung. Sie enthalten sehr viele Mineralstoffe und Vitamine. |
| Samen-schale | dunkelbraun, macht das Mehl dunkel | |
| Aleuron-schicht | Diese wabenförmigen Zellen zählen auch zu den Schalenteilen. | Sie enthält viel<br>• biologisch hochwertiges Eiweiß (Aleuroneiweiß)<br>• Mineralstoffe<br>• Vitamine<br>• Enzyme |
| Keim-ling | Bei der Vermahlung wird der Keimling entfernt, ausgenommen beim Vollkornschrot bzw. -mehl. | Aus dem Keimling wächst im Ackerboden eine neue Getreidepflanze. Deshalb ist er reich an<br>• Eiweiß<br>• ungesättigten Fettsäuren<br>• Vitaminen, vor allem B-Vitaminen<br>• Mineralstoffen<br>• Enzymen |
| Mehl-körper | Er hat einen Anteil von ca. 80 % am Getreidekorn | Im Mehlkörper sind ca.<br>• 70 % Stärke<br>• 13 % Eiweiß |

Zu den Schalen des Getreidekorns zählen die Frucht- und Samenschale sowie die Aleuronschicht, die ca. 15 % des Getreidekorns ausmachen. Diese Schalenteile werden auch als **„Kleie"** bezeichnet. Kleie fällt bei der Vermahlung des Getreides an und wird teilweise für Spezialbrote, z. B. Weizenkleiebrot, verwendet.

Die Menge der jeweiligen Inhaltsstoffe in den Getreidekörnern ist abhängig von der Bodenbeschaffenheit und dem Klima. Infolge der unterschiedlichen Witterung ist die Qualität der Mehle von Jahr zu Jahr verschieden. Die Qualität des Weizens wird weitgehend vom Anteil des Klebereiweißes bestimmt.

## Vermahlung des Getreides

Bei der Vermahlung des Getreides zu Mehl werden zuerst die Keimlinge von den Getreidekörnern getrennt. Dann werden die Getreidekörner zwischen zwei Mahlwalzen zerschnitten und zerkleinert.

### Der Walzenstuhl

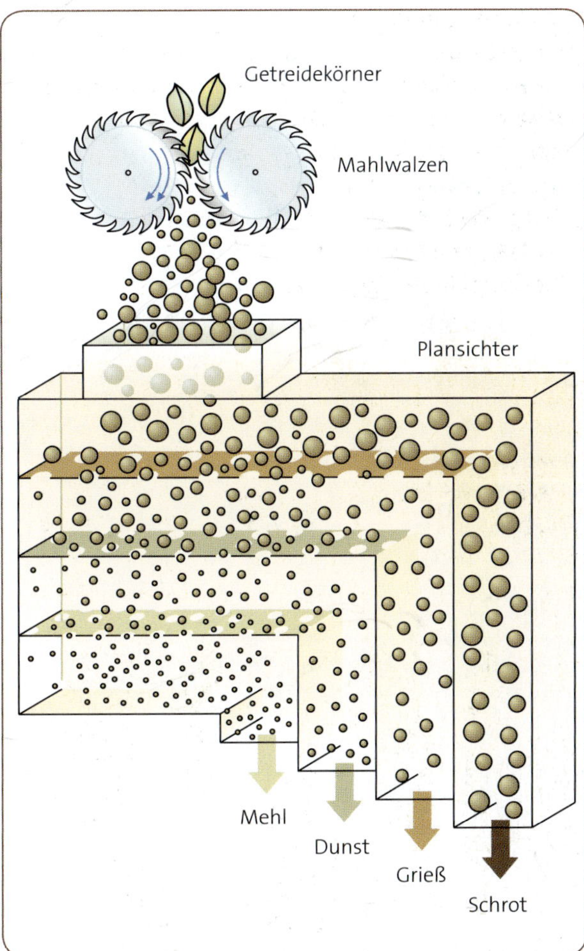


*Mahlwalzen und Plansichter*

Im Walzenstuhl befinden sich zwei geriffelte Mahlwalzen, die in engem Abstand zueinander laufen. Diese geriffelten Walzen zerschneiden die Getreidekörner in unterschiedlich große Bestandteile.

**Der Plansichter**
Der Plansichter ist eine rüttelnde Siebmaschine mit unterschiedlich großen Siebbespannungen (Maschen).
Die verschieden großen Bruchstücke der Getreidekörner, die beim Zerkleinern im Walzenstuhl entstehen, werden im Plansichter in vier Feinheitsgrade gesiebt.

LF 2

**Feinheitsgrade der Mahlerzeugnisse**

**Mehl** enthält feine Schalenteile und wird sofort in Mehlsilos geleitet.

**Dunst** ist mit griffigen, kleinkörnigen Schalenteilen behaftetes Mehl. Der Feinheitsgrad liegt zwischen Mehl und Grieß. Dunst wird auch als „doppelgriffiges" Mehl bezeichnet. Wegen des Anteils an etwas gröberen Schalenteilen kann es mehr Flüssigkeit aufnehmen als Mehl.

**Grieß** ist mit gröberen Schalenteilen behaftetes Mehl und deshalb körnig. Die Beschaffenheit ist grobkörniger als bei Dunst.

**Schrot** sind die groben Schalenteile, an denen noch Mehl haftet. Schrot wird nochmals durch die Mahlwalzen gegeben, wo das Mehl von den Schalenteilen entfernt und im Plansichter in seine Feinheitsgrade gesiebt wird.

*Weizenkörner* *Weizenschrot*

## Mehltypen

### Ermitteln der Mehltypen

Die Mineralstoffe befinden sich überwiegend an den Schalenteilen der Getreidekörner. Je mehr Schalenteile sich im Mehl befinden, desto mehr Mineralstoffe enthält das Mehl.
Die Mineralstoffe sind die einzigen Bestandteile des Mehls, die nicht verbrennen.

Schalenloses Mehl gibt es nicht, da die Schalenteile der Getreidekörner bei der Vermahlung nicht ganz vom Mehl getrennt werden können.
Um den Schalenanteil eines Mehls zu ermitteln, wird Mehl verbrannt.

In der Mühle wird wasserfreies Mehl bei 900 °C verbrannt. Dabei bleiben die unverbrennbaren Mineralstoffe in Form von Asche übrig. Der Aschegehalt (Mineralstoffgehalt) wird gewogen und so die Mehltype bestimmt.

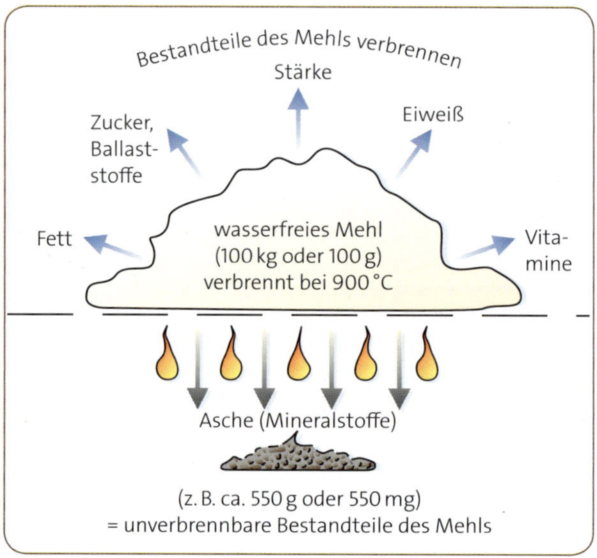


**Beispiel:**
Bleiben beim Verbrennen von 100 g (100 kg) wasserfreiem Mehl ca. 550 mg (550 g) Mineralstoffe als Asche übrig, so spricht man von der Mehltype 550.

*Mehltypenermittlung durch Verbrennen von Mehl*

LF 2

### Einteilung und Bedeutung der Mehltypen

Die Mehltype gibt an, wie viel g Mineralstoffe in 100 kg wasserfreiem Mehl enthalten sind.

Für Vollkornmehle und Vollkornschrote gibt es keine Mehltypen, da in diesen Mahlerzeugnissen sämtliche Getreidebestandteile mit Keimlingen und den gesamten Schalenteilen enthalten sind.

Nur Brotgetreide wird in Mehltypen eingeteilt. Bestimmte Mehltypen, vor allem die Weizenmehltypen, sind speziell für bestimmte Backwaren zu verwenden.

| Weizenmehltypen | Verwendungsmöglichkeiten |
|---|---|
| 405 | Mürbeteige, Massen |
| 550 | Brötchen, Brezeln, Weißbrote, Hefeteige, Blätterteige, aber auch für Mürbeteige und Massen verwendbar |
| 812<br>1050<br><br>1600 | roggenhaltige Kleingebäcke<br>Weizenmischbrote,<br>Roggenmischbrote<br>Roggenbrote,<br>Lebkuchenteige |
| 1700<br>= Weizenbackschrot | Schrotbrote,<br>Schrotbrötchen |
| **Roggenmehltypen** | |
| 815<br>997<br>1150<br>1370<br>1740 | roggenhaltige Kleingebäcke<br>Weizenmischbrote<br>Roggenmischbrote<br>Roggenbrote<br>Lebkuchenteige,<br>Früchtebrote |
| 1800<br>= Roggenbackschrot | Schrotbrote,<br>Schrotbrötchen |
| **Dinkelmehltypen** | |
| 630<br>812<br>1050 | für alle Backwaren, die aus Dinkel hergestellt werden, z. B. Dinkelbrötchen, Dinkelbrot |

*Weizenmehl Type 550, Weizenmehl Type 1050*

**Aussagewerte der Mehltypen in der Praxis**

Von den Mehltypen kann man ableiten,

- ob es sich um Weizen- oder Roggenmehl bzw. Dinkelmehl handelt,
- ob es ein helles, schalenärmeres oder dunkles, schalenreicheres Mehl ist,
- für welche Backwaren sich das Mehl eignet,
- wie hoch der Gehalt an Ballaststoffen, Mineralstoffen und Vitaminen ist.

**Farbe der Mehle**

Die Schalen der Getreidekörner haben eine wesentlich dunklere Farbe als Mehl. Je mehr Schalenanteile im Mehl sind und je höher die Typenzahl ist, desto dunkler ist das Mehl. Je heller das Mehl ist, desto niedriger ist die Typenzahl.

An der Farbe kann man deshalb in etwa die Mehltypen erkennen. Besonders deutliche Farbunterschiede der Mehle sind durch das Einwirken von Wasser beim **„Pekarisieren"** zu erkennen. Dabei werden Mehle verschiedener Typen auf einem Brett nebeneinander glatt gedrückt und in Wasser gehalten.

*Pekarisierte Mehle*

### Ausmahlungsgrad

Der Ausmahlungsgrad gibt die Mehlmenge an, die man aus 100 Teilen Getreide bei der Vermahlung erhält.
Beispiel: Werden 100 kg Getreide vermahlen und erhält man daraus 65 kg Mehl, so beträgt der Ausmahlungsgrad 0–65 %. 35 kg sind Schalenteile und anhaftendes Mehl sowie Keimlinge.

LF 2

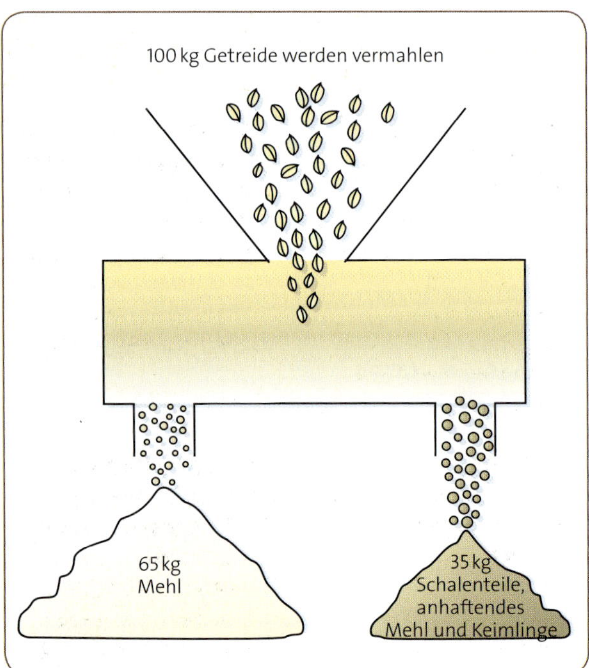


*Ausmahlungsgrad 0–65 % = Mehltype 550*



Ganz können die Schalenteile des Getreidekorns nicht vom Mehl getrennt werden, da sie miteinander verwachsen sind. Schalenloses Mehl gibt es nicht.

Der Ausmahlungsgrad gibt die Prozentanteile an, die das Mehl von den Getreidekörnern von innen nach außen hin enthält.

| Mahlerzeugnisse | Mehltypen | Ausmahlungsgrad |
|---|---|---|
| Weizenmehl: | Mehltype 405 | 0–40 % |
| Weizenmehl: | Mehltype 550 | 0–65 % |
| Roggenmehl: | Mehltype 997 | 0–75 % |
| Weizenmehl: | Mehltype 1050 | 0–80 % |
| Roggenmehl: | Mehltype 1150 | 0–80 % |
| Roggenbackschrot: | Mehltype 1800 | 0–95 % |
| Vollkornschrot, Vollkornmehl: | ohne Type | 0–100 % |

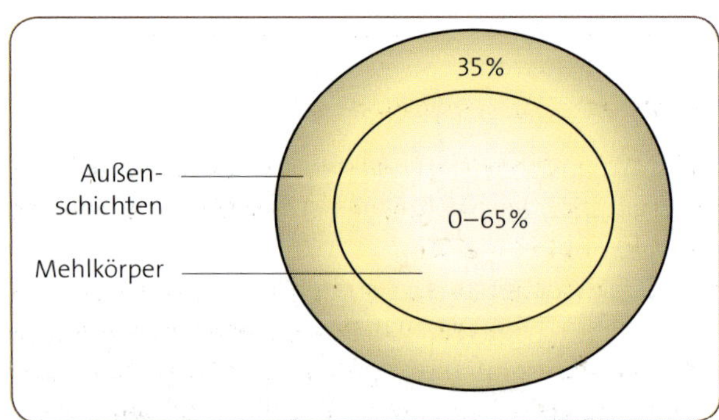


*Anteile der Außenschichten und des Mehlkörpers am Getreidekorn*

**Aussage des Ausmahlungsgrades**

| Niedriger Ausmahlungsgrad | Hoher Ausmahlungsgrad |
|---|---|
| • niedrige Mehltypen<br>• helle Mehle<br>• schalenarme Mehle<br>• Mehle mit geringem Anteil an Ballaststoffen, Mineralstoffen und Vitaminen | • hohe Mehltypen<br>• dunkle Mehle<br>• Mehle mit hohem Schalenanteil<br>• Mehle mit hohem Anteil an Ballaststoffen, Mineralstoffen und Vitaminen |

**Verteilung von Stärke und Klebereiweiß im Mehlkörper des Weizenkorns**

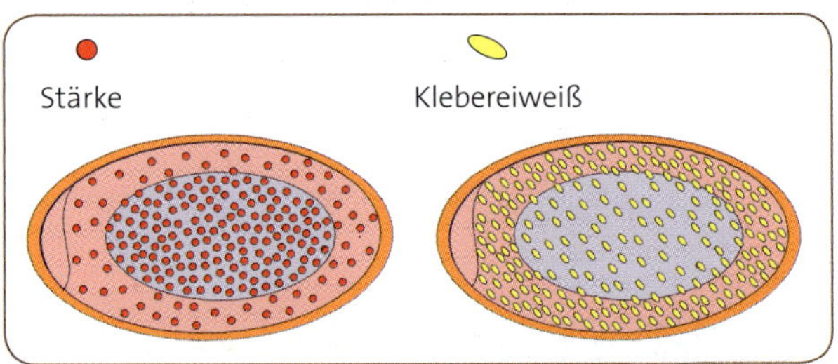


| Innenbereich des Mehlkörpers im Weizenkorn | Außenbereich des Mehlkörperss im Weizenkorn zu den Schalen hin |
|---|---|
| • hoher Anteil an Stärke<br>• weniger Klebereiweiß als außen | • weniger Stärke als innen<br>• höherer Anteil an Klebereiweiß |

### Auszugsmehl oder Weißmehl

Das Mehl mit dem niedrigsten Ausmahlungsgrad, 0–40 %, ist das Weizenmehl der **Type 405**. Da hier das Mehl sozusagen aus dem Inneren des Getreidekorns herausgezogen wird, bezeichnet man das Weizenmehl 405 auch als „Auszugsmehl" oder „Weißmehl", weil es das hellste Mehl ist. Es ist das Mehl

- mit dem geringsten Anteil an Schalen und somit
- mit den wenigsten Ballaststoffen, Mineralstoffen und Vitaminen,
- mit der hellsten Farbe,
- mit dem höchsten Anteil an Stärke und einem hohen Gehalt an Klebereiweiß.

Das feine Mehl der Type 405 eignet sich ideal für Mürbeteige und Massen, da es den höchstens Stärkeanteil enthält und der Kleberanteil nicht ausschlaggebend ist.

### Kleberstärkstes Mehl

Weizenmehl mit der **Type 550** ist das kleberstärkste Mehl. Es hat einen Ausmahlungsgrad von 0–65 % und somit etwas mehr Schalenanteile als das Mehl der Type 405. Die Klebereiweißstoffe im Mehlkörper des Getreidekorns liegen mehr zu den Schalen hin. Deshalb hat das Mehl der Type 550 mehr Klebereiweiß als das Mehl der Type 405, das jedoch mehr Stärke besitzt.

Das Weizenmehl der Type 550 ist wegen des hohen Klebergehalts das beste Mehl für Brötchen, Weizenbrot, Hefeteige, Blätterteige u. a. Es ist aber trotzdem ein feines, helles, schalenarmes Mehl, sodass es für alle Feinen Backwaren verwendet werden kann.

**Inhaltsstoffe eines Weizenmehls der Type 550**

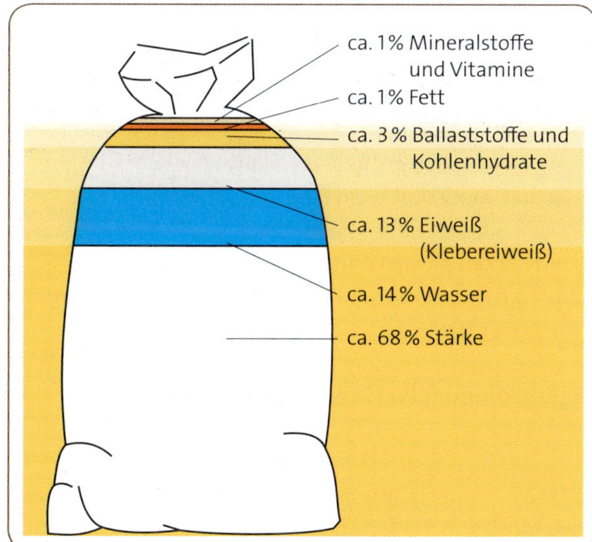


**Getreidemahlerzeugnisse sind**
- Mehle der verschiedenen Mehltypen,
- Backschrot,
- Vollkornschrot und Vollkornmehl.

*Vollkornmehl*

| Vollkornschrot, Vollkornmehl | Backschrot |
|---|---|
| Die „vollen", ganzen Getreidekörner werden in der Mühle in Bruchstücke zu **Vollkornschrot** zerkleinert (vermahlen). Beim **Vollkornmehl** werden die vollen, ganzen Getreidekörner winzig fein wie Mehl zerkleinert. | In der Mühle werden von den Getreidekörnern die Keimlinge entfernt. Die Getreidekörner ohne Keimling, jedoch mit den Schalenteilen werden dann in Bruchstücke zu **Backschrot** zerkleinert. |
| Vollkornschrot und Vollkornmehl enthalten alle Bestandteile der Getreidekörner. Sie haben wegen der Getreideschalen und der Keimlinge mit den ungesättigten Fettsäuren und hochwertigen Eiweißstoffen einen hohen Gesundheitswert. | Backschrot ist gemahlenes (zerkleinertes) Getreide ohne Keimling, das aus Mehl und den Schalen der Getreidekörner besteht. Wegen der Getreideschalen ist Backschrot reich an Ballaststoffen, Mineralstoffen und Vitaminen. |



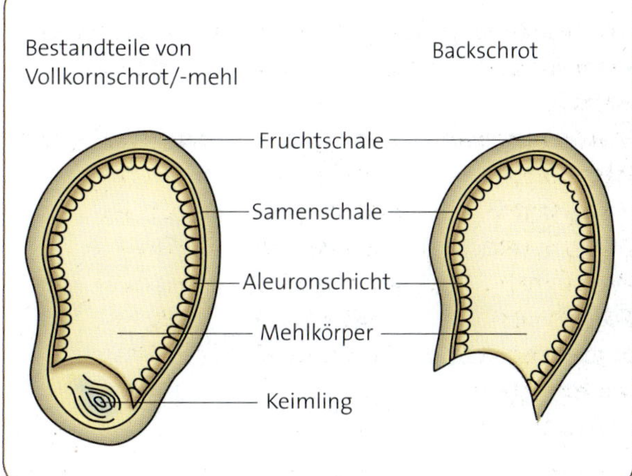


### Verwendung von Vollkornmehl

Jeder Teig und jede Masse lässt sich mit Vollkornmehl zubereiten. Die ganzen (vollen) Getreidekörner werden so fein wie Mehl vermahlen.
Die Vollkornerzeugnisse gehören zur vollwertigen Ernährung (→ Seite 189), da sie alle wichtigen Nahrungsinhaltsstoffe der Getreidekörner enthalten, die dem Körper Energie geben und zur Gesunderhaltung Ballaststoffe, Mineralstoffe und Vitamine besitzen.

## Lagerung der Mahlerzeugnisse

Während der Lagerung verändern Enzyme und der Sauerstoff der Luft die Nährstoffe der Mehle.
Bei zu lange gelagerten Mehlen wird durch zu starken Nährstoffabbau die Backfähigkeit beeinträchtigt, z. B. Kleberschwächung durch Eiweißabbau, zu starker Stärkeabbau (Verzuckerung). Hat das Mehl einen unangenehmen Geruch oder Geschmack, gilt es als verdorben.

**Weizen- und Roggenmehle** sind bei idealer Lagerung mindestens sechs Monate ohne Qualitätsminderung lagerfähig. Roggenmehle sind wegen der höheren Enzymaktivität bezüglich falscher Lagerung empfindlicher.

**Vollkornschrote und Vollkornmehle** sind wegen des hohen Ölgehalts und der Enzyme der Keimlinge nur kurz lagerfähig. Bei zu langer Lagerung wird das Öl ranzig. Viele Bäckereien haben deshalb eigene Getreidemühlen. Sie vermahlen das Getreide und verarbeiten es frisch.

*Vermahlen von Getreide*

### Mehlsilo

Die Mehle werden in den Bäckereien überwiegend in isolierten Silos gelagert. Jede Mehltype befindet sich in einer separaten Silokammer, wo das Mehl bei guten Lagerbedingungen aufbewahrt wird.
Das Mehl wird im Mehltankwagen geliefert und mithilfe von Luft aus dem Mehltankwagen in die Silos gefüllt. Mittels einer computergesteuerten Abwiegestation wird das Gewicht der benötigten Mehlmenge eingetippt, wobei das Mehl vom Silo in die Knetmaschine geleitet wird.

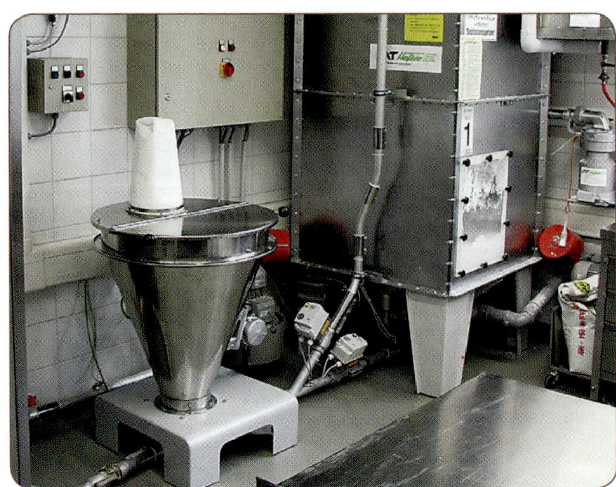

*Mehlsilo*

**Vorteile der Mehlsilos gegenüber Mehl in Säcken:**

- Der Einkauf ist preisgünstiger, weil das kostenaufwendige Abfüllen in Mehlsäcke und das zeitaufwendige Anliefern der Mehlsäcke entfällt.
- Das Mehl braucht nicht mehr abgewogen werden.
- Das Mehlsieben entfällt, weil beim Austritt aus dem Silo das Mehl durch ein Sieb geblasen wird.
- In den Silos ist optimale Hygiene gewährleistet, da es keine Ecken gibt, in denen Mehl liegen bleibt.
- Durch Luftdruck (pneumatisch) kann das Silo vollständig entleert werden.

### Lagerbedingungen für Mehle

Die Mehllagerräume müssen besonders sauber sein. Mehlreste in Ecken und Fugen sind Brutstätten für Mehlschädlinge.

| Lagerbedingungen | Begründung |
|---|---|
| kühl, 15 bis 20 °C | geringe Enzymtätigkeit |
| trocken, bei normaler Luftfeuchtigkeit der Räume von 50 bis 60 % | Mehl nimmt Luftfeuchtigkeit auf, wobei sich Klumpen bilden, und die Tätigkeit der Enzyme wird beschleunigt. |
| in gut belüftetem Lagerraum oder in Mehlsilos mit Luftumwälzlüftung | Mehl muss belüftet werden, sonst entsteht ein geschmacklicher Nachteil, Mehl gibt auch etwas Feuchtigkeit ab. |
| frei von Fremdgerüchen | Mehl nimmt Fremdgerüche an. |

### Aufgaben

1. Erklären Sie, was man unter Rohstoffen und Zutaten für Bäckereierzeugnisse versteht.
2. Erläutern Sie „backfähiges Getreide" und geben Sie an, wie backfähiges Getreide nach den Leitsätzen benannt wird.
3. Geben Sie an, in welche zwei Gruppen Getreide unterteilt wird, und nennen Sie jeweils die Getreidearten.
4. Erklären Sie die Vorzüge des Dinkels gegenüber Weizen.
5. Beschreiben Sie den Aufbau eines Getreidekorns und geben Sie die Inhaltsstoffe der einzelnen Bestandteile an.
6. Was versteht man unter „Kleie"?
7. Erläutern Sie, was bei der Vermahlung der Getreidekörner zu Mehl geschieht.
8. Erklären Sie die Vorgänge bei der Vermahlung im
   - Walzenstuhl,
   - Plansichter.
9. Nennen Sie die vier Mahlerzeugnisse, die man aus dem Plansichter erhält, und beschreiben Sie deren Feinheitsgrade.
10. Erläutern Sie, wie die Mehltypen in der Mühle ermittelt werden.
11. Was besagt die Mehltype?
12. Welche Getreidearten werden in Mehltypen eingeteilt und welche Mahlerzeugnisse bekommen keine Typenbezeichnung?
13. Nennen Sie die Mehltypen und geben Sie an, wozu sich diese Mehle besonders eignen:
    - Weizenmehltypen
    - Roggenmehltypen
    - Dinkelmehltypen
14. Welche praktischen Aussagewerte kann man von den Mehltypen ableiten?
15. Warum sind Mehle mit hoher Typenzahl dunkler als Mehle mit niedrigenTypenzahlen?
16. Erklären Sie den Ausmahlungsgrad.
17. Beschreiben Sie den Ausmahlungsgrad 0–65 % von Mehl der Type 550.
18. Welche Aussagen leiten Sie von Mehlen mit niedrigen und hohen Ausmahlungsgraden ab?
19. Beschreiben Sie Auszugsmehl bzw. Weißmehl und geben Sie an, für welche Backwaren es sich besonders eignet.
20. Begründen Sie, warum das Mehl der Type 405 den höchsten Anteil an Stärke und einen relativ hohen Anteil an Klebereiweiß besitzt.
21. Nennen Sie das kleberstärkste Mehl und erklären Sie, warum es den höchsten Gehalt an Klebereiweiß besitzt.
22. Geben Sie die hauptsächlichen Inhaltsstoffe der Mehle an, z. B. vom Mehl der Type 550.
23. Nennen Sie drei Getreidemahlerzeugnisse.
24. Beschreiben und unterscheiden Sie Vollkornschrot, Vollkornmehl und Backschrot.
25. Warum ist Vollkornschrot/Vollkornmehl nicht so lange lagerfähig wie andere Mehle?
26. Erklären Sie, warum Vollkornerzeugnisse zur vollwertigen Ernährung gehören.
27. Beschreiben Sie die idealen Lagerbedingungen für Mehle.
28. Geben Sie die Vorteile der Mehlsilos gegenüber Mehl in Säcken an.
29. Drücken Sie eine Handvoll Mehl fest zusammen. Wie sieht das Mehl aus, wenn Sie die Faust öffnen? Begründen Sie Ihre Feststellung. Wie würde das Mehl nach dem Zusammendrücken aussehen, wenn es kein Wasser enthielte?
30. Ihre neue Kollegin stellt die regelmäßige Brotlieferung für ein Krankenhaus zusammen und fragt Sie, warum vom Krankenhaus nicht so häufig Vollkorn- und Schrotbrote bestellt werden.

LF 2

### Rechenaufgaben

1. Ein Getreidekorn besteht aus 8 % Frucht- und Samenschale, 7 % Aleuronschicht, 5 % Keimling und der Rest ist der Mehlkörper. Wie viel kg kommen auf die einzelnen Bestandteile des Getreidekorns bei 1 Ztr. Vollkornmehl?
2. Die Mahlausbeute von 15 Ztr. Getreide beträgt 0–73 %. Berechnen Sie den Mehlanteil in kg.
3. Weizenmehl der Type 550 enthält 68 % Stärke und 13 % Klebereiweiß. Wie viel kg Stärke und wie viel kg Klebereiweiß befinden sind in 42 Ztr. Weizenmehl?

## 7.2 Backmittel

Schon immer suchte man nach Hilfsmitteln bei der Backwarenherstellung. Früher bezeichnete man diese Stoffe als „Backhilfsmittel".

Backmittel sind Mischungen aus verschiedenen
- Lebensmitteln und
- Lebensmittel-Zusatzstoffen.

| Lebensmittel | Lebensmittel-Zusatzstoffe |
|---|---|
| • Trauben- und Rübenzucker<br>• Malzmehl, Malzextrakt<br>• Quellmehle (verkleisterte Stärke)<br>• Sojamehl (Sojaeiweiß)<br>• getrockneter Vollsauer als Sauerteigersatz | • fettähnliche Stoffe als Emulgator<br>• Aminosäuren als Teigstabilisator<br>• Ascorbinsäure (Vitamin C) als Teigstabilisator<br>• Säuren, z. B. Zitronen- und Milchsäure, in Teigsäuerungsmitteln<br>• Bindemittel, z. B. Guarkernmehl, Johannisbrotkernmehl, zur Frischhaltung der Brote |

LF 2

**Wirkungen der Backmittel**
- Sie erleichtern die Verarbeitung der Teige.
- Sie verbessern die Gärstabilität der Teiglinge.
- Sie bewirken eine gleichbleibende Qualität der Backwaren.

**Deklaration von Backmitteln**
Backmittel müssen bei unverpackter Ware nicht deklariert (gekennzeichnet) werden, da die Lebensmittel-Zusatzstoffe nur in geringen Mengen enthalten sind. Backmittel werden in kleinen Mengen, ca. 3 % vom Mehlanteil, für Weizenteige verwendet.

Bei Backwaren in Fertigpackungen müssen Backmittel in der Zutatenliste aufgeführt werden. Es reicht die einfache Bezeichnung „Backmittel". Sie müssen nicht einzeln aufgeführt werden.

### Verwendung und Zusammensetzung der Backmittel

Backmittel werden nach ihrer Verwendung eingeteilt in:
- Backmittel für Brötchen und andere Weizenkleingebäcke
- Backmittel für Weizenbrote und Toastbrote
- Backmittel als Teigsäuerungsmittel für roggenhaltige Brote und Kleingebäcke
- Backmittel für die längere Frischhaltung von Broten

Die Backmittel werden nach ihrem Verwendungszweck mit den entsprechenden Lebensmitteln und Lebensmittel-Zusatzstoffen in der Backmittelindustrie gemischt, die jeweils bestimmte Wirkungen in den Teigen und Backwaren erzielen.

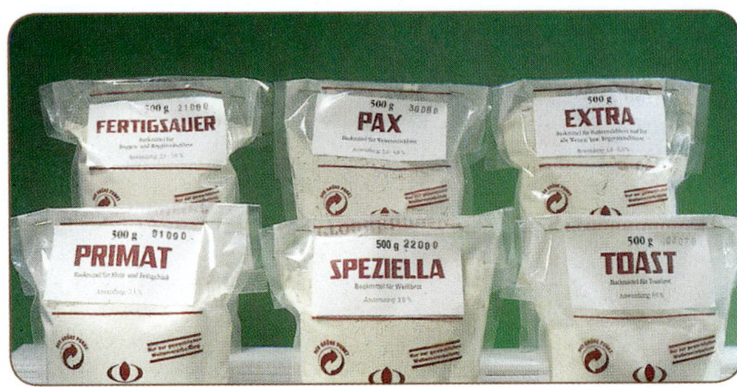

*Backmittel für verschiedene Backwaren*

### Bestandteile der Backmittel

**Malzmehl**

Malzmehl zählte zu den ersten Backmitteln in der Bäckerei. Getreidekörner werden in Wasser gegeben. Nachdem sie bei der Quellung Wasser gebunden haben, keimen die Getreidekörner. Dabei bauen Enzyme (Amylasen) die Stärke zu Malzzucker ab. Um das Malz lagerfähig zu machen, wird es mittels Heißluft gedarrt, d. h. getrocknet. Das getrocknete Malz wird zu Malzmehl gemahlen.

Wird Malz bei heißen Temperaturen gedarrt (getrocknet), färbt es sich stark dunkel. Dunkles Malzmehl wird verwendet, wenn die Krume von roggenhaltigen Brötchen und Broten dunkel gefärbt werden soll. Auch dunkles Bier erhält die dunkle Farbe durch dunkel gedarrtes Malzmehl.

*Malzmehl*

#### Malzextrakt

**Malzextrakt** ist zähflüssiges oder pulverförmiges Malz aus überwiegend Malz- und Traubenzucker mit ausgeprägtem Malzgeschmack.

#### Wirkungen von Malzmehl und Malzextrakt

Sie dienen als Nahrung für die Hefe und beschleunigen so die Gärung. Sie verbessern somit das Gebäckvolumen, den Geschmack und die Krustenbräunung der Gebäcke.

*Gekeimtes Getreide*

#### Rübenzucker und Traubenzucker

Sie verbessern die Hefegärung, woraus lockere Gebäcke mit großem Volumen entstehen.
Die Zuckerstoffe ergeben eine schöne Krustenbräunung und eine rösche Kruste. Auch der Geschmack der Backwaren wird etwas verfeinert.

#### Quellmehl

Quellmehl besteht aus bereits verkleisterter Getreide- oder Kartoffelstärke. Es ist stark quellfähig und bindet somit viel Teigwasser. Dadurch erhöht sich die Teigausbeute und durch den höheren Wasseranteil bleiben die Brote länger frisch.
Quellmehl hat die gleiche Wirkung wie gebackenes Brot (sogenanntes Altbrot → Seite 495), das man in Wasser eingeweicht oder fein gerieben zum Brotteig gibt. Anstelle dieses fertig gebackenen Brotes bietet die Backmittelindustrie Quellmehl an.

#### Emulgatoren

Emulgatoren sind fettähnliche Stoffe, z. B.
- Lezithin aus der Sojabohne,
- Mono- und Diglyzeride mit einem oder zwei Fettsäuren am Glyzerin.

Sie vermischen Fett mit Wasser zu einer homogenen Einheit. Dies führt zu einem guten Gashaltevermögen der Teige.

#### Aminosäuren

Die kleinsten Eiweißbausteine stärken den Kleber im Weizenteig und sorgen für geschmeidige, elastische Teige.

#### Ascorbinsäure

Ascorbinsäure ist von der Industrie erzeugtes Vitamin C zur Stärkung des Klebers als Stabilisator für Weizenteige. Dies ergibt gärstabile Teige und lockere Gebäcke mit guter schnitt- und bestreichfähiger Krume.

#### Sojamehl (Sojaeiweiß)

Es ist quellfähig, sodass die Teige besser zu verarbeiten sind und die Gebäcke ein schönes Volumen bekommen.

#### Enzyme

Hauptsächlich werden Amylasen für Weizenteige zum Abbau von Stärke in vergärbaren Zucker eingesetzt. Sie können nur im Teig wirken, da sie durch die Hitze beim Backen zerstört werden.

#### Verarbeitung von Backmitteln

Backmittel werden bei der Teigbereitung zum Mehl gegeben. Die zu verarbeitende Menge der Backmittel wird von den Backmittelherstellern genau angegeben. Sie bezieht sich auf die Mehlmenge im Teig.



### Bestandteile und Wirkungen der Backmittel für Brötchen und Weizenbrote

Ob Bäckereien Teigsäuerungsmittel als Backmittel für Sauerteig verwenden, muss jeder Betrieb selbst entscheiden. Für Brötchen und Weizenbrote verwenden die meisten Bäckereien Backmittel, da sie die Qualität und das Aussehen entscheidend beeinflussen.

#### Wirkungen der Backmittel

*Kastenweißbrot ohne und mit Backmittel*

| Backwaren | Inhaltsstoffe der Backmittel | Wirkung |
|---|---|---|
| Weizenkleingebäcke wie z. B. Bröchen, Weizenbrote, Feine Backwaren | Malzmehl, Malzextrakt, Rübenzucker, Traubenzucker, Enzyme | Sie stehen der Hefe schnell zur Verfügung und bräunen beim Backen. Sie verbessern deshalb Gärung, Volumen, Rösche, Bräunung, Aroma. |
| Weizenkleingebäcke, Weizenbrote, Toastbrote, Feine Backwaren | Emulgatoren wie Lezithin, Mono- und Diglyzeride, Diacetylweinsäureester (DAWE) | Sie erhöhen die Gärstabilität. Sie bewirken eine gleichmäßige Porung der Gebäckkrume. Sie vergrößern das Gebäckvolumen. |
| Weizenteige für Brötchen, Weizenbrote, Hefeteiggebäcke | Genusssäuren (Zitronen-, Milchsäure), Salze, Ascorbinsäure, Emulgatoren | Sie stabilisieren den Kleber. Auswirkungen: • Gebäckkrume wird verfeinert. • Gebäckvolumen wird vergrößert. • Gebäckform wird verschönert. |
| Roggenhaltige Brote | Quellmehl, Guarkernmehl (Bindemittel) | Sie erhöhen die Teigausbeute, da sie quellen und dabei Teigwasser binden. Sie verbessern die Schnitt- und Bestreichfähigkeit der Gebäckkrume. Sie verlängern die Frischhaltung. |
| Roggenhaltige Teige für Brote und Kleingebäcke | Säuren wie Milch-, Essigsäure, saure Salze | Sie dienen als Teigsäuerungsmittel als Ersatz für den Sauerteig. |
| Bio-Backwaren | Bio-Backmittel aus biologischem Anbau, z. B. Bio-Zuckerstoffe, Bio-Sojalezithin, Bio-Trockensauer | Sie wirken wie die anderen Backmittel. |

LF 2

## Aufgaben

1. Erklären Sie den Begriff „Backmittel".
2. Nennen Sie die Wirkungen der Backmittel auf die Teige und Backwaren.
3. Beschreiben Sie die Einteilung der Backmittel nach ihrer Verwendung.
4. Erklären Sie folgende Bestandteile der Backmittel und deren Wirkungen auf Teig und Gebäck:
   - Malzmehl
   - Quellmehl
   - Emulgatoren
   - Aminosäuren
   - Ascorbinsäure
   - Sojamehl
   - Enzyme
5. Welche Bestandteile in den Backmitteln für Brötchen und Weizenbrote haben folgende Wirkungen auf Teige und Gebäcke:
   - verstärken die Hefegärung und bräunen beim Backen die Gebäckkruste,
   - quellen auf und binden Wasser im Teig,
   - stärken den Kleber im Weizenteig und machen ihn dehnbarer?
6. Wie werden pulverförmige Backmittel verarbeitet?
7. Ein gesundheitsbewusster Kunde hat in einer Zeitschrift gelesen, dass Bäcker von der Industrie hergestellte Backmittel in die Backwaren geben. Er fürchtet, dass es sich hierbei um chemische, künstliche Mittel handelt. Erläutern Sie ihm, woraus Backmittel bestehen und dass diese gesundheitsverträglich sind.

## Rechenaufgaben

1. Ein Brötchenteig wird mit 18,500 kg Weizenmehl hergestellt. Es werden 3 % Backmittel zugegeben. Ermitteln Sie die Backmittelmenge in g.
2. Für einen Brotteig mit 60 % Weizenmehl und 40 % Roggenmehl werden 4 % Teigsäuerungsmittel zugegeben. Dies sind 840 g. Berechnen Sie, wie viel kg Weizen- und Roggenmehl für den Brotteig verwendet werden.
3. Durch die Verwendung von Backmittel vergrößert sich Weizenbrot um 13 %, sodass es jetzt ein Volumen von 0,850 $dm^3$ besitzt. Berechnen Sie das Volumen des Weizenbrotes ohne Backmittel.

## 7.3 Convenience-Produkte

Der englische Begriff „Convenience" heißt übersetzt so viel wie „Bequemlichkeit". Convenience-Produkte erleichtern und verkürzen die Herstellung der Bäckereierzeugnisse.
Bei den Convenience-Produkten unterscheidet man drei Gruppen:
- Fertigmehle
- Fertigprodukte
- tiefgefrorene Fertigerzeugnisse

### Fertigmehle (Backmischungen)

Fertigmehle, auch Backmischungen genannt, sind Mehle bzw. Vollkornschrote/Vollkornmehle oder Backschrote, in denen die Zutaten für die entsprechenden Teige in Pulverform enthalten sind.

Bei der Teigbereitung werden zu den Mehlmischungen nur noch die Flüssigkeit wie Wasser oder Milch und manchmal noch Hefe, Eier und Margarine zugegeben.

**Fertigmehle gibt es z. B. für:**
- Vollkorn- und Schrotbrote
- Vollkorn- und Schrotbrötchen
- Spezialbrote/Spezialbrötchen wie
  - Mehrkornbrote bzw. -brötchen, auch mit verschiedenen Ölsamen wie Sonnenblumenkernen, Leinsamen, Kürbiskernen,
  - Haferbrote, Kartoffelbrote, Sauermilchbrote, Buttermilchbrote
- Weizenteige für Pizzas, Baguettes, Ciabattas
- Hefeteig (Hefeteigmehl)
- Hefeteig für Berliner
- Mürbeteig
- Blätterteig
- Sandmasse für Kuchen (Rührkuchenmasse)
- Biskuitmasse und Wiener Masse für Tortenböden

**Beispiel für die Inhaltsstoffe einer Fertigmehlmischung für Schrotbrote mit Ölsamen:**
- Weizen- und Roggenbackschrot
- Sonnenblumenkerne, Leinsamen u. a.
- Teigsäuerungsmittel oder getrockneter Vollsauer
- Backmittel
- Salz
- Brotgewürz

Bei der Teigbereitung werden der Fertigmehlmischung nur noch Wasser und Hefe zugegeben.

### Fertigprodukte

Sauerteig, Massen, Sahneerzeugnisse, Cremes und Füllungen werden auch in der Industrie hergestellt. Gebrauchsfertig werden sie im Großhandel den Bäckereien angeboten.

**Pulverförmige Fertigprodukte**
- getrockneter Dreistufen-Sauerteig
- Brandmassen für Windbeutel, Spritzkuchen (Strauben)
- Röstmassen für Bienenstichaufstrich, Florentiner
- Käsekuchen
- Kaltcreme, Mohn-, Nuss-, Quarkfüllung
- Sahneerzeugnisse wie Käsesahne, Joghurtsahne

Diese pulverförmigen Fertigprodukte werden in der Bäckerei mit Wasser angerührt und sind so gebrauchsfertig.

Fertigprodukte für **Fettcremes** bestehen aus Margarine und Emulgatoren. Sie werden mit Crememargarine und Wasser glatt gerührt und sind so zum Einstreichen für Cremetorten und Cremedesserts fertig.

**Dekormittel:** Dekorpuder (süßer Schnee), Belegkirschen, Schokoladen-, Krokantstreusel

LF 2

**Vorbehandlung einer Fertigmischung für Käsesahne**

| In der Industrie: Fond herstellen | Bearbeitung zu einer gebrauchsfertigen Fertigmischung | Käsesahneherstellung mit der vorbehandelten Fertigmischung in der Bäckerei |
|---|---|---|
| Milch, Zucker und Eigelb zu einem Fond auf ca. 85 °C erhitzen, dann Aromen, Bindemittel und Emulgatoren zugeben. | Diesen Fond gefriertrocknen und pulverisieren. | Das pulverförmige Convenience-Produkt mit Wasser anrühren, Quark dazugeben, aufgeschlagene Schlagsahne unterheben. |

### Tiefgefrorene Fertigerzeugnisse

Der Großhandel bietet den Bäckereien tiefgefrorene Fertigerzeugnisse an:
- als fertig aufgearbeitete Teiglinge
- in vorgebackenem Zustand
- als fertig gebackene Waren

Vorteilhaft sind diese tiefgefrorenen fertigen Erzeugnisse, wenn nur kleine Mengen benötigt werden und sich so die aufwendige Herstellung nicht lohnt. In der Bäckerei wird die tägliche Ration nur noch aufgetaut und evtl. gebacken, z. B.

- Laugenbrezeln und Laugengebäcke
- Ciabattas, Bagels
- Pizzas und überbackene Snacks
- Blätterteigstückchen
- Plunderteigstückchen, Croissants
- Donuts, Muffins
- Berliner und andere Siedegebäcke

*Tiefgefrorene Fertigerzeugnisse*

LF 2

**Lebensmittel-Zusatzstoffe in Convenience-Produkten**
Damit die Convenience-Produkte die gewünschten Eigenschaften haben, enthalten sie zahlreiche Lebensmittel-Zusatzstoffe. Aus Gesundheitsgründen lehnen viele Kunden diese ab.

**Beispiele für Inhaltsstoffe von Convenience-Produkten**

| Kaltcreme | Haselnussfüllung |
|---|---|
| modifizierte Stärke<br>Zucker<br>Vollmilchpulver<br>Dextrine<br>Molkepulver<br>Milchzucker<br>Stärke<br>Vanille<br>Salz<br>Emulgator: E 472 (Mono- und Diglyzerid-Ester)<br>Verdickungsmittel:<br>• E 401 (Na-Alginat)<br>• E 339 (Na-Phosphat)<br>• E 450 a (Diphosphat)<br>• E 578 (Ca-Gluconat) | Haselnüsse<br>Zucker<br>Maisquellmehl<br>Weizengrieß<br>gehärtetes Pflanzenöl<br>Hühnereiweiß<br>Sojamehl<br>Weizenkleber<br>Salz<br>Kakao<br>Karamell<br>Gewürze und Aromen<br>Stabilisator E 263 (Ca-Alginat)<br>Verdickungsmittel E 401 (Na-Alginat) |

**Beurteilung von Convenience-Produkten**
Viele Bäckereibetriebe verwenden heutzutage Convenience-Produkte vor allem wegen des geringen Arbeits- und Zeitaufwands bei der Herstellung von Bäckereierzeugnissen. Trotzdem sind die Nachteile schwerwiegend und überlegenswert.

| Vorteile | Nachteile |
|---|---|
| • schnelle Herstellung<br>• einfache Herstellung, z. B. durch stabile, maschinengerechte Teige, elastische, gut streichfähige Massen, Füllungen und Cremes<br>• sichere Herstellung bei gleichbleibender Qualität<br>• bessere Schnittfähigkeit der Erzeugnisse<br>• bequeme Sortimentserweiterung<br>• Bestimmungen der Leitsätze werden eingehalten | • im Geschmack und Aussehen einheitliche Produkte in den meisten Bäckereien<br>• betriebseigene Rezepturkenntnisse und Herstellungstechniken gehen verloren<br>• Imageverlust des Bäckerberufes, Nichtfachkräfte und Seiteneinsteiger stellen die gleichen Erzeugnisse her wie Bäcker<br>• sehr hoher Einkaufspreis der Convenience-Produkte<br>• in den Convenience-Produkten befinden sich Zusatzstoffe, die viele Kunden ablehnen |

## Wichtige Überlegungen für den Bäckereifachbetrieb bei der Verwendung von Convenience-Produkten

Wegen der häufigen Verwendung von Convenience-Produkten für Bäckereierzeugnisse beklagen viele Kunden die Einheitlichkeit und mittelmäßige Qualität der Waren. Sie fragen sich: „Warum soll ich in meiner Stammbäckerei einkaufen, wenn ich dieselbe Ware auch in den anderen Bäckereien und Verkaufsstellen bekomme?“
In vielen Cafés (ohne Bäckerei) und Ausflugslokalen wird deshalb geworben mit: „Kuchen und Torten hausgemacht.“

Seien Sie kritisch bei der Qualitätsbeurteilung Ihrer Bäckereierzeugnisse und beachten Sie dabei nicht nur die einfache Herstellungsweise. Nehmen Sie auch besonders die Reklamationen der Kunden ernst und gehen Sie auf die Kundenwünsche ein.

### Convenience-Produkte zur Weiterverarbeitung

Bestimmte Produkte zur Weiterverarbeitung werden von allen Bäckereien vom Bäckereigroßhandel bezogen und nicht selbst hergestellt, z. B.:

- Marzipan- und Persipanrohmasse sowie Nugatmasse
- Ziehfett in Plattenform
- Dosenfrüchte
- Konfitüren, Gelees, Marmeladen
- Fondant

Diese verarbeitungsfertigen Produkte sind von hoher Qualität, die in der Bäckerei wegen fehlender Herstellungsanlagen nicht eingehalten werden könnte. Außerdem würden die Herstellungskosten in der Bäckerei bei Weitem höher liegen.

Da diese Produkte in speziellen Industriebetrieben hergestellt und von den Bäckereien so weiterverarbeitet werden, gehören sie auch zu den Convenience-Produkten. Bei diesen hochwertigen Produkten treffen die Nachteile der anderen Convenience-Produkte nicht zu.

**Aufgaben**

1. Erläutern Sie den Begriff „Convenience-Produkte“.
2. Was versteht man unter „Fertigmehlen“?
3. Für welche Backwaren bietet die Backmittelindustrie Fertigmehle an?
4. Nennen Sie Beispiele für Fertigprodukte, die der Großhandel den Bäckereien anbietet.
5. In welchem Zustand bietet der Großhandel tiefgefrorene Fertigerzeugnisse an?
6. Nennen Sie Beispiele für tiefgefrorene Fertigerzeugnisse in Bäckereien.
7. Beschreiben Sie die Vor- und Nachteile von Convenience-Produkten.
8. Nennen Sie Convenience-Produkte zur Weiterverarbeitung in der Bäckerei.
9. Ihre Kollegin aus dem Verkaufsbereich kommt auf Sie zu und fragt Sie nach den Rohstoffen der Käsesahnetorte. Da Sie dafür ein Convenience-Produkt verwenden, versuchen Sie anhand der herkömmlichen Herstellung die genaue Zusammensetzung zu nennen. Die Verkäuferin möchte wissen, was Convenience-Produkte sind und welche Convenience-Produkte in der Bäckerei verwendet werden.

## 7.4 Milch und Milcherzeugnisse

Nach dem Milchgesetz versteht man unter der einfachen Bezeichnung „Milch“ ausschließlich Kuhmilch.
Die anderen Milchsorten müssen den Namen der Tiere führen, von denen sie gewonnen wurden, z. B.

- Ziegenmilch,
- Schafsmilch.

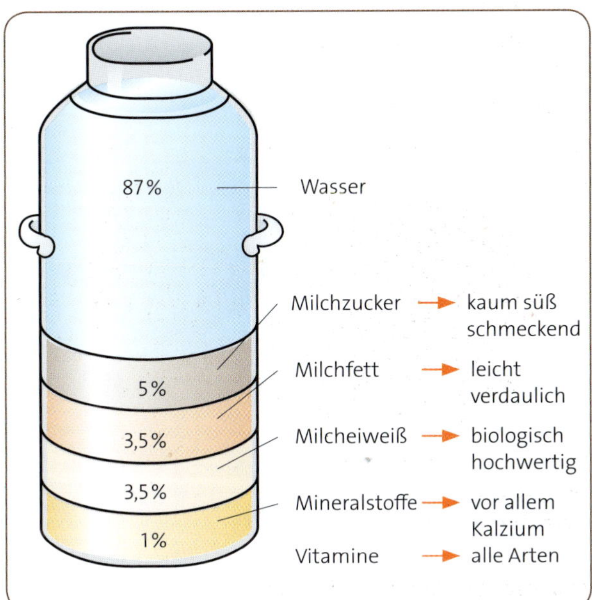


*Zusammensetzung der Milch*

Milch ist ein besonders wertvolles Lebensmittel und für die Ernährung unentbehrlich. Sie enthält insbesondere viel Kalzium für den Knochenaufbau und unentbehrliche Aminosäuren für den Aufbau der Körperzellen.

**Einfluss der Milch auf die Teige**

- Es kann mehr Milch als Wasser in den Teig gegeben werden, sodass dies eine höhere Teigausbeute ergibt.
- Durch die Milch entstehen wolligere, trockenere Teige gegenüber den Teigen, die mit Wasser hergestellt werden.

**Einfluss der Milch auf die Gare**

- Milchzucker ist von der Hefe im Teig nicht vergärbar, da weder das Mehl noch die Hefe das Milchzucker spaltende Enzym Laktase enthält.
- Milchfett und Milcheiweiß verbessern den Kleber, sodass durch das gute Gashaltevermögen die Gärstabilität (Teige vergären nicht so schnell) erhöht wird.
- Milchteige gären deshalb auch etwas langsamer.

LF 2

**Einfluss der Milch auf die Backwaren**

Milch anstelle von Wasser verfeinert die Backwaren, wie z. B. Hefeteiggebäcke und Milchbrötchen.

Milchgebäcke besitzen im Vergleich zu Gebäcken, die mit Wasser hergestellt werden,
- eine stärker gebräunte Kruste,
- eine weiche Kruste (Gebäcke mit Wasser sind rösch),
- eine weichere, feinporige Krume,
- einen feinen Milchgeschmack,
- eine längere Frischhaltung.

*Brötchen mit Wasser und Milchbrötchen*

**Begründung der Unterschiede von Milchgebäcken gegenüber mit Wasser hergestellten Backwaren**

| Unterschiede | Begründungen |
|---|---|
| • weichere, feinporige Krume,<br>• weiche Kruste | Das Milchfett macht den Kleber elastischer, der die Gärgase besonders gut zu vielen gleichmäßigen Poren festhält. Durch das Milchfett wird die Krume weicher und auch die Kruste bleibt weich. |
| feiner Milchgeschmack | Die Nährstoffe Milchzucker, Milchfett und Milcheiweiß ergeben einen volleren Geschmack. |
| braunere Krustenfarbe | Der Milchzucker wird von der Hefe nicht vergoren. Er bildet beim Backen mit den Aminosäuren bräunende Stoffe (Melanoidine). Diese färben die Gebäckkruste so intensiv. |
| längere Frischhaltung | Das Fett und Lezithin in der Milch wirken emulgierend.<br>Das Milcheiweiß quillt stark auf und bindet Wasser. Dadurch wird die Wasserverdunstung beim Altbackenwerden verzögert. |

**Bestimmungen der Leitsätze**

Für Milchbrötchen und Milchbrote müssen auf 100 kg Mehl mindestens 50 Liter Vollmilch verwendet werden.

## Bearbeitung der Milch in der Molkerei

### Haltbarmachung durch Wärmebehandlung

Milch hat eine kurze Lagerfähigkeit. Deshalb wird sie in der Molkerei mit Wärme behandelt → Seite 170.

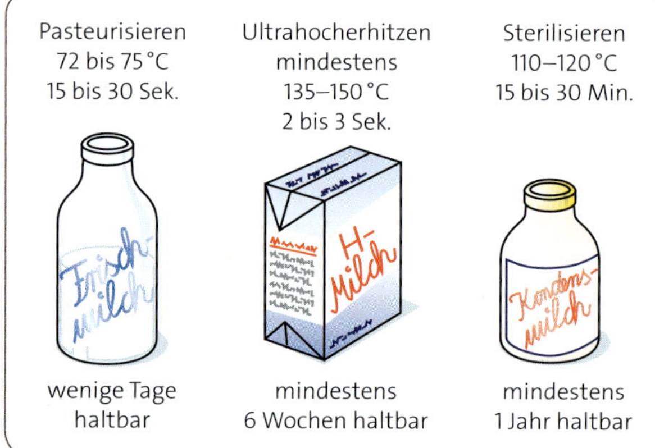


Die Haltbarkeit bezieht sich auf verschlossene Milchpackungen.

### Homogenisieren

Die großen Fettkügelchen der Rohmilch steigen nach oben, sie rahmen auf. Beim Homogenisieren werden diese Fettkügelchen durch feine Düsen gepresst und dabei sehr stark zerkleinert.

Dadurch werden sie in der Milch gleichmäßig verteilt, sie schweben und können nicht mehr aufrahmen (aufsteigen). Deshalb kann sich bei homogenisierter Milch an der Oberfläche keine Rahmschicht mehr bilden.

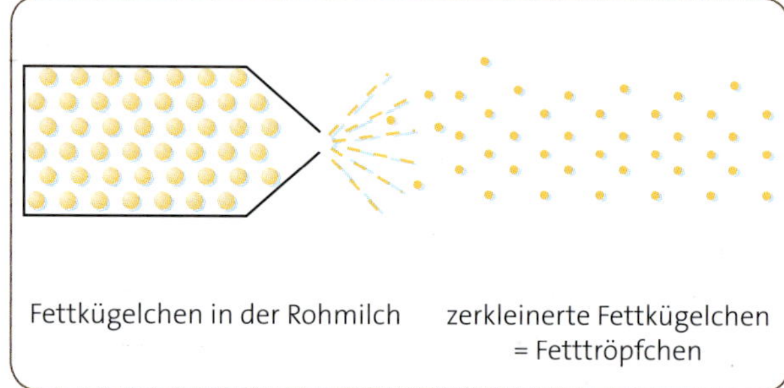

## Kondensieren

Bei der Herstellung von Kondensmilch wird Milch eingedickt. Dabei verdampft im Vakuum bei 60 bis 70 °C ca. die Hälfte des Wassers der Milch.

**Kondensmilch**
Diese Milch wird in der Molkerei in drei Stufen bearbeitet: Sie wird

- kondensiert (eingedickt),
- homogenisiert (Fettverteilung) und
- sterilisiert (konserviert).

Verpackte Kondensmilch gibt es in Fettgehaltsstufen von 1 bis 15 %. Sie wird als Zugabe für Kaffee verwendet.

*Kondensmilch in Dose, Flasche und Tetrapak*

## Trocknen

Sämtliche Milchsorten und Milcherzeugnisse gibt es getrocknet in Pulverform im Handel: Vollmilch-, Magermilch-, Buttermilch-, Sauermilch-, Sahne-, Joghurt- und Quarkpulver.

*Trockenmilchpulver*

Der Milch bzw. den Milcherzeugnissen wird durch Verdampfen fast das gesamte Wasser entzogen. Dabei bleiben die anderen Nährstoffe in Pulverform übrig. Trockenmilchpulver-Erzeugnisse dürfen höchstens noch 5 % Wasser enthalten und sind deshalb sehr lange lagerfähig.

Milchpulver wird überwiegend durch „Sprühtrocknung" gewonnen. Die durch feine Düsen gesprühte Milch wird mittels heißer Luft getrocknet → Seite 171.

**Verarbeitung von Vollmilchpulver**

Statt Vollmilch kann man auch Vollmilchpulver mit Wasser in der Bäckerei verwenden.

> Damit man 1 l Vollmilch erhält, wiegt man 139 g (≈ 140 g) Vollmilchpulver ab und füllt mit 900 g Wasser zu einem Liter auf.

Bei der Verarbeitung wird Vollmilchpulver einfach unter die Zutaten gemischt und braucht nicht vorher mit Wasser aufgelöst zu werden.

**Verwendung von Vollmilchpulver**

Vollmilchpulver wirkt backtechnisch in Hefeteigen ebenso günstig wie flüssige Milch. Ist jedoch der Geschmack der Milch im Erzeugnis entscheidend, eignet sich Milchpulver wegen des geschmacklichen Nachteils nicht, z. B. für Cremes und Milchgetränke. Vollmilchpulver wird deshalb verwendet zur

- Teigherstellung und
- Zubereitung von Füllungen, da hier der nachteilige Geschmack wegen der anderen Zutaten nicht so auffällt.

Vollmilchpulver befindet sich auch in Convenience-Produkten, z. B. in Fertigmehlen für Hefeteige und im Kaltcremepulver.

| Vorteile von Milchpulver | Nachteile von Milchpulver |
|---|---|
| • gute Lagerfähigkeit, weil es bei trockener Aufbewahrung nicht verdirbt<br>• Milchpulver steht immer zur Verfügung<br>• Milchpulver ist preisgünstiger als Milch | • geschmacklich nicht so gut wie Milch<br>• zum direkten Verzehr nicht geeignet wegen der geschmacklichen Nachteile |

LF 2

## Milchsorten

Milchsorten, die nicht in der Molkerei hitzebehandelt und homogenisiert werden:

- **Rohmilch** ist unbehandelte Milch, die ständig gekühlt werden muss. Der Verkauf erfolgt direkt beim Bauern, „Milch ab Hof".
- **Vorzugsmilch** ist ebenfalls unbehandelte Milch, die bereits im Erzeugerbetrieb in Flaschen abgefüllt und angeboten wird. Diese Milch darf auch im Lebensmittelhandel verkauft werden.

Roh- und Vorzugsmilch sind nur kurze Zeit haltbar, ca. zwei Tage. In der Bäckerei finden sie keine Verwendung.

Milchsorten, die in der Molkerei hitzebehandelt und homogenisiert werden:

- **Frischmilch** ist pasteurisierte Milch mit unterschiedlichem Fettgehalt.
- **H-Milch** ist durch Ultrahocherhitzen für längere Zeit haltbar gemachte Milch mit unterschiedlichem Fettgehalt.

Diese Milchsorten werden auch als „Trinkmilch" bezeichnet.

LF 2

*H-Milch und Frischmilch*

### Fettgehalt der Milch aus der Molkerei

| Vollmilch | fettarme Milch (teilentrahmte Milch) | entrahmte Milch (Magermilch) |
|---|---|---|
| mindestens 3,5 % Fett | 1,5 bis 1,8 % Fett | höchstens 0,5 % Fett |

Da die fast fettlose Magermilch, die geschmacklich nicht so gut ist, sich nicht gut zum Trinken eignet, wird hauptsächlich Magermilchpulver in der Molkerei hergestellt. Magermilchpulver besitzt einen hohen Eiweißanteil, der besonders quellfähig ist und somit viel Wasser bindet. Deshalb wird Magermilchpulver z. B. für die Speiseeisherstellung als Quellmittel verwendet.

*Vollmilch und fettarme Milch*

## Säuern der Milch

Zum Säuern der noch nicht erhitzten Milch gibt man in der Molkerei Milchsäurebakterien zu.

Milch wird mit **Milchsäurebakterien** angereichert.

Diese **vergären** den **Milchzucker.**

Dabei entsteht **Milchsäure.**

Durch die Milchsäure **gerinnt** das Milcheiweiß Kasein feinflockig. Die saure Milch wird dick. Sie ist gut bekömmlich und fördert die Verdauung.

Statt mit Milchsäurebakterien kann Milch auch mit speziellen Säurebakterien gesäuert werden, die einen besonderen Geschmack ergeben:
Joghurt: Säuerung durch Joghurtkulturen
Kefir: Säuerung durch Kefirkulturen

*Geronnene Sauermilch*

**Gesäuerte Milcherzeugnisse:**
- Sauermilch
- Sauerrahm
- Buttermilch

Speziell gesäuerte Milcherzeugnisse:
- Joghurt
- Kefir

**Buttermilch** ist ein Nebenprodukt der Butterherstellung. Sie ist ein fettarmes Erfrischungsgetränk (höchstens 1% Fett) mit den vielen wertvollen Nährstoffen der Milch. Sie schmeckt leicht säuerlich und ist deshalb besonders erfrischend.

## Sahne (Rahm)

Sahne ist Milch, der in der Molkerei zusätzlich Milchfett zugegeben wird. Die Sahne wird nach dem vorgeschriebenen Milchfettanteil unterschieden.

### Schlagsahne

Schlagsahne, auch Schlagrahm genannt, besteht aus Milch und enthält mindestens 30% Milchfett. Die Bezeichnung „Schlagsahne" wird sowohl für den flüssigen als auch den aufgeschlagenen Zustand verwendet.

### Kaffeesahne

ist Sahne mit mindestens 10% Milchfettanteil.

### Gesäuerte Sahne

Die Sahne wird mit Milchsäurebakterien angereichert und durch die entstehende Milchsäure leicht gesäuert. Man unterscheidet
- **saure Sahne** (Sauerrahm): mindestens 10% Milchfett
- **Schmand:** mindestens 20% Milchfett
- **Crème fraîche:** mindestens 30% Milchfett

*Crème fraîche und Schmand*

## Lagerung von Milch und Milcherzeugnissen

Milch und Milcherzeugnisse sind leicht verderblich und werden deshalb im Kühlschrank bzw. Kühlraum aufbewahrt.

## Käse

Mit dem Begriff „Käse" sind alle Käsesorten aus Kuhmilch gemeint. Käse aus anderen Tiermilcharten müssen beim Verkauf entsprechend bezeichnet werden, z. B. Schafskäse und Ziegenkäse.

### Käseherstellung

Zu Beginn der Käseherstellung wird das Kasein, die Eiweißstoffe der Milch, zum Gerinnen gebracht. Dadurch wird die Milch dick, sodass man vom Dicklegen der Milch spricht.

Im nächsten Schritt wird das Wasser der geronnenen Milch, die Molke, abgelassen. Die Käsesorten werden unterschiedlich lange gelagert, wobei zunehmend Wasser verdunstet und der Käse fester wird.

Möglichkeiten der Milchgerinnung bei der Käseherstellung:

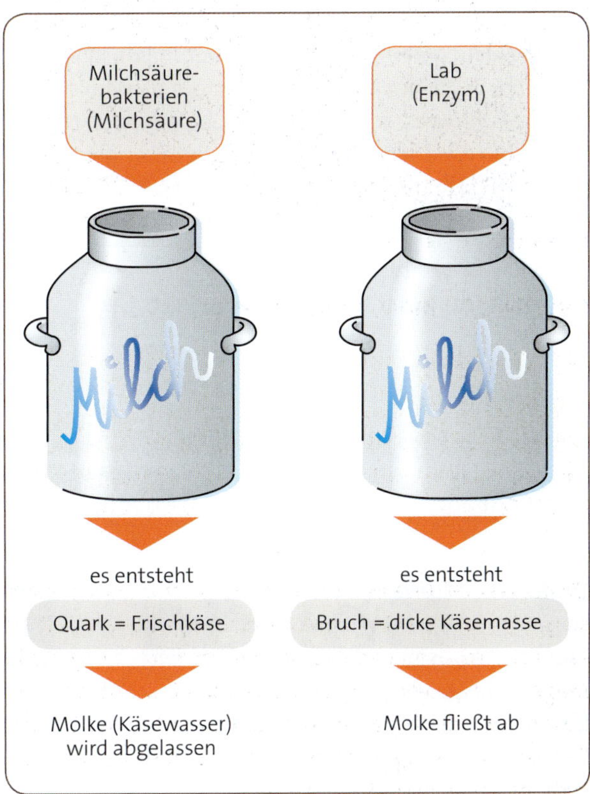


LF 2

| Milchsäure für Sauermilchkäse | Lab für Süßmilchkäse |
|---|---|
| Milchsäurebakterien, die Milchsäure bilden, werden in die Milch gegeben, wobei durch die Säure das Kasein gerinnt. Beim Gerinnen quillt Kasein und bindet dabei Wasser. Die gequollenen Eiweißteilchen verkleben miteinander und die Milch wird dick. Mit der leicht gesäuerten Milch entsteht Sauermilchkäse. | Lab sind Enzyme, die in die Milch gegeben werden und das Kasein spalten, sodass die Milch gerinnt. Die Milch wird so dickgelegt, ohne sauer zu werden, sodass daraus Süßmilchkäse entsteht. Dies sind ca. 80 % aller Käsesorten. |

### Fettgehalt von Käse

Die Angabe des Fettgehalts von Käse auf der Verpackung ist vorgeschrieben. Entweder wird der Fettgehalt der Trockenmasse angegeben oder es wird die Fettgehaltsstufe des Käses benannt.

LF 2

### Fett in der Trockenmasse

Käse besteht aus Wasser und Trockenmasse, die sich aus Fett, Eiweiß, Mineralstoffen und Vitaminen zusammensetzt. Es wird der Fettgehalt der Trockenmasse in Prozent angegeben. Während der langen Reifezeit verdunstet im Käse laufend Wasser, er verliert an Gewicht, die Trockenmasse dagegen bleibt gleich. Deshalb muss die Fettgehaltsangabe im Käse zunehmend vergrößert werden.

Angabe des Fettgehalts im Käse:
**Prozent Fett in der Trockenmasse = % Fett i. Tr.**

Beispiel:
Auf der Käseverpackung steht: **„40 % Fett i. Tr.“**.
Wie viel Gramm Fett enthalten 100 g von diesem Käse?
(→ Zeichnung rechts oben)

*Verpackung mit Angabe des Fettgehalts*

100 % Trockenmasse ≙ 53 g
40 % davon ≙ x g

$$\frac{53\,g \times 40}{100} = 21{,}2, \text{ also rund } \mathbf{21\,g\ Fettgehalt}$$

100 g von diesem Schnittkäse enthalten 21 g Fett.

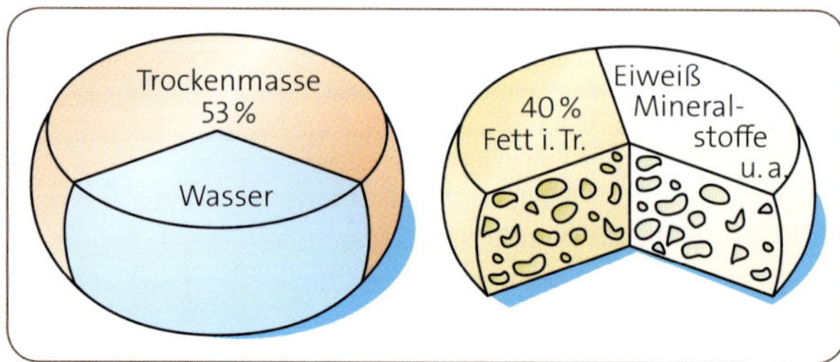


*Zusammensetzung der Trockenmasse*

### Angabe des Fettgehalts in Fettgehaltsstufen

| Fettgehaltsstufen | Fett i. Tr. |
|---|---|
| Doppelrahmkäse | mind. 60 %, höchstens 87 % |
| Rahmkäse | mindestens 50 % |
| Vollfettkäse | mindestens 45 % |
| Fettkäse | mindestens 40 % |
| Dreiviertelfettkäse | mindestens 30 % |
| Halbfettkäse | mindestens 20 % |
| Viertelfettkäse | mindestens 10 % |
| Magerkäse | weniger als 10 % |

Fettreicher Käse ist geschmackvoller als fettarmer, da Fett ein Geschmacksträger ist.
Für Feine Backwaren mit Quark sollte fettarmer Quark verwendet werden, z. B. 10 bis 20 % i. Tr., da diese Backwaren in der Rezeptur geschmackgebende Fette enthalten.

### Einteilung der Käsearten nach dem Wassergehalt

Je niedriger der Wassergehalt, desto höher ist der Anteil an Trockenmasse, umso fester ist der Käse.

*Verschiedene Käsesorten*

| Käsegruppen, Wassergehalt | Beispiele von Käsesorten |
|---|---|
| **Frischkäse**<br>mehr als 73 % Wasser | • Quark<br>• Mascarpone<br>• Mozzarella<br>• Philadelphia |
| **Weichkäse**<br>mehr als 67 % Wasser | • Camembert, außen mit Weißschimmel<br>• Feta<br>• Roquefort<br>• Edelpilzkäse mit Blauschimmel, z. B. Bavaria Blue |
| **halbfester Schnittkäse**<br>61 bis 69 % Wasser | • Butterkäse<br>• Edelpilzkäse mit Blauschimmel, z. B. Gorgonzola |
| **Schnittkäse**<br>54 bis 63 % Wasser | • Edamer<br>• Gouda |
| **Hartkäse**<br>56 % und weniger Wasser | • Emmentaler<br>• Parmesan<br>• Bergkäse |

**Verwendung der Käsesorten in der Bäckerei**

| Käsesorten | Erzeugnisse |
|---|---|
| Quark (Frischkäse) | Quarkfüllung für Plunder- und Blätterteiggebäcke, Käsesahnetorten, Käsetorten, Käsekuchen, Quarkeis (Speiseeis) |
| Mascarpone (italienischer Frischkäse) | Tiramisudesserts |
| Emmentaler<br>Edamer<br>Gouda<br>Parmesan | Käsebrötchen, Laugen-Käse-Stangen, Käsestangen aus Blätterteig, Käsegebäck aus Mürbeteig und Blätterteig, Pizzas, Zwiebelkuchen, Quiches, Salate |
| Schafskäse<br>Emmentaler<br>Camembert<br>Mozzarella | Salate, Snacks |

*Käsestreuselkuchen und Käsekuchen*

*Käse-Wurst-Snack*

*Kanapee mit Käse belegt*

### Überbackener Käse

Mit Käse überbackene Speisen schmecken heiß oder warm am besten, da zerlaufener Käse beim Auskühlen zäh wird.

*Snack mit Käse überbacken*

### Käse zum Verzehr

Käse am Stück, z. B. auf einer Käseplatte, schmeckt am besten, wenn er Zimmertemperatur hat, erst dann entwickelt er sein volles Aroma. Man sollte ihn deshalb ca. eine Stunde vor dem Verzehr aus der Kühlung nehmen.

*Käseplatte*

### Lagerung von Käse

- Käse gehört zu den leicht verderblichen Lebensmitteln und muss deshalb im Kühlschrank bzw. Kühlraum gelagert werden.
- Unverpackte Käsesorten trocknen schnell aus und verlieren an Aroma. Geriebenen Käse luftdicht in Folienbeuteln verschweißen und geöffnete Beutel möglichst schnell verarbeiten.
- Die Schnittstellen von Käsestücken sofort nach dem Schneiden mit selbstklebender Folie abdecken.

LF 2

## Aufgaben

1. Von welchem Tier ist Milch (mit dieser einfachen Bezeichnung) nach dem Milchgesetz?
2. Erklären Sie, warum Milch ein besonders wertvolles Lebensmittel ist.
3. Nennen Sie die Einflüsse der Milch auf
   - die Teige,
   - die Gare.
4. Nennen Sie wegen der Einflüsse der Milch die Unterschiede von Milchgebäcken zu Gebäcken, die mit Wasser hergestellt werden.
5. Begründen Sie, warum Milchgebäcke folgende Qualitätsmerkmale aufweisen:
   - feinporige Krume, weiche Kruste
   - feiner Milchgeschmack
   - starke Krustenbräune
   - gute Frischhaltung
6. Erläutern Sie die Bestimmungen der Leitsätze für Milchbrötchen und Milchbrote.
7. Nennen und beschreiben Sie die drei Haltbarmachungsverfahren der Milch in der Molkerei durch Hitze und geben Sie jeweils die Haltbarkeit der behandelten Milch an.
8. Erklären Sie folgende Verfahren bei der Bearbeitung von Milch in der Molkerei:
   - Homogenisieren
   - Kondensieren
9. Beschreiben Sie die drei Stufen, wie Milch in der Molkerei zu Kondensmilch bearbeitet wird, und geben Sie die überwiegende Verwendung von Kondensmilch an.
10. Wie wird Milchpulver hergestellt?
11. Welche Menge Vollmilchpulver und Wasser sind zur Erzeugung von 1 Liter Vollmilch notwendig?
12. Nennen Sie die drei Milchsorten, die nach ihrem Fettgehalt unterschieden werden, und geben Sie den vorgeschriebenen Fettgehalt an.
13. Beschreiben Sie das Säuern der Milch.
14. Geben Sie gesäuerte Milcherzeugnisse an.
15. Erklären Sie Buttermilch und Joghurt.
16. Erläutern Sie, wie Sahne in der Molkerei hergestellt wird.
17. Was versteht man unter
    - Schlagsahne,
    - Kaffeesahne?
18. Nennen und unterscheiden Sie drei gesäuerte Sahnesorten.
19. Wie müssen Milch und Milcherzeugnisse aufbewahrt werden?
20. Beschreiben Sie die Gerinnung der Milch für
    - Süßmilchkäse,
    - Sauermilchkäse.
21. Erklären Sie folgende Angabe auf der Käseverpackung: 50 % Fett i. Tr.
22. Nennen Sie die Fettgehaltsstufen, die den Fettgehalt von Käse angeben.
23. Nennen Sie die fünf Käsegruppen und geben Sie jeweils Beispiele bekannter Käsesorten an.
24. Nennen Sie Käsesorten und ihre Verwendung in der Bäckerei.
25. Was beachten Sie beim Verzehr von Käse, der vom Stück geschnitten wird?
26. Erklären Sie, wie Backwaren, die mit Käse überbacken sind, am besten schmecken.
27. Wie wird Käse gelagert?
28. Mit Ihrer neuen Kollegin sollen Sie die Bestellung für die Molkerei schreiben. Auf der Bestellkarte sind alle Molkereierzeugnisse aufgelistet.
    a) Erklären Sie der neuen Kollegin den Unterschied zwischen Frischmilch, H-Milch und Kondensmilch sowie Schlagsahne und Kaffeesahne.
    b) Müssen Sie für eine Käse- und Käsesahnetorte Käse oder Quark bestellen?
    c) Warum steht beim Quark wohl nicht homogenisiert dabei?

LF 2

## Rechenaufgaben

1. Berechnen Sie den Fettgehalt folgender Käsesorten je 100 g Käse:
   Emmentaler: 45 % Fett i. Tr., Trockenmasse = 62 %
   Camembert: 50 % Fett i. Tr., Trockenmasse = 48,4 %
2. Zur Herstellung von Vollmilch werden Vollmilchpulver und Wasser im Verhältnis 1,5 : 8,5 gemischt.
   a) Wie viel Vollmilchpulver und Wasser werden für 3,2 l Vollmilch benötigt?
   b) Wie viel Liter Wasser müssen zu 900 g Vollmilchpulver zugegeben werden, um Vollmilch zu erhalten?

## 7.5 Speisefette

### Butter

Butter wird aus Milchfett, dem Rahm der Milch von Kühen, gewonnen. Durch Zentrifugieren (Schleudern) ballen sich die Fettkügelchen des Rahms zu Fettklumpen zusammen. Die fettlose Buttermilch fließt dabei ab.

Butter wird in der Bäckerei für Qualitätswaren verwendet. Geschmacklich übertrifft Butter die Margarine deutlich und hat daher bei den Kunden den höchsten Stellenwert. Diese Tatsache kann für Werbezwecke genutzt werden.

**Zusammensetzung der Butter**

| | |
|---|---|
| mindestens | 82 % Milchfett |
| höchstens | 16 % Wasser |
| höchstens | 2 % Milcheiweiß, Milchzucker, Mineralstoffe, fettlösliche Vitamine A, D, E und K |

Butter enthält zur appetitlichen Gelbfärbung Beta-Karotin, einen natürlichen Farbstoff.

### Handelsklassen

Butter, die in der Molkerei hergestellt wird, wird nach einer Qualitätsprüfung in zwei Handelsklassen eingeteilt.

- Deutsche Markenbutter: beste Qualität
- Deutsche Molkereibutter: etwas geringere Qualität

Butter mit der einfachen Bezeichnung „Markenbutter" ist Butter aus dem Ausland, die den Qualitätsanforderungen deutscher Markenbutter entspricht.

### Geschmackssorten

Die Butterverordnung unterscheidet Deutsche Markenbutter und Molkereibutter nach drei Geschmackssorten:

- **Sauerrahmbutter**
  mit Milchsäure gesäuerter Rahm (pH-Wert nicht über 5,1)
- **Mild gesäuerte Butter**
  aus leicht mit Milchsäure gesäuertem Rahm (pH-Wert bis 6,3)
- **Süßrahmbutter**
  aus nicht gesäuertem Rahm (pH-Wert nicht unter 6,4)

Bei Sauerrahmbutter und mild gesäuerter Butter wird der Rahm mit Milchsäurebakterien angereichert. Es bildet sich darin Milchsäure.

*Mild gesäuerte Butter, Süßrahmbutter*

**Landbutter** ist Butter, die nicht in der Molkerei, sondern im Milcherzeugerbetrieb (Bauernhof) hergestellt wird. Sie unterliegt keiner amtlichen Qualitätsprüfung und wird nicht in der Bäckerei verarbeitet.

### Verwendung von Butter in der Bäckerei

„Alles in Butter", freut sich der Volksmund und meint, dass alles gut ist. Auch in der Bäckerei sind Backwaren mit Butter für die Kunden ein Zeichen höchster Güte.
Beispiele für Bäckereierzeugnisse mit Butter:

- Buttertoastbrot
- Buttermürbeteige: Buttergebäcke (Plätzchen), Butterspekulatius
- Butterhefeteige: Butterhefezöpfe, Butterkuchen, Butterstollen
- Buttercroissants, Butterplundergebäcke
- Butterblätterteiggebäcke
- Buttercreme
- Buttertrüffel-Pralinen

*Butterhefezopf, Butterkuchen und Buttertoastbrot*

**Gesetzliche Bestimmungen**

Für die Erzeugnisse, die das Wort „Butter" in der Verkehrsbezeichnung haben, darf bei der Herstellung außer Butter kein anderes Fett verwendet werden.

LF 2

**Werbeaussagen für Butter:**
- Butter gibt den Erzeugnissen den feinen Buttergeschmack.
- Außerdem ist Butter leicht verdaulich, d. h. gut bekömmlich, da sie einen niedrigen Schmelzpunkt wegen des hohen Anteils an Ölsäuren hat.

### Butterfett

Der Butter wird das Wasser entzogen, evtl. noch Milchzucker und Milcheiweiß, sodass Butterfett einen besonders hohen Anteil an Milchfett besitzt.

Arten von Butterfett:
- **Butterreinfett**, häufig **Butterschmalz** genannt, enthält mindestens 99,8 % Milchfett ≈ 100 %.
- **Butterfett** enthält mindestens 96 % Milchfett.

Da bei der Herstellung von Butterreinfett und Butterfett ein Teil der Aromen verloren geht, sind sie geschmacklich nicht so gut wie Butter. Deshalb werden die preisgünstigen Butterfette nur für Teige verwendet.

LF 2

Butterreinfett und Butterfett können für Backwaren anstelle von Butter verwendet werden. Diese Backwaren dürfen im Gebäcknamen das Wort Butter enthalten. Berechnung: 1 kg Butter wird ersetzt durch 820 g Butter bzw. 850 g Butterfett.

**Fraktioniertes Butterfett** enthält mindestens 99,8 % Milchfett. Durch Kristallisieren der Fettsäuren des Milchfetts wird der Schmelzpunkt der Butter wesentlich erhöht. So ist fraktionierte Butter leichter zu verarbeiten, z. B. zum Tourieren von Plunder- und Blätterteig.
Nachteil: Bei der Verwendung von fraktionierter Butter ist die Bezeichnung Butter im Namen der Gebäcke nicht zulässig.

**Lagerung von Butterfett**
In Folie verpackt ist Butterfett in der Kühlung bis zu 12 Monate haltbar.

*Butterreinfett*

## Margarine

Margarine wurde als Butterersatz entwickelt und besteht zu mindestens 80 % aus Fett und ca. 18 % Wasser. Sie enthält noch Lezithin als Emulgator und Carotin zur leichten Gelbfärbung.

Ziehmargarine wird auch mit einem Anteil an Butter angeboten, um die Qualität geschmacklich zu verbessern.

### Spezialmargarine

Spezialmargarinen besitzen maßgeschneiderte Eigenschaften für das Zubereiten bestimmter Bäckereierzeugnisse. Sie lassen sich durch spezielle Zusätze leichter verarbeiten als Butter.

| Spezialmargarine | Spezielle Verwendung | Vorzüge |
|---|---|---|
| **Backmargarine** | Hefeteige, Mürbeteige und Sandmassen | Enthaltene Emulgatoren ermöglichen ein schnelles Vermischen des Fettes mit den anderen Zutaten. Sie eignet sich deshalb für Teige und Massen, die geknetet und gerührt werden. |
| **Ziehmargarine** | zum Tourieren von Blätter- und Plunderteigen | Ziehmargarine ist geschmeidig und beim Ausrollen schmiert und reißt sie nicht. So sind beim Tourieren hauchdünne Ziehfettschichten zwischen den Teigschichten möglich. |
| **Crememargarine** | Fettcremes | Crememargarine ist weich und hat einen niedrigen Schmelzpunkt. Deshalb hat sie beim Schaumigrühren ein gutes Luftaufnahmevermögen. Die dadurch lockeren, geschmeidigen und glatten Fettcremes lassen sich gut einstreichen und zum Garnieren für Torten und Desserts verwenden. |

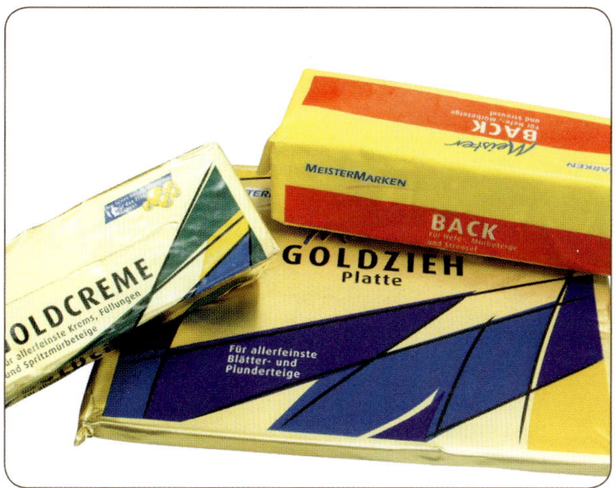


*Back-, Creme- und Ziehmargarine*

## Siedefett

Siedefett wird zum Backen von Siedegebäcken (Berliner) im Fettbackgerät und für die Fritteuse verwendet. Für Siedefette eignen sich Erdnussöl sowie Palmkern- und Kokosfett. Diese Fette werden gehärtet, damit sie gut erhitzbar sind.

**Anforderungen an Siedefette:**
- Siedefette sind geschmacksneutrale Fette.
- Sie besitzen einen hohen Rauchpunkt, damit sie durch die hohe Backhitze nicht geschädigt werden.

*Backen im Siedefett*

Die Voraussetzung für Siedefett ist der hohe Rauchpunkt von ca. 230 °C. Die Backtemperatur für Siedegebäcke beträgt 175 bis 180 °C. Obwohl sich der Rauchpunkt durch mehrfachen Gebrauch erniedrigt, ist dieses hitzebeständige Fett lange Zeit verwendbar → Seite 74.

## Speiseöle

Speiseöle werden aus ölhaltigen Pflanzen gewonnen, z. B. Olivenöl, Sonnenblumenöl, Weizenkeimöl. Sie werden in der Bäckerei verwendet
- für Kuchen aus Sandmasse (Rührkuchen), wobei statt Butter oder Backmargarine Speiseöl verwendet wird. Diese Kuchen sind etwas lockerer, weicher und saftiger;
- für Strudel-, Pizza-, Ciabatta und Fladenbrotteige;
- in der Küche, z. B. für Salate und zum Braten von Fleisch in der Pfanne.

*Mit Öl und Essig angerichteter Salat*

## Lagerung von Speisefetten

- Fette in der Kühlung (Kühlschrank oder Kühlraum) lagern.
- Da Fette schnell Fremdgerüche annehmen, sollten sie nicht mit stark riechenden Lebensmitteln zusammen gelagert werden.
- Fett vor Sauerstoff schützen, da Sauerstoff den Fettverderb fördert.
  - Fette in luftundurchlässiges Material (Fettpapier) einwickeln.
  - Öle in verschlossenen Flaschen lagern.

Bei idealer Lagerung sind Fette längere Zeit lagerfähig. Nach der Butterverordnung sollte das Mindesthaltbarkeitsdatum beachtet werden, das sich auf den Hinweis „gekühlt" bezieht. Es wird von 10 °C Lagertemperatur in der Kühlung ausgegangen.

## Wirkung von Fett auf den Teig

**Geringe Mengen Fett, bis ca. 10 % auf das Mehl berechnet, bewirken:**
- Der Kleber in Weizenteigen wird elastischer, sodass die Teige rollfähiger und formbarer sind, z. B. Brezelteige, Strudelteige.
- Der Kleber wird stabiler und dehnbarer und hält die Gärgase in Hefeteigen besser zu Poren fest. Dadurch wird die Gärstabilität verbessert → Seite 268.

**Größere Mengen Fett im Hefeteig bewirken:**

- Je mehr Fett im Hefeteig, desto weicher wird er. Deshalb muss die Milchmenge reduziert werden.
- Fettreiche Hefeteige benötigen einen Vorteig, in dem sich während der Stehzeit eine triebkräftige Hefe für den Teig entwickelt.
  Begründung: In fettreichen Hefeteigen ist die Milchmenge für die Hefe zu gering, sodass der Hefe zu wenig Wasser zur Bildung der Gärgase für die Lockerung zur Verfügung steht.

## Wirkung von Fett auf das Gebäck

| Eine geringe Menge Fett im Gebäck bewirkt | Je höher der Fettanteil im Gebäck, desto |
|---|---|
| • ein großes Gebäckvolumen<br>• gleichmäßige Porung mit guter Lockerung<br>• eine weiche, elastische Krume<br>• einen feinen mildaromatischen Geschmack<br>• eine kurze Frischhaltung<br>• ein gut verdauliches, bekömmliches Gebäck | • geringeres Gebäckvolumen<br>• kleiner die Porung<br>• mürber die Krume (mürbe = weich, zart, brüchig)<br>• geschmackvoller das Gebäck<br>• länger die Frischhaltung<br>• schwerer für kranke Menschen verdaulich |

LF 2

### Aufgaben

1. Woraus wird Butter hergestellt?
2. Nennen Sie die Zusammensetzung von Butter mit ihren vorgeschriebenen Anteilen.
3. Nennen Sie die zwei Handelsklassen von Butter in Bezug auf die Qualität.
4. Geben Sie die drei Geschmackssorten von Butter an.
5. Geben Sie Beispiele für Bäckereierzeugnisse an, in denen das Wort Butter im Namen des Erzeugnisses enthalten ist.
6. Erläutern Sie die gesetzlichen Bestimmungen bei Erzeugnissen der Bäckerei, die das Wort „Butter" in der Verkehrsbezeichnung haben.
7. Warum ist Butter in den Bäckereierzeugnissen so beliebt? →
8. Welchen Mindestmilchfettanteil haben
   - Butterreinfett bzw. Butterschmalz,
   - Butterfett?
9. Welchen Nachteil hat fraktioniertes Butterfett gegenüber Butterreinfett und Butterfett?
10. Nennen Sie die drei Spezialmargarinesorten und deren Verwendung sowie ihre Vorzüge.
11. Welche Fette werden für Siedefette verwendet?
12. Nennen Sie die Anforderungen an Siedefette.
13. Woraus werden Speiseöle gewonnen?
14. Wofür wird Speiseöl in der Bäckerei verwendet?
15. Beschreiben Sie die Lagerung von Speisefetten.
16. Erklären Sie, wie sich eine geringe Menge Fett, bis zu 10 % auf das Mehl berechnet, auswirkt.
17. Erläutern Sie, wie sich größere Mengen Fett auf Hefeteige auswirken.
18. Warum benötigen fettreiche Hefeteige einen Vorteig?
19. Beschreiben Sie die Wirkungen einer geringen sowie einer großen Menge Fett auf das Gebäck in Bezug auf
   - Gebäckvolumen,
   - Porung, Lockerung,
   - Krumenbeschaffenheit,
   - Gebäckgeschmack,
   - Frischhaltung,
   - Verdaulichkeit.
20. Als Sie in der Backstube mitarbeiteten, bat Sie der Chef, das Fett für den Hefeteig aus dem Kühlraum zu holen. Im Kühlraum waren Sie unschlüssig, welches Fett er gemeint haben könnte. Erstellen Sie eine Übersicht zu den Speisefetten, die Sie in der Bäckerei verwenden, und geben Sie jeweils zwei Beispiele für deren Verwendung an.

### Rechenaufgaben

1. Für einen Hefeteig aus 1 kg Weizenmehl benötigt man 150 g Butter. Statt Butter soll Butterschmalz (Butterreinfett) verwendet werden. Wie viel Butterschmalz muss eingewogen werden, um den gleichen Fettgehalt der Butter zu bekommen? Butter besitzt 82 % Milchfett, bei Butterschmalz berechnet man 100 % Milchfett.
2. Ein leichter Hefeteig wird mit 400 g Milch und 120 g Fett auf 1 000 g Weizenmehl hergestellt. Bei einem schweren Hefeteig mit 450 g Fett muss die Milchmenge von 400 g um 40 % der Differenz der höheren Fettmenge verringert werden. Berechnen Sie die benötigte Milchmenge für einen schweren Hefeteig aus 8 kg Weizenmehl.

## 7.6 Zucker

Schon immer hatte der Mensch das Verlangen nach Süßigkeiten.
Indien gilt als die Heimat des Rohrzuckers. Später wurde das Zuckerrohr in allen tropischen und subtropischen Ländern der Erde angebaut, vor allem in Mittelamerika.

Der Zucker blieb in Europa lange Zeit ein Privileg der Herrschaftshäuser. Speisen mit Zucker galten als Statussymbol. An der Süße der Tafel konnte man den gesellschaftlichen Rang erkennen. Zucker wurde in kostbaren Silberdosen aufbewahrt und in Apotheken verkauft.

Seit der Züchtung der ertragreichen Zuckerrübe – um das Jahr 1900 – wurde der Rübenzucker für alle Volksschichten erschwinglich. In dieser Zeit gab es immer mehr **„Zuckerbäcker"**, aus denen dann später die Konditoren entstanden .

### Der Zuckerhut

Der erste gereinigte Zucker wurde in Kegelform gewonnen und als Zuckerhut benannt. Der Zuckerhut ist bis heute das Symbol des Zuckers. Zuckerrohrsirup wurde in kegelförmige Gefäße gegeben, die an der Kegelspitze ein kleines Loch hatten. Durch diese Öffnung konnte die Flüssigkeit mit den Nichtzuckerstoffen ablaufen, während der Zucker kristallisierte. Die Form wurde dann umgedreht, sodass der Zuckerhut, der ein Gewicht von 11 bis 17 kg hatte, herausrutschte.

*Herstellung eines Zuckerhutes*

## Zuckersorten

Zucker (allgemein = Saccharose) wird aus Zuckerrohr und Zuckerrüben gewonnen; beide Sorten sind chemisch gleich. In Mitteleuropa hat Rübenzucker die größte Bedeutung.

*Zuckerrübe und Zuckerrohr*

### Zuckergewinnung aus der Zuckerrübe

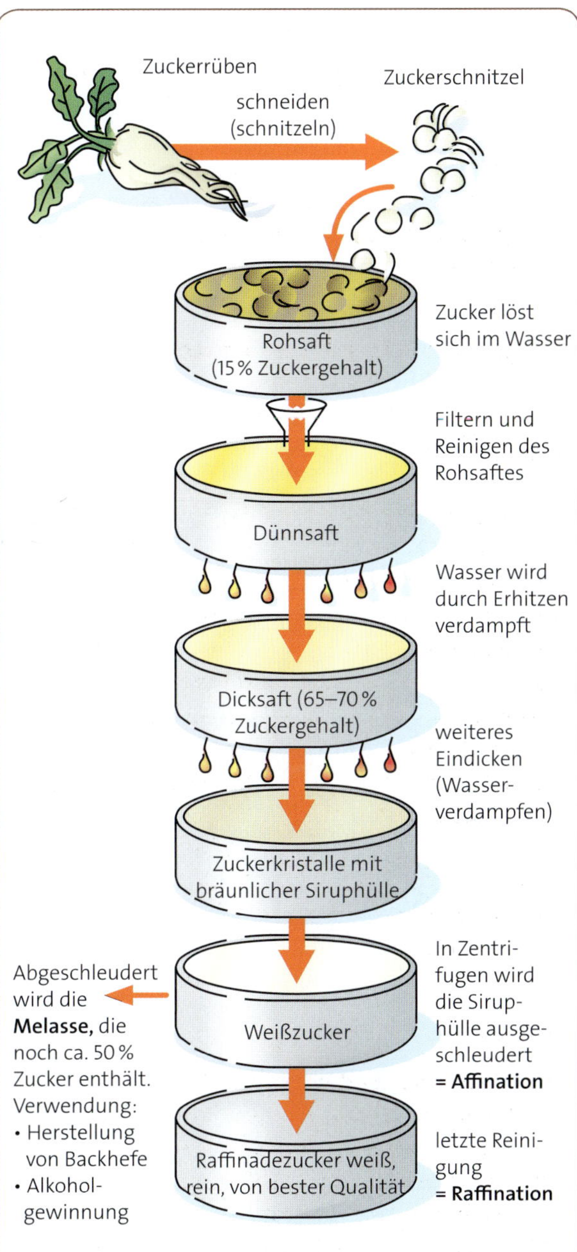


### Zuckerarten

In der Bäckerei wird nur der **Raffinadezucker** verarbeitet. Es ist besonders reiner, weißer Zucker von höchster Qualität.

*Zuckerarten*

LF 2

## Zuckerarten

| Zuckerkristalle | Besonderheiten | Verwendung |
|---|---|---|
| **Kristallzucker** | feinkörniger Zucker (Raffinadezucker) | für fast alle Erzeugnisse der Bäckerei |
| **Puderzucker** | besonders fein vermahlener Kristallzucker, bei dem die Kristallteilchen nicht mehr fühlbar sind | • zum Bestauben von Backwaren<br>• zum Anwirken von Marzipan<br>• für Eiweißglasur<br>• für Puderzuckerglasur<br>• zum Karamellisieren von Krokant |
| **Dekorpuder (süßer Schnee)** | mit Fett und Stärke behandelter Puderzucker; Dekorpuder<br>• schmilzt nicht auf warmen und kalten Backwaren<br>• schmeckt nicht süß | als Puderzuckerersatz auf heiße und feuchte Gebäcke wie Berliner, Käsekuchen, Käsesahne, Stollen u. a. |
| **Hagelzucker** | grobkörniger, hagelähnlicher Zucker, bei dem mehrere Zuckerkristalle durch Anfeuchten aneinanderhaften;<br>er schmilzt nicht beim Backen | als Dekor für Mürbeteige, Lebkuchenteige, Hefezöpfe |
| **Würfelzucker** | angefeuchteter Zucker, der zu Platten gepresst, getrocknet und in Würfel geschnitten wird | zum Süßen von z. B. Kaffee und Tee |
| **Brauner Zucker (Farinzucker)** | brauner Kristallzucker, der noch nicht vollständig gereinigt ist und an dessen Zuckerkristallen noch gelbbrauner Sirup haftet; deshalb der malzige Geschmack | Braune Lebkuchen; der besondere karamellartige Geschmack ist hier erwünscht |
| **Weißer Kandis** | große und harte Zuckerkristalle, die durch langsames Auskristallisieren einer Zuckerlösung entstehen | zum Süßen von Tee; der Kandis löst sich darin nur langsam auf;<br>zerkleinert als Teigzugabe für Printen (Braune Lebkuchen) |
| **Brauner Kandis** | große braune Zuckerkristalle;<br>die mit Karamell braun gefärbte Zuckerlösung lässt man langsam auskristallisieren | zum Süßen für heiße Teegetränke;<br>zerkleinert als Teigzugabe für Printen |

*Kristallzucker und brauner Zucker*

*Weißer und brauner Kandis*

LF 2

| Gelöster Zucker | Besonderheiten | Verwendung |
|---|---|---|
| **Flüssigzucker** | in Wasser aufgelöster Zucker, mindestens 62 % Zuckergehalt | zum Süßen von Schlagsahne im Sahnebläser und im Sahneautomaten |
| **Glukosesirup** | klarer zäher Sirup von geringer Süßkraft aus mindestens 70 % Zucker (Traubenzucker und Dextrine) und Wasser.<br>Die Zugabe von Glukosesirup verlängert die Frischhaltung der Erzeugnisse, da es das Auskristallisieren des Zuckers verhindert. | zur längeren Frischhaltung von Marzipan, Lebkuchen, Füllungen u. a.<br>Glukosesirup ist stark hygroskopisch (Wasser anziehend), sodass die Erzeugnisse länger frisch bleiben. |
| **Rübensirup (Rübensaft, Rübenkraut)** | zähflüssiger Sirup aus eingedicktem Zuckerrübensaft mit 60 bis 70 % Zuckergehalt | Vollkornbrote, Pumpernickel, Lebkuchen; dadurch werden die Aromabildung sowie die Bräunung gefördert und die Backwaren bleiben lange weich. |
| **Läuterzucker** | Zucker und Wasser gekocht und abgekühlt. Der abgekühlte Läuterzucker wird mit Spirituosen, z. B. mit Rum, abgeschmeckt (Rumtränke). (Unreinheiten wurden früher beim Kochen abgeschöpft = geläutert, daher der Name) | zum Tränken von Tortenböden |

**Fondant**

Fondant (französisch: fondre = schmelzen) ist gekochter Zucker, der als Zuckerglasur zum Glasieren auf die Aprikotur, z. B. für Plunder- und Blätterteiggebäcke, Hefezöpfe und Berliner, verwendet wird.

Zucker wird mit ca. 10 % Glukosesirup auf 117 °C erhitzt (starker Flug). Der heiße Zucker wird in einem Rührwerk abgekühlt und dabei tabliert, d. h. ständig in Bewegung gehalten.

Dabei können sich nur winzige Zuckerkristalle bilden, die ein milchig weißes Aussehen ergeben. Durch die Bewegungen beim Tablieren entsteht eine geschmeidige Zuckermasse mit zartem Schmelz.

*Fondant*

LF 2

| Zucker mit Zugaben | Besonderheiten | Verwendung |
|---|---|---|
| • **Zimtzucker**<br>• **Vanillezucker** | • Kristallzucker mit etwas Zimt vermischt<br>• Kristallzucker mit pulverförmiger, natürlicher Vanille | heiße Backwaren werden in Zucker gewälzt, sodass die Zuckerkristalle am Gebäck haften bleiben;<br>• Zimtzucker, z. B. für Siedegebäck, Streusel-, Butterkuchen;<br>• Vanillezucker, z. B. für Vanillekipferl, Stollen |
| **Gelierzucker** | Zucker mit Pektinen (Bindemittel, meist aus Äpfeln) und Zitronen- oder Weinsäure zur Geschmacksverbesserung | zum Süßen und Gelieren bei der Herstellung von Konfitüren, Marmeladen und Gelees |
| **Bunter Streuzucker** | Zucker wird mit 30 % Stärke vermischt, mit Lebensmittelfarben eingefärbt und zu kleinen Kügelchen geformt; bunter Streuzucker schmilzt nicht beim Backen. | als Dekor für Mürbeteiggebäcke und Lebkuchen |

## Eigenschaften des Zuckers

### Zucker ist löslich

Zucker kann nur in Wasser gelöst werden. Je kleiner die Zuckerkristalle, desto schneller lösen sie sich im Wasser. Am schnellsten löst sich deshalb Puderzucker.

Für wasserarme Teige, die frisch verarbeitet werden, wie Spritzmürbeteige, verwendet man deshalb Puderzucker.

**Zuckerlösungen**
Wasser kann aber nur eine bestimmte Menge Zucker lösen. Kann der gesamte Zucker, den man in das Wasser gibt, vom Wasser aufgenommen werden, spricht man von einer **„ungesättigten Zuckerlösung“.**
Befindet sich jedoch in einer Zuckerlösung eine zu hohe Zuckermenge, die das Wasser nicht mehr aufnehmen kann, nennt man dies eine **„übersättigte Zuckerlösung“**.

*Ungesättigte Zuckerlösung*

*Übersättigte Zuckerlösung*

Die Löslichkeit der Zuckermenge in Wasser ist auch von der Temperatur abhängig. Je wärmer das Wasser, desto mehr Zucker kann darin gelöst werden. Deshalb wird Läuterzucker gekocht, damit der Zucker darin nicht auskristallisiert.
In einem Liter Wasser mit 20 °C können ca. 2 kg Zucker gelöst werden und bei 90 °C ca. 4 kg. Beim Abkühlen kristallisiert der Zucker in der übersättigten Zuckerlösung wieder nach einiger Zeit.

### Verhindern des Auskristallisierens

Der hohe Zuckeranteil im Wasser kristallisiert bei längerer Lagerung aus, z. B. beim Läuterzucker und Honig. Durch Anwärmen lösen sich die Zuckerkristalle wieder auf.

**Glukosesirup** in Bäckereierzeugnissen verhindert das Auskristallisieren des Zuckers. Schon eine geringe Menge Glukosesirup verzögert das Auskristallisieren, z. B. im Marzipan, in Füllungen, Lebkuchen, Pralinen. Dadurch wird die Frischhaltung verlängert.

Der Grund hierfür liegt darin, dass Trauben- und Fruchtzucker eine größere Wasseranziehungskraft als Doppelzucker haben. Dadurch ist in den Bäckereierzeugnissen keine Kristallbildung des Zuckers möglich.

*Glukosesirup*

### Zucker besitzt Dekorwirkung

Zucker in verschiedenen Formen verschönert die Backwaren und gibt ihnen ein appetitliches Aussehen, z. B. durch

- das Bestauben von Berlinern, Käsesahnetorten mit Puderzucker bzw. Dekorpuder (süßer Schnee),
- das Bestreuen von Lebkuchen, Hefezöpfen mit Hagelzucker,
- das Glasieren von Punschtorten, Desserts mit Fondant.

*Puderzucker als Dekor*

*Zuckerglasur als Dekor*

### Zucker schmilzt beim Erhitzen und wird braun

Bei Raumtemperatur ist Zucker fest. Bei Temperaturen über 100 °C wird Zucker flüssig und bei steigenden Temperaturen wird er braun. Flüssiger Zucker, der wieder abkühlt, wird hart.

*Geschmolzener Zucker, Karamell, Zuckercouleur*

### Zucker bei verschiedenen Temperaturen

| Über 100 °C | Ab 145 bis 180 °C | Bei ca. 200 °C |
|---|---|---|
| Zucker schmilzt = **geschmolzener Zucker** | Zucker ist braun = **Karamell** | Zucker ist dunkelbraun bis schwarz = **Zuckercouleur** |
| Beim Abkühlen wird der geschmolzene Zucker sehr hart, z. B. bildet gekochte Aprikotur mit ihrem hohen Zuckergehalt nach dem Abkühlen eine feste, dünne Isolierschicht auf den Gebäcken.<br>Zuckerreiche Gebäcke wie Mürbeteiggebäcke und Braune Lebkuchen sind nach dem Backen knusprig. | Das Bräunen des Zuckers beim Kochen nennt man **Karamellisieren**. Der abgekühlte Karamell wird hart.<br>Bei 145 bis 150 °C ist der Zucker durchsichtig klar und wird gelblich.<br>Der eigentliche Karamell, mit brauner Farbe und dem Karamellgeschmack, entsteht bei ca. 180 °C. | Zuckercouleur wird als Farbstoff verwendet, z. B. für Glasuren, Liköre, Cola, Soßen.<br>Nicht mit Zuckercouleur gefärbt werden dürfen Lebensmittel, die mit Malz, Kakao, Schokolade, Kaffee und Tee hergestellt werden, um keine bessere Beschaffenheit vorzutäuschen. |

### Verwendung von karamellisiertem Zucker

- Für Krokant werden in karamellisierten Zucker gehobelte oder gehackte Mandeln bzw. Nüsse gerührt.
- Mandeln und Nüsse werden mit karamellisiertem Zucker überzogen, z. B. bei gebrannten Mandeln.
- Karamellisierter Zucker wird als Geschmacksstoff für Cremes und Speiseeis verwendet.

*Krokant, hart und brüchig*



### Beispiele für Karamellisieren beim Backen von Gebäcken durch Backhitze

- Die Gebäckkruste bekommt ihre appetitliche Braunfärbung im Backofen.
- Bei gezuckerten Blätterteigstücken karamellisiert der Zucker an den Rändern der Gebäcke, z. B. Teeblätter, Schweinsohren.
- Zuckerreiche Gebäcke aus Röstmasse karamellisieren im Backofen, z. B. Bienenstichaufstrich und Florentiner.

*Karamellisierter Zucker an den Gebäckrändern*

## Zucker zieht Wasser an

Zucker ist in und auf Bäckereierzeugnissen Wasser anziehend (hygroskopisch), lässt man z. B. die Apfelfüllung mit Zucker stehen, entzieht der Zucker den Apfelspalten Wasser und die Apfelfüllung wird wässrig.

Zucker zieht auch bei der Lagerung Luftfeuchtigkeit an. Bilden sich während der Lagerung Klumpen im Kristallzucker und Puderzucker, ist dies kein Qualitätsnachteil. Die Klumpen lösen sich im Wasser sofort wieder auf.

Zucker sollte deshalb in einem trockenen Raum oder in einem verschlossenen Behälter gelagert werden. So ist Zucker fast unbegrenzt haltbar.

## Zucker wirkt konservierend

Große Mengen Zucker in den Lebensmitteln binden durch die Wasser anziehende Wirkung das freie Wasser. Den Mikroorganismen fehlt somit das lebensnotwendige Wasser, sodass die Lebensmittel nicht so schnell verderben können. Je höher der Zuckeranteil in den Lebensmitteln ist, umso länger bleiben sie haltbar, z. B. Dickzuckerfrüchte, Konfitüren, getrocknete Baisererzeugnisse.

LF 2

In Braunen Lebkuchen wird der hohe Zuckergehalt beim Backen flüssig und nach dem Abkühlen hart. Erst bei der Lagerung wird der Zucker wieder weich. Somit sind Braune Lebkuchen Dauerbackwaren, die in luftdicht verschlossenen Behältern lange weich bleiben.

*Kirschen mit Zucker konserviert*

## Zucker ist vergärbar

Gärfähige Mikroorganismen benötigen Zucker als Nahrung zur Gärung. In der Bäckerei unterscheidet man zwei Gärungsarten:

| Alkoholische Gärung | Milchsäuregärung |
|---|---|
| Die Hefe vergärt den Zucker zu Alkohol und Kohlenstoffdioxid in den Teigen, z. B. im Hefeteig. | Milchsäurebakterien vergären den Zucker zu Milchsäure, z. B. saure Milch und Sauerteig. |

### Zucker für die Hefegärung

- Traubenzucker (Einfachzucker) kann sofort von der Hefe aufgenommen und vergärt werden.
- Malz- und Rübenzucker (Doppelzucker) im Teig müssen erst von Enzymen zu Traubenzucker abgebaut werden.
- Milchzucker (Doppelzucker) kann von der Hefe nicht vergärt werden. Weder die Mehle noch die Hefe haben das Enzym, das den Milchzucker abbauen kann.

*Lockere Gebäcke durch Hefegärung*

### Einfluss der Zuckermenge auf die Gärung der Hefeteige

Ein geringer Zuckerzusatz als Hefenahrung im Hefeteig fördert die Gare.
Je höher der Zuckeranteil im Hefeteig ist, desto mehr Wasser bindet der Zucker. Je weniger Wasser der Hefe zur Verfügung steht, desto langsamer ist die Gare.
Für alle Hefeteige gibt man 100 bis 120 g Zucker auf 1 kg Mehl (10 bis 12 %). Deshalb sind Gebäckfehler durch eine zu hohe Zuckermenge ausgeschlossen.
Teige und Massen mit einem hohen Zuckergehalt müssen durch Backpulver gelockert werden, um eine ausreichende Lockerung zu erzielen.

| Zuckeranteil bezogen auf das Mehl | Einfluss auf das Gärverhalten |
|---|---|
| bis 2 % | schnellere Gare als bei Teigen ohne Zuckerzusatz wegen der Hefenahrung |
| ca. 10 % | etwas langsamere Gare als bei zuckerlosen Teigen;<br>ergibt bei ausreichender Gärzeit eine gut gelockerte Krume und ein großes Gebäckvolumen |
| ab 20 % | schleppende Gare;<br>trotz langer Gärzeit entsteht eine ungenügende Gebäcklockerung und ein kleines Volumen |

*Hefegebäck mit 2 %, 10 %, 30 % Zuckeranteil*

## Wirkung von Zucker auf die Gebäcke

### Zucker süßt

Zucker soll die Waren geschmacklich verbessern und dabei den Genusswert erhöhen. In der Bäckerei wird überwiegend Rübenzucker als Kristall- und Puderzucker verwendet.

*Süßes Makronentörtchen*

### Zucker verstärkt die Gebäckbräunung

Je höher der Zuckeranteil im Gebäck, desto intensiver die Krustenbräunung. Braune Lebkuchen haben ihren Namen wegen der starken Bräunung der Backwaren durch den sehr hohen Zuckergehalt.

Vergisst man den Zucker bei der Herstellung von z. B. Mürbeteig, wartet man vergebens auf die Bräunung der Gebäcke im Ofen.
Erst kurz vor der Verbrennung werden die Mürbeteiggebäcke dunkelbraun und schmecken bitter.

*Mürbeteiggebäck mit und ohne Zucker*



### Aufgaben

1. Wie heißt der reinste Zucker von bester Qualität, der in der Bäckerei verarbeitet wird?
2. Nennen Sie die zwei Zuckersorten, die aus den stark zuckerhaltigen Pflanzen gewonnen werden.
3. Beschreiben Sie folgende Zuckerarten und ihre Verwendungsmöglichkeiten in der Bäckerei:
   - Kristallzucker
   - Puderzucker
   - Dekorpuder (süßer Schnee)
   - Hagelzucker
   - Würfelzucker
   - brauner Zucker
   - weißer Kandis
   - brauner Kandis
4. Beschreiben Sie folgende Zuckerarten, die in Wasser gelöst sind:
   - Flüssigzucker
   - Glukosesirup
   - Rübensirup
   - Läuterzucker
5. Erklären Sie Fondant.
6. Erläutern Sie folgende Zucker mit Zugaben:
   - Zimtzucker
   - Gelierzucker
   - Vanillezucker
7. Worin kann Zucker nur gelöst werden?
8. Beschreiben Sie eine
   - ungesättigte Zuckerlösung,
   - übersättigte Zuckerlösung.
9. Nennen Sie Bäckereierzeugnisse, in die Glukosesirup gegeben wird, und erklären Sie, warum Glukosesirup zugegeben wird.
10. Erklären Sie die Eigenschaft des Zuckers bei folgenden Temperaturen:
    - über 100 °C
    - 145 bis 180 °C
    - 200 °C
11. Nennen Sie Beispiele der Verwendung von karamellisiertem Zucker.
12. Geben Sie Beispiele des Karamellisierens durch die Backhitze bei Gebäcken.
13. Erklären Sie die konservierende Wirkung hoher Zuckermengen in Lebensmitteln.
14. Beschreiben Sie die zwei Gärungsarten in der Bäckerei.
15. Welche Zuckerart kann sofort von der Hefe vergärt werden?
16. Warum kann Milchzucker nicht von der Hefe vergärt werden?
17. Nennen Sie die zwei hauptsächlichen Wirkungen von Zucker auf die Gebäcke.
18. Von Ihrem Lehrer in der Berufsschule erhalten Sie die Aufgabe, die Zuckerherstellung zu beschreiben und die verschiedenen Zuckerarten aufzulisten, die in Ihrem Betrieb als Zutat, als Dekormittel und im Café verwendet werden.

## 7.7 Honig

Bevor man in Europa den Zucker kannte, wurde Honig neben süßen Früchten zum Süßen von Speisen verwendet.

Honig wird von den Bienen aus süßen Säften der Natur erzeugt, indem sie ihn in Wachswaben speichern und zu einem süßen, sehr aromatischen Nahrungs- und Genussmittel reifen lassen. Honig ist ein aromatisches naturbelassenes Lebensmittel. Die Begriffe „Imkerhonig" oder „Bienenhonig" sind nicht aussagekräftig, da jeder Honig von einem Imker bearbeitet bzw. von Bienen erzeugt wird.

Waldhonig, der auch als Honigtau bezeichnet wird, wird von den Bienen aus dem süßen Sekret (Absonderungen) von Blatt- und Schildläusen erzeugt. Es wird von den Bienen zu einem dunkelfarbigen Honig verarbeitet

Es gibt auch hochwertigen Honig in kandiertem Zustand.

*Blütenhonig, Waldhonig*

**Qualitätsangaben**:
- **Speisehonig** ist beste Qualität
- **Backhonig** ist zweite Qualität, nur zur Verarbeitung für Backwaren, er ist deklarationspflichtig

**Zusammensetzung von Honig**

Honig besitzt einen hohen Anteil an Invertzucker. Dieser besteht aus Trauben- und Fruchtzucker, die bei der Verdauung direkt in die Blutbahn übergehen und dem Körper sofort Energie spenden.

Der Gehalt an Vitaminen und Mineralstoffen im Honig ist gering.

Der Honiggeschmack und der Geruch von Honiggebäcken sind besonders intensiv, da sich viele verschiedene Aromastoffe bei der Reifung des Honigs in den Waben bilden.

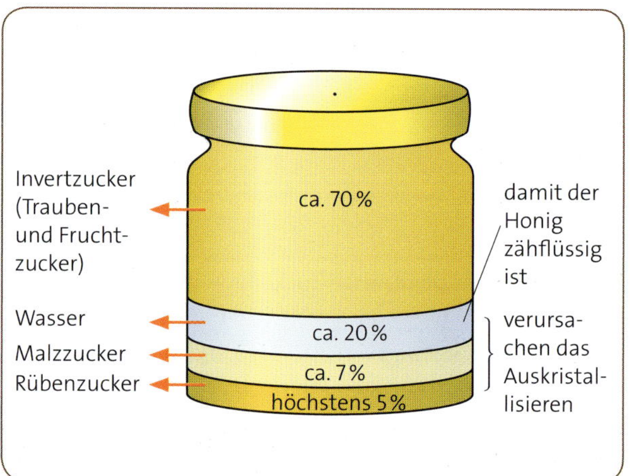


*Zusammensetzung von Honig*

| Honig nach pflanzlicher Herkunft | Blütenhonig | Waldhonig = Honigtauhonig |
|---|---|---|
| **Begriffserklärung** | Blütenhonig besteht aus dem Nektar verschiedener Blüten. | Waldhonig wird erzeugt aus dem zuckerreichen Saft auf Nadeln, Blättern und Stängeln von Bäumen und Sträuchern. |
| **Bei der Benennung einer Pflanzenart muss der Nektar überwiegend aus der entsprechenden Blüte bzw. aus Teilen des Baumes stammen, z. B.** | • Akazienhonig<br>• Heidehonig<br>• Rapshonig<br>• Kleehonig<br>• Lindenhonig | • Tannenhonig<br>• Fichtenhonig<br>• Blatthonig |
| **Farbe** | hell, durchscheinend | dunkel |
| **Geschmack** | mildes Honigaroma | kräftig-würziges Honigaroma |

## Lagerung von Honig

Honig sollte wie folgt aufbewahrt werden:
- kühl, ideal bei 18 °C
- lichtgeschützt
- frei von Fremdgerüchen
- in gut verschließbaren Gläsern oder Eimern

Bei richtiger Lagerung ist Honig wegen des hohen Zuckergehalts nahezu unbegrenzt haltbar.

Der Zucker des Honigs kristallisiert grundsätzlich nach längerer Lagerzeit aus. Dabei wird der Honig körnig und trüb, er **„kandiert“.** Dies ist jedoch kein Qualitätsverlust.

Kandierter, d. h. körniger und nicht mehr fließfähiger Honig, ist von einwandfreier Qualität. Bei langer Lagerung kristallisiert der gelöste Zucker im Honig zu körnigen Zuckerkristallen, die sich am Boden absetzen.

Im Wasserbad wird der Honig wieder kristallfrei. Dabei sollte er nicht über 40 °C (Bienenstocktemperatur) erwärmt werden, da sonst Aroma verloren geht.

## Verwendung von Honig

In der Bäckerei verwendet man Honig hauptsächlich für die Herstellung von
- Honigkuchen und Honiglebkuchen,
- Röstmassengebäcken wie Bienenstichaufstrich, Florentinern und Müsliriegeln.

*Gebäcke aus Röstmasse*

### Wirkung von Honig auf Backwaren

Honig in Backwaren
- bräunt die Gebäcke intensiv,
- gibt nicht nur einen süßen, sondern auch einen aromatischen Honiggeschmack und Geruch.
- Honig und Honiglebkuchen trocknen nicht wie andere Gebäcke aus, weil sie mit Honig und deshalb ohne Wasser hergestellt werden. Sie bleiben lange weich, da der hohe Anteil an Invertzucker nicht kristallisiert. Deshalb zählen sie zu den „Dauerbackwaren“.

## Honig zum Frühstück im Café

Honig als Naturprodukt gehört beim Frühstück zum Angebot als Brotaufstrich. Um Verpackungsabfall zu vermeiden, wird er vom Glas heraus auf Schälchen oder in einer Spenderflasche serviert.

*Honig in der Spenderflasche*

## Invertzuckercreme

Invertzuckercreme ist ein künstlich nachgemachter Honig, der früher als **„Kunsthonig“** bezeichnet wurde.

Dieser preisgünstige Honigersatz von geringer Qualität findet vorrangig für Braune Lebkuchen Verwendung.

Invertzuckercreme schmeckt im Gegensatz zu Honig nur süß, es fehlt das typische Honigaroma.

### Aufgaben

1. Nennen Sie die Honigarten, die sich nach der pflanzlichen Herkunft unterscheiden, sowie deren Farbe und Geschmack.
2. Aus welchem Zucker besteht Honig hauptsächlich?
3. Aus wie viel Prozent Zucker besteht Honig insgesamt?
4. Beschreiben Sie die optimale Lagerung von Honig.
5. Erklären Sie das Kandieren von Honig. Wie erhält man daraus wieder kristallfreien Honig?
6. Nennen Sie Verwendungsmöglichkeiten für Honig in der Bäckerei.
7. Welche Wirkung hat Honig auf die Backwaren?
8. Erklären Sie den Begriff „Invertzuckercreme“.
9. Ein Kunde möchte von Ihnen wissen, warum die Honiglebkuchen eine so intensive braune Färbung haben und warum sie so lange lagerfähig sind.

## 7.8 Speisesalz

**Zusammensetzung von Speisesalz**

Salz ist eine Verbindung aus den Mineralstoffen Natrium (Na) und Chlor (Cl) = Natriumchlorid mit der chemischen Formel NaCl.

In der Bäckerei ist Speisesalz das wichtigste Würzmittel. In jeden Teig wird Salz eingewogen und Massen werden mit einer Prise Salz geschmacklich abgerundet.

**Würzmittel, die nicht zu den Gewürzen zählen:**

Geschmackgebende Zutaten, die ausschließlich

- salzig – Salz –,
- süß – Zucker –,
- sauer – Säure –

schmecken, werden nicht zu den Gewürzen gerechnet.

### Handelssorten und deren Gewinnung

Die Erde und die Meere bergen nahezu unerschöpfliche Mengen an Salz, die unterschiedlich gewonnen werden.

LF 2

**Steinsalz**

Steinsalz wird aus unterirdischen versteinerten Salzlagerstätten im Salzbergwerk abgebaut. Die Salzablagerungen bildeten sich durch Verdunstung salzhaltiger Meere über diesem Land. In Millionen von Jahren entstand dieses Salzgestein.

*Salzbergwerk*

**Siedesalz (Salinensalz)**

Über eine Bohrung wird Wasser in das Salzbergwerk auf das Salzgestein gepumpt. Das Wasser löst das Steinsalz. Die dabei entstandene Salzlösung, die **Sole**, wird nach Übertage gefördert und in **Salinen** verdampft (gesiedet). Kristallisiertes Salz bleibt übrig.

**Meersalz**

Meerwasser, das durchschnittlich 3,5% Speisesalz enthält, wird in flache, seichte Becken geleitet. In diesen sogenannten **Salzgärten** verdunstet das Wasser, das kristallisierte Salz bleibt übrig.
Meersalz enthält neben Natrium und Chlor noch weitere Mineralstoffe in sehr geringen Mengen, wie z.B. Magnesium, Jod und Fluor. Meersalz wird deshalb häufig für Bio-Backwaren verwendet.

*Salzgarten*

### Behandeltes Speisesalz

**Jodsalz (jodiertes Kochsalz)**

Dem Speisesalz wird der Mineralstoff Jod zugesetzt. Jod beugt einem Jodmangel im menschlichen Körper vor und ist für das Funktionieren der Schilddrüse sehr wichtig. Bei Jodmangel vergrößert sich die Schilddrüse, was zur Kropfbildung führen kann.

Jod ist im Salz geschmacklich nicht erkennbar. Da Jod ein Lebensmittel-Zusatzstoff ist, muss es als „Jodsalz" bei Waren in Fertigpackungen gekennzeichnet werden.

**Brezelsalz**

Brezelsalz ist grobkörniges Salz, das auf Laugenbrezeln und Salzbrötchen gestreut wird.
Die feinen Salzkristalle des Speisesalzes werden unter hohem Druck zu großen hagelähnlichen Körnern gepresst. Diese verändern sich während des Backens nicht, auch nicht durch Wasserdampf im Backherd.

**Eigenschaft von Salz**

Speisesalz zieht Wasser stark an (hygroskopische Wirkung).

### Lagerung von Salz

Wegen dieser Wasser anziehenden Eigenschaft sollte Salz in einem trockenen Raum, am besten in verschließbaren Plastikbehältern, gelagert werden. Salzklumpen lösen sich jedoch im Wasser wieder auf.
Speisesalz verdirbt nicht und ist bei trockener Lagerung unbegrenzt haltbar.

Salz nicht in Metallbehältern aufbewahren wegen der Rostbildung.

### Die richtige Salzmenge

| Teige | Die Prozentzahlen beziehen sich auf das Mehl | Die Grammangaben beziehen sich auf 1 kg Mehl im Teig |
|---|---|---|
| Brötchen, Weizenbrötchen | 2 % | 20 g |
| Roggenhaltige Brötchen | 2 % | 20 g |
| Blätterteige | 2 % | 20 g |
| Hefeteige | 1 % | 10 g |
| Mürbeteige | 0,5 % | 5 g |

Grundsätzlich wird bei allen Massen und anderen süßen Erzeugnissen der Geschmack mit einer Prise Salz abgerundet (eine Prise entspricht ca. 2 g Salz auf 1 kg Mehl).

### Salz fördert den Geschmack der Backwaren

Die richtige Salzmenge gibt den Backwaren einen angenehmen Geschmack. Salz darf auf keinen Fall vorschmecken.

Zu wenig Salz = fader, leerer Geschmack der Backwaren
Zu viel Salz = übertönt den eigentlichen Geschmack der Gebäcke und macht sie ungenießbar

## Wirkungen der richtigen Salzmenge auf Teige und Gebäcke

### Salz stärkt den Kleber

Durch Salz wird der Kleber dehnbarer und stabiler. Dadurch wird das Gashaltevermögen des Klebers im Teig verbessert. Die Teiglinge erreichen somit einen schönen Stand.

### Auswirkung auf die Backwaren

Durch den gestärkten, elastischen Kleber erhält das Gebäck

- eine gleichmäßige Porung und somit eine feine, elastische Krume,
- eine schöne Gebäckform,
- ein großes Gebäckvolumen.

*Weizenbrot mit gleichmäßiger Porung und schöner Gebäckform*

### Unterschiedliche Salzmengen im Teig

Die Fachkraft erkennt, ob ein Teig aus Versehen zu wenig oder zu viel Salz enthält.

| Erkennungsmerkmale | Ungesalzene Teige, zu wenig gesalzene Teige | Zu stark gesalzene Teige |
|---|---|---|
| Gärverlauf | Zu schnelle Gare der Teiglinge im Gärraum. Schnelle Tätigkeit der Enzyme, die für die Hefenahrung den Zuckerabbau beschleunigen. | Zu langsame, schwache Gare der Teiglinge. Salz hemmt die Aktivität der Hefeenzyme und der zuckerabbauenden Enzyme, was die Hefegärung bremst. |
| Stand der Teiglinge bei der Gare | Die Teiglinge laufen breit. Der zu schwache Kleber kann die Gase nicht gut festhalten. | Die Teiglinge bleiben trotz langer Gare klein. Durch die gehemmte Hefegärung können die wenigen Gärgase den zu stabilen Kleber nicht dehnen. |
| Widerstand der Teiglinge beim Abtasten im Gärraum | Sehr weiche und lockere Teiglinge, die zum Einfallen neigen. | Zu stabil und widerstandsfähige Teiglinge. |
| Gebäckform | Zu flache Gebäckform. | Zu kleine und runde Gebäckform. |
| Lockerung der Gebäcke | Grobe, unregelmäßige Porung | Kleine Porung und ungenügend gelockerte Gebäcke. |

*Teige bzw. Gebäcke ohne Salz, mit gewöhnlicher Menge Salz, mit doppelter Menge Salz*

**Aufgaben**

1. Aus welchen Mineralstoffen setzt sich Salz zusammen und wie lautet die chemische Formel?
2. Welche Würzmittel gehören nicht zu den Gewürzen?
3. Erklären Sie Jodsalz und die Wirkung von Jod im Körper.
4. Welche Eigenschaft hat Salz?
5. Geben Sie die richtige Salzmenge auf 1 kg Mehl im Teig für folgende Gebäcke an: Brötchen, Weizenbrote, roggenhaltige Brote, Blätterteige, Hefeteige, Mürbeteige
6. Was bedeutet eine Prise Salz?
7. Erklären Sie die Auswirkungen der richtigen Salzmenge auf die Teige und Gebäcke.
8. Beschreiben Sie die folgenden Erkennungsmerkmale von Teigen mit zu wenig oder keinem Salz und von Teigen mit zu viel Salz:
   - Gärverlauf
   - Stand der Teiglinge bei der Gare
   - Widerstand der Teiglinge beim Abtasten im Gärraum
   - Gebäckform
   - Lockerung der Gebäcke
9. Gestern haben Sie aus Versehen zu wenig Salz in den Hefeteig für Hefezöpfe eingewogen. Trotz der kurzen Gärzeit, die die Teiglinge benötigen, waren die Gebäcke zu flach und hatten eine unregelmäßige Porung. Begründen Sie dies.

LF 2

## 7.9 Gewürze – Aromen – Ölsamen

### Gewürze

Als die ersten Gewürze aus dem Fernen Osten – in erster Linie aus China und Indien – nach Europa gebracht wurden, galten sie als Geschenke für Könige.
Die Gewürze wurden aufbewahrt wie Gold und Edelsteine; außerdem galten sie als Zahlungsmittel. Daher kommt der Ausdruck „gepfefferte Preise". Dies verdeutlicht den hohen Stellenwert der Gewürze seit jeher.

#### Anbaugebiete

Gewürze stammen vorrangig aus tropischen und subtropischen Gebieten.

#### Was sind Gewürze?

Gewürze sind getrocknete Teile bestimmter Pflanzen, die besonders viele Geruchs- und Geschmacksstoffe enthalten.

#### Pflanzenteile – Gewürze

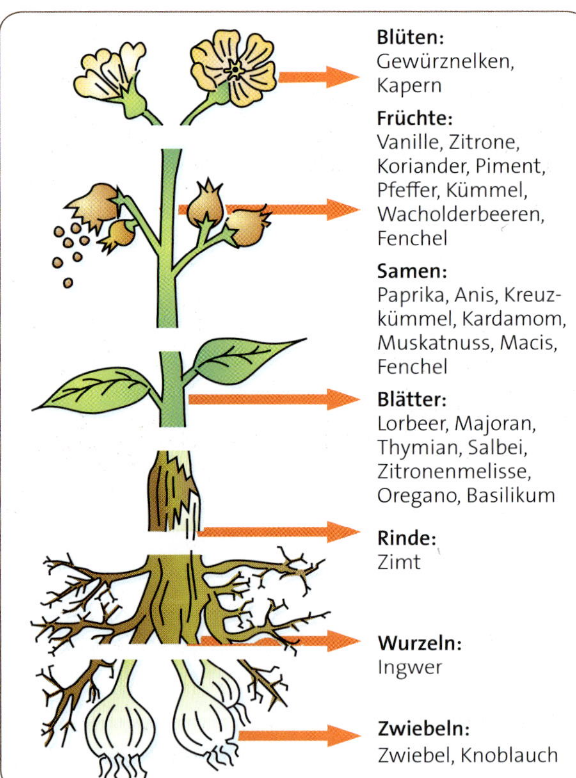


*Herkunft der Gewürze*

*Gewürznelken*

*Koriander*

*Pfeffer*

*Vanilleschoten*

*Anis*

*Macis*

*Kardamom*

*Zimtstangen*

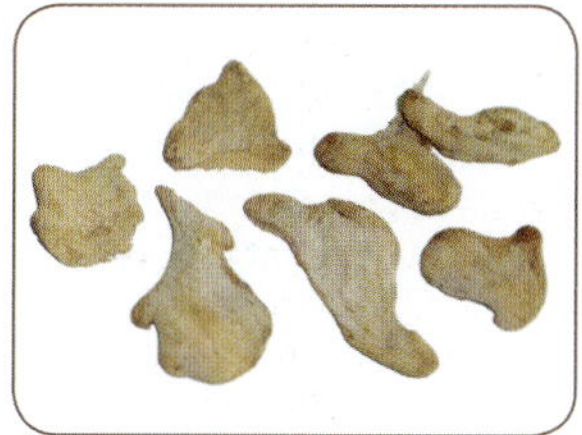

*Ingwer*

*Knoblauch*

### Geschmack- und geruchgebende Bestandteile der Gewürze

- **Ätherische Öle** sind die hauptsächlichen Geschmack- und Geruchgeber.
- **Gerbstoffe** schmecken bitter.
- **Harze** schmecken scharf.

### Eigenschaften der ätherischen Öle

- Sie sind **fettlöslich** und werden deshalb in den Fetten gebunden. Dadurch schmecken fetthaltige Lebensmittel aromatischer als fettarme.
- Es sind **flüchtige Öle,** d. h., sie „verduften“ in der Luft.
  Vorteil: Man kann Gewürze in den Lebensmitteln riechen und beim Kauen im Mund schmecken, weil die ätherischen Öle frei werden.
  Nachteil: Die Gewürze verlieren nach einiger Zeit der Lagerung ihr Aroma.

### Hauptsächliche Wirkung der Gewürze

- Sie verbessern den Geruch und Geschmack der Lebensmittel und erhöhen somit den Genusswert.
- Sie regen den Appetit an.
- Sie fördern die Verdauung und verbessern die Bekömmlichkeit der Speisen.

### Verwendung der Gewürze

In der Bäckerei werden meistens gemahlene Gewürze verarbeitet. Für Gewürzbrote, roggenhaltige Kleingebäcke usw. werden aber auch ganze, unzerkleinerte Gewürze verwendet.



#### Richtiges Würzen

Am Würzen erkennt man die Fachkraft. Nur die richtige Menge der Gewürze bringt die gewünschte Verbesserung der Bäckereierzeugnisse.

- Nur hochwertige Gewürze verwenden.
- Gewürze sollen den Geschmack der Bäckereierzeugnisse abrunden und so verbessern. Nur die richtige Gewürzmenge hat diesen Erfolg. Deshalb die Gewürze genau abwiegen bzw. dosieren.
  Das Würzen erfordert viel Gefühl und Erfahrung.
  - Zu wenig Gewürze bewirken einen leeren, faden Geschmack der Waren.
  - Zu viel Gewürze übertönen den Eigengeschmack der Bäckereierzeugnisse und machen die Waren sogar ungenießbar.
- Einzelne Gewürze dürfen beim Verzehr der Waren grundsätzlich nicht vorschmecken. Verschiedene Gewürze zusammen sollen ein abgestimmtes, feinwürziges Aroma ergeben.
- Ein einzelnes Gewürz darf nur dann geschmacklich dominieren, wenn es im Namen der Backwaren enthalten ist, z. B. Kümmelbrot, Anisplätzchen, Zimtsterne, Zitronenkuchen, Vanillekipferl.

### Lagerung der Gewürze

| Lagerung von Gewürzen | Begründung |
|---|---|
| luftdicht, in gut schließenden Behältern | So bleiben die ätherischen Öle in den Gewürzen und können sich nicht verflüchtigen. |
| trocken | Gewürze sind trocken und deshalb Wasser anziehend. |
| kühl | Ätherische Öle entweichen bei Wärme schneller. |
| lichtgeschützt (dunkel) | Sonnenlicht verändert die Farbe und den Geschmack der Gewürze. |

Grundsätzlich sollen Gewürze in kleinen Mengen eingekauft werden, weil sie bei längerer Lagerung ihr Aroma verlieren. Gemahlene Gewürze sind nicht so lange lagerfähig wie ganze Gewürze.

### Backwaren und Füllungen mit Gewürzen



| Waren | Gewürze |
|---|---|
| roggenhaltige Brote | Kümmel, Fenchel, Koriander, Anis = Brotgewürze |
| Gewürzbrote | Brotgewürze in gemahlener und ganzer Form |
| Zwiebelbrot | Röstzwiebeln |
| roggenhaltige Kleingebäcke | gemahlener Kümmel, evtl. Kümmelkörner |
| Gebäcke mit Nüssen und Mandeln | Zimt |
| Nussfüllung, gebundene Sauerkirschen | Zimt |
| Käsegebäcke aus Mürbeteig und Blätterteig, Zwiebelkuchen, Quiches | süßer Paprika (Edelpaprika) und Pfeffer |
| Pizza | Paprika, Pfeffer, Oregano |

## Gewürzmischungen

Für bestimmte Backwaren werden von der Gewürzindustrie passende Gewürze mengenmäßig abgestimmt und gemischt angeboten.

Die Gewürzmischungen werden nach ihrem Verwendungszweck benannt, z. B. Brotgewürz, Lebkuchengewürz, Stollengewürz.

Die Kennzeichnung der einzelnen Gewürze auf der Verpackung der Gewürzmischung bzw. auf den Backwaren ist nicht erforderlich. Es reicht der Name der Gewürzmischung, z. B. Spekulatiusgewürz.

| Backwaren | Gewürzmischungen |
|---|---|
| roggenhaltige Brote | Brotgewürze aus Kümmel, Fenchel, Koriander und Anis |
| Lebkuchen<br>Printen<br>Stollen<br>Spekulatius | Die Gewürze werden den Backwaren entsprechend gemischt.<br>Typische Gewürze dafür sind:<br>• Vanille • Anis<br>• Zimt • Koriander<br>• Nelken • Kardamom<br>• Piment • Muskatnuss<br>• Ingwer • Macis |

*Lebkuchengewürzmischung*

*Gemahlene Brotgewürze, Kümmel, Koriander, Fenchel, Anis*

### Vorteile der Gewürzmischungen

- Die Backwaren sind immer gleichbleibend gut gewürzt.
- Das zeitaufwendige Abwiegen der einzelnen Gewürze entfällt.
- Der Einkauf vieler verschiedener Gewürze sowie die platzaufwendige Lagerung erübrigen sich.

## Aromen

Aromen sind konzentrierte Geruchs- und Geschmacksstoffe zur Aromatisierung und Verbesserung der Lebensmittel. Sie sind flüssig und pastenförmig im Handel erhältlich.

*Vanilleschote und Vanillepulver als Gewürz und Vanillearoma*

### Unterteilung der Aromen

**Natürliche Aromen**

Es sind Geruchs- und Geschmacksstoffe aus natürlichen pflanzlichen Stoffen (Früchte, Gewürze). Sie dürfen uneingeschränkt für alle Qualitätswaren verwendet werden.

Vorteile:

- Sie besitzen den besten und vollsten Geschmack und Geruch aller Aromen.
- Die Kennzeichnung „mit natürlichem Aroma" ist verkaufsfördernd.

**Naturidentische Aromen**

Sie werden im Labor chemisch (künstlich) hergestellt und sind im chemischen Aufbau den natürlichen Aromen „identisch" (gleich) nachgebildet.
Die Verwendung ist für alle Bäckereierzeugnisse wie Teige, Massen, Füllungen, Cremes u. a. erlaubt.

Vorteile naturidentischer Aromen gegenüber natürlichen:

- Sie sind hitzebeständig.
- Sie verflüchtigen sich nicht und sind deshalb besonders lagerfähig, auch im Gefriergut.

**Vanillin**

Das naturidentische Vanillin darf ausnahmslos für alle Qualitätswaren der Bäckerei verwendet werden.
Wird jedoch im Namen der Ware auf Vanille hingewiesen, wie z. B. Vanilleeis, Vanillekipferl, muss natürliche Vanille verwendet werden. Vanillin ist dafür nicht erlaubt.

**Künstliche Aromen**

Sie werden chemisch (künstlich) hergestellt, sind im chemischen Aufbau anders und daher abweichend im Geschmack.

Nachteil: Ihr Geschmack ist unnatürlich und sie sollten deshalb und wegen der geringen Qualität im Bäckereifachbetrieb nicht verwendet werden.

Salz, Zucker und Säuren sowie alkoholische Getränke zählen weder zu den Gewürzen noch zu den Aromen.

**Gesetzliche Bestimmungen zur Deklaration der Aromen**

- Nach der Lebensmittel-Kennzeichnungsverordnung (LMKV) reicht die einfache Kennzeichnung „Aroma" im Zutatenverzeichnis auf Fertigpackungen. Dies gilt für alle Unterteilungen der Aromen.
- Bei unverpackten Erzeugnissen kann die Kennzeichnung aller Aromen entfallen, auch der künstlichen.

**Beachtung bei der Deklaration:**

- Bei der Kennzeichnung „mit natürlichem Aroma" auf Fertigpackungen dürfen nur natürliche Aromen verwendet werden.
- Ist ein Aroma im Namen einer Ware enthalten, dann dürfen in diesem Erzeugnis nur natürliche Aromen verwendet werden, z. B. Zitronenkuchen, Eierlikörkuchen, Vanilleeis.

**Aromapasten**

Aromapasten sind pastenförmige „Compounds" (Aromapasten) aus hochwertigen, natürlichen Aromen, sie verbessern Sahne-, Creme- und Speiseeiserzeugnisse.

*Aromapasten*

LF 2

### Verwendung der Aromen

Aromen sind konzentrierte Würzmittel, die nicht zum direkten Verzehr geeignet sind. Sie befinden sich deshalb in **Tropfflaschen,** damit sie tropfenweise in kleinen Mengen in die Teige und Massen gegeben werden können. Wegen ihrer konzentrierten, starken Aromawirkung verdirbt eine übertriebene Aromazugabe den Geschmack der Bäckereierzeugnisse „Weniger ist manchmal mehr."

Wie bei den Gewürzen erfordert die Dosierung der Aromen viel Erfahrung und Gefühl.

*Flüssige Aromen in Tropfflaschen sowie Compounds*

Vanille- und Zitronenaroma sind Standardaromen in der Bäckerei, sie werden für fast alle Teige und Massen der Feinen Backwaren verwendet.



## Ölsamen

Ölsamen sind die fetthaltigen Samen verschiedener Pflanzen. Sie besitzen einen hohen Anteil an ungesättigten Fettsäuren.
Ölsamen zählen nicht zu den Getreidearten und nicht zu den Gewürzen.

Sonnenblumenkerne, Kürbiskerne, Mohn und Sesam besitzen 40 bis 50 % Fett, wobei ein Großteil davon ungesättigte Fettsäuren sind. Außerdem enthalten sie noch 10 bis 15 % Ballaststoffe.
Leinsamen besitzen zwar nur 30 bis 35 % ungesättigte Fettsäuren, enthalten jedoch ca. 40 % Ballaststoffe, an denen Mineralstoffe und Vitamine gebunden sind.

### Verwendung von Ölsamen in der Bäckerei

#### Mohn

- Teiglinge für Mohnbrötchen werden mit Wasser bestrichen und in ungemahlenen Mohn getaucht.
- Teiglinge von Käsemürbeteig und Käseblätterteig können zur optischen Verschönerung mit Mohn bestreut werden.
- Gemahlenen Mohn für Mohnfüllung: Mohnkuchen, Mohnschnecken, Mohnstollen u. a.

*Mohnsamen in Mohnfrüchten*

#### Mohnfüllung

Das Aroma der Mohnsamen wird erst durch Vermahlen freigesetzt. In der Mohnmühle werden die Mohnsamen durch geriffelte Metallwalzen zerquetscht, sodass der hohe Anteil an ungesättigten Fettsäuren und die Aromastoffe frei werden.
Bei der Herstellung der Mohnfüllung wird der gemahlene Mohn mit kochender Milch abgebrüht, damit Geschmacksstoffe besser zur Geltung kommen (Mohnfüllung → Seite 326).

#### Sesam

Die Sesamsamen sind in geröstetem Zustand geschmackvoller. Da Sesam meistens auf der Gebäckoberfläche liegt, wird er beim Backen automatisch geröstet.

Verwendung:
- Die mit Wasser bestrichenen Teiglinge für Sesambrötchen werden in Sesam getaucht.
- Für Sesambrot wird der Sesam geröstet und in den Brotteig gemischt. Die Oberfläche der Brote wird in ungerösteten Sesam getaucht.
- Die Oberfläche von Käsemürbeteig und Käseblätterteig kann mit Sesam bestreut werden.

*Sesam*

*Mohn*

**Sonnenblumenkerne, Kürbiskerne, Leinsamen**

- Im Sonnenblumen-, Kürbiskern- und Leinsamenbrot bzw. -brötchen müssen mindestens 8 % der entsprechenden Ölsamen (vom Mehl berechnet) enthalten sein.
- Die Ölsamen sind oft Zugabe in Mehrkornbroten und -brötchen.

Vor der Verarbeitung lässt man Leinsamen und Sonnenblumenkerne häufig im Wasser mindestens zwei Stunden quellen.

Auch **Mandeln** und **Nüsse** gehören zu den Ölsamen. Da sie aber auch als Schalenobst bezeichnet werden, werden sie im Kapitel „Obst“ beschrieben → Seite 144.

*Leinsamen*

*Kürbiskerne*

*Sonnenblumenkerne*

**Aufgaben**

1. Erklären Sie den Begriff „Gewürze“.
2. Geben Sie die Pflanzenteile an, die als Gewürze dienen, und nennen Sie jeweils Gewürzbeispiele.
3. Nennen Sie die drei geschmack- und geruchgebenden Stoffe der Gewürze und deren Geschmack.
4. Beschreiben Sie die zwei Eigenschaften der ätherischen Öle.
5. Geben Sie die drei hauptsächlichen Wirkungen der Gewürze an.
6. Wie werden Gewürze richtig gelagert?
7. Erklären Sie das richtige Würzen.
8. Nennen Sie die vier wichtigsten Brotgewürze.
9. Nennen Sie die Gewürze, die in folgende Gebäcke und Füllungen gegeben werden:
   - roggenhaltige Kleingebäcke
   - Gebäcke mit Nüssen und Mandeln
   - Nussfüllung und gebundene Sauerkirschen
   - Käsegebäcke, Zwiebelkuchen, Quiches
   - Pizzas
10. Erläutern Sie „Gewürzmischungen“.
11. Zählen Sie geeignete Gewürze auf, die für Lebkuchen- und Stollengewürz gemischt werden.
12. Nennen Sie drei Vorteile der Gewürzmischungen.
13. Erklären Sie, was man unter Aromen versteht.
14. Nennen Sie drei Gruppen der Aromen und beschreiben Sie diese.
15. Beschreiben Sie die Vorteile folgender Aromen:
    - natürliche Aromen
    - naturidentische Aromen
16. Erläutern Sie Vanillin und geben Sie die Einschränkung von Vanillin bei Vanillegebäck an.
17. Wie müssen Aromen deklariert werden in
    - Fertigpackungen,
    - unverpackten Waren?
18. Welche Aromen müssen in Bäckereierzeugnissen enthalten sein, bei denen im Warennamen ein Aroma enthalten ist, z. B. Vanillehörnchen, Vanilleeis?
19. Erläutern Sie den Begriff „Ölsamen“.
20. Nennen Sie die Standardaromen, die in fast alle Teige und Massen für Feine Backwaren gegeben werden.
21. Nennen Sie Ölsamen und deren Verwendung in der Bäckerei.
22. Beschreiben Sie, wie bei der Herstellung einer Mohnfüllung das Mohnaroma frei wird.
23. Wie wird Sesam vor der Teigzugabe für Sesambrot behandelt, damit er geschmacklich besser wird?
24. „Weißt du, woran man eine Fachkraft erkennt?“, fragt Sie der Chef und fährt fort: „Am richtigen Würzen, denn Gewürze und Aromen stehen häufig ohne Gewichtsangaben in Rezepten für Feine Backwaren und Speisen, sind aber entscheidend für deren Qualität.“ Wiegen Sie bei der Herstellung von Feinen Backwaren für verschiedene Gebäcke einige Male die Aromen und Gewürze ab und probieren Sie dann die Gebäcke, ob sie ausgewogen schmecken. So können Sie die richtige Menge der Gewürze und Aromen feststellen, damit Sie in Zukunft mit Fingerspitzengefühl nicht zu viel und nicht zu wenig würzen.

## 7.10 Eier

Nach den rechtlichen Bestimmungen dürfen als Eier nur **Hühnereier** dem Verbraucher im Geschäft angeboten und in Lebensmittelbetrieben verarbeitet werden.
Bei Eiern anderer Tiere ist die Gefahr der Infektion durch Salmonellen besonders groß, vor allem bei Enteneiern.

### Aufbau des Eis

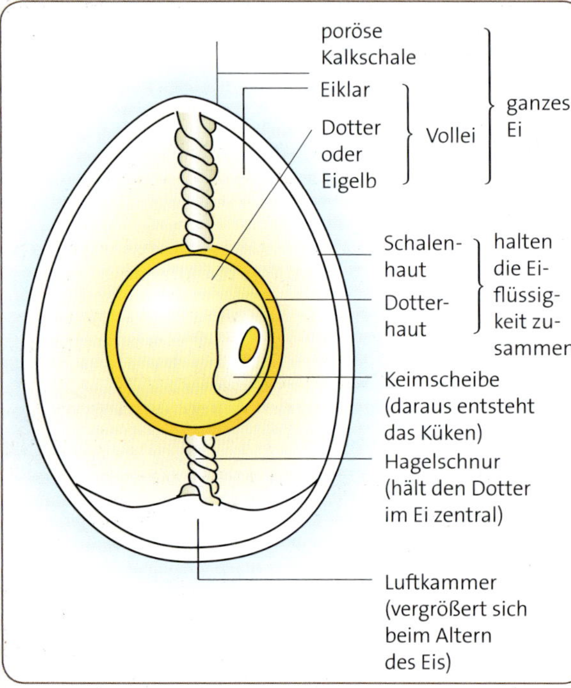


- Unter dem Begriff **„Ei"** versteht man das ganze Ei mit Schale.
- Das **Vollei** ist das Eiklar und Eigelb ohne Schale. In den Rezepturen wird das Gewicht vom Vollei angegeben

**1 Vollei ≈ 50 g**
**1 Eiklar ≈ 30 g**
**1 Eigelb ≈ 20 g**

Diese Gewichtseinheiten berechnet man in der Praxis in etwa für Eier mittlerer Größe.

### Zusammensetzung der Eier

Eier enthalten sehr viele wichtige Nährstoffe für den Körper. Die Nährstoffe im Ei sind jedoch nicht gleichmäßig verteilt.

| Nährstoffe | Vollei | Eigelb | Eiklar |
|---|---|---|---|
| Wasser | 74 % | 50 % | 87 % |
| Eiweiß | 13 % | 16 % | 12 % |
| Fett | 11 % | 32 % | – |
| Kohlenhydrate | 1 % | – | 1 % |
| Mineralstoffe/ Vitamine | 1 % | 2 % | – |

Fettähnliche Stoffe, die sich im Eigelb befinden:
- Lezithin (Emulgator),
- Karotin (natürlicher Farbstoff) und
- Cholesterin (beeinflusst den Fettgehalt im Blut).

### Einteilung der Eier nach Güteklassen

| Güteklassen | Bedingungen |
|---|---|
| **Klasse A** auch in Verbindung mit dem Wort **„frisch"** erlaubt | Es sind **frische Eier**, die nicht haltbar gemacht und nicht unter +5 °C gelagert wurden.<br>• Die Schalen müssen sauber und unverletzt sein.<br>• Sie dürfen nicht gewaschen werden, weil das Wasser durch die poröse Schale die innere Schalenhaut beschädigt, die ein Schutz gegen das Eindringen der Mikroorganismen von außen ist.<br>• Sie müssen frei von Fremdgerüchen sein.<br>Im Lebensmittelgeschäft dürfen nur Eier der Klasse A angeboten werden. |
| **Klasse B** darf auch als „2. Qualität" oder „haltbar gemacht" bezeichnet werden | Diese Eier dürfen nur zur gewerblichen Verarbeitung verwendet werden.<br>Wie bei den Eiern der Klasse A müssen<br>• die Schalen unverletzt und<br>• die Eier frei von Fremdgerüchen sein.<br>• Klasse-B-Eier sind meist haltbar gemachte Eier, z. B. durch Lagerung in einem Gasgemisch oder in der Kühlung unter +5 °C.<br>Diese Eier dürfen auch gereinigt worden sein. |

LF 2

## Einteilung der Eier nach Gewichtsklassen

| Gewichtsklasse Eier der Klasse A | Größe | Gewicht |
|---|---|---|
| XL | sehr groß | 73 g und mehr |
| L | groß | 63 bis unter 73 g |
| M | mittel | 53 bis unter 63 g |
| S | klein | unter 53 g |

**Angaben auf der Eierverpackung der Klasse-A-Eier:**
- Güteklasse
- Gewichtsklasse
- Mindesthaltbarkeitsdatum
- Verbraucherhinweis: „bei 5 bis 8 °C kühlen" und „nach Ablauf des Mindesthaltbarkeitsdatums durcherhitzen"

## Technologische Eigenschaften der Eier

Der Hauptrohstoff der meisten Massen sind die Eier. Auch Hefeteige für Berliner sind besonders eireich. Die Zugabe von Eiern hebt allgemein die Qualität der Backwaren. Die Vorteile der Eier für Gebäcke ergeben sich aus den unterschiedlichen Bestandteilen und Eigenschaften von Eiklar und Eigelb.

Eier werden in der Bäckerei auch getrennt als Eiklar und Eigelb verarbeitet und wirken unterschiedlich auf die Backwaren.

*Eigelbe und Eiklar*

### Eiklar

Das Eiweiß im Eiklar kann beim Aufschlagen die eingeschlagene Luft festhalten. Dadurch entsteht ein lockerer und stabiler Eischnee.

**Auswirkungen von Eischnee auf die Gebäcke:**
- Das Gebäck wird lockerer.
- Das Gebäck bekommt ein größeres Volumen.
- Das Gebäck trocknet wegen der großporigen Krume etwas schneller aus.

*Aufgeschlagener Eischnee*

### Eigelb

Technologische Eigenschaften von Eigelb:
- Der hohe Fettanteil im Eigelb gibt eine elastische, zarte Gebäckkrume
- Das Lezithin im Eigelb ist ein guter Emulgator, der Fett und Wasser in Teigen und Massen vermischt und so auch die anderen Zutaten zu einer Einheit bindet.
- Eigelb bräunt durch den Farbstoff Karotin die Gebäckkrume und die Gebäckkruste beim Backen.

**Auswirkungen von Eigelb auf die Gebäcke**
- Der hohe Fettgehalt des Eigelbs verfeinert den Gebäckgeschmack.
- Die Farbe des Eigelbs ergibt eine appetitlich gelbe Gebäckkrume.
- Durch das Bestreichen der Teiglinge mit Eistreiche entsteht beim Backen eine schöne Bräunung der Gebäckkruste.
- Das Lezithin und der hohe Fettanteil im Eigelb ergeben eine feinporige und weiche Krume.
- Durch den hohen Fettanteil des Eigelbs bleiben die Gebäcke etwas länger frisch.

*Hefezopf – ohne und mit Eistreiche*

**Aufschlagen von Eiern bei der Verarbeitung**
Eier stets in einem separaten Gefäß, z. B. Literbecher, aufschlagen. Hineingefallene Eierschalen sind daraus leicht zu entfernen. Auch können beim Trennen der Eier Eigelbreste mit einem Löffel aus dem Eiklar entnommen werden.

**Hygieneregeln beim Aufschlagen von Eiern**
Eier enthalten an der Schale Salmonellen. Um eine Salmonellenvermehrung und -verschleppung innerhalb des Betriebes zu vermeiden bzw. zu vermindern, sind folgende Hygienemaßnahmen zu befolgen:

*Eierschalen nicht mit den Fingern ausschaben*

*Eierschalen sofort nach dem Aufschlagen in den Bioabfall entsorgen*

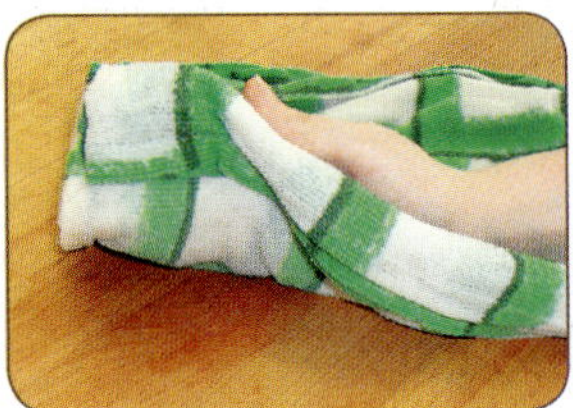

*Arbeitstisch sofort abwaschen*

*Hände sofort gründlich waschen*

## Lagerung der Eier

Eier sollten nur kurzfristig im Kühlschrank oder Kühlraum bei 5 bis 8 °C gelagert werden.

Nach Ablauf des Mindesthaltbarkeitsdatums sollen Eier wegen der erhöhten Salmonellengefahr nur erhitzt verzehrt werden.

**Veränderungen in den Eiern während der Lagerung**
- Das Aroma wird zunehmend geringer. Durch die poröse Kalkschale verdunsten Wasser und auch Aromastoffe.
- Die Luftkammer vergrößert sich.
- Die Salmonellengefahr erhöht sich bei zunehmendem Alter der Eier.
- Bakterien und Enzyme verändern den Eiinhalt, bis er bei alten Eiern übel riecht und faul ist.
- Eigelb läuft in das Eiklar über, da sich die Dotterhaut auflöst und das zähflüssige Eiklar immer flüssiger wird. Dies ist vor allem beim Trennen der Eier gut sichtbar.

**Verarbeiten der aufgeschlagenen Eier**
Aufgeschlagene Eier müssen wegen der Salmonellengefahr sofort verarbeitet werden oder sie werden in die Kühlung gegeben und noch am selben Tag verarbeitet.
Am besten ist es, die Eier erst unmittelbar vor dem Verarbeiten aufzuschlagen, um eine Vermehrung der Salmonellen während der Stehzeit auszuschließen.

## Frischeprüfung der Eier

**Schüttelprobe**
Hierbei wird das Ei kräftig am Ohr geschüttelt. Beim alten Ei ertönt ein Schwappen, beim frischen Ei ist kein Geräusch hörbar.

**Geruchsprobe**
Frische Eier haben beim Aufschlagen einen angenehmen frischen Geruch und weisen keinen Nebengeruch auf.

**Eier trennen**
Bei frischen Eiern lassen sich Dotter und Eiklar sauber trennen. Fließt der Dotter in das Eiklar, ist das ein Zeichen für ältere Eier.

**Eier aufschlagen**

*Frisches Ei:
stabiler, gewölbter Dotter, zäh fließendes Eiklar*

*Altes Ei:
breit laufender Dotter, wässriges Eiklar*

**Schwimmprobe**
Legt man ein rohes Ei in ein mit Salzwasser gefülltes Glas, so ist je nach Frischezustand des Eis Folgendes zu beobachten:

Frisches Ei:
bleibt am Boden liegen

Altes Ei:
das dicke Ende richtet sich nach oben auf

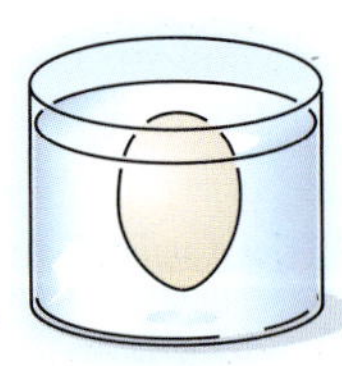

Verdorbenes Ei:
schwimmt an der Oberfläche mit der Luftkammer nach oben

LF 2

## Haltbar gemachte Eier in der Bäckerei

Die gebräuchlichsten Eikonserven in der Bäckerei sind:

### Vollei-, Eigelb- und Eiweißpulver

Mit diesen Eikonserven stehen dem Betrieb zu jeder Zeit gesundheitlich und technologisch einwandfreie Eier zur Verfügung. Außerdem sind sie meist preisgünstiger als Frischeier.
Hauptsächlich wird Eiweißpulver verwendet, z.B. für Baisererzeugnisse, Makronenmassen, Lebkuchenmassen (Oblatenlebkuchen). Eiweißpulver ist bei trockener Aufbewahrung fast unbegrenzt haltbar.

Sind pulverförmige Eiprodukte mit Wasser angerührt, sollten sie umgehend verbraucht werden, spätestens am Ende des Herstellungstages nach Aufbewahrung in der Kühlung.

### Gefriereier

Sie werden bei –18 °C gelagert. Beim Auftauen der Eier vermehren sich die Salmonellen wieder. Die Eier sollen deshalb nach dem Auftauen sofort verbraucht werden. Daher soll nur die dem Bedarf entsprechende Menge aufgetaut werden.
Aufgetaute Eier dürfen auf keinen Fall wieder tiefgefroren werden.

### Pasteurisierte Volleier, Eigelbe und Eiklar

Um der Salmonellengefahr vorzubeugen, vor allem bei Erzeugnissen mit unerhitzten Eiern, werden pasteurisierte Eier aus dem Tetrapak verarbeitet.

*Eikonserven*

LF 2

### Aufgaben

1. Welche Eier dürfen den Verbrauchern im Geschäft angeboten oder in Lebensmittelbetrieben nur verarbeitet werden?
2. Benennen Sie die Bestandteile des Eis.
3. Was versteht man unter „Vollei“?
4. In welchem Teil des Eis befinden sich die Fette, Mineralstoffe und Vitamine?
5. Nennen Sie die drei fettähnlichen Stoffe, die sich im Fett des Eigelbs befinden.
6. Beschreiben Sie die zwei Güteklassen der Eier.
7. Nennen Sie die vier Gewichtsklassen der Eier.
8. Nennen Sie die Auswirkungen von Eischnee auf die Gebäcke.
9. Nennen Sie die Auswirkungen von Eigelb auf die Gebäcke.
10. Wohin sollten Eier beim Aufschlagen gegeben werden? Begründen Sie dies.
11. Beschreiben Sie die Hygieneregeln beim Aufschlagen von Eiern.
12. Wann sollten aufgeschlagene Eier verarbeitet werden?
13. Geben Sie drei gebräuchliche Eikonserven an.
14. Der Chef bittet Sie, die umfangreiche Eierlieferung anzunehmen.
    a) Sie sollen zunächst eine Stichprobe für die Frischeprüfung nehmen. Wie gehen Sie vor?
    b) Die Lieferung ist in Ordnung. Ihr Chef bittet Sie, die Eier sofort fachgerecht zu lagern.
    c) Welche Auswirkungen hätte eine lange Lagerdauer auf die Eier?

### Rechenaufgaben

1. Eiklar hat nach dem Aufschlagen ein Volumen von 9,6 l. Dies ist eine Volumenzunahme von 400 %.
   a) Wie viel l Eiklar wurden aufgeschlagen?
   b) Von wie vielen Eiern wurde das Eiklar verwendet, wenn 1 Eiklar 30 ml entspricht?
2. Eiweißpulver wird aus Eiklar hergestellt, das aus 87 % Wasser, 12 % Eiweiß und 1 % Kohlenhydraten besteht. Wie viel kg Eiklar wird für 2 500 g Eiweißpulver benötigt, das neben den Trockenbestandteilen noch 3 % Wasser enthält?

## 7.11 Obst (Früchte)

Obst ist in der Bäckerei ganzjährig ein beliebter Rohstoff. Die Gründe dafür sind

- die Vielfalt der Früchte mit den unterschiedlichen Geschmacksrichtungen,
- die ansprechenden Farben der verschiedenen Obstsorten verschönern die Waren,
- der hohe Saftanteil gibt den Backwaren eine besondere Frische,
- die leichte Verdaulichkeit,
- der geringe Energiegehalt von Frischobst,
- der hohe Anteil an Vitaminen, Mineralstoffen und Ballaststoffen.

Obst ist der Sammelname für essbare Früchte und Samen von mehrjährigen Pflanzen.

**Einteilung der Früchte**

| Obstgruppen | Begriffs-erklärungen | Obstsorten |
|---|---|---|
| **Kernobst** | Obstsorten, deren Samen Kerne sind | Äpfel, Birnen, Quitten |
| **Steinobst** | Obstsorten, deren Samen Steine sind | Kirschen, Pflaumen, Zwetschgen, Aprikosen, Pfirsiche |
| **Beerenobst** | Obstsorten, deren Samen sich an den Früchten befinden | Erd-, Him-, Johannis-, Heidel-, Stachel-, Preiselbeeren, Weintrauben (Weinbeeren) |
| **Schalenobst** | essbare Samen der Früchte mit harter Schale | Mandeln, Hasel-, Wal-, Erd-, Kokosnüsse, Pistazien |
| **Südfrüchte** | Obstsorten, die nur in warmen südlichen Gebieten wachsen | Ananas, Bananen, Zitrusfrüchte, Feigen, Datteln, exotische Früchte |

LF 2

*Verschiedene Obstsorten*

### Frischobst

Als Frischobst bezeichnet man saftreiche Früchte wie Kern-, Stein-, Beerenobst und Südfrüchte.

**Kernobst**

**Äpfel**

Nur frisch geschälte und geschnittene Äpfel ergeben die beste Qualität der Apfelgebäcke. Es müssen backfähige Äpfel mit leicht säuerlichem Apfelgeschmack verwendet werden. Backfähige Äpfel besitzen ein festes Fruchtfleisch und haben nach dem Backen noch einen weichen Biss und den vollen Apfelgeschmack.

Backfähige Apfelsorten sind z. B. Boskop, Cox Orange, Grafensteiner, Jonagold, Elstar.

Apfelfüllungen finden Verwendung in:

- Apfelkuchen,
- Apfelstrudel,
- Plundergebäcken,
- Blätterteiggebäcken.

Im Handel werden haltbar gemachte Apfelsorten angeboten, die schon geschält und sofort verarbeitungsfähig sind, jedoch nicht die Qualität der frischen Äpfel erreichen, z. B.:

- Dunstäpfel in Dosen
- Trockenäpfel in Ringen, Spalten und Würfeln
- Frischäpfel, vakuumverpackt, in Scheiben, Spalten und Würfeln

*Backfähige Äpfel*

**Birnen**

Birnen sind säurearme Früchte mit süßlichem Geschmack. Am besten schmecken frische und reife Birnen. Sie sind nicht backfähig. Deshalb sind sie hauptsächlich als Kompottbirnen in Dosen erhältlich.

Birnen finden Verwendung in:

- Obsttorten und Obstschnitten,
- Birnensahnetorten und -desserts,
- Eisbechern,
- Obstsalat.

*Birnen*

**Quitten**

Quitten sind gelbliche birnen- und apfelförmige Früchte. Wegen ihres festen Fruchtfleisches und des herb-bitteren Geschmacks sind sie roh nicht genießbar.

Quitten werden mit Zucker zu Quittengelee oder Quittenkonfitüre gekocht. Der herb-bittere Geschmack zusammen mit dem Zucker ergeben den besonderen Geschmack.

*Apfelquitte* *Birnenquitte*

**Steinobst**

**Pflaumen**

Pflaumen sind saftreiche, süß-aromatische Früchte. Sie sind nicht backfähig. Das Fruchtfleisch löst sich schlecht vom Stein.

Zur Familie der Pflaumen gehören

- Renekloden (Reneclauden) – grün- und gelbschalige – und
- Mirabellen – gelbe Schalen.

Pflaumen werden verwendet für Pflaumenmus und Obstsalate.

*Renekloden, Mirabellen, Pflaumen*

**Zwetschgen**

Zur Gattung der Pflaumen gehören auch die Zwetschgen. Sie besitzen im Gegensatz zu den übrigen Pflaumen ein festes Fruchtfleisch, das sich leicht entsteinen lässt, und haben einen geringeren Wassergehalt. Deshalb sind Zwetschgen gut backfähig und werden für Zwetschgenkuchen verwendet, der häufig als Pflaumenkuchen bezeichnet wird.

**Kirschen**

*Kirschen*

Vom Geschmack her unterscheidet man Süßkirschen und Sauerkirschen.

Nur in der Erntezeit sind die Kirschen als Frischfrüchte erhältlich, da sie nicht lagerfähig sind. Ansonsten werden sie das ganze Jahr über als Dosenfrüchte angeboten.

LF 2

**Süßkirschen** werden verwendet

- zum Belegen von Obsttorten und Obstschnitten,
- als Dekor auf Schwarzwälder Kirschsahnetorten,
- für Obstsalate.

Süßkirschen in Dosen sind oft mit Lebensmittelfarbe hellrot eingefärbt und haben durch das Konservieren einen geminderten Kirschgeschmack.

**Sauerkirschen** werden fast nur als Dosenfrüchte in der Bäckerei verarbeitet.
Sauerkirschen werden verwendet

- in Kirschkuchen: Sauerkirschen in die Kuchenmasse gerührt, ergeben einen erfrischenden, säuerlichen Geschmack im Kuchen.
- als gebundene Sauerkirschen als Füllung: Der Saft aus der Sauerkirschdose wird mit Stärke gebunden und anschließend werden die Sauerkirschen eingerührt.

*Sauerkirschen, Sauerkirschsaft, gebundene Sauerkirschen*

LF 2

**Pfirsiche und Aprikosen**
Pfirsiche und Aprikosen werden in der Bäckerei meistens als Dosenfrüchte verarbeitet.
Sie werden verwendet

- zum Belegen für Obsttorten und Obstschnitten,
- als Beilage für Sahnetorten bzw. -desserts, z. B. Käsesahnetorte,
- für Obstsalat.

*Pfirsich*

*Aprikose*

## Beerenobst

Beerenobst ist sehr reich an Vitamin C, ebenso wie Orangen und Zitronen; Johannisbeeren weisen sogar einen wesentlich höheren Vitamin-C-Gehalt auf.
Beerenobst ist das ganze Jahr über als Tiefkühlobst erhältlich, das von bester Qualität ist.
Wegen des hohen Wasseranteils ist Beerenobst als Frischobst schlecht lagerfähig und fault schnell. Zum Beerenobst gehören z. B. Stachelbeeren, Himbeeren, Erdbeeren, Johannisbeeren.
Beerenobst wird in der Bäckerei meistens für Obsttorten und Obstschnitten verwendet.

*Stachelbeeren*

*Himbeeren*

*Erdbeeren*

*Rote Johannisbeeren*

## Südfrüchte

**Bananen**
Bananen haben nur in reifem Zustand ihr volles, süßes Aroma, unreife Bananen sind stärkehaltig und haben kaum Geschmackswerte.
Reife Bananen sind erkennbar an den kräftig gelben Schalen, auf denen sich hellbraune sommersprossenartige Tupfen befinden.
Es sollten wegen des vollen Geschmacks nur reife Bananen verarbeitet werden.
Damit geschälte und geschnittene Bananen nicht braun werden, bestreicht man sie mit Säure, z. B. mit Zitronensaft.

Bananen werden verwendet

- zum Belegen von Obsttorten und Obstschnitten,
- auf den Tortenböden in den Schokoladen-Bananen-Sahnetorten,
- für Schokoladen-Bananen-Schnitten,
- für Obstsalat.

*Reife Bananen*

### Ananas

Nur die frische Ananas besitzt das süßsäuerliche typische Ananasaroma und verfügt über verdauungsfördernde Enzyme. Dosenfrüchte haben den Vorteil der schnelleren und sauberen Verarbeitung. Die gewünschte volle Reife hat die Ananas, wenn sich die inneren Rosettenblätter leicht herauszupfen lassen. Beim Riechen außen an der Ananasschale kann man an der reifen Frucht das volle, intensive Ananasaroma als Geruch wahrnehmen.

*Frische Ananas und Dosenananas*

### Zubereitung einer frischen Ananas:

- Die Ananasfrucht in Scheiben schneiden.
- Die Schale mit den holzigen Augen entfernen. Dabei entsteht viel Verschnitt.
- Den inneren holzigen Kern (Strunk) herausschneiden.

Die ganze oder halbierte Ananasfrucht mit den Rosettenblättern wirkt als Blickfang auf einem kalten Büfett sehr dekorativ.

*Schneiden von Ananas*

Ananas wird verwendet

- zum Belegen von Obsttorten und Obstschnitten,
- für Ananas-Sahnetorten,
- für Ananastörtchen,
- für Obstsalat.

### Zitrusfrüchte

- Zitronen
- Orangen (Apfelsinen)
- Mandarinen (Sammelbegriff für verschiedene Sorten, z. B. Clementinen)
- Grapefruits

*Zitrone, Mandarine, Orange, Grapefruit*

### Besonderheiten der Zitrusfrüchte

- Zitrusfrüchte sind reich an Vitamin C.
- Wegen des hohen Anteils an Fruchtsäuren besitzen sie einen erfrischenden Geschmack.
- Zitronen und Orangen, bei denen die Schalen als Gewürze abgerieben werden, müssen ungespritzt und unbehandelt sein. Auch Früchte, die als Fruchtscheiben für Eisbecher und Getränke verwendet werden, müssen unbehandelt sein.

LF 2

### Verwendung der Zitrusfrüchte:

- Mandarinen für Obsttorten und Obstschnitten
- Mandarinen und Orangen für Sahnetorten und Sahneschnitten
- Mandarinen und Orangen für Obstsalat
- Zitronensaft für Zitroneneis
- Orangen für Orangensaft
- Zitronen- und Orangenscheiben für Eisbecher und Getränke

### Exotische Früchte

Als „Exoten" werden Früchte aus tropischen und subtropischen Gebieten ferner Länder bezeichnet. Es werden einige Sorten im Süden Europas angebaut.
Als exotische Frischfrüchte werden in der Bäckerei hauptsächlich Kiwis zum Belegen von Obsttorten und Obstschnitten verarbeitet. Der Vitamin-C-Gehalt von Kiwis ist sehr hoch.
Aber auch andere exotische Früchte, z. B. Maracuja (Passionsfrucht), Kaki, Granatapfel, Mango und Karambole (Sternfrucht) werden als Geschmacksgeber für Sahnetorten, Sahnedesserts und Speiseeis verwendet.
Einige exotische Früchte eignen sich als Dekor und Zusatz für Sahnetorten, Sahnedesserts, Eisbecher und Obstsalate, z. B. Kiwis, Physalis und Karambolen.

Physalis

Kiwi

Maracujas (Passionsfrucht)

Granatäpfel

Kakis

Karambolen



### Grundsätze beim Verarbeiten von Frischobst

- Die schönsten Früchte müssen nicht am besten schmecken und am gesündesten sein.
- Als Dekor nur die schönsten Früchte verwenden.
- Wird Obst geschält, ist nur der Geschmack der Früchte wichtig und nicht das Aussehen der Schale.
- Nur frisches Obst kaufen, da bei der Lagerung und durch Sonnenbestrahlung Vitamine und manchmal Aromastoffe verloren gehen.

Nur reifes Frischobst verwenden. Es besitzt
- die gewünschte Süße,
- das volle typische Fruchtaroma,
- die gewünschte Festigkeit des Fruchtfleisches.

### Lagerung von Frischobst

- je kühler der Raum, desto besser, ideal sind ca. 3 °C
- hohe Luftfeuchtigkeit, ideal sind 85 bis 90 %
- luftig
- lichtgeschützt
- vor Druck schützen, nicht übereinanderstapeln

## Schalenobst

Schalenfrüchte sind von einer harten, nicht essbaren Schale umgeben. Wegen des hohen Fettanteils werden die Samen dieser Früchte **Ölsamen** genannt.
Mandeln und Nüsse besitzen sehr viele B-Vitamine und Mineralstoffe und werden deshalb als „Nervennahrung“ bezeichnet.

*Mandeln in der Schale (Krachmandeln) und Mandeln mit der braunen Pergamenthaut sowie geschälte Mandeln*

### Mandeln

Mandeln sind die süßen Mandeln, die in verschiedenen Formen verarbeitet werden.

*Geschälte Mandeln – halbiert, gestiftelt, gehobelt, gerieben*

| Formen der Mandeln | Verwendung |
|---|---|
| halbierte Mandeln | zur Dekoration von Lebkuchen, Früchtebrot, Mürbeteiggebäck |
| gestiftelte Mandeln | Aufstreuen auf Hefezöpfe, in den Stollenteig, Mandelsplitterpralinen |
| gehobelte Mandeln | Aufstreuen auf Hefezöpfe, Bienenstichaufstrich, Florentiner, Butterkuchen |
| geriebene Mandeln | Mandelmürbeteiggebäck, Mandelkuchen |

**Bittermandeln** sehen wie süße Mandeln aus und unterscheiden sich durch ihren intensiv bitteren Geschmack, sodass sie nicht genießbar sind. Bittere Mandeln enthalten Amygdalin, das im Körper zur giftigen Blausäure wird. Deshalb werden sie nicht in der Bäckerei verwendet.
Bittermandelaroma ist chemisch hergestelltes, naturidentisches Aroma, das z. B. für Hefeteiggebäcke wie Gugelhupf (Napfkuchen) verwendet wird.

## Nüsse

### Hasel- und Walnüsse

**Bestimmungen der Leitsätze**

Unter dem Begriff „Nüsse" versteht man nur Hasel- und Walnüsse.
Nur **Hasel-** und **Walnüsse** dürfen deshalb für Erzeugnisse verwendet werden, die das Wort „Nuss" im Namen enthalten, z. B. Nussbrot, Nussfüllung, Nusskuchen, Nussspritzgebäck, Nussmakronen, Nusslebkuchen, Nusseis.

*Haselnüsse mit Pergamentschale und geschält*

*Walnüsse in der Schale und halbiert*

Alle anderen Nusssorten wie **Erd-** und **Kokosnüsse** gelten als Nussersatz und dürfen für die genannten Nusserzeugnisse sowie für nusshaltige Qualitätswaren wie Elisenlebkuchen, Krokant u. a. nicht verwendet werden. Erdnüsse werden in der Bäckerei gewöhnlich nicht verarbeitet.

*Erdnüsse*

**Kokosraspeln (Kokosflocken)** sind das geraspelte und getrocknete weiße Fruchtfleisch der Kokosnüsse. Verwendet werden sie z. B. für die Kokosmakronenmasse.

*Kokosnüsse und -raspeln*

### Pistazien

Pistazien sind hellgrüne ovale Kerne mit einem mandelähnlichen Geschmack. Verwendet werden sie als Geschmacksstoff z. B. für Pistazieneis und Pistazienmarzipan, für Pralinen sowie als färbender Dekor auf Torten und Desserts.

*Pistazien*

### Lagerung von Schalenobst

In einem kühlen Lagerraum und frei von Fremdgerüchen. Am besten werden Schalenfrüchte verpackt in Folie oder geschlossenen Behältern gelagert.
Bei zu langer oder falscher Lagerung werden Mandeln und Nüsse ranzig.
Nüsse, die braune Stellen im Kern aufweisen, dürfen keinesfalls mehr gegessen werden, da sie krebserregende Schimmelpilze (Aflatoxine) enthalten.

### Zusammensetzung von Frischobst und Schalenobst

Frischobst sind wasserreiche, energiearme sowie wegen der Fruchtsäure erfrischende Früchte. Schalenobst bildet aufgrund der Zusammensetzung eine große Ausnahme unter den Früchten. Es sind sehr energiereiche und wasserarme Früchte.

| Frischobst | Schalenobst |
|---|---|
| 80 bis 90 % Wasser<br>5 bis 20 % Kohlenhydrate<br>ca. 1 % Eiweiß<br>ca. 1 % Fett<br>reich an Vitaminen, Mineralstoffen und Pektinen (Ballaststoffe); unterschiedlich hoher Anteil an Fruchtsäure | 40 bis 65 % Fett<br>10 bis 20 % Kohlenhydrate<br>10 bis 20 % Eiweiß<br>5 bis 10 % Wasser<br>2 bis 5 % Ballaststoffe<br>ca. 2 % Mineralstoffe, Vitamine |

LF 2

## Haltbar gemachtes Obst

### Trockenobst

Da Frischobst nur kurzzeitig haltbar ist, entzieht man den Früchten einen Großteil der Feuchtigkeit durch Verdunsten in Trockenanlagen oder in südlichen Ländern durch Sonnentrocknung. Durch den geringen Wasseranteil erhöht sich der Gesamtzuckeranteil der Trockenfrüchte bis auf 75 %.

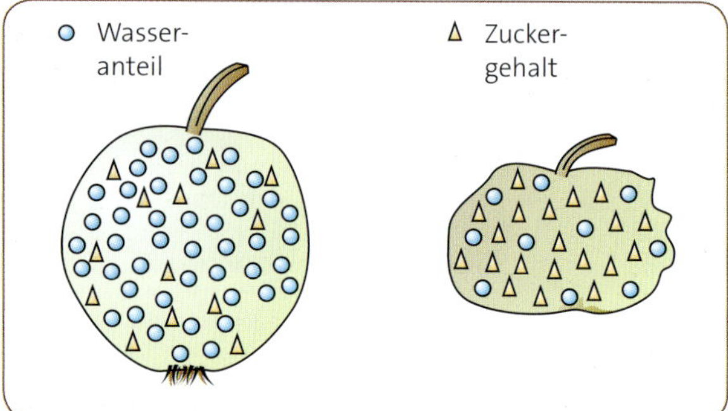


*Frischobst* *Getrocknetes Obst*

LF 2

### Getrocknete Weintrauben

Man unterscheidet drei Weintraubensorten:

| Weintraubensorten | Besonderheiten | Geschmack |
|---|---|---|
| **Rosinen** | kernreich, dunkelbraun | süß |
| **Sultaninen** | kernlos, hellbraun | süßlicher Traubengeschmack |
| **Korinthen** | kernlos, blauschwarz | herbsüß |

*Sultaninen und Korinthen*

Der Begriff „Rosinen" ist für **Rosinen** sowie auch für **Sultaninen** gebräuchlich. In der Bäckerei werden wegen der vorteilhaften Eigenschaften nur noch Sultaninen verwendet.

**Korinthen** werden kaum in der Bäckerei verarbeitet. Manchmal gibt man sie in kleinen Mengen zur Geschmacksabrundung in die Früchtemischung der Stollenteige. Den Namen haben Korinthen, weil sie vorwiegend aus der Gegend um Korinth in Griechenland stammten.

**Behandlung der Sultaninen vor der Verarbeitung**

Sultaninen und Korinthen kurz in kaltem Wasser **waschen** und sofort absieben, damit sich der Zucker mit den Geschmacksstoffen nicht im Wasser löst.

Sultaninen werden z. B. für Stollen, Früchtebrot, Osterbrot (Osterfladen), Gugelhupf (Napfkuchen) mindestens einen Tag vor der Verarbeitung abgewaschen und **mit Rum vermischt.** Die Sultaninen nehmen in den vielen Stunden das Rumaroma auf. Sie werden dabei in einem temperierten Raum aufbewahrt und in warmem Zustand in den Hefeteig gegeben.

### Datteln

Datteln sind glänzende, dunkelbraune, süße Früchte, die im Inneren einen Stein besitzen. Sie werden für Früchtebrot und Pralinen verarbeitet.

*Datteln*

### Feigen

Feigen sind kernreiche, graubraune, süße Trockenfrüchte. In der Bäckerei werden sie hauptsächlich für Früchtebrot verwendet.

*Feigen, frisch und getrocknet*

| Getrocknete Früchte | Behandlung vor der Verarbeitung | Verwendung |
|---|---|---|
| Trockenäpfel, Trockenbirnen (Kletzen), Trocken-pflaumen (Zwetschgen), Trocken-aprikosen, Trockenpfirsiche | Den Trockenfrüchten in Stücken oder Scheiben gibt man Wasser hinzu und lässt sie quellen. | Füllungen |
| | Die Trockenfrüchte in kühlem Wasser weichen lassen oder in heißem Wasser bei ca. 90 °C weich ziehen lassen. Aus den weichen Äpfeln und Birnen wird anschließend das Kerngehäuse herausgeschnitten. | Früchtebrot |

**Lagerung von Trockenobst**
Trockenobst wird in einem kühlen und trockenen Lagerraum gelagert.

*Trockenobst: Bananen, Aprikosen, Pflaumen, Äpfel*

## Dosenobst

Das Obst wird in Dosen in Zuckerlösung (Zuckerwasser) gegeben, luftdicht verschlossen und sterilisiert. Dosenobst sind deshalb süße Kompottfrüchte, die mindestens ein Jahr haltbar sind.

*Dosenfrüchte*

**Nachteile von Dosenobst gegenüber Frischobst**
- Die Früchte verlieren zum Teil ihren typischen Geschmack und die erfrischende Fruchtsäure.
- Den aufgeweichten Früchten fehlt der natürliche Biss, der Frischobst auszeichnet.
- Den Früchten fehlen die Vitamine und zum Teil auch Mineralstoffe.

## Gefrierobst

Durch das Tiefgefrieren von frischen Früchten kann die Bäckerei ihren Kunden das ganze Jahr über, auch während der Wintermonate, ein großes Früchteangebot bieten.

Zum Tiefgefrieren eignen sich nur
- Beerenobst wie Erd-, Heidel-, Him-, Stachel- und Johannisbeeren,
- Steinobst wie Sauerkirschen,
- Kiwis, in Scheiben geschnitten.

Die anderen Früchte würden beim Auftauen matschig werden und wären somit unansehnlich und nicht mehr verarbeitungsfähig.

**Fachlich richtiges Tiefgefrieren von Obst**
- Das Obst einzeln auf Bleche locker verteilen, damit sie beim Gefrieren nicht zusammenkleben.
- Die Früchte bei ca. –35 °C schockfrosten.
- Danach das tiefgefrorene Obst portionsweise in Folientüten verpacken und bei –18 °C im Froster lagern. Die Früchte können so nach Bedarf in kleinen Portionen aus dem Froster genommen werden.

Werden bei der Verarbeitung zu große Mengen aus dem Froster entnommen, beginnt der Auftauprozess. Wird dieses Obst wieder in die Tiefkühlanlage gegeben, vereist es darin mit großen Eiskristallen. Beim Auftauen wird es wässrig und matschig.

*Gefrorene Johannisbeeren, auf dem Blech gefroren und portioniert*

**Vorteile von tiefgefrorenem Obst gegenüber Dosenobst**
- Der Geschmack der frischen Früchte bleibt erhalten.
- Die Vitamine bleiben weitgehend erhalten.
- Die natürliche Farbe der Früchte verändert sich nicht.

### Verarbeiten der tiefgefrorenen Früchte

- **für Obsttorten und Obstschnitten:**
  Auf die Tortenböden in Tortenringe bzw. auf die Kapseln in den Schnittenblechen wird das Obst in gefrorenem Zustand gegeben und sofort mit Geleeguss geliert, bis es vollständig bedeckt ist.
- **zum Pürieren zu Fruchtmark:**
  Das gefrorene Obst im Kühlschrank bzw. Kühlraum oder in einem kühlen Raum auftauen und dann bald im Mixer oder mit dem Pürierstab zu Fruchtmark pürieren, da es sonst matschig wird.

### Früchte, in Alkohol gelegt

Dieses Konservierungsverfahren wird überwiegend bei **Pralinen** mit Früchten in Alkohol, z.B. Weinbrandkirsch-Pralinen, und beim **„Rumtopf“** angewendet.
Die Früchte werden dabei von hochprozentigem Rum, mindestens 54 % voL., umspült. Der Alkohol entzieht den Früchten das freie Wasser, sodass diese nicht verderben können.
Rumtopf kann für Eisbecher verwendet werden.

LF 2

### Dickzuckerfrüchte (kandierte Früchte)

Dickzuckerfrüchte sind mit Zucker konservierte Früchte, Fruchtstücke oder bestimmte Pflanzenteile. In Zuckerlösungen reichern sich die Zellen der Früchte durch und durch mit Zucker an.
Dickzuckerfrüchte schmecken deshalb sehr süß und besitzen nur noch einen geringen Eigengeschmack.
Sie werden auch als „kandierte Früchte“ bezeichnet.

Obwohl Wurzeln und Schilfgewächse nicht zu den Früchten gehören, werden Ingwer und Angelika trotzdem zu den Dickzuckerfrüchten gezählt.

Wegen der kräftigen Farben werden Dickzuckerfrüchte vor allem als Dekormittel verwendet.

*Angelika*

### Orangeat und Zitronat

Die dicken Schalen der Zitrusfrüchte werden in Zuckerlösungen gelegt, woraus Dickzuckerfrüchte entstehen. Die Dickzuckerfrüchte werden meist in kleine Würfel von 3 mm geschnitten, da nicht der Biss, sondern der Geschmack von Orangeat und Zitronat in den Backwaren erwünscht ist.

| Orangeat | Zitronat |
|---|---|
| aus Pomeranzen (Bitterorangen) | aus Zedrat-Zitronen (Sukkade-Zitrone) |

*Orangeat, Zitronat*

**Verwendungsbeispiele für Orangeat und Zitronat:**
Stollen, Osterfladen (Osterbrote), Gugelhupf (Napfkuchen), Englische Kuchen, Lebkuchensorten

| In Zucker gelegt werden | Dickzuckerfrüchte | Verwendungsbeispiele |
|---|---|---|
| ganze Früchte | Belegkirschen | Englische Kuchen, Florentiner, Dekor für Braune Lebkuchen, Früchtebrote, Punschtorten, Desserts |
| Fruchtschalen | Zitronat, Orangeat | Stollen, Lebkuchen, Gugelhupf (Napfkuchen), Osterbrot (Osterfladen), Englische Kuchen |
| Fruchtstücke, Fruchtscheiben | Ananasstückchen, Orangen- und Zitronenscheiben | als Pralinen mit zartbitterer Schokoladenkuvertüre überzogen |
| Wurzeln (Gewürzwurzel) | Ingwer | |
| Stängel der Engelwurz | Angelika | als Dekor für Torten, Desserts |

### Herstellung von Dickzuckerfrüchten

Die Früchte lässt man in ca. 90 °C heißem Wasser weich ziehen, bis die mit einer Gabel aufgespießte Frucht von alleine von der Gabel rutscht. Die weichen Früchte werden sechs Tage lang in eine Zuckerlösung gelegt. Die Zuckerkonzentration der Lösung wird täglich erhöht.

1. Tag: 825 g Zucker und 1 l Wasser kochen (12 °Bé) und die Zuckerlösung kochend über die Früchte gießen. Die Früchte 24 Stunden in der Zuckerlösung belassen. In dieser Zeit beginnt die gewünschte Osmose, der Austausch von Zellsaft und Zucker.

Täglich eine erneute Zuckerlösung mit jeweils erhöhter Zuckerdichte kochen und abgekühlt über die Früchte gießen.

2. Tag: 1 100 g Zucker und 1 l Wasser (16 °Bé)
3. Tag: 1 375 g Zucker und 1 l Wasser (20 °Bé)
4. Tag: 1 650 g Zucker und 1 l Wasser (24 °Bé)
5. Tag: 1 925 g Zucker und 1 l Wasser (28 °Bé)
6. Tag: 2 200 g Zucker und 1 l Wasser (32 °Bé)

*Täglich erhöhte Zuckerkonzentration der Lösung*

Nach sechs Tagen haben sich die Früchte in den Zuckerlösungen durch und durch mit Zucker angereichert. Man lässt sie gut abtropfen und gibt sie in ein verschließbares Gefäß.

### Zuckerwaage

Der Zuckergehalt und somit die Konzentration der Zuckerlösung wird mit einer Zuckerwaage, die wie ein Thermometer aussieht, festgestellt. Auf der Skala der Zuckerwaage werden 0° bis 50° Baumé (Bé) angegeben.
In reinem Wasser steht die Zuckerwaage auf 0° Bé. Mit steigendem Zuckergehalt im Wasser nimmt die Dichte bzw. die Konzentration der Zuckerlösung zu, sodass die Zuckerwaage weniger tief eintaucht und nach oben steigt.

1 $cm^3$ Wasser wiegt 1 g
1 $cm^3$ Zucker wiegt 1,61 g

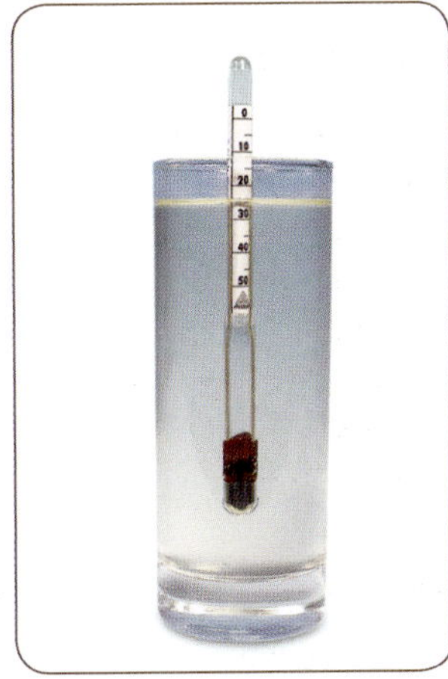

*Zuckerwaage in einer Zuckerlösung*

### Lagerung der Dickzuckerfrüchte

- In einem kühlen Raum lagern.
- In Folie verpackt trocknen sie bei der Lagerung nicht aus. Dickzuckerfrüchte sind sehr lange lagerfähig und können nicht verderben. Durch den hohen Zuckeranteil in den Früchten steht den Mikroorganismen kein freies Wasser zur Verfügung.

**Aufgaben**

1. Nennen Sie die fünf Obstgruppen und geben Sie jeweils Früchte dazu an.
2. Erläutern Sie den Begriff „Frischobst“.
3. Beschreiben Sie die Eigenschaft von backfähigen Äpfeln und nennen Sie einige Apfelsorten.
4. Für welche Backwaren werden Apfelfüllungen verwendet?
5. Erklären Sie die Eigenschaften der Birnen und geben Sie Verwendungsbeispiele an.
6. Beschreiben Sie Quitten und geben Sie an, wofür sie verwendet werden.
7. Beschreiben Sie Pflaumen und nennen Sie Pflaumenarten.
8. Nennen Sie die backfähige Pflaumenart und beschreiben Sie deren Unterschied zu anderen Pflaumensorten.
9. Nennen Sie die zwei Kirscharten, die sich geschmacklich unterscheiden, und geben Sie jeweils Verwendungsbeispiele an.
10. Wie erkennt man den vollen Reifezustand von
    - Bananen,
    - Ananas?
11. Nennen Sie die Zitrusfrüchte und geben Sie an, welche Besonderheiten sie haben.
12. Nennen Sie exotische Früchte und geben Sie Verwendungsbeispiele an. →

13 Beschreiben Sie die Grundsätze beim Verarbeiten von Frischobst.
14 Erklären Sie, warum man nur reifes Frischobst in der Bäckerei verwenden sollte.
15 Wie sollte Frischobst gelagert werden?
16 Warum wird Schalenobst als solches bezeichnet?
17 Nennen Sie Schalenfrüchte, die in der Bäckerei verwendet werden.
18 In welchen Formen werden Mandeln in der Bäckerei verarbeitet?
19 Warum sind Bittermandeln ungenießbar?
20 Welche zwei Nusssorten dürfen nach den Bestimmungen der Leitsätze als Nüsse bezeichnet werden? Geben Sie auch Beispiele für Nusserzeugnisse in der Bäckerei.
21 Wie sollte Obst gelagert werden?
- Frischobst
- Schalenobst

22 Warum sollen Nüsse mit braunen Stellen im Kern nicht gegessen werden?
23 Nennen Sie die Inhaltsstoffe von
- Frischobst,
- Schalenobst.

24 Erklären Sie Trockenobst.
25 Nennen Sie die drei getrockneten Weintraubensorten und beschreiben Sie jeweils deren Besonderheiten und den Geschmack.
26 Erläutern Sie, wie Sultaninen und Korinthen vor der Verarbeitung gewaschen werden.
27 Wie werden Sultaninen für Stollen, Früchtebrot u. a. vorbehandelt?
28 Beschreiben Sie, wie Trockenobst vor der Verarbeitung weich gemacht wird:
- für Füllungen
- für Früchtebrot

29 Erläutern Sie die Herstellung von Dosenobst.
30 Nennen Sie die Nachteile von Dosenobst gegenüber Frischobst.
31 Nennen Sie die Obstsorten, die sich zum Tiefgefrieren eignen.
32 Erklären Sie, wie Obst tiefgefroren wird.
33 Beschreiben Sie, wie tiefgefrorene Beerenfrüchte für Obsttorten und Obstschnitten verarbeitet werden.
34 Nennen Sie die drei Vorteile von tiefgefrorenen Früchten gegenüber Dosenfrüchten.
35 Erklären Sie, wie Früchte in Alkohol gelegt werden und wie die Haltbarkeit von Früchten in Alkohol ist.
36 Nennen Sie Dickzuckerfrüchte und geben Sie jeweils Verwendungsbeispiele an.
37 Aus welchen Früchten und welchen Fruchtteilen werden Orangeat und Zitronat gewonnen?
38 Beschreiben Sie die Herstellung von Dickzuckerfrüchten.
39 Wie sollten Dickzuckerfrüchte gelagert werden und warum verderben sie nicht?
40 Die Sommersaison hat begonnen und die Nachfrage nach Obsttorten und Obstschnitten steigt. Um den Kunden einen Überblick über die in der Bäckerei verarbeiteten Früchte zu geben, sollen Sie mit zwei anderen Mitschülern eine Infotafel erstellen, die im Verkaufsraum aufgehängt werden soll.
a) Fertigen Sie zunächst eine Mind-Map an, in der Sie die drei Hauptäste mit „Frischobst“, „Schalenobst“ und „haltbar gemachtem Obst“ beschriften. Ergänzen Sie dann in einem Brainstorming alle anderen Zweige der Mind-Map.
b) Überlegen Sie sich eine Gestaltung für die Infotafel.
c) Geben Sie zu jedem Obst ein Verwendungsbeispiel an.
d) Präsentieren Sie Ihre Infotafel vor der Klasse.

LF 2

### Rechenaufgaben

1 3,500 kg Orangen werden gepresst. Dies ergibt 1900 g (ml) Orangensaft.
a) Berechnen Sie den Verlust in Gramm und in Prozent.
b) Welchen Wert in € haben 200 g (ml) Orangensaft, wenn die 3 1/2 kg Orangen 4,90 € gekostet haben?

2 Bei Erdbeeren ist mit einem durchschnittlichen Verlust durch Verderb von 12 % zu rechnen.
a) Wie viel kg Erdbeeren müssen eingekauft werden, damit 7,400 kg zur Verfügung stehen?
b) Die Erdbeeren sind in 250-g-Schalen abgepackt. Wie viele Schalen müssen eingekauft werden?

# 8 Feine Backwaren aus Hefeteig – Grundlagen

**Situation**

Sie sollen einen Hefeteig für Rohrnudeln und Rosinenbrötchen herstellen.

- Was versteht man unter einem Hefeteig im Vergleich zu Brötchen- und Brotteigen?
- Was besagt der Begriff Feine Backwaren?
- Welche Zutaten werden für einen Hefeteig benötigt?
- Wie werden die einzelnen Zutaten fachgerecht verarbeitet?
- Was ist hinsichtlich der Teigtemperatur, Knetzeit und Teigruhe zu beachten?

LF 2

## Begriff: Hefeteig

Hefeteige sind Weizenteige, die mit Hefe gelockert und mit feinen Zutaten wie Fett und Zucker zu „Feinen Backwaren" verarbeitet werden. Deshalb werden sie auch als „Hefefeinteige" bezeichnet.
Hefefeinteige unterscheiden sich deutlich von den ebenfalls mit Hefe gelockerten Teigen für Brötchen und Brote, die kein oder wenig Fett und Zucker enthalten.
**Allgemein werden Hefefeinteige als „Hefeteige" bezeichnet.**

## Begriff: Feine Backwaren

*Feine Backwaren aus Hefeteig*

## Grundzutaten für alle Hefeteige

- Weizenmehl, Type 550
- Vollmilch
- Hefe
- Margarine oder Butter
- Zucker
- Vollei
- Salz
- Vanille- und Zitronenaroma

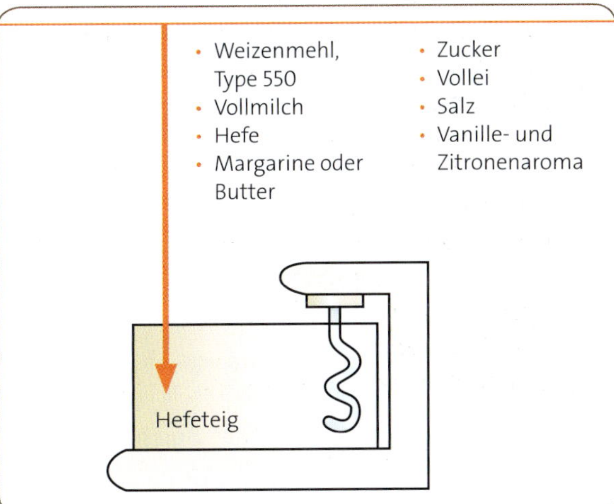


Für verschiedene Gebäcke gibt man in den Hefeteig zusätzlich Früchte, z.B. Sultaninen für Hefezöpfe sowie Zitronat, Orangeat und Mandeln für Stollen und Osterfladen.

**Bestimmungen der Leitsätze**

Feine Backwaren enthalten nach den Leitsätzen auf 90 Teile Mehl mindestens 10 Teile Fett und/oder Zucker.

Enthalten Backwaren weniger als 10 Teile Fett und/oder Zucker auf 90 Teile Mehl, werden sie als Kleingebäcke, z.B. Brötchen, oder Brote bezeichnet.

**Rezeptbeispiel: Hefeteig**

| | |
|---|---|
| 1000 g Weizenmehl, Type 550<br>400 g Milch<br>60 g Hefe<br>120 g Zucker<br>120 g Butter oder Margarine<br>100 g Eier (2 Stück)<br>10 g Salz<br>5 g Zitronenaroma<br>5 g Vanillearoma<br>**1820 g Hefeteiggewicht** | **Teigtemperatur:** 26 °C<br><br>**Knetzeit im Spiralkneter:**<br>• 2 bis 4 Minuten im Langsamgang mischen<br>• 7 Minuten im Schnellgang kneten<br><br>**Teigruhe:**<br>ca. 15 Minuten, den Teig mit Folie abdecken |

## Herrichten der Zutaten

*Zutaten für die Hefeteigherstellung*

Alle Zutaten abwiegen und wie folgt in den Knetkessel der Knetmaschine geben:

### Weizenmehl

Das Weizenmehl grundsätzlich sieben und in die Knetmaschine geben. Mehl aus dem Mehlsilo wird beim Austritt nach der Absperrklappe automatisch durch ein Sieb befördert. Gesiebtes Weizenmehl ist aufgelockert und kann somit mehr Wasser beim Kneten im Teig aufnehmen.

### Milch

Milch wird mit 16 bis 20 °C in den Knetkessel geschüttet. Mit der Milchtemperatur wird die gewünschte Teigtemperatur von ca. 26 °C erreicht.

### Hefe

Die abgewogene Hefe auf das Weizenmehl in den Knetkessel bröckeln.

### Fett: Butter oder Backmargarine

Das Fett aus der Kühlung nehmen und etwas temperiert in die Knetmaschine geben.

- Zu kaltes Fett direkt aus der Kühlung ist zu fest, sodass es sich beim Kneten nicht mit den anderen Zutaten vermischt und im fertigen Hefeteig Fettbröckchen übrig bleiben.
- Ist das Fett zu warm oder wird Öl verwendet, muss es erst nach der Mischphase im Langsamgang beim Kneten zugegeben werden, damit es die Kleberbildung nicht behindert.

### Eier

Für 1 Ei mittlerer Größe rechnet man in der Rezeptur ca. 50 g. Die Eier zuerst in ein Gefäß, z.B. Literbecher, aufschlagen und dann in die Knetmaschine geben. Hineingefallene Eierschalen können so leicht entfernt werden.

### Zucker und Salz

Zucker und Salz getrennt hintereinander abwiegen und in die Knetmaschine geben. Wird Salz auf den Zucker gewogen, kann der überschüssige Anteil nur schwer herausgenommen werden.

### Aromen

Zitronen- und Vanillearoma werden bei kleineren Hefeteigen nicht gewogen, sondern gefühlsmäßig aus der Tropfflasche in kleinen Mengen zugegeben.

Eine ausführliche Beschreibung der Hefeteige erfolgt im Kapitel „Feine Backwaren aus Hefeteig“ → Seite 261.

### Aufgaben

1. Erklären Sie die Bestimmungen der Leitsätze für Feine Backwaren.
2. Wie werden die Backwaren bezeichnet, die nicht die Bestimmungen für Feine Backwaren erfüllen?
3. Geben Sie ein Grundrezept für Hefeteig an und beschreiben Sie die Teigherstellung.
4. Nennen Sie die Grundzutaten der Hefeteige und beschreiben Sie, wie die einzelnen Zutaten zur Teigbereitung in die Knetmaschine gegeben werden.
5. Um sich einen Überblick über die Hefeteiggebäcke zu machen, zählen Sie und Ihre Mitschüler die Hefeteiggebäcke auf, die in den Bäckereien angeboten werden.

LF 2

9

# Feine Backwaren aus ausrollfähigem Mürbeteig

## Situation

Sie sollen einer neuen Kollegin die Herstellung eines ausrollfähigen Mürbeteiges erklären.

- Mit welchen Zutaten werden Mürbeteige hergestellt?
- Was versteht man unter 1-2-3-Mürbeteig?
- Wie wird ausrollfähiger Mürbeteig hergestellt und gelagert?
- Was ist bei der Verwendung der drei Grundzutaten zu beachten?
- Warum wird für Mürbeteige kein Triebmittel benötigt?
- Wie binden sich die Zutaten im Mürbeteig und was ist bei der Lagerung von ausrollfähigem Mürbeteig zu beachten?



Die Bezeichnung „Mürbeteig" stammt von der charakteristischen mürben Beschaffenheit der Mürbeteiggebäcke.

### Arten der Mürbeteige

- ausrollfähiger Mürbeteig → Seite 335
- spritzfähiger Mürbeteig → Seite 345
- Streusel → Seite 348

*Zutaten für die Mürbeteigherstellung*

## Zutaten der Mürbeteige

Alle Mürbeteigarten werden aus drei Grundzutaten und häufig gebäckverbessernden Zutaten hergestellt.

**Grundzutaten:**

| Weizenmehl Type 405 oder 550 | Fett (Butter oder Backmargarine) | Zucker |
|---|---|---|

**Gebäckverbessernde Zutaten:**

| Eier | Salz | Zitronen- und Vanillearoma |
|---|---|---|

Mürbeteige sind die einzigen Teige, die ohne Flüssigkeit wie Milch oder Wasser hergestellt werden.

**mürbe =** zart, leicht brüchig
Das Gegenteil von mürbe ist knusprig.
Durch den hohen Fettanteil erhalten die Gebäcke die mürbe Beschaffenheit.

**Bestimmungen der Leitsätze**
Für Buttergebäcke (Buttermürbeteiggebäcke) darf außer Butter kein anderes Fett verwendet werden.
Es müssen mindestens 10 Teile Butter auf 100 Teile Weizenmehl enthalten sein.

## Ausrollfähiger Mürbeteig

Den Namen hat dieser Mürbeteig, weil er bei der Verarbeitung ausgerollt wird.

### 1-2-3-Mürbeteig

1-2-3-Mürbeteig bezeichnet das Mengenverhältnis der Grundzutaten.

**Mengenangabe der Grundzutaten:**

**Grundrezept 1-2-3-Mürbeteig:**

| |  |  |
|---|---|---|
| 1 | Teil Zucker | 1000 g |
| 2 | Teile Fett | 2000 g |
| 3 | Teile Weizenmehl/ Type 405 oder 550 | 3000 g |
| | Vollei verbessern die Bindung der Zutaten und den Gebäckgeschmack | 200 g |
| | Salz (5 g auf 1 kg Weizenmehl) | 15 g |
| | Zitronen- und Vanillearoma | ca. 20 g |
| | **Mürbeteiggewicht** | **6235 g** |

*Ausrollfähiger Mürbeteig*

**Mürbeteigherstellung**

Zucker, Fett, Salz und Aromen in der Knetmaschine glatt arbeiten.

Eier und Eigelbe unterarbeiten, bis der Teig glatt ist.

Das gesiebte Weizenmehl zum Schluss nur kurz unterarbeiten, bis das Mehl im Mürbeteig nicht mehr sichtbar ist.

- Den Mürbeteig in einen Behälter, z. B. eine Plastikwanne, geben und verschließen.
- Bei kühler Lagerung kann der Mürbeteig einige Tage auf Vorrat hergestellt werden.

*Weizenmehl in die glatt gearbeiteten Zutaten kneten*

**Bindung der Zutaten im Mürbeteig**
Bei der Mürbeteigherstellung umschließt das Fett die Mehlteilchen, sodass ein glatter Teig entsteht. Das Weizenmehl ist somit im Fett gleichmäßig verteilt und vermischt.

**Mürbeteig lagern**
Den Mürbeteig mindestens einen Tag vor der Verarbeitung herstellen und im Kühlschrank oder Kühlraum lagern. In dieser Zeit löst sich der Zucker völlig auf und die Zutaten verbinden sich zu einem glatten, gut ausrollfähigen Mürbeteig.

## Grundzutaten der Mürbeteige

### Weizenmehl

Für Mürbeteige werden feine, schalenarme Weizenmehle der Type 405 oder 550 verwendet. Besonders gut eignet sich das kleberschwächere Weizenmehl der Type 405, da im Mürbeteig keine Kleberbildung möglich ist.

LF 2

### Fett bindet den Mürbeteig

Das Fett muss für die Verarbeitung zum Mürbeteig eine kühle Raumtemperatur aufweisen. Das geschmeidige Fett kann die Mehlteilchen umschließen.
Fett direkt aus der Kühlung ist zu hart und lässt sich schlecht vermischen, es bleiben Fettbrocken im Mürbeteig.
Zu warmes Fett wird ölig und kann das Weizenmehl nicht binden.

### Zucker im Mürbeteig

Bei der Verarbeitung des Mürbeteigs muss der Zucker im Teig gelöst sein. Bei nicht gelöstem Kristallzucker im Mürbeteig laufen die Gebäcke leicht breit, da die Zuckerkristalle im Ofen schmelzen.
Da sich Zucker nur im Wasser löst und nicht im Fett, lässt man den Mürbeteig vor der Verarbeitung über Nacht stehen, bis sich der Zucker gelöst hat.
Wird der Mürbeteig frisch verarbeitet, verwendet man Puderzucker statt Kristallzucker, da sich dieser schnell im Mürbeteig auflöst.

### 1-2-3-Mürbeteig ohne Triebmittel

1-2-3-Mürbeteig benötigt kein Triebmittel und wird ohne Backpulver hergestellt.
Da der Mürbeteig ohne Wasser bzw. Milch hergestellt und das Wasser der Eier vom Zucker gebunden wird, kann sich im Teig kein Kleber bilden. Der Mürbeteig hat somit kein Gashaltevermögen, das Lockerungsgase zu Poren festhalten kann, sodass bei der Herstellung kein Backpulver zugegeben wird.

*1-2-3-Mürbeteig*

Die genaue Beschreibung der Mürbeteige erfolgt im Kapitel „Feine Backwaren aus Mürbeteig“ → Seite 334.

#### Aufgaben

1. Was versteht man unter einem „mürben Gebäck“ wie Mürbeteiggebäck?
2. Nennen Sie die drei Grundzutaten, aus denen die Mürbeteige bestehen. Geben Sie auch die drei gebäckverbessernden Zutaten an, die mit den Grundzutaten verarbeitet werden.
3. Erläutern Sie die Bestimmungen der Leitsätze für Buttergebäcke.
4. Erklären Sie den Begriff „1-2-3-Mürbeteig“ und geben Sie ein Grundrezept an.
5. Beschreiben Sie die Herstellung von ausrollfähigem Mürbeteig.
6. Was sollte bei der Verarbeitung folgender Zutaten für Mürbeteig beachtet werden?
   - Weizenmehl
   - Fett
   - Zucker
7. Erklären Sie, warum 1-2-3-Mürbeteig ohne Backpulver hergestellt wird.
8. Zusammen mit Ihren Mitschülern überlegen Sie, welche Mürbeteiggebäcke in den Bäckereien angeboten werden.



#### Rechenaufgaben

1. Pfauenaugen werden aus Mürbeteig mit folgendem Rezept hergestellt: 2,400 kg Weizenmehl, 1600 g Butter, 0,800 kg Zucker, 200 g Eier, 17 g Salz, 20 g Aromen. Wie viel Pfauenaugen erhält man, wenn ein Pfauenauge 73 g wiegt?
2. Es wird ein 1-2-3-Mürbeteig mit 5,400 kg Weizenmehl hergestellt. Berechnen Sie die Materialkosten der Grundzutaten dieses Mürbeteigs bei folgenden Preisen:
   Butter: 4,50 €/kg
   Weizenmehl: 40 €/dt
   Zucker: 0,90 €/kg
3. Die Materialkosten für 90 Pfauenaugen betragen 22,50 €, die Betriebskosten 220 %. Risiko und Gewinn werden mit 31 % angesetzt und die Mehrwertsteuer beträgt 7 %. Berechnen Sie den Verkaufspreis für ein Pfauenauge.
4. 10,500 kg 1-2-3-Mürbeteig wurde mit den drei Hauptzutaten hergestellt. Berechnen Sie, wie viel g der einzelnen Zutaten für diesen Mürbeteig verwendet wurden.

# 10 Feine Backwaren aus Massen – Grundlagen

**Situation**

Ein Kollege hat eine Biskuitmasse für Löffelbiskuits aufgeschlagen, die viel zu weich ist und einen schlechten Stand hat, sodass sie schon beim Aufspritzen breit läuft. Sie sollen ihm das richtige Aufschlagen von Eischnee und Eigelb zeigen.

- Was geschieht beim Aufschlagen von Eiklar zu Eischnee?
- Woran ist optimal aufgeschlagener Eischnee zu erkennen?
- Welche Merkmale hat schaumig gerührtes Eigelb?
- Wie wird Biskuitmasse als Zweikesselmasse hergestellt?
- Welche Qualitätsmerkmale zeichnen Biskuitgebäcke aus und wie ist die Frischhaltung?



## 10.1 Aufschlagen von Eiklar und Eigelb

Für lockere und fettarme Gebäcke aus Massen werden grundsätzlich Eier aufgeschlagen. Besonders locker werden diese Massen und erhalten einen stabilen Stand, wenn Eier in Eiklar und Eigelb getrennt und diese separat aufgeschlagen werden.

Eiklar wird in der Praxis umgangssprachlich als Eiweiß bezeichnet. Dieser Ausdruck ist nicht korrekt, weil Eiklar nur zu 12% aus Eiweiß und zu 87% aus Wasser und 1% aus Kohlenhydraten besteht.

Eier, Eiklar und Eigelb werden mit einem feindrahtigen Rührbesen (Schlagbesen) bei voller Umdrehungszahl der Rührmaschine aufgeschlagen. Dabei werden unzählige Luftbläschen eingeschlagen und festgehalten. Die Eiermasse wird dabei großvolumig und stabil. Die zahlreichen luftgefüllten Bläschen ergeben eine gleichmäßige Porung im Gebäck und sorgen für besonders lockere und zarte Gebäcke.

*Feindrahtiger Rührbesen*

### Aufschlagen von Eiklar zu Eischnee

Eiklar ist gut aufschlagfähig, d. h., es bekommt beim Aufschlagen zu Eischnee ein großes Volumen und einen stabilen Stand.

Beim Aufschlagen von Eiklar wird mithilfe des Rührbesens Luft eingeschlagen. Diese wird vom Eiweiß des Eiklars festgehalten. Dabei entstehen viele kleine Luftbläschen, die von dünnen Eiweißhüllen umschlossen sind.

*Aufschlagen von Eiklar zu Eischnee*

### Zeitliche Dauer des Aufschlagens von Eischnee

Nur bei der richtigen Aufschlagzeit erhält man einen standfesten Eischnee mit großem Volumen, der für die Qualität und das Aussehen der Gebäcke entscheidend ist.
In zu kurz aufgeschlagenem Eischnee ist noch zu wenig Luft eingeschlagen worden.
Der häufigste Fehler ist zu lang aufgeschlagener Eischnee. Durch das fortwährende Einschlagen von Luft entstehen große Luftbläschen. Die dünnen Eiweißhüllen, die die Luftbläschen umschließen, werden überdehnt und reißen leicht. Beim Melieren halten die großen Poren des Eischnees dem Druck schlecht stand und die Masse fällt zusammen, z. B. beim Melieren von Eischnee in das Eigelb und von Weizenmehl und Weizenpuder in die Eiermasse.

| Aufschlagzeit | Merkmale |
|---|---|
| **Zu kurz aufgeschlagener Eischnee:** | • weich, schmierig<br>• schlechter Stand<br>• geringes Volumen |
| **Richtig aufgeschlagener Eischnee:** | • stabiler Stand<br>• großes Volumen<br>• cremiges, glattes Aussehen<br>• beim Herausnehmen des Rührbesens zieht der Eischnee Spitzen |
| **Zu lange aufgeschlagener Eischnee:** | • sehr großes Volumen<br>• flockige Beschaffenheit<br>• raue, grobe Oberfläche des Eischnees |

### Beschaffenheit und Aussehen von optimalem Eischnee

- Eischnee mit vielen kleinen Poren (Luftbläschen) hat den stabilsten Stand. Die kleinen Poren fallen nicht so schnell zusammen, weil sie dem Druck bei der Weiterverarbeitung gut standhalten können.
- Cremiger und glatter Eischnee lässt sich am besten mit den anderen Zutaten vermischen, sodass das Volumen erhalten bleibt.

### Technologie beim Aufschlagen von Eischnee

Damit ein optimaler Eischnee aufgeschlagen werden kann, muss man die technologischen Eigenschaften des Eiklars kennen.

- Frisch aufgeschlagenes Eiklar verwenden, da nur dieses gut aufschlagfähig ist. Bei der Alterung des Eiklars wird das Eiweiß zersetzt. Somit kann die eingeschlagene Luft nur noch schlecht festgehalten werden. Der Eischnee hat dann ein kleines Volumen und einen schlechten Stand. Außerdem ist er zu weich und schmierig.
- Eiklar grundsätzlich mit Zucker und einer Prise Salz aufschlagen. Salz und auch Zucker stabilisieren das Eiweiß, das dann die Luftbläschen besser festhalten kann.
  Begründung:
  Zucker bindet einen Teil des Wassers vom Eiklar und stabilisiert somit den Eischnee.
  Salz macht die Eiweißstoffe elastischer.

### Einflüsse, die die Schaumbildung von Eischnee verhindern

Schon eine geringe Menge Fett und Spülmittelreste verhindern die Entstehung des Eischnees beim Aufschlagen. Fett und Spülmittel zerstören die Eiweißhäute, die die Luftbläschen nur noch schwach umschließen können. Dadurch entsteht ein schmieriger, nicht standhafter Eischnee mit geringem Volumen.
Häufige Ursachen sind:

- Eigelb im Eiklar, das beim Trennen der Eier in das Eiklar gelangt.
- Kessel und Rührbesen sind entweder unsauber und fettig oder enthalten Spülmittelreste.

Bevor das Eiklar in den Kessel gegeben wird, immer prüfen, ob der Kessel und der Rührbesen fett- und spülmittelfrei sind.

### Veränderungen des Eischnees nach dem Aufschlagen

Lässt man aufgeschlagenen Eischnee einige Zeit im Kessel stehen, setzt sich Flüssigkeit ab. Das Eiweiß bildet sich langsam wieder in den flüssigen Zustand zurück. Die Stabilität geht somit verloren, das Volumen wird geringer. Eischnee sollte deshalb sofort nach dem Aufschlagen verarbeitet werden.

### Zuckerzugabe beim Aufschlagen von Eischnee

**Zeitpunkt der Zuckerzugabe beim Aufschlagen**

500 g Eiklar werden jeweils, wie in der folgenden Tabelle beschrieben, mit 500 g Zucker aufgeschlagen, bis es Eischnee ist, wobei der Zucker zu verschiedenen Zeitpunkten zugegeben wird.

| Zeitpunkt | Ergebnis |
|---|---|
| Der gesamte Zucker wird sofort zu Anfang zugegeben. | Dies ist ein stabiler und feinporiger cremiger Eischnee, der glatt aussieht. Mit den vielen kleinen, gleichmäßigen Poren hat er einen guten Stand. Er lässt sich bei der Weiterverarbeitung am besten mit den anderen Zutaten vermischen. |
| Der Zucker wird während des Aufschlagens nach der Hälfte bis ca. drei Viertel der Aufschlagzeit nach und nach zugegeben. | Es ist ein stabiler, mit großen Poren sehr lockerer Eischnee. Er ist gut verarbeitungsfähig. |
| Der Zucker wird zum Schluss in den fertigen Eischnee gegeben. | Der Eischnee ist großporig und hat eine raue Oberfläche. Er neigt zum Flockigwerden und lässt sich nicht so gut mit den anderen Zutaten mischen. |

**Fazit für den Zeitpunkt der Zuckerzugabe:**
Beim Aufschlagen des Eischnees sollte der Zucker sofort zu Anfang zugegeben werden.
Dies ergibt einen feinporigen Eischnee, der seinen stabilen Stand behält und sich am besten weiterverarbeiten lässt.
Daraus entstehen auch feinporige Gebäcke, die nicht so schnell austrocknen.

**Zuckermenge im Eiklar**

Die Zuckermenge beeinflusst die Porengröße und somit die Stabilität des Eischnees. Die folgende Tabelle zeigt die Ergebnisse beim Aufschlagen mit verschiedenen Zuckermengen. Der Zucker wird sofort in das Eiklar gegeben.

| Zuckermenge | Ergebnis |
|---|---|
| 500 g Eiklar ohne Zucker | ergeben das größte Eischneevolumen. Durch die großen Poren ist er jedoch sehr unstabil |
| 500 g Eiklar mit 250 g Zucker | ergeben jeweils einen kleinporigen, aber großvolumigen Eischnee, der stabil ist |
| 500 g Eiklar mit 500 g Zucker | |
| 500 g Eiklar mit 1000 g Zucker | ergeben einen schmierigen Eischnee mit kleinem Volumen und schlechtem Stand |

**Fazit für die Zuckermenge:**

- Den besten Eischnee erhält man, wenn Eiklar mit Zucker aufgeschlagen wird, da Zucker Wasser bindet. Die Zuckermenge darf die Gewichtsmenge des Eiklars nicht übersteigen.
- Eiklar nicht ohne Zucker aufschlagen.
- Das Gewicht des Zuckers sollte nicht höher als das des Eiklars sein, sonst ergibt dies einen unbefriedigenden Eischnee.

### Eischneefehler

| Fehler | Ursachen |
|---|---|
| Eischnee lässt sich schlecht mit dem schaumig geschlagenen Eigelb vermischen und muss zu lange gerührt werden. Dabei fällt der flockige Eischnee und somit die Masse zusammen. Nicht vermischte, flockige Eischneestücke bleiben im Gebäck als „Schneenester" sichtbar. | • zu lange geschlagener, flockiger Eischnee (häufigste Ursache)<br>• der Zucker wurde beim Aufschlagen zu spät in das Eiklar gegeben |

LF 2

| Fehler | Ursachen |
|---|---|
| Der Eischnee lässt sich nicht gut aufschlagen. Er bleibt schmierig, hat einen schlechten Stand und ein geringes Volumen. | • fettiger, unsauberer/mit Spülmittel behafteter Rührkessel/Rührbesen<br>• Eigelbreste im Eiklar<br>• der Eischnee wird mit einem höheren Zuckergehalt, als das Eiklargewicht beträgt, aufgeschlagen |
| Gebäcke mit Eischnee haben eine breit gelaufene Gebäckform und ein zu kleines Volumen. | • zu kurz geschlagener Eischnee<br>• zu lange geschlagener Eischnee (häufigste Ursache) |

## Schaumigrühren von Eigelb

Eigelb wird grundsätzlich mit etwas Zucker schaumig gerührt. Die Eigelbmasse wird dadurch stabiler, weil Zucker die Feuchtigkeit etwas bindet.
Eigelb hat einen Fettgehalt von ca. 32 %. Das Fett schädigt die Dehnbarkeit des Eiweißes im Eigelb, weshalb die Luft beim Aufschlagen schlecht festgehalten werden kann. Beim Schaumigrühren des Eigelbs erhöht sich das Volumen dadurch nur leicht.

**Merkmale von schaumig gerührtem Eigelb**
- Schaumig gerührtes Eigelb ist kompakt und zäh fließend.
- Die Rillen des Rührbesens im schaumigen Eigelb sind deutlich sichtbar.
- Schaumiges Eigelb hat eine helle Farbe.

Nur eine kompakte Eigelbmasse bindet sich gut mit dem Eischnee, sodass die Lockerung und das Volumen des Eischnees in der Masse erhalten bleiben.

*Schaumiges, kompaktes Eigelb*

## Melieren

Unter **Melieren** versteht man das vorsichtige Unterheben von Zutaten in die aufgeschlagenen Massen, bis die Zutaten vollständig vermischt sind. Dabei darf die eingeschlagene Luft nicht aus der Masse herausgeschlagen werden.

Beispiele des Melierens:
- Eischnee in das schaumige Eigelb, z. B. bei der Biskuitmasse, melieren.
- Gesiebtes Weizenmehl und Weizenpuder in die aufgeschlagene Eiermasse bei der Biskuit- und Wiener Masse melieren.
- Flüssiges Fett in die aufgeschlagene Eiermasse bei der Wiener Masse melieren.
- Puderzucker in den Eischnee bei der Baisermasse melieren.

*Melieren von Mehl und Kakaopulver bei der Schokoladen-Wiener-Masse*

**Richtiges Melieren von Eischnee in das schaumige Eigelb**
Damit die Poren des Eischnees erhalten bleiben und nicht zerdrückt werden, wird grundsätzlich der Eischnee in die schaumige Eigelbmasse meliert.
- Zuerst einen kleinen Teil des Eischnees melieren, da die Eigelbmasse nicht zu viel Eischnee auf einmal aufnehmen kann.
- Den restlichen Eischnee nach und nach flott unterheben, bis er nicht mehr sichtbar ist.

*Melieren des Eischnees in das schaumige Eigelb*

LF 2

## Aufgaben

1. Beschreiben Sie, was beim Aufschlagen von Eischnee geschieht.
2. Beschreiben Sie die Merkmale von
   - zu kurz aufgeschlagenem Eischnee,
   - richtig aufgeschlagenem Eischnee,
   - zu lange aufgeschlagenem Eischnee.
3. Wie sind die Beschaffenheit und das Aussehen von optimal aufgeschlagenem Eischnee?
4. Welche Einflüsse verhindern die Schaumbildung von Eischnee? Geben Sie häufige Ursachen an.
5. Begründen Sie folgende Technologie beim Aufschlagen von Eischnee:
   - Warum werden nur frische Eier verwendet?
   - Warum wird Eiklar mit Zucker und Salz zu Eischnee aufgeschlagen?
6. Warum sollte Eischnee sofort nach dem Aufschlagen verarbeitet werden?
7. Erklären Sie, zu welchem Zeitpunkt der Zucker in das Eiklar gegeben wird, damit ein optimaler Eischnee entsteht. Begründen Sie die Maßnahme.
8. Erläutern Sie, welche Zuckermenge im Eiklar den besten Eischnee ergibt und ab welcher Zuckermenge der Eischnee ein unbefriedigendes Ergebnis aufweist.
9. Nennen Sie die Ursachen folgender Eischneefehler:
   - Der Eischnee ist flockig und lässt sich mit den anderen Zutaten schlecht vermischen.
   - Der Eischnee lässt sich nicht gut aufschlagen. Er bleibt schmierig, hat einen schlechten Stand und ein geringes Volumen.
   - Gebäcke mit Eischnee haben eine breitgelaufene Gebäckform und ein geringes Volumen.
10. Mit welchem Rohstoff wird Eigelb grundsätzlich schaumig gerührt und warum?
11. Erklären Sie, warum sich beim Schaumigrühren von Eigelb das Volumen des Eigelbs nur leicht vergrößert.
12. Woran erkennt man, ob Eigelb beim Rühren schaumig ist?
13. Beschreiben Sie, was man unter dem Fachausdruck „Melieren“ versteht.
14. Nennen Sie Beispiele des Melierens bei Massen.
15. Erklären Sie, wie Eischnee und schaumig gerührtes Eigelb fachgerecht meliert werden.
16. Die richtige Aufschlagzeit von Eischnee ist eine wichtige Voraussetzung für beste Gebäckqualität. Um den richtigen Zeitpunkt zu erkennen, schlagen Sie Eiweiß so auf, wie es in der Tabelle auf → Seite 157 abgebildet ist und achten dabei auf die Merkmale.

## Rechenaufgaben

1. Eiklar besteht aus 12 % Eiweiß, 87 % Wasser und 1 % Kohlenhydrate. Ermitteln Sie die Anteile der jeweiligen Nährstoffe von 1,800 kg Eiklar in g.
2. Es werden 850 ml Eiklar zu Eischnee aufgeschlagen. Das Volumen des Eischnees beträgt 4,590 l. Um wie viel % hat sich das Volumen vergrößert?
3. 675 g Eigelb und Zucker wurden im Verhältnis von 2:1 zu einer Eigelbmasse schaumig gerührt. Das Eigelb besitzt 32 % Fettanteil.
   a) Wie viel g Eigelb und wie viel g Zucker befinden sich in der Eigelbmasse?
   b) Wie viel g Fett enthält das Eigelb?
4. 780 ml Eiklar hat beim Aufschlagen zu Eischnee eine Volumenzunahme von 560 %.
   Wie viel ml, l und $dm^3$ hat das Volumen des Eischnees?
5. Bei der Herstellung einer Biskuitmasse hat der Eischnee 3,200 l und die Eigelbmasse 600 ml Volumen. Nach dem Melieren des Eischnees in die Eigelbmasse und des Weizenmehls in die Eiermasse verringert sich das Volumen um 18 %. Berechnen Sie das Volumen in l und ml der Biskuitmasse.
6. Die Materialkosten für 45 Sahneomeletts betragen 19,25 €, die Betriebskosten 220 %. Risiko und Gewinn werden mit 31 % angesetzt. Berechnen Sie den Ladenpreis für ein Sahneomelett.
7. Drei Bäckerinnen benötigen für die Herstellung von verschiedenen Biskuitgebäcken 3 Stunden und 45 Minuten. Wie viele Stunden und Minuten benötigen zwei Bäckerinnen für die gleiche Arbeit?

LF 2

## 10.2 Biskuitmasse

Im Gegensatz zu den Teigen sind die Hauptrohstoffe der Massen häufig Eier und Zucker, die zur Lockerung aufgeschlagen werden. Beispielhaft für die verschiedenen Massen, die im → Lernfeld 32, ab Seite 511 beschrieben werden, wird hier die Biskuitmasse aufgeführt.

Biskuitmasse ist eine eireiche Masse ohne Fettzugabe in der Rezeptur. Deshalb sind Biskuitgebäcke besonders locker und gut bekömmlich.

- Die Lockerung der Biskuitgebäcke erfolgt nur durch die eingeschlagene Luft beim Aufschlagen der Eier.
- Weizenstärke wird in der Praxis wegen der pulvrigen Beschaffenheit als Weizenpuder bezeichnet. Weizenmehl und Weizenpuder werden im Verhältnis 1:1 gemischt. Durch den Weizenpuder werden die Biskuitgebäcke lockerer.

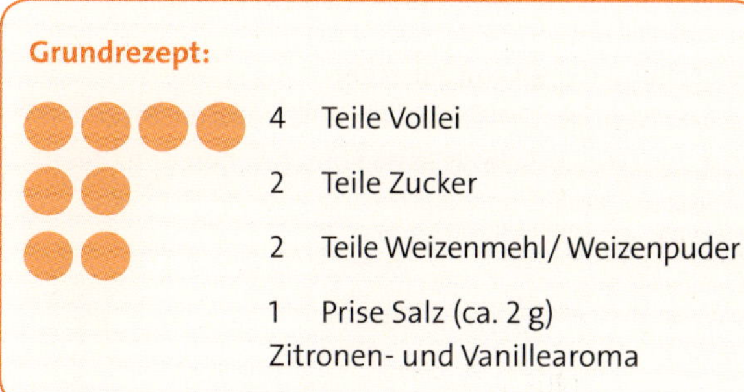

**Grundrezept:**

4 Teile Vollei
2 Teile Zucker
2 Teile Weizenmehl/ Weizenpuder
1 Prise Salz (ca. 2 g)
Zitronen- und Vanillearoma

### Gebräuchlichste Herstellung als „Zweikesselmasse“

- 1. Kessel: Eigelb mit ca. ⅓ des Zuckers und den Aromen schaumig rühren.
- 2. Kessel: Eiklar mit ca. ⅔ des Zuckers und Salz zu Eischnee schlagen.
- Den Eischnee in das schaumige Eigelb melieren.
- Das Gemisch aus Weizenmehl und Weizenpuder unterheben.

### Biskuitgebäcke

#### Löffelbiskuits

Löffelbiskuits werden aus einer eigelbreichen Biskuitmasse hergestellt. Die Gebäcke sind deshalb etwas weicher und nicht so trocken. Typisch für Löffelbiskuits ist die Zuckerkruste.

| Rezeptbeispiel: Löffelbiskuitmasse | | |
|---|---|---|
| 240 g | Eigelb (12 Stück)<br>100 g Zucker<br>Vanillearoma | schaumig rühren |
| 270 g | Eiklar (9 Stück)<br>150 g Zucker<br>1 Prise Salz (ca. 2 g) | zu Eischnee schlagen; den Eischnee in die Eigelbmasse melieren |
| 125 g | Weizenmehl, Type 405 oder 550<br>125 g Weizenpuder | sieben und zum Schluss in die Eiermasse melieren |
| **1010 g** | **Masse** | |

**Aufdressieren:**
Die Masse mit einer 13-mm-Lochtülle ca. 10 cm lang aufdressieren.

Der Fachausdruck „Aufdressieren“ bezeichnet das Aufspritzen von Massen, Schlagsahne und Buttercreme zu verschiedenen Formen. Dabei wird die Masse bzw. Schlagsahne oder Creme in einen Dressierbeutel, auch Spritzbeutel genannt, gefüllt und aufgespritzt.
In den Dressierbeutel wird ein Einsatz gegeben, meist eine Loch- oder Sterntülle, um exakte Formen aufspritzen zu können.

**Zuckerkruste:**
Die Löffelbiskuits kräftig mit Zucker bestreuen oder in Zucker tauchen, damit nach dem Backen eine Zuckerkruste entsteht.

**Backen:** 180 °C, bei offenem Zug
**Backzeit:** ca. 20 Minuten
Die Löffelbiskuits gut ausbacken, da sie sonst bei der Lagerung zu weich werden.

*Löffelbiskuits*

### Mohrenköpfe

Die Biskuitmasse für Mohrenkopfschalen, auch Othelloschalen genannt, wird mit viel Eischnee und weniger Eigelb hergestellt. Deshalb sind die Gebäcke besonders locker, aber auch etwas trocken.

| Rezeptbeispiel: Mohrenkopfschalen (Othelloschalen) | |
|---|---|
| 200 g Eigelb (10 Stück)<br>20 g Wasser<br>70 g Zucker<br>Zitronen- und Vanillearoma | Eigelb mit Wasser entzähen und dann mit Zucker und Aromen schaumig rühren |
| 360 g Eiklar (12 Stück)<br>130 g Zucker<br>1 Prise Salz (ca. 2 g) | zu Eischnee schlagen und in das schaumige Eigelb melieren |
| 110 g Weizenmehl, Type 405 oder 550<br>110 g Weizenpuder | sieben und in die Masse melieren |
| **1000 g Masse** | |



**Aufdressieren:**
Die Biskuitmasse mit einer 15-mm-Lochtülle halbkugelförmig aufdressieren – ideal sind Knopfbleche, die gefettet und bemehlt werden – oder auf mit Backpapier belegte Backbleche dressieren.
Die aufdressierten Schalen mit Weizenpuder bestauben, damit sie eine glatte, stabile Oberfläche erhalten.

*Aufdressieren der Mohrenkopfschalen*

**Backen:** 180 °C, bei offenem Zug
**Backzeit:** ca. 20 Minuten
Nach dem Backen die Mohrenkopfschalen sofort vom Blech bzw. Papier lösen.

**Überziehen:**
Je zwei Schalen ergeben einen Mohrenkopf. Die jeweils untere der zwei zusammengehörenden Schalen an der Rundung gerade schneiden, damit sie gut stehen kann.

*Mohrenkopf mit Schlagsahnefüllung*

Die Schalen mit Schokoladenkuvertüre oder Fettglasur überziehen oder in Aprikotur tauchen und mit Schokoladenfondant überziehen.

**Füllungen:** Schlagsahne oder Vanillecreme

## Biskuitböden, Biskuitkapseln, Sahneomeletts

| Rezeptbeispiel: Biskuitböden, Biskuitkapseln und Omeletts |
|---|
| 1000 g Vollei (20 Stück)<br>500 g Zucker<br>250 g Weizenmehl, Type 405 oder 550<br>250 g Weizenpuder<br>1 Prise Salz (ca. 2 g)<br>Zitronen- und Vanillearoma |
| **2000 g Masse** |

**Herstellung der Biskuitgebäcke:**
Die Eier trennen, den Zucker aufteilen und die Biskuitmasse in der Zweikesselmasse wie beschrieben herstellen.

### Biskuitböden

Die Masse in Ringe einfüllen.
**Backen:** 200 °C
**Backzeit:** ca. 30 Minuten

Die Böden sofort nach dem Backen auf mit Tüchern belegte oder mit Mehl bestaubte Bretter stürzen, damit die Oberfläche der Biskuitböden glatt wird und der Boden von unten her ausdampfen kann.

*Schokoladen- und heller Biskuitboden*

### Biskuitrouladen

Die Masse gleichmäßig auf ein mit Backpapier belegtes Backblech zu Kapseln streichen.

*Aufgestrichene Biskuitkapsel*

**Backen:** 220 °C, bei geschlossenem Zug hellbraun ausbacken.
Bei dieser hohen Backhitze backen die Kapseln schnell aus und bleiben weich und biegsam.

**Füllungen:**
- Schlagsahne, evtl. mit Früchten
- Buttercreme, Fettcreme
- Konfitüre

*Sahnerouladen*

### Sahneomeletts

Die Masse mit einer Lochtülle von 11 mm spiralförmig auf ein mit Backpapier belegtes Backblech dressieren oder mit einer Schablone aufstreichen. Der Durchmesser der Omeletts beträgt 12 bis 13 cm.

*Sahneomeletts*

**Backen:** 220 °C, bei geschlossenem Zug hellbraun ausbacken, sodass die Omeletts geschmeidig sind.

**Füllung:**

Schlagsahne abschmecken, z. B. mit Vanille oder Eierlikör. Eine Hälfte der Omeletts spiralförmig mit der Schlagsahne füllen.

Die andere Hälfte nach oben klappen und auf der Schlagsahne andrücken. Den Biskuit leicht mit Puderzucker bestauben. Mit Früchten ausgarnieren.

### Anisplätzchen

Die Biskuitmasse, mit Anis geschmacklich dominant gewürzt, wird tupfenförmig auf Backbleche dressiert und bei 180 °C mit offenem Zug gebacken.

### Herstellung mit Convenience-Produkten

Convenience-Produkte für Biskuitmassen sind Fertigmehle oder Aufschlagmittel mit Emulgatoren und Backpulver als Lockerungsmittel. Sie werden im **„All-in-Verfahren“** glatt gerührt und verarbeitet. Beim All-in-Verfahren werden alle Zutaten in den Kessel gegeben und einige Minuten zu einer glatten Masse zusammengerührt.

LF 2

## Fehler der Biskuitgebäcke

| Gebäckfehler | Ursachen |
|---|---|
| Biskuitgebäcke haben ein geringes Volumen oder sie sind etwas breit gelaufen. | • Eischnee wurde unter- oder überschlagen.<br>• Eigelb wurde nicht ausreichend schaumig gerührt, sodass es beim Melieren mit dem Eischnee noch flüssig war.<br>• Beim Melieren wurde zu unvorsichtig und zu lange gerührt, sodass dabei die eingeschlagene Luft wieder entweicht. |
| Gebäcke sind leicht eingefallen und haben eine runzelige Gebäckoberfläche. | Gebäcke wurden zu kurz gebacken, sodass das Gebäckgerüst noch zu weich war. |
| Kapseln brechen beim Rollen für Rouladen. | • Kapseln wurden zu lange gebacken.<br>• Bei zu geringer Backhitze wurden die Kapseln trocken. |

## Verkaufsargumente

**Qualitätsmerkmale für die Kundenberatung**

- Biskuitgebäcke sind sehr eireiche Gebäcke, die kein Fett enthalten (nur den natürlichen Fettgehalt der Eigelbe).
- Deshalb sind diese Gebäcke sehr locker und gut bekömmlich.
- Füllungen wie Schlagsahne sowie Früchte bei Obsttorten bzw. Obstschnitten bestimmen den Geschmack der Erzeugnisse.

**Frischhaltung und Lagerung der Biskuitgebäcke**

Biskuitgebäcke ohne Füllung sind frisch, so lange sie innen weich und zart sind.

- **Löffelbiskuits** sind verpackt längere Zeit bei Raumtemperatur lagerfähig. In Gebäcktütchen oder in Gebäckschalen verpackt, trocknen sie nicht so schnell aus.
- **Biskuittortenböden** bleiben einige Tage in einem kühlen Raum oder in der Kühlung frisch. Ziehen sie sich zusammen und lösen sich so etwas vom Tortenring, trocknen sie aus.
- **Kapseln** für Rouladen und **Omeletts** für Sahneomeletts sind nur in frischem Zustand besonders weich und somit gut rollfähig, ohne zu brechen.
- Die Frischhaltung der einzelnen Biskuitgebäcke ist abhängig von der Füllung bzw. dem Obstbelag.

**Tiefgefrieren der ungefüllten Biskuitgebäcke**

Die frisch zu verarbeitenden Kapseln, Omeletts und Mohrenkopfschalen eignen sich gut zum Tiefgefrieren. Nach dem Backen werden sie in noch warmem Zustand in den Froster gegeben. Nach dem Auftauen bei Raumtemperatur sollten die Biskuitgebäcke bald verarbeitet werden.

Biskuitböden und Löffelbiskuits werden gewöhnlich nicht tiefgefroren, weil sie längere Zeit lagerfähig sind.

**Besondere Eignung der Biskuitgebäcke**

- Alle Erzeugnisse aus Biskuitmasse sind vorzügliche Gebäcke zum Kaffee und Tee.
- Löffelbiskuits sind für Kleinkinder und Säuglinge zu empfehlen, da sie kein Fett enthalten. Deshalb sind sie besonders leicht kaubar und gut verdaulich.
- Biskuitgebäcke ohne Sahnefüllung sind für kranke Menschen und für Menschen, die kein Fett vertragen, besonders geeignet, da diese Gebäcke kein Fett enthalten und somit gut verdaulich sind.

LF 2

## Aufgaben

1. Aus welchen Zutaten und in welchem Verhältnis zueinander wird Biskuitmasse hergestellt?
2. Beschreiben Sie das gebräuchlichste Herstellungsverfahren von Biskuitmassen als Zweikesselmasse.
3. Nennen Sie Gebäcke aus Biskuitmasse und geben Sie an, womit sie gefüllt werden.
4. Beschreiben Sie, wie Löffelbiskuits aufdressiert werden und wie die Oberfläche der Löffelbiskuits behandelt wird.
5. Erklären Sie das Backen von Löffelbiskuits, Biskuitböden und Biskuitkapseln.
6. Stellen Sie mit dem Rezept von → Seite 162 Biskuitböden, Biskuitkapseln und Sahneomeletts mit der Zweikesselmasse her. Geben Sie die Eigelb- und Eiklarmenge mit dem Zuckeranteil zum Aufschlagen an.
7. Geben Sie die Ursachen folgender Fehler der Biskuitgebäcke an:
   - Biskuitgebäcke haben ein geringes Volumen oder sie sind etwas breit gelaufen
   - Gebäcke sind leicht eingefallen und haben eine runzelige Gebäckoberfläche
   - Kapseln brechen beim Rollen für Rouladen
8. Wie lange werden Biskuitgebäcke als frisch bezeichnet?
9. Beschreiben Sie die Frischhaltung und Lagerfähigkeit von
   - Löffelbiskuits,
   - Biskuitböden, ungefüllt,
   - Kapseln für Rouladen und Omeletts für Sahneomeletts.
10. Geben Sie Auskunft über das Tiefgefrieren von Kapseln, Omeletts und Mohrenkopfschalen.
11. Zu welchen Gelegenheiten können Biskuitgebäcke empfohlen werden?
12. Für welche Gruppen von Menschen sind Biskuitgebäcke ohne Sahnefüllung besonders zu empfehlen?
13. Ein Kunde kann sich nicht entscheiden, ob er Löffelbiskuits oder Mohrenköpfe kaufen soll. Bei der Beratung erläutern Sie ihm die Qualitätsmerkmale der Biskuitgebäcke.

# 11 Haltbarmachen und Lagern der Lebensmittel

## Situation

In Ihrer Bäckerei werden sowohl haltbar gemachte Lebensmittel verwendet als auch Bäckereierzeugnisse haltbar gemacht. Um die Lebensmittel haltbar zu machen, stehen verschiedene Verfahren zur Verfügung. Die meisten Backwaren werden jedoch frisch verkauft. Damit sie von bester Qualität sind, müssen bestimmte Lagerbedingungen eingehalten werden. Einer Kundin erläutern Sie die speziellen Merkmale von eingeschweißten und frischen Hefezöpfen.

- Welche Haltbarmachungsmethoden sind in der Bäckerei üblich?
- Wie wirken sich die verschiedenen Haltbarmachungsmethoden auf die Lagerdauer aus?
- Was geschieht beim Altwerden der Gebäcke?
- Welche Anforderungen werden an einen Lagerraum für Backwaren gestellt?
- Welche Vorteile bieten die Gärverzögerung und die Gärunterbrechung?



Die Haltbarmachung der Lebensmittel wird allgemein als **Konservierung** bezeichnet.

**Vorgänge beim Haltbarmachen (Konservieren)**

Bei der Haltbarmachung der Lebensmittel, Teiglinge und Bäckereierzeugnisse werden den Mikroorganismen die Lebensbedingungen wie Feuchtigkeit, Wärme und Sauerstoff entzogen, sodass sie sich nur noch gering oder gar nicht vermehren können.

Auch die Tätigkeit der Enzyme, die die Lebensmittel und Waren bei der Lagerung nachteilig verändern, wird beim Konservieren gehemmt oder eingestellt.

**Ziele der Haltbarmachung (Konservierung)**

- Lebensmittel und Bäckereierzeugnisse werden vor dem Verderb geschützt.
- Lebensmittel und Bäckereierzeugnisse sollen bei der Lagerung ihre natürlichen Eigenschaften behalten wie
  - den Gesundheitswert,
  - den Genusswert,
  - das Aussehen.

## 11.1 Haltbarmachen durch Kälte

Bei der Konservierung durch Kälte unterscheidet man

- Kühlen,
- Tiefgefrieren (Frosten),
- Gärverzögerung,
- Gärunterbrechung.

### Kühlen

In der Kühlung, d. h. im Kühlschrank oder Kühlraum, herrschen **Temperaturen von 2 bis 10 °C.** Bei diesen kühlen Temperaturen sind die Lebensmittel einige Tage länger haltbar als bei Raumtemperatur.

Auch im **Sahneklimaschrank** sind Kühlschranktemperaturen mit hoher **relativer Luftfeuchtigkeit zwischen 80 % und 96 %**. Damit werden Hautbildungen und das Austrocknen der Oberflächen von Sahneerzeugnissen verhindert.

## Tiefgefrieren (Frosten)

Durch das Tiefgefrieren, auch Frosten genannt, werden Lebensmittel und Bäckereiwaren langfristig haltbar gemacht. Die Mikroorganismen und Enzyme stellen ihre Tätigkeit völlig ein, weil das lebensnotwendige freie Wasser der Lebensmittel zu Eis gefroren ist. Beim Auftauen vermehren sich die Mikroorganismen wieder und werden wie die Enzyme wieder aktiv.

Während des Tiefgefrierens verdunstet etwas Wasser. Deshalb werden Lebensmittel und Bäckereiwaren immer in Folien verpackt tiefgefroren.

*Schockfroster*



Das fachgerechte Tiefgefrieren erfolgt gewöhnlich in zwei Abschnitten:

**Schockfrosten**
Bei ca. –35 °C werden die Lebensmittel schnell, d. h. schockartig gefroren, bis sie im Inneren –7 °C erreicht haben.

**Lagerung im Froster**
Nach dem Schockfrosten wird die Ware bei –18 °C im Frosterschrank bzw. Frosterraum gelagert.
Die Lagertemperatur im Froster muss immer gleichbleibend um –18 °C sein, damit kein Auftauprozess beginnt und die Lebensmittel keine Qualitätseinbußen erleiden.

Die Kerntemperatur von –7 °C haben Teiglinge und Gebäcke beim Schockfrosten nach ca. 30 Minuten erreicht und können dann im Froster gelagert werden.

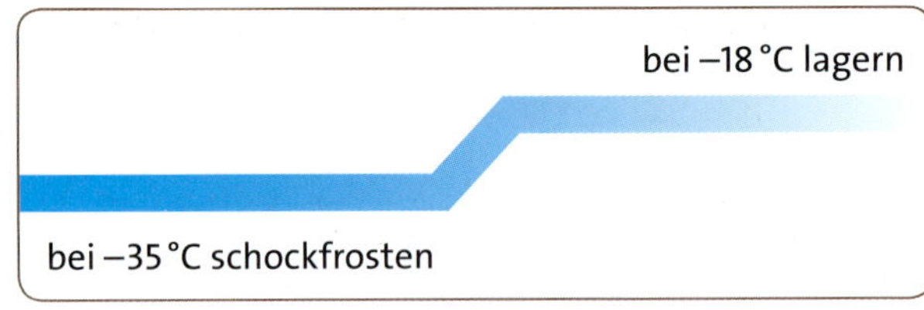


Der Tiefkühlschrank bzw. Tiefkühlraum muss mit einem Thermometer ausgestattet sein. Die Lagertemperatur im Froster sollte täglich kontrolliert werden und am besten als Beleg für die Lebensmittelkontrolle protokolliert werden.

### Das richtige Tiefgefrieren

- Teiglinge und Backwaren werden mit einer Folie eng abgedeckt, damit sie nicht austrocknen. Beim Langzeitfrosten sollten sie dicht an dicht in Tiefgefrierbeutel gegeben werden.
- Es sollten nur frische Bäckereiwaren gefrostet werden.
- Backwaren sollten im warmen Zustand bei ca. 60 bis 70 °C schockgefrostet werden.

*Tiefgefrorene Teiglinge in Folie*

### Rezepturmäßige Voraussetzungen der Waren zum Frosten

- Waren aus Teigen und Massen mit Fett und/oder Zuckeranteil
- Waren aus Teigen mit Roggenmehl und Vollkorn

Je mehr Fett und/oder Zucker sowie Roggenmehl und Vollkorn in den Waren enthalten ist, desto besser eignen sie sich zum Tiefgefrieren und desto länger können sie im Froster gelagert werden.
Roggenmehl und die Schalen des Vollkorns binden Wasser stärker als Weizenmehl. Teige und Massen mit Fett und Zucker besitzen wenig freies Wasser.

### Eiskristallbildung in Lebensmitteln und Backwaren beim Tiefgefrieren

| Beim schnellen Tiefgefrieren, ca. –35 °C, beim Schockfrosten: | Bei zu langsamer Kälteeinwirkung bei Frostertemperatur von –18 °C: |
|---|---|
| 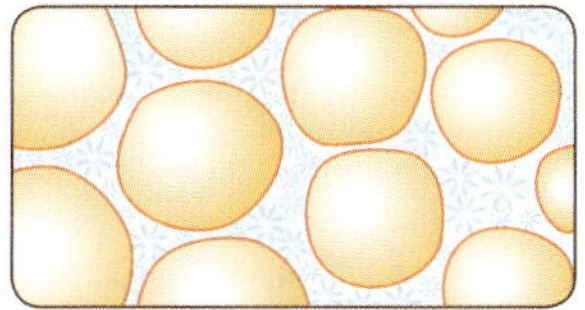 |  |
| Die starke Kälte durchdringt sehr schnell die Lebensmittel, Teiglinge und Gebäcke bis ins Innere. Das Wasser in den Zellzwischenräumen der Lebensmittel bildet sich zu kleinen Eiskristallen. Diese können die Zellen nicht beschädigen. | Bei geringer Kälte bilden sich aus dem Wasser in den Zellzwischenräumen große Eiskristalle mit scharfen Kanten. Die großen Eiskristalle beschädigen die Zellwände der Lebensmittel. |
| 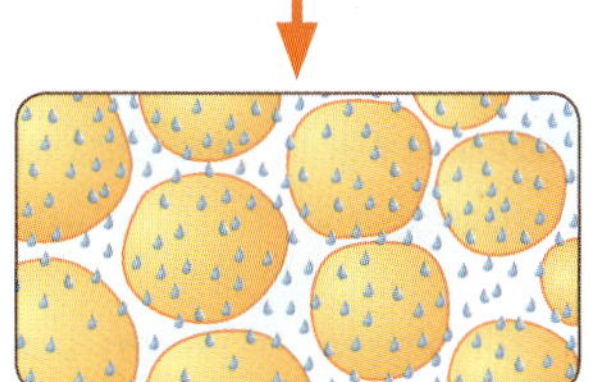 | 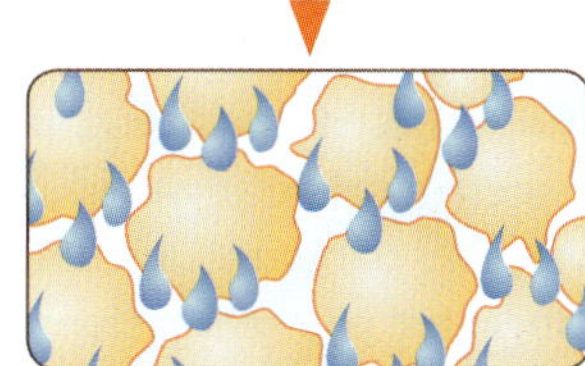 |
| Beim Auftauen bleibt das Wasser in den unbeschädigten Zellen erhalten. Die Lebensmittel und Backwaren trocknen nicht aus. | Beim Auftauen läuft das Wasser aus den beschädigten Zellen, sodass die Lebensmittel und Backwaren trockener werden. |

### Bäckereiwaren, die sich zum Tiefgefrieren eignen

| Geeignete Waren zum Frosten | Begründungen |
|---|---|
| • Brezeln, als Teiglinge, aber auch als Gebäcke<br>• roggenhaltige Kleingebäcke und Brote<br>• Vollkornbrötchen und Vollkornbrote<br>• Weizenbrote, Baguettes, Ciabattas, Toastbrote<br>• gebackene und ungebackene, fertig belegte Pizzas<br>• Zwiebelkuchen und Quiches, gebacken<br>• Gebäcke aus Hefeteigen<br>• Siedegebäcke, z. B. Berliner<br>• Plunder- und Blätterteigstücke als Teiglinge<br>• ungefüllte Gebäcke aus Massen, z.B. Windbeutel<br>• eingesetzte Torten und Rouladen aus Sahnecreme | • Feste Teige, z.B. Brezelteig, besitzen einen geringen Wasseranteil, der von den Mehlbestandteilen gebunden wird.<br>• Die schalenreichen Roggenmehle und die Schalen der Getreidekörner von Vollkornschrot sind quellfähig und binden viel Wasser.<br>• Ein geringer Fettanteil im Teig macht die Krume geschmeidig und weich, sodass sie nach dem Auftauen nicht spröde ist.<br>• Hefeteige enthalten durch den Fettanteil wenig Milch. Das Wasser der Milch wird vom Zucker gebunden. |

**Auswirkungen bei zu langer Lagerung von Backwaren im Froster:**

- Die Gebäcke trocknen aus.
- Die Gebäcke verlieren an Geschmack.
- Durch die Wasserverdunstung löst sich die Kruste von der Krume.

### Bäckereiwaren, die sich nicht zum Tiefgefrieren eignen

| Nicht geeignete Waren | Negative Auswirkungen durch das Frosten |
|---|---|
| Backwaren mit Obst | Nach dem Auftauen gibt das Obst viel Flüssigkeit ab und wird matschig. |
| mit Fondant glasierte und mit Schokoladenkuvertüre oder Fettglasur überzogene Waren | Fondant, Schokoladenkuvertüre und Fettglasur sehen nach dem Auftauen nicht mehr schön aus. |
| gebackene Plunder- und Blätterteigstücke | Nach dem Auftauen blättern beim Glasieren die oberen Gebäckschichten stark ab, die Gebäcke werden unansehnlich. |
| Fertig gebackene Brötchen sollen im Bäckereifachgeschäft nicht gefrostet werden. Auch beim Kunden sollen sie möglichst frisch und nicht länger als ca. zwei Tage tiefgefroren werden. | Aufgebackene Brötchen weisen folgende Fehler auf:<br>• Beim Schneiden der Brötchen bröselt die Kruste und löst sich etwas von der Krume.<br>• Die Krume ist trockener als bei frischen Brötchen.<br>• Die Brötchen sind leer im Geschmack. |

LF 2

#### Auftauen und Backen von TK-Teiglingen

Tiefkühlteiglinge werden bei Raumtemperatur vollständig aufgetaut. Teiglinge mit Hefe werden anschließend in den Gärraum gegeben und danach gebacken.
Die Auftauphase soll nicht zu schnell bei zu hohen Temperaturen erfolgen, da der Teig ein schlechter Wärmeleiter ist und sich von außen nach innen verschiedene Reifeschichten ergeben, was eine schlechtere Gebäckqualität zur Folge hat.

#### Backen von TK-Brezelteiglingen

Tiefgefrorene Brezelteiglinge können in gefrorenem Zustand, leicht angetaut in Brezellauge getaucht und gebacken werden.
Auch belaugte, tiefgefrorene Brezelteiglinge können gefroren in den Backofen geschoben und gebacken werden.

#### Aufbacken von Backwaren direkt vor dem Verzehr

Vor dem Aufbacken von z. B. Brezeln, roggenhaltigen Kleingebäcken, Vollkornbrötchen und Hefeteiggebäcken werden diese bei Raumtemperatur aufgetaut.
Möglichkeiten zum Aufbacken sind:

- Gebäcke ca. drei Minuten bei hoher Backhitze, ca. 230 °C, mit Schwaden in den Ofen schieben.
- Kunden können im Haushalt die Gebäcke auf den Aufsatz des Toastgerätes oder auf eine andere starke Wärmequelle legen.

LF 2

Nach dem Aufbacken sollen die Gebäcke möglichst schnell verzehrt werden, da sie sonst trocken und spröde werden.

#### Auftauen von Sahneerzeugnissen

Sahnecremetorten, -rouladen und -desserts werden in der Kühlung langsam aufgetaut, am besten im Sahneklimaschrank bei hoher Luftfeuchtigkeit. Dadurch wird vor allem eine Hautbildung vermieden. Bei Sahnetorten dauert das Auftauen vier bis fünf Stunden.

#### Aufgetaute Lebensmittel und Bäckereierzeugnisse

- Sie dürfen nicht wieder tiefgefroren werden, da sie dann trockener werden.
- Bei feuchten Lebensmitteln würden sich bei jedem Auftauen die Mikroorganismen vermehren, die dann gesundheitsschädlich sind.

#### Fehler beim Frosten

- Eine vereiste Oberfläche bei tiefgefrorenen Lebensmitteln bzw. Waren deutet auf einen bereits erfolgten Auftauprozess bei Temperaturen über (wärmer) –18 °C hin. Beim Antauen bilden sich große Eiskristalle.
- Werden Lebensmittel oder Bäckereierzeugnisse vor dem Frosten nicht mit Folie abgedeckt oder ist die Folie beschädigt, trocknen diese Waren an den Randschichten der unbedeckten Stellen aus. Diese deutlich helleren Stellen an der Oberfläche der Waren bezeichnet man als **„Gefrierbrand“**.

*Vereistes Gefriergut*

## Gärverzögerung und Gärunterbrechung

Diese Haltbarmachungsmethoden in Kühlzellen, die bei Teigen mit Hefe angewendet werden, gehören zum Standard der Bäckerei. Durch Kälte wird die Hefegärung verlangsamt oder eingestellt und die Enzyme können bei diesen kühlen Temperaturen die Nährstoffe nicht mehr abbauen.

*Kühlzellen für die Gärverzögerung und Gärunterbrecher*

#### Rezepturänderung

Damit Brötchenteige für die langsame bzw. unterbrochene Gare durch Kälte geschmeidiger werden, gibt man ihnen etwas Fett, bis 2 % vom Mehl berechnet, und spezielle Backmittel für Gärverzögerung und Gärunterbrechung zu.

### Zeitpunkt der Kühlung

Nachdem die Teiglinge geformt sind, werden sie entweder sofort oder spätestens bei halber Gare in die Kühlzellen geschoben. Eine besonders hohe Luftfeuchtigkeit von 90 bis 95% verhindert das Austrocknen der Oberfläche der Teiglinge.

### Restgare der Teiglinge bis zum Backen

Die computergesteuerten Zellen (Räume), die gärverzögern und gärunterbrechen können, werden mittels Zeitschaltuhren zu Gärräumen. Zur eingestellten Zeit geht die Kälte in den Kühlzellen in Wärme wie im Gärraum über. Bei ca. 32 °C und 70% relativer Luftfeuchtigkeit erfolgt die restliche Gare bis zur endgültigen Gärreife, bei der dann die Teiglinge in den Backofen geschoben werden.

### Vorteile der Gärverzögerung und Gärunterbrechung

- Die Herstellung von Brötchen, Baguettes, Brezeln, Croissants, Plunderteiglingen u. a. kann in der Bäckerei zu beliebigen Betriebszeiten erfolgen. So können auch Wochenenden und Feiertage problemlos überbrückt werden.
- In gekühltem Zustand können die Teiglinge in die Filialen gebracht und dort mehrmals täglich frisch gebacken werden.
- Es sind immer Teiglinge vorhanden, die entsprechend dem Bedarf gebacken werden können, sodass den Kunden jederzeit frische Backwaren angeboten werden können.

| | Gärverzögerung | Gärunterbrechung |
|---|---|---|
| Lagertemperatur<br><br>relative Luftfeuchtigkeit | ca. +5 bis –5 °C<br><br>90 bis 95% | bei einer Lagerzeit bis zu einem Tag: –10 °C<br>bei ein bis drei Tagen Lagerzeit: –18 °C<br>90 bis 95% |
| Lagerzeit | bis 24 Stunden | bis 72 Stunden (3 Tage) |
| Tätigkeit der Hefe und Enzyme | Die Hefetätigkeit wird je nach Lagertemperatur stark gebremst. Die Enzyme arbeiten sehr langsam. | Die Hefe und Enzyme stellen ihre Tätigkeit völlig ein. |

LF 2

### Aufgaben

1. Erklären Sie, was bei der Haltbarmachung von Lebensmitteln, Teiglingen und Bäckereierzeugnissen geschieht.
2. Nennen Sie die zwei Ziele der Konservierung von Lebensmitteln und Bäckereierzeugnissen.
3. Geben Sie die vier physikalischen Konservierungsverfahren durch Kälte an.
4. Bei welchen Temperaturen werden Lebensmittel im Kühlschrank und Kühlraum gekühlt?
5. Nennen Sie die zwei Abschnitte des Tiefgefrierens und geben Sie jeweils die benötigten Temperaturen an.
6. Erläutern Sie das richtige Tiefgefrieren
   - bei Teiglingen und Backwaren,
   - allgemein für Bäckereiwaren,
   - bei Backwaren.
7. Erklären Sie die Vorgänge der Eiskristallbildung in Lebensmitteln und Backwaren sowie die Auswirkungen beim Auftauen
   - beim Schockfrosten,
   - bei zu langsamer Kälteeinwirkung bei Frostertemperatur von –18 °C.
8. Welche Nachteile entstehen bei zu langer Lagerung der Backwaren im Froster?
9. Geben Sie die rezepturmäßigen Voraussetzungen an, damit sich Backwaren besonders gut zum Frosten eignen.
10. Nennen Sie Bäckereiwaren, die sich zum Tiefgefrieren eignen, und begründen Sie die Eignung.
11. Nennen Sie Bäckereiwaren, die sich nicht zum Tiefgefrieren eignen, und geben Sie jeweils die negativen Auswirkungen durch das Frosten an.
12. Beschreiben Sie das richtige Auftauen und Backen von Tiefkühlteiglingen.
13. Erläutern Sie das Backen von TK-Brezelteiglingen.
14. Erklären Sie das Aufbacken von Backwaren kurz vor dem Verzehr.
15. Wie sollten Sahneerzeugnisse aufgetaut werden?
16. Warum dürfen aufgetaute Lebensmittel nicht wieder tiefgefroren werden? →

17 Was bedeutet eine vereiste Oberfläche auf tiefgefrorenen Lebensmitteln?

18 Was versteht man unter einem „Gefrierbrand“?

19 Beschreiben Sie die Daten der Gärverzögerung und Gärunterbrechung:
- Lagertemperatur
- relative Luftfeuchtigkeit
- Lagerzeit
- Tätigkeit der Hefe und Enzyme

20 Erklären Sie die Vorteile der Gärverzögerung und der Gärunterbrechung.

21 Die Bäckerei, in der Sie arbeiten, hat auch am Sonntag den Laden geöffnet. Da am Samstag und Sonntag weniger Bäcker in der Produktion arbeiten, muss an den Tagen zuvor so viel wie möglich vorbereitet werden. Aber nicht alle Erzeugnisse eignen sich dafür, denn die Qualität muss auf jeden Fall gewährleistet bleiben. Stellen Sie deshalb eine Liste zusammen, welche Erzeugnisse von den Kunden gewünscht werden und welche sich davon vorbereiten lassen. Dabei unterscheiden Sie auch, wann die Teiglinge bzw. Waren hergestellt werden können und wie sie bis zum Samstag bzw. Sonntag zu lagern sind.

## 11.2 Haltbarmachen durch Hitze

Das Ziel der Konservierung durch Hitze ist das Abtöten der Mikroorganismen und die Vernichtung der Enzyme in den zuvor verpackten Lebensmitteln.

Je höher und länger die Erhitzung der Lebensmittel, desto größer sind die Nachteile:
- Vitamine werden zerstört.
- Eiweißstoffe gerinnen (denaturieren).
- Die natürlichen Farben verblassen, z. B. bei Früchten.

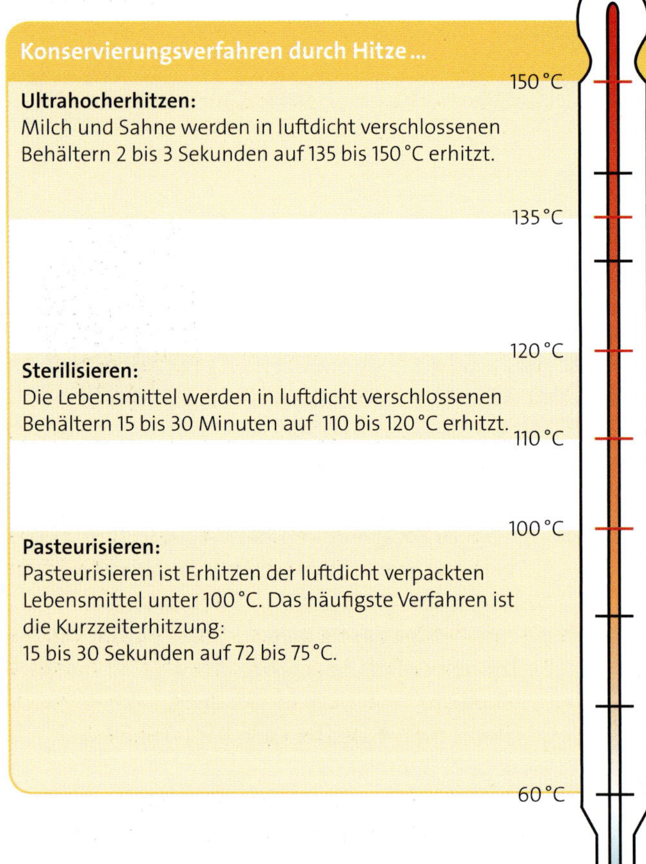


| Konservierungsverfahren durch Hitze … | … und deren Auswirkungen |
|---|---|
| **Ultrahocherhitzen:**<br>Milch und Sahne werden in luftdicht verschlossenen Behältern 2 bis 3 Sekunden auf 135 bis 150 °C erhitzt. | Mikroorganismen und Enzyme werden abgetötet. Dieses Verfahren wird hauptsächlich bei der H-Milch und der H-Sahne (haltbar gemachte Milch und Sahne) angewendet, die in verschlossenen Packungen ungekühlt mindestens sechs Wochen lagerfähig sind. Durch dieses sehr kurze Erhitzen sind die Vitaminverluste und die Eiweißgerinnung nicht allzu hoch. |
| **Sterilisieren:**<br>Die Lebensmittel werden in luftdicht verschlossenen Behältern 15 bis 30 Minuten auf 110 bis 120 °C erhitzt. | Enzyme und Mikroorganismen sowie deren hartnäckige Sporen sterben ab. Die Erzeugnisse sind deshalb keimfrei und als verschlossene Konserve mindestens ein Jahr haltbar.<br>Unerwünschte Auswirkungen:<br>• Vitaminverluste • Aromaveränderungen<br>• Eiweißgerinnung • Farbverblassung beim Obst |
| **Pasteurisieren:**<br>Pasteurisieren ist Erhitzen der luftdicht verpackten Lebensmittel unter 100 °C. Das häufigste Verfahren ist die Kurzzeiterhitzung:<br>15 bis 30 Sekunden auf 72 bis 75 °C. | Die meisten Mikroorganismen und alle Enzyme sterben ab. Die Haltbarkeitsdauer dieser verpackten Lebensmittel ist trotz kühler Lagerung begrenzt, z. B.<br>• Milch und Sahne: ein paar Tage lagerfähig<br>• Fruchtsäfte und Bier: einige Monate lagerfähig<br>Vitaminverlust und Eiweißgerinnung sind minimal. |

**Aufgaben**

1. Erklären Sie den Zweck der Haltbarmachung durch Hitze und geben Sie mögliche Nachteile der Lebensmittel durch diese Konservierung an.
2. Beschreiben Sie folgende Haltbarmachungsverfahren durch Hitze mit den erforderlichen Temperaturen. Geben Sie jeweils die Auswirkungen der Konservierung auf die Lebensmittel an:
   - Pasteurisieren
   - Sterilisieren
   - Ultrahocherhitzen
3. Jedes Jahr im Herbst entsaften Sie zu Hause frische Äpfel, um daraus Apfelsaft herzustellen. Der Saft muss jedoch recht bald getrunken werden, da er sonst gärig wird. Sie fragen Ihre Chefin, warum die Säfte, die Sie im Café ausschenken, viel länger haltbar sind.
4. Ihre Kollegin möchte von der Chefin wissen, ob sie bei der Molkerei Frischmilch oder H-Milch für das Café bestellen soll. Überlegen Sie, ob es überhaupt einen Unterschied zwischen diesen beiden Milchsorten gibt und warum man die Milch im Café nicht einfach mit dem Milchpulver herstellt, das manchmal auch in der Backstube verwendet wird.

## 11.3 Haltbarmachen durch Wasserentzug

Lebensmittel verderben, wenn Mikroorganismen und Enzyme ausreichend freies Wasser in den Lebensmitteln zur Verfügung haben.
Je weniger Wasser den Mikroorganismen und Enzymen zur Verfügung steht, desto geringer ist ihre Aktivität. Deswegen wird den Lebensmitteln durch Wärme Wasser entzogen, dabei werden sie getrocknet.

### Lufttrocknung von Obst

Diese **Verdunstungstrocknung bei 80 bis 100 °C** wird bei Trockenfrüchten wie Weinbeeren (Rosinen, Sultaninen, Korinthen), Feigen, Äpfeln, Birnen, Aprikosen, Zwetschgen u. a. angewandt. Getrocknetes Obst wird jedoch durch die Lufteinwirkung zunehmend dunkler. Um die natürliche helle Farbe zu erhalten, werden Trockenfrüchte leicht geschwefelt → Seite 174.

*Trockenobst*

### Sprüh- und Walzentrocknung

Diese **Verdampfungstrocknung bei über 100 °C heißer Luft bzw. heißen Walzen** erfolgt bei flüssigen Lebensmitteln wie
- Milch und Milcherzeugnissen (Milch-, Sauermilch-, Buttermilcherzeugnisse, Sahne-, Joghurterzeugnisse, Quarkpulver),
- Eiern (Vollei-, Eiweiß- und Eigelbpulver),
- Kaffee (Kaffeepulver = Extraktkaffee).

*Milchpulver, Eiweißpulver, Kaffeepulver*

Bei der **Sprühtrocknung** werden die flüssigen Lebensmittel durch Düsen in kleinste Tröpfchen zerstäubt. Im heißen Luftstrom wird das Wasser entzogen.
Bei der **Walzentrocknung** werden die flüssigen Lebensmittel in dünner Schicht auf beheizte Walzen aufgetragen. Die Lebensmittel trocknen dabei und können mit einem Schaber von den Walzen geschabt werden.

Nachteile der Sprüh- und Walzentrocknung:
- Der Geschmack der Lebensmittel wird nachteilig verändert.
- Vitamine werden zum großen Teil zerstört.

LF 2

### Gefriertrocknen

Dies ist das schonendste Trocknungsverfahren. Die Lebensmittel werden zunächst auf –20 bis –30 °C tiefgefroren. Das Gefriertrocknen findet dann bei –20 bis –30 °C unter Vakuum statt. Dabei wird Eis durch zugefügte Wärmestrahlung aus den Lebensmitteln verdampft, ohne vorher zu schmelzen. Die gefriergetrockneten Erzeugnisse werden vakuumverpackt.

Bei der Gefriertrocknung behalten die Lebensmittel weitgehend ihr natürliches Aroma und es finden keine Farbveränderungen statt. Es entsteht fast kein Vitaminverlust. Deshalb wird diese Konservierungsmethode immer häufiger angewandt, vor allem bei den Convenience-Produkten wie

- gefriergetrockneter Sauerteig,
- Sahnecreme (z. B. Käsesahne-, Joghurtsahnepulver),
- Röstmassen (z. B. Bienenstichaufstrich und Florentiner),
- löslicher Kaffee,
- Fruchtextrakten (Fruchtsaftpulver).

*Gefriergetrocknete Produkte: Sauerteig, Convenience-Produkt für Erdbeersahne, Kaffee*

**Aufgaben**

1. Erklären Sie den Sinn der Haltbarmachung von Lebensmitteln durch Wasserentzug.
2. Beschreiben Sie folgende Haltbarmachungsmethoden und geben Sie Beispiele für
   - das Lufttrocknen von Obst,
   - die Sprüh- und Walzentrocknung,
   - das Gefriertrocknen.
3. Nennen Sie die Vorteile des Gefriertrocknens gegenüber den anderen Haltbarmachungsmethoden durch Trocknen.
4. Informieren Sie sich über das Angebot an gefriergetrockneten Convenience-Produkten und überlegen Sie, ob deren Einsatz sinnvoll ist.

## 11.4 Haltbarmachen durch Verpacken in Folien

Das Verpacken in Folien ist eine häufige Verpackungsart für Bäckereierzeugnisse, da in den Folien die Waren gut sichtbar sind.

### Vorteile der Waren, die in Folien verpackt sind

- In Folien verpackte Bäckereiwaren halten länger frisch, weil die Waren von der Luft abgeschirmt sind und so nicht so schnell austrocknen.
- Die Folien bilden eine hygienische Schutzhülle, die die Waren vor äußeren Einflüssen schützt, z. B. Staub, Mikroorganismen.
- In Folien verpackte Waren dürfen zur Selbstbedienung angeboten werden.
- Die Kunden können die in Folien verpackten Waren problemlos nach Hause transportieren.

Folien sind nicht nur eine Schutzhülle der Waren, sondern werden mit Aufkleber des Firmenlogos besonders gute Werbeträger.

### Verpacken der Waren in Folien und Folientüten

Die Bäckereiwaren werden dabei einfach in Folien verpackt, sodass die Luft nicht mehr an die Waren gelangen kann, z. B.:

- Beim Einschlagen der Waren mit selbstklebenden Folien haften die Enden der Folien aneinander und verschließen somit die Waren.
- Waren werden in Folientütchen oder Folienbeutel gegeben, die mit Clips oder Ringelbändern verschlossen werden, z. B. Gebäcktütchen, verpacktes Schnittbrot.
- Stollen werden in Schläuche aus Folie gegeben und an den beiden Enden mit Clips oder Ringelbändern verschlossen.

*Folientütchen*

*Stollen im Folienschlauch*

### Einschweißen

Darunter versteht man das luftdichte Verschließen der Waren mit Folien in einer Verpackungsmaschine.

- Die Ware in eine Halbschlauchfolie, die an zwei Seiten geschlossen ist, legen und die Folie durch das Schließen einer durchsichtigen Haube wie ein Rechteck an allen vier Seiten mit heißen Schweißdrähten verschweißen (versiegeln, verschließen).
- Sofort wird in den durch eine Haube abgeschlossenen Raum, in dem die verschweißte Ware liegt, Hitze eingebracht.
- Dabei schrumpft die Folie, die sich dabei zusammenzieht und sich direkt an die Ware anlegt.
- Die eingeschweißte Ware ist klar und deutlich sichtbar und die Folie zieht sich straff über die Ware.

Während bei den kompakten Maschinen das Verschweißen der Folie und das Schrumpfen in einem Arbeitsgang erfolgen, werden in großen Verpackungsmaschinen die eingeschweißten Waren durch einen heißen Schrumpftunnel gegeben, in dem sich die Folien um die Waren zusammenziehen.

*Einschweißen in Folie*

*In Folie eingeschweißte Ware*

### Vakuumverpacken (Vakuumieren)

Die meisten Mikroorganismen benötigen Sauerstoff. Im Vakuumiergerät wird die Luft aus der Verpackung herausgesaugt und die Öffnung der Folie sofort verschlossen, sodass die Verpackung innen frei von Sauerstoff ist. Dabei zieht sich die Folie zusammen und umschließt die Waren ganz eng.

In dieser sauerstofffreien Verpackung wird der Verderb der Lebensmittel durch Schimmelpilze, Hefen, Eitererreger u.a. stark gehemmt und auch das Ranzigwerden von Fetten verzögert. Außerdem werden flüchtige Aromastoffe im Vakuum gut erhalten.

*Vakuumierte Nüsse*

LF 2

#### Aufgaben

1. Nennen Sie die Vorteile der Waren, die in Folien verpackt sind.
2. Geben Sie Möglichkeiten an, bei denen Waren in der Bäckerei einfach in Folien und Folientütchen bzw. Folienbeuteln verpackt werden.
3. Erklären Sie das Vakuumverpacken.
4. Beschreiben Sie das Einschweißen von Waren.
5. Eine Kundin möchte von Ihnen wissen, warum die in Folientüten verpackten und die eingepackten Gebäcke länger frisch bleiben als die Gebäcke, die in Papiertüten verpackt sind.

#### Rechenaufgabe

Teegebäcke werden in Folientütchen verpackt und mit Ringelbändern verschlossen. Ein Gebäcktütchen kostet im Verkauf 4,70 €. Für das Verpackungsmaterial werden 4,2 % berechnet. Wie viel kostet das Verpackungsmaterial für 80 Gebäcktütchen?

## 11.5 Haltbarmachen durch chemische Konservierungsstoffe

Chemische Konservierungsstoffe zählen nach dem Lebensmittel- und Futtermittelgesetzbuch (LFGB) zu den Lebensmittel-Zusatzstoffen. Gründe für ihren Einsatz bei der Lebensmittelverarbeitung sind:
- die Verlängerung der Frischhaltung und der Haltbarkeit der Lebensmittel,
- Erhaltung des schönen Aussehens der Lebensmittel während der Lagerung.

### Chemische Konservierungsstoffe

#### Säuren

Chemisch (künstlich) hergestellte Säuren für Lebensmittel sind z. B.
- Sorbinsäure = E 200
- Benzoesäure = E 210
- PHB-Ester = E 214 bis 219
- Propionsäure = E 280



Säuren verzögern die Schimmelbildung in Lebensmitteln.

Mit chemischen Säuren werden vorwiegend Schnittbrote, Fruchtsaftgetränke, Limonaden, Mayonnaisen, Salate und Fruchtjoghurts konserviert.

#### Schwefeldioxid

Geschwefelt werden können:
- Trockenfrüchte wie Sultaninen, Trockenäpfel, Feigen u. a.,
- Zitronat, Orangeat,
- Dickzuckerfrüchte,
- Konfitüre, Gelee und Marmeladen.

*Ungeschwefelte und geschwefelte Aprikosen*

Schwefeldioxid wird auf Früchte und in Fruchtzubereitungen gegeben, damit sie ihre helle, appetitliche Farbe behalten und nicht nachdunkeln.

Der Zusatz von Schwefel ist deklarationspflichtig. Auch bei lose verkaufter Ware muss die Angabe „geschwefelt" gut sichtbar neben der Ware stehen. Die Verwendung von Schwefeldioxid wird auf Fertigpackungen auch mit den Nummern E 220 bis 224, E 226 bis E 228 angegeben.

Die Deklaration kann entfallen, wenn die geschwefelten Lebensmittel keine konservierende Wirkung auf das Gebäck haben, z. B. geschwefelte Trockenfrüchte in den Backwaren.

#### Oberflächenbehandlungsmittel

Oberflächenbehandlungsmittel werden auf die Schalen der Zitrusfrüchte und Bananen gegeben, damit diese keine Flecken und braune Stellen bekommen bzw. faulen.

Zu den Oberflächenbehandlungsmitteln zählen:
- Orthophenylphenol = E 231
- Natriumorthophenylphenol = E 232
- Thiabendazol (Pflanzenschutzmittel ohne E-Nummer)

Früchte, die mit Oberflächenbehandlungsmitteln konserviert wurden, sind gekennzeichnet, mit Ausnahme der Verwendung von Thiabendazol für Bananen. Deshalb müssen nach dem Schälen von Bananen die Hände gewaschen werden.
Wenn die Schalen von Zitronen und Orangen als Gewürz verwendet werden oder mit anderen Lebensmitteln in Berührung kommen, dürfen nur unbehandelte Früchte verwendet werden. Dies gilt z. B. für:
- Zitronen- oder Orangenschalen, die als Gewürze abgerieben werden
- Zitronenscheiben in Getränken und Orangenscheiben als Dekor für Getränke und Eisbecher
- Zitronen- und Orangenschalen, die in den Punsch (Getränk aus Wein mit Rum) gelegt werden
- ganze oder geteilte Zitronen und Orangen als Dekor für kalte Büfetts und Eisbüfetts

*Unbehandelte Zitrusfrüchte als Dekor für Getränke*

### Antioxidantien

Antioxidantien hemmen die Reaktion von Sauerstoff mit Lebensmitteln und verhindern dadurch den Verderb.

Antioxidantien können u.a. in Marzipanrohmasse, Nugatmasse, Knabbergebäcke, Kaugummi und auf Walnusskerne gegeben werden. Sie werden mit den E-Nummern E 320 und E 321 gekennzeichnet → Seite 242.

## Deklaration für chemische Konservierungsstoffe

Viele Menschen reagieren allergisch auf bestimmte Lebensmittel-Zusatzstoffe. Dies kann sich beispielsweise in Unwohlsein und Hautausschlägen äußern. Deshalb müssen chemische Konservierungsstoffe als Information für die Verbraucher deklariert werden. Sie werden mit ihrem chemischen Namen oder mit E-Nummern gekennzeichnet, die in allen Ländern der Europäischen Union gleich sind. Außerdem muss die Klassenzugehörigkeit angegeben werden, also z.B. Konservierungsstoff oder Antioxidationsmittel. Die Deklaration der verwendeten chemischen Konservierungsstoffe erfolgt

- bei Fertigpackungen in der Zutatenliste auf der Verpackung,
- bei unverpackten Backwaren auf einem Schild neben der Ware,
- bei Speisen im Café in der Speise- oder Getränkekarte, z.B. mit Sternchen als Fußnote.

### Werbewirksame Hinweise im Verkauf

Immer mehr Kunden bevorzugen Lebensmittel ohne chemische Konservierungsstoffe. Deshalb sollte in der Bäckerei auf Waren ohne chemische Konservierungsstoffe hingewiesen werden, z.B.:

- Ein deutlich lesbarer Zusatz auf der Fertigpackung von Schnittbrot: „ohne chemische Konservierungsstoffe".
- Beim Verkaufsgespräch weist die Fachverkäuferin auf die natürlichen Backwaren ohne chemische Konservierungsstoffe hin, z.B.
  „In unseren Backwaren befinden sich keine chemischen Konservierungsmittel, da wir grundsätzlich nur frische Lebensmittel verarbeiten und nur frische Ware anbieten."
  Oder im Café: „Wir verwenden selbstverständlich nur Zitronen (Orangen) mit unbehandelten Schalen für die Getränke bzw. Eisbecher."



*Werbeplakat*

**Aufgaben**

1. Beschreiben Sie die zwei Gründe für den Einsatz von chemischen Konservierungsstoffen in Lebensmitteln.
2. Erläutern Sie die Wirkung von Säuren als chemische Konservierungsmittel in Lebensmitteln.
3. Nennen Sie Säuren, die als Konservierungsstoffe eingesetzt werden, und geben Sie Verwendungsbeispiele an.
4. Geben Sie Beispiele für Rohstoffe aus der Bäckerei an, die manchmal im Handel geschwefelt angeboten werden.
5. Warum werden Lebensmittel geschwefelt?
6. Welche Früchte werden mit Oberflächenbehandlungsmitteln haltbar gemacht?
7. Nennen Sie Beispiele, für die nur unbehandelte Zitronen und Orangen verwendet werden dürfen.
8. Wie heißen die chemischen Konservierungsstoffe, die den Verderb der Lebensmittel durch Sauerstoff verhindern?
9. Erklären Sie, wie Backwaren und Speisen mit chemischen Konservierungsstoffen in der Bäckerei und im Café deklariert werden müssen.
10. Vergleichen Sie im Lebensmittelgeschäft die Zutatenlisten der Fertigpackungen folgender Lebensmittel:
    - verpacktes Schnittbrot
    - Trockenfrüchte
    - Zitrusfrüchte und Bananen
    - Feinkostsalat

    Stellen Sie eine Liste der verwendeten chemischen Konservierungsstoffe zusammen.

## 11.6 Alterung der Backwaren

Backwaren behalten nur eine bestimmte Zeit ihre Frische, weil schon nach dem Backen der Alterungsprozess der Gebäcke beginnt.

**Die Krume wird zunehmend trockener und später hart.**
Bei der Lagerung der Backwaren kommt es zur Entquellung der Stärke, der sogenannten „Retrogradation" (lateinisch – Rückbildung). Dabei gibt die Stärke das im Ofen bei der Verkleisterung gebundene Wasser langsam wieder ab. Dieses frei werdende Wasser wandert zur Kruste. Die Krume verliert ihre Elastizität, wird trockener und später hart. Alte Gebäcke haben sogar Risse in der Krume.

**Die Kruste wird zunehmend weicher und zäh.**
Die trockene Kruste nimmt das freie Wasser der feuchten Krume und das entstehende Wasser der entquellenden Stärke auf. Die Kruste wird weicher und zäh. Vor allem die Rösche von Brötchen, Brezeln und Broten geht dadurch verloren. Später verdunstet das Wasser auf der Kruste, die dann hart wird.

LF 2

**Die Backwaren verlieren an Aroma (Geruch und Geschmack).**
Die Geschmacks- und Geruchsstoffe der Krume wandern mit dem Wasser nach und nach von der Krume zur Kruste und gehen dort in die Luft über. Deshalb schmecken alternde Gebäcke nicht mehr so gut, und werden zunehmend leerer im Geschmack.

**Die Backwaren verlieren an Gewicht**
Durch die Wasserverdunstung verlieren die Backwaren bei der Alterung zunehmend an Gewicht.

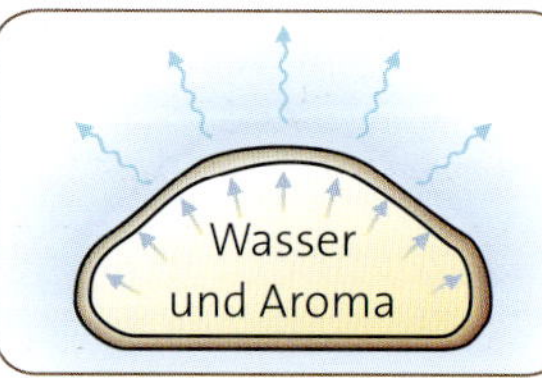


*Gewichts- und Aromaverlust bei der Alterung*

*Altes, ausgetrocknetes Weizenbrot*

### Maßnahmen zur Verlangsamung des Alterungsprozesses

Das Altwerden der Gebäcke kann nicht verhindert, sondern nur verzögert werden.

**Teigführung**
Bei Teigen, die durch eine lange Teigruhe und Gare lange quellen, wird das Altern der Gebäcke verzögert. Beim Quellen binden das Eiweiß, die Stärke und die Schalenteile des Mehls intensiv das Wasser der Teige.
Eine lange Quellzeit ist bei folgenden Teigführungen gegeben:
- Vorteig bzw. Sauerteig herstellen
- möglichst weiche Teige herstellen
- kühle Wasser- bzw. Milchtemperatur bei der Teigherstellung einhalten
- geringe Hefemenge verwenden
- ausreichend lange Teigruhe nach dem Kneten geben

**Zusätze zum Brotteig**
- Quellmehl (Backmittel aus bereits verkleisterter Stärke) oder
- in das Schüttwasser eingeweichtes Altbrot (bereits gebackenes Brot zu Bröseln gerieben)
- Frischhaltebackmittel (Bindemittel)

Die bereits verkleisterte Stärke des Quellmehls und des gebackenen Brotes sowie die Bindemittel der Backmittel binden zusätzliches Teigwasser und erhöhen somit die Menge des Schüttwassers, das eine höhere Teigausbeute ergibt.

### Rohstoffe in Teigen und Massen

**Roggenmehl und Vollkornschrot bzw. Vollkornmehl:**
Backwaren mit Roggenmehl und Vollkorn halten länger frisch, da sie besonders viele wasserbindende Pentosanen und einen hohen Anteil an Schalenteilen der Getreidekörner enthalten. Diese quellen und binden einen hohen Wasseranteil. Je mehr Roggenmehl und Vollkorn in den Teigen enthalten sind, desto mehr Wasser kann bei der Teigherstellung zugegeben und gebunden werden.

**Milch, Eier und wenig Fett:**
Das Fett und die Eiweißstoffe der Milch und Eier sowie die Zugabe einer geringen Menge Fett halten die Krume der Gebäcke etwas länger weich. Außerdem macht das Fett den Kleber in den Weizenteigen geschmeidiger und dehnfähiger, sodass eine feinporigere Krume entsteht.

### Größere Fettmenge in Teigen und Massen

Je mehr Fett in den Gebäcken, desto länger bleiben diese frisch. Fett macht Teige und Massen weich. Somit benötigen diese bei der Herstellung wenig Wasser. Die Stärke kann beim Backen also nur wenig Wasser verkleistern. Dadurch kann bei der Lagerung der Gebäcke die Stärke kaum Wasser abgeben (geringe Retrogradation). Durch den hohen Fettanteil bleiben die Gebäcke trotzdem längere Zeit weich und mürbe.

### Krustenstärke der Brote

Brote werden z. B. bei 250 °C in den Ofen geschoben und dann bei reduzierter Backhitze von 200 °C ausgebacken. Eine hohe Anfangshitze beim Backen von Broten ergibt eine kräftige Krustenbildung, die das Austrocknen der Brotkrume bei der Lagerung verzögert. Je kräftiger die Kruste ist, desto länger ist die Frischhaltung. Vorteilhaft ist auch eine glatte, nicht gerissene Brotkruste.

*Kräftige Brotkruste*

## Einflüsse auf die Alterung der Backwaren

Die Alterung der Gebäcke ist abhängig von
- der Lagertemperatur,
- der Größe der Gebäcke,
- den Getreidemahlerzeugnissen und
- der Verpackung.

### Lagertemperatur der Backwaren

Am schnellsten altern Backwaren im Kühlschrank bzw. Kühlraum, da bei diesen kühlen Temperaturen die Stärke das gebundene Wasser am schlechtesten halten kann und so die schnellste Entquellung der Stärke erfolgt. Deshalb sollte z. B. Kuchen oder Schnittbrot nicht in die Kühlung gestellt werden.

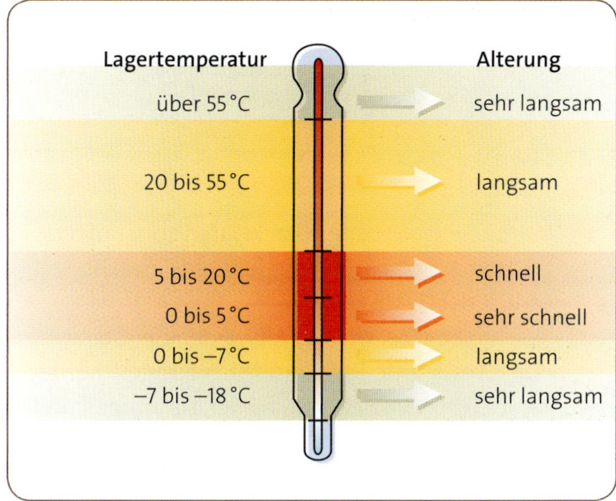


### Größe der Gebäcke

Kleine Gebäcke, z. B. Brötchen, Brezeln, Stangenweißbrote, altern schneller als große Gebäcke wie Brote. Bei kleinen Gebäcken mit geringem Volumen ist der Weg des Wassers von der Krume zur Kruste kurz und durch die relativ große Oberfläche der kleinen Gebäcke verdunstet es an der Kruste schnell.

### Getreidemahlerzeugnisse in den Backwaren

- Weizengebäcke altern schneller als roggenhaltige Gebäcke.
- Gebäcke aus hellen Mehlen altern schneller als Gebäcke mit Mehlen hoher Typenzahlen oder gar mit Vollkornschrot bzw. Vollkornmehl.

### Unverpackte und verpackte Gebäcke

Verpackte Gebäcke bleiben länger frisch als unverpackte, da sie durch den Luftabschluss der Verpackung nicht so schnell austrocknen können.

*Eingeschweißte Hefegebäcke*

LF 2

**Aufgaben**

1. Erklären Sie die Vorgänge beim Altwerden von Backwaren
   - in der Krume,
   - in der Kruste.
2. Warum verlieren ältere Backwaren zunehmend an Aroma und warum entsteht ein Gewichtsverlust der Gebäcke?
3. Beschreiben Sie, wie das Altwerden der Gebäcke durch bestimmte Teigführungen verzögert werden kann. Geben Sie Beispiele für Teigführungen an.
4. Nennen Sie Zusätze zum Brotteig, die das Altwerden der Brote verlangsamen, und begründen Sie dies jeweils.
5. Erläutern Sie die verlängerte Frischhaltung der Backwaren durch folgende Zutaten in die Teige:
   - Roggenmehl und Vollkornschrot bzw. Vollkornmehl
   - Milch, Eier, eine kleine Menge Fett
6. Erklären Sie die Aussage: „Je mehr Fett in den Backwaren, desto länger sind sie frisch."
7. Beschreiben Sie, wie eine stabile Kruste bei Broten erreicht wird und warum die Krustenstärke die Frischhaltung der Brote beeinflusst.
8. Geben Sie an, wie langsam bzw. schnell Gebäcke bei folgenden Lagertemperaturen altern:
   - 20 bis 55 °C
   - 5 bis 20 °C
   - 0 bis 5 °C
   - 0 bis –7 °C
   - –7 bis –18 °C
9. Erklären Sie, wie die Größe der Gebäcke das Altwerden der Gebäcke beeinflusst.
10. Welche Getreidemahlerzeugnisse in den Gebäcken gewährleisten eine kürzere und welche eine längere Alterung?
11. Warum altern verpackte Bäckereiwaren nicht so schnell wie unverpackte?
12. Die weiche Krume und die dünne rösche Kruste der Laugenbrezeln werden schon nach einigen Stunden trocken und die Kruste weich. Erklären Sie den Vorgang der Alterung.
13. Insbesondere vor Feiertagen fragen Kunden oft nach Brötchen und Backwaren, die besonders lange ihre Frischeeigenschaften behalten. Welche Brote empfehlen Sie diesen Kunden und was raten Sie den Kunden für die anschließende Lagerung?



## 11.7 Lagerung der Backwaren in der Bäckerei

Backwaren werden als „frisch" bezeichnet, solange sie alle typischen „Frischeeigenschaften" aufweisen. Beim Altwerden der Backwaren entstehen Qualitätsverluste in Bezug auf
- Feuchtigkeitsgehalt,
- Rösche der Kruste,
- Geruch und Geschmack (Aroma),
- Aussehen.

Die richtige Lagerung kann die Frischhaltung der Backwaren verlängern.

*Gebäck mit allen Frischeeigenschaften*

### Behandlung ofenheißer Backwaren

Ofenheiße Backwaren müssen sofort nach dem Backen von jeder Seite ausdampfen und auskühlen können, damit der Wasserdampf entweichen kann.

Können ofenheiße Gebäcke nicht ausdampfen, wird die Kruste durch entstehendes Kondenswasser feucht und bei Brötchen und Broten geht die Rösche verloren.

Bei Backwaren mit größerem Volumen wie Brote und Kuchen kann sogar ein Wasserstreifen in der Krume entstehen, da die Feuchtigkeit nicht aus dem Inneren der Gebäcke entweichen kann.

Beispiele für das fachgerechte Ausdampfen ofenheißer Gebäcke:
- Brote nebeneinander auf Bretter setzen
- Kastenbrote aus den Formen nehmen und auf Bretter setzen
- Brötchen und andere Kleingebäcke auf den Lochblechen ausdampfen lassen und nicht zu hoch übereinander in Körbe schütten

- Kuchen aus den Formen nehmen und auf ein Gitter setzen
- Blechkuchen nach dem Ausbacken auf Gitter schieben, damit sie auch von unten ausdampfen können
- Tortenböden sofort nach dem Ausbacken vom Backblech nehmen, umdrehen und auf bemehlte Bretter legen

**Frische Brötchen und Kleingebäcke in kalter Luft**
Werden frische Backwaren in die kalte Luft gestellt, z. B. vom Frühstücksservice bei der Anlieferung, entsteht durch den großen Temperaturunterschied zwischen Kruste und Luft auf der Gebäckkruste Kondenswasser, wobei die Rösche der Brötchen und anderer Kleingebäcke verloren geht.

*Kuchen aus den Formen nehmen und auf einem Gitter auskühlen lassen*

*Brote nach dem Backen zum Auskühlen auf Bretter setzen*

## Anforderungen an den Lagerraum für Backwaren

Dieser Raum dient der kurzzeitigen Aufbewahrung verkaufsfertiger Backwaren.

- 15 bis 20 °C Raumtemperatur sind ideal.
- Der Raum sollte normale Luftfeuchtigkeit aufweisen, ca. 60 %.
  Enthält der Lagerraum zu wenig Luftfeuchtigkeit, so trocknen die Backwaren schnell aus. Bei zu hoher Luftfeuchtigkeit wird die Kruste schnell weich.
- Im Lagerraum dürfen ausschließlich Lebensmittel aufbewahrt werden, sodass der Raum frei von Fremdgerüchen ist.
- Der Raum muss durch ein Fenster gut belüftbar sein.
- Es muss ein lichtgeschützter Raum sein. Durch Sonneneinstrahlung werden Fettverderb, Vitaminverluste und Farbveränderungen in Lebensmitteln gefördert.
- Selbstverständlich muss der Lagerraum stets sauber gehalten werden.

### Aufgaben

1. Wie lange werden Backwaren als „frisch" bezeichnet?
2. Erklären Sie, warum Gebäcke nach dem Backen ausdampfen und auskühlen sollen.
3. Beschreiben Sie, wie Gebäcke sofort nach dem Ausbacken behandelt werden, damit sie auskühlen können:
   - Brote
   - Kastenbrote
   - Brötchen und andere Kleingebäcke
   - Kuchen in Formen
   - Blechkuchen
   - Tortenböden
4. Beschreiben Sie die Anforderungen an einen Lagerraum für Backwaren.
5. Für den Frühstücksservice verpackt eine Verkäuferin die ofenheißen Brötchen und Laugenbrezeln, die bestellt wurden, in Tüten und stellt sie zum Einladen für die Lieferung in den kühlen Verladeraum. Sie sehen die vorbereiteten Tüten und erläutern ihr, warum dies zu Beschwerden der Kunden führen kann.

### Rechenaufgaben

1. 12 Tortenböden wiegen sofort nach dem Ausbacken 9,840 kg. Nach 2 Tagen werden sie verarbeitet und wiegen dann 2,75 % weniger.
   a) Wie viel g Lagerverlust haben die Tortenböden nach 2 Tagen?
   b) Berechnen Sie das Gewicht von einem Tortenboden nach 2 Tagen in g.
2. Der Lagerverlust von Muffins beträgt nach 2 Tagen 1,8 %. Ein Muffin wiegt dann nach 2 Tagen 138 g. Berechnen Sie das Gewicht des Muffins im frischen Zustand.

## Berufliche Handlung

Sie sind in Ihrer Bäckerei zusammen mit einem Kollegen für den Einkauf der Rohstoffe zuständig. Deshalb sollen Sie eine betriebsinterne Fortbildungsreihe mit folgenden Themen vorbereiten:
- in der Bäckerei verwendete Rohstoffe
- Inhaltsstoffe der in der Bäckerei verarbeiteten Rohstoffe
- Verarbeiten der Rohstoffe zu Standardgebäcken aus Hefeteig, Mürbeteig und Biskuitmasse
- Haltbarmachen und Lagern der Lebensmittel

### Rohstoffe

1. Erläutern Sie, warum in der Bäckerei überwiegend die Mehle zweier verschiedener Getreidearten eingekauft und verarbeitet werden.
2. Begründen Sie, warum für Brötchen und Weizenbrote das Mehl der Type 550 verwendet wird.
3. Erklären Sie, welche Mahlerzeugnisse für Vollkornbrote und Schrotbrote bestellt werden müssen und wie sich diese unterscheiden.
4. Backmittelhersteller bieten Backmittel für Weizengebäcke und Säuerungsmittel für roggenhaltige Backwaren an. Außerdem haben sie verschiedene Fertigmehle, z. B. für Vollkorn- und Mehrkornbrote, Hefeteige und Tortenböden, im Verkaufsprogramm. Informieren Sie sich über die Zusammensetzung der Backmittel und Fertigmehle und diskutieren Sie, ob deren Verwendung vorteilhaft ist.
5. Die Warenlieferung enthält Spezialmargarinesorten wie Back-, Zieh- und Crememargarine sowie Siedefette. Geben Sie Beispiele für deren Verwendungsmöglichkeiten an und begründen Sie, warum sie sich für diese Waren besonders eignen.
6. Stellen Sie eine Tabelle mit den in der Bäckerei verwendeten Gewürzen zusammen und geben Sie an, aus welchen Pflanzenteilen sie gewonnen werden. Beschreiben Sie auch die Verwendung dieser Gewürze.

### Inhaltsstoffe der Lebensmittel

7. Kneten Sie aus Weizenmehl, Wasser und etwas Salz einen Teig und waschen Sie dann den Kleber aus. Erklären Sie dabei, wie aus den Eiweißstoffen des Weizenmehls der Kleber entsteht und welche drei Eigenschaften der Kleber im Weizenteig hat.
8. Stellen Sie eine Liste mit vitaminreichen Lebensmitteln zusammen und finden Sie Beispiele für Mangelerkrankungen, die bei lang anhaltendem Vitaminmangel auftreten können.
9. Neben den Vitaminen gehören die Mineralstoffe zu den unentbehrlichen Nährstoffen. Nennen Sie wichtige Mineralstoffe und beschreiben Sie deren Aufgaben im Körper.
10. Diskutieren Sie, welche Aufgaben die Ballaststoffe im Körper haben.

### Feine Backwaren aus Hefeteig

11. Erklären Sie die Begriffe
    - Hefeteig und
    - Feine Backwaren.
12. Geben Sie die Grundzutaten für einen Hefeteig an und erstellen Sie ein Grundrezept einschließlich einer Beschreibung der fachgerechten Verarbeitung der einzelnen Zutaten zu einem Hefeteig.

### Feine Backwaren aus ausrollfähigem Mürbeteig

13. Zählen Sie die drei Grundzutaten und die drei gebäckverbessernden Zutaten der Mürbeteige auf.
14. Beschreiben Sie die Rezeptzusammensetzung, Herstellung und Lagerung des 1-2-3-Mürbeteigs.

### Feine Backwaren aus Massen

15. Erarbeiten Sie ein Grundrezept einer Biskuitmasse in der gebräuchlichsten Herstellung als Zweikesselmasse.
16. Erläutern Sie für die Herstellung einer Biskuitmasse die technologischen Eigenschaften von Eigelb und Eiklar mithilfe folgender Arbeitsschritte:
    - Schaumig rühren von Eigelben
    - Eischnee aufschlagen
    - Melieren

### Haltbarmachen und Lagern der Lebensmittel

17. Zeigen Sie anhand verschiedener Lebensmittel, Teiglinge und Bäckereierzeugnisse, wie sie fachgerecht tiefgefroren und anschließend wieder aufgetaut werden.
18. Definieren Sie die Verfahren der in jeder Bäckerei üblichen Gärverzögerung und Gärunterbrechung.

LF 2

LF 3
Gestalten, Werben, Beraten und Verkaufen

# 12 Ernährung

**Situation**

In Ihrer Bäckerei läuft eine Aktion zum Thema „Gesund ernähren". Auf diese Aktion haben Sie sich intensiv vorbereitet, indem Sie Informationen über die vollwertige Ernährung, ernährungsbedingte Krankheiten und verschiedene Allergien gesammelt haben. Die Kunden nehmen die Aktion gut an und stellen viele Fragen:

- Wie errechnet sich der Gesamtumsatz?
- Mit welchen Maßeinheiten wird der Energiegehalt der Lebensmittel angegeben und welchen Energiegehalt besitzen die einzelnen Nährstoffe?
- Welche Aufgaben erfüllen die einzelnen Nährstoffe nach der Resorption im Körper?
- Was versteht man unter einer „ausgewogenen Ernährung"?
- Warum sind täglich mehrere kleine Mahlzeiten gesünder als wenige große?
- Wie entstehen Über- und Untergewicht und wie können diese ernährungsbedingten Störungen vermieden werden?
- Welche Bäckereierzeugnisse eignen sich für Diabetiker?
- Welche Lebensmittelbestandteile lösen häufig Allergien aus?



Essen und Trinken sollte grundsätzlich etwas Angenehmes sein. Nur „gut schmeckende" Lebensmittel sind auch gesund. Werden diese in der angemessenen Menge und zur richtigen Zeit eingenommen, kann der Körper die einzelnen Inhaltsstoffe der Lebensmittel optimal verwerten. Der Mensch fühlt sich somit wohl und ist dadurch auch leistungsfähig.

## 12.1 Enzyme

Alle Stoffwechselvorgänge im menschlichen und tierischen Körper sowie in den Pflanzen werden von Enzymen gesteuert. Auch in Lebensmitteln und Teigen wirken Enzyme. Enzyme werden auch künstlich hergestellt, z. B. das Labenzym für die Käseherstellung und Enzyme für Backmittel.

### Tätigkeit der Enzyme

Enzyme bestehen hauptsächlich aus Eiweißstoffen. Sie bauen Nährstoffe auf und ab, d. h., kleine Bausteine der Nährstoffe werden zu größeren Nährstoffen aufgebaut (zusammengesetzt) und größer aufgebaute Nährstoffe werden zu kleineren Nährstoffen abgebaut.

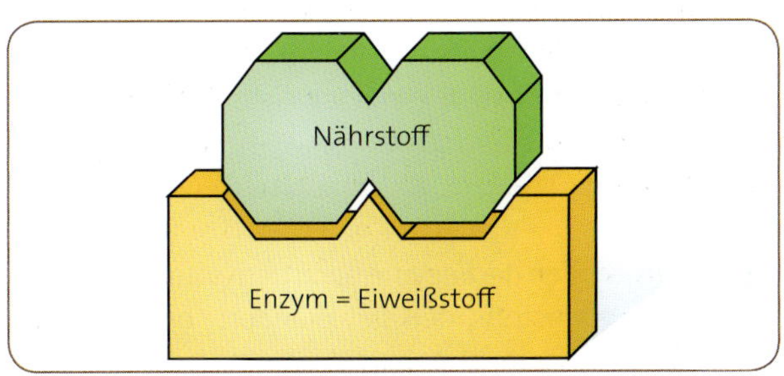

**Aufbauende Enzyme**

In der Pflanze werden kleine Bausteine der Nährstoffe zusammengebaut, z. B. baut ein Enzym aus zwei Einfachzuckern einen Doppelzucker auf.

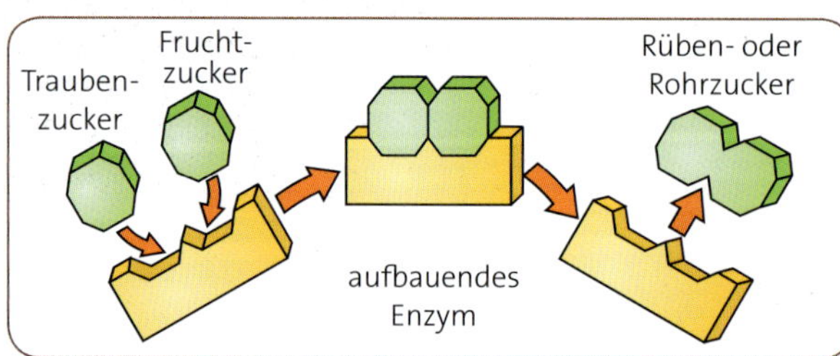


**Abbauende Enzyme**

Größere, zusammengesetzte Nährstoffe werden in kleinere Bausteine der Nährstoffe gespalten (abgebaut), z. B. baut ein Enzym bei der Verdauung einen Doppelzucker in zwei Einfachzucker ab.

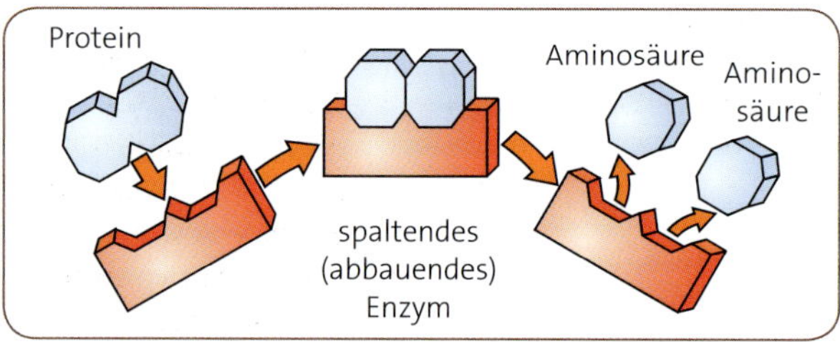


LF 3

Bedeutend für die Ernährung und für die Technologie der Bäckerei sind die abbauenden Enzyme, die jeden Nährstoff in seinen kleinsten Baustein zerlegen.
Auch in der Natur erfolgt ständig der Abbau größerer Nährstoffe, wie z. B. in der Banane. Unreife Bananen mit grüner Schale schmecken wegen des hohen Stärkeanteils kaum süß. Während der Reifung der Bananen zerlegen Enzyme einen Großteil der Stärke zu Malz- und Traubenzucker. Reife Bananen schmecken somit süß-aromatisch.

## Enzyme sind Spezialisten

Enzyme wirken nach dem „Schlüssel-Schloss-Prinzip", d. h., jedes Enzym kann nur einen bestimmten Nährstoff auf- bzw. abbauen. Für jeden einzelnen Nährstoff ist ein anderes Enzym zuständig.

Deswegen werden die Enzyme nach dem internationalen Namen des Nährstoffs, den sie verändern, benannt. Diesem Nährstoffnamen fügt man die Endung „ase" an, z. B.:

| Nährstoffnamen | Namen der Enzyme |
|---|---|
| • Lipide (Fette) | • Lipase |
| • Proteine (Eiweiße) | • Protease |
| • Amylose (Stärke) | • Amylase |
| • Maltose (Malzzucker) | • Maltase |
| • Laktose (Milchzucker) | • Laktase |
| • Saccharose (Rohr- und Rübenzucker) | • Saccharase |

Es werden drei Enzymgruppen unterschieden:

**Kohlenhydrat spaltende Enzyme**

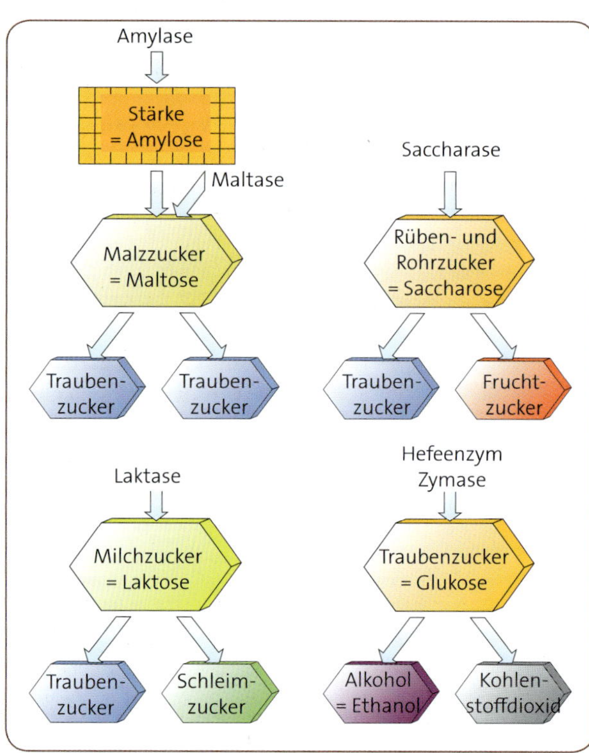


Auch die Hefe besitzt ein Enzym, die Zymase, das den Traubenzucker des Teiges in Alkohol und Kohlenstoffdioxid spaltet.

**Eiweiß spaltende Enzyme**

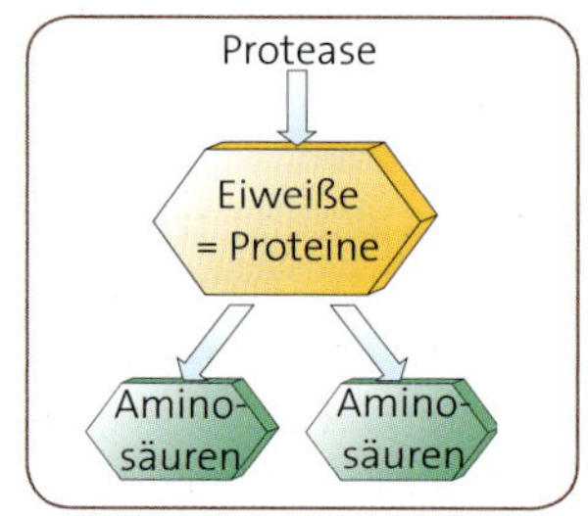


**Fett spaltende Enzyme**

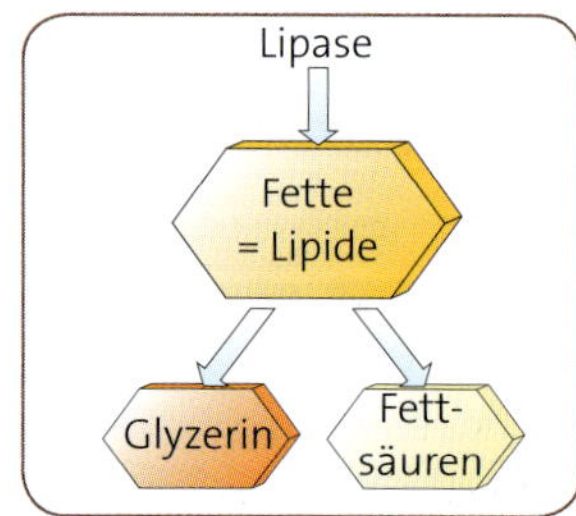

### Bedingungen für die Enzymaktivität

#### Wärme

Die Temperaturen der Lebensmittel oder Teige bestimmen die Enzymtätigkeit.

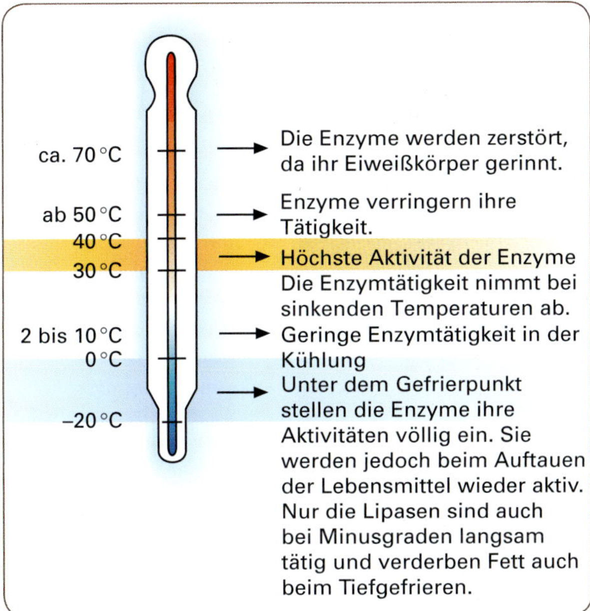


#### Wasser

Je höher der Wassergehalt in Lebensmitteln, desto schneller läuft die Enzymtätigkeit ab. In trockenen Lebensmitteln stellen die Enzyme ihre Tätigkeit ein → $a_w$-Wert, Seite 57.

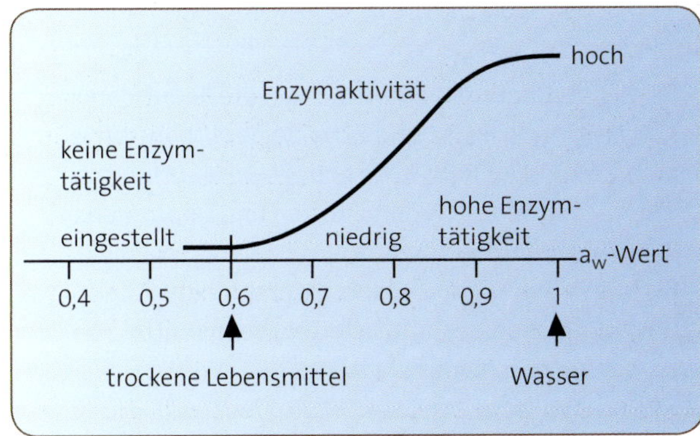


*Enzymtätigkeit in Abhängigkeit vom Wassergehalt*

#### pH-Wert

Eine verstärkte Enzymtätigkeit erfolgt bei einem neutralen pH-Wert von 7 bis zu einem sauren pH-Wert von 4. Bei einem pH-Wert unter 4 werden die Enzyme durch die starke Säure zerstört. Auch im laugigen Bereich von Seife und Waschmittel können Enzyme nicht tätig sein.

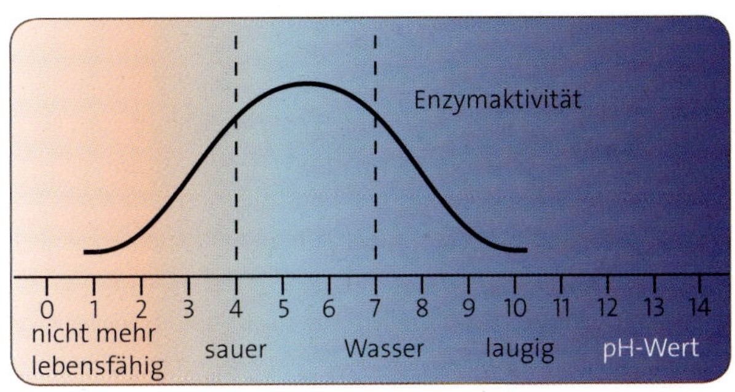


## Enzymtätigkeit

Die Tätigkeit der Enzyme in Lebensmitteln kann wie folgt verhindert werden:

| Die Enzyme stellen ihre Tätigkeit ein, sie werden jedoch nicht zerstört. | Die Enzyme werden zerstört. |
|---|---|
| • in getrockneten Lebensmitteln<br>• in tiefgefrorenen Lebensmitteln | • durch Säure, z. B. Zitronensaft<br>• durch Erhitzen von Lebensmitteln auf ca. 70 °C<br>• durch hohen Salz- und Alkoholgehalt, z. B. in gepökeltem Fleisch und in Spirituosen |

| Erwünschte Enzymtätigkeit | Unerwünschte Enzymtätigkeit |
|---|---|
| • Bei der Hefegärung in Teigen und für die Herstellung alkoholischer Getränke spalten Enzyme den Traubenzucker in Kohlenstoffdioxid und Alkohol.<br>• Beim Reifen von Obst wird die geschmacklose Stärke der unreifen Früchte zu Zucker abgebaut, sodass das Obst den süßlichen und vollen Fruchtgeschmack erhält.<br>• Bei der Verdauung bauen Enzyme Kohlenhydrate, Fette und Eiweiße in ihre kleinsten Bestandteile ab, die somit in die Blutbahn übergeführt werden können. | • Geschälte und geschnittene Äpfel und Bananen werden durch Enzyme in Verbindung mit Sauerstoff braun.<br>• Reifes Obst fault durch fortlaufenden Enzymabbau.<br>• Bei der Lagerung von Fett trennen Enzyme die Fettsäuren vom Glyzerin, sodass Fette ranzig werden. |

**Aufgaben**

1. Woraus bestehen Enzyme hauptsächlich?
2. Erklären Sie die Tätigkeit der Enzyme.
3. Enzyme sind Spezialisten. Erläutern Sie dies.
4. Nach welchen Namen werden die Enzyme benannt und welche Endung fügt man an die Enzymnamen?
5. Beschreiben Sie den enzymatischen Abbau der Stärke im Teig bis zum kleinsten Baustein der Kohlenhydrate und der Hefegärung.
6. Beschreiben Sie den enzymatischen Abbau von
   - Fett,
   - Eiweiß.
7. Wie verläuft die Enzymtätigkeit bei folgenden Temperaturen?
   - ca. 70 °C
   - ab 50 °C
   - 30 bis 40 °C
   - 2 bis 10 °C
   - 0 bis 20 °C
8. Welche Enzyme verursachen sogar bei Minustemperaturen den langsamen Verderb des Nährstoffs?
9. Beschreiben Sie den Einfluss auf die Enzymtätigkeit in Bezug auf
   - den Wassergehalt und
   - den pH-Wert in Lebensmitteln und Teigen.
10. Nennen Sie erwünschte und unerwünschte Enzymtätigkeiten in Lebensmitteln.
11. Nennen Sie Möglichkeiten, wie die Tätigkeit der Enzyme in Lebensmitteln eingestellt bzw. gehemmt werden kann.
12. Ihr Kollege hat einen Obstsalat hergestellt. Nach kurzer Zeit ist das Obst jedoch braun und der Salat ist unansehnlich und kann nicht mehr serviert werden. Sie erläutern Ihrem Kollegen, wie es zum Braunwerden des Obstes kommt und wie er es hätte verhindern können.



**Rechenaufgaben**

1. Nach dem Herstellen eines Vorteiges für einen Hefeteig hat der Vorteig ein Volumen von 4360 ml. Durch den enzymatischen Abbau bei der Gärung besitzt der reife Vorteig 7,194 l Volumen. Um wie viel % vergrößerte sich das Volumen des Vorteiges?
2. Eine Bäckerei kauft 37,500 kg Bananen, von denen 1 kg 1,85 € kostet. Durch enzymatischen Abbau verfaulten 8 % der Bananen. Wie viel € beträgt der Verlust?

## 12.2 Stoffwechsel

Beim Stoffwechsel werden die zusammengesetzten Nährstoffe der Lebensmittel im Körper zerkleinert und in Wasser gelöst, sodass sie im Körper ihre Aufgaben erfüllen können. Die für den Körper nicht verwertbaren Bestandteile der Lebensmittel werden ausgeschieden.

Der Stoffwechsel vollzieht sich über fünf Stufen.

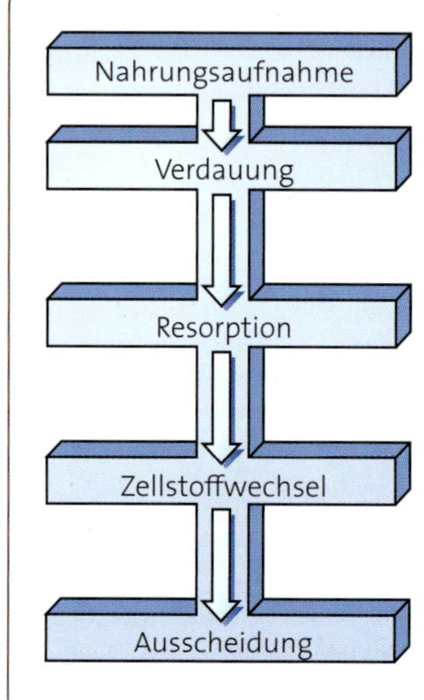


= Aufnahme der Lebensmittel

= Die Energie liefernden Nahrungsinhaltsstoffe werden in ihre kleinsten Bausteine zerlegt

= Die im Verdauungssaft gelösten Nahrungsinhaltsstoffe gehen in die Blutbahn über

= Die Nahrungsinhaltsstoffe werden zum Aufbau der Körperzellen und zur Energiegewinnung genutzt

= Nicht verwertbare Nahrungsbestandteile und die Endprodukte des Zellstoffwechsels werden vom Körper ausgeschieden

### Verdauung

Bei der Verdauung werden die Energie liefernden Kohlenhydrate, Fette und Eiweiße der Lebensmittel in ihre kleinsten Bausteine zerlegt (verdaut). Diese lösen sich mit den Mineralstoffen und Vitaminen im Wasser der Verdauungssäfte und können so in die Blutbahn überführt werden. Zuletzt werden die unverdaulichen Bestandteile der Lebensmittel vom Körper ausgeschieden.

### Die Verdauungsorgane

Die Speisen durchlaufen die Verdauungsorgane, in die die Verdauungssäfte einfließen. Die Verdauung beginnt bereits durch Kauen der Lebensmittel im Mund und endet beim Ausscheiden der für den Körper unbrauchbaren Nährstoffe aus dem Dickdarm.

Jedes Verdauungsorgan erfüllt bestimmte Aufgaben. Die Verdauungssäfte enthalten die Enzyme, die die Nährstoffe in den Verdauungsorganen stufenweise in ihre kleinsten Bestandteile zerkleinern.

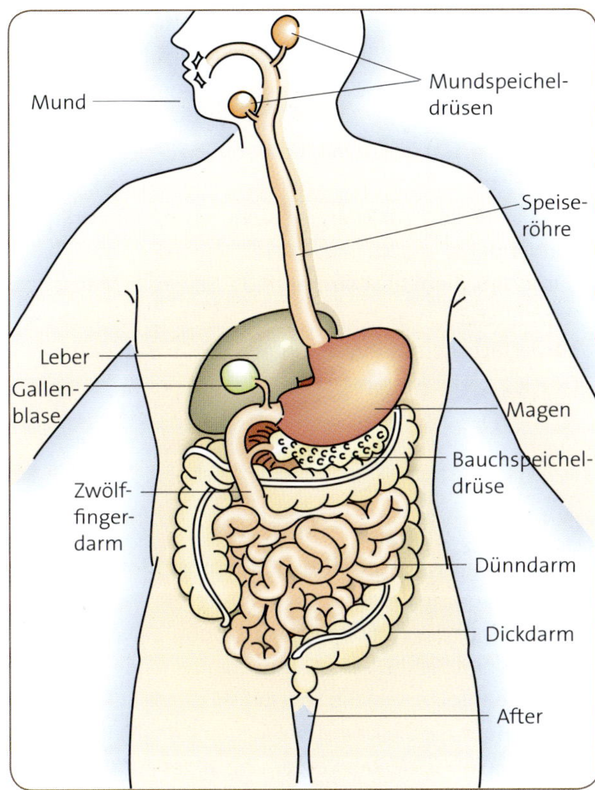


*Weg der Nahrung durch die Verdauungsorgane*

Abgebaut werden

- Kohlenhydrate zu Einfachzucker,
- Fett zu Glyzerin und Fettsäuren,
- Eiweiße zu Aminosäuren.

Mineralstoffe und Vitamine werden nicht abgebaut, da sie direkt vom Körper aufgenommen werden können. Die vollständig abgebauten Nährstoffe sowie die Mineralstoffe und Vitamine werden in den Verdauungssäften gelöst. Der Verdauungsvorgang ist beendet, wenn die unverdaulichen Bestandteile der Lebensmittel ausgeschieden werden.

### Förderung der Verdauung

Schönes Aussehen sowie die Geruchs- und Geschmacksstoffe der Lebensmittel regen beim Essen den Appetit an. Dadurch bilden sich ausreichend Verdauungssäfte, die viele Enzyme enthalten und somit die Nährstoffe schnell abbauen.

Schön aussehendes und aromatisches Essen fördert somit die Verdauung. Dies besagen auch schon die bekannten Sprichwörter:
„Das Auge isst mit."
„Es läuft einem das Wasser im Munde zusammen."

## Resorption

Die Verdauung ist beendet, wenn alle Nährstoffe in ihre kleinsten Bestandteile abgebaut und in den Verdauungssäften gelöst sind.

> Die Resorption ist der nach der Verdauung stattfindende Übergang der im Wasser gelösten Nährstoffe vom Darm in die Blutbahnen.

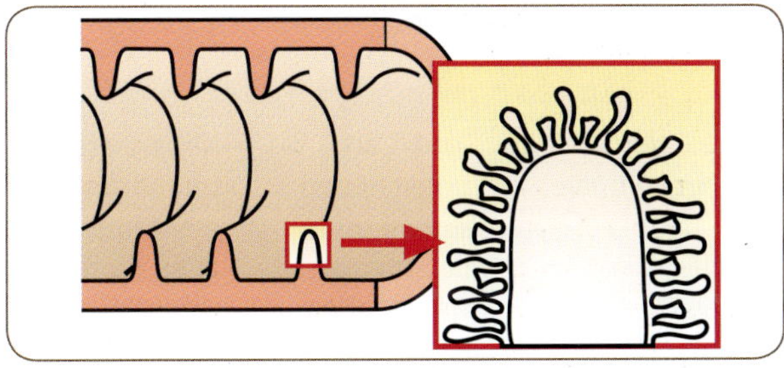

*Die im Verdauungssaft gelösten Nährstoffe gehen durch die Darmzotten der Dünndarmwand in die Blutbahn über*

Mithilfe der unverdaulichen Ballaststoffe wird der Dünndarm in Bewegung versetzt. Nur durch die Bewegung können die Darmzotten an der Darmwand die Nährstoffe aufnehmen und in die Blutbahn überführen. Ballaststoffreiche Lebensmittel fördern somit den Übergang der Nährstoffe in die Blutbahn. Eine ballaststoffarme Ernährung führt deshalb zu Darmträgheit und somit zu Verstopfung.

*Ballaststoffärmere und ballaststoffreiche Backwaren*

LF 3

## Zellstoffwechsel

Beim Zellstoffwechsel erfüllen die Nährstoffe im Körper ihre Aufgaben.
Bei den Vorgängen in den Körperzellen werden die Stoffe (Nährstoffe) umgewandelt, z. B. wird aus Fetten, Kohlenhydraten und Eiweiß Energie gewonnen.

## Aufgaben der Nährstoffe im Körper

| Energielieferanten | Baustoffe | Wirkstoffe |
|---|---|---|
| **Kohlenhydrate, Fette, Eiweiß** | **Eiweiß, Mineralstoffe, Wasser** | **Mineralstoffe, Vitamine, sekundäre Pflanzenstoffe** |
| • Sie liefern Energie und erhalten somit die Körperwärme und ermöglichen Leistungen durch Muskelbewegungen. | • Eiweiß ermöglicht den Aufbau und die Erneuerung der Körperzellen.<br>• Mineralstoffe sind Bestandteile der Knochen, der Zähne und des Blutes.<br>• Im Wasser sind alle Nährstoffe gelöst und alle Stoffwechselvorgänge können nur mit Wasser ablaufen. | • Mineralstoffe und Vitamine werden bei allen Stoffwechselvorgängen für einen reibungslosen Ablauf benötigt und regeln so die Gesundheit des Körpers.<br>• Sekundäre Pflanzenstoffe haben gesundheitsfördernde Wirkungen |

### Körperfett

Werden zu viele Lebensmittel gegessen, erhält der Körper mehr Nährstoffe als er benötigt. Das Zuviel an Kohlenhydraten, Fett und Eiweiß wird im Körper als Reserve zu Körperfett umgewandelt. Eine ständig erhöhte Lebensmittelzufuhr führt deshalb zu Übergewicht, das den Körper belastet.

Die Energie, die der Körper zwischen den Mahlzeiten benötigt, wird von der Reserve des Körperfetts entnommen. Deshalb kann der Körper eine bestimmte Zeit ohne Nahrung auskommen.

Der Körperfettanteil sollte bei Frauen möglichst unter 25 % und bei Männern unter 20 % liegen. Mit zunehmendem Alter steigt der Anteil.

Etwas Körperfett ist für den Körper notwendig:
- Benötigt der Körper zwischen den Mahlzeiten Energie, wird Körperfett zur Energiegewinnung abgebaut und verwendet.
- Körperfett dient als Wärmeschutz. Schlanke Menschen frieren eher.
- Körperfett schützt innere Organe vor Stößen und Druck, z. B. die Nieren.

### Aufgaben

1. Der Stoffwechsel vollzieht sich über fünf Stufen. Nennen Sie diese.
2. Erklären Sie den Begriff „Verdauung".
3. Nennen Sie die Verdauungsorgane in der Reihenfolge, wie die Speisen sie durchlaufen.
4. Nennen Sie die kleinsten Bausteine der Nährstoffe, in die diese bei der Verdauung abgebaut werden:
   - Kohlenhydrate
   - Fette
   - Eiweiß
5. Nennen Sie die zwei Nährstoffe, die bei der Verdauung nicht abgebaut werden, weil sie direkt vom Körper aufgenommen werden können.
6. Wie kann beim Essen der Appetit angeregt und somit die Verdauung gefördert werden?
7. Erklären Sie den Begriff „Resorption".
8. Erklären Sie den Begriff „Zellstoffwechsel".
9. Welche Aufgaben erfüllen folgende Gruppen der Nährstoffe beim Zellstoffwechsel?
   - Kohlenhydrate, Fett, Eiweiß
   - Eiweiße, Mineralstoffe, Wasser
   - Mineralstoffe, Vitamine, sekundäre Pflanzenstoffe
10. Erläutern Sie, wie Körperfett entsteht.
11. Wenn der Mensch zu viel gegessen hat, fühlt er sich unwohl. Das Unwohlsein bessert sich nach einiger Zeit. Begründen Sie dies mit dem Vorgang der Verdauung.

## 12.3 Nährstoffbedarf

Damit dem Menschen ausreichend Energie zur Aufrechterhaltung der Körperwärme und zum Aufbau der Muskeln zur Verfügung steht, benötigt er Kohlenhydrate und Fette. Reichen diese nicht aus, wird Eiweiß für die Energiegewinnung umgewandelt.

### Maßeinheiten zur Angabe des Energiegehaltes

Der Energiegehalt der Lebensmittel wird häufig in zwei Maßeinheiten angegeben:
mit der internationalen Maßeinheit **Kilojoule**
mit der allgemein geläufigen Maßeinheit **Kilokalorie**
Die Abkürzungen für diese Maßeinheiten sind:

- Kilojoule = kJ
- Kilokalorie = kcal

Die Umrechnungsgrundlagen für diese Maßeinheiten sind:

- 1 kJ entspricht 0,24 kcal
- 1 kcal entspricht 4,2 kJ

### Energiegehalt der Energie liefernden Nährstoffe

1 g Fett ≙ 37 kJ oder 9 kcal

1 g Kohlenhydrate ≙ 17 kJ oder 4 kcal

1 g Eiweiß ≙ 17 kJ oder 4 kcal

Auch Alkohol liefert Energie.
1 g Alkohol ≙ 29 kJ oder 7 kcal.

*Fett-, kohlenhydrat- und proteinreiche Lebensmittel*

Beispiele für den Energiegehalt von jeweils 50 g folgender Lebensmittel:

- 1 Brötchen: 27 g KH, 4 g Eiweiß, 0,7 g Fett

1 Scheibe

- Roggenmischbrot: 22 g KH, 3 g Eiweiß, 0,5 g Fett
- 1 Scheibe Vollkornbrot: 19 g KH, 3,2 g Eiweiß, 0,5 g Fett

### Energiebedarf des Körpers

Der Körper benötigt zu jeder Zeit Energie, ob in Ruhe oder wenn er Leistung bringt.

### Grundumsatz

Der Grundumsatz ist die Energiemenge, die der Körper bei völliger Ruhe und Entspannung benötigt (umsetzt), um lebenswichtige Funktionen aufrechtzuerhalten.

Beim Grundumsatz wird Energie für folgende Funktionen verbraucht:

- zur Erhaltung der Körpertemperatur
- für Herzschlag und Kreislauf
- zur Atmung
- für Stoffwechselvorgänge
- für die Gehirntätigkeit

Eine genaue Bestimmung der benötigten Energiemenge für den Grundumsatz ist schwierig. Er ist bei allen Menschen unterschiedlich und vorwiegend von folgenden Faktoren abhängig:

- **vom Alter**
  Je älter der Mensch ist, desto geringer wird der Grundumsatz, da sich die Stoffwechselvorgänge, wie z. B. Atmung und Puls, im Alter verlangsamen. Die Energiezufuhr sollte im Alter verringert werden.
- **vom Geschlecht**
  Bei Frauen ist der Grundumsatz um ca. 10 % geringer als bei Männern, da Männer bei gleichem Gewicht mehr Muskelmasse besitzen. Frauen benötigen deswegen weniger Nahrung.
- **von der Körpergröße**
  Mit zunehmender Körpergröße erhöht sich der Grundumsatz. Aufgrund des höheren Blutanteils, des größeren Kreislaufs und erhöhten Wärmeverlustes durch die große Körperoberfläche werden mehr Nährstoffe benötigt.

## Leistungsumsatz

Der Leistungsumsatz ist die Energiemenge, die der Körper bei geistiger und vor allem körperlicher Tätigkeit benötigt (umsetzt).

Je schwerer die körperliche Arbeit und je stärker die sportliche Belastung ist, desto höher ist der Leistungsumsatz. In unserer Gesellschaft werden schwere körperliche Arbeiten jedoch immer seltener.

*Beim Sport steigt der Leistungsumsatz*

## Gesamtumsatz

Der Energiebedarf, den der Körper täglich benötigt, wird als Gesamtumsatz bezeichnet. Er setzt sich zusammen aus dem Grundumsatz und dem Leistungsumsatz.

Leistungsumsatz
Grundumsatz
→ Gesamtumsatz

Da der Grundumsatz den Hauptanteil des Gesamtumsatzes ausmacht, neigen Menschen mit geringem Grundumsatz zu Übergewicht.

Die Nahrungsmenge muss insgesamt dem täglichen Energiebedarf entsprechen – auf Dauer darf es nicht zu viel und nicht zu wenig sein.

### Aufgaben

LF 3

1. Mit welchen Maßeinheiten wird der Energiegehalt der Nährstoffe gemessen? Geben Sie auch die Abkürzungen dieser Maßeinheiten an:
   - internationale Maßeinheit
   - allgemein geläufige Maßeinheit
2. Nennen Sie den Energiegehalt von
   - 1 g Fett,
   - 1 g Kohlenhydrate,
   - 1 g Eiweiß.
3. Erklären Sie den Begriff „Grundumsatz".
4. Nennen Sie Funktionen, für die der Körper bei völliger Ruhe (Grundumsatz) ständig Energie benötigt.
5. Nennen Sie Faktoren, die den Grundumsatz beeinflussen können.
6. Was versteht man unter „Leistungsumsatz"?
7. Erläutern Sie den Begriff „Gesamtumsatz".
8. Informieren Sie sich im Internet über den durchschnittlichen Energiebedarf von Jugendlichen und vergleichen Sie die dort zugrunde gelegte körperliche Aktivität mit ihrer eigenen körperlichen Aktivität.

### Rechenaufgaben

1. Ein Bäcker treibt regelmäßig Sport und hat daher einen erhöhten Energiebedarf von täglich 14 000 kJ. Der Energiebedarf sollte durch Eiweiß, Fett und Kohlenhydrate im Verhältnis 1:2:5 gedeckt werden. Wie viel g der einzelnen Nährstoffe sollte der Bäcker täglich zu sich nehmen?
2. Der Nährstoffgehalt von 100 g Sandkuchen beläuft sich auf 59 g Kohlenhydrate, 22 g Fett und 12 g Eiweiß. Berechnen Sie den Energiegehalt eines Sandkuchens, der 350 g wiegt. (Energiewerte für Kohlenhydrate, Fette und Eiweiß → Seite 187.)
3. Ein Bäcker isst bei einer Party 125 g Haselnüsse. Berechnen Sie den Energiegehalt der Nüsse in kJ und kcal. Die Nüsse enthalten 18 % Eiweiß, 14 % Kohlenhydrate und 56 % Fett. 1 kcal entspricht 4,2 kJ.

# 12.4 Ernährungsgrundsätze

**Hungergefühl** entsteht, wenn der Blutzuckerspiegel sinkt oder der Magen leer ist.
**Durst** stellt sich ein, wenn ca. 0,5 % des Körpergewichts an Wasser verloren gehen.
**Appetit** tritt auf, wenn man schöne Speisen sieht und bei Speisen, die gut riechen. Oft genügt schon die Vorstellung von leckeren Speisen oder Getränken, um Appetit auszulösen. Appetit kann man auch bekommen, wenn man satt ist.

## Ausgewogene Ernährung

Ernährung ist nur gesund, wenn sie ausgewogen ist.

Ausgewogene Ernährung bedeutet, dass das regelmäßige Essen alle Nährstoffe in den richtigen Mengen enthält. Schon das Fehlen eines einzigen Nährstoffes kann zu gesundheitlichen Beeinträchtigungen und Krankheiten führen.

Alle Lebensmittel im Ernährungskreis gehören zur ausgewogenen Ernährung und sollten deshalb täglich gegessen werden.

*Ernährungskreis der DGE*

Die empfohlene tägliche Aufnahme der Energie liefernden Nährstoffe bei einer vollwertigen Ernährung beträgt:

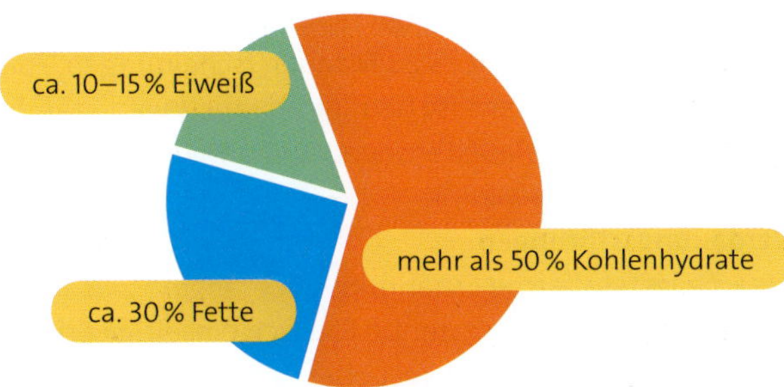


*Verteilung der Nährstoffe*

**Regeln für die gesunde Ernährung**

- Abwechslungsreiche Lebensmittel essen, damit der Körper alle Nährstoffe erhält.
- Täglich Gemüse und Obst wegen der vielen Vitamine und Mineralstoffe essen.
- Täglich Milch und Milcherzeugnisse verzehren, da diese alle Nährstoffe enthalten und vor allem Eiweiß und Kalzium.
- Regelmäßig Vollkornerzeugnisse essen, z. B. Vollkornbrot und Getreideerzeugnisse im Müsli, vor allem wegen der vielen Ballaststoffe.
- Reichlich Flüssigkeit trinken.
- Die Speisen, die wir essen, sollen überwiegend stärkehaltige Lebensmittel enthalten, z. B. Brot, Vollkornerzeugnisse, Kartoffeln, Nudeln und Reis. Begründung: Stärke wird bei der Verdauung langsam zu Traubenzucker abgebaut. Dadurch erfolgt bei der Resorption ein langsamer und schrittweiser Übergang vom Dünndarm in die Blutbahnen. Durch die längere Verweildauer im Darm fühlt sich der Körper satt und wegen der langsamen Resorption wird der Körper über eine längere Zeit gleichmäßig mit Energie versorgt.
- Wenig Fett und fettreiche Lebensmittel essen.
- Zucker und salzhaltige Lebensmittel in Maßen verzehren.

Häufig fehlen bei einer falschen Ernährung Lebensmittel mit einem hohen Gehalt an Vitaminen, Mineralstoffen und Ballaststoffen. Mangelerkrankungen und Verdauungsstörungen sind die Folge.

*Lebensmittel für eine ausgewogene Ernährung*

Immer mehr Bäckereien bieten neben den Vollkornerzeugnissen auch Bio- und Ökobackwaren an, um den Trend nach einer gesundheits- und umweltbewussten Ernährung zu befriedigen → Seite 31.

## Verteilung der Mahlzeiten

Gewohnheitsmäßig sind täglich drei große Mahlzeiten üblich. Mehrere kleine Mahlzeiten sind eindeutig gesünder und die Leistungsschwankungen im Tagesverlauf werden verringert.

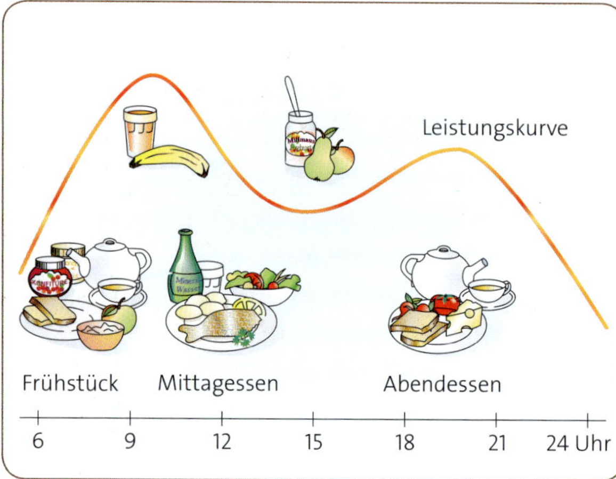


*Verteilung der Mahlzeiten*

**Auswirkungen unterschiedlicher Anzahl an Mahlzeiten**

| Drei große Mahlzeiten täglich | Mehrere kleine Mahlzeiten täglich |
|---|---|
| Durch die große Nahrungsmenge in einem Schub hat der Körper viel Stoffwechselarbeit zu verrichten. **Man wird müde und träge.** | Die Nährstoffe werden in kleineren Mengen gleichmäßig verteilt aufgenommen. Der Körper wird dadurch nicht belastet. **Man fühlt sich wohl.** |
| In den langen Pausen zwischen den Mahlzeiten sinkt der Blutzuckerspiegel. **Der Körper fällt in ein Leistungstief.** | Die Nährstoffzufuhr erfolgt zeitlich in kürzeren Abständen, wobei der Blutzuckerspiegel auch zwischen den Mahlzeiten gleich bleibt. **Ein Leistungsabfall während des Tages wird verhindert.** |

**Idealgewicht**

Das ideale Gewicht hat jeder, der sich wohl fühlt und bei seinen Tätigkeiten während der Arbeit und in der Freizeit nicht beeinträchtigt ist. Übergewicht kann durch richtige Ernährung und ausreichend Bewegung vermieden werden.

**Essen und Trinken bereiten Lebensfreude!**

Die Voraussetzungen dafür sind:

- Die Mahlzeit muss gut schmecken. Es wäre falsch, mit Widerwillen zu essen, nur weil es gesund ist.
- Das Essen und die Getränke sollten appetitlich hergerichtet werden. „Das Auge isst und trinkt mit."
- Möglichst nicht alleine essen. In Gesellschaft schmeckt es besser.
- Zeit lassen zum Essen. So schmeckt es besser und wird leichter verdaut.

**Freizeitverhalten**

Richtige Freizeitbeschäftigungen beeinflussen das körperliche Wohlbefinden. Beispiele:

- Körperliche Fitness durch ausreichend Bewegung oder regelmäßiges Sporttreiben.
- Geistige Fitness, die für geistige Abwechslung sorgt.

Die Tätigkeiten sollten in angenehmer Gesellschaft Spaß machen.

## Ernährungsbedingte Gesundheitsstörungen

Durch eine falsche Ernährungsweise und zu wenig Bewegung können sich schwerwiegende Folgen ergeben wie Leistungsabfall, Krankheit, Übergewicht und Untergewicht.

## Leistungsabfall und Krankheit

**Mangelerscheinungen**

Bei falsch zusammengesetzter Ernährung über einen längeren Zeitraum, vor allem bei fehlenden Vitaminen und Mineralstoffen, kommt es zu **Mangelerscheinungen**. Folgen können beispielsweise häufige Erkrankungen, ständige Müdigkeit, Kreislaufstörungen und unreine Haut sein.

**Verdauungsstörungen**

Eine ballaststoffarme Ernährung über längere Zeit führt zu **Verstopfung.** Sie entsteht z. B. durch einseitige Ernährung, ständige Konservenkost oder Fast Food.

## Übergewicht

Isst man langfristig ständig zu viel, bei gleichzeitiger Bewegungsarmut, entsteht Übergewicht. Der Körper bekommt dabei mehr Energie als er verbraucht. Die nicht benötigten Energie liefernden Nährstoffe wandelt er in Körperfett um. Ignoriert man Übergewicht, kann es zur Fettsucht kommen.

### Vermeidung von Übergewicht

- Wenige energiereiche Lebensmittel und Getränke essen und trinken, d. h. fett-, zucker- und alkoholarm.
- Vermehrt Vollkornerzeugnisse essen, da Ballaststoffe zu einem lang anhaltenden Sättigungsgefühl führen.
- Kleinere Zwischenmahlzeiten einnehmen, damit Heißhunger verhindert wird.
- Den Leistungsumsatz durch regelmäßige Bewegung und Sport steigern.

Schnelle **„Abmagerungskuren"** haben meist nicht den gewünschten Erfolg. Abnehmen ist mühsam und dauert genauso lange wie das Erreichen des Übergewichts, das sich auch nicht von heute auf morgen einstellt. Nur eine langfristig bedarfsgerechte Ernährung führt zum Abbau von Körperfett und damit oft zu seelischer Ausgeglichenheit.

### Übergewicht fördert Krankheiten

- Rücken- und Gelenkbeschwerden
- Herz- und Kreislaufbeschwerden
- Stoffwechselstörungen (Zuckerkrankheit, Gicht, erhöhter Cholesterinspiegel)
- Bluthochdruck
- seelische Störungen

## Untergewicht

Der stete Drang, das Idealgewicht zu erreichen, kann zu physischen und psychischen Störungen führen.
Bei längerfristig zu geringer Nahrungsaufnahme entsteht Untergewicht oder sogar Magersucht durch Nahrungsverweigerung oder Bulimie (Ess-Brech-Sucht).
Schmackhaftes, schön hergerichtetes Essen fördert den Appetit und in Gesellschaft ist die Bereitschaft zum Essen höher. So kann die Aufnahme der vom Körper benötigten Nahrungsmenge wieder erreicht werden.

Alle Ernährungsfehler verursachen anfangs Leistungsabfall und später Krankheiten.

## Body-Mass-Index (BMI)

Das Körpergewicht wird mithilfe des Body-Mass-Index beurteilt. Die Formel für die Berechnung lautet:

$$\text{BMI} = \frac{\text{Körpergewicht in kg}}{(\text{Körpergröße in m})^2}$$

Untergewicht: BMI kleiner als 18,5
Normalgewicht: BMI = 18,5 bis unter 25
Übergewicht: BMI = 25 bis unter 30
Fettsucht: BMI größer als 30

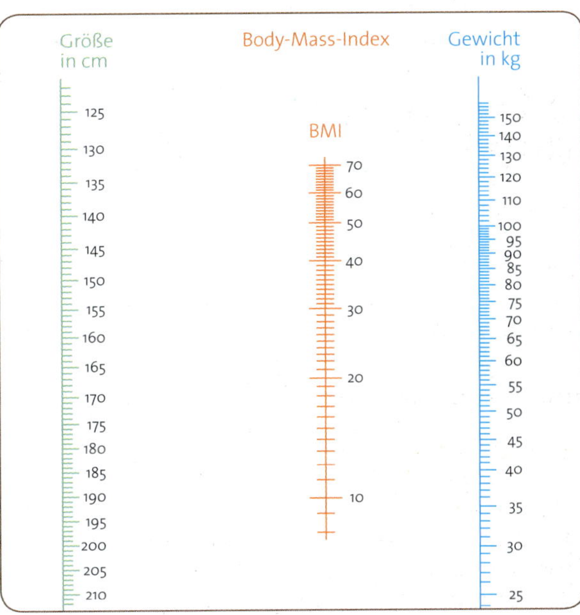


*Body-Mass-Index: Durch das Ziehen einer Linie zwischen der Körpergröße und dem Körpergewicht lässt sich auf der mittleren Skala der BMI ablesen*

### Aufgaben

1. Erklären Sie den Begriff „ausgewogene Ernährung".
2. Welche Lebensmittel sollten bei einer gesunden Ernährung regelmäßig gegessen werden?
3. Erläutern Sie, warum überwiegend stärkehaltige Lebensmittel gegessen werden sollen.
4. Beschreiben Sie, warum mehrere kleine Mahlzeiten gesünder sind als wenige große.
5. Welche Voraussetzungen müssen gegeben sein, damit Essen und Trinken Lebensfreude bereitet?
6. Nennen Sie körperliche Mangelerscheinungen und erläutern Sie, wie es dazu kommt.
7. Wie kann es bei falscher Ernährung zu Verdauungsstörungen kommen?
8. Erklären Sie, wie es zu Übergewicht kommt. →

9. Nennen Sie Möglichkeiten, wie Übergewicht vermieden werden kann.
10. Welche Krankheiten kann Übergewicht fördern?
11. Erläutern Sie, wie es zu Untergewicht kommt.
12. Berechnen Sie Ihren persönlichen BMI anhand des Body-Mass-Index auf Seite 191 rechnerisch und durch Ablesen in der Tabelle.
13. Ihr Mitschüler hat schon oft Diäten gemacht und jedes Mal einige Kilogramm abgenommen. Allerdings hat er meistens nach kurzer Zeit wieder zugenommen. Sie geben ihm Tipps, wie er am besten schlank werden und schlank bleiben kann.

**Rechenaufgaben**

1. Ein Bäcker wiegt 70 kg und ist 1,80 m groß. Berechnen Sie den BMI und beurteilen Sie sein Gewicht.
2. Eine Mitschülerin ist 169 cm groß und wiegt 82 kg. Wie viel kg muss sie abnehmen, um Normalgewicht zu erreichen?

LF 3

## 12.5 Diabetes mellitus (Zuckerkrankheit)

Bei der Zuckerkrankheit liegt eine Störung des Zuckerstoffwechsels vor. Hauptursachen für die Zuckerkrankheit sind Erbfaktoren, Übergewicht und Bewegungsarmut. Ca. 90 % der Diabetiker sind übergewichtig. Der Typ-2-Diabetes ist die häufigste Form. Bei dieser sich langsam entwickelnden Form ist meistens keine Insulingabe erforderlich.

### Der Blutzuckerspiegel

Die Körperzellen und das Gehirn benötigen ständig Zucker, der sie mit Energie versorgt. Deshalb befindet sich im Blut stets etwas Zucker, der sogenannte „Blutzucker".
Der Anteil des Zuckers im Blut wird als Blutzuckerspiegel bezeichnet. Der Blutzuckerspiegel soll immer möglichst gleich (konstant) sein, 80 bis 120 mg in 100 ml Blut ≙ ca. 1 g Zucker in 1 l Blut.

**Kohlenhydratstoffwechsel bei gesunden Menschen**

- Kohlenhydrate werden bei der Verdauung überwiegend zu Traubenzucker abgebaut.
- Der Traubenzucker geht bei der Resorption sofort in das Blut über. Dabei steigt der Blutzuckerspiegel.
- Bei steigendem Zuckeranteil im Blut (steigendem Blutzuckerspiegel) wird das Hormon Insulin vermehrt in der Bauchspeicheldrüse erzeugt.
- Ist ausreichend Zucker im Blut, transportiert das Insulin den überschüssigen Traubenzucker in die Leber und Muskulatur und speichert ihn dort als Zuckerreserve.
- Es wird ständig Zucker im Blut zur Energiegewinnung verbraucht. Sobald der Blutzuckerspiegel sinkt, z. B. zwischen den Mahlzeiten oder durch körperliche Anstrengung, wird der gespeicherte Zucker abgegeben, sodass der Blutzuckerspiegel immer konstant (gleich) bleibt.

### Ursache der Zuckerkrankheit (Diabetes mellitus)

Bei zuckerkranken Menschen erzeugt die Bauchspeicheldrüse zu wenig oder kein Insulin oder das Insulin wirkt nicht. Deshalb ist Diabetes eine Zuckerstoffwechselkrankheit, weil der überschüssige Zucker im Körper nicht als Zuckerreserve gespeichert werden kann.

### Überzucker

Bei der Kohlenhydrataufnahme, vor allem beim Verzehr von Zucker, steigt der Blutzuckerspiegel beim Diabetiker zu hoch an. Es entsteht Überzucker, weil der Zucker durch Insulinmangel in der Leber und Muskulatur nicht gespeichert werden kann.

**Auswirkungen des zu hohen Blutzuckerspiegels**

- Der zu hohe Zuckeranteil im Blut entzieht den Körperzellen Wasser und auch Kalium. Dies führt zu verstärktem Durstgefühl und auch zu Wadenkrämpfen.
- Da bei ständigem Durstgefühl viel Wasser getrunken wird, kann der zu hohe Zuckergehalt über die Nieren mit dem Urin ausgeschieden werden. Dies erklärt das häufige Wasserlassen der Diabetiker.

### Unterzucker

Wenn der Zucker im Blut durch die ständige Energiegewinnung aufgebraucht ist, sind keine Zuckerreserven in Leber und Muskulatur vorhanden. Dadurch sinkt der Blutzuckerspiegel, es entsteht Unterzucker. Der Diabetiker bekommt schnell einen Schwächeanfall und muss sich hinlegen. Er muss sofort Süßigkeiten oder süße Säfte bekommen, sonst fällt er in eine Bewusstlosigkeit, in das sogenannte Zuckerkoma.

**Mögliche Anzeichen für die Zuckerkrankheit**

- anhaltende Müdigkeit
- anhaltendes Durstgefühl
- sehr häufige Harnflut
- Sehstörungen
- Gewichtsabnahme trotz normaler Ernährung

**Ernährungsregeln für Diabetiker**

- Eine ausgewogene Ernährung und regelmäßige körperliche Bewegung sind die Grundregeln.
- Vollkornerzeugnisse wie Vollkornbrot bevorzugen. Die Ballaststoffe verzögern stark die Resorption von Traubenzucker, der somit langsam und schrittweise in die Blutbahnen übergeht.
- Stärkehaltige Lebensmittel wie Brote, Brötchen, Kartoffeln und Reis sind erlaubt, da die Stärke bei der Verdauung langsam abgebaut wird und somit nach und nach resorbiert wird (in das Blut übergeht).
- Zuckerhaltige Lebensmittel und Getränke stark einschränken, da der Zucker sofort in das Blut übergeht und der Blutzuckerspiegel sofort hoch ansteigt.
- Täglich ausreichend vitamin- und mineralstoffreiches Gemüse und Obst essen.
- Die Kohlenhydratzufuhr sollte auf mehrere Mahlzeiten (bis zu sechs) verteilt werden.

*Empfehlenswerte Lebensmittel für Diabetiker*

## Diabetikererzeugnisse

Im Jahr 2010 wurde die Diätverordnung geändert, sodass Diabetikererzeugnisse in Zukunft nicht mehr angeboten werden dürfen. Sie dürfen nur noch während einer Übergangsregelung bis 2012 hergestellt werden. Diese Änderung wurde beschlossen, weil Forschungen belegt haben, dass spezielle Diabetikererzeugnisse keine Vorteile, sondern oft sogar Nachteile aufweisen. Außerdem sind sie sehr teuer.

Diabetikererzeugnisse wurden meistens mit **Zuckeraustauschstoffen**, wie z. B. Fructose, Sorbit und Xylit gesüßt, da sie ohne Insulin gespeichert werden können. Die Zuckeraustauschstoffe können jedoch beim Verzehr größerer Mengen Magen- und Darmbeschwerden verursachen und den Fettstoffwechsel negativ beeinflussen. Daher sind ihre Nachteile größer als ihre Vorteile.

Diabetikererzeugnisse enthielten außerdem oft **Süßstoffe**, wie z. B. Saccharin, Cyclamat, Aspartam und Acesulfam. Süßstoffe besitzen keinen Energiegehalt und sind daher insbesondere zum Süßen von Getränken geeignet oder als Süßungsmittel bei Übergewicht.

## Berechnung der Kohlenhydrate für Diabetiker

Diabetiker, die Insulin zuführen (Typ-1-Diabetiker), müssen die Kohlenhydrate, die sie essen, berechnen, um ein unkontrolliertes Ansteigen oder Absinken des Blutzuckerspiegels zu vermeiden und um die Insulinzufuhr zu berechnen.

Die verdaulichen Kohlenhydrate in Lebensmitteln werden umgerechnet und bezeichnet als

- **Broteinheiten (BE)** oder
- **Kohlenhydrateinheiten (KE** bzw. **KHE).**

**1 Broteinheit (BE)** ≙ **12 g** und
**1 Kohlenhydrateinheit (KE)** ≙ 10 g
verdauliche Kohlenhydrate (ohne Ballaststoffe)

| 1 BE entspricht z. B. | 1 KE entspricht z. B. |
|---|---|
| 21 g Toastbrot | 18 g Toastbrot |
| 150 g Erdbeeren | 130 g Erdbeeren |
| 250 g Milch | 210 g Milch |

**Aufgaben**

1. Erläutern Sie den Begriff „Blutzuckerspiegel".
2. Erklären Sie den Kohlenhydratstoffwechsel bei gesunden Menschen.
3. Beschreiben Sie die Ursachen der Zuckerkrankheit.
4. Erklären Sie, wie es zum veränderten Blutzuckerspiegel kommt:
   - bei Überzucker
   - bei Unterzucker
5. Nennen Sie geeignete und nicht geeignete Lebensmittel für Diabetiker.

LF 3

## 12.6 Lebensmittelallergien und Lebensmittelunverträglichkeiten

### Allergien

Bei einer Allergie verträgt der Körper Stoffe in Lebensmitteln oder aus der Umwelt nicht. Diese unverträglichen Stoffe lösen eine Krankheit, eine Allergie, aus.

*Mehlstaub kann eine Allergie auslösen*



Die unverträglichen Stoffe werden als Allergene bezeichnet, z. B. Blütenpollen, Medikamente, Tierhaare, Chemikalien. Auch Umgebungseinflüsse, vor allem Staub, können allergische Reaktionen im Körper auslösen, z. B. der Mehlstaub. Verursacht Mehlstaub bei Bäckern eine Allergie, zählt diese als anerkannte Berufskrankheit.

Eine Allergie kann plötzlich und in jedem Alter auftreten und verschieden stark wirken. Allergische Erkrankungen sind nicht ansteckend.
Allergien können erblich bedingt sein, aber auch die belastete Umwelt ist ein auslösender Faktor. In den Industrieländern nehmen Allergien alarmierend zu.

### Lebensmittelallergien

Bei einer Lebensmittelallergie verträgt der Körper bestimmte Stoffe in Lebensmitteln nicht, und zwar bereits in kleinsten Mengen.
Dies können bestimmte Früchte wie Äpfel, Kiwi oder rohes Gemüse wie Zwiebeln, Karotten sein.

Bestimmte Lebensmittel, auf die viele Menschen allergisch reagieren, müssen nach der Lebensmittelkennzeichnungs-Verordnung auf Fertigpackungen in der Zutatenliste deklariert werden → Seite 239.

*Einige allergene Lebensmittel*

#### Symptome, die auf eine Allergie hinweisen

- Hautausschläge (Hautekzeme), juckende Haut
- Asthma (Atemnot)
- Schnupfen, Fließschnupfen, Nieszwang
- ständiger Hustenreiz
- tränende Augen

Auch allgemeines Unwohlsein, Migräne und ständige Müdigkeit können auf Allergien hindeuten.

Eine Allergie, z. B. gegen Milch, kann bei einem Allergiker Hautekzeme und bei einem anderen Asthma bewirken. Es können aber auch mehrere Symptome gleichzeitig auftreten.
Bei häufigem Kontakt mit dem unverträglichen Lebensmittel wird die Allergie chronisch (anhaltend, dauernd).

### Lebensmittelunverträglichkeiten (Lebensmittelintoleranzen)

Eine Lebensmittelunverträglichkeit, im Fachausdruck Lebensmittelintoleranz genannt, ist eine chronische (dauernde) Krankheit, die beim Verzehr eines unverträglichen Lebensmittels ausgelöst wird.

#### Laktoseintoleranz (Milchzuckerunverträglichkeit)

Laktose ist der Doppelzucker der Milch, der bei der Verdauung gesunder Menschen in Einfachzucker gespalten und in den Blutkreislauf aufgenommen wird.
Besitzt der Körper zu wenige oder keine Enzyme, die die Laktose abbauen, kann der Milchzucker nicht in den Blutkreislauf gelangen und wird von den Darmbakterien vergoren. Dies führt vorwiegend zu Blähungen, Bauchschmerzen und Durchfall.

Die Betroffenen müssen auf Milch und Milcherzeugnisse ganz oder teilweise verzichten, manchmal auch auf Gebäcke, die mit Milch hergestellt sind, z. B. Milchbrötchen und Hefeteiggebäcke. Da Laktoseintoleranz weit verbreitet ist, wird im Handel u. a. laktosefreie Milch angeboten.

### Fruchtzuckerunverträglichkeit (Fruktoseintoleranz)

Der Fruchtzucker in Lebensmitteln kann nur schlecht vom Dünndarm in die Blutbahnen resorbiert werden. Dies führt bei einer Fruktoseintoleranz zu Übelkeit und Bauchschmerzen sowie zu Blähungen und Durchfall.
Die betroffenen Menschen müssen vor allem Obst und Obstsäfte meiden sowie zuckerhaltige Lebensmittel reduzieren, weil Rübenzucker aus je einem Molekül Fruchtzucker und Traubenzucker besteht.

### Zöliakie

Zöliakie (bei Erwachsenen Sprue genannt) ist eine lebenslange chronische Krankheit, die erblich bedingt ist und bereits im Kindesalter durch glutenhaltige Speisen ausgelöst wird.
Ursache hierfür ist glutenhaltiges Eiweiß der Getreidearten Weizen, Dinkel, Roggen, Gerste und Hafer. Andere Getreidearten wie Mais, Reis und Hirse sind für diese Menschen verträglich, da ihr Eiweiß kein Gluten enthält.

Durch das Gluten werden die Darmzotten, die für die Resorption (den Übergang) der Nährstoffe vom Dünndarm in die Blutbahnen zuständig sind, geschädigt und zerstört.

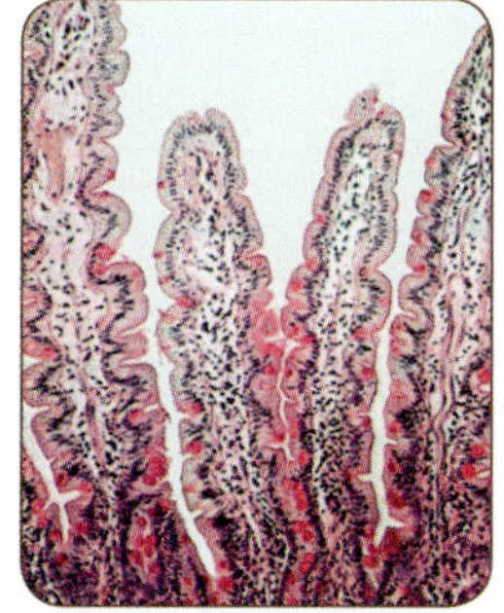

*Normale Dünndarmschleimhaut mit Darmzotten*

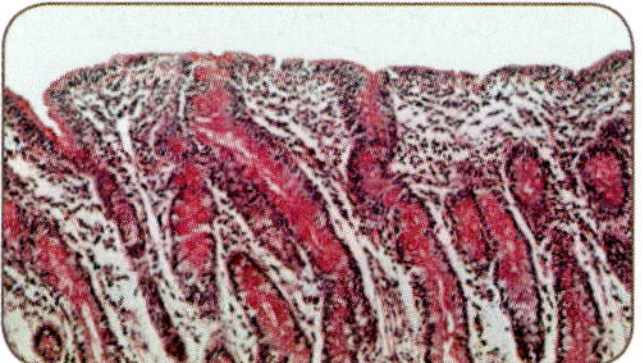

*Geschädigte flache Dünndarmschleimhaut*

### Ernährung bei Zöliakie

Alle Erzeugnisse, z. B. Backwaren und Teigwaren aus Weizen, Dinkel, Roggen, Gerste und Hafer, sind lebenslang zu meiden. Mehle aus diesen Getreidearten müssen durch Stärke, die kein Eiweiß enthält, und Mehle aus Mais, Reis und Hirse ersetzt werden.

*Glutenfreies Brot*

Backwaren für Zöliakiekranke werden mit glutenfreien Mehlen gebacken. Zöliakiekranke vergewissern sich bei Fertigpackungen grundsätzlich auf der Zutatenliste, dass keine unverträglichen Getreideerzeugnisse enthalten sind.

### Maßnahmen gegen Allergien und Intoleranzen

- Die wirksamste Methode ist das Herausfinden der Allergene und unverträglichen Lebensmittel, damit der Kontakt mit diesen Stoffen gemieden wird.
- Medikamente, die der Arzt verschreibt.
- Die Stärkung des Immunsystems verringert die Anfälligkeit, z. B. durch
  - ausgewogene Ernährung,
  - ausreichend Bewegung und Sport,
  - schadstoffarme Wohn- und Arbeitsumgebung

#### Aufgaben

1. Erklären Sie den Begriff „Allergie".
2. Nennen Sie Lebensmittel, die häufig Allergien auslösen.
3. Nennen Sie Symptome, die auf eine Allergie hinweisen.
4. Erläutern Sie eine Lebensmittelintoleranz.
5. Beschreiben Sie die
   - Laktoseintoleranz,
   - Fruktoseintoleranz.
6. Beschreiben Sie Zöliakie:
   - Ursache (Auslöser)
   - Lebensmittel, in denen der auslösende Stoff enthalten ist
   - geschädigtes Organ im Körper
7. Nennen Sie Maßnahmen, die gegen Allergien und Intoleranzen getroffen werden können.
8. Sie beobachten, dass Ihre Freundin immer nach dem Genuss von Butterkuchen und Marzipanpralinen husten muss. Ihre Freundin meint, es sei eine verschleppte Erkältung. Sie befürchten jedoch, dass es eine Allergie sein könnte, und geben ihr Ratschläge für eine Ernährungsumstellung.

# 13 Verkaufsförderung durch Marketing

**Situation**

Der Umsatz Ihrer Bäckerei stagniert. Im Team mit dem Betriebsleiter suchen Sie ein passendes Marketingkonzept, um den Umsatz zu steigern. Dabei diskutieren Sie sowohl Maßnahmen, die die Produktion betreffen als auch Maßnahmen, die das Personal betreffen.

- Nach welchen Gesichtspunkten ermittelt eine Bäckerei einen Standort für eine neue Filiale?
- Wie kann eine Bäckerei das Marketingziel erreichen?
- Wie können die Waren in den Verkaufsläden optimal präsentiert werden?
- Ist die Einrichtung der Bäckerei modern und freundlich?
- Ist der Service des Verkaufspersonals verbesserungsfähig?
- Welche Werbemittel können eingesetzt werden?
- Wie werden Plakate und Preisschilder geschrieben, damit sie als Werbemittel bei den Kunden ankommen?



## 13.1 Marketing

Klagen über schlechte Geschäfte und starken Wettbewerb sind oft ein Mangel an Einfällen und Aktivitäten.

Marketing kommt vom englischen Wort „market", der Markt, und weist auf marktorientierte Maßnahmen im Betrieb hin.

**Begriffserklärung: Marketing**
Marketing bedeutet, Maßnahmen im Betrieb zu ergreifen, damit viele Waren gewinnbringend verkauft werden und sich so der Betrieb auf längere Sicht auf dem Markt behauptet.

Marketing ist z. B. bei der Eröffnung eines Geschäfts, bei der Einführung neuer Waren und zur Erreichung eines verstärkten Absatzes bestimmter Waren erforderlich.

**Marketingziel**

Das Marketingziel eines Betriebes ist es, möglichst viele Waren gewinnbringend zu verkaufen. Die Grundsätze dabei sind:

- Den bestehenden Kundenstamm erhalten.
- Neue Kunden dazugewinnen.
- Neue Absatz- und Verkaufsmöglichkeiten finden.

**Marketingkonzepte**

Um das Marketingziel zu erreichen, müssen die Konzepte eines Betriebes festgelegt werden:

- Den richtigen Standort des Betriebes bzw. der Filiale finden.
- Die Größe des Betriebes sowie die Anzahl der Filialen festlegen.
- Ein einheitliches Erscheinungsbild für den gesamten Betrieb festlegen (CI-Linie = Corporate Identity).

- Das Angebot, die Qualität und das Preisniveau der Waren bestimmen.
- Das Personal für die Produktion und den Verkauf nach gewünschter fachlicher und sozialer Kompetenz einstellen.

↓

**Marketingmaßnahmen**

Wenn die grundsätzlichen Konzepte eines Betriebes feststehen, müssen Maßnahmen ergriffen werden, z. B.:

- Wünsche und Bedürfnisse der Verbraucher ermitteln, damit sich das Angebot der Bäckerei danach ausrichtet. So bleiben bestehende Kunden dem Betrieb erhalten und neue Kunden können gewonnen werden.
- Die Möglichkeit schaffen, dass in den Verkaufsläden den ganzen Tag über frische Bäckereiwaren angeboten werden können.
- Die Waren beim Verkauf so präsentieren, dass sie zum Kauf anregen.
- Möglichkeiten der Werbung und Öffentlichkeitsarbeit (Public Relations) nutzen, damit die Verbraucher über die Bäckerei informiert sind.

### Möglichkeiten der Marketingkonzepte

Jede Bäckerei legt sich auf ein für den Betrieb passendes Marketingkonzept fest, mit dem das Marketingziel erreicht werden soll, z. B.:

- Eine Großbäckerei sieht große Absatzziele, wenn in einem weiten Umkreis Großabnehmer, viele Wiederverkäufer und Filialen beliefert werden können.
- Ein kleinerer Bäckereibetrieb ist für den Betriebsinhaber überschaubar. Mit wenig Personal kann sich die Bäckerei auf ein geringeres Warenangebot beschränken und auf mehrere Filialen und große Lieferungen verzichten. Das Warenangebot bezieht sich direkt auf die Bedürfnisse der Kunden in der engeren Umgebung.
- Eine Bäckerei setzt auf gesundheitsbewusste Kunden und bietet verstärkt Bio- und Vollkornerzeugnisse an. Der Betrieb baut sich ein unverwechselbares Image auf.
- Eine Bäckerei mit Café hebt sich mit hochwertigen Qualitätswaren und einem besonderen Service im Café von anderen Bäckereien ab. Der Betrieb baut auf qualitätsbewusste Kunden und nicht zu sehr auf „Billigeinkäufer".
- Eine Bäckerei versucht mit einem erweiterten Snackbereich oder mit einem anderen Spezialbereich einen verstärkten Absatz zu erzielen. Der Betrieb unterscheidet sich durch die Spezialisierung von den Mitbewerbern.

## Franchisebetriebe

*Franchisefiliale*

Ein Franchisebetrieb ist ein gepachteter Betrieb, der zu einem Großbetrieb gehört. Der Pächter des Franchisebetriebes ist ein selbstständiger Unternehmer, der den Betrieb wie eine Art Filiale mit den Waren des Großbetriebes führt.

**Franchisegeber**

Großbetriebe, so auch Großbäckereien, führen ihre Filialen nicht selbst. Sie verpachten diese und sind somit Franchisegeber.

Die Vorreiter des sogenannten **Franchising** sind bekannte Unternehmen wie Burger King, McDonald´s, Nordsee u. a.

**Franchisenehmer**

Die Pächter der Filialen sind Franchisenehmer, die sich gegenüber dem Franchisegeber wie folgt verpflichten:

- Die Filialen werden mit dem Firmennamen und Firmenlogo des Großbetriebes geführt.
- Die Filialen werden mit den Waren des Franchisegebers beliefert.
- Die Waren werden unter den gemeinsamen Warenbezeichnungen angeboten und verkauft.

Der Franchisegeber bietet dem Franchisenehmer geschäftlichen Beistand, Beratung, Schulung, Werbung und Verkaufsförderung. In welchem Umfang dies geschieht, wird vertraglich festgelegt.

**Vorteile für den Franchisegeber**

- Er kann ein großes Vertriebsnetz mit seinem marktbewährten Firmen- und Warenzeichen aufbauen, ohne die Kosten der Filialen zu tragen.
- Er erspart sich den Aufwand, geeignetes Verkaufspersonal zu suchen und dieses zu führen.
- Er nutzt die Motivation des Franchisenehmers als freier Unternehmer.

**Vorteile für den Franchisenehmer**
- Er ist selbstständiger Unternehmer.
- Er profitiert vom Bekanntheitsgrad des Großbetriebes.
- Er spart die Investitionskosten für die Gründung eines eigenen Geschäfts.
- Er benötigt nur geringe geschäftliche Erfahrungen aufgrund der Hilfe des Franchisegebers.
- Er nutzt die Erfahrung und das Know-how des Franchisegebers, um sich am Markt zu etablieren.

*Bäckerei an einer belebten Straße*

## Standortbestimmung einer Bäckerei

Etablierte Bäckereien innerhalb von Ortschaften können oft aus Platzmangel wenig an ihrem Standort ändern. Wollen sie sich vergrößern, verlagern sie deshalb häufig die Produktion an den Stadtrand, in Industriegebiete oder auf das Land.
Die Chance der Umsatzsteigerung sehen viele Bäckereien mit der Eröffnung von Filialen und Verkaufsstellen in Einkaufszentren bzw. Einkaufspassagen. Die Produktion und die Verkaufsstätten sind somit getrennt.

### Ermittlungen zur Standortbestimmung



Die Standortbestimmung einer Bäckerei bzw. Filiale und eines Cafés erfolgt weitgehend nach folgenden Gesichtspunkten:
- Die Anzahl der Menschen im Umfeld des Standortes, die täglich als Kunden bzw. Gäste für ein Café infrage kommen: „Verkaufen kann man nur, wo Kunden sind."
- Für manche Standorte sind ausreichend Parkplätze wichtig.
- Manchmal ist eine gute Anbindung an öffentliche Verkehrsmittel von Bedeutung.
- Die Konkurrenzsituation am Standort ist zu beachten.
  - Anzahl der Mitbewerber in dem Einkaufsgebiet erfassen.
  - Sind das Angebot und die Leistungsfähigkeit der Mitbewerber gleich oder unterscheiden sie sich vom eigenen?

**Begehrte Standorte für Filialen**
- Innenstadt, Stadtkern
- Fußgängerzone
- Einkaufspassage
- Einkaufszentrum
- Nähe menschenreicher Betriebe, z. B. Bank, Post, Ämter, Ärztehaus, Büros
- Nähe von Schule, Krankenhaus, Bahnhof, Bushaltestelle
- Nähe von Sportanlage, Kurviertel, Urlaubszentrum
- Wohngebiet

**Aufgaben**

1. Erklären Sie den Begriff „Marketing".
2. Erläutern Sie das Marketingziel.
3. Nennen Sie Marketingkonzepte, die eine Bäckerei festlegt, um das Marketingziel zu erreichen.
4. Beschreiben Sie Marketingmaßnahmen, die ein Bäckereibetrieb ergreifen kann.
5. Auf welche Möglichkeiten der Marketingkonzepte können sich Bäckereibetriebe festlegen?
6. Was versteht man unter einem Franchisebetrieb?
7. Erklären Sie folgende Begriffe:
   - Franchisegeber
   - Franchisenehmer
8. Nennen Sie einige Vorteile der Franchisebetriebe
   - für den Franchisegeber,
   - für den Franchisenehmer.
9. Welche Ermittlungen müssen zur Standortbestimmung einer Bäckerei bzw. Filiale und eines Cafés durchgeführt werden?
10. Nennen Sie begehrte Standorte einer Bäckerei für eine Filiale evtl. mit Café.
11. Überlegen Sie, welche Gründe für die Standortwahl Ihrer Bäckerei ausschlaggebend gewesen sein könnten. Gibt es in der Umgebung weitere Standorte, die Sie für geeignet halten? Führen Sie entsprechende Standortanalysen durch.

**Rechenaufgabe**

Eine Filiale einer Bäckerei erzielte täglich durchschnittlich 2 400,00 €, 6 Tage wöchentlich. Nach dem Umbau und einer Neugestaltung sowie einem erweiterten Warenangebot erhöhte sich der tägliche durchschnittliche Umsatz auf 3 720,00 €.
Um wie viel % erhöhte sich der Umsatz und wie viel € nimmt die Bäckerei jetzt wöchentlich ein?

## 13.2 Marketing als Mittel der Verkaufsförderung

Da sich der Markt und die Kundenbedürfnisse in einem ständigen Wandel befinden, muss der Bäckereibetrieb möglichst schnell mit entsprechenden Marketingstrategien reagieren. Hilfreich können Marketingprognosen sein, die den Trend des Konsumverhaltens erforschen. Gute Bäckereien sorgen dafür, dass die Mitarbeiter in Produktion und Verkauf regelmäßig Fortbildungen besuchen, um aktuell informiert zu sein.

Erfolgreiche Bäckereien erfüllen die Erwartungen der Kunden mit folgenden Grundsätzen der Verkaufsförderung.

### Produktion

- Ein modern eingerichteter Produktionsbetrieb erleichtert die Arbeit der Bäcker und ermöglicht die Herstellung schön aussehender Qualitätswaren.
- Das Bestreben der Bäcker soll es sein, Waren mit besten Rohstoffen und von hoher und gleichbleibender Qualität herzustellen und appetitlich aussehend in den Verkauf zu bringen.
- Nur gut ausgebildete Bäcker können kontinuierlich gute Qualitätswaren herstellen.

*Frische Backwaren von hoher Qualität*

### Verkauf

- Kunden und Gäste fühlen sich in hellen, modern eingerichteten Verkaufsläden und Cafés wohl.
- Backwaren, die nur in besonders frischem Zustand von bester Qualität sind und gut schmecken, z. B. Brötchen, Brezeln, Baguettes, Ciabattas, mehrmals täglich backen und zu jeder Tageszeit frisch anbieten. Die Frage: „Sind die Waren frisch?" brauchen Stammkunden nicht zu stellen.
- Gute Bäckereien zeichnen sich durch sauber gekleidete Fachverkäuferinnen aus, die ihren Beruf gerne ausüben und somit freundlich bedienen. Die Kunden honorieren dies als treue Stammkunden, bei denen die Verkäuferinnen persönliche Wünsche wie selbstverständlich berücksichtigen.
- Qualitätsware kostet ihren Preis, Das Preis-Leistungs-Verhältnis sollte angemessen sein. Die Kunden sollen das Gefühl haben, dass der Preis für die Waren gerecht ist. Qualitätsbewusste Kunden wissen, dass ein Fachbetrieb nicht mit den ständigen Niedrigpreisen der Discounter mithalten kann.

*Freundliche Fachbedienung mit frischer Qualitätsware*



### Möglichkeiten, den Kunden die Frische der Waren zu zeigen

- Im Ladenbackofen wird mehrmals täglich frisch gebacken. Die sichtbare Frische und die Duftwirkung beeindrucken alle Kunden.
- Die Fachverkäuferin belegt Snacks vor den Augen der Kunden. Die Kunden sehen, dass nur frische Gebäcke und Zutaten verwendet werden.
- Ständiger lebendiger Kundenbesuch im Laden und Café lässt wegen des dauernden Absatzes auf frische Ware schließen.

Ein Bäckereifachbetrieb sollte grundsätzlich die Erwartungen der Kunden erfüllen und sich möglichst von den Mitbewerbern etwas abheben. Voraussetzungen für einen guten Verkaufserfolg eines Bäckereibetriebes sind allgemein
- das Anbieten von Qualitätswaren
- freundliche Verkäuferinnen und Bedienungen und
- ein angemessenes Preis-Leistungs-Verhältnis

*Snacks frisch belegen*

**Aufgaben**

1. Beschreiben Sie, wie erfolgreiche Bäckereien die Erwartungen der Kunden erfüllen in Bezug auf
   • Produktion und • Verkauf.
2. Welche Möglichkeiten haben Bäckereien, im Verkauf den Kunden die Frische der Waren zu zeigen?
3. Ihre Bäckerei soll grundlegend modernisiert werden. Vom Betriebsleiter erhalten Sie die Aufgabe, sich über moderne und energiesparende Backöfen zu informieren, sowie Vorschläge für eine einheitliche Kleidung des Verkaufspersonals zu machen. Außerdem soll der Verkaufsraum einladender gestaltet werden.

## 13.3 Marktbeobachtung und Bedarfsermittlung

LF 3

### Kundenwünsche und Bedürfnisse

Grundsätzlich sollen die Kunden und ihre Wünsche bei der Marketingplanung im Mittelpunkt stehen. Die Bäckerei muss die Waren herstellen, die von den Kunden gewünscht werden, und nicht die, die der Bäcker oder die Verkäuferin für richtig halten.

Die Verbraucher können in einem freien Markt wählen, in welcher Bäckerei sie einkaufen wollen. Sind die Kunden mit dem Bäckereibetrieb zufrieden, kaufen sie weiterhin dort ein und das Marketingziel ist erreicht.

#### Möglichkeiten, die Wünsche und Bedürfnisse der Kunden zu ermitteln

- Verkäuferinnen und Bedienungen hören die Kundenwünsche und Kundenanregungen und geben diese an den Betrieb weiter.
- Die Kunden befragen, mit welchem Angebot sie zufrieden sind und welche Waren sie zusätzlich wünschen.
- Bäckereiwaren, die sich gut verkaufen, sind bei den Kunden beliebt.
- Bei sinkendem Absatz einiger Waren nach Gründen fragen: Sind die Waren eventuell „out", weil z. B. die Rezepturen zu fett- und zuckerreich sind?
- Lesen von Fachzeitschriften und modernen Fachbüchern, um sich über die Trends zu informieren.
- Das Beste von guten Bäckereibetrieben, aber auch von Betrieben anderer Branchen abschauen und nachmachen.

### Neue Verkaufsformen (Absatzmöglichkeiten)

Neben den Kundenwünschen sollte der Betrieb auch über neue, moderne Verkaufsformen nachdenken, die wirtschaftlich rentabel sind, z. B.:

- Das Angebot der Bäckereiwaren im Café mit kleinen Speisen ergänzen.
- Ein Filialcafé als Bistro-Café für junge Gäste einrichten oder als Café für eine spezielle Zielgruppe.
- Einen Partyservice anbieten, z. B. Lieferung von Kanapees zum Stehempfang einer Feier.
- Waren für ein Kuchen- und Tortenbüfett zur Hochzeit oder zur Familienfeier liefern und dort eine feierliche Tafel herrichten und dekorieren.

*Bistro-Café mit Snacks*

## Die Chancen des Marktes nutzen

Die Marktchancen sind besonders groß, wenn sich der Betrieb Wettbewerbsvorteile gegenüber anderen Mitbewerbern schafft. Die Überlegungen des Bäckereibetriebes sind:

- Was können wir besonders gut?
- Was können die Mitbewerber nicht so gut wie wir?
- Welche Möglichkeiten der Verbesserung bieten sich in der Lage unseres Betriebes an, z. B. Ladenöffnung zur Straße hin, Café mit Wintergarten oder Garten- bzw. Terrassenbetrieb mit besonderem Ambiente?
- Welche Öffnungszeiten für Laden und Café kommen den Menschen im Umkreis am besten entgegen?
- Wie können wir unsere Waren einem breiteren Kundenkreis zukommen lassen? Ist es z. B. sinnvoll, die Waren im Internet zu präsentieren und dort Spezialitäten der Bäckerei anzubieten?

*Spezialitäten der Bäckerei anbieten*

- Wie können wir durch geschenkmäßiges Verpacken der Bäckereierzeugnisse das Können des Fachgeschäfts zeigen und dadurch anspruchsvolle Kunden gewinnen?
- Welche Jahreszeit können wir für den Verkauf besonderer Erzeugnisse nutzen, z. B. im Sommer verschiedene Salatspezialitäten im Café und Terrassenbetrieb anbieten?

*Café mit Terrasse*

- Welche Aktionstage oder -wochen können wir für außergewöhnliche Angebote nutzen?
- Außerdem sollen die aktuellen Trends bei der Zusammenstellung des Angebots berücksichtigt werden.
- Da der Außer-Haus-Verzehr einen immer größeren Stellenwert einnimmt und da Bäckereierzeugnisse immer häufiger als Ersatz für eine Mittagsmahlzeit dienen, sollte ein vielseitiges Angebot an warmen und kalten Snacks vorhanden sein.
- Da immer mehr Kunden aus Gesundheits- bzw. Allergiegründen auf eine vollwertige Ernährung achten, besteht eine große Nachfrage nach gesunden, nicht so fetthaltigen Backwaren, Vollkornprodukten, Bioprodukten oder Produkten mit bestimmten Rohstoffen, z. B. Dinkel, oder ohne bestimmte Rohstoffe, z. B. Weizen.
- Je nach Standort der Bäckerei sollten internationale Spezialitäten, z. B. Focaccia und Fladenbrote, Bagels und Donuts, zum Standardsortiment gehören.

### Marketingmaßnahmen im Team erfüllen

Die Marketingmaßnahmen können nur dann erfolgreich umgesetzt werden, wenn möglichst alle Beschäftigten im Bäckereibetrieb in die Aufgaben eingebunden werden. So können die Meinungen der Kunden und anderer Verbraucher im Betrieb zusammengefasst und in die Marketingplanungen mit einbezogen werden. Außerdem haben viele Mitarbeiter aufgrund ihrer Erfahrung und Beobachtungen eigene Ideen für Verbesserungen, die die Betriebsleitung kritisch prüfen sollte.



### Marketinganalyse

Nachdem die Wünsche und die Bedürfnisse der Kunden und die Trends erforscht sind, kann der Bäckereibetrieb diese analysieren. Dabei werden die für die Bäckerei möglichen Verbesserungen zusammengefasst und beurteilt. So entsteht eine eigene Betriebsphilosophie, die speziell für den Bäckereibetrieb passt.

### Aufgaben

1. Warum sollen in Bäckereien grundsätzlich die Wünsche und Bedürfnisse der Kunden im Mittelpunkt der Marketingplanung stehen?
2. Nennen Sie Möglichkeiten, die Wünsche und Bedürfnisse der Kunden im Bäckereibetrieb zu ermitteln.
3. Beschreiben Sie Möglichkeiten neuer Verkaufsformen für Bäckereibetriebe. →

4. Welche Überlegungen sollte ein Bäckereibetrieb anstellen, um die Chancen des Marktes zu nutzen?
5. Warum sollten Marketingmaßnahmen des Bäckereibetriebes im Team mit den Beschäftigten erfolgen?
6. Erklären Sie die Wichtigkeit der Marketinganalyse für eine Bäckerei.
7. Nur zufriedene Kunden sorgen für einen guten Umsatz. Dafür müssen die Wünsche der Kunden ermittelt werden. Diskutieren Sie mit Ihren Kollegen und Kolleginnen, welche Waren die Kunden in Ihrem Betrieb besonders wünschen und welche Waren Sie vielleicht neu in Ihr Sortiment aufnehmen sollten. Dies bezieht sich auf das Angebot an Broten und Kleingebäcken sowie an Feinen Backwaren.

### Rechenaufgaben

1. Für die Pacht eines Bäckerei-Cafés bezahlte der Betrieb bisher jährlich 33 960,00 €. Der Pachtzins wird um 6,5 % erhöht. Berechnen Sie die neue monatliche Pacht für die Filiale.
2. Eine Kantine bezahlt für gelieferte Backwaren an die Bäckerei 2 660,08 €. Die Bäckerei gewährte 18 % Rabatt. Wie hoch ist der ursprüngliche Preis der Backwaren?
3. Die Filialen einer Bäckerei erzielen durchschnittlich folgende Umsätze:
   Filiale A: 980,50 €
   Filiale B: 14 40,10 €
   Filiale C: 2 40,70 €
   Filiale D: 1 185,80 €
   a) Wie viel € Umsatz machen die 4 Filialen?
   b) Nachdem die Filiale C wegen schlechter Rendite geschlossen wurde, erzielen die drei Filialen einen Gewinn von 23 %, die Mehrwertsteuer beträgt 7 %.
   Berechnen Sie den Gewinn der drei noch existierenden Filialen in €.
4. Nachdem das Snackangebot in der Bäckerei erweitert wurde, erhöhte sich der Snackumsatz um 507,40 €, das sind 21,5 %.
   Wie viel € betrug der Snackumsatz vorher?

LF 3

## 13.4 Warenpräsentation

### Sinn einer fachgerechten Warenpräsentation

Nur Bäckereierzeugnisse, die den Kunden beim Verkauf appetitlich und übersichtlich präsentiert werden, regen die Kauflust an. So wird das Gefühl der Kunden angesprochen und es werden häufig ungeplante Käufe getätigt. „Die Augen müssen stehen bleiben, damit die Füße nicht vorbeigehen."
„Der Kunde isst zuerst mit den Augen." Deshalb ist neben der ansprechenden Präsentation der Waren eine herausragende Hygiene im gesamten Betrieb eine Voraussetzung für den Verkaufserfolg.

### Brotregale

In den schräg gestellten Brotregalen können die Kunden in der Draufsicht das gesamte Brotangebot betrachten und somit optisch die Brote beurteilen. Zur besseren Übersicht werden die Brote nach Sorten und auch nach Gewicht in den Brotregalen einsortiert.

*Brotregale*

Die länglichen Stangenbrote werden platzsparend und gut sichtbar in Brotständer gestellt.

*Stangenbrote im Brotständer*

## Brötchenkörbe

Gruppenweise werden zusammengehörende Brötchen und andere Kleingebäcke in Körben oder auch auf Thekenblechen übersichtlich angeboten, z. B. in einem Korb Brötchen, in einem anderen Korb Brezeln und Laugengebäcke und in einem weiteren Korb roggenhaltige Kleingebäcke, Vollkorn- und Mehrkornbrötchen.

*Brötchenkörbe*

## Verkaufstheke

Die Verkaufstheke, die in die Gebäcktheke und Kühltheke unterteilt ist, ist der zentrale Arbeitsbereich des Verkaufspersonals.

**Die Gebäcktheke**
In der Gebäcktheke werden Feine Backwaren ausgestellt, die bei Raumtemperatur verkauft werden. Deshalb ist die Gebäcktheke ungekühlt.
Auf nebeneinander liegenden Thekenblechen bzw. Tabletts werden die Waren nach Gebäckgruppen übersichtlich angeordnet. Jedes Thekenblech bzw. Tablett enthält eine Gebäckart, z. B. Plunder-, Blätterteig-, Hefeteig- und Mürbeteiggebäcke, Blechkuchen und Kuchen aus Sandmasse (Rührkuchen).

*Gebäcktheke*

**Die Kühltheke**
In die Kühltheke werden leicht verderbliche Bäckereierzeugnisse gestellt, z. B. Torten und Desserts mit Sahne, Cremes sowie Käsetorten.

Diese Waren werden gruppenweise ausgestellt, damit die Kunden sie gut erkennen können, z. B. in einem Bereich die Sahneerzeugnisse im anderen die Cremeerzeugnisse.

*Warenpräsentation in der Kühltheke*

**Bewegliche Verkaufsvitrinen**
Sie bieten ein erweitertes Ausstellungsfeld, vor allem für spezielle Bäckereierzeugnisse, z. B. Snacks oder Pralinen.

## Grundregeln der Warenpräsentation

- In Brotregalen, Brötchenkörben und in der Verkaufstheke werden zusammengehörende Warengruppen dem Kunden präsentiert. Somit wird die Vielfalt der Bäckereierzeugnisse für die Kunden und auch für das Verkaufspersonal übersichtlich. Dies erleichtert den Kunden die Kaufentscheidung und fördert einen reibungslosen Verkaufsablauf.
- Das gesamte Warenangebot muss für die Kunden gut sichtbar sein. Versteckte oder verdeckte Ware wird nicht verkauft.
- Nur volle Brotregale, Brötchenkörbe, Ausstellungsbleche, Tabletts und Tortenplatten regen die Kauflust an. Sind sie halbvoll, werden sie möglichst schnell wieder aufgefüllt oder passende Waren zusammengeben. Dies muss auch bei Kundenandrang erfolgen.
- Den Anschnitt von Broten, Torten, Desserts und Kuchen grundsätzlich zur Kundenseite richten. Dadurch erübrigen sich häufig Fragen über die Waren.
- Die Preisangabe für alle Waren ist nicht nur Pflicht, sondern auch ein Service für die Kunden zur Orientierung und zum Vergleich.
- Von Kunden besonders begehrte Waren oder Waren, die der Betrieb bevorzugt anbieten möchte, sollen im zentralen Kundenbereich platziert werden, damit sie nicht zu übersehen sind.

Volle Regale und Körbe regen zum Kauf an

Tortenanschnitte zeigen zur Kundenseite

LF 3

## Präsentieren der Waren auf Blechen und Tabletts

### Thekenbleche, Schnittenbleche, Tabletts, Tortenplatten

Thekenblech, Schnittenblech, Edelstahltablett, Kunststofftablett, Silbertablett, Tortenplatte

- Thekenbleche für die Verkaufstheke von 60 × 40 cm Größe sind meist aus Aluminium oder auch golden verzinkt.
- Tabletts für den gewöhnlichen Verkauf sind kleinere, rechteckige Platten aus Kunststoff, meistens in weißer oder schwarzer Farbe.
- Edelstahl- und Silbertabletts werden mit hochwertigen Waren, z. B. Pralinen, belegt. Sie steigern optisch den Wert der Bäckereierzeugnisse.
- Tortenplatten sind aus Kunststoff oder Edelstahl mit einem „Fuß", damit die Torten etwas höher gestellt besser zur Geltung kommen und von den Verkäuferinnen leicht aus der Theke genommen und zurückgestellt werden können.
- Schnittenbleche sind aus Aluminium mit einem seitlichen Rahmen von 5 cm Höhe. Die Größen sind 60 × 40 cm, 60 × 20 cm und 60 × 10 cm. In den Schnittenblechen werden Blechkuchen gebacken und darin in Stücke geschnitten. Auch Obst- und Sahneschnitten werden in diesen Rahmenblechen hergestellt. Die Schnitten werden im Blech in der Gebäcktheke ausgestellt und beim Verkauf daraus entnommen.

Erdbeerschnitten im Rahmenblech (Schnittenblech)

### Anforderungen an die Ausstellungsunterlagen für Waren

- Thekenbleche, Tabletts und Tortenplatten müssen vor dem Belegen äußerst sauber gereinigt und ohne Fingerabdrücke sein.
- Sie dürfen nicht verbogen sein und keine abgestoßenen Ecken haben.
- Die glatten Tabletts dürfen nicht zerkratzt sein und keinen Sprung aufweisen.
- Nur unbeschädigte und saubere Platten wirken in der Gebäcktheke werbewirksam.

## Belegen von Thekenblechen und Tabletts

Die Waren müssen so auf Thekenbleche und Tabletts gelegt werden, dass sie gut sichtbar sind und schön aussehen. Insgesamt sollen die Tabletts platzsparend belegt werden, dass möglichst viele Waren daraufpassen. Beim Belegen dürfen die Waren nicht beschädigt werden.

### Gebäcke in Reihen, nebeneinander belegen

Lockere, druckempfindliche Waren sowie Erzeugnisse mit Füllungen oder Obst auf der Oberflache, werden nebeneinander aufgelegt, damit sie nicht beschädigt werden, z.B. Berliner, Bienenstich, Blätterteig- und Plundergebäcke sowie Desserts. Die Gebäcke werden in geraden Reihen direkt nebeneinander gelegt.

*Gefüllte Blätterteigstückchen nebeneinander gelegt*

*Erdbeer-Plundergebäcke nebeneinander gelegt*

### Gebäcke in Reihen fächerartig aneinanderlegen

Stabile Gebäcke, z.B. Plunderhörnchen, Croissants, Plunderschnecken, Florentiner, Nussbeugel, werden fächerartig, d.h. leicht schräg aneinander in Reihen aufgelegt, sodass jedes Gebäckstück sichtbar ist. Diese Methode ist platzsparend und die Gebäcke kommen gut zur Geltung.

Zu beachten ist dabei:

- Die verschiedenen Gebäcke liegen in geraden Reihen direkt nebeneinander.
- Die Gebäcke einer Reihe schräg aneinanderlehnen, sodass die einzelnen Gebäcke immer noch gut sichtbar sind. Die Gebäcke dabei nicht zu schräg stellen, da sie sonst zu sehr verdeckt sind.
- Die Abstände der einzelnen Gebäcke sind dabei wie bei einem Fächer exakt gleich. Nur so wirkt die Belegung gleichmäßig und nicht abgehackt oder unterbrochen.

*Fächerartig gelegte Plundergebäcke*

### Belegen von Gebäcken in Hörnchenform

Gebäcke in Hörnchenform, z.B. Nussbeugel und Schokoladenbögen aus Spritzmürbeteig, werden fächerartig gelegt. Dabei können die Enden nach oben oder nach unten aufgelegt werden oder abwechselnd eine Reihe mit den Enden nach oben und eine Reihe mit den Enden nach unten, sodass ein Formenkontrast entsteht.

*Fächerartig gelegte Gebäcke in Hörnchenform*

### Schäden, die beim Stapeln entstehen

Nur stabile Waren dürfen übereinandergelegt werden. Zerdrückte Backwaren und beschädigte Gebäckoberflächen sowie Garnierungen dürfen im Fachgeschäft nicht vorkommen. Beispiele für Schäden, die beim Stapeln entstehen:

- Druckstellen und puderzuckerfreie Stellen an Berlinern
- blinde Stellen bei mit Schokoladenkuvertüre bzw. Fettglasur überzogenen Gebäcken
- beschädigte Fondantstellen von glasierten Backwaren
- zusammengeklebte Gebäcke mit Füllungen und Obst an der Oberfläche kleben zusammen

## Pralinen auf Tabletts belegen

Stabile Pralinen werden auf einem Tablett pyramidenförmig aufgelegt und gestapelt. Dabei wird jede Pralinensorte auf ein eigenes Tablett gelegt. Möglichst volle Tabletts werden in einer speziellen Pralinetheke bei 15 bis 18 °C und geringer Luftfeuchtigkeit nebeneinander nach Sorten angeordnet.
Zur besonderen Präsentation können Pralinen auch nebeneinander auf Silbertabletts oder Spiegelplatten gelegt werden.

*Pralinen auf einer Spiegelplatte*

LF 3

*Pralinen in einer Pralinenvitrine*

## Farbkontrast

Bei farblich unterschiedlichen Gebäcken, wie z. B. bei Teegebäcken und Florentinern, sowie bei Pralinen ergeben die verschiedenen Farben der Erzeugnisse ein abwechslungsreiches Gesamtbild.
Bei den Gebäcken und Pralinen wird eine helle und eine dunkle Reihe im Wechsel gelegt, sodass ein lebhafter Farbkontrast entsteht. Auch bei Gebäcken, die zwei deutlich unterscheidbare Farben besitzen, kann beim Belegen ein schöner Farbkontrast erzielt werden.
Beispiele:

- Teegebäcke, die halb mit Schokolade überzogen sind. Die Gebäckreihen werden so gelegt, dass bei den Teegebäcken links die helle und rechts die Schokoladenseite liegt. So entstehen helle und dunkle Gebäckstreifen.
- Bei Florentinern wird abwechselnd eine Reihe mit der goldbraunen Mandeloberfläche und die nächste Reihe mit der dunklen Schokoladenseite nach oben gelegt.

*Farbkontrast bei Florentinern*

## Formenkontrast

Gebäcke und Pralinen mit unterschiedlichen Formen werden reihenweise abwechselnd in unterschiedlichen Formen aufgelegt, sodass der Formenkontrast Abwechslung bringt.

Nur gleich große Gebäcke auf einem Tablett ergeben eine homogene Einheit.

*Teegebäck mit Formenkontrast*

## Dekorationstische gestalten

*Dekorationstisch*

Beim Dekorieren von Tischen gibt es keine allgemein gültigen Patentrezepte. Mit Kreativität und Fantasie entstehen abwechslungsreiche und interessante Gestaltungen.

**Grundaufbau**
Die Waren auf eine Ebene zu stellen, wirkt öde und laienhaft. Ein Unterbau für Absätze und Stufen unter dem Dekorationstuch bringt Abwechslung und belebt, die einzelnen Waren werden gleichzeitig übersichtlicher dargestellt. Der Unterbau soll hinten und möglichst auch seitlich etwas höher aufgebaut werden.

**Dekorationstuch**
Es wird über den Unterbau gelegt und muss genügend groß sein, damit es gerafft werden kann. Straffe, glatte Tuchstellen zwischen den Absätzen wirken unschön. Das Dekorationstuch ist farblich mit dem Ausstellungsmotiv und der Ware abzustimmen.

*Dekorationstuch auf dem Unterbau*

**Dekorationstipps**
- Größere Waren hinten aufstellen, kleine und flache vorne, damit die Ausstellungsstücke nicht verdeckt werden.
- Tabletts und Platten können zur besseren Draufsicht leicht schräg gestellt werden.
- Die richtige Warenmenge ausstellen. Zu viel Ware wirkt erdrückend und unübersichtlich, zu wenig Ware wirkt leer und nicht ansprechend.
- Zusammengehörende Waren in separaten Gruppen ausstellen.
- Nur einwandfreie und schöne Ware ausstellen.
- Beim Dekorieren darauf achten, dass die Waren sicher stehen und nicht rutschen oder umfallen.

Zum Schluss die Dekoration kritisch betrachten, um Fehler korrigieren zu können.

## Licht und Farben in der Bäckerei

### Beleuchtung des Ladens und Cafés

Die Bäckerei rückt sich durch ausreichende Beleuchtung in das rechte Licht, damit der Betrieb beachtet wird. Dass Licht Aufmerksamkeit erzeugt und verkaufsfördernd wirkt, besagt schon das altbekannte Sprichwort: „Licht lockt Leute an."

### Wirkungen der Beleuchtung

- Einen hell beleuchteten Verkaufsraum betreten die Kunden gerne, da sie sich dort wohlfühlen und sofort alles überblicken.
- Die richtige Beleuchtung bewirkt im Café eine angenehme Atmosphäre.
- Gut ausgeleuchtete Waren sind deutlich zu erkennen und erscheinen in schönen warmen Farben, sodass die Waren sogar hochwertiger wirken.
- Mit einem Lichtstrahl auf einen bestimmten Punkt kann man auf etwas Besonderes hinweisen, z. B. Spotleuchten auf eine Ware oder ein Plakat richten.

*Hell beleuchteter Verkaufsraum*

Die **Außenbeleuchtung** macht vor allem in den Abendstunden auf den Betrieb aufmerksam. Beleuchtete Firmenzeichen und auch Lichtreklame an der Fassade sowie beleuchtete Schaufenster strahlen hell nach außen und sind gut erkennbar.

### Farben wirken auf die Sinne der Menschen

Wenn Licht auf Gegenstände trifft, sehen wir Farben. Bei absoluter Dunkelheit sind alle Gegenstände farblos. Die verschiedenen Wellenlängen des Lichts empfinden wir als unterschiedliche Farben. Absorbiert (aufnehmen, schlucken) ein Gegenstand alle Lichtstrahlen, ist er schwarz, reflektiert (zurückwerfen) er alle Strahlen, sehen wir ihn weiß.



Die Farbgestaltung spielt im Bäckereibetrieb eine bedeutende Rolle. Obsttorten werden mit verschiedenfarbigen Früchten belegt, damit ein schöner Farbkontrast entsteht, Eisbecher werden farblich abwechslungsreich zubereitet, Marzipanfiguren und -früchte werden mit Lebensmittelfarbe geschminkt, die Farbe des Dekorationstuches entscheidet über die Wirkung des dekorierten Schaufensters usw.

*Farben beleben*

## Farben wirken auf Kunden im Verkauf

Farben beleben, Farbloses wirkt langweilig.

- Die verschiedenen Farben der Bäckereierzeugnisse zusammen mit den Farben der Einrichtung des Ladens und der Dekoration wirken auf die Kunden harmonisch.
- Mit einer einheitlichen Berufskleidung in schönen Farben haben die Fachverkäuferinnen und Bedienungen im Café eine einladende Wirkung auf die Kunden.
- Die Farben des Verpackungsmaterials, der Papiertüten und des Rollenpapiers werten die Waren auf.
- Beim Verpacken nutzt die Fachverkäuferin das Farbenspiel der Verpackungsmaterialien.

Farben sind auch der Mode unterworfen, vor allem bei der Berufskleidung und der Einrichtung des Ladens und Cafés.

Wenn Farben jedoch nicht zusammenpassen, können sie sich auch „beißen" und haben eine negative Wirkung.

### Farben wirken auf das Gemüt

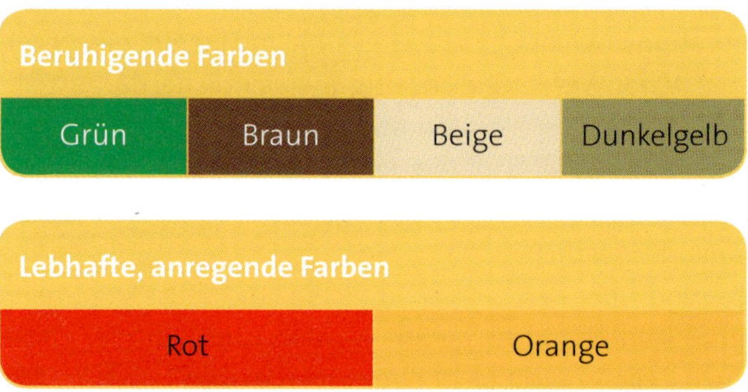


### Farben verändern Maße

Helle und dunkle Farben der Wände, Böden und Decken der Räume wirken optisch auf die Raum- bzw. Schaufenstergröße und auf Gegenstände sowie Personen.

### Räume

- Bei hellen Farben wirken Räume und Schaufenster größer.
- Bei dunklen Farben werden Räume und Schaufenster optisch verkleinert.
- Dunkle Decken drücken den Raum, der somit niedriger wirkt.

### Gegenstände und Personen

- Helle Gegenstände wirken entfernter.
- Dunkle Gegenstände wirken näher.
- Helle Farben und farbliche Querstreifen lassen die Körperstatur dicker erscheinen.
- Dunkle Farben, vor allem Schwarz, und längs gestreifte Farben wirken bei Körpern schlanker.

### Farben dienen als Symbole

| Farbe | Symbole |
|---|---|
| Rot | Liebe, Signal für Auffallendes |
| Schwarz | Trauer, Eleganz |
| Weiß | Frieden, Sauberkeit, Beginn (Geburt, Hochzeit) |
| Grün | Hoffnung, Natur, Jugend, Erholung |
| Braun | Ruhe, Ausgeglichenheit, Geborgenheit |
| Gelb | Freundlichkeit, Lebendigkeit |
| Blau | Treue, Freiheit, Freundschaft |
| Orange | Freude, Reife |

Die Symbole der Farben werden in der Bäckerei genutzt, z. B.:

- weiße Hochzeitstorte
- rote Marzipanrosen auf Torten zur Hochzeit, zum Geburtstag, zum Muttertag
- grüne Dekoration zu Ostern

### Die Sprache bedient sich der Farben

Farben in Sprichwörtern besitzen eine bestimmte Aussagekraft, z. B.

- Es ist der blaue Montag. Sie macht blau. Er ist blau.
- Ich sehe schwarz. Er ist ein Schwarzseher. Ein rabenschwarzer Tag.
- Sie sieht alles durch die rosarote Brille.
- Er ist ein grüner Junge. Er ist noch grün hinter den Ohren.
- Ich habe eine weiße Weste.
- Es ist der graue Alltag.
- Sie ist gelb vor Neid.

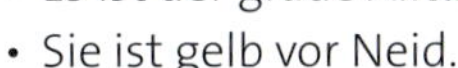

### Die Wirkung der Farben beim Dekorieren

*Farben prägen die Caféeinrichtung*

| Dekorationsart | Farben |
|---|---|
| Farben, die den Backwaren eine gesunde, natürliche Wirkung geben | Braun, Beige und Hellgelb |
| Farben, die bei Tischtüchern, Dekorationstüchern, Tabletts und Dekorationsmaterial eine festliche, feierliche Stimmung hervorrufen | Weiß, Silber, Gold, Rosa, Hellgelb, Hellblau |
| Auffallende Signalfarben, die auf etwas Besonderes hinweisen sollen, z. B. Plakat- oder Schriftfarben | Rot und kräftiges Orange |



**Aufgaben**

1. Welchen Sinn hat eine fachgerechte Warenpräsentation im Verkauf?
2. Erklären Sie, warum Brotregale schräg gestellt sind und wie Brote in die Brotregale eingerichtet werden.
3. Beschreiben Sie, wie die verschiedenen Brötchenarten und andere Kleingebäcke im Laden angeboten werden.
4. Beschreiben Sie, welche Waren in die Verkaufstheke gegeben und wie sie ausgestellt werden:
   - in der Gebäcktheke
   - in der Kühltheke
5. Beschreiben Sie die Grundregeln der Warenpräsentation in Bezug auf
   - Übersichtlichkeit und Sichtbarkeit der Waren für die Kunden,
   - Warenmengen im Brotregal, in Brötchenkörben, auf Ausstellungsblechen und auf Tortenplatten,
   - Anschnitt von Torten, Desserts, Kuchen und Broten,
   - die Preisangabe.

→

6 Erläutern Sie, wo Waren, die von den Kunden besonders begehrt sind und Waren, die der Betrieb bevorzugt anbieten möchte, im Laden platziert werden.

7 Beschreiben Sie Thekenbleche, Schnittenbleche, Tabletts und Tortenplatten im Verkauf.

8 Erläutern Sie, welche Anforderungen die Ausstellungsunterlagen der Waren erfüllen müssen.

9 Erklären Sie das richtige Belegen mit Bäckereierzeugnissen und geben Sie die entsprechenden Waren an:
- Gebäcke nebeneinanderlegen
- Gebäcke fächerartig legen
- Legen der Gebäcke in Hörnchenform

10 Welche Schäden können beim Stapeln verschiedener empfindlicher Waren entstehen?

11 Wie werden Pralinen für die Pralinentheke gelegt?

12 Beschreiben Sie, wie beim Belegen mit verschiedenfarbigen Bäckereierzeugnissen ein schöner Farbkontrast entsteht.

13 Erläutern Sie den Formenkontrast beim Belegen mit Bäckereierzeugnissen.

14 Beschreiben Sie das Gestalten von Dekorationstischen:
- Grundaufbau
- Dekorationstuch
- Dekorationstipps

15 Welche Wirkungen hat die Beleuchtung im Verkaufsraum?

16 Nennen Sie Beispiele, wie Farben auf Kunden im Verkauf wirken.

17 Was symbolisieren folgende Farben:
- Rot
- Schwarz
- Weiß
- Grün
- Braun
- Gelb

18 Farben verändern das Empfinden für Größen. Wie wirken
- helle Räume und dunkle Räume,
- dunkle Decken,
- Entfernung dunkler und heller Gegenstände,
- helle und dunkle Farben auf die Körperstatur,
- quer gestreift und längs gestreift auf die Körperstatur?

19 Nennen Sie verkaufswirksame Farben beim Dekorieren,
- die den Backwaren eine gesunde, natürliche Wirkung geben,
- die eine festliche, feierliche Stimmung hervorrufen,
- die als Signalfarben auf etwas Besonderes hinweisen sollen.

20 Ihre Bäckerei will ein Bistro eröffnen, das insbesondere junge Leute ansprechen soll. Ihr Chef bittet Sie, Vorschläge für die Einrichtung und die Gestaltung zu machen.

LF 3

## Rechenaufgaben

1 Im Brotregal sind vier Reihen übereinander angeordnet. Zusammen sind sie 12,16 m lang. Durchschnittlich benötigt jedes Brot 19 cm Platz. Berechnen Sie, wie viel Brote auf einer Reihe im Brotregal Platz haben.

2 Auf fünf Ausstellungsblechen von je 60 × 40 cm haben 160 Plunderhörnchen Platz, wenn sie nebeneinandergelegt werden. Werden die Plunderhörnchen jedoch fächerartig gelegt, haben 38 % mehr Platz. Berechnen Sie die Anzahl der Plunderhörnchen auf einem Ausstellungsblech, wenn sie fächerartig aufgelegt werden.

3 Eine Gebäcktheke ist 60 cm tief und wird auf zwei Ebenen mit Blechen belegt. Ein Rahmenblech misst 60 × 20 cm und ein Ausstellungsblech 60 × 40 cm. Die Gebäcktheke ist 380 cm lang und voll mit Blechen belegt. In der oberen Ebene der Gebäcktheke befinden sich neben den Ausstellungsblechen 5 Rahmenbleche. In der unteren Ebene befinden sich 4 Ausstellungsbleche und der Rest sind Rahmenbleche.

a) Wie viel Rahmenbleche und wie viel Ausstellungsbleche befinden sich in der voll belegten Gebäcktheke?

b) Berechnen Sie, wie viel $m^2$ alle Bleche in den zwei Ebenen der Gebäcktheke besitzen.

4 Ein Dekorationstuch ist 3,40 m lang und 225 cm breit. Ein kleineres Dekorationstuch zur Verschönerung besitzt ⅔ der Fläche des Dekorationstuches. Ermitteln Sie die Fläche des kleineren Tuches.

## 13.5 Werbemittel

*„Tue Gutes und rede darüber."*

Bei der Werbung stellt die Bäckerei ihre Erzeugnisse und den Betrieb selbst in den Mittelpunkt. Vielleicht fällt erst durch die Werbung vielen Verbrauchern auf, welche Vorzüge die Bäckerei hat.
Regelmäßige Werbung ist auch wichtig, um bei den Kunden immer interessant und in Erinnerung zu bleiben.

**Sinn der Werbung**

- Der Bäckereibetrieb wird den Verbrauchern in Erinnerung gebracht.
- Die Waren werden den Verbrauchern vorgestellt oder gezielte Informationen werden vermittelt.
- Der Wunsch zum Kauf in der Bäckerei soll erzeugt werden.

**Mund-zu-Mund-Werbung**

Qualitätswaren und freundliche Verkäuferinnen sind die besten Werbemittel für eine Bäckerei. Der gute Ruf (das Image) wird dann durch zufriedene Kunden und Gäste weiterverbreitet. Die Mund-zu-Mund-Werbung ist die billigste Werbung mit der größten Wirkung.

*Mund-zu-Mund-Werbung unter Kunden*

### Werbemittel für den Bäckereibetrieb

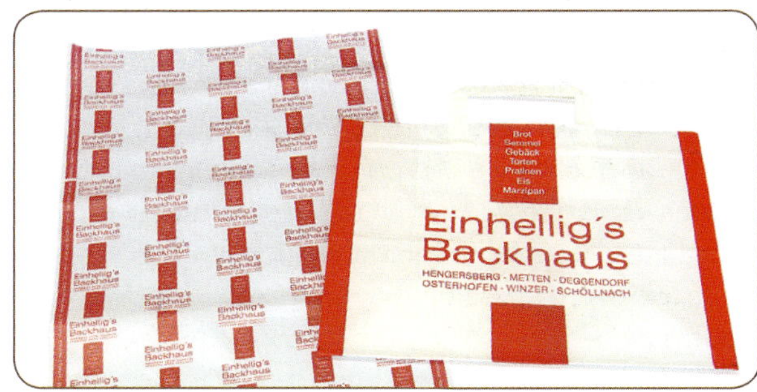


*Beschriftetes Verpackungsmaterial*

Trotz der Mund-zu-Mund-Werbung kann die Bäckerei auf weitere Werbemöglichkeiten nicht verzichten, um die Aufmerksamkeit eines größeren Kundenbereiches von Kunden auf den Betrieb zu lenken.

Werbemittel für den Bäckereibetrieb sind:

- originelle und aktuelle Schaufenstergestaltung
- Werbeplakate als Blickfang für den Laden und das Schaufenster
- leicht lesbare, saubere Preisschilder
- beschriftetes Verpackungsmaterial, z. B. Papiertüten, Rollenpapier, Papierfalttaschen und Stofftaschen mit Firmenaufdruck
- Speisekarte oder Broschüre auf jedem Tisch im Café, evtl. mit kleinen Geschichten oder Anekdoten über den Betrieb oder über bekannte Backwaren des Betriebes
- einladend gestaltete Werbetafeln vor dem Laden als Außenaufsteller
- Lieferfahrzeuge als fahrende Werbeträger
- Aufdrucke der Bäckerei in oder an öffentlichen Verkehrsmitteln
- Artikel oder Inserate in Zeitungen, Zeitschriften, Katalogen, Tourismusbroschüren
- Flyer (Handzettel)
- Präsentation im Internet → Seite 25
- regionale, lokale Rundfunk- und Fernsehwerbung

LF 3

### Werbeaussagen in der Werbung

Werbung soll bei den Kunden ankommen und möglichst lange in Erinnerung bleiben.

- Werbeaussagen sollen Informationen enthalten, die den Verstand ansprechen.
- Wenn Werbeaussagen auch die Gefühle der Verbraucher ansprechen, kommen sie besonders gut an. Manchmal werden sogar lustige, originelle Werbesprüche im Alltag von den Menschen übernommen.

*Werbung soll Appetit machen*

**Inhaltliche Voraussetzungen für eine Werbung:**
- einprägsame Werbeaussagen
- überzeugendes Werbeangebot
- aktuelle Werbung
- ehrliche Werbung

Was die Bäckerei anbietet, muss die Verbraucher überzeugen. Die Werbeaussagen müssen sich bei den Verbrauchern einprägen.

Werbung muss sich lohnen. Unwirksame Werbung verursacht unnötig Kosten. Die Werbemaßnahmen der Bäckerei müssen ständig überprüft werden.
Der Werbeerfolg ist jedoch nicht direkt ablesbar. Manchmal stellt er sich erst langfristig ein.

## Erfolgreicher Werbetext

Der Text der Werbung soll
- kurz,
- leicht zu erfassen und
- originell sein.

So werden die Werbeaussagen als sympathisch empfunden und treffen das Gefühl der Kunden.

LF 3

**Werbemaßnahmen im Laden der Bäckerei**
- Kostproben bestimmter Erzeugnisse an Probiertagen
- Werbegeschenke
- Angebotswoche mit preisgünstigen Erzeugnissen
- Durchführung von Aktionen, z. B. „Erfrischendes aus Obst", „Erdbeerwoche", „Tag der pikanten Leckereien", „Zeit der süßen Verführungen"

## Öffentlichkeitsarbeit (Public Relations)

*Durch Public Relations die Aufmerksamkeit wecken*

Die Öffentlichkeit sollte mit guten, sympathischen Nachrichten von der Bäckerei versorgt und dabei auf den Betrieb aufmerksam gemacht werden.

Möglichkeiten für Public Relations sind:
- Imagewerbung durch den Zentralverband des deutschen Bäckerhandwerks und durch die Landesverbände der Bäcker. Diese Fachverbände stellen das Bäckerhandwerk sympathisch dar und versuchen, das Ansehen zu verbessern.
- Spende an einen Sportverein oder an eine gemeinnützige Einrichtung.
- Teilnahme an Festen, an denen viele Kunden und andere Menschen, die Kunden werden könnten, teilnehmen.
- Artikel in Zeitungen und Zeitschriften sowie Beiträge in regionalen Rundfunk- und Fernsehsendern.

## Verbotene Werbung

Werbung muss „rechtmäßig" sein, damit die Verbraucher und Mitbewerber der Werbung nicht schutzlos ausgesetzt sind.
Nach dem Gesetz des „unlauteren Wettbewerbs (UWG)" muss die Werbung ehrlich und fair ablaufen.

**Verboten sind bei vergleichender Werbung geschäftsschädigende Äußerungen über Mitbewerber, z. B.:**
- vergleichende Werbung, die nicht nachprüfbar ist, z. B. „Unsere Waren schmecken von allen Bäckern in der Ortschaft am besten".
- Werbung, bei der Mitbewerber bzw. ihre Erzeugnisse herabgesetzt werden, z. B. „Bei uns im Café erfüllen wir Ihnen jeden Wunsch, sodass Sie sich wohlfühlen. Im Café nebenan werden Sie gar nicht beachtet. Wollen Sie diesen schlechten Service?"

**Verboten ist irreführende Werbung, z. B.:**
- „In unserer Aktionswoche erhalten Sie alle Backwaren zu einem reduzierten Preis von 20 %."
  Tatsächlich bezieht sich das Angebot jedoch nur auf Brötchen.
- „Unser Angebot: Sachertorte zum halben Preis."
  Tatsächlich erhalten Kunden in dieser Zeit keine Sachertorten, da die Bäckerei diese Ware gar nicht im Laden anbietet. Die Kunden sollen mit dieser Werbeaussage in den Laden gelockt werden.
- „Unsere Brote werden mit reinem Natursauerteig hergestellt."
  Tatsächlich werden für die Brote nur Teigsäuerungsmittel verwendet.

**Verboten ist krankheits- und gesundheitsbezogene Werbung, z. B.:**
- Unsere leichten Joghurttörtchen sind Schlankmacher.
- Unsere vitamin- und mineralstoffreichen Vollkornbrote stabilisieren Herz und Kreislauf und fördern somit das Wohlbefinden.
- Unser frischer Zwiebelkuchen sollte Ihre tägliche Zwischenmahlzeit sein, da er Allergien verringert.

**Aufgaben**

1. Nennen Sie den Sinn der Werbung.
2. Mund-zu-Mund-Werbung ist die beste und billigste Werbung. Was versteht man darunter?
3. Nennen Sie mögliche Werbemittel für den Bäckereibetrieb.
4. Was sollen Werbeaussagen beinhalten und wie kommen sie bei den Verbrauchern besonders gut an?
5. Welche inhaltliche Voraussetzung soll eine Werbung enthalten?
6. Wie soll ein erfolgreicher Werbetext gestaltet sein?
7. Nennen Sie mögliche Werbemaßnahmen im Laden der Bäckerei.
8. Mit welchen Möglichkeiten der Öffentlichkeitsarbeit (Public Relations) kann der Bäckereibetrieb auf sich aufmerksam machen?
9. Nennen Sie Beispiele für verbotene Werbung:
   - vergleichende Werbung
   - irreführende Werbung
   - krankheits- und gesundheitsbezogene Werbung
10. Nach der Renovierung soll Ihre Bäckerei in zwei Wochen wieder eröffnet werden. Um die Kunden darüber zu informieren, schreiben Sie einen Artikel für die Lokalzeitung und entwerfen eine Anzeige.

**Rechenaufgabe**

Die Werbungskosten einer Bäckerei belaufen sich auf 240,50 €. Davon werden 45,80 € zum Schreiben von Plakaten verwendet und 62,30 € für den Verband als Abgabe zur Imagewerbung.

a) Wie viel € der Werbungskosten werden für andere Werbemittel eingesetzt?

b) Ermitteln Sie, wie viel % der Werbungskosen zum Plakatschreiben und wie viel % für die Imagewerbung ausgegeben werden.

## 13.6 Plakate als Werbemittel

*Plakatschreiben*

Selbst entwickelte und geschriebene Werbeplakate wirken auf die Kunden persönlicher als industriell bedruckte. Sie unterstützen auch die Werbung für handwerkliche Erzeugnisse in der Bäckerei.

Häufig werden in der Bäckerei Plakate mit dem Computer geschrieben, da die Schriften und die Platzeinteilung leichter gestaltet werden können.



Plakate dienen als
- Hinweise auf Besonderheiten, z. B.
  – Anbieten von Bäckereierzeugnissen,
  – Aktionen,
  – Veranstaltungen,
- Wareninformation mit Preisangabe,
- Preistafel.

*Plakat als Warenangebot*

### Material zum handschriftlichen Plakatschreiben

Material zum Plakatschreiben

- Plakatkarton, in vielen Farben im Handel erhältlich
- schwarzer und roter Filzschreiber, evtl. noch eine andere Farbe. Es eignen sich Stifte mit schräger Keilspitze und dicker Rundspitze.
- Hilfsmittel: Schere, Lineal, weicher Bleistift und weicher Radiergummi

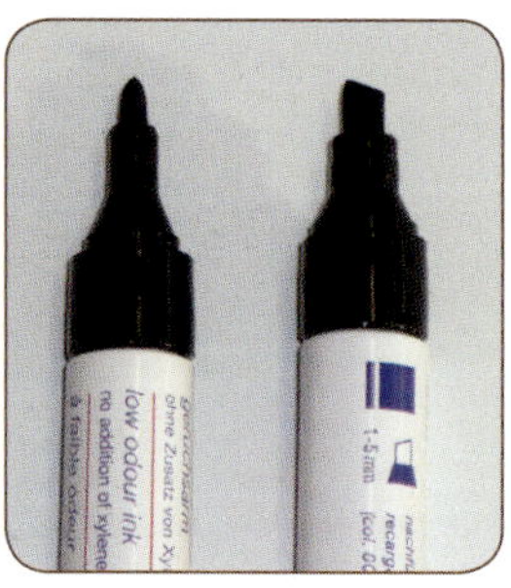

Schreibstifte mit Rundspitze und Keilspitze

LF 3

### Plakatformen

Die meisten Plakate sind rechteckig. Plakate, in verschiedene Formen geschnitten, bieten Abwechslung und sind besonders werbewirksam. Die Form lässt häufig bereits auf den Anlass schließen, z. B. Herz-, Stern-, Ei- oder Blattform.

Herzförmiges Plakat

Sternförmiges Plakat

### Gestaltung der Schrift

Beim Plakatschreiben gibt es keine Normschrift. Jeder kann mit seiner eigenen Handschrift und mit persönlichem Augenmaß individuelle Plakate entwickeln.

- Nur in Druckbuchstaben schreiben, damit die Schrift gut lesbar ist. Lateinische Schreibweise sieht oberflächlich aus.
- Die Buchstaben und Zahlen werden entweder gerade geschrieben oder leicht nach rechts im Winkel von ca. 15° geneigt.
  Alle Buchstaben stehen einheitlich in dieselbe Richtung und tanzen nicht aus der Reihe.
  Linksgerichtete Schrift sieht ungelenk aus und soll deshalb vermieden werden.

### Ergonomisches Schreiben

Damit beim längeren Plakatschreiben der Körper nicht zu sehr beansprucht wird, ist beim Schreiben auf eine gute Sitzhaltung zu achten:

- Füße flach auf den Boden aufsetzen.
- Unterarme bequem auf die Tischfläche auflegen.
- Oberkörper aufrecht und nur leicht nach vorne geneigt halten. Der Abstand zwischen Augen und Schreibgerät beträgt ca. 30 cm.

Sitzhaltung beim Plakatschreiben

## Grundsätze zum Erstellen von Plakaten

Ein Plakat ist ein Werbemittel,
- wenn es ein Blickfang ist, der sofort auffällt und
- dessen Information sofort erfasst werden kann.

*Wareninformation mit einer Abbildung*

Die folgenden Grundsätze gelten sowohl für handschriftlich erstellte Plakate als auch für Plakate, die mit dem Computer erstellt werden.

**Text und Zeichnungen bzw. Bilder**
- Den Text möglichst kurz fassen.
- Nicht übertrieben viele Zeichnungen und Bilder einbringen.

Zu viel Text und zu viele Zeichnungen bzw. Bilder wirken überladen, sodass der Betrachter nicht schnell genug das Wesentliche erfassen kann.

**Wichtige Textteile und Schriftgröße**
- Das Wichtigste im Text hervorheben, z. B.
  - durch Schrift in auffallender Farbe,
  - größere und breitere Buchstaben,
  - Großbuchstaben im gesamten Wort,
  - durch Schrägschreiben des Wortes, diagonal im Plakat.
- Das Wesentliche im Text größer und die zusätzlichen Informationen kleiner schreiben. Wird der gesamte Text gleich groß geschrieben, wirkt er auf dem Plakat unübersichtlich und langweilig.

**Platzeinteilung**
- Erst die richtige Platzeinteilung auf dem Plakat ergibt ein harmonisches Gesamtbild. Größere Leerflächen oder dicht gedrängte Textstellen auf dem Plakat wirken unschön.
- Deshalb vor dem Anfertigen eines handschriftlichen Plakats einen Entwurf auf einem separaten Blatt gestalten, in dem die Gesamtwirkung des Plakats ersichtlich ist.
- Es kann auf dem Plakat auch ein Rand gezogen werden, damit es besser auffällt oder freier Platz ausgefüllt wird. Die Randstärke oder die Farbe muss individuell gewählt werden. Es besteht die Möglichkeit für einen einfachen oder doppelten Rand sowie einen Rand, der sich nur an den Ecken befindet.

**Sauberkeit**
- Bei handschriftlichen Plakaten dürfen Bleistiftstriche nicht mehr auf dem fertigen Plakat sichtbar sein. Ebenso sehen verschmierte Radiergummispuren unsauber aus.
- Nur saubere Plakate mit schöner Schrift werden im Fachgeschäft ausgestellt. Verschmierte Schrift, Flecken und Fingerabdrücke müssen vermieden werden.

**Korrekter Text auf dem Plakat**
- Das Plakat darf keine Rechtschreibfehler enthalten.
- Das Plakat enthält nur ehrliche Informationen.
- Preisplakate müssen den korrekten Preis enthalten. Nur diesen Betrag muss der Kunde bezahlen.

*Sauber geschriebenes Plakat*

- Der Text muss fachlich richtig gewählt werden. So passt z. B.
  - „feinwürzig“ zu Lebkuchen, aber nicht zu Hefezöpfen;
  - „frisch“ zu Croissants und Berlinern, jedoch nicht zu Stollen und Dauerbackwaren.

*Der Text muss fachlich stimmen*

## Das Plakat als reines Werbeplakat

Aussagen eines Werbeplakats:
- Es informiert über eine Aktion oder Veranstaltung.
- Es dient als Wareninformation ohne Preis.

Eine positive Wirkung erzielen originelle Texte, auch mit Humor oder Reim, da sie gerne gelesen werden.

LF 3

*Informationsplakat ohne Preis*

### Das Plakat als Wareninformation mit Preis

Im Mittelpunkt steht die angebotene Ware. Deshalb wird die Verkehrsbezeichnung der Ware größer und mit einer hervorhebenden Farbe geschrieben, z. B. mit einem Rotstift.

Apfelstrudel
mit Vanillesoße
1 Stück € 2,90

*Wareninformationen mit Preisangabe*

**Einteilung und Schriftgrößen eines Plakats mit Preis**

*Plakat als Wareninformation mit Preisangabe*

Die Warenbezeichnung und der Preis sind bedeutende Informationen für die Kunden und werden deshalb hervorgehoben.

- Der Warenname soll möglichst auf einer Zeile stehen und nicht getrennt werden.
- Den Warennamen und den Euro-Betrag etwas größer schreiben als die anderen Informationen.
- Nach dem Euro-Betrag ein deutliches Komma auf die Grundlinie setzen.
- Die Preisangabe wirkt übersichtlicher, wenn der Euro-Betrag und der Cent-Betrag nicht gleich groß geschrieben werden. Den Cent-Betrag etwas kleiner, ca. ⅔ Höhe, auf der Grundlinie oder nach oben versetzt schreiben, damit der Gesamtpreis leichter erkennbar ist.
- Das €-Zeichen gehört zum Preis. Es kann vor oder hinter dem Preis stehen.
- Zur kompletten Angabe gehört die Gewichts- bzw. Stückangabe. Diese etwa in gleicher Höhe des Cent-Betrages schreiben.
- Zwischen den Wörtern und Zahlen einen entsprechenden Leerraum lassen, z. B. 1 Stück, 100 g. Beim Schreiben mit dem Computer setzt man eine Leertaste dazwischen. Auch vor und nach dem €-Zeichen ist ein Abstand.

Cent-Beträge auf der Grundlinie

100 g 2,50 €

Cent-Beträge hochgestellt

1 Stück € 3,70

Bei einem glatten €-Betrag kann statt der zwei Nullen ein Punkt und direkt darüber ein Querstrich gesetzt werden

1 St. 4,– €

### Preisschilder

Sämtliche Waren, die den Kunden im Verkauf angeboten werden, müssen mit dem Preis ausgezeichnet sein. Hauptsächlich werden dafür Preisschilder, meist in Kärtchenform, angefertigt.

**Arten der Preisschilder**

- Standfeste Kärtchen neben die Waren stellen oder die unbeschriebene Hälfte des Kärtchens unter die Tabletts schieben, sodass das Beschriebene gut sichtbar ist.
- Preisschilder in der Verkaufstheke und im Brotregal in eine Schiene für Preisschilder schieben.
- Preisschilder oben auf kleinen Ständern befestigen.

*Preisschild als Kärtchen*

LF 3

**Informationen auf Preisschildern**

- der Name der Ware (Verkehrsbezeichnung)
- die Gewichts- bzw. Stückangabe
- das €-Zeichen
- der Preis
- evtl. der Grundpreis von 1 kg oder 100 g der Ware

*Preisschild ohne Grundpreisangabe*

*Preisschild mit Grundpreisangabe*

## Grundsätze beim Schreiben von Preisschildern

Ein Preisschild ist ein reines Informationsschild und muss deshalb leicht lesbar sein.

**Schrift**

- Das Preisschild mit einem schwarzen Schreibstift auf einem hellen Schild schreiben. Es wird meistens mit einem Filzstift mit einer nicht zu dünnen Rundspitze geschrieben.
- In Druckschrift ohne Schnörkel schreiben, somit ist die Schrift sofort lesbar.

**Platzeineinteilung**

- Das Preisschild ohne Grundpreisangabe auf zwei Zeilen (Reihen) schreiben.
- Ein Preisschild mit Grundpreisangabe erfordert drei Zeilen und somit ein größeres Format.

**Schriftgrößen**

Die Größenverhältnisse der Schrift sind wie beim Preisplakat.

- Warenname und Euro-Betrag größer schreiben als die anderen Informationen.
- Den Warennamen auf der Zeile zentrieren und nicht trennen.
- Mengen- bzw. Stückangabe sowie das €-Zeichen etwas kleiner schreiben, ca. ⅔ der Gesamthöhe des Eurobetrags.
- Die dritte Zeile mit der Grundpreisangabe etwas kleiner schreiben als die zweite Zeile mit der Mengenangabe und dem tatsächlichen Preis. Somit sticht der zu zahlende Preis etwas hervor.

**Preisschild schreiben**

- Die zwei bzw. drei Grundzeilen mit einem weichen Bleistift leicht auf das Kärtchen ziehen und den Text darauf skizzieren.
- Ist die Platzeinteilung in Ordnung und sind die Schriftgrößen passend, wird das Preisschild mit einem schwarzen Filzschreiber sauber geschrieben.
- Nach dem Antrocknen der Stiftfarbe die Bleistiftstriche ausradieren, bis sie nicht mehr sichtbar sind.

## Flyer (Handzettel)

**Begriffserklärung:**
Flyer enthalten mehr Informationen als Plakate. Sie werden an möglichst viele Kunden verteilt, damit sie viele Menschen ansprechen.

Flyer werden mit dem Computer erstellt und anschließend entweder selbst ausgedruckt oder von einer Druckerei gedruckt. Ein- oder zweiseitige Flyer werden meist im A4-Format oder A5-Format gestaltet. Eine A4-Seite lässt sich auch zu einem Flyer falten, und zwar durch eine einfache oder zweifache Faltung. Mehrblättrige Flyer sind sehr kostenaufwendig und werden daher nicht so häufig angefertigt.

LF 3

Die Bäckerei informiert mit Flyern über

- Aktionen des Betriebes,
- Veranstaltungen,
- die Besonderheiten oder Einführung neuer Bäckereierzeugnisse,
- Bekanntgaben der Innungen.

**Grundregeln beim Erstellen von Flyern**

- Übersichtliche Darstellung und Einteilung des Textes.
- Wichtiges muss auffallen.
- Informationen für alle Menschen klar und deutlich formulieren.
- Das Beschriebene mit Bildern veranschaulichen und auflockern.
- Ort und Zeitangabe müssen schnell zu finden sein.
- Die Kunden zum Besuch auffordern.
- Nicht zu viele Farben und Schriftgrößen verwenden.

Die Flyer werden frühzeitig im Laden ausgelegt oder verteilt, damit möglichst viele Kunden erreicht werden.

Frische Berliner zum Karneval

**Schaubacken**

am

Freitag, den 17. Februar

Samstag, den 18. Februar

von 10.00 bis 17.00 Uhr

**Kommen Sie vorbei und schauen Sie uns beim Backen zu.**

**Sie erhalten Berliner frisch aus dem Siedefett.**

**Probieren Sie unsere Berliner**

- fettarm, eireich, locker und gut bekömmlich
- gebacken in frischem Siedefett
- mit verschiedenen Füllungen

**Füllungen für jeden Geschmack**

- Johannisbeerkonfitüre
- Hiffenmark (Hagebuttenmark)
- Vanillecreme
- Eierlikörcreme

**Besuchen Sie uns!**

**Ihre Bäckerei/Konditorei - Café Fröhlich**

**Berliner Straße 17, 47872 Siededorf**

*Flyer*

LF 3

### Rechenaufgaben

1. Ein Preisschild ist 28 cm lang und 14 cm breit. Es wird zu einem Kärtchen gefaltet und somit nur auf einer Hälfte beschrieben.
   a) Wie viel $cm^2$ werden für das Preisschild beschrieben?
   b) Die Bäckerei/Konditorei hat 1,60 $m^2$ Plakatkarton, aus dem die Kärtchen für die Preisschilder geschnitten werden. Berechnen Sie, wie viel Kärtchen daraus geschnitten werden können.
2. Aus vier Plakatkartons mit je 68 cm × 47 cm sollen acht Formplakate geschnitten werden. Es entsteht ein Verschnitt von 17,5 %. Berechnen Sie die Fläche eines Formplakats.
3. Für Plakate und Preisschilder sowie ein Plakatschreibset bezahlt eine Bäckerei 195,00 € als Messepreis. Der Messerabatt beträgt 15 %. Berechnen Sie den ursprünglichen Preis.

### Aufgaben

1. Wofür dienen Plakate in der Bäckerei?
2. Nennen Sie das Material, das zum handschriftlichen Plakatschreiben benötigt wird.
3. Geben Sie Beispiele für Formplakate an und Gelegenheiten, zu denen sie für den Bäckereiverkauf beschrieben werden.
4. Wie soll die Schrift der Plakate gestaltet werden?
5. Beschreiben Sie die Sitzhaltung beim ergonomischen Plakatschreiben, damit der Körper nicht zu sehr beansprucht wird.
6. Wann ist ein Plakat ein Werbemittel, das auf Kunden wirkt?
7. Beschreiben Sie die Grundsätze beim Plakatschreiben:
   - Text und Zeichnungen bzw. Bilder
   - wichtige Textteile und Schriftgröße
   - Platzeinteilung
   - Sauberkeit
8. Erklären Sie
   - das Plakat als reines Werbeplakat,
   - das Plakat als Wareninformation mit Preis.
9. Beschreiben Sie die Einteilung und Schriftgrößen eines Plakates mit Preis:
   - Warenname
   - Gewichts- bzw. Stückangabe
   - €-Zeichen
   - Preis
10. Welche Informationen müssen Preisschilder enthalten?
11. Erklären Sie die Grundsätze beim Schreiben von Preisschildern:
    - Schrift
    - Platzeinteilung
    - Schriftgrößen
    - Preisschild schreiben
    - Technik des Schreibens
12. Erläutern Sie den Begriff „Flyer".
13. Nennen Sie die Grundregeln beim Erstellen eines Flyers.
14. In Ihrer Bäckerei werden die Preisschilder in regelmäßigen Abständen gegen neue Preisschilder ausgetauscht, damit sie völlig sauber sind. Da Sie keine gute Handschrift haben, schreiben Sie die Plakate auf dem Computer. Zuvor wählen Sie gut lesbare Schriftarten aus und prüfen durch Probedrucke, welche Schriftgröße erforderlich ist, damit die Preisschilder gut zu lesen sind.

14

# Das Verkaufen

### Situation

Im Rahmen Ihrer Ausbildung sollen Sie auch im Verkauf Erfahrungen sammeln. Dafür erhalten Sie die passende Kleidung und anschließend üben Sie in einem Rollenspiel den komplexen Verkaufsvorgang. Dabei ist Ihre Chefin die Kundin.
Der Verkaufsvorgang beginnt mit der Begrüßung der Kundin über die Beratung und Verpackung der Waren bis hin zum Kassieren und der Verabschiedung.

- Worauf ist bei der verbalen und nonverbalen Ausdrucksweise beim Verkaufsvorgang zu achten?
- Womit beginnt der Verkaufsvorgang und welche Ähnlichkeit hat die Verabschiedung mit dem Beginn?
- Wie wird der Kaufwunsch erfragt?
- Welche Erwartungen stellen die Kunden an die Beratung beim Verkauf?
- Wie erfolgt das richtige Kassieren?
- Wie werden Brote, Brötchen und andere Kleingebäcke, Feine Backwaren sowie Torten und Desserts verpackt?



Der Betriebsinhaber kann die Gehälter für das Personal nur bezahlen, wenn er vorher von den Kunden genügend Geld eingenommen hat. Der Betriebserfolg ergibt sich deshalb auch über den Verkauf. Leider ist es einfacher, 1000 Brötchen herzustellen als 100 zu verkaufen.

### Kaufmotive

Damit die Kunden etwas kaufen, müssen erstmal Kaufmotive vorhanden sein. Bei verstandesmäßigen Motiven geht der Kunde in das Bäckereigeschäft und weiß genau, was er kaufen möchte.

Die meisten Kaufmotive werden jedoch vom Gefühl geleitet. Ein gepflegtes Bäckereigeschäft spricht von außen das Gefühl der Menschen an. Freundliches Verkaufspersonal und Qualitätswaren tragen weiterhin zur gefühlsmäßigen Kaufmotivation bei, denn Sympathie und Qualität gehören zu den wichtigsten Motiven. Aber auch die Neugierde auf neue Waren, der Preis und gesundheitsbezogene Aspekte spielen eine große Rolle.

### Gepflegtes Bäckereigeschäft

Menschen gehen nur dann gerne in den Laden der Bäckerei, wenn der Betrieb von außen gepflegt aussieht.
Ein Bäckereigeschäft wirkt einladend durch

- eine saubere Hausfassade,
- Sauberkeit auf dem Gehweg vor dem Betrieb,
- eine von außen sichtbare moderne Ladeneinrichtung,
- einen positiven hygienischen Gesamteindruck.

*Positiver Gesamteindruck einer Außenfassade*

## 14.1 Das Verkaufspersonal

### Eigenschaften der Fachverkäuferinnen

Kunden lassen sich gerne von netten Verkäuferinnen bedienen. Deshalb sollte eine Verkäuferin

- eine natürliche, freundliche Ausstrahlung haben,
- kontaktfreudig sein, d. h. gerne mit Menschen umgehen und reden,
- eine positive Grundeinstellung zur Arbeit im Verkauf haben und mit dem Geschäft zufrieden sein.
- Auch schlechte Laune durch Stress oder privaten Ärger darf die Verkäuferin sich nicht anmerken lassen, die Kunden können nichts dafür.

Personen, denen diese Eigenschaften fehlen, sind nicht zum Verkauf geeignet.

*Freundliche Verkäuferin*

LF 3

## Körpersprache (nonverbale Ausdrucksweise)

### Sofort die Sympathie gewinnen

Sofort beim Eintritt in den Laden und bei der Begrüßung kann die Verkäuferin die Sympathie der Kunden gewinnen. Die positive Einstellung zum Einkauf kann wie folgt durch die Körpersprache erreicht werden:

- Eine gepflegte Verkäuferin mit sauberer Berufskleidung sehen alle Kunden gerne. So ergibt sich eine gewisse Zuwendung.
- Eine aufrechte Körperhaltung strahlt Einsatzbereitschaft aus und sagt aus, dass die Verkäuferin für die Kunden da ist.
- Ein Lächeln der Verkäuferin gewinnt immer die Sympathie der Kunden.

### Nonverbale Ausdrucksweisen beim Kundengespräch

- Die Verkäuferin schaut den Kunden an, wenn sie mit ihm spricht. Dies gehört zur Höflichkeit und zeigt dem Kunden, dass sie sich nur auf ihn konzentriert.
- Mimik (Gesichtsausdruck) und Gestik (Hand- und Armbewegung) der Verkäuferin unterstützen positiv das Gesprochene, z. B. mit der offenen Hand auf die Ware hindeuten oder das Brot in die Hand nehmen bzw. die Tortenplatte mit der Torte hochheben, um sie dem Kunden zu zeigen.
  An der Mimik der Kunden kann auch die Verkäuferin die Zustimmung und Abneigung erkennen.

*So gewinnt die Verkäuferin die Sympathie der Kunden*

Wirkt die Verkäuferin auf die Kunden sympathisch, fühlen sie sofort eine Zuneigung zum Bäckereibetrieb. Erfahrungsgemäß verzeihen sie dann auch kleine Fehler, die sich manchmal beim Verkaufsvorgang ergeben können.

## Die Sprache (verbale Ausdrucksweise)

Die Sprache der Verkäuferin soll von den Kunden verstanden werden und für die Kunden sympathisch wirken:

- Verständlich sprechen; verständliches Deutsch mit nicht zu starkem Dialekt bei Kunden aus anderen Gegenden sprechen.
- Laut sprechen, aber mit angenehmer Lautstärke.
- Richtiges Sprachtempo – nicht zu schnell und nicht zu langsam sprechen.
- Ein freundlicher Tonfall ergibt sich ganz von selbst bei innerer Zufriedenheit und beim Lächeln der Verkäuferin.

> Die Körpersprache und das Gesprochene sollen sich gegenseitig ergänzen. Nur gemeinsam ergeben sie eine erfolgreiche Kommunikation im Verkauf.

**Die volle Aufmerksamkeit gehört dem Kunden.**

- Beim Kundeneintritt in den Laden bricht die Verkäuferin andere Arbeiten ab und wendet sich sofort dem Kunden zu.
- Gespräche mit Kolleginnen und Kollegen werden sofort beendet und auch während des Verkaufens nicht weitergeführt. Dies wäre unhöflich und die Kunden spüren, dass sie nebenbei abserviert werden und man für sie keine Zeit hat.

*Die Aufmerksamkeit soll dem Kunden und nicht der Kollegin gehören.*

**Aufgaben**

1. Welche Eigenschaften sollte eine Fachverkäuferin besitzen, um erfolgreich verkaufen zu können?
2. Beschreiben Sie, wie eine Verkäuferin mit der Körpersprache (nonverbale Ausdrucksweise) sofort beim Eintritt in den Laden die Sympathie der Kunden gewinnen kann.
3. Erläutern Sie, durch welche nonverbalen Ausdrucksweisen sich die Verkäuferin beim Gespräch mit dem Kunden auszeichnen kann.
4. Erklären Sie, wie die Sprache der Verkäuferin sein soll, damit sie vom Kunden verstanden wird und sympathisch wirkt.
5. Wie zeigt eine Verkäuferin dem Kunden schon beim Eintritt in den Laden, dass die ganze Aufmerksamkeit ihm gehört?
6. Sie nehmen gerade eine Kundenbestellung am Telefon auf, als ein Kunde die Bäckerei betritt. Wie verhalten Sie sich beiden Kunden gegenüber?

## 14.2 Der Verkaufsvorgang

Der Verkaufsvorgang unterteilt sich in:

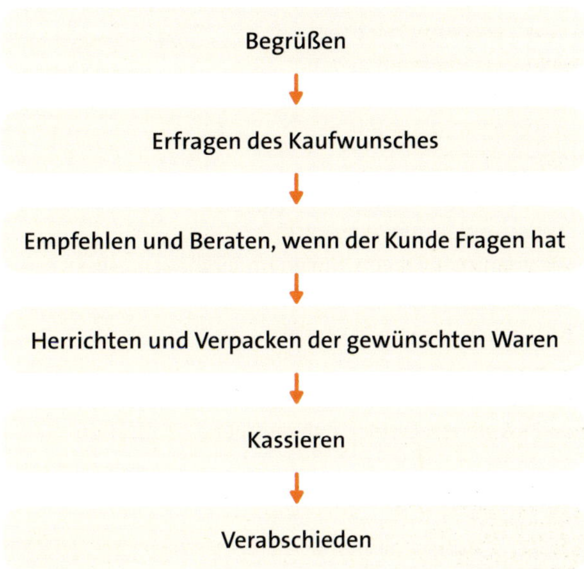


### Begrüßung

- Den Kunden mit einem Lächeln anschauen.
- Freundlich mit passender Grußformel grüßen – Freundlichkeit steckt an.
- Begleitpersonen gleichermaßen grüßen.
- Bekannte Kunden mit Namen begrüßen, Kinder mit dem Vornamen. Dies bezeugt die Wertschätzung der Kunden.

LF 3

### Erfragen des Kaufwunsches

Häufig schließt sich an den Gruß die Frage nach dem Kaufwunsch an, z. B. „Guten Tag, Frau Schöne. Was wünschen Sie bitte?“

*Begrüßung und Erfragung des Kaufwunsches*

Möglichkeiten der Fragestellung:

- Was darf es sein?
- Was kann ich für Sie tun?
- Was hätten Sie gerne?
- Welchen Wunsch haben Sie?
- Was darf ich Ihnen geben?
- Womit kann ich Ihnen helfen?

Nicht immer die gleiche Frage stellen – dies wirkt gedankenlos und niveauarm.
Mechanische Fragen wirken unpersönlich, z. B. „Bitte schön?".

In jedem Fall verkaufshemmend ist das Hochhalten des Kopfes und den Kunden dabei fragend anzusehen.

**Beginn der häufigsten Form des Verkaufs**

Meistens äußern die Kunden sofort nach dem Erfragen durch die Verkäuferin ihren Kaufwunsch genau, z. B. „Ich hätte gerne zwei Stück Apfelkuchen."
Die Verkäuferin richtet daraufhin die gewünschten Waren her und verpackt sie. Dies ist die einfachste und häufigste Form des Verkaufens, da die verlangte Ware nur übergeben wird. Die Kunden benötigen dabei nicht den Rat der Fachverkäuferin.

LF 3

*Bedienen einer Kundin*

Komplexer wird der Verkauf, wenn Kunden Fragen stellen und die Verkäuferin zufriedenstellende Erklärungen gibt, indem sie Waren empfiehlt oder den Kunden berät.

**Waren empfehlen**

Kunden benötigen den Rat der Verkäuferin,

- wenn sie das Warenangebot der Bäckerei nicht kennen, oder
- wenn sie nicht wissen, welche Waren sich für einen bestimmten Anlass eignen.

Die Fachverkäuferin empfiehlt dann passende Waren.

**Beispiel:**
Kunde: „Ich hätte gerne lockere Hefeteiggebäcke. Welche haben Sie?"
Verkäuferin: „Da kann ich Ihnen die frischen Hefezöpfe oder die feinen Rosinenbrötchen, aber auch die Berliner mit Vanillecreme gefüllt empfehlen."

**Beispiel:**
Kunde: „Haben Sie Blätterteiggebäcke zum Kaffee?"
Verkäuferin: „ Zum Kaffee schmecken die frischen Blätterteigstücke, die mit Quark, Sauerkirschen oder Äpfeln gefüllt sind, besonders gut. Außerdem kann ich Ihnen die ungefüllten zart-splittrigen Schweinsohren mit karamellisiertem Zucker empfehlen."

**Kunden beraten**

Manchmal wollen Kunden Auskünfte über bestimmte Waren haben und erwarten eine Beratung, z. B. über

- bestimmte Zutaten in den Waren,
- den Gesundheitswert verschiedener Zutaten in den Waren,
- spezielle Qualitätsmerkmale der Waren,
- die Frische und Lagerung der Waren.

Die **Verkaufsargumente** und **Qualitätsmerkmale** für Bäckereierzeugnisse werden in diesem Buch jeweils detailliert bei der Beschreibung der einzelnen Erzeugnisse genannt.

Bei der Beratung gibt die Fachverkäuferin genaue Antworten auf alle Fragen. Die Mimik der Kunden ist bei der Beratung für die Verkäuferin hilfreich, denn sie zeigt, ob die Kunden mit den Auskünften zufrieden sind.
Nach der Beratung können sich die Kunden leichter entscheiden, was sie kaufen sollen. Da sie nun über die Waren Bescheid wissen, haben sie auch das gute Gefühl, die richtige Ware eingekauft zu haben.
Die Kundenberatung setzt jedoch ein gutes Fachwissen voraus.

**Beispiel:**
Kunde:
„Woraus besteht eine Sachertorte?"
Verkäuferin:
„Der Sacherboden ist ein Tortenboden, der mit einem hohen Schokoladenanteil und nur mit Butter als Fett hergestellt wird. Der schokoladenhaltige Tortenboden wird mit Aprikosenkonfitüre extra gefüllt, die einen hohen Aprikosenanteil enthält. Überzogen ist diese Schokoladentorte mit Schokoladenkuvertüre."

**Beispiel:**
Kunde:
„Worin unterscheiden sich Plundergebäcke von Blätterteiggebäcken?"
Verkäuferin:
„Plundergebäcke werden aus einem Hefeteig hergestellt, in den schichtweise Fett eingerollt wird, sodass der Plunderteig abwechselnd aus dünnen Schichten Hefeteig und Fett besteht. Das Einrollen von Fett nennt man Tourieren. Blätterteig ist ein Weizenteig, der hauptsächlich aus Weizenmehl und Wasser besteht, in den jedoch ein wesentlich höherer Fettanteil schichtweise eingerollt (touriert) wird. Deshalb sind Blätterteiggebäcke splittriger im Biss als Plundergebäcke .
Gefüllte Plunder- und Blätterteiggebäcke enthalten häufig die gleichen Füllungen, z. B. Quark-, Kirsch-, Apfelfüllung oder Vanillecreme."

Beim Empfehlen und Beraten zeigt die Verkäuferin mit einer Handbewegung auf die Ware, die sie gerade nennt.

*Beim Empfehlen und Beraten die Ware zeigen*

## Kassieren

Das Kassieren muss klar und ohne Missverständnisse erfolgen. Folgende Reihenfolge sollte beim Kassieren eingehalten werden:

- Deutlich den zu bezahlenden Betrag nennen.
- Den Geldbetrag vom Kunden nehmen und sich dafür bedanken.
- Den Geldbetrag sichtbar neben der Kasse ablegen.
- Dem Kunden in übersichtlicher Weise das herauszugebende Geld vorzählen, damit der Kunde mitzählen kann.

**Beispiel:**
Die Waren kosten 8,60 €, der Kunde bezahlt mit einem 20-€-Schein.
– Es kostet 8,60 €,
– und 1,40 € sind 10,00 €,
– und 10,00 € sind 20,00 €.

- Hat der Kunde das erhaltene Geld akzeptiert, das Geld in die Kasse legen.
- Auf Wunsch erhält der Kunde einen Kassenzettel.
- Zum Schluss sich nochmals bedanken.

*Kassieren*

## Verabschieden



Bei der Verabschiedung wird der gute Gesamteindruck, den der Kunde hat, abgerundet.

- Den Kunden mit Blickkontakt und einem passenden Gruß verabschieden und sich dabei nochmals bedanken.
- Bekannte Kunden mit Namen ansprechen und Kinder mit Vornamen.
- Begleitpersonen ebenfall verabschieden.
- Vielfach bieten sich zum Schluss noch persönliche Wünsche an, z. B. „Schönes Wochenende" oder „Einen schönen Tag noch".

*Zusätzliche Verabschiedung*

Es ist unhöflich, wenn sich die Verkäuferin schon während der Verabschiedung einem neuen Kunden oder einer neuen Tätigkeit zuwendet bzw. sich mit den Kolleginnen unterhält.

### Reklamation

Grundsätzlich muss bei einer Reklamation mit viel Fingerspitzengefühl vorgegangen werden. Jede Reklamation muss ernst genommen und freundlich entgegengenommen werden. Ehrliche Reklamationen sind sogar hilfreich für den Betrieb.
Bei berechtigten Reklamationen und bei nicht ganz eindeutigen Reklamationen sollte großzügig verfahren werden. Der Kunde erhält eine Ersatzware und möglichst noch eine kleine Zugabe, um ihn wieder freundlich zu stimmen. Außerdem entschuldigt man sich für den Fehler. Statt der Ersatzware kann auf Wunsch des Kunden auch das Geld zurückgegeben werden.
Bei einer unberechtigten Reklamation wird dem Kunden freundlich eine fachlich fundierte Erklärung gegeben. Trotzdem sollte möglichst großzügig gehandelt werden.

#### Aufgaben

1. Nennen Sie die einzelnen Abschnitte, in die sich der Verkaufsvorgang unterteilt.
2. Beschreiben Sie, wie Kunden begrüßt werden.
3. Nennen Sie Möglichkeiten der Fragestellung beim Erfragen des Kaufwunsches.
4. Empfehlen Sie Waren, z. B.:
   - Ein Kunde möchte Brot mit kräftigem Geschmack.
   - Ein Kunde wünscht Mürbeteiggebäcke.
5. Wann erwarten Kunden eine Beratung und wie erfüllt die Verkäuferin die Wünsche dabei?
6. Ein Kunde möchte von Ihnen beraten werden, z. B.
   - „Könnten Sie mir erklären, woraus Streuselkuchen besteht?"
   - „Warum heißt Bauernbrot so und wie sollte ich es zu Hause lagern, damit es möglichst lange frisch bleibt?"
7. Beschreiben Sie den Vorgang des Kassierens. Die Ware kostet 13,50 €. Der Kunde bezahlt mit einem 50-€-Schein.
8. Erklären Sie die Verabschiedung von Kunden.
9. Erläutern Sie, wie Sie mit berechtigten und unberechtigten Reklamationen umgehen.
10. Da sich Ihre Bäckerei in einer Großstadt befindet, kommen häufig ausländische Kunden zu Ihnen. Damit Sie auch diese Kunden zufriedenstellend bedienen können, stellen Sie für das Verkaufspersonal einen Merkzettel zusammen, der die wichtigsten Begrüßungs- und Verabschiedungsformeln eines Verkaufsgesprächs auf Englisch enthält.

LF 3

## 14.3 Fachgerechtes Verpacken von Bäckereiwaren

Die beim Verkaufsvorgang gewünschten Bäckereiwaren werden den Kunden grundsätzlich verpackt überreicht.

In diesem Kapitel wird das Verpacken der Standardwaren der Bäckerei beschrieben, das im Laden zu den gängigen Aufgaben bei jedem Verkaufsvorgang gehört.

### Sinn des Verpackens

- Die Kunden können die Waren unbeschädigt nach Hause bringen.
- Verpackte Ware kann hygienisch übergeben werden und ist vor unangenehmen äußeren Einflüssen geschützt.
- Werbewirksam sind bedrucktes Verpackungsmaterial und Aufkleber auf der Verpackung.

*Verpackungsmaterial als Werbeträger*

### Richtige Größe des Verpackungsmaterials

Mit geschultem Auge verwendet die Fachverkäuferin stets die passende Größe des Verpackungsmaterials. Zu knapp und zu groß bemessene Tüten, Rollenpapier und Pappteller sind für den Betrieb unwirtschaftlich und verärgern umweltbewusste Kunden.

| Zu knapp bemessenes Verpackungsmaterial | Zu groß bemessenes Verpackungsmaterial |
|---|---|
| • Zu kleine Tüten können nicht geschlossen werden und reißen leicht ein.<br>• Zu kleines Rollenpapier zerdrückt Tortenstücke und Desserts. Die Hohlpakete können schlecht geschlossen werden und sind seitlich offen, sodass sie leicht aufgehen. | • Zu viel Verpackungsmaterial kostet den Betrieb unnötig Geld.<br>• Die unschöne, faltenreiche Verpackung mit zu großem Papier sieht laienhaft aus.<br>• Die Kunden lehnen diese Verschwendung aus Umweltgründen ab. |

Das Verpackungsmaterial soll umweltverträglich sein, aus Papier und Pappe. Auch Stofftaschen sind oft verwendbar. Für Brot und Brötchen auf Plastiktaschen möglichst verzichten.

*Zu große und zu kleine Tüte*

*Papiertüte, Papierfalttüte, fettabweisende Tüte, Baguettetüte*

### Verpackungsmaterial für die Bäckereierzeugnisse

| Material | Eigenschaften und Verwendung |
|---|---|
| Papiertüten | Sie sind luftdurchlässig. |
| Beschichtete Papiertüten | Sie sind fettabweisend und weichen deshalb nicht durch. Für Gebäcke mit fettiger Oberfläche, z. B. Siedegebäcke wie Berliner. |
| Rollenpapier auf einer Abreißrolle | Abreißbares luftdurchlässiges Verpackungspapier für Hohlpakete, z. B. für Torten und Desserts. |
| Seidenpapier (Bäckerseide) | Es ist weiches, luftdurchlässiges, in Bögen geschnittenes Papier zum Verpacken von Broten. |
| Pappteller | Es sind rechteckige Tabletts (Teller) aus stabiler Pappe, die in verschiedenen Größen im Handel sind. Darauf werden Torten, Desserts und druckempfindliche Feine Backwaren gelegt. |
| Pergaminpapier | Es ist wasser- und fettundurchlässiges Papier zur Trennung zwischen Tortenstücken und Desserts. Diese durchscheinenden Papiere sind praktischerweise schon in der Größe für Tortenstücke geschnitten. |
| Papierfalttaschen | Es sind Papiertragetaschen aus stabilem weißen Papier mit verstärktem Henkel. |
| Tortenschachteln | Es sind faltbare Kartons in Tortengröße. |

*Abreißen eines Rollenpapiers*

LF 3

### Anfassen der Waren beim Verpacken

Aus hygienischer Sicht können allgemein Backwaren mit trockener, fester Kruste wie Kleingebäcke und Brote mit bloßen Händen angefasst werden. Die Hände einer Verkäuferin sind stets sauber und werden den gesamten Arbeitstag über häufig gewaschen.
Dünne, eng anliegende Plastikhandschuhe sollten nicht über Stunden getragen werden. Die Hände schwitzen und die Haut weicht auf, sodass es zu Hautschädigungen kommen kann.

Für Feine Backwaren, z. B. Gebäckstückchen und Schnitten auf Blechen, sowie Torten und Desserts werden immer Gebäckzange, Gebäckheber (Winkelpalette) bzw. Tortenmesser verwendet.
Diese Bäckereierzeugnisse werden grundsätzlich nicht mit den Fingern berührt.

**Brote**

Brote können vom Brotregal genommen und verpackt werden mit
- bloßer Hand,
- dünnem Plastikhandschuh oder
- Serviette.

**Brötchen und Kleingebäcke**

Brötchen, Brezeln und andere Kleingebäcke können angefasst werden mit
- bloßen Händen,
- Plastikhandschuhen oder
- Gebäckzange.

**Feine Backwaren**
- Feine Backwaren als Gebäckstückchen, z. B. Plunder- und Blätterteigstückchen, Berliner und Mürbeteiggebäcke, grundsätzlich mit der Gebäckzange anfassen und in Papiertüten oder auf Pappteller geben.
- Feine Backwaren als Schnitten von den Blechen mit einem Gebäckheber (kurze Winkelpalette) nehmen und zum Verpacken auf Pappteller legen.

*Feine Backwaren mit einer Gebäckzange anfassen*

**Tortenstücke und Desserts**

Tortenstücke und Desserts mit einem Tortenmesser oder Tortenheber von der Tortenplatte bzw. dem Thekenblech nehmen und auf Pappteller legen.

## Verpacken von Broten

Verpackungspapiere für Brote sind:
- Rollenpapier
- Papiertüten in Brotgröße
- in Bögen geschnittenes Seidenpapier (Bäckerseide)

Die Brote sollen ganz verpackt sein und nicht aus der Verpackung hinausragen, egal mit welcher Methode die Brote verpackt werden. So können die Kunden die Brote hygienisch nach Hause bringen.
Das Verpackungspapier dient nicht zur längeren Frischhaltung der Brote, weil es luftdurchlässig ist.

*Stabil verpacktes Brot mit seitlich eingedrehten Stirnseiten*

## Verpacken in Papiertüten

In Papiertüten verschiedener Größen werden verpackt:
- Kleingebäcke: Brötchen, Vollkorn- und Mehrkornbrötchen, Brezeln, roggenhaltige Kleingebäcke
- Feine Backwaren, z. B. Hefeteig-, Plunder-, Blätterteig-, Mürbeteiggebäcke
- Lange, schmale Papiertüten, Baguettetüten genannt, sind speziell für Stangenweißbrote und Baguettes geeignet.
- Papiertüten, die an der Innenseite mit einem fettabweisenden Material beschichtet sind, werden für Siedegebäcke wie Berliner verwendet, damit die fetthaltige Oberfläche das Papier nicht durchweicht.

Die Papiertüten werden nach dem Verpacken gut verschlossen und dürfen, wenn die Kunden sie in Empfang nehmen, nicht aufgehen.
Die Papiertüte wird mit der von der Verkäuferin verschlossenen Seite dem Kunden überreicht, damit er diese am Verschluss problemlos greifen kann.
Ofenheiße Brötchen und andere Kleingebäcke dürfen in Papiertüten verpackt und verschlossen werden, weil die Tüten luftdurchlässig sind und so die Feuchtigkeit entweichen kann.

*Gebäcktüten verschiedenartig verschlossen*

## Hohlpakete

**Begriffserklärung: Hohlpaket**
In einem Hohlpaket ist zwischen der Oberfläche der verpackten Ware und dem Verpackungspapier etwas Hohlraum. Somit wird die Warenoberfläche nicht beschädigt und klebt nicht am Verpackungspapier.

Tortenstücke und Desserts, die mit Schlagsahne oder Cremes gefüllt oder mit Obst belegt sind, sind druckempfindlich und werden deshalb in Hohlpakete verpackt.
Im Hohlpaket werden die Waren nicht vom Verpackungspapier beschädigt, kleben nicht an und das Papier weicht so nicht durch. Die Waren sehen somit nach dem Auspacken nach wie vor schön aus.

*Hohlraum im Hohlpaket*

### Herstellen eines Hohlpakets

Das Verpackungspapier für ein Hohlpaket je nach Papptellergröße von einer 30, 40 oder 50 cm breiten Papierrolle in zwei- bis zweieinhalbfacher Papptellerlänge abreißen. Den Pappteller mit der Ware in die Mitte des Verpackungspapiers stellen.

*Tortenstücke auf dem Verpackungspapier*

Die zwei gegenüberliegenden Seiten des Verpackungspapiers übereinanderschlagen und das Papier in der Mitte hochziehen, sodass ein Hohlraum entsteht.

*Überschlagen des Verpackungspapiers*

Beim seitlichen Verschließen des Hohlpakets das Papier von unten nach oben ziehen und dann die Ecken einschlagen, bis die Seite stabil verschlossen ist.
Durch das Hochziehen entsteht der Druck des Verpackungspapiers unten auf den Pappteller.

### Merkmale eines korrekten Hohlpakets

- Das Verpackungspapier ist glatt und nicht zerknittert.
- Der Papieranfang liegt gerade in der Mitte oder seitlich oben an einer Kante.
- Das Hohlpaket ist rechteckig und läuft nicht spitz zu, damit die Ware seitlich nicht beschädigt wird.
- Das Hohlpaket muss stabil sein, damit es der Kunde in die Hand nehmen kann und sich dabei die Verpackung nicht öffnet.
- Die Seiten sind geschlossen und weisen keine Öffnungen auf.

*Korrektes Hohlpaket*

#### Papierfalttaschen

Kauft ein Kunde mehrere Tortenstücke oder Desserts, entsteht ein großes Hohlpaket, oder mehrere kleine Hohlpakete. Diese sind für den Kunden unhandlich und schlecht zu tragen. In einer Falttasche aus stabilem Papier mit verstärkten Henkeln lassen sie sich leicht und schadlos transportieren.
Eine Papierfalttasche ist ein Service der Bäckerei zum Tragen mehrerer verpackter Feiner Backwaren.

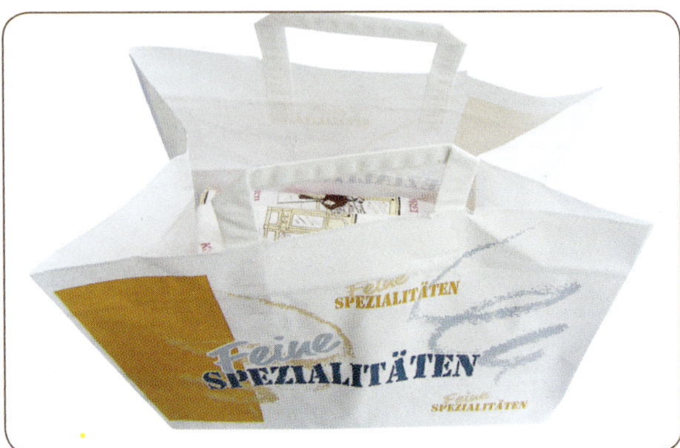


*Falttasche für einen bequemen Transport*

#### Tortenkartons

Ganze Torten sowie größere Mengen Desserts und Feine Backwaren werden in Tortenkartons verpackt. Am besten bleibt dabei eine Seite des Kartons offen um die Torte bzw. Desserts dort hineinzuschieben. Beim Einheben in den Karton könnten die Waren beschädigt werden.

*Ganze Torte in einer Kartonage (einem Karton) verpacken*

### Abschneiden von Torten

Torten mit dem Sägemesser, das zuvor in heißes Wasser getaucht wurde, gerade und senkrecht abschneiden. Durch das warme, feuchte Messer entsteht eine glatte Schnittfläche.

- Der Messerbehälter ist in der Verkaufstheke integriert. Es fließt immer wieder Frischwasser dazu, damit es stets sauber bleibt. Das Wasser wird mit Heizschlangen heiß gehalten.

*Eingebauter Messerbehälter*

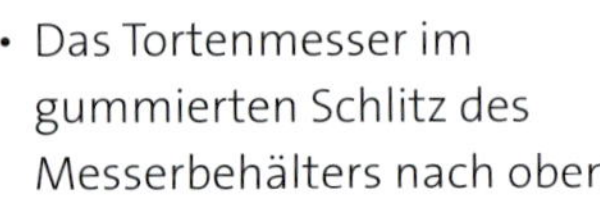

- Das Tortenmesser im gummierten Schlitz des Messerbehälters nach oben ziehen, damit Tortenreste und Wassertropfen abgestreift werden. Das Tortenmesser nach jedem Schneidevorgang in das Wasser des Messerbehälters tauchen und abstreifen.

- Beim Schneiden der Torten schaut die Messerspitze schräg nach unten. Dabei mit dem Sägemesser den Tortenboden mit etwas Druck leicht durchsägen, nicht nur drücken.
- Beim Anschneiden einer ganzen Torte die Messerspitze beim ersten Schnitt über dem Mittelpunkt ansetzen und schneiden, damit beim Herausnehmen nicht das dünne Innenteil des ersten Tortenstücks in der Torte hängen bleibt.

*Anschneiden einer Torte*

- Das abgeschnittene Tortenstück mit dem Tortenmesser hochheben und auf ein Trennpapier (Pergaminpapier) legen. Anschließend das Tortenstück von unten nach oben einschlagen.
  Das wasserundurchlässige Pergaminpapier verhindert das Durchweichen des Verpackungspapiers. Außerdem kleben die Torten- und Dessertstücke im Hohlpaket nicht zusammen.
- Bei zwei und mehr Tortenstücken werden die Tortenstücke versetzt zueinander gestellt. So werden sie platzsparend aufgelegt und stehen stabil aneinander.

- Wird nur ein Tortenstück gewünscht, wird es auf einen Pappteller gelegt, da sonst das Tortenstück umfallen würde.
- Die Tortenstücke werden dann in ein Hohlpaket verpackt.

*Tortenstücke in Pergaminpapier einschlagen*

*Einzelnes Tortenstück, gelegt*

Verpacken von Bäckereierzeugnissen in Folie und Einschweißen von Bäckereierzeugnissen → Seite 172.

## Aufgaben

1. Erklären Sie, warum Bäckereierzeugnisse den Kunden grundsätzlich verpackt überreicht werden.
2. Nennen Sie die Nachteile von
   - zu klein bemessenem Verpackungsmaterial,
   - zu groß bemessenem Verpackungsmaterial.
3. Nennen Sie die Verpackungsmaterialien im Bäckereiverkauf und geben Sie jeweils deren Eigenschaften an. →
4. Beschreiben Sie, wie folgende Backwaren beim Verpacken angefasst werden:
   - Brote
   - Brötchen und andere Kleingebäcke
   - Feine Backwaren als Gebäckstückchen
   - Feine Backwaren als Schnitten auf Blechen
   - Torten und Desserts
5. Nennen Sie die Verpackungspapiere für Brote.
6. Geben Sie Backwaren an, die in Papiertüten verpackt werden.
7. Wie werden die in Papiertütchen verpackten Waren den Kunden überreicht?
8. In welche Tüten werden Siedegebäcke wie Krapfen am besten verpackt?
9. Erklären Sie, was ein Hohlpaket ist.
10. Nennen Sie die Merkmale, wie ein korrekt verpacktes Hohlpaket aussieht.
11. Beschreiben Sie das Abschneiden von Torten:
    - benötigte Geräte
    - Messerhaltung und Technik beim Abschneiden von Tortenstücken
12. Erläutern Sie, wie eine ganze Torte angeschnitten wird, damit das dünne Innenteil des ersten Tortenstücks nicht in der Torte hängen bleibt.
13. Verpackungsmaterial dient nicht nur der Verpackung, sondern kann auch für Werbezwecke genutzt werden. Machen Sie Vorschläge, wie es in Ihrer Bäckerei bedruckt werden könnte.



## Rechenaufgaben

1. Eine Bäckerei bestellt Verpackungsmaterial für 892,70 €. Wie hoch ist die im Bruttorechnungsbetrag enthaltene Mehrwertsteuer von 19 % in €?
2. 50 Tortenschachteln kosten 41,60 € zuzüglich 19 % Mehrwertsteuer. Wie viel muss der Betrieb beim Verkauf von vier Torten für vier Tortenschachteln kalkulieren?
3. Papiertüten kosten 278,30 € ohne Mehrwertsteuer. Möchte die Bäckerei einen speziellen Werbedruck auf den Tüten, kosten sie 343,70 €.
   a) Um wie viel % sind die Papiertüten mit speziellem Aufdruck teurer?
   b) Bei der Abnahme der 5-fachen Menge bekommt die Bäckerei 12 % Rabatt. Berechnen Sie den Betrag für die Tüten der 5-fachen Menge, den die Bäckerei inklusive 19 % Mehrwertsteuer bezahlen muss.

# 15 Rechtliche Vorschriften

LF 3

**Situation**

Der Betriebsinhaber erwartet, dass bald die Lebensmittelkontrolleure zu einer Überprüfung Ihrer Bäckerei kommen werden. Er bittet daher alle Mitarbeiter in der Produktion und im Verkauf zu kontrollieren, ob in ihren jeweiligen Bereichen alle Vorschriften des Lebensmittel- und Futtermittelgesetzbuches, der Leitsätze und der Kennzeichnungsverordnungen umgesetzt werden.

- Ist die Berufskleidung sauber und vorschriftsmäßig?
- Sind alle Einrichtungsgegenstände, Maschinen und Geräte hygienisch einwandfrei?
- Erfolgt die Lagerung der Lebensmittel ordnungsgemäß?
- Sind die Bezeichnungen für die Bäckereierzeugnisse eindeutig und zugelassen?
- Befinden sich auf den Fertigpackungen vollständige Zutatenlisten?
- Werden die Zusatzstoffe unverpackter Waren angegeben?
- Sind alle Waren mit Preisangaben versehen?
- Gibt es Preisverzeichnisse vor und im Café?

### Lebensmittelrechtliche Bestimmungen

Schon immer wurden Bestimmungen für Lebensmittel zum Schutz der Menschen festgeschrieben. Auf Brunnenvergiften und Weinpanschen stand früher die Todesstrafe. Im Mittelalter wurden Betrüger, die die Qualitätsanforderungen von Brot und Feinbackwaren nicht einhielten, an den Pranger gestellt oder von den Zunftmitgliedern mit Berufsverbot belegt.

Das aus dem Jahre 1516 stammende Reinheitsgebot für die Bierherstellung gilt als das erste deutsche Lebensmittelgesetz. Der Bayernherzog Wilhelm IV. legte dabei fest, dass Bier nur mit Wasser, Hopfen, Malz und Hefe hergestellt werden darf.

### Lebensmittelrecht

Das Lebensmittelrecht enthält Gesetze und Verordnungen des Lebensmittel- und Futtermittelgesetzbuches.

**Gesetze,** z. B.:

- Milch- und Margarinegesetz
- Weingesetz
- Gaststättengesetz
- Gesetz zum Schutz vor gefährlichen Stoffen

**Verordnungen,** z. B.:

- Lebensmittelhygiene-Verordnung
- Lebensmittelkennzeichnungs-Verordnung
- Trinkwasser-Verordnung
- Verordnung über die Zulassung für Lebensmittelzusatzstoffe (Zusatzstoff-Zulassungsverordnung)

**Leitsätze:** Das Lebensmittelrecht enthält auch die Leitsätze, die die Begriffe von Waren (Verkehrsbezeichnungen) und deren Mindestanforderung für die Qualität bestimmen, z. B.: Leitsätze für Brot und Kleingebäck, Feine Backwaren, Obsterzeugnisse.

## 15.1 Lebensmittel- und Futtermittelgesetzbuch (LFGB)

### Inhalt des LFGB

Das Lebensmittel- und Futtermittelgesetzbuch enthält Gesetze und Verordnungen, die von allen Lebensmittelbetrieben eingehalten werden müssen, damit die Verbraucher gesunde Lebensmittel erhalten.

Begriffsbestimmungen, die im LFGB festgelegt sind:

**Lebensmittel**
sind Speisen und Getränke, die von Menschen zur Ernährung oder zum Genuss verzehrt werden, z. B. Backwaren, Süßigkeiten, Obst, Gemüse, Milch, Wasser, Getränke aller Art, Fleisch, Wurstwaren, Fische.
Nicht zu den Lebensmitteln zählen Arzneimittel und Tabakwaren.

*Lebensmitttel*

**Lebensmittel-Zusatzstoffe**
sind Stoffe, die Lebensmitteln zugesetzt werden, um bestimmte Eigenschaften zu erzielen.
Es dürfen nur „zugelassene Lebensmittel-Zusatzstoffe" verwendet werden, die gesundheitlich unbedenklich sind. Diese sind einzeln mit Namen im LFGB aufgelistet, z. B.:

- künstliche Farb- und Aromastoffe
- chemische Konservierungsstoffe
- chemische Lockerungsmittel, z. B. Backpulver
- Brezellauge
- Emulgatoren
- Süßstoffe
- Mineralstoffe, außer Speisesalz
- Vitamine

*Brezellauge*

*Lebensmittelfarben*

**Verbraucher**
Verbraucher ist derjenige, an den beispielsweise Lebensmittel zum Verbrauchen gegeben werden, z. B. sind die Kunden der Bäckerei Verbraucher. Zu den Verbrauchern zählen auch Gaststätten und Kantinen, die die Lebensmittel innerhalb ihres Betriebes verbrauchen.

### Das LFGB schützt die Verbraucher

Das Lebensmittel- und Futtermittelgesetzbuch schützt die Verbraucher in zweierlei Hinsicht.

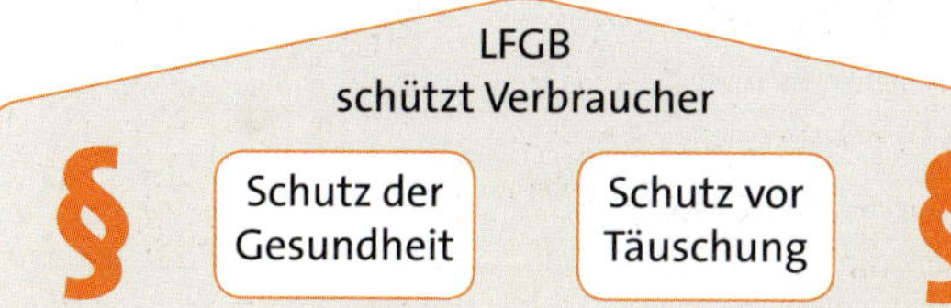

### Schutz der Gesundheit

Es dürfen nur gesundheitlich einwandfreie Lebensmittel verarbeitet und in den Verkauf gebracht werden. Auch ist der hygienische Umgang mit Lebensmitteln gesetzlich geregelt, damit insgesamt die Gesundheit der Verbraucher gewährleistet ist.

### Schutz vor Täuschung

Durch wahrheitsgetreue Deklaration (Kennzeichnung) muss die Qualität der Erzeugnisse für die Verbraucher erkennbar sein. Auch höherwertige Rohstoffe dürfen nicht vorgetäuscht werden. Dadurch wird verhindert, dass die Verbraucher getäuscht und irregeführt werden, z. B.

- Irreführende Auszeichnungen sind verboten, z. B.
  - Buttergebäck, das mit Margarine hergestellt wurde,
  - Sauerteigbrot, das mit Teigsäuerungsmittel gesäuert wurde
  - Marzipanartikel, die mit Persipanrohmasse hergestellt wurden,
  - Nürnberger Lebkuchen, die nicht in Nürnberg hergestellt wurden.
- Es darf keine gelbe Lebensmittelfarbe in Massen und Teige gegeben werden, um einen hohen Eieranteil im Gebäck vorzutäuschen.
- Geringwertigere Lebensmittel müssen deklariert (gekennzeichnet) werden, um nicht mit hochwertigen Qualitätswaren verwechselt zu werden, z. B. könnte Fettglasur mit Schokoladenkuvertüre verwechselt werden.

LF 3

## Leitsätze

Die Leitsätze stehen im Deutschen Lebensmittelbuch, das im LFGB im Lebensmittelrecht aufgeführt ist.

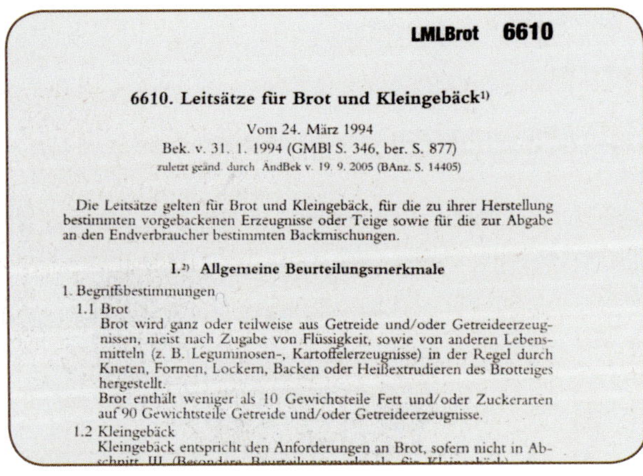

LMLBrot 6610

**6610. Leitsätze für Brot und Kleingebäck**[1)]

Vom 24. März 1994
Bek. v. 31. 1. 1994 (GMBl S. 346, ber. S. 877)
zuletzt geänd. durch ÄndBek v. 19. 9. 2005 (BAnz. S. 14405)

Die Leitsätze gelten für Brot und Kleingebäck, für die zu ihrer Herstellung bestimmten vorgebackenen Erzeugnisse oder Teige sowie für die zur Abgabe an den Endverbraucher bestimmten Backmischungen.

**I.**[2)] **Allgemeine Beurteilungsmerkmale**

1. Begriffsbestimmungen
1.1 Brot
Brot wird ganz oder teilweise aus Getreide und/oder Getreideerzeugnissen, meist nach Zugabe von Flüssigkeit, sowie von anderen Lebensmitteln (z. B. Leguminosen-, Kartoffelerzeugnisse) in der Regel durch Kneten, Formen, Lockern, Backen oder Heißextrudieren des Brotteiges hergestellt.
Brot enthält weniger als 10 Gewichtsteile Fett und/oder Zuckerarten auf 90 Gewichtsteile Getreide und/oder Getreideerzeugnisse.
1.2 Kleingebäck
Kleingebäck entspricht den Anforderungen an Brot, sofern nicht in Abschnitt III (Besondere Beurteilungsmerkmale für Kleingebäck) ...

*Leitsätze aus dem Lebensmittelrecht*

**Begriff: Leitsätze**
Die Leitsätze legen einheitliche Begriffe der Rohstoffe und bekannter Bäckereierzeugnisse fest und bestimmen deren Qualitätsanforderungen.

**Rechtliche Grundlagen der Leitsätze**
Die Leitsätze müssen zur Qualitätsorientierung für Verbraucher eingehalten werden. Sie dienen als objektive Grundlage bei der Lebensmittelkontrolle. Leitsätze sind jedoch keine Gesetze und Verordnungen.

**Beispiele für Leitsätze**

| Begriffe | Bestimmungen |
|---|---|
| Weizenmischbrot | 50 bis 89 % Weizenmehl |
| Roggenbrot | mindestens 90 % Roggenmehl |
| Holzofenbrot | in einem mit Holz beheizten Backofen gebacken |
| Brote und Kleingebäcke | Sie enthalten auf 90 Teile Mehl weniger als 10 Teile Fett und/oder Zucker. |
| Feine Backwaren | Sie enthalten auf 90 Teile Mehl mehr als 10 Teile Fett und/oder Zucker. |
| Erzeugnisse, die im Namen das Wort Butter enthalten, z. B. Buttergebäck, Butterkuchen, Buttercreme | Sie dürfen nur mit Butter hergestellt werden, die Verwendung anderer Fette ist nicht erlaubt. |
| Erzeugnisse, die das Wort „Schokolade" oder „Schoko" als Abkürzung enthalten, z. B. Schokoladenboden, Schokoladenspritzgebäck, Schokoeis | Sie müssen Schokoladenkuvertüre oder Kakaopulver enthalten. Die Kakaoerzeugnisse müssen im Erzeugnis geschmacklich deutlich wahrnehmbar sein. |
| Kleingebäcke | Sie entsprechen den Anforderungen an Brot und dürfen nicht über 250 g wiegen. |

*Schokoladensahnetorte enthält Schokoladenkuvertüre*

## Herkunftsbezeichnungen

Herkunftsbezeichnungen sind geografische Bezeichnungen, die rechtlich geschützt sind.

Die Erzeugnisse müssen in dem genannten Gebiet hergestellt werden, z. B. Nürnberger Lebkuchen, Lübecker Marzipan, Dresdner Stollen.

*Lübecker Marzipan – Herkunftsbezeichnung*

## Gattungsbezeichnungen

Gattungsbezeichnungen sind zwar geografische Bezeichnungen, die Erzeugnisse müssen jedoch nicht aus diesem Gebiet stammen.

Gattungsbezeichnungen geben eine besondere Zusammensetzung der Rohstoffe oder typische Herstellung der Erzeugnisse an.

**Beispiele für Gattungsbezeichnungen:**

| Gattungsbezeichnungen | Bestimmungen nach den Leitsätzen |
|---|---|
| Wiener Masse | Sie ist eine eireiche Masse für Tortenböden und Kapseln, die im Gegensatz zur Biskuitmasse mit etwas Butter oder Margarine hergestellt wird. |
| Dänischer oder Kopenhagener Plunder | Es ist ein Plundergebäck, bei dem besonders viel Ziehfett in den Hefeteig touriert wird. Es enthält mindestens 600 g auf 1 kg Weizenmehl des Hefeteiges. |
| Schwarzwälder Kirschsahnetorte | Sie enthält helle und/oder Schokoladenböden aus Wiener Masse oder Biskuitmasse. Die Schlagsahne muss deutlich nach Kirschwasser schmecken und die Torte muss mit Schokoladenspänen garniert sein. |
| Leipziger Lerchen | Es sind Makronengebäcke, bei denen Förmchen mit Mürbeteig oder Blätterteig ausgelegt und mit Mandelmakronenmasse gefüllt werden. |
| Linzer Torte oder Linzer Schnitte | Sie bestehen aus nuss- oder mandelhaltigem Mürbeteig, der mit Johannisbeerkonfitüre gefüllt ist. |

**Gattungsbezeichnungen werden zu Herkunftsbezeichnungen**

Die Gattungsbezeichnungen werden zu Herkunftsbezeichnungen, wenn die Wörter „original" oder „echt" davorstehen, z. B. „echt Westfälischer Pumpernickel" oder „original Leipziger Lerchen".

*Leipziger Lerchen – Gattungsbezeichnung*

LF 3

## Aufgaben

1. Was beinhaltet das Lebensmittel- und Futtermittelgesetzbuch (LFGB)?
2. Erläutern Sie folgende Begriffe des LFGB und geben Sie Beispiele an:
   - Lebensmittel
   - Lebensmittel-Zusatzstoffe
   - Verbraucher
3. Das LFGB schützt die Verbraucher. Erklären Sie folgende Schutzfunktionen und nennen Sie Beispiele aus der Bäckerei:
   - Schutz der Gesundheit
   - Schutz vor Täuschung
4. Erklären Sie den Begriff „Leitsätze".
5. Welche rechtlichen Grundlagen haben die Leitsätze?
6. Nennen Sie Beispiele für Leitsätze für Bäckereierzeugnisse.
7. Erklären Sie folgende Begriffe und nennen Sie jeweils Beispiele für Bäckereierzeugnisse:
   - Herkunftsbezeichnungen
   - Gattungsbezeichnungen
8. Was besagen die Angaben „echt" und „original" bei den Gattungsbezeichnungen, z. B. „original Münchner Prinzregententorte", „echt Hamburger Schrotbrot"?
9. Ein Kunde kauft in Ihrer Bäckerei Berliner. Er fragt Sie nach dem Herstellungsort. Als er erfährt, dass die Berliner nicht in Berlin hergestellt wurden, meint er, dass hier eine Täuschung des Verbrauchers vorläge.

## Rechenaufgaben

1. Eine Bäckerei bezieht fertig gemischten Cocktail-Salat von der Industrie. In einem Karton befinden sich 40 abgepackte Portionen mit je 375 g. Dem Salat dürfen laut Gesetz höchstens 2 % Sorbinsäure als Lebensmittel-Zusatzstoff zur Konservierung zugegeben werden. In dem gesamten Salat des Kartons befinden sich tatsächlich 225 g Sorbinsäure.
   a) Wie viel kg Salat befinden sich in einem Karton?
   b) Wie viel % Sorbinsäure als Lebensmittel-Zusatzstoff wurden in den Cocktail-Salat gegeben?
   c) Wie viel g Sorbinsäure hätten laut Gesetz noch zugegeben werden dürfen?
2. Nach den Leitsätzen muss Butterstollen mindestens 40 % Butter und 70 % Trockenfrüchte enthalten, bezogen auf das Mehl im Stollen. Eine Bäckerei benötigt 40 Stollen mit einem Stollenteiggewicht von je 825 g. Der Mehlanteil im Stollenteig beträgt 32 %. Es sollen 5 kg Butter und 7 500 g Trockenfrüchte verarbeitet werden.
   a) Wie viel kg Stollenteig werden benötigt?
   b) Wie viel % Butter und wie viel % Trockenfrüchte befinden sich in diesem Stollenteig?
   c) Um wie viel % über- bzw. unterbieten diese Butterstollen die vorgeschriebenen Mindestangaben der Leitsätze?
3. Elisenlebkuchen müssen nach den Leitsätzen mindestens 25 % Mandeln und/oder Nüsse enthalten. Eine Masse für Elisenlebkuchen wird aus folgenden Rohstoffen hergestellt: 2 kg Eiklar, 3,600 kg Zucker, 600 g Orangeat, 600 g Zitronat, 500 g süße Brösel, 500 g Weizenmehl und 120 g Lebkuchengewürz.
   Wie viel kg Mandeln und/oder Nüsse müssen in die Masse gegeben werden, um die Mindestanforderung zu erfüllen?
4. Mittelschwerer Hefeteig in der Rezeptur einer Bäckerei enthält 12,600 kg Butter. Das sind 20 % mehr als im leichten Hefeteig.
   Wie viel kg Butter enthält der leichte Hefeteig?
5. Bauernbrot bzw. Landbrot muss nach den Leitsätzen mindestens ⅔ Natursauerteig, bezogen auf die Gesamtsäuerungsmenge des Brotteigs, enthalten. Eine Bäckerei stellt dieses Roggenmischbrot mit 60 kg Gesamtmehl her. 80 % des Mehlanteils sind Roggenmehl, wobei davon 45 % versäuert werden.
   Berechnen Sie den Mindestanteil des Roggenmehls, der mit Natursauerteig versäuert werden muss.

LF 3

## 15.2 Lebensmittelüberwachung

**Überwachungsbehörden**

Vom örtlichen Gewerbeaufsichtsamt aus erfolgt die Lebensmittelüberwachung aller Lebensmittelbetriebe. Die Betriebskontrollen werden von fachlich ausgebildeten Lebensmittelkontrolleuren durchgeführt. Bestimmte Hygienekontrollen können auch vom Gesundheitsamt ausgehen.

**Im Lebensmittelbetrieb werden kontrolliert:**

- Hygiene im gesamten Lebensmittelbetrieb und in allen Räumen
- Einhaltung der Vorschriften für Sozialräume und deren Einrichtungen
- Einhaltung der Leitsätze und gesetzlichen Bestimmungen der Bäckereiwaren
- korrekte Kennzeichnung der Waren im Verkauf
  - Kennzeichnung der Fertigverpackungen
  - Deklaration kennzeichnungspflichtiger Zutaten, z. B. Fettglasur, Lebensmittelfarben
  - Einhaltung der angegebenen Gewichtsangaben, z. B. bei Broten, bei eingeschweißten Gebäckschalen
- Einhaltung der Preisangabenpflicht im Verkauf

### Kontrolle der Hygiene im Lebensmittelbetrieb

**Betriebshygiene**

- Sämtliche Betriebsräume: Produktion, Lagerung, Kühlanlagen, Laden, Café
- Einrichtungsgegenstände in allen Betriebsräumen
- Arbeitstische
- Maschinen
- Geräte
- Lieferfahrzeuge

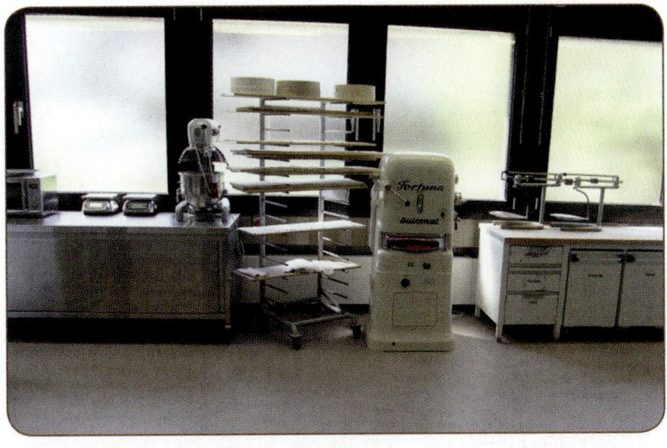

*Vorbildlich gereinigte Backstube*

**Personalhygiene**

- Vollständigkeit und Sauberkeit der Berufskleidung aller Beschäftigten im Bäckereibetrieb
- Kopfbedeckung in der Produktion und Zusammenbinden langer Haare bei allen Beschäftigten im gesamten Bäckereibetrieb
- Das hygienische Herstellen der Bäckereiwaren
- Der Betriebsinhaber muss die Bescheinigung über die Belehrung des Infektionsschutzgesetzes der Beschäftigten und das Protokoll über die jährliche Hygienebelehrung vorlegen.

**Lebensmittelhygiene**

- Der einwandfreie, gesundheitlich unbedenkliche Zustand der Rohstoffe und deren Lagerung im Betrieb
- Das Mindesthaltbarkeitsdatum der Rohstoffe bei der Lagerung
- Die Einhaltung der vorgeschriebenen Temperaturen in den Kühlanlagen
- Die Kontrolle des Einfrierdatums auf der Verpackung, ob die Tiefkühlzeiten der Lebensmittel bei längerer Lagerung im Froster in Ordnung sind
- Der gesundheitlich unbedenkliche Zustand der Bäckereierzeugnisse sowie deren hygienische Lagerung
- Der hygienische Transport der Bäckereierzeugnisse in den Lieferfahrzeugen

### Probeentnahme der Lebensmittelkontrolleure

Die Lebensmittelkontrolleure sind berechtigt, Proben von Rohstoffen und Waren gegen Empfangsbescheinigung mitzunehmen und im Labor des Lebensmitteluntersuchungsamtes analysieren zu lassen. Auch Arbeitsgeräte (Bedarfsgegenstände) können auf ihre lebensmittelrechtliche Tauglichkeit untersucht werden, z. B. Alubleche zum Brezelbacken.

*Lebensmittelkontrolle im Labor*

### Probe zur Kontrolle – Gegenprobe als Beweis

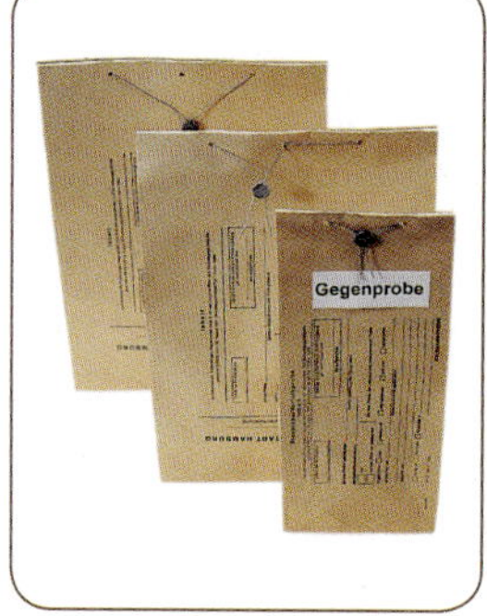


*Versiegelte Proben und Gegenprobe*

Die Lebensmittelkontrolleure nehmen ein Stück eines Erzeugnisses der Bäckerei als Probe zum Kontrollieren mit. Ein zweites Stück desselben Erzeugnisses versiegeln sie mit Datum und geben es dem Betriebsinhaber als amtliche Gegenprobe.

Der Betriebsinhaber kann die Gegenprobe von einem vereidigten anerkannten Sachverständigen überprüfen lassen und hat somit ein Beweismittel bei Anschuldigungen aufgrund des behördlichen Untersuchungsergebnisses.



## Zeitpunkt der Betriebskontrollen

Die Kontrollen der Lebensmittelüberwachung werden unangemeldet durchgeführt. Die Kontrolle erfolgt
- als Routinekontrolle in unregelmäßigen Abständen,
- bei einer Beschwerde eines Verbrauchers.

Haben Lebensmittelkontrolleure Beanstandungen oder nach Beschwerden der Verbraucher wird der Betrieb öfter kontrolliert.

Die unangemeldete Kontrolle beabsichtigt, dass keine Missstände beseitigt werden können, z.B. um eine einwandfreie Betriebshygiene oder Warendeklaration vorzutäuschen.

### Pflichten des Lebensmittelbetriebes bei einer Kontrolle

Der Betriebsinhaber und alle Beschäftigten sind verpflichtet, die Maßnahmen der Lebensmittelkontrolleure zu dulden und sie sogar bei ihrer Arbeit zu unterstützen. Dazu gehört auch die Auskunftspflicht über die Herkunft der Rohstoffe und deren Herstellungsverfahren, die bei den Warenproben nicht zu beurteilen sind.

### Pflichten der Lebensmittelkontrolleure

Die kontrollierenden Beamten der Lebensmittelüberwachung haben gewisse Regeln gegenüber dem Lebensmittelbetrieb einzuhalten:
- Die Betriebskontrolle darf nur während der üblichen Arbeits- und Geschäftszeiten erfolgen, außer es liegt ein dringender oder begründeter Fall vor.
- Die Beamten müssen auf Verlangen ihren Dienstausweis vorzeigen.
- Die Lebensmittelkontrolleure unterliegen der Schweigepflicht über die Besuche der Betriebe.
- Sie müssen unbestechlich sein.
- Die Kontrolleure müssen unauffällig, ohne Uniform und amtliches Dienstauto auftreten, sodass Kunden und Nachbarn die Überwachung nicht registrieren.

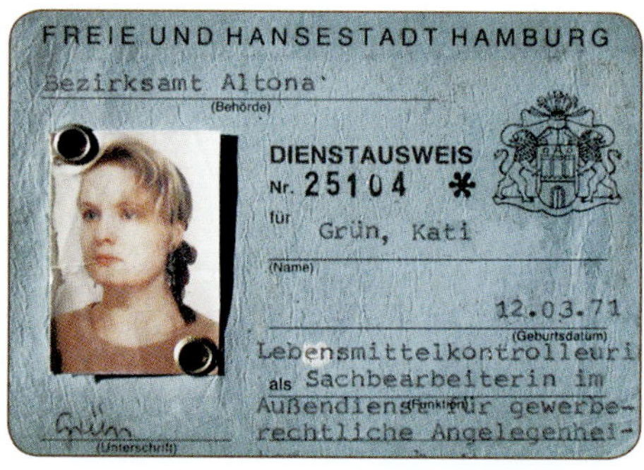


*Ausweis einer Lebensmittelkontrolleurin*

### Verstöße gegen das Lebensmittelrecht

Haben die Lebensmittelkontrolleure etwas zu beanstanden, wird der Betrieb zuerst verwarnt und bekommt eine verhältnismäßige Geldstrafe, die sich im Wiederholungsfall erhöht.

Zeigen Geldstrafen keine Wirkung, droht eine vorübergehende Betriebsschließung. Stellen beispielsweise die Lebensmittelkontrolleure in der Bäckerei grob unhygienische Zustände fest, wird der Betrieb eine entsprechende Zeit für Säuberungsarbeiten geschlossen. Sind bei der anschließenden Kontrolle die beanstandeten Mängel beseitigt, darf die Bäckerei ihren Betrieb wieder aufnehmen.

Die letzte Konsequenz ist eine Gewerbeuntersagung. Wer die Gesundheit von Menschen gefährdet, kann sogar mit Freiheitsentzug bestraft werden, z. B. bei Salmonellenerkrankung der Kunden durch infiziertes Speiseeis oder infizierte Eier.

**Aufgaben**

1. Wer kommt vom Gewerbeaufsichtsamt zur Überprüfung der Lebensmittelbetriebe?
2. Beschreiben Sie, was die Überwachungsbehörden im Lebensmittelbetrieb überprüfen.
3. Erklären Sie, was von den Lebensmittelkontrolleuren in Bezug auf Hygiene in einem Lebensmittelbetrieb kontrolliert wird:
   - Betriebshygiene
   - Personalhygiene
   - Lebensmittelhygiene
4. Erläutern Sie, wie eine Probeentnahme durch die Lebensmittelkontrolleure abläuft. Beschreiben Sie die Maßnahmen einer Gegenprobe.
5. Zu welchem Zeitpunkt erfolgen die Betriebskontrollen?
6. Nennen Sie bei einer Betriebskontrolle
   - die Pflichten des Lebensmittelbetriebes,
   - die Pflichten der Lebensmittelkontrolleure.
7. Beschreiben Sie die Maßnahmen der Lebensmittelkontrolleure bei Beanstandungen und Verstößen gegen das Lebensmittelrecht.
8. Sie sind in Ihrem Betrieb für korrekte Lagerung der Rohstoffe und Bäckereierzeugnisse verantwortlich. Lebensmittelkontrolleure sollen nichts zu beanstanden haben. Damit alle Anforderungen erfüllt werden, erstellen Sie eine Liste mit den Punkten, die für die hygienische Warenlagerung von Bedeutung sind.

**Rechenaufgaben**

1. Die Lebensmittelkontrolleure beanstanden in einer Bäckerei zum zweiten Mal einen Verstoß gegen das Lebensmittelrecht. Der Betriebsinhaber wird zu einer Geldbuße von 1 869,97 € verpflichtet. Die Strafe ist um 34 % höher als bei der ersten Beanstandung. Ermitteln Sie den Betrag, den die Bäckerei beim ersten Mal bezahlen musste.
2. Im letzten Jahr ermittelten die Lebensmittelkontrolleure 84 Verstöße gegen das Lebensmittelrecht. Das sind 16 mehr als ein Jahr zuvor. Um wie viel % haben die Verstöße zugenommen?

## 15.3 Kennzeichnung von Lebensmitteln

### Preisangabenverordnung

**Preisangabenpflicht:**
Alle Erzeugnisse, die den Kunden angeboten werden, müssen mit Preisen ausgezeichnet sein.

**Endpreise der Waren:**
Die Preise für Lebensmittel und Bäckereierzeugnisse beinhalten grundsätzlich die Mehrwertsteuer und sind somit Endpreise (Bruttoverkaufspreise).

### Grundpreisangabe

Bäckereierzeugnisse, die nach Gewicht oder Volumen verkauft werden, müssen bei der Auszeichnung neben dem Endpreis auch den Grundpreis je kg oder Liter enthalten.
Bei einem Gewicht oder Volumen bis zu 250 g bzw. 250 ml kann auch der Grundpreis für 100 g oder 100 ml der Ware angegeben werden.

Die Verbraucher können somit die Preise bei Waren unterschiedlicher Mengen leichter vergleichen, z. B.:

- Eine Teegebäckmischung von 250 g kostet 4,75 €, 100 g kosten 1,90 €.
- 400 g Sandkuchen kosten 4,60 €, 1 kg kostet 11,50 €.
- 750 g Vollkornbrot kosten 2,10 €, 1 kg kostet 2,80 €.

Die Grundpreisangabe gilt für Fertigpackungen sowie für unverpackte, lose Ware und auch für die Werbung, z. B. Plakate, Flyer, Inserate.

Der Grundpreis auf dem Preisschild darf nicht gegenüber dem Endpreis hervorgehoben werden. Dies wäre eine Täuschung und Irreführung.

Dinkelbrot
750 g 2,40 €
1 kg € 3,20

Spritzgebäck
250 g € 5,50
100 g 2,20 €

*Preisschilder mit Grundpreisangabe*

LF 3

**Preisangabe ohne Grundpreis**

Die Angabe des Grundpreises entfällt,

- wenn der Grundpreis mit dem Endpreis identisch ist: bei 1 kg Brot oder 100 g Butterplätzchen.
- bei Stückangaben, z. B. Brötchen, Torten- und Dessertstückchen.

*Preisschild eindeutig bei den Waren*

**Möglichkeiten der Preisangabe**

- Preisschild
- Sammelpreisliste
- Preise in Preisschienen am Brotregal und in Verkaufstheken
- Preisetikett auf der Fertigpackung

LF 3

**Bereiche der Preisangabe**

Überall dort, wo Waren angeboten werden, besteht die Preisangabenpflicht, z. B.

- im Laden,
- in Verkaufstheken, Vitrinen und Schaukästen,
- im Schaufenster,
- im Café,
- bei Werbemaßnahmen, z. B. Inseraten, Prospekten.

> Der Preis muss eindeutig und gut sichtbar bei der Ware stehen.

### Preisauszeichnung vor dem Café

Am Eingang zum Café ist ein Preisverzeichnis anzubringen, aus dem die Preise für die wesentlichen Getränke und Speisen ersichtlich sind. So können sich die Menschen schon vor dem Betreten des Cafés über die Waren und Preise informieren und dann entscheiden, ob sie in das Café gehen möchten.

*Speise- und Getränkekarte im Schaukasten vor dem Café*

### Preisauszeichnung im Café

Im Café müssen die Getränke- und Speisenkarte auf jedem Tisch ausliegen. Die Bedienung darf dem Gast diese Karten auch zum Tisch bringen und sie nach der Bestellung wieder einsammeln. Werden die Karten bei der Abrechnung nochmals verlangt, müssen sie dem Gast wieder vorgelegt werden.

Alle Preise müssen Endpreise sein, also inklusive Bedienung und Mehrwertsteuer.

*Gast mit Getränke- und Speisekarte am Tisch im Café*

### Vorteile der Preisauszeichnung für die Kunden

- Die Kunden können Preisvergleiche anstellen.
- Da der Preis bekannt ist, können die Kunden sofort entscheiden, ob sie den Preis akzeptieren.
- Die meist unangenehmen Fragen nach dem Preis bleiben den Kunden erspart.

## Die Lebensmittelkennzeichnungs-Verordnung (LMKV)

### Verkehrsbezeichnung

Die Verkehrsbezeichnungen sind die Namen von Bäckereierzeugnissen, unter denen die Verbraucher die Art und Zusammensetzung der Waren unmissverständlich erkennen.

**Beispiele für Verkehrsbezeichnungen**

- Roggenmischbrot enthält auf die Gesamtmehlmenge bezogen über die Hälfte Roggenmehl, der Rest ist Weizenmehl.
- Marmorkuchen besteht aus Sandmasse, wobei ein Drittel mit Kakaopulver angerührte Schokoladenmasse ist.
- Biskuitgebäcke sind lockere, eireiche Gebäcke, die in der Rezeptur kein Fett enthalten.
- Prinzregententorte ist eine Torte mit Schokoladencreme gefüllt und mit Schokoladenkuvertüre oder Fettglasur überzogen.
- Marzipan ist ein Erzeugnis aus Mandeln und Zucker.

*Prinzregententorte*

## Fertigpackungen

Die Lebensmittelkennzeichnungs-Verordnung gilt nur für die Kennzeichnung von Lebensmitteln in Fertigpackungen.

**Fertigpackungen** sind Waren in verschlossenen Verpackungen, an die man nur durch Öffnen der Verpackung gelangt. Das Verpacken und Verschließen der Waren erfolgt in Abwesenheit der Kunden.

**Eingeschweißte Waren sind Fertigpackungen**

Auch die in Folie eingeschweißten Bäckereierzeugnisse, z. B. Kuchen, Hefezöpfe, Stollen, Gebäckschalen und Marzipanerzeugnisse, gehören zu den Fertigpackungen.

### Angaben auf Fertigpackungen

- **Verkehrsbezeichnung**
  Name der Ware, der für die Verbraucher verständlich ist
- **Name bzw. Firma und Anschrift des Herstellers**
- **Verzeichnis der Zutaten**
  vollständige Aufzählung der Zutaten in gewichtsmäßig absteigender Reihenfolge
- **Angabe allergener Lebensmittel im Zutatenverzeichnis**
- **Mindesthaltbarkeitsdatum**
- **Mengenkennzeichnung**
  Gewicht oder Volumen bei flüssigen Lebensmitteln

Die sechs Angaben müssen nach der LMKV auf der Fertigpackung

- in deutscher Sprache,
- deutlich sichtbar,
- leicht lesbar und
- unverwischbar angegeben werden.

Der Preis muss aufgrund der Preisangabenpflicht zusätzlich auf der Fertigpackung stehen.

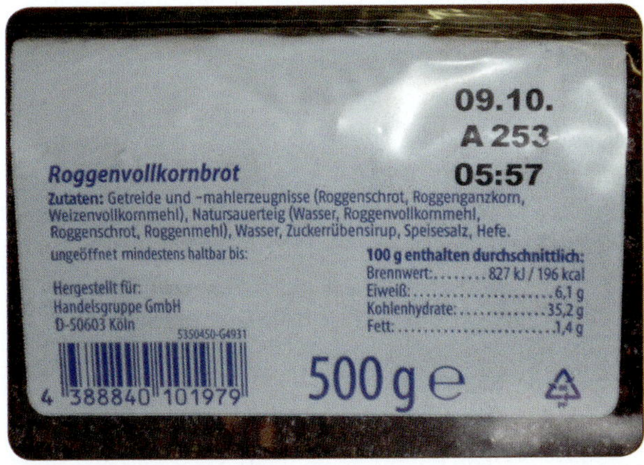


*Angaben auf Fertigverpackungen*

LF 3

## Angaben im Verzeichnis der Zutaten

### Reihenfolge der Zutaten

Die Zutaten werden gewichtsmäßig in absteigender Reihenfolge genannt.

### Kennzeichnung zusammengesetzter Zutaten

Zusammengesetzte Zutaten sind Erzeugnisse aus mehreren Zutaten, z. B. Marzipanrohmasse, Marzipan, Nugatmasse, Nugat, Krokant, Konfitüre, Gelee, Marmelade.

Sind 2 % und mehr von diesen zusammengesetzten Zutaten in Bäckereiwaren in Fertigpackungen enthalten, müssen die einzelnen Zutaten in absteigender Reihenfolge ihres Gewichtsanteils angegeben werden.

Beispiele der Kennzeichnung zusammengesetzter Zutaten:
- Marzipan (Mandeln, Zucker)
- Nugatmasse (Haselnüsse, Zucker, Schokolade)
- Krokant (Zucker, Mandeln)
- Johannisbeerkonfitüre (Zucker, Johannisbeeren)

### Kennzeichnung von allergenen Lebensmitteln

LF 3

Auf Fertigpackungen müssen Zutaten, die allergische oder andere unverträgliche Reaktionen auslösen, im Verzeichnis der Zutaten extra angegeben werden.
Die deklarationspflichtigen Zutaten, auf die viele Menschen allergisch reagieren, sind in der Lebensmittelkennzeichnungs-Verordnung aufgeführt:
- glutenhaltiges Getreide: Weizen, Roggen, Dinkel, Gerste, Hafer und die Erzeugnisse aus diesen glutenhaltigen Getreidearten
- Eier und Erzeugnisse mit Eiern
- Milch und Milcherzeugnisse (einschließlich Laktose)
- Schalenfrüchte: Mandeln, Haselnüsse, Walnüsse, Pistazien, Kaschunüsse, Paranüsse, Pecannüsse und Erzeugnisse daraus
- Erdnüsse und Erzeugnisse mit Erdnüssen
- Sesamsamen und Erzeugnisse mit Sesam
- Soja und Erzeugnisse mit Soja
- Sellerie und Erzeugnisse mit Sellerie
- Senf und Erzeugnisse mit Senf
- Fische und Erzeugnisse mit Fischen
- Krebstiere und Erzeugnisse mit Krebstieren
- Schwefeldioxid und Sulfite in einer Konzentration von mehr als 10 mg/kg oder 10 mg/l werden als $SO_2$ angegeben
- Lupinen und daraus gewonnene Erzeugnisse
- Weichtiere und daraus gewonnene Erzeugnisse

### Versteckte allergene Lebensmittel

Wenn aus dem Namen der Zutat im Zutatenverzeichnis ein allergisch wirkendes Lebensmittel nicht erkennbar ist, muss genau deklariert werden, z. B.:
- Lezithin, das nicht allergen wirkt, muss deklariert werden, wenn es aus Soja hergestellt wurde. In der Zutatenliste muss deshalb „Sojalezithin“ angegeben werden. Auch Speiseöl aus Soja wird als Sojaöl gekennzeichnet.
- Bei Paniermehl muss das glutenhaltige Getreide angegeben werden: Weizenpaniermehl oder Paniermehl (Weizen).
- Die Kennzeichnung „Nüsse“ reicht nicht. Es muss die Nusssorte wie Haselnüsse oder Walnüsse angegeben werden.
- Bei der Verwendung von Rum muss genau angegeben werden, ob Rum oder Rum-Verschnitt (Rum mit anderem Alkohol gemischt) enthalten ist.

*Einige allergene Lebensmittel*

### Ausnahmen der Angabenpflicht auf Fertigpackungen

In den Leitsätzen heißt es: „Die Angaben auf Fertigpackungen können weggelassen werden, wenn die Fertigpackungen in der Verkaufsstätte zur alsbaldigen Abgabe an die Verbraucher hergestellt und nicht zur Selbstbedienung angeboten werden.“

Deshalb können die Angaben entfallen, z. B. bei Gebäcken und Pralinen in Zellophantütchen und Stollen im Stollenschlauch. Korrekterweise dürfen diese Verpackungen erst im Laden von der Verkäuferin mit Clips verschlossen werden, da sie sonst als Fertigpackungen gelten.

*Fertigpackungen*

**Mogelpackungen** sind nicht erlaubt, d.h., Fertigpackungen müssen so hergestellt werden, dass sie keine größere Füllmenge (Menge des Inhalts) vortäuschen, als tatsächlich enthalten ist.

## Mindesthaltbarkeitsdatum (MHD)

### Aussagen des MHD

- Bis zum Zeitpunkt des Mindesthaltbarkeitsdatums behalten die Lebensmittel und Bäckereierzeugnisse in Fertigpackungen bei richtiger Aufbewahrung ihre Frischeeigenschaften. Das MHD ist aber keine Garantie für einwandfreie Erzeugnisse, sondern nur eine Information.
- Das MHD ist kein Verfalldatum. Die Lebensmittel und Waren müssen nach Ablauf des Mindesthaltbarkeitsdatums nicht verdorben sein, die Frischeeigenschaften sind jedoch nicht mehr garantiert.
- Der Betriebsinhaber legt das Mindesthaltbarkeitsdatum fest.

Das MHD sollte nicht zu lange ausgedehnt werden, da die Frische in der Bäckerei als stärkstes Werbemittel gilt. Kunden erwarten grundsätzlich frische Waren. Deshalb sollte auch das Mindesthaltbarkeitsdatum auf Fertigpackungen im Verkauf regelmäßig kontrolliert werden. Die Waren werden somit bereits vor dem Ablauf des Mindesthaltbarkeitsdatums aus dem Verkauf genommen.

Weniger als drei Monate haltbare Lebensmittel, also z.B. Bäckereierzeugnisse, müssen beim Mindesthaltbarkeitsdatum nur den Tag und Monat enthalten.

Wenn eine kühle Lagerung der Lebensmittel erforderlich ist, muss dies gekennzeichnet sein, z.B.: „bei 2 – 7 °C mindestens haltbar bis 30.06. …“.

### Ausnahmen ohne Angabe des Mindesthaltbarkeitsdatums

Die Angabe des Mindesthaltbarkeitsdatums auf Fertigpackungen ist nicht erforderlich bei

- Backwaren, die innerhalb von 24 Stunden die Frischeeigenschaften deutlich verlieren und in dieser Zeit gewöhnlich verzehrt werden, z.B. Brötchen,
- frischem Obst und Gemüse,
- alkoholischen Getränken mit mehr als 10 % vol Alkohol,
- Speisesalz,
- Zucker.

## Kennzeichnung unverpackter Waren

In der Bäckerei werden die meisten Waren unverpackt im Laden angeboten, z.B. Brot, Brötchen, Berliner, Bienenstich, Plunder- und Blätterteigstücke, Torten, Desserts. Die Bestimmungen der Lebensmittelkennzeichnungs-Verordnung gelten nur für Fertigpackungen.

### Preisschild bei unverpackten Waren

Bei diesen losen, unverpackten Waren ist nur die Angabe des Preises Pflicht. Zur besseren Kundeninformation fertigt man in der Bäckerei Preisschilder mit folgenden Angaben an:

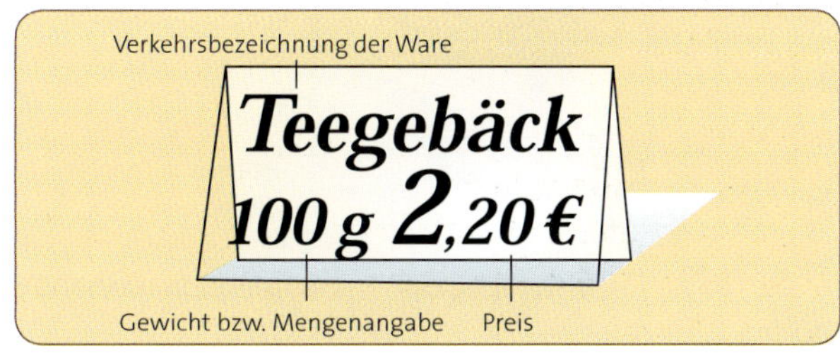


*Angaben auf einem Preisschild*

Deklarationspflichtige (kennzeichnungspflichtige) Lebensmittel-Zusatzstoffe, z.B. künstliche Konservierungs- und Farbstoffe, müssen auch bei unverpackter Ware gekennzeichnet werden.

LF 3

**Standort eines Preisschildes**

Die Preisangabe muss der Ware eindeutig zugeordnet sein. Aus hygienischen Gründen dürfen Preisschilder jedoch nicht auf Backwaren gestellt oder hineingesteckt, sondern müssen unmissverständlich neben der Ware angebracht werden.

Eine **„Sammelpreisliste“** eignet sich für Bäckereierzeugnisse mit demselben Preis, z.B. Brote, Brötchen, Kuchen oder Speiseeis, z.B. „1 Kugel Speiseeis kostet 0,80 €“.

*Preisschild bei den Waren*

## Kennzeichnung von Farbstoffen

*„Der Kunde kauft und isst mit den Augen."*

Bäckereierzeugnisse mit ansprechender, appetitlicher Färbung lassen auf eine hohe Qualität und Frische schließen und sind deshalb verkaufsfördernd. Zum Beispiel unterstützt ein rötlicher Geleeguss auf Erdbeerkuchen die natürliche und frische Farbe der Erdbeeren.

*Rötlich gefärbter Geleeguss*

In der Bäckerei unterscheidet man folgende färbende Stoffe:

| Natürliche Farbstoffe | Künstliche Farbstoffe |
|---|---|
| • Eigelb<br>• Fruchtsäfte und Gemüsesäfte<br>• Kakaopulver<br>• Schokoladenkuvertüre<br>• Fettglasur<br>• karamellisierter Zucker | • Lebensmittelfarben (chemisch hergestellt) |

LF 3

*Marmorkuchen, mit Kakaopulver gefärbte Sandmasse*

Die Lebensmittelindustrie färbt bestimmte blasse Lebensmittel mit Farbstoffen, um ein appetitlicheres Aussehen zu erzeugen. Gelblich färbende, natürliche Farbstoffe wie Beta-Karotine (aus Karotten) oder Laktoflavin (Vitamin $B_2$) dienen zum Färben für z. B. Vanilleeis, Butter, Margarine, Kaltcremepulver.

### Erzeugnisse, die nicht künstlich gefärbt werden dürfen

**Gesetzliche Bestimmungen**
Künstliche Farbstoffe dürfen nicht verwendet werden, wenn sie in Lebensmitteln und Bäckereierzeugnissen eine bessere Qualität vortäuschen.

Nicht mit künstlichen Lebensmittelfarben gefärbt werden dürfen:
- unbehandelte Lebensmittel
- Brote, Brötchen und ähnliche Erzeugnisse
- Erzeugnisse mit Eiern
- Nudeln

In der Zusatzstoff-Zulassungsverordnung im Lebensmittelrecht ist festgelegt, welche Lebensmittel mit künstlichen Farbstoffen eingefärbt werden dürfen. Dies sind in der Bäckerei z. B.
- Marzipan,
- Fondant,
- Tortenguss
- Cremes,
- Dickzuckerfrüchte (außer Zitronat und Orangeat).

*Gefärbte Marzipanrose*

### Deklaration künstlich gefärbter Lebensmittel

**Gesetzliche Bestimmungen**
Lebensmittel und Bäckereierzeugnisse, die mit künstlichen Farbstoffen gefärbt sind, müssen deklariert (gekennzeichnet) werden:
- bei Fertigpackungen auf der Verpackung in der Zutatenliste
- bei unverpackten Waren, auf einem nebenstehenden Schild, z. B. auf einem Preisschild
- im Café in Speise- und Getränkekarten

### Deklaration mit dem Namen oder der E-Nummer

Alle zugelassenen Lebensmittel-Zusatzstoffe erhalten eine E-Nummer, die in ganz Europa gilt. E-Nummern, die mit der Zahl „1" beginnen, sind Farbstoffe.

Für die Deklaration kann zusammen mit dem Begriff „Farbstoff" entweder der Name des Farbstoffs oder die E-Nummer angegeben werden:

- „mit Farbstoff Riboflavin" oder
- „mit Farbstoff E 101"

Die Deklaration kann sich auch nur auf einen Teil der Ware beziehen, z. B.:

- Verwendung von Belegkirschen mit Farbstoff: „Punschtorte mit gefärbten Kirschen (Farbstoff E 163)"
- Verwendung von gefärbten Glasuren: „Desserts: Fondant gefärbt"

Bei losen, unverpackten Waren oder auf einer Speisekarte reicht die Angabe „mit Farbstoff".

**Grundsätzliches für das Färben von Waren in der Bäckerei:**

- Im Fachgeschäft sollten möglichst natürliche Farbstoffe zum Färben der Bäckereierzeugnisse verwendet werden. Sie erhöhen nicht nur die Qualität der Waren, sondern sind auch sehr werbewirksam, denn viele Verbraucher lehnen künstliche Lebensmittel-Zusatzstoffe ab.
- Der Bäcker vermeidet ein Überfärben der Ware mit künstlichen Farbstoffen, da es sehr unnatürlich und nicht gesund wirkt.

## Aufgaben

1. Was besagt die Preisangabenverordnung in Bezug auf
   - die Preisangabenpflicht,
   - die Endpreise der Waren?
2. Erklären Sie die Grundpreisangabe.
3. In welchem Verhältnis muss die Größe des tatsächlichen Preises gegenüber der Grundpreisangabe stehen?
4. Beschreiben Sie die Preisangabe vor dem Café und im Café.
5. Nennen Sie die drei Vorteile der Preisauszeichnung für die Kunden.
6. Was versteht man unter der „Verkehrsbezeichnung"?
7. Erläutern Sie den Begriff „Fertigpackung".
8. Nennen Sie die fünf Angaben, die auf Fertigpackungen stehen müssen. →
9. In welcher Reihenfolge werden die Zutaten im Verzeichnis der Zutaten genannt?
10. Erklären Sie die Kennzeichnung zusammengesetzter Zutaten im Verzeichnis der Zutaten der Fertigpackungen.
11. Ab wie viel Prozent in den Backwaren müssen die zusammengesetzten Zutaten angegeben werden?
12. Nennen Sie in der Bäckerei verwendete allergene Zutaten, die im Zutatenverzeichnis der Fertigpackungen angegeben werden müssen.
13. Bei welchen Verpackungen der Bäckerei können die Angaben der Fertigpackungen entfallen?
14. Erklären Sie, was das Mindesthaltbarkeitsdatum auf Fertigpackungen aussagt.
15. Welche Angaben stehen auf Preisschildern?
16. Wo müssen die Preisschilder für die Waren angebracht werden?
17. Zählen Sie natürliche und künstliche Farbstoffe für Erzeugnisse der Bäckerei auf.
18. Nennen Sie die gesetzlichen Bestimmungen für Waren, die nicht künstlich gefärbt werden dürfen.
19. Beschreiben Sie die gesetzliche Bestimmung für die Deklaration bei künstlich gefärbten Erzeugnissen.
20. Beschreiben Sie, was grundsätzlich beim Färben von Waren der Bäckerei beachtet werden soll.
21. Was besagen die E-Nummern auf Fertigpackungen, die mit einer „1" beginnen, wie z. B. „E 160"?
22. In Ihrer Bäckerei sollen Marienkäfer aus Marzipan verkauft werden. Die Marzipanwaren sollen sowohl lose als auch eingeschweißt verkauft werden. Deklarieren Sie die unverpackten Marienkäfer und die in Fertigpackungen.

## Rechenaufgaben

1. Ein Eierlikörkuchen von 420 g kostet 3,80 €. Errechnen Sie den Grundpreis für 100 g und für 1 kg des Eierlikörkuchens.
2. Gebäcke sollen wie folgt gemischt werden:

| | |
|---|---|
| 2,500 kg Eigelbmakronen | 19,00 €/kg |
| 4,700 kg Spritzgebäck | 15,50 €/kg |
| 3,250 kg Schwarz-Weiß-Gebäck | 17,00 €/kg |

   a) Wie viel kostet ¼ kg dieser Gebäckmischung?
   b) Berechnen Sie den Grundpreis für 100 g.

LF 3

## 15.4 Vertragsrecht

### Was ist ein Vertrag?

Bei einem Vertrag bestehen ein Angebot für eine Ware oder Dienstleistung und eine Nachfrage nach dieser Ware oder Dienstleistung. Voraussetzungen für das Zustandekommen eines Vertrages sind:

Einer will verkaufen, der andere will kaufen.

Bestellung (Verkäufer) → ← Angebot (Käufer)

Wenn Kunden im Laden einkaufen, kommt es zum Kaufvertrag mit allen seinen rechtlichen Folgen. Rein rechtlich ist es bei einem Vertrag gleich, ob ein Stück Torte oder ein Computer bzw. Auto verkauft wird. In jedem Fall müssen die Vertragspartner ihre vereinbarten Leistungen und Gegenleistungen erbringen.

*Mündlicher Kaufvertrag*

Ein Bäckereibetrieb ist sowohl Käufer, z. B. beim Einkauf von Rohstoffen und Maschinen, als auch Verkäufer der Bäckereierzeugnisse im Laden.

### Mündlicher Kaufvertrag

**Im Laden**
Die Bäckerei bietet Waren im Laden an. Die Kunden äußern den Kaufwunsch gegenüber der Verkäuferin. Die Verkäuferin verpackt die gewünschte Ware und der Kunde bezahlt. Bei diesem üblichen Verkaufsvorgang handelt es sich um einen mündlichen Vertrag.

**Am Telefon**
Als mündlicher Vertrag gilt auch eine telefonische Bestellung.

*Abschluss eines mündlichen Vertrags im Café*

**Im Café**
Das Angebot im Café wird in der Speise- und Getränkekarte bekannt gegeben. Der Gast bestellt Speisen und Getränke. Das Bestellte wird in einwandfreiem Zustand und in angemessener Zeit serviert. Vor dem Verlassen des Cafés bezahlt der Gast. Auch dieser „Bewirtungsvertrag" ist ein mündlicher Vertrag.

Ein mündlicher Kaufvertrag hat die gleiche Rechtswirkung wie ein schriftlicher Kaufvertrag

### Schriftlicher Kaufvertrag

Bestellt eine Bäckerei Rohstoffe, Geräte oder Maschinen, z. B. nach Katalogvorlage mit Preisangabe beim Großhandel oder entsprechend einem Angebot, geschieht dies meistens in schriftlicher Form, häufig per Fax oder E-Mail.

Die schriftliche Bestellung ist verpflichtend, da sich die Bäckerei mit dem Angebot einverstanden erklärt. Der Kaufvertrag ist dadurch abgeschlossen, beide Vertragspartner müssen nun ihre Pflichten erfüllen.

*Schriftlicher Kaufvertrag per E-Mail*

Nimmt ein Vertreter einer Firma eine Bestellung im Bäckereibetrieb auf und der Betrieb unterschreibt die Bestellung, ist auch hier ein schriftlicher Vertrag abgeschlossen worden.

### Vertragsinhalt

Um Unstimmigkeiten zu vermeiden, sollten der Kaufvertrag und das Angebot möglichst genaue Angaben enthalten:

- Art der Ware und Qualität
- Menge
- Preis
- Lieferbedingungen
- Zahlungsbedingungen
- Erfüllungsort und Gerichtsstand

## Pflichten der Vertragspartner

**Verkäufer**

- Die Angaben zu den Waren, z. B. über die Qualität, müssen stimmen.
- Die angegebenen Preise müssen eingehalten werden.
- Die angebotene Ware muss in einwandfreiem Zustand sein.
- Zusätzliche Vereinbarungen müssen eingehalten werden, z. B. Liefertermin.

**Käufer**

- Die bestellte Ware muss angenommen werden.
- Der Preis muss rechtzeitig bezahlt werden.

### Annahme einer Warenlieferung

Anhand des Lieferscheins wird jede Ware sofort bei der Anlieferung in der Bäckerei einzeln kontrolliert, ob

- alle im Lieferschein genannten Waren in der aufgeführten Menge geliefert wurden,
- die bestellte Ware in der vereinbarten Menge geliefert wurde (Belegvergleich mit der Bestellung),
- sich die Waren in einwandfreiem Zustand befinden.

**Unterschreiben des Lieferscheins**

Erst wenn die Bedingungen in Ordnung sind, wird der Lieferschein unterschrieben.
Wird eine Ware beanstandet, muss sie dem Verkäufer zurückgegeben werden. Mängel und Rückgaben werden auf dem Lieferschein schriftlich vermerkt.

Bis zur Übergabe haftet der Verkäufer für die Ware. Nach der Empfangsbestätigung ist der Käufer verantwortlich.

### Überprüfung der Rechnung

Die Rechnung wird mit den gelieferten Rohstoffen und Waren auf dem Lieferschein verglichen.
Überprüft werden

- die in Rechnung gestellten Leistungen,
- die vereinbarten Preise und Preisnachlässe,
- die rechnerische Richtigkeit.

### Rechtsansprüche bei vorhandenen Mängeln einer Lieferung

**Nacherfüllung** (Nachbesserung oder Ersatzlieferung)
Der Käufer hat zunächst nur Anspruch darauf, dass die fehlerhafte Ware ersetzt oder der Fehler behoben wird.

Nach Überschreitung einer angemessenen Frist oder zwei erfolglosen Versuchen der Fehlerbehebung gibt es folgende Möglichkeiten für den Käufer:

- **Minderung**
  Der Käufer bekommt einen Preisnachlass auf die beanstandete Ware. Diese Möglichkeit wird in Anspruch genommen, wenn die Ware trotz ihrer Wertminderung noch einen Nutzen für die Bäckerei hat.
- **Rücktritt und Schadensersatz**
  Beim Rücktritt vom Vertrag werden die vom Käufer oder Verkäufer bereits empfangenen Leistungen zurückgegeben. Außerdem hat der Käufer Anspruch auf Schadensersatz.



### Rechnungserstellung

Eine Rechnung enthält eine genaue Aufstellung über die ausgehändigten Waren, die Preise und die Zahlungsbedingungen. Dazu gehören folgende rechtlich vorgeschriebenen und kaufmännisch notwendigen Bestandteile:

- Rechnungsaussteller
- Rechnungsempfänger
- Rechnungsnummer
- Liefer- und Rechnungsdatum
- Kundennummer
- Einzelbeträge und Summe der Einzelbeträge
- Mehrwertsteuersatz und -betrag
- Rechnungsbetrag
- Zahlungsbedingungen
- Bankverbindung
- Steuernummer
- eventuell Rabatt und Skonto

Als Bestätigung für entgegengenommenes Geld kann eine von der Bäckerei unterschriebene Quittung auf den Namen des Kunden ausgestellt werden.

### Aufgaben

1. Erklären Sie, was man unter einem Vertrag versteht.
2. Beschreiben Sie einen mündlichen Kaufvertrag im
   - Laden,
   - Café.
3. Erläutern Sie einen schriftlichen Kaufvertrag im Bäckereibetrieb.
4. Welche Pflichten haben die Vertragspartner?
   - der Verkäufer
   - der Käufer
5. Beschreiben Sie, was Sie bei der Annahme einer Lieferung beachten.
6. Wann kann man einen Lieferschein unterschreiben?
7. Beschreiben Sie, was Sie bei der Überprüfung einer Rechnung beachten.
8. Nennen Sie die Rechtsansprüche, die eine Bäckerei bei Mängeln einer Lieferung hat.
9. Zählen Sie die Bestandteile einer Rechnung auf.
10. Sie liefern für eine Geburtstagsparty folgende Waren: 2 Obsttorten, 20 Berliner und 10 Prinzregentenschnitten. Erstellen Sie dafür eine Rechnung.

### Rechenaufgaben

1. Für eine Einweihungsfeier bekommt eine Bäckerei einen Großauftrag für 1 850 Kanapees, die an drei Tagen geliefert werden sollen. Am ersten Tag werden 38 % davon benötigt, am nächsten Tag 620 Stück und am dritten Tag der Rest.
   a) Wie viel Kanapees werden am ersten Tag benötigt?
   b) Berechnen Sie die Anzahl der Kanapees, die am dritten Tag geliefert werden müssen.
2. Eine Bäckerei kauft für 32 000,00 € einen Backofen. Wegen Zahlungsschwierigkeiten bezahlt die Bäckerei erst acht Monate später, als im Kaufvertrag vereinbart wurde, und muss dafür 5,8 % Verzugszinsen bezahlen.
   Berechnen Sie den Gesamtbetrag, den die Bäckerei für den Backofen bezahlen muss.
3. Eine Firma liefert an eine Bäckerei/Konditorei einen neuen Kaffeeautomaten für 11 275,00 €. Die Zubehörteile kosten zusätzlich 223,50 €. Die Chefin entdeckt Beschädigungen an der Oberfläche der Kaffeemaschine und bekommt 8 % Preisnachlass für den Mangel.
   a) Wie viel € Preisnachlass bekommt die Bäckerei?
   b) Berechnen Sie den Betrag für den Kaffeeautomaten mit Zubehör, den die Bäckerei bezahlen muss.
4. Eine Bäckerei bestellt bei einer Firma eine Kühlanlage, die 32 500,00 € kostet. Nachdem die Firma wegen interner Schwierigkeiten 4 Monate später als vereinbart die Kühlanlage liefert, bezahlt die Bäckerei 720,00 € weniger als vereinbart.
   a) Wie viel bezahlt die Bäckerei für die Kühlanlage?
   b) Wie viel % zog die Bäckerei der Firma wegen des Lieferverzugs ab?



## 15.5 Rechtliche Bestimmungen für ein Café

Die Vorschriften zum Führen eines Cafés sind im Gaststättengesetz festgelegt.

### Gaststättenkonzession

Eine Gaststättenkonzession benötigt, wer alkoholische Getränke ausschenkt.

*Café mit Alkoholausschank*

Die Gaststättenkonzession ist die Erlaubnis zum Führen eines Cafés. Voraussetzungen sind geeignete Räumlichkeiten nach der Arbeitsstätten-Verordnung und das Wissen der Beschäftigten zum Führen eines Cafés. Mit dem erfolgreichen Abschluss in einem Lebensmittelberuf ist man somit berechtigt, ein Café zu führen.

Wird kein Alkohol ausgeschenkt, ist nur eine Gewerbeanmeldung erforderlich.

### Alkoholausschank im Café

Die Gaststättenkonzession dient dem Schutz der Bevölkerung, insbesondere dem Schutz vor Alkoholmissbrauch.

**Gesetzliche Bestimmungen der Alkohollizenz**

- Bier und Wein dürfen nicht an Jugendliche unter 16 Jahren abgegeben werden.
- Spirituosen dürfen nicht an Jugendliche unter 18 Jahren abgegeben werden.
- An erkennbar Betrunkene dürfen keine alkoholischen Getränke mehr abgegeben werden.

## Vorschriften für das Café

- Im Café besteht kein Trink- und Speisenzwang, d. h., Backwaren und andere Speisen können auch ohne Getränke bestellt und verzehrt oder Getränke können ohne Speisen bestellt werden.
- Neben den gesetzlichen Bestimmungen über den Alkoholausschank muss das Jugendschutzgesetz im Café eingehalten werden.
- Gemäß dem Eichgesetz muss das Volumen der Gläser deutlich mit dem Eichstrich und mit der Volumenangabe gekennzeichnet sein, wenn die Getränke ohne Flasche serviert werden, damit der Gast eine Kontrolle hat.

- Beschmutzt das Bedienungspersonal die Bekleidung eines Gastes, z. B. durch verschüttete Getränke oder Speisen, haftet der Cafébesitzer für den Schaden. Dies gilt nicht, wenn der Gast den Schaden selbst verursacht hat.
- Für den Verlust von z. B. Kleidung, Schmuck oder Taschen im Café haftet der Cafébesitzer nicht.

**Aufgaben**

1. Wann benötigt ein Café eine Gaststättenkonzession?
2. Erklären Sie den Begriff „Gaststättenkonzession" und welche Voraussetzungen ein Betrieb dafür erfüllen muss.
3. Ab welchem Alter darf man an Jugendliche Alkohol ausschenken?
   - Bier und Wein
   - Spirituosen
4. Im Café besteht kein Trink- und Speisenzwang. Erklären Sie dies.
5. Informieren Sie sich im Internet über das Jugendschutzgesetz und notieren Sie die Vorschriften, die im Café berücksichtigt werden müssen.

LF 3

**Rechenaufgaben**

1. Laut Gaststättengesetz ist mindestens ein alkoholfreies Getränk anzubieten, das nicht teurer ist als das preiswerteste alkoholische Getränk in gleicher Menge.
   In einem Café kosten 0,2 l Mineralwasser als preiswertestes alkoholfreies Getränk 1,80 € und als preiswertestes alkoholisches Getränk 0,33 l Bier 3,00 €.
   Ermitteln Sie, ob die gesetzliche Bestimmung eingehalten wird.
2. Die Weinbrandschwenker im Café enthalten die Eichstriche für einen einfachen und einen doppelten Weinbrand. Ein einfacher Weinbrand enthält 2 cl.
   Berechnen Sie, wie viel doppelte Weinbrand für Kaffee mit Schuss aus einer Weinbrandflasche von 0,75 l ausgeschenkt werden können, bei 4 % Schankverlust.

## Berufliche Handlung

Immer mehr Menschen leiden an Übergewicht, Lebensmittelallergien sowie Lebensmittelunverträglichkeiten und an Diabetes mellitus. Ihre Bäckerei plant eine Erweiterung der Brot- und Snackangebote für diese Zielgruppen, um der steigenden Nachfrage gerecht zu werden und um neue Kunden zu gewinnen.

### Ernährung

1. Stellen Sie die Grundlagen einer ausgewogenen und gesunden Ernährung zusammen.
2. Viele Menschen klagen über ernährungsbedingte Gesundheitsstörungen. Erklären Sie, wie Übergewicht und Untergewicht vermieden werden können.
3. Nennen und erläutern Sie die häufig vorkommende Lebensmittelunverträglichkeit, die durch die Aufnahme von Gluten ausgelöst wird.
4. Zählen Sie Lebensmittel auf, die oft Allergien auslösen.
5. Beschreiben Sie die Ursachen und Ernährungsgrundlagen bei Diabetes mellitus.

### Auswahl der Bäckereierzeugnisse

6. Ergänzen Sie folgende Tabelle, nachdem Sie diese auf ein Blatt Papier übertragen haben.

| Gesundheitsstörungen oder Krankheiten | Geeignete Brote und Snacks |
|---|---|
| Übergewicht | |
| Lebensmittelallergien | |
| Zöliakie | |
| Diabetes mellitus | |

7. Machen Sie Vorschläge für drei neue Brote und zwei neue Snacks, die für möglichst viele der Zielgruppen geeignet sind.

### Marketing

8. Erläutern Sie allgemein, was Marketingziele sind.
9. Nennen Sie Marketingmaßnahmen, die eine Bäckerei ergreifen muss, um die Marketingziele zu erreichen.

### Verkaufsförderung

10. Erklären Sie, wie Bäckereierzeugnisse in den Regalen und in der Verkaufstheke optimal präsentiert werden können.
11. Die Sortimentserweiterung soll durch Werbemaßnahmen bekannt gemacht werden. Wählen Sie drei Maßnahmen aus und begründen Sie Ihre Auswahl.
12. Formulieren Sie die Grundsätze beim Plakatschreiben sowie die Einteilung und die Schriftgrößen, die sowohl für die Gestaltung per Hand als auch für die Gestaltung per Computer gelten.
13. Entwerfen Sie ein Werbeplakat für den Laden, auf dem Sie die neuen Brote oder Snacks vorstellen.

### Das Verkaufen

14. Der Erfolg der Sortimentserweiterung hängt nicht nur von den neuen Produkten ab, sondern auch vom Verkaufspersonal. Nennen Sie die Eigenschaften, die eine Fachverkäuferin haben sollte.
15. Erklären Sie, wie eine Verkäuferin durch die nonverbale Ausdrucksweise und mit der Sprache die Sympathie der Kunden gewinnt.
16. Ein an Diabetes mellitus erkrankter Kunde wünscht ein Brot und einen Snack. Beschreiben Sie den Verkaufsvorgang von der Begrüßung, über das Empfehlen und Beraten, bis hin zum Kassieren und der Verabschiedung.
17. Wählen Sie für Brote, Brötchen, Snacks und Feine Backwaren jeweils geeignete Verpackungsmaterialien aus.

### Rechtliche Vorschriften

18. Für eine neue Brotsorte schlägt eine Kollegin den Namen „echtes Hamburger Fitnessbrot" vor. Diskutieren Sie, ob dies zulässig ist und nennen Sie die Bestimmungen der Leitsätze.
19. Alle im Laden und im Schaufenster angebotenen Bäckereierzeugnisse müssen mit dem Preis ausgezeichnet werden. Schreiben Sie zwei Preisschilder für ein 1-kg-Brot und ein Stück Gemüsepizza, die den Bestimmungen der Preisangabenverordnung entsprechen.
20. Glutenfreies Brot bieten Sie in Fertigpackungen an. Zählen Sie auf, welche Angaben gemäß der Lebensmittelkennzeichnungs-Verordnung auf Fertigpackungen erfolgen müssen.
21. Ein Diabetiker wünscht spezielles Diabetikerbrot. Sie erklären ihm, warum Sie keine speziellen Diabetikererzeugnisse anbieten.

LF 4
Herstellen von Feinen Backwaren aus Teigen

# 16 Lockerung

**Situation**

Ihre Kunden loben besonders häufig den lockeren Butterkuchen und Marmorkuchen. Ein Kunde, der auch selbst gerne backt, fragt Sie, ob er Marmorkuchen auch mit Hefe backen könne und Butterkuchen mit Backpulver. Sie erläutern ihm, wie die verschiedenen Lockerungsmittel wirken, welche Bedingungen sie benötigen und für welche Gebäcke sie geeignet sind.

- Was geschieht beim Vorgang der Lockerung?
- Welche Lockerungsmittel gibt es?
- Warum müssen Backwaren gelockert werden?
- Woraus besteht Hefe und wie lockert sie Teige?
- Was haben alle chemischen Lockerungsmittel gemeinsam?
- Welche chemischen Lockerungsmittel werden in der Bäckerei verwendet und wie reagieren sie?
- Wieso gehören auch Milch, Sahne und Eier zu den Lockerungsmitteln?



## Vorgang der Lockerung

Bei der Lockerung der Teige und Massen bilden sich **Gase**.

Der Kleber bzw. die verkleisterte Stärke in den Teigen und Massen hält die Gase als **„Poren"** fest.

**Die Backhitze und die Aromastoffe können erst jetzt durch die Poren den Teig/die Masse durchdringen.**

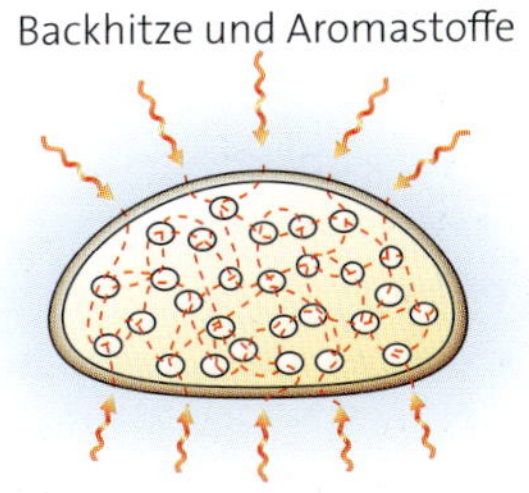


## Auswirkung der Lockerung auf die Backwaren

- großes Gebäckvolumen
- verdauliche, bekömmliche Gebäcke entstehen, weil die Hitze die Teige bzw. Massen durchdringt, d. h., sie werden gebacken
- die ausgebackene Krume wird schnitt- und bestreichfähig
- das gewünschte gute Aroma entsteht, da die Aromastoffe durch die Poren in das Gebäck eindringen können

*Ungelockerter und gelockerter Hefezopf*

Die Qualität der meisten Backwaren, bis auf einige spezielle Weizenbrote und roggenhaltige Brote, erkennt der Bäcker an der gleichmäßigen, feinporigen Krume.

| Porung der Krume | Auswirkungen |
|---|---|
| | **Gleichmäßig feine Porung:** Bei dieser für die meisten Gebäcke idealen Porung befinden sich viele kleine, gleichmäßig große Poren aneinander. Gebäcke mit feinporiger Krume haben • den optimal guten Geschmack, • eine feine, zarte Krume, • eine schöne Form, • ein großes Volumen, • eine lange anhaltende Frische. |
| | **Zu kleine Porung:** Die Poren sind zu klein und liegen zu eng aneinander. Die Gebäcke haben • ein zu kleines Gebäckvolumen, • eine zu feste Krume, • eine ungenügende Lockerung. |
| | **Zu grobe, ungleichmäßige Porung:** Die Poren sind unregelmäßig groß und die zu großen Poren sind breitlaufend. Die Gebäcke sind deshalb • zu flach und zu breit, • zu trocken, • zu leer im Geschmack. |

### Arten der Lockerung

| Lockerungsart | Lockerungsmittel |
|---|---|
| Biologische Lockerung | • Hefe<br>• Sauerteig |
| Chemische Lockerung | • Backpulver<br>• Hirschhornsalz<br>• Pottasche |
| Physikalische Lockerung | • Luft<br>• Wasserdampf |

## 16.1 Hefe – Backhefe (biologische Lockerung)

### Aufbau der Hefezelle

Die Hefezelle ist ein ovaler einzelliger Pilz, der nicht ganz 1/100 mm groß ist. Jede Zelle dieser Mikroorganismen ist ein selbstständiges Lebewesen.

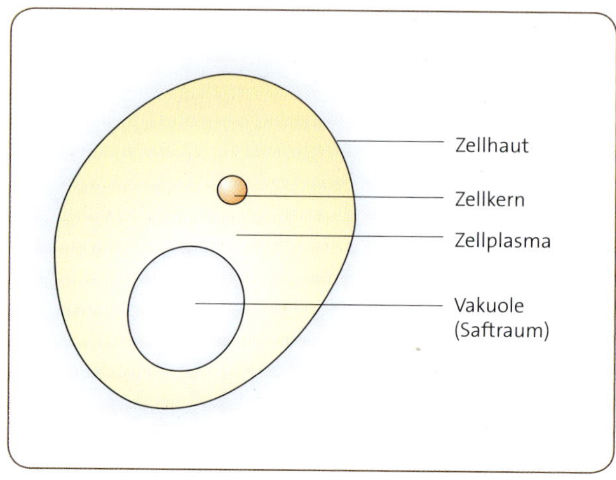


*Hefezelle*

**Zellhaut**
Durch die poröse Zellhaut nimmt die Hefe die in Wasser gelösten Nährstoffe und den Sauerstoff auf.
Ebenso gibt sie über die Zellhaut wieder Gase ab, z. B. die Gärgase.

**Zellkern**
Er ist für die Vermehrung zuständig. Dabei spaltet sich der Zellkern in zwei Teile, wobei ein Teil des Zellkerns in die neu entstehende Hefezelle, die sogenannte Tochterzelle, übergeht.

**Zellplasma**
Es besteht hauptsächlich aus Wasser und Eiweiß. Außerdem enthält es sehr viele B-Vitamine.
Im Zellplasma finden alle Stoffwechselvorgänge der Hefezelle statt, z. B. die Gärung.

**Vakuole (Saftraum)**
Sie ist mit Flüssigkeit gefüllt und kann ihre Größe verändern. Ist das Zellplasma in der frischen Hefe gut genährt, zieht sich die Vakuole zusammen. Bei altem, schlecht ernährtem Zellplasma (alte Hefe) vergrößert sich die Vakuole. Die Hefe enthält daher weniger Zellplasma und ist somit triebschwächer.

Hefezellen (Mikroorganismen) kommen in der Natur sehr zahlreich vor. Diese wilden Hefen befinden sich in der Luft und siedeln sich dort an, wo sie ideale Lebensbedingungen vorfinden. So entstanden die ersten gelockerten Backwaren. Auch offene Fruchtsäfte beginnen zu gären. Die Backhefe wird in der Hefefabrik gezüchtet. Das Lebewesen Hefe lockert die Teige, deshalb spricht man von einer biologischen Lockerung.

## Lebensbedingungen der Hefe

Wie alle Lebewesen benötigt auch die Hefe bestimmte Bedingungen zum Leben.

- **Nahrung:** Die Hefe benötigt hauptsächlich Traubenzucker. Diesen bekommt sie vom Mehl aus den Teigen.
- **Wasser:** Wasser löst den Traubenzucker, der nur in gelöster Form von der Hefe aufgenommen werden kann. In weichen Teigen erfolgt deshalb eine starke Hefetätigkeit, weil sich darin die Hefe besser ernähren kann.
- **Sauerstoff:** Sauerstoff benötigt die Hefe nur für die Vermehrung, um die Nahrung zu verbrennen. Hat die Hefe keinen Sauerstoff mehr, hört die Vermehrung auf und es beginnt sofort die Gärung. Die Gärung erfolgt somit in den sauerstoffarmen Teigen.
- **Temperaturen** beeinflussen die Tätigkeiten der Hefezellen.

### Hefe bei verschiedenen Temperaturen

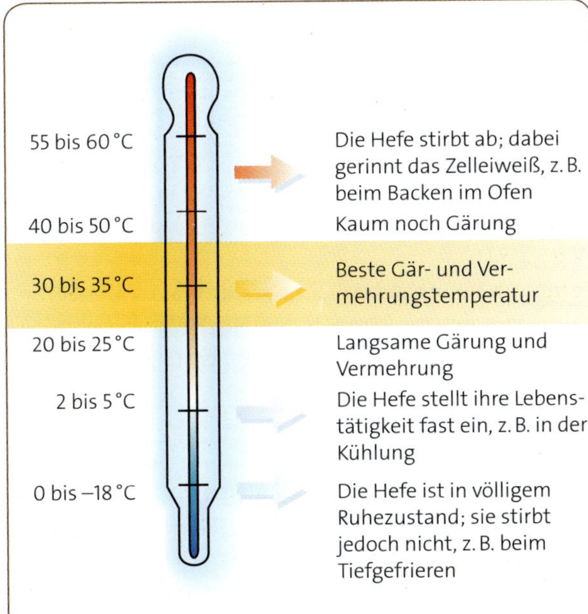


*Hefevermehrung und Gärung*

Bei 30 bis 35 °C erfolgt die schnellste Gärung und auch Vermehrung.

- Bekommt die Hefe genügend Sauerstoff zum Atmen, vermehrt sie sich.
- Erhält die Hefe keinen Sauerstoff, z. B. im Teig, so gärt sie.

Die Gärraumtemperatur sollte deshalb 30 bis 35 °C betragen, damit die Hefe im Teiginneren die ideale Temperatur zum Gären erhält.

### Hefevermehrung

Bei der Hefevermehrung sind die günstigsten Lebensbedingungen erforderlich. Auch Sauerstoff wird benötigt.

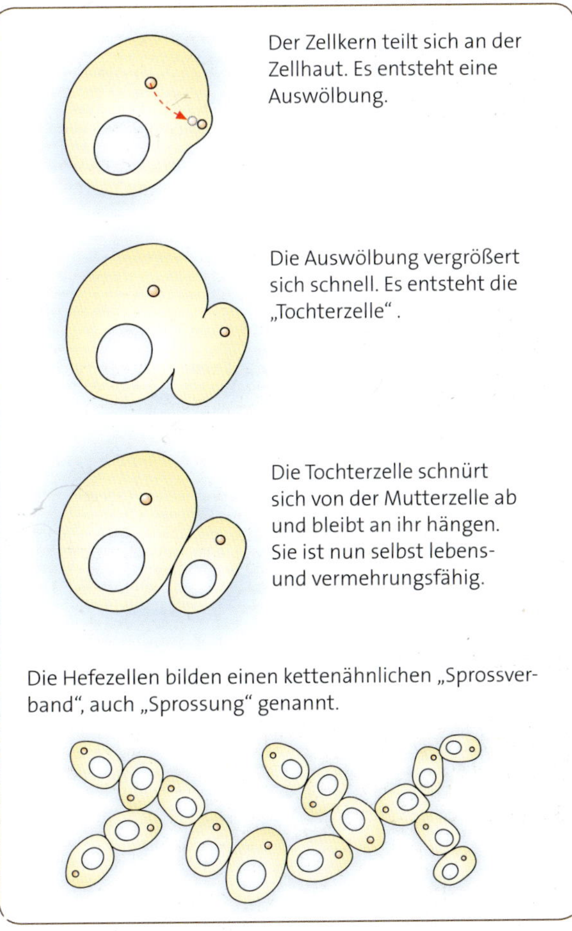


*Hefesprossung*

Eine Hefevermehrung ist bei den kurzen Vorteigführungen nicht möglich, da die Vermehrung erst ab ca. zwei Stunden Stehzeit beginnt.

LF 4

## Hefegärung

Der in den Teigen vorhandene Sauerstoff ist von den Hefen schnell verbraucht. Dann schaltet die Hefe automatisch auf Gärung um.

- Bei der Hefegärung nimmt die Hefe den im Wasser gelösten Traubenzucker als Nahrung auf.
- Die Hefe **„vergärt"** nun den Traubenzucker, d. h., in der Hefe spaltet das Hefeenzym „Zymase" den Traubenzucker in **Alkohol (Ethanol)** und **Kohlenstoffdioxid ($CO_2$)** und gibt diese Spaltprodukte in den Teig ab.
- Im Teig wird das Kohlenstoffdioxid zur Lockerung als Poren festgehalten. Der Alkohol verbessert den Geschmack der Backwaren.

Da bei der Hefegärung Alkohol erzeugt wird, spricht man auch von der **„alkoholischen Gärung"**.
Weil die Teige durch das „Lebewesen" Hefe gelockert werden, nennt man diese Lockerung auch **„biologische Lockerung"**.

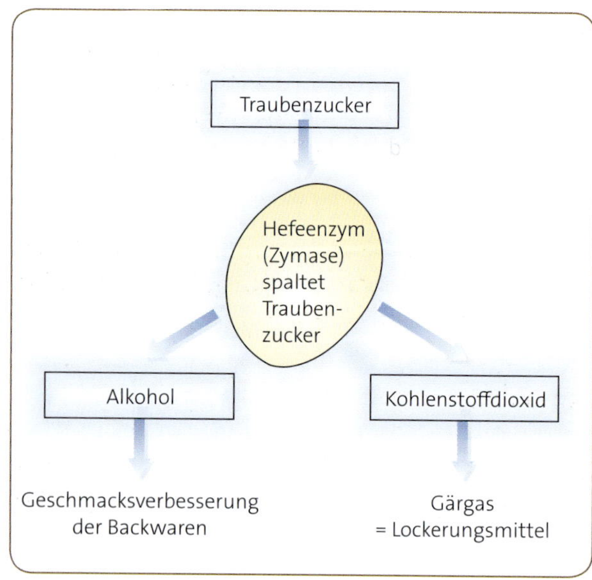


*Hefegärung*

Im Teig kann die Hefe den Traubenzucker, der im freien Wasser des Teiges gelöst ist, sofort vergären. Malz- und Rübenzucker müssen erst von den Hefeenzymen zu Traubenzucker abgebaut werden. Stärke, Dextrine und Milchzucker kann die Hefe nicht vergären, da die Hefe keine Enzyme dafür hat.

Damit genügend Hefenahrung vorhanden ist, bauen die mehleigenen Enzyme im Teig die Stärke des Mehls zu Malzzucker und dann zu Traubenzucker ab.
Backmittel, z. B. für Brötchen, enthalten Traubenzucker, damit durch die Hefenahrung die Gärung schnell erfolgen kann.

Milchzucker vergärt nicht, da weder in der Hefe noch im Mehl Enzyme zum Abbau für diesen Doppelzucker vorhanden sind. Der Milchzucker der Milch bleibt deshalb im Teig erhalten. Beim Backen bräunt er die Kruste intensiv, z. B. bei Milchbrötchen und Hefeteiggebäcken.

## Hefezugabe für Teige

Die Hefe wird für die Teigherstellung gewöhnlich in das Mehl eingebröckelt, manchmal auch in der Zugussflüssigkeit aufgeschlämmt.

*Hefe in das Mehl gebröckelt*

Die stärkste und somit schnellste Hefegärung erfolgt in weichen Teigen, da darin genügend Wasser zur Verfügung steht und sich ausreichend Traubenzucker als Nahrung im Wasser löst.
**Fettreiche Hefeteige** enthalten wenig Wasser. Die Gärung ist darin gering, z. B. im Stollenteig. Deshalb benötigen schwere Hefeteige unbedingt einen Vorteig.

**Hefezugabe auf 1 kg Mehl für**

| | |
|---|---|
| Roggenteige: | 10 bis 15 g |
| Weizenmisch- und Roggenmischteige: | 15 bis 25 g |
| Teige für Baguettes, Ciabattas: | 20 bis 30 g |
| Pizzateige: | 20 bis 30 g |
| Weizenteige für Brötchen, Weizenbrote: | 40 bis 50 g |
| leichte und mittelschwere Hefeteige: | 60 bis 80 g |
| schwere Hefeteige (Stollen): | 80 bis 100 g |

LF 4

**Bei der Verwendung einer zu großen Hefemenge altern Backwaren schneller**

Bei normaler Hefemenge und somit langsamer Gare der Teiglinge haben die Mehlbestandteile ausreichend Zeit, zu quellen und das Teigwasser zu binden. Das gebundene Wasser wird bei der Lagerung der Gebäcke nur langsam abgegeben, sodass sich die Frischhaltung der Gebäcke verlängert. Bei zu großer Hefemenge und somit zu schneller Gare ist die Quellzeit zu gering.

### Einfluss der Zutaten im Teig auf die Hefe

**Salz**

Kommen Salz und Hefe längere Zeit direkt zusammen, zieht das Salz das Wasser aus der Hefezelle, was zur Schwächung der Hefegärung führt. Daher beim Einwiegen der Zutaten zum Teig die Hefe und das Salz trennen.

**Zucker**

Eine geringe Menge Zucker im Teig, bis zu 2 % auf das Mehl berechnet, fördert die Hefegärung.
10 bis 12 % Zucker im Hefeteig verlangsamen die Gärung etwas, ohne dass dadurch Gebäckfehler auftreten.

**Fett**

Fett selbst beeinflusst die Hefe bei der Gärung in keiner Weise. Trotzdem erfolgt in fettreichen Teigen eine geringere Gärung.
Je höher der Fettanteil im Hefeteig, desto geringer ist die Wassermenge. Je weniger Wasser im Hefeteig enthalten ist, desto schwächer und langsamer ist die Hefegärung. Dies führt zu ungenügend gelockerten Hefeteiggebäcken. Schwere, fettreiche Hefeteige benötigen deshalb einen Vorteig, der bei der Teigherstellung eine triebkräftige Hefe besitzt, sodass die Teige ausreichend gelockert werden.

## Handelsformen der Hefe

**Presshefe** wiegt meistens 500 g. Sie wird in den meisten Bäckereien verarbeitet.
Für den Haushalt wird Presshefe in 42-g-Würfeln angeboten, eine für den Haushalt geeignete Menge.

**Flüssighefe** wird in Tanks – vorrangig für die Backwarenindustrie – geliefert. Sie ist wegen des hohen Wassergehalts nur ca. zwei Tage haltbar. Deshalb wird sie immer frisch angeliefert.

**Trockenhefe** ist gefriergetrocknete Backhefe, die als Pulver und Granulat angeboten wird.

Bei kühler und trockener Aufbewahrung ist Trockenhefe ein Jahr und länger lagerfähig. In unseren Bäckereien hat sie keine Bedeutung, sondern nur in Ländern mit sehr heißem Klima, wo die Presshefe schnell verderben würde.

*Presshefe – Haushaltshefe, 500-g-Hefe*

## Lagerung der Presshefe

Die Hefe ist bis zwei Wochen lagerfähig. Die ideale Hefelagerung erfolgt

- bei 2 bis 5 °C im Kühlschrank bzw. Kühlraum, da bei diesen kühlen Temperaturen die Hefe kaum aktiv ist,
- luftgeschützt, im luftundurchlässigen Originalverpackungspapier, damit die Oberfläche nicht so schnell austrocknet.

Tiefgefrorene Backhefe verliert mit zunehmender Dauer an Triebkraft. Nach dem Auftauen muss die Hefe sofort verarbeitet werden, da sie schnell verdirbt.

## Beurteilung der Frische

Nur frische Hefe ist triebkräftig und besitzt den typisch angenehmen Geruch und Geschmack sowie das appetitlich helle Aussehen.

Das Lebewesen Hefe bekommt von der Hefefabrik für die Zeit der Lagerung einen Nahrungsvorrat mit. Dieser reicht für die Ruhezeit bei der Lagerung aus. Bei zu langer bzw. falscher Lagerung ist der Nahrungsvorrat aufgebraucht, die Hefe verdaut sich dann selbst und stirbt dadurch ab. Diese Hefe ist für den Bäcker unbrauchbar.
Die Frische der Hefe und somit die gute Gärfähigkeit ist optisch leicht feststellbar.

**Frischeprüfung der Presshefe**

| Erkennung | Frische Hefe | Alte Hefe | Verdorbene Hefe |
|---|---|---|---|
| | | | |
| Farbe | hellgrau, außen wie innen gleich | braune Oberfläche, vor allem an den Kanten | dunkelbraune, dicke äußere Schicht |
| Festigkeit | kompakt, etwas elastisch, glatte Oberfläche | rissige Oberfläche, die leicht bröckelt | zuerst ausgetrocknete, stark rissige und dann schmierige Oberfläche |
| Aufbrechen der Hefe | muschelartiger, kompakter Bruch (kreisförmige Ringe im Inneren), die Hefe bröckelt nicht | bröckelt sofort auseinander | zähe Konsistenz, innen klebrig |
| Geruch und Geschmack | angenehm frischer Hefegeruch und -geschmack | unangenehm bitter | faulig, ekelerregend |

LF 4

**Aufgaben**

1. Nennen Sie die vier Auswirkungen der Lockerung auf die Backwaren.
2. Wie wirken sich bei fast allen Backwaren folgende Porungen in der Krume aus?
   - gleichmäßig feine Porung
   - zu kleine Porung
   - zu grobe ungleichmäßige Porung
3. Geben Sie die drei Lockerungsarten an und nennen Sie die in der Bäckerei dafür üblichen Lockerungsmittel.
4. Beschreiben Sie den Aufbau der Hefezelle und erklären Sie deren Eigenschaften und Aufgaben.
5. Welche Lebensbedingungen benötigen die Hefezellen?
6. Beschreiben Sie die Hefetätigkeit bei folgenden Temperaturen:
   - 55 bis 60 °C
   - 40 bis 50 °C
   - 30 bis 35 °C
   - 20 bis 25 °C
   - 2 bis 5 °C
   - 0 bis –18 °C
7. Erklären Sie den Vorgang der Hefevermehrung.
8. Erklären Sie den Vorgang der Hefegärung.
9. Wie wird Hefe zur Teigherstellung in den Knetkessel gegeben?
10. Warum altern Backwaren schneller, wenn eine zu große Hefemenge in den Teig gegeben wurde?
11. Warum dürfen Salz und Hefe bei der Teigbereitung nicht zu lange zusammenkommen?
12. Beschreiben Sie, warum bei fettreichen Teigen die Gärung gering ist und wie man dies ausgleichen kann.
13. Nennen Sie die Handelsformen der Hefe.
14. Geben Sie die idealen Lagerbedingungen für Hefe an und begründen Sie die einzelnen Punkte.
15. Beschreiben Sie frische und alte Hefe in Bezug auf
    - Farbe,
    - Aufbrechen der Hefe,
    - Festigkeit,
    - Geruch und Geschmack.
16. Eine Kundin möchte von Ihnen wissen, ob sie den ganzen Hefewürfel bei der Zubereitung von Frühstücksbrötchen mit 250 g Mehl verwenden könne, weil die restliche Hefe ja sowieso sehr schnell verderben würde.

## 16.2 Chemische Lockerung

Die drei in der Bäckerei gebräuchlichen chemischen Lockerungsmittel sind

- **Backpulver,**
- **Hirschhornsalz (Ammonium),**
- **Pottasche.**

*Chemische Lockerungsmittel*

Die Lockerung erfolgt durch eine chemische Reaktion, daher werden sie als chemische Lockerungsmittel bezeichnet. Bei der Reaktion aller chemischen Lockerungsmittel wird Kohlenstoffdioxid ($CO_2$) als Lockerungsgas in Massen und Teigen erzeugt.

Chemische Lockerungsmittel werden für Massen und Teige mit hohem Fett- und Zuckeranteil eingesetzt. Diese Massen und Teige enthalten für die Hefegärung zu wenig Wasser, das zu einer ungenügenden Lockerung führen würde.

Chemische Lockerungsmittel sind Lebensmittel-Zusatzstoffe, die nicht deklariert werden müssen, da sie durch die chemische Reaktion in den Massen und Teigen im fertigen Erzeugnis nicht mehr vorhanden sind.

### Backpulver

| Bestandteile | Wirkung |
|---|---|
| • Natron<br>• Säure | Natron enthält das Lockerungsgas $CO_2$. Säure treibt das Kohlenstoffdioxid ($CO_2$) aus dem Natron, und zwar bei Feuchtigkeit und vor allem bei Hitze. |
| Stärke | Die Stärke nimmt die Luftfeuchtigkeit bei der Lagerung auf und hält so das Backpulver trocken. In trockenem Zustand reagieren Säure und Natron nicht. |

### Wirkung von Backpulver

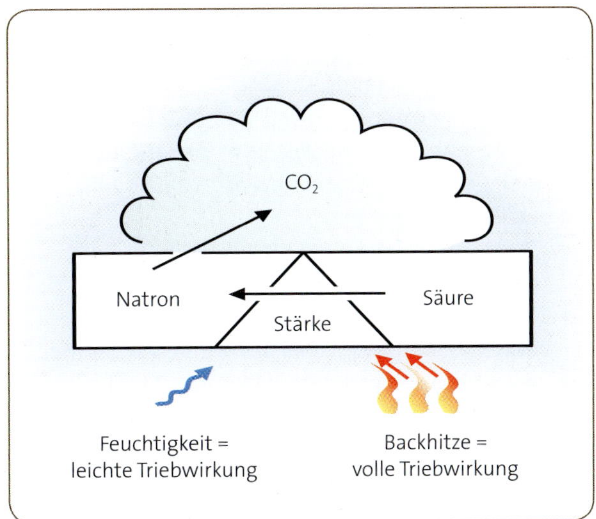


*Triebwirkung von Backpulver*

- Durch die Feuchtigkeit in der Masse bzw. im Teig findet darin eine leichte Kohlenstoffdioxidbildung statt.
- Die volle Triebwirkung setzt im Ofen ein. Durch Backhitze treibt die Säure das Kohlenstoffdioxid ($CO_2$) vollständig aus dem Natron. Das $CO_2$ dehnt sich durch die Backhitze in den Massen und Teigen weiter aus, dies bewirkt eine verstärkte Lockerung.

*Gelockerter Sandkuchen*

**Versuche**

a) Backpulver im Wasser auflösen, z. B. im Reagenzglas: ergibt leichtes Schäumen, bei dem nur etwas Kohlenstoffdioxid nach oben steigt.

b) Backpulverlösung erhitzen: ergibt starkes Schäumen und starke $CO_2$-Entwicklung. Stülpt man über das Reagenzglas einen Luftballon, so wird er durch das $CO_2$ aufgeblasen.

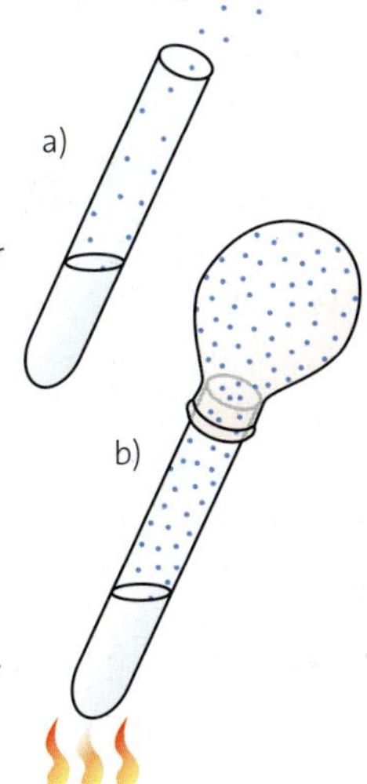


LF 4

### Verwendung von Backpulver

Backpulver wird für fett- und zuckerreiche Massen und Teige verwendet, z. B. Kuchen aus schwerer Sandmasse (Rührkuchen), Spekulatius, Donuts.

Die Mengenangabe auf der Rezeptur für Backpulver sollte genau eingehalten werden. Abweichende Zugaben führen zu Gebäckfehlern.

**Verarbeitung von Backpulver**

- Backpulver abmessen oder abwiegen, auf das Mehl geben und mit dem Mehl sieben. Das Mehl mit Backpulver zum Schluss bei der Herstellung in die Massen und Teige geben.
- Massen in Formen und aufgearbeitete Teige mit Backpulver sollen sofort in den Ofen geschoben werden. Das Backpulver setzt bereits in Verbindung mit der Feuchtigkeit der Massen und Teige etwas Kohlenstoffdioxid frei, das dann zur vollständigen Lockerung im Backofen fehlt.

**Zu viel Backpulver:**
Durch zu starke $CO_2$-Entwicklung werden die Massen zunächst sehr stark gehoben, dann kann der übergroße Gasdruck nicht mehr festgehalten werden und die Gebäcke fallen vor dem Ausbacken ein. Die Folgen sind ein unschönes, eingefallenes Gebäck und ein Wasserstreifen in der Krume.

LF 4

**Zu wenig Backpulver:**
Durch zu geringe Triebwirkung ergeben sich ein zu kleines Gebäckvolumen und eine ungenügende Lockerung der Backwaren.

*Links: mangelhaft gelockertes Gebäck durch zu wenig Backpulver*
*Rechts: zusammengefallenes Gebäck mit Wasserstreifen durch zu viel Backpulver*

### Lagerung von Backpulver

Backpulver in einem gut verschlossenen Behälter in einem kühlen Raum aufbewahren.
Bei feuchter oder zu warmer Lagerung würde im Backpulver bereits während der Lagerung eine leichte Triebentwicklung entstehen. Das dabei entweichende Kohlenstoffdioxid fehlt dann bei der Lockerung der Backwaren.

## Hirschhornsalz

Der Name Hirschhornsalz kommt daher, weil früher das Geweih (Horn) der Hirsche geraspelt und anschließend trocken erhitzt wurde.
Hirschhornsalz wird wegen der enthaltenen Ammoniumsalze auch kurz als Ammonium bezeichnet. Weitere Namen ergeben sich nach der chemischen Zusammensetzung AHC-Trieb (Ammoniumhydrogencarbonat) und von der veralteten Bezeichnung ABC-Trieb (Ammoniumbicarbonat).

### Wirkung von Hirschhornsalz

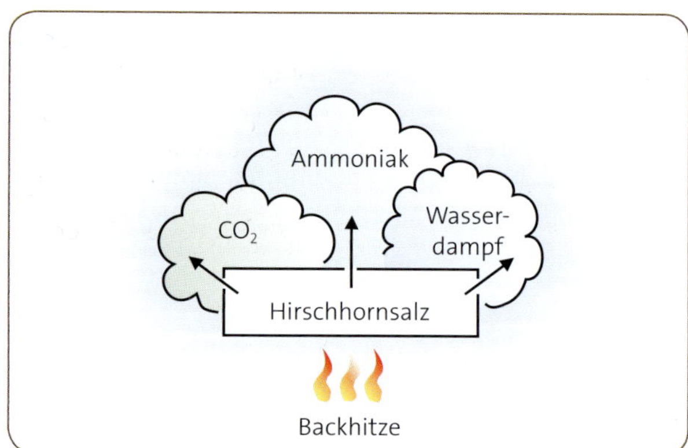


*Triebwirkung von Hirschhornsalz*

Hirschhornsalz zerfällt durch die Hitze im Backofen – ab ca. 60 °C – vollständig in drei Gase:

- Ammoniak: ergibt den stechenden Geruch und Geschmack
- Kohlenstoffdioxid: ist das hauptsächliche Lockerungsmittel
- Wasserdampf: entweicht

Hirschhornsalz lockert die Gebäcke großporig.

*Gelockerte Amerikaner*

**Versuche**

a) Hirschhornsalz im trockenen Zustand erhitzen, z. B. im Reagenzglas:
Es zersetzt sich und verflüchtigt sich ohne Rückstände. Dabei wird das hochsteigende Gas sichtbar und am Glasrand entsteht Kondenswasser. Das stark riechende Ammoniakgas wird frei.

b) 5 g Hirschhornsalz und 50 g Wasser erhitzen:
Das $CO_2$ steigt nach oben und wird frei. Das Ammoniak hat sich im Wasser gelöst, es bleibt darin als giftiger Salmiakgeist zurück, der deutlich zu riechen ist.

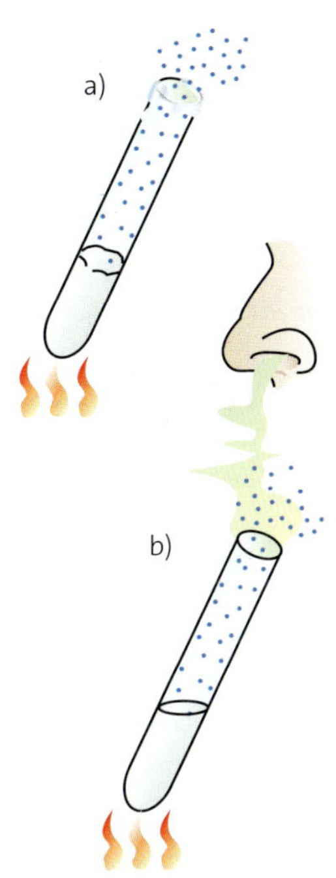


### Verwendung von Hirschhornsalz

Hirschhornsalz darf nur für **flache Gebäcke** verwendet werden, z. B. Lebkuchen und Kekse. Die Ausnahme sind Amerikaner, die aus einer milchhaltigen Masse bestehen. Aus den flachen Gebäcken kann das unangenehm stechend riechende und schmeckende Ammoniak beim Backen entweichen wie auch aus den großen Poren der Amerikaner.

In Backwaren mit größerem Volumen, mit feuchter Gebäckkrume kann das Ammoniak nicht entweichen und bildet mit der Gebäckfeuchtigkeit den gesundheitsschädlichen Salmiakgeist. Außerdem entsteht eine dunkle Gebäckkrume, die laugig schmeckt und übel riecht. Aus diesem Grund darf Hirschhornsalz nur für Flachgebäcke verwendet werden.

*Braune Lebkuchen*

**Verarbeitung von Hirschhornsalz**

Hirschhornsalz wird in genügend kalter Flüssigkeit wie Wasser oder Milch aufgelöst und dann im Teig bzw. in der Amerikanermasse gründlich verknetet bzw. verrührt, damit es gleichmäßig verteilt ist. Nicht aufgelöste Kristalle des Hirschhornsalzes bilden an der Gebäckoberfläche dunkle Punkte.

Hirschhornsalz hat eine sehr starke Triebwirkung. Es sollten deshalb die im Rezept stehenden Grammangaben mit einer genauen Waage sorgfältig abgewogen werden.

### Lagerung von Hirschhornsalz

Da Hirschhornsalz sehr hygroskopisch (Wasser anziehend) ist, muss es in gut verschließbaren Behältern gelagert werden.

## Pottasche

Den Namen hat Pottasche, weil sie früher aus Holz- und Pflanzenteilen in großen Töpfen (engl. pots) hergestellt und aus Pflanzenasche ausgelaugt wurde.

### Wirkung von Pottasche

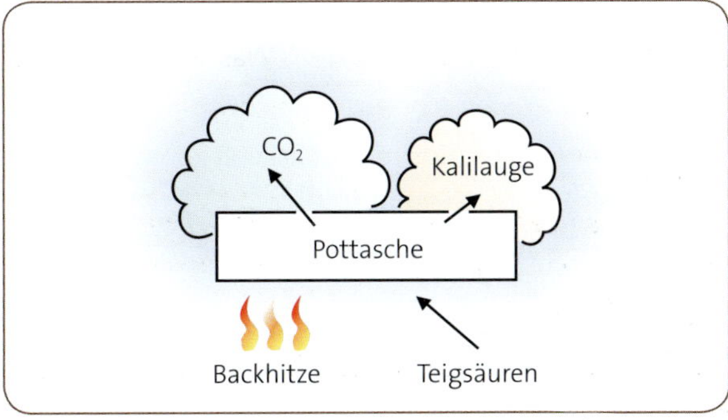


*Triebwirkung von Pottasche*

*Gelockerter Brauner Lebkuchen*

- Durch die Backhitze erfolgt eine leichte Kohlenstoffdioxidbildung im Teig.
- Durch die **Teigsäuren** setzt die volle Triebkraft ein.
- Zurück bleibt das Kaliumoxid, das mit der Feuchtigkeit des Teiges die schwache Kalilauge bildet.

**Versuche**

5 g Pottasche in 50 g Wasser auflösen:

a) Beim Erhitzen entsteht nur eine leichte $CO_2$-Bildung.

b) Gibt man Säure, z. B. Fruchtsäure oder Zitronensaft, dazu, entsteht sofort eine heftige $CO_2$-Bildung.

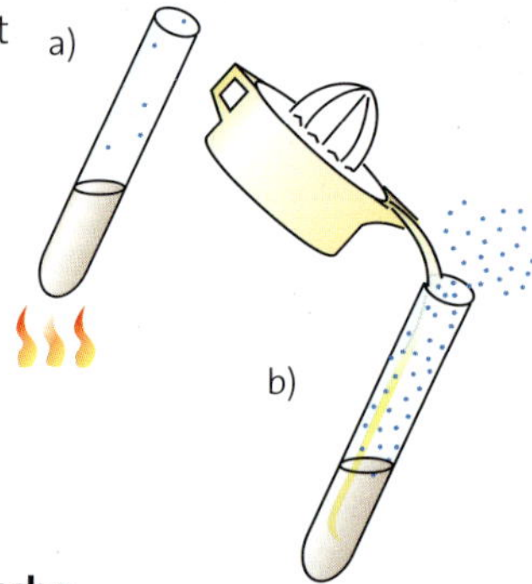


### Verwendung von Pottasche

Pottasche wird für **Braune Lebkuchen** verwendet. Die Milchsäure, die bei der Lagerung der Lebkuchenteige entsteht, und die Säure des Honigs sind für die Reaktion der Triebwirkung verantwortlich.

Die bei der Lockerung durch Pottasche entstehende Kalilauge schwächt den Kleber des Lebkuchenteiges, sodass der Teig beim Backen leicht in die Breite treibt.
Durch die Kalilauge bleiben die Braunen Lebkuchen etwas länger weich und der Geschmack wird von der schwachen Lauge beeinflusst.

Pottasche wird für Braune Lebkuchen immer zusammen mit Hirschhornsalz verarbeitet.

*Breite Porung von Lebkuchen durch Pottasche*

Durch Pottasche entstehen breite, flache Poren. Hirschhornsalz lockert großporiger nach oben.

### Verarbeitung der Pottasche

Die körnchenförmige Pottasche wird bei der Verarbeitung in kalter Flüssigkeit wie Wasser oder Milch aufgelöst, damit sie sich gleichmäßig im Teig verteilt.

Bei der Verwendung mit Hirschhornsalz werden Pottasche und Hirschhornsalz getrennt voneinander aufgelöst und auch einzeln nacheinander in den Lebkuchenteig gegeben. Beim Zusammentreffen der gelösten Triebmittel reagieren sie sofort und würden ihre Triebkraft im Lebkuchenteig verlieren.

LF 4

### Aufgaben

1. Nennen Sie die drei in der Bäckerei gebräuchlichen chemischen Lockerungsmittel.
2. Welches Lockerungsgas bilden alle chemischen Lockerungsmittel?
3. Nennen Sie die Bestandteile von Backpulver und erklären Sie, wie die Lockerung durch Backpulver zustande kommt.
4. Für welche Teige und Massen wird Backpulver verwendet? Geben Sie auch Gebäckbeispiele an.
5. Beschreiben Sie, wie Backpulver verarbeitet wird.
6. Erklären Sie, warum aufgearbeitete Teige und Massen in Formen mit Backpulver sofort in den Backofen geschoben werden sollten.
7. Beschreiben Sie die Folgen, wenn zu viel Backpulver in eine Masse gegeben wird.
8. Wie sollte Backpulver gelagert werden?
9. Erklären Sie die Wirkung von Hirschhornsalz bei der Lockerung.
10. Für welche Gebäcke darf Hirschhornsalz nur verwendet werden?
11. Wie wird Hirschhornsalz bei der Teigherstellung und für die Amerikanermasse verarbeitet?
12. Wie sollte Hirschhornsalz gelagert werden?
13. Erklären Sie die Wirkung von Pottasche bei der Lockerung.
14. Für welche Backwaren wird Pottasche verwendet?
15. Beschreiben Sie, wie Pottasche bei der Teigherstellung verarbeitet wird und wie Pottasche und Hirschhornsalz in den Teig gegeben werden.
16. Ein Kunde erzählt Ihnen, dass er einen Marmorkuchen gebacken habe der zuerst im Backofen sehr schön aufgegangen sei. Dann sei er jedoch plötzlich in der Mitte eingefallen. Sie erklären dem Kunden, woran dies gelegen haben könnte.

## 16.3 Physikalische Lockerung

Die physikalischen Lockerungsmittel sind:
- Luft
- Wasserdampf

### Lockerung durch Luft

#### Durch Luft gelockerte Rohstoffe

| Aufgeschlagen werden: | Aufgeblasen (aufgeschlagen) werden: | Schaumig gerührt werden: |
|---|---|---|
| • **Eiklar,** z. B. für Eischnee<br>• **Vollei (Eier),** z. B. für<br>– Wiener Masse<br>– Biskuitmasse<br>– Eiermasse der französischen Buttercreme | • **Schlagsahne,** z. B. für Sahnetorten, Sahnedesserts<br>• **Milch,** z. B. für Kaffeegetränke wie Cappuccino und Latte Macchiato | • **Butter**<br>• **Margarine,** z. B. für<br>– Kuchen (Rührkuchen) aus Sandmasse<br>– Fettcremes, Buttercremes<br>– Spritzgebäck |

Schlagsahne wird in der Bäckerei fast nur noch aufgeblasen, z. B. im Sahnebläser. Trotzdem spricht man noch – nach der alten Herstellungsweise – von „aufgeschlagener Sahne".
Auch Milch wird im Kaffeeautomaten für Kaffeegetränke durch Aufblasen zu einem Milchschaum stabilisiert.

*Cappuccino mit aufgeschäumter Milchhaube*

#### Aufschlagen bzw. Aufblasen von Eiklar, Eiern, Schlagsahne und Milch

Das Eiweiß im Eiklar, in der Schlagsahne und in der Milch ist viskos, d. h., es ist zäh fließend und dehnfähig. Es kann deshalb beim Aufschlagen bzw. Aufblasen die eingebrachte Luft gut festhalten.

*Lockerer Eischnee*

Bei Schlagsahne und Milch umschließt das elastische Fett außen die Luftbläschen und stabilisiert sie.

#### Schaumigrühren von Butter und Margarine

Butter und Margarine werden schaumig gerührt und nicht aufgeschlagen. Fett wird zwar durch Rühren gelockert, es kann jedoch nicht die eingeschlagene Luft festhalten. Somit vergrößert sich das Volumen von Fett nur gering.

### Lockerung durch Wasserdampf

Mit Wasserdampf werden gelockert:
- **Blätterteig**
- **Gebäcke aus Brandmasse**

#### Blätterteig

Blätterteig besteht aus vielen dünnen Teig- und Fettschichten. Die Lockerung geschieht folgendermaßen:

LF 4

- Das eingerollte, tourierte Ziehfett wird im Ofen durch die Backhitze flüssig.
- Das flüssige Ziehfett isoliert die einzelnen Teigschichten voneinander.
- Fett ist ein guter Wärmeleiter, sodass die Backhitze zwischen die Teigschichten gelangt und so im Teiginneren Temperaturen über 100 °C entstehen.
- Durch die hohe Backhitze verdampft das Teigwasser, sodass der Wasserdampf die vielen hauchdünnen Teigschichten einzeln wie Blätter nach oben drückt und dadurch die lockere Blätterung entsteht.
- Da die blättrigen Teigschichten locker übereinanderliegen und die Backhitze dazwischen über 100 °C beträgt, backen die inneren Schichten leicht rösch aus. Die Blätterteiggebäcke erhalten so die splittrige, rösche Beschaffenheit.

*Blättrig gelockertes, splittriges Blätterteiggebäck*

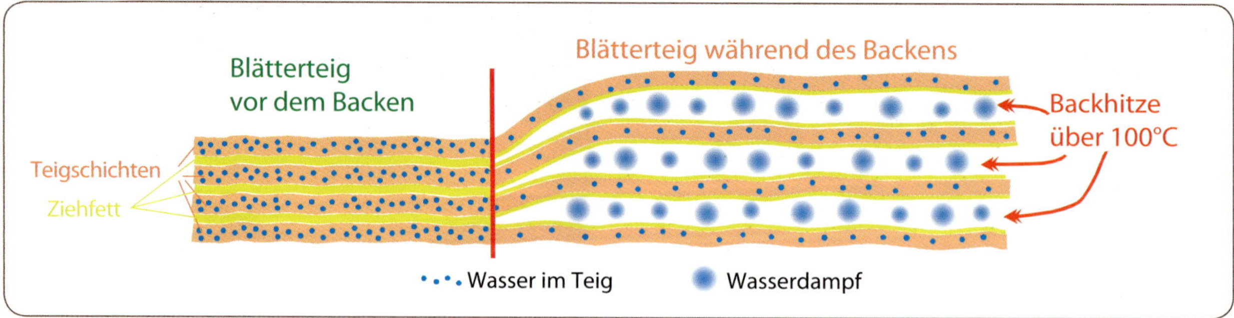


*Lockerung von Blätterteig*

## Plunderteig

Der Plunderteig ist ein Hefeteig mit eingerolltem (touriertem) Ziehfett. Plunderteig wird gelockert durch zwei verschiedene Lockerungsarten:

- biologisch durch Hefe
- physikalisch durch Wasserdampf (wie beim Blätterteig)

*Gelockertes Plunderteiggebäck*

## Brandmasse

LF 4

Brandmasse besitzt einen besonders hohen Anteil an Wasser. Bei der Herstellung wird die Masse abgeröstet, wobei die Stärke des Mehls bei der Verkleisterung Wasser bindet und der Kleber gerinnt, sodass eine zähe, dehnbare Masse entsteht.

- Das freie Wasser in den aufdressierten (aufgespritzten) Brandmassestücken verdampft während des Backens.
- Der starke Druck des Wasserdampfes drückt heftig nach oben und die zähe, elastische Brandmasse gibt nach und hält aber den Wasserdampf im Inneren des Stückes fest.
- Das Volumen des Brandmassestückes vergrößert sich dabei sehr stark und so lange, bis sich durch die Backhitze eine stabile Kruste gebildet hat.
- Durch die starke Ausdehnung des Wasserdampfes entstehen im Inneren der Brandmassegebäcke große Hohlräume, umgeben mit weichen Wänden.

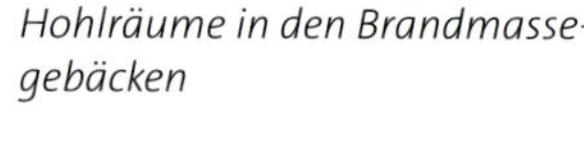

*Großes Volumen und große Hohlräume in den Brandmassegebäcken*

### Aufgaben

1. Nennen Sie die zwei physikalischen Lockerungsmittel.
2. Nennen Sie die Rohstoffe, die bei folgender Bearbeitung durch Luft gelockert werden, und geben Sie Beispiele von Erzeugnissen aus der Bäckerei an:
   - schaumig rühren
   - aufschlagen
   - aufblasen bzw. aufschlagen
3. Erklären Sie den Vorgang der Lockerung beim Aufschlagen bzw. Aufblasen von Eiklar, Eiern, Schlagsahne und Milch.
4. Was geschieht beim Schaumigrühren von Butter und Margarine?
5. Nennen Sie die zwei Gebäcke, die ausschließlich mit Wasserdampf gelockert werden.
6. Beschreiben Sie die Lockerung der Blätterteiggebäcke und erklären Sie, wie es zu der splittrigen Beschaffenheit kommt.
7. Nennen Sie die zwei Lockerungsarten beim Plunderteig.
8. Erklären Sie die Lockerung der Gebäcke aus Brandmasse.
9. Stellen Sie einen Milchschaum mit fettarmer 1,5%iger Milch und mit 3,5%iger Vollmilch her. Vergleichen Sie das Volumen und die Stabilität des Milchschaums.

# 17 Feine Backwaren aus Hefeteig

**Situation**

Seit einiger Zeit arbeiten Sie in der Hefeteigabteilung Ihrer Bäckerei. Bevor Sie in eine andere Abteilung wechseln, sollen Sie für den nächsten Auszubildenden, der in der Hefeteigabteilung eingesetzt wird, ein Merkblatt über die Hefeteigherstellung und die Hefeteiggebäcke erstellen.

- Woraus besteht das Grundrezept für einen Hefeteig?
- Welche Hefeteigarten werden unterschieden?
- Wie wird Hefeteig hergestellt?
- Welche Vorgänge erfolgen im Hefeteig während der Teigruhe und warum ist die Teigruhe so wichtig?
- Worin unterscheiden sich die direkte und indirekte Teigführung?
- Welche Hefeteiggebäcke der verschiedenen Hefeteigarten werden angeboten?
- Wie wird Plunderteig hergestellt und zu Plundergebäcken weiterverarbeitet?



Hefeteiggebäcke gehören zu den Feinen Backwaren, die nach den Bestimmungen der Leitsätze auf 90 Teile Mehl mindestens 10 Teile Fett und/oder Zucker enthalten, das ist ein Mindestanteil von ca. 11% auf das Mehl berechnet.

Da Hefeteiggebäcke im Gegensatz z. B. zu Brötchen und Broten Fett, Zucker, Eier und Aromen enthalten, werden sie manchmal als Gebäcke aus Hefefeinteig bezeichnet.

Allgemein sind in der Fachsprache und auch bei den Verbrauchern die einfachen Bezeichnungen wie Hefeteige und Hefeteiggebäcke üblich.

## Einteilung der Hefeteige

Die Hefeteige werden nach dem Fettanteil im Teig eingeteilt.

| Leichter Hefeteig | Mittelschwerer Hefeteig | Schwerer Hefeteig |
|---|---|---|
| fettarmer Hefeteig;<br>enthält 100 bis 150 g Fett auf 1000 g Weizenmehl<br><br>**Gebäckbeispiele:**<br>• Rohrnudeln<br>• Rosinenbrötchen<br>• Kolatschen<br>• Zwieback<br>• Siedegebäcke, z. B. Berliner | Hefeteig mit mittlerer Fettmenge;<br>enthält 150 bis 250 g Fett auf 1000 g Weizenmehl<br><br>**Gebäckbeispiele:**<br>• Hefezöpfe<br>• Rosinenstuten<br>• Figuren aus Hefeteig<br>• Blechkuchen, z. B. Bienenstich, Streuselkuchen, Pflaumenkuchen | fettreicher Hefeteig;<br>enthält 250 g bis 500 g Fett auf 1000 g Weizenmehl<br><br>**Gebäckbeispiele:**<br>• Stollen – alle Stollenarten<br>• Osterfladen (Osterbrote) |

Die Begriffe „leichter" und „schwerer" Hefeteig sind von der Verdauung und somit Bekömmlichkeit der Hefeteiggebäcke abgeleitet.
Leichte Hefeteiggebäcke sind lockere, fettarme Gebäcke, die gut bekömmlich sind. Schwere Hefeteiggebäcke sind fettreiche Gebäcke, die etwas schwerer verdaulich sind.

Der Fettanteil von leichtem, mittelschwerem und schwerem Hefeteig ist in den Bestimmungen der Leitsätze nicht geregelt. Die Mengenangaben sind somit Erfahrungswerte aus der Praxis.

## 17.1 Teigherstellung der Hefeteige

**Rezeptbeispiel: leichter Hefeteig**

| | |
|---|---|
| 1000 g | Weizenmehl, Type 550 |
| 400 g | Milch |
| 60 g | Hefe |
| 120 g | Zucker |
| 120 g | Butter oder Backmargarine |
| 100 g | Eier (2 Stück) |
| 10 g | Salz |
| 5 g | Zitronenaroma |
| 5 g | Vanillearoma |
| **1820 g** | **Hefeteiggewicht** |



### Teigtemperatur

Die ideale Teigtemperatur der Hefeteige sollte 24 bis 26 °C betragen. Diese Teigtemperatur wird bei einer Milchtemperatur von 14 bis 18 °C erreicht. Die Berechnung der Teigtemperatur wird auf → Seite 368 genau beschrieben.

Bei der Verwendung von Butter sollte eine Teigtemperatur von 24 °C erzielt werden, bei der temperaturunempfindlicheren Backmargarine können es 26 °C sein.

*Spiralkneter – ein Schnellkneter zur intensiven Knetung*

### Knetmaschine

Weizenteige, dazu gehören auch Hefeteige, benötigen Knetmaschinen mit hoher Knetgeschwindigkeit und somit intensiver, starker Knetung. Der Spiralkneter wird in den meisten Bäckereien verwendet. Zur Teigherstellung werden alle Zutaten direkt in die Knetmaschine eingewogen.

## Das Kneten

Das Kneten der Hefeteige erfolgt in zwei Abschnitten, die sich durch die Knetgeschwindigkeit unterscheiden. Die angegebenen Knetzeiten beziehen sich auf einen Spiralkneter. Die Zeiten der einzelnen Knetphasen werden an den Uhren der Knetmaschine eingestellt.

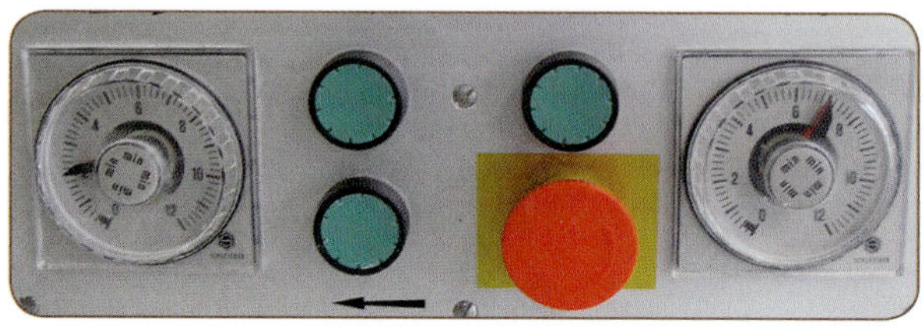

*Zeitschaltuhren und Einschaltknöpfe einer Knetmaschine*

### 1. Abschnitt: Mischen der Zutaten

2 bis 4 Minuten werden die Zutaten im Langsamgang vermischt. Nicht kürzer als 2 Minuten, länger als 4 Minuten bringt keinen Vorteil.

### Vorgänge beim Mischen im Langsamgang

- Die Zutaten des Hefeteigs werden sehr fein verteilt und vermischt.
- Die Mehlbestandteile und der Zucker quellen einen Großteil des Teigwassers, sodass ein Hefeteig mit grober Oberfläche entsteht.

*Hefeteig nach dem Mischen*

### 2. Abschnitt: Kneten des Hefeteigs

Im Schnellgang wird der gemischte, grobe Hefeteig kräftig geknetet. Die Knetzeiten richten sich nach dem Fettgehalt im Hefeteig:

- leichter und mittelschwerer Hefeteig: ca. 7 Minuten
  Das Fett im Hefeteig erschwert anfangs die Kleberbildung, sodass eine etwas längere Knetzeit wie bei Brötchenteigen nötig ist.
- schwerer Hefeteig: ca. 4 Minuten (bei 4 Minuten Mischen)

Bei einer längeren Knetzeit erwärmt sich der Hefeteig zu stark, sodass sich das weich werdende Fett schlecht mit dem Mehl bindet. Außerdem reicht die kurze Knetzeit aus, weil in den fettreichen Hefeteigen nur eine schwache Kleberbildung möglich ist.

**Vorgänge während des Knetens im Schnellgang**
- Alle Zutaten werden sehr stark zu einem einheitlichen Hefeteig zusammengemischt.
- Die Quellung der Mehlbestandteile setzt sich fort, sodass ein „wolliger", nicht klebender Hefeteig entsteht.
- Ein guter, elastischer Kleber entwickelt sich durch die starken Knetbewegungen. Dabei werden die Klebereiweißstoffe zusammengepresst und „verkleben".

**Fertig gekneteten Hefeteig erkennt man daran, dass er**
- eine glatte Teigoberfläche hat,
- beim Anfassen mit bemehlten Händen kaum noch klebt.

*Fertig gekneteter Hefeteig*

**Aufgaben**

1. Unterscheiden Sie leichten, mittelschweren und schweren Hefeteig.
2. Erstellen Sie ein Rezept für einen leichten Hefeteig.
3. Welche Teigtemperatur sollen Hefeteige haben und wie wird diese erreicht?
4. Welche Knetmaschine wird für Hefeteige benötigt?
5. Nennen Sie die zwei Abschnitte beim Kneten des Hefeteigs und geben Sie jeweils die Zeiten an.
6. Beschreiben Sie die Vorgänge während des Knetens im ersten und zweiten Abschnitt.
7. Wie erkennt man einen fertig gekneteten Hefeteig?
8. Beschreiben Sie in Ihrem Berichtsheft leichten, mittelschweren und schweren Hefeteig. Erstellen Sie zu typischen Gebäcken ein Rezeptbeispiel und beschreiben Sie die Herstellung.

## 17.2 Teigführungsarten bei Hefeteigen

Bei der Herstellung von Hefeteigen unterscheidet man die direkte und indirekte Teigführung.

### Direkte Teigführung

Bei der direkten Teigführung werden alle Zutaten in die Knetmaschine gewogen und **direkt** zu einem Hefeteig verarbeitet.

Der Vorteil der direkten Teigführung ist die schnelle Herstellung eines Hefeteigs, bei dem alle Zutaten in einem Arbeitsschritt geknetet werden.

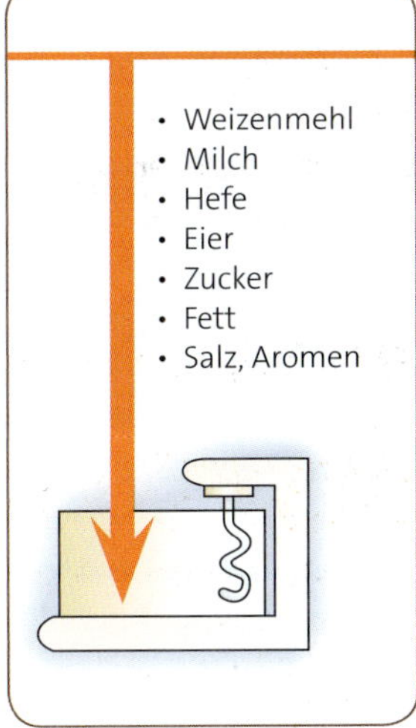

*Direkte Teigführung*

### Indirekte Teigführung

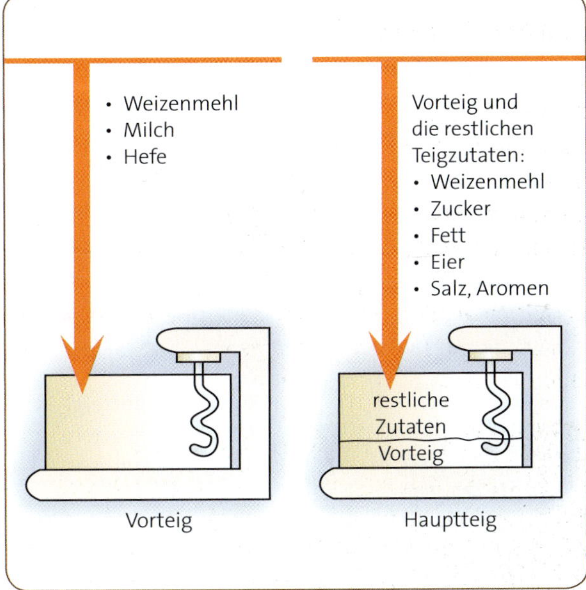

*Indirekte Teigführung*

Bei der indirekten Teigführung wird der Hefeteig in zwei Etappen, also indirekt zubereitet.
- Zuerst wird ein Vorteig hergestellt.
- Dann wird der reife Vorteig mit den anderen Zutaten zum Hefeteig geknetet.

LF 4

### Herstellung eines Vorteigs

*Zutaten eines Vorteigs*

Der Vorteig wird aus drei Rohstoffen hergestellt.

- Weizenmehl: 25 bis 40 % der Gesamtmehlmenge für den Vorteig.
- Milch: Bei leichten und mittelschweren Hefeteigen wird ¾ der Milch und bei schweren Hefeteigen die gesamte Milch in den Vorteig gegeben.
- Hefe: Die gesamte Hefemenge des Hefeteigs wird in den Vorteig gegeben.

Der Vorteig wird intensiv geknetet, bis er an der Oberfläche glatt ist. Es folgt die Stehzeit, in der der Vorteig reifen kann.

LF 4

Teigausbeute: 175 bis 190
Stehzeit: 30 bis 45 Minuten

**Rezeptbeispiel: mittelschwerer Hefeteig für Hefezöpfe**

**Vorteig**

| | |
|---|---|
| 400 g | Weizenmehl, Type 550 |
| 300 g | Milch |
| 50 g | Hefe |
| **750 g** | **Vorteig** |

Teigausbeute: 175
Teigtemperatur: 28 °C
Stehzeit: 30 Minuten

**Hefeteig (Hauptteig)**

| | |
|---|---|
| 750 g | reifer Vorteig |
| 600 g | Weizenmehl, Type 550 |
| 100 g | Milch |
| 120 g | Zucker |
| 200 g | Butter oder Backmargarine |
| 100 g | Eier (2 Stück) |
| 10 g | Salz |
| | Zitronen- und Vanillearoma |
| **1 880 g** | **Teiggewicht** |

### Vorteigreife

Nur ein reifer Vorteig verbessert die Gebäckeigenschaften. Die im Rezept angegebenen Stehzeiten sollen deshalb eingehalten werden. Zudem kann die Vorteigreife durch das Aussehen und vor allem durch das Abtasten des Vorteigs festgestellt werden.

### Merkmale der Vorteigreife

| Zu junger Vorteig | Reifer Vorteig | Zu alter (zu reifer) Vorteig |
|---|---|---|
| • gewölbte Teigoberfläche<br>• zu kleines Volumen<br>• zu starker Widerstand beim Abtasten | • ebene, grobe Teigoberfläche<br>• großes Volumen<br>• lockerer Vorteig, der beim Abtasten zum Einfallen neigt | • eingefallener Vorteig<br>• kleines Volumen |

### Reifungsvorgänge im Vorteig während der Stehzeit

- Die Mehlbestandteile quellen und binden dabei das Wasser der Milch.
- Die Hefe wird besonders gut gärfähig, sodass in den Hefeteig eine triebkräftige Hefe geknetet wird.

### Vorteile eines Vorteigs auf die Hefeteiggebäcke

- besonders lockere, weiche Gebäcke
- besserer Geschmack der Gebäcke
- längere Frischhaltung der Gebäcke

*Reifer Vorteig*

### Hefeteige mit Vorteig

Schwerer Hefeteig benötigt unbedingt einen Vorteig, damit die Gebäcke ausreichend gelockert werden, z. B. Hefeteige für Stollen, Osterfladen, Gugelhupf (Napfkuchen). Durch den hohen Fettanteil sind diese Hefeteige wasserarm, sodass die Hefe darin nur schlecht gären kann. Schwerer, fettreicher Hefeteig benötigt somit eine triebkräftige Hefe aus dem reifen Vorteig.

*Mit Vorteig gelockertes Gebäck aus schwerem Hefeteig*

Auch bei leichtem und mittelschwerem Hefeteig ist ein Vorteig vorteilhaft, weil die Gebäcke dadurch eine zartere, feinporigere Krume und eine längere Frischhaltung erhalten.

**Aufgaben**

1. Erklären Sie die Begriffe
   - direkte Teigführung,
   - indirekte Teigführung.
2. Nennen Sie die drei Zutaten, aus denen der Vorteig hergestellt wird, und geben Sie die verwendeten Mengen an.
3. Beschreiben Sie die Führung eines Vorteigs:
   - Teigausbeute
   - Stehzeit
4. Erstellen Sie ein Rezept für mittelschweren Hefeteig mit Vorteig.
5. Erklären Sie die Merkmale der Vorteigreife durch Aussehen und Abtasten von
   - zu jungem Vorteig,
   - reifem Vorteig,
   - zu altem Vorteig.
6. Beschreiben Sie die Reifungsvorgänge im Vorteig während der Stehzeit.
7. Geben Sie die drei Vorteile der Vorteige für die Hefeteiggebäcke an.
8. Welche Hefeteige müssen mit Vorteig hergestellt werden, um eine ausreichende Lockerung der Gebäcke zu erzielen?
9. Obwohl die indirekte Teigführung für die Bäckerei zeitaufwendiger ist als die direkte Teigführung, meint Ihr Chef, dass die Vorteile überwiegen. Welche Argumente wird er aufführen?

## 17.3 Teigruhe und Gare

Beim Kneten werden die Zutaten des Hefeteigs gleichmäßig verteilt und straff zusammengemischt. Deshalb besitzen die Hefeteige direkt nach dem Kneten eine enorme Spannung. Sie sind zäh, weil der Kleber sehr straff ist. In diesem Zustand sind die Weizenteige nicht gut zu verarbeiten. Möchte man einen Strang rollen, reißt er, weil der Teig zu kurz ist. Rollt man den Teig aus, zieht er sich immer wieder zusammen, „der Teig schnurrt". Vor dem Aufarbeiten benötigen Hefeteige deshalb eine Teigruhe.

### Teigruhe

Die Teigruhe ist die Zeit nach dem Kneten eines Teigs, in der der Teig ruht, bis er weiterverarbeitet wird.

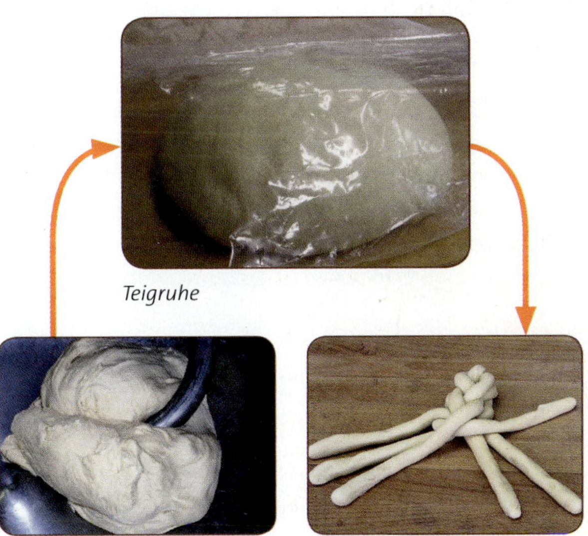

*Teigruhe*

*Hefeteig kneten*

*Hefeteig aufarbeiten*

**Hefeteige benötigen eine Teigruhe von 15 bis 30 Minuten.**
Während der Teigruhe müssen Hefeteige mit Folie abgedeckt werden, damit die Teigoberfläche nicht austrocknet und keine Haut bekommt.
Die hautige, borkige Teigoberfläche würde sich nicht mehr auflösen und hart bleiben.

### Vorgänge im Teig während der Teigruhe

Während der Teigruhe „reift" der Teig. Die Vorgänge während der Teigreifung wirken sich positiv auf die Verarbeitung der Hefeteige und die Qualität der Gebäcke aus.

LF 4

| Vorgänge im Teig während der Teigruhe | Auswirkungen |
|---|---|
| Die Mehlbestandteile quellen auf und binden das noch nicht gebundene Teigwasser. | Dadurch verlängert sich die Frischhaltung der Gebäcke, weil das gebundene Wasser nach dem Backen nur langsam von den Gebäcken abgegeben wird. |
| Der Kleber im Teig entspannt sich und wird wieder elastisch und dehnbar. | • Der Hefeteig mit dem elastischen Kleber lässt sich leicht verarbeiten. Beim Ausrollen reißt er nicht und der ausgerollte Hefeteig zieht sich nicht zusammen.<br>• Dadurch haben die Hefeteiggebäcke eine glatte Oberfläche und die gewünschte Gebäckgröße. |
| Die Hefetätigkeit wird aktiviert und die Hefe gärt zunehmend gut. | • Der Hefeteig wird locker und lässt sich gut verarbeiten. Außerdem steht für die Teiglinge im Gärraum eine triebkräftige Hefe zur Verfügung.<br>• Die Hefeteiggebäcke werden dadurch gut gelockert und erhalten ein schönes Volumen. |

### Teigreife nach der Teigruhe

**Reifer Teig**

Ein reifer Teig ist ein Hefeteig mit ausreichender Teigruhe. Er klebt beim Anfassen mit etwas Mehl nicht mehr und er hat sich entspannt. So ist der lockere Teig gut aufzuarbeiten, er ist gut formbar und ausrollfähig, z. B.

- Teigstränge für Hefezöpfe sind gut formbar,
- Hefeteig für Blechkuchen ist gut ausrollfähig.

**Zu junger Teig**

Ein zu junger Teig ist ein zäher, straffer Hefeteig mit zu kurzer Teigruhe.

**Zu alter oder überreifer Teig**

Ein zu alter oder überreifer Teig ist ein Hefeteig mit zu langer Teigruhe. Dieser Teig ist an der Oberfläche ausgetrocknet.

LF 4

## Pressenruhe bei Hefeteigen

In der handwerklichen Bäckerei wird der Hefeteig z. B. für Hefezöpfe und Berliner zu Pressen, auch Ballen genannt, abgewogen, die meist zu 30 runden Teiglingen geschliffen (gewirkt) werden.

Der noch zu junge Hefeteig wird bei ca. halber Teigruhe zu Pressen abgewogen und rundgewirkt.
Die straff gewirkten Teigstücke (Pressen) bekommen nun die restliche Teigruhe von fünf bis zehn Minuten.
Dabei können sich die Teige nochmals entspannen.

Weil die Pressenruhe hauptsächlich zur Entspannung, aber auch zur Quellung der Mehlbestandteile gegeben wird, ist der häufig verwendete Begriff Pressengare fachlich nicht korrekt.

## Die Gare

**Zeitraum der Gare**

Nach dem Aufarbeiten der Hefeteige erfolgt die Gare der fertigen Teiglinge.

- Die Gare beginnt, wenn die Teiglinge auf Backbleche gesetzt sind und in den Gärraum geschoben werden.
- Die Gärzeit ist beendet, wenn die Teiglinge genügend gelockert sind und in den Backofen geschoben werden.

Weil im Gärraum die einzelnen Teigstücke gären, wird die Gärzeit manchmal als **„Stückgare“** bezeichnet.

**Wichtigster Vorgang während der Gare**

Während der Gare gärt die Hefe in den Teiglingen und erzeugt dabei Lockerungsgase. Erst wenn die Teiglinge ausreichend gelockert sind und sie ein großes Volumen erreicht haben, werden sie in den Backofen geschoben.

## Gärraumklima

| Gärraumtemperatur: 30 bis 35 °C | Relative Luftfeuchtigkeit: 70 bis 75 % |
|---|---|
| Bei dieser Temperatur gärt die Hefe am besten. | Bei feuchter Luft bleibt die Oberfläche der Teiglinge feucht. |

*Gärraumarmaturen: Hygrometer und Thermometer*

### Gärraumtemperatur

Bei 30 bis 35 °C im Teig gärt die Hefe am besten. Deshalb sollte im Gärraum diese Temperatur am Thermometer eingestellt werden.

Im Gärraum sollte jedoch die Temperatur nicht höher als 35 °C sein. Der Teig ist ein schlechter Wärmeleiter. Bei zu warmer Gärraumtemperatur gären die Teiglinge außen schneller als im Teiginneren. Die Teiglinge besitzen dann außen die ideale Gärreife, während sie innen noch zu jung sind. Die Krume bindet sich deshalb schlecht beim Backen, sodass die Gebäckkrume waagerecht reißt und abhebt.

### Luftfeuchtigkeit im Gärraum

Bei modernen Gärräumen wird die gewünschte Luftfeuchtigkeit von 70 bis 75 % eingestellt und automatisch reguliert. An einem Hygrometer (Feuchtigkeitsmesser) kann die erreichte Luftfeuchtigkeit abgelesen werden.
Bei einem Gärraum ohne Hygrometer wird Schwaden (Wasserdampf) manuell nach Gefühl zur Luftbefeuchtung in den Gärraum gegeben.

### Auswirkung der Luftfeuchtigkeit

Durch die hohe Luftfeuchtigkeit im Gärraum bleibt die Oberfläche der Teiglinge feucht. Nur eine feuchte Teigoberfläche ist elastisch und kann dem Druck der Gärgase von innen nachgeben. Dadurch entstehen eine gute Lockerung und ein großes Volumen der Teiglinge.

Bei zu geringer Luftfeuchtigkeit im Gärraum verhauten die Teiglinge. Sie können wegen der stabilen Teighaut dem Druck der Lockerungsgase von innen nicht nachgeben, die Haut reißt. Auch das Volumen der Teiglinge kann sich nicht vergrößern. Unbefriedigend gelockerte Gebäcke mit kleinem Volumen sind die Folge.
Die Luftfeuchtigkeit darf nicht zu hoch sein, weil sonst die Teigoberfläche zunässt. Es könnten sich Blasen an der Gebäckkruste bilden. Vor allem bei Hefezöpfen würden die Rillen der Flechtungen verkleben, sodass keine Rissbildung (Ausbund) entsteht.

Hohe Luftfeuchtigkeit im Gärraum ergibt lockere Teiglinge mit großem Volumen:

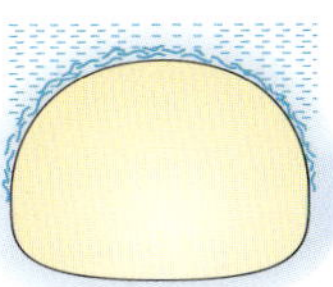

feuchte, elastische Teigoberfläche

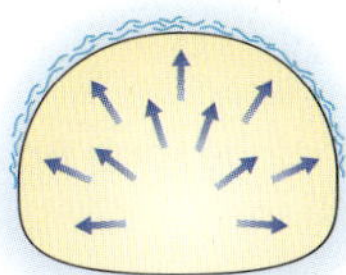

die elastische Teighaut kann dem Druck der Lockerungsgase im Teiginneren nachgeben

Trockene Luft im Gärraum ergibt gering gelockerte Teiglinge mit kleinem Volumen:

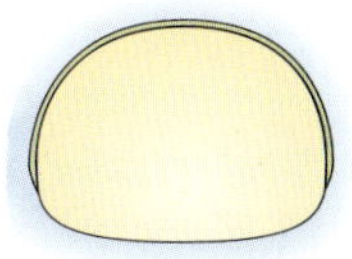

stabile, dicke Teighaut

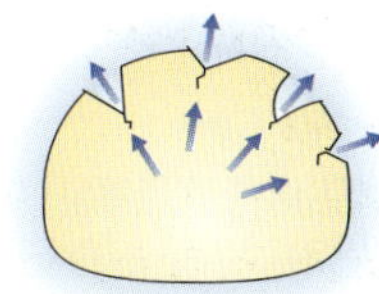

die zu stabile Teigoberfläche kann dem Gasdruck im Teiginneren nicht nachgeben, die Teighaut reißt auf

LF 4

## Gärreife

Die optimale Gärreife haben Teiglinge, wenn sie ausreichend durch die Gärgase gelockert wurden und die Gärgase vom Kleber zu Poren gut gehalten werden können.
Der Zeitpunkt der optimalen Gärreife muss erkannt werden und zu diesem Zeitpunkt müssen die Teiglinge in den Backofen geschoben werden. Nur so entstehen lockere Hefeteiggebäcke mit großem Volumen und schönem Aussehen.

### Gebäckfehler bei zu geringer und zu voller Gare

**Zu geringe (zu kurze) Gare**
- runde Gebäckform
- kleines Volumen der Gebäcke
- gering gelockerte Gebäcke mit dichter Porung

**Zu volle (zu lange) Gare**
- flache, breite Gebäckform
- schwacher, unschöner Ausbund
- grobe, ungleichmäßige Porung der Krume
- zu trockenes Gebäck mit wenig Geschmack

### Ermitteln der Gärreife

Die Gärreife bei der Gare wird durch Abtasten der Teiglinge mit den Fingern ermittelt. Eine ungefähre Beurteilungshilfe ist die Größe des Volumens der Teiglinge.

**Zu geringe Gare**
- noch zu starker Widerstand der Teiglinge
- zu runde Form und zu kleines Volumen der Teiglinge

**Richtige Gare = optimale Gärreife**
- lockerer Teig mit leichtem Widerstand beim Abtasten
- der Teig ist beim Abtasten elastisch
- schöne Form und großes Volumen der Teiglinge

**Zu volle Gare**
- geringer Widerstand beim Abtasten, die Teiglinge neigen dabei fast zum Einfallen
- der Fingerabdruck bleibt beim Abtasten sichtbar
- zu flache Form der Teiglinge

## Gärstabilität und Gärtoleranz der Teige

Gärstabile und gärtolerante Teige verbessern die Qualität der Gebäcke und gewährleisten ein großes Volumen sowie ein schönes Aussehen der Backwaren.

Ein Vorteig und eine ausreichend lange Teigruhe verbessern die Gärstabilität und Gärtoleranz der Hefeteige.

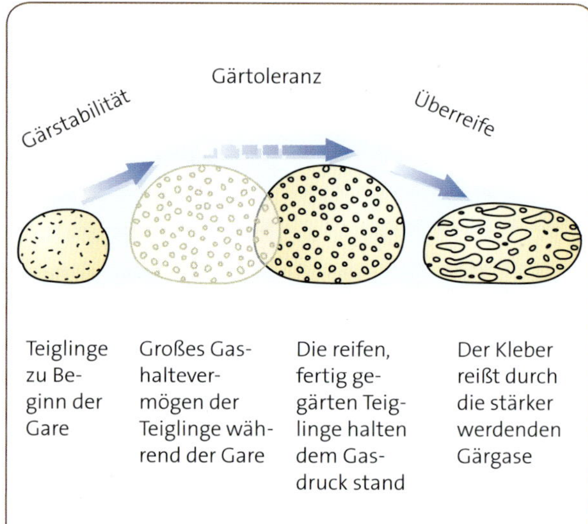




| Gärstabilität | Gärtoleranz |
|---|---|
| Die Gärstabilität ist das Gashaltevermögen der Hefeteige bei der Gare.<br><br>Gärstabile Hefeteige haben einen sehr dehnbaren, stabilen Kleber, der eine große Menge der Gärgase festhalten kann und nur wenige Gärgase gehen nach außen an die Luft verloren. | Die Gärtoleranz ist der Zeitraum, in dem die Teiglinge bei optimaler Gärreife dem Druck der Lockerungsgase standhalten (ihn erdulden, tolerieren) können und die Teiglinge nicht vergären.<br><br>Die Gärtoleranz ist überschritten, wenn der Kleber um den meisten Poren reißt. Ein Großteil der Gärgase geht in Luft über und die Teiglinge fallen durch die Übergare zusammen. |

*Rohrnudeln vor der Gare*

*Gärreife Rohrnudeln*

### Aufgaben

1. Erklären Sie, wann die Teigruhe stattfindet.
2. Wie lange sollte die Teigruhe bei Hefeteigen eingehalten werden und wie wird eine Austrocknung der Oberfläche bei der Teigruhe verhindert?
3. Beschreiben Sie die Vorgänge im Hefeteig während der Teigruhe und erklären Sie die positiven Auswirkungen auf die Teigverarbeitung und die Qualität der Hefeteiggebäcke.
4. Erklären Sie folgende Stadien der Teigreife von Hefeteigen:
   - reifer Teig
   - zu junger Teig
5. Erläutern Sie die Pressenruhe bei Hefeteigen, z. B. für Hefezöpfe und Berliner.
6. Wann beginnt und endet die Gare?
7. Erklären Sie den wichtigsten Vorgang in den Teiglingen während der Gare.
8. Geben Sie das ideale Gärraumklima an:
   - Gärraumtemperatur
   - Luftfeuchtigkeit im Gärraum
9. Warum sollte die Gärraumtemperatur nicht höher als 35 °C sein?
10. Erklären Sie, warum Teiglinge im Gärraum eine ausreichend hohe Luftfeuchtigkeit benötigen.
11. Wann haben die Teiglinge die optimale Gärreife und was geschieht mit den Teiglingen zu diesem Zeitpunkt?
12. Wie wird die Gärreife der Teiglinge ermittelt?
13. Erklären Sie, wie man folgende Gärzustände der Teiglinge erkennt:
    - zu geringe Gare
    - richtige Gare = optimale Gärreife
    - zu volle Gare
14. Beschreiben Sie die Gebäckfehler bei
    - zu geringer Gare,
    - zu voller Gare.
15. Erklären Sie die Begriffe
    - Gärstabilität,
    - Gärtoleranz.
16. Wie können die Gärstabilität und Gärtoleranz verbessert werden?
17. Da für die Feststellung der richtigen Gare viel Erfahrung benötigt wird, stellen Sie in der Berufsschule 30 Teiglinge aus Hefeteig her, die Sie zu unterschiedlichen Zeiten in den Gärraum schieben. Sie notieren dabei den Zustand beim Abtasten der Teiglinge und beurteilen die Backergebnisse.

## 17.4 Gebäcke aus leichtem und mittelschwerem Hefeteig

### Leichter Hefeteig

Gebäcke aus leichtem Hefeteig sind fettarme Gebäcke. Sie sind

- leicht verdaulich und somit
- gut bekömmlich.

#### Gebäckbeispiele aus leichtem Hefeteig

**Rezeptbeispiel: leichter Hefeteig**

| | |
|---|---|
| 1000 g | Weizenmehl, Type 550 |
| 400 g | Milch |
| 60 g | Hefe |
| 120 g | Zucker |
| 120 g | Butter oder Backmargarine |
| 150 g | Eier (3 Stück) |
| 10 g | Salz |
| 5 g | Zitronenaroma |
| 5 g | Vanillearoma |
| **1 870 g** | **Hefeteiggewicht** |

Teigtemperatur: 26 °C

Knetzeit im Spiralkneter:
2 Minuten Langsamgang,
7 Minuten Schnellgang

Teigruhe: ca. 15 Minuten

Backtemperatur: 200 °C

**Rohrnudeln mit Sultaninen**

- In 1870 g Hefeteig (Rezeptbeispiel) 250 g Sultaninen in der Knetmaschine im Langsamgang unterarbeiten.
- Das Teigstück rundwirken und in der Schleifmaschine (Wirkmaschine) zu 30 runden Teiglingen schleifen (wirken).
- Die Teiglinge in eine gefettete Rein geben.
- Die Teiglinge bei voller Gare mit flüssiger Butter bestreichen und in den Backofen schieben.

**Backen:** 200 °C,
**Backzeit:** ca. 18 Minuten

Die Rohrnudeln nach dem Backen aus der Rein bzw. aus der Form stürzen, sodass die Bodenseite oben liegt. Diese Bodenseite mit flüssiger Butter bestreichen und mit Vanillezucker bestreuen.

LF 4

*Rohrnudeln*

**Rohrnudeln, gefüllt**

- 1870 g Hefeteig (Rezeptbeispiel → Seite 269) rundwirken und in der Schleifmaschine (Wirkmaschine) zu 30 runden Teiglingen schleifen (wirken).
- Nach ca. ⅓ Gare, wenn die Teiglinge locker sind, die Teiglinge flach drücken, entsteinte Kirschen oder Zwetschgen einlegen.
- Den Teig über die Füllung schlagen und oben zusammendrücken.
- Die gefüllten Teiglinge mit dem Schluss nach unten in eine gefettete Rein oder in ein Schnittenblech (Alu-Rahmenblech) legen.

*Gefüllte Rohrnudeln*

**Backen:** 200 °C, mit Schwaden
**Backzeit:** ca. 18 Minuten
Die Rohrnudeln nach dem Backen aus der Rein stürzen, sodass die Bodenseite oben liegt. Diese Bodenseite mit flüssiger Butter bestreichen und evtl. mit Vanillezucker bestreuen.

**Rosinenbrötchen**

*Rosinenbrötchen*

- In 1870 g Hefeteig (Rezeptbeispiel → Seite 269) 250 g Sultaninen in der Knetmaschine im Langsamgang unterarbeiten.
- Das Teigstück rundwirken und in der Schleifmaschine (Wirkmaschine) zu 30 runden Teiglingen schleifen (wirken).
- Die runden Teiglinge auf ein mit Backpapier belegtes Blech setzen und in den Gärraum schieben.
- Die Teiglinge bei knapper Gare mit Eistreiche bestreichen und mit gehobelten Mandeln bestreuen.

**Eistreiche:**
Volleier mit einer großen Prise Salz verrühren.

**Backen:** 200 °C
**Backzeit:** ca. 15 Minuten

**Kolatschen (Golatschen)**

- 1870 g Hefeteig (Rezeptbeispiel) rundwirken und in der Schleifmaschine (Wirkmaschine) zu 30 runden Teiglingen schleifen (wirken).
- Die runden Teiglinge auf mit Backpapier belegte Backbleche setzen und in den Gärraum geben.
- Bei ca. halber Gare die Teiglinge flach drücken, sodass sie gleichmäßig dick sind.
- Auf die flachen, runden Teiglinge die Füllungen punktförmig aufspritzen:
  - Pflaumenmus in die Mitte
  - vier Punkte Mohnfüllung kreuzförmig
  - vier Punkte Quarkfüllung in die Zwischenräume

Füllung für 30 Teiglinge:
- 2000 g Mohnfüllung → Seite 326
- 1500 g Quarkfüllung → Seite 326

Evtl. etwas Streusel in die Mitte aufstreuen → Seite 348.
- Die Kolatschen bei knapper Gare backen.

**Backen:** 200 °C, Schwaden geben und nach ca. 1 Minute Zug öffnen
**Backzeit:** ca. 15 Minuten

Die gebackenen Kolatschen mit Fondant leicht überspritzen.

*Kolatschen (Golatschen)*

LF 4

## Mittelschwerer Hefeteig

Gebäcke aus mittelschwerem Hefeteig enthalten mehr Fett im Teig als leichte Hefeteige. Deshalb sind diese Hefeteiggebäcke etwas mürber (weicher).

**Rezeptbeispiel: mittelschwerer Hefeteig**

| | |
|---|---|
| 1000 g | Weizenmehl, Type 550 |
| 400 g | Milch |
| 60 g | Hefe |
| 120 g | Zucker |
| 200 g | Butter oder Backmargarine |
| 150 g | Eier (3 Stück) |
| 10 g | Salz |
| 5 g | Zitronenaroma |
| 5 g | Vanillearoma |
| **1950 g** | **Hefeteiggewicht** |

Teigtemperatur: 26 °C

Knetzeit im Spiralkneter:
2 Minuten Langsamgang,
7 Minuten Schnellgang

Teigruhe: ca. 15 Minuten

**Hefeteiggebäcke**
- Hefezöpfe
- Rosinenstuten
- Pinzas
- Figuren aus Hefeteig
- Blechkuchen, z. B. Bienenstich, Streuselkuchen, Pflaumenkuchen, Butterkuchen, Apfelkuchen, Mohnkuchen, Quarkkuchen, Eierschecken

## Hefezöpfe

Für Rosinenhefezöpfe werden in den fertig gekneteten mittelschweren Hefeteig vom Rezeptbeispiel (→ oben) noch 200 g gewaschene Sultaninen in der Knetmaschine im Langsamgang untergearbeitet.

**Teigstücke zum Flechten**
- Vom Hefeteig Teigstücke abwiegen, z. B. 100-g-Teigstücke für Dreistrangzöpfe.
- Für Vier-, Fünf- und Sechsstrangzöpfe Teigstücke von 2100 g bis 2400 g abwiegen und in der Schleifmaschine (Wirkmaschine) zu 30 runden Teiglingen schleifen (wirken). Die einzelnen Teigstücke können auch in Teigteilen mit beliebigen Gewichten abgewogen werden.

*Geschliffene (gewirkte) Hefeteiglinge*

**Flechten zu Hefezöpfen**
- Die Teiglinge mit etwas Mehl zu Strängen rollen.
- Durch das Rollen mit etwas Mehl erhalten die Stränge an der Oberfläche eine dünne Mehlschicht. So kleben die Flechtungen nicht zusammen, es entsteht ein schöner Ausbund.
- Die Stränge locker zu einem Zopf flechten, auf gefettete oder mit Backpapier belegte Backbleche setzen und in den Gärraum schieben.

*Flechten von Hefezöpfen*

**Backen:** 190 °C, Schwaden geben

Bei Hefezöpfen, die mit Eistreiche bestrichen sind, keinen Schwaden geben.

**Backzeit:** ca. 25 Minuten

Hefezöpfe werden entweder nach dem Backen glasiert oder die unglasierten Hefezöpfe werden vor dem Backen mit Eistreiche bestrichen.

**Hefezöpfe mit Eistreiche bestreichen**
Nach der Gare die Hefezöpfe mit Eistreiche bestreichen und mit gehobelten oder gestiftelten Mandeln bestreuen.

Die mit Eistreiche bestrichenen Hefezöpfe in den Backofen ohne Schwaden schieben.

**Möglichkeiten der Herstellung von Eistreiche**

- Vollei mit 1 Prise Salz verrühren
- 1 Eigelb und 20 g Milch verrühren
- 1 Vollei, 1 Eigelb, 20 g Milch und 1 Prise Salz verrühren

Durch das Salz werden die Dotterhaut und die Hagelschnur der Eier entzäht, sodass die Eistreiche gut streichfähig ist.

**Glasieren der Hefezöpfe**

- **Aprikotur:**
  Die Hefezöpfe sofort nach dem Backen aprikotieren → Seite 321.
- **Fondant:**
  Auf die angetrocknete Aprikotur den temperierten Fondant glasieren → Seite 322.

Sofort nach dem Bestreichen mit dem Fondant können auf die glasierten Hefezöpfe zur Verschönerung geröstete, gehobelte Mandeln gestreut werden.

*Mit Eistreiche bestrichene Hefezöpfe*

*Glasierte Hefezöpfe*

## Flechtungen für Hefezöpfe

LF 4

**Dreistrangzopf**

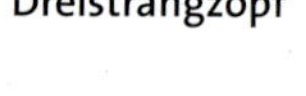

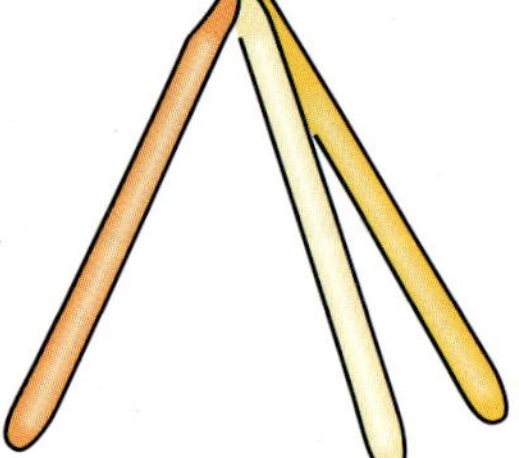

Die Stränge an ihren oberen Enden zusammendrücken.

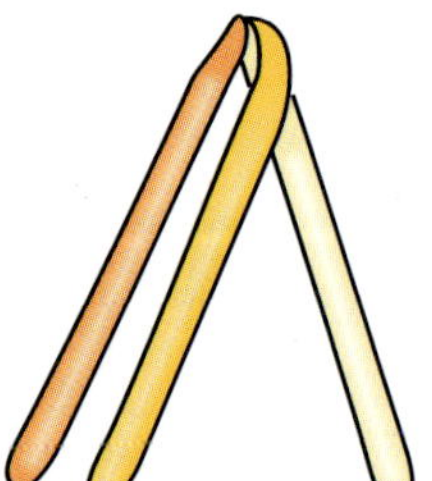

Den rechten Außenstrang nach links führen und als Mittelstrang ablegen.

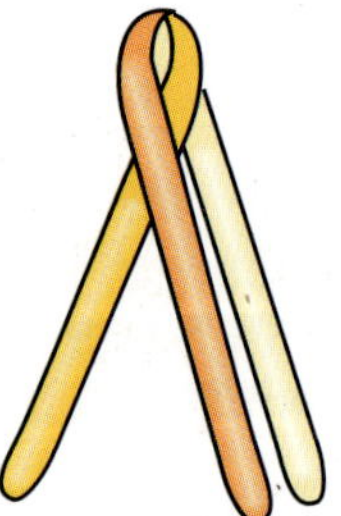

Den linken Außenstrang nach rechts führen und als Mittelstrang ablegen.

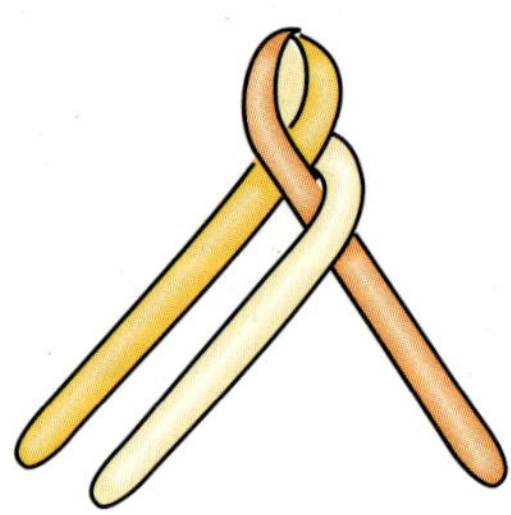

Nun abwechselnd den rechten und linken Außenstrang als Mittelstrang ablegen.

Der Dreistrangzopf mit konisch geformten Strängen.

**Hoher Vierstrangzopf**

linker Oberstrang rechter Oberstrang

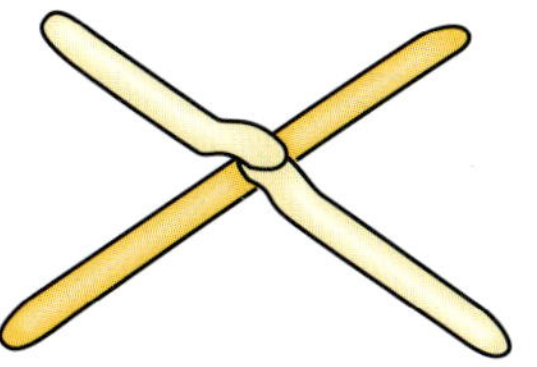

linker Unterstrang rechter Unterstrang

Ausgangsstellung:
Vier Stränge zum Kreuz legen und in der Mitte zusammendrücken.

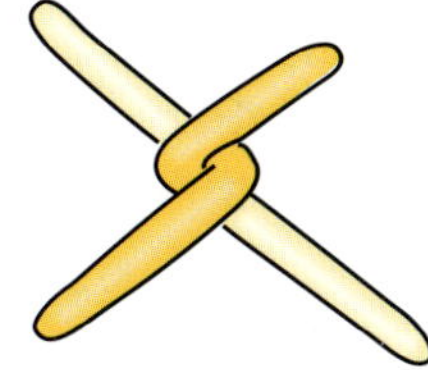

Den rechten Oberstrang mit der rechten Hand nach links unten und gleichzeitig den linken Unterstrang mit der linken Hand nach rechts oben ablegen. Dabei überkreuzen sich die Arme des Bäckers nicht.

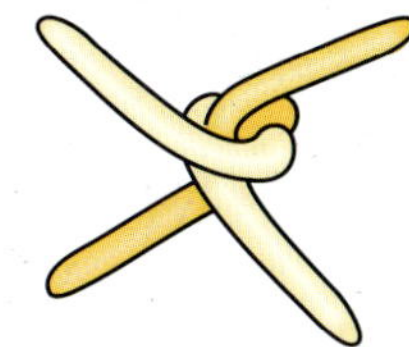

Den linken Oberstrang mit der linken Hand nach rechts unten und gleichzeitig den rechten Unterstrang nach links oben ablegen. Auch hier überkreuzen sich die Arme nicht.

Den rechten Oberstrang mit der rechten Hand nach links unten und gleichzeitig den linken Unterstrang mit der linken Hand nach rechts oben ablegen usw. Beim Flechten überkreuzen sich die Arme nicht.

Die Strangenden zusammendrücken und unter den Zopf einbiegen.

**Fünfstrangzopf – Spindelform**

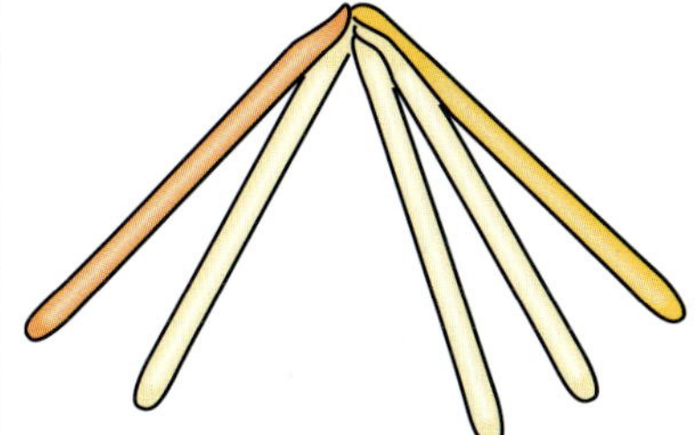

Ausgangsstellung: drei Stränge rechts und zwei Stränge links.

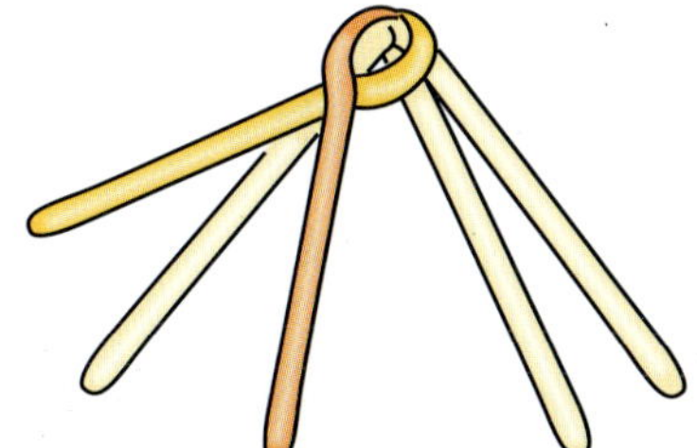

Mit der rechten Hand den rechten und mit der linken Hand den linken Außenstrang hochheben. Den rechten Außenstrang unter den linken nach links außen ablegen. Dann den linken Außenstrang darüber als linken Innenstrang ablegen.

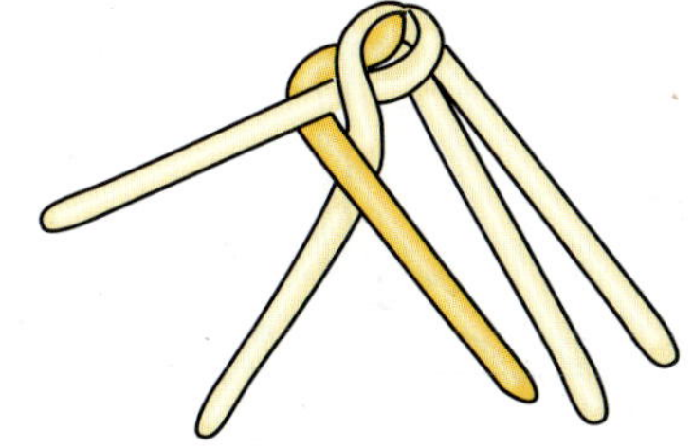

Den linken Mittelstrang über den linken Innenstrang legen. Es liegt wieder die Ausgangsstellung mit drei rechten und zwei linken Strängen vor.

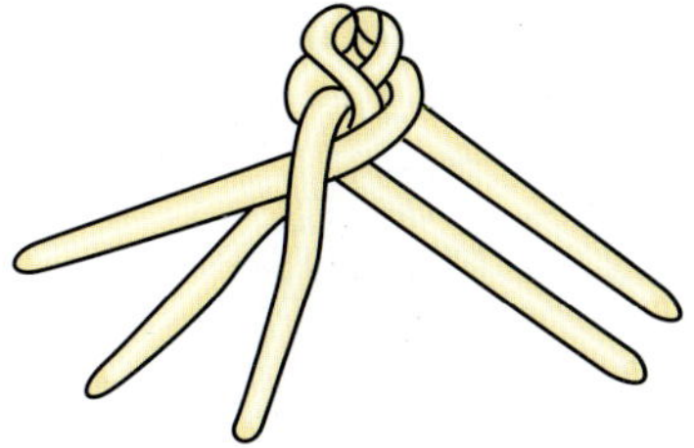

Die Flechtung wird bis zum Schluss so weitergeführt. Dabei sollte immer auf die wiederkehrende Ausgangsstellung geachtet werden.

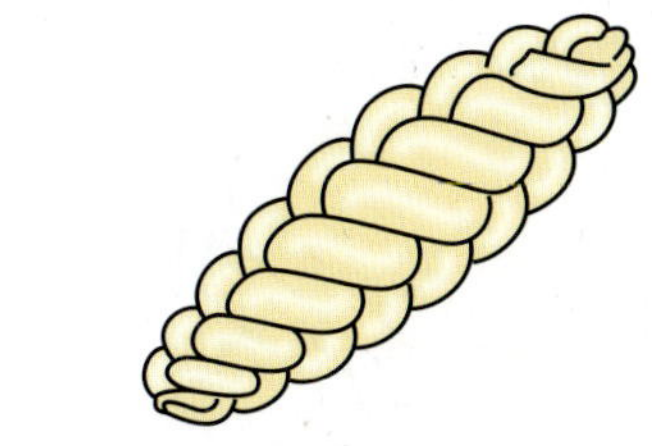

Den fertig geflochtenen Zopf nach links drehen, sodass sich obenauf eine schöne Spindel zeigt und die Fenster unten liegen.

**Sechsstrangzopf Wiener Art**

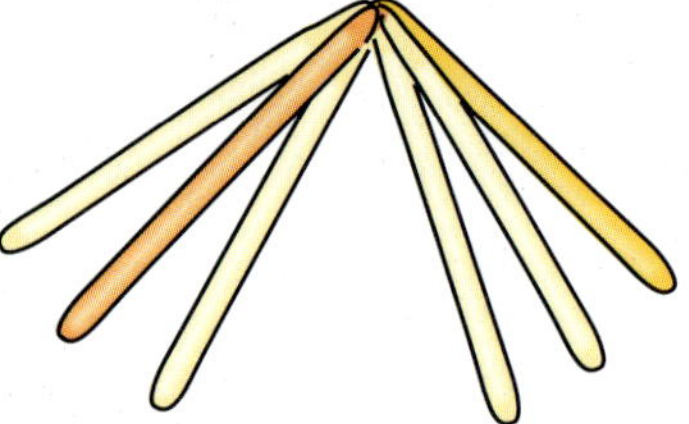

Ausgangsstellung: drei Stränge rechts und drei Stränge links.

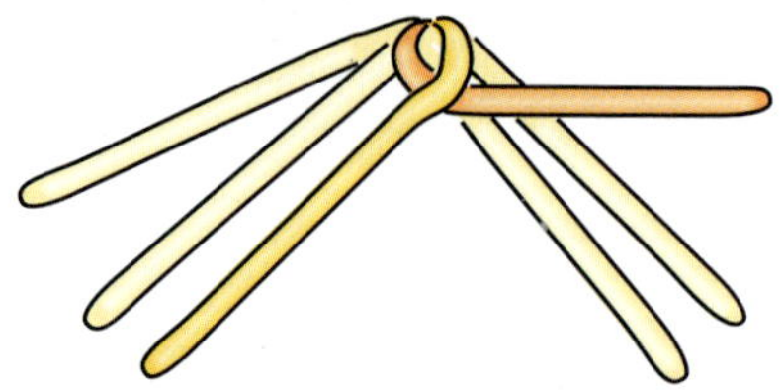

Die linke Hand hebt den linken Mittelstrang, die rechte Hand den rechten Außenstrang. Den linken Mittelstrang unter den Außenstrang nach rechts außen ablegen. Dann den rechten Außenstrang darüber als linken Innenstrang ablegen.

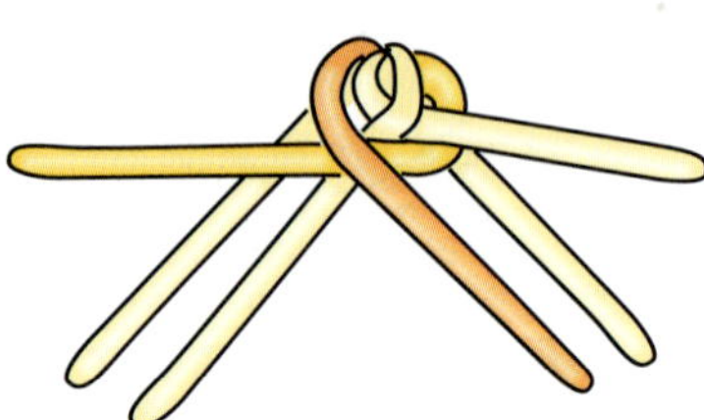

Das Ganze jetzt seitenverkehrt. Den rechten Mittelstrang (rechte Hand) unter den linken Außenstrang nach links außen ablegen. Dann den linken Außenstrang (linke Hand) darüber als rechten Innenstrang ablegen.

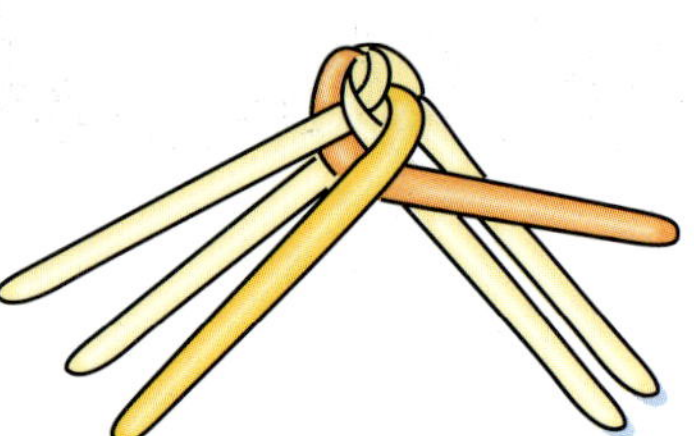

Nun führt man die Flechtung abwechselnd bis zum Schluss so weiter. Den Mittelstrang auf der anderen Seite außen ablegen. Den Außenstrang auf der anderen Seite als Innenstrang ablegen.

Der Wiener Sechsstrangzopf mit den typischen seitlichen „Fenstern".

Der Wiener Sechsstrang von oben gesehen.

**Sechsstrangzopf Münchner Art**

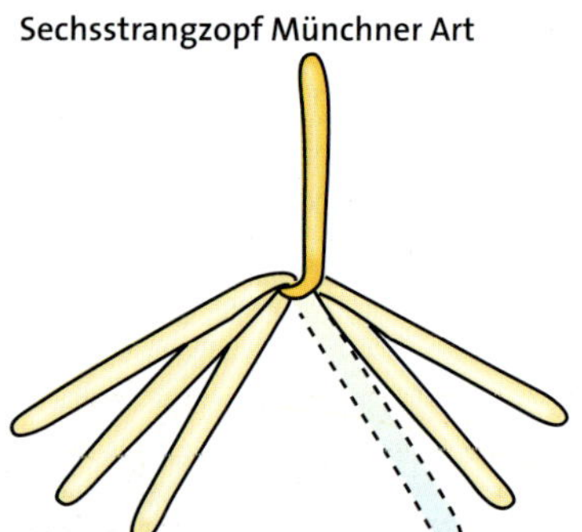

Ausgangsstellung: Der rechte Innenstrang wird als Oberstrang abgelegt. Zuerst erfasst die rechte Hand den linken Außenstrang, dann die linke Hand den Oberstrang.

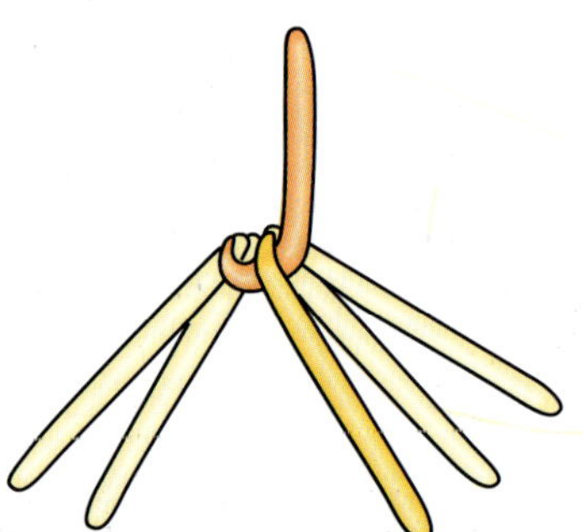

Den linken Außenstrang nach oben führen, er wird neuer Oberstrang. Den Oberstrang als rechten Innenstrang ablegen. Den neuen Oberstrang grundsätzlich in der Hand behalten und niemals auslassen.

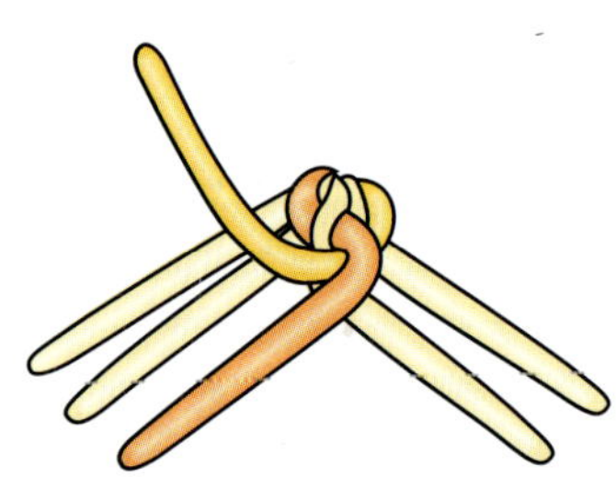

Die linke Hand nimmt den rechten Außenstrang und führt ihn nach oben zum neuen Oberstrang (festhalten). Den Oberstrang als linken Innenstrang ablegen.

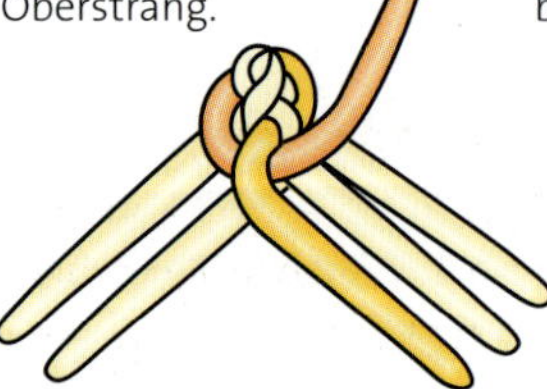

Den linken Außenstrang mit der rechten Hand nach oben führen usw. Die Flechtung bis zum Schluss so weiterführen: Der Außenstrang wird zum neuen Oberstrang. Der Oberstrang wird auf der anderen Seite Innenstrang.

Münchner Sechsstrang

LF 4

## Rosinenstuten

In 1950 g Hefeteig des Rezeptbeispiels (→ Seite 271) 250 g Sultaninen im Langsamgang unterarbeiten.

- 550 g Hefeteig abwiegen und rundwirken.
- Die Teigstücke länglich formen und in gefettete Kastenformen legen, z. B. in Toastbrotformen.
- Die Hefestuten bei voller Gare mit der Schere mehrfach von der Mitte nach außen schräg einschneiden.

**Backen:** 190 °C, mit Schwaden

*Rosinenstuten*

## Figuren aus Hefeteig, z. B. Osterhasen

- Von dem Hefeteig des Rezeptbeispiels (→ Seite 271) nach der Teigruhe jeweils ein Teigstück mit 1600 g, 1400 g und 1200 g abwiegen und die drei Teigstücke rundwirken.
- Ca. 5 Minuten Pressenruhe.
- Die drei Teigstücke in der Schleifmaschine (Wirkmaschine) zu je 30 runden Teiglingen schleifen (wirken).

*Osterhasen aus Hefeteig*

- Auf ein mit Backpapier belegtes Backblech drei Teiglinge mit unterschiedlichem Gewicht zu Osterhasen in einer Reihe aneinandersetzen:
  - jeweils ein Teigling unten: 1600-g-Presse,
  - ein Teigling in der Mitte: 1400-g-Presse,
  - ein Teigling oben: 1200-g-Presse.
- Nach ca. halber Gare die Teiglinge mit Eistreiche bestreichen.
- Den unteren, größeren Teigling mit gestiftelten Mandeln bestreuen.
  Den oberen, kleineren Teigling mit einer Schere teilen, sodass zwei Ohren entstehen.
- Die Osterhasen in den Ofen schieben.

*Ohren der Osterhasen schneiden*

**Backen:** 200 °C, ohne Schwaden

**Ausgarnieren der Osterhasen**
Die Augen und den Bart mit Eiweißspritzglasur (→ Seite 588) spritzen. Auf die Augen je eine Sultanine setzen.

Zur längeren Frischhaltung können die Osterhasen in Folienbeutel verpackt oder eingeschweißt werden.

## Blechkuchen aus Hefeteig

Bekannte Blechkuchen aus Hefeteig sind:

- Streuselkuchen
- Pflaumenkuchen
- Mohnkuchen
- Eierschecken
- Butterkuchen
- Bienenstich
- Quarkkuchen

| Hefeteiggewichte für übliche Blechgrößen | |
|---|---|
| Schnittenblech (Alu-Rahmenblech) von 60 × 40 cm | 1300 g Hefeteig |
| Backblech von 78 × 58 cm = Normgröße eines Backbleches | 2600 g Hefeteig |

**Hefeteig auf ein Blech legen**

- Den Hefeteig abwiegen und rechteckig formen.
- Den Hefeteig auf Blechgröße ausrollen, ca. 3 mm dick, und in das Schnittenblech bzw. auf das Backblech gleichmäßig dick auslegen.
- Den Hefeteig auf dem Blech stippen. Durch die kleinen Öffnungen können die Gärblasen beim Backen entweichen, sonst würden starke Wölbungen entstehen.

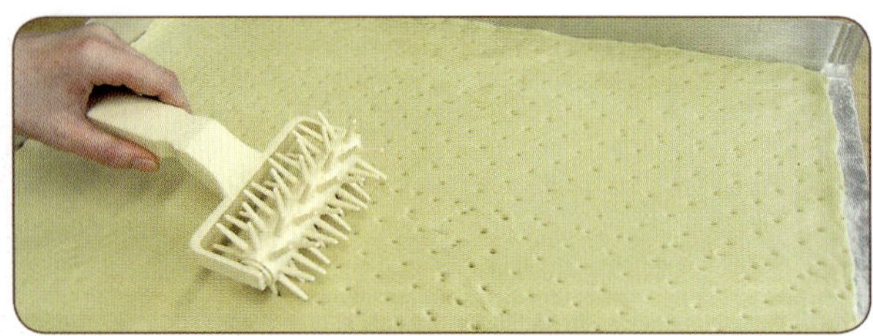

*Stippen eines Hefeteigs*

### Gärreife

Den Hefeteig nach knapper Gare mit Obst oder Füllungen belegen bzw. bestreichen und dann in den Backofen schieben.
Wird der Hefeteig bei knapper Gare gebacken, ergibt dies eine kleinporige Lockerung und der Hefeteig der Blechkuchen ist weich und geschmackvoll. Bei voller Gare wird der Hefeteig zu grobporig, trocknet schneller aus und verliert an Geschmack.

### Belag auf den Hefeteig aufbringen

Den Belag, z.B. Zwetschgen, Äpfel, Mohn- oder Quarkfüllung und Streusel, bis zum Blechrand gleichmäßig belegen bzw. verstreichen.

- So erhalten alle Stücke die gleiche Menge an Belag.
- Nach dem Backen müssen nur schmale Ränder weggeschnitten werden, sodass wenig Verschnitt entsteht.



**Backen:** 210 °C
**Backzeit:** ca. 20 Minuten, ca. 25 Minuten bei dicken Füllungen wie beim Mohn- und Quarkkuchen

Entwickeln sich beim Backen Wölbungen auf dem Blechkuchen, sticht man während des Backens mit einem spitzen Messer ein, sodass die Gase entweichen können. Der Blechkuchen wird wieder gleichmäßig eben.

Der Blechkuchen ist fertig gebacken, wenn er an der Unterseite hellbraun ist.

*Fertig gebackener Blechkuchen*

### Schneiden der Blechkuchen

- Die Ränder des Blechkuchens dünn wegschneiden, da der Kunde die Randstücke nicht wünscht.
- Den Blechkuchen in gleich große rechteckige Stücke schneiden, z.B. 9,5 × 6 cm.

*Ränder des Blechkuchens dünn abschneiden*

### Streuselkuchen

1300 g Hefeteig für 1 Blech von 60 × 40 cm
875 g Streusel
evtl. 900 g Vanillecreme → Seite 328

**Rezeptbeispiel: Streusel**

250 g Zucker
250 g Butter oder Backmargarine
375 g Weizenmehl
große Prise Salz
Zitronen- und Vanillearoma

**875 g Streusel**

- Weiche Butter, Zucker, Salz und Aromen glatt arbeiten.
- Das Weizenmehl unterarbeiten, bis ein streuselfähiger Mürbeteig entsteht.
- Streusel kühl stellen und dann durch ein grobmaschiges Sieb drücken, damit gleichmäßig große Streusel entstehen.
- Die Streusel werden kühl gestellt, damit die einzelnen, gleichmäßig großen Streusel fest bleiben und beim Bestreuen nicht kleben.

- Den Hefeteig auf dem Blech nach knapper Gare mit Wasser bestreichen.
- 875 g Streusel gleichmäßig verteilt aufstreuen.
- Auf den Streusel Zimtzucker und gehobelte Mandeln streuen.

**Streuselkuchen mit Vanillecreme**
Als Alternative kann der Streuselkuchen auch mit Vanillecreme hergestellt werden, damit er nicht so trocken wirkt.

Auf den Hefeteig nach knapper Gare 900 g Vanillecreme (→ Seite 328) gleichmäßig verstreichen und darauf Streusel, Zimtzucker und gehobelte Mandeln streuen.

**Backen:** 210 °C
**Backzeit:** ca. 20 Minuten

*Streuselkuchen mit Vanillecreme*

**Bestimmungen der Leitsätze**
- Bei „Butterstreuselkuchen“ darf für den Hefeteig und für den Streusel als Fett nur Butter verwendet werden.
- Der Gesamtbuttergehalt beträgt mindestens 30 %, bezogen auf das Mehl im Hefeteig.

**Butterkuchen**

1300 g Hefeteig für 1 Blech von 60 × 40 cm
250 g Butter
- 250 g Butter schaumig rühren und in einen Dressierbeutel (Spritzbeutel) mit einer 11-mm-Lochtülle einfüllen.
- Nach knapper Gare Buttertupfen in kurzen Abständen, ca. 1,5 cm, in den Hefeteig einspritzen.
  Damit die Butter in den Hefeteig gelangt, können Vertiefungen, z. B. mit Zeige- und Mittelfinger, in den Hefeteig gedrückt werden.
- Obenauf mit Zimtzucker und gehobelten Mandeln bestreuen.

**Backen:** 210 °C
**Backzeit:** ca. 17 Minuten

*Einspritzen von Butter in den Hefeteig*

*Butterkuchen*

**Bestimmungen der Leitsätze**
- Bei Butterkuchen darf als Fett nur Butter verwendet werden. Dies bezieht sich auf den Hefeteig und auf die eingespritzte Butter.
- Der Gesamtbutteranteil beträgt mindestens 30 %, bezogen auf das Mehl im Hefeteig.

**Bienenstich**

Für 1 Blech von 60 × 40 cm:
1600 g Hefeteig
1000 g Röstmasse
1500 g leichte Vanillecreme

**Rezeptbeispiel: Röstmasse für Bienenstichaufstrich**

| | | |
|---|---|---|
| 250 g | Zucker | Die Zutaten im Kupferkessel auf 107 °C erhitzen. |
| 100 g | Honig | |
| 100 g | Butter | |
| 250 g | Sahne | |
| 50 g | Glukosesirup | |
| 250 g | gehobelte, geröstete Mandeln | Mandeln in die kochende Masse einrühren und sofort auf den Hefeteig aufstreichen. |
| **1000 g** | **Röstmasse** | |

**Rezeptbeispiel: leichte Vanillecreme**

| | |
|---|---|
| 1000 g Milch<br>100 g Cremepulver<br>100 g Eigelb (5 Stück) | • Im Kupferkessel unter ständigem Rühren zu Vanillecreme kochen. |
| 150 g Eiklar (10 Stück)<br>150 g Zucker<br>Prise Salz<br>**1500 g leichte Vanillecreme** | • Eischnee schlagen und unter die fertige, kochende Vanillecreme heben.<br>• Die leichte Vanillecreme sofort in heißem Zustand auf den Hefeteigboden streichen. |

Nach knapper Gare die heiße Röstmasse gleichmäßig dünn auf den Hefeteig verstreichen.

**Backen:** 210 °C
**Backzeit:** ca. 17 Minuten

- Den ausgekühlten Blechkuchen in Streifen schneiden, z. B. 9,5 cm breit.
- Den Hefeteigstreifen mit einem Sägemesser in der Mitte auseinanderschneiden.
- Die mit Röstmasse bedeckte Hälfte in verkaufsgroße Stücke schneiden, z. B. 6 cm breit.
- Die Füllung auf den Hefeteigboden streichen und die geschnittenen Deckel (Oberteile) darauflegen.
- Nach dem Anziehen (Festwerden) der Füllung die Stücke durchschneiden.

LF 4

**Möglichkeiten der Bienenstichfüllung**
- Vanillecreme
- leichte Vanillecreme (Vanillecreme mit Eischnee)
- Vanillecreme mit Schlagsahne
  1000 g Vanillecreme und 700 g aufgeschlagene Schlagsahne, die mit Gelatine oder Sahnestandmittel gebunden ist.

*Bienenstich*

**Bestimmungen der Leitsätze**
- Der Aufstrich aus Röstmasse beträgt mindestens 20 % des Teiggewichts. Darin müssen mindestens 30 % Mandeln oder Nüsse enthalten sein.
- Mandelbienenstich enthält ausschließlich Mandeln und keine Nüsse.

### Apfelkuchen und Pflaumenkuchen (Zwetschgenkuchen)

1300 g Hefeteig für 1 Blech von 60 × 40 cm oder
1000 g Hefeteig mit 300 g Mürbeteig mischen
Durch die Zugabe von Mürbeteig wird der Blechkuchen mürber und weicht nicht so schnell durch.

*Zwetschgenkuchen*

Apfelkuchen: ca. 2 000 g ungeschälte Äpfel
= ca. 1 500 g gespaltene Äpfel,
150 g Zimtzucker,
evtl. 50 g Sultaninen
450 g Streusel → Seite 348
Zwetschgenkuchen: ca. 4 000 g Zwetschgen (mit Steinen)

### Apfelkuchen

- 1 500 g geschnittene Äpfel werden benötigt. Dafür ca. 2 000 g Äpfel schälen, entkernen und in dünne Scheiben schneiden.
- Die geschnittenen Äpfel mit Zimtzucker und evtl. mit Sultaninen mischen.

*Apfelkuchen*

- Nach knapper Gare die Äpfel gleichmäßig auf dem Hefeteig verteilen.
- 450 g Streusel (→ Seite 348) aufstreuen.

**Backen:** 210 °C
**Backzeit:** ca. 20 Minuten

### Pflaumenkuchen (Zwetschgenkuchen)

- Zwetschgen entsteinen und auf den Hefeteig nach knapper Gare legen.
- Die Zwetschgen leicht schräg aneinander auf den Hefeteig legen, sodass er flächendeckend dicht belegt ist.
- Die Zwetschgen nach dem Backen mit etwas Zucker bestreuen und sofort aprikotieren → Seite 321.
  Durch das Aprikotieren trocknen die Früchte nicht aus und erhalten einen schönen Glanz.
- Evtl. 450 g Streusel (→ Seite 348) aufstreuen.

### Mohn- und Quarkkuchen

Für 1 Blech von 60 × 40 cm
1 300 g Hefeteig
1 850 g Mohnfüllung bzw.
1 850 g Quarkfüllung
450 g Streusel → Seite 348

- Auf den Hefeteig nach knapper Gare die Mohn- bzw. Quarkfüllung gleichmäßig verstreichen.
- 450 g Streusel aufstreuen.

**Backen:** 210 °C
**Backzeit:** ca. 25 Minuten

Den abgekühlten Mohn- bzw. Quarkkuchen in Stücke schneiden und leicht mit Puderzucker bestauben.

*Mohnkuchen*

*Quarkkuchen*

**Rezeptbeispiel: Quarkfüllung**

|  |  |  |
|---|---|---|
| 1 250 g | Quark, 10 oder 20 % i. Tr. | Alle Zutaten zusammen glatt rühren. |
| 200 g | Zucker | |
| 100 g | Weizenpuder | |
| 150 g | Vollei | |
| 150 g | Butter, flüssig | |
| | 1 Prise Salz (ca. 2 g) | |
| | Zitronenaroma | |
| **1 850 g** | **Quarkfüllung** | |

Evtl. 80 g Sultaninen in die Quarkfüllung geben.

**Rezeptbeispiel: Mohnfüllung**

|  |  |  |
|---|---|---|
| 500 g | Milch | Milch, Zucker, Butter und Salz kochen. |
| 300 g | Zucker | |
| 150 g | Butter oder Margarine | |
| | 1 Prise Salz (ca. 2 g) | |
| 650 g | gemahlenen Mohn | Mohn, Eier, Brösel, Vanillearoma und Zimt in die kochende Flüssigkeit einrühren. |
| 150 g | Vollei (3 Stück) | |
| 100 g | süße Brösel | |
| | Vanillearoma, Zimt | |
| **1 850 g** | **Mohnfüllung** | |

evtl. 80 g Sultaninen in die Mohnfüllung geben.

### Eierschecken

- 1 300 g Hefeteig ausrollen, in ein Schnittenblech legen und stippen.
- Nach knapper Gare 1 600 g Quarkfüllung (→ Seite 326) auf den Hefeteig streichen.
- Auf die Quarkfüllung die Eierscheckenmasse streichen und gehobelte Mandeln darüberstreuen.
- Evtl. Streusel (→ Seite 348) auf die Eierscheckenmasse streuen.

**Backen:** 200 °C
**Backzeit:** 35 bis 40 Minuten

**Rezeptbeispiel: Eierscheckenmasse**

|  |  |  |
|---|---|---|
| 1 250 g | Milch | • Milch, Eigelb und Cremepulver unter ständigem Rühren zu einer Creme kochen (wie Vanillecreme) |
| 280 g | Eigelb (14 Stück) | |
| 120 g | Cremepulver | |
| 500 g | Butter | • Butter in die gekochte Creme rühren, bis sie sich aufgelöst hat, und sofort Weizenmehl unterrühren.<br>• Die Creme abkühlen lassen. |
| 100 g | Weizenmehl | |
| 420 g | Eiklar (14 Stück) | • Eiklar, Zucker und Salz zu Eischnee aufschlagen und in die abgekühlte Creme melieren. |
| 400 g | Zucker | |
| | 1 Prise Salz (ca. 2 g) | |
| **3 070 g** | **Eierscheckenmasse** | |

*Eierschecken*

## Pinzas

Pinzas sind lockere Osterbrote, die aus Italien stammen. Sie werden aus mittelschwerem Hefeteig, der besonders eireich ist, hergestellt. Damit die Pinzas eine feinporige und zarte Krume bekommen, wird der Hefeteig mit Vorteig hergestellt.

*Pinza*

**Rezeptbeispiel: Pinza (Rezept ergibt 6 Pinzas)**

**Vorteig:**

| | |
|---|---|
| 400 g | Weizenmehl, Type 550 |
| 350 g | Milch |
| 60 g | Hefe |
| **810 g** | **Vorteig** |

Teigtemperatur: 25 °C
intensiv kneten
Stehzeit: ca. 30 Minuten

**Hefeteig (Hauptteig):**

| | |
|---|---|
| 810 g | Vorteig |
| 600 g | Weizenmehl, Type 550 |
| 150 g | Zucker |
| 200 g | Butter |
| 150 g | Vollei (3 Stück) |
| 100 g | Eigelb (5 Stück) |
| 10 g | Salz |
| | Zitronen- und Vanillearoma |
| **2 020 g** | **Teiggewicht** |

Knetzeit im Spiralkneter:
2 Minuten Langsamgang,
7 Minuten Schnellgang

Teigruhe: ca. 15 Minuten

Teiggewicht pro Pinza: 330 g

**Aufarbeiten**

- Die abgewogenen Teigstücke rundwirken, bis sie an der Oberfläche ganz glatt sind.
- Die runden Teiglinge auf mit Backpapier belegte Backbleche setzen und etwas flach drücken.

**Bearbeitung nach der Gare**

- Nach knapper Gare (ca. 15 Minuten) die Teiglinge mit Eistreiche bestreichen und etwas antrocknen lassen. Danach ein zweites Mal die Teiglinge mit Eistreiche bestreichen und antrocknen lassen.
- Nach dem Antrocknen der Eistreiche die Teiglinge mit einer in Öl getauchten Schere von der Mitte nach außen in drei gleich große Teile tief einschneiden. Dabei fallen die Teiglinge in der Mitte leicht zusammen.

**Backen:** 180 °C, bei offenem Zug
**Backzeit:** ca. 25 Minuten

*Einschneiden der mit Eistreiche bestrichenen Pinzas*

## Vollkornhefezöpfe

Alle Teige und Massen, die mit Mehl hergestellt werden, können auch mit Vollkornmehl zubereitet werden. Wird für die Rezepte Honig statt Zucker verwendet, muss etwas mehr Vollkornmehl zugegeben werden, da Honig ca. 20 % Wasser enthält. Bei der Verwendung von Zucker statt Honig wird die Flüssigkeitsmenge entsprechend verringert.

**Vollkornmürbeteiggebäcke** → Seite 336

Diese Backwaren eignen sich besonders für Aktionstage oder -wochen. Außerdem sollen Diabetiker bevorzugt Vollkornerzeugnisse essen, weil die Ballaststoffe die Resorption verlangsamen und somit die Zuckeraufnahme ins Blut ebenfalls langsamer erfolgt.

**Vermahlen der Getreidekörner**
Weizen- oder Dinkelgetreidekörner so fein wie möglich zu Vollkornmehl mahlen – zu grobe Schalenteile verhindern eine optimale Volumenentwicklung und Lockerung.

LF 4

### Quellung von Vollkornmehlen

Vollkornhefeteige benötigen wegen der stark quellenden Ballaststoffe 150 bis 200 g mehr Flüssigkeit auf 1 kg Vollkornmehl als andere Hefeteige.

Damit die Ballaststoffe der Getreideschalen Zeit zum Quellen der hohen Flüssigkeitsmenge haben, sind folgende Punkte bei der Teigherstellung zu beachten:

- Vollkornhefeteige mit Vorteig herstellen.
- Vollkornhefeteige benötigen bei der Teigherstellung eine lange Mischzeit (Langsamgang) von mindestens sechs Minuten.
- Eine Teigruhe von ca. 30 Minuten ist erforderlich.

*Vollkornhefezopf*

**Rezeptbeispiel: Vollkornhefeteig für Hefezöpfe**

**Vorteig:**

| | |
|---|---|
| 500 g | Weizenvollkornmehl |
| 500 g | Vollmilch |
| 60 g | Hefe |
| **1 060 g** | **Vorteig** |

Teigausbeute: 200
Teigtemperatur: 26 °C
Stehzeit: ca. 50 Minuten

**Hauptteig:**

| | |
|---|---|
| 1 060 g | Vorteig |
| 500 g | Weizenvollkornmehl |
| 100 g | Vollmilch |
| 120 g | Zucker oder Honig |
| 150 g | Butter |
| 100 g | Vollei (2 Stück) |
| 10 g | Salz |
| | Zitronen- und Vanillearoma |
| 200 g | Sultaninen |
| **2 240 g** | **Teiggewicht** |

Knetzeit: 6 Minuten Langsamgang
6 Minuten Schnellgang
Teigruhe: ca. 30 Minuten

Die Verarbeitung zu Zöpfen erfolgt wie beim mittelschweren Hefeteig auf → Seite 272 ff. beschrieben.

LF 4

### Fehler der Hefeteiggebäcke

| Gebäckfehler | Ursachen |
|---|---|
| Hefeteiggebäcke haben ein zu kleines Volumen und eine kleinporige, geringe Lockerung | zu kurze Gärzeit |
| Hefeteiggebäcke sind zu flach und breitgelaufen | zu lange Gärzeit |
| Große Hefeteiggebäcke wie Hefezöpfe, Rosinenstuten und Pinzas haben in der Krume einen speckigen, ungelockerten Streifen | Die Gebäcke wurden zu kurz gebacken, sodass die noch zu weichen Poren zusammenfallen. |
| Hefeteiggebäcke der Blechkuchen sind zu grobporig und etwas trocken | zu lange Gärzeit der Hefeteige<br>Der Hefeteig sollte bei knapper Gare belegt und gebacken werden. |
| Blechkuchen haben starke Wölbungen an der Oberfläche | • Der Hefeteig wurde auf dem Blech nicht gestippt.<br>• In die Wölbungen wurde beim Backen nicht mit einem spitzen Messer eingestochen, damit die Gase entweichen können. |

## Prüfmerkmale der DLG für Feine Backwaren

Bei der Beurteilung süßer und pikanter Feiner Backwaren mit oder ohne Hefe durch die DLG werden u. a. folgende Kriterien herangezogen:

**Form, Aussehen**
- ungleichmäßige, flache, breite, nicht ausgefüllte Form
- eingefallene Oberfläche, unsaubere Seitenflächen
- nicht artgemäßer Ausbund
- ausgelaufene Füllung
- zu viel bestreut, zu ungleichmäßig bestreut
- unsauberer, faltiger, hohler, blasiger Boden
- weißer Rand zu klein (für Berliner)

**Oberflächen-, Krusteneigenschaften**
- zu ungleichmäßige, helle, dunkle Bräunung
- stumpfe Oberfläche, dunkle Kanten
- rissige, abgerissene, abgeblätterte, zu ungleichmäßige, dünne, dicke, verbrannte Kruste
- ungleichmäßiger, dicker, durchweichter, feuchter, grauer, harter, abblätternder stumpfer Überzug/Auflage
- Garnierung nicht sorgfältig

**Lockerung, Krumenbild**
- zu ungleichmäßige, geringe, übermäßige Lockerung
- dichte Porung in der Randzone
- ungleichmäßige Blätterung/Schichtung
- Hohlräume, Krumenrisse
- Krume/Füllung unausgewogene Menge
- Früchte ungleichmäßig verteilt, Früchte abgesunken

**Struktur, Elastizität**
- bruchanfällige Krume
- splittriger, weicher, harter Bruch
- trockene, raue, feste, strohige, zähe, schmierende, klebende Krume
- ungleichmäßige Konsistenz der Füllung
- wässrige, feste, weiche, leimige Füllung
- ölig, fettig, anhaftend
- grisselig (für Fettcremes)

**Geruch**
- wenig aromatisch, aromaarm
- überwürzt, einseitig gewürzt
- Nebengeruch, Fremdgeruch
- hefig, gärig
- dumpf/muffig

**Geschmack**
- aromaarm
- sauer, salzig, süß, bitter
- fettig
- einseitig gewürzt, überwürzt
- hefig, gärig
- Nebengeschmack, Fremdgeschmack

LF 4

### Verkaufsargumente

**Qualitätsmerkmale für die Kundenberatung**
- Gebäcke aus leichtem und mittelschwerem Hefeteig sind lockere und weiche Gebäcke.
- Es sind fettarme Gebäcke, die gut bekömmlich sind.
- Mittelschwerer Hefeteig enthält etwas mehr Fett als leichter Hefeteig, sodass die Gebäcke etwas weicher und zarter sind.
- Frische Gebäcke aus leichtem und mittelschwerem Hefeteig haben den typisch feinen, milden Hefeteiggeschmack.

**Frischhaltung**
- Je frischer, desto besser schmecken Gebäcke aus leichtem und mittelschwerem Hefeteig.
- Sie sind jedoch Tagesgebäcke und sollten am Tag der Herstellung gegessen werden. Nur an diesem Tag haben sie die gewünschten Qualitätsmerkmale; sie sind weich und haben den feinen Geschmack der Hefeteiggebäcke.
- Große Hefeteiggebäcke aus mittelschwerem Hefeteig wie Hefezöpfe, Rosinenstuten und Pinzas bleiben etwas länger frisch und sind auch am zweiten Tag noch weich und geschmackvoll.
- Bei in Folie luftdicht eingeschweißten Hefezöpfen, Rosinenstuten und Pinzas verlängert sich die Frischhaltung etwas.
- Verkauft werden sollten jedoch alle Gebäcke aus leichtem und mittelschwerem Hefeteig frisch am Tag der Herstellung.

**Besondere Eignung der Hefeteiggebäcke**
- Hefeteiggebäcke sind typische Kaffeegebäcke zum Nachmittagskaffee und als Zwischenmahlzeit.
- Hefezöpfe, Rosinenstuten und Pinzas eignen sich außerdem noch gut zum Frühstück.
- Diese großen Hefeteiggebäcke sind besonders zum Wochenende beliebt.

## Aufgaben

1. Erstellen Sie ein Rezept aus leichtem Hefeteig und geben Sie folgende Angaben an:
   - die optimale Teigtemperatur
   - die Knetzeit im Spiralkneter
   - die Teigruhezeit
2. Nennen Sie bekannte Gebäcke aus leichtem Hefeteig und beschreiben Sie deren Herstellung, die Backtemperatur und die ungefähre Backzeit, z. B. Rohrnudeln, Rosinenbrötchen, Kolatschen.
3. Erstellen Sie ein Rezept aus mittelschwerem Hefeteig und geben Sie die Teigtemperatur, Knetzeit und Teigruhezeit an.
4. Nennen Sie Gebäcke aus mittelschwerem Hefeteig.
5. Beschreiben Sie eine Möglichkeit der Herstellung von Eistreiche.
6. Wann werden z. B. Hefezöpfe mit Eistreiche bestrichen und was muss beim Einschieben in den Backofen beachtet werden?
7. Erklären Sie das Glasieren der Hefezöpfe.
8. Welches Hefeteiggewicht wird in etwa für Blechkuchen bei Blechen von 60 × 40 cm benötigt?
9. Beschreiben Sie die Herstellung eines Blechkuchens aus Hefeteig in Bezug auf
   - Hefeteig auf Bleche legen,
   - Gärreife, bei der die Blechkuchen belegt und gebacken werden,
   - Belag auf den Hefeteig aufbringen,
   - Backtemperatur,
   - Schneiden der gebackenen Blechkuchen.
10. Wie stellt man fest, wann Blechkuchen aus Hefeteig fertig gebacken sind?
11. Beschreiben Sie die Herstellung von
    - Streuselkuchen,
    - Butterkuchen,
    - Bienenstich,
    - Pflaumen- und Apfelkuchen.
12. Erklären Sie die Herstellung von Pinzas:
    - Aufarbeitung
    - Bearbeitung nach der Gare
    - Backen
13. Geben Sie die Ursachen folgender Gebäckfehler der Hefeteiggebäcke an:
    - Hefeteiggebäcke haben ein zu kleines Volumen und eine kleinporige, geringe Lockerung.
    - Hefeteiggebäcke sind zu flach und breitgelaufen.
    - Große Hefeteiggebäcke wie Hefezöpfe, Rosinenstuten und Pinzas haben in der Krume einen speckigen, ungelockerten Streifen.
    - Hefeteiggebäcke der Blechkuchen sind zu grobporig und etwas trocken.
    - Blechkuchen haben starke Wölbungen an der Oberfläche.
14. In Ihrer Bäckerei planen Sie eine Aktion mit dem Thema „Frisch vom Blech". Hierfür wählen Sie passende Blechkuchen aus Hefeteig aus und überlegen sich Verkaufsargumente für die verschiedenen Blechkuchen.

LF 4

## Rechenaufgaben

1. Für die Herstellung von 30 Stück Butterkuchen werden 1400 g Hefeteig und Butter benötigt.
   1/7 dieses Gewichts ist Butter, die in den Hefeteig gespritzt wird.
   Wie viel kg Hefeteig und wie viel kg Butter werden für 265 Stück Butterkuchen benötigt?
2. Ein Stück Streuselkuchen kostet im Verkauf 1,20 €. Wie viel € kostet ein ganzes Blech mit 56 Stück netto bei einem Mehrwertsteuersatz von 7 %?
3. Es sollen 30 Hefezöpfe mit einem Teiggewicht von je 350 g hergestellt werden. Das Rezeptur für den Hefeteig lautet: 1 kg Weizenmehl, 400 g Milch, 80 g Hefe, 120 g Zucker, 180 g Butter, 150 g Vollei (3 Stück), 10 g Salz, 200 g Sultaninen.
   a) Berechnen Sie die Teigmenge der Rezeptur in kg.
   b) Errechnen Sie die Schlüsselzahl (auf 1 Stelle nach dem Komma) und die Zutatenmengen, die für die 30 Hefezöpfe benötigt werden.
4. Von einem Buttervorrat von 50 kg werden im Laufe einer Woche folgende Mengen entnommen:
   13,560 kg; 3 3/4 kg; 5300 g; 6 1/2 kg; 7440 g; 4 1/4 kg
   Wie viel kg bleiben übrig?
5. Eine Lieferung Mandeln hat ein Bruttogewicht von 25 kg und kostet insgesamt 146,40 €.
   Wie viel kostet 1 kg Mandeln tatsächlich, wenn die Tara mit 600 g zu berücksichtigen ist?

## 17.5 Siedegebäcke aus Hefeteig

Die Geschichte berichtet, dass vor Beginn der Fastenzeit nach altbäuerlichem Brauch ein Festessen bereitet wurde, dessen krönender Abschluss das „Schmalzgebackene" war.

Aus Bayern und Österreich kam der „Krapfen" nach Berlin. Wegen der Bevölkerungsexplosion im 18. Jahrhundert gab es in Berlin viele Straßenbäckereien. Dort waren diese Siedegebäcke besonders beliebt, weil die ballförmigen Teigstücke in großen Pfannen im schwimmenden Fett bei offenem Herdfeuer schnell gebacken werden konnten und man dafür keinen Backofen benötigte. Diese Kuchen aus der Pfanne nannte man sinnigerweise „Pfannkuchen" und weil sie in Berlin so bekannt waren, „Berliner Pfannkuchen"; später wurden sie einfach als „Berliner" bezeichnet.

Traditionsbedingt haben Siedegebäcke in der Karnevalszeit (Fasching) und zu Silvester Hochkonjunktur. Ansonsten sind diese Gebäcke das ganze Jahr über erhältlich und vor allem in der kühleren Jahreszeit beliebt.

*Berliner, die klassischen Siedegebäcke*

LF 4

**Begriff: Siedegebäcke**
Unter Sieden versteht man das Erhitzen von hitzebeständigem Fett, dem Siedefett. Weil die Hefeteigteiglinge schwimmend in heißem Siedefett gebacken werden, bezeichnet man sie als Siedegebäcke.

### Besonderheiten des Hefeteigs für Siedegebäcke

Der Hefeteig für Siedegebäcke ist ein leichter, fettarmer Hefeteig mit hohem Eier- und Eigelbanteil.

Der hohe Eigelbanteil im Hefeteig ist wichtig für Siedegebäcke.

- Eigelbe haben einen Fettanteil von 32 % und enthalten den Emulgator Lezithin. Dadurch bekommen Siedegebäcke eine weiche, zarte Krume mit gleichmäßiger Porung.
- Durch die emulgierende Wirkung des Eigelbs verbessert sich die Oberflächenstruktur des Hefeteigs. So kann das Siedefett nicht in die Teiglinge eindringen. Das Gebäck nimmt beim Backen somit nur eine geringe Menge Siedefett in der dünnen Kruste auf. Bei zu geringem Eigelbanteil saugt das Gebäck mehr Siedefett auf.

**Rezeptbeispiel: Hefeteig für Siedegebäcke**

Die indirekte Teigführung ist zu bevorzugen
→ Seite 370.

**Direkte Teigführung**

| | |
|---|---|
| 1000 g | Weizenmehl, Type 550 |
| 400 g | Vollmilch |
| 60 g | Hefe |
| 120 g | Butter oder Backmargarine |
| 100 g | Zucker |
| 100 g | Vollei (2 Stück) |
| 100 g | Eigelb (5 Stück) |
| 10 g | Salz |
| | Zitronen- und Vanillearoma |
| **1890 g** | **Teiggewicht** |

**Indirekte Teigführung**

**Vorteig:**

| | |
|---|---|
| 400 g | Weizenmehl, Type 550 |
| 300 g | Vollmilch |
| 60 g | Hefe |
| **760 g** | **Vorteig** |

Teigausbeute: 175
Teigtemperatur: 26 °C
Vorteig intensiv kneten
Stehzeit: 30 bis 40 Minuten

**Hefeteig (Hauptteig):**

| | |
|---|---|
| 760 g | Vorteig |
| 600 g | Weizenmehl, Type 550 |
| 100 g | Vollmilch |
| 120 g | Butter oder Backmargarine |
| 100 g | Zucker |
| 100 g | Vollei (2 Stück) |
| 100 g | Eigelb (5 Stück) |
| 10 g | Salz |
| | Zitronen- und Vanillearoma |
| **1890 g** | **Teiggewicht** |

**Teigtemperatur:** 26 °C

**Knetzeit im Spiralkneter:** 2 Minuten Langsamgang, 7 Minuten Schnellgang

**Teigruhe:** 2 × 15 Minuten
Nach 15 Minuten den Teig zusammenstoßen und weitere 15 Minuten Teigruhe geben.

**Pressengewicht:** 1400 g

**Aufarbeiten:** Die Pressen zu runden Teiglingen schleifen.
Die glatten Teiglinge mit dem Schluss nach unten auf bemehlte Tücher setzen, z. B. auf Kippdielen (mit Tüchern bespannte Holzrahmen).

*Runde, glatte Teiglinge zur Gare*

**Gare:** Gärraumtemperatur: 35 °C
relative Luftfeuchte: 75 %
Nach ca. ¾ Gare die Teiglinge aus dem Gärraum nehmen und in kühler Umgebung kurze Zeit absteifen lassen, bis die Teigoberfläche eine leichte Haut bekommt.

**Siedefetttemperatur beim Backen:** 175 bis 180 °C

## Backen der Siedegebäcke

Zuerst die Oberseite der Siedegebäcke backen und dann die Unterseite.
Jede Seite der Gebäcke zweimal backen.

- **1. Backphase**, ca. 3 Minuten:
  Die Teiglinge mit dem Schluss nach oben in das Siedefett einlegen und sofort das Fettbackgerät mit dem Deckel abdecken.
  Durch das Abdecken während der ersten Backphase entsteht im Fettbackgerät Schwaden (Dampf). Die Teighaut der Teigseite über dem Fett bleibt geschmeidig, sodass sich das Volumen vergrößern kann.

- **2. Backphase**, ca. 3 Minuten:
  Wenn die erste Seite braun gebacken ist, werden die Teiglinge umgedreht, sodass die Unterseite der Siedegebäcke gebacken wird.
  Der Deckel wird nun nicht mehr auf das Fettbackgerät gelegt, da sonst die Kruste der bereits gebackenen Seite aufweicht.
  In dieser Backphase entsteht ein weißer Rand in der Mitte der Siedegebäcke, der sogenannte „Kragen".

- **3. und 4. Backphase**, jeweils ca. 2,5 Minuten:
  Die Ober- und Unterseite der Gebäcke zweimal backen.
  Durch das zweimalige Backen wird die dünne Kruste stabiler und die Gebäcke fallen beim Abkühlen nicht ein. Die Gebäcke behalten somit ihre Form und die glatte Kruste.

- Vor dem Herausnehmen empfiehlt es sich, die Gebäcke mit einem Gitter ca. 10 Sekunden in das Siedefett zu tauchen, damit der helle Rand stabiler und nicht faltig wird.
- Nach dem Backen das Gitter mit den Gebäcken auf das Abstellblech des Fettbackgeräts schräg stellen, damit das Siedefett ablaufen kann.

**Entstehung des hellen Streifens der Siedegebäcke**
Die Teiglinge sind gut gelockert. Deshalb taucht der mittlere Teil der Teiglinge beim Backen nicht in das Siedefett ein und bleibt hell. Ein breiter heller Streifen, der auch als Kragen der Gebäcke bezeichnet wird, ist ein Merkmal gut gelockerter Siedegebäcke.

*Backen im Siedefett*

**Füllen der Berliner**
Sofort nach dem Backen werden die Berliner gefüllt.
Mögliche Füllungen sind:
- Konfitüre, z. B.
  - Aprikosenkonfitüre, mit Rum abgeschmeckt
  - Mehrfruchtkonfitüre
  - Hagebuttenkonfitüre (Hiffenmark)

- Vanillecreme
- Eierlikörcreme (Vanillecreme mit Eierlikör oder Eierlikörpaste),
- Schokoladencreme (Schokoladenpudding)

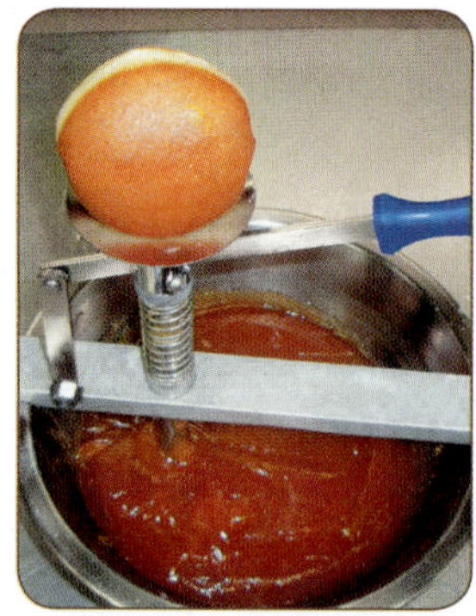

*Füllen der Berliner*

**Möglichkeiten zum Fertigstellen der Berliner**

- **Berliner mit Puderzucker:**
  Die Oberfläche der gefüllten Berliner sofort nach dem Backen in Zucker legen, damit die Zuckerkristalle haften bleiben, und leicht mit Puderzucker bestauben. Durch die Zuckerkristalle auf der Oberfläche fällt der Puderzucker nicht von den Berlinern.
- **Berliner, glasiert:**
  Die Berliner bis zum weißen Rand aprikotieren und in Fondant tauchen.

*Berliner mit Puderzucker und glasierter Berliner*



**Äußere Merkmale von Berlinern mit hoher Qualität**

- rundlich ovale Form mit großem Volumen, das die lockere Beschaffenheit erkennen lässt
- breiter heller Rand
- glatte Kruste

*Berliner mit bester Qualität*

Besonders große und runde Berliner mit sehr breitem Rand sind zu großporig und deshalb etwas trocken mit geringem Geschmack.

## Bekannte Siedegebäcke aus Hefeteig

| Siedegebäcke | Typische Besonderheit |
|---|---|
| *Ausgezogene* | dicker Rand und hauchdünnes Mittelteil, manchmal mit Sultaninen, in Zimtzucker gewälzt, mit Puderzucker bestaubt oder unbehandelt |
| *Zimtnudeln* | längliche, ungefüllte oder gefüllte Siedegebäcke, die nach dem Backen in Zimtzucker gewälzt werden |
| *Apfelkrapfen* | ausgerollter Teig, mit geschnittenen Äpfeln belegt und zusammengerollt; nach dem Backen in Zimtzucker gewälzt |
| *Donut* | ringförmige Siedegebäcke, die häufig mit Backpulver, statt mit Hefe gelockert werden |

**Siedegebäcke in Eier tauchen**

Einen besonders guten Geschmack und ein schönes, fransiges Aussehen bekommen Ausgezogene und Zimtnudeln, wenn sie in Eier getaucht werden.

- Eier in einer Schüssel leicht verrühren.
- Jede Seite der Siedegebäcke einmal backen, aus dem Siedefett nehmen und leicht abkühlen lassen, damit sie angefasst werden können.
- Die Siedegebäcke in die Eier tauchen, sofort wieder in das Fettbackgerät geben und nur noch kurz backen, bis die Eier gerinnen.

Beim Backen bleiben Rückstände der Eier im Siedefett, das deshalb durchgesiebt werden sollte, um die Verunreinigungen zu entfernen.

*Zimtnudeln in Eier getaucht*

## Besonderheiten der Siedegebäcke

**Der Hefeteig**
- Es ist ein leichter, fettarmer Hefeteig.
- Der Hefeteig besitzt einen wesentlich höheren Eier- und Eigelbanteil als die Hefeteige für andere Gebäcke.

**Das Backen**
- Siedegebäcke werden schwimmend in heißem Fett gebacken, wobei das frische Siedefett den Geschmack der Gebäcke positiv beeinflusst.

**Fettgehalt der Siedegebäcke**
- Siedegebäcke sind relativ fettarme Gebäcke, da im Hefeteig wenig Fett enthalten ist und sie nur an der dünnen Kruste etwas Fett aufnehmen.

### Warum Siedegebäcke relativ fettarm sind

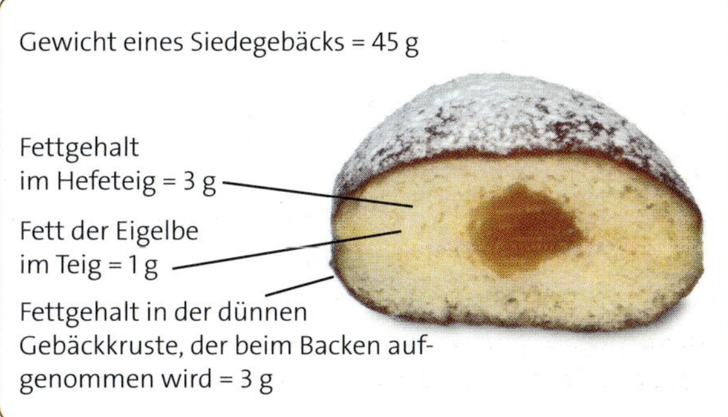


*Berechnung des Fettgehalts für ein Stück eines Siedegebäcks*

Ein Siedegebäck von 45 g enthält ca. 7 g Fett ≙ ca. 16 %.

Zum Vergleich:
Kuchen aus Sandmasse enthalten wegen der vielen Eier ca. 30 % Fett und Mürbeteiggebäcke aus 1-2-3-Mürbeteig ca. 33 %.

**Bedeutung des Fettgehalts in Siedegebäcken**
- Der geringe Fettgehalt im Hefeteig ergibt die feinporige, zarte Krume der Siedegebäcke.
- Der aufgenommene Fettgehalt beim Backen an der dünnen Kruste fördert den Geschmack der Siedegebäcke.

Der Begriff Fettgebäck bezieht sich nur auf das Backen im Siedefett, ist jedoch nicht werbewirksam, weil Verbraucher fälschlicherweise meinen, dass das Gebäck fettreich sei.

## Siedefett

**Anforderungen an das Siedefett**
Zum Backen von Siedegebäcken wird geschmacksneutrales Siedefett verwendet, dessen Rauchpunkt erheblich über der Backtemperatur von 180 °C liegt. Ideal ist Erdnussfett mit einem Rauchpunkt von ca. 230 °C.

*Frisches Siedefett*

**Veränderung des Siedefetts beim Backen**
Durch mehrmaliges Aufheizen und Backen sinkt der Rauchpunkt des Siedefetts zunehmend. Hat das Siedefett den Rauchpunkt der Backtemperatur von 180 °C erreicht, ist es verdorben und somit gesundheitsschädlich. Deshalb muss das Siedefett schon vorher erneuert und entsorgt werden.

### Wirkung des Siedefetts auf die Siedegebäcke

- Frisches Siedefett wirkt sich geschmacklich positiv auf die Siedegebäcke aus.
- Durch altes Siedefett bekommen die Gebäcke einen unangenehmen Geschmack und sind dadurch nicht mehr so bekömmlich.

### Erkennungsmerkmale von verbrauchtem Siedefett

- Das Fett ist sehr dunkel bis schwarz.
- Das Fett schäumt ohne Backgut.
- Das Fett raucht und qualmt bei der Backtemperatur von 180 °C, was einen unangenehm stechenden Fettgeruch ergibt.

### Reinigen des Fettbackgeräts

- Verbrauchtes Siedefett komplett aus dem Fettbackgerät entleeren und gesondert entsorgen. Gebrauchtes Siedefett lässt sich durch Auffüllen von frischem Fett nicht erneuern. Deshalb immer das gesamte Fett auswechseln.
- Fettbackgerät sauber mit Spülmittel auswaschen, mit klarem Wasser nachspülen, damit die Spülmittelreste entfernt werden, und trocken wischen. Das neue Fett würde sich in Verbindung mit Spülmittel sofort zersetzen.

### Auffüllen des Fettbackgeräts

Festes Siedefett auflösen und in das gereinigte Fettbackgerät gießen, bis die Heizschlangen umspült sind. Erst dann kann festes Siedefett aufgefüllt werden.

Würde man nur festes Siedefett in das Fettbackgerät geben, würden die frei liegenden Heizschlangen beim Aufheizen zu heiß werden und das frische Fett durch Überhitzung schädigen.

Benutztes Siedefett sollte man regelmäßig durchsieben, da Rückstände vom Backen, z. B. Mehl der Teiglinge, die Haltbarkeit des Siedefetts wesentlich verkürzen.

### Aufheizen des Siedefetts vor dem Backen

Das Siedefett bei ca. 100 °C auflösen und erst dann die Temperatur auf 175 bis 180 °C schalten.
Zu heißes Siedefett, über 180 °C, verdirbt schneller.
Nach dem Backen sollte das Fettbackgerät mit dem Deckel abgedeckt werden.

*Zu flaches Siedegebäck, mit zu schmalem hellen Rand*

LF 4

## Fehler bei Siedegebäcken aus Hefeteig

| Gebäckfehler | Mögliche Ursachen |
|---|---|
| • zu kleine Siedegebäcke<br>• zu schmaler weißer Rand der Siedegebäcke<br>• zu geringe Lockerung der Siedegebäcke | • zu kurze Gare und somit zu wenig Lockerungsgase<br>• Backen in der ersten Backphase ohne Deckel |
| • zu flache Siedegebäcke<br>• faltige Gebäckkruste<br>• zu kleiner und eingefallener weißer Rand der Siedegebäcke<br>• zu fettige Siedegebäcke | • zu lange Gare<br>• zu geringe Siedefetttemperatur verschließt die Poren der Teiglinge nicht so schnell, sodass diese viel Fett aufnehmen |
| • faltige Gebäckkruste<br>• zu schwach ausgebackene Gebäckkrume<br>• eingefallener weißer Rand | • zu kurze Backzeit<br>• zu hohe Siedefetttemperatur und somit zu kurze Backzeit<br>• jede Seite der Siedegebäcke wurde nur einmal gebacken |
| • unangenehmer Geschmack der Siedegebäcke und schlechte Bekömmlichkeit der Gebäcke | • Siedegebäcke in verbrauchtem Siedefett gebacken |
| • unansehnliche Druckstellen der Berliner beim Verkauf | • die lockeren Berliner wurden beim Verkauf übereinandergestapelt |

## Verkaufsargumente

**Qualitätsmerkmale für die Kundenberatung**

- Siedegebäcke werden aus einem leichten, fettarmen Hefeteig mit einem hohen Anteil an Eiern und Eigelben hergestellt.
- Die relativ fettarmen Siedegebäcke sind gut bekömmlich, obwohl sie im Siedefett gebacken werden. Sie werden aus fettarmem Hefeteig hergestellt und nehmen nur beim Backen an der dünnen Kruste etwas Fett auf.
- Es sind lockere und weiche, zarte Gebäcke.
- Die Siedegebäcke haben einen aromatischen, frischen Hefeteiggeschmack mit geschmackvoller Füllung.

**Frischhaltung**

Je frischer die Siedegebäcke gegessen werden, desto wohlschmeckender sind sie. Sie sollten zumindest am Tag der Herstellung verzehrt werden.

**Besondere Eignung der Siedegebäcke**

- Siedegebäcke aus Hefeteig eignen sich besonders zu Kaffee und Tee.
- Die lockeren, gut bekömmlichen Siedegebäcke sind bei Kindern sehr beliebt, auch zum Kindergeburtstag.
- Traditionell sind sie im Karneval und zu Silvester begehrt.

## Aufgaben

1. Erläutern Sie den Begriff „Siedegebäcke".
2. Nennen Sie die Besonderheiten des Hefeteigs für Siedegebäcke.
3. Begründen Sie, warum Hefeteig für Siedegebäcke sehr eigelbreich sein soll.
4. Erstellen Sie jeweils ein Rezept eines Hefeteigs für Siedegebäcke bei direkter und indirekter Führung.
5. Nennen Sie die Gärzeit der Teiglinge und beschreiben Sie die Behandlung nach der Gare.
6. Bei welcher Siedefetttemperatur werden Siedegebäcke gebacken?
7. Beschreiben Sie das Backen der Siedegebäcke.
8. Erklären Sie, wie der helle Streifen in der Mitte der Siedegebäcke entsteht.
9. Nennen Sie Füllungen, mit denen Berliner gefüllt werden können.
10. Erläutern Sie, wie Berliner nach dem Füllen fertiggestellt werden können.
11. Nennen Sie die äußeren Merkmale der Berliner mit hoher Qualität.
12. Zählen Sie verschiedene Siedegebäcke auf.
13. Ausgezogene und Zimtnudeln können zur Verbesserung und Verschönerung des Aussehens in Eier getaucht werden. Beschreiben Sie den Vorgang.
14. Erklären Sie die Bedeutung des geringen Fettanteils in Siedegebäcken.
15. Beschreiben Sie die Anforderungen an das Siedefett und erläutern Sie, wie es sich beim mehrmaligen Backen verändert, sodass verbrauchtes Fett erneuert werden muss.
16. Wie wirkt sich frisches und altes Siedefett auf die Siedegebäcke aus?
17. Nennen Sie drei Merkmale des verbrauchten Siedefetts.
18. Beschreiben Sie das Reinigen des Fettbackgeräts.
19. Erläutern Sie, wie ein Fettbackgerät mit frischem Siedefett aufgefüllt wird und wie das Siedefett jeweils vor dem Backen wieder aufgeheizt wird.
20. Nennen Sie die möglichen Ursachen folgender Fehler bei Siedegebäcken:
    - zu kleine Gebäcke, zu schmaler weißer Rand, zu geringe Lockerung
    - zu flache Gebäcke, faltige Kruste, zu kleiner und eingefallener weißer Rand, zu fettige Gebäcke
    - eingefallene, faltige Kruste, zu schwach ausgebackene Krume, eingefallener weißer Rand
    - unangenehmer Gebäckgeschmack und schlechte Bekömmlichkeit der Gebäcke
    - unansehnliche Druckstellen der Berliner beim Verkauf
21. Nennen Sie die Qualitätsmerkmale der Siedegebäcke bei der Kundenberatung.
22. Geben Sie Auskunft über die Frischhaltung der Siedegebäcke.
23. Erklären Sie, wofür sich Siedegebäcke besonders eignen.
24. Damit den Kunden viele verschiedene Berliner angeboten werden können, sollen Sie Vorschläge für mögliche Füllungen machen. Dabei sollen Sie nicht nur herkömmliche, sondern auch besondere Füllungen vorschlagen.

LF 4

## 17.6 Gebäcke aus schwerem Hefeteig

Schwere Hefeteige enthalten viel Fett im Teig. Deshalb sind diese Hefeteiggebäcke besonders mürbe sowie geschmackvoll und halten lange frisch.

| Gebäcke | Besonderheiten |
|---|---|
| Stollen | Weihnachtsgebäcke mit verschiedenen Gewürzen und vielen Früchten wie Sultaninen, Zitronat, Orangeat, Mandeln |
| Osterfladen, Osterbrote | runde Ostergebäcke mit Früchten wie Sultaninen, Zitronat, Orangeat, Mandeln |
| Panettone | ein hoher Weihnachtskuchen aus Italien mit einem geringeren Früchteanteil als die Stollen |

Weitere Gebäcke sind Nussbeugel und Brioches.

### Stollen

Das ursprünglich roggenhaltige Früchtebrot verbesserte man mit hellem Weizenmehl, Schmalz und später Butter sowie verschiedenen Trockenfrüchten und Mandeln.

LF 4

Im Mittelalter war die Herstellung der Stollen nicht ganz einfach, da die stille, besinnliche Vorweihnachtszeit als strenge Fastenzeit galt. Außerdem war in dieser ärmeren Zeit der Gebrauch von Butter für Backwaren verboten.

*Verschiedene Stollenarten*

Erst 1650 erwirkte der Kurfürst von Sachsen die Aufhebung des Butterverbots, sodass der schon längst beliebten Stollenherstellung nichts mehr im Wege stand. Die Dresdner Bäcker verfeinerten den Stollen in seiner Rezeptur und in der Fertigstellung. Deshalb gilt der Stollen als ein aus Sachsen stammendes Backwerk, das später in ganz Deutschland hergestellt wurde und auf der ganzen Welt bekannt und beliebt ist.

Die Qualität der verschiedenen Stollenarten ist in den Leitsätzen geregelt.

| Bestimmungen der Leitsätze | |
|---|---|
| **Stollenarten** | Die Prozentzahlen beziehen sich auf das Mehl im Hefeteig |
| **Stollen** | mindestens 30 % Butter oder 30,8 % Margarine, mindestens 60 % Trockenfrüchte |
| **Butterstollen** | mindestens 40 % Butter, kein anderes Fett darf verwendet werden, mindestens 70 % Trockenfrüchte |
| **Mandelstollen** | mindestens 30 % Butter oder 30,8 % Margarine, mindestens 20 % Mandeln, eine Zugabe von Persipanrohmasse ist nicht üblich |
| **Dresdner Stollen** | mindestens 40 % Fett, davon mindestens die Hälfte Butter, mindestens 70 % Trockenfrüchte und mindestens 10 % Mandeln und/oder die entsprechende Menge Marzipanrohmasse, eine Zugabe von Persipanrohmasse ist nicht üblich |
| **Quarkstollen** | mindestens 20 % Butter oder 20,5 % Margarine, mindestens 40 % Quark |
| **Mohnstollen, Nussstollen** | mindestens 30 % Butter oder 30,8 % Margarine, mindestens 20 % Mohn bzw. 20 % Nüsse, die jeweils zu einer Füllung angemacht werden |
| **Marzipanstollen, Persipanstollen** | mindestens 30 % Butter oder 30,8 % Margarine, mindestens 5 % Marzipan- bzw. Persipanrohmasse, bezogen auf das Stollengewicht, bei Marzipanstollen ist die Verwendung von Persipanrohmasse nicht erlaubt |

Der Stollen ist ein typisches Gebäck für die Weihnachtszeit, deshalb wird er häufig als Christstollen oder Weihnachtsstollen bezeichnet.
Der Name Stollen kommt von Pfosten oder Stütze, im christlichen Glauben mit der tragenden Kraft des Jesuskindes gleichgesetzt.

*Stollen*

**Besonderheiten der Stollenarten**

- Mandel-, Mohn-, Nuss- und Quarkstollen sind Stollen ohne Sultaninen.
- Marzipanstollen enthalten in der Mitte eine Rolle Marzipanrohmasse.
- Quarkstollen werden meistens mit Backpulver gelockert, da durch den Quarkanteil zu wenig Wasser im Teig für die Hefegärung übrig wäre. Quarkstollen werden wie Stollen außen mit flüssiger Butter bestrichen und in Zucker gewälzt, gehören jedoch nicht zu den Hefeteiggebäcken.

*Quarkstollen, gebacken*

*Fertiger Quarkstollen*

**Bestimmungen der Leitsätze**

„Dresdner Stollen" ist eine Herkunftsbezeichnung. Sie dürfen nur in der Umgebung von Dresden hergestellt werden. Auch der Begriff „Stollen nach Dresdner Art" darf außerhalb dieses Schutzgebiets nicht verwendet werden.

Der Hefeteig für Stollen wird wegen des hohen Fettgehalts und somit geringen Wasseranteils grundsätzlich mit Vorteig hergestellt.

**Rezeptbeispiel: Butterstollen**

**Vorteig:**

| | |
|---|---|
| 250 g | Weizenmehl, Type 550 |
| 200 g | Milch |
| 100 g | Hefe |
| **550 g** | **Vorteig** |

Teigtemperatur: 25 °C

Vorteig intensiv kneten

Stehzeit: ca. 45 Minuten

**Hefeteig (Hauptteig):**

| | |
|---|---|
| 550 g | Vorteig |
| 750 g | Weizenmehl, Type 550 |
| 500 g | Butter |
| 120 g | Zucker |
| 50 g | Vollei (1 Stück) |
| 20 g | Eigelb (1 Stück) |
| 12 g | Salz |
| 10 g | Stollengewürz |
| | Zitronen- und Vanillearoma |
| **2 012 g** | **Hefeteig** |

Teigtemperatur: 25 °C

Knetzeit im Spiralkneter:
4 Minuten Langsamgang,
4 Minuten Schnellgang

Bei längerem Kneten im Schnellgang würde sich die Butter zu stark erwärmen, sodass sich die ölige Butter nicht mehr mit dem Mehl bindet.

Teigruhe: ca. 30 Minuten

**Früchte:**

| | |
|---|---|
| 800 g | Sultaninen |
| 100 g | Rum |
| 200 g | gestiftelte Mandeln oder grob gehackte Mandeln |
| 75 g | Orangeat |
| 75 g | Zitronat |
| **3 262 g** | **Stollenteig** |

Die Früchte nach der Teigruhe im Langsamgang in den Hefeteig unterarbeiten, bis sie gleichmäßig vermischt sind.

### Herrichten der Früchte für den Hefeteig

- Die gewaschenen Sultaninen einen Tag vorher mit Rum vermischen, gut abdecken und bei warmer Raumtemperatur bis zur Verarbeitung stehen lassen. Die Sultaninen nehmen das Rumaroma auf.
- Mit den Sultaninen sollten auch die Mandeln sowie Zitronat und Orangeat gemischt werden, damit auch sie ebenso temperiert in den Teig kommen.
- Die Mandeln sollten so groß sein, dass sie im Stollen einen Biss aufweisen. Entweder gestiftelte Mandeln verwenden oder geschälte Mandeln zu größeren Mandelstückchen hacken.

Alle Früchte bei Raumtemperatur temperiert unter den Hefeteig mischen, damit der Teig nicht abkühlt.

*Früchte in den Hefeteig unterarbeiten*

*Früchte gleichmäßig im Hefeteig verteilt*

## Aufarbeiten der Stollen



Den Teig abwiegen, rundwirken und zu gleichmäßigen Teigrollen formen. Die Teigrollen etwas entspannen lassen.

Häufige Stollengewichte:

- 1050 g für 1000-g-Stollen
- 800 g für 750-g-Stollen
- 550 g für 500-g-Stollen

*Rundgewirkte Teiglinge zu Rollen formen*

### Klassische, traditionelle Aufarbeitung

Die Teigrollen in der Mitte mit dem Rundholz eindrücken und den Mittelteil flach rollen, sodass oben ein kleinerer und unten ein etwas größerer Teigwulst entsteht.

Auf dem größeren Teigwulst mit dem Rundholz eine Kerbe eindrücken.

Den kleinen Teigwulst auf die Kerbe des größeren legen.

*Flachrollen des Mittelstücks und Einkerben des größeren Teigwulstes*

*Stollen klassisch aufgearbeitet*

*Aufgeschnittener Stollen*

### Stollen in Stollenformen gebacken

Die Teigrollen in gefettete Stollenformen mit dem Schluss nach oben legen.

Die Kruste, der in Formen gebackenen Stollen, ist etwas weicher als die Kruste bei freigeschobenen Stollen.

*Teigrollen in Stollenform*

### Marzipanstollen

Marzipanstollen enthalten in der Mitte eine Rolle Marzipanrohmasse.

Die Teigrollen kurz entspannen lassen und flach drücken. Jeweils eine Rolle aus Marzipanrohmasse auflegen und den Stollenteig über die Marzipanrohmasserolle schlagen, sodass sie sich in der Mitte der Stollen befindet. Die Teigrollen in Stollenformen einlegen.

### Gare

Die Stollen nach kurzer Gare von ca. 10 Minuten in der Backstube (nicht im Gärraum) in den Backofen schieben. Stollenformen vor dem Einschieben in den Ofen mit Deckeln abdecken.

Stollen mit weniger Butter im Hefeteig benötigen eine längere Gare.

**Backen:** 200 °C
**Backzeit:** Bei 1000-g-Stollen:
ca. 55 Minuten bei freigeschobenen Stollen (ohne Formen)
ca. 60 Minuten bei Stollen in Formen

*Fertig gebackene Stollen*

## Fertigstellen der Stollen

### Buttern

Die noch warmen Stollen, ca. 50 °C, satt mit flüssiger Butter bzw. Butterreinfett bestreichen, auch am Boden, oder die Stollen kurz in flüssige Butter tauchen.

*Stollen mit Butter bestreichen*

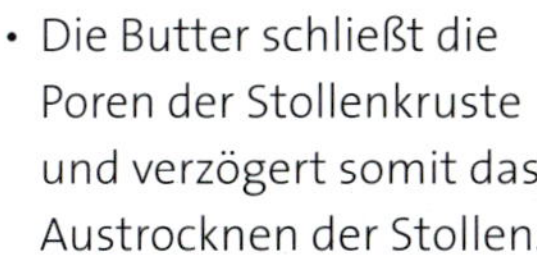

- Die Butter schließt die Poren der Stollenkruste und verzögert somit das Austrocknen der Stollen.
- Die Butter weicht die trockene Stollenkruste etwas auf und macht sie mürbe.

### Zuckern

Die gefetteten Stollen in Vanillezucker wälzen, sodass an der gesamten Oberfläche, auch am Boden, die Zuckerkristalle haften.

*Stollen in Vanillezucker wälzen*

Die anhaftenden Zuckerkristalle an der Stollenoberfläche ziehen bei der Lagerung Luftfeuchtigkeit an, sodass die Kruste mürbe bleibt und nicht hart wird.
Am nächsten Tag werden die abgekühlten Stollen leicht mit süßem Schnee (Dekorpuder) und dann mit Puderzucker bestaubt. Der süße Schnee schmilzt nicht und verhindert bei den verpackten Stollen puderzuckerfreie Stellen.

### Verpackungsmöglichkeiten für Stollen

- Stollen in mit Weihnachtsmotiven bedruckten Stollenschlauch schieben. Die beiden Enden mit Klips oder mit Ringelband verschließen.
- Die Stollen in Schrumpffolie einschweißen.

*Stollen im Stollenschlauch und eingeschweißter Stollen*

## Fehler bei Stollen

| Stollenfehler | Ursachen |
|---|---|
| • zu dünne und zu helle Kruste<br>• eingefallene Stollen | zu kurze Backzeit – ungenügend ausgebackene Stollen |
| zu dicke Kruste | zu lange Backzeit |
| zu dunkle Kruste | • zu hohe Backhitze<br>• zu lange Backzeit |
| zu dunkler Boden der freigeschobenen Stollen | zu starke Unterhitze – auf Unterblechen backen oder 20 °C geringere Unterhitze als Oberhitze |
| • speckige Krume<br>• Wasserstreifen im unteren Teil der Krume | • zu junger Teig – zu kurze Teigruhe<br>• zu kurze Backzeit – Stollen sind ungenügend ausgebacken |
| ungleichmäßig verteilte Früchte in der Krume | die Früchte wurden zu kurz untergearbeitet, sodass sie im Hefeteig nicht gleichmäßig vermischt waren |
| verfärbte, dunklere Krume | die Sultaninen wurden zu intensiv im Schnellgang in den Teig geknetet und dabei zerquetscht |

*Stollenfehler –*
*links: zu dicke Kruste;*
*rechts: zu helle Kruste und ungleichmäßig verteilte Früchte*

## Mohn- und Nussstollen

**Rezeptbeispiel: Hefeteig für vier Mohn- oder Nussstollen**

**Vorteig**:

| | |
|---|---|
| 400 g | Weizenmehl, Type 550 |
| 350 g | Milch |
| 70 g | Hefe |
| **820 g** | **Vorteig** |

Vorteigtemperatur: 26 °C
Vorteig intensiv kneten
Stehzeit: ca. 30 Minuten

**Hefeteig (Hauptteig):**

| | |
|---|---|
| 820 g | Vorteig |
| 600 g | Weizenmehl, Type 550 |
| 400 g | Butter |
| 120 g | Zucker |
| 100 g | Vollei (2 Stück) |
| 10 g | Salz |
| 10 g | Stollengewürz |
| | Zitronen- und Vanillearoma |
| **2 060 g** | **Hefeteig** |

Knetzeit im Spiralkneter:
4 Minuten Langsamgang,
4 Minuten Schnellgang
Bei längerem Kneten im Schnellgang würde sich die Butter erwärmen, sodass der Hefeteig brandig wird und reißt.

Teigruhe: ca. 30 Minuten

**Früchte:**

| | |
|---|---|
| 200 g | gestiftelte oder grob gehackte Mandeln |
| 100 g | Zitronat |
| 100 g | Orangeat |
| **2 460 g** | **Stollenteig** |

Die Früchte nach der Teigruhe im Langsamgang in den Hefeteig unterarbeiten, bis sie gleichmäßig vermischt sind.

*Einrollen des mit Füllung bestrichenen Teigs und Einlegen in die Kastenformen*

**Rezeptbeispiel: Mohnfüllung für vier Stollen**

| | | |
|---|---|---|
| 300 g | Milch | Milch, Zucker und Butter kochen. |
| 350 g | Zucker | |
| 150 g | Butter | |
| 600 g | gemahlener Mohn | Die Zutaten in die kochende Flüssigkeit einrühren. |
| 100 g | Vollei (2 Stück) | |
| 100 g | süße Brösel | |
| | 1 Prise Salz (ca. 2 g) | |
| | Vanillearoma, Zimt | |
| **1 600 g** | **Mohnfüllung** | |

**Rezeptbeispiel: Nussfüllung für vier Stollen**

| | | |
|---|---|---|
| 250 g | Milch | Milch, Zucker und Butter kochen. |
| 300 g | Zucker | |
| 150 g | Butter | |
| 700 g | geröstete, geriebene Haselnüsse | Die Zutaten in die kochende Flüssigkeit einrühren. |
| 100 g | süße Brösel | |
| 100 g | Vollei (2 Stück) | |
| | 1 Prise Salz (ca. 2 g) | |
| | Vanillearoma, Zimt | |
| **1 600 g** | **Nussfüllung** | |

**Aufarbeiten der Mohn- bzw. Nussstollen**

- Vier 600-g-Teigstücke abwiegen.
- Die Teigstücke 40 × 25 cm ausrollen.
- Mohn- bzw. Nussfüllung gleichmäßig bis zum Rand aufstreichen.
- Den Hefeteig von beiden Breitseiten gegeneinander einrollen und in die Kastenform legen.
- Die Formen einfetten. Ideal sind Toastbrotformen oder Kastenformen ähnlicher Größe.

Auch Stollenformen eignen sich für Mohn- und Nussstollen. Dabei wird jedoch der mit Füllung bestrichene Hefeteig von der Längsseite her rouladenförmig eingerollt und in die Stollenformen gegeben.

| | |
|---|---|
| **Gare:** | knappe Gare, ca. ¾ Gare |
| **Backtemperatur:** | 190 °C |
| **Backzeit:** | 45 bis 50 Minuten |

LF 4

*Mohn- und Nussstollen*

### Fertigstellen der Stollen

- Die noch warmen Mohn- bzw. Nussstollen, ca. 50 °C, mit flüssiger Butter oder Butterreinfett auf allen Seiten, auch am Boden, bestreichen.
- Die Mohn- bzw. Nussstollen in Vanillezucker wälzen.
- Die abgekühlten Stollen zuerst etwas mit Dekorpuder (süßem Schnee) und dann mit Puderzucker bestauben. Süßer Schnee schmilzt nicht, sodass die Stollen keine zuckerfreien Stellen bekommen.
- Die Mohn- und Nussstollen einschweißen. Auch halbe Stollen können eingeschweißt werden, damit die Schnittfläche sichtbar ist.

## Osterfladen (Osterbrote)

Osterfladen, auch Osterbrot genannt, sind typische Ostergebäcke, die in Bezug auf die Zutaten mit Stollen vergleichbar sind. Sie enthalten jedoch etwas weniger Früchte und kein Stollengewürz.

*Osterfladen (Osterbrote)*

**Rezeptbeispiel: Osterfladen (Osterbrote)**

**Vorteig:**

| | |
|---|---|
| 300 g | Weizenmehl, Type 550 |
| 250 g | Milch |
| 80 g | Hefe |
| **630 g** | **Vorteig** |

Teigtemperatur: 26 °C
Vorteig intensiv kneten
Stehzeit: ca. 30 Minuten

**Hefeteig (Hauptteig):**

| | |
|---|---|
| 630 g | Vorteig |
| 700 g | Weizenmehl, Type 550 |
| 120 g | Zucker |
| 400 g | Butter |
| 200 g | Vollei (4 Stück) |
| 10 g | Salz |
| | Zitronen- und Vanillearoma |
| **2 060 g** | **Hefeteig** |

Knetzeit im Spiralkneter:
4 Minuten Langsamgang,
4 Minuten Schnellgang

**Teigruhe:** 30 Minuten

**Früchte:**

| | |
|---|---|
| 400 g | Sultaninen |
| 60 g | Rum |
| 100 g | gestiftelte Mandeln oder grob gehackte Mandeln |
| evtl. 50 g | Orangeat |
| evtl. 50 g | Zitronat |
| **2 720 g** | **Teiggewicht** (mit Orangeat und Zitronat) |

Die Früchte nach der Teigruhe im Langsamgang in den Hefeteig unterarbeiten, bis sie gleichmäßig vermischt sind.

Die Sultaninen einen Tag vorher mit Rum vermischen, zudecken und bei Raumtemperatur aufbewahren und temperiert in den Hefeteig unterarbeiten.

**Teiggewicht je Osterfladen:** 600 g
**Aufarbeiten:** Die abgewogenen Teigstücke rundwirken und mit dem Schluss nach unten auf Backbleche setzen. Die runden Teiglinge dabei etwas flach drücken.

**Gare:** Gärraumtemperatur: 35 °C
relative Luftfeuchte: 70 %

Nach ca. halber Gare die Teiglinge aus dem Gärraum nehmen und weiterverarbeiten.

**Fertigstellen zum Backen**

- Bei halber Gare die Teiglinge mit Eistreiche bestreichen und die Eistreiche antrocknen lassen.
  **Eistreiche:** Vollei und eine große Prise Salz in einem Gefäß mit dem Pinsel verrühren.
- Nach dem Antrocknen der Eistreiche die Teiglinge mit einem scharfen Messer einschneiden – karoförmig oder kreuzweise.
  Karos am besten mit einem elektrischen Messer leicht einschneiden.

**Backen:** 200 °C, ohne Schwadengabe
**Backzeit:** ca. 35 Minuten

**Glasieren**

Häufig werden die Osterfladen (Osterbrote) nach dem Backen aprikotiert und mit Fondant glasiert sowie mit gerösteten, gehobelten Mandeln bestreut → Seite 321.

Unglasierte Osterfladen werden häufig eingeschweißt.

*Osterfladen – karoförmig und kreuzförmig eingeschnitten*

## Weitere Gebäcke aus schwerem Hefeteig

**Nussbeugel** sind Hörnchen, bei denen der schwere Hefeteig die Nussfüllung umhüllt.

*Nussbeugel*

**Panettone** ist ein zylinderförmiger hoher Weihnachtskuchen aus Italien, der dem Gugelhupf (Napfkuchen) ähnlich ist. Der weiche, fettreiche Hefeteig mit Sultaninen, Zitronat und Orangeat wird jedoch in der Rührmaschine geknetet.

**Brioches** sind Hefeteiggebäcke mit hohem Butter- und Eieranteil, die in Formen gebacken werden.

*Panettone*

*Brioches*

**Verkaufsargumente**

**Qualitätsmerkmale für die Kundenberatung**

- Allgemein besitzen die Gebäcke aus schwerem Hefeteig wegen des hohen Fettgehalts eine besonders mürbe Beschaffenheit sowie einen sehr aromatischen Geschmack. Gute Qualitäten zeichnen sich durch den aromatischen Buttergeschmack aus.
- Stollen und Osterfladen haben außerdem noch einen hohen Anteil an geschmackvollen Früchten wie Sultaninen, Zitronat, Orangeat und Mandeln.
- Der geschmackvolle Hefeteig der Mohn-, Nuss- und Quarkstollen wird mit Füllungen ergänzt.
- Panettoni sind lockere und geschmackvolle Hefeteiggebäcke mit etwas Sultaninen, Zitronat und Orangeat.

**Aufbewahrung und Frischhaltung der Gebäcke**

- Gebäcke aus schwerem Hefeteig werden bei nicht zu warmer Raumtemperatur aufbewahrt.
- Durch den hohen Fettgehalt und den geringen Wasseranteil sind die fettreichen Gebäcke lange frisch und lagerfähig. Frisch bedeutet, dass sie längere Zeit ihre mürbe, weiche Beschaffenheit und den guten Geschmack behalten.

**Besondere Eignung**

- Gebäcke aus schwerem Hefeteig eignen sich vorrangig zu Kaffee und Tee.
- Stollen gehören zur gesamten Weihnachtszeit, werden jedoch häufig vorher ab den ersten kühleren Wochen angeboten.
- Osterfladen (Osterbrote) sind typische Gebäcke zur Osterzeit.
- Panettoni sind ursprünglich Hefeteiggebäcke zur Weihnachtszeit, die heute das ganze Jahr über als Kaffeegebäcke angeboten werden.

**Aufgaben**

1. Nennen Sie Gebäcke aus schwerem Hefeteig und geben Sie jeweils deren Besonderheiten an.
2. Nennen Sie einige Stollenarten.
3. Geben Sie die Bestimmungen der Leitsätze folgender Stollen an:
   - Butterstollen
   - Dresdner Stollen
4. Erstellen Sie ein Rezeptbeispiel für Butterstollen.
5. Warum werden schwere Hefeteige mit Vorteig hergestellt?
6. Erläutern Sie, warum schwere Hefeteige nicht zu lange im Schnellgang geknetet werden dürfen.
7. Erklären Sie, wie Sultaninen und die anderen Früchte für den Hefeteig hergerichtet werden und wie sie in den Hefeteig untergearbeitet werden.
8. Beschreiben Sie die Gare und das Backen der Stollen.
9. Erklären Sie das Buttern und Zuckern der Stollen und begründen Sie diese Arbeitsschritte.
10. Wie können Stollen für den Verkauf verpackt werden?
11. Geben Sie die möglichen Ursachen bei folgenden Gebäckfehlern bei Stollen an:
    - zu dünne und zu helle Kruste sowie eingefallene Stollen
    - zu dicke Kruste
    - zu dunkle Kruste
    - zu dunkler Boden der freigeschobenen Stollen
    - speckige Krume und Wasserstreifen im unteren Teil der Krume
    - ungleichmäßig verteilte Früchte in der Krume
    - verfärbte, dunkle Krume
12. Erklären Sie die Herstellung der Osterfladen (Osterbrote):
    - Aufarbeiten
    - Fertigstellen zum Backen
    - Gare
    - Backen
13. Erläutern Sie die Qualitätsmerkmale für die Kundenberatung:
    - allgemein alle Gebäcke aus schwerem Hefeteig
    - Mohn-, Nuss- und Quarkstollen
    - Stollen und Osterfladen
14. Geben Sie Auskunft über die Aufbewahrung und Frischhaltung der Gebäcke aus schwerem Hefeteig.
15. Wofür eignen sich die einzelnen Gebäcke aus schwerem Hefeteig besonders?
16. Zur Weihnachtszeit sollen in Ihrer Bäckerei verschiedene Stollensorten angeboten werden. Hierfür wählen sie entsprechende Rezepte aus und stellen für das Verkaufspersonal die Verkaufsargumente zusammen.

LF 4

## 17.7 Gerührte Hefeteige

Gebäcke aus gerührtem Hefeteig sind

- Gugelhupfe, auch Napfkuchen genannt, und
- Savarins.

**Besonderheiten der gerührten Hefeteige**

- Gerührte Hefeteige sind besonders weich durch den hohen Fettgehalt und vor allem wegen der vielen Eier und Eigelbe.
- Diese masseähnlichen Hefeteige können nicht geknetet werden, sondern werden in der Rührmaschine gerührt.
- Außerdem werden diese weichen Hefeteige in Formen gebacken.

### Gugelhupf

Der Name Gugelhupf kommt vom altdeutschen „Gugel", der Hügel, wegen der hohen Form dieses Hefekuchens. Gebietsweise werden sie als „Napfkuchen" bezeichnet.

Die Gugelhupfform erinnert an die Zeit, als die Türken Wien belagerten (1683). Die Form wurde dem Turban nachgebildet.

Die ringförmige Gugelhupfform hat den backtechnischen Sinn, dass das hohe Hefeteiggebäck sicher durchgebacken werden kann.
In Gugelhupfformen werden häufig auch Marmorkuchen und andere Kuchen aus Sandmasse gebacken → Seite 526.

*Gugelhupf*

**Rezeptbeispiel: Gugelhupf**
**(ergibt vier Gugelhupfe, in Formen mit 20 cm Durchmesser)**

| | | |
|---|---|---|
| **Vorteig:** | | |
| 450 g | Weizenmehl, Type 550 | Teigtemperatur: 25 °C |
| 450 g | Milch | Vorteig intensiv kneten |
| 70 g | Hefe | Stehzeit: ca. 30 Minuten. |
| **970 g** | **Vorteig** | |
| **Hefeteig (Rührteig):** | | |
| 400 g | Butter | Butter, Zucker, Salz und Aromen mit einem grobdrahtigen Rührbesen in der Rührmaschine schaumig rühren. |
| 200 g | Zucker | |
| 15 g | Salz | |
| | Zitronen- und Vanillearoma | |
| 300 g | Vollei (6 Stück) | Eier und Eigelbe nach und nach in die Buttermasse einrühren. |
| 100 g | Eigelb (5 Stück) | |
| 970 g | Vorteig | Den Vorteig und das Mehl gut unterrühren, bis der Teig glatt ist. |
| 550 g | Weizenmehl, Type 550 | |
| **2 535 g** | **Hefeteiggewicht** | |
| **Früchte:** | | |
| 250 g | Sultaninen | Die Früchte in den fertig gerührten Hefeteig einrühren, bis sie gleichmäßig vermischt sind. |
| 70 g | Zitronat | |
| 130 g | Mandeln, gestiftelt | |
| **2 985 g** | **Teiggewicht** | |

LF 4

**Formen:** Gugelhupfformen gut einfetten und bemehlen. Die Formen ca. $^2/_3$ mit Hefeteig füllen.

*Gugelhupfteig in Formen gefüllt*

**Gare:** Bei knapper Gare, ca. 15 Minuten, in den Backofen schieben.

**Backen:** 200 °C

*Gugelhupf in einer Form gebacken*

*Gugelhupfe aus den Formen gestürzt*

**Backzeit:** ca. 45 Minuten
Die Gugelhupfe erst ca. 5 Minuten nach dem Backen aus den Formen stürzen.

**Fertigstellen**

- Die Gugelhupfe aprikotieren, mit Fondant glasieren (→ Seite 321) und evtl. mit gehobelten gerösteten Mandeln bestreuen. Oder:
- Die abgekühlten Gugelhupfe mit Puderzucker bestauben.

*Glasierte Gugelhupfe*

## Savarins

Savarins sind eine französische Dessertspezialität, die aus einem gerührten Hefeteig hergestellt wird.
Der Hefeteig ist besonders eierreich und deshalb sehr weich, sodass er in der Rührmaschine gerührt wird.
Die Besonderheiten dieser ringförmigen Desserts sind:

- Die kleinen Hefeteigringe werden in Rumtränke getaucht, sodass sie sehr saftig sind.
- Sie werden aprikotiert und mit Fondant glasiert.
- Die Mitte der Hefeteigringe wird mit Schlagsahne gefüllt.
- Auf die Schlagsahne werden Früchte gelegt, die geliert werden.

*Savarins*

**Verkaufsargumente**

**Qualitätsmerkmale für die Kundenberatung**

- Gugelhupfe (Napfkuchen) sind ei- und fettreiche Hefeteiggebäcke mit Sultaninen und Mandeln. Sie sind mürbe und sehr geschmackvoll.
- Savarins sind besonders eierreiche Hefeteigringe, die in Rumtränke getaucht werden. Es sind somit saftige, nach Rum schmeckende Hefeteigdesserts, bei denen der Hefeteigring mit Schlagsahne gefüllt und mit frischen Früchten garniert wird.

**Aufbewahrung und Frischhaltung der Gebäcke**

- Gugelhupfe sollen möglichst frisch verkauft werden. Sie sind bei den Kunden bei nicht zu warmer Raumtemperatur einige Tage frisch und somit lagerfähig, weil sie einige Zeit mürbe bleiben und den vollen Hefeteiggeschmack behalten.
- Savarins sollen wegen der Sahnefüllung und der frischen Früchte darauf am Tag der Herstellung gegessen werden.

**Besondere Eignung**

- Gugelhupfe sind Hefeteiggebäcke zum täglichen Kaffee und Tee.
- Savarins sind feine Hefeteigdesserts zum Kaffee und sind passend für die festliche Kaffeetafel.
- Die in Rum getränkten Savarins sind nicht für Kinder geeignet.

**Aufgaben**

1. Nennen Sie Gebäcke aus gerührtem Hefeteig.
2. Geben Sie die Besonderheiten der gerührten Hefeteige an.
3. Beschreiben Sie die Herstellung von Gugelhupf.
4. Erklären Sie die Fertigstellung der kleinen Hefeteigringe zu Savarins.
5. Nennen Sie die Qualitätsmerkmale von
   - Gugelhupfs und
   - Savarins.
6. Geben Sie Auskunft über die Frischhaltung der Gugelhupfe und Savarins.
7. Wofür eignen sich Gugelhupfs und Savarins?
8. Ihre Bäckerei möchte in das Hefeteigsortiment die Savarins aufnehmen. Erstellen Sie ein Rezept für 60 Savarins mit 9 cm Durchmesser bei indirekter Teigführung. Auf 1 kg Weizenmehl kommen 300 g Butter sowie 600 g Eier und 240 g Eigelb. Kochen Sie für die Rumtränke 1 600 g Läuterzucker aus gleichen Teilen Wasser und Zucker und geben Sie 350 g Rum dazu.

## 17.8 Gebäcke aus Plunderteig

**Begriff Plunderteig**

Der Plunderteig ist ein leichter Hefeteig, in den schichtweise Ziehfett eingerollt wird. Dieses schichtweise Einrollen des Ziehfettes in den Hefeteig wird als „Tourieren" bezeichnet.

Der Name Plunder hat nichts mit minderwertigem Ramsch (Plunder) zu tun, sondern kommt von pludern, d. h. aufgehen, lockern.

**Rezeptbeispiel: leichter Hefeteig für Plunderteig**

| | |
|---|---|
| 1000 g | Weizenmehl, Type 550 |
| 400 g | Milch |
| 60 g | Hefe |
| 120 g | Zucker |
| 100 g | Backmargarine oder Butter |
| 150 g | Vollei (3 Stück) |
| 10 g | Salz |
| | Zitronen- und Vanillearoma |
| **1 840 g** | **Teiggewicht** |

Teigtemperatur: 24 °C
Kühle Milch zugeben, damit das Ziehfett im Hefeteig nicht weich wird.

Knetzeit im Spiralkneter:
2 Minuten Langsamgang,
7 Minuten Schnellgang

Teigruhe: ca. 20 Minuten. Den Hefeteig in Folie einschlagen und in die Kühlung geben, damit die Teigtemperatur gesenkt wird.

LF 4

### Ziehfett

Als Ziehfett eignet sich geschmeidiges und ausrollfähiges Fett. Deshalb werden folgende Ziehfette verwendet:

- **Ziehmargarine**
  Ziehmargarine wird aus der Kühlung genommen und in der Backstube bis zur idealen Verarbeitungstemperatur von ca. 20 °C liegen gelassen. Vorteilhaft ist das einfache Verarbeiten in der warmen Backstube.
- **Butter (Tourierbutter)**
  Butter, auch Tourierbutter genannt, ist das geschmacklich beste Ziehfett, das zudem gut verdaulich ist. Die Butter hat gegenüber Ziehmargarine einen niedrigeren Schmelzbereich und einen höheren Wasseranteil und muss deshalb kühler, bei 15 bis 18 °C, verarbeitet werden.

Ziehbutter ist schwieriger zu verarbeiten. Zu kühle Butter ist schlecht ausrollfähig und zu warme und somit zu weiche Butter schmiert leicht beim Ausrollen im Hefeteig, sodass dann die Plundergebäcke nicht so schön blättern (lockern).

- **Ziehmargarine mit Butteranteil** und **fraktioniertes Butterfett**
  Diese Ziehfette vereinen die Vorteile der Ziehmargarine und der Ziehbutter. Die Gebäcke dürfen jedoch nicht als Butterplunder bezeichnet werden.

**Ziehfettplatten** werden hauptsächlich in den Bäckereien verwendet. Die praktischen, verarbeitungsfertigen Ziehfettplatten werden einfach in den Hefeteig eingelegt.

**Stangenziehmargarine** wird meistens mit etwas Weizenmehl angewirkt, damit sie ausrollfähiger wird. Zum Tourieren wird sie zu einer Platte ausgerollt.

## Plunderarten

In den Bestimmungen der Leitsätze werden zwei Plunderarten unterschieden, die sich wie folgt nach dem Mindestfettgehalt im Plunderteig unterscheiden:

**Plunderarten nach den Leitsätzen**

| Plunder | Dänischer Plunder oder Kopenhagener Plunder |
|---|---|
| Plunder enthält mindestens 300 g Fett auf 1000 g Weizenmehl im Hefeteig. | Dänischer oder Kopenhagener Plunder enthält mindestens 600 g Fett auf 1000 g Weizenmehl im Hefeteig. |

Der Mindestfettgehalt schließt den zugegebenen Fettgehalt des Hefeteigs und die Ziehfettmenge mit ein.

Dänischer Plunder oder Kopenhagener Plunder ist ein besonders fettreiches Plundergebäck.

In Dänemark, dem Ursprungsland der Plundergebäcke, wird Plunderteig mit einem hohen Fettanteil hergestellt.

*Dänisches Plundergebäck*

### Eigenschaften von Hefeteig und Ziehfett zum Tourieren

- Der Hefeteig muss kühl sein, deutlich unter dem Schmelzpunkt des Ziehfetts. Die Teigruhe erfolgt deshalb in der Kühlung.
- Die Festigkeit des Ziehfetts sollte in etwa der Teigfestigkeit gleich sein, damit beim Tourieren gleichmäßige Hefeteig- und Ziehfettschichten entstehen. Das Ziehfett sollte deshalb nicht zu warm und nicht zu kalt sein.
- Der Arbeitsraum beim Tourieren und Aufarbeiten sollte nicht zu warm sein, vor allem beim Tourieren von Butter.

### Einschlagen von Ziehfett in den Hefeteig

Den Hefeteig gut doppelt so groß wie das Ziehfett ausrollen.

Den Hefeteig über das Ziehfett schlagen und die Teigenden fest zusammendrücken, damit das Ziehfett beim Tourieren nicht herausgedrückt werden kann. Das Ziehfett kann entweder auf eine Hälfte oder in die Mitte des Hefeteigs gelegt werden, so wie es in den Abbildungen sichtbar ist.

*Ziehfett in eine Hälfte des Hefeteigs legen*

*Ziehfett in die Mitte des Hefeteigs legen*

## Das Tourieren

Das Ausrollen des Hefeteiges mit dem eingeschlagenen Ziehfett und das anschließende Übereinanderlegen des Teiges wird als „Tourieren“ bezeichnet. Dabei gelangt das Ziehfett schichtweise in den Hefeteig.

LF 4

Man unterscheidet zwei verschiedene Touren:

### Die einfache Tour

Den Teig ca. 8 mm dick ausrollen und dreifach übereinanderlegen. Zuerst ein Drittel des Teigs und dann das letzte Drittel darüberschlagen.

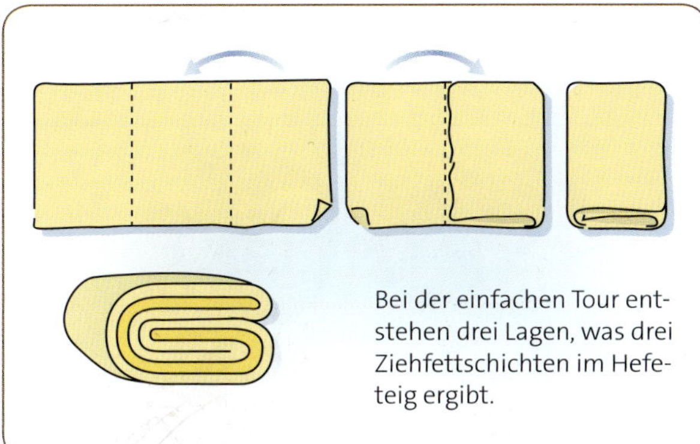


*Einfache Tour*

### Die doppelte Tour

Den Teig nach der einfachen Tour ca. 8 mm dick ausrollen und vierfach übereinanderlegen. Beide Teigenden nach innen einschlagen und dann noch einmal übereinanderschlagen.

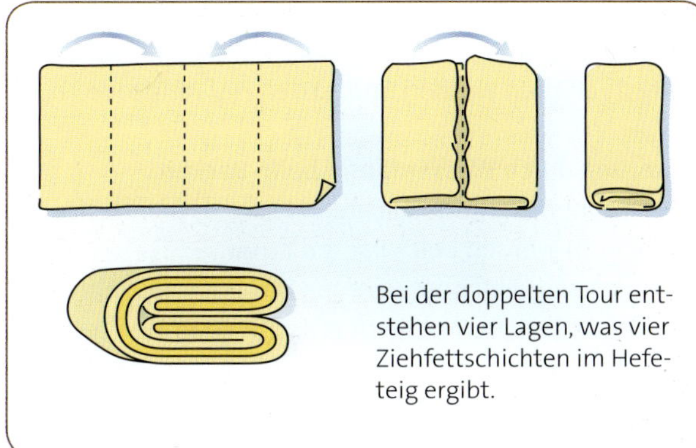


*Doppelte Tour*

*Drehen bei der doppelten Tour*

**Grundsätzliches beim Tourieren**

- Den Plunderteig in der Ausrollmaschine in geringen Millimeterabständen dünner ausrollen, damit die Teig- und Ziehfettschichten nicht zusammenkleben und die Ziehfettschichten nicht auseinanderreißen.
- Die Ausrollstärke beträgt ca. 8 mm. Wird der Teig wesentlich dicker oder dünner ausgerollt, führt dies zu Gebäckfehlern.
- Den Plunderteig möglichst rechteckig ausrollen, damit die Hefeteig- und Ziehfettschichten gleichmäßig übereinanderliegen und keine fettfreien Stellen entstehen.
- Vor dem Übereinanderlegen des Teigs beim Tourieren das Staubmehl gründlich abkehren. Staubmehl zwischen den Schichten isoliert die einzelnen Teigschichten voneinander und lässt das Gebäck strohig und trocken werden.

### Touren und Anzahl der Touren

Die Ziehfettschichten müssen in einer bestimmten Stärke im Plunderteig vorliegen. Es sollen dünne Ziehfettschichten sein, die eine Trennschicht zwischen den Hefeteigschichten bilden, damit diese nicht zusammenkleben.

- Sind die Ziehfettschichten zu dünn, haben sie keine isolierende Wirkung als Trennschichten, sodass die Hefeteigschichten verkleben. Diesen Plundergebäcken fehlt die lockere Blätterung.
- Sind die Ziehfettschichten zu dick, läuft das Ziehfett bei Hitze im Backofen aus dem Plunderteig. Dies ergibt trockene Gebäcke.

Je höher die Ziehfettmenge ist, die in den Hefeteig touriert wird, desto mehr Ziehfettschichten muss der Plunderteig enthalten, damit die Ziehfettschichten im Plunderteig nicht zu dick werden.

Um die Ziehfettschichten im Hefeteig zu ermitteln, werden die Ziehfettschichten der einzelnen Touren miteinander multipliziert.

**Beispiel:**
1 einfache Tour und 1 doppelte Tour ergeben
3 × 4 Ziehfettschichten = 12 Ziehfettschichten.

Die Anzahl der Touren bei folgenden Ziehfettmengen ergeben die ideale Stärke der Ziehfettschichten im Plunderteig:

LF 4

| Ziehfettmenge für 1 kg Hefeteig | Touren und Anzahl der Touren | Ziehfettschichten |
|---|---|---|
| 150 bis 200 g | 1 einfache und 1 doppelte Tour | 12 |
| 250 bis 300 g | 3 einfache Touren | 27 |
| 350 bis 500 g | 2 einfache und 1 doppelte Tour | 36 |

**Ruhepause nach dem Tourieren**

Den Plunderteig nach dem Tourieren in eine Folie einschlagen und ca. 15 Minuten im Kühlschrank bzw. Kühlraum entspannen lassen.

Bei zu kurzer Ruhezeit „schnurrt" (zusammenziehen) der Teig beim Ausrollen und beim Schneiden zu Plunderstückchen.

**Gare**

Gärraumtemperatur: ca. 30 °C
relative Luftfeuchte: 70 %
Bei höherer Gärraumtemperatur wird das Ziehfett zu weich oder gar flüssig.

Plunderteiglinge bei knapper Gare aus dem Gärraum nehmen und in den Backofen schieben.

Je mehr Ziehfett in den Plunder touriert wird, desto geringer ist die Gare. Bei hohem Ziehfettanteil ist die physikalische Lockerung durch den Wasserdampf stärker → rechte Spalte.

LF 4

**Backen:** 210 °C, mit Schwaden

**Glasieren**

Die ofenheißen Gebäcke sofort nach dem Backen aprikotieren und mit Fondant glasieren → Seite 321.

*Plundergebäcke glasieren*

**Gelieren der Früchte auf Plundergebäcken**

Auf die fertig gebackenen Plundergebäcke in Taschenform, die aprikotiert und mit Fondant glasiert sind, können frische Früchte gelegt werden. Auf einen Tupfen Vanillecreme werden verschiedene Früchte mit schönem Farbkontrast aufgelegt. Während der Erdbeersaison eignen sich diese Früchte besonders gut.

Damit die Früchte schön glänzen und nicht austrocknen, werden sie mit Geleeguss bestrichen (geliert).

*Plundergebäck mit frischen Früchten*

## Lockerung der Plundergebäcke

Plundergebäcke werden mit Hefe und Wasserdampf gelockert.

Die Hefe erzeugt im Hefeteig Gärgase, die im Teig als Poren festgehalten werden und so den Hefeteig lockern.

**Lockerung durch Wasserdampf beim Backen**

- Die dünnen Ziehfettschichten zwischen den Hefeteigschichten werden beim Backen flüssig.
- Die Hefeteigschichten nehmen das flüssige Ziehfett auf, das so als Trennschicht zwischen den Hefeteigschichten liegt.
- Die Backhitze gelangt zwischen die einzelnen Hefeteigschichten, sodass ein Teil des Wassers im Hefeteig verdampft.
- Der Wasserdampf hebt die einzelnen Hefeteigschichten nach oben. Es entstehen die blättrige Lockerung und ein zart-splittriger Biss.

**Bestimmungen der Leitsätze**

Bei Butterplunder darf ausschließlich Butter verwendet werden. Dies gilt für den Hefeteig und das Ziehfett.

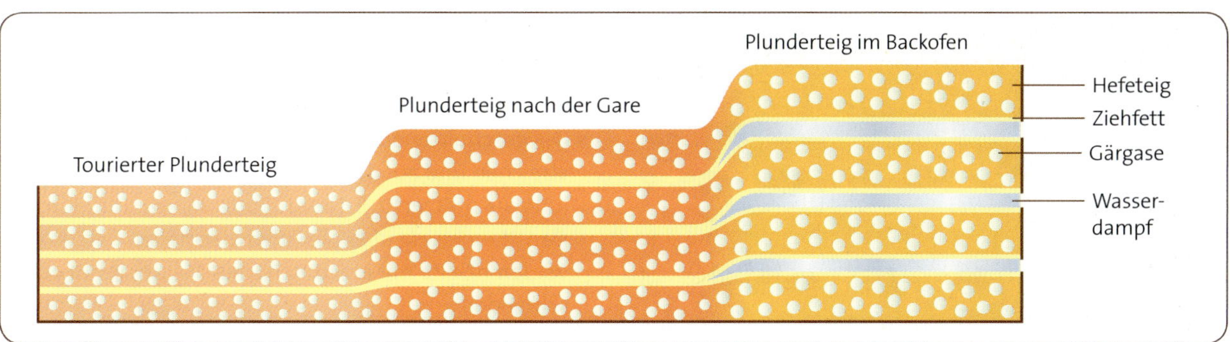


*Lockerung der Plundergebäcke*

| Fehler der Plundergebäcke | Ursachen |
|---|---|
| • Beim Backen läuft Fett aus den Plundergebäcken.<br>• Die Plundergebäcke schmecken etwas trocken und besitzen eine schlechte Blätterung. | • Zu wenig Touren, die Ziehfettschichten waren somit zu dick.<br>• Zu warme Gärraumtemperatur. Sie war höher als der Schmelzpunkt des Ziehfetts. |
| • Die Plundergebäcke sind zu flach.<br>• Die Plundergebäcke sind ungenügend geblättert, sodass der feinsplittrige Biss fehlt. | • Die Festigkeit des Hefeteigs und des Ziehfetts war stark unterschiedlich.<br>• Beim Ausrollen wurde der Plunderteig in zu großen Millimeterabständen dünner gerollt, sodass die Ziehfettschichten gerissen sind.<br>• Der Plunderteig wurde beim Tourieren zu dünn, unter 8 mm, ausgerollt sodass die zu dünnen Ziehfettschichten in den Hefeteig eingerollt wurden und keine isolierende Wirkung zwischen den Teigschichten mehr hatten.<br>• Der Plunderteig wurde in einem zu warmen Raum touriert und aufgearbeitet. |
| Die Plundergebäcke haben ein zu kleines Volumen und sind zu gering gelockert. | Die Plunderteiglinge wurden bei zu knapper Gare in den Ofen geschoben. |
| Die Plundergebäcke sind zu flach und breitgelaufen. | • Die Plunderteiglinge hatten zu viel Gare.<br>• Die Backzeit war zu kurz. |
| Die oberen Schichten des Plundergebäcks blättern beim Glasieren ab. | Der Plunderteig hat zu wenige Touren und deshalb zu dicke Ziehfettschichten. |



## Aufarbeitungsbeispiele für Plunderstückchen

**Füllungen für Plundergebäcke**
Nuss-, Mohn-, Quark-, Apfel-, Marzipanfüllung, gebundene Sauerkirschen, Vanillecreme → Seite 325

**Ausrollstärke:** 3,5 oder 4 mm
Den Plunderteig in der Ausrollmaschine in geringen Millimeterabständen ausrollen, damit die dünnen Ziehfettschichten im Plunder nicht zerstört werden.
Den ausgerollten Plunderteig auf einem Arbeitstisch auslegen und mit einem scharfen Messer wie bei den folgenden Aufarbeitungsbeispielen schneiden.

**Nusshörnchen**

- Dreiecke schneiden, z. B. 25 × 12 cm.
- An der Breitseite der Dreiecke ca. 2 cm einschneiden, damit man die Enden beim Rollen der Nusshörnchen auseinanderziehen kann und die Gebäcke somit länger werden.
- Die Dreiecke leicht mit Wasser bestreichen und mit einem Spritzbeutel (Dressierbeutel) die Nussfüllung aufspritzen, zusammenrollen und zu Hörnchen formen. Die eingerollten Teiglinge werden manchmal auch gerade auf die Bleche gesetzt und nicht zu Hörnchen geformt.

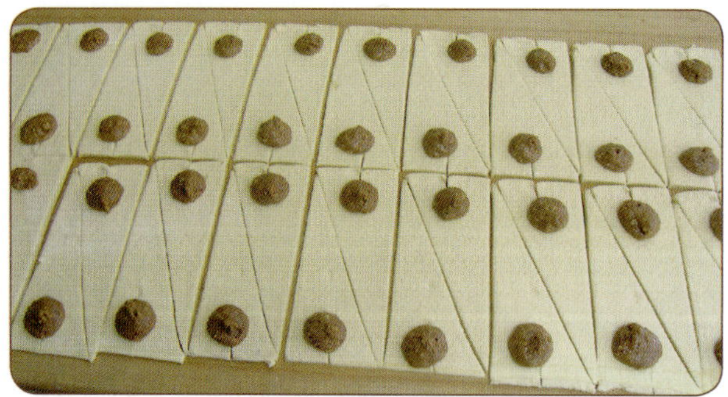

*Schneiden und Füllen von Plunderhörnchen*

*Gerollte Plunderhörnchen*

## Taschen

- Den ausgerollten Plunderteig zu quadratischen Stücken schneiden, z. B. 12 × 12 cm.
- Die Schnittflächen leicht mit Wasser bestreichen und die Füllung auf jedes Stück aufspritzen.
- Die Ecken der Teiglinge zu Taschen zusammenkleben.
- Die Taschen mit Wasser bestreichen und die zusammengeklebten Teigenden mit einem dünnen ausgestochenen Teigstück abdecken.

Die Füllung gibt den Taschen den Namen, z. B. Quark-, Kirsch-, Apfeltaschen, Vanillecreme-Kirschtaschen → Seite 326.

*Aufarbeiten von Plundertaschen*

## Hahnenkämme

- Den ausgerollten Plunderteig zu rechteckigen Stücken schneiden, z. B. 14 × 10 cm.
- Die geschnittenen Teigstücke leicht mit Wasser bestreichen und auf die vordere Hälfte der Stücke die Füllung aufspritzen, z. B. Nussfüllung, Marzipanfüllung.
- Den Plunderteig über die Füllung schlagen und an der vorderen Seite mit einem scharfen Messer leicht einschneiden.
- Beim Aufsetzen auf die Backbleche die geschnittene Seite der Teiglinge kammförmig etwas auseinanderziehen.

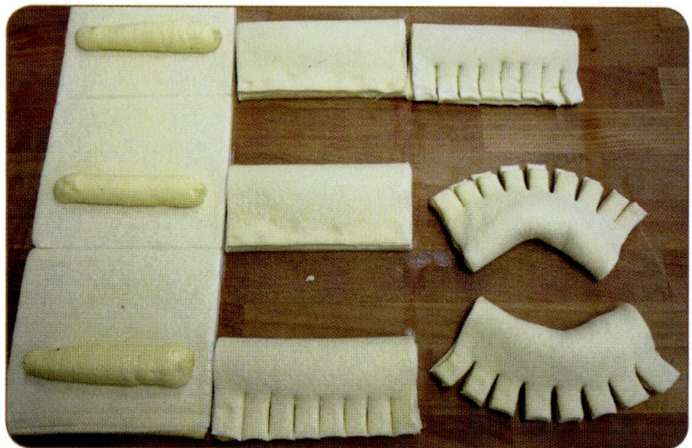

*Aufarbeiten von Hahnenkämmen*

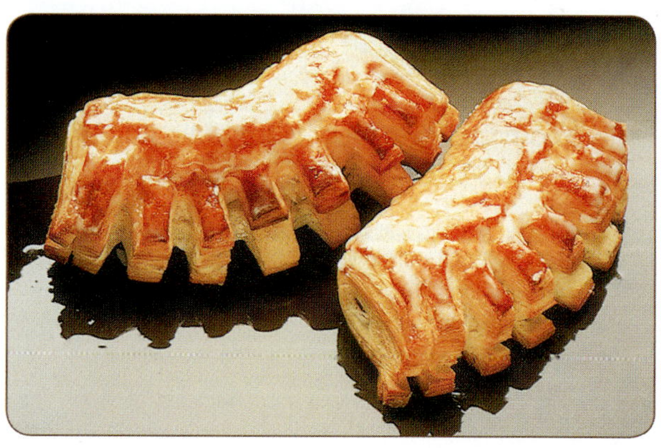

*Hahnenkämme*

## Schnecken

- Auf den ausgerollten Plunderteig, z. B. 40 cm Breite, die Füllung dünn aufstreichen und den Plunderteig zu einer Rolle rollen.
- Von der Teigrolle ca. 3 cm breite Scheiben schneiden.
- Die Scheiben mit der Schnittfläche auf Backbleche legen.
  Oder:
  Die Scheiben mit einem dünnen Rundholz eindrücken, sodass seitlich Streifen des Plunderteigs und der Füllung sichtbar sind.

LF 4

*Nussschnecken von der Rolle abgeschnitten und gedrückte Nussschnecken*

*Nussschnecken gerollt und gedrückt*

**Vanillecremebrezeln**

- Den ca. 40 cm breit ausgerollten Plunderteig in ca. 2,5 cm breite Streifen schneiden.
- Die Streifen spiralförmig drehen, zu Brezeln mit zwei Öffnungen formen und auf mit Backpapier belegte Backbleche legen.
- Die Brezelöffnungen mit Vanillecreme (→ Seite 328) füllen.

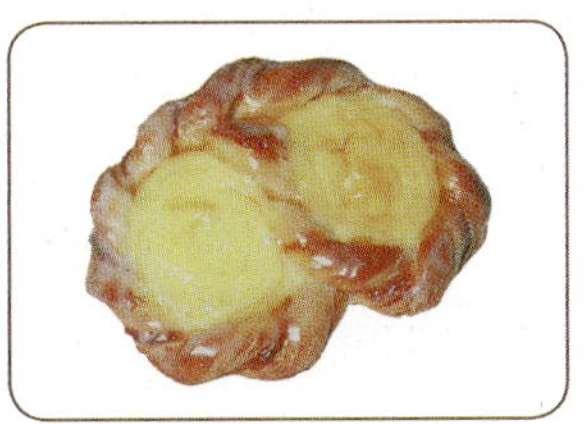

*Vanillebrezel*

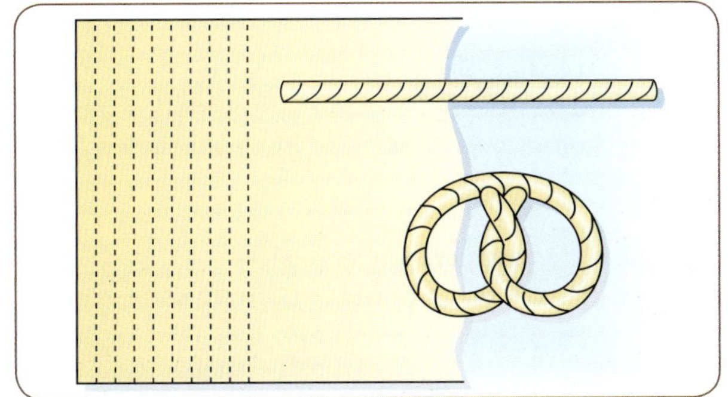

*Aufarbeiten von Vanillebrezeln*

**Nusszöpfe**

Es gibt verschiedene Arten von Nusszöpfen; hier ein Beispiel:

- Den Plunderteig 30 × 60 cm breit ausrollen und dünn mit Nussfüllung bestreichen.
- Den Plunderteig von der Längsseite zu einer Rolle von 60 cm Länge zusammenrollen.
- Die Teigrolle in der Mitte der Länge nach auseinanderschneiden.
- Die zwei Hälften mit der Schnittfläche nach oben spiralförmig zusammendrehen und auf ein Backblech setzen.

*Zusammendrehen zu einem Zopf*

*Nusszopf*

## Croissants

Croissants sind ursprünglich französische Frühstückshörnchen ohne Füllung und ohne Glasur. Es sind sehr lockere und feinsplittrige Plundergebäcke.

*Croissant*

*Lockeres, feinsplittriges Croissant*

Als Kaffeegebäcke werden Croissants in den Bäckereien z. B. mit Schokolade gefüllt und mit Aprikotur und Fondant glasiert.

*Croissants mit Schokolade gefüllt*

**Croissants für belegte Snacks** → Seite 416.

**Rezeptbeispiel: Hefeteig für Croissants**

| | |
|---|---|
| 1000 g | Weizenmehl, Type 550 |
| 450 g | Milch |
| 60 g | Hefe |
| 30 g | Zucker |
| 100 g | Butter oder Backmargarine |
| 100 g | Vollei (2 Stück) |
| 12 g | Salz |
| **1750 g** | **Teiggewicht** |

Teigtemperatur: 24 °C

Knetzeit im Spiralkneter:
2 Minuten Langsamgang,
7 Minuten Schnellgang

Teigruhe: ca. 30 Minuten, Hefeteig mit Folie abdecken und in die Kühlung stellen.

**Ziehfett:** 300 g für 1750 g Hefeteig

Unterschiede der Croissants zu anderen Plundergebäcken:
- Sie werden aus zuckerarmem Hefeteig hergestellt.
- Nur eine geringe Menge Ziehfett wird touriert.

**Touren**
1 einfache und 1 doppelte Tour
Den Plunderteig nach dem Tourieren in Folie wickeln, in den Kühlschrank bzw. Kühlraum stellen und mindestens 30 Minuten entspannen lassen.

**Aufarbeiten**
- Den Plunderteig 3,5 mm dick ausrollen.
- Dreiecke schneiden, z. B. 25 x 12 cm.
- Die Dreiecke locker aufrollen, zu Hörnchen formen und auf Backbleche setzen.

**Gare**
Nach ca. $^3/_4$ Gare die Hörnchen mit Eistreiche bestreichen und in den Backofen schieben.

**Backen:** 210 °C, ohne Schwaden
**Backzeit:** ca. 16 Minuten

**Bestimmungen der Leitsätze**
Buttercroissants werden ausschließlich mit Butter hergestellt. Dies bezieht sich auf das Fett im Hefeteig und auf das Ziehfett.

LF 4

**Verkaufsargumente**

**Qualitätsmerkmale für die Kundenberatung**
- Plundergebäcke sind lockere und feinsplittrige Gebäcke.
- Sie sind geschmackvolle Hefeteiggebäcke, die geschmacklich durch die jeweilige Füllung ergänzt werden.
- Die lockeren Plundergebäcke sind gut bekömmliche Gebäcke, trotz des Ziehfettanteils.
- Croissants sind besonders lockere und gut bekömmliche Hörnchen mit einem röschen, feinsplittrigen Biss.
- Buttercroissants und Butterplundergebäcke sind durch den Buttergehalt besonders wohlschmeckend und gut bekömmlich.

**Frischhaltung der Plundergebäcke**
- Plundergebäcke schmecken frisch am besten. Sie sollten zumindest am Tag der Herstellung gegessen werden.
- Croissants haben ihre rösche, feinsplittrige Beschaffenheit nur in frischem Zustand. Sie sollten deshalb mehrmals täglich gebacken und frisch angeboten werden.

**Besondere Eignung der Plundergebäcke**
- Plundergebäcke sind typische Gebäcke zu Kaffee und Tee.
- Croissants sind vorzügliche Frühstücksgebäcke, sie sind aber auch in der Kaffeepause beliebt.

## Aufgaben

1. Erklären Sie den Begriff „Plunderteig".
2. Warum sollte der Hefeteig für Plunder kühl geführt, also mit kühler Milch hergestellt werden?
3. Wie lange sollte die Teigruhe des Hefeteigs für Plunder betragen und wo sollte die Teigruhe erfolgen?
4. Nennen Sie die Ziehfettarten für Plunderteige und die jeweilige Verarbeitungstemperatur.
5. Welche Vor- und Nachteile haben die Ziehfettarten beim Tourieren bzw. beim Verzehr?
6. In welcher praktischen Form wird Ziehfett überwiegend in der Bäckerei verarbeitet?
7. Nennen Sie die Plunderarten und beschreiben Sie die Bestimmungen nach den Leitsätzen.
8. Erläutern Sie den Dänischen Plunder.
9. Beschreiben Sie die Eigenschaften, die der Hefeteig und das Ziehfett zum Tourieren haben sollen:
   - Hefeteigtemperatur
   - Festigkeit von Hefeteig und Ziehfett
   - Raumtemperatur beim Tourieren
10. Erklären Sie den Begriff „Tourieren".
11. Beschreiben Sie das fachgerechte Tourieren:
    - beim Ausrollen bis zur endgültigen Ausrollstärke
    - die Ausrollstärke
    - damit keine ziehfettfreien Stellen im Plunderteig entstehen
    - vor dem Übereinanderlegen des Teiges beim Tourieren
12. Wie viel Teigschichten liegen nach dem Tourieren übereinander?
    - nach einer einfachen Tour
    - nach einer doppelten Tour
13. Errechnen Sie die Ziehfettschichten im Plunderteig nach
    - 1 einfachen und 1 doppelten Tour,
    - 3 einfachen Touren,
    - nach 2 einfachen Touren und 1 doppelten Tour.
14. Nennen Sie die Gärraumbedingungen beim Plunderteig.
    - Gärraumtemperatur
    - relative Luftfeuchtigkeit
15. Bei wie viel Grad C werden Plundergebäcke gebacken?
16. Beschreiben Sie die Faustregel beim Plunderteig mit geringerem Ziehfettanteil und beim dänischen Plunder bzw. Kopenhagener mit höherem Ziehfettanteil:
    - beim Tourieren
    - in Bezug auf die Gärreife bei der Gare
17. Nennen Sie die zwei Lockerungsmittel, die Plundergebäcke lockern.
18. Erklären Sie die Lockerung der Plundergebäcke durch Wasserdampf.
19. Geben Sie die Bestimmungen der Leitsätze für Butterplunder an.
20. Nennen Sie die möglichen Ursachen bei folgenden Fehlern der Plundergebäcke:
    - Beim Backen läuft Fett aus den Plundergebäcken aus. Die Plundergebäcke schmecken etwas trocken und besitzen eine schlechte Blätterung (zwei Ursachen).
    - Das Plundergebäck ist zu flach und ungenügend geblättert, sodass der feinsplittrige Biss fehlt (vier Ursachen).
    - Die Plundergebäcke haben ein zu kleines Volumen und sind zu gering gelockert (eine Ursache).
    - Die Plundergebäcke sind zu flach und breitgelaufen (zwei Ursachen).
    - Die oberen Schichten der Plundergebäcke blättern beim Glasieren ab (eine Ursache).
21. Nennen Sie Füllungen für Plundergebäcke.
22. Erklären Sie die Unterschiede der Croissants gegenüber anderen Plundergebäcken in Bezug auf
    - den Hefeteig,
    - die Ziehfettmenge.
23. Nennen Sie die Bestimmungen der Leitsätze für Buttercroissants.
24. Geben Sie die Qualitätsmerkmale der Plundergebäcke und Croissants für die Kundenberatung an (Gebäckbeschaffenheit, Geschmack, Bekömmlichkeit).
25. Geben Sie Auskunft über die Frischhaltung der Plundergebäcke und Croissants.
26. Wofür eignen sich Plundergebäcke und Croissants besonders gut?
27. Da der Duft frisch gebackener Gebäcke die Kunden anzieht, sollen einige Plundergebäcke im Ladenbackofen frisch gebacken werden. Sie sollen hierfür geeignete Gebäcke auswählen und für das Verkaufspersonal einen Merkzettel für das Backen im Ladenbackofen und die Fertigstellung der Gebäcke verfassen.

# 18 Feine Backwaren aus Blätterteig

**Situation**

Ihre Bäckerei plant eine Aktion „Kaffeegebäcke", bei der die Kunden die Herstellung der Gebäcke in einer dafür eingerichteten kleinen Schaubackstube beobachten können. Sie sind für Blätterteiggebäcke zuständig. Auf einer Schautafel steht das Grundrezept und die verschiedenen Ziehfette stellen Sie aus.
Den Kunden führen Sie die Herstellung der drei Blätterteigarten vor und zeigen das Tourieren. Sie fertigen süße und pikante Blätterteiggebäcke aus den jeweils dafür geeigneten Blätterteigarten.

- Wie viel Ziehfett wird für Blätterteig verwendet und welche Ziehfettarten eignen sich zum Tourieren von Blätterteig?
- Welche drei Blätterteigarten gibt es und wie unterscheiden sie sich voneinander?
- Wie wird Blätterteig touriert und wie viel Lagen enthält fertig tourierter Blätterteig?
- Wie werden Blätterteiggebäcke gelockert?
- In welche vier Gruppen werden Blätterteiggebäcke eingeteilt und welche Blätterteiggebäcke gehören jeweils dazu?

LF 4

Diese lockeren, blättrigen Gebäcke entstanden durch Zufall. Ein Konditor versuchte seine Teigfladen rationeller zu backen. Er legte die dünnen Teigfladen übereinander. Damit sie jedoch nicht zusammenklebten, bestrich er die einzelnen Fladen mit Öl. Er backte die Teigfladen übereinander aus. Nach dem Backen stellte er fest, dass die Fladen sich voneinander abgehoben hatten. Zwischen den dünnen Fladen waren sogar Hohlräume entstanden. Der Konditor bemerkte auch, dass die Fladen im Gebäckinneren ebenso knusprig und großblättrig waren.

Nachweislich stellte man schon im frühchristlichen Rom in luxuriöser Gesellschaft Pasteten aus Blätterteig her.

## 18.1 Blätterteig

Den Namen hat der Blätterteig von der lockeren und blättrigen Beschaffenheit der Gebäcke.

### Grundteig (Weizenteig) für Blätterteig

| Grundteig | | |
|---|---|---|
| **Hauptzutaten** | 1 000 g<br>500 g<br>20 g | Weizenmehl, Type 405 oder 550<br>Wasser<br>Salz |
| **Teigverbessernde Zutaten** | 80 g<br>40 g<br>60 g | Backmargarine oder Butter<br>Eigelb (2 Stück)<br>Zucker |
| **Grundteig (Weizenteig)** | **1 700 g** | |
| **Ziehfett** | 1 000 g | |
| **Blätterteiggewicht** | **2 700 g** | |

**Teigtemperatur**
22 bis 24 °C, kaltes Wasser oder Eiswasser verwenden

**Knetzeit im Spiralkneter**
2 Minuten Langsamgang, 7 Minuten Schnellgang.
Den Grundteig zu einem glattenTeig kneten.

**Teigruhe**
- Den Grundteig rundwirken.
- Den Grundteig in Folie einschlagen, damit sich keine Haut bildet.
- Den Grundteig im Kühlschrank bzw. Kühlraum ca. 30 Minuten ruhen lassen.
  Den Grundteig kann man auch über Nacht in der Kühlung entspannen lassen.

**Tourieren:** Ziehfett in den Grundteig einlegen und zwei einfache und zwei doppelte Touren im Wechsel geben.

**Aufarbeiten:** Den Blätterteig ausrollen, Stücke schneiden, Füllung daraufgeben und die Stücke fertigstellen.

**Backen:** 210 oder 220 °C, ohne Schwadengabe

### Mehltype 405 oder 550

Grundteig für Blätterteig benötigt keinen so starken Kleber, sodass Weizenmehl der Type 405 statt des kleberstarken Mehls der Type 550 verwendet werden kann. Mit diesem etwas kleberschwächeren Mehl entspannt sich der Blätterteig in den Ruhezeiten schneller.

Blätterteig mit dem kleberstarken Mehl der Type 550 sorgt wegen des guten Gashaltevermögens für die beste Lockerung. Der Blätterteig benötigt jedoch unbedingt ausreichende Ruhezeiten zur Kleberentspannung im Blätterteig.

**Wirkung der teigverbessernden Zutaten im Grundteig**

| Zutaten | Wirkung |
|---|---|
| **Backmargarine oder Butter** | Durch etwas Fett wird der Grundteig elastischer und lässt sich dadurch besser ausrollen. |
| **Eigelbe** | Das Lezithin im Eigelb hat eine emulgierende Wirkung, sodass der Grundteig geschmeidiger wird. |
| **Zucker** | Die Gebäckkruste bräunt dadurch schöner und wird röscher (splittriger). |

### Ziehfett

Es wird die gleiche Menge Ziehfett in den Grundteig touriert, wie der Grundteig Weizenmehl enthält.

*Grundteig und Ziehfett für Blätterteig*

Als Ziehfett eignet sich geschmeidiges, ausrollfähiges Fett. Es muss sich beim Ausrollen mit dem Grundteig gleichmäßig mitrollen. Dabei darf es nicht reißen oder schmieren.

Das Ziehfett sollte bei der Verarbeitung in etwa die gleiche Festigkeit wie der Grundteig besitzen. Nur so kann es beim Tourieren mit dem Teig gleichmäßig ausgerollt werden. Ist das Ziehfett zu fest, reißt es, ist es zu weich, schmiert es.

Hauptsächlich wird Ziehfett in den praktischen, verarbeitungsfertigen Platten verarbeitet.

| Ziehfettarten | Verarbeitungstemperatur |
|---|---|
| Ziehmargarine | ca. 20 °C |
| Ziehmargarine mit Butteranteil | 15 bis 18 °C |
| Butter (Tourierbutter) | 10 bis 12 °C |
| fraktionierte Butter | 10 bis 15 °C |

Ziehmargarine und auch fraktionierte Butter lassen sich leichter verarbeiten als Butter, weil sie temperaturunempfindlicher sind und deshalb beim Ausrollen während des Tourierens nicht schmieren.

LF 4

Geschmacklich ist Butterblätterteig besser. Butterblätterteiggebäcke sind auch leichter verdaulich, da Butter einen niedrigeren Schmelzpunkt hat als Ziehmargarine und bei Bluttemperatur im Körper schmilzt.

Blätterteig mit fraktionierter Butter touriert, ist leichter zu tourieren als mit Butter, darf jedoch nicht als Butterblätterteig bezeichnet werden.

**Bestimmungen der Leitsätze**

Bei „Butterblätterteig" darf für den Grundteig und als Ziehfett ausschließlich Butter verarbeitet werden.

**Erklärung: Blätterteig**

- Blätterteig besteht aus einem Grundteig, einem Weizenteig, der hauptsächlich aus Weizenmehl, Wasser und Salz besteht.
- In den Grundteig wird ein hoher Anteil an Ziehfett touriert. Blätterteig enthält somit viel Ziehfett.
- Blätterteig wird nur beim Backen durch Wasserdampf gelockert. Er enthält kein zusätzliches Lockerungsmittel wie Hefe oder Backpulver.

Plunderteig wird aus leichtem Hefeteig hergestellt, in den weniger Ziehfett als in den Blätterteig touriert wird. Deshalb sind Plundergebäcke weicher im Biss und nicht so blättrig und splittrig.

**Aufgaben**

1. Erstellen Sie ein Grundteigrezept für Blätterteig mit den Hauptzutaten und den teigverbessernden Zutaten.
2. Wie sollte die Teigtemperatur des Grundteigs sein?
3. Beschreiben Sie die Teigruhe des Grundteigs.
4. Welche Mehltypen eignen sich für den Grundteig?
5. Erklären Sie die Wirkungen der teigverbessernden Zutaten.
6. Wie hoch ist die Ziehfettmenge, die in den Grundteig touriert wird?
7. Nennen Sie die Ziehfettarten, die in den Grundteig touriert werden können, und geben Sie die Verarbeitungstemperaturen an.
8. Wie sollte die Festigkeit des Grundteigs und des Ziehfetts beim Tourieren sein? Begründen Sie Ihre Antwort.
9. Geben Sie die Bestimmungen der Leitsätze für Butterblätterteig an.
10. Erklären Sie einen Blätterteig.
11. Wie unterscheiden sich Blätterteig und Plunderteig in Bezug auf
    - den Teig und
    - die Ziehfettmenge?
12. Stellen Sie Blätterteige mit den verschiedenen Ziehfettarten her und vergleichen Sie das Tourieren und die Aufarbeitung sowie die Lockerung und den Geschmack der Gebäcke.

LF 4

**Rechenaufgaben**

1. Für den Grundteig eines Blätterteigs wiegt der Bäcker 80 g Butter als teigverbessernde Zutat auf 1 kg Weizenmehl ab. Wie viel kg Butter werden für 6,500 kg Weizenmehl benötigt?
2. Eine Bäckerei stellt Blätterteig mit folgendem Rezept her:

| | | | |
|---|---|---|---|
| 8 000 g | Weizenmehl | 320 g | Eigelb |
| 4 000 g | Wasser | 400 g | Zucker |
| 160 g | Salz | 8 000 g | Ziehfett |
| 640 g | Butter | | |

   Der Backverlust der Blätterteiggebäcke beträgt 17,5 %. Ein Blätterteiggebäck wiegt ausgebacken 68 g. Wie viel Gebäckstücke erhält die Bäckerei?
3. Der Grundteig für Blätterteig wird aus 4,5 kg Weizenmehl und 2 250 g Wasser hergestellt. Die weiteren Rohstoffe wiegen 1 050 g und in den Grundteig wird 4½ kg Ziehfett touriert.
   a) Ermitteln Sie die Menge des Blätterteigs in kg (Grundteig und Ziehfett).
   b) Wie viel % Ziehfett enthält der Blätterteig?
   c) Aus diesem Blätterteig sollen 246 Blätterteigstückchen aufgearbeitet werden. Wie viel g wiegt der Teig eines Blätterteigstückchens?
   d) Berechnen Sie das Gewicht eines Blätterteigstückchens, bei dem die Füllung 34 % des Teiggewichts beträgt.

## 18.2 Blätterteigarten

Es gibt drei Blätterteigarten, die sich in der Herstellungsweise unterscheiden.

| | Deutscher Blätterteig | Französischer Blätterteig | Holländischer Blätterteig |
|---|---|---|---|
| **Unterschiede der Blätterteigarten** | Grundteig<br>Ziehfett | Ziehfett<br>Grundteig | Ziehfett-würfel<br>Teig |
| | Beim deutschen Blätterteig wird der Grundteig um das Ziehfett geschlagen.<br>Der Grundteig befindet sich außen, das Ziehfett ist innen. | Beim französischen Blätterteig wird das Ziehfett über den Grundteig geschlagen. Das Ziehfett befindet sich außen, der Grundteig ist innen.<br><br>Das Ziehfett muss bei der Verarbeitung gut gekühlt sein. | Beim holländischen Blätterteig liegt das Ziehfett würfelförmig und verteilt im Teig. |
| **Touren** | • 1 einfache und<br>• 1 doppelte Tour | • 1 einfache und<br>• 1 doppelte Tour | • 1 einfache Tour<br>• 1 doppelte Tour<br>• 1 einfache Tour<br>• 1 doppelte Tour<br><br>Die Touren können ohne Ruhepause hintereinander gegeben werden. |
| **Ruhepause** | Mindestens 30 Minuten Ruhepause.<br>Der Blätterteig kann auch über Nacht stehen gelassen werden.<br><br>Den tourierten Blätterteig in eine Folie einschlagen, damit der Teig keine Haut bildet, und im Kühlschrank bzw. Kühlraum lagern. | Mindestens 30 Minuten im Kühlschrank bzw. Kühlraum stehen lassen.<br>Der Blätterteig kann auch über Nacht stehen gelassen werden.<br><br>Bei kurzer Ruhepause braucht der französische Blätterteig nicht in Folie eingeschlagen zu werden, da das Ziehfett außen liegt und somit eine Hautbildung nicht möglich ist. | |
| **Touren** | • 1 einfache Tour und<br>• 1 doppelte Tour | • 1 einfache und<br>• 1 doppelte Tour | |
| **Ruhepause** | Mindestens 30 Minuten im Kühlschrank bzw. Kühlraum stehen lassen.<br>Der Blätterteig kann auch über Nacht stehen gelassen werden.<br><br>Den fertig tourierten deutschen Blätterteig in eine Folie einschlagen. | Mindestens 30 Minuten im Kühlschrank bzw. Kühlraum stehen lassen.<br><br>Der Blätterteig kann auch über Nacht stehen gelassen werden. | Den fertig tourierten holländischen Blätterteig in Folie einschlagen und vor dem Aufarbeiten mindestens 15 Minuten in der Kühlung entspannen lassen.<br>Der Blätterteig kann auch über Nacht stehen gelassen werden. |
| **Aufarbeiten des Blätterteigs** | Der Blätterteig wird bis zur gewünschten Stärke ausgerollt und in Stücke geschnitten. | | |

LF 4

### Verwendung der Blätterteigarten

**Deutscher und französischer Blätterteig** können für alle Blätterteiggebäcke verwendet werden. Beide Blätterteigarten haben eine starke Lockerung und ziehen gut hoch (blättern).

**Holländischer Blätterteig** kann nur für flache Gebäcke verwendet werden, z. B. für Böden der Holländer Kirschsahnetorte, Holländer Kirschschnitten und Cremeschnitten sowie für Käsegebäck, Käsestangen, Teeblätter, Schweinsohren und Sahnerollen bzw. Schaumrollen.
Holländischer Blätterteig enthält wegen der Ziehfettwürfel beim Tourieren unterbrochene Ziehfettschichten. Dadurch ziehen die Gebäcke im Backofen nicht so gut hoch, sie bleiben also flach.

## Tourieren der Blätterteige

Alle drei Blätterteigarten erhalten zwei einfache und zwei doppelte Touren, die im Wechsel touriert werden – 1 einfache, 1 doppelte, 1 einfache und 1 doppelte Tour
→ Tourieren beim Plunderteig, Seite 300.

### Die einfache Tour

Den Blätterteig in drei Lagen übereinanderlegen.

LF 4

*Zusammenlegen einer einfachen Tour*

*Enfache Tour, drei Schichten*

### Die doppelte Tour

Den Blätterteig in vier Lagen übereinanderlegen.

*Zusammenlegen einer doppelten Tour*

*Doppelte Tour, vier Schichten*

Der fertig tourierte deutsche Blätterteig enthält 144 Ziehfettschichten (145 Teigschichten). Dabei werden die Ziehfettschichten der einzelnen Touren multipliziert. Der französische Blätterteig enthält 145 Ziehfettschichten.

*Tourierter Blätterteig*

### Grundsätzliches beim Tourieren

- Ausrollstärke: Den Blätterteig beim Tourieren ca. 8 mm dick und möglichst rechteckig ausrollen.
- Den Walzenabstand beim Ausrollen mit der Ausrollmaschine nur in kleinen Abständen verringern, damit die Teig-Ziehfett-Schichten nicht zusammengedrückt werden.
- Vor dem Zusammenlegen des Blätterteigs beim Tourieren das Staubmehl gründlich abkehren, damit das Gebäck nicht trocken wird.
- Den Blätterteig genau zusammenlegen, damit keine ziehfettfreien Stellen entstehen. Den Teig dabei nicht ziehen und drücken.
- Nach jeder Tour den Blätterteig um 90° drehen und die nächste Tour ausrollen. Somit kommen die Enden des Teigs beim Einschlagen der nächsten Tour nach innen.
- Ausreichend Ruhepausen im Kühlschrank bzw. Kühlraum einlegen, damit sich der Kleber im Blätterteig wieder entspannen kann. Durch das häufige Ausrollen wird der Kleber zäh und der Teig straff. Nur ein entspannter Blätterteig lässt sich leicht ausrollen. Ein zu straffer Teig bei zu kurzer Ruhepause reißt beim Rollen und „schnurrt" (zieht sich zusammen).

## Tiefgefrieren von Blätterteig

Statt täglich kleine Mengen an Blätterteiggebäcken herzustellen, können fertig aufgearbeitete Blätterteigteiglinge tiefgefroren werden. Damit sie nicht austrocknen, werden sie in Folie eingeschlagen. Bei Bedarf können die Stückchen dann aufgetaut und gebacken werden.

Fertig gebackene Blätterteigstücke sollten nicht tiefgefroren werden, weil sie nach dem Auftauen an der Oberfläche stark abblättern, vor allem beim Glasieren, und so unansehnlich werden.

## Holländischer Blätterteig

**Rezeptbeispiel: Holländischer Blätterteig**

| | | |
|---|---|---|
| 1 000 g | Weizenmehl, Type 550 oder 405 | Teigtemperatur: 22 bis 24 °C, kaltes Wasser oder Eiswasser verwenden |
| 550 g | Wasser (kalt) | |
| 20 g | Salz | |
| 60 g | Zucker | |
| 1 000 g | Ziehfett | |
| **2 630 g** | **Teiggewicht** | |

### Herstellung des holländischen Blätterteigs

Die Zutaten werden mit den Ziehfettwürfeln zu einem groben Teig in einem langsam laufenden Hubkneter oder mit der Hand zusammengemischt (angewirkt). Dabei dürfen die Zutaten nur zusammengedrückt und nicht geknetet werden, damit die Fettstücke erhalten bleiben. Holländischer Blätterteig ist ein grober, schwach gebundener Teig.
Durch die Ziehfettstückchen entstehen beim Tourieren größere zusammenhängende Ziehfettschichten, die jedoch unterbrochen sind.

Die Herstellung des holländischen Blätterteigs erfolgt verhältnismäßig schnell. Auch die Touren können ohne Ruhepause gegeben werden. Deshalb nennt man den holländischen Blätterteig im Fachjargon auch „Blitzblätterteig".

*Herstellen von holländischem Blätterteig mit der Hand*

Den Teig zu einem Block formen, in Folie einschlagen und ca. 30 Minuten im Kühlschrank bzw. Kühlraum entspannen lassen.

*Ziehfettwürfel im Teig*

LF 4

## Aufarbeiten von Blätterteig

**Blätterteig ausrollen**
Den fertig tourierten Blätterteig in zwei Richtungen ausrollen, damit sich der ausgerollte Blätterteig auf dem Arbeitstisch nicht zusammenzieht.
Zuerst den Blätterteig so lang wie die Bandbreite der Ausrollmaschine ist ausrollen. Den Teig drehen und ihn dann bis zur Ausrollstärke von 3 mm ausrollen.

**Schneiden zu Blätterteigstücken**
Den Blätterteig nur mit einem scharfen Messer oder scharfen Schneidewalzen zu Teigstücken schneiden.
Ein stumpfes Messer oder ein stumpfer Ausstecher würde die Teig-Ziehfett-Schichten an den Schnittstellen zusammendrücken. Der Blätterteig würde somit beim Backen an den Schnittstellen nicht hochziehen können.

**Füllen und Fertigstellen der Blätterteigstücke**
Die Schnittstellen mit Wasser bestreichen und die Füllung auf die Teigstücke aufspritzen oder damit belegen.
Den Blätterteig über die Füllung legen und die verschiedenen Blätterteigstücke fertigstellen.
Die fertig aufgearbeiteten Blätterteigstückchen auf ein Backblech setzen.

*Aufarbeiten von Blätterteigstücken*

LF 4

**Bestreichen mit Eistreiche**
Die Blätterteigstückchen auf dem Backblech dünn mit Eistreiche bestreichen, damit die Gebäcke eine schöne Krustenfarbe bekommen.

**Beispiel für eine Eistreiche:** Vollei mit großer Prise Salz in einem Gefäß mit einem Pinsel verrühren.

### Ruhepausen bei der Blätterteigherstellung

Ruhepausen sind nach jeder Beanspruchung des Teigs notwendig. Beim Kneten des Teigs und durch das Ausrollen beim Tourieren und Aufarbeiten wird der Kleber zäh und der Teig straff.
Bei den Ruhepausen kann sich der Kleber entspannen, sodass der Teig geschmeidiger und elastischer wird.
Sind die Ruhepausen zu kurz, „schnurrt" der Blätterteig beim Aufarbeiten und beim Backen, d. h., die Blätterteigstücke ziehen sich zusammen.

*Entspannter und geschnurrter Blätterteig nach dem Schneiden*

**Backen**
210 °C bei gefüllten Blätterteigstückchen,
220 °C bei flachen, ungefüllten Blätterteiggebäcken wie Schweinsohren, Teeblätter, Sahnerollen, Blätterteigböden

Blätterteig ohne Schwadengabe in den Backofen schieben, weil der heiße Dampf des Schwadens die Teig-Ziehfett-Schichten leicht verkleben lassen würde.

## Lockerung der Blätterteiggebäcke

Die Lockerung des Blätterteigs erfolgt beim Backprozess durch Wasserdampf (physikalische Lockerung, → Seite 259).

- Durch die Backhitze schmilzt das Ziehfett, das die Teigschichten voneinander trennt.
- Das Ziehfett ist ein guter Wärmeleiter, sodass die Backhitze durch die Ziehfettschichten in das Teiginnere gelangt.
- Die Teigschichten werden dabei stabil, indem die Stärke im Teig verkleistert und der Kleber gerinnt.
- Durch das Eindringen der Backhitze zwischen die Teigschichten entsteht eine Temperatur über 100 °C, sodass ein Großteil des Teigwassers verdampft.
- Der entstehende Wasserdampf hebt die einzelnen stabilen Teigschichten leicht nach oben.
- Bis zum Ende des Backens werden die einzelnen Teigschichten durch die hohe Backhitze im Gebäckinneren leicht rösch.

So erhalten Blätterteiggebäcke eine blättrige, lockere Beschaffenheit und einen zart-splittrigen Biss.

*Lockerung der Blätterteiggebäcke*

*Lockerung der Blätterteiggebäcke beim Backen*

### Aufgaben

1. Nennen Sie die drei Blätterteigarten und unterscheiden Sie diese in Bezug auf die Verarbeitung des Ziehfetts.
2. Nennen Sie die Touren und die Tourenfolge sowie die Ruhepausen bis zum Aufarbeiten bei
   - deutschem Blätterteig,
   - französischem Blätterteig,
   - holländischem Blätterteig.
3. Beschreiben Sie, für welche Gebäcke die Blätterteigarten verwendet werden, und begründen Sie die Eignung der Blätterteige:
   - deutscher und französischer Blätterteig
   - holländischer Blätterteig
4. Beschreiben Sie die Grundsätze beim Tourieren von Blätterteig in Bezug auf
   - Ausrollstärke,
   - Walzenabstand beim Ausrollen in der Ausrollmaschine,
   - Staubmehl,
   - Zusammenlegen des Teigs, →
   - Drehen nach jeder Tour,
   - Ruhepausen.
5. Erklären Sie, wie sich Blätterteig zum Tiefgefrieren eignet.
6. Erstellen Sie ein Rezept für holländischen Blätterteig.
7. Beschreiben Sie die Herstellung von holländischem Blätterteig.
8. Beschreiben Sie das Aufarbeiten von Blätterteig:
   - Blätterteig ausrollen
   - schneiden zu Blätterteigstücken
   - füllen und fertigstellen
   - bestreichen mit Eistreiche
9. Erklären Sie, warum bei der Herstellung von Blätterteig nach jeder Beanspruchung des Teigs Ruhepausen notwendig sind.
10. Nennen Sie die Backtemperaturen für
    - gefüllte Blätterteiggebäcke,
    - für flache ungefüllte Blätterteiggebäcke.
11. Erklären Sie, wie Blätterteiggebäcke im Backofen gelockert werden.
12. Sie sollen in Ihrer Bäckerei die Unterschiede zwischen deutschem und französischem Blätterteig feststellen. Notieren Sie die Vorteile beim Tourieren und Aufarbeiten der Blätterteige sowie die Lockerung und den Geschmack der Blätterteiggebäcke. Geben Sie Ihrem Chef eine Empfehlung, welcher Blätterteig in Ihrer Bäckerei zukünftig hergestellt werden soll.

### Rechenaufgabe

Deutscher Blätterteig wird mit einer einfachen, einer doppelten, einer einfachen und einer doppelten Tour touriert. Berechnen Sie die Zahl der Ziehfettschichten nach jeder Tour.

## 18.3 Blätterteiggebäcke

| Einteilung der Blätterteiggebäcke | Gebäckbeispiele |
|---|---|
| Süße Blätterteigstückchen mit Füllungen | • Quarktaschen, Kirschtaschen – Quarkfüllung, gebundene Sauerkirschen<br>• Apfelrollen – Apfelfüllung<br>• Apfel-, Quark-, Kirschstrudel, Früchtekörbchen – Apfel und Quarkfüllung, gebundene Sauerkirschen, Vanillecreme<br>• Blätterteigbrezeln – Nussfüllung<br>• Schaumrollen – Baisermasse<br>• Sahnerollen – Schlagsahne<br>Gefüllte Blätterteiggebäcke werden aprikotiert und mit Fondant glasiert. |
| Süße Blätterteigstückchen, in Zucker gerollt oder karamellisiert | • Schweinsohren<br>• Teeblätter – auf der glatten Seite eine dünne Schicht Buttercreme (Fettcreme) und darauf Fettglasur oder Schokoladenkuvertüre |
| Blätterteigböden für Torten und Desserts | • Holländer Kirschsahnetorten und -schnitten: drei Blätterteigböden bzw. Blätterteigstreifen, gefüllt mit gebundenen Sauerkirschen und Vanillesahne – Schlagsahne mit Vanillearoma → Seite 133<br>• Cremeschnitten: drei Blätterteigstreifen, gefüllt mit Vanillecreme oder leichter Vanillecreme → Seite 574 |
| Pikante Blätterteiggebäcke | • Käsestangen – geriebener Emmentaler oder Gouda<br>• Käsegebäck – geriebener Emmentaler oder Gouda<br>• Pasteten: werden gefüllt mit Ragout fin (Kalbfleisch in weißer Soße) oder mit Gemüse bzw. Pilzen. Es sind kleine Speisen im Café. |

LF 4

*Gefüllte Blätterteigstückchen*

*Blätterteigbrezeln*

*Cremeschnitte*

*Pastete*

*Apfelrollen*

## Aufarbeitungsbeispiele

### Quarktaschen, Kirschtaschen

- Blätterteig 12 x 12 cm schneiden.
- Die Ränder der Quadrate mit Wasser bestreichen.
- Füllung aufspritzen, z. B. Quarkfüllung oder gebundene Sauerkirschen.
- Die Ecken zur Mitte hin legen und zusammendrücken, mit Eistreiche bestreichen und ein dünn ausgerolltes, mit rundem Ausstecher ausgestochenes Blätterteigstück daraufdrücken, damit die Taschen zusammenhalten.
- Die Taschen mit Eistreiche bestreichen.

*Blätterteigtaschen – Aufarbeitung*

### Früchtekörbchen

*Schneiden der Früchtekörbchen*

- Blätterteig 12 x 12 cm schneiden.
- Ca. 1,5 cm breite Ränder schneiden oder mit dem Früchtekörbchenausstecher eindrücken und mit Wasser bestreichen.
- Die Ränder diagonal zur anderen Seite überklappen.
- Vanillecreme einfüllen und darauf gebundene Sauerkirschen oder andere Früchte geben.

*Gebundene Sauerkirschen auf die Vanillecreme geben*

### Sahnerollen, Schaumrollen

- 2,5 cm breite und 30 cm lange Blätterteigstreifen schneiden und mit Wasser bestreichen.
- Die Streifen spiralförmig auf Metallrollen wickeln, die Oberfläche der Rollen in Zucker tauchen und auf Backbleche setzen.
- Mindestens eine Stunde vor dem Backen entspannen lassen.
- Nach dem Abkühlen die Metallrollen aus den Blätterteigrollen herausziehen und die Gebäcke mit Schlagsahne bzw. Baisermasse füllen.

*Sahnerollen*

### Apfelstrudel, Quarkstrudel, Kirschstrudel

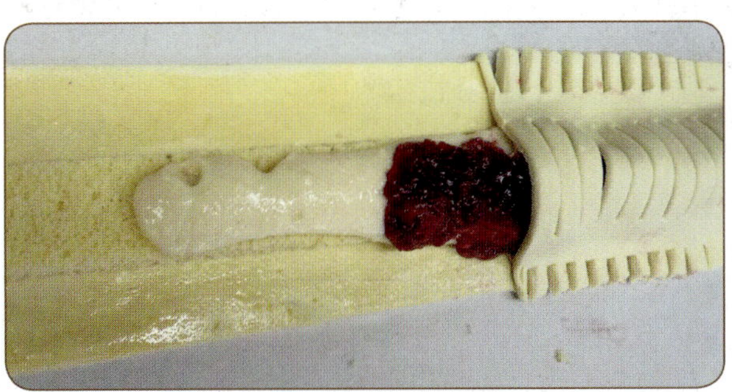

*Aufarbeiten von Kirsch-Vanille-Strudel*

- Zwei Blätterteigstreifen schneiden:
  - für den Boden 10 x 70 cm,
  - für den Deckel 13 x 70 cm,
  - die Ränder mit Wasser bestreichen.

LF 4

- Den Blätterteigstreifen für den Boden auf ein Backblech legen und einen ca. 5 cm breiten Streifen einer Kapsel in die Mitte des Blätterteigstreifens legen.
- Die Apfelfüllung daraufgeben bzw. Quarkfüllung oder gebundene Sauerkirschen aufspritzen.
- In den Blätterteigstreifen für den Deckel in der Mitte mit einem Roller Streifen einschneiden und ihn auf den Boden mit der Füllung legen. Die Ränder der Streifen seitlich andrücken und die Oberfläche mit Eistreiche bestreichen.

*Kirsch-Vanillecreme-Strudel*

**Schweinsohren**

- Holländischen Blätterteig oder Restblätterteig 3 mm dick und 55 cm breit ausrollen.
- Den ausgerollten Blätterteig dick mit Zucker bestreuen.
- Den Teig in ca. 6 cm breiten Lagen zweimal locker nach innen einschlagen und zum Schluss zu einer sechsfachen Lage übereinanderlegen.
- Ca. 1,5 cm breite Stücke schneiden und mit der Schnittfläche auf gefettete oder mit Backpapier belegte Backbleche legen. Die runden Enden etwas auseinanderschieben.

*Aufarbeiten der Schweinsohren*

- Nach ca. 60 Minuten Ruhepause bei 220 °C und geöffnetem Zug backen.
- Wenn die Seitenränder braun sind, die Schweinsohren umdrehen und die andere Seite backen, bis beide Seiten goldbraun karamellisiert sind.

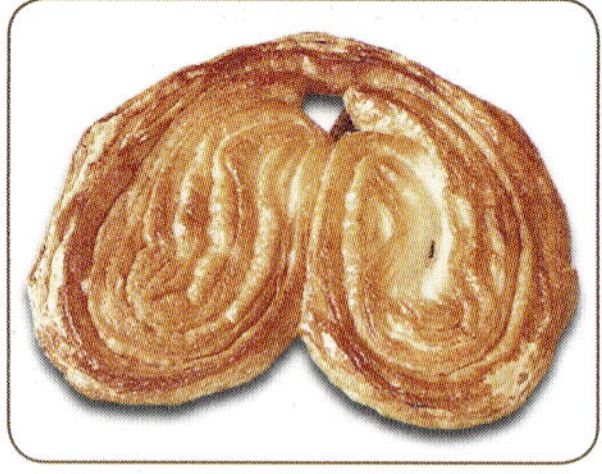

*Schweinsohr*

**Teeblätter**

- Holländischen oder Restblätterteig 6 mm dick ausrollen.
- Mit einem gewellten Ausstecher Teigstücke von 8 cm Durchmesser ausstechen.

*Teeblätter*

- Die ausgestochenen Blätterteigstücke mit der Ausrollmaschine dünn zu ovalen Stücken ausrollen, mit Wasser bestreichen und beide Seiten in Zucker legen. Oder den ausgestochenen Blätterteig mit einem Rundholz oval auf Zucker ausrollen.
- Nach ca. 60 Minuten Ruhepause bei 220 °C und geöffnetem Zug backen.
- Die abgekühlten Teeblätter auf der glatten Seite mit Creme bestreichen und die Creme in der Kühlung absteifen lassen.
- Die Teeblätter mit der Cremeseite in Schokoladenkuvertüre oder Fettglasur tauchen und mit einer Palette leicht abstreifen.

**Käsestangen**

- 800 g geriebenen Käse (Emmentaler, Edamer, Gouda) mit 20 g edelsüßem Paprika, etwas Salz und Pfeffer mischen.
- 2000 g Blätterteig ca. 8 mm dick ausrollen und mit Wasser bestreichen.
- 300 g des Käses aufstreuen, eine einfache Tour geben und den Blätterteig kurz entspannen lassen.
- Den Blätterteig 25 cm breit und 3 mm dick ausrollen und auf einen Arbeitstisch legen.
- Den Blätterteig mit Wasser bestreichen und mit 250 g des geriebenen Käses bestreuen.
- Den Blätterteig zusammenlegen, sodass er 12,5 cm breit ist.
- Die Teigoberfläche mit Wasser bestreichen und die restlichen 250 g des geriebenen Käses aufstreuen und etwas andrücken.
- Ca. 2,5 cm breite Streifen schneiden, leicht spiralförmig drehen und auf Backbleche setzen.

LF 4

- Käsestangen nach ca. 60 Minuten Ruhepause bei 220 °C und geöffnetem Zug backen.

*Käsestangen*

**Käsegebäck aus Blätterteig**

- 1 000 g holländischen Blätterteig oder Restblätterteig mit ca. 400 g geriebenem Käse, der mit edelsüßem Paprika, Pfeffer und Salz gewürzt ist, in der Knetmaschine im Langsamgang gut vermischen.
- Den Käseblätterteig 4 mm dick ausrollen, mit Eistreiche bestreichen und mit geriebenem Käse, Sesam, Mohn, Kümmel, gehobelten Mandeln und gestiftelten Mandeln bestreuen.
- Verschiedene Formen wie Quadrate, Rechtecke, Dreiecke, Rauten schneiden oder ausstechen, z. B. Blüten, Halbmonde, Ovale.
- Bei 220 °C backen.

*Käsegebäck*

## Fehler bei Blätterteiggebäcken

| Gebäckfehler | Ursachen |
|---|---|
| Blätterteiggebäcke „schnurren" beim Backen, d. h., sie ziehen sich etwas zusammen. | Die Ruhezeiten waren zu kurz<br>• beim Tourieren und<br>• vor dem Backen. |
| Die Blätterteiggebäcke sind zu flach und zeigen eine geringe Blätterung (Lockerung). | • Der Teig wurde beim Tourieren zu dünn ausgerollt.<br>• Der Teig war beim Tourieren und Aufarbeiten zu warm, weil er während der Ruhezeiten nicht im Kühlschrank bzw. Kühlraum stand.<br>• Grundteig und Ziehfett hatten nicht die gleiche Festigkeit.<br>• Durch ungenaues Zusammenlegen beim Tourieren entstanden fettfreie Stellen.<br>• Der Blätterteig wurde in zu großen Millimeterabständen ausgerollt, wobei die Ziehfettschichten zerstört wurden. |
| Die Blätterteiggebäcke backen „wild", d. h., die Gebäckstücke blättern ungleichmäßig hoch. | Die Ziehfettschichten im Blätterteig sind zu dick.<br>• Die Ausrollstärke beim Tourieren war zu dick.<br>• Es wurden zu wenig Touren gegeben. |
| Die Blätterteiggebäcke ziehen seitlich an den Schnittstellen ungleichmäßig hoch. | Der Blätterteig wurde mit einem stumpfen Messer geschnitten und dabei die Schnittstellen zerdrückt. |
| Die Gebäcke sind zu trocken. | • Das Staubmehl wurde beim Tourieren und Aufarbeiten nicht abgekehrt.<br>• Wegen zu niedriger Backtemperatur lief beim Backen Fett aus dem Gebäck. |
| Im Gebäckinneren sind speckige Schichten. | Das Gebäck ist noch nicht ausgebacken.<br>• Die Backzeit war zu kurz.<br>• Wegen zu hoher Backtemperatur war die Backzeit zu kurz. |

## Verkaufsargumente

**Qualitätsmerkmale für die Kundenberatung**

- Blätterteiggebäcke sind lockere und zart-splittrige Gebäcke.
- Die verschiedenen Blätterteiggebäcke enthalten geschmackvolle und erfrischende Füllungen.
- Gebäcke aus Blätterteig enthalten viel Ziehfett, sind aber wegen der lockeren Beschaffenheit für gesunde Menschen gut bekömmlich.
- Butterblätterteig ist wegen des Buttergeschmacks geschmackvoller als Blätterteig mit Ziehmargarine. Wegen des niedrigeren Schmelzpunktes der Butter ist Butterblätterteig auch bekömmlicher als Blätterteig mit Ziehmargarine. Butter schmilzt bereits bei Bluttemperatur. Der Schmelzpunkt von Ziehmargarine liegt über der Körpertemperatur.

**Frischhaltung der Blätterteiggebäcke**

Blätterteiggebäcke sind trotz der hohen Ziehfettmenge nur kurze Zeit frisch, weil das Wasser der einzelnen Teigschichten weitgehend beim Backen verdampft. Blätterteiggebäcke schmecken frisch am besten. Sie sind frisch, solange das Ziehfett weich ist und die Schichten splittrig im Biss sind und somit beim Verzehr splittrig bröckeln.
Verkaufsfähig sind gefüllte Blätterteiggebäcke nur am Tag der Herstellung.
Käsestangen und Käsegebäcke sind einige Tage bei Raumtemperatur lagerfähig.

Am besten schmecken warme Blätterteiggebäcke. Empfehlenswert ist deshalb, wenn kalte Blätterteiggebäcke von den Kunden vor dem Verzehr kurz aufgebacken, dann aber sofort gegessen werden.

**Besondere Eignung der Blätterteiggebäcke**

- Süße Blätterteigstückchen passen gut zu Kaffee und Tee.
- Die pikanten Käsestangen und Käsegebäck aus Blätterteig sind Knabbergebäcke, die sich auch für Partys und zu alkoholischen Getränken eignen.

## Aufgaben

1. Nennen Sie Beispiele für Blätterteiggebäcke:
   - süße Blätterteigstückchen mit Füllungen
   - süße Blätterteigstückchen, in Zucker gerollt
   - Blätterteigböden für Torten und Desserts
   - pikante Blätterteiggebäcke
2. Nennen Sie die möglichen Ursachen folgender Fehler bei Blätterteiggebäcken:
   - Blätterteiggebäcke schnurren beim Backen
   - die Blätterteiggebäcke sind zu flach und zeigen eine geringe Lockerung
   - die Blätterteiggebäcke backen „wild“
   - die Blätterteiggebäcke ziehen an den Seiten bei den Schnittstellen ungleichmäßig hoch
   - die Blätterteiggebäcke sind zu trocken
   - im Gebäckinneren sind speckige Schichten
3. Erläutern Sie die Qualitätsmerkmale und Bekömmlichkeit der Blätterteiggebäcke für die Kundenberatung.
4. Welche zwei Vorteile hat Butterblätterteig gegenüber Blätterteig mit Ziehmargarine?
5. Erklären Sie die Frischhaltung der Blätterteiggebäcke und erläutern Sie, wann Blätterteiggebäcke am besten schmecken.
6. Wozu eignen sich folgende Blätterteiggebäcke:
   - süße Blätterteigstückchen
   - pikante Käsestangen und Käsegebäck
7. Ein Kunde im Café beschwert sich, dass die Schweinsohren beim Abbeißen so splittrig bröseln. Sie erläutern ihm diese Qualitätseigenschaften der Blätterteiggebäcke.

LF 4

## Rechenaufgabe

12,500 kg Äpfel werden geschält. Der Schälverlust beträgt 28 %. Zur Herstellung einer Apfelfüllung werden auf 1 kg geschälte Äpfel 120 g Zimtzucker gegeben. Für 1 Stück Blätterteig-Apfelrolle werden 40 g Apfelfüllung benötigt.

a) Wie viel kg Äpfel bleiben nach dem Schälen für die Apfelfüllung übrig?

b) Berechnen Sie, wie viel Zimtzucker für die Apfelfüllung benötigt wird und wie viel kg Apfelfüllung man erhält.

c) Ermitteln Sie, wie viel Blätterteig-Apfelrollen mit dieser Apfelfüllung hergestellt werden können.

# 19 Glasuren und Füllungen

**Situation**

Die Verkäuferinnen backen im Ladenbackofen gefüllte Plunder- und Blätterteiggebäcke aus. Um die Frische zu demonstrieren, werden die Gebäcke vor den Augen der Kunden glasiert. Die Verkäuferinnen erläutern einer neuen Kollegin das fachgerechte Aprikotieren und Glasieren mit Fondant und erklären ihr die unterschiedlichen Füllungen, damit sie die Kunden beraten kann.

- Was ist eine Aprikotur und warum wird sie auf Gebäcke gestrichen?
- Was versteht man unter dem „Temperieren des Fondants" und warum muss dieser temperiert werden?
- Welche Vorteile haben die Glasuren auf den Gebäcken?
- Welche Fehler können beim Glasieren gemacht werden?
- Woraus besteht eine Puderzuckerglasur und wofür wird sie verwendet?
- Welche gefüllten Gebäcke werden in der Bäckerei angeboten und woraus bestehen die Füllungen?

LF 4

## 19.1 Zuckerhaltige Glasuren

Die zwei am häufigsten in der Bäckerei verwendeten Glasuren sind Aprikotur und Fondant.

**Mit Aprikotur und Fondant werden glasiert:**

- Plundergebäcke → Seite 299
- Hefeteiggebäcke wie Hefezöpfe, Gugelhupf, Savarins, Osterfladen u.a. → Seite 271, 297, 298 und 295
- Blätterteiggebäcke → Seite 316
- oberer Blätterteigboden der Holländer Kirschsahnetorten und -schnitten sowie der Cremeschnitten → Seite 566 und 316
- Teegebäck aus 1-2-3-Mürbeteig → Seite 337 Punschdesserts → Seite 580
- Berliner und Spritzkuchen (Strauben) → Seite 285 und 529

*Glasierte Plundertasche*

### Aprikotur

Die Aprikotur bildet die erste Glasurschicht auf den Backwaren und ermöglicht erst das Glasieren mit Fondant.

**Herstellen der Aprikotur**

- Aprikosenkonfitüre glatt rühren und in ein Gefäß geben.
- Die Aprikosenkonfitüre mit etwas Wasser verdünnen und kochen.

*Gekochte Aprikotur zum Aprikotieren*

**Das Aprikotieren**

- Die kochende Aprikotur mit einem Pinsel dünn auf die gesamte Oberfläche der ofenheißen Gebäcke aufstreichen. Das Bestreichen der Gebäcke mit Aprikotur nennt man „Aprikotieren".
- Nur kochend heiße Aprikotur kann dünn auf die Oberfläche der Gebäcke gestrichen werden. Kühlt die Aprikotur bei längerem Aprikotieren ab und wird somit dicker, muss sie erneut aufgekocht werden, evtl. mit etwas Wasser verdünnt, das beim Kochen verloren gegangen ist.

### Aprikotur-Gelee

Große Bäckereien besprühen die Gebäcke mit Aprikotur-Gelee. Aprikotur-Gelee ist Aprikosenkonfitüre mit Pektinen als Bindemittel, die in einem beheizbaren Behälter auf 85 bis 90 °C erhitzt wird. Das dünnflüssige, heiße Aprikotur-Gelee wird mithilfe eines Kompressors mit Druck durch einen Schlauch mit einer Sprühpistole gleichmäßig dünn auf die Gebäcke gesprüht.

## Fondant

Fondant ist eine milchig weiße Zuckerglasur der Zuckerindustrie, die gebrauchsfertig im Handel ist.

*Fondant von der Zuckerindustrie*

Bei der Fondantherstellung wird Zucker mit Wasser und etwas Glukosesirup auf 117 °C zum Flug erhitzt. Der erhitzte Zucker wird sofort abgekühlt und dabei in einem Rührwerk tabliert, d.h. ständig in Bewegung gehalten. Auf diese Weise können sich nur winzige Zuckerkristalle bilden, die lichtundurchlässig sind, das Licht reflektieren und somit eine milchig weiße Zuckermasse ergeben, die geschmeidig ist.

**Herrichten des Fondants zum Temperieren**

Es sind zwei Fondantarten im Handel:

- Mit Wasser verdünnter, streichfähiger Fondant. Er wird aus dem Eimer genommen und in ein Gefäß zum Glasieren gegeben.
- Fester Fondant, der bei Raumtemperatur geschmeidig ist. Dieser Fondant wird aus dem Eimer in ein Gefäß gegeben und mit Wasser streichfähig verdünnt.

**Temperieren des Fondants zum Glasieren**

- Der weiche, geschmeidige Fondant wird in einem Gefäß unter ständigem Rühren bei nicht zu starker Hitze auf ca. 37 °C erwärmt. Im Fachjargon spricht man vom „Temperieren des Fondants auf Blutwärme".
- Je nach Streichfähigkeit wird der temperierte Fondant noch mit etwas Wasser verdünnt und auf die aprikotierten Gebäcke gestrichen.

*Temperierter, streichfähiger Fondant*

**Glasieren und Überziehen mit Fondant**

Einige Minuten nach dem Aprikotieren kühlt die Aprikotur ab und bildet eine dünne, feste Schicht auf der Oberfläche der Gebäcke. Erst jetzt wird der temperierte Fondant auf die Bäckereierzeugnisse dünn glasiert oder überzogen.

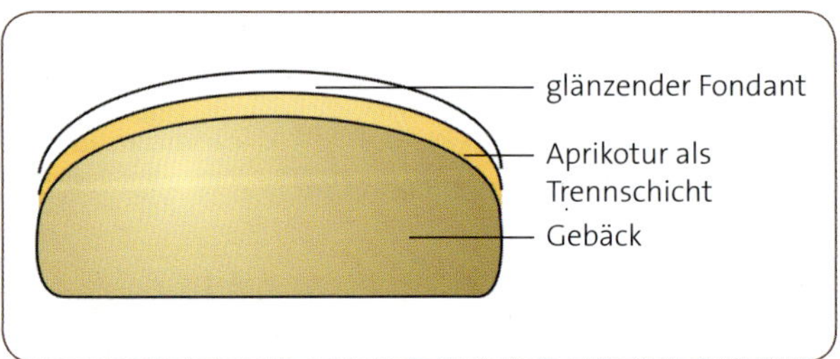


*Mit Aprikotur und Fondant glasiertes Gebäck*

### Wirkungen der Aprikotur im Bezug auf den Fondant

- Wenige Minuten nach dem Aprikotieren kühlt die Aprikotur ab und wird fest. Sie bildet eine dünne Trennschicht auf der Oberfläche der Gebäcke und eine glatte Unterlage für den Fondant. So kann der Fondant dünn und gleichmäßig verstrichen werden.
- Der flüssige Fondant kann wegen der Aprikotur, die wie eine Trennschicht wirkt, nicht in die Gebäcke einfließen und bleibt somit als sichtbare Glasur auf den Gebäcken.
- Auf der festen Aprikoturschicht sieht der Fondant leicht weißlich aus und glänzt.

LF 4

**„Der Fondant ist abgestorben."**
Wird der Fondant ohne Aprikotur auf die Gebäcke aufgetragen, entzieht die trockene Gebäckkruste dem Fondant Wasser. Der Fondant trocknet aus und „stirbt ab", d. h., er bekommt ein stumpfes weißes Aussehen und glänzt nicht.

**Erkennung eines fachgerecht glasierten Fondants**

- Der leicht weiße Fondant glänzt auf den Gebäcken.
- Der Fondant trocknet nach dem Glasieren schnell und klebt nicht beim Anfassen der Gebäcke.

*Glasierte Nussschnecken*

### Geschmacklich und farblich veränderter Fondant

Geschmacklich kann der Fondant zum Glasieren bzw. Überziehen mit Zitrone, Rum, Kirschwasser u. a. verbessert werden.
Für Teegebäcke oder Petits Fours, die mit verschiedenfarbigem Fondant überzogen werden, wird Lebensmittelfarbe in den Fondant gerührt.

*Mit eingefärbtem Fondant überzogenes Teegebäck*

## Vorteile glasierter Gebäcke

- Schöneres Aussehen der Gebäcke durch den leicht weißen Fondant, der glänzt.
- Besserer Geschmack der Gebäcke.
  Durch den leicht fruchtigen Geschmack der Aprikotur und die angenehme Süße des Fondants erfolgt eine geschmackliche Abrundung der Gebäcke.
- Die Aprikotur schließt die Poren der Gebäcke, sodass diese nicht so schnell austrocknen und dadurch etwas länger frisch bleiben.

## Aprikotur- und Fondantfehler

Nur mit fachgerecht hergestellten Glasuren und mit sorgfältigem Glasieren werden die Gebäcke verbessert und verschönert. Mit „Klecksen" erreicht man sogar bei einwandfrei hergestellten Gebäcken das Gegenteil. Beispielsweise wenn die Glasuren zu dick und ungleichmäßig aufgetragen werden oder unglasierte Stellen auf den Gebäcken entstehen. Die unschön aussehenden Gebäcke schmecken an den dicken Glasurstellen zu süß, sodass der Eigengeschmack übertönt wird.



| Geschmack- und farbgebende Zutaten zum Fondant | Fondantbezeichnung | Gebäcke, die mit diesem Fondant überzogen werden |
|---|---|---|
| flüssige Schokoladenkuvertüre | **Schokoladenfondant (Schokofondant)** | • Mohrenkopfschalen aus Biskuitmasse<br>• Sachertorten<br>• Desserts (Schnitten und Dessertstücke)<br>• Teegebäck aus 1-2-3-Mürbeteig (Plätzchen)<br>• Petits Fours |
| Mokkapaste oder wasserlöslicher Kaffee, mit etwas Wasser angerührt | **Mokkafondant** | • Mokkaeclairs (Brandmasse)<br>• Desserts (Schnitten)<br>• Teegebäck aus 1-2-3-Mürbeteig (Plätzchen)<br>• Petits Fours |
| Lebensmittelfarben wie Rot, Gelb, Grün | **eingefärbter Fondant** | • Teegebäck aus 1-2-3-Mürbeteig (Plätzchen)<br>• oberer Blätterteigboden für Holländer Kirschsahnetorte<br>• Desserts<br>• Petits Fours |

*Fachgerechtes Glasieren*

| Aprikotur- und Fondantfehler | Ursachen |
|---|---|
| Der Fondant ist abgestorben, d. h., er ist auf den Gebäcken milchig weiß und glänzt nicht. | Gebäcke wurden mit zu warm temperiertem Fondant, über 40 °C, glasiert. Durch das zu starke Erwärmen entstehen aus den kleinen gelösten Zuckerkristallen beim Abkühlen große Zuckerkristalle, die weiß aussehen und stumpf sind. |
| • Beim Anfassen der Gebäcke klebt der Fondant, er wird nicht fest.<br>• Der Fondant ist zu durchsichtig auf den Gebäcken.<br>• Der Fondant „zieht Nasen“, d. h., der Fondant läuft seitlich von den Gebäcken ab. | • Der Fondant war beim Glasieren zu kühl temperiert.<br>• Der Fondant wurde zu stark mit Wasser verdünnt und war beim Glasieren zu flüssig. |
| Der Fondant ist zu dick auf die Gebäcke aufgetragen.<br>Der zu dicke Fondant hat eine stumpfe weiße Farbe und macht die Gebäcke zu süß. | • Der Fondant wurde mit zu wenig Wasser verdünnt und ist somit zu dickflüssig und schlecht streichfähig.<br>• Der Fondant war beim Glasieren zu kühl.<br>• Durch unsauberes Glasieren wurde zu viel Fondant auf das Gebäck gestrichen. |

LF 4

*Schön glänzender Fondant, abgestorbener Fondant, zu dick aufgetragener Fondant*

## Puderzuckerglasur

**Herstellen der Puderzuckerglasur und das Glasieren**

- Puderzucker in einem Gefäß mit warmem Wasser verrühren, bis die Glasur weich und streichfähig ist. Verhältnis: 5 Teile Puderzucker und ca. 2 Teile Wasser.
- Die Puderzuckerglasur etwas stehen lassen, bis sich der Puderzucker völlig aufgelöst hat. Sie kann auch über Nacht stehen gelassen werden.
- Vor dem Glasieren die Puderzuckerglasur mit Wasser streichfähig verdünnen.
- Die glatte Puderzuckerglasur mit einem Pinsel auf die gesamte Gebäckoberfläche der noch heißen Gebäcke streichen. Sind die Gebäcke noch heiß, stirbt die Puderzuckerglasur nach dem Glasieren nicht so schnell ab.
  Die Gebäcke können vorher aprikotiert werden, meist wird jedoch darauf verzichtet.

**Verwendung von Puderzuckerglasur**

Puderzuckerglasur wird nur für Gebäcke verwendet, bei denen die Kunden eine süße, dicke Zuckerglasur wünschen, z. B. bei einfachen Hefeteiggebäcken.
Da die Puderzuckerglasur nicht so dünn und streichfähig wie Fondant ist, wird sie relativ dick aufgestrichen.

**Puderzuckerglasur im Vergleich zu Fondant**

- Die Glasur ist dicker, undurchsichtig weiß und glänzt nicht.
- Sie trocknet schnell auf den Gebäcken, reißt dann und platzt leicht vom Gebäck ab.

*Zuckerhörnchen mit Puderzuckerglasur*

**Aufgaben**

1. Nennen Sie Bäckereierzeugnisse, die mit Aprikotur und Fondant glasiert werden.
2. Beschreiben Sie das Herstellen der Aprikotur und das Aprikotieren.
3. Erklären Sie Aprikotur-Gelee und erläutern Sie, wie dieses auf die Gebäcke aufgetragen wird.
4. Beschreiben Sie
   - das Herrichten des Fondants zum Temperieren,
   - das Temperieren des Fondants zum Glasieren.
5. Wann werden die Gebäcke nach dem Aprikotieren glasiert bzw. überzogen?
6. Welche Wirkungen hat die Aprikotur auf den Fondant?
7. Wie erkennt man fachgerecht glasierten Fondant auf den Gebäcken?
8. Beschreiben Sie, womit Fondant geschmacklich und farblich verändert werden kann, und geben Sie Verwendungsbeispiele an.
9. Nennen Sie die Vorteile der Glasuren auf die Gebäcke.
10. Was versteht man unter dem Fachbegriff „der Fondant ist abgestorben"?
11. Nennen Sie die möglichen Ursachen folgender Fondantfehler:
    - Der Fondant ist abgestorben und auf den Gebäcken milchig weiß und glänzt nicht.
    - Beim Anfassen der Gebäcke klebt der Fondant. Er ist zu durchsichtig auf den Gebäcken und zieht seitlich der Gebäcke Nasen.
    - Der Fondant ist zu dick auf die Gebäcke aufgetragen, hat eine stumpfe weiße Farbe und macht die Gebäcke zu süß.
12. Erklären Sie das Herstellen der Puderzuckerglasur und das Glasieren.
13. Beschreiben Sie die Verwendung von Puderzuckerglasur.
14. Wie unterscheidet sich die Puderzuckerglasur im Vergleich zum Fondant auf den Gebäcken?
15. Eine Kundin beobachtet, wie Sie die frisch gebackenen Blätterteiggebäcke mit Aprikotur und Fondant bestreichen. Sie möchte von Ihnen wissen, ob nicht eine der beiden Glasuren ausreichen würde und ob die Gebäcke durch die beiden Glasuren nicht zu süß werden würden.

## 19.2 Füllungen

Füllungen haben in verschiedenen Gebäcken eine erfrischende Wirkung und bestimmen weitgehend deren Geschmack.

*Füllungen: gebundene Sauerkirschen, Nussfüllung, Vanillecreme, Apfelfüllung*

**Gebäckgruppen mit Füllungen**

- Blechkuchen aus Hefeteig
- Plundergebäcke
- Blätterteiggebäcke
- gefüllte Stollen

Zur Nuss- und Mohnfüllung werden süße Brösel gegeben. Es sind geriebene Tortenböden und andere Feine Backwaren. Süße Brösel binden Wasser in den Füllungen, sodass die Nuss- und Mohnfüllung längere Zeit weich bleibt. Außerdem verbessern die Brösel den Geschmack.

LF 4

**Rezeptbeispiel: Nussfüllung**

| | |
|---|---|
| 500 g | Nüsse, geröstet und gerieben |
| 300 g | süße Brösel |
| 300 g | Zucker |
| 500 g | Milch |
| | 1 Prise Salz (ca. 2 g) |
| | Vanillearoma, Zimt |
| **1600 g** | **Nussfüllung** |

Die Zutaten vermischen, bis eine streichfähige Nussfüllmasse entsteht.

**Gebäckbeispiele**

- Plundergebäcke: Nusshörnchen, Nussschnecken, Hahnenkämme, Nusszöpfe
- Blätterteignussbrezeln
- Nussstollen

*Nussfüllung in Plunderhörnchen*

### Rezeptbeispiel: Mohnfüllung

| | | |
|---|---|---|
| 400 g | Milch | Milch, Zucker, Butter und Salz kochen |
| 300 g | Zucker | |
| 100 g | Butter | |
| | 1 Prise Salz (ca. 2 g) | |
| 500 g | gemahlener Mohn | Mohn, Brösel, Eier und Gewürze in die kochende Milch einrühren, bis die Zutaten gleichmäßig in der Mohnfüllung verrührt sind |
| 100 g | süße Brösel | |
| 150 g | Vollei (3 Stück) | |
| | Zimt, Vanillearoma | |
| **1550 g** | **Mohnfüllung** | |

*Mohn mahlen*

*Abbrühen von Mohn mit kochender Milch*

**Gebäckbeispiele**

- Plundergebäck: Mohnschnecken
- Blechkuchen aus Hefeteig: Mohnkuchen
- Mohnstollen

*Mohnstollen*

### Rezeptbeispiel: Quarkfüllung

| | |
|---|---|
| 1000 g | Speisequark (Magerquark oder 20 % Fett i. Tr.) |
| 200 g | Zucker |
| 80 g | Weizenpuder oder Cremepulver |
| 100 g | Vollei (1 Stück) |
| 150 g | flüssige Butter oder Margarine |
| | 1 Prise Salz (ca. 2 g) |
| | Zitronenaroma |
| **1530 g** | **Quarkfüllung** |

Die Zutaten zu einer glatten Quarkfüllung verrühren.

**Gebäckbeispiele**

- Plundergebäck: Quarktaschen
- Blätterteiggebäcke: Quarktaschen, Quarkstrudel
- Blechkuchen aus Hefeteig: Quarkkuchen
- Quarkstollen

*Quarkfüllung auf einem Hefeteig*

### Rezeptbeispiel: Franchipanfüllung (Marzipanfüllung) (sprich: Franschipan)

| | | |
|---|---|---|
| 600 g | Marzipanrohmasse | Marzipanrohmasse, Butter, Zucker, Salz und Zitronenaroma in der Rührmaschine glatt rühren. |
| 300 g | Butter | |
| 200 g | Zucker | |
| | 1 Prise Salz (ca. 2 g) | |
| | Zitronenaroma | |
| 500 g | Vollei (10 Stück) | Die Eier nach und nach in die Masse geben und schaumig rühren. |
| 100 g | Weizenmehl | Das Weizenmehl zum Schluss kurz unterrühren. |
| **1700 g** | **Franchipanfüllung** | |

**Gebäckbeispiele**
- Plundergebäcke: Marzipanhörnchen, Marzipanschnecken, Hahnenkämme

*Franchipanmasse*

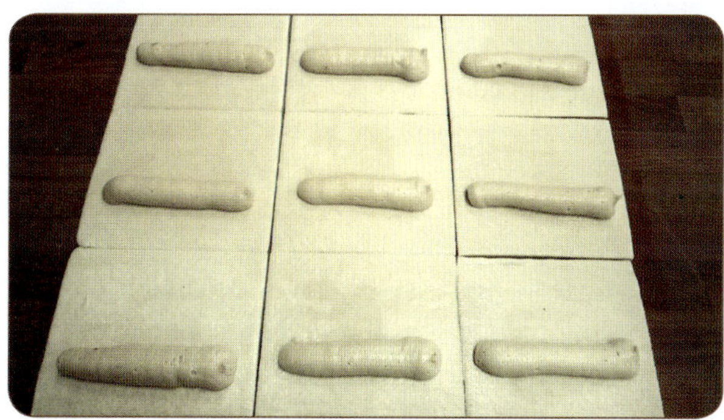

*Franchipanmasse für Plundergebäcke*

**Rezeptbeispiel: Apfelfüllung**

| | |
|---|---|
| 1 000 g | Äpfel, geschält und entkernt |
| 100 g | Zucker |
| 5 g | Zimt |
| **1105 g** | **Apfelfüllung** |

evtl. 70 g Mandeln, gestiftelt

Unbedingt backfeste und säuerliche Äpfel verwenden, z. B. Boskop, Cox Orange, Grafensteiner, Jonagold, Elstar.

Ca. 1300 g Äpfel schälen, entkernen und in dünne Scheiben schneiden.

Den Zucker mit Zimt vermischen.

Den Zimtzucker erst unmittelbar vor der Verarbeitung unter die Äpfel mischen, da Zucker das Wasser der Äpfel entzieht und die Apfelfüllung wässrig wird.

**Gebäckbeispiele**
- Plundergebäck: Apfeltaschen
- Apfelkrapfen (Apfelberliner)
- Blätterteiggebäck: Apfelstrudel, Apfelrollen
- Apfelstrudel aus ölhaltigem Weizenteig
- Blechkuchen aus Hefeteig und Mürbeteig: Apfelkuchen

*Apfelfüllung für Apfelstrudel*

**Rezeptbeispiel: gebundene Sauerkirschen**

| | | |
|---|---|---|
| 700 g<br>200 g | Sauerkirschsaft (Saft einer 1/1-l-Dose)<br>Zucker | Sauerkirschsaft und Zucker kochen. Bei frischen Sauerkirschen Wasser mit Zucker kochen. |
| 80 g | Weizenpuder oder Cremepulver<br>Zimt | Weizenpuder oder Cremepulver mit etwas kaltem Sauerkirschsaft anrühren und mit dem kochenden Sauerkirschsaft unter ständigem Rühren nochmals kräftig aufkochen lassen. |
| 900 g | Sauerkirschen (Kirschen einer 1/1-l-Dose) | Die Sauerkirschen unter den gebundenen Sauerkirschsaft heben. |
| **1880 g** | **gebundene Sauerkirschen** | |

So wie gebundene Sauerkirschen können auch andere Früchte, z. B. Aprikosen in kleine Würfel geschnitten, mit Saft bzw. Wasser mit Zucker gebunden werden.

**Gebäckbeispiele**
- Plundergebäck: Kirschtaschen
- Blätterteiggebäcke: Kirschtaschen, Kirschstrudel
- Kirschstrudel aus ölhaltigem Weizenteig
- Torte: Schwarzwälder Kirschsahnetorten

*Blätterteiggebäcke mit gebundenen Sauerkirschen*

*Plunder-Kirschtaschen mit gebundenen Sauerkirschen*



**Rezeptbeispiel: Vanillecreme**

| | | |
|---|---|---|
| 900 g | Milch | Milch kochen |
| 100 g | Milch | Zucker, Weizenpuder bzw. Cremepulver, Eigelbe, Vanillearoma und Salz mit der Milch klumpenfrei anrühren. |
| 200 g | Zucker | |
| 90 g | Weizenpuder oder Cremepulver | |
| 40 g | Eigelb (2 Stück) | Das Angerührte in die kochende Milch geben und unter ständigem Rühren kräftig aufkochen lassen. |
| | Vanillearoma | |
| | 1 Prise Salz (ca. 2 g) | |
| **1330 g** | **Vanillecreme** | |

**Gebäckbeispiele**

- Für manche Plunder- und Blätterteiggebäcke wird halb Vanillecreme und halb eine andere Füllung zugegeben, z. B. gebundene Sauerkirschen oder Apfelfüllung.
- Plundergebäck: Vanillecremebrezeln
- Bienenstichfüllung
- Desserts: Cremeschnitten (mit Blätterteigböden), Liebesknochen aus Brandmasse

*Vanillecreme in einer Cremeschnitte*

Die Backmittelindustrie bietet für alle Füllungen Convenience-Produkte gebrauchsfertig an. Sie erreichen jedoch nicht die Qualität der herkömmlich hergestellten Füllungen.

**Aufgaben**

1. Nennen Sie Gebäckgruppen mit Füllungen.
2. Warum werden in Nuss- und Mohnfüllung süße Brösel gegeben?
3. Was sind süße Brösel?
4. Erklären Sie eine Franchipanfüllung.
5. Nennen Sie Gebäckbeispiele, die mit folgenden Füllungen gefüllt werden:
   - Nussfüllung
   - Mohnfüllung
   - Quarkfüllung
   - Franchipanfüllung
   - Apfelfüllung
   - gebundene Sauerkirschen
   - Vanillecreme
6. Ein Kunde wünscht Gebäcke mit erfrischenden Füllungen für eine Gartenfeier. Sie empfehlen ihm die passenden Gebäcke.

**Rechenaufgaben**

1. Für einen Apfelstrudel werden 3 600 g geschälte und entkernte Äpfel benötigt. Dafür wurden 5 kg Äpfel verwendet. Berechnen Sie den Schälverlust in %.
2. Die Füllmenge einer Dose Sauerkirschen beträgt 1 600 g. In der Dose befinden sich 43 % Saft. Wie viel kg Sauerkirschen und wie viel kg Saft sind in 3 Dosen?
3. Nach den Leitsätzen muss eine Mohnfüllung mindestens 20 % Mohn enthalten. Ermitteln Sie den Mohngehalt im angegebenen Rezept in % und ob dieser den Bestimmungen entspricht. Runden Sie auf 2 Stellen nach dem Komma auf.

# 20 Feine Backwaren aus Strudelteig

**Situation**

In Ihrer Bäckerei und im Café bieten Sie einen Apfelstrudel aus Blätterteig und einen Apfelstrudel aus Strudelteig an, der häufig als Wiener Apfelstrudel bezeichnet wird. Die Kunden fragen häufig nach den genauen Unterschieden dieser beiden Strudel.

- Aus welchen Zutaten wird ein Strudelteig hergestellt?
- Welche Strudelarten werden in der Bäckerei angeboten?
- Wie wird ein Apfelstrudel hergestellt?
- Wie wird Apfelstrudel zum Servieren im Café hergerichtet und mit welchen Zugaben wird Apfelstrudel im Café angeboten?

Strudel ist eine Mehlspeise, die zuerst nur mit Äpfeln gefüllt wurde und später mit verschiedenen erfrischenden Füllungen ergänzt wurde.
Der Begriff „Strudel" kommt ursprünglich vom kreisenden Wasserwirbel, der hier auf den gefüllten, rollenförmigen Teig übertragen wird.

Strudel werden nach ihrer Füllung benannt. Am bekanntesten sind

- Apfelstrudel,
- Quarkstrudel,
- Milchrahmstrudel (Sauerrahmstrudel).

Weitere Strudelarten sind z. B. Kirsch-, Zwetschgen- (Pflaumen-), Aprikosen-, Heidelbeer- und Rhabarberstrudel. Außerdem gibt es pikante Strudel → Seite 638.

*Apfel-, Quark- und Milchrahmstrudel*

## Strudelteig

Strudelteig ist ein Weizenteig, der mit Öl hergestellt wird. Dadurch kann der Teig besonders dünn ausgerollt und dann hauchdünn ausgezogen werden.

LF 4

**Rezeptbeispiel: Strudelteig**

Rezept für

- 1 Schnittenblech (Alu-Rahmenblech) von 60 × 40 cm oder
- 2 Schnittenbleche von 60 × 20 cm oder
- Reinen (rechteckige Pfanne mit hohem Rand)

| | |
|---|---|
| 1000 g | Weizenmehl, Type 550 |
| 500 g | Wasser |
| 100 g | Vollei (2 Stück) |
| 100 g | Öl (= 120 ml) |
| 10 g | Salz |
| **1710 g** | **Strudelteig** |

**Teigtemperatur:** ca. 22 °C, kaltes Wasser, evtl. Eiswasser verwenden

**Knetzeit im Spiralkneter:**

- 2 Minuten Langsamgang,
- 6 Minuten Schnellgang

**Abwiegen:** Den Strudelteig zu 4 Teigstücken von je 400 g abwiegen.

**Teigruhe:** ca. 60 Minuten in Folie eingeschlagen
Der Strudelteig kann auch in Folie eingeschlagen einige Stunden entspannen oder über Nacht in den Kühlschrank bzw. Kühlraum gestellt werden.

**Tiefgefrieren:** Der Strudelteig kann auch sofort nach dem Kneten in Portionen abgewogen und in Folie verpackt tiefgefroren werden. Der Strudelteig ist sofort nach dem Auftauen ausrollfähig.

## Apfelstrudel

Für Apfelstrudel eignen sich nur backfähige, feste Äpfel, die leicht säuerlich sind, z. B. Boskop, Cox Orange, Elstar, Jonagold, Grafensteiner, Berlepsch, Goldparmäne, Ingrid Marie.

*Boskop*

**Rezeptbeispiel: Apfelfüllung für 4 × 400 g Strudelteig**

für 1 Schnittenblech (Alu-Rahmenblech) von 60 × 40 cm oder 2 Schnittenbleche von 60 × 20 cm oder entsprechende Reinen

| | |
|---|---|
| 2800 g | geschälte und entkernte Äpfel |
| 300 g | Zucker |
| 5 g | Zimt |
| | etwas Zitronenaroma |
| **3 105 g** | **Apfelfüllung** |

passend sind zusätzlich 150 g Mandeln, gestiftelt und leicht angeröstet

Ca. 4 000 g Äpfel schälen, entkernen und zu dünnen Apfelscheiben schneiden; ergibt ca. 2 800 g gebrauchsfertige Äpfel.

Die Äpfel mit dem Zucker, Zimt und Zitronenaroma unmittelbar vor dem Belegen des Strudelteigs vermischen. Zu früh zugegebener Zucker würde den Äpfeln den Saft entziehen und die Apfelfüllung wässrig machen.

300 g Butter zum Bestreichen des Strudels im Schnittenblech bzw. in der Rein.

### Ausrollen und Ausziehen des Strudelteigs

- Den Strudelteig so dünn wie möglich ausrollen, ca. 1 mm, und auf einen Arbeitstisch bzw. auf ein Strudeltuch (Leinentuch) legen.
- Den Strudelteig von der Mitte aus hauchdünn ausziehen. Dabei mit beiden Händen bis zur Mitte unter den ausgerollten Teig fahren und diesen über die Handflächen oder die Handrücken vorsichtig und gleichmäßig ausziehen. Der Strudelteig darf dabei nicht reißen. Den Strudelteig so lange dehnen und ziehen, bis er durchsichtig ist.
  Für ein Schnittenblech (Alu-Rahmenblech) sollte der Strudelteig ca. 60 × 40 cm ausgerollt sein.

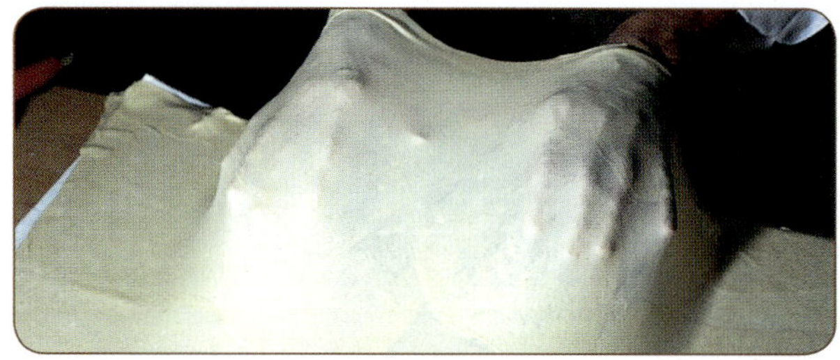
*Ausziehen des ausgerollten Strudelteigs*

### Herstellung von Apfelstrudel

- Den ausgerollten und ausgezogenen Strudelteig mit flüssiger Butter bestreichen.
- Die bestrichene Teigfläche leicht mit süßen Bröseln bestreuen.
- Auf die Brösel die Apfelfüllung gleichmäßig verteilen.
- Den Teig straff zu einer Rolle zusammenrollen.
- Die Strudelrolle mit dem Schluss nach unten in ein gefettetes Schnittenblech (Alu-Rahmenblech) oder in eine Rein einlegen. Vier Strudel in ein Schnittenblech von 60 × 40 cm oder zwei Strudel in ein Schnittenblech von 60 × 20 cm einlegen.
- Den Strudel an der Oberfläche mit flüssiger Butter bestreichen und in den Backofen schieben.

*Apfelfüllung auf dem Strudelteig*

*Apfelstrudel mit Butter bestreichen*

**Backen:** 200 °C, ohne Schwaden
**Backzeit:** ca. 50 Minuten
Den Apfelstrudel nach ca. ⅔ Backzeit mit flüssiger Butter bestreichen oder mit Sahne bzw. Sauerrahm übergießen.

*Apfelstrudel im Schnittenblech*

*Apfelstrudel in einer Rein*

### Fertigstellen des Apfelstrudels

Den Apfelstrudel nach dem Backen kurz abkühlen lassen und dann zum Verkauf in Stücke schneiden. Den Apfelstrudel leicht mit Puderzucker bestauben.

*Apfelstrudel*

### Herrichten des Apfelstrudels zum Servieren im Café

Vor dem Servieren im Café sollte abgekühlter Apfelstrudel auf einen Teller gelegt und im Mikrowellengerät erwärmt werden. Danach leicht mit Puderzucker bestauben.

### Ergänzungen zum Apfelstrudel im Café

- warme Vanillesoße → Seite 575
- Schlagsahne oder
- Vanilleeis

*Apfelstrudel mit Vanillesoße*

LF 4

### Strudel mit Früchtefüllung

Alle Strudel mit Früchten als Füllung werden wie der Apfelstrudel hergestellt, z. B. Kirsch-, Aprikosen-, Heidelbeerstrudel.

*Kirschstrudel*

1000 g Früchte werden mit 100 g Zucker vermischt und auf dem ausgezogenen Strudelteig, der mit Brösel leicht bestreut ist, gleichmäßig verteilt.

## Quarkstrudel

Quarkstrudel enthält eine Quarkfüllung mit hauptsächlich Quark und saurer Sahne. Ursprünglich kommt der Quarkstrudel aus Österreich, wo er als Topfenstrudel bezeichnet wird, weil Quark dort Topfen heißt.

**Rezeptbeispiel: Quarkfüllung für 6 × 280 g Strudelteig**

1 Schnittenblech (Alu-Rahmenblech) von 60 × 40 cm – die 6 Quarkstrudel quer auf das Blech legen

| | |
|---|---|
| 1600 g | Quark, 20 % i. Tr. |
| 1200 g | Schmand |
| 400 g | Butter, weich |
| 500 g | Zucker |
| 100 g | Eigelb (5 Stück) |
| 200 g | Weizenmehl |
| 4 g | Salz (große Prise) |
| | Zitronen- und Vanillearoma |
| **4004 g** | **Quarkfüllung** |

evtl. noch 150 g Sultaninen zugeben

- Den Quark gut abtropfen lassen, damit er trockener wird.
- Butter, Zucker, Salz und Aromen schaumig rühren
- Eigelb nach und nach zugeben.
- Quark, Schmand und Weizenmehl einrühren bis die Quarkfüllung glatt ist.
- Evtl. Sultaninen einrühren.

LF 4

### Herstellung eines Quarkstrudels

- Den Strudelteig dünn ausrollen und ausziehen; Teigfläche für Schnittenbleche ca. 40 × 25 cm, für Reinen ca. 30 × 20 cm.
- Den ausgerollten Strudelteig mit flüssiger Butter bestreichen.
- Die Quarkfüllung auf ca. ¾ der Teigfläche verstreichen.
- Die Quarkstrudel aufrollen und die sechs Strudel quer in ein gefettetes Schnittenblech von 60 × 40 cm mit dem Schluss nach unten einlegen.

*Quarkstrudel*

**Backen:** 190 °C
**Backzeit:** ca. 50 Minuten
Den Quarkstrudel nach ca. ⅔ Backzeit mit flüssiger Butter bestreichen oder mit Sahne bzw. Sauerrahm übergießen.

## Milchrahmstrudel

Milchrahmstrudel ist ein Quarkstrudel mit einer Milch-Eier-Masse obenauf, die auch Royalsoße genannt wird.

**Rezeptbeispiel: Milch-Eier-Masse (Royal)**

- für 1 Schnittenblech (Alu-Rahmenblech) von 60 × 40 cm oder
- für 4 Reinen von 30 × 20 cm

| | |
|---|---|
| 1200 g | Milch |
| 500 g | Vollei (10 Stück) |
| 150 g | Zucker |
| | 1 Prise Salz (ca. 2 g) |
| | Vanillearoma |
| **1850 g** | **Royalsoße** |

- Milch auf ca. 80 °C erhitzen.
- Eier, Zucker, Salz und Vanillearoma verrühren und in die heiße Milch einrühren.

### Herstellung eines Milchrahmstrudels

- Einen Quarkstrudel herstellen.
- Nach ca. 20 Minuten Backzeit die Milch-Eier-Masse gleichmäßig über den Quarkstrudel verteilen und weitere 30 Minuten backen lassen.

**Backen:** 180 °C
**Backzeit:** ca. 50 Minuten
Den Milchrahmstrudel nach ca. ⅔ Backzeit mit flüssiger Butter bestreichen oder mit Sahne bzw. Sauerrahm übergießen.

*Milchrahmstrudel*

## Fehler bei Strudeln

| Gebäckfehler | Ursachen |
|---|---|
| zu weiche Äpfel wie Mus im Apfelstrudel | Es wurden Äpfel mit weichem Fruchtfleisch verwendet, die nicht backfähig sind. |
| zu geschmacklose Äpfel im Apfelstrudel | Es wurden zu süße Äpfel mit zu geringer Säure verwendet. |
| zu harte Kruste an der Oberfläche des Strudels | • Der Strudelteig wurde während des Backens nicht mit Fett bestrichen bzw. nicht mit Sahne übergossen.<br>• Die Backhitze war zu gering. |
| Der Strudelteig im Strudelinneren ist beim Essen klebrig. | • Strudelteig wurde zu dick ausgerollt und zu wenig gezogen.<br>• Zu kurze Backzeit. |

### Verkaufsargumente

**Qualitätsmerkmale für die Kundenberatung**

- Strudel sind weiche Gebäcke.
  Die dünnen Teigschichten zwischen der Füllung halten die Feuchtigkeit der Füllungen innen fest.
- Strudel enthalten einen hohen Anteil an erfrischenden Füllungen. Deshalb bestimmt die Füllung weitgehend ihren Geschmack.

**Frischhaltung**

- Am besten schmecken Strudel, wenn sie warm gegessen werden. Empfehlenswert ist es deshalb, die Strudel unmittelbar vor dem Verzehr aufzuwärmen, z. B. im Mikrowellengerät.
- Strudel können aber auch kalt gegessen werden, jedoch niemals aus dem Kühlschrank.
- Strudel sollten wegen der wasserreichen Füllungen nur am Tag der Herstellung verkauft werden.

Apfel-, Quark- und Milchrahmstrudel eignen sich in Folie verpackt zum Tiefgefrieren.

**Besondere Eignung**

- Süße Strudel sind geeignete Kaffeegebäcke.
- Als Zwischenmahlzeit sind Strudel ein erfrischender Energieschub.

### Aufgaben

1. Nennen Sie bekannte Strudel.
2. Erstellen Sie ein Grundrezept für einen Strudelteig.
3. Nennen Sie Apfelsorten, die sich für Apfelstrudel eignen.
4. Welche Zutaten werden für eine Apfelfüllung verwendet?
5. Beschreiben Sie das Ausrollen und Ausziehen des Strudelteigs.
6. Erklären Sie die Herstellung von Apfelstrudel.
7. Erläutern Sie, wie Apfelstrudel gebacken wird und wie er nach dem Backen verbessert werden kann.
8. Wie wird Apfelstrudel zum Servieren im Café hergerichtet?
9. Welche Ergänzungen werden im Café zum Apfelstrudel angeboten?
10. Erklären Sie, wie sich Quarkstrudel vom Milchrahmstrudel unterscheidet.
11. Nennen Sie die Qualitätsmerkmale der Strudel für die Kundenberatung.
12. Geben Sie Auskunft über die Frischhaltung der Strudel.
13. Wozu eignen sich Strudel besonders gut?
14. Ihre Bäckerei möchte verschiedene Strudel mit süßen Füllungen anbieten. Deshalb informieren Sie sich über mögliche Füllungen und stellen entsprechende Rezepte zusammen.

LF 4

### Rechenaufgaben

1. Mit folgendem Rezept wird Strudelteig hergestellt:
   1000 g Weizenmehl — 90 g Öl
   500 g Wasser — 10 g Salz
   100 g Vollei
   Berechnen Sie die Zutatenmengen für 28 Strudel, wenn dafür 11,900 kg Strudelteig benötigt wird.
2. Für einen Quarkstrudel im Schnittenblech werden 6 Teile Strudelteige mit je 280 g benötigt. Die Quarkfüllung für diesen Strudel enthält 1,600 kg Quark, 1,200 kg Schmand, 400 g Butter, 500 g Zucker, 100 g Eigelb, 200 g Weizenmehl. Es werden 5 % Backverlust gerechnet. Aus dem Schnittenblech erhält man 36 Apfelstrudel. Berechnen Sie das Gewicht eines Apfelstrudels.

# 21 Feine Backwaren aus Mürbeteig

## Situation

Ihr Chef zeigt Ihnen im Laden die verschiedenen Gebäcke, die aus Mürbeteig hergestellt sind oder die Mürbeteig enthalten, und erläutert Ihnen, dass es verschiedene Mürbeteige gibt, die sich in ihrer Zusammensetzung und Verarbeitung unterscheiden. Deshalb ist die Gebäckvielfalt so groß.

- Wie wird 1-2-3-Mürbeteig hergestellt?
- Was versteht man unter einem brandigen Mürbeteig?
- Wie wird ausgestochenes Teegebäck hergestellt, belegt, gefüllt und überzogen?
- Wie unterscheiden sich Nuss- und Mandelmürbeteig, der Mürbeteig für Spekulatius sowie Käsemürbeteig von 1-2-3-Mürbeteig?
- Welche Besonderheiten hat der Spritzmürbeteig und welche Spritzgebäcke werden daraus hergestellt?
- Warum gehört Streusel zum Mürbeteig und wie wird Streusel hergestellt?



Alle Mürbeteige bestehen aus drei Grundrohstoffen:

- Weizenmehl
- Fett (Butter oder Backmargarine)
- Zucker

Eier, Eigelb, Salz und Aromen und manchmal Gewürze verbessern die Gebäcke.

**Namenserklärung: Mürbeteiggebäcke**

Mürbeteiggebäcke haben eine mürbe Beschaffenheit, d. h., es sind zarte Gebäcke, die beim Essen leicht in viele kleine Stücke brechen. Im Gegensatz hierzu gibt es knusprige Gebäcke, die hart im Biss sind und in große Stücke brechen.
Mürbe sind die Gebäcke durch den hohen Fettanteil der Mürbeteige. Mürbe ist das Gegenteil von knusprig.

### Mürbeteigarten

- Ausrollfähiger (gerollter) Mürbeteig → Seite 154
- Spritzmürbeteig → Seite 345
- Streusel → Seite 348

### Mürbeteige sind Dauerbackwaren

Mürbeteige sind die einzigen Teige ohne Zugabe von Wasser oder Milch. Außerdem enthalten sie besonders viel Fett. Deshalb zählen Mürbeteiggebäcke zu den Dauerbackwaren. Dies hat folgende Gründe:

- Bei der Lagerung der Mürbeteiggebäcke verdunstet kein Wasser wie bei anderen Backwaren, das die Gebäcke trocken werden lässt, wodurch die Geschmacksstoffe verloren gehen.
- Das Fett, das die Gebäcke weich hält, bleibt erhalten. So bewahren die Gebäcke längere Zeit ihre mürbe Beschaffenheit.

Dauerbackwaren, so auch Mürbeteiggebäcke, sind längere Zeit ohne Qualitätsverluste bei kühler Raumtemperatur lagerfähig.

*Mürbeteiggebäcke*

## 21.1 Ausrollfähiger Mürbeteig

Den Namen hat der Mürbeteig, weil er bei der Verarbeitung ausgerollt wird.

Allgemein ist ausrollfähiger Mürbeteig 1-2-3-Mürbeteig, dessen Zutaten, Rezept und Herstellung im → Kapitel 9 auf Seite 153 beschrieben ist.

*Ausgerollter Mürbeteig*

**Rezeptbeispiel: 1-2-3- Mürbeteig**

| | |
|---|---|
| 3 000 g | Weizenmehl, Type 405 oder 550 |
| 2 000 g | Butter oder Backmargarine |
| 1 000 g | Zucker |
| 200 g | Vollei (4 Stück) |
| 15 g | Salz |
| 20 g | Zitronen- und Vanillearoma |
| **6 235 g** | **Mürbeteig** |

- Fett, Zucker, Salz und Aromen in der Knetmaschine glatt arbeiten.
- Eier unterarbeiten, bis die Zutaten glatt sind.
- Das gesiebte Weizenmehl kurz unterarbeiten, bis es nicht mehr sichtbar ist und der Mürbeteig glatt ist.

1-2-3-Mürbeteig benötigt kein Backpulver. Da der Mürbeteig kein Wasser enthält, kann sich kein Kleber bilden, der die Lockerungsgase festhalten kann. Deshalb ist der Mürbeteig nicht wie z. B. der Hefeteig elastisch und zieht sich nach dem Ausrollen auch nicht zusammen. Die Zutaten haben im Mürbeteig einen losen, porösen Zusammenhalt, sodass sie durchgebacken werden können.

**Mürbeteig lagern**

Den Mürbeteig nach der Herstellung in eine Wanne geben und mindestens einen Tag bis zur Verarbeitung im Kühlschrank oder Kühlraum lagern. Der sich lösende Zucker bindet sich in dieser Zeit mit dem Mehl und dem Fett zu einem gut formbaren und ausrollfähigen Mürbeteig. Er kann für einige Tage auf Vorrat hergestellt werden.

**Verarbeitung von Mürbeteig**

Mürbeteig wird grundsätzlich gekühlt verarbeitet. Vor dem Ausrollen wird er kurz mit der Hand durchgeknetet, damit er geschmeidig und ausrollfähig wird.

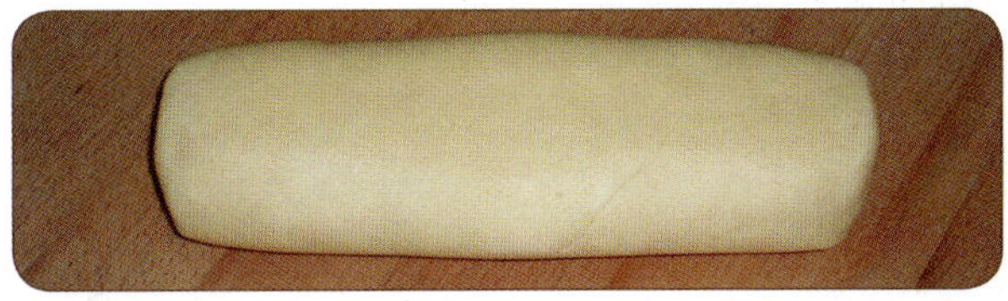

*Geschmeidiger Mürbeteig*

### Backen aller Mürbeteiggebäcke

**Backen:** 180 bis 190 °C, offener Zug
**Backzeit:** 8 bis 10 Minuten

Mürbeteiggebäcke sind richtig ausgebacken, wenn der Gebäckrand und der Gebäckboden hellbraun sind.
Zu dunkel gebackene Mürbeteiggebäcke schmecken bitter und dürfen nicht verkauft werden.

*Richtig ausgebackene Mürbeteiggebäcke*

### Brandiger Mürbeteig

Brandiger Mürbeteig entsteht durch einen Fehler bei der Teigherstellung.
Die Auswirkungen von brandigem Mürbeteig sind:
- Der Mürbeteig reißt beim Ausrollen.
- Die Gebäcke sind hart statt mürbe.

Leicht brandigem Mürbeteig kann etwas Eiklar untergearbeitet werden, damit er wieder ausrollfähig wird. Die Qualität bleibt jedoch schlechter.

Der Mürbeteig wird brandig, wenn er zu lange geknetet wird. Durch die Reibungswärme beim Kneten erwärmt sich das Fett, das schmilzt und ölig wird. Die Fett- und Mehlteilchen, die vorher vermischt waren, trennen sich, sodass die Bindigkeit des Teigs verloren geht. Deshalb sollte auch nicht zu warmes Fett verarbeitet werden.

Mürbeteig mit Butter wird leichter brandig als mit Margarine hergestellter Mürbeteig, weil Butter einen geringeren Schmelzpunkt hat und somit eher flüssig wird. Butter muss deshalb kühl verarbeitet werden und der Mürbeteig darf nur kurz geknetet werden.

*Brandiger Mürbeteig*

## Vollkornmürbeteig

Alle Mürbeteige, die mit Mehl hergestellt werden, können auch mit Vollkornmehl hergestellt werden. Häufig wird statt Zucker Honig verwendet → Seite 126.

| Rezeptbeispiel: ausrollfähiger Vollkornmürbeteig | |
|---|---|
| 300 g | Honig |
| 600 g | Butter |
| 1200 g | Weizenvollkornmehl |
| 100 g | Vollei (2 Stück) |
| 40 g | Eigelb (2 Stück) |
| 20 g | Backpulver |
| 5 g | Salz |
| | Zitronen- und Vanillearoma |
| **2265 g** | **Vollkornmürbeteig** |

Wegen der Flüssigkeit des Honigs und der Eier kommt es beim Anwirken des Teigs zu einer leichten Kleberbildung, die zu einer festen Teigbindung führt. Deshalb wird für Vollkornmürbeteige Backpulver als Lockerungsmittel benötigt. Ungelockerte Gebäcke aus Vollkornmürbeteig würden zu hart sein.

Nach der Herstellung ist der Vollkornmürbeteig erst nach ausreichender Kühlung ausrollfähig. Er muss mindestens drei Stunden, am besten über Nacht, in der Kühlung lagern. Dabei quellen die Bestandteile des Vollkornmehls die Flüssigkeit auf, sodass der Vollkornmürbeteig kompakt und somit ausrollfähig wird.

## Pfauenaugen

- Den Mürbeteig 3 oder 3,5 mm dick ausrollen.
- Mit einem gewellten Ausstecher runde Mürbeteigstücke von 8 cm Durchmesser ausstechen und auf gefettete oder mit Backpapier belegte Backbleche setzen und backen.

- Ein Blech für die Unterteile backen.
- Auf einem weiteren Blech die Mürbeteigstücke für die Oberteile ausstechen.
  - Mit einer 15-mm-Lochtülle drei Löcher ausstechen oder
  - mit einem kleinen Ausstecher eine Öffnung ausstechen.

*Unterteile und Oberteile für Pfauenaugen*

- Die gebackenen Mürbeteigstücke für die Unterteile mit Johannisbeerkonfitüre bestreichen.
- Die Gebäckoberteile mit Puderzucker bestauben oder in Schokoladenkuvertüre bzw. Fettglasur tauchen und auf die gefüllten Unterteile legen.
- Die Öffnungen mit gekochter Johannisbeerkonfitüre füllen, am besten mit einem Fülltrichter.

*Pfauenaugen*

LF 4

## Ausgestochenes Teegebäck (Plätzchen)

Als Teegebäck werden alle kleinen Gebäcke, die sich für eine Gebäckmischung eignen, bezeichnet. Sie werden in Gebäckschalen oder Gebäcktütchen verpackt. Dazu zählen z. B. Plätzchen, kleine Spritzgebäcke und Makronen.

*Teegebäcke*

- Den Mürbeteig 3 mm dick ausrollen.
- Mit verschiedenen kleinen Formen, ca. 3,5 cm Durchmesser, Mürbeteigstückchen ausstechen und auf gefettete oder mit Backpapier belegte Bleche setzen. Ausstechmatten ermöglichen ein schnelles Ausstechen und ein exaktes, platzsparendes Aufsetzen.

*Ausstechmatte für Mürbeteig*

### Belegte Teegebäcke

Die Mürbeteigstückchen mit Eistreiche bestreichen und bestreuen bzw. belegen mit:

- gehobelten Mandeln
- gestiftelten Mandeln
- halbierten Mandeln
- halbierten Haselnüssen
- geviertelten Walnüssen

### Füllungen für Teegebäcke

- Johannisbeerkonfitüre
- Nugatmasse, Nugatcreme → Seite 613
- Marzipanrohmasse, mit Spirituosen weich gearbeitet, z. B. Kirschwasser, Weinbrand, Rum

*Füllen von Teegebäcken*

### Überspritzen der Teegebäcke

Schokoladenkuvertüre oder Fettglasur in ein Spritztütchen geben und die gefüllten Teegebäcke mit feinen Schokoladenfäden überspritzen.

### Überziehen der Teegebäcke

- Gefüllte Teegebäcke ganz oder zur Hälfte mit Schokoladenkuvertüre oder Fettglasur überziehen.
- Teegebäcke können auch ganz mit Aprikotur und dann mit Fondant überzogen werden.

*Überspritzte und überzogene Teegebäcke*

*Mit Fondant überzogene Teegebäcke*

## Mürbeteigböden als Unterlage für Torten oder Schnitten

Dünne Mürbeteigböden werden dünn mit Aprikosenkonfitüre bestrichen und dienen als Unterlage für Obsttorten und Sahnetorten sowie Obst- und Sahneschnitten. Sie sind eine stabile Unterlage und verhindern ein Durchweichen der Torten und Schnitten.

Dafür wird der Mürbeteig 2 mm dünn ausgerollt, mit einem Tortenring ausgestochen, auf ein Backblech gelegt, gestippt und gebacken.

Große Mürbeteigflächen werden auf dem Blech gestippt. Durch das Einstechen vieler kleiner Löcher wird beim Backen eine Blasenbildung (Wölbung) vermieden.

*Mürbeteigboden*

## Mürbeteig als Gebäckbestandteil

LF 4

Mürbeteig dient bei verschiedenen Gebäcken nicht nur als Unterlage, sondern ist ein Bestandteil der Gebäcke, z. B.:

- Apfel- und Pflaumenkuchen aus Mürbeteig
- Käsetorte → Seite 584
- Torteletts mit Obst oder Sahne
- Nussecken
- Makronentörtchen und Makronenschnitten → Seite 537
- Nugatringe

*Mit Mürbeteig gedeckter Apfelkuchen*

*Tortelett aus Mürbeteig mit Obstbelag*

*Nussecken*

*Nugatringe*

## Fehler bei Mürbeteiggebäck

| Gebäckfehler | Ursachen |
|---|---|
| Gebäcke aus ausrollfähigem Mürbeteig sind zu dunkel und schmecken bitter. | Die Backzeit war zu lange. |
| Gebäcke aus ausrollfähigem Mürbeteig sind ungleichmäßig gebacken – einige sind zu dunkel und einige zu hell. | Die Ausrollstärke des Mürbeteigs war ungleichmäßig (verschieden). |
| Gebäcke aus 1-2-3-Mürbeteig sind nicht mürbe, sondern etwas hart. | Es wurde brandiger Mürbeteig verarbeitet. |

### Verkaufsargumente

**Qualitätsmerkmale für die Kundenberatung**

- Wegen des hohen Fettanteils sind Mürbeteiggebäcke mürbe, d. h. zart und leicht brüchig beim Essen.
- Die Füllungen der Mürbeteiggebäcke wie Johannisbeerkonfitüre und Nugatmasse sollen den Kunden genannt werden, da diese mit den Überzügen wie Schokolade und Fondant den Geschmack der Gebäcke verbessern. →

## Verkaufsargumente

- Mürbeteig gibt verschiedenen Gebäcken eine stabile Unterlage, die den Geschmack der Gebäcke verbessert, z. B. Apfelkuchen, Nussecken, Nugatringe, Obsttorten, Obsttorteletts.

**Frischhaltung der Mürbeteiggebäcke**

Mürbeteiggebäcke sind bei nicht zu warmer Raumtemperatur mindestens eine Woche lagerfähig und zählen deshalb zu den Dauerbackwaren. Bei verpackten Waren verlängert sich die Frischhaltung.

**Besondere Eignung der Mürbeteiggebäcke**

- Mürbeteiggebäcke mit ihren verschiedenen Füllungen und Überzügen sind geschmacklich abwechslungsreiche Gebäcke zum Kaffee.
- Teegebäcke sind begehrte Weihnachtsplätzchen.
- Teegebäcke sind auch wohlschmeckende Kleinigkeiten zwischendurch für gemütliche Stunden.
- Wegen der langen Lagerfähigkeit sind Mürbeteiggebäcke für Reisen geeignet.

## Aufgaben

1. Aus welchen drei Grundrohstoffen werden alle Mürbeteigarten hergestellt?
2. Erklären Sie, wie der Name Mürbeteig entstand.
3. Nennen Sie die drei Mürbeteigarten.
4. Erstellen Sie ein Grundrezept eines 1-2-3-Mürbeteigs und beschreiben Sie die Herstellung.
5. Warum benötigt 1-2-3-Mürbeteig kein Backpulver?
6. Erläutern Sie, warum Mürbeteig nach der Herstellung bis zur Verarbeitung kühl gelagert wird.
7. Beschreiben Sie, wie Mürbeteiggebäcke gebacken werden, und nennen Sie die ungefähre Backzeit.
8. Wie erkennt man, wann Mürbeteiggebäcke ausgebacken sind und welchen Nachteil haben zu dunkel gebackene Mürbeteiggebäcke?
9. Nennen Sie die Auswirkungen von brandigem Mürbeteig
   - auf das Ausrollen des Mürbeteigs,
   - auf die Beschaffenheit der Mürbeteiggebäcke.
10. Erklären Sie, wie brandiger Mürbeteig entsteht.
11. Nennen Sie Füllungen für Mürbeteiggebäcke.
12. Beschreiben Sie die Herstellung von Teegebäcken bis zum Verkauf.
13. Nennen Sie Gebäcke, bei denen Mürbeteig die Gebäckunterlage ist.
14. Beschreiben Sie die Ursachen folgender Fehler der Mürbeteiggebäcke aus ausrollfähigem Mürbeteig:
    - Gebäcke sind zu dunkel und schmecken bitter.
    - Gebäcke sind ungleichmäßig gebacken – einige sind zu dunkel und einige zu hell.
15. Erklären Sie die Qualitätsmerkmale der Gebäcke aus 1-2-3-Mürbeteig für die Kundenberatung.
16. Warum gehören Mürbeteiggebäcke zu den Dauerbackwaren?
17. Nennen Sie die besondere Eignung der Gebäcke aus 1-2-3-Mürbeteig.
18. Um die Auswirkungen eines brandigen Mürbeteigs kennenzulernen, stellen Sie einen brandigen Mürbeteig her, arbeiten ihn zu Teegebäck auf und vergleichen sowohl die Herstellung als auch die Gebäcke mit einwandfreiem Mürbeteig.

## Rechenaufgaben

1. Zur Herstellung von Buttergebäck werden Zucker, Butter und Weizenmehl zu einem 1-2-3-Mürbeteig geknetet. Wie viel kg der einzelnen Zutaten benötigt der Bäcker für 19,200 kg Mürbeteig?
2. Für Erdbeertörtchen bietet der Händler Erdbeeren für 4,28 €/kg bfn (brutto für netto) an. Eine 500-g-Schale, Erdbeeren und Schale, kostet 2,16 €. Die leere Schale wiegt 50 g. Berechnen Sie den tatsächlichen Preis für 1 kg Erdbeeren.
3. Berechnen Sie die Materialkosten für folgendes Mürbeteigrezept:

| | |
|---|---|
| 7 200 g Weizenmehl | 42,50 €/100 kg |
| 4 800 g Butter | 46,00 €/10 kg |
| 2 400 g Puderzucker | 1,05 €/kg |
| 15 Eier | 0,22 €/Stück |
| 15 Eigelbe | 0,13 €/Stück |
| 35 g Salz | 0,02 € |
| Zitronen- und Vanillearoma | 0,10 € |

LF 4

## 21.2 Spezielle ausrollfähige Mürbeteige

### Schwarz-Weiß-Gebäck

1-2-3-Mürbeteig wird mit Kakaopulver dunkel eingefärbt. Für den Schokoladenmürbeteig werden in 1000 g 1-2-3-Mürbeteig ca. 50 g Kakaopulver untergearbeitet.

*Schwarz-Weiß-Gebäck – verschiedene Muster*

Heller und Schokoladenmürbeteig werden im Wechsel aneinandergefügt, sodass der gewünschte Farbkontrast von Hell und Dunkel entsteht. Dabei ergeben sich verschiedene Muster wie Spiralen, Ringe, Streifen, Schachbrett u. a.

**Spiralenmuster**

Einen hellen und einen Schokoladenmürbeteig jeweils ca. 2 mm dick ausrollen.

- Den ausgerollten hellen Mürbeteig mit Wasser bestreichen, den Schokoladenmürbeteig darauflegen und ebenfalls mit Wasser bestreichen.
- Den zusammengeklebten hellen Mürbeteig und Schokoladenmürbeteig zu einer Fläche von 22 cm Breite schneiden und zu einer Rolle zusammenrollen. Die Rolle hat dann einen Durchmesser von ca. 3,5 cm.
- Die Mürbeteigrollen gut durchkühlen lassen, ca. 4 mm dicke Scheiben schneiden und diese auf Backbleche legen.

*Schneiden der gekühlten Mürbeteigstangen*

**Streifenmuster**

Einen hellen und einen Schokoladenmürbeteig jeweils ca. 2 mm dick ausrollen.

- Den hellen Mürbeteig mit Wasser bestreichen und den Schokoladenmürbeteig darauflegen.
- Die zusammengesetzten Mürbeteige in 3 cm breite Streifen schneiden und drei Streifen übereinandersetzen. So liegen drei helle und drei Schokoladenstreifen übereinander, mit einer Höhe von ca. 3 cm.
- Einen hellen Mürbeteig 2 mm dick ausrollen, mit Wasser bestreichen und die Mürbeteigstangen damit ummanteln.
- Die Mürbeteigstangen gut durchkühlen lassen, ca. 4 mm dicke Scheiben schneiden und auf Backbleche setzen.

**Backen:** 190 °C, offener Zug

*Spiralen- und Streifenmuster*

### Gebäcke aus Nuss- und Mandelmürbeteig

Nuss- und Mandelmürbeteig ist Mürbeteig mit geriebenen Mandeln bzw. Nüssen. Gebäcke aus diesem Mürbeteig, die mit Johannisbeerkonfitüre gefüllt sind, werden als Linzer Gebäcke bezeichnet.

**Rezeptbeispiel: Nussmürbeteig**

| | |
|---:|---|
| 600 g | Weizenmehl, Type 405 oder 550 |
| 300 g | Haselnüsse, geröstet, gerieben |
| 600 g | Butter oder Backmargarine |
| 300 g | Zucker |
| 60 g | Eigelb (3 Stück) |
| 5 g | Salz |
| | Zitronen und Vanillearoma, Zimt |
| **1865 g** | **Teiggewicht** |

- Fett, Zucker, Eigelbe, Salz, Aromen und Gewürze in der Knetmaschine kurz glatt arbeiten.
- Weizenmehl sieben und die geriebenen Nüsse zum Mehl geben.
- Das Mehl und die Nüsse kurz zu einem glatten Mürbeteig kneten.
- Den Mürbeteig kühl stellen.

LF 4

*Nussmürbeteig und 1-2-3-Mürbeteig*

Für Mandelmürbeteig werden die Nüsse durch geriebene Mandeln ersetzt.

Nuss- und Mandelmürbeteig ist wie 1-2-3-Mürbeteig. Der Anteil an Nüssen bzw. Mandeln wird vom Mehlgehalt abgezogen, sodass Weizenmehl und Nüsse bzw. Mandeln drei Teile ergeben.

### Vanillekipferln

Aufarbeitungsbeispiel:

- Nussmürbeteig 10 mm dick ausrollen. Nur selten werden sie aus Mandelmürbeteig hergestellt.
- Den ausgerollten Mürbeteig in 2 cm breite Streifen schneiden und die Mürbeteigstreifen in 3 cm Stücke schneiden.
- Die Mürbeteigstückchen etwas lang rollen (nicht zu dünn), Hörnchen formen und auf ein gefettetes oder mit Backpapier belegtes Blech legen.

**Backen:** 190 °C, offener Zug

Die Vanillekipferl sofort nach dem Backen ofenheiß in Vanillezucker wälzen.

**Vanillezucker:** Zucker mit natürlicher pulverförmiger Vanille mischen.

*Vanillekipferln*

### Spitzbuben

- Den Nussmürbeteig 3 mm dick ausrollen.
- Mit rundem, gewelltem Ausstecher Teigstücke von ca. 4 cm Durchmesser ausstechen und auf gefettete oder mit Backpapier belegte Backbleche setzen, z. B. mit Ausstechmatten.
- Ein Blech der Mürbeteigstücke für die Unterteile der Spitzbuben backen.
  Bei den Mürbeteigstücken auf dem anderen Blech ein Loch mit einer 15-mm-Lochtülle ausstechen.

**Backen:** 190 °C, offener Zug

**Füllen**

Die Unterteile umdrehen und darauf mit einem Fülltrichter große Tupfen gekochter Johannisbeerkonfitüre aufspritzen.

Durch das Kochen glänzt die Konfitüre und wird an der Oberfläche fest, sodass die Gebäcke in der Gebäckmischung nicht zusammenkleben.

**Bestauben**

Die in der Mitte ausgestochenen Oberteile mit Puderzucker bestauben und auf die gefüllten Unterteile auflegen. Der Puderzucker und die Johannisbeerkonfitüre bilden den gewünschten Farbkontrast.

Die Spitzbuben sorgfältig auf Tabletts oder in Gebäckschalen legen, damit der Puderzucker der Gebäcke nicht verwischt wird und die Konfitüre nicht an den anderen Gebäcken anklebt.

*Fertigstellen von Spitzbuben*

*Spitzbuben*

## Spekulatius

### Besonderheiten von Spekulatius

- Spekulatius sind flache weihnachtliche Figurengebäcke.
- Sie werden aus einem zuckerreichen und fettärmeren Mürbeteig hergestellt. Der Zucker und das Fett werden mengenmäßig getauscht: 1,5 Teile Fett, 2 Teile Zucker und 3 Teile Weizenmehl.
- Aufgrund des hohen Zucker- und geringeren Fettanteils sind Spekulatius sehr knusprige Gebäcke. Der beim Backen geschmolzene Zucker ergibt nach dem Erkalten die knusprige Beschaffenheit.

**Rezeptbeispiel: Spekulatius-Mürbeteig**

| | |
|---|---|
| 1 000 g | Weizenmehl, Type 405 oder 550 |
| 600 g | Zucker |
| 400 g | Butter |
| 100 g | Vollei (2 Stück) |
| 100 g | Milch |
| 30 g | Spekulatiusgewürz |
| 5 g | Hirschhornsalz |
| 5 g | Salz |
| **2 240 g** | **Teiggewicht** |

- Zucker, Butter, Spekulatiusgewürz, in Wasser aufgelöstes Hirschhornsalz und Salz in der Knetmaschine glatt arbeiten.
  Eier, Milch und Weizenmehl dazugeben und kurz zu einem glatten Mürbeteig kneten.
- Den Spekulatiusteig zugedeckt mindestens 1 Tag bis zur Verarbeitung kühl stellen.

Der Spekulatiusteig wird in eine Gebäckformmaschine mit Spekulatiuswalzen gegeben. Die flachen Spekulatius mit den barocken Motiven fallen auf gefettete Bleche und werden dann gebacken.

*Gebäckformmaschine mit Spekulatiuswalzen*

Der Name Spekulatius ist vom lateinischen Begriff „speculum" abgeleitet, was so viel wie Spiegelbild bedeutet. Früher wurde der Spekulatius-Mürbeteig ausgerollt und in geschnitzte Holzmodeln (Holzformen) gedrückt. Die herausgenommenen Spekulatius waren das Spiegelbild zu den Modeln. Heute verwendet man dafür Gebäckformmaschinen.

**Backen:** 200 °C, offener Zug

### Spekulatius verpacken

Die ausgekühlten Spekulatius werden luftdicht verpackt, z. B. im Schrumpftunnel eingeschweißt oder in Folienbeuteln verschweißt.
Nach dem Öffnen der luftdichten Verpackung werden die knusprigen Spekulatius zunehmend weicher, da der hohe Zuckeranteil die Luftfeuchtigkeit aufnimmt.

### Spezielle Spekulatiusarten

**Butterspekulatius**
Sie dürfen als Fett ausschließlich Butter enthalten.

**Mandelspekulatius**
Der Mürbeteig wird mit geriebenen Mandeln hergestellt.

**Gewürzspekulatius**
Sie werden mit einem hohen Anteil an Spekulatiusgewürz hergestellt. Geschmacklich dominieren die Gewürze in diesen Gebäcken.

## Mutzenmandeln und Mutzen

Mutzenmandeln und Mutzen werden aus einem fettarmen, aber eireichen Mürbeteig hergestellt, der in Siedefett gebacken wird.

### Mutzenmandeln

Der Mürbeteig für Mutzenmandeln wird 1 cm dick ausgerollt, mit tropfenförmigem Ausstecher ausgestochen und schwimmend im Siedefett gebacken. Sofort nach dem Backen werden die Mutzenmandeln in Zimtzucker gewälzt.

*Mutzenmandeln*

LF 4

**Mutzen**

Für Mutzen wird der Mürbeteig dünn ausgerollt, rautenförmig mit einer Seitenlänge von ca. 7 cm geschnitten und schwimmend im Siedefett gebacken. Die etwas abgekühlten Mutzen werden leicht mit Puderzucker bestaubt.

*Mutzen*

## Käsegebäcke aus Mürbeteig

Käsemürbeteig ist ein Mürbeteig ohne Zucker, jedoch mit hohem Käseanteil. Als Käse eignen sich geriebener Emmentaler, Edamer, Gouda und Parmesan. Es können auch verschiedene Käsesorten gemischt werden.

**Rezeptbeispiel: Käsemürbeteig**

| | |
|---|---|
| 1000 g | Weizenmehl, Type 405 oder 550 |
| 700 g | Butter |
| 700 g | Käse, gerieben |
| 200 g | Schlagsahne |
| 150 g | Vollei (3 Stück) |
| 30 g | Paprika, edelsüß |
| 20 g | Salz |
| 10 g | Backpulver |
| **2 810 g** | **Teiggewicht** |

- Butter, Käse, Sahne, Eier, Paprika und Salz in der Knetmaschine glatt arbeiten.
- Weizenmehl und Backpulver zugeben und kurz zu einem glatten Teig kneten.
- Den Käsemürbeteig bis zur Verarbeitung gut durchkühlen lassen.

- Den gekühlten Käsemürbeteig 5 mm dick ausrollen.
- Den Käsemürbeteig mit Eistreiche bestreichen und verschiedenartig bestreuen, z. B. mit geriebenem Käse, Kümmel, Mohn, Sesam, gehobelten Mandeln, Kümmel.
- Verschiedene Formen ausstechen oder schneiden, z. B. Rechtecke, Rauten, Kreise, Halbmonde, Blüten.

**Backen:** 200 °C
**Backzeit:** ca. 12 Minuten

*Käsegebäcke aus Mürbeteig*

Gebäckfehler → Seite 338.

**Verkaufsargumente**

**Qualitätsmerkmale für die Kundenberatung**

- Schwarz-Weiß-Gebäck besteht aus hellem Mürbeteig und Schokoladenmürbeteig, in den Kakaopulver geknetet wurde. Der Wechsel von hellem und Schokoladenmürbeteig ergibt den schönen Farbkontrast der Gebäcke.
- Vanillekipferln sind kleine Hörnchen aus Nussmürbeteig, die außen mit Vanillezucker behaftet sind.
- Spitzbuben sind Gebäcke aus Nussmürbeteig, die mit Johannisbeerkonfitüre gefüllt und mit Puderzucker bestaubt werden.
- Spekulatius sind knusprige, feinwürzige, flache weihnachtliche Figurengebäcke. Sie werden aus zuckerreichem und etwas fettärmerem Mürbeteig hergestellt, was zu der knusprigen Gebäckbeschaffenheit führt. Den feinen würzigen Geschmack erhalten die Gebäcke von den verschiedenen Gewürzen der Spekulatiusgewürzmischung.
- Mutzenmandeln und Mutzen sind Mürbeteiggebäcke, die schwimmend in heißem Siedefett gebacken werden. Sie werden aus einem fettarmen, aber eireichen Mürbeteig hergestellt. Mutzenmandeln sind weiche Mürbeteiggebäcke und die flachen Mutzen sind leicht rösch.
- Käsegebäck aus Mürbeteig ist pikantes Mürbeteiggebäck ohne Zucker, jedoch mit hohem Käseanteil.

**Frischhaltung der Mürbeteiggebäcke**

Wie alle Mürbeteiggebäcke gehören auch die speziellen Mürbeteiggebäcke zu den Dauerbackwaren, die einige Tage ohne Kühlung die Qualitätsmerkmale behalten. Bei verpackten Mürbeteiggebäcken verlängert sich die Frischhaltung.

**Besondere Eignung der Mürbeteiggebäcke**

- Schwarz-Weiß-Gebäcke, Vanillekipferln, Spitzbuben und Spekulatius sind begehrte Weihnachtsgebäcke.
- Mutzenmandeln und Mutzen sind Kaffeegebäcke, vor allem in der kühleren Jahreszeit.
- Die pikanten Käsegebäcke sind kleine Knabbergebäcke, auch passend für Partys und zu alkoholhaltigen Getränken.

## Aufgaben

1. Erklären Sie allgemein die Herstellung von Schwarz-Weiß-Gebäck.
2. Beschreiben Sie den Unterschied zwischen 1-2-3-Mürbeteig und Nuss- bzw. Mandelmürbeteig.
3. Nennen Sie Gebäcke aus Nuss- bzw. Mandelmürbeteig.
4. Wie werden Vanillekipferln nach dem Backen fertiggestellt?
5. Beschreiben Sie die Herstellung von Spitzbuben.
6. Erläutern Sie die Besonderheiten von Spekulatius.
   - Aussehen der Gebäcke
   - Mengenanteile der Zutaten des Mürbeteigs
   - Beschaffenheit der Gebäcke
7. Warum sind Spekulatius im Gegensatz zu den anderen Mürbeteiggebäcken knusprige Gebäcke?
8. Warum werden Spekulatius grundsätzlich im Verkauf verpackt angeboten?
9. Nennen Sie drei spezielle Spekulatiusarten.
10. Beschreiben Sie die Besonderheiten der Mutzenmandeln und Mutzen in Bezug auf
    - den Mürbeteig,
    - das Backen.
11. Erklären Sie kurz die Herstellung von
    - Mutzenmandeln,
    - Mutzen.
12. Erläutern Sie den Mürbeteig für Käsegebäcke.
13. Für welche Gelegenheiten eignen sich folgende Mürbeteiggebäcke besonders?
    - Schwarz-Weiß-Gebäcke, Vanillekipferln, Spitzbuben und Spekulatius
    - Mutzenmandeln und Mutzen
    - Käsegebäcke aus Mürbeteig
14. Bei einer Aktion backen Sie im Laden frische Mutzenmandeln und Mutzen im Siedefett. Für die Kunden gibt es kleine Kostproben. Viele Kunden sind erstaunt, dass die Mutzenmandeln und Mutzen ganz anders als Berliner schmecken. Sie erklären ihnen diesen Unterschied.

## Rechenaufgaben

LF 4

1. Für Spekulatius werden 3 Teile Weizenmehl, 2 Teile Zucker und 1 Teil Butter verarbeitet. Wie viel Zucker und Fett werden bei 5,400 kg Weizenmehl benötigt?
2. Es sollen 19,800 kg Nussmürbeteig aus 1-2-3-Mürbeteig hergestellt werden. Ein Drittel des Mehls wird durch geriebene Haselnüsse ersetzt. Berechnen Sie das Gewicht von Zucker, Butter, Weizenmehl und Haselnüssen.
3. Schwarz-Weiß-Gebäcke werden in der Bäckerei in 200-g-Schalen als Fertigpackungen verpackt. Das angegebene Füllgewicht darf höchstens das Zweifache von 4,5 % nach unten abweichen. Berechnen Sie die erlaubte Minusabweichung in g je Gebäckschale.
4. Aus 7,200 kg Weizenmehl soll 1-2-3-Mürbeteig hergestellt werden. Dieser Mürbeteig wird je kg Weizenmehl mit 100 g Vollei, 40 g Eigelb und 5 g Salz verbessert.
   a) Berechnen Sie die Zutatenmengen für Zucker und Butter sowie Eier, Eigelb und Salz. Ermitteln Sie dann das Gesamtgewicht dieses Mürbeteigs.
   b) ⅓ dieses Mürbeteigs wird mit Kakaopulver für Schwarz-Weiß-Gebäck angewirkt. Wie viel kg Mürbeteig werden zu Schokoladenmürbeteig angewirkt?
   c) 1 kg Mürbeteig wird mit 50 g Kakaopulver zu Schokoladenmürbeteig angewirkt. Wie viel g Kakaopulver werden benötigt?
5. Eine Teegebäckmischung von 250 g soll 5,40 € kosten. Zur Verfügung stehen das Teegebäck A, von dem 250 g 4,80 € kosten, und das Teegebäck B, von dem 250 g 6,20 € kosten.
   a) Berechnen Sie das Mischungsverhältnis.
   b) Vom Teegebäck A ergibt sich ein Rest von 5,600 kg. Wie viel kg werden vom Teegebäck B benötigt, damit die Teegebäckmischung stimmt?
6. Es sollen 3 Sorten Mürbeteiggebäcke zu einer Gebäckmischung von 4,500 kg gemischt werden, die 108,00 € kosten soll. Der jeweilige Kilogrammpreis der Sorte A beträgt 29,00 €, der Sorte B 26,00 € und der Sorte C 20,00 €.
   a) In welchem Verhältnis müssen die 3 Mürbeteigsorten gemischt werden?
   b) Wie viel kg werden von den einzelnen Sorten benötigt?
   c) Berechnen Sie, wie viel ein 200-g-Gebäcktütchen der Gebäckmischung kostet.

## 21.3 Spritzmürbeteig

**Spritzmürbeteig**

- Spritzmürbeteig ist ein weicher, massenähnlicher Mürbeteig, der in der Rührmaschine gerührt wird.
- Spritzfähig wird dieser Mürbeteig durch den hohen Fett- und Eieranteil.

Spritzmürbeteig unterscheidet sich also vom ausrollfähigen 1-2-3-Mürbeteig darin, dass er noch mehr Fett und Eier enthält.

**Rezeptbeispiel: 1-2-3-Mürbeteig**

| | |
|---|---|
| 900 g | Weizenmehl |
| 600 g | Fett (Butter oder Backmargarine) |
| 300 g | Zucker |
| 50 g | Vollei (1 Stück) |
| 5 g | Salz |
| | Zitronen- und Vanillearoma |
| **1855 g** | **Teiggewicht** |

**Rezeptbeispiel: Spritzmürbeteig**

| | |
|---|---|
| 900 g | Weizenmehl |
| 750 g | Fett (Butter oder Backmargarine) |
| 300 g | Puderzucker |
| 200 g | Vollei (4 Stück) |
| 5 g | Salz |
| | Zitronen- und Vanillearoma |
| **2155 g** | **Teiggewicht** |

Die Qualität der Spritzgebäcke kann mit Marzipanrohmasse verbessert werden.
Geschmackgebende Zutaten im Spritzmürbeteig sind im Gebäcknamen enthalten.
**Schokoladenspritzgebäck:** mit Kakaopulver
**Nussspritzgebäck:** mit geriebenen Nüssen
**Mandelspritzgebäck:** mit geriebenen Mandeln

**Sandgebäcke**

Erhöht man den Zuckeranteil des Spritzmürbeteigs, z. B. 550 g Zucker statt 300 g wie im zuvor stehenden Spritzmürbeteigrezept, so besitzen diese Gebäcke eine sandige Beschaffenheit. Man bezeichnet sie deshalb als „Sandgebäcke".

*Spritzgebäck – Teegebäck*

**Rezeptbeispiel: Spritzgebäck (helles Spritzgebäck)**

| | |
|---|---|
| 900 g | Weizenmehl |
| 750 g | Butter oder Backmargarine |
| 300 g | Puderzucker |
| 200 g | Vollei (4 Stück) |
| 5 g | Salz |
| | Zitronen- und Vanillearoma |
| **2155 g** | **Teiggewicht** |

**Rezeptbeispiel: Schokoladenspritzgebäck (Schokospritzgebäck)**

| | |
|---|---|
| 825 g | Weizenmehl |
| 75 g | Kakaopulver |
| 750 g | Butter oder Backmargarine |
| 300 g | Puderzucker |
| 250 g | Vollei (5 Stück) |
| 5 g | Salz |
| | Zitronen- und Vanillearoma |
| **2205 g** | **Teiggewicht** |

**Rezeptbeispiel: Nussspritzgebäck, Mandelspritzgebäck**

| | |
|---|---|
| 600 g | Weizenmehl |
| 300 g | Nüsse bzw. Mandeln, geröstet und gerieben |
| 600 g | Butter oder Backmargarine |
| 300 g | Puderzucker |
| 200 g | Vollei (4 Stück) |
| 5 g | Salz |
| | Vanillearoma, Zimt |
| **2005 g** | **Teiggewicht** |

**Rezeptbeispiel: Sandgebäck**

| | |
|---|---|
| 900 g | Weizenmehl |
| 750 g | Butter oder Backmargarine |
| 550 g | Puderzucker |
| 250 g | Vollei (5 Stück) |
| 5 g | Salz |
| | Zitronen- und Vanillearoma |
| **2455 g** | **Teiggewicht** |

Für Spritzmürbeteige wird Puderzucker statt Kristallzucker verwendet, da sich dieser in dem wasserarmen Mürbeteig schneller auflöst.

**Herstellung**

- Temperiertes Fett verarbeiten:
  Butter: ca. 20 °C, Backmargarine: 22 bis 24 °C
- Fett, Puderzucker Salz und Aromen in der Rührmaschine leicht schaumig rühren.
- Das gesiebte Mehl, evtl. mit Kakaopulver oder geriebenen Nüssen bzw. Mandeln, nur kurz unterrühren, bis das Mehl nicht mehr sichtbar ist und so ein glatter weicher Teig entsteht.
- Den Spritzmürbeteig sofort auf gefettete, bemehlte oder mit Backpapier belegte Backbleche dressieren (spritzen). Durch längeres Stehen verfestigt sich der Teig durch Verquellung. Dann kann er nur noch schlecht aufdressiert werden.

*Aufdressierter Spritzmürbeteig für Teegebäcke*

**Backen:** 180 °C, offener Zug
**Backzeit:** ca. 22 Minuten

## Teegebäcke

Meistens werden für Teegebäcke mit einer Sterntülle von 9 mm verschiedene kleine Formen aufdressiert, z. B. Bärentatzen, Zungen, Halbmonde, Rosetten, S-Formen.

Sandgebäck wird mit einer Lochtülle, 9 mm, aufdressiert, z. B. länglich oder punktförmig.

## Große Spritzgebäcke

Diese Spritzgebäcke werden stückweise verkauft.

- Flammende Herzen: mit Sterntülle, 8 mm, aufdressieren.
- Ringe, Bögen, Zungen – mit Sterntülle von 12 mm aufdressieren.



### Füllungen für Spritzgebäcke

- Johannisbeerkonfitüre
- Nugatmasse, Nugatcreme
- Marzipanfüllung, mit Spirituosen wie Rum, Kirschwasser, Weinbrand, Grand Marnier u. a. weich gearbeitet

### Überzug

Ein Teil der Spritzgebäcke wird in Schokoladenkuvertüre oder Fettglasur getaucht.

Teegebäcke werden manchmal mit der Spritztüte überspritzt.

## Linzer Torte

Linzer Torte wird aus einem fein gewürzten Mürbeteig mit Nüssen hergestellt. Gefüllt ist die Linzer Torte mit Johannisbeerkonfitüre.

*Linzer Torte*

**Rezeptbeispiel: Spritzmürbeteig für Linzer Torte**

Das Rezept ergibt 1 Linzer Torte von 26 oder 28 cm Durchmesser.

|  |  |
|---|---|
| 300 g | Haselnüsse, gerieben |
| 300 g | süße Brösel |
| 50 g | Weizenmehl |
| 320 g | Butter |
| 150 g | Puderzucker |
| 100 g | Vollei (2 Stück) |
| 20 g | Eigelb (1 Stück) |
| 40 g | Rum |
| 5 g | Zimt |
| 3 g | Nelken |
| 2 g | Salz (große Prise Salz) |
| | Zitronen- und Vanillearoma |
| **1290 g** | **Linzer Teig** |

- 1 runde Oblate von 24 oder 26 cm Durchmesser (kann auch gestückelt werden)
  Die Oblatengröße bezieht sich auf einen Tortenring von 26 oder 28 cm Durchmesser.
- 100 g Johannisbeerkonfitüre

### Herstellung

- Einen Tortenring einfetten und auf ein gefettetes oder mit Backpapier belegtes Backblech legen.
- Butter, Puderzucker, Rum, Gewürze, Salz und Aromen leicht schaumig rühren.
- Eier und Eigelb nach und nach zugeben und glatt rühren.
- Gesiebtes Mehl, Nüsse und Brösel vermischen und kurz einrühren, bis alle Zutaten gut verrührt sind.
- Ca. die Hälfte des Linzer Teigs in den Tortenring einfüllen und gleichmäßig verstreichen.
- Die Oblate in die Mitte einlegen.
- Johannisbeerkonfitüre aufstreichen – nicht ganz bis zum Ring streichen, sonst klebt die Konfitüre am Ring.

- Den restlichen Teig mit einer 10-mm-Sterntülle gitterförmig aufdressieren, mit ca. 1 cm Abstand zum Rand des Tortenrings. Den Rand am Ring entlang aufdressieren.
- Evtl. obenauf gehobelte Mandeln streuen.

**Backen:** 160 °C
**Backzeit:** ca. 60 Minuten

## Fehler bei Spritzmürbeteiggebäcken

| Gebäckfehler | Ursachen |
|---|---|
| Spritzgebäck läuft breit und verliert die Konturen. | • Es wurde zu warmes und somit zu weiches Fett verarbeitet.<br>• Die Gebäcke wurden bei geschlossenem Zug bei feuchter Backhitze gebacken. |
| Spritzgebäck bricht leicht beim Anfassen. | Das Fett wurde zu schaumig gerührt. |
| Der Spritzmürbeteig ist zäh und lässt sich schlecht aufdressieren (aufspritzen). | Der Spritzmürbeteig wurde mit dem Mehl zu lange gerührt. |

### Verkaufsargumente

**Qualitätsmerkmale für die Kundenberatung**

- Spritzgebäcke sind wegen des hohen Fettgehalts besonders mürbe und brechen beim Verzehr leicht sandig auseinander.
- Es sind geschmackvolle Gebäcke, die durch die verschiedenen Füllungen und den Schokoladenüberzug verbessert werden.
- Linzer Torte wird aus einem nusshaltigen Spritzmürbeteig mit feinen Gewürzen hergestellt. Sie ist mit Johannisbeerkonfitüre gefüllt.

**Frischhaltung der Spritzgebäcke**

Wegen des hohen Fettanteils und des niedrigen Feuchtigkeitsgehalts sind Spritzgebäcke Dauerbackwaren. Sie sind so lange frisch und somit lagerfähig, wie sie mürbe sowie geschmackvoll und die Füllungen weich sind.
Werden die Teegebäcke in Tütchen verpackt, verlängert dies die Frischhaltung der Spritzgebäcke. Trockene Spritzgebäcke mit ausgetrockneten Füllungen dürfen nicht mehr im Verkauf sein. →

Spritzgebäcke werden bei nicht zu warmer Raumtemperatur gelagert. Große Spritzgebäcke, die stückweise verkauft werden, sollen nach Ladenschluss mit Folie vor dem Austrocknen geschützt werden.

**Besondere Eignung der Spritzgebäcke**

- Spritzgebäcke eignen sich besonders zu Kaffee und Tee.
- Teegebäcke passen zu Weihnachten und in jede Gebäckmischung.
- Wegen der langen Lagerfähigkeit sind Spritzgebäcke auch auf Reisen und als Gebäckreserve zu empfehlen.

### Aufgaben

1. Erklären Sie Besonderheiten des Spritzmürbeteigs.
2. Wie unterscheidet sich Spritzmürbeteig vom 1-2-3-Mürbeteig in Bezug auf die Rezeptur?
3. Nennen Sie Spritzgebäcke mit geschmackgebenden Zutaten, die sich vom hellen Spritzgebäck unterscheiden.
4. Beschreiben Sie die Herstellung von Spritzmürbeteig.
5. Bei wie viel Grad C wird Spritzmürbeteig gebacken und wie werden die Gebäcke gebacken, damit sie nicht breit laufen?
6. Nennen Sie große Spritzgebäcke, die stückweise verkauft werden.
7. Nennen Sie Füllungen für Spritzgebäcke.
8. Erklären Sie die Besonderheiten der Linzer Torte aus Spritzmürbeteig.
9. Beschreiben Sie die Herstellung der Linzer Torte.
10. Nennen Sie die Ursachen folgender Fehler bei Spritzgebäcken:
    - Spritzgebäck läuft breit und verliert die Konturen
    - Spritzgebäck bricht leicht beim Anfassen
    - Der Spritzmürbeteig ist zäh und lässt sich schlecht aufdressieren
11. Erklären Sie die Qualitätsmerkmale der Spritzgebäcke für die Kundenberatung.
12. Geben Sie Auskunft über die Frischhaltung der Spritzgebäcke und erläutern Sie die Lagerung.
13. Wofür eignen sich Spritzgebäcke besonders gut?
14. Während der Sommermonate wollen Sie in Ihrer Bäckerei Gebäcktütchen mit Spritzgebäcken als Reiseproviant anbieten. Sie machen Vorschläge für verschiedene Gebäcke und Füllungen dieser Gebäckmischungen.

## 21.4 Streusel

Streusel ist bröseliger, streufähiger Mürbeteig. Er ist durch den höheren Zuckeranteil ein 2-2-3-Mürbeteig.

| Rezeptbeispiel: Streusel | |
|---|---|
| 1000 g | Zucker |
| 1000 g | Butter oder Margarine |
| 1500 g | Weizenmehl, Type 405 oder 550 |
| 5 g | Salz |
| | Zitronen- und Vanillearoma |
| **3505 g** | **Streusel** |

*Zutaten für Streusel*

### Herstellung

- Weiches oder leicht geschmolzenes Fett mit Zucker und Aromen glatt arbeiten.
- Weizenmehl unterarbeiten, bis eine lockere Bindung des Mürbeteigs mit kleinen Stückchen entsteht. Wird Streusel in der Knetmaschine hergestellt, so darf das Weizenmehl nur kurz eingearbeitet werden.
- Den Streusel mit den ungleichen Stückchen gut durchkühlen und dann durch ein grobmaschiges Sieb drücken. So entstehen gleichmäßig große Streusel.

*Gekühlten Streusel durch ein grobmaschiges Netz drücken*

*Gleichmäßig große Streusel*

### Verwendung von Streusel

Streusel dient als Auflage für Gebäcke, überwiegend wird er auf Blechkuchen gestreut. Beispiele für Blechkuchen mit Streusel sind Blechkuchen aus

- Hefeteig: Streusel-, Mohn-, Quark-, Apfelkuchen
- Mürbeteig: Apfel-, Pflaumenkuchen (Zwetschgenkuchen)
- Sandmasse: Aprikosen-, Kirsch-, Apfel-, Rhabarberkuchen

Die mürben Streusel sind eine geschmackliche Ergänzung auf den verschiedenen Backwaren.

*Streusel als Auflage für Blechkuchen*

Beim Aufstreuen der Streusel auf die Blechkuchen immer zuerst den Rand bestreuen und dann zur Mitte hin, damit die gesamte Oberfläche gleichmäßig mit Streusel bestreut ist und die Ränder nicht streuselfrei sind.

*Streuselkuchen*

### Aufgaben

1. Erstellen Sie ein Rezeptbeispiel für Streusel und geben Sie die Mengenverhältnisse der Zutaten an.
2. Beschreiben Sie die Herstellung von Streusel.
3. Geben Sie Verwendungsbeispiele für Streusel an.
4. Der neue Auszubildende sucht ein Rezept für Streusel. Sie geben ihm den Tipp, unter Mürbeteigen zu suchen, und erläutern ihm, warum Streusel zu den Mürbeteigen gehören.

# 22 Braune Lebkuchen und Früchtebrote

**Situation**

Während der Weihnachtszeit ist die Nachfrage nach Lebkuchen und Früchtebrot groß. Dieses Jahr hat Ihre Bäckerei das Lebkuchensortiment noch erweitert und an Firmen Angebote für passende Lebkuchen und Früchtebrote für die Weihnachtsfeier oder zum Verschenken an die Mitarbeiter und Kunden verschickt. Sie stellen diese Gebäcke zusammen mit Ihrem Praktikanten her. Er möchte nicht nur wissen, warum der Grundteig für die Honiglebkuchen bereits im Sommer hergestellt wurde, sondern auch alles über die verschiedenen Teige und Gebäcke.

- Aus welchen Zutaten wird ein Lebkuchenteig hergestellt?
- Welche Gewürze sind im Lebkuchengewürz enthalten?
- Was ist ein Lagerteig?
- Wie unterscheiden sich Braune Lebkuchen von Honiglebkuchen?
- Womit werden die Braunen Lebkuchen nach dem Backen abgeglänzt?
- Was besagen die Gattungs- und Herkunftsbezeichnungen der Lebkuchen?
- Welcher Teig wird für Früchtebrot hergestellt und welche Früchte werden verwendet?



Viele Jahrtausende war Honig neben süßen Früchten bei uns das wichtigste Mittel zum Süßen. Bereits vor mehr als 4 000 Jahren süßten die Ägypter die Brotteige mit Honig. Die Germanen aßen Honigkuchen zur Wintersonnenwende und überließen die Reste den Toten, damit die armen Seelen den Raunächten trotzten. Da man Honigkuchen in den Wintermonaten backte, wurde er ein immer beliebteres Weihnachtsgebäck.

Im 12. Jahrhundert mischten Mönche in den Klöstern des deutschsprachigen Raumes Kräuter und Gewürze in den Honigteig. So begann in den Klöstern der Anfang der Lebküchner-Kunst.

Der Name „Lebkuchen" stammt aus der lateinischen Klostersprache. Vom lateinischen „Libum", das so viel wie Fladen, Kuchen oder Opferbrot bedeutet, leitete man den Begriff „Lebkuchen" ab, der dann später auch als „Lebenskuchen" bezeichnet wurde.

In den Klöstern wurden auch Oblaten – „hostia oblata" – für das geweihte Messopfer hergestellt. So konnten später die feinen, weichen Lebkuchenmassen auf Oblaten gestrichen werden, auf denen sie den nötigen Halt fanden und nicht am Backblech anklebten.

Im Mittelalter (1395) nahmen sich Nürnberger Bäcker mit Begeisterung der Lebkuchenherstellung an. Sie nannten sich „Lebzelter", „Lebküchler" oder „Lebküchner". Die Stadt Nürnberg genehmigte 1643 die Gründung einer Lebküchnerzunft.

Dank der verkehrsgünstigen Lage gelangten die Nürnberger Lebküchner zu Weltruf. Denn zahlreiche Salz- und Handelsstraßen fanden ihren Schnittpunkt in Nürnberg. Der Gewürzhandel hatte sein Zentrum in der Stadt, wobei „Pfeffersäcke" aus Venedig und Genua als ständiger Gewürznachschub für die Backstuben der Lebküchner ankamen.

*Nürnberger Lebküchner in alten Zeiten*

Da der Lebkuchen früher ausschließlich mit Honig gesüßt wurde, hielten sich die Lebkuchenhersteller eigene Bienenvölker, woraus sich das Nebenprodukt Wachs ergab. Deshalb waren die Lebküchner und später die Konditoren auch „Wachszieher“, die Kerzen und Wachsbilder herstellten.

**Lebkuchen werden unterteilt in:**
- Braune Lebkuchen
- Oblatenlebkuchen → Seite 543



## 22.1 Braune Lebkuchen

**Begriff: Braune Lebkuchen**
Braune Lebkuchen werden aus „Lebkuchenteig“ hergestellt, bei dem das Mehl mit flüssigem Honig oder mit in Wasser gelösten Zuckerarten zu einem Teig geknetet wird. Wegen des hohen Zuckeranteils sind diese Lebkuchen nach dem Backen besonders braun; daher der Name Braune Lebkuchen.

### Die Zutaten für einen Lebkuchenteig

- Weizenmehl
- Roggenmehl
- Honig und/oder Zuckerarten wie Invertzuckercreme, Farinzucker (brauner Zucker), Glukosesirup, Zuckersirup (enthält ca. 20 % Wasser)
- Lebkuchengewürz
- Lockerungsmittel: Hirschhornsalz und Pottasche

Neben Weizenmehl wird auch Roggenmehl verarbeitet, weil dadurch die Braunen Lebkuchen weicher werden und kräftiger schmecken.

Die Qualität eines Lebkuchenteigs wird durch die Menge der Honigzugabe bestimmt. Bei geringeren Qualitäten wird der Honig teilweise oder ganz durch Zuckerarten ersetzt.

Invertzuckercreme ist Honigersatz, der umgangssprachlich als Kunsthonig bezeichnet wird. Invertzucker ist Trauben- und Fruchtzucker, der durch den Abbau von Rübenzucker gewonnen wird. Diese Einfachzucker binden besonders viel Wasser und kristallisieren nicht aus, sodass die Gebäcke lange frisch bleiben.

*Honig und Zuckerarten für den Lebkuchenteig: Farinzucker, Invertzuckercreme, Honig (oben); Glukosesirup, Zucker (unten)*

**Lebkuchengewürz**
Das Lebkuchengewürz ist eine abgestimmte, geschmacklich harmonierende Gewürzmischung. Lebkuchengewürz enthält Zimt, Nelken, Piment, Macis, Muskat, Ingwer, Anis, Fenchel, Kardamom, Koriander, Vanille, Zitrone.

*Lebkuchengewürz*

**Lockerungsmittel**
- Hirschhornsalz und
- Pottasche

**Wirkung der Pottasche**
Bei der Lockerung durch Pottasche wird Kohlenstoffdioxid und etwas Kalilauge frei. Kalilauge schwächt den Kleber, sodass breite, flache Poren entstehen und so der Lebkuchenteig in die Breite treibt.

**Bestimmungen der Leitsätze**

- **Braune Lebkuchen** müssen auf 100 Teile Mehl mindestens 50 Teile Zuckerarten enthalten.
- **Honiglebkuchen** sind Braune Lebkuchen, bei denen mindestens die Hälfte der Zuckerarten Honig sein muss.

**Rezeptbeispiele: Honiglebkuchenteig**

**Grundteige:**

| | | | |
|---|---|---|---|
| 750 g | Weizenmehl, Type 812 oder 1050 | 750 g | Weizenmehl, Type 812 oder 1050 |
| 250 g | Roggenmehl, Type 997 oder 1150 | 250 g | Roggenmehl, Type 997 oder 1150 |
| 1 000 g | Honig | 500 g | Honig |
| **2 000 g** | **Grundteig** | 400 g | Farinzucker (brauner Zucker) |
| | | 100 g | Wasser |
| | | **2 000 g** | **Grundteig** |

**Lebkuchenteig:**

| | |
|---|---|
| 2 000 g | Grundteig |
| 40 g | Lebkuchengewürz |
| 10 g | Hirschhornsalz (1% der Mehlmenge) |
| 5 g | Pottasche (0,5% der Mehlmenge) |
| **2 055 g** | **Lebkuchenteig** |

*Honig erhitzen*

*Abgekühlten Honig mit dem Mehl verkneten*

*Fertig gekneteter Grundteig*

LF 4

## Herstellung eines Grundteigs

- Den Honig auf ca. 70 °C erhitzen, damit sich die Zuckerkristalle lösen. Den Honig nicht zu stark erhitzen, da bei über 80 °C die Aromastoffe verloren gehen.
- Den Honig auf ca. 35 °C abkühlen lassen. Der Honig darf nicht wärmer als mit 40 °C verarbeitet werden, da sonst die Eiweißstoffe des Mehls geschädigt werden.
- Das Mehl mit dem Honig intensiv zu einem Teig kneten, im Spiralkneter 4 Minuten im Langsamgang und 3 Minuten im Schnellgang.

Wird ein Teil des Honigs durch Zuckerarten ersetzt, werden die Zuckerarten im Wasser gelöst und mit dem Honig erhitzt.
Werden nur Zuckerarten ohne Honig verwendet, dann werden die Zuckerarten im Wasser gelöst und in flüssiger Form verarbeitet. Der Teig ist sehr wasserarm, sodass sich die Zuckerkristalle ohne Wasser nicht lösen könnten.

### Lagern des Grundteigs

Den Grundteig in einem kühlen Raum lagern. Dabei wird er in einen gut verschließbaren Behälter gegeben, damit der Teig nicht austrocknet.
Die Stehzeit des Grundteigs ist erforderlich, weil sich dabei das Mehl und der Honig bzw. die Zuckerarten intensiv binden und so ein glatter Teig entsteht.

Je nach Stehzeit werden zwei Grundteigarten unterschieden:

- **Lagerteig:** Der Grundteig wird in etwa ein bis vier Monate gelagert.
- **Frischteig:** Der Grundteig wird ein bis drei Tage gelagert. In dieser Zeit erhält der Grundteig die nötige Bindung, damit er ausrollfähig wird.

Der Lebkuchenteig kann wegen des hohen Zuckeranteils während der Lagerung nicht verderben. Das Verhältnis von Mehl zu Honig bzw. Zucker ist in etwa 1:1.
Empfehlenswert ist die Herstellung eines Lagerteigs.

**Die Vorteile eines Lagerteigs**

- Der Honig bzw. die im Wasser gelösten Zuckerarten binden sich an das Mehl, sodass der Lebkuchenteig glatt ist und nicht so stark klebt.
- Während der Lagerzeit bauen die Milchsäurebakterien etwas Zucker zu Milchsäure ab. Dies bewirkt eine leichte Geschmacksverbesserung der Lebkuchen und eine verstärkte Triebleistung der Pottasche, die zur Lockerung Säure benötigt wird.

## Herstellung eines Lebkuchenteigs

- Den Grundteig vor dem Verkneten der Zutaten zum Lebkuchenteig warm stellen, z. B. im Gärraum, weil er sonst zu hart zum Kneten ist.
- Hirschhornsalz und Pottasche getrennt voneinander mit kaltem Wasser oder kalter Milch auflösen, sonst reagieren sie sofort.
- Den Grundteig, Lagerteig oder Frischteig sowie das Lebkuchengewürz, aufgelöstes Hirschhornsalz und die Pottasche in die Knetmaschine geben und verkneten, bis die Zutaten gleichmäßig im Lebkuchenteig vermischt sind.

Bei geringer Säurebildung im Grundteig können 10 g Sauerteig auf 1 kg Grundteig oder einige Tropfen Fruchtsäure zugegeben werden, damit die Pottasche ausreichend reagiert und $CO_2$ erzeugt.

LF 4

Das Lebkuchengewürz sowie Hirschhornsalz und Pottasche werden erst vor der Verarbeitung des Lebkuchenteigs in den Grundteig geknetet. Sonst würden die Gewürze ausrauchen und die Lockerungsmittel bereits während der Lagerung wirken.

*Lebkuchenteig zum Aufarbeiten*

**Backen des Lebkuchenteigs**

180 bis 190 °C, bei offenem Zug

Die Lebkuchen nach dem Backen sofort vom Backblech schieben, damit sie nicht nachdunkeln und kleben bleiben.

**Abglänzen der Lebkuchen**

Die Braunen Lebkuchen sofort nach dem Backen mit einem Pinsel dünn mit Dextringlasur bestreichen und somit abglänzen.

## Herstellen einer Dextringlasur

100 g Dextrine mit 800 bis 1000 g Wasser in einem Gefäß verrühren und unter ständigem Rühren aufkochen. Damit die Dextringlasur streichfähig ist, gibt man bei Bedarf beim Kochen etwas Wasser dazu.

**Herstellen von Dextrinen**

Weizenstärke (Weizenpuder) in einer dünnen Schicht auf einem Backblech gleichmäßig verteilen und im Ofen bei ca. 200 °C mittelbraun zu Dextrinen rösten. Die Dextrine zu einem lockeren Pulver sieben.

Durch die Backhitze wird die weiße Weizenstärke zu braunen Dextrinen abgebaut.

## Gebäcke aus Lebkuchenteig

### Honigkuchen

Honigkuchen sind dickere Lebkuchenstücke, die aus Honigkuchenteig hergestellt werden.

- Den Lebkuchenteig 8 mm dick ausrollen und wie Blechkuchen auf ein gefettetes Backblech legen.
- Den Lebkuchenteig mit Milch bestreichen und stippen.
- Auf der Oberfläche des Lebkuchenteigs die Stücke einteilen, damit die Stückgröße sichtbar ist.
- Jedes Stück mit einer halben Belegkirsche und halbierten Mandeln dekorieren.

**Backen:** 180 °C, bei offenem Zug
**Backzeit:** ca. 20 Minuten

*Honigkuchen*

**Weihnachtsfiguren und Lebkuchenherzen**

- Den Lebkuchenteig 4 mm dick ausrollen.
- Verschiedene Figuren und Formen ausstechen und auf ein gefettetes oder mit Backpapier belegtes Backblech setzen, z. B.
  - Weihnachtsmänner (Nikoläuse), Schaukelpferde, Tannenbäume, Sterne, Herzen, Halbmonde,
  - Hexenhaus,
  - große Lebkuchenherzen für Volksfeste.
- Den ausgestochenen Lebkuchenteig mit Milch bestreichen, Dekorteile darauflegen und etwas andrücken, z. B. halbierte und gestiftelte Mandeln und Belegkirschen.

**Backen:** 180 °C, bei offenem Zug
**Backzeit:** ca. 18 Minuten

Die gebackenen Lebkuchen mit Dextringlasur abglänzen und mit Eiweißspritzglasur ausgarnieren → Seite 588.

*Lebkuchenfiguren*

**St. Gallener Biberle**

St. Gallener Biberle sind kleine Lebkuchenstücke mit Marzipanfüllung.

**Rezeptbeispiel: St. Gallener Biberle**

| | | |
|---|---|---|
| 1 000 g | Lebkuchenteig | |
| 900 g | Marzipan | |
| **Marzipan:** | | |
| 700 g | Marzipanrohmasse | Zutaten zu Marzipan anwirken |
| 170 g | Puderzucker | |
| 30 g | Glukosesirup | |
| | Zitronenaroma | |
| **900 g** | **Marzipan** | |

**Herstellung**

- Den Lebkuchenteig 3 mm dick und 48 × 40 cm groß ausrollen.
- 8 cm breite Streifen schneiden – ergibt 6 Teigstreifen von je 40 × 8 cm.
- Die Teigstreifen mit Wasser bestreichen.
- Das Marzipan in 6 × 150-g-Teile abwiegen und jedes Stück zu einem 40 cm langen Strang rollen.
- Die 6 Marzipanrollen auf die Teigstreifen legen und den Honigkuchenteig um die Marzipanrollen schlagen.
- Jeden Strang auf 50 cm nachrollen.
- Die Lebkuchenrollen gut durchkühlen lassen, mit Milch bestreichen und in stumpfe Dreiecke (Trapeze) schneiden.
- Die Stücke auf Backbleche setzen.

**Backen:** 190 °C, bei offenem Zug
**Backzeit:** ca. 18 Minuten
Die ofenheißen Gebäcke mit Dextringlasur abglänzen.

*St. Gallener Biberle*

**Baseler Leckerli**

Baseler Leckerli sind rechteckige oder quadratische flache Lebkuchen, die mit Fadenzuckerglasur bestrichen sind.

**Rezeptbeispiel: Baseler Leckerli**

| | |
|---|---|
| 1000 g | Lebkuchenteig |
| 300 g | Mandeln, grob gehackt oder gestiftelt |
| 100 g | Orangeat |
| 50 g | Zitronat |
| 40 g | Kirschwasser |
| **1490 g** | **Baseler Leckerliteig** |

Die Zutaten in den Lebkuchenteig gleichmäßig verteilt unterkneten.

LF 4

**Herstellung**
Den Teig 6 mm dick und 56 × 32 cm groß ausrollen, auf ein gefettetes oder mit Backpapier belegtes Backblech legen und mit Milch bestreichen.

**Backen:** 180 °C, bei offenem Zug
**Backzeit:** ca. 20 Minuten

- Fadenzuckerglasur (→ Seite 356) mit einem Pinsel auf die heißen Gebäcke streichen, sodass die Glasur nach dem Erkalten weiß wird.
- Die Gebäckplatte in rechteckige Stücke schneiden, z. B. 9 × 6 cm – ergibt 30 Stück.

*Baseler Leckerli*

LF 4

### Spitzkuchen

Spitzkuchen sind Lebkuchen mit Sultaninen, Nüssen oder Mandeln sowie Zitronat und Orangeat. Die trapezförmigen Lebkuchenstücke sind mit Schokoladenkuvertüre überzogen; Fettglasur ist nicht erlaubt.

**Rezeptbeispiel: Spitzkuchen**

| | |
|---|---|
| 1 000 g | Lebkuchenteig |
| 200 g | Sultaninen |
| 100 g | Haselnüsse oder Mandeln, grob gehackt |
| 75 g | Orangeat |
| 50 g | Zitronat |
| 50 g | Rum |
| **1 475 g** | **Spitzkuchenteig** |

Die Zutaten in den Lebkuchenteig gleichmäßig vermischt unterkneten.

**Herstellung**
300-g-Teigstücke abwiegen, zu 70 cm langen Strängen rollen und auf Backbleche setzen.

**Backen:** 180 °C, bei offenem Zug
**Backzeit:** ca. 20 Minuten

**Fertigstellen**
- Die gebackenen Stränge am besten in einem Klimaschrank bei hoher Luftfeuchtigkeit über Nacht lagern, bis sie weich sind.
- Die Lebkuchenstränge in Trapeze (stumpfe Dreiecke) schneiden und die Stücke ganz mit Schokoladenkuvertüre überziehen.

*Spitzkuchen*

### Dominosteine

Dominosteine sind kleine mit Schokoladenkuvertüre oder Fettglasur überzogene Würfel aus Schichten von Lebkuchen, Gelee und Marzipan, auch Persipan ist erlaubt. Bei der Bezeichnung „Feinste Dominosteine“ ist die Verwendung von Persipan und Fettglasur nicht erlaubt.

**Herstellung**
- 1 000 g Lebkuchenteig 2,5 mm dick und 78 × 58 cm groß ausrollen.
- Den ausgerollten Teig auf ein gefettetes oder mit Backpapier belegtes Backblech legen und stippen.

**Backen:** 180 °C, bei offenem Zug
**Backzeit:** ca. 20 Minuten

**Fertigstellen**
- Die Lebkuchenplatte gut abkühlen lassen. Heißes Gelee aufstreichen und bis zum Erstarren abkühlen lassen.
- Marzipan 5 mm dick ausrollen und auf die Geleeschicht legen. Bis zum nächsten Tag kühl stellen.
- Die Lebkuchenplatte mit Gelee und Marzipan in 3 × 3 cm große Quadrate schneiden.
- Die Würfel mit Schokoladenkuvertüre oder Fettglasur überziehen.

**Rezeptbeispiel: Geleefüllung**

| | | |
|---|---|---|
| 450 g | Himbeermark | Alle Zutaten gut aufkochen lassen. |
| 450 g | Gelierzucker | |
| 20 g | Zitronensaft | |
| **920 g** | **Geleefüllung** | |

*Dominosteine*

## Printen

Printen sind kleine rechteckige Lebkuchen, die fein gestoßenen Kandis enthalten.

- In den Lebkuchenteig feine Kandisstückchen unterkneten.
- Den Printenteig 4 mm dick ausrollen und z. B. in 7 × 3 cm große Rechtecke schneiden.

**Backen:** 180 °C, bei offenem Zug
**Backzeit:** ca. 15 Minuten

### Fertigstellen der Printen nach dem Backen

- Sofort nach dem Backen mit Dextringlasur abglänzen.
- Nach dem Abkühlen die Printen überziehen mit
  - Schokoladenkuvertüre,
  - Milchschokoladenkuvertüre

*Printen*

## Pfeffernüsse (Pfefferkuchen)

Pfeffernüsse werden aus einem eihaltigen, stark gewürzten Lebkuchenteig hergestellt. Die runden Lebkuchen werden dick mit Fadenzuckerglasur überzogen.
Schon im Mittelalter wurden diese Lebkuchen stark gewürzt.Die Gewürze waren namentlich weitgehend unbekannt, sodass man das Gewürz Piment einfach als Pfeffer bezeichnete, weil es ähnlich scharf ist. Daher haben diese Lebkuchen ihren Namen, obwohl kein Pfeffer enthalten ist. Heute bezieht sich der Begriff Pfeffer auf die kräftige Würzung der Lebkuchen. Der zweite Teil des Namens entspricht der runden, nussähnlichen Gebäckform.

**Rezeptbeispiel: Pfeffernüsse**

| | |
|---|---|
| 1 000 g | Weizenmehl, Type 812 oder 1050 |
| 850 g | Zucker |
| 350 g | Vollei (7 Eier) |
| 150 g | Orangeat |
| 40 g | Lebkuchengewürz |
| 5 g | Hirschhornsalz |
| **2 395 g** | **Pfeffernussteig** |

### Herstellung

- Vollei und Zucker schaumig rühren und mit den restlichen Zutaten in der Knetmaschine zu einem Teig kneten.
- Den Lebkuchenteig 9 mm dick ausrollen, mit einem Ausstecher von 2,5 cm Durchmesser runde Stücke ausstechen und auf ein Backblech setzen.

**Backen:** 180 °C, bei offenem Zug
**Backzeit:** ca. 20 Minuten

Die gebackenen Lebkuchen dick mit Fadenzuckerglasur überziehen. Nach dem Erkalten wird die Glasur weiß.

*Pfeffernüsse*

## Fehler bei Braunen Lebkuchen

| Gebäckfehler | Ursachen |
|---|---|
| Die Lebkuchen haben auf der Oberfläche kleine Risse. | Die Lebkuchen wurden bei feuchter Backhitze, bei geschlossenem Zug gebacken. |
| An der gesamten Oberfläche der Lebkuchen befinden sich kleine schwarze Punkte. | Hirschhornsalz und Pottasche wurden mit zu wenig Wasser oder Milch aufgelöst, sodass die ungelösten Kristalle dunkle Punkte ergeben. |
| Die Lebkuchen sind zu flach. | • Es wurden zu wenig Lockerungsmittel zugegeben.<br>• Der Lebkuchenteig hatte zu wenig Säure vom Honig bzw. von den Milchsäurebakterien für die Reaktion der Pottasche, sodass etwas Sauerteig oder Fruchtsäure hätte zugegeben werden müssen. |
| Lebkuchen, die im Verkauf angeboten werden, sind nicht weich. | Sie sind noch zu frisch und müssen noch in Dosen oder Folienbeuteln gelagert werden. |
| Die Lebkuchen glänzen nach dem Bestreichen mit Dextringlasur nicht. | Die Dextringlasur war zu dünn, d. h., die Dextrine wurden mit zu viel Wasser aufgekocht. |

*Kleine schwarze Punkte auf den Lebkuchen*

## Fadenzuckerglasur

**Herstellen einer Fadenzuckerglasur**

- 5 Teile Zucker und 2 Teile Wasser in einem Kupfergefäß auf 107 bis 109 °C zum Faden kochen.
- Den Fadenzucker sofort mit einem Pinsel auf die Gebäcke streichen. Der Fadenzucker stirbt ab, d. h., er wird milchig weiß.

**Verwendungsbeispiele**

- Baseler Leckerli → Seite 353
- Pfeffernüsse → Seite 355
- Elisenlebkuchen → Seite 544

*Elisenlebkuchen mit Fadenzuckerglasur*

## Gattungsbezeichnungen

Manche Lebkuchen werden mit einem Ortsnamen benannt, z. B. St. Gallener Biberle, Baseler Leckerli und Liegnitzer Bomben. Der Ortsname benennt die Gebäckart (die Gattung) und deren typische Besonderheit, z. B. St. Gallener Biberle sind kleine trapezförmige Lebkuchen mit Marzipanfüllung.

Da die Ortsnamen in der Bezeichnung der Lebkuchen nur die Gebäckart bekannt geben, dürfen diese Gebäcke überall hergestellt werden.
Die Begriffe „echt" oder „original" machen die Lebkuchen zu Herkunftsbezeichnungen.

## Herkunftsbezeichnungen

Einige Ortsnamen in Lebkuchenbezeichnungen geben die Herkunft der Lebkuchen an und nicht die Besonderheit der Gebäcke. Die Herkunft dieser Lebkuchen ist geschützt. Die Lebkuchen müssen in den benannten Gebieten hergestellt werden, z. B. Nürnberger Lebkuchen, Aachener Printen und Thorner Pfefferkuchen.
Auch Bezeichnungen wie „Lebkuchen nach Nürnberger Art" oder „Lebkuchen nach Aachener Printen-Rezept" sind nicht erlaubt, da sie für die Verbraucher irreführend sind.

## Verkaufsargumente

**Qualitätsmerkmale für die Kundenberatung**

- Braune Lebkuchen sind sehr weiche und feinwürzige Gebäcke durch die vielen verschiedenen Gewürze.
- Honiglebkuchen sind feinwürzige Gebäcke mit feinem Honiggeschmack.

**Lagerung der Braunen Lebkuchen**

Lebkuchen sind nach dem Backen in frischem Zustand hart und haben ein geringes Aroma. Der hohe Zuckeranteil der Lebkuchen wird beim Backen flüssig und nach dem Abkühlen sehr hart. Bei der Lagerung wird der Zucker in den Lebkuchen zunehmend weicher und somit auch die Lebkuchen. Auch das Aroma wird intensiver, weil die Aromastoffe der Gewürze die Lebkuchen durchziehen.

Damit die Kunden sofort beim Kauf Braune Lebkuchen mit weicher Beschaffenheit erhalten, werden die Lebkuchen vor dem Überziehen mit Schokoladenkuvertüre bzw. vor dem Verpacken in einem Klimaschrank bei hoher Luftfeuchtigkeit gelagert. Die Lebkuchen nehmen die Luftfeuchtigkeit auf, wobei sich der Zucker schnell wieder erweicht.

**Frischhaltung der Braunen Lebkuchen**

Braune Lebkuchen, in Dosen oder Folienbeuteln verpackt, bleiben monatelang weich und zählen zu den besonders lagerfähigen Dauerbackwaren.

**Besondere Eignung der Braunen Lebkuchen**

- Braune Lebkuchen sind typische Gebäcke zur Weihnachtszeit, die zu Kaffee und Tee sowie zu Glühwein und Punsch begehrt sind.
- Die schön ausgarnierten Lebkuchenfiguren, z. B. Weihnachtsmann (Nikolaus), Schaukelpferd, Tannenbaum, sind bei Kindern sehr beliebt.
- Kleinere Lebkuchenfiguren, z. B. Sterne, Herzen, Halbmonde, eignen sich als Behang für den Weihnachtsbaum (Christbaum).
- Kleinere Lebkuchenfiguren wirken als Schmuck auf der Weihnachtsverpackung besonders dekorativ und
- geben als Tischdekoration bei Weihnachtsfeiern eine festliche Note.

*Weihnachtsschmuck aus Honiglebkuchen*

LF 4

## Aufgaben

1. Erläutern Sie kurz die Geschichte der Lebkuchen.
2. Erklären Sie den Begriff „Braune Lebkuchen“.
3. Nennen Sie die Zutaten für einen Lebkuchenteig:
   - Mehle
   - Zutaten zum Süßen
   - Aromaverbesserung
   - Lockerungsmittel
4. Nennen Sie Gewürze, die in der Lebkuchengewürzmischung enthalten sind.
5. Geben Sie die Bestimmungen der Leitsätze an:
   - Braune Lebkuchen
   - Honiglebkuchen
6. Erstellen Sie ein Rezeptbeispiel für einen Grundteig und einen Lebkuchenteig.
7. Unterscheiden Sie einen Grundteig in Lagerteig und Frischteig.
8. Wie sollte der Grundteig gelagert werden?
9. Beschreiben Sie die Herstellung eines
   - Grundteigs und
   - Lebkuchenteigs.
10. Warum werden das Lebkuchengewürz sowie das Hirschhornsalz und die Pottasche nicht schon in den Grundteig gegeben?
11. Beschreiben Sie das Backen der Lebkuchenteige.
12. Erklären Sie
    - das Herstellen von Dextrinen,
    - die Herstellung einer Dextringlasur,
    - das Abglänzen der Lebkuchen.
13. Beschreiben Sie das Herstellen einer Fadenzuckerglasur und geben Sie Verwendungsbeispiele an.

→

14 Nennen Sie die Besonderheiten folgender Lebkuchen:
- Honigkuchen
- Weihnachtsfiguren
- St. Gallener Biberle
- Baseler Leckerli
- Dominosteine
- Printen
- Pfeffernüsse

15 Erläutern Sie die Gattungsbezeichnungen bei Lebkuchen und geben Sie Beispiele an.

16 Was besagen die Bezeichnungen „Nürnberger Lebkuchen", „Aachener Printen" und „Thorner Pfefferkuchen"?

17 Geben Sie die Ursachen folgender Fehler bei Lebkuchen an:
- Die Lebkuchen haben auf der Oberfläche kleine Risse.
- An der gesamten Oberfläche der Lebkuchen befinden sich kleine schwarze Punkte.
- Die Lebkuchen sind zu flach.
- Lebkuchen, die im Verkauf angeboten werden, sind nicht weich.

18 Nennen Sie die Qualitätsmerkmale der Braunen Lebkuchen und der Honiglebkuchen für die Kundenberatung.

19 Beschreiben Sie die Beschaffenheit frischer Brauner Lebkuchen und wie sich diese bei der Lagerung verändern.

20 Geben Sie die Frischhaltung Brauner Lebkuchen an.

21 Wofür eignen sich Braune Lebkuchen besonders?

22 Das Schaufenster Ihrer Bäckerei soll in der Weihnachtszeit mit einem Hexenhaus dekoriert werden. Dafür sollen Sie ein Hexenhaus entwerfen und zusammenstellen, welche Zutaten Sie für den Teig und für die Garnierungen des Hauses benötigen, damit es zu einem Blickfang wird.

## Rechenaufgaben

LF 4

1 Eine Bäckerei benötigt einen Honigkuchenteig für folgende Lebkuchengebäcke:

| | |
|---|---|
| Lebkuchenfiguren | 7,500 kg |
| Dominosteine | 3 ¼ kg |
| Spitzkuchen | 4 900 g |
| St. Gallener Biberle | $3\,^4/_5$ kg |
| Baseler Leckerli | $8\,^3/_8$ kg |
| Pfefferkuchen | 6,175 kg |

Berechnen Sie die Zutatenmenge des herzustellenden Honigkuchens mit folgendem Rezept (runden Sie auf):

| | | | |
|---|---|---|---|
| 750 g | Weizenmehl | 40 g | Lebkuchengewürz |
| 250 g | Roggenmehl | 20 g | Hirschhornsalz und Pottasche |
| 1 000 g | Honig | | |

2 Ein Lebkuchenteig wird aus 12,600 kg Weizenmehl hergestellt. Das sind ¾ des Gesamtmehlanteils.
a) Berechnen Sie den Roggenmehlanteil des Lebkuchenteigs in g.
b) Wie viel kg Zuckerarten müssen nach den Leitsätzen für Braune Lebkuchen mindestens zugegeben werden?
c) Der Lebkuchenteig für Braune Lebkuchen wird mit 60 % Zuckerarten, bezogen auf das Gesamtmehl, hergestellt. Wie viel kg Honig müssen mindestens für Honiglebkuchen zugegeben werden?

3 Fadenzuckerglasur wird im Verhältnis 5:1,8 von Zucker zu Wasser hergestellt. Für 125 Baseler Leckerli benötigt der Bäcker 2,5 kg Fadenzuckerglasur.
a) Wie viel Zucker und Wasser muss der Bäcker, bei einem Kochverlust von 16,69 % abwiegen?
b) Wie viel Gramm Fadenzuckerglasur werden auf einen Baseler Leckerli glasiert?

4 Braune Lebkuchen werden mit 80 Teilen Zuckerarten auf 100 Teile Mehl hergestellt. Der Lebkuchenteig wird mit 5,250 kg Weizenmehl und 1 750 g Roggenmehl hergestellt. Die verwendeten Zuckerarten bestehen zu 60 % aus Invertzuckercreme, 35 % Farinzucker und 5 % Sirup. Für den Lebkuchenteig werden noch 2 % Lebkuchengewürz und 0,75 % Lockerungsmittel, berechnet vom Grundteig aus Mehl und Zuckerarten, verwendet.
a) Wie viel kg Zuckerarten werden insgesamt für den Lebkuchenteig verarbeitet?
b) Berechnen Sie, wie viel g von den einzelnen Zuckerarten verwendet werden.
c) Ermitteln Sie, wie viel Lebkuchengewürz und Lockerungsmittel verwendet werden.
d) Wie viel kg Lebkuchenteig erhält man insgesamt?

## 22.2 Früchtebrote

Wer in früherer Zeit nicht zu den Allerärmsten gehörte, gönnte sich an den Festtagen zu Weihnachten Brote, die mit getrockneten Birnen verfeinert wurden. Getrocknete Birnen nannte man in Bayern „Kletzen" und im Schwarzwald „Hutzel". So entstanden in diesen Gegenden die geschmackvollen „Kletzenbrote" und „Hutzelbrote". Später verbesserte man die Brote zusätzlich mit vielen verschiedenen getrockneten Früchten wie Pflaumen, Rosinen, Aprikosen sowie mit Nüssen zu „Früchtebroten". In besseren Zeiten kamen noch getrocknete Südfrüchte wie Datteln, Feigen sowie Zitronat und Orangeat hinzu.

*Früchtebrot*

**Rezeptbeispiel: Früchtebrot**

**Teig**

| | |
|---|---|
| 500 g | Roggenmehl, Type 997 oder 1150 |
| 500 g | Weizenmehl, Type 550 |
| 670 g | Birnen- bzw. Zwetschgenwasser oder Milch |
| 50 g | Hefe |
| 20 g | Salz |
| 20 g | Lebkuchengewürz |
| **1 760 g** | **Teiggewicht** |

Teigtemperatur: 27 °C

Knetzeit im Spiralkneter:
3 Minuten Langsamgang,
4 Minuten Schnellgang

Teigruhe: ca. 20 Minuten

Das Birnen- bzw. Pflaumenwasser wird als Teigflüssigkeit verwendet, da es gelösten Zucker der Früchte enthält.
Bei einer fertig gekauften Früchtemischung nimmt man Milch als Zuguss.

**Rezeptbeispiel: Früchtemischung**

**Früchte**

| | |
|---|---|
| 900 g | getrocknete Birnen (Kletzen) ohne Kerngehäuse |
| 900 g | Dörrpflaumen |
| 1 150 g | Feigen |
| 1 000 g | Sultaninen |
| 300 g | Datteln |
| 150 g | Zitronat |
| 150 g | Orangeat |
| 200 g | sehr grob gehackte Haselnüsse |
| 200 g | sehr grob gehackte Mandeln |
| 50 g | Kirschwasser |
| **5 000 g** | **Früchtemischung** |

- Sultaninen mit Kirschwasser vermischen und zudecken
- Alle Früchte über Nacht warm stellen
- Die temperierten Früchte (27 bis 30 °C) nach der Teigruhe im Langsamgang in den Teig unterkneten, bis sie gleichmäßig verteilt sind.

Gewicht des Teiges mit Früchten = **6 760 g**

#### Herrichten der Trockenfrüchte zum Verarbeiten

*Trockenfrüchte*

- Die harten getrockneten Birnen in 90 °C heißem Wasser weich ziehen lassen. Das Kerngehäuse ausschneiden und die weichen Birnen in große Stücke schneiden.
- Die Dörrpflaumen in Wasser einweichen, über Nacht weich ziehen lassen und in große Stücke schneiden (vierteln).
- Die Feigen vierteln.
- Die Datteln entsteinen und halbieren.

LF 4

*Teig und Früchte für ein Früchtebrot*

## Aufarbeiten

- 550-g-Teigstücke abwiegen und zu runden oder ovalen Broten formen. Die Waagschale, den Arbeitstisch und die Hände mit Wasser anfeuchten, damit der klebrige Früchtebrotteig gut bearbeitet werden kann.
- Die geformten Teigstücke auf ein mit Backpapier belegtes Backblech setzen und leicht flach drücken.
- Die Brotteiglinge mit Milch bestreichen und mit halbierten Belegkirschen sowie halbierten Mandeln bzw. Walnüssen belegen.

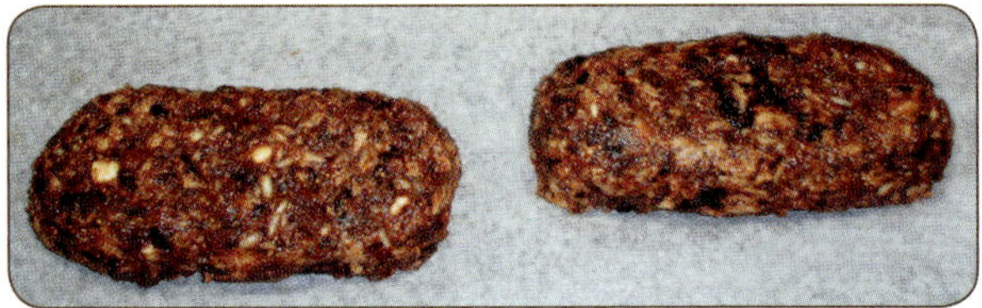

*Länglich geformte Früchtebrote*

*Runde Früchtebrote, mit Milch bestrichen und mit Mandeln und Kirschen belegt*

*Belegen mit Mandeln und Belegkirschen*

Manchmal werden die Brotteiglinge in dünn ausgerollten Hefeteig eingeschlagen. Dadurch wird das Verbrennen der äußeren Früchte verhindert. Allerdings geht dabei auch das rustikale Aussehen verloren.

**Gare:** ca. 20 Minuten
**Gärraumtemperatur:** 35 °C
**relative Luftfeuchtigkeit:** 70 %

**Backen:** 190 °C, bei offenem Zug, bei 20 °C geringerer Unterhitze oder mit Unterblech backen
**Backzeit:** 40 bis 45 Minuten

**Abglänzen:** Die ofenheißen Früchtebrote mit Dextringlasur bestreichen, damit sie glänzen.
**Dextringlasur:** 100 g Dextrine mit ca. 800 g Wasser kochen → Seite 352.

*Stärke, Dextrine, Dextringlasur, abgeglänztes Früchtebrot*

| Gebäckfehler | Ursachen |
|---|---|
| Die Früchtebrote sind leicht breit gelaufen und haben an der Oberfläche kleine Risse. | Die Früchtebrote wurden bei feuchter Backhitze, bei geschlossenem Zug gebacken. |
| Die Unterseite der Früchtebrote ist zu dunkel. | Die Früchtebrote wurden bei gleicher Unterhitze wie Oberhitze gebacken. Die Unterhitze sollte ca. 20 °C geringer sein. |
| Die einzelnen Früchte haben keinen Biss | Die Trockenfrüchte wurden zu klein geschnitten. |

## Verkaufsargumente

**Qualitätsmerkmale für die Kundenberatung**
Früchtebrote sind saftige, fruchtige Gebäcke wegen der vielen verschiedenen Früchte, die mit Lebkuchengewürz fein gewürzt sind.

**Informationen für die Kunden**
- Beim Verzehr in dünnen Scheiben breitet sich der Geschmack der Früchte und Gewürze am besten aus.
- Eine besonders dekorative Wirkung hat das Früchtebrot, wenn die dünnen Scheiben fächerartig schräg aneinandergelegt auf ein Tablett gelegt werden.

**Frischhaltung**
Durch die vielen Früchte bleibt das Früchtebrot lange feucht und geschmackvoll. In Folie verschweißt und bei kühler Raumtemperatur ist es lange lagerfähig.

**Besondere Eignung**
Früchtebrot ist ein typisches Weihnachtsgebäck, das überwiegend zu heißen Getränken wie Glühwein und Punsch sowie zu Kaffee und Tee gegessen wird. Früchtebrot wird gerne bei Weihnachtsfeiern serviert.

## Aufgaben

1. Benennen Sie die Teigzutaten für Früchtebrot und geben Sie die Früchte an, die in den Teig eingearbeitet werden.
2. Erklären Sie, wie die Trockenfrüchte zum Verarbeiten in den Teig hergerichtet werden:
   - getrocknete Birnen
   - Feigen
   - Dörrpflaumen
   - Datteln
3. Beschreiben Sie das Aufarbeiten der Früchtebrote.
4. Erläutern Sie bei Früchtebroten
   - das Backen,
   - die Backzeit,
   - das Abglänzen.
5. Beschreiben Sie die Ursachen folgender Fehler bei Früchtebroten:
   - Die Früchtebrote sind leicht breit gelaufen und haben an der Oberfläche kleine Risse.
   - Die Unterseite der Früchtebrote ist zu dunkel.
   - Die einzelnen Früchte haben keinen Biss.
6. Nennen Sie Qualitätsmerkmale der Früchtebrote.
7. Informieren Sie die Kunden, wie Früchtebrot geschnitten am besten schmeckt und wie die Scheiben auf einem Tablett dekorativ wirken.
8. Geben Sie Auskunft über die Frischhaltung von Früchtebrot.
9. Wofür eignet sich Früchtebrot besonders?
10. Ein Kunde veranstaltet am Nikolaustag eine Weihnachtsfeier für seine Mitarbeiter. Jedem der Mitarbeiter möchte er ein eingeschweißtes Früchtebrot, das die Verkäuferinnen in Ihrer Bäckerei festlich verpacken sollen, schenken. Zur Information bei der Feier möchte der Kunde von Ihnen wissen, welche Zutaten in den Früchtebroten sind und ob die Früchtebrote bis Weihnachten frisch bleiben.

LF 4

## Rechenaufgaben

1. Früchtebrot wird aus 23,660 kg Früchtebrotteig, der aus 6160 g Teig und der Rest aus Früchtemischung besteht, hergestellt.
   a) Aus wie viel % Teig und wie viel % Früchtemischung besteht der Früchtebrotteig? Rechnen Sie mit ganzen Prozentzahlen.
   b) Für ein Früchtebrot wird 550 g Früchtebrotteig abgewogen. Wie viel Früchtebrote erhält man aus den 23,660 kg Früchtebrotteig?
   c) Berechnen Sie den Backverlust in %, wenn das fertig gebackene Früchtebrot 515 g wiegt. Runden Sie auf eine Stelle nach dem Komma.
2. 13,750 kg Früchtemischung enthält 18 % Birnen.
   a) Wie viel g Birnen befinden sich in der Früchtemischung für Früchtebrote?
   b) Durch Herausschneiden des Kerngehäuses aus den im Wasser weich gezogenen Birnen entstand ein Verlust von 14 %. Berechnen Sie die Menge der Birnen, die für diese Früchtebrotmischung benötigt wurde.
   c) Die Früchtemischung besteht aus 18 Teilen Birnen, 19 Teilen Dörrpflaumen, 20 Teilen Sultaninen und 21 Teilen andere Früchte. Der Rest sind Feigen. Wie viel g Feigen befinden sich in der Früchtemischung?

## Berufliche Handlung

Eine Firma hat in Ihrer Bäckerei für die bevorstehende Weihnachtsfeier Stollen sowie Braune Lebkuchen bestellt. Außerdem erhielten Sie eine Bestellung für ein Gebäckbüfett zum Nachmittagskaffee mit Gebäcken aus Plunder- und Blätterteig sowie Mürbeteig.

### Feine Backwaren aus Hefeteig

1. Erstellen Sie ein Rezept aus schwerem Hefeteig für die bestellten Stollen.
2. Vergleichen Sie das Rezept des schweren Hefeteigs für die Stollen mit den Rezepten für einen leichten und mittelschweren Hefeteig.
3. Erklären Sie die direkte und indirekte Teigführung und beschreiben Sie die Qualitätsverbesserung der Gebäcke durch die indirekte Teigführung.
4. Erläutern Sie, warum der schwere Hefeteig für die Stollen mit indirekter Teigführung hergestellt wird.
5. Begründen Sie, warum die Zeiten beim Kneten im Langsamgang und im Schnellgang genau eingehalten werden sollen.
6. Stellen Sie für Hefeteige die richtige Gärraumtemperatur und relative Luftfeuchtigkeit ein und begründen Sie die Einstellungen.
7. Geben Sie Auskunft über die Hefegärung sowie die Lebensbedingungen der Hefe beim Gärvorgang.
8. Erklären Sie den Begriff „Plunderteig“ und was man unter „Tourieren“ versteht.
9. Nennen Sie Füllungen für Plundergebäcke und beschreiben Sie deren Herstellung.
10. Geben Sie an, wie die Plunderteilchen gebacken werden.
11. Geben Sie an, wie die Aprikotur und der Fondant zum anschließenden Glasieren hergestellt werden und wie das Glasieren erfolgt.
12. Stellen Sie eine Auswahl an geeigneten Plundergebäcken für das Gebäckbüfett zusammen.

### Feine Backwaren aus Blätterteig

13. Unterscheiden Sie die drei Blätterteigarten und geben Sie Blätterteiggebäcke an, für die sich die Blätterteigarten eignen.
14. Erstellen Sie ein Blätterteigrezept, stellen den Blätterteig her und tourieren ihn. Geben Sie die nötigen Teigruhezeiten an und begründen Sie diese.
15. Erläutern Sie die physikalische Lockerung der Blätterteiggebäcke durch Wasserdampf.
16. Beschreiben Sie das Glasieren der Blätterteigstückchen nach dem Backen.
17. Stellen Sie eine Auswahl an geeigneten Blätterteiggebäcken für das Gebäckbüfett zusammen.

### Feine Backwaren aus Mürbeteig

18. Für das Gebäckbüfett wurden Teegebäcke und Spritzgebäcke gewünscht. Stellen Sie für die Teegebäcke einen 1-2-3-Mürbeteig her und erklären Sie, womit Teegebäcke gefüllt und überzogen werden.
19. Erstellen Sie ein Rezept für den Spritzmürbeteig und beschreiben Sie die Herstellung. Geben Sie die Unterschiede zum 1-2-3-Mürbeteig an.
20. Beschreiben Sie die Ursache für brandigen Mürbeteig.
21. Erläutern Sie die speziellen Mürbeteiggebäcke wie Schwarz-Weiß-Gebäck, Nussmürbeteiggebäck, Spekulatius, Mutzenmandeln und Käsemürbeteiggebäck.

### Braune Lebkuchen

22. Für die Herstellung der Braunen Lebkuchen benötigen Sie einen Lebkuchenteig. Beschreiben und erklären Sie in diesem Zusammenhang folgende Punkte:
    - Rezept eines Honiglebkuchens mit Grundteig und dessen Weiterverarbeitung zum Lebkuchenteig
    - Zugabe von Hirschhornsalz und Pottasche in den Lebkuchenteig und die Wirkung dieser chemischen Lockerungsmittel
    - Lagerung des Grundteigs als Frischteig und Lagerteig
    - Gebäckbeispiele für Braune Lebkuchen sowie die Herstellung und das Backen der Lebkuchen
    - Qualitätsmerkmale und Frischhaltung der Honiglebkuchen
23. Geben Sie an, wie die Dextringlasur zum Abglänzen der Lebkuchen hergestellt wird.
24. Beschreiben Sie, wie die Fadenzuckerglasur sowie die Eiweißspritzglasur zum Ausgarnieren hergestellt werden.

LF 5
Herstellen von Weizenbroten und Weizenkleingebäcken

# 23 Weizenkleingebäcke

### Situation

Eine große Firma bestellt für die Kantine in Ihrer Bäckerei gemischte Brötchen. Sie erstellen ein Grundrezept für einen Brötchenteig mit direkter und indirekter Teigführung und vergleichen die Vorteile. Anschließend planen Sie den Herstellungsablauf bei Brötchen verschiedener Formen.

- Wie erfolgt die Berechnung des Arbeitsrezepts?
- Wie wird ein Weizenteig für Brötchen hergestellt?
- Was besagt die Teigausbeute?
- Welche Teigführungsarten werden unterschieden und welche Vorteile haben sie jeweils?
- Wie wird ein Weizensauerteig hergestellt und welche Vorgänge vollziehen sich während der Stehzeit?
- Für welche Teiglinge bietet sich die Gärunterbrechung oder Gärverzögerung an?
- Welche Qualitätsmerkmale zeichnen Brötchen aus und welche Ursachen haben häufig vorkommende Brötchenfehler?
- Wie unterscheiden sich Milchbrötchen von mit Wasser hergestellten Brötchen?
- Wie werden Laugenbrezeln und Laugengebäcke hergestellt?



Die Römer besetzten 27 v. Chr. bis 260 n. Chr. den süddeutschen Raum bis zum Limes, der damaligen Grenze. Dort bauten sie Wein an und backten „kleine Weizenbrote". Das feine Weizenmehl für diese Kleingebäcke nannten sie im Lateinischen „simila". Die Germanen bezeichneten die kleinen Gebäcke aus simila als „Semmeln". Das Wort **Semmel** ist seither in Bayern, in Österreich und in Südtirol die übliche Bezeichnung dieser Weizenkleingebäcke.

Erst als die Semmel auch im übrigen Deutschland zu den Standardgebäcken zählte, hängte man diesen kleinen Broten die Verkleinerungssilbe „chen" an und nannte sie deshalb **Brötchen**.

*Kleingebäcke*

**Zu den Weizenkleingebäcken gehören:**

- Brötchen → Seite 376
- Milchbrötchen → Seite 388
- Laugenbrezeln und Laugengebäcke → Seite 391

**Bestimmungen der Leitsätze**

- **Weizenkleingebäcke** müssen mit mindestens 90 % Weizenmehl hergestellt werden. Bis zu 10 % andere Getreideerzeugnisse, z. B. Roggenmehl, sind erlaubt.
- **Kleingebäcke**, so auch Weizenkleingebäcke, sind Gebäcke bis zu 250 g. Das Gewicht der Kleingebäcke bis 250 g kann jede Bäckerei selbst bestimmen.
- **Kleingebäcke**, so auch Weizenkleingebäcke, enthalten weniger als 10 Teile Fett und/oder Zuckerarten auf 90 Teile Getreideerzeugnisse. Enthalten die Gebäcke mehr Fett und Zucker, gehören sie zu den Feinen Backwaren.

## 23.1 Herstellen von Weizenteigen für Weizenkleingebäcke

Die Herstellung der Weizenteige und der Weizenkleingebäcke unterscheidet sich von der handwerklichen Herstellung in Kleinbetrieben zu der halb- oder vollautomatischen Herstellung in Mittel- und Großbetrieben.

### Industrielle Brötchenherstellung

In Bäckereien ab einer bestimmten Größe werden die Teige und auch die Brötchen mit vollautomatischen oder halbautomatischen Brötchenanlagen, in denen hohe Stückzahlen produziert werden können, computergesteuert hergestellt.

Die gewünschte Mehlmenge wird vom Silo, das Wasser mit der richtigen Temperatur aus der Wassermischanlage und die anderen Zutaten in der eingegebenen Menge aus einer Abwiegestation in die Knetmaschinen (Knetanlagen) geführt. Der Weizenteig wird dann automatisch geteilt, rundgewirkt und zu Brötchen geformt. Sie laufen durch Gäranlagen und werden dann gebacken.

Die Anlagen werden von einem EDV-Spezialisten programmiert und von einem hoch qualifizierten Bäckermeister bedient. Die restlichen Arbeiten erledigen angelernte Hilfskräfte.

Auch wenn diese Anlagen immer häufiger zum Einsatz kommen, sollte jeder Bäcker die Arbeitsschritte der handwerklichen Brötchenherstellung beherrschen.



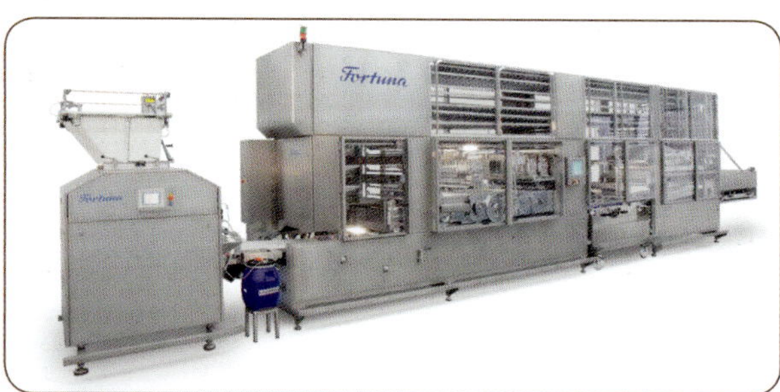


*Vollautomatische Brötchenanlage*

### Grundrezepte eines Weizenteigs für Brötchen

Ein Basisrezept wird benötigt, um die für die Brötchenanzahl erforderliche Teigmenge zu errechnen.

**Kilogramm-Rezeptur**

Handwerkliche Betriebe arbeiten mit dem Kilogramm-Rezept. Dabei ist 1 kg Weizenmehl als Hauptrohstoff die Basis, die mit 100 % berechnet wird.

**Kilogramm-Rezeptur für Brötchen**

Dieses Rezept ergibt 30 Brötchen.

|  |  |  |
|---|---|---|
| 1 000 g | Weizenmehl, Type 550 | 100 % |
| 560 g | Wasser | 56 % |
| 40 g | Hefe | 4 % |
| 20 g | Salz | 2 % |
| 30 g | Backmittel | 3 % |
| **1 650 g** | **Teiggewicht** | |

Das Liter-Rezept, bei dem sich die Zutaten auf 1 Liter Wasser im Teig beziehen, wird kaum noch angewendet, weil dabei die Teigfestigkeit nur ungenau bestimmt wird.

**Rezeptur nach der Stückzahl**

Vielfach haben große Bäckereien die Rezeptur nach der Stückzahl in den computergesteuerten Anlagen einprogrammiert, z. B. für 100, in Großbäckereien für 1000 Brötchen.

Die benötigte Stückzahl an Brötchen wird eingegeben und der Computer errechnet automatisch die Rohstoffmengen. Die entsprechenden Mengen laufen dann aus dem Mehlsilo und von der computergesteuerten Abwiegestation direkt in den Knetkessel.

**Rezeptur nach der Stückzahl der Brötchen**

Dieses Rezept ergibt 100 Brötchen.

|  |  |
|---|---|
| 3 330 g | Weizenmehl |
| 1 870 g | Wasser |
| 134 g | Hefe |
| 66 g | Salz |
| 100 g | Backmittel |
| **5 500 g** | **Teiggewicht** |

*Zutaten für einen Brötchenteig im Knetkessel*

## Teigausbeute (TA)

Die mengenmäßig bestimmenden Rohstoffe im Teig sind
- Mehl bzw. Vollkornschrot und
- Zugussflüssigkeit wie Wasser oder Milch.

Diese zwei Hauptrohstoffe bestimmen die Teigfestigkeit.

Die Teigausbeute, abgekürzt TA, gibt die Mehl- und Wasser- bzw. Milchmenge im Teig an und bestimmt somit die Teigfestigkeit.

Früher wurde diese Teigausbeute, die die Mehl- und Wassermenge im Teig angibt, auch als **Netto-Teigausbeute** bezeichnet, weil bei dieser Angabe die anderen Zutaten nicht berücksichtigt werden.
Statt des früheren Begriffes **Brutto-Teigausbeute**, bei dem das Gewicht des Teigs mit allen Zutaten angegeben wurde, spricht man nur noch vom Teiggewicht.
Bei der Berechnung der Teigausbeute beträgt die Mehlmenge immer 100 Teile (100 %) und die Wasser- bzw. Milchmenge berechnet sich aus der Mehlmenge und ist die Zahl über 100.

| Zugussflüssigkeit = die Zahl über 100 | | |
|---|---|---|
| Mehl = 100 Teile | ▶ | Teigausbeute = TA |

Teigausbeute im Kilogramm-Rezept für Brötchen:
1 000 g Weizenmehl + 560 g Wasser = 156 TA

**Aussagen, die der Teigausbeute zu entnehmen sind**
- Sie gibt die Zugussmenge für den Teig an.
- Sie gibt die Wasseraufnahmefähigkeit des Mehls an.
- Sie gibt Auskunft über die Teigfestigkeit:
  Je niedriger die TA, desto fester ist der Teig,
  je höher die TA, desto weicher ist der Teig.

**Teigausbeute verschiedener Weizenteige**

| Weizenteige | Ungefähre Teigausbeute |
|---|---|
| Brötchenteig | 156 |
| Brezelteig | 150 |
| Toastbrotteig | 154 |
| Weißbrotteig | 158 |
| Baguetteteig | 165 |
| Ciabatta-, Fladenbrotteig | 170 bis 175 |

## Teigherstellung in der Knetmaschine

Weizenteige für Brötchen müssen kräftig und intensiv geknetet werden. In handwerklichen Bäckereien wird häufig der Spiralkneter eingesetzt, der mit einem Langsamgang und einem Schnellgang ausgestattet ist.

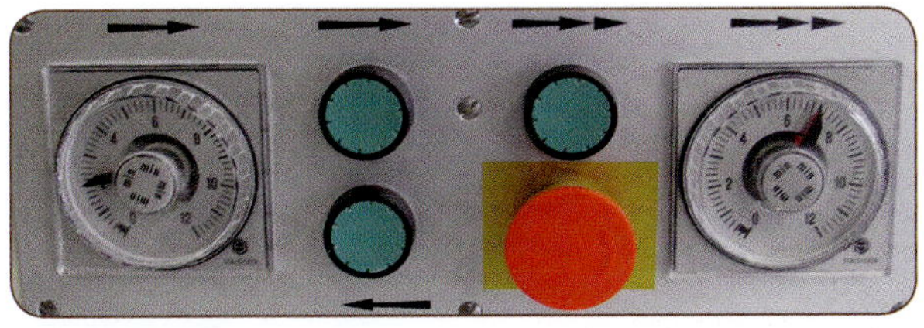

*Armaturen am Spiralkneter*

Die Teigherstellung in der Knetmaschine erfolgt in zwei Abschnitten, die sich durch die Knetgeschwindigkeit unterscheiden.

**1. Abschnitt: Mischen der Zutaten im Langsamgang**
2 bis 4 Minuten die Zutaten im Langsamgang vermischen. Nicht kürzer als 2 Minuten, länger als 4 Minuten bringt keinen Vorteil.

In dieser Knetphase werden die Zutaten vermischt und die Mehlbestandteile binden einen Großteil des Teigwassers. Es entsteht ein Weizenteig mit grober Oberfläche.

*Weizenteig nach der Mischphase*

**2. Abschnitt: Kneten des Weizenteigs im Schnellgang**
Ca. 6 Minuten den Weizenteig bei hoher Knetgeschwindigkeit kräftig kneten.

**Vorgänge während des Knetens**
- Die Zutaten werden intensiv im Teig verteilt.
- Die Mehlbestandteile quellen das Teigwasser weiter. Durch das gebundene Wasser entsteht ein „wolliger" Teig, der kaum klebt.
- Durch die starken Knetbewegungen bildet sich der Kleber. Die Eiweißstoffe Gliadin und Glutenin quellen das Teigwasser, werden durch das Kneten zusammengepresst und verkleben zum Kleber.

Sind diese Vorgänge im Weizenteig abgeschlossen, ist der Teig fertig geknetet.

**Fertig gekneteten Weizenteig erkennt man daran, dass**
- die Teigoberfläche glatt ist und
- der Teig beim Anfassen mit etwas Mehl an der Hand kaum noch klebt.

Diese Weizenteige sind gut zu verarbeiten und haben ein hohes Gashaltevermögen.

*Fertig gekneteter Weizenteig*

Die Misch- und Knetzeit der Weizenteige wird vor der Teigbereitung an der Knetmaschine eingestellt.
Die Knetzeiten sind für verschiedene Weizenteige unterschiedlich.

**Fehler durch falsch geknetete Weizenteige**

Zu gering geknetete Teige sowie auch überknetete Teige ergeben Fehler.

LF 5

*Unterkneteter, richtig gekneteter und überkneteter Weizenteig*

*Gebäcke aus unterknetetem, richtig geknetetem und überknetetem Teig*

| | Zu gering gekneteter Weizenteig (unterkneteter Weizenteig) | Zu lange gekneteter Weizenteig (überkneteter Weizenteig) |
|---|---|---|
| **Auswirkungen** | • keine ausreichende Kleberbildung<br>• ungenügende Mehlquellung | die Kleberstruktur wird geschädigt, sodass gebundenes Wasser wieder frei wird |
| **Teigoberfläche** | raue Oberfläche | glänzend feuchte Teigoberfläche |
| **Teigbeschaffenheiten** | kurzer, nicht elastischer Teig | breittreibender Teig mit schlechtem Stand |
| **Gebäckfehler** | • geringes Gebäckvolumen<br>• mangelhafter, nicht ausgeprägter Ausbund<br>• grobporige Krume | • etwas kleineres Gebäckvolumen<br>• verschwommener, nicht ausgeprägter Ausbund<br>• geringere Frischhaltung der Gebäcke |

## Mehltemperatur bei der Teigherstellung

Die Mehltemperatur sollte bei der Verarbeitung 20 bis 24 °C betragen.

Eine kühlere Mehltemperatur wirkt sich nachteilig aus:
- Zu kühle Mehle haben eine geringe Wasseraufnahmefähigkeit, da kaltes Mehl schlecht quellfähig ist. Dadurch verringert sich die Teigausbeute.
- Diese Backwaren altern schneller wegen des geringeren Wasseranteils der Teige und der schnelleren Entquellung der Stärke (Retrogradation), da die Wasserbindung geringer ist.

Mehle grundsätzlich vor dem Verarbeiten sieben.

Mehle aus dem Mehlsilo laufen bei der Entnahme automatisch durch ein Sieb in die Knetmaschine. Mehle aus dem Mehlwagen und aus dem Mehlsack müssen mit dem Handsieb gesiebt werden.
Durch das Sieben wird das Mehl gelockert und kann somit mehr Wasser binden. Die Vorteile sind eine
- höhere Teigausbeute,
- längere Frischhaltung der Gebäcke.

## Hefemenge im Weizenteig

Die richtige Hefemenge im Weizenteig ist mitentscheidend für die Brötchenqualität.

Für Brötchenteige werden ca. 40 g Hefe auf 1 kg Weizenmehl verwendet.

### Zu geringe Hefemenge

Eine zu geringe Hefemenge erzeugt im Weizenteig trotz langer Gärzeit zu wenig Kohlenstoffdioxid, sodass der Kleber zu wenig gedehnt werden kann und so zu kleine Poren entstehen. Der Weizenteig wird zu gering gelockert.
Die Folgen sind:

- Die Brötchen haben eine kleine Porung und sind somit zu gering gelockert.
- Das Gebäckvolumen ist zu klein.

### Zu hohe Hefemenge

Zu viel Hefe erzeugt in kurzer Zeit eine große Menge Kohlenstoffdioxid im Weizenteig. Der Weizenteig gärt zu schnell, sodass die Gärzeit zu schnell erfolgt.
Die Folgen sind:

- Durch die zu kurze Gärzeit haben die Mehlbestandteile zu wenig Zeit, das Teigwasser ausreichend zu quellen und somit zu binden.
- Durch den hohen Druck der Gärgase entsteht eine grobe Porung in den Brötchen.
- Die Krume der Brötchen ist bereits im frischen Zustand zu trocken und die Brötchen altern schnell.

## Teigtemperatur der Weizenteige

Weizenteige sollen kühl geführt und mit geringer Hefemenge hergestellt werden.

*Weizenteig mit idealer Teigtemperatur*

Die ideale Teigtemperatur der Weizenteige ist 24 bis 26 °C.

Bei diesen kühlen Temperaturen und nicht zu hoher Hefemenge gärt der Weizenteig nicht zu schnell, sodass eine ausreichende Gärzeit (Reifezeit) vorhanden ist, damit die Reifungsvorgänge stattfinden können.

### Reifungsvorgänge während einer langen Gärzeit

- Die Mehlbestandteile haben eine lange Quellzeit und binden dabei ausreichend Teigwasser. Die Brötchen bleiben dadurch länger frisch.
- Während der langen Gare bilden sich viele Aromastoffe wie Alkohol und Milchsäure, die den milden Geschmack der Brötchen verbessern.

### Zu kühl geführter Teig

Bei einer Weizenteigtemperatur unter 24 °C bleibt der Weizenteig „zu jung“ (unreif). Bei den zu niedrigen Teigtemperaturen können die Mehltemperaturen das Teigwasser schlecht quellen.
Die Auswirkungen sind:
Zu kühler Weizenteig ist zu feucht und schlechter zu verarbeiten. Er neigt außerdem zum Breitlaufen.
Dies ergibt Brötchen mit zu kleinem Volumen und unregelmäßiger Porung.

### Zu warm geführter Teig

Bei einer Weizenteigtemperatur über 26 °C gärt der Weizenteig zu schnell und der Kleber verliert an Elastizität und Dehnfähigkeit. Die Auswirkungen sind:

- Die Mehlbestandteile haben zu wenig Zeit, das Teigwasser zu quellen. Die Backwaren altern schneller, weil sie das nicht gebundene Wasser bei der Lagerung schneller abgeben.
- Die Gebäcke verlieren ihr Aroma leichter, da bei der Wasserverdunstung auch die Aromastoffe verloren gehen.
- Die Brötchen laufen etwas breit.

LF 5

## Wasser- bzw. Milchtemperatur

Die gewünschte Teigtemperatur wird durch die Temperatur des Wassers bzw. der Milch, die in den Teig gegeben wird, erreicht. In den folgenden Beispielen wird die Temperatur des Wassers berechnet. Die Temperaturberechnungen sind bei der Verwendung von Milch statt Wasser gleich.

Zur Erreichung kühler Weizenteige wird entweder kühles Wasser aus der Wassermischanlage entnommen oder es werden dem Schüttwasser Eisstückchen aus Eisbereitungsmaschinen zugegeben.

Für die Errechnung der Wassertemperatur benötigt man
- die Kneterwärmung,
- die Mehltemperatur.

**Kneterwärmung im Spiralkneter**
Durch die intensive Knetung entsteht Reibungswärme, die den Weizenteig erwärmt.

> Faustregel für die Kneterwärmung im Spiralkneter bei 120 Umdrehungen pro Minute (UpM):
> Pro Minute Knetzeit im Schnellgang erwärmt sich der Weizenteig um 1 °C.

### Errechnung der Temperatur des Wassers

**Formel zur Errechnung der Wassertemperatur bei direkter Teigführung:**

$$\left(\text{gewünschte Teigtemperatur} - \text{Kneterwärmung}\right) \times 2 - \text{Mehltemperatur} = \text{Wassertemperatur}$$

**Beispiel:**
gewünschte Teigtemperatur = 25 °C
Kneterwärmung = 6 °C
Mehltemperatur = 20 °C

**Rechnung:**
25 °C – 6 °C = 19 °C
19 °C × 2 = 38 °C
38 °C – 20 °C = **18 °C Wassertemperatur**

**Formel zur Errechnung der Wassertemperatur bei indirekter Teigführung:**

$$\left(\text{gewünschte Teigtemperatur} - \text{Kneterwärmung}\right) \times 3 - \text{Mehltemperatur} - \text{Vorteigtemperatur} = \text{Wassertemperatur}$$

**Beispiel:**
gewünschte Teigtemperatur = 26 °C
Kneterwärmung = 6 °C
Mehltemperatur = 21 °C
Vorteigtemperatur = 25 °C

**Rechnung:**
26 °C – 6 °C = 20 °C
20 °C × 3 = 60 °C
60 °C – 21 °C = 39 °C
39 °C – 25 °C = **14 °C Wassertemperatur**

> Die Wassertemperatur sollte 45 °C nicht übersteigen, da sich sonst die Hefegärung verschlechtert.

## Teigruhe

> Die Teigruhe ist die Zeit, in der der Weizenteig nach dem Kneten bis zum Teilen und Weiterverarbeiten des Teigs ruht.

Während der Teigruhe soll der Weizenteig mit Folie abgedeckt werden, damit die Teigoberfläche nicht austrocknet und keine Haut bekommt. Die hautige, borkige Teigoberfläche würde sich nicht mehr auflösen und hart bleiben.

**Grund für die Teigruhe**
Der Weizenteig besitzt direkt nach dem Kneten eine enorme Spannung. Er ist zäh, weil der Kleber durch das Kneten sehr straff ist. In diesem Zustand ist der Weizenteig nicht gut zu verarbeiten, z. B. beim Rollen eines Stranges reißt die Teigoberfläche ein, weil der Teig zu kurz ist. Deshalb benötigt ein Weizenteig eine Teigruhe.

**Teigruhe eines Weizenteigs für Brötchen**
In handwerklichen Bäckereien wird der Weizenteig häufig sofort nach dem Kneten zu Pressen (Ballen) abgewogen und diese dann straff rundgewirkt. Die Pressen erhalten ca. 10 Minuten Teigruhe.

*Teigruhe von Pressen eines Weizenteigs*

Während der Teigruhe entspannt sich der Kleber und die Hefe beginnt zu gären, sodass sie zur Gare sofort die volle Triebleistung bringt.
Der nach der Teigruhe lockere Weizenteig kann nun gut weiterverarbeitet werden.
Eine weitere Möglichkeit der Teigruhe ist:
- Dem Weizenteig ca. 10 Minuten Teigruhe geben.
- Den Weizenteig zu Pressen (Ballen) abwiegen und die Teigstücke rundwirken.

- Die straffen, rundgewirkten Pressen (Ballen) weitere 5 Minuten ruhen lassen, damit sie zur Weiterverarbeitung wieder etwas locker sind.

In größeren Bäckereien werden die Teige in automatischen Brötchenanlangen sofort nach dem Kneten weiterverarbeitet. Sie können die straffen Teige verarbeiten.

## Aufgaben

1. Nennen Sie Weizenkleingebäck.
2. Erklären Sie folgende Bestimmungen der Leitsätze:
   - Mehl der Weizenkleingebäcke
   - Gewicht der Kleingebäcke
   - Zutaten der Kleingebäcke im Gegensatz zu Feinen Backwaren
3. Erstellen Sie ein Kilogramm-Rezept eines Weizenteigs für Brötchen.
4. Erläutern Sie, was die Teigausbeute besagt.
5. Welche Aussagen über den Teig sind der Teigausbeute zu entnehmen?
6. Nennen Sie die Teigausbeute eines Brötchenteigs und eines Brezelteigs.
7. Nennen Sie die zwei Abschnitte der Teigherstellung in der Knetmaschine und geben Sie jeweils die Zeiten in einem Spiralkneter an.
8. Erklären Sie die Vorgänge während der zwei Abschnitte bei der Teigherstellung.
9. Woran erkennt man einen fertig gekneteten Weizenteig?
10. Beschreiben Sie die Folgen von zu gering und von zu lange geknetetem Weizenteig:
    - Auswirkungen auf die Kleberbildung und das Teigwasser
    - Teigoberfläche
    - Teigbeschaffenheit
    - Gebäckfehler (Volumen, Ausbund, Krume)
11. Welche Temperatur sollte das Mehl bei der Verarbeitung besitzen?
12. Wie wirkt sich eine zu kühle Mehltemperatur auf die Teigausbeute und auf das Gebäck aus?
13. Erläutern Sie, wie Mehle grundsätzlich vor der Verarbeitung behandelt werden.
14. Nennen Sie die Hefemenge für 1 kg Weizenmehl bei einem Weizenteig für Brötchen.
15. Erklären Sie die Folgen für einen Weizenteig und für die Brötchen bei
    - zu wenig Hefe im Weizenteig,
    - zu viel Hefe im Weizenteig.
16. Geben Sie die ideale Teigtemperatur von Weizenteigen an.
17. Beschreiben Sie die Reifungsvorgänge eines Weizenteigs während einer langen Gärzeit durch die ideale Teigtemperatur und eine nicht zu hohe Hefemenge.
18. Erklären Sie die nachteiligen Auswirkungen eines
    - zu kühl geführten Weizenteigs,
    - zu warm geführten Weizenteigs.
19. Geben Sie die Faustregel der Kneterwärmung eines Weizenteigs im Spiralkneter an.
20. Nennen Sie die Formel zur Errechnung der Wassertemperatur
    - bei der direkten Teigführung,
    - bei der indirekten Teigführung.
21. Erklären Sie, was man unter Teigruhe versteht.
22. Welchen Sinn hat eine Teigruhe?
23. Beschreiben Sie die Teigruhe eines Weizenteigs für Brötchen in handwerklichen Bäckereien.
24. In der letzten Zeit häufen sich in Ihrem Betrieb Beschwerden, dass die Brötchen nicht mehr so geschmackvoll sind und sehr schnell altern. Sie sollen die Gründe herausfinden.

LF 5

## Rechenaufgaben

1. Geben Sie die Teigausbeute an, wenn auf das Mehl berechnet 65% Milch in einen Weizenteig für Milchbrötchen gegeben werden.
2. Ein Brötchenteig wird mit 24 000 g Weizenmehl und 13,920 l Wasser hergestellt. Berechnen Sie die Teigausbeute.
3. Ein Weizenteig für Baguettebrötchen wird mit 9 000 g Weizenmehl hergestellt. Wie viel l Wasser muss zugegeben werden, wenn der Teig eine Teigausbeute von 162 haben soll? 1 l Milch wird als 1 kg Milch berechnet.
4. Welche Temperatur muss das Wasser bei einer direkten Teigführung haben, wenn die gewünschte Teigtemperatur 25 °C sein soll? Die Mehltemperatur beträgt 21 °C, der Teig erwärmt sich beim Kneten um 6 °C.

## 23.2 Teigführungsarten und Weizensauerteig

### Teigführungsarten

Zum Großteil wird der Weizenteig für Brötchen und Weizenbrote bei direkter Teigführung hergestellt, da diese Teigherstellung die einfachste ist und am schnellsten erfolgt. Die besten Qualitätsergebnisse für Brötchen und Weizenbrote erzielt man jedoch bei der indirekten Teigführung, vor allem durch die verlängerte Frischhaltung der Gebäcke → Seite 457.

| Direkte Teigführung | Indirekte Teigführung |
|---|---|
| Bei der direkten Teigführung werden alle Zutaten in die Knetmaschine gewogen und direkt in einem Arbeitsgang zu einem Weizenteig geknetet. | Bei der indirekten Teigführung erfolgt die Teigherstellung in zwei Abschnitten.<br>• Zuerst wird ein Vorteig hergestellt.<br>• Dann wird mit dem reifen Vorteig und den restlichen Zutaten der Weizenteig (Hauptteig) geknetet. |
| **Rezeptbeispiel: Brötchenteige** | |
| 1 000 g Weizenmehl, Type 550<br>560 g Wasser<br>40 g Hefe<br>30 g Backmittel<br>20 g Salz<br>**1 650 g Teiggewicht**<br>TA = 156<br>Teigtemperatur: 24 bis 26 °C | **Vorteig:**<br>250 g Weizenmehl, Type 550<br>130 g Wasser<br>10 g Hefe<br>**390 g Vorteig**<br>Teigausbeute: 152<br>Teigtemperatur: 22 °C<br>Stehzeit: 15 Stunden<br>**Brötchenteig (Hauptteig):**<br>390 g reifer Vorteig<br>750 g Weizenmehl<br>450 g Wasser<br>30 g Hefe<br>30 g Backmittel<br>20 g Salz<br>**1 670 g Teiggewicht**<br>TA des gesamten Teigs: 158<br>Teigtemperatur: 24 bis 26 °C |

LF 5

### Lange Vorteigführung für Weizenteige

Bei Weizenteigen für Brötchen und Weizenbrote ist im Gegensatz zu den Hefeteigen die lange Vorteigführung sinnvoll, die meist über Nacht erfolgt.

Die Stehzeit der Vorteige für Hefeteige beträgt 30 bis 45 Minuten. Dabei soll im Vorteig hauptsächlich die Hefe aktiviert werden, damit im Hefeteig sofort eine triebkräftige Hefe zur Verfügung steht.

**Zutaten und Mengenangaben bei der langen Vorteigführung**
- Weizenmehl: ca. 25 %, bezogen auf die gesamte Mehlmenge des Weizenteigs
- Wasser: 50 bis 60 % Wasser, bezogen auf die Mehlmenge des Vorteigs
- Hefe: 0,5 bis 1 % Hefe, bezogen auf die Mehlmenge des gesamten Weizenteigs

Weizenmehl, Wasser und Hefe intensiv zu einem Vorteig kneten. Den Vorteig in einen verschließbaren Behälter geben oder mit Folie abdecken, damit die Teigoberfläche keine Haut bekommt.

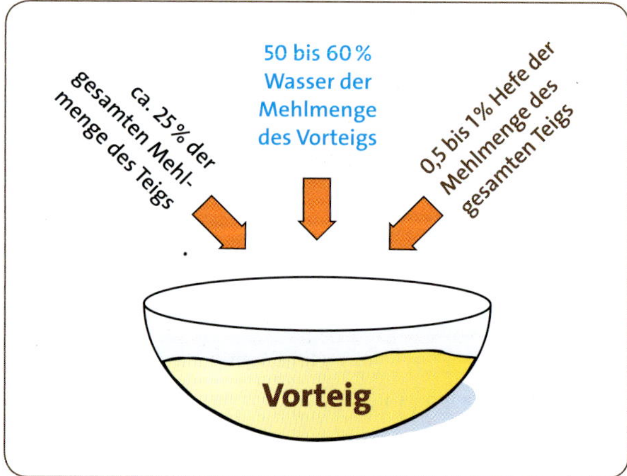


*Zutaten für einen Vorteig*

**Teigführung bei der langen Vorteigführung**
- Stehzeit: 10 bis 15 Stunden
- Teigausbeute: 150 bis 160
- Vorteigtemperatur: 20 bis 24 °C

Wird die Stehzeit des Vorteigs über 15 Stunden verlängert, erfolgt die gesamte Stehzeit im Kühlraum.
Wegen der langen Stehzeit wird ein fester Vorteig mit geringer Hefemenge hergestellt.

| Vorgänge im Weizenteig während der langen Stehzeit | Auswirkungen auf die Qualität der Brötchen und Weizenbrote |
|---|---|
| Die Stärke und das Eiweiß des Weizenmehls quellen und binden dabei intensiv das Teigwasser. | • feinere, weichere Krume<br>• längere Frischhaltung der Weizengebäcke |
| Aromastoffe wie Milchsäure und Alkohol bilden sich. | besserer Geschmack der Weizengebäcke |

Die Hefevermehrung ist im Vorteig nicht so ausschlaggebend.

Wegen der starken Verquellung der Mehlbestandteile wird viel Teigwasser gebunden. Deswegen kann man die Teigausbeute bei den Brötchenteigen auf 158 erhöhen, gegenüber 156 bei der direkten Teigführung.

## Weizensauerteig

In Weizenteigen ist ein Sauerteig wegen des Kleberanteils technologisch nicht erforderlich. Die Zugabe eines Weizensauerteigs verbessert jedoch die Qualität der Brötchen und Weizenbrote.

Das hauptsächliche Ziel bei der Führung des Weizensauerteigs ist die Milchsäurebildung durch Milchsäurebakterien.

### Das Anstellgut für den Weizensauerteig

Das Anstellgut ist für den Start des Weizensauerteigs erforderlich. Es enthält Milchsäurebakterien.

- Das Anstellgut erhält man gewöhnlich durch die Abnahme von einem reifen Weizensauerteig, bevor dieser zur Teigherstellung verwendet wird.
- Nach einigen Wochen soll ein neues und somit wieder reines Anstellgut mit einem Weizen-Reinzucht-Sauerteig angesetzt werden. Ein neues Anstellgut ist erforderlich, wenn sich das Wachstum der Milchsäurebakterien im Weizensauerteig verlangsamt, sodass die Säurebildung nicht mehr ausreicht.

*Weizen-Reinzucht-Sauerteig*

### Anstellgut aus Weizen-Reinzucht-Sauerteig

Weizen-Reinzucht-Sauerteig von der Backmittelindustrie enthält vom Labor gezüchtete reine Milchsäurebakterienkulturen, die in Ruhestellung sind. In der Bäckerei wird der Weizen-Reinzuchtsauer mit Weizenmehl und Wasser zum Anstellgut angesetzt. Dabei werden die Milchsäurebakterien für das Anstellgut aktiviert.

| Ansetzen eines Anstellgutes aus Weizen-Reinzucht-Sauerteig | | Teigführung |
|---|---|---|
| 150g | Weizen-Reinzucht-Sauerteig | Teigausbeute: 188,8<br>Teigtemperatur: 27 °C<br>Stehzeit:<br>14 bis 18 Stunden |
| 450 g | Weizenmehl, Type 812 oder 1050 | |
| 400 g | Wasser | |
| **1 000 g** | **Anstellgut** | |

## Herstellen eines Weizensauerteigs

Weizensauerteige werden in einer Stufe geführt.

| Mehltypen für den Weizensauerteig | Type 550, 812 oder 1050 |
|---|---|
| **Zu versäuernde Mehlmenge** | 5 % bis höchstens 20 % der Gesamtmehlmenge des Weizenteigs |
| **Anstellgutmenge** | ca. 10 % des Sauerteigmehls |
| **Teigausbeute** | ca. 160 |
| **Sauerteigtemperatur** | ca. 25 °C |
| **Stehzeit (Reifezeit)** | 15 bis 20 Stunden |

LF 5

Bei einer Stehzeit von über einem Tag bis zu einer Woche enthält die Anstellgutmenge nur 5% des Sauerteigmehls und die Sauerteigtemperatur kann bis zur Kühlraumtemperatur von ca. 8°C gesenkt werden.

*Reifer Weizensauerteig*

**Rezeptbeispiel: Brötchenteig mit Weizensauerteig**

Kilogramm-Rezeptur aus 10 kg Gesamtmehl

**Weizensauerteig**

| | |
|---|---|
| 100 g | Anstellgut |
| 1000 g | Weizenmehl Type 550 oder 1050 |
| 600 g | Wasser |
| 1700 g | Weizensauerteig |
| – 100 g | als Anstellgut für den nächsten Weizensauerteig |
| **1600 g** | **Weizensauerteig** |

Teigausbeute: 160
Teigtemperatur: 25 °C
Stehzeit:
15 bis 20 Stunden

**Brötchenteig**

| | |
|---|---|
| 1600 g | reifer Weizensauerteig |
| 9000 g | Weizenmehl, Type 550 |
| 5200 g | Wasser |
| 300 g | Hefe |
| 300 g | Backmittel |
| 200 g | Salz |
| **16 600 g** | **Teiggewicht** |

Teigausbeute: 158
Teigtemperatur:
24 bis 26 °C

### Weizensauerteig von der Backmittelindustrie

Backmittelfirmen bieten zur Vereinfachung getrockneten Weizensauerteig in Pulverform an. Dieser wird bei direkter Teigführung auf das Weizenmehl in den Knetkessel gegeben.

Bei der Kilogramm-Rezeptur verwendet man statt 1 kg Weizenmehl 950 g Weizenmehl und 50 g getrockneten Weizensauerteig.

| Vorgänge im Weizensauerteig während der Stehzeit | Auswirkungen auf die Qualität der Brötchen und Weizenbrote |
|---|---|
| Die Mehlbestandteile quellen das Teigwasser und binden es. | Die Weizengebäcke halten länger frisch. |
| Die Milchsäurebakterien bilden Milchsäure. | • Die Weizengebäcke erhalten einen besseren Geschmack.<br>• Die Milchsäure schützt besonders in der warmen Jahreszeit vor Schimmel. |

### Weizenteig mit Vorteig und Weizensauerteig

Eine optimale Gebäckqualität von Weizenbrötchen und Weizenbroten ist bei der Teigherstellung mit einem Vorteig und einem Weizensauerteig gegeben.

LF 5

**Rezeptbeispiel: Weizenteig für Brötchen und Weizenbrote**

**mit Vorteig und Weizensauerteig** aus 10 kg Gesamtmehl

**Vorteig**

| | |
|---|---|
| 2 500 g | Weizenmehl, Type 550 |
| 1 300 g | Wasser |
| 100 g | Hefe |
| **3 900 g** | **Vorteig** |

Teigausbeute: 152
Teigtemperatur: 22 °C
Stehzeit: 15 Stunden

**Weizensauerteig**

| | |
|---|---|
| 100 g | Anstellgut |
| 1 000 g | Weizenmehl, Type 550 oder 1050 |
| 600 g | Wasser |
| 1 700 g | Weizensauerteig |
| – 100 g | als Anstellgut für den nächsten Weizensauerteig |
| **1 600 g** | **Weizensauerteig** |

Teigausbeute: 160
Teigtemperatur: 25 °C
Stehzeit: 15 bis 20 Stunden

**Brötchenteig (Hauptteig)**

| | |
|---|---|
| 3 900 g | Vorteig |
| 1 600 g | Weizensauerteig |
| 6 500 g | Weizenmehl, Type 550 |
| 3 900 g | Wasser |
| 300 g | Hefe |
| 200 g | Salz |
| 300 g | Backmittel |
| **16 700 g** | **Weizenteig** |

**Aufgaben**

1. Erklären Sie die beiden Teigführungsarten:
   - direkte Teigführung
   - indirekte Teigführung
2. Erstellen Sie jeweils ein Rezept für einen Brötchenteig bei direkter und indirekter Teigführung.
3. Nennen Sie die Zutaten und die Mengenangaben eines Vorteigs bei der langen Vorteigführung für Weizenteige.
4. Beschreiben Sie die Teigführung der langen Vorteigführung für Weizenteige in Bezug auf
   - Stehzeit,
   - Teigausbeute und
   - Vorteigtemperatur.
5. Erklären Sie die Vorgänge während der langen Stehzeit im Vorteig und beschreiben Sie die Auswirkungen auf die Qualität der Brötchen und Weizenbrote.
6. Nennen Sie das hauptsächliche Ziel eines Weizensauerteigs.
7. Welche Mikroorganismen sind im Anstellgut für einen Weizensauerteig erforderlich?
8. Nennen Sie die zwei Möglichkeiten, woher man das Anstellgut für einen Weizensauerteig erhält.
9. Beschreiben Sie das Ansetzen eines Anstellguts aus einem Weizen-Reinzucht-Sauerteig.
10. Beschreiben Sie das Herstellen eines Weizensauerteigs:
    - Mehltypen
    - zu versäuernde Mehlmenge vom Gesamtmehl des Weizenteigs
    - Anstellgutmenge
    - Teigausbeute
    - Sauerteigtemperatur
    - Stehzeit
11. Erklären Sie die zwei hauptsächlichen Vorgänge während der Stehzeit eines Weizensauerteigs und beschreiben Sie die Auswirkungen auf die Qualität der Brötchen und Weizenbrote:
    - Mehlbestandteile und Teigwasser
    - Milchsäurebakterien
12. Um die Qualitätsunterschiede unterschiedlich hergestellter Brötchen festzustellen, sollen Sie Brötchen wie folgt herstellen:
    - mit direkter Teigführung
    - mit indirekter Teigführung
    - mit indirekter Teigführung und Weizensauerteig

    Anschließend beurteilen Sie die Brötchen hinsichtlich ihres Aussehens, ihres Geschmacks, des Aufwands für die Herstellung sowie der Kosten.

## 23.3 Gärsteuerung durch Kälte

Die Gärsteuerung in Kühlanlagen ist in allen Bäckereien Standard. Teiglinge mit Hefe werden zu fertigen Teiglingen aufgearbeitet und in Kühlzellen gegeben. Durch die Kälte wird die Hefegärung verlangsamt oder völlig eingestellt. Auch die Enzyme können bei den kühlen Temperaturen die Nährstoffe im Teig nicht mehr abbauen.

### Gärverzögerung (GV)

| | |
|---|---|
| **Temperatur in der Kühlzelle** | +5 °C bis −5 °C<br>Die Teiglinge werden bis kurz vor der Gefriergrenze gekühlt. Dadurch wird die Gare durch die verlangsamte Hefegärung verzögert. |
| **Relative Luftfeuchtigkeit in der Kühlzelle** | 90 bis 95 %<br>Durch die hohe Luftfeuchtigkeit verhauten die Teiglinge nicht. |
| **Lagerzeit der Teiglinge in der Kühlzelle** | Bis zu 24 Stunden, je nach Temperatur in der Kühlzelle. |

#### Rezeptveränderung

Das Standardrezept für Brötchen wird wegen der Gärverzögerung und Gärunterbrechung nur gering verändert. Empfehlenswert sind Backmittel für Kälteanlagen speziell für die Gärverzögerung und Gärunterbrechung sowie die Zugabe von etwas Fett.

LF 5

| Rezeptbeispiel: Brötchenteig für Gärverzögerung | |
|---|---|
| 1 000 g | Weizenmehl, Type 550 |
| 560 g | Wasser |
| 40 g | Hefe |
| 30 g | Backmittel für Gärverzögerung |
| 20 g | Salz |
| 20 g | Fett |
| **1 670 g** | **Brötchenteig** |

#### Teiglinge in die Kühlanlage geben

Das Aufarbeiten des Brötchenteigs erfolgt wie beim herkömmlichen Verfahren. Die fertig aufgearbeiteten, geformten Teiglinge werden entweder sofort ohne Gare oder bei halber Gärreife gekühlt.

In Kühlzellen kühlen die Teiglinge je nach eingestellter Temperatur von +5 °C bis –5 °C in entsprechender Zeit ab.

Die Teiglinge gefrieren bei der Gärverzögerung auch bei –5 °C in der Kühlzelle nicht. Wegen der gelösten Salze im Teigwasser gefrieren sie erst bei –7 °C.

### Endgare (Restgare) der Teiglinge

Nach der Gärverzögerung beginnt die Endgare, die restliche Gare, bis zur Gärreife der Teiglinge, bei der sie in den Backofen geschoben werden.

Meistens werden die Kühlzellen computergesteuert von der Kühlanlage zur Gärzelle übergeführt, wobei sich Temperatur und Luftfeuchtigkeit automatisch einem Gärraum anpassen. So können die Teiglinge zu einer gewünschten Zeit, die in der Computersteuerung eingegeben wird, die Gärreife zum Backen erhalten.

#### Gärraumklima bei der Endgare

Die Endgare im Gärraum erfolgt bei etwas geringerer Temperatur, damit die Gärreife der Teiglinge außen und innen gleichmäßig abläuft. Auch die Luftfeuchtigkeit sollte nicht zu hoch sein, damit die Teigoberfläche beim Wechsel von der kühlen in die wärmere Phase nicht zu nass wird.

Gärraumtemperatur: 30 bis 32 °C
relative Luftfeuchtigkeit: ca. 70 %.

LF 5

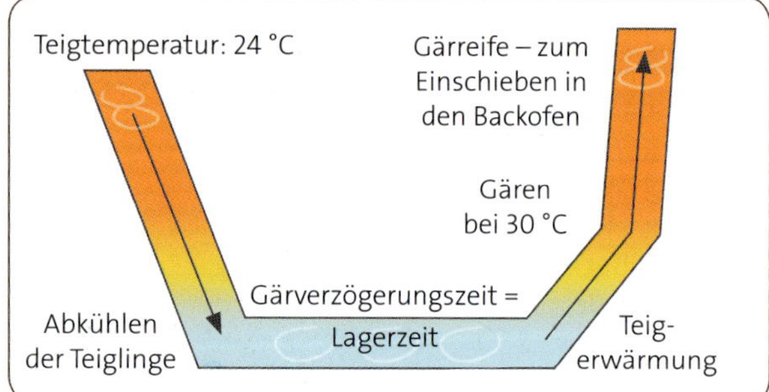


*Gärverzögerung*

## Gärunterbrechung (GU)

Bei der Gärunterbrechung wird die Hefegärung durch Einfrieren der Teige völlig eingestellt. Die Teiglinge werden dann wieder aufgetaut und die Hefegärung wird bis zur Gärreife fortgesetzt.

*Computergesteuerte Kühlzelle*

| | |
|---|---|
| **Temperatur in der Kühlzelle** | –10 °C bis –18 °C<br>Bei dieser Kälte werden die Teiglinge eingefroren. Die Hefe und die Enzyme stellen ihre Tätigkeit völlig ein und Quellungsvorgänge sind im gefrorenen Teigwasser nicht möglich. |
| **Relative Luftfeuchtigkeit in der Kühlzelle** | 90 bis 95 %<br>Durch die hohe Luftfeuchtigkeit verhauten die Teiglinge nicht. |
| **Mögliche Lagerzeit der Teiglinge in der Kühlzelle** | • Lagerung bis 24 Stunden: –10 °C, ohne Folie möglich<br>• Lagerung bis zu 2 Tagen: –10 bis –18 °C, ohne Folie möglich<br>• Langzeitlagerung über 2 Tage: –18 °C, in Folie verpackt |

In den Kühlanlagen können Temperaturen sowohl zur Gärverzögerung als auch zur Gärunterbrechung eingestellt werden. In den Kühlzellen lassen sich außerdem die Temperaturen zum Auftauen und Gären erhöhen.

Die **Rezeptur** für Brötchen ist bei der Gärunterbrechung genauso wie bei der Gärverzögerung. Für die Gärunterbrechung können Froster-Backmittel verwendet werden.

#### Gärzustand der Teiglinge bei der Gärunterbrechung

Die Gärunterbrechung der Teiglinge kann in unterschiedlichem Gärzustand erfolgen:

- Ungegarte Teiglinge (grüne Teiglinge) sind für die Langzeitlagerung. Sie sind in Kunststofftüten mindestens vier Wochen lagerfähig.
- Halb bis drei Viertel gegärte Teiglinge eignen sich besonders für die Lagerung bis zu zwei Tagen.

### Schockfrosten zu Beginn der Gärunterbrechung

*Tiefkühlteiglinge in Folie verpackt*

Zu Beginn der Gärunterbrechung werden die Teiglinge bei ca. –35 °C schockgefrostet → Seite 166. Dabei wird das Innere der Teiglinge schnell auf –7 °C gefroren, innerhalb 30 bis 50 Minuten. Dann können die Teiglinge bei –10 bis –18 °C weiter gelagert werden.

Bei Langzeitlagerung über zwei Tage sollen die Teiglinge mit Folie abgedeckt oder in Folienbeuteln verpackt werden, da die Teigoberfläche sonst austrocknet.

### Fehler durch zu langsames Einfrieren

| Brötchenfehler | Ursachen |
| --- | --- |
| Die Krume ist von der Kruste der Brötchen gerissen. | Der Teig ist ein schlechter Kälte- und Wärmeleiter. Geringe Kälte gelangt langsam von außen ins Teiginnere. Durch die unterschiedlichen Reifezustände fehlt der Krume beim Backen die Bindung zur Kruste. |
| Die Krume der Brötchen ist zu trocken. | Beim langsamen Tiefgefrieren bilden sich große Eiskristalle, die mit ihren scharfen Kanten die Zellen des Teigs beschädigen. Der Zellsaft läuft beim Auftauen aus und der Teig wird trockener. |

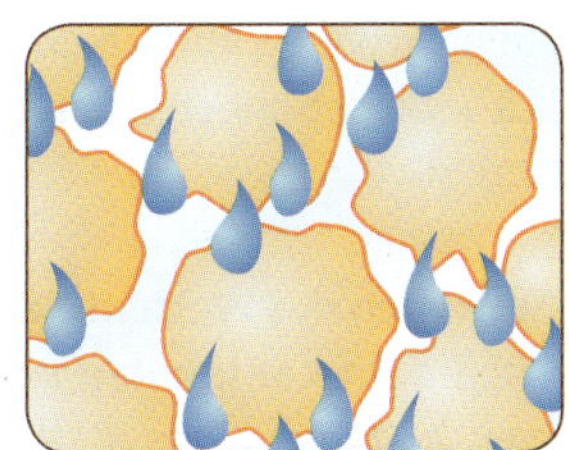

*Große Eiskristalle beschädigen die Zellwände*

Die Tiefkühlteiglinge (TK-Teiglinge) werden in Filialen geliefert, dort aufgetaut und im Ladenbackofen gebacken. Bäckereien liefern die TK-Teiglinge auch an Verkaufsstellen wie Gaststätten, Tankstellen, Supermärkte, die sie je nach Bedarf selbst ausbacken.

### Auftauen der Tiefkühlteiglinge

Das Auftauen der Tiefkühlteiglinge muss langsam erfolgen, häufig bei kühlen Raumtemperaturen.

- Bei Teiglingen, die gegärt gefroren wurden, beträgt die Auftauzeit bis zum Backen 30 bis 90 Minuten, je nach Größe und Lockerung. Die Gärzeit entfällt, da die Teiglinge schon vor dem Gefrieren gelockert wurden.
- Bei Teiglingen, die ungegärt gefroren wurden, beträgt die Auftau- und Gärzeit bis zum Backen je nach Auftautemperatur 3 bis 8 Stunden.

#### Gären und Backen

Nach dem Auftauen erfolgt die Gare im Gärraum bei 30 °C und ca. 70 % relativer Luftfeuchtigkeit.
Die Teiglinge werden bei 230 °C mit Schwaden gebacken.

### Vorteile der Gärverzögerung und Gärunterbrechung

| Vorteile für die Produktion | Vorteile für den Verkauf |
| --- | --- |
| • Die Teiglinge können in einer für den Betrieb günstigen Zeit auf Vorrat hergestellt werden.<br>• Dadurch entfallen zeitaufwendige Arbeiten in den frühen Morgenstunden, sodass der Arbeitsbeginn nicht so früh liegt.<br>• Rationelle Arbeitsweise, da größere Mengen von gleichen Teiglingen hergestellt werden können. | • Nach Bedarf können in kurzer Zeit die Teiglinge gebacken werden, sodass immer ofenfrische Brötchen zur Verfügung stehen.<br>• Brötchen schmecken frisch am besten und können so mehrmals täglich gebacken werden.<br>• Vor allem in Filialen stehen frühmorgens bei Arbeitsbeginn backfertige Teiglinge bereit, die sofort im Ladenbackofen gebacken werden können. |

### Nachteile der Gärunterbrechung und Gärverzögerung

- hoher Energieaufwand
- große Lagerkapazitäten
- hohe Anschaffungskosten der Kälteanlagen

LF 5

### Aufgaben

1. Beschreiben Sie die Gärverzögerung in Bezug auf
   - Temperatur in der Kühlzelle,
   - relative Luftfeuchtigkeit in der Kühlzelle,
   - Lagerzeit der Teiglinge in der Kühlzelle.
2. Wie verändert sich die Rezeptur der Brötchenteige für Gärverzögerung und Gärunterbrechung?
3. Nennen Sie die Gärraumtemperatur und die relative Luftfeuchtigkeit im Gärraum bei der Endgare der Teiglinge für Brötchen nach der Gärverzögerung.
4. Erklären Sie die Gärunterbrechung.
5. Beschreiben Sie die Gärunterbrechung in Bezug auf
   - Temperatur in der Kühlzelle,
   - relative Luftfeuchtigkeit in der Kühlzelle.
6. Nennen Sie die Temperaturen der Gärunterbrechung bei folgenden Lagerzeiten der Teiglinge:
   - bis 24 Stunden
   - bis 2 Tage
   - über 2 Tage
7. In welchem Gärzustand sollen die Teiglinge zur Gärunterbrechung in die Kühlzelle gegeben werden?
8. Erklären Sie das richtige Gefrieren der Teiglinge bei der Gärunterbrechung.
9. Beschreiben Sie die Ursachen der Brötchenfehler durch zu langsames Gefrieren bei der Gärunterbrechung.
   - Die Kruste ist von der Krume gerissen.
   - Die Krume der Brötchen ist zu trocken.
10. Erklären Sie das Auftauen der Tiefkühlteiglinge.
11. Nennen Sie die Vorteile der Gärverzögerung und Gärunterbrechung
    - für die Produktion,
    - für den Verkauf.
12. Nennen Sie Nachteile der Gärverzögerung und Gärunterbrechung.
13. Die Kunden erwarten in den Filialen Ihrer Bäckerei den ganzen Tag über frische Brötchen, Laugenbrezeln und Plundergebäcke. Überlegen Sie, wie Sie die Verbrauchererwartung mit dem Einsatz der Gärverzögerung und Gärunterbrechung erfüllen können.

LF 5

### Rechenaufgabe

Seit die Laugenbrezeln aus dem Gärunterbrecher im Ladenbackofen in einer Filiale mehrmals täglich gebacken werden, verkauft die Filiale durchschnittlich 480 Laugenbrezeln pro Tag. Das sind 17 % mehr als zuvor. Wie viel Laugenbrezeln wurden vorher verkauft?

## 23.4 Brötchenherstellung

In vielen Betrieben erfolgt das Aufarbeiten des Weizenteigs für Brötchen bis zur Gare maschinell in der Kopfmaschine.

Dafür wird das gewünschte Teiggewicht je Weizenkleingebäck eingestellt. Der in der Knetmaschine hergestellte Weizenteig wird in den Trichter der Kopfmaschine gegeben. Der Teig wird nun in der Maschine in Teiglinge des eingestellten Gewichts geteilt und anschließend rundgewirkt.

- Zur manuellen Weiterverarbeitung werden die runden Teiglinge auf Gärdielen gesetzt.
- In automatischen Brötchenanlagen werden die runden Teiglinge auf Bänder gesetzt und zur Vorgare und dann zum Stüpfelbereich oder anderen Formgebungsbereichen weitergeleitet. Von dort werden die geformten Teiglinge in den Gärraum und dann in den Backofen befördert. Die Geschwindigkeit der Laufbänder durch die Găranlage sowie der Zeitpunkt des Formens der Teiglinge, z. B. Stüpfeln oder Schneiden, werden vom Bäcker an der Computersteuerung der Anlage eingestellt.

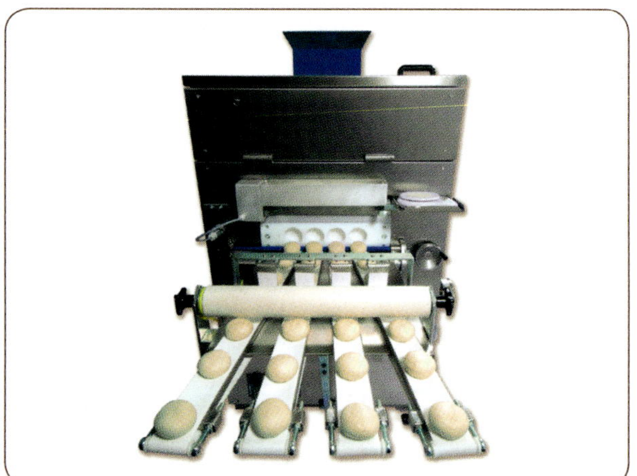

*Kopfmaschine*

### Handwerkliche Brötchenherstellung

Die folgenden Arbeitsschritte zeigen das Aufarbeiten des Weizenteigs bei der handwerklichen Herstellung zu Brötchen, so wie es auch in der Kopfmaschine und in den vollautomatischen, computergesteuerten Brötchenanlagen erfolgt.

**Abwiegen des Weizenteigs zu Pressen (Ballen)**
Nach dem Kneten den Brötchenteig zu großen Teigstücken abwiegen, die als Pressen oder Ballen bezeichnet werden.

Das Gewicht für Brötchen ist nicht vorgeschrieben, sodass jede Bäckerei das Pressengewicht selbst bestimmen kann.

Das Pressengewicht für 30 Teiglinge für Brötchen liegt meist bei 1650 g bis 1800 g.

**Rundwirken der Pressen (Ballen)**
Die abgewogenen Teigstücke straff zu runden Teigballen mit glatter Oberfläche wirken. Das Rundwirken wird in der Praxis häufig auch als „Ausstoßen" oder „Zusammenstoßen" bezeichnet.
Weil diese Teigstücke später flach gedrückt und in der Maschine zusammengepresst werden, werden sie als Pressen bezeichnet. Wegen der Teigballenform nach dem Rundwirken werden sie aber auch als Ballen bezeichnet.

*Rundwirken des Weizenteigs*

**Teigruhe der Pressen**
Die rundgewirkten Pressen ca. 10 Minuten ruhen lassen, damit der straffe Teig wieder locker wird und sich so leichter verarbeiten lässt.

**Schleifen, auch Wirken genannt**
Die lockeren Pressen (Ballen) flach drücken, auf Schleifplatten (Wirkplatten) legen und in der Schleifmaschine (Wirkmaschine) zu runden Teiglingen schleifen. In den meisten Maschinen entstehen aus einer Presse 30 Teiglinge.

*Geschliffene bzw. gewirkte Teiglinge*

**Aufsetzen der Teiglinge**
Teiglinge für Rundbrötchen (glatte Brötchen) und doppelte Brötchen in gleichmäßigem Abstand „aufsetzen", sodass sie bei der Gare und beim Backen nicht zusammenkleben und die Backhitze auch seitlich auf die gesamte Teigoberfläche gelangt.
Auch Teiglinge für Schrippen, die eingeschnitten werden, sofort nach dem Schleifen (Wirken) länglich rollen und aufsetzen.

Worauf die Teiglinge aufgesetzt werden, ist abhängig vom Backofen, in dem sie gebacken werden.
- Stikkenofen: leicht gefettete Lochbleche
- Etagenbackofen: Abziehrahmen (Abziehapparate)

Teiglinge, die noch geformt werden, z. B. gestüpfelt, gedrückt oder geflochten, werden gewöhnlich auf Gärdielen aufgesetzt.

## Gare

Die aufgesetzten Teiglinge in einen feuchtwarmen Gärraum schieben.

**Gärraumklima:**
Gärraumtemperatur: 35 °C
relative Luftfeuchtigkeit: 70 bis 75 %

**Vorgare für Teiglinge, die geformt werden:**
Die Teiglinge nach gut ⅓ Gare, nach ca. 15 Minuten, aus dem Gärraum nehmen. Die Teiglinge sind leicht gelockert und können so schön geformt werden. Die geformten Teiglinge wieder in den Gärraum schieben.

Nun erfolgt die Gare bis zur Gärreife, wobei die reifen Teiglinge in den Backofen geschoben werden. Die Gärzeit bei Teiglingen für Brötchen dauert insgesamt 40 bis 50 Minuten.

Die Gare kann durch Gärverzögerung und Gärunterbrechung mittels Kälte gestoppt werden → Seite 373 und 374.

**Erkennen der Gärreife**
Die Gärreife wird durch Abtasten der Teiglinge mit den Fingern ermittelt.
- Teiglinge für Rundbrötchen und doppelte Brötchen können bei etwas vollerer Gare in den Backofen geschoben werden.

- Geformte Teiglinge, bei denen die Gebäcke einen Ausbund erhalten sollen, bei knapper Gare aus dem Gärraum nehmen. Man lässt sie in der Backstube etwas absteifen (ca. 2 Minuten) und schiebt sie dann in den Ofen. Durch die Hautbildung an der Teigoberfläche und den starken Ofentrieb, der bei knapper Gare erfolgt, reißen die Stellen, an denen die Teigoberfläche unterbrochen ist, stark auf und es bildet sich ein kräftiger Ausbund.

*Ermitteln der Gärreife durch Abtasten der Teiglinge*

## Bestreuen der Teigoberflächen

Einige der geformten Brötchen werden verbessert und verschönert, indem die Oberfläche der Teiglinge in Ölsamen getaucht oder mit Brezelsalz bestreut werden.

- Brezelsalz, mit etwas Kümmel vermischt
- Ölsamen: Mohn, Sesam, Leinsamen, Kürbiskerne, Sonnenblumenkerne

LF 5

Die Brötchen erhalten den Namen des Oberflächenbelages, z. B. Salzstangen, Mohnhörnchen, Sesamzöpfchen, Kürbiskernbrötchen.

*Kürbiskernbrötchen und Leinsamenbrötchen*

Die Oberfläche der Teiglinge wird bei knapper Gare mit Wasser befeuchtet.

- Die Teiglinge werden dann in Mohn, Sesam u. a. gelegt (getaucht), damit die Ölsamen flächendeckend kleben bleiben.
- Grobkörniges Brezelsalz wird mit Kümmelkörnern vermischt und auf die angefeuchteten Teiglinge gestreut. Würde man die Teiglinge in Brezelsalz legen, würden die Brötchen zu salzig werden.

Die Teiglinge noch etwas gären lassen, damit ein kräftiger Ausbund mit schönem Farbkontrast zum Belag der Brötchen entsteht.

*Teiglinge in Sesam und Mohn legen, mit Brezelsalz bestreuen*

## Backen

**Backtemperatur:**
230 °C, gleichbleibend bis zum Ausbacken
**Schwadengabe:**
Sofort nach dem Einschießen (Einschieben) der Teiglinge viel Schwaden in den Backherd geben. Während der gesamten Backzeit bleibt der Zug geschlossen.
**Backzeit:** ca. 18 Minuten
Die ofenheißen Brötchen sofort nach dem Backen mit Wasser besprühen, damit die Kruste einen schönen Glanz bekommt.

## Bekannte Weizenkleingebäcke

Die Bäckerei bietet eine Vielzahl verschiedener Brötchen an, die gebietsweise unterschiedlich benannt werden. Allgemein werden Brötchen in Bayern als Semmeln bezeichnet.

Weizenkleingebäcke mit einem hohen Krustenanteil und kräftigem Ausbund sind rösche Brötchen mit den geschmackvollen Aromastoffen der Kruste.

### Rundbrötchen (glatte Brötchen)

Dies sind die am schnellsten und einfachsten herzustellenden Brötchen. Die glatt geschliffenen (gewirkten) Teiglinge werden aufgesetzt und nach der Gärreife unbehandelt in den Backofen bei hoher Schwadengabe geschoben.

*Rundbrötchen mit schöner Fensterung*

Rundbrötchen besitzen den geringsten Krustenanteil aller Brötchen. Die durchgehende, nicht unterbrochene Kruste dieser Brötchen zieht sich nach dem Backen durch die Wasserverdunstung etwas zusammen, sodass die Kruste leicht bricht. Deshalb bröselt die dünne rösche Kruste beim Drücken von frischen Rundbrötchen stark ab. Die leicht gebrochene Kruste wird in der Fachsprache als „Fensterung" bezeichnet.

### Doppelte Brötchen (Doppelbrötchen)

Diese Brötchen werden zwar eingeschnitten, haben jedoch einen flachen Ausbund, der den Krustenanteil kaum erhöht.

- Zwei runde Teiglinge nach dem Schleifen (Wirken) mit dem Schluss nach unten aneinander aufsetzen.
- Die zwei Teiglinge nach der Gare in der Mitte mit einem Messer zügig der Länge nach leicht einschneiden.

*Doppeltes Brötchen*

### Gestüpfelte Brötchen

*Kaisersemmel* *Sternsemmel (Sternbrötchen)* *Salzbrötchen*

*Stüpfler für Kaisersemmeln, Sternsemmeln und Salz-, Mohn-, Sesambrötchen*

Diese gedrückten Brötchen besitzen einen Ausbund mittlerer Rösche.

- Die Teiglinge nach gut ⅓ Gare aus dem Gärraum nehmen und leicht absteifen lassen.
- Die glatte Oberfläche der Teiglinge leicht mit Mehl bestauben, damit später die Druckstellen nicht zusammenkleben.
- Die Teiglinge in der Stüpfelmaschine oder mit der Hand stüpfeln. Dabei die Stüpfler tief, fast bis zum Boden in die Teiglinge drücken und sofort wieder aus den Teiglingen ziehen.
- Mit der gestüpfelten (gedrückten) Seite die Teiglinge nach unten aufsetzen und wieder in den Gärraum schieben.
- Bei knapper Gärreife die Teiglinge wieder umdrehen, sodass die gestüpfelte Seite oben liegt.
- Die Teiglinge noch etwas gären lassen und dann in den Backofen schieben, da so die Druckstellen schöner aufreißen.

### Kaisersemmeln

Die Kaisersemmel stammt ursprünglich aus Österreich. Der Wiener Bäckermeister Kayser gab dem Weizenkleingebäck die fünf gebogenen Einkerbungen, die eine Krone symbolisieren.

Der österreichische Kaiser Josef II., der Sohn der Kaiserin Maria Theresia, gewährte den Bäckern das Privileg, die fünffach gerissene Semmel als Kaisersemmel zu bezeichnen.

*Kaisersemmel*

### Schrippen

Schrippen sind Brötchen mit kräftigem, röschem Ausbund, die in Bäckereien unterschiedlich hergestellt werden.

*Schrippen*

#### Einschlagen mit der Hand

- Die Teiglinge nach gut ⅓ Gare leicht mit Mehl bestauben.
- Die Teiglinge mit dem Handballen etwas flach drücken. Die zwei Hälften des gedrückten Teigstücks übereinanderlegen und locker länglich rollen; zu den Enden hin etwas spitzer.
- Die Teiglinge mit dem Schluss nach unten aufsetzen und wieder in den Gärraum schieben.
- Bei knapper Gare den Schluss der Teiglinge wieder nach oben drehen, noch etwas gären lassen und backen.

#### Einschneiden

Die länglichen Teiglinge können auch eingeschnitten werden. Sie werden deshalb manchmal als Schnittbrötchen bezeichnet.

- Die rundgeschliffenen (rundgewirkten) Teiglinge länglich rollen, aufsetzen und in den Gärraum geben.
- Nach knapper Gare die Teiglinge mit einem scharfen Messer der Länge nach einschneiden.
- Die eingeschnittenen Teiglinge noch etwas gären lassen und dann backen.

LF 5

### Schlesische Brötchen (Breslauer Brötchen)

Dies sind Doppelbrötchen mit kräftigem Ausbund und hohem Krustenanteil. Sie werden nach gut ⅓ Gare wie Schrippen eingeschlagen, leicht länglich gerollt und immer zwei Teiglinge aneinandergesetzt.

*Schlesische Brötchen*

### Rosenbrötchen

Dies sind Brötchen mit kräftig aufgerissenem Schluss, sodass diese Brötchen besonders krustenreich und rösch sind.

*Rosenbrötchen*

- Die Rillen der Schleifplatten (Wirkplatten) mit Öl einfetten und die Pressen (Ballen) mit wenig Umdrehungen schleifen (wirken), damit der Schluss der Teiglinge nicht zusammenklebt.
- Die geschliffenen (gewirkten) Teiglinge mit dem Schluss nach unten aufsetzen und in den Gärraum schieben.
- Bei ca. halber Gare die Teiglinge mit dem Schluss nach oben umdrehen.
- Die Teiglinge noch etwas gären lassen und backen.

### Baguette-Brötchen

Baguette-Brötchen werden aus demselben Teig wie Baguettes hergestellt → Seite 405. Es sind Brötchen mit ca. dem doppelten Gewicht von gewöhnlichen Brötchen: 80 bis 100 g.
Typisch für Baguette-Brötchen sind der hohe Krustenanteil und die starke Rösche durch den kräftigen Ausbund, was einen kräftigen Brötchengeschmack ergibt.

Häufiges Pressengewicht: 1500 g

- Die Pressen (Ballen) in der Schleifmaschine (Wirkmaschine) teilen (nicht schleifen).
- Jeweils zwei Teiglinge in Roggenmehl tauchen.
- Die zwei Teiglinge übereinanderlegen und locker länglich rollen. Die beiden Enden laufen dabei stumpf zu.
- Die Teiglinge mit dem Schluss nach unten aufsetzen und in den Gärraum schieben.
- Bei knapper Gare die Teiglinge mit dem Schluss nach oben drehen, noch etwas gären lassen und in den Backofen schieben.

**Backen:** 230 °C, Schwaden geben
**Backzeit:** ca. 25 Minuten,
Die letzten 5 Minuten bei geöffnetem Zug ausbacken, um eine röschere Kruste zu erzielen

*Baguette-Brötchen*

### Stangen und Hörnchen

Diese Weizenkleingebäcke haben einen hohen Krustenanteil durch die große Oberfläche, wobei ein geringer Ausbund an den Rillen der Wicklungen entsteht.

**Stangen:** Salz-, Mohn- und Sesamstangen
**Hörnchen:** ohne Belag sowie Mohn- und Sesamhörnchen

Die leicht lockeren Teiglinge nach geringer Gare in der Wickelmaschine ausrollen und aufwickeln. Nur selten werden noch Teiglinge ausgerollt und mit der Hand zu Stangen bzw. Hörnchen gewickelt.
Für Hörnchen werden zuerst Stangen gewickelt, die dann zu Hörnchen gebogen werden.

*Herstellung der Stangen und Hörnchen*

Die Teiglinge der Stangen und Hörnchen bei ca. halber Gare mit Brezelsalz bestreuen bzw. in Mohn oder Salz tauchen, auf leicht gefettete Lochbleche setzen und nochmals gären lassen.
Bei knapper Gare die Teiglinge in den Backofen schieben.

*Hörnchen*

*Stangen*

### Flechtgebäcke (Zöpfchen)

Zöpfchen sind Flechtgebäcke mit einem hohen Krustenanteil wegen der großen Gebäckoberfläche, jedoch mit geringem Ausbund. Die verschiedenen Flechtungen haben das Gewicht eines Brötchens und werden aus einem oder zwei Strängen geflochten.

- Die leicht gegärten, etwas lockeren Teiglinge in der Strangrollmaschine zu Teigsträngen rollen und dabei mit Mehl bestauben, am besten mit Roggenmehl.
- Die Stränge mit der Hand zur richtigen Länge nachrollen und aus einem Teigstrang oder zwei Strängen aus einem Teigstück dann verschiedene Zöpfchen flechten.
- Die geflochtenen Teiglinge nach ca. halber Gare mit Wasser bestreichen und mit Brezelsalz bestreuen bzw. in Mohn oder Sesam tauchen.

*Zöpfchen und geflochtene Brötchen*

**Einstrangzopf**

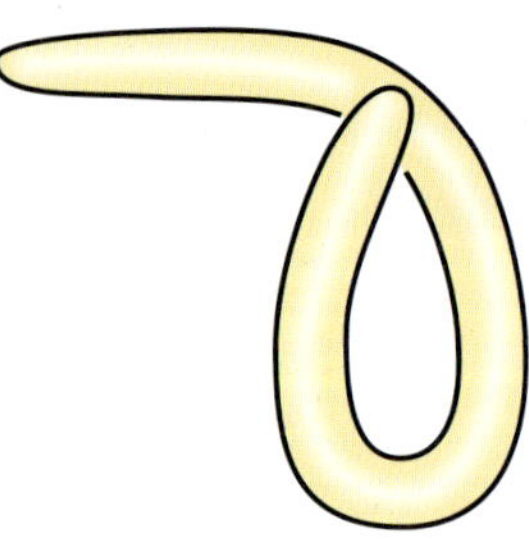

1. Mit zwei Dritteln eines gleichmäßigen Teigstranges eine Schlaufe bilden und das Ende gut festdrücken.

2. Das freie Strangende durch die Schlaufe ziehen.

3. Den unteren Teil der Schlaufe nach rechts umdrehen.

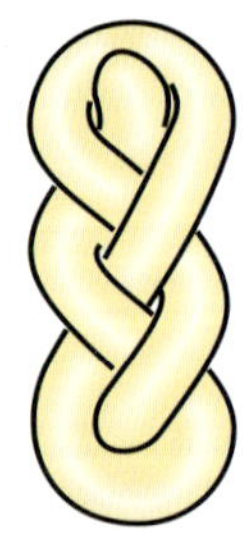

4. Das freie Strangende von oben durch die kleine Schlaufe ziehen.

**Einstrangknopf**

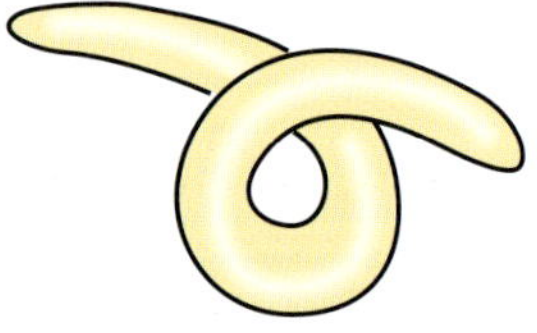

1. Einen nicht zu langen, gleichmäßigen Teigstrang zur Schlaufe legen.

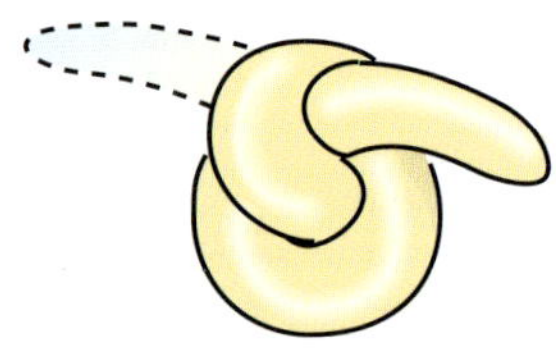

2. Das etwas längere, linke Strangende von oben durch die Schlaufe stecken.

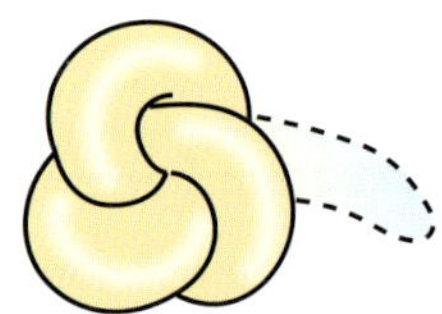

3. Das rechte Strangende unter die Flechtung führen und mit dem anderen Strangende zusammendrücken.

**Knopfsemmel**

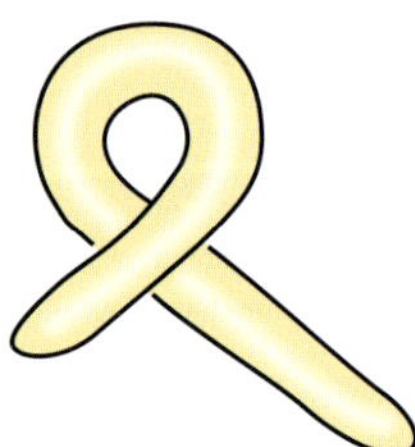

1. Aus einem Teigstück rollt man einen gleichmäßigen Strang und legt damit eine kleine Schlaufe. Das rechte Strangende liegt unten und ist doppelt so lang wie das linke.

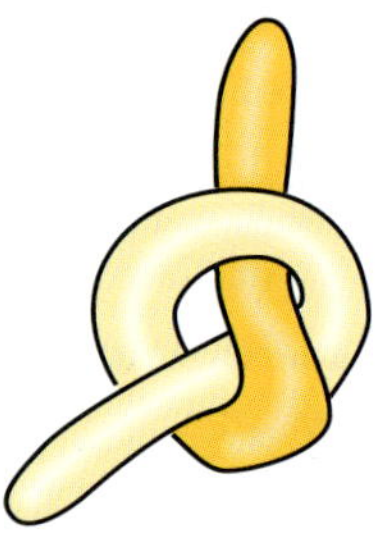

2. Das rechte Strangende wird von oben durch die Schlaufe geführt.

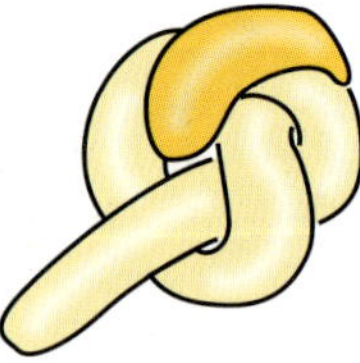

3. Dasselbe Strangende wird nochmals von oben durch die Schlaufe gezogen und unten angedrückt.

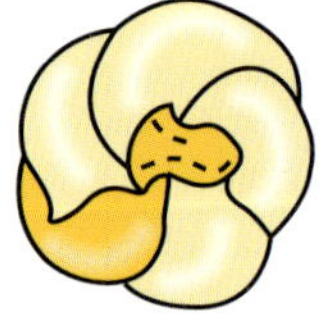

4. Das noch verbleibende linke Strangende wird von unten durch die Schlaufe gesteckt, sodass das Ende in der Mitte heraussteht.

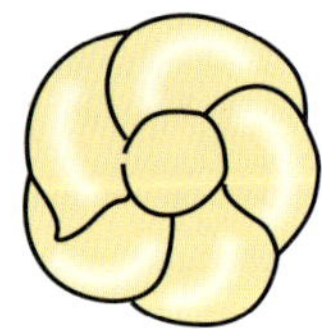

5. Das in der Mitte hervorschauende Strangende wird etwas breit gedrückt, sodass es die Form eines Knopfes erhält.

LF 5

**Zweistrangzopf, hoch**

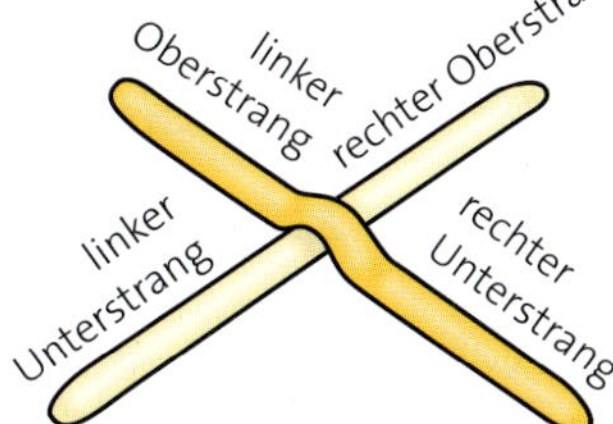


1. Ein Teigstück wird in zwei gleich große Stücke geteilt und zu gleich langen Strängen gerollt. Die Stränge werden kreuzweise gelegt, sodass von der Mitte aus zwei Ober- und zwei Unterstränge entstehen.

2. Der rechte Oberstrang wird mit der rechten Hand nach links unten, der linke Unterstrang nach rechts oben gelegt. Die Arme überkreuzen sich dabei nicht.

3. Der linke Oberstrang (dunkel) wird mit der linken Hand nach rechts unten, der rechte Unterstrang nach links oben gelegt. Die Arme dürfen sich auch hier nicht überkreuzen.

4. Die rechte Hand führt den rechten Oberstrang nach links unten, die linke Hand den linken Unterstrang nach rechts oben. Weiterflechten wie bei 3. und dann wie 2.

5. Sind die Strangteile eingeflochten, werden die Strangenden zusammengedrückt und nach unten eingebogen. Der Zweistrangzopf kann in Mohn oder Sesam getaucht werden.

**Wiener Knopf**

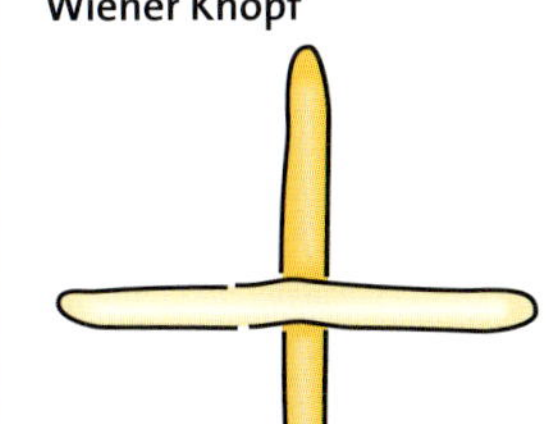

1. Ein Teigstück wird in zwei gleich große Stücke geteilt und zu kurzen Strängen gerollt. Die Stränge werden kreuzweise zu einem Längs- und einem Querstrang gelegt.

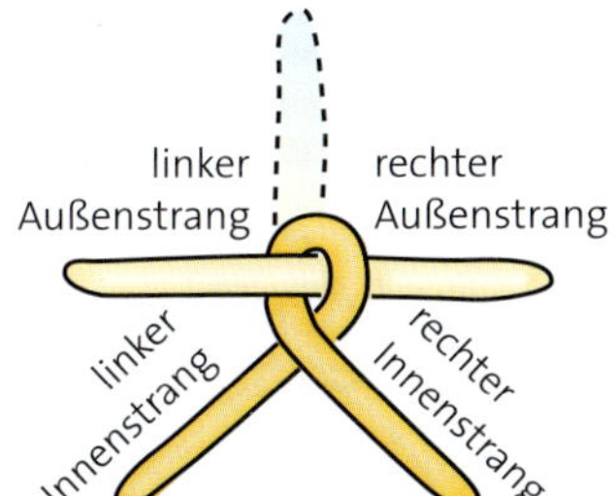


2. Die rechte Hand erfasst den oberen Teil des Längsstranges und kreuzt ihn unter den unteren Teil.

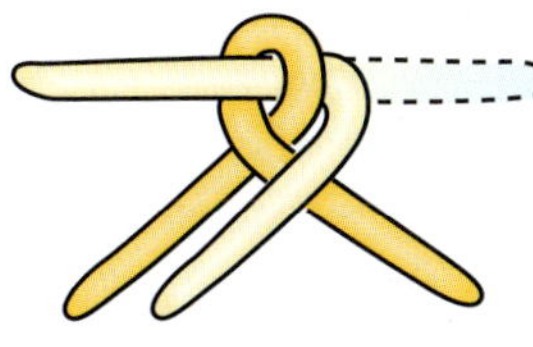

3. Der rechte Außenstrang wird über den rechten Innenstrang gelegt.

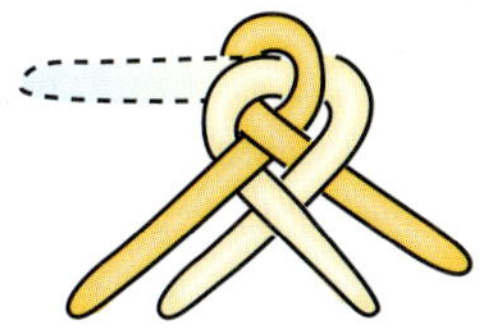

4. Der linke Außenstrang wird unter den mittleren Strang geführt und über den folgenden gelegt.

5. und 6. Weiterflechten wie bei 3. und 4. Die Strangenden werden zusammengedrückt.

7. Das Ende der Flechtung wird nach oben gebogen und leicht auf die Mitte gedrückt.

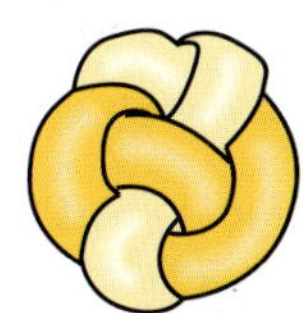

8. Nach dem Umdrehen der Flechtung ist der Wiener Knoten fertig.

**Aufgaben**

1. Nennen und beschreiben Sie die einzelnen Arbeitsschritte der handwerklichen Brötchenherstellung nach dem Kneten des Weizenteigs bis zur Gare.
2. Geben Sie das ideale Gärraumklima der Teiglinge für Brötchen an:
   - Gärraumtemperatur
   - relative Luftfeuchtigkeit
3. Beschreiben Sie die Vorgänge bei der Gare für Teiglinge, die zu verschiedenen Brötchenformen bearbeitet werden.
4. Erläutern Sie, wie die Gärreife der Teiglinge für Brötchen festgestellt werden kann.
5. Erklären Sie die Bearbeitung der Teiglinge für Brötchen, die an der Oberfläche bestreut werden.
6. Beschreiben Sie das Backen, die Backzeit und die Bearbeitung der ofenheißen Brötchen.
7. Warum bröselt die dünne Kruste der Rundbrötchen (glatten Brötchen) beim Drücken der Brötchen stark ab?
8. Nennen Sie verschiedene gestüpfelte Brötchen.
9. Beschreiben Sie die Herstellung folgender Brötchen:
   - doppelte Brötchen
   - gestüpfelte Brötchen
   - Schrippen
   - Schlesische Brötchen (Breslauer Brötchen)
   - Rosenbrötchen
   - Baguette-Brötchen
   - Stangen und Hörnchen
   - Flechtgebäcke (Zöpfchen)
10. Sie wollen in Ihrer Bäckerei das Angebot der Weizenkleingebäcke neu erstellen. Wählen Sie verschiedene Weizenkleingebäcke aus, die die Kunden in Ihrer Gegend besonders wünschen. Erstellen Sie ein Rezept, das für Ihre Bäckerei am besten umgesetzt werden kann und schreiben Sie einen Ablaufplan der einzelnen Arbeitsschritte bis zum fertigen Brötchen.

LF 5

**Rechenaufgabe**

Mohn wird in 12,500-kg-Packungen geliefert. Sie haben daraus schon 46 % Mohn entnommen. Für 1 Mohnbrötchen werden 6 g Mohn benötigt. Ermitteln Sie, wie viel Mohnbrötchen noch hergestellt werden können.

## 23.5 Qualitätsmerkmale der Brötchen und Brötchenfehler

### Bestandteile der Weizenkleingebäcke

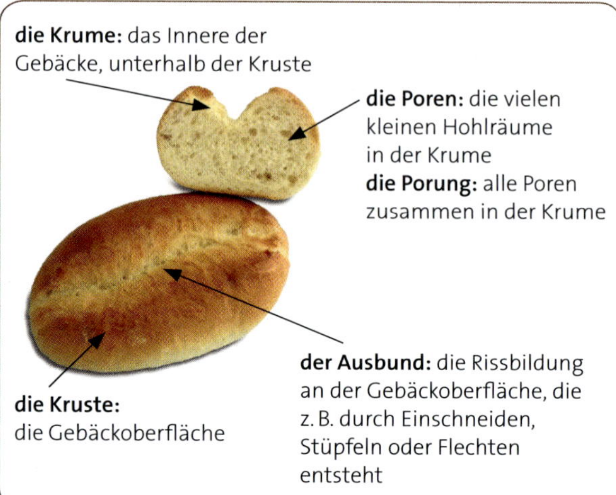


**Lockerung der Gebäcke**

Sie erfolgt durch die unzähligen Poren in der Krume. Dadurch sind die Backwaren gut verdaulich.

**Rösche der Gebäckkruste**

Rösche Gebäcke enthalten eine hörbar knusprige Kruste beim Reinbeißen in das Gebäck.

*Brötchen mit schönem Ausbund*

*Brötchen von bester Qualität – goldbraune Kruste, gleichmäßige, nicht zu große Porung, gute Schnittfähigkeit*

**Verkaufsargumente**

**Beschreibung der Brötchen bei der Kundenberatung**
Brötchen sind lockere und gut bekömmliche Weizenkleingebäcke mit mildem Geschmack.

**Qualitätsmerkmale der Brötchen aus Weizenteig**
Einzelne Kunden haben eigene Vorstellungen von der Qualität der Brötchen. Einige Kunden bevorzugen besonders helle und andere Kunden möchten rösche, gut ausgebackene Brötchen.

Folgende Qualitätsmerkmale beschreiben die Brötchen, wie sie die meisten Kunden wünschen:
- goldbraune Kruste, die leicht glänzt
- dünne, rösche Kruste
- schöner Ausbund der geformten Brötchen
- lockere und weiche Krume mit mittelgroßer Porung
- elastische Krume, die sich beim Schneiden und Bestreichen nicht zusammenballt
- frischer Brötchengeschmack

Auch am Brötchenvolumen kann man die Qualität erkennen.
Brötchen mit mittlerem Volumen besitzen die beste Qualität. Sie sind locker und haben einen milden, aber vollen Brötchengeschmack.
Zu große Brötchen sind zu großporig und deshalb schon im frischen Zustand zu trocken und sie schmecken leer.

### Richtige Behandlung ofenheißer Brötchen

Frisch ausgebackene Brötchen müssen ausdampfen, d. h., der Wasserdampf muss entweichen. Nur so bleiben die Rösche und die intensiven Geschmacksstoffe der Kruste erhalten.
- Ofenfrische Brötchen in der Backstube oder in einem Verkaufsraum ausdampfen lassen. In einem kalten Raum oder in feuchter Morgenluft bildet sich an der Kruste der Brötchen Feuchtigkeit, sodass die Rösche verloren geht und die Kruste weich wird.

*Ofenfrische Brötchen ausdampfen lassen*

- Heiße Brötchen nicht hoch übereinanderlegen, z. B. in Körben, damit sie ausdampfen können und keine unschönen Druckstellen bekommen.
- Ofenfrische Brötchen beim Verkauf nicht in Plastiktaschen geben, weil die Kruste sonst durch den entstehenden Wasserdampf, der nicht entweichen kann, die Rösche verliert und weich wird. Aus geschlossenen Papiertüten kann der Wasserdampf durch das luftdurchlässige Papier entweichen.

## Frischhaltung der Brötchen

Brötchen schmecken frisch am besten. Je frischer, desto röscher ist die Kruste und besser der Geschmack. Deshalb sollten Brötchen mehrmals täglich nach Bedarf gebacken werden, z. B. im Ladenbackofen, sodass sie immer frisch angeboten werden können.

Brötchen altern relativ schnell und verlieren dabei wichtige Qualitätsmerkmale. Nach höchstens fünf Stunden ist die Rösche verloren, sodass kein Knackgeräusch mehr zu hören ist. So fehlen die intensiven Geschmacksstoffe der Kruste und der milde Brötchengeschmack verringert sich.

**Tiefgefrieren von Brötchen**
Brötchen aus Weizenteig eignen sich nicht gut zum Tiefgefrieren.
- Die Krume trocknet aus, da auch beim Tiefgefrieren Wasser aus den Backwaren verdunstet.
- Nach dem Auftauen splittert die Kruste stark und die Krume reißt von der Kruste ab.

*Abgerissene Krume tiefgefrorener Brötchen*

**Besondere Eignung der Brötchen aus Weizenteig**
Brötchen eignen sich recht vielseitig, z. B.:
- zum Frühstück mit Butter sowie Konfitüre und Honig
- zum Belegen mit Wurst, Schinken, Käse
- als Beilage zu Würstchen, Käse, Suppen, Salaten, Fleischspeisen

## Brötchenfehler

Die Qualität der Brötchen kann weitgehend nach dem Aussehen beurteilt werden. Die Abweichungen von den optimalen Qualitätsmerkmalen der Brötchen werden als Brötchenfehler bezeichnet.

### Volumen- und Formfehler

Brötchen mit mittlerem Volumen sind von bester Qualität. Sie sind gut gelockert, weich und elastisch in der Krume und besitzen den milden Brötchengeschmack.

| Volumen und Form der Brötchen | Brötchenfehler | Ursachen |
|---|---|---|
| zu große Brötchen (aufgeblasene Brötchen) | • zu trockene Krume wegen der zu großen Porung<br>• etwas leer im Geschmack | • zu hohe Hefemenge im Teig<br>• zu warmer Teig<br>• zu junger Teig (zu kurze Teigruhe)<br>• zu lange Gärzeit |
| zu kleine Brötchen, mit Rissen an der Kruste | • nicht genügend gelockert und deshalb zu kompakte Krume<br>• negativer optischer Eindruck, der verkaufshemmend ist | • zu fester Teig<br>• zu kurze Knetzeit<br>• zu kurze Gärzeit |
| flache Brötchenform | • unregelmäßige Porung<br>• zu trockene Krume<br>• etwas leer im Geschmack | • zu weicher Teig<br>• zu lange Gärzeit |

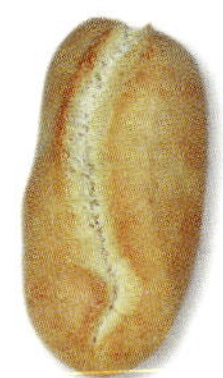
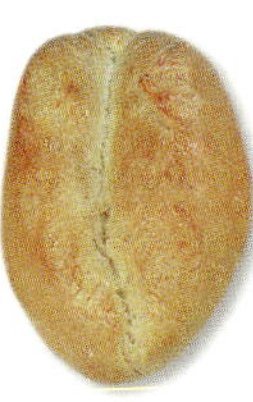

*Zu kleines und richtiges, mittleres Volumen von Brötchen*

*Mit der Hand zusammengedrückte Brötchen – links: goldbraunes, rösches, frisches Brötchen; rechts: Brötchen ohne Rösche und mit zu heller Krustenfarbe*

LF 5

### Krustenfehler

| | Brötchenfehler | Ursachen |
|---|---|---|
| | • zu helle Kruste<br>• zu geringe Rösche | • zu kurze Backzeit<br>• zu geringe Backtemperatur |
| 1 | zu starke Bräunung der Kruste und zu harte Kruste | • zu hohe Backtemperatur<br>• zu lange Backzeit |
| 2 | Brötchen mit glanzloser, matter Kruste | • zu geringe Schwadengabe beim Einschießen in den Backofen |

### Ausbundfehler

| | Brötchenfehler | Ursachen |
|---|---|---|
| 1 | zu enger, verklebter Ausbund | • zu weicher Teig<br>• zu feuchte Gare |
| 2 | zu breiter (aufgeklappter) Ausbund | • zu fester, trockener Teig<br>• zu warmer Teig<br>• zu lange Teigruhe |
| 3 | verschwommener, gering erkennbarer Ausbund | • zu weicher Teig<br>• zu lange Knetzeit<br>• zu lange Gärzeit |

1

2

1

2

3
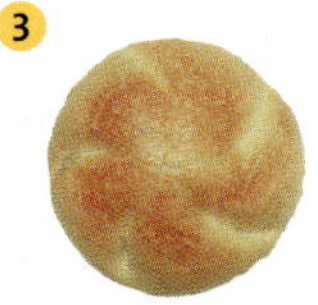

**Krumenfehler**

| | Brötchenfehler | Ursachen |
|---|---|---|
| 1 | • unelastische und zu feuchte Krume<br>• Die Krume ist schlecht schnitt- und bestreichfähig und ballt sich beim Schneiden und Bestreichen zusammen | • zu weicher Teig<br>• zu kurze Backzeit |
| 2 | große Hohlräume in der Krume, vor allem bei gestüpfelten und gedrückten Brötchen, unter der Druckstelle | • zu früh gestüpfelt oder gedrückt, bei zu kurzer Vorgare und somit zu geringer Lockerung des Teigs<br>• zu kurze Gärzeit |
| 3 | ungleichmäßige Porung der Krume, die somit etwas trocken und leer im Geschmack ist | • zu weicher Teig<br>• zu viel Hefe im Teig<br>• zu lange Gärzeit |
| 4 | zu kleine und dichte Porung und somit zu gering gelockerte Krume (zu kleines Volumen) | • zu fester Teig<br>• zu kurze Knetzeit<br>• zu kurze Gärzeit |

## Prüfmerkmale der DLG für Kleingebäck

Bei der Beurteilung süßer und pikanter Kleingebäcke durch die DLG werden u. a. folgende Kriterien herangezogen:

**Form, Aussehen**
- zu ungleichmäßige, flache, runde, gekrümmte Form
- kleines, großes Volumen
- aufgeplatzter Schluss
- schlecht haftende Bestreuung
- zu ungleichmäßiger, schmaler, breiter, tiefer, hochgezogener, verschwommener, nicht artgemäßer Ausbund
- zu viel bestreut, zu ungleichmäßig bestreut
- faltiger, hohler, breiter, unsauberer Boden

**Oberflächen-, Krusteneigenschaften**
- zu ungleichmäßige, helle, dunkle Bräunung
- stumpfe Oberfläche
- zu ungleichmäßige, dünne, dicke, verbrannte, abgelöste, abgesplitterte Kruste
- Sprenkel/Flecken, Blasen, Schrumpffalten
- verbrannter Boden
- rissige, harte, zähe, weiche Kruste
- beeinträchtigte Rösche

**Lockerung, Krumenbild**
- zu ungleichmäßige, geringe, übermäßige, nicht artgemäße Lockerung
- Hohlräume
- zu ungleichmäßige, nicht artgemäße Krumenfarbe

**Struktur, Elastizität**
- krümelt beim Schneiden
- geschwächte Krumenelastizität
- trockene, straffe, klebende, feste Krume

**Geruch**
- wenig aromatisch, aromaarm
- Nebengeruch, Fremdgeruch
- hefig, gärig
- dumpf/muffig

**Geschmack**
- wenig aromatisch, aromaarm, fade
- sauer/herbsauer, salzig, süß, bitter
- überwürzt
- hefig, gärig
- Nebengeschmack, Fremdgeschmack
- alt, ranzig, dumpf/muffig

### Aufgaben

1. Nennen Sie die Bestandteile der Weizenkleingebäcke:
   - Gebäckoberfläche
   - Gebäckinneres
   - gewünschte Rissbildung an der Kruste
   - Hohlräume im Gebäckinneren
   - Gesamtheit der Hohlräume im Gebäckinneren
2. Wie ist die Lockerung der Gebäcke erkennbar?
3. Erläutern Sie die Rösche der Gebäckkruste.
4. Beschreiben Sie die Brötchen bei der Kundenberatung.
5. Nennen Sie die Qualitätsmerkmale von frischen Brötchen aus Weizenteig, so wie sie die meisten Kunden wünschen:
   - Aussehen der Kruste
   - Beschaffenheit der Kruste
   - Ausbund der geformten Brötchen
   - Beschaffenheit und Porung der Krume
   - Krume beim Schneiden und Bestreichen
   - Geschmack
6. Beschreiben Sie die richtige Behandlung der ofenheißen Brötchen nach dem Ausbacken:
   - Ort zum Ausdampfen
   - Aufbewahrungsart
   - Verpacken
7. Geben Sie Auskunft über die Frischhaltung der Brötchen.
8. Erklären Sie die Auswirkungen des Tiefgefrierens auf Brötchen.
9. Wofür eignen sich Brötchen besonders gut?
10. Nennen Sie die Brötchenfehler und Ursachen folgender Volumen- und Formfehler:
    - zu große Brötchen
    - zu kleine Brötchen
    - zu flache Brötchen
11. Geben Sie die Ursachen folgender Brötchenfehler an:
    - zu helle Kruste und zu geringe Rösche
    - zu starke Krustenbräunung
    - Brötchen mit glanzloser, matter Kruste
12. Welche Ursachen haben ein
    - zu enger, verklebter Ausbund,
    - zu breiter Ausbund,
    - verschwommener, gering erkennbarer Ausbund?
13. Nennen Sie die Ursachen folgender Krumenfehler bei Brötchen:
    - unelastische und zu feuchte Krume, die sich schlecht schneiden und bestreichen lässt
    - große Hohlräume in der Krume, vor allem bei gestüpfelten und gedrückten Brötchen
    - ungleichmäßige Krume der Brötchen, die somit etwas trocken und leer im Geschmack sind
    - zu kleine und dichte Porung und somit zu gering gelockerte Krume
14. Um sich mit den Prüfmerkmalen der DLG vertraut zu machen, fordert Ihr Chef Sie auf, fünf verschiedene Brötchen auszuwählen und diese anhand der Prüfmerkmale zu beurteilen. Wenn Fehler zu erkennen sind, sollen Sie hierfür mögliche Gründe nennen.

LF 5

## 23.6 Milchbrötchen

Milchbrötchen werden aus Weizenteig für Brötchen hergestellt, für den statt Wasser Vollmilch verwendet wird.

**Bestimmungen der Leitsätze**
Für Milchgebäcke, Milchbrötchen und Milchhörnchen müssen auf 100 kg Weizenmehl mindestens 50 l Vollmilch verwendet werden.

**Teig abwiegen**
Pressengewicht für 30 Teiglinge: z. B. 1 650 g
Teigruhe der rundgewirkten Teigstücke (Pressen): ca. 10 Minuten

**Rezeptbeispiel: Weizenteig für Milchbrötchen**

| | |
|---|---|
| 1 000 g | Weizenmehl, Type 550 |
| 650 g | Milch |
| 40 g | Hefe |
| 30 g | Backmittel |
| 20 g | Salz |
| **1 740 g** | **Teiggewicht** |

Teigtemperatur: 25 °C

Knetzeit im Spiralkneter:
- 2 Minuten Langsamgang,
- 5 Minuten Schnellgang

(Wegen der Milchbestandteile etwas weniger lange kneten als Brötchenteige.)

**Aufarbeiten**

- Die Pressen schleifen (wirken) und die Teiglinge auf Gärdielen setzen.
- Die Teiglinge zur Vorgare in den Gärraum schieben.
- Die lockeren Teiglinge nach ca. ⅓ Gare zu Milchbrötchen und Milchhörnchen aufarbeiten.

**Milchbrötchen**

- Nach ca. ⅓ Gare die glatte Oberfläche der Teiglinge mit einem Pinsel mit Öl bestreichen.
- Die geölten Teiglinge in der Mitte mit einem dünnen Rundholz tief nach unten eindrücken, bis unten nur noch eine dünne Teighaut das Brötchen verbindet und zwei zusammenhängende Hälften entstehen.
- Die Teiglinge mit der gedrückten Seite nach unten aufsetzen.
- Nach ca. knapper Gare die Teiglinge mit der gedrückten Seite nach oben drehen und auf Lochbleche oder Abziehrahmen setzen.
- Die Teiglinge noch etwas gären lassen und dann in den Backofen schieben.

*Milchbrötchen*

**Milchhörnchen**

Sie werden wie die Hörnchen aus Brötchenteig gewickelt.

*Milchhörnchen*

**Backen:** 230 °C, viel Schwaden geben beim Einschießen
**Backzeit:** 16 bis 18 Minuten

**Hamburger Brötchen, Hotdog-Brötchen**

Diese Brötchen sind Milchbrötchen mit etwas Margarine. Dadurch erhalten sie die besonders weiche Beschaffenheit.

*Hamburger- und Hotdog-Brötchen*

**Teigausbeute der Milchteige**

TA Weizenteig mit Milch: 165
TA Weizenteig mit Wasser: 156
Der Wassergehalt des Milchteigs gegenüber dem Brötchenteig mit Wasser ist in etwa gleich, weil Vollmilch aus 87 % Wasser und 13 % trockenen Bestandteilen wie Zucker, Fett, Eiweiß, Mineralstoffen und Vitaminen besteht.
650 g Milch, davon 87 % ≙ 565 g Wasser

**Verwendung von Vollmilchpulver**

Anstelle von Vollmilch kann bei der Teigbereitung auch Vollmilchpulver mit der entsprechenden Menge Wasser verwendet werden. Die mit Vollmilchpulver zubereitete Milch muss jedoch wie Frischmilch mindestens 3,5 % Milchfett enthalten.

LF 5

**Herstellung von Vollmilch aus Vollmilchpulver**

140 g Vollmilchpulver in den Knetkessel auf das Mehl geben und 900 g Wasser zugießen = 1 l Vollmilch.

## Wirkung der Milch auf die Milchbrötchen

**Starke Krustenbräunung durch Milchzucker**

Der Milchzucker im Milchteig kann von der Hefe nicht vergärt werden, da weder das Mehl noch die Hefe das Enzym Laktase zum Spalten des Milchzuckers enthält. Deshalb karamellisiert der Milchzucker beim Backen an der Kruste und bildet außerdem mit den Aminosäuren Röstbitterstoffe an der Kruste, die Melanoidine (→ Maillard-Reaktion Seite 486) enthalten. Dadurch ist die Krustenbräunung der Milchbrötchen stärker als bei den Brötchen.

*Brötchen mit Wasser und mit Milch hergestellt*

**Wirkung von Milchfett, Milchzucker und Milcheiweiß**

- Sie geben den Milchbrötchen einen feinen Milchgeschmack.
- Das Milchfett ergibt eine weiche, feinporige Krume der Milchbrötchen.
- Das Milchfett und Milcheiweiß verlängert etwas die Frischhaltung der Milchbrötchen.

*Links: Brötchen mit Wasser hergestellt; rechts: Milchbrötchen.*

**Tiefgefrieren der Milchbrötchen**

Wegen des Milchfettanteils eignen sich Milchgebäcke zum Tiefgefrieren. Die weiche Kruste splittert nach dem Auftauen nicht ab und die Krume trocknet nicht so schnell aus, im Gegensatz zu den Brötchen, die mit Wasser hergestellt werden.

Fehler der Milchbrötchen → Brötchenfehler Seite 386.

**Verkaufsargumente**

**Qualitätsmerkmale für die Kundenberatung**

Die Qualitätsmerkmale der Milchbrötchen ergeben sich aus den Unterschieden zu den mit Wasser hergestellten Brötchen. Die Milchbrötchen besitzen

- eine weiche, etwas dunklere Kruste,
- eine weichere und feinporigere Krume,
- einen feinen Milchgeschmack.

**Frischhaltung der Milchbrötchen**

Auch Milchbrötchen schmecken frisch am besten. Sie sind jedoch wegen des Milchanteils etwas länger frisch als Brötchen, die mit Wasser hergestellt werden. Die Kruste ist weich und kann somit die Rösche nicht verlieren und die Krume bleibt etwas länger weich.

**Besondere Eignung der Milchbrötchen**

Die weichen Milchbrötchen mit dem feinen Milchgeschmack ergänzen sich geschmacklich gut mit Butter, Honig, Konfitüren, Gelees und Marmeladen sowie Nugatcreme als Aufstrich sowie mit mildem Käse und feiner Wurst.

**Aufgaben**

1. Nennen Sie die Bestimmungen der Leitsätze für Milchbrötchen und Milchhörnchen.
2. Erstellen Sie ein Weizenteigrezept für Milchbrötchen und geben Sie die Teigausbeute an.
3. Beschreiben Sie die Herstellung von Milchbrötchen und Milchhörnchen.
4. Erläutern Sie das Backen und geben Sie die Backzeit an.
5. Erklären Sie Hamburger Brötchen und Hotdog-Brötchen.
6. Erklären Sie, warum Milchteige eine höhere Teigausbeute besitzen als Weizenteige, die mit Wasser hergestellt werden.
7. Geben Sie die Mengen für Vollmilchpulver und Wasser für 1 l Vollmilch bei der Verwendung für Milchteige an.
8. Erklären Sie die starke Krustenbräunung der Milchbrötchen.
9. Nennen Sie die Wirkung von Milchfett, Milchzucker und Milcheiweiß auf die Milchbrötchen in Bezug auf
   - Geschmack,
   - Krume,
   - Frischhaltung.
10. Geben Sie Auskunft über das Tiefgefrieren von Milchbrötchen.

→

⑪ Nennen Sie die Qualitätsmerkmale der Milchbrötchen, die sich aus den Unterschieden gegenüber den mit Wasser hergestellten Brötchen ergeben:
- Kruste
- Krume
- Geschmack

⑫ Geben Sie Auskunft über die Frischhaltung der Milchbrötchen.

⑬ Wofür eignen sich Milchbrötchen besonders gut?

⑭ Eine Verkäuferin fragt Sie, welche Brötchen sie den Kunden empfehlen solle, wenn diese die Brötchen einfrieren wollen. Sie erläutern ihr, warum die Milchbrötchen hierfür am besten geeignet sind

**Rechenaufgabe**

45 kg Milchbrötchenteig hat eine Teigausbeute von 165. Der Teig wird mit Magermilch mit einem Milchfettgehalt von 0,5 % hergestellt. Der fehlende Milchfettgehalt zum Erreichen von Vollmilch mit einem Fettgehalt von 3,5 % wird mit Butterreinfett ausgeglichen. Das Butterreinfett enthält 100 % Milchfett.

a) Wie viel l Vollmilch werden für den Milchbrötchenteig berechnet?

b) Berechnen Sie die Zugabe von Butterreinfett, damit der fehlende Milchfettgehalt ausgeglichen wird.

## 23.7 Laugenbrezeln und Laugengebäcke

Laugenbrezeln und Laugengebäcke sind Weizenkleingebäcke, die vor dem Backen in Brezellauge getaucht werden.

### Brezellauge

Brezellauge besteht aus Wasser und ca. 3,5 % Natronlauge (Natriumhydroxid = NaOH).
Die Laugenkonzentration sollte nicht höher als 4 % sein, da sonst die Laugengebäcke zu braun werden und unangenehm salzig schmecken.

Die Brezellauge ist ein Lebensmittel-Zusatzstoff, der aber auf den Gebäcken nicht deklariert werden muss.
Die Brezellauge darf nur zum Tauchen von Laugenbrezeln und Laugengebäcken verwendet werden.

**Handelsformen der Natronlauge**

- Flüssige, verdünnte Natronlauge mit einem Natronlaugenanteil von 36 % in Plastikkanistern.
- Feste Natronlauge in Form von Perlen oder Schuppen mit fast 100 % Natronlaugenanteil.

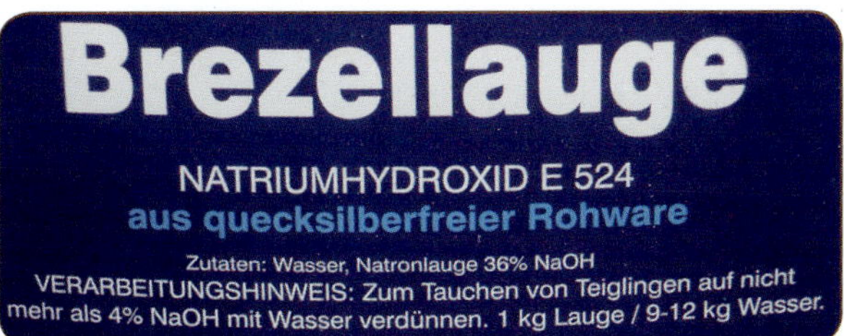


*Natronlauge für Brezellauge*

### Zubereitung der Brezellauge

Bei der Zubereitung der Brezellauge aus flüssiger und fester Natronlauge mit Wasser sind die Mischungsangaben der Hersteller zu beachten, damit die vorgeschriebene Natronlaugekonzentration von ca. 3,5 % in der Brezellauge erreicht wird.

Beim Mischen der Brezellauge wird die Natronlauge in kühles Wasser aus der Wasserleitung gegeben und dann verrührt, z. B. mit einem Handrührbesen. Auch vor dem täglichen Belaugen soll die Brezellauge verrührt werden, damit die Natronlauge gleichmäßig verteilt ist, da Natronlauge schwerer als Wasser ist und sich deshalb unten absetzt (spezifisches Gewicht der Natronlauge: 1,39).

Mit heißem Wasser hergestellte Brezellauge hat eine zu stark bräunende Wirkung auf die Laugengebäcke.

Nach dem Gebrauch kann Brezellauge problemlos bei Raumtemperatur im Laugenbehälter gelagert werden.

**Verbrauchte Brezellauge erneuern**

Brezellauge muss nach mehrmaliger Verwendung erneuert werden, weil die Konzentration der Natronlauge zunehmend geringer wird. Bei verbrauchter Brezellauge entstehen helle Flecken oder Streifen auf den nur noch hellbraun gebräunten Laugengebäcken. Auch der gewünschte kräftige Geschmack durch die Brezellauge verringert sich.

LF 5

### Wirkungen der Brezellauge

Durch die Brezellauge bekommen die Laugenbrezeln und Laugengebäcke

- die dunkelbraune Krustenfarbe und
- den typischen kräftigen Geschmack.

*Zöpfchen, das zur Hälfte in Brezellauge getaucht wurde*

**Intensive Bräunung der Gebäckkruste**
Schon beim Belaugen baut die Natronlauge das Eiweiß zu Aminosäuren ab, sodass die Teigoberfläche gelb wird.

Die Aminosäuren verbinden sich mit dem Traubenzucker des Teigs zu Melanoidinen, die im Ofen bräunen. Dieser Vorgang der Verbindung wird als Maillard-Reaktion (→ Seite 486) bezeichnet. Beim Backen läuft eine verstärkte Maillard-Reaktion ab, die für die intensive Krustenbräunung sorgt.

**Typischer Geschmack der Kruste der Laugengebäcke**
Beim Backen reagiert die Natronlauge mit dem $CO_2$ (Kohlenstoffdioxid), dem Gärgas der Hefe im Teigling. Dabei wird die Natronlauge neutralisiert und es entsteht Soda (Natriumcarbonat), das einen salzigen Geschmack ergibt.

**Brezellauge auf Laugengebäcken ist nicht gesundheitsschädlich**
Die Brezellauge berührt nur die Teigoberfläche und dringt nicht in das Teiginnere ein. Beim Backen wird die Natronlauge mit dem Kohlenstoffdioxid des Teigs zu harmlosem Soda umgewandelt. Der Zusatzstoff Natronlauge ist somit auf dem fertig gebackenen Laugengebäck nicht mehr vorhanden.

**Unfallgefahr und Unfallschutz beim Umgang mit Brezellauge und Natronlauge**

Natronlauge, also auch Brezellauge, ist ätzend!
Grundsätzlich vorsichtig mit Brezellauge arbeiten und Schutzkleidung tragen, Schutzhandschuhe und Schutzbrille!

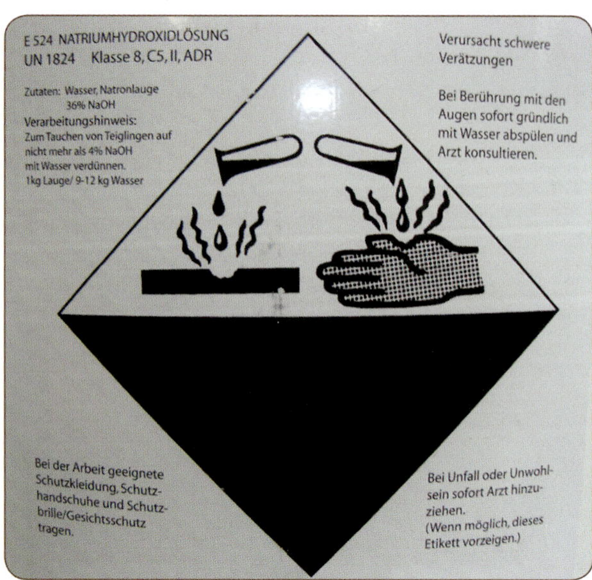


*Gefahrenhinweise auf einem Natronlaugebehälter*

- Brezellauge schmerzt auf der Haut, vor allem bei kleinen Schnittverletzungen. Sie schädigt durch die ätzende Wirkung bei häufigem Arbeiten ohne Schutzhandschuhe das Gewebe der Haut. Zum Schutz der Haut deshalb grundsätzlich Gummihandschuhe tragen.
- Spritzt die Brezellauge oder gar konzentrierte Natronlauge in die Augen, führt dies zu brennenden Augenverletzungen. Deshalb sollte man nach den Vorschriften eine Schutzbrille tragen.
- Gelangt Natron- oder Brezellauge in die Augen, muss man diese sofort mit viel Wasser auswaschen und unverzüglich den Arzt (Augenarzt) aufsuchen → Seite 42.

Natron- und Brezellauge sind in deutlich gekennzeichneten Behältern aufzubewahren.

## Laugenbrezeln

Die Brezel ist das Symbol der Bäckerei und steht deshalb auch im Mittelpunkt des deutschen Bäckerwappens.

- Der Brezelteig ist ein fester Weizenteig mit einer Teigausbeute von 150, der neben den Zutaten des Weizenteigs für Brötchen zusätzlich etwas Fett enthält.
- Das typische Aussehen der Brezeln ist der dicke Bauch und die dünner werdenden Enden, die Ärmchen.

LF 5

**Rezeptbeispiel: Weizenteig für Laugenbrezeln**

| | |
|---|---|
| 1 000 g | Weizenmehl, Type 550 |
| 500 g | Wasser (kalt) |
| 30 g | Hefe |
| 20 g | Salz |
| 20 g | Backmittel, malzhaltig |
| 30 g | Fett (Backmargarine oder Schweineschmalz) |
| **1 600 g** | **Teiggewicht** |

Schwäbische Brezeln enthalten 50 bis 70 g Fett.

**Teigtemperatur:** ca. 20 °C
In den Sommermonaten sollte Eis aus einem Eisbereiter in das Schüttwasser gegeben werden, um die kühle Teigtemperatur einzuhalten.

**Knetzeit im Spiralkneter:** 2 Minuten Langsamgang,
6 Minuten Schnellgang
Den Brezelteig sofort nach dem Kneten ohne Teigruhe abwiegen.

**Häufiges Teiggewicht einer Brezel:** 65 bis 75 g
**Häufiges Pressengewicht:** 2 000 bis 2 200 g bei 30 Teiglingen
Bei großen Brezeln (Riesenbrezeln) erhöht sich das Teiggewicht je Brezel meist um das 2- bis 4-Fache entsprechend der Größe.

**Handwerkliches Aufarbeiten**
- Die abgewogenen Pressen (Ballen) rundwirken und eine kurze Pressenruhe von 5 bis 10 Minuten geben.
- Die entspannten, etwas gelockerten Pressen (Ballen) in der Schleifmaschine (Teigteilmaschine) teilen.
- Die geteilten Teiglinge sofort in der Strangmaschine zu Strängen rollen. Diese mit den Händen von der Mitte aus nach außen etwas nachlängen und die Stränge nach außen hin dünner rollen. Die Brezelstränge zu Brezeln drehen (schlingen) und auf Kippdielen oder auf mit Tüchern belegte Bretter setzen.

**Gare**
Die Brezelteiglinge nur sehr knapp bis zur ca. halben Gare gären lassen.
Gärraumtemperatur: 35 °C
relative Luftfeuchtigkeit: ca. 75 %

**Absteifen der Teiglinge**
Die Brezelteiglinge bei sehr knapper Gare in einer Kühlzelle gut „absteifen" lassen.

Dies bedeutet, die Teiglinge kühl stellen, bis sie an der Teigoberfläche eine stabile Haut bekommen, damit die Brezellauge nicht in das Teiginnere eindringen kann.

Es können auch tiefgefrorene Teiglinge, die leicht angetaut sind, belaugt werden.

**Belaugen der Teiglinge**
Die abgesteiften, stabilen Teiglinge kurz in die Brezellauge tauchen.

Die Art der Belaugung richtet sich nach der Betriebsgröße:
- Kleinere Bäckereien: Die Brezelteiglinge auf ein Gitter des Tauchgefäßes legen und dieses mit den Teiglingen in die Brezellauge tauchen. Die belaugten Teiglinge mit der Hand auf ein Lochblech legen und mit Brezelsalz leicht bestreuen.

*Aufsetzen der belaugten Teiglinge auf Lochbleche*

- Größere Bäckereien: Die auf Kippdielen (Sturzkästen) liegenden Brezelteiglinge auf ein Gitter stürzen, in Brezellauge tauchen und die belaugten Teiglinge auf einem Lochblech wenden.
- Bäckereien mit großer Brezelproduktion: Die Brezelteiglinge durchlaufen auf einem Gitterband die Belaugungsanlage, in der die Teiglinge mit Brezellauge überschüttet werden.

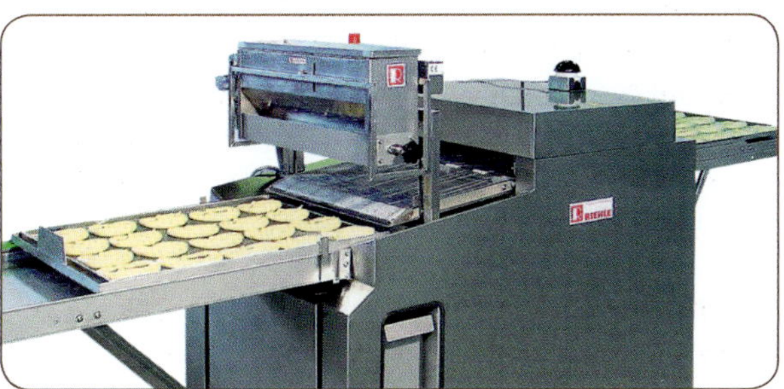
*Belaugungsanlage*

Belaugte Teiglinge können auch tiefgefroren und bei Bedarf auch unaufgetaut gebacken werden.

LF 5

**Backen:** 240 °C, ohne Schwadengabe und bei geöffnetem Zug; oder: mit etwas Schwaden anbacken und nach ca. 2 Minuten den Zug ziehen

**Backzeit:** 12 bis 15 Minuten, Brezeln mit höherem Gewicht je nach Größe etwas länger backen.

**Schwäbische Laugenbrezeln** enthalten etwas mehr Fett im Teig: 5 bis 7 %. Sie werden am Bauch nach dem Belaugen leicht eingeschnitten, um einen Ausbund mit schönem Farbkontrast zu erzielen. Die Ärmchen sind dünner als bei den bayerischen Brezeln.

Die **bayerischen Laugenbrezeln** werden nicht geschnitten und reißen deshalb beliebig leicht an der Kruste auf. Die Ärmchen sind dicker als bei den schwäbischen Brezeln.

*Schwäbische (links) und bayerische (rechts) Laugenbrezel*

**Vollkornbrezeln** werden statt mit Brezelsalz bestreut meistens in Sesam getaucht.

LF 5

**Weiße Brezeln** sind im Gegensatz zu den Laugenbrezeln nicht in Brezellauge getaucht.

### Tiefgefrieren von Brezeln

Aufgrund des geringen Wasseranteils und des Fettanteils im Brezelteig eignen sich Brezeln gut zum Tiefgefrieren – sowohl als Teiglinge oder als belaugte Teiglinge, aber auch fertig gebacken.

Die tiefgefrorenen Teiglinge werden ohne Auftauen in Brezellauge getaucht und gebacken bzw. die belaugten Teiglinge werden aus dem Froster genommen und sofort in den Ofen geschoben. So können im Ladenbackofen mehrmals täglich Laugenbrezeln gebacken und frisch angeboten werden.

## Laugengebäcke

Für Laugengebäcke ist es empfehlenswert, einen etwas weicheren Brezelteig herzustellen. Der Teig wird entsprechend geformt, in Brezellauge getaucht und gebacken.

*Laugengebäcke*

**Rezeptbeispiel: Laugengebäcke**

|  |  |
|---|---|
| 1 000 g | Weizenmehl, Type 550 |
| 550 g | Wasser |
| 40 g | Hefe |
| 20 g | Salz |
| 30 g | Backmittel |
| 30 g | Fett (Backmargarine oder Schweineschmalz) |
| **1 670 g Teiggewicht** | |

**Häufige Teiggewichte je Gebäck:** 55 bis 60 g
**Häufige Pressengewichte:** 1 650 g bis 1 800 g
**Teigruhe der Pressen:** ca. 10 Minuten

### Aufarbeiten verschiedener Laugengebäcke

**Laugenbrötchen, z. B. Kastanien**

- Die rundgeschliffenen (gewirkten) Teiglinge nach ca. ¾ Gare in der Kühlung gut absteifen lassen.
- Die Teiglinge in Brezellauge tauchen und kreuzweise einschneiden.

*Laugenbrötchen (Kastanien)*

**Laugenstangen**

- Die rundgeschliffenen (gewirkten) Teiglinge in den Gärraum zur Vorgare geben.
- Die leicht gelockerten Teiglinge nach der Vorgare (ca. ⅓ Gare) in der Wickelmaschine zu Stangen wickeln und in den Gärraum schieben.
- Die Stangen bei knapper Gare absteifen lassen und in Brezellauge tauchen.
- Die belaugten Stangen mit einem scharfen Messer schräg einschneiden.

*Laugenstangen*

**Laugenringe**

- Die geschliffenen (gewirkten) Teiglinge zu gleichmäßig dicken Strängen rollen.
- Die zwei Strangenden zu einem Ring zusammenrollen.
- Nach knapper Gare die Ringe absteifen lassen und in Brezellauge tauchen.

*Laugenring*

**Laugenzöpfchen**

- Die Teiglinge sofort nach dem Teilen zu Einstrangzöpfchen flechten und in den Gärraum schieben.
- Nach knapper Gare die Teiglinge absteifen lassen und in Brezellauge tauchen.

*Laugenzöpfchen*

**Tauchen in Brezellauge und Bestreuen mit Brezelsalz**

Die abgesteiften Teiglinge in Brezellauge tauchen, auf Lochbleche setzen und leicht mit Brezelsalz bestreuen.

**Backen:** 230 °C, ohne Schwaden bei offenem Zug; oder: mit etwas Schwaden in den Ofen schieben und nach ca. 2 Minuten den Zug ziehen und bei geöffnetem Zug backen
**Backzeit:** ca. 15 Minuten

**Laugencroissants**

Croissants werden nach knapper Gare abgesteift und in Brezellauge getaucht.

## Fehler bei Laugenbrezeln und Laugengebäcken

| Gebäckfehler | Ursachen |
|---|---|
| • zu starke Krustenbräunung bei richtiger Backzeit<br>• zu kräftiger Geschmack der Laugengebäcke durch die Brezellauge | zu hohe Laugenkonzentration in der Brezellauge, über 4 % |
| • zu schwache Bräunung der Gebäckkruste durch die Brezellauge<br>• helle Flecken oder Streifen auf der Kruste der Laugengebäcke | verbrauchte Brezellauge nach zu häufigem Gebrauch, weil die Konzentration der Natronlauge in der Brezellauge zu gering geworden ist |
| etwas faltige Kruste der Laugengebäcke mit tief wirkender Brezellauge | Teiglinge waren beim Belaugen noch nicht ausreichend abgesteift und somit zu wenig stabil |

LF 5

## Verkaufsargumente

**Qualitätsmerkmale für die Kundenberatung**
Frische Laugenbrezeln und Laugengebäcke haben:
- eine dunkelbraune Krustenfarbe
- einen typisch kräftigen Geschmack
- eine dünne, rösche Kruste
- eine kompakte, aber weiche Krume

Den Kunden sollte man den Hinweis geben, dass alternde Laugenbrezeln und Laugengebäcke vom selben Tag im heißen Ofen aufgebacken wieder kurzfristig die Qualitätsmerkmale frischer Gebäcke erhalten. Nach dem Aufbacken müssen sie jedoch sofort gegessen werden, da sonst die Krume hart wird.

**Frischhaltung**
Je frischer, desto besser schmecken Laugengebäcke . Laugenbrezeln altern wegen des geringen Wasseranteils im Brezelteig sehr schnell. Wegen der kurzen Frischhaltung sollen im Ladenbackofen mehrmals täglich frische Brezeln gebacken werden.
Veränderungen der Laugenbrezeln beim Altern:
- Die Kruste wird leicht feucht und runzlig (faltig).
- Die Krume wird trocken und etwas zäh.

**Besondere Eignung**
Laugenbrezeln und Laugengebäcke sind zu vielen Speisen passend, z. B.
- zum Frühstück,
- für zwischendurch, auch als Butterbrezeln,
- zu Würstchen und allgemein zur Brotzeit,
- zu Salaten,
- zum kalten Büfett,
- zum Bier, im Biergarten und bei Partys.

## Aufgaben

1. Erklären Sie, woraus Brezellauge besteht, und geben Sie die Konzentration an, die die Brezellauge nicht überschreiten sollte.
2. Nennen Sie die Handelsformen der Natronlauge.
3. Beschreiben Sie die Zubereitung der Brezellauge.
4. Warum muss verbrauchte Brezellauge erneuert werden?
5. Welche Wirkungen hat die Brezellauge auf die Laugenbrezeln und Laugengebäcke?
6. Erklären Sie, wie es zur intensiven Bräunung der Gebäckkruste der Laugengebäcke kommt.
7. Erläutern Sie, wie der typisch kräftige Geschmack an der Kruste der Laugenbrezeln und Laugengebäcke durch die Brezellauge entsteht.
8. Erklären Sie, warum die Brezellauge auf den Laugengebäcken nicht gesundheitsschädlich ist.
9. Erstellen Sie ein Rezept eines Weizenteigs für Laugenbrezeln.
10. Beschreiben Sie die Gare der Teiglinge für Laugenbrezeln.
11. Erklären Sie das Absteifen der Teiglinge für Laugenbrezeln und Laugengebäcke.
12. Beschreiben Sie das Backen der Laugenbrezeln und geben Sie die Backzeit an.
13. Nennen Sie den Unterschied zwischen bayerischen Laugenbrezeln und schwäbischen Laugenbrezeln.
14. Geben Sie Auskunft über das Tiefgefrieren der Teiglinge für Laugenbrezeln.
15. Erstellen Sie ein Rezept für Laugengebäcke.
16. Beschreiben Sie das Aufarbeiten von
    - Laugenbrötchen (Kastanien),
    - Laugenringen,
    - Laugenstangen,
    - Laugenzöpfchen.
17. Geben Sie die Ursachen folgender Gebäckfehler bei Laugenbrezeln und Laugengebäcken an:
    - zu starke Krustenbräunung bei richtiger Backzeit und zu kräftiger Geschmack durch die Brezellauge
    - zu schwache Bräunung der Gebäckkruste durch die Brezellauge bzw. helle Flecken oder Streifen auf der Kruste
    - etwas faltige Kruste der Laugengebäcke mit tief wirkender Brezellauge
18. Nennen Sie die Qualitätsmerkmale frischer Laugenbrezeln und Laugengebäcke.
19. Geben Sie Auskunft über die Frischhaltung der Laugenbrezeln und Laugengebäcke.
20. Wie verändern sich Laugenbrezeln beim Altern?
21. Wofür eignen sich Laugenbrezeln und Laugengebäcke besonders gut?
22. Damit in der Backstube keine Unfälle mit der Natronlauge und Brezellauge passieren, sollen Sie ein Merkblatt über die Unfallgefahr und den Unfallschutz beim Umgang mit den beiden Laugen erstellen, das in der Backstube aufgehängt werden soll.

LF 5

# 24 Weizenbrote (Weißbrote) und spezielle Weizenbrote

**Situation**

Eine neue Auszubildende ist der Meinung, dass Stangenweißbrot das gleiche Gebäck wie Baguette sei und dass zwischen Toastbrot und Kastenweizenbrot kein Unterschied bestehe. Sie stellen diese sowie andere Weißbrote mit ihr her und vergleichen dabei die Rezepte und die Aufarbeitung. Außerdem informieren Sie sie über die Brotkrankheiten.

- Wie wird ein Weizenteig für Weizenbrote bei indirekter Teigführung und mit Weizensauerteig hergestellt?
- Welche Weizenbrotformen werden häufig in den Bäckereien hergestellt und wie werden sie zum Backen hergerichtet?
- Wie werden Toastbrotteige hergestellt und verschiedenartig aufgearbeitet?
- Worin unterscheiden sich Toastbrote von Kastenweißbroten bei der Herstellung und beim fertigen Gebäck?
- Worin unterscheiden sich Baguettes von Stangenweißbroten bei der Herstellung und beim fertigen Gebäck?
- Was ist das Besondere von Ciabatta und Fladenbrot in Bezug auf die Rezeptur und die Teigführung?
- Wie sind die Gewichte und Gewichtskennzeichnungen für Kleingebäcke, ganze Brote und Schnittbrote festgelegt?
- Welche Brote sind besonders anfällig gegen Schimmel und warum?
- Wie kann die Brotkrankheit Fadenziehen entstehen und wie kann sie bei Weizenbroten verhindert werden?



## 24.1 Weizenbrote (Weißbrote)

Weizenbrote, auch Weißbrote genannt, werden aus den gleichen Zutaten wie Brötchen aus Weizenteigen hergestellt. Viele Bäckereien stellen deshalb die Weizenbrote und Brötchen aus einem Teig her.

**Bekannte Weizenbrote**

- Weizenlangbrot (Weizenbrotwecken): freigeschobenes Langbrot (Wecken)
- Kastenweizenbrot (Kastenweißbrot): in Kastenformen gebackene Brote mit seitlich dünner Kruste wegen der Backform
- Stangenweißbrot: lange, dünne Stangenform

*Weizenlangbrot, Stangenweißbrot, Kastenweizenbrot*

**Bestimmungen der Leitsätze**

Weizenbrote (Weißbrote) müssen mit mindestens 90 % Weizenmehl hergestellt werden. 10 % anderes Mehl kann verwendet werden.

**Rezeptbeispiel: Weizenteig für Weizenbrote (Weißbrote)**

**Direkte Teigführung**

| ohne Versäuerung | mit getrocknetem Weizensauerteig von der Backmittelindustrie |
|---|---|
| 1 000 g Weizenmehl, Type 550 | 950 g Weizenmehl, Type 550 |
| 600 g Wasser | 50 g Weizensauerteig (Pulverform) |
| 40 g Hefe | 600 g Wasser |
| 30 g Backmittel für Weizenbrote | 40 g Hefe |
| 20 g Salz | 30 g Backmittel für Weizenbrote |
| | 20 g Salz |
| **1 690 g Teiggewicht** | **1 690 g Teiggewicht** |

**Möglichkeiten verschiedener Mehle in der Rezeptur**

Eine höhere Teigausbeute und einen kräftigeren Geschmack kann man mit verschiedenen Mehlen in der Rezeptur erreichen:

- Den Weizenbroten bis zu 10 % Roggenmehl zugeben. Dadurch ist der Kleberanteil geringer und die Weizenbrote sind etwas kleinporiger gelockert.
- Bis zu ein Viertel der Gesamtmehlmenge durch schalenreiches, dunkleres Weizenmehl ersetzen, z. B. Type 1050.

**Rezeptbeispiel: Weizenteig für Weizenbrote (Weißbrote)**

**mit verschiedenen Mehlen**

750 g Weizenmehl, Type 550
200 g Weizenmehl, Type 1050
50 g Roggenmehl, Type 997 oder 1150
600 g Wasser
40 g Hefe
30 g Backmittel
20 g Salz

**1 690 g Teiggewicht**

**Qualitätsverbesserung durch indirekte Teigführung**

Die Qualität der Weizenbrote kann durch die Führung eines Vorteigs und/oder Weizensauerteigs verbessert werden → Seite 370.

**Rezeptbeispiel: Weizenteig für Weizenbrote mit Vorteig**

**Indirekte Teigführung**

**Vorteig**

250 g Weizenmehl, Type 550
130 g Wasser
10 g Hefe

**390 g Vorteig**

Teigausbeute: 152
Teigtemperatur: 22 °C
Stehzeit: 15 Stunden

**Weizenbrotteig (Hauptteig)**

390 g reifer Vorteig
750 g Weizenmehl, Type 550
470 g Wasser
25 g Hefe
30 g Backmittel für Weizenbrote
20 g Salz

**1 685 g Teiggewicht**

**Rezeptbeispiel: Weizenteig für Weizenbrote mit Weizensauerteig**

**Indirekte Teigführung**

**Weizensauerteig**

10 g Anstellgut
100 g Weizenmehl, Type 550
60 g Wasser

170 g Weizensauerteig
–10 g Anstellgut für den nächsten Sauerteig

**160 g Weizensauerteig**

Teigausbeute: 160
Teigtemperatur: 25 °C
Stehzeit: 15 bis 20 Stunden

**Weizenbrotteig**

160 g Weizensauerteig
900 g Weizenmehl, Type 550
540 g Wasser
40 g Hefe
30 g Backmittel für Weizenbrote
20 g Salz

Teigausbeute: 158
Teigtemperatur: 24 bis 26 °C

**1 690 g Teiggewicht**

**Knetzeit:** 2 Minuten Langsamgang
**im Spiralkneter:** 6 Minuten Schnellgang
**Teigruhe:** 15 Minuten

### Teiggewichte
Für 500-g-Brote werden 600 g Teig abgewogen, weil 100 g beim Gär- und Backverlust verloren gehen.
Das Gewicht der Stangenweißbrote richtet sich nach der Länge der Brote, z. B. wiegen 40 cm lange Stangenweißbrote 250 g, für die 300 g Weizenteig abgewogen werden.

### Weizenbrotgewichte
Das Mindestgewicht der Weizenbrote beträgt 250 g. Gebäcke unter 250 g gelten als Kleingebäcke oder werden als Brötchen bezeichnet → Seite 363.

Ansonsten können die Bäckereien die Gewichte ihrer Brote selbst bestimmen, da es keine vorgeschriebenen Gewichtseinheiten bei Broten gibt.
Das Höchstgewicht der Weizenbrote beträgt gewöhnlich 500 g. Bei Weizenbroten mit einem höheren Gewicht würde das Volumen wegen der starken Lockerung zu groß sein.

## Handwerkliches Aufarbeiten der Weizenbrote

### Rundwirken
Die Teigstücke nach der Teigruhe straff rundwirken, wobei eine glatte Teigoberfläche entsteht. Die Teiglinge mit dem Schluss nach oben zur handwerklichen Weiterverarbeitung auf den Arbeitstisch legen.

### Teigruhe der Teigstücke
Ca. 5 Minuten, bis sich die Teiglinge entspannt haben und locker genug zur Weiterverarbeitung sind.

### Aufarbeiten der Teigstücke
Die rundgewirkten Teigstücke mit dem Handballen in der Mitte eindrücken, straff einschlagen und länglich formen, sodass Teiglinge mit einem geraden und geschlossenen Schluss sowie mit glatten Oberflächen entstehen.

*Formen von Weizenlangbroten*

### Weizenlangbrote (Weizenbrotwecken)
Die Teiglinge zu länglichen Broten formen, die in der Mitte etwas dicker sind und zu den Enden gleichmäßig etwas schmaler werden. Die Weizenbrotteiglinge mit dem Schluss nach unten aufsetzen.

### Kastenweizenbrote (Kastenweißbrote)
Die Teiglinge gleichmäßig dick rollen, bis sie die Länge der Kastenformen haben. Die Teiglinge mit dem Schluss nach unten in gefettete Kastenformen legen. Gut geeignet sind Toastbrotkästen.

### Stangenweißbrote
Die Teiglinge zu gleichmäßig dicken Stangen rollen. Übliche Längen sind 25, 40, 60 und 80 cm.
Bei 60 und 80 cm langen Stangenweißbroten werden die Teiglinge zuerst ca. 40 cm lang gerollt und nach einigen Minuten der Entspannung, wenn der Weizenteig wieder etwas locker ist, werden sie zur endgültigen Länge geformt. Die lang gerollten Stangen mit dem Schluss nach unten aufsetzen. Ideal dafür sind muldenförmige Lochbleche, die auch als Baguettebleche bezeichnet werden.
Durch die kurze Teigruhe beim Langrollen bleibt die Oberfläche der Teiglinge glatt und reißt nicht, die Stangen können gleichmäßig dick ausgerollt werden und sie schnurren (zusammenziehen) nicht.

*Teiglinge in Toastbrotkästen und im Muldenblech*

### Maschinelles Aufarbeiten der Weizenbrote
- Im Teigteiler wird der Weizenteig zu gleich schweren Teigstücken geteilt.
- In einer Rundwirkmaschine werden die Teigstücke rundgewirkt.
- In einer Langwirkmaschine (Langroller) werden die rundgewirkten Teigstücke für die entsprechenden Weizenbrotformen länglich gerollt.

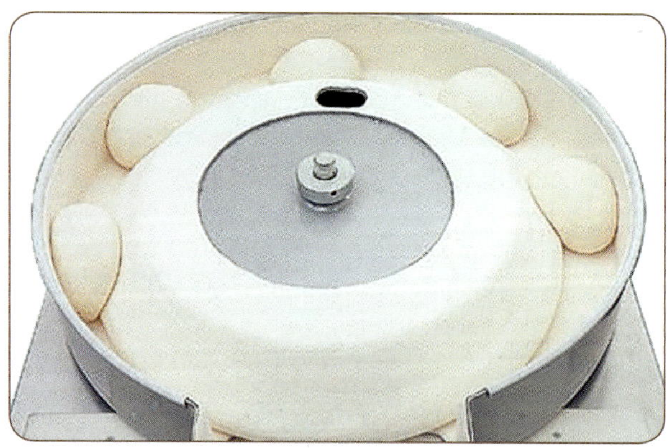

*Rundwirkmaschine*

**Gare:** 40 bis 50 Minuten, volle Gare
Gärraumtemperatur: 35 °C
relative Luftfeuchtigkeit: 70 bis 75 %

**Einschneiden der Teiglinge**

- Die Brotteiglinge nach der Gare mit Wasser bestreichen oder besprühen.
- Die Brotteiglinge für Weizenlangbrote und Stangenweißbrote mit einem scharfen Teigmesser mehrmals leicht schräg einschneiden. Die Schnitte sollen alle gleich tief und im gleichen Abstand sein.
- Die Teiglinge in den Kastenformen für Kastenweizenbrote einmal in der Mitte der Länge nach einschneiden, sodass der Schnitt vom Kastenanfang bis zum Ende durchgeht.

LF 5

Die Brotteiglinge zuerst mit Wasser bestreichen und dann erst einschneiden, damit kein Wasser in die Schnittstellen laufen kann.
Die Teiglinge nach dem Schneiden noch etwas gären lassen, damit die Schnittstellen sich etwas öffnen, und dann in den Ofen schieben.

*Einschneiden der Teiglinge für Weizenlangbrote und Stangenweißbrote*

**Backen:** 230 °C, kräftig Schwaden geben und bei geschlossenem Zug ausbacken
**Backzeit:** ca. 30 Minuten

**Nach dem Backen:**
Sofort nach dem Ausbacken die Weizenbrote mit Wasser besprühen oder bestreichen, damit sie einen schönen Glanz erhalten.

## Fehler bei Weizenbroten

| Weizenbrotfehler | Ursachen |
|---|---|
| große Hohlräume und ungleichmäßige Porung in der Krume | Die Teiglinge wurden beim Aufarbeiten zu schwach rundgewirkt und beim Formen zu lasch zusammengelegt |
| matte, glanzlose Kruste | • zu wenig Schwaden beim Einschieben der Brotteiglinge in den Ofen gegeben<br>• die Weizenbrote nach dem Ausbacken nicht mit Wasser besprüht oder bestrichen |
| zu runde Weizenlangbrote mit stark gerissener Kruste | Teiglinge wurden bei zu geringer Gare in den Ofen geschoben |
| zu dunkle und zu dicke Kruste | zu lange Backzeit |
| • zu helle Kruste ohne Rösche<br>• die Krume ballt sich beim Bestreichen | zu kurze Backzeit |

*Großer Hohlraum, ungleichmäßige Porung*

## Prüfmerkmale der DLG für Brote

Bei der Beurteilung von Broten durch die DLG werden u. a. folgende Kriterien herangezogen:

**Form, Aussehen**
- zu runde, flache, nicht ausgefüllte Form
- Taillenbildung
- schlecht haftende Bestreuung
- nicht artgemäßer Ausbund
- zu ungleichmäßig bestreut, zu viel bestreut
- unansehnliches Gesamtbild, aufgeplatzter Schluss
- faltiger, hohler, breiter, unsauberer Boden

**Oberflächen-, Krusteneigenschaften**
- zu ungleichmäßige, helle, dunkle Bräunung
- stumpfe Oberfläche
- Schrumpffalten, Blasen, Sprenkel/Flecken/Stippen
- rissige, abgerissene, abgesplitterte, zu ungleichmäßige Kruste
- zu dickes Endstück
- dünne, dicke, verbrannte Kruste
- verbrannte Krustenrisse, verbrannter Boden

**Lockerung, Krumenbild**
- zu ungleichmäßige, geringe, übermäßige, nicht artgemäße Lockerung
- geringe Lockerung am Boden
- dichte Porung in der Randzone
- Wasserring, Wasserstreifen
- Hohlräume, Krumenrisse
- abgebackene Kruste/Krume
- zu ungleichmäßige, nicht artgemäße Krumenfarbe

**Struktur, Elastizität**
- krümelt beim Schneiden
- beeinträchtigte Trennbarkeit der Scheiben
- beeinträchtigter Zusammenhalt
- zu ungleichmäßige, helle, dunkle Toastbräunung
- getoastet etwas zäh/hart
- geschwächte Krumenelastizität
- trockene, feste, klebende Krume

**Geruch**
- wenig aromatisch
- Nebengeruch, Fremdgeruch
- hefig, gärig
- dumpf/muffig

**Geschmack**
- wenig aromatisch, aromaarm, fade
- sauer, herbsauer, fremdartig sauer
- salzig, süß, bitter
- überwürzt
- hefig, gärig
- Nebengeschmack, Fremdgeschmack
- alt, ranzig, dumpf/muffig

LF 5

### Verkaufsargumente

**Qualitätsmerkmale für die Kundenberatung**
Qualitätsmerkmale der Weizenbrote sind:
- goldbraune Kruste, die leicht glänzt
- nicht zu dicke und rösche Kruste
- sehr lockere und weiche Krume
- milder, frischer Weizenbrotgeschmack
- leichte, bekömmliche Gebäcke

*Lockeres Weizenbrot bester Qualität*

**Frischhaltung**
In frischem Zustand schmecken die Weizenbrote am besten. Dies bezieht sich vor allem auf die Stangenweißbrote, die frisch gegessen werden sollten. Wegen der großen Gebäckoberfläche haben sie eine schnelle Wasserverdunstung und altern deshalb ziemlich schnell.

Weizenlangbrote und Kastenweizenbrote können wegen des großen Volumens auch noch am Tag nach der Herstellung verzehrt werden, wobei jedoch die Rösche und der frische Weizenbrotgeschmack deutlich nachgelassen haben.

**Besondere Eignung der Weizenbrote**
- Weizenbrote eignen sich besonders zum Frühstück, zu Suppen, Salaten, Käse.
- Stangenweißbrote isst man außer zu den eben genannten Beispielen zu Geflügel, Fisch und Fondue sowie zum Wein.
- 15 bis 20 cm lange Stücke von Stangenweißbroten, in der Mitte auseinandergeschnitten, werden als Sandwiches für Snacks belegt.
- Belegte Scheiben von Stangenweißbroten und Kastenweizenbroten werden für Kanapees (fein belegte kleine Brotscheiben → Seite 517) verwendet.

### Aufgaben

1. Nennen Sie bekannte Weizenbrote, die sich in der Form unterscheiden.
2. Erstellen Sie jeweils ein Rezept eines Weizenteigs für Weizenbrote:
   - Rezept bei direkter Teigführung
   - Rezept bei indirekter Teigführung
   - Rezept mit Weizensauerteig
3. Beschreiben Sie das Aufarbeiten von Stangenweißbroten.
4. Erklären Sie, bei welcher Gärreife die Teiglinge in den Ofen geschoben werden, und beschreiben Sie die Bearbeitung der Teiglinge vor dem Backen.
5. Beschreiben Sie das Backen der Weizenbrote und geben Sie die Backzeit an.
6. Wie werden Weizenbrote nach dem Backen behandelt? Begründen Sie dies.
7. Nennen Sie die Ursachen folgender Weizenbrotfehler:
   - große Hohlräume und ungleichmäßige Porung in der Krume
   - matte, glanzlose Kruste
   - zu runde Weizenlangbrote mit stark gerissener Kruste
   - zu dunkle und zu dicke Kruste
   - helle Kruste ohne Rösche, die Krume ballt sich beim Bestreichen
8. Nennen Sie die Qualitätsmerkmale für Weizenbrote in Bezug auf
   - Kruste,
   - Geschmack,
   - Krume,
   - Bekömmlichkeit.
9. Geben Sie Auskunft über die Frischhaltung der Weizenbrote.
10. Wofür eignen sich Weizenbrote besonders gut?
11. Stellen Sie Weizenbrotteige bei direkter und indirekter Teigführung mit Vorteig und Weizensauerteig sowie mit verschiedenen Mehlen her. Vergleichen Sie die Brote vor allem im Geschmack und in der Frischhaltung.

LF 5

### Rechenaufgabe

32 Weizenlangbrote mit einem Gebäckgewicht von je 500 g haben einen Backverlust von 15 % und einen Gärverlust von 2 %. Runden Sie bei den Berechnungen.

a) Wie viel kg Teig muss hergestellt werden?
b) Wie viel g Teig wird für jedes Brot abgewogen?

## 24.2 Toastbrote

Toastbrote werden aus einem Weizenbrotteig mit zusätzlich

- Fett,
- etwas Milch und
- etwas Zucker hergestellt.

**Unterschied: Toastbrotteig und Weizenbrotteig**

- Die Teigflüssigkeit besteht zu ca. ⅓ aus Milch und ⅔ aus Wasser,
- zusätzlich 5 bis 7 % Fett (Butter oder Backmargarine), bezogen auf den Mehlanteil,
- zusätzlich ca. 2 % Zucker, bezogen auf den Mehlanteil, Toastbrote sollen eine gleichmäßige und kleinporige Krume erhalten.

**Rezeptbeispiel: Toastbrotteig**

| | |
|---|---|
| 1 000 g | Weizenmehl, Type 550 |
| 540 g | Wasser |
| 40 g | Hefe |
| 20 g | Salz |
| 30 g | Backmittel |
| 50 g | Butter oder Backmargarine |
| 30 g | Vollmilchpulver |
| 20 g | Zucker |
| **1 730 g** | **Teiggewicht** |

Statt Backmittel, Fett, Milchpulver und Zucker können auch 100 g Toastbackmittel verwendet werden, die die Zutaten in Pulverform enthalten.

Teigtemperatur: 26 °C

Knetzeit im Spiralkneter:
- 2 Minuten Langsamgang,
- 7 Minuten Schnellgang

Durch die etwas längere Knetzeit als beim Weizenbrotteig bekommen Toastbrote eine gleichmäßige, kleinporigere Krume.

Teigausbeute: 154
Durch die geringere Teigausbeute bekommen die Toastbrote eine gleichmäßige Porung. Weichere Teige ergeben eine großporige Krume.

Die Teigherstellung mit **Vorteigführung** oder **Weizensauerteig** erfolgt wie bei den Weizenbroten → Seite 398.

Die zusätzlichen Rohstoffe im Toastbrotteig verglichen mit dem Weizenbrotteig haben die folgenden Auswirkungen:

*Feine Toastbrotkrume*

**Fett und Milch**
- weiche, zarte Krume
- voller Weizenbrotgeschmack
- längere Frischhaltung der Toastbrote

**Zucker**
- bräunt an der Oberfläche der Toastbrotscheiben beim Toasten (Rösten), weil der Zucker karamellisiert

**Teigruhe:** ca. 10 Minuten
**Teiggewicht:** 580 g für 500-g-Toastbrote
**Teigruhe:** Teigstücke rundwirken und ca. 10 Minuten ruhen lassen
**Aufarbeiten:** Die geformten Teiglinge in die Toastbrotkästen legen und fest eindrücken.

**Gare**
Bei knapper Gare, nach ca. 30 Minuten, die Teiglinge in den Ofen schieben. Die Teigoberfläche soll dabei ca. 3 cm unter dem Rand der Toastbrotform liegen.
Die Gare erfolgt bei geöffneten Toastbrotkästen, ohne Deckel.
**Gärraumtemperatur:** 35 °C
**relative Luftfeuchtigkeit:** 75 %

**Backen:** Toastbrotformen mit Deckel verschließen, 220 °C, Schwaden geben
**Backzeit:** 35 bis 40 Minuten

**Weitere übliche Toastbrotarten**
- Vollkorntoastbrot
- Dreikorntoastbrot
- Mehrkorntoastbrot
- Bio-Toastbrot bzw. Öko-Toastbrot

**Bestimmungen der Leitsätze**
Buttertoast enthält auf 100 Teile Mehl mindestens 5 % Butter. Ein anderes Fett als Butter darf nicht verwendet werden.

**Handwerkliche Aufarbeitungsmethoden**

Von den vier Aufarbeitungsmethoden ergibt jede eine eigene Porenstruktur der Toastbrote. Die Bäckereien entscheiden sich für die Methode, die das beste Ergebnis der getoasteten Scheiben ergibt. Am schnellsten können Toastbrote mit der Strang-Methode hergestellt werden.

*Die vier Aufarbeitungsmethoden*

Toastbrotformen besitzen gewellte Seitenwände, die die Oberfläche der Toastbrotkruste vergrößern. Somit werden die Brote stabilisiert und die Schnittfähigkeit verbessert.

| Methode | Aufarbeitung |
|---|---|
| Langbrot-Methode (Wecken-Methode) | • Die rundgewirkten Teigstücke länglich formen, wie die Toastbrotformen lang sind.<br>• Die Teiglinge mit dem Schluss nach unten in Toastbrotformen einlegen. |
| Four-Pieces-Methode (Vier-Stück-Methode) | • Die rundgewirkten Teigstücke zu ca. 40 cm langen Strängen rollen.<br>• Den Teigstrang in vier gleich große Stücke schneiden.<br>• Die vier Teigstücke nebeneinander – mit den Schnittstellen seitlich – in die Toastbrotform einlegen. |
| Twist-Methode | • Ein Teigstück halbieren.<br>• Die Hälften zu Strängen rollen und wie eine Kordel ineinander verdrehen.<br>• Den Twistzopf in die Toastbrotform einlegen. |
| Stückchen-Methode | • 1740 g Toastbrotteig abwiegen (= Gewicht von drei Toastbroten), zu einer Presse (Ballen) rundwirken und diese schleifen (wirken).<br>• Je zehn geschliffene Teiglinge in zwei Fünferreihen mit dem Schluss nach unten in die Toastbrotformen legen. |

LF 5

*Vier verschieden aufgearbeitete Toastbrote und deren Porenstrukturen; von links nach rechts: Langbrot-Methode, Stückchen-Methode, Four-Pieces-Methode, Twist-Methode*

## Gebäckfehler bei Toastbroten

| Toastbrotfehler | Ursachen |
|---|---|
| • zu große Porung der Krume<br>• unregelmäßige Porung | • Aufarbeitung ohne Teigruhe<br>• zu lange Gärzeit |
| Taillenbildung, d. h., das Toastbrot fällt in der Mitte der vier Seiten etwas ein | • zu kurze Backzeit, sodass die Seiten des Toastbrots weich geblieben sind und es sich beim Abkühlen zusammenzieht |
| zu dunkle und kräftige Kruste | • zu lange Backzeit<br>• zu hohe Backtemperatur |

### Verkaufsargumente

**Qualitätsmerkmale für die Kundenberatung**

Qualitätsmerkmale der Toastbrote sind:

- hellbraune, dünne, weiche Kruste an allen Seiten
- quadratische Toastbrotscheiben mit kleiner, gleichmäßiger Porung
- sehr weiche, zarte Krume
- feiner, milder Weizenbrotgeschmack

**Informationen für die Kunden über das Toasten**

Häufig werden im Verkauf geschnittene und verpackte Toastbrote angeboten. Ansonsten werden sie zum Toasten in ca. 10 mm dicke Scheiben geschnitten.
Toastbrotscheiben haben wegen des Fett-, Milch- und Zuckeranteils im Weizenbrot gute Rösteigenschaften.
Getoastete (geröstete) Toastbrotscheiben sind

- außen: leicht knusprig gebräunt,
- innen: weich und zart.

Kastenweizenbrote werden im Gegensatz zu Toastbroten beim Toasten trocken.

**Frischhaltung der Toastbrote**

Toastbrote halten einige Tage frisch. In der Verpackung verlängert sich die Frischhaltung etwas.
In der wärmeren Jahreszeit besteht vor allem bei angeschnittenen Toastbroten die Gefahr der Schimmelbildung.

**Besondere Eignung der Toastbrote**

Wie der Name besagt, eignen sich Toastbrotscheiben zum Toasten (Rösten).

- Wegen der guten Bekömmlichkeit sind sie ideal zum Frühstück.
- Auch zu Suppen und Salaten sind Toastbrote passend.
- Als kleine Mahlzeiten werden getoastete Toastbrotscheiben belegt mit Schinken, Käse, Gemüse u. a. im Café angeboten.

*Getoastete Tostbrotscheiben*



### Aufgaben

1. Erklären Sie, aus welchem Teig Toastbrot hergestellt wird.
2. Beschreiben Sie den Unterschied zwischen Toastbrotteig und Weizenbrotteig.
3. Erstellen Sie ein Rezept für einen Toastbrotteig.
4. Bei welcher Gärreife sollten Toastbrotteiglinge in den Ofen geschoben werden?
5. Erläutern Sie das Backen der Toastbrote und geben Sie die Backzeit an.
6. Nennen Sie Toastbrotarten mit verschiedenen Mahlerzeugnissen.
7. Geben Sie die Bestimmungen der Leitsätze für Buttertoastbrot an.

8. Nennen und beschreiben Sie die vier Aufarbeitungsmethoden für Toastbrote.
9. Nennen Sie die Qualitätsmerkmale der Toastbrote:
   - Kruste
   - Krume (Porung und Beschaffenheit)
   - Geschmack
10. Erklären Sie, welche Informationen über das Toasten für Kunden interessant sind.
11. Wie ist die Frischhaltung der Toastbrote?
12. Wofür eignen sich Toastbrote besonders?
13. Erklären Sie, wie sich Toastbrotscheiben und Kastenbrotscheiben nach dem Toasten unterscheiden und begründen Sie, wie die Unterschiede entstehen.
14. Ihre Bäckerei möchte das Angebot an Toastbroten erweitern. Es sollen insbesondere ernährungsbewusste Kunden angesprochen werden. Deshalb sollen Sie Rezepte für ein Vollkorntoastbrot und ein Mehrkorntoastbrot erstellen.

### Rechenaufgaben

1. Ein Toastbrotteig wird mit 16,200 l Wasser bei einer Teigausbeute von 154 hergestellt. Der Toastbrotteig wird mit einem Vorteig über Nacht geführt. Der Vorteig enthält 25 % des Gesamtmehls bei einer Teigausbeute von 152.
   a) Mit wie viel kg Weizenmehl wird der Toastbrotteig hergestellt?
   b) Berechnen Sie die Mehl- und Wassermenge des Vorteigs und die Mehl- und Wassermenge, die noch in den Hauptteig gegeben wird.
   c) Errechnen Sie das Gewicht der weiteren Rohstoffe für den Hauptteig des Toastbrots. Die Prozentangaben beziehen sich auf die Mehlmenge:
   - 4 % Hefe
   - 2 % Salz
   - 3 % Backmittel
   - 5 % Butter
   - 3 % Vollmilchpulver
   - 2 % Zucker

   d) Ermitteln Sie das Teiggewicht des Toastbrotteigs.
2. 38,500 kg Toastbrotteig wird mit einer Teigausbeute von 154 hergestellt. In diesen Toastbrotteig werden 750 g Vollmilchpulver gegeben. Berechnen Sie den Prozentanteil der Vollmilch an der gesamten Zugussflüssigkeit in diesem Teig. Für 1 l Milch rechnet man 900 g Wasser und 140 g Vollmilchpulver.

## 24.3 Baguettes

Baguettes sind eine französische Weizenbrotspezialität. Übersetzt bedeutet Baguette Stange, Stock oder Leiste, ein Hinweis auf die Stangenform.

### Baguetteteig

Baguettes werden in Deutschland aus Zeitgründen oft in direkter Teigführung hergestellt, in Frankreich wird die Vorteigführung über Nacht bevorzugt. Auch die Herstellung mit Weizensauerteig ist möglich, wie sie beim Weizenbrotteig durchgeführt wird → Seite 398.

**Rezeptbeispiele: Baguetteteig**

**Direkte Teigführung**

| | |
|---|---|
| 1 000 g | Weizenmehl, Type 550 |
| 650 g | Wasser |
| 20 g | Hefe |
| 20 g | Salz |
| **1 690 g** | **Teiggewicht** |

Teigausbeute: 165
Teigtemperatur: 22 bis 24 °C

**Indirekte Teigführung**

**Vorteig:**

| | |
|---|---|
| 350 g | Weizenmehl, Type 550 |
| 350 g | Wasser |
| 2 g | Hefe |
| **702 g** | **Vorteig** |

Vorteigtemperatur: 15 bis 20 °C
Stehzeit: 12 bis 18 Stunden

**Baguetteteig (Hauptteig):**

| | |
|---|---|
| 702 g | Vorteig |
| 650 g | Weizenmehl, Type 550 |
| 300 g | Wasser |
| 10 g | Hefe |
| 20 g | Salz |
| **1 682 g** | **Teiggewicht** |

Teigtemperatur: 22 bis 24 °C

**Kneten des Baguetteteigs**
Den Baguetteteig schonend kneten. Vorrangig dabei ist, dass die Mehlbestandteile das Teigwasser quellen. Die Kleberbildung beim Kneten ist nicht ausschlaggebend, da die Krume der Baguettes grobporig sein soll.

LF 5

Am besten geeignet ist der **Hubkneter**:
- 4 Minuten im Langsamgang (bei 40 Umdrehungen pro Minute = UpM),
- 12 Minuten im Schnellgang (bei 80 UpM)

Alternativ kann der **Spiralkneter** verwendet werden:
- 6 Minuten im Langsamgang,
- 4 Minuten im Schnellgang (bei 120 UpM)

**Teigruhe:** ca. 75 Minuten
In der langen Zeit können Mehlbestandteile das Teigwasser besonders stark quellen und binden. Auch Aromastoffe bilden sich, vor allem Milchsäure, die durch die Milchsäurebakterien erzeugt wird.

**Teiggewichte**
- 300 g für 250-g-Baguettes von 40 cm Länge
- 480 g für 400-g-Baguettes von 60 cm Länge
- 600 g für 500-g-Baguettes von 80 cm Länge

**Teigstücke**
Die Teigstücke nach dem Abwiegen nur leicht zu runden Ballen zusammenlegen und nicht ausstoßen.

**Teigruhe der Teigstücke:** ca. 10 Minuten

**Aufarbeiten**
- Die entspannten Teigstücke schonend zu Stangen lang rollen und dabei den Teig nur leicht zusammenlegen, damit die großen Hohlräume nicht zerstört werden.
- Die lang gerollten Teiglinge am besten in muldenförmige Lochbleche legen (Baguettebleche).
  Die Teiglinge können aber auch auf Abziehrahmen gesetzt werden. Oder sie werden in Tücher mit dem Schluss nach oben gelegt und nach der Gare auf Abziehrahmen oder Lochbleche gesetzt.

LF 5

Bei einer maschinellen Aufarbeitung wird der Teig stark zusammengedrückt, sodass dann die gebackenen Baguettes nicht so grobporig wie gewünscht sind.

**Gare**
60 bis 90 Minuten
Die Gare soll nicht zu warm (höchstens 30 °C) und nicht zu feucht (ca. 60 % Luftfeuchtigkeit) sein. Sie kann in der Backstube bei Raumtemperatur erfolgen. Die Teighaut sollte während der Gare weich bleiben, nicht zu nass, aber auch nicht trocken.

Die Gare kann auch über die Gärverzögerung und Gärunterbrechung erfolgen.

**Schneiden der Teiglinge**
Die Baguetteteiglinge mit einem scharfen Messer einschneiden. Typisch sind lange, kräftige Schnitte, um einen starken Ausbund zu erreichen. Beim Schneiden das Messer im Winkel von ca. 45° schräg halten, damit man mit einem glatten Schnitt unter die Teighaut schneiden kann und sie nicht aufreißt. Die Teiglinge nach dem Schneiden noch etwas stehen lassen, damit die Schnittstellen breiter werden und so ein schöner Ausbund entsteht.

**Backen:** 250 °C, wenig Schwaden geben und bei geschlossenem Zug ausbacken oder:
Die Teiglinge ohne Schwaden in den Ofen schieben, bis sich der Ausbund gebildet hat. Nach 1 bis 2 Minuten wegen der Glanzbildung und einer leichten Volumenvergrößerung Schwaden geben.
**Backzeit:** ca. 20 Minuten

*Baguettes mit kräftiger Kruste und Ausbund*

**Besonderheiten der Baguetteherstellung**
- geringe Hefemenge
- kühle Teigtemperatur, ca. 22 °C (kaltes Wasser schütten, evtl. mit Eis kühlen)
- weicher Teig, Teigausbeute ca. 165
- sehr lange Teigruhe und Gare

**Baguettes – Backmittel**
Für einen Baguetteteig wird kein Backmittel verwendet. Bei der langen Teigruhezeit und Gärzeit können die Enzyme ausreichend Stärke aus dem Mehl zu vergärbarem Zucker für die Hefe abbauen.

Backmittel für Weizenkleingebäcke sind nicht geeignet, da sie leicht vergärbaren Zucker enthalten, der die Gärung fördert. Eine lange Gärzeit ist damit nicht durchführbar. Durch spezielle Backmittel für Baguettes werden die Teigruhezeit und die Gärzeit verkürzt, sodass eine schnellere Herstellung möglich ist. Diese speziellen Backmittel eignen sich auch für Baguetteteiglinge, die tiefgefroren werden.

### Unterschiede: Baguettes und Stangenweißbrote

| | Baguettes | Stangenweißbrote |
|---|---|---|
| Teigführung | kühler und weicher Teig bei langer Teigruhe und Gärzeit | kürzere Teigruhe und Gärzeit als bei Weizenbroten |
| Ausbund | lange und tiefe Schnitte mit stark aufgerissenem Ausbund und somit hohem Krustenanteil | viele leicht schräge, aber nicht zu tiefe Schnitte und somit leichtem Ausbund |
| Krustenstärke | kräftige Kruste | stabile Krustenstärke wie bei Weizenbroten |
| Porung | grobe, unregelmäßige Porung | feine, gleichmäßige Porung |
| Geschmack | kräftiger Weizenbrotgeschmack | milder Weizenbrotgeschmack |

### Gebäckfehler bei Baguettes

| Baguettefehler | Ursachen |
|---|---|
| zu geringer Ausbund | zu kurze Schnitte und zu wenig tief eingeschnitten |
| zu dünne Kruste mit zu geringer Rösche und somit zu wenig Geschmacksstoffen | zu kurze Backzeit |
| zu dunkle und zu dicke Kruste | zu lange Backzeit |
| • zu gleichmäßige Porung<br>• zu wenig Geschmack der frischen Krume | • zu fester Teig<br>• zu kurze Teigruhe und Gärzeit |

*Baguette*

#### Verkaufsargumente

**Qualitätsmerkmale für die Kundenberatung**
Typische Qualitätsmerkmale dieses französischen Stangenweißbrots sind
- die tiefen, langen Einschnitte mit dem kräftigen Ausbund,
- die für Weizenbrote kräftige Kruste,
- die grobe, unregelmäßige Porung,
- der kräftige Weizenbrotgeschmack.

**Frischhaltung der Baguettes**
Nur frische Baguettes haben die Qualitätsmerkmale und schmecken besonders gut. Die intensiven Geschmacksstoffe des hohen Krustenanteils und der kräftige Weizenbrotgeschmack der Krume sind nur in frischen Baguettes vorhanden.
Baguettes werden deshalb In den Bäckereien mehrmals täglich gebacken, z. B. im Ladenbackofen, damit sie den Kunden frisch angeboten werden können.
Bei späterem Verzehr können die Baguettes kurz aufgebacken, müssen dann aber sofort gegessen werden.

**Besondere Eignung der Baguettes**
Baguettes eignen sich ähnlich wie die Stangenweißbrote z. B. für Salate, Suppen, Geflügel, Fisch, Fondue, Käse oder einfach zum Wein.
Baguettes müssen nicht aufgeschnitten werden, sondern können nach Bedarf stückweise abgebrochen werden.

Sollen die Weißbrotscheiben mit Butter bestrichen und wie Kanapees belegt werden, sind Stangenweißbrote besser geeignet.

### Aufgaben

1. Erstellen Sie ein Rezept für einen Baguetteteig bei direkter und indirekter Teigführung.
2. Geben Sie die Teigruhezeit eines Baguetteteigs an und begründen Sie den Sinn der Teigruhe.
3. Beschreiben Sie folgende Schritte der Baguetteteigherstellung:
   - Teiggewichte für verschiedene Baguettelängen
   - Behandlung der Teigstücke nach dem Abwiegen
   - Aufarbeiten
   - Schneiden der Teiglinge
   - Gare
   - Backen
4. Nennen Sie die Besonderheiten bei der Baguetteherstellung in Bezug auf Rezeptur, Teigtemperatur, Teigruhe und Gärzeit.
5. Nennen Sie die Unterschiede der Baguettes gegenüber Stangenweißbroten:
   - Teigführung
   - Porung
   - Ausbund
   - Krustenstärke
   - Geschmack
6. Nennen Sie Ursachen folgender Baguettefehler:
   - zu geringer Ausbund
   - zu dünne Kruste mit geringer Rösche und somit zu wenig Geschmacksstoffe
   - zu dunkle und zu dicke Kruste
   - gleichmäßige Porung und zu wenig Geschmack der frischen Krume
7. Geben Sie die Qualitätsmerkmale der Baguettes an.
8. Erläutern Sie die Frischhaltung der Baguettes.
9. Wofür eignen sich Baguettes besonders gut?
10. In Ihrem Betrieb soll entschieden werden, ob die Baguettes mit direkter oder indirekter Teigführung hergestellt werden sollen. Dafür stellen Sie Baguettes mit den unterschiedlichen Teigführungen her und beurteilen die Ergebnisse.

LF 5

### Rechenaufgabe

Es sollen 45 Baguettes mit einer Länge von 60 cm hergestellt werden. Ein Baguette wiegt 400 g.

a) Wie viel Teig wird benötigt, wenn mit einem Gärverlust von 2 % und einem Backverlust von 18 % gerechnet wird? (Runden Sie das endgültige Teiggewicht auf 1 Stelle nach dem Komma.)

b) Erstellen Sie das Arbeitsrezept für den Baguetteteig mit folgendem Grundrezept: 1 kg Weizenmehl, 650 g Wasser, 20 g Hefe und 20 g Salz. (Runden Sie die Schlüsselzahl auf 1 Stelle nach dem Komma.)

## 24.4 Ciabattas und Fladenbrote

### Ciabattas

Ciabatta ist ein Weizengebäck, das in Italien Tradition hat. Übersetzt heißt Ciabatta „Pantoffel". Davon lässt sich die längliche, etwas breite Form dieser Backwaren ableiten.

**Besonderheiten der Ciabattas**

- Ciabattas haben eine rechteckige Form.
- Sie werden aus einem weichen Weizenteig mit Olivenöl hergestellt.
- Der Teig wird mit einer langen Teigruhe von ca. zwei Stunden geführt und die Teiglinge erhalten eine lange Gärzeit.

**Rezeptbeispiel: Weizenteig für Ciabattas**

|  |  |
|---|---|
| 950 g | Weizenmehl, Type 550 |
| 50 g | Weizensauer (getrocknet) |
| 720 g | Wasser |
| 25 g | Hefe |
| 20 g | Salz |
| 40 ml | Olivenöl (ml ≙ g) |
| **1 805 g** | **Teiggewicht** |

Teigtemperatur: 25 °C

Knetzeit im Spiralkneter:
- 4 Minuten Langsamgang,
- 4 Minuten Schnellgang

Der Teig kann wie die anderen Weizenteige auch mit Vorteig oder selbst zubereitetem Weizensauerteig hergestellt werden.

**Teigruhe:** ca. 2 Stunden oder über Nacht im Kühlraum
Der Weizenteig wird in einen geölten Plastikbehälter gegeben und zugedeckt.

*Ciabattateig während der Teigruhe*

**Teiggewicht:** 200 bis 500 g sind üblich
Unter 250 g gehören die Ciabattas zu den Kleingebäcken.

**Aufarbeiten**

Den Teig beim Aufarbeiten nicht ausstoßen oder zusammendrücken. Die während der langen Teigruhe gebildete lockere, grobe Teigstruktur sollte nicht zerstört werden. Eine schonende Aufarbeitung ist deshalb notwendig.

- Den Weizenteig nach der Teigruhe aus dem Plastikbehälter auf einen gut bemehlten Arbeitstisch kippen.
- Die Teigoberfläche bemehlen.
- Mit einem Spachtel einen Streifen vom Teig abstechen und davon entsprechend große Stücke abstechen.
- Die Teigstücke abwiegen und in Mehl nur mit leichtem Druck zu länglichen rechteckigen Teigstücken formen.

*Ciabattas abstechen*

**Gare:** Ca. 40 Minuten in der warmen Backstube
Im Gärraum ist die Gärzeit kürzer. Während der langen Gare bilden sich viele Geschmacksstoffe in den Teiglingen.

**Backen:** 240 °C, beim Einschießen etwas Schwaden geben
**Backzeit:** ca. 30 Minuten

*Ciabattas*

**Ciabattas mit Oliven oder Gemüse**

Bei speziellen Ciabattas werden in den fertig gekneteten Teig vorsichtig Oliven oder Gemüse eingearbeitet und mitgebacken.

- Olivenciabattas: mit entsteinten Oliven
- Paprikaciabattas: mit Paprikastücken
- Tomatenciabattas: mit getrockneten Tomaten

*Olivenciabatta*

## Fladenbrote

Fladenbrot hat seinen Ursprung in der Türkei. Der Name verdeutlicht die runde, flache Form dieser Backwaren.

**Besonderheiten der Fladenbrote:**

- Fladenbrote werden aus einem weichen Weizenteig mit Olivenöl hergestellt.
- Die runden Fladenbrote besitzen eine unruhige, grobe Porung.

**Rezeptbeispiel: Weizenteig für Fladenbrote**

| | |
|---|---|
| 1 000 g | Weizenmehl, Type 550 |
| 700 g | Wasser |
| 30 g | Hefe |
| 20 g | Salz |
| 40 ml | Olivenöl (ml ≙ g) |
| **1 790 g** | **Teiggewicht** |

Teigtemperatur: 25 °C

Knetzeit im Spiralkneter:

- 4 Minuten Langsamgang,
- 4 Minuten Schnellgang

Der Teig kann wie die anderen Weizenteige auch mit Vorteig oder Weizensauerteig hergestellt werden.

**Teigruhe:** ca. 40 Minuten
**Teiggewicht:** 250 bis 500 g, nach Belieben

**Aufarbeiten**

- Die abgewogenen Teigstücke locker rundwirken und auf Abziehrahmen oder Lochbleche aufsetzen.
- Die Teigstücke im Gärraum ca. 15 Minuten entspannen lassen.
- Mit den Fingern die Teiglinge zu einem Fladen flach drücken. Es können auch mit der Handkante karoförmige Streifen eingedrückt werden, die im fertigen Fladenbrot sichtbar sind.

**Gare:** ca. 40 Minuten im Gärraum = volle Gare
Die Fladen vor dem Backen leicht mit Wasser besprühen oder bestreichen und mit Sesam sowie Schwarzkümmel leicht bestreuen.

**Backen:** 240 °C, Schwaden geben
**Backzeit:** ca. 15 Minuten

*Lockeres Fladenbrot mit unruhiger Porung*

## Gebäckfehler bei Ciabattas und Fladenbroten

| Gebäckfehler | Ursachen |
|---|---|
| gleichmäßige Porung und etwas zu feste Krume | zu fester Teig |
| • nicht so weiche Krume<br>• zu wenig Geschmacksstoffe<br>• zu gleichmäßige Porung | zu kurze Teigruhe |
| zu weiche und zu dünne Kruste | zu kurze Backzeit |

### Verkaufsargumente

**Informationen für die Kunden**

- Ciabattas sind rechteckige, nicht zu hohe Weizengebäcke.
- Fladenbrote sind runde, etwas flache Weizenbrote.

Ciabattas und Fladenbrote werden aus einem sehr weichen Weizenteig mit Olivenöl hergestellt, in dem sich bei der langen Teigruhe viele Geschmacksstoffe bilden. Daraus ergeben sich die Qualitätsmerkmale.

**Qualitätsmerkmale für die Kundenberatung**

- Ciabattas und Fladenbrote besitzen eine besonders weiche Krume mit unregelmäßiger Porung.
- Sie haben einen sehr aromareichen Weizenbrotgeschmack.

**Frischhaltung der Ciabattas und Fladenbrote**

Ciabattas und Fladenbrote schmecken frisch am besten. So haben sie die sehr weiche Krume und den ausgeprägten guten Weizenbrotgeschmack.

**Besondere Eignung der Ciabattas und Fladenbrote**

Ciabattas und Fladenbrote sind zu vielen Speisen begehrt, z. B.

- als Beilage zu Salaten, Suppen, Fisch- und Fleischspeisen,
- als Snack, auseinandergeschnitten und belegt mit Wurst, Käse, Gurken, Thunfisch, Salaten, Gemüse u. a.,
- Fladenbrote für Döner Kebab.

### Aufgaben

1. Erklären Sie die Besonderheiten der Ciabattas:
   - Form der Gebäcke
   - Teigruhe und Gärzeit
   - Teig
2. Erstellen Sie ein Rezept eines Weizenteigs für Ciabattas.
3. Beschreiben Sie die Herstellungsschritte für Ciabattas:
   - Teigruhe
   - Aufarbeiten
   - Teiggewicht je Ciabatta
   - Gare
   - Backen und Backzeit
4. Nennen Sie spezielle Ciabattas mit Früchten und geben Sie jeweils die verwendeten Früchte an.
5. Erstellen Sie ein Rezept eines Weizenteigs für Fladenbrote.
6. Beschreiben Sie die Herstellungsschritte für Fladenbrote: →

- Teigruhe
- Teiggewicht je Fladenbrot
- Aufarbeiten
- Gare
- Backen und Backzeit

7. Nennen Sie die Ursachen folgender Gebäckfehler bei Ciabattas und Fladenbroten:
   - gleichmäßige Porung und etwas zu feste Krume
   - nicht so weiche Krume mit zu wenig Geschmacksstoffen und zu gleichmäßiger Porung
   - zu weiche und zu dünne Kruste
8. Geben Sie die Qualitätsmerkmale der Ciabattas und Fladenbrote an.
9. Wie ist die Frischhaltung der Ciabattas und Fladenbrote?
10. Wofür eignen sich Ciabattas und Fladenbrote besonders gut?
11. Ein Kunde beschwert sich bei der Fachverkäuferin, dass das Ciabatta, das er gekauft hat, große Hohlräume hatte. Die Verkäuferin möchte nun von Ihnen wissen, wie sie auf diese Reklamation reagieren soll.

### Rechenaufgaben

1. Aus 25 kg Weizenmehl erhält eine Bäckerei 32 kg Ciabattas. Ein Ciabatta wiegt 400 g.
   a) Berechnen Sie die Gebäckausbeute (Backausbeute).
   b) Wie viel Ciabattas wurden gebacken?
2. Eine Bäckerei stellt 80 Fladenbrote mit einem Gebäckgewicht von 250 g her. Die Gebäckausbeute beträgt 130. Wie viel kg Weizenmehl wurde für den Teig der Fladenbrote benötigt?
3. Bei 60 kg Ciabattateig werden 3 % Gär- und Einwiegeverlust und 18 % Backverlust gerechnet.
   a) Berechnen Sie das Gebäckgewicht (Backgewicht).
   b) Ein Ciabatta wiegt 300 g. Wie viel Ciabattas erhält man?
4. Ciabattas wiegen 180 g je Stück. Der Backverlust war 18 % und der Gärverlust 2,3 %. Berechnen Sie, wie viel kg Teig für 90 Ciabattas hergestellt wurde.
5. Für Fladenbrote werden je 250 g Teig abgewogen. 1 fertig gebackenes Fladenbrot wiegt 205 g. Wie viel Prozent betrug der Gär- und Backverlust?

## 24.5 Brotkrankheiten

Von Brotkrankheiten spricht man, wenn das Brot durch gesundheitsschädliche Mikroorganismen verdorben ist. Zu den Brotkrankheiten zählen:

- Schimmelbildung
- Fadenziehen

### Schimmel

Die Ursachen des Brotschimmels sind die gesundheitsschädlichen Schimmelpilze und deren Sporen aus der Luft → Seite 56.

**Lebensbedingungen der Schimmelpilze**

- Schimmelpilze benötigen zum Wachstum einen relativ hohen Wassergehalt.
- Verstärkt vermehren sich Schimmelpilze bei Wärme.
- Schimmelpilze sind empfindlich gegenüber Säuren, die ihre Vermehrung hemmen.

**Brote, die für Schimmel anfällig sind**

- Schnittbrote oder angeschnittene Brote, da die Schimmelpilze in der feuchten Krume ideale Lebensbedingungen vorfinden.
  Auf der geschlossenen Kruste von freigeschobenem Brot ist deshalb keine Schimmelbildung möglich, weil diese zu trocken ist.
- Weizenbrote, aber auch helle Weizenmischbrote enthalten kaum Säure und sind deshalb anfällig für Schimmel. Säurehaltige roggenhaltige Brote mit Sauerteiganteil oder Teigsäuerungsmittel verschimmeln nicht so schnell wie ungesäuerte Weizenbrote. Auch Weizensauerteig in Weizenteigen verzögert die Schimmelbildung etwas.
- Brote verschimmeln in der warmen Jahreszeit und bei warmer Lagerung schneller, da sich die Schimmelpilze bei Wärme schnell vermehren.

*Verschimmeltes Weizenbrot*

LF 5

**Hitze tötet Schimmel**

Schimmelpilze sterben bei Temperaturen von ca. 70 °C, die Sporen sind widerstandsfähiger und überleben kurzfristig auch ca. 90 °C.
Frisch ausgebackenes Brot ist deshalb frei von Schimmelpilzen. Sie werden durch die Hitze beim Backprozess (bis ca. 95 °C) abgetötet. Die Infektion (Ansteckung) des Brotes erfolgt erst nach dem Backen, und zwar hauptsächlich durch Sporen aus der Luft.

### Maßnahmen zur Bekämpfung des Brotschimmels

- Für saubere Betriebsräume und Einrichtungsgegenstände sorgen.
- Auf Personalhygiene achten, z. B. saubere Hände und Berufskleidung.
- Brote nach dem Backen gut ausdampfen und abkühlen lassen.
- Schimmelschutzmittel wie Sorbinsäure und Propionsäure in den Teig geben. Diese chemischen Konservierungsmittel sind jedoch deklarationspflichtig und werden von den Kunden meist abgelehnt.

Brote, vor allem Weizenbrote, sollen nicht lange gelagert werden. So kommt es gar nicht erst zu einer Schimmelbildung. Schon die kleinste Stelle eines Schimmelrasens auf einem Brot ist gesundheitsschädlich.

### Gesundheitsschädigende Wirkung

LF 5

Schimmelpilze geben beim Stoffwechsel geruch- und geschmacklose sowie unsichtbare Gifte ab, die Mykotoxine, die in die Brotkrume eindringen → Seite 60.
Durch die Giftstoffe ist das Brot verdorben und gesundheitsschädlich.

Eine Erhitzung des befallenen Brotes würde zwar die Schimmelpilze abtöten, die Giftstoffe bleiben jedoch in der Krume erhalten.
Auch ein großzügiges Entfernen der verschimmelten Brotstelle ist nicht zu empfehlen, weil man nicht weiß, wie weit die Gifte in die Krume eingedrungen sind.

> Vom Schimmel befallene Backwaren müssen sofort aus den Betriebsräumen entfernt und in den Müll gegeben werden.
> Auch Kunden sollten wissen, dass verschimmelte Gebäcke sofort in die Biotonne gegeben werden müssen. Selbstverständlich dürfen verschimmelte Lebensmittel und Backwaren nicht verarbeitet werden.

## Fadenziehen

Fadenziehen ist eine Brotkrankheit, die nur bei Weizenbroten vorkommen kann, da die Bakterien nur in ungesäuerten Broten leben können.

Verursacht wird das Fadenziehen durch die sogenannten „Heu- oder Kartoffelbazillen“ (Clostridien). Es sind Sporen bildende Bakterien, die im Erdboden vorkommen und über das Getreide in das daraus gemahlene Mehl in das Brot gelangen. Sie sind sehr hitzebeständig und überstehen den Backprozess in der Krume.

*Brot mit Fadenziehen*

### Lebensbedingungen der fadenziehenden Bakterien

- Die Bakterien benötigen zum Wachstum Wärme, am besten 35 bis 50 °C. Daher befallen sie Brote vor allem in den warmen Sommermonaten. In südlichen Ländern wird deshalb Weizenbrot möglichst schnell verzehrt und nicht lange gelagert.
- Die fadenziehenden Bakterien sind sehr säureempfindlich und können deshalb in roggenhaltigen Broten, die Säure enthalten, nicht leben. Dadurch sind nur ungesäuerte Weizengebäcke gefährdet.

### Verhinderung des Fadenziehens

Die beste Vorbeugemaßnahme ist die Brotherstellung mit Säuerung. Deshalb empfiehlt es sich vor allem in den Sommermonaten, die Weizenbrote mit Weizensauerteig herzustellen.
Der Befall mit Fadenziehen kommt kaum vor, weil die Weizenbrote frisch gegessen werden und ein Verderb in dieser kurzen Zeit nicht zustande kommt.

Befallene Weizenbrote sofort aus den Betriebsräumen entfernen und den Lagerraum sowie die Einrichtungsgegenstände mit Essiglösung gründlich reinigen. Säure vernichtet die Bakterien.

**Erkennung von befallenem Weizenbrot**

- Nach ein bis drei Tagen entsteht ein aufdringlicher (fauliger) Geruch in der Krume, der ekelerregend wirkt.
- Die Krume wird weich und schmierig und verfärbt sich dunkel.
- Beim Auseinanderbrechen der Krume ziehen sich dünne, schleimige Fäden; daher der Name „Fadenzieher".

**Aufgaben**

1. Erklären Sie den Begriff „Brotkrankheit" und nennen Sie die zwei Brotkrankheiten.
2. Nennen Sie die Lebensbedingungen der Schimmelpilze.
3. Welche Brote sind besonders anfällig für Schimmel und in welcher Jahreszeit tritt Schimmel besonders häufig auf?
4. Erläutern Sie, warum roggenhaltige Brote nicht so schnell schimmeln wie Weizenbrote.
5. Erklären Sie, warum auf einer glatten, geschlossenen Kruste von Broten keine Schimmelbildung möglich ist.
6. Beschreiben Sie, warum Brote erst nach dem Backen von Schimmel befallen werden können.
7. Nennen Sie Maßnahmen zur Bekämpfung des Brotschimmels.
8. Erklären Sie die gesundheitsschädigende Wirkung von Schimmel im Brot.
9. Warum sollte verschimmeltes Brot sofort aus den Betriebsräumen entfernt und in den Müll gegeben werden?
10. Erläutern Sie, in welchen Broten die Brotkrankheit Fadenziehen vorkommt. Begründen Sie Ihre Erläuterung.
11. Wodurch wird das Fadenziehen verursacht?
12. Beschreiben Sie, bei welchen Bedingungen sich die fadenziehenden Bakterien besonders gut entwickeln können und worauf sie besonders empfindlich reagieren.
13. Erklären Sie, wie das Fadenziehen in Weizenbroten verhindert werden kann.
14. Wie erkennt man Weizenbrote, die vom Fadenziehen befallen sind?
15. Um die Gefährlichkeit der Brotkrankheiten besser einschätzen zu können, informieren Sie sich im Internet über die gesundheitlichen Auswirkungen, die nach dem Verzehr von mit Schimmel oder Fadenziehen befallenen Lebensmitteln auftreten können.

## 24.6 Gewichte für Brote und Kleingebäcke

Für Kleingebäcke und Brote bestehen keine Gewichtsvorschriften, sie können in beliebigen Gewichten hergestellt und im Verkauf angeboten werden. Jede Bäckerei kann die Gebäckgewichte selbst festlegen.
Größere Brote können z. B. auch halbiert zum halben Preis angeboten werden oder der Preis für ein Brot oder für Brotscheiben wird genau nach dem tatsächlichen Gewicht berechnet.

### Kleingebäcke

- Gebäcke bis zu 250 g werden als Kleingebäcke bezeichnet.
- Kleingebäcke enthalten weniger als 10 Teile Fett und/oder Zucker auf 90 Teile Getreideerzeugnis. Wenn das Mehl in den Teigen mit 100 % berechnet wird, darf bis zu ca. 11 % Fett und/oder Zucker verwendet werden.
Kleingebäcke sind z. B. Brötchen, Brezeln, Laugengebäcke, roggenhaltige Kleingebäcke. Es bestehen die gleichen Bestimmungen der Leitsätze wie bei den Broten.

*Kleingebäcke*

Enthalten Gebäcke mehr als 10 Teile Fett und/oder Zucker auf 90 Teile Getreideerzeugnisse, gehören sie zu den Feinen Backwaren, z. B. Hefeteig-, Blätterteig-, Mürbeteiggebäcke.

### Ganze Brote

Ganze Brote müssen mindestens 250 g wiegen.
Werden die Brote mit einem geringeren Gewicht als 250 g verkauft, zählen sie zu den Kleingebäcken, z. B. Ciabattas, Baguettes, Fladenbrote, Vinschgauer Fladenbrote.

Obwohl die Brotgewichte nicht vorgeschrieben sind, werden zur besseren Übersicht für die Kunden Brote mit einheitlichen Gewichten im Verkauf angeboten.
Die üblichen Brotgewichte sind (keine Vorschriften): 500 g, 750 g, 1000 g, 1250 g, 1500 g und 2000 g.
Die Gewichte für Weizenbrote liegen gewöhnlich zwischen 250 g und 500 g.

LF 5

### Schnittbrote

Schnittbrote sind in Scheiben geschnittene Brote. Sie werden im Verkauf den Kunden verpackt angeboten. Schnittbrote dürfen in kleineren Gewichtseinheiten als 250 g angeboten werden und werden trotzdem als Brote bezeichnet. Die üblichen Gewichte für Schnittbrote sind: 125 g, 250 g, 500 g.

## Gewichtskennzeichnung der Brote

Die Gewichtskennzeichnung der Brote muss deutlich sichtbar sein.

### Unverpackte Brote

*Brote mit Auszeichnungsetikett*

Gewöhnlich werden Brote im Bäckereigeschäft unverpackt angeboten. Das Brotgewicht muss trotzdem für die Kunden leicht erkennbar und deutlich lesbar angegeben sein, z. B. auf den Broten oder auf einem Preisschild bei den Broten.

Möglichkeiten der Gewichtskennzeichnung sind:

- Etikett mit Gewichtsangabe auf dem Brot
- Preisschild mit der Gewichtsangabe am Brotregal

### Brote in Fertigpackungen



Bei Broten in Fertigpackungen, z. B. Schnittbrot, steht das Brotgewicht gut sichtbar auf der Verpackung. Das Gewicht bzw. die Menge muss bei allen Fertigpackungen neben den anderen kennzeichnungspflichtigen Angaben auf der Verpackung angebracht werden.

*Korrekt ausgezeichnete Fertigpackung*

## Gewichtsabweichungen für Brote

Die Abweichungen von den angegebenen Brotgewichten im Verkauf (Nenngewichte) stehen im Eichgesetz.

| Angegebenes Brotgewicht (Nenngewicht) auf Backwaren | Zulässige Abweichung nach unten |
|---|---|
| 100 g bis 200 g (Schnittbrot) | 9 % |
| 200 g bis 300 g | 18 g |
| 300 g bis 500 g | 3 % |
| 500 g bis 1 000 g | 30 g |
| 1000 g bis 10 000 g | 3 % |

Bei der Gewichtsüberprüfung durch die Lebensmittelkontrolleure werden frische Brote geprüft.

| Angegebenes Brotgewicht | Mindestgewicht |
|---|---|
| 125 g | 113 g (Schnittbrot) |
| 250 g | 232 g |
| 500 g | 470 g |
| 750 g | 720 g |
| 1 000 g | 970 g |
| 1 250 g | 1 212 g |
| 1 500 g | 1 455 g |
| 2 000 g | 1 940 g |

### Aufgaben

1. Erläutern Sie die Gewichtsvorschriften bei Kleingebäcken und Broten.
2. Erklären Sie den Begriff „Kleingebäcke".
3. Welches Mindestgewicht müssen ganze Brote aufweisen?
4. Welche Gewichtseinheiten haben meistens Schnittbrote im Verkauf?
5. Beschreiben Sie die Gewichtskennzeichnung bei
   - unverpackten Broten,
   - bei Broten in Fertigpackungen.
6. Nennen Sie die höchstens zulässigen Gewichtsabweichungen nach unten bei
   - Broten mit 300 bis 500 g,
   - Broten mit 500 bis 1 000 g.
7. Ihr Chef achtet bei der Herstellung der Brote sehr darauf, dass sie nicht mehr als das vorgeschriebene Mindestgewicht wiegen. Sie überlegen sich, welche Argumente für diese Vorgehensweise und welche dagegen sprechen.

**Berufliche Handlung**

Sie sind in diesem Monat in Ihrer Bäckerei für den Posten der Weizengebäcke eingeteilt. Dort stellen Sie zusammen mit Ihren Kolleginnen und Kollegen täglich verschiedene Brötchen und Weizenbrote her. Auch die Herstellung von Milchbrötchen, Laugengebäcken, Toastbroten, Fladenbroten und Ciabattas gehört zu Ihrem Arbeitsprogramm. Zur Qualitätskontrolle überprüfen Sie die fertigen Gebäcke. Bei den Weizenkleingebäcken setzen Sie auch die Gärverzögerung und Gärunterbrechung ein.

**Weizenkleingebäcke**

1. Erstellen Sie ein Grundrezept für einen Brötchenteig auf der Basis von 1 kg Weizenmehl.
2. Berechnen Sie die Teigausbeute des Brötchenteigs und geben Sie an, was die Teigausbeute aussagt.
3. Erklären Sie jeweils die Vorgänge, die sich beim Kneten des Weizenteigs im Langsamgang und im Schnellgang vollziehen.
4. Definieren Sie folgende Aspekte der Weizenteigherstellung:
   - ideale Mehltemperatur bei der Verarbeitung
   - richtige Hefemenge auf 1 kg Weizenmehl für einen Brötchenteig
   - ideale Teigtemperatur der Weizenteige
   - Berechnung der Temperatur des Schüttwassers, um die gewünschte Teigtemperatur zu erreichen
5. Nennen Sie Gründe für die Teigruhe bei Weizenteigen.
6. Unterscheiden Sie die direkte und indirekte Teigführung bei Weizenteigen.
7. Den Brötchenteig stellen Sie mit der langen Vorteigführung her. Geben Sie dafür die Zutaten und die Mengenangaben an und legen Sie die Teigführung des Vorteigs in Bezug auf Stehzeit, TA und Vorteigtemperatur fest.
8. Die Weizenteige für Brötchen und Weizenbrote stellen Sie zur Qualitätsverbesserung mit einem Weizensauerteig her. Erklären Sie die Führung eines Weizensauerteigs und geben Sie an, woher Sie das Anstellgut bekommen.
9. Die zeitaufwendigen Zöpfchen flechten Sie einen Tag vorher und geben die Teiglinge in die Kühlzelle zur Gärverzögerung. Beschreiben Sie den Kühlvorgang der Teiglinge und wie die Teiglinge am nächsten Tag die Endgare bekommen.
10. Die aufgearbeiteten Teiglinge für Laugenbrezeln stellen Sie zur Gärunterbrechung in die Kühlzelle. Erläutern Sie den Vorgang der Gärunterbrechung.
11. Den Brötchenteig sollen Sie in handwerklicher Herstellung zu verschiedenen bekannten Weizenkleingebäcken herstellen. Nennen Sie diese und beschreiben Sie deren Herstellung sowie das Backen.
12. Zur Marketingstrategie Ihrer Bäckerei gehört die regelmäßige betriebsinterne Qualitätsüberprüfung der Brötchen. Stellen Sie dafür die Qualitätsmerkmale von Brötchen zusammen.
13. Nennen Sie die häufigsten Brötchenfehler in Bezug auf Brötchenvolumen, Kruste und Ausbund sowie Krume und geben Sie deren Ursachen an.
14. Erstellen Sie ein Rezept zur Herstellung der Milchbrötchen. Beachten Sie dabei die TA und beschreiben Sie die Verwendung von Milchpulver.
15. Geben Sie an, wie Brezellauge gemischt wird und erklären Sie die Wirkungen der Brezellauge.
16. Schreiben Sie ein Grundrezept für Laugenbrezeln und geben Sie Auskunft über die Herstellungsschritte sowie das Backen.

**Weizenbrote (Weißbrote)**

17. Erstellen Sie für die Herstellung der Weizenbrote ein Rezept mit Vorteig.
18. Nennen Sie die bekanntesten Weizenbrotformen und erklären Sie das Herrichten vor dem Backen und das Backen.
19. Erstellen Sie ein Rezept für Toastbrote und beschreiben Sie die Wirkungen der zusätzlichen Zutaten zu den Weizenbrotteigen beim Toasten der Toastbrotscheiben.
20. Informieren Sie sich über die Gewichte für Weizenkleingebäcke, Brote und Schnittbrote nach den Bestimmungen der Leitsätze.
21. Erläutern Sie die zwei Brotkrankheiten und geben Sie jeweils Maßnahmen zur Bekämpfung an.

LF 6
Herstellen von Backwarensnacks

# 25 Backwarensnacks

**Situation**

Ihr Bäckereibetrieb eröffnet in einer Fußgängerzone eine neue Filiale. Die große Snacktheke mit den verschiedensten Snacks ist ein besonderer Anziehungspunkt. Um den Passanten die Frische der Snacks zu demonstrieren, stellen Sie die belegten Snacks vor den Augen der Kunden her.

Die gebackenen Snacks werden in der Backstube hergestellt und tiefgefroren in der Filiale angeliefert. Dort backen Sie sie im Ladenbackofen auf.

- Welche Zutaten werden zum Belegen für belegte Snacks benötigt?
- Wie werden belegte Snacks hergestellt?
- Wie werden überbackene Snacks hergestellt und überbacken?
- Welcher Teig wird für Pizzas benötigt und mit welchen Zutaten werden Pizzas belegt?
- Mit welchem Teig und welchem Belag wird Zwiebelkuchen hergestellt?
- Aus welchem Teig bestehen Quiches und wie wird Quiche Lorraine hergestellt?
- Welche Vorteile hat das Backen im Ladenbackofen?



Snacks sind kleine zubereitete Speisen zum sofortigen Verzehr (Imbiss).

Der Snackbereich hat in Bäckerei-Verkaufsläden eine große Bedeutung, da zunehmend mehr Mahlzeiten außer Haus eingenommen werden. In der Bäckerei werden kalte und warme Snacks angeboten, z.B. für Berufstätige als kleines Mittagessen oder als Zwischenmahlzeit sowie für den kleinen Hunger der Spaziergänger und beim Einkaufsbummel.

## 25.1 Belegte Snacks

Belegte Snacks sind Kleingebäcke, die mit verschiedenen Zutaten ständig frisch belegt werden, z.B. mit Salat, Wurst, Schinken, Käse oder Fisch.

### Backwaren zum Belegen für Snacks

- Kaisersemmeln
- Schrippen
- Baguettebrötchen
- Laugenzöpfchen, Laugenstangen, Laugencroissants
- Ciabattabrötchen
- kleine Stangenweißbrote (Stangenweißbrötchen)
- Bagels (Weizenteig mit etwas Zucker und Fett)
- Roggenbrötchen
- kleine Vinschgauer Fladen (Vinschgauer Fladenbrötchen)
- Vollkornbrötchen
- Mehrkornbrötchen
- Dinkelvollkornbrötchen

Die Oberfläche der Backwaren kann mit Haferflocken oder Ölsamen, z.B. Sesam und Kürbiskernen, bestreut sein.

Grundsätzlich nur frische Backwaren verwenden.

*Backwaren für Snacks*

**Backwaren auseinanderschneiden**

Mit einem scharfen Sägemesser (Wellenschliffmesser) $\frac{2}{3}$ für den Boden und $\frac{1}{3}$ für den Deckel schneiden. Werden die Gebäcke in der Mitte durchgeschnitten, wirkt der Deckel zu dominant und überdeckt den Belag.

*Fachgerecht auseinandergeschnittene Backwaren, rechts dünn mit Mayonnaise bestrichen*

**Bestreichen der Backwaren**

Die Schnittseiten des Bodenteils und des Deckels der Backwaren werden dünn bestrichen, damit sie nicht austrocknen. Bei zu dickem Bestreichen wird der Snack zu weich sowie zu fetthaltig.

**Als Aufstrich eignen sich:**

- Butter, besonders für Käseauflagen
- Remoulade
- Mayonnaise
- Frischkäse, auch mit Kräutern
- Zaziki

**Grundsätze beim Belegen der Snacks**

- Frische Backwaren verwenden.
- Frische Zutaten für die Beläge verwenden.
- Bei den fertigen Snacks sind alle einzelnen Zutaten, die belegt werden, sichtbar.
- Zur ansprechenden Optik sollen die Beläge sorgfältig aufgelegt werden und einen schönen Farbkontrast ergeben.

Salate, Gemüse und Kräuter sollen frisch gekauft werden. Sie dürfen nicht zu lange im Voraus geschnitten werden. Tomaten und Gurken verlieren schnell an Saft, Salate und Kräuter werden welk und unansehnlich. Wurst- und Käsescheiben trocknen aus.

## Belegen der Snacks

**Salatblatt**

Ein Blatt Lollo bionda so auf das Unterteil des Gebäcks legen, dass der gekräuselte Teil vorne etwas über das Gebäck steht und beim fertigen Snack gut sichtbar ist.



## Beläge für Snacks

| Hauptbeläge: Wurst, Fleisch, Käse, Fisch | Salate | Gemüse, Ei | Kräuter, Gewürze |
|---|---|---|---|
| • Salami<br>• Schinken (ohne Fettrand)<br>• Schwarzgeräuchertes<br>• Bratenfleisch | • Lollo bionda oder<br>• Eisbergsalat<br><br>Es sind Salate, die nicht welken und knackig frisch bleiben. | • Tomaten<br>• Salatgurken<br>• Radieschen<br>• Paprika<br>• Zwiebeln | • Petersilie<br>• Schnittlauch<br>• Dill<br>• frische Kräuter |
| • Mozzarella,<br>• Camembert,<br>• Käsescheiben, z. B. Gouda, Edamer, Emmentaler | | gekochte Eier (ca. 12 Minuten kochen) | • Gewürze, z. B. Pfeffer, Paprika, Basilikum |
| Fisch, z. B. Lachs und Thunfisch | | | • Salz<br>• Kräutersalz |
| Krabben | | | |

*Lollo bionda auf dem Gebäck*

**Gemüse und Eierscheiben**

Tomaten, Salatgurken und hartgekochte Eier in Scheiben schneiden.

Gemüse und Eierscheiben von links nach rechts auf den Lollo bionda legen – nicht über den Gebäckrand hinaus. Eine bewährte Methode zum Erreichen eines schönen Farbkontrastes ist die „Ampelbelegung“: eine Scheibe Tomate, eine Scheibe Ei und eine Scheibe Salatgurke.

Das Belegen mit Gemüsesorten und deren farbliche Zusammenstellung ist verschiedenartig möglich. Neben Tomaten und Gurken können z. B. auch Radieschen in Scheiben, Paprika in Streifen und Zwiebelringe aufgelegt werden.

Bei kurzen Stehzeiten der Snacks können das Gemüse und die Eier auch direkt auf die Wurst, den Schinken und Käse gegeben werden. Bei längeren Stehzeiten geben die Tomatenscheiben Feuchtigkeit ab, die nicht durch die Wurst und den Käse sickern kann.

*Ampelbelegung*

**Hauptbeläge**

Salami, Schinken und Schwarzgeräuchertes in Scheiben schneiden, ebenso Käsescheiben herrichten, z. B. Gouda, Edamer oder Emmentaler. Die Scheiben einmal überschlagen und von links nach rechts so auflegen, dass die geschlossene runde Seite vorne leicht schräg sichtbar ist. Dabei ca. ⅓ der Scheiben auflegen und ⅔ darüberschlagen. Sind die Salami-, Schinken- oder Käsescheiben zu groß, werden sie vor dem Auflegen in der Mitte durchgeschnitten

Zum Belegen eignen sich z. B. auch Lachs, Forellenfilets, Krabben.

Nach dem Belegen müssen alle einzelnen Beläge noch sichtbar sein, damit die Kunden sehen, wie sich die Snacks zusammensetzen, und somit nach ihren Bedürfnissen wählen können.

*Belegen von Salami*

**Den Deckel auflegen**

Den Deckel des Gebäcks etwas nach hinten geneigt schräg auflegen, damit der gesamte Belag sichtbar bleibt.

*Sichtbarer Belag durch den nach hinten geneigten Deckel*

*Snacks, verschieden belegt*

## Käse-Tomaten-Snacks

Eine weitere Snackart ist das Belegen mit Tomatenscheiben und Mozzarella- oder Camembertscheiben im Wechsel. Dafür werden Mozzarella bzw. Camembert und Tomaten in Scheiben geschnitten (nicht zu dick).

LF 6

- Die Schnittseiten der aufgeschnittenen Gebäcke bestreichen und ein Blatt Lollo bionda auflegen.
- Tomatenscheiben und Käsescheiben von links nach rechts im Wechsel schräg fächerartig aneinander auf das Salatblatt legen.
- Tomaten und Käse z. B. mit Basilikum bestreuen oder mit Basilikumblättern belegen.
- Den Deckel des Gebäcks leicht nach hinten geneigt auflegen.

*Mozzarella-Tomaten-Snack*

## Präsentation von belegten Snacks im Laden

Die Möglichkeiten der Präsentation sind:
- Besonders attraktiv wirken die belegten Snacks auf schwarzen Tabletts.
- In einer „Snackwelle", einer wellenförmigen Halterung aus Edelstahl oder durchsichtigem Plastik, haben die Snacks einen sicheren Halt und verrutschen nicht. In dieser platzsparenden Halterung werden die belegten Zutaten in den Snacks gut sichtbar gezeigt.

Die Snacks werden reihenweise auf Tabletts oder in Snackwellen gelegt.
Die Snacks einer Reihe sollten die gleiche Länge haben, sonst wirken sie ungeordnet aufgelegt und die dekorative Wirkung geht verloren.

*Präsentation von belegten Snacks*

## Sandwiches

Sandwiches sind belegte Snacks, bei denen zwei Brotscheiben in der Mitte gefüllt sind und direkt übereinanderliegen.

Im Gegensatz zu den belegten Snacks sind die Beläge der Sandwiches kaum oder gar nicht sichtbar.

### Brote, die sich für Sandwiches eignen

- Toastbrot, getoastet
- Kastenweizenbrot
- Kastenbrote: Weizenmisch-, Roggenmisch-, Roggenbrot
- Vollkornbrot in Kastenform
- Fladenbrot
- kleines Vinschgauer Fladenbrot

### Zubereiten von Sandwiches

- Kastenbrote in 8 bis 10 mm dicke Brotscheiben schneiden.
- Beide Brotscheiben wie die belegten Snacks bestreichen, z. B. mit Butter, Remoulade, Frischkäse.
- Die Zutaten für die Beläge auf die untere Brotscheibe legen. Die Beläge sind die gleichen wie für belegte Snacks, z. B. Salatblätter, Schinken, Wurst, Käse, Fisch, Eierscheiben, Tomaten, Gurken, Radieschen, Paprika, Kräuter.
- Die zweite Brotscheibe direkt auf den Belag legen.

Kastenförmige Brotscheiben werden nach dem Belegen häufig diagonal halbiert und als dreieckige Sandwiches angeboten.

### Beispiel: Sandwiches aus Fladenbrot

- Fladenbrot in der Mitte mit einem Sägemesser (Wellenschliffmesser) auseinanderschneiden und die Schnittflächen des Bodens und des Deckels mit Kräuterfrischkäse bestreichen.
- Tomatenscheiben auf die gesamte Fläche des Bodenteils deckend auflegen.
- Zwiebeln, in Ringe oder Würfel geschnitten, auflegen.
- Den Deckel darauflegen und das Fladenbrot mit einem scharfen Wellenschliffmesser vierteln.
- Die zwei Schnittseiten jedes geviertelten Fladenbrots mit Kräuterfrischkäse bestreichen und in klein geschnittenen Schnittlauch tauchen.

*Tomaten-Sandwich*

**Verkauf von belegten Snacks und Sandwiches**

- Snacks sollen in einer gekühlten Snacktheke im Laden angeboten werden, damit sie ihr frisches Aussehen nicht verlieren.
- Belegte Snacks sollen nach dem Belegen höchstens zwei Stunden im Verkauf sein. Danach sollen wieder neue Snacks belegt werden, sodass sie den ganzen Tag über frisch angeboten werden.
- Die belegten Snacks beim Verkauf nicht mit bloßen Händen anfassen, sondern z. B. mit einer Serviette.
- Den belegten Snack auf einen stabilen Pappteller legen und mit einer Serviette in einer Tüte verpacken. Beschichtete, fettabweisende Tüten sind vorteilhaft.

**Fehler bei belegten Snacks und Sandwiches**

| Fehler | Ursachen |
|---|---|
| Teile des Belages der belegten Snacks sind nicht sichtbar. | Beläge wurden direkt übereinandergelegt. |
| Teile des Belages der belegten Snacks fallen beim Anfassen des Snacks leicht heraus. | Die Beläge wurden zu weit vom Gebäckrand nach außen gelegt. |
| Tomaten-, Gurken-, Eierscheiben u. a. sind zu dick, zu dünn oder ungleichmäßig dick im Snack. | Die Scheiben wurden unordentlich geschnitten. |
| Der Gebäckkruste der belegten Snacks fehlt die gewünschte Rösche und sie ist weich. | Die Gebäcke waren beim Belegen nicht frisch. |
| Der Lollo bionda und das Gemüse sind welk und die Wurst, der Schinken und Käse trocken. Die Beläge sind unansehnlich. | • Die Beläge waren beim Belegen nicht mehr frisch.<br>• Die Snacktheke ist nicht gekühlt. |
| Die Gebäcke der Snacks und Sandwiches sind durchweicht. | Die belegten Snacks und Sandwiches stehen schon zu lange in der Snacktheke. |

## Wraps

Wrap heißt übersetzt „einwickeln, verpacken". Den Namen erhielten diese Snacks aufgrund ihrer Herstellung. Wraps sind gefüllte, aufgerollte Fladen. Sie werden üblicherweise in der Snacktheke kalt angeboten, werden im Café aber auch manchmal warm serviert.

*Wraps im Verkauf*

Als Basis werden hauptsächlich dünne „Tortillafladen" aus weichen Weizenteigen gebacken.

**Rezeptbeispiel: Tortillafladen**

| | |
|---|---|
| 1000 g | Weizenmehl, Type 405 oder 550 |
| 750 g | Wasser, kalt |
| 150 ml | Öl |
| 10 g | Salz |
| **1910 g** | **Teig** |

Die Zutaten zu einem weichen, glatten Teig kneten

Teigruhe: ca. 30 Minuten

LF 6

**Backen der Tortillafladen**
- Öl in einer Pfanne erhitzen.
- Einen 1 mm dünnen Teig von ca. 20 cm Durchmesser bei mittlerer Hitze backen. Jede Seite einmal kurz backen, bis kurz vor dem Braunwerden des Randes.

Die Tortillafladen werden sofort nach dem Backen gefüllt, da sie in warmem Zustand am besten rollfähig sind.

**Füllung**
Die Tortillafladen dünn bestreichen, damit sie nicht trocken werden, z. B. mit Mayonnaise, Remoulade, Frischkäse, Crème fraîche, Joghurt.

Die Wrapfüllungen können beliebig gewählt werden, z. B.
- Gemüse: Salate und Paprikaschoten in Streifen, Tomaten, Salatgurken, Karotten, Zwiebeln
- Pilze, Mais
- Käse
- Fleisch in Streifen: Putenbrust, Rindfleisch, Hähnchen
- Fisch
- Salz und Gewürze: Pfeffer, Oregano, Kümmel, Chili

**Fertigstellen der Wraps**
- Die gefüllten Tortillafladen einrollen.
- Die Rolle in der Mitte schräg auseinanderschneiden. Durch den schrägen Schnitt kommt die Füllung optisch besser zur Geltung.
- Den unteren Teil in Alufolie einschlagen, damit die Wraps mit der Hand gegessen werden können.

## Verkaufsargumente

**Qualitätsmerkmale für die Kundenberatung**
Nur frisch belegte Snacks sind von guter Qualität.
- Die Backwaren sind frisch und enthalten deshalb eine rösche Kruste und weiche Krume sowie den feinen Brötchengeschmack.
- Sie sind mit frischem Salat und Gemüse belegt, die den gewünschten Biss und die natürliche, appetitliche Farbe haben.
- Nur frische Wurst, Schinken, Käse oder Fisch werden belegt, die weich sind und so am besten schmecken.
- Wraps sind weiche, dünne Tortillafladen, die z. B. mit Gemüse, Käse, Fleisch und Fisch gefüllt sind.

**Frischhaltung**
Die Snacks werden frisch angeboten, da sie schnell ihre Frische und somit die Qualitätsmerkmale verlieren. Die Gebäcke nehmen Feuchtigkeit auf und werden weich, der Salat und das Gemüse werden welk und die Wurst, der Schinken, der Käse u. a. trocknen etwas aus. Deshalb sollten Snacks so frisch wie möglich verzehrt werden.

**Besondere Eignung**
Belegte Snacks und Wraps eignen sich zum sofortigen Verzehr für den kleinen Hunger oder als Zwischenmahlzeit.

LF 6

## Aufgaben

1. Erklären Sie den Begriff „Snacks“.
2. Erläutern Sie, was man unter belegten Snacks versteht.
3. Nennen Sie Backwaren, die sich zum Belegen von Snacks eignen.
4. Wie werden Backwaren für belegte Snacks auseinandergeschnitten?
5. Beschreiben Sie das Bestreichen der Backwaren für belegte Snacks und geben Sie an, was sich als Aufstrich eignet.
6. Nennen Sie Beispiele, die sich als Snackbeläge eignen:
   - Salate
   - Wurst, Fleisch, Käse, Fisch
   - Gemüse, Eier
   - Kräuter, Gewürze
7. Erklären Sie die Voraussetzungen zum Belegen von Snacks.
8. Beschreiben Sie an einem beliebigen Beispiel Schritt für Schritt das Belegen eines Snacks.
9. Beschreiben Sie die Herstellung von Mozzarella-Tomaten-Snacks.
10. Erklären Sie, wie Snacks im Verkauf präsentiert werden sollten.
11. Erläutern Sie den Begriff „Sandwich“.
12. Welche Brote eignen sich für Sandwiches?
13. Beschreiben Sie das Zubereiten von Sandwiches.
14. Beschreiben Sie das Herstellen eines beliebigen Sandwiches.
15. Nennen Sie die Qualitätsmerkmale der belegten Snacks für die Kundenberatung. →

16 Wie verhält es sich mit der Frischhaltung der belegten Snacks?
17 Wofür eignen sich belegte Snacks besonders gut?
18 Beschreiben Sie die Backwaren für Wraps.
19 Womit können Wraps gefüllt werden?
20 Erklären Sie das Fertigstellen der Tortillafladen zu Wraps für den Verkauf.
21 Für den kleinen Hunger zwischendurch will Ihre Bäckerei belegte Snacks anbieten. Sie sollen Vorschläge für geeignete Backwaren und für das dekorative Belegen machen.

### Rechenaufgaben

1 Zum Belegen von Snacks benötigt eine Bäckerei 4,200 kg Tomaten, 3 250 g Salatgurken, 1,350 kg Radieschen, 1 ¾ kg Paprika, 8 Köpfe Salat Lollo bionda. Beim Säubern und Zubereiten des Gemüses fällt folgender Verlust an: Tomaten 4 %, Salatgurken 8 %, Radieschen 10 %, Paprika 13 %, Salat 20 %. Wie viel kg von jedem Gemüse und wie viel Köpfe Salat mussten eingekauft werden?
2 Die Materialkosten für 120 Laugenstangen, die zu Snacks belegt werden, betragen 11,40 €. Der Einkaufspreis von Schinken und Gemüse zum Belegen macht 490 % der Materialkosten der Laugenstangen aus. Berechnen Sie die gesamten Materialkosten eines Snacks.
3 Die Materialkosten für 25 Sandwiches betragen 10,50 €. Für 45 belegte Snacks belaufen sich die Materialkosten auf 23,85 €.
Um wie viel Cent und um wie viel % sind die Materialkosten eines belegten Snacks höher?
4 Eine Bäckerei kauft eine Kiste Remoulade vom Handel. In einer Kiste befinden sich 40 Dosierflaschen mit insgesamt 30 kg Inhalt. Ca. 4 % Verlust entsteht bei der Entnahme der Remoulade aus der Flasche.
Wie viel g Verlust entsteht bei einer Flasche?
5 13,600 kg frische Paprika werden brutto für netto geliefert und kosten 4,20 € je kg. Die Verpackung (Tara) wiegt 1 320 g, der Verlust beim Herrichten für Snacks beträgt 1 780 g.
a) Wie viel kg verbrauchsfertige Paprika stehen zur Verfügung?
b) Ermitteln Sie den Preis für 100 g Paprika, die für einen Snack benötigt werden.

LF 6

## 25.2 Überbackene Snacks

Überbackene Snacks sind halbierte Backwaren, die mit verschiedenen Zutaten belegt und obenauf mit geriebenem Käse bestreut werden. Beim Überbacken im Ofen bei hoher Hitze zerläuft der Käse und bräunt manchmal leicht.

*Überbackener Snack*

**Geeignete Backwaren**
- Fladenbrote
- Ciabattas
- kurze Stangenweißbrote
- kurze Baguettes
- Baguettebrötchen

Nur frische Gebäcke verwenden.

### Herstellen überbackener Snacks

- Die Backwaren in der Mitte auseinanderschneiden. Jede Hälfte des Gebäcks dient als Basis (Unterlage) für die überbackenen Snacks.
- Die Schnittflächen der halbierten Gebäcke dünn bestreichen, z. B. mit Remoulade oder Frischkäse.
- Die Backwaren flächendeckend belegen, z. B. mit Gemüse, Wurst, Schinken und obenauf mit geriebenem Käse. Als geriebener Käse eignen sich Emmentaler, Gouda und Edamer
- Die Snacks in einem Ofen bei hoher Hitze überbacken, bis der Käse angebräunt ist.

*Schnittflächen des Gebäcks bestreichen*

*Belegte Snacks zum Überbacken*

*Überbackene Snacks*

**Möglichkeiten zum Überbacken**
- in einem Ofen bei 220 °C, z. B. im Ladenbackofen
- in einem Salamander, einem Spezialofen, in dem die Heizschlangen oben durch die Oberhitze die Snacks überbacken

**Tiefgefrorene Snacks**
Die fertig belegten Snacks werden häufig tiefgefroren in die Verkaufsläden geliefert und dort bei Bedarf aufgetaut und im Ladenbackofen überbacken.

## Beispiele für überbackene Snacks

### Überbackene Snacks – italienische Art

- Kleines Stangenweißbrot, Fladenbrot oder Ciabatta auseinanderschneiden, jede Gebäckhälfte mit Kräuterfrischkäse (oder Remoulade) dünn bestreichen und jeweils als Snackunterlage verwenden.
- Tomatenscheiben auflegen.
- Mozzarella in dünne Scheiben schneiden und darauflegen.
- In Ringe geschnittene Zwiebeln auflegen.
- Mit Salz, Basilikum und Oregano salzen und würzen.
- Etwas Balsamico darübergeben.
- Bei 220 °C im Ofen überbacken, bis der Käse zerlaufen ist.
- Fladenbrot für den Verkauf in vier Teile schneiden, Ciabatta halbieren.

*Belegter Snack vor dem Überbacken*

*Überbackender Snack – italienische Art*

### Überbackene Snacks – griechische Art

- Kleines Stangenweißbrot, Fladenbrot oder Ciabatta auseinanderschneiden, jede Gebäckhälfte mit Zaziki (oder Remoulade bzw. Frischkäse) dünn bestreichen und jeweils als Snackunterlage verwenden.
- Tomatenscheiben auflegen.
- Paprika – rot, gelb und grün – in Würfel schneiden und aufstreuen.
- Gewürfelten Schafskäse aufstreuen.
- Oliven darauflegen.
- Geriebenen Emmentaler flächendeckend aufstreuen.
- Bei 220 °C im Ofen überbacken, bis der Käse zerlaufen ist.
- Fladenbrot für den Verkauf in vier Teile schneiden, Ciabatta halbieren.

Die überbackenen Snacks griechischer Art können auch als vegetarische Snacks bezeichnet werden, da sie keine Fleisch- und Wurstwaren enthalten.

*Belegter Snack*

*Überbackener Snack – griechische Art*



**Verkauf von überbackenen Snacks**
Den heißen überbackenen Snack mit einer Winkelpalette vom Blech heben und auf einen stabilen Pappteller legen. Eine Serviette dazugeben und in einer beschichteten, fett- und wasserabweisenden Tüte verpacken, die nicht durchweicht.

## Prüfmerkmale der DLG für Kombinationsbackwaren

Bei der Beurteilung von Snacks durch die DLG werden u. a. folgende Kriterien herangezogen:

**Aussehen, Form**
- zu ungleichmäßige, flache, nicht ausgefüllte Form
- unsaubere Seitenflächen
- nicht artgemäßer Ausbund
- zu viel, ungleichmäßig bestreut
- ausgelaufene Füllung
- unsauberer, verschmierter, faltiger, hohler, blasiger Boden
- zu ungleichmäßige Scheibengröße/Scheibendicke

**Oberflächen-, Krusteneigenschaften**
- zu ungleichmäßige, helle, dunkle Bräunung
- dunkle Kante, verbrannter Boden
- abgeblätterte, ungleichmäßige, dünne, dicke, verbrannte Kruste
- ungleichmäßig dicke/r, durchgeweichte/r, feuchte/r, graue/r, harte/r, abblätternde/r Überzug/Auflage
- Käseauflage unzureichend geflossen
- Garnierung nicht sorgfältig
- Fleischerzeugnis zu sehr gestückelt/schlecht hergerichtet

**Lockerung, Krumenbild**
- zu ungleichmäßige, geringe, übermäßige, nicht artgemäße Lockerung
- ungleichmäßige Blätterung/Schichtung
- speckige Schicht unter der Füllung
- speckige Streifen/Krume
- Krume/Füllung unausgewogene Menge

**Struktur, Elastizität**
- krümelt beim Schneiden
- geschwächte Krumenelastizität
- trockene, schmierende, klebende Krume
- ungleichmäßige Konsistenz der Füllung
- wässrige, feste, weiche, leimige Füllung
- ölig/fettig/anhaftend
- Fleischerzeugnis zu fest/zäh/zu trocken

**Geruch**
- wenig aromatisch, aromaarm
- Nebengeruch, Fremdgeruch
- hefig, gärig
- dumpf/muffig
- nicht abgerundet (unharmonisch)

**Geschmack**
- wenig aromatisch, aromaarm, fade
- sauer, salzig, süß, bitter
- fettig, mehlig
- einseitig gewürzt, überwürzt
- hefig, gärig
- Nebengeschmack, Fremdgeschmack
- ranzig, dumpf/muffig
- Fleischerzeugnis salzig/ranzig/alt/fettig

**Verkaufsargumente**

**Qualitätsmerkmale für die Kundenberatung**
Überbackene Snacks sind frische Gebäcke, die mit frischen Zutaten belegt sind, z. B. mit Gemüse, Wurst und Käse. Nach dem Überbacken sind die warmen Gebäcke mit geschmolzenem Käse überzogen.

**Verzehr der überbackenen Snacks**
Überbackene Snacks schmecken warm am besten und werden deshalb direkt vor dem Verzehr überbacken und sofort gegessen.
Abgekühlte überbackene Snacks können unmittelbar vor dem Essen im vorgeheizten Ofen bei 230 °C erhitzt werden, damit der Käse warm und weich ist.

**Besondere Eignung**
Belegte Snacks eignen sich zum sofortigen Verzehr für den kleinen Hunger oder als Zwischenmahlzeit.

**Aufgaben**

1. Erklären Sie überbackene Snacks.
2. Welche Backwaren eignen sich für überbackene Snacks?
3. Beschreiben Sie allgemein die Herstellung überbackener Snacks.
4. Beschreiben Sie, wie überbackene Snacks verkauft und verpackt werden.
5. Erklären Sie die Qualitätsmerkmale der überbackenen Snacks für die Kundenberatung.
6. Wann schmecken überbackene Snacks am besten und sollten dann gegessen werden?
7. Wofür sind überbackene Snacks gut geeignet?
8. Sie planen in Ihrer Bäckerei eine Aktion zum Thema „Vegetarische überbackene Snacks“. Dafür wählen Sie passende Backwaren aus und stellen verschiedene Beläge zusammen.

**Rechenaufgabe**

In einem Karton Remoulade befinden sich 12 Flaschen mit je 1,500 l Inhalt. Es werden 4 Kartons bestellt. Beim Entnehmen aus den Flaschen entsteht ein Remouladenverlust von 4,5 %.

a) Wie viel ml Remouladenverlust entsteht?
b) Berechnen Sie, für wie viel ganze Tage die Remoulade reicht, wenn täglich 2,800 l Remoulade verbraucht werden.

## 25.3 Gebackene Snacks

Bei gebackenen Snacks wird der Teig mit der Füllung bzw. dem Belag auf dem Teig gebacken.

**Bekannte gebackene Snacks sind z. B.:**

- Laugenkäsestangen
- Käse-Schinken-Brezeln, Käse-Salami-Brezeln
- Schinken- und Käsesnacks aus Blätterteig
- Pizzabrötchen
- Sauerrahmfladen
- Pizzas
- Quiches
- Zwiebelkuchen

**Laugenkäsestangen**
Laugenstangen nach dem Belaugen in der Mitte der Länge nach einschneiden und geriebenen Käse einlegen.

**Laugenbrezeln mit Belag**
Laugenbrezeln nach dem Belaugen mit einer Scheibe Emmentaler Käse belegen und darauf Schinken oder Salami legen. Darauf können noch Paprikastreifen gelegt werden.

*Laugenkäsestange und Käse-Schinken-Brezel*

**Schinken- und Käsesnacks**
Auf einen ausgerollten Brötchenteig wird entweder Schinken oder Käse gelegt und eingerollt.

*Schinken und Käse auf dem Brötchenteig*

LF 6

Schinken und Käsesnacks aus Brötchenteig

**Pizzabrötchen**

Weizenmischteig mit ca. 30 % Roggenmehlanteil zu runden Brötchenteiglingen schleifen (wirken). Die Teiglinge nach kurzer Gare flach drücken oder ausrollen und wie Pizzas belegen: Tomatenmark, gewürfelte Schinkenstücke, gewürfelte Paprika, geriebener Käse.

Belegte Pizzabrötchen

Pizzabrötchen

**Sauerrahmfladen**

Weizenmischteig mit ca. 30 % Roggenmehlanteil zu runden Brötchenteiglingen schleifen (wirken). Die Teiglinge nach kurzer Gare in der Teigausrollmaschine oval ausrollen. Die ausgerollten Teiglinge flächendeckend gut mit Schmand bestreichen und gewürfelte Schinkenstückchen auflegen. Die Sauerrahmfladen sofort nach dem Backen mit Schnittlauch bestreuen.

Sauerrahmfladen

## Pizzas

Pizzas bestehen aus einem Weizenteig wie Brötchen. Der Teig enthält jedoch zusätzlich Öl. Der dünn ausgerollte Pizzateig wird mit beliebig vielen verschiedenen Zutaten belegt.

Pizzas werden als Snacks im Laden als rechteckige Pizzaschnitten oder als Stücke einer großen runden Pizza verkauft. Im Café werden runde Pizzas als Hauptmahlzeit angeboten.

Pizzaschnitte

**Teiggewichte für Pizzas:**

1000 g Pizzateig für 1 Backblech von 60 × 40 cm
300 g Pizzateig für 1 große runde Pizza

**Rezeptbeispiel: Pizzas**

**Teig:**

| | |
|---|---|
| 1000 g | Weizenmehl, Type 550 |
| 500 g | Wasser |
| 30 g | Hefe |
| 15 g | Salz |
| 80 g | Öl (100 ml) |
| **1625 g** | **Teiggewicht** |

Teigtemperatur: 26 °C
Knetzeit im Spiralkneter:
- 2 Minuten mischen,
- 6 Minuten kneten

Teigruhe: ca. 40 Minuten

**Belagbeispiel: Pizzas mit Schinken bzw. Salami**

**Zutaten für eine runde Pizza:**

| | |
|---|---|
| 250 g | Tomaten |
| 80 g | Tomatenmark |
| 130 g | Schinken oder Salami |
| 80 g | Zwiebeln |
| 130 g | Paprika |
| 140 g | Champignons |
| 130 g | Käse, gerieben |
| | Salz |
| | Oregano, Pfeffer, Paprika, Basilikum |
| | evtl. Peperoni |
| **940 g** | **Pizzabelag** |

**Zutaten für 1 Backblech von 60 × 40 cm:**

| | |
|---|---|
| 600 g | Tomaten |
| 250 g | Tomatenmark |
| 320 g | Schinken oder Salami |
| 200 g | Zwiebeln |
| 320 g | Paprika |
| 260 g | Champignons |
| 320 g | Käse, gerieben |
| | Salz |
| | Oregano, Pfeffer, Paprika, Basilikum |
| | evtl. Peperoni |
| **2270 g** | **Pizzabelag** |

**Aufarbeiten des Pizzateigs**
- Den Pizzateig 2 oder 2,5 mm dick ausrollen.
- Den ausgerollten Pizzateig auf gefettete Backbleche gleichmäßig dick auslegen.
- Den ausgelegten Pizzateig mit Öl bestreichen, stippen, und belegen.

**Belegen der Pizzas**
- Frische Tomaten in Scheiben schneiden und flächendeckend auf den Pizzateig legen. Oder: Tomatenmark auf dem Pizzateig verstreichen.
- Auf die Tomaten bzw. das Tomatenmark etwas Salz geben und mit Oregano, Pfeffer, Paprika, Thymian würzen.
- Schinken oder Salami auflegen.
- Zwiebeln würfelförmig oder in dünne Scheiben geschnitten aufstreuen.
- Paprika, rot und gelb, in Streifen oder Würfel schneiden und verteilen.
- Frische Champignons in Scheiben schneiden und verteilen.
- Eventuell Peperoni, mild oder scharf, auflegen.
- Geriebenen Käse darüberstreuen.

Die belegten Pizzas können ohne Gare in den Ofen geschoben werden, höchstens bis 10 Minuten Gare.

**Backen:** 240 °C
**Backzeit:** ca. 25 Minuten die runde Pizza
ca. 30 Minuten die Pizza auf dem Backblech

Beispiele für die Größen der Pizzastücke:
Pizza auf dem Backblech in 15 × 12 cm schneiden.
Die runde Pizza in 4 Stücke schneiden.

**Tiefgefrieren der Pizzas**
Fertig belegte Pizzas können in Folie verpackt gut tiefgefroren und somit auf Vorrat hergestellt werden. Die Pizzas können nach Bedarf aufgetaut und gebacken werden.

## Snacks aus Blätterteig



Blätterteig wird für Snacks mit pikanten Füllungen gefüllt. Beispiele für Blätterteigsnacks:

**Würstchen im Schlafrock**
Blätterteig 2,5 oder 3 mm dick ausrollen und zu rechteckigen Teigstücken schneiden. Wiener Würstchen oder Debrecziner auflegen und den Blätterteig zu Rollen überschlagen. Die Blätterteigrollen mit Eistreiche bestreichen und die Oberfläche mehrmals leicht schräg einschneiden.

**Käse-Spinat-Blätterteigtaschen**
Blätterteig 2,5 oder 3 mm dick ausrollen und zu Quadraten von ca. 14 cm schneiden. Die Stücke mit Fetakäse und Spinat füllen. Den Blätterteig zu quadratischen oder dreieckigen Taschen über die Füllung schlagen. Die Blätterteigtaschen mit Eistreiche bestreichen.

**Schinken- und Käsehörnchen, Schinken-Käseblätterteighörnchen**
Blätterteig 2,5 oder 3 mm dick ausrollen und zu Dreiecken von 25 × 12 cm schneiden. Für Schinkenhörnchen gekochten Schinken und für Käsehörnchen Käsescheiben (Emmentaler, Gouda, Edamer) auf die Blätterteigdreiecke legen. Den Käse mit Salz, Pfeffer und Paprika würzen. Für Schinken-Käseblätterteighörnchen werden gekochter Schinken und Käse aufgelegt. Die Blätterteigstücke zu Hörnchen rollen und mit Eistreiche bestreichen.

*Schinken- und Käsehörnchen*

Am besten schmecken Blätterteigsnacks in warmem Zustand. Die Kunden sollten deshalb informiert werden, dass abgekühlte Blätterteigsnacks kurz bei ca. 200 °C aufgebacken werden sollten.

## Zwiebelkuchen

Zwiebelkuchen besteht aus einem dünnen Teig mit einem saftigen, pikanten Zwiebelbelag mit Speck, saurer Sahne und Käse.
Der Teig für Zwiebelkuchen kann verschiedenartig hergestellt werden, aus Hefeteig, zuckerlosem Mürbeteig oder Quarkteig.

LF 6

*Zwiebelkuchen in Schnittenform*

Zwiebelkuchen wird vorrangig zum Wein gegessen. Tradition hat er im Herbst zum Federweißen, einem aus der Gärung genommenen noch nicht ganz vergorenen Wein.

**Rezeptbeispiel: Teig für Zwiebelkuchen**

Das Rezept ergibt Zwiebelkuchen für
4 Tortenringe mit je 28 cm Durchmesser oder
1 Backblech von 60 × 40 cm.

**Teig:**

| | |
|---|---|
| 500 g | Weizenmehl, Type 550 |
| 100 g | Butter, flüssig |
| 200 g | Magerquark |
| 200 g | Vollei (4 Stück) |
| 20 g | Backpulver |
| 10 g | Salz |
| **1030 g** | **Teig** |

- Alle Zutaten zusammen zu einem glatten Teig kneten.
- Den Teig kühl stellen, bis er ausrollfähig ist.
- Den Teig 2 ¼ mm dick ausrollen und in gefettete Tortenringe oder auf einem Blech von 60 × 40 cm auslegen.

**Belag:**

| | |
|---|---|
| 1200 g | Zwiebeln |
| 100 g | Butter |
| 400 g | gekochter Schinken oder durchwachsener geräucherter Speck |
| | Pfeffer, frisch gemahlen |
| 200 g | Emmentaler Käse, gerieben |
| 400 g | saure Sahne oder Schmand |
| 200 g | Vollei (4 Stück) |
| 10 g | Kümmel, gemahlen |
| **2 510 g** | **Belag** |

- Die Zwiebeln würfeln oder in feine Ringe schneiden.
- Butter in einer Pfanne erhitzen und die Zwiebeln darin glasig dünsten.
- Den Schinken in kleine Würfel schneiden und in die glasigen Zwiebeln rühren.
- Zwiebeln mit dem Schinken auf dem Teig verteilen.
- Pfeffer darübermahlen.
- Käse mit Eiern, Sahne und Kümmel verrühren und darübergießen.

**Backen:** 210 °C, bei offenem Zug
**Backzeit:** ca. 25 Minuten

Zwiebelkuchen werden als rechteckige Schnitten oder als Tortenstücke angeboten.

Die Zwiebelkuchen in Stücke schneiden, z. B.:
- runder Zwiebelkuchen: in 8 Stücke schneiden
- Zwiebelkuchen vom Blech: 10 × 8 cm Stücke schneiden

## Quiches

Die Quiche, sprich Kisch, ist ursprünglich ein französisches Gebäck. Mehrere dieser Gebäcke heißen Quiches, sprich Kischs.

Der Boden für Quiches ist ein zuckerloser Mürbeteig, selten wird Blätterteig verwendet.
Der pikant gewürzte Guss auf dem Teig besteht vorwiegend aus Eiern und Sahne und einer geschmacksbestimmenden Zutat, die der Quiche den Namen gibt z. B. Tomaten-, Lachs-, Brokkoli-, Spargelquiche.

**Quiche Lorraine**, sprich Kisch Lorren, ist die traditionell bekannte Quiche mit Schinken, Zwiebeln und Käse.

Quiches werden häufig in Tortenringen oder niedrigen, konischen Formen von ca. 28 cm Durchmesser gebacken und wie Tortenstücke stückweise verkauft. Sie werden aber auch in kleinen Förmchen hergestellt und als kleine ganze Quiches verkauft.

### Rezeptbeispiel: Quiche Lorraine

Rezept ergibt 4 Quiche Lorraine mit je 28 cm Durchmesser.

**Pikanter Mürbeteig:**

| | |
|---|---|
| 1000 g | Weizenmehl, Type 550 |
| 500 g | Butter |
| 150 g | Wasser |
| 10 g | Backpulver |
| 15 g | Salz |
| | Paprika, Pfeffer |
| **1 675 g** | **Teig** |

- Alle Zutaten zusammen zu einem glatten Mürbeteig kneten.
- Den Mürbeteig kühl stellen, bis er ausrollfähig ist.
- Den gekühlten Mürbeteig 3,5 mm dick ausrollen, mit einem Tortenring ausstechen und in gefettete Tortenringe geben. →
- Mit Mürbeteig einen ca. 2 cm hohen Teigrand an die Tortenringe legen. In einer konischen Backform können der Boden und der Rand direkt mit ausgerolltem Mürbeteig ausgelegt werden.

**Schinken-Zwiebel-Masse:**

| | |
|---|---|
| 1 200 g | Zwiebeln |
| 100 g | Butter |
| 800 g | durchwachsener Schinken bzw. Speck |
| 800 g | Schmand |
| 850 g | Vollei (17 Stück) |
| | Salz |
| | Pfeffer, Paprika |
| | Petersilie, Schnittlauch |
| 650 g | Emmentaler Käse, gerieben |
| **4 400 g** | **Belag** |

- Die Zwiebeln würfeln.
- Butter in einer Pfanne erhitzen und die Zwiebeln darin glasig dünsten.
- Den Schinken bzw. Speck in kleine Würfel schneiden und in die glasigen Zwiebeln rühren.
- Zwiebeln und Schinken auf den Mürbeteig in den Tortenringen bzw. in den Formen verteilen.
- Schmand, Eier, geriebenen Käse, Salz, Gewürze und Kräuter verrühren.
- Diese Masse mit einer Schöpfkelle gleichmäßig in den Ringen bzw. Formen verteilen.

**Backen:** 200 °C
**Backzeit:** ca. 25 Minuten

*Quiche Lorraine*

### Backen der Snacks

Gebackene Snacks werden häufig als tiefgefrorene Teiglinge bzw. fertig gebacken oder teilgebacken gefroren in die Filialen geliefert.

Im Ladenbackofen werden die Snacks gebacken oder fertig gebacken.
Abgekühlte gebackene Snacks werden im Verkauf zum sofortigen Verzehr im Ladenbackofen bei hoher Backhitze erhitzt und dem Kunden überreicht.

LF 6

### Warmhalten der Snacks

Eine weitere Möglichkeit ist das Warmhalten der Snacks. Dabei werden die gebackenen Snacks aus dem Ofen genommen und in heißem Zustand in eine Warmhaltevitrine gegeben, die mit einer durchsichtigen Tür verschließbar ist. Die gebackenen Snacks werden bei einer Temperatur von über 80 °C heiß gehalten. Die Heißhaltezeit sollte jedoch nicht zu lang sein – höchstens drei Stunden –, da die Snacks sonst austrocknen.

*Warmhaltevitrine*

## Verkauf von gebackenen Snacks

Die heißen gebackenen Snacks werden mit einer Gebäckzange bzw. Winkelpalette auf stabile Pappteller gelegt. Sie werden mit einer Serviette in beschichtete Tüten verpackt, die nicht durchweichen.

### Verkaufsargumente

**Qualitätsmerkmale für die Kundenberatung**
Gebackene Snacks sind pikante Speisen.
Der Geschmack wird jeweils von dem Gebäck und der Füllung bzw. dem Belag bestimmt.

**Verzehr der gebackenen Snacks**
Gebackene Snacks sollten ofenheiß gegessen werden, da sie heiß am besten schmecken. Abgekühlte gebackene Snacks direkt vor dem Essen im vorgeheizten Backofen bei ca. 230 °C mit Schwadengabe erhitzen. Die Snacks dann sofort verzehren.

**Besondere Eignung**
- Gebackene Snacks eignen sich zum sofortigen Verzehr für den kleinen Hunger oder als Zwischenmahlzeit. Sie werden im Laden und im Café angeboten.
- Die gebackenen Snacks mit ihrem pikanten Geschmack werden gerne zu Erfrischungsgetränken sowie Bier und Wein gegessen.
- Zwiebelkuchen ist besonders passend zum Wein und Federweißen.

LF 6

### Aufgaben

1. Erklären Sie den Begriff „gebackene Snacks“.
2. Beschreiben Sie folgende gebackene Snacks:
   - Laugenkäsestangen
   - Laugenbrezeln mit Belag
   - Schinken- und Käsesnacks aus Brötchenteig
   - Pizzabrötchen
   - Sauerrahmfladen
3. Erläutern Sie kurz, woraus Pizzas bestehen.
4. Erstellen Sie ein Rezept für einen Pizzateig und geben Sie die Zutaten für den Belag einer beliebigen Pizza an.
5. Beschreiben Sie das Aufarbeiten eines Pizzateigs und das Belegen von Pizzas.
6. Nennen Sie Beispiele für Snacks aus Blätterteig und beschreiben Sie deren Herstellung.
7. Erklären Sie, woraus Zwiebelkuchen hergestellt wird.
8. Beschreiben Sie die Herstellung eines Zwiebelkuchens ohne Rezeptangabe.
9. Woraus werden Quiches hergestellt?
10. Erläutern Sie, woraus Quiche Lorraine besteht.
11. Beschreiben Sie die Herstellung von Quiche Lorraine ohne Rezeptangabe.
12. Wie werden gebackene Snacks beim Verkauf angefasst und verpackt?
13. Erklären Sie, wie gebackene Snacks am besten schmecken und in welchem Zustand sie deshalb verzehrt werden sollen.
14. Wofür eignen sich gebackene Snacks besonders gut?
15. Da Pizzaschnitten in Ihrer Bäckerei sehr gefragt sind, sollen neben der Schinken- und Salamipizza weitere Pizzas angeboten werden, und zwar eine scharfe Pizza, eine vegetarische Pizza und eine Pizza mit Lachs. Sie entwickeln hierfür die entsprechenden Rezepte.

### Rechenaufgabe

Für ein Stück Zwiebelkuchen wird ein Nettoverkaufspreis im Laden von 1,30 € ermittelt. Im Café liegt der Nettoverkaufspreis bei 1,56 €.

a) Berechnen Sie den Caféaufschlag in %.
b) Wie hoch ist der Ladenpreis?
c) Errechnen Sie den Preis im Café.

## 25.4 Kanapees (Canapés)

Kanapees sind kleine Brotschnitten mit verschiedenen Belägen und dekorativ garnierten Zutaten.
Sie ergeben geschmacklich und dekorativ eine gemischte Platte, die einen schönen bunten Blickfang darstellt.

Die deutsche Schreibweise ist Kanapees und die französische Canapés. Beide Schreibweisen können verwendet werden.

*Dekorative und abwechslungsreiche Kanapees*

Platten mit Kanapees werden hauptsächlich für Feiern und Büfetts hergerichtet oder für das Café. Im Laden werden sie seltener angeboten.

### Zutaten für Kanapees

Die Zutaten sind in der Reihenfolge aufgeführt, wie sie bei der Herstellung der Kanapees verwendet werden.

**Brote als Unterlage**
- Stangenweißbrot, Kastenweizenbrot, getoastetes Toastbrot
- Weizenmisch-, Roggenmisch-, Roggen- und Vollkornbrot, Pumpernickel

**Brotformen für Kanapees**
Die Brote in dünne Scheiben schneiden und daraus verschiedene Formen schneiden bzw. ausstechen.
- Brotscheiben in viereckige Stücke schneiden.
- Brotscheiben mit einem Ausstecher rund ausstechen.
- Brotscheiben der Kastenbrote zu Dreiecken schneiden.

Die Brote sollten nicht zu groß sein und alle Brotformen sollten in etwa die gleiche Größe haben. →

*Brotformen für Kanapees*

**Butter als Aufstrich**
Die Brote mit Butter bestreichen.

**Hauptbeläge**
- roher und gekochter Schinken
- Salami
- Fleischwurst
- Leberstreichwurst
- Schnittkäse, z. B. Emmentaler, Edamer, Gouda
- Camembert
- Frischkäse, Kräuterfrischkäse
- Lachs
- geräuchertes Forellenfilet
- Räucheraal

**Zutaten zum Garnieren**
- Eierscheiben
- Tomaten, Radieschen, Salatgurken, Paprika (rot, gelb, grün)
- Essiggurken, kleine Maiskolben
- Oliven, Zwiebelringe
- Obst, z. B. Kiwis, Mandarinen, Erdbeeren, Weintrauben, Physalis
- Schnittlauch, Petersilie, Dillzweig, Blatt Zitronenmelisse, Blatt Feldsalat
- Shrimps
- Kaviar

*Abwechslungsreich garnierte Kanapees*

### Platten und Tabletts

Auf schwarzen Platten belegt kommen Kanapees besonders gut zur Geltung und auf Silbertabletts wird der Wert der Kanapees optisch gesteigert.

### Auflegen der Kanapees auf Platten und Tabletts

- Kanapees in Reihen auf Platten und Tabletts legen, wobei jede Reihe die gleiche belegte Kanapeeart enthält.
- Die Reihen so zusammenstellen, dass jede Platte geschmacklich abwechslungsreiche Beläge enthält.
- Die Kanapees in gewissem Abstand legen, damit jedes einzelne Stück zur Geltung kommt.
- Das Gesamtbild der Kanapees soll einen schönen Farbkontrast ergeben, sodass die Platten bzw. Tabletts ein farbenfroher Blickfang sind.

Liegen nach dem ersten Verzehr bei einer Feier oder auf einem Büfett vereinzelte Kanapees auf den verschiedenen Platten und Tabletts, werden diese auf einer sauberen Platte zusammengelegt. Nur volle Platten und Tabletts sehen ansprechend und appetitlich aus.

*Kanapees auf einer Platte belegt*

LF 6

### Kanapees frisch anbieten

Nur frische Kanapees sehen appetitlich aus und schmecken gut.

- Grundsätzlich nur frische Brote und frische Beläge sowie Zutaten zum Garnieren verwenden.
- Kanapees erst kurz vor der Lieferung belegen.
- Die mit Kanapees belegten Platten und Tabletts sofort nach dem Belegen mit Folien abdecken und in der Kühlung lagern. Somit trocknet der Belag bei der Lieferung und bei der Lagerung vor dem Servieren nicht aus und die Kanapees sehen frisch aus.

Übrig gebliebene Kanapees, die in den Betrieb zurückgegeben werden, dürfen nicht wieder im Verkauf angeboten oder weiterverarbeitet werden. Sie müssen wie Abfall in der Biotonne entsorgt werden.

### Besondere Eignung der Kanapees

- Kanapees eignen sich für Feiern und Partys als kleiner Happen zwischendurch.
- Besonders passend sind sie für Stehempfänge, da sie auch im Stehen bequem mit der Hand zu essen sind.
- Aufgrund des geringen Sättigungswertes und der abwechslungsreichen Beläge eignen sich Kanapees auch als Vorspeisen, die appetitanregend wirken.

*Kanapees*

### Aufgaben

1. Erklären Sie, was man unter Kanapees versteht.
2. Nennen Sie die möglichen Zutaten in der Reihenfolge der Herstellung:
   - Brote
   - Aufstrich
   - Hauptbeläge
   - Zutaten zum Garnieren
3. Welche Platten und Tabletts sollen mit Kanapees belegt werden?
4. Erklären Sie, wie Kanapees auf Platten und Tabletts gelegt werden, damit sie am besten zur Geltung kommen.
5. Beschreiben Sie die Möglichkeiten, damit Kanapees beim Gebrauch frisch sind.
6. Wofür eignen sich Kanapees besonders?
7. Für eine Betriebsfeier sollen Sie für 10 Personen Kanapees mit Käse und Kanapees mit Fisch liefern. Sie stellen eine entsprechende Kanapeeauswahl zusammen und fertigen eine Liste der benötigten Zutaten an.

### Rechenaufgabe

Der Belag für Kanapees setzt sich zusammen aus 6 Teilen Schinken, 2 Teilen Salami, 5 Teilen Schnittkäse und 3 Teilen Lachs.
Errechnen Sie die Mengenanteile jedes einzelnen Belages in g für die Kanapees auf 4 Tabletts, wenn für 1 Tablett 2,400 kg Belag gerechnet wird.

**Berufliche Handlung**

Ihre Bäckerei hat bei einem großen Feuerwehrfest im Sommer den Snackstand und die Bewirtung der Ehrengäste übernommen. Am Snackstand bieten Sie belegte, überbackene und gebackene Snacks an. Für die Ehrengäste wurden Platten mit Kanapees bestellt.

### Belegte Snacks

1. Stellen Sie eine Auswahl an Backwaren für belegte Snacks zusammen.
2. Schreiben Sie die Beläge auf, die Sie zum Belegen der Snacks benötigen.
3. Überlegen Sie, mit welchen Zutaten Sie die verschiedenen Snacks dekorieren können.
4. Beschreiben Sie, wie Sie die Snacks den Kunden ansprechend präsentieren.
5. Erklären Sie, wie Sie vor den Augen der Kunden die Beläge hygienisch bereitstellen und die Snacks belegen.
6. Formulieren Sie Verkaufsargumente für die belegten Snacks in Bezug auf Qualitätsmerkmale, Frischhaltung und besondere Eignung.
7. Wählen Sie passendes Verpackungsmaterial für die belegten Snacks aus.

### Überbackene Snacks

8. Überlegen Sie, welche Backwaren sich für überbackene Snacks eignen.
9. Stellen Sie verschiedene überbackene Snacks zusammen, die Sie auf dem Fest anbieten können.
10. Erklären Sie der Verkäuferin, zu welchem Zeitpunkt Sie die Snacks überbacken soll und wie sie erkennt, wann die Snacks fertig überbacken sind.

### Gebackene Snacks

11. Nennen Sie gebackene Snacks, die für das Feuerwehrfest geeignet sind.
12. Geben Sie Beispiele für gebackene Snacks aus Laugenbrezeln und Laugenstangen.
13. Erklären Sie Schinken- und Käsesnacks aus Brötchenteig und Blätterteig.
14. Beschreiben Sie die Herstellung von Pizzabrötchen und Sauerrahmfladen.
15. Erstellen Sie ein Rezept für einen Pizzateig und belegen Sie diesen für drei Pizzaschnitten mit verschiedenen Belägen.
16. In welcher Form werden Pizzas als Snack angeboten und in welcher Form als kleines Gericht?
17. Stellen Sie für das Feuerwehrfest Zwiebelkuchen und Quiche Lorraine her.
18. Planen Sie rationell hergestellte Snacks ein, die nur noch aufgebacken werden müssen.
19. Erklären Sie Ihrer Kollegin, wie sie die überbackenen und gebackenen Snacks beim Verkauf für die Kunden verpackt.

### Kanapees

20. Wählen Sie passende Brote für Kanapees aus.
21. Überlegen Sie, in welchen Formen die Brote für Kanapees ausgeschnitten und ausgestochen werden können.
22. Stellen Sie eine Einkaufsliste für die Aufstriche, die Hauptbeläge und die Zutaten zum Garnieren der Kanapees zusammen.
23. Probieren Sie verschiedene Möglichkeiten zum Belegen und Garnieren der Kanapees aus.
24. Legen Sie die Kanapees so auf Platten und Tabletts, dass sie geschmacklich und optisch abwechslungsreich auf die Ehrengäste wirken.
25. Erklären Sie Ihrer Kollegin,
    - wann Sie die Kanapees herstellen,
    - wie Sie die Kanapees auf den Platten und Tabletts frisch halten, wenn sich der feierliche Teil des Festes verspätet.

### Rechenaufgabe

26. Bei dem Feuerwehrfest richteten Sie 45 belegte Snacks zu einem Verkaufspreis von je 2,80 €, 32 überbackene Snacks zu je 3,40 €, 72 Pizzaschnitten zu je 3,20 € und 48 Stück Zwiebelkuchen zu je 3,50 € her.
    a) Nach dem Fest blieben 6 belegte Snacks übrig und von den überbackenen Snacks 12,5 %. Berechnen Sie, wie viel % belegte Snacks und wie viel Stück überbackene Snacks übrig blieben.
    b) Welcher Betrag wurde für die verkauften Snacks eingenommen? Berechnen Sie auch, wie viel € die 7 % Mehrwertsteuer ausmachen und geben Sie den Nettoverkaufspreis an.

LF 7
Herstellen und Verarbeiten von Sauerteig

# 26 Sauerteige

**Situation**

Ihre Bäckerei wirbt mit dem Slogan „Unsere Brote sind mit reinem Natursauerteig hergestellt". Eine Kundin möchte von Ihnen wissen, was Natursauerteig überhaupt ist, warum er verwendet wird und ob alle Brote mit Natursauerteig hergestellt werden. Zu Hause hat die Kundin schon häufiger Brote aus Fertigmischungen hergestellt. Daher ist sie verwundert, dass sie dafür nie Sauerteig benötigt.

- Welche Brote werden mit Sauerteig hergestellt?
- Warum bildet sich im Roggenteig kein Kleber?
- Wie werden Roggenteige geführt und geknetet?
- Wie wirkt die Säure in Roggenteigen?
- Was sind Teigsäuerungsmittel und welche Vor- und Nachteile haben sie?
- Was ist ein Sauerteig und welche Gärungsprodukte erzeugen die Mikroorganismen?
- Wie wird Brot mit der dreistufigen Sauerteigführung hergestellt?
- Welche Unterschiede bestehen zwischen der zweistufigen und der dreistufigen Sauerteigführung?
- Wie wird Sauerteig mit der Detmolder Einstufenführung, Berliner Kurzsauerführung und Salzsauerführung hergestellt?
- Welche Auswirkungen hat Sauerteig in Bezug auf Geschmack und Frischhaltung?



Der Sauerteig ist das älteste Triebmittel. Funde aus Ägypten und Griechenland belegen die saure Vergärung von Brotteig bereits 1800 Jahre vor Christus.
Der erste Sauerteig ist wahrscheinlich aus Zufall entstanden, als ein alter, „vergessener" Teig durch die Milchsäurebakterien aus der Luft versäuert wurde. Aus Sparsamkeit wurde er einem frischen Teig hinzugefügt. Der daraus gebackene Fladen war bekömmlicher und schmeckte aufgrund der Lockerung und Säuerung sehr gut.

## 26.1 Roggenteige und Säuerung

**Pentosane im Mehl**

Pentosane gehören zu den Vielfachzuckern, die wie die Ballaststoffe bei der Ernährung vom Körper nicht verwertet werden können, weil der Körper keine abbauenden Enzyme für die Pentosane bildet.

Pentosane befinden sich in großer Anzahl im Roggenmehl (5 bis 8 %) und beeinflussen das Verhalten der Roggenteige. Sie befinden sich auch in kleinerer Menge im Weizenmehl (1 bis 2 %), wo sie jedoch kaum einen Einfluss auf die Kleberbildung in Weizenteigen haben.

### Roggenteige bilden keinen Kleber

Pentosane binden beim Kneten des Teiges viel Wasser und werden somit zu Schleimstoffen. Roggenmehle besitzen ebenso wie Weizenmehle die Eiweißstoffe Gliadin und Glutenin. Beim Kneten des Roggenteigs legen sich die schleimigen Pentosane zwischen Gliadin und Glutenin, sodass sich diese nicht verbinden können und so kein Kleber entsteht.

### Geringe Lockerung der Roggenteige

Der Kleber in Weizenteigen ist dehnbar und kann somit die Gärgase zu Poren festhalten, sodass Weizengebäcke gut gelockert sind und ein großes Gebäckvolumen erhalten. Roggenteige können durch den fehlenden Kleber die Gärgase nur zu kleinen Poren festhalten. Roggengebäcke sind deshalb nur gering gelockert und haben ein kleineres Gebäckvolumen.

### Roggengebäcke im Vergleich zu Weizengebäcken

- Roggengebäcke haben ein kleineres Volumen.
- Roggengebäcke besitzen eine kleinere und engere Porung.
- Roggengebäcke haben einen kräftigeren Geschmack, hauptsächlich durch den Säureanteil.
- Roggengebäcke haben eine dunklere Krume.
- Roggengebäcke halten länger frisch.

*Roggenbrot und Weizenbrot*

## Lockerung der Roggenteige und Roggengebäcke

### Festhalten der Gärgase im Roggenteig

Die Eiweißstoffe, Schalenteile und Pentosane des Roggenmehls quellen das Teigwasser im Roggenteig und werden zu klebrigen Quellstoffen. Diese Quellstoffe können bei der Gare der Roggenteige die Gärgase schwach festhalten, sodass viele kleine Poren im Teig entstehen.

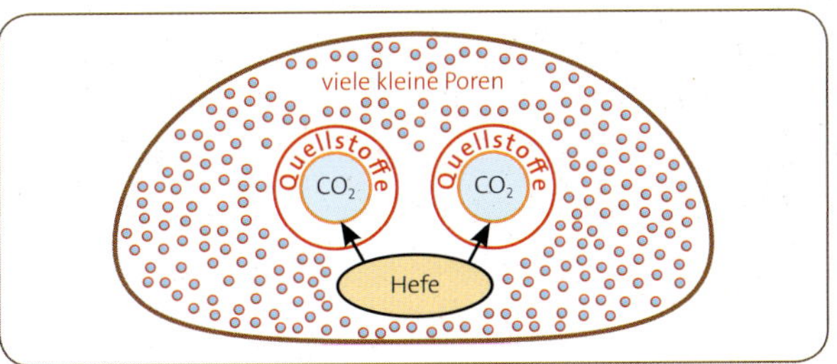


*Vorgänge während der Gare im Roggenteig*

### Festhalten der Lockerungsgase beim Backen

- Durch die Backhitze im Ofen geben Quellstoffe des Roggenteigs das gebundene Wasser ab, das nun von der Stärke des Roggenmehls aufgenommen wird. Es bildet sich dadurch ein leicht dehnbares Stärkegel.
- Die Lockerungsgase in den kleinen Poren des Roggenteigs dehnen sich durch die Hitze im Backofen aus.
- Das Stärkegel kann die sich ausdehnenden Gase festhalten, sodass sich die Poren leicht vergrößern. Roggengebäcke erhalten dadurch eine kleine Porung, aber eine ausreichende Lockerung.

## Säuerung roggenhaltiger Teige

### Roggenteige ohne Säuerung

Roggenmehle besitzen sehr viele Stärke abbauende Enzyme, die Amylasen. Diese würden bei der Teigruhe, im Gärraum und zu Beginn des Backens zu viel Stärke zu Malzzucker abbauen. So würde beim Backen zu wenig Stärkegel zum Festhalten der Lockerungsgase übrig bleiben.
Die Folgen wären eine ungenügende Lockerung, eine feuchte und schlecht verdauliche Krume sowie ein zu kleines Volumen der roggenhaltigen Brote.

*Roggenbrot ohne Säuerung*

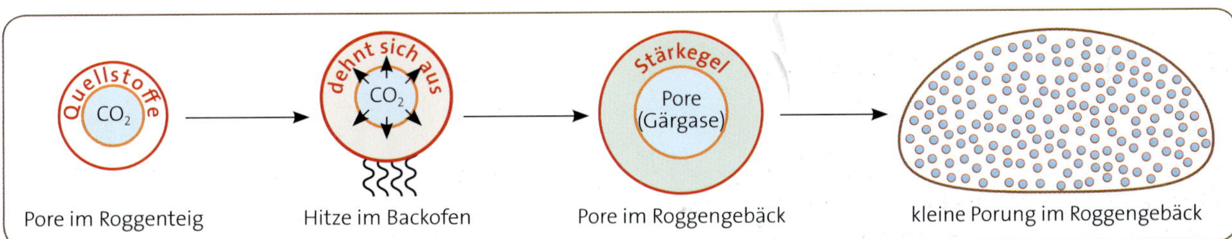


*Vorgänge beim Backen von Roggenteig*

LF 7

### Wirkung der Säure in Roggenteigen

Durch die Säure werden die Stärke abbauenden Enzyme, die Amylasen, in ihrer Tätigkeit gehemmt, sodass kaum ein Stärkeabbau erfolgt. Es bleibt beim Backen ausreichend Stärkegel in den Roggenteigen erhalten, das ausreichend Lockerungsgase festhalten kann.

Auch das Salz in Roggenteigen, das als Geschmacksstoff zugegeben wird, hemmt zusätzlich zu den Säuren den Stärkeabbau.

Nur durch den Einfluss von Säure im Roggenteig entstehen einwandfrei gelockerte Backwaren, mit gut schneid- und bestreichfähiger Krume und schöner Gebäckform. Außerdem verbessert Säure den Geschmack der Brote.

Säure und auch Salz machen Roggenmehle erst backfähig, d. h., roggenhaltige Gebäcke können ohne Säure nicht hergestellt werden.

*Einwandfreies Roggenbrot*

LF 7

### Mögliche Säuerung der Roggenteige

- Sauerteig, der in der Bäckerei selbst hergestellt wird
- Teigsäuerungsmittel von der Backmittelindustrie

**Aufgaben**

1. Was sind Pentosane?
2. Beschreiben Sie, warum Roggenteige keinen Kleber besitzen.
3. Warum haben Roggenteige eine geringere Lockerung als Weizenteige?
4. Beschreiben Sie die Lockerung der Roggenteige und Roggengebäcke:
   - Festhalten der Lockerungsgase beim Backen
   - Festhalten der Gärgase im Roggenteig →
5. Geben Sie die Unterschiede der Roggengebäcke im Vergleich zu Weizengebäcken an.
6. Welche Folgen auf die roggenhaltigen Brote hätte die Herstellung eines Roggenteigs ohne Säure?
7. Wodurch wird Roggenmehl erst backfähig gemacht?
8. Nennen Sie die zwei Möglichkeiten, wie Roggenteige gesäuert werden können.
9. Eine Kundin hat im Lebensmittelladen Sauerteigextrakt in Pulverform gesehen. Sie möchte von Ihnen wissen, was dies ist und wofür er verwendet wird.

## 26.2 Teigsäuerungsmittel

Teigsäuerungsmittel sind Backmittel, die Säuren enthalten, z. B. Milch-, Essig-, Zitronensäure.

Diese Säuren verhindern den Stärkeabbau durch Enzyme im Roggenteig genauso wie die Säure des Sauerteigs. Deshalb können Teigsäuerungsmittel statt Sauerteig für roggenhaltige Teige verwendet werden.
Teigsäuerungsmittel im Brotteig muss beim Verkauf von unverpackten Broten nicht deklariert (gekennzeichnet) werden.

### Arten von Teigsäuerungsmitteln

Die Backmittelindustrie bietet flüssige, pasten- und pulverförmige Teigsäuerungsmittel an. Am häufigsten sind pulverförmige Teigsäuerungsmittel.

Es gibt Teigsäuerungsmittel für
- Roggen- und Roggenmischbrote,
- Roggenmisch- und Weizenmischbrote.

*Pulverförmiges Teigsäuerungsmittel*

Bei der Verarbeitung ist die Mengenangabe der Backmittelindustrie zu beachten. Teigsäuerungsmittel für Roggenbrote haben einen niedrigeren pH-Wert als Teigsäuerungsmittel für Weizenmischbrote. Je höher der Roggenmehlanteil in Weizen- und Roggenmischteigen ist, desto mehr Teigsäuerungsmittel wird eingewogen.

**Getrockneter Sauerteig**

Von der Backmittelindustrie wird getrockneter Sauerteig in Pulverform angeboten. Er enthält die Mikroorganismen des Sauerteigs, die in Roggenmehl und Wasser wieder zum Leben aktiviert werden. Deshalb ist getrockneter Sauerteig nach den Leitsätzen ein Sauerteig.

*Getrockneter Sauerteig*

**Verarbeitung**
Teigsäuerungsmittel und getrockneter Sauerteig werden bei der Verarbeitung direkt mit den anderen Zutaten zum Brotteig verarbeitet.

**Vorteil der Teigsäuerungsmittel**
Der Vorteil der Teigsäuerungsmittel gegenüber dem Sauerteig ist die einfache und schnelle Säuerung bei der Brotherstellung.

**Nachteile der Teigsäuerungsmittel**
Brote mit Teigsäuerungsmittel haben einen weniger intensiven Brotgeschmack im Vergleich zu Sauerteigbroten. Während der Stehzeiten bilden sich im Sauerteig deutlich mehr Geruchs- und Geschmacksstoffe.
Im Sauerteig quellen während der Stehzeiten die Mehlbestandteile das Teigwasser intensiv, sodass Sauerteigbrote außerdem länger frisch bleiben.

## Fertigmehle (Backmischungen) für Brote

Die Fertigmehle für spezielle Brote, auch als Backmischungen bezeichnet, enthalten die Mehle bzw. Vollkorn- oder Backschrot sowie die anderen Zutaten für den Brotteig, z. B. Ölsamen, Salz und auch Teigsäuerungsmittel.

Bei der Teigbereitung werden den Fertigmehlen nur noch Hefe und Wasser zugegeben.
Fertigmehle sind Convenience-Produkte, da sie verarbeitungsfertige Backmischungen für Brote sind → Seite 105.

**Vorteile der Fertigmehle**
- Eine schnelle, einfache Brotherstellung ist möglich.
- Spezielle Brote, von denen nur wenige Brote benötigt werden, können durch die schnelle Herstellung das Brotsortiment erweitern.
- Verschiedene spezielle Mahlerzeugnisse, Getreidearten und Ölsamen müssen nicht extra eingekauft werden.

**Nachteile der Fertigmehle**
- Geschmackliche Nachteile bei direkter Brotteigführung.
- Geringere Frischhaltung der Brote.
- Gleichheit in Aussehen und Geschmack der Brote in allen Bäckereien, die diese Fertigmehle verarbeiten.

*Fertigmehle (Backmischungen)*

**Aufgaben**

1. Erläutern Sie Teigsäuerungsmittel.
2. Geben Sie die Arten der Teigsäuerungsmittel an.
3. Erklären Sie getrockneten Sauerteig und geben Sie an, warum er zum Sauerteig gehört.
4. Wie werden Teigsäuerungsmittel und getrockneter Sauerteig verarbeitet?
5. Nennen Sie die Vor- und Nachteile der Teigsäuerungsmittel bei der Teigherstellung und für die Brote.
6. Erklären Sie Fertigmehle (Backmischungen) für Brote.
7. Geben Sie die Vor- und Nachteile der Fertigmehle an.
8. Informieren Sie sich im Internet und in Prospekten der Backmittelfirmen über das Angebot an Teigsäuerungsmitteln und Fertigmehlen. Überlegen Sie, welche Fertigmehle in Ihrer Bäckerei eingesetzt werden können. Wägen Sie die Vor- und Nachteile ab und entscheiden Sie für Ihre Bäckerei über deren Einsatz.

## 26.3 Führen der Sauerteige

Zur Herstellung eines Sauerteigs wird ein Starter benötigt, der alle Mikroorganismen besitzt, die sich in einem Sauerteig vermehren sollen.

**Starter für den Sauerteig**
- Spontansauer
- Anstellgut

**Spontansauer**

Aus Roggenmehl und lauwarmem Wasser wird ein sehr weicher Teig mit einer Teigausbeute von ca. 200 hergestellt und bis zum nächsten Tag stehen gelassen. Am zweiten, dritten und vierten Tag wird dieser Teig jeweils erneut mit Roggenmehl und Wasser zu einem immer größer werdenden Teig aufgefrischt.
Den Teig lässt man in einem warmen Raum offen stehen, sodass vor allem Milchsäurebakterien aus der Luft in den Teig gelangen, sich vermehren und gären. Durch die Milchsäure können sich andere Bakterien nicht verbreiten.
Bei dieser mehrtägigen „spontanen Gärung" spricht man vom **„Spontansauer"**.

Der Spontansauer wird in den Bäckereien nicht mehr geführt, da die Säuerung nicht zuverlässig konstant ist. Um eine schnellere und gleichbleibende Säuerung zu erhalten, wird ein Anstellgut hergestellt.

### Anstellgut

Das Anstellgut ist der Grundstock zum Ansetzen des Sauerteigs. Es enthält folgende Mikroorganismen:
- Milchsäurebakterien und
- Sauerteighefen (säurefeste und triebkräftige Hefen).

Diese Mikroorganismen vermehren sich im Sauerteig und gären.

LF 7

### Milchsäurebakterien im Sauerteig

Im Sauerteig befinden sich zwei Arten von Milchsäurebakterien, die beim Gären verschiedene Produkte erzeugen.

Im Sauerteig befinden sich in etwa gleich viel homofermentative wie heterofermentative Milchsäurebakterien. Nur Sauerteige mit beiden Milchsäurebakterien zusammen ergeben geschmacklich einwandfreie und gut gelockerte Brote.

| Homofermentative Milchsäurebakterien | Heterofermentative Milchsäurebakterien |
|---|---|
| Sie bilden nur **Milchsäure.** Sie tragen zur Säuerung und Geschmacksbildung im Sauerteig bei. | Sie bilden<br>• **Milchsäure**<br>• **Essigsäure**<br>• **Alkohol (Ethanol)**<br>• **Kohlenstoffdioxid = $CO_2$**<br>Milchsäure, Essigsäure und Alkohol sind für die Säuerung und Geschmacksbildung zuständig. $CO_2$ ist für die Lockerung im roggenhaltigen Teig zuständig. |

**Milchsäure schützt vor unerwünschten Mikroorganismen**
Unerwünschte Mikroorganismen aus der Luft, wie z. B. Essigsäure- und Buttersäurebakterien, können sich im Sauerteig nicht ansiedeln, da sie die Milchsäure nicht vertragen. Milchsäure hält somit den Sauerteig rein und wird deshalb als „Sauerteigpolizei" bezeichnet.

**Sauerteighefen im Sauerteig**
Sauerteighefen erzeugen bei der Gärung
- **Kohlenstoffdioxid = $CO_2$** zur Lockerung und
- **Alkohol (Ethanol)** zur Geschmacksbildung.

**Anstellgut vom reifen Sauerteig**
Zur täglichen Sauerteigherstellung wird ein kleiner Teil des reifen Sauerteigs kurz vor der Brotteigherstellung abgenommen. Diese Abnahme erfolgt Tag für Tag.

**Anstellgut von einem Reinzuchtsauerteig**

Die Backmittelindustrie züchtet speziell die Mikroorganismen für einen Sauerteig. Diese beziehen die Bäckereien in einem Paket als „Reinzuchtsauerteig" zum Neuansetzen eines Anstellguts.

*Reinzucht-Sauerteig*

Im Reinzuchtsauerteig sind die Mikroorganismen ruhiggestellt, sodass er für ein Anstellgut wie folgt aktiviert werden muss:

| | |
|---|---|
| 1 000 g Roggenmehl<br>800 g Wasser, ca. 30 °C<br>250 g Reinzuchtsauerteig | zu einem Teig kneten und über Nacht stehen lassen |
| 2 050 g Anstellgut | |

**Zeitpunkt zum Ansetzen eines Reinzuchtsauerteigs**
Nach häufigem Abnehmen des Anstellguts vom reifen Vollsauer verlangsamt sich die Vermehrung und Gärung der Milchsäurebakterien, sodass die Säurebildung im Sauerteig nicht mehr ausreicht. Die Folge wären Brotfehler. Deshalb sollte in regelmäßigen Abständen das Anstellgut mit einem Reinzuchtsauerteig erneuert werden.

### Haltbarmachen des Anstellguts

Wird das Anstellgut erst nach mehreren Tagen benötigt, z. B. nach dem Wochenende, nach Feiertagen oder Betriebsurlaub, muss die Tätigkeit der Mikroorganismen verlangsamt oder eingestellt werden.

Dafür gibt es folgende Möglichkeiten:
- Das Anstellgut bei 5 bis 10 °C in der Kühlung lagern.
- Das Anstellgut mit Roggenmehl zu Streuseln verreiben und kühl lagern (bis zwei Wochen lagerfähig).
- Das Anstellgut tiefgefrieren. Bei –18 °C stellen die Sauerteighefen und Milchsäurebakterien ihre Tätigkeit ein. Beim Auftauen sind die Mikroorganismen geschwächt, sodass das Anstellgut erneut mit etwas Roggenmehl und Wasser aufgefrischt werden muss, damit die Mikroorganismen wieder ihre volle Aktivität erreichen.

## Sauerteige

### Bestandteile der Sauerteige
Sauerteig wird hergestellt aus
- Anstellgut,
- Roggenmehl oder Roggenvollkornschrot bzw. Roggenbackschrot,
- Wasser.

Da Sauerteig Roggenmehl enthält, wird er schonend geknetet. Der Sauerteig ist fertig geknetet, wenn das Roggenmehl gut vermischt und der Teig kompakt ist.

*Aktiver Sauerteig*

Während der Stehzeit, auch Reifezeit genannt, gären die Milchsäurebakterien und Hefen. Dabei erzeugen sie im Sauerteig Säure und Geschmacksstoffe (Milch- und Essigsäure, Alkohol) und Kohlenstoffdioxid zur Lockerung.

### Bezeichnungen des Sauerteigs
Aus Werbegründen wird Sauerteig auch als Natursauerteig oder betriebseigener Sauerteig bezeichnet.

**Sauerteig nach den Bestimmungen der Leitsätze**
Sauerteig ist ein Teig, dessen Mikroorganismen (Milchsäurebakterien und Hefen) sich in aktivem Zustand befinden oder reaktivierbar (vom Ruhestand wieder aktiv werden) sind. Sie sind nach Zugabe von Getreideerzeugnissen (Mehl, Vollkornschrot) und Wasser zur fortlaufenden Säurebildung fähig.

### Teigtemperatur und Teigfestigkeit der Sauerteige

Mit der Temperatur und der Festigkeit des Sauerteigs kann der Bäcker die Milch- und Essigsäurebildung und somit den Brotgeschmack steuern.

| Verstärkte Milchsäurebildung = milder Brotgeschmack | Verstärkte Essigsäurebildung = kräftiger Brotgeschmack |
|---|---|
| • warme Sauerteigtemperatur = ca. 30 °C<br>• weicher Sauerteig = ca. 200 TA<br>In warmem und weichem Sauerteig gären die homofermentativen Milchsäurebakterien am besten, die die mild schmeckende Milchsäure bilden. Dabei sind auch die Sauerteighefen besonders aktiv. | • kühle Sauerteigtemperatur = 24 bis 28 °C<br>• fester Sauerteig = ca. 160 TA<br>In kühlem und festem Sauerteig gären die heterofermentativen Milchsäurebakterien am besten, die die scharf schmeckende Essigsäure bilden. Neben den Sauerteighefen erzeugen die heterofermentativen Milchsäurebakterien Kohlenstoffdioxid. |

### Säureverhältnis eines reifen Sauerteigs

Das Mengenverhältnis von Milch- und Essigsäure wird durch die Temperatur und Festigkeit des Sauerteigs gesteuert. Nur ein ideales Säureverhältnis im reifen Sauerteig ergibt einen guten Brotgeschmack. Am besten sind 75 bis 85 % Milchsäure und 15 bis 25 % Essigsäure.

LF 7

Ein ungünstiges Mengenverhältnis von Milch- und Essigsäure wirkt sich negativ auf den Brotgeschmack aus. Ein Essigsäuregehalt unter 15% ergibt einen faden Brotgeschmack, über 30% einen einseitig sauren.

### Säuregrad und pH-Wert der Brote

Bei Brotprüfungen, z. B. durch die DLG, wird der Säuregrad der Brote mit speziellen Geräten gemessen. Der Säuregrad entspricht der Säuremenge im Brot und gibt somit Auskunft über den Säuregeschmack des Brotes, also ob es ein kräftiges oder mildes Brotaroma hat.

Ideale Säuregrade:
Roggenmischbrote und Roggenbrote: 7 bis 10°
Weizenmischbrote: 5 bis 7°
Sauerteig: 10 bis 13°

Der pH-Wert gibt über die Stärke der Säure Auskunft. Eine stärkere Säure hemmt die Enzyme bei der Roggenbrotherstellung besser und ist somit backtechnisch überwiegend für die Lockerung, Krumenbeschaffenheit und Form der Brote ausschlaggebend. Je niedriger der pH-Wert, desto saurer ist das Brot.

Ideale pH-Werte:
Roggenmischbrote und Roggenbrote: 4,2 bis 4,8
Weizenmischbrote: 5 bis 5,2
Sauerteig: 3,7 bis 4,2

#### Stehzeiten eines Sauerteigs

Je länger die Stehzeit des Sauerteigs, desto mehr Zeit haben die Mikroorganismen, sich zu vermehren und zu gären. Nach dem Erreichen einer bestimmten Säuremenge im Sauerteig bzw. nach langer Stehzeit verlangsamt sich jedoch die Tätigkeit der Mikroorganismen oder sie stellen sie ganz ein.



#### Anstellgutmenge

Je größer die Anstellgutmenge, desto mehr Milchsäurebakterien stehen zur Vermehrung zur Verfügung und desto schneller ist die Säuerung abgeschlossen.

#### Berechnungen für den Sauerteig

Um einen optimalen Sauerteig herzustellen, sind folgende Berechnungen notwendig:

- Menge des Anstellguts
- Mehl- und Wassermenge für den Sauerteig
- Wassertemperatur zur Erreichung der Sauerteigtemperatur
- Stehzeit des Sauerteigs für eine ausreichende Säuerung

#### Sauerteigführungen

Aus Organisationsgründen in der Produktion oder aus Zeitgründen werden in den Bäckereien unterschiedliche Sauerteigführungen angewendet.

#### Arten der Sauerteigführungen

- Dreistufige Sauerteigführung (Dreistufen-Sauerteig)
- Zweistufige Sauerteigführung (Zweistufen-Sauerteig)
- Einstufige Sauerteigführung (Einstufen-Sauerteig)

#### Aufgaben

1. Erläutern Sie einen Spontansauer.
2. Erklären Sie, was man unter einem Anstellgut versteht, und nennen Sie die zwei für den Sauerteig bedeutenden Mikroorganismen, die sich darin befinden.
3. Nennen Sie die zwei Arten der Milchsäurebakterien, die sich im Sauerteig befinden, und geben Sie jeweils die Gärungsprodukte an.
4. Was erzeugen die Sauerteighefen im Sauerteig?
5. Woher bezieht der Bäcker das Anstellgut?
6. Erklären Sie einen Reinzuchtsauerteig und wie er zu einem Anstellgut angesetzt werden kann.
7. Beschreiben Sie, wann ein Anstellgut durch einen Reinzuchtsauerteig erneuert werden soll.
8. Wie kann ein Anstellgut für mehrere Tage haltbar gemacht werden?
9. Mit welchen drei Zutaten wird ein Sauerteig hergestellt?
10. Wie wird ein Sauerteig richtig geknetet?
11. Erklären Sie den Sauerteig nach den Bestimmungen der Leitsätze.
12. Erklären Sie, wie die Temperatur und Festigkeit des Sauerteigs die Milch- und Essigsäurebildung steuert.
13. Nennen Sie das ideale Mengenverhältnis von Milch- und Essigsäure im reifen Sauerteig für einen guten Brotgeschmack.
14. Welche Berechnungen sind notwendig, um einen optimalen Sauerteig herstellen zu können?
15. Nennen Sie die drei Arten der Sauerteigführungen, die sich nach der Anzahl der Stufen unterscheiden.
16. Verkosten Sie gemeinsam mit Ihren Mitschülern verschiedene Weizenmisch-, Roggenmisch- und Roggenbrote und notieren Sie Ihre Einschätzungen betreffend des Säuregrads und des pH-Wertes, indem Sie den Säuregeschmack im milden oder kräftigen bzw. säuerlichen Brotaroma feststellen.

## 26.4 Dreistufige Sauerteigführung (Dreistufen-Sauerteig)

Die dreistufige Sauerteigführung ist die „klassische" Sauerteigführung mit allen Vorteilen für ein erstklassiges Qualitätsbrot: ausreichende Säurebildung, Bildung von Geschmacksstoffen und Lockerungsgasen sowie Verquellung der Mahlerzeugnisse.

Die dreistufige Sauerteigführung ist jedoch die arbeits- und zeitintensivste Führungsart.

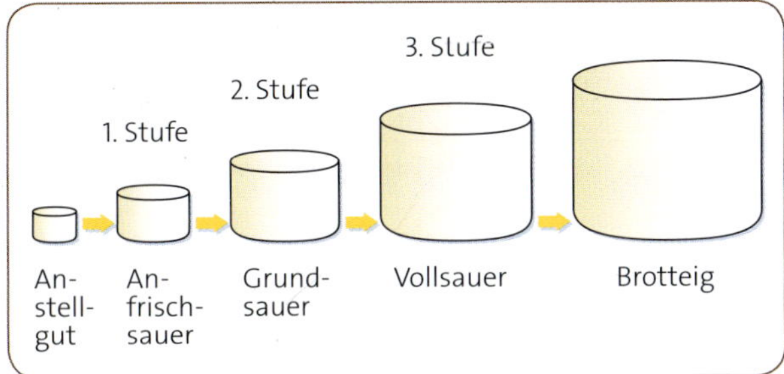


*Dreistufige Sauerteigführung*

*Anstellgut mit Sauerteighefen und Milchsäurebakterien*

*Reifer dreistufiger Sauerteig*

| Sauerteigstufen | Aufgaben der Sauerteigstufen |
|---|---|
| 1. Stufe = **Anfrischsauer** | Hefevermehrung = Bildung gärfähiger Sauerteighefen |
| 2. Stufe = **Grundsauer** | Bildung der Milch- und Essigsäure; relativ starke Essigsäurebildung |
| 3. Stufe = **Vollsauer** | • Ausgleich der Säureverhältnisse für einen guten Brotgeschmack. Durch eine verstärkte Milchsäurebildung wird das gewünschte Milch- und Essigsäureverhältnis erreicht.<br>• Starke Hefeentwicklung für eine gärfähige Hefe im Brotteig. |

### Sauerteigstufen und deren Aufgaben

**Auffrischen (Anfrischen) der Sauerteigstufen**

Jede Sauerteigstufe wird nach der Stehzeit (Reifezeit) mit Roggenmehl und Wasser zu einer neuen Stufe aufgefrischt oder angefrischt, um den Sauerteighefen und Milchsäurebakterien gute Lebensbedingungen zu verschaffen.
Für Schrot- und Vollkornbrote nimmt man statt Roggenmehl Roggenbackschrot oder Roggenvollkornschrot.

**Zu versäuernde Roggenmehlmenge**

Vom Gesamtroggenmehl des Brotteigs muss ein bestimmter Anteil versäuert werden, damit das Roggenmehl des Brotteigs backfähig wird. Bei Roggenbroten und Roggenmischbroten sind dies 40 %.
Eine höher versäuerte Roggenmehlmenge ergibt einen kräftigeren Brotgeschmack.

Das zu versäuernde Roggenmehl ist die gesamte Roggenmehlmenge im Vollsauer.
Die zu versäuernde Roggenmehlmenge vom Gesamtroggenmehl des Brotteigs beträgt beim
Roggenbrot 40 bis 50 %,
Roggenmischbrot 40 bis 70 %,
Weizenmischbrot 60 bis 100 %.

**Führungsschema eines Dreistufen-Sauerteigs (Detmolder Dreistufenführung)**

| Sauerteigstufe | Teigausbeute | Teigtemperatur | Stehzeit |
|---|---|---|---|
| Anfrischsauer | 200 bis 220 | 24 bis 26 °C | 5 bis 6 Stunden |
| Grundsauer | 160 bis 170 | 22 bis 26 °C | 6 bis 10 Stunden |
| Vollsauer | 200 | ca. 30 °C | 3 Stunden |

LF 7

**Sauerteigschema einer dreistufigen Sauerteigführung**

**Rezeptbeispiel: Roggenbrot**

Gesamtmehlmenge: 10 kg
Mehlmischung: 90 % Roggenmehl, 10 % Weizenmehl
45 % des Gesamtroggenmehls werden versäuert
≙ 4 000 g Roggenmehl im Vollsauer.
Anstellgutmenge: 100 g

1. Stufe
**Anfrischsauer**

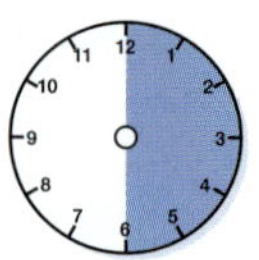

| | |
|---|---|
| 100 g | Anstellgut |
| 160 g | Roggenmehl, Type 1150 |
| 160 g | Wasser |
| 420 g | Anfrischsauer |
| – 100 g | Anstellgut |
| **320 g** | **Anfrischsauer** |

Teigausbeute: 200
Teigtemperatur: 24 bis 26 °C
Stehzeit: 5 bis 6 Stunden

2. Stufe
**Grundsauer**

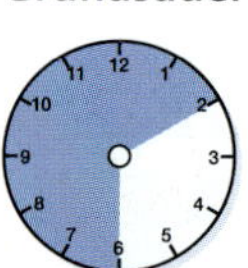

| | |
|---|---|
| 320 g | Anfrischsauer |
| 1 140 g | Roggenmehl, Type 1150 |
| 690 g | Wasser |
| **2 150 g** | **Grundsauer** |

Teigausbeute: 165
Teigtemperatur: 22 bis 26 °C
Stehzeit: 8 Stunden

3. Stufe
**Vollsauer**

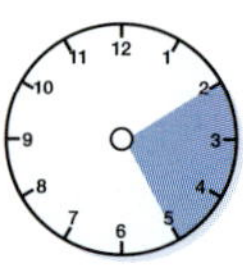

| | |
|---|---|
| 2 150 g | Grundsauer |
| 2 700 g | Roggenmehl, Type 1150 |
| 3 150 g | Wasser |
| **8 000 g** | **Vollsauer** |

Teigausbeute: 200
Teigtemperatur: 30 °C
Stehzeit: 3 Stunden

**Brotteig**

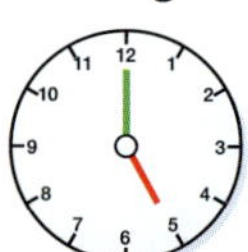

| | |
|---|---|
| 8 000 g | Vollsauer |
| 5 000 g | Roggenmehl, Type 1150 |
| 1 000 g | Weizenmehl, Type 1050 |
| 3 800 g | Wasser |
| 200 g | Salz |
| 30 g | Brotgewürz |
| **18 030 g** | **Teiggewicht** |

Teigausbeute: 178
Teigtemperatur: 29 °C
Teigruhe: ca. 10 Minuten

Bei der dreistufigen Sauerteigführung kann auf die Zugabe von Hefe verzichtet werden, da die Sauerteighefen und die heterofermentativen Milchsäurebakterien genügend Kohlenstoffdioxid zur Lockerung erzeugen. Um ganz sicherzugehen, kann man bei der Teigbereitung bis zu 80 g Hefe auf 10 kg Mehl zugeben.

## Berechnung der Mehlzugabe

Zuerst wird die Gesamtmehlmenge im Vollsauer berechnet.

- Die Gesamtmehlmenge einer Sauerteigstufe wird geteilt durch die Stunden der Stehzeit dieser Stufe. Das Ergebnis entspricht der Mehlmenge der vorhergehenden Stufe, z. B.
  4 000 g (Gesamtmehlmenge im Vollsauer)
  : 3 (Stehzeit des Vollsauers)
  = 1300 g (Gesamtmehlmenge des Grundsauers)
- Die Gesamtmehlmenge einer Stufe minus der Gesamtmehlmenge der Vorstufe ergibt die Mehlzugabe für die Sauerteigstufe, z. B.
  4 000 g (Gesamtmehlmenge im Vollsauer)
  – 1300 g (Gesamtmehlmenge im Grundsauer)
  = 2700 g (Mehlzugabe für den Vollsauer)

## Berechnung der Wasserzugabe

Zuerst wird die Gesamtwassermenge der einzelnen Sauerteigstufen berechnet.

- Die Wassermenge der Sauerteigstufe ergibt sich aus der Gesamtmehlmenge der Stufe und der Teigausbeute der Stufe, z. B.
- 100 % ≙ 4 000 g (Gesamtmehlmenge im Vollsauer)
  100 % ≙ 4 000 g (TA des Vollsauers = 200)
- Die Gesamtwassermenge einer Sauerteigstufe minus der bereits in der Vorstufe enthaltenen Wassermenge ergibt die Wasserzugabe für die Sauerteigstufe.

### Rechenaufgabe

Ein Roggenteig mit einer Gesamtmehlmenge von 80 kg wird mit 90 % Roggenmehl und 10 % Weizenmehl hergestellt. 50 % des Roggenmehls sollen versäuert werden.

a) Stellen Sie ein Sauerteigschema eines Dreistufen-Sauerteigs mit den Mehl- und Wasserzugaben der einzelnen Stufen auf.
Anstellgut: TA = 210; Anfrischsauer: Stehzeit = 5 Std., TA = 220; Grundsauer: Stehzeit = 6 Std., TA = 170; Vollsauer: Stehzeit = 3 Std., TA = 200

b) Erstellen Sie das Brotrezept mit der Roggen-, Weizenmehl- und Wasserzugabe bei einer TA von 178. In den Brotteig werden 2 % Salz und 0,3 % Brotgewürz gegeben, bezogen auf die Gesamtmehlmenge des Brotteigs.

### Berechnungsschema der dreistufigen Sauerteigführung

#### Mehlzugabe zu den Sauerteigstufen

| | Mehlmenge im Vollsauer | geteilt durch Stehzeit des Vollsauers | Mehlmenge im Grundsauer | geteilt durch Stehzeit des Grundsauers | Mehlmenge im Anfrischsauer | geteilt durch Stehzeit des Anfrischsauers | Mehlmenge im Anstellgut |
|---|---|---|---|---|---|---|---|
| **Gesamtmehlmenge der Sauerteigstufe** | 4 000 g | : **3** (Stunden) | ≈ 1 300 g | : **8** (Stunden) | ≈ 160 g | : **6** (Stunden) | = 27 g |
| **minus Mehl der Vorstufe** | – 1 300 g | | – 160 g | | – | | |
| **= benötigte Mehlzugabe für die Sauerteigstufe** | = 2 700 g | | = 1 140 g | | = 160 g | | = 27 g |

#### Wasserzugabe zu den Sauerteigstufen

| | Vollsauer: Gesamtmehlmenge = 4 000 g; TA = 200 | Grundsauer: Gesamtmehlmenge = 1300 g; TA = 165 | Anfrischsauer: Gesamtmehlmenge = 160 g; TA = 200 | Anstellgut: Gesamtmehlmenge = 27 g; TA =185 |
|---|---|---|---|---|
| **Gesamtwassermenge der Sauerteigstufe** | 4 000 g | = 845 g<br>≈ 850 g | 160 g | 23 g |
| **minus Wassermenge der Vorstufe** | – 850 g | – 160 g | – | |
| **= benötigte Wasserzugabe für die Sauerteigstufe** | = 3 150 g | = 690 g | = 160 g | = 23 g |



#### Aufgaben

1. Nennen Sie die Stufen der dreistufigen Sauerteigführung und geben Sie die Aufgabe jeder Stufe an.
2. Geben Sie an, wie viel Roggenmehl für Roggenbrote und Roggenmischbrote mindestens versäuert werden muss, damit das Roggenmehl des Brotteigs backfähig wird.
3. Erklären Sie das Auffrischen (Anfrischen) der Sauerteigstufen.
4. Nennen Sie den zu versäuernden Roggenmehlanteil bei der dreistufigen Sauerteigführung für
   - Roggenbrote,
   - Roggenmischbrote,
   - Weizenmischbrote.
5. Erstellen Sie ein Sauerteigschema einer dreistufigen Sauerteigführung für einen Roggenbrotteig.
6. Erklären Sie die Durchführung der Berechnungen
   - der Mehlzugaben für die einzelnen Stufen,
   - der Wasserzugaben für die einzelnen Stufen.
7. Ein neuer Kollege möchte von Ihnen wissen, warum für Roggenbrote ein so zeitaufwendiger Sauerteig in mehreren Stufen hergestellt wird und warum das Mehl und Wasser der einzelnen Stufen so genau berechnet werden.

## 26.5 Zweistufige Sauerteigführung (Zweistufen-Sauerteig)

Bei der zweistufigen Sauerteigführung wird auf den Anfrischsauer verzichtet. Die fehlende Hefeentwicklung des Anfrischsauers wird mit der Zugabe von Hefe in den Brotteig ausgeglichen.

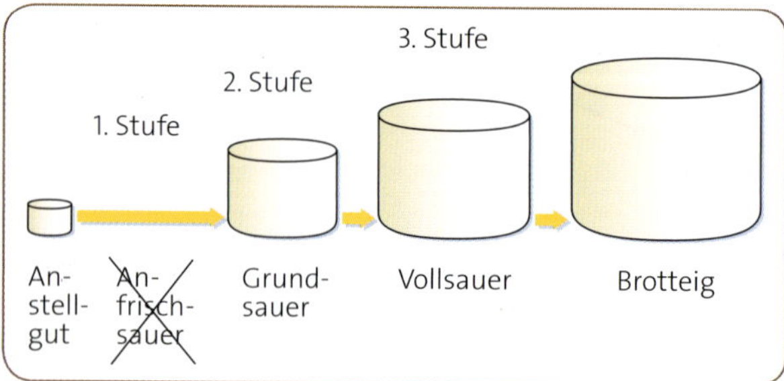


*Zweistufige Sauerteigführung*

**Führungsschema eines Zweistufen-Sauerteigs**

| Sauerteigstufe | Teigausbeute | Teigtemperatur | Stehzeit (Stunden) |
|---|---|---|---|
| Grundsauer | 150 | 22 bis 26 °C | 15 bis 24 |
| Vollsauer | 190 | 27 bis 33 °C | 2,5 bis 3,5 |

Die Teigtemperatur ist abhängig von der Stehzeit:

| Stehzeit | Teigtemperatur Vollsauer |
|---|---|
| 2,5 Stunden | 33 °C |
| 3 Stunden | 30 °C |
| 3,5 Stunden | 27 °C |

LF 7

Die Aufgaben von Grund- und Vollsauer sind dieselben wie bei der dreistufigen Sauerteigstufe.
Der Grundsauer hat eine flexible Reifezeit von 15 bis 24 Stunden, in der der Vollsauer beliebig hergestellt werden kann.

**Berechnungen der Mehl- und Wasserzugabe für die einzelnen Sauerteigstufen**

**Zu versäuernde Roggenmehlmenge:**
Roggenbrot: 40 bis 50 %
Roggenmischbrot: 40 bis 70 %
Weizenmischbrot: 60 bis 100 %

| | |
|---|---|
| **Anstellgutmenge** | 2,5 % der insges. zu versäuernden Roggenmehlmenge (Gesamtmehlmenge im Vollsauer) |
| **Roggenmehlmenge der Sauerteigstufen** | Roggenmehlmenge des Vollsauers geteilt durch die Stehzeit des Vollsauers = Roggenmehlmenge des Grundsauers |
| **Wassermenge der Sauerteigstufen** | Die Wassermenge ergibt sich aus der TA der Sauerteigstufe |

### Sauerteigschema einer zweistufigen Sauerteigführung (Detmolder Zweistufenführung)

**Rezeptbeispiel: Roggenmischbrot**

Gesamtmehlmenge: 10 kg
Mehlmischung: 80 % Roggenmehl, 20 % Weizenmehl
50 % des Gesamtroggenmehls werden versäuert
≙ 4 000 g Roggenmehl im Vollsauer.
Anstellgutmenge: 100 g ≙ 2,5 % vom gesamten Sauerteigmehl

| | |
|---|---|
| 2. Stufe **Grundsauer** | 100 g Anstellgut<br>1 350 g Roggenmehl, Type 1150<br>700 g Wasser (genau 675 g) |
| | 2 150 g Grundsauer<br>−100 g Anstellgut |
| | **2 050 g Grundsauer**<br>Teigausbeute: 150<br>Teigtemperatur: 22 bis 26 °C<br>Stehzeit: 15 bis 24 Stunden |
| 3. Stufe **Vollsauer** | 2 050 g Grundsauer<br>2 650 g Roggenmehl, Type 1150<br>2 900 g Wasser |
| | **7 600 g Vollsauer**<br>Teigausbeute: 190<br>Teigtemperatur: 30 °C<br>Stehzeit: 3 Std. |
| **Brotteig** | 7 600 g Vollsauer<br>4 000 g Roggenmehl, Type 1150<br>2 000 g Weizenmehl, Type 1050<br>3 900 g Wasser<br>200 g Salz<br>150 g Hefe<br>30 g Brotgewürz |
| | **17 880 g Teiggewicht**<br>Teigausbeute: 175<br>Teigtemperatur: 29 °C<br>Teigruhe: ca. 10 Minuten |

*Teigling aus Roggenmischteig*

**Aufgaben**

1. Nennen Sie die Stufen der zweistufigen Sauerteigführung.
2. Wie unterscheidet sich die zweistufige Sauerteigführung von der dreistufigen?
3. Wie wird die fehlende Stufe beim Zweistufen-Sauerteig ausgeglichen?
4. Erklären Sie die Berechnungen der Mehl- und Wasserzugaben der einzelnen Stufen der zweistufigen Sauerteigführung.
5. Geben Sie ein Führungsschema eines Zweistufen-Sauerteigs für den Grundsauer und den Vollsauer an:
   - Teigausbeute
   - Teigtemperatur
   - Stehzeit
6. Erstellen Sie ein Sauerteigschema einer zweistufigen Sauerteigführung für einen Roggenmischteig.
7. Diskutieren Sie, ob die zweistufige Sauerteigführung bei den Broten denselben Werbezweck erfüllt wie die dreistufige Sauerteigführung.

**Rechenaufgabe**

88 kg Roggenmischbrotteig mit 70 % Roggenmehl und 30 % Weizenmehl wird mit einer zweistufigen Sauerteigführung hergestellt. 60 % des Roggenmehls werden versäuert.
Das Anstellgut beträgt 2,5 % des zu versäuernden Roggenmehls, das vom reifen Vollsauer für den nächsten Sauerteig wieder abgenommen wird.

a) Erstellen Sie das Führungsschema der Zweistufen-Sauerteigführung.
b) Berechnen Sie die Brotteigmenge, wenn die Teigausbeute des Teigs 172 ist und 1,8 % Hefe sowie 2 % Salz, bezogen auf die Gesamtmehlmenge, zugegeben werden.

## 26.6 Einstufige Sauerteigführungen (Einstufen-Sauerteige)

Diese Sauerteige werden nur in einer Stufe, dem Vollsauer, geführt. In dem Vollsauer werden hauptsächlich Milch- und Essigsäuren gebildet. Deshalb wird bei der Brotteigherstellung Hefe zugegeben.

**Vorteil der Einstufen-Sauerteige**
Der größte Vorteil der Einstufen-Sauerteige ist der geringere Zeit- und Arbeitsaufwand gegenüber den anderen Sauerteigen.

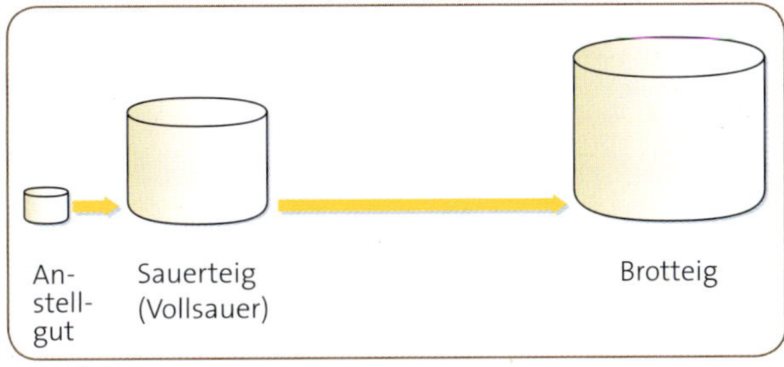


*Einstufige Sauerteigführung*

**Bekannte Einstufen-Sauerteige**
- Detmolder Einstufenführung
- Berliner Kurzsauerführung
- Salzsauerführung

### Detmolder Einstufenführung

**Zu versäuernde Roggenmehlmenge**
Durch die lange Stehzeit ist der Säuregrad des Detmolder Einstufensauerteigs höher als bei den mehrstufigen Sauerteigführungen. Deshalb wird weniger Roggenmehl versäuert.
Roggenbrote: 30 bis 40 %
Roggenmischbrote: 40 bis 50 %
Weizenmischbrote: 50 bis 70 %
Der Prozentsatz bezieht sich auf das Gesamtroggenmehl im Brotteig.

**Führungsschema einer Detmolder Einstufenführung**

| Teigausbeute | Teigtemperatur | Stehzeit |
|---|---|---|
| 180 | ca. 28 °C Anfangstemperatur und 23 °C Endtemperatur; den Sauerteig in einem warmen Raum belassen. | 15 bis 24 Stunden |

LF 7

Bei einer Stehzeit von 15 bis 24 Stunden wird dieser Sauerteig meistens über Nacht geführt und ist nach 15 Stunden zum Arbeitsbeginn am folgenden Tag reif zum Verarbeiten.
Aufgrund des hohen Säureanteils können die Milchsäurebakterien nach 15 Stunden nicht mehr tätig sein und den Sauerteig nicht verändern.

**Anstellgutmenge**
Die Anstellgutmenge beeinflusst den Brotgeschmack.
2 % ≙ mild säuerliches Brotaroma
5 % ≙ mittel säuerliches Brotaroma
10 % ≙ kräftig säuerliches Brotaroma

**Sauerteigschema einer Detmolder Einstufenführung**

**Rezeptbeispiel: Roggenmischbrot**

Gesamtmehlmenge: 10 kg
Mehlmischung: 60 % Roggenmehl, 40 % Weizenmehl
40 % des Gesamtroggenmehls werden versäuert
≙ 2 400 g Roggenmehl im Sauerteig.
Anstellgutmenge: 120 g ≙ 2 % vom Sauerteigmehl

| | | |
|---|---|---|
| **Sauerteig (Vollsauer):** | 48 g | Anstellgut |
| | 2 400 g | Roggenmehl, Type 1150 ≙ 40 % |
| | 1 920 g | Wasser |
| | 4 368 g | Sauerteig |
| | −48 g | Anstellgut |
| | **4 320 g** | **Sauerteig** |

Teigausbeute: 180
Teigtemperatur: 28 °C
Stehzeit: 15 bis 24 Stunden

Bei der Stehzeit übers Wochenende stellt man den Sauerteig nach 15 Stunden in die Kühlung. Hier ist er bis zu 72 Stunden lagerfähig.

| | | |
|---|---|---|
| **Brotteig:** | 4 320 g | Sauerteig |
| | 3 600 g | Roggenmehl, Type 1150 |
| | 4 000 g | Weizenmehl, Type 1050 |
| | 5 580 g | Wasser |
| | 160 g | Hefe |
| | 200 g | Salz |
| | 30 g | Brotgewürz |
| | **17 890 g** | **Teiggewicht** |

Teigausbeute: 175
Teigtemperatur: 27 °C
Teigruhe: ca. 10 Minuten

LF 7

**Vorteil der Stehzeittoleranz des reifen Sauerteigs**
Während der langen Stehzeittoleranz von 15 bis 24 Stunden bleibt der Sauerteig neun Stunden unverändert reif zum Verarbeiten. Innerhalb dieser Zeit können bestimmte Sauerteigmengen für mehrere Brotteige abgenommen werden. Ein Sauerteig reicht somit für alle Brotteige des gesamten Tages.

## Berliner Kurzsauerführung

Die Berliner Kurzsauerführung ist die kürzeste Sauerteigführung mit drei bis vier Stunden Stehzeit (Reifezeit).

**Führungsschema der Berliner Kurzsauerführung**

| Teigausbeute | Teigtemperatur | Stehzeit |
|---|---|---|
| 190 | ca. 35 °C (sehr warme Führung) Eine Wassertemperatur bis zu 50 °C ist möglich. | 3 bis 4 Stunden |

Die kurze Stehzeit erfordert eine weiche und warme Sauerteigführung. In diesem weichen und warmen Sauerteig bildet sich überwiegend Milchsäure. Dies ergibt bei der kurzen Stehzeit einen milden Brotgeschmack.

**Zu versäuernde Roggenmehlmenge**
Wegen des milden Aromas wird der Berliner Kurzsauer hauptsächlich für Weizenmischbrote verwendet, selten für Roggenmischbrote.
Weizenmischbrote: 60 bis 70 %
Roggenmischbrote: 50 bis 60 %

**Anstellgutmenge**
20 % vom gesamten Roggenmehl im Sauerteig.
Diese hohe Anstellgutmenge ist wegen der kurzen Stehzeit des Berliner Kurzsauers erforderlich, um eine ausreichende Säuerung zu erzielen.

*Reifer Berliner Kurzsauerteig*

**Sauerteigschema einer Berliner Kurzsauerführung**

**Rezeptbeispiel: Weizenmischbrot**

Gesamtmehlmenge: 10 kg
Mehlmischung: 40 % Roggenmehl, 60 % Weizenmehl
70 % des Gesamtroggenmehls werden versäuert
≙ 2800 g Roggenmehl im Sauerteig.
Anstellgutmenge: 560 g ≙ 20 % vom Sauerteigmehl

| | | |
|---|---|---|
| **Sauerteig (Vollsauer):** | 560 g | Anstellgut |
| | 2800 g | Roggenmehl, Type 1150 |
| | 2520 g | Wasser |
| | 5880 g | Sauerteig |
| | – 560 g | Anstellgut |
| | **5320 g** | **Sauerteig** |
| | Teigausbeute: | 190 |
| | Teigtemperatur: | 35 °C |
| | Stehzeit: | 3 bis 4 Stunden |
| **Brotteig:** | 5320 g | Sauerteig |
| | 1200 g | Roggenmehl, Type 1150 oder 997 |
| | 6000 g | Weizenmehl, Type 1050 oder 812 |
| | 4280 g | Wasser |
| | 180 g | Hefe |
| | 200 g | Salz |
| | **17180 g** | **Teiggewicht** |
| | Teigausbeute: | 168 |
| | Teigtemperatur: | 27 °C |
| | Teigruhe: | 15 Minuten |

## Salzsauerführung (Monheimer Salzsauer)

Wie der Name besagt, werden diesem Sauerteig 2 % Salz zugegeben, berechnet vom Roggenmehl des Sauerteigs.

**Führungsschema einer Salzsauerführung**

| Teigausbeute | Teigtemperatur | Mindeststehzeit | Höchststehzeit = Stehzeittoleranz |
|---|---|---|---|
| 200 | ca. 35 °C<br>Die Teigtemperatur sinkt während der langen Stehzeit auf ca. 20 °C. | 18 bis 24 Stunden bis der Sauerteig reif ist | bis 72 Stunden |

Die Anfangstemperatur des Sauerteigs von 35 °C sollte in der Backstube möglichst lange erhalten bleiben, um bei der Stehzeit einen möglichst hohen Milchsäureanteil zu erhalten.

Nach 24 Stunden ist die Sauerteigtemperatur auf ca. 20 °C abgesunken.

**Abnahme des Anstellguts**

Vom reifen Salzsauer wird nach 18 bis 24 Stunden ein Anstellgut zum Ansetzen eines neuen Salzsauerteigs abgenommen.
Wird der neue Salzsauerteig später angesetzt, muss das Anstellgut in die Kühlung gestellt werden.
Bei einer späteren Abnahme wird wegen der erhöhten Milchsäuremenge die Säurebildung im neuen Salzsauerteig etwas verlangsamt.

**Lange Stehzeit des Salzsauerteigs**

Durch das Salz im Sauerteig wird die Hefetätigkeit stark gehemmt und die Säurebildung wird verzögert.

Nach 18 bis 24 Stunden ist der Salzsauerteig reif und kann zur Brotherstellung verwendet werden.
Dieser Salzsauerteig kann bis zu 72 Stunden verwendet werden, wenn er kühl aufbewahrt wird.

Das Salz und die Milchsäure im reifen Sauerteig wirken konservierend. Sie verhindern ein Übersäuern des Sauerteigs und den enzymatischen Abbau der Mehlbestandteile.

Bei kühler Lagerung, ca. 15 °C, kann der Salzsauerteig bis zu einer Woche im Voraus hergestellt werden. Mit einem einzigen Salzsauerteig können somit alle Brotteige von bis zu einer Woche hergestellt werden.



**Auswirkungen des Salzsauerteigs auf die Brote**

- Weil Salz die Säureentwicklung im Salzsauer hemmt und somit eine schwächere Säurebildung möglich ist, entsteht ein milder Brotgeschmack.
- Die Brote besitzen eine lange Frischhaltung, da im Salzsauerteig während der langen Stehzeit die Mehlbestandteile das Teigwasser intensiv quellen und binden.

**Anstellgutmenge:**

20 % vom Roggenmehl des Sauerteigs
Die Salzzugabe erfordert diese hohe Anstellgutmenge.

**Zu versäuernde Roggenmehlmenge vom Gesamtroggenmehl des Brotteigs:**

Roggenbrote: 35 bis 40 %
Roggenmischbrote: 40 bis 50 %
Weizenmischbrote: 50 bis 60 %

**Sauerteigschema einer Salzsauerführung**

**Rezeptbeispiel: Roggenmischbrot**

Gesamtmehlmenge: 10 kg
Mehlmischung: 70 % Roggenmehl, 30 % Weizenmehl
40 % des Gesamtroggenmehls werden versäuert
≙ 2 800 g Roggenmehl im Sauerteig.
Anstellgutmenge: 560 g ≙ 20 % vom Sauerteigmehl

| | | |
|---|---|---|
| **Monheimer Salzsauerteig:** | 560 g | Anstellgut |
| | 2 800 g | Roggenmehl, Type 1150 |
| | 2 800 g | Wasser |
| | 56 g | Salz ≙ 2 % vom Sauerteigmehl |
| | 6 216 g | Salzsauerteig |
| | −560 g | Anstellgut |
| | **5 656 g** | **Salzsauerteig** |
| | Teigausbeute: | 200 |
| | Teigtemperatur: | 35 °C |
| | Stehzeit: | 18 bis 72 Stunden |
| **Brotteig** | 5 656 g | Salzsauerteig |
| | 4 200 g | Roggenmehl, Type 1150 |
| | 3 000 g | Weizenmehl, Type 1050 |
| | 4 700 g | Wasser |
| | 180 g | Hefe |
| | 144 g | Salz |
| | 30 g | Brotgewürz |
| | **17 910 g** | **Teiggewicht** |
| | Teigausbeute: | 175 |
| | Teigtemperatur: | 28 °C |
| | Teigruhe: | ca. 15 Minuten |

Die Salzmenge im Sauerteig muss bei der Teigbereitung von der Gesamtsalzmenge abgezogen werden.

*Brotteigling aus Roggenmischteig mit Salzsauerteig*

## Aufgaben

1. Wie wird die Stufe des einstufigen Sauerteigs benannt?
2. Welchen Vorteil haben die Einstufen-Sauerteige gegenüber den anderen Sauerteigen?
3. Nennen Sie bekannte Einstufen-Sauerteige.
4. Geben Sie die zu versäuernde Roggenmehlmenge eines Detmolder Einstufensauerteigs an:
   - Roggenbrote
   - Weizenmischbrote
   - Roggenmischbrote
5. Geben Sie die Teigausbeute, Teigtemperatur und Stehzeit der Detmolder Einstufenführung an.
6. Welche Vorteile hat die lange Stehzeittoleranz bei der Detmolder Einstufenführung?
7. Erstellen Sie ein Sauerteigschema einer Detmolder Einstufenführung für ein Roggenmischbrot.
8. Erläutern Sie die zeitliche Führung der Berliner Kurzsauerführung.
9. Geben Sie ein Führungsschema der Berliner Kurzsauerführung an in Bezug auf Teigausbeute, Teigtemperatur und Stehzeit.
10. Für welche Brote wird die Berliner Kurzsauerführung überwiegend eingesetzt und wie viel Roggenmehl wird für diese Brotteige versäuert?
11. Wie viel Anstellgutmenge wird für die Berliner Kurzsauerführung benötigt?
12. Erstellen Sie ein Sauerteigschema einer Berliner Kurzsauerführung für einen Weizenmischbrotteig.
13. Erklären Sie die Salzsauerführung.
14. Geben Sie ein Führungsschema einer Salzsauerführung an in Bezug auf Teigausbeute, Teigtemperatur, Mindeststehzeit und Höchststehzeit.
15. Wann wird das Anstellgut für einen neuen Salzsauerteig abgenommen?
16. Erklären Sie, warum die lange Stehzeit und Stehzeittoleranz beim Salzsauerteig möglich sind.
17. Welche Auswirkungen hat der Salzsauerteig auf die Brote?
18. Welche Anstellgutmenge wird für den Salzsauerteig benötigt?
19. Erstellen Sie ein Sauerteigschema eines Salzsauerteigs für ein Roggenmischbrot.
20. Sie erhalten von Ihrem Chef die Aufgabe, eine übersichtliche Tabelle mit den Führungsschemen der Detmolder Einstufenführung, Berliner Kurzsauerführung und Salzsauerführung zu erstellen. Sie soll den Mitarbeitern als Hilfe bei der Herstellung dienen.

### Rechenaufgaben

1. Für eine Detmolder Einstufenführung gelten folgende Angaben:
   Roggenmischbrot mit 60 % Roggenmehl und 40 % Weizenmehl bei einer Gesamtmehlmenge von 70 kg und einer Teigausbeute von 170.
   40 % des Roggenmehls werden versäuert, die Teigausbeute des Sauerteigs beträgt 180. Das Anstellgut beträgt 5 % des zu versäuernden Roggenmehls.
   a) Stellen Sie ein Sauerteigschema, das die Anstellgut-, Roggenmehl- und Wassermenge enthält, auf.
   b) Berechnen Sie die Roggen- und Weizenmehlmenge sowie den Wasseranteil im Brotteig.
2. Eine Bäckerei stellt 117,600 kg Brotteig für Weizenmischbrote mit 30 % Roggenmehl und 70 % Weizenmehl her. Die Teigausbeute des Brotteigs beträgt 168. Für die Brote werden 1 200 g Teiggewicht abgewogen.
   Es wird ein Berliner Kurzsauer hergestellt, bei dem 70 % des Roggenmehls versäuert werden und die Teigausbeute des Sauerteigs 190 beträgt. Die Anstellgutmenge beträgt 20 % des Sauerteigmehls. Die gleiche Menge wird wieder vom reifen Sauerteig abgenommen.
   a) Stellen Sie ein Sauerteigschema für die Berliner Kurzsauerführung auf mit Anstellgutmenge, Mehl- und Wasserzugabe.
   b) Erstellen Sie das Brotrezept, wenn 1,8 % Hefe und 2 % Salz auf die Gesamtmehlmenge berechnet werden.
3. 140 kg Roggenmischteig mit einer Teigausbeute von 175 und einer Mehlmischung von 80:20 wird mit einem Salzsauer hergestellt.
   28,800 kg Roggenmehl werden versäuert. Das sind 45 % der Gesamtroggenmehlmenge. Das Anstellgut beträgt 20 % der Sauerteigmehlmenge. 2 % Salz, auf die Sauerteigmehlmenge berechnet, enthält der Salzsauer, der mit einer Teigausbeute von 200 geführt wird.
   a) Stellen Sie ein Sauerteigschema für den Salzsauer auf.
   b) Berechnen Sie das Brotteigrezept mit der Mehl- und Wassermenge, mit einer Gesamtmenge von 2 % Salz und 1,5 % Hefe sowie 0,3 % Brotgewürz, bezogen auf die Gesamtmehlmenge des Teigs.

## 26.7 Sauerteiganlagen

Die Sauerteigherstellung in vollautomatischen Sauerteiganlagen ist eine Arbeitszeit sparende Methode. In den Sauerteiganlagen können alle Sauerteigführungen, auch Zwei- und Dreistufenführungen, hergestellt werden.
In Behältern aus Edelstahl mit Rührwerk werden die Sauerteigstufen in der gewünschten Teigfestigkeit sowie den entsprechenden Temperaturen und Stehzeiten geführt.

*Sauerteigautomat*

### Ansetzen eines Sauerteigs in der Sauerteiganlage

In die Sauerteiganlage werden die üblichen Zutaten für den Sauerteig gegeben:

- Anstellgut
- Roggenmahlerzeugnis (Roggenmehl, Roggenbackschrot, Roggenvollkornschrot)
- Wasser

Bei einer hohen Teigausbeute und entsprechend eingestellter Temperatur lässt man den Sauerteig einen Tag lang reifen. Die Entgasung des Sauerteigs erfolgt durch ein Rührwerk, das sich phasenweise automatisch in Bewegung setzt.

*Anstellgut in der Sauerteiganlage*

*Reifung des Sauerteigs*

### Lagerfähigkeit des Sauerteigs

Diese Sauerteigbereitung kann einmal wöchentlich durchgeführt werden. Der reife Sauerteig steht die gesamte Woche über zur Verfügung und kann zu jeder Zeit nach Bedarf abgenommen werden. Dies ist möglich, da während der tagelangen Lagerzeit der Säuregrad kaum ansteigt.

Reicht der Sauerteig für die Woche nicht aus, kann der Sauerteig jeden Tag neu mit Roggenmehl und Wasser ergänzt und aufgefrischt werden und ist am nächsten Tag reif zur Verarbeitung.

*Abnahme eines Sauerteigs aus der Sauerteiganlage in den Knetkessel*

## Brotfermentation in einer Sauerteiganlage

Die Brotfermentation ist eine weitere Sauerteigführung in der Sauerteiganlage, die über zwei Stufen geführt wird.

### Erste Stufe

Der Sauerteig wird mit Anstellgut, Roggenmehl bzw. Roggenbackschrot oder Roggenvollkornschrot und Wasser hergestellt.

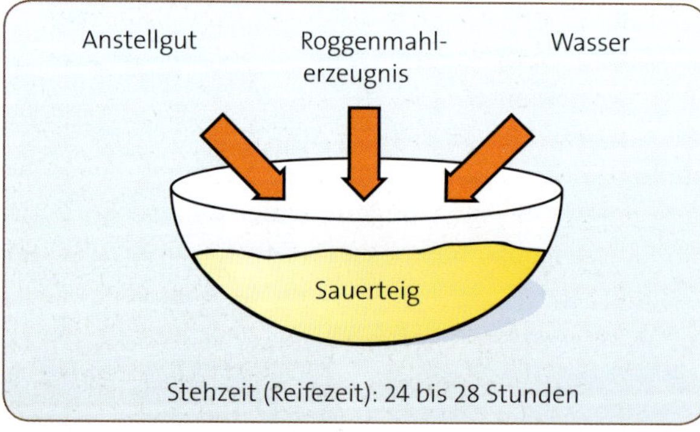


*Erste Stufe der Brotfermentation*

### Zweite Stufe

Der Sauerteig der ersten Stufe wird im Sauerteigautomaten aufgefrischt. Das Auffrischen erfolgt mit einem Roggenmehl bzw. Roggenbackschrot oder Roggenvollkornschrot, Wasser und fertig gebackenem, geriebenem Brot. Das Roggenmahlerzeugnis wird bis zur Hälfte durch geriebenes Brot ersetzt.

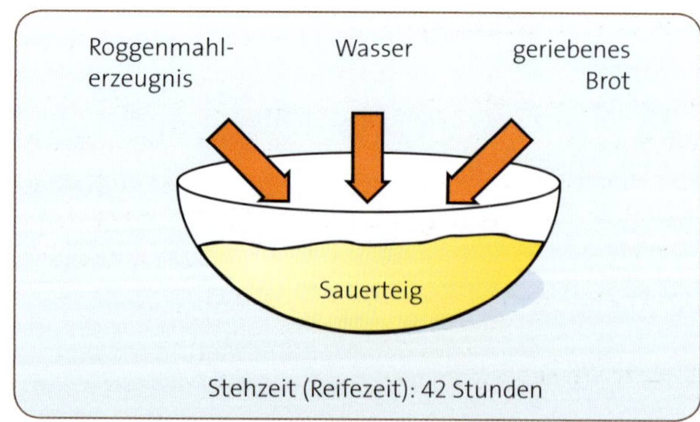


*Zweite Stufe der Brotfermentation*

### Lagerfähigkeit

Der reife, durch Brotfermentation hergestellte Sauerteig kann die ganze Woche in der Sauerteiganlage aufbewahrt und in dieser Zeit beliebig zur Brotherstellung verwendet werden. Es ist ein Vollsauer auf Vorrat, der zur ständigen Verarbeitung zur Verfügung steht.

### Zu versäuernde Roggenmehlmenge

Für die Sauerteige in den Sauerteiganlagen werden 20 bis 25 % der Gesamtroggenmehlmenge vom Brotteig versäuert, um eine ausreichende Säuerung zu erhalten.

Bei der Brotteigherstellung ist die Zugabe von Hefe erforderlich.

#### Aufgaben

1. Beschreiben Sie das Ansetzen eines Sauerteigs in einer Sauerteiganlage.
2. Erklären Sie die Lagerfähigkeit eines Sauerteigs in einer Sauerteiganlage.
3. Beschreiben Sie die Sauerteigführung durch Brotfermentation in einer Sauerteiganlage:
   - erste Stufe
   - zweite Stufe
4. Wodurch kann ein Teil des Roggenmehls bei der Sauerteigführung mit Brotfermentation ersetzt werden?
5. Wie ist die Lagerfähigkeit eines mit Brotfermentation hergestellten Sauerteigs?
6. Welche Roggenmehlmenge wird für Sauerteige in den Sauerteiganlagen versäuert?
7. Diskutieren Sie mit Ihren Kolleginnen und Kollegen, welche Vor- und Nachteile die Herstellung eines Sauerteigs in der Sauerteiganlage gegenüber den herkömmlich hergestellten Sauerteigen hat.

## 26.8 Sauerteigfehler

Die Führungsbedingungen der Sauerteige müssen genau eingehalten werden, da sonst Brotfehler auftreten können. Auch eine zu geringe oder zu hohe Sauerteigmenge bei der Brotherstellung führt zu Brotfehlern. Selbst kleinste Fehler müssen sofort erkannt werden, damit Sauerteigkorrekturen durchgeführt werden können.

#### Sauerteigschema

Es sollten für alle Brotsorten Sauerteigschemen mit folgenden Angaben angelegt werden:
- genaue Angabe der Anstellgutmenge
- zu versäuernde Roggenmehlmenge
- die Mehl- und Wasserzugaben für die einzelnen Stufen
- die Sauerteigtemperaturen
- die Stehzeiten

### Fehler der Sauerteigführungen

#### Verbrauchtes Anstellgut

Das Anstellgut wurde schon zu oft vom reifen Vollsauer abgenommen und ist somit überaltert. Die Mikroorganismen vermehren sich nur noch schwach, sodass im Sauerteig zu wenig Säure gebildet wird.
Das Anstellgut sollte deshalb regelmäßig in gewissen Abständen durch ein neu angesetztes Anstellgut mit Reinzuchtsauerteig ersetzt werden.

#### Zu junger Sauerteig (unreifer Sauerteig)

- zu kurze Stehzeiten (Reifezeiten) der Sauerteigstufen
- zu kühle Sauerteigtemperatur
- zu geringe Anstellgutmenge

Dadurch konnten sich zu wenig Säure und Lockerungsgase bilden.

#### Zu alter Sauerteig (überreifer Sauerteig)

- zu lange Stehzeiten (Reifezeiten) der Sauerteigstufen
- zu warme Sauerteigführung (zu hohe Teigtemperatur)
- zu hohe Anstellgutmenge

Dadurch kommt es zu einer Übersäuerung des Sauerteigs. Manchmal auch zu Fremdgärungen durch andere Bakterien im Sauerteig und somit zu negativen Geschmacksbildungen.

Riecht man beim Verarbeiten an einem reifen Sauerteig, steigt ein kräftiger, aber reiner Säuregeruch in die Nase.

#### Zu geringe Sauerteigmenge

Es wurde ein zu kleiner Anteil Roggenmehl von der Gesamtroggenmehlmenge des Brotteigs versäuert. Der Säureanteil im Brotteig reicht nicht aus.

#### Zu große Sauerteigmenge

Es wurde zu viel Roggenmehl von der Gesamtroggenmehlmenge des Brotteigs versäuert. Die Säuremenge im Teig ist deshalb zu hoch, was zur Übersäuerung führt.

| Sauerteigfehler | Auswirkungen | Brotfehler |
|---|---|---|
| • zu junger Sauerteig<br>• zu geringe Sauerteigmenge<br>• verbrauchtes Anstellgut | • zu geringe Säuremenge, die nicht ausreicht<br>• zu wenig Lockerungsgase | • zu flache Brotform<br>• zu kleine, dichte Porung<br>• unelastische, feuchte Krume<br>• fader Brotgeschmack |
| • zu alter Sauerteig<br>• zu große Sauerteigmenge | • zu viel Säure führt zur Übersäuerung des Brotteigs | • ungleichmäßige Porung der Krume<br>• feuchte, unelastische Krume<br>• zu saurer Brotgeschmack |

#### Aufgaben

1. Beschreiben Sie folgende Fehler und Ursachen der Sauerteigführungen:
   - verbrauchtes Anstellgut
   - zu junger (unreifer) Sauerteig
   - zu alter (überreifer) Sauerteig
   - zu geringe Sauerteigmenge
   - zu große Sauerteigmenge
2. Geben Sie Auswirkungen und Brotfehler folgender Sauerteigfehler an:
   - zu junger Sauerteig, zu geringe Sauerteigmenge
   - verbrauchtes Anstellgut
   - zu alter Sauerteig, zu große Sauerteigmenge
3. Testen Sie die Reife eines Sauerteigs zu verschiedenen Stehzeiten, wenn er zu jung ist und wenn er reif ist. Lassen Sie einen Teil des Sauerteigs zu alt werden. Tasten Sie jeweils die Oberfläche des Sauerteigs mit den Fingern ab und riechen Sie am Sauerteig. Notieren Sie die Erkenntnisse des Teigwiderstands und des Geruchs.

### Berufliche Handlung

Ihre Bäckerei plant die Einführung eines Bauernbrotes aus 70 % Roggenmehl und 30 % Weizenmehl, sowie eines Oberländer Roggenbrotes aus 100 % Roggenmehl. Hierfür sollen die verschiedenen Säuerungsmethoden wie Sauerteige und die Teigsäuerungsmittel ausgewählt werden.

#### Roggenteige und Säuerung

1. Beschreiben Sie, wie die Pentosane die Kleberbildung in Roggenteigen verhindern.
2. Geben Sie Auskunft über die Lockerung der Roggenteige und Roggengebäcke.
3. Erklären Sie die Wirkung der Säuerung in Roggenteigen für die Lockerung.

#### Teigsäuerungsmittel

4. Geben Sie an, was Teigsäuerungsmittel sind und welche Vor- und Nachteile ihre Verarbeitung hat.
5. Erläutern Sie getrockneten Sauerteig, der von der Backmittelindustrie angeboten wird.

#### Führen der Sauerteige

6. Geben Sie an, welche Mikroorganismen ein Anstellgut enthält.
7. Nennen Sie die zwei Arten der Milchsäurebakterien im Sauerteig und geben Sie die Gärungsprodukte, die sie in den Sauerteig abgeben, an.
8. Führen Sie die Gärungsprodukte der Sauerteighefen im Sauerteig auf.
9. Beschreiben Sie die Herstellung eines Anstellguts mit einem Reinzuchtsauerteig.
10. Erklären Sie, wie die Teigfestigkeit und Teigtemperatur die Geschmacksbildung des Sauerteigs beeinflussen.

#### Dreistufige Sauerteigführung

11. Nennen Sie die drei Stufen eines Dreistufen-Sauerteigs und beschreiben Sie die Aufgabe jeder Stufe.
12. Notieren Sie in einem Führungsschema die Teigausbeute, -temperatur, Stehzeit der drei Stufen.
13. Formulieren Sie die Vorteile der dreistufigen Sauerteigführung.

#### Zweistufige Sauerteigführung

14. Nennen Sie die zwei Stufen der zweistufigen Sauerteigführung und geben Sie an, wie die fehlende Stufe bei der Brotteigherstellung ausgeglichen wird.
15. Geben Sie das Führungsschema der zwei Stufen in Bezug auf Teigausbeute, Teigtemperatur und Stehzeit an.
16. Erläutern Sie die Vorteile der zweistufigen Sauerteigführung.

#### Einstufige Sauerteigführungen

17. Zählen Sie bekannte Einstufen-Sauerteige auf.
18. Erstellen Sie ein Führungsschema einer Detmolder Einstufenführung mit Teigausbeute, Teigtemperatur und Stehzeit.
19. Nennen Sie den Vorteil der langen Stehzeittoleranz eines reifen Sauerteigs der Detmolder Einstufenführung.
20. Geben Sie die Teigausbeute, Teigtemperatur und Stehzeit für ein Führungsschema eines Berliner Kurzsauerteigs an.
21. Erklären Sie das Besondere einer Salzsauerführung.
22. Entwickeln Sie ein Führungsschema eines Salzsauerteigs in Bezug auf Teigausbeute, Teigtemperatur und Mindeststehzeit sowie Höchststehzeit.
23. Nennen Sie die prozentuale Anstellmenge für einen Salzsauerteig.
24. Stellen Sie die Vor- und Nachteile der einstufigen Sauerteigführungen zusammen.

#### Herstellung der neuen Brote

25. Entscheiden Sie, wie Bauernbrot und Oberländer Roggenbrot hergestellt werden sollen. Begründen Sie Ihre Entscheidung.
26. Erstellen Sie ein Führungsschema eines dreistufigen Sauerteigs für die Herstellung des neuen Bauernbrotes.
27. Berechnen Sie die Mehl- und die Wasserzugabe jeder Stufe der Dreistufensauerteigführung.
28. Erstellen Sie ein Sauerteigschema für die Herstellung des neuen Oberländer Roggenbrots und berechnen Sie die Mehl- und die Wasserzugabe dieses Sauerteigs.

LF 8
Herstellen von
roggenhaltigen Broten
und Kleingebäcken

# 27 Roggenhaltige Brote

**Situation**

Ihre Bäckerei hat den Auftrag, für eine große Feier ein Brotbüfett zu liefern. Zur Information der Gäste sollen Sie ein kleines Kärtchen mit den enthaltenen Mahlerzeugnissen zu den einzelnen Brotsorten schreiben. Sie schlagen dem Organisator der Feier eine passende Auswahl vor und begründen diese. Anschließend stellen Sie die Waren mit den Kollegen her und prüfen die Qualität der Erzeugnisse.

- Wie lauten die Bestimmungen der Leitsätze für Brotsorten nach den enthaltenen Mahlerzeugnissen?
- Was versteht man unter der direkten, indirekten und kombinierten Brotteigführung?
- Wie wird ein Arbeitsrezept mit der Schlüsselzahl berechnet?
- Welche Teigausbeute haben die roggenhaltigen Teige für Brote und wie wird die Schüttwassertemperatur bei indirekter Brotteigführung berechnet?
- Was versteht man unter dem Gär- und Backverlust und wie wird er beim Abwiegen der Brotteige berücksichtigt?
- Wie werden die verschiedenen Brotteige der unterschiedlichen Brote aufgearbeitet?
- Wie wird eine verlängerte Frischhaltung der unterschiedlichen Brote erreicht?
- Wie können die Brote in der Bäckerei nach den Qualitätsmerkmalen beurteilt werden?
- Welche Brotfehler kommen häufig vor und welche Ursachen haben diese Fehler?

## Brot – ein Grundnahrungsmittel

Das Wort „Brot“ entstand im Mittelalter, als die Bäckereien und Brauereien stark verbunden waren, da beide Berufe die Hefe als Gärungsmittel benötigten.
Brot ist in der alten Sprache eine Passivform des damaligen Wortes für „brauen“.

Brote bestehen hauptsächlich aus schalenreichen Getreidearten. Diese enthalten überwiegend für die Energielieferung des Körpers wichtige Stärke und viele gesundheitsfördernde Ballaststoffe, Mineralstoffe und Vitamine.

Brot ist ein unentbehrliches Grundnahrungsmittel. Bis heute schenkt man bei Hauseinweihungen Brot und Salz, damit Glück einkehrt und das Geld für das tägliche Brot niemals ausgehen möge.

Nirgends auf der Welt gibt es so viele verschiedene Brotsorten wie in Deutschland. Mehr als 300 Sorten Brot werden angeboten. Vielleicht erklärt dies den höchsten Brotverzehr in Deutschland im Vergleich zu den anderen europäischen Ländern.
Am häufigsten werden Mischbrote und Weizenbrote verzehrt, gefolgt von Vollkornbroten und Mehrkornbroten.

**Bestimmungen der Leitsätze**
Brote enthalten weniger als 10 Gewichtsteile Fett und/oder Zucker auf 90 Gewichtsteile Mehl oder andere Getreideerzeugnisse.

## 27.1 Brotsorten und Brotbezeichnungen

### Brotsorten nach den enthaltenen Mahlerzeugnissen

**Bestimmungen der Leitsätze**

| | |
|---|---|
| **Weizenbrot:** mindestens 90 % Weizenmehl | **Roggenbrot:** mindestens 90 % Roggenmehl |
| **Weizenmischbrot:** mehr als 50 %, jedoch weniger als 90 % Weizenmehl | **Roggenmischbrot:** mehr als 50 %, jedoch weniger als 90 % Roggenmehl |
| **Weizenvollkornbrot:** mindestens 90 % Weizenvollkorn | **Roggenvollkornbrot:** mindestens 90 % Roggenvollkorn |
| **Vollkornbrot:** mindestens 90 % Roggen- und Weizenvollkorn in beliebigem Verhältnis | |
| **Weizenschrotbrot:** mindestens 90 % Weizenbackschrot | **Roggenschrotbrot:** mindestens 90 % Roggenbackschrot |
| **Schrotbrot:** mindestens 90 % Roggen- und Weizenbackschrot in beliebigem Verhältnis | |
| **Dinkelbrot, Dinkelvollkornbrot:** mindestens 90 % Dinkelmehl bzw. Dinkelvollkorn | |

LF 8

### Brotbezeichnungen mit geografischen Angaben

Brote mit Gattungsbezeichnungen dürfen überall hergestellt und angeboten werden. Sie beziehen sich nur auf die verwendeten Mahlerzeugnisse im Brot, die bei Verbrauchern bekannt sind, z. B.:

- Schwarzwälder Brot: Weizenmischbrot
- Fränkisches Brot: Roggenmischbrot
- Berliner Landbrot: Roggenbrot
- Hamburger Schwarzbrot: Roggenvollkornbrot

### Brotbezeichnungen mit Fantasienamen

Erfundene Brotnamen reichen alleine für die Kennzeichnung beim Verkauf nicht aus, z. B. Bergsteigerbrot, Feierabendbrot, Weltmeisterbrot.
Die Fantasienamen sind nur in Verbindung mit der Bezeichnung der Brotsorten nach den Mahlerzeugnissen zulässig, wie das Preisschild zeigt.

*Fantasiename mit Bezeichnung des Mahlerzeugnisses*

### Sauerteigbrote

**Bestimmungen der Leitsätze**
Sauerteigbrote dürfen nur mit Sauerteig (Natursauerteig) gesäuert werden. Die Verwendung von Teigsäuerungsmitteln ist nicht erlaubt.

### Bauern- oder Landbrote

**Bestimmungen der Leitsätze**
Bauern- oder Landbrote mit einem Roggenanteil über 20 % werden mit Sauerteig (Natursauerteig) hergestellt. Es müssen mindestens zwei Drittel des Säureanteils im Brot Sauerteig sein.

*Bauern- oder Landbrote*

Die Mehlmischung ist bei Bauern- oder Landbroten nicht vorgeschrieben. Es können Weizenmisch-, Roggenmisch- oder Roggenbrote sein.

### Bio- oder Ökobrote

Das Getreide für Biobrote, auch Ökobrote genannt, stammt aus biologischem Anbau. Es ist also auf Feldern ohne chemische Bearbeitung gewachsen. Dieses Getreide enthält deshalb wenige Schadstoffe und außerdem wird durch die chemiefreie Anbauweise die Umwelt geschont. Da die Kunden mit dem Begriff Biobrot naturbelassene Brote verbinden, werden sie in den meisten Bäckereien mit Natursauer gesäuert. Dies ist jedoch nicht vorgeschrieben.

*Bio-Vollkornbrot*

**Bestimmungen der Leitsätze**
Öko- oder Biobrote sind Brote, bei denen mindestens 95 % der Zutaten aus ökologischem (biologischem) Anbau stammen. Es können Vollkornbrote aber auch Brote mit Roggen- und Weizenmehlen sein.

## Brotformen

*Kastenbrot*

| Bezeichnung der Brotformen | Brotformen |
|---|---|
| Rundbrote (Laibe) | runde Brote |
| Langbrote (Wecken) | ovale, längliche Brote |
| Kastenbrote | in Formen gebackene Brote mit geringer seitlicher Kruste |
| Stangenbrote | lange Brotstangen, die an der Oberfläche mehrmals schräg eingeschnitten sind |
| Ringbrote | ringförmige Brote |
| Fladenbrote | flache runde Brot |
| Angeschobene Brote | Brote, die aneinandergeschoben gebacken werden und an diesen Stellen ohne seitliche Kruste sind |
| Freigeschobene Brote | Es sind Rundbrote, Langbrote, Stangen- und Ringbrote, die einzeln im Abstand zu den anderen Broten gebacken werden. Die gesamte Oberfläche ist deshalb mit einer Kruste umgeben. |

*Verschiedene Brotformen*

**Aufgaben**

1. Geben Sie die Bestimmungen der Leitsätze für Brote an.
2. Nennen Sie die Bestimmungen der Leitsätze für Brotsorten nach den verwendeten Mahlerzeugnissen.
   - Weizenbrot (Weißbrot)
   - Weizenmischbrot
   - Roggenmischbrot
   - Roggenbrot
   - Weizenvollkornbrot
   - Roggenvollkornbrot
   - Vollkornbrot
   - Weizenschrotbrot
   - Roggenschrotbrot
   - Schrotbrot
   - Dinkelbrot
   - Dinkelvollkornbrot
3. Nennen Sie die Brotsorten mit folgenden Zusammensetzungen der Mahlerzeugnisse:
   - 60 % Roggenvollkorn und 40 % Weizenvollkorn
   - 60 % Roggenmehl und 40 % Weizenmehl
   - 30 % Roggenmehl und 70 % Weizenmehl
   - 50 % Roggenmehl und 50 % Weizenmehl
   - 90 % Roggenmehl und 10 % Weizenmehl
4. Erläutern Sie die Kennzeichnung im Verkauf bei Broten mit Fantasienamen.
5. Geben Sie die Bestimmungen der Leitsätze für folgende Brote an:
   - Sauerteigbrote
   - Bauernbrote oder Landbrote
   - Bio- oder Ökobrote
6. Beschreiben Sie folgende Brotformen:
   - rundes Brot
   - längliches Brot
   - ringförmiges Brot
   - flaches rundes Brot
   - in Formen gebackenes Brot
   - dünnes, lang gerolltes Brot
   - Brot, das rundum Kruste besitzt
   - seitlich krustenloses Brot
7. Versuchen Sie herauszufinden, welche Brotsorten in Ihrer Region besonders beliebt sind und welche Brotformen bevorzugt werden.

## 27.2 Brotteigführungen

Bei der Brotteigherstellung werden drei Teigführungsarten unterschieden:

- direkte Brotteigführung
- indirekte Brotteigführung
- kombinierte Brotteigführung

### Direkte Brotteigführung

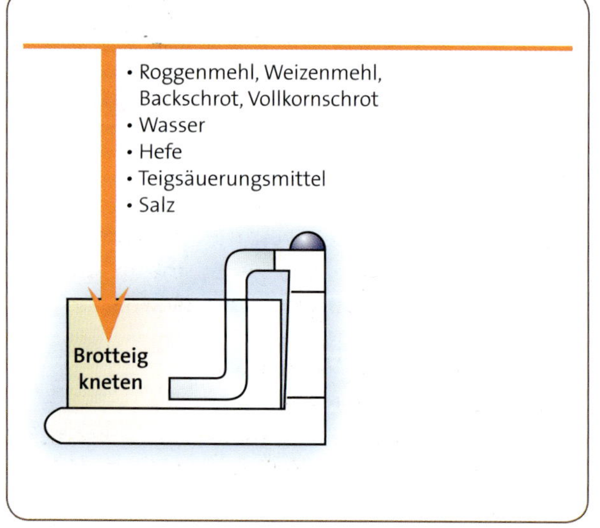


Alle Zutaten für den Brotteig werden in den Knetkessel gewogen und **direkt** zu einem Brotteig geknetet. Die Säuerung der Brotteige mit der direkten Brotteigführung erfolgt ausschließlich durch Teigsäuerungsmittel von der Backmittelindustrie, ohne Sauerteig.

**Rezeptbeispiel:**
**Roggenmischbrot bei direkter Teigführung**

Gesamtmehlmenge: 10 kg
Mehlmischung: 70 % Roggenmehl, 70 % Weizenmehl

| | |
|---|---|
| 7 000 g | Roggenmehl, Type 1150 |
| 3 000 g | Weizenmehl, Type 1050 |
| 7 500 g | Wasser |
| 200 g | Hefe |
| 200 g | Salz |
| 30 g | Brotgewürz |
| ca. 400 g | Teigsäuerungsmittel (Mengenangabe der Backmittelfirma beachten) |
| **18 330 g** | **Teiggewicht** |

Teigausbeute: 175
Teigtemperatur: 27 °C
Teigruhe: 30 Minuten

Bei der direkten Brotteigführung verlängert sich die Teigruhezeit, damit die Mehlbestandteile etwas quellen können. Die Teigruhe beträgt mit direkter Brotteigführung 30 Minuten und bei Brotteigen mit Sauerteig ca. 10 Minuten.

**Vorteile der direkten Brotteigführung**
- Schnelle Brotteigherstellung, weil die zeitaufwendige Sauerteigbereitung entfällt.
- Einfache Brotteigherstellung, da das Risiko der Sauerteigfehler entfällt.

**Nachteile der Brote mit direkter Brotteigführung**
- Der Geschmack der Brote ist nicht so gut, da sie nur die Säuren der Teigsäuerungsmittel enthalten. Es fehlen die Aromastoffe der Hefe- und Milchsäuregärung.
- Die Frischhaltung der Brote ist kürzer als bei Sauerteigbroten. Den Mehlbestandteilen fehlt die Quellzeit während der langen Stehzeit des Sauerteigs.

## Indirekte Brotteigführung

Vor der Brotteigherstellung wird ein Sauerteig geführt. Erst wenn dieser reif ist, wird er mit den anderen Zutaten zum Brotteig geknetet.

Die Säuerung der Brote erfolgt ausschließlich durch den Sauerteig. Deshalb dürfen diese Brote als Sauerteigbrote bezeichnet werden.

Der Brotteig wird auf „indirektem" Wege, in zwei Schritten hergestellt.
**1. Herstellungsschritt: Sauerteig**
**2. Herstellungsschritt: Brotteig**

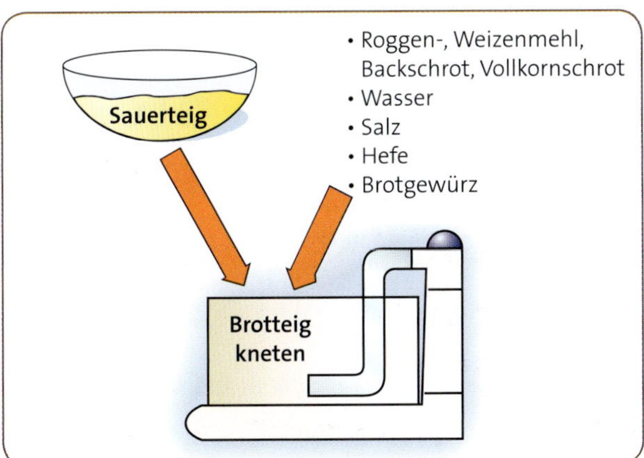


**Rezeptbeispiel: Roggenmischbrot mit Detmolder Einstufenführung**

Gesamtmehlmenge: 10 kg
Mehlmischung: 70 % Roggenmehl, 30 % Weizenmehl
50 % des Gesamtroggenmehls werden versäuert
≙ 3 500 g Roggenmehl im Sauerteig
Anstellgutmenge: 70 g ≙ 2 % vom Sauerteigmehl

| | | |
|---|---|---|
| **Sauerteig (Vollsauer):** | 70 g | Anstellgut |
| | 3 500 g | Roggenmehl, Type 1150 |
| | 2 800 g | Wasser |
| | 6 370 g | Sauerteig |
| | –70 g | Anstellgut zum Neuansetzen |
| | **6 300 g** | **Sauerteig** |

Teigausbeute: 180
Teigtemperatur: 27 °C
Stehzeit: 15 bis 24 Stunden

| | | |
|---|---|---|
| **Brotteig:** | 6 300 g | Sauerteig |
| | 3 500 g | Roggenmehl, Type 1150 |
| | 3 000 g | Weizenmehl, Type 1050 |
| | 4 700 g | Wasser |
| | 160 g | Hefe |
| | 200 g | Salz |
| | 30 g | Brotgewürz |
| | **17 890 g** | **Teiggewicht** |

Teigausbeute: 175
Teigtemperatur: 27 °C
Teigruhe: ca. 10 Minuten

**Vorteile der Sauerteigbrote**
- Das Brot ist aromareicher.
- Es hält länger frisch.
- Jede Bäckerei stellt Brote mit einem individuellen Brotgeschmack her.
- Sauerteigbrote sind werbewirksam, da der Sauerteig auf natürliche Weise im eigenen Betrieb hergestellt wird.

Der besonders gute Geschmack der Sauerteigbrote entsteht überwiegend durch die Alkoholbildung der Sauerteighefen bei der Gärung. Der individuelle Brotgeschmack entsteht durch die unterschiedlichen Anteile von Milch- und Essigsäure der Sauerteige in den Bäckereien.

**Nachteile der Sauerteigherstellung**
- Die Herstellung ist zeitaufwendig.
- Es besteht die Möglichkeit, dass durch unsachgemäßes Arbeiten Sauerteigfehler entstehen, die zu Brotfehlern führen.

## Kombinierte Brotteigführung

Die benötigte Säuremenge für den Brotteig erfolgt durch Sauerteig und Teigsäuerungsmittel.

Für einen guten Brotgeschmack und eine verlängerte Frischhaltung der Brote sollten mindestens 50 % der erforderlichen Sauerteigmenge der indirekten Brotteigführung zugegeben werden. Meistens wird ein Einstufen-Sauerteig hergestellt. Die Menge der Teigsäuerungsmittel wird von der Backmittelfirma für die kombinierte Brotteigführung angegeben und ist somit geringer als bei der direkten Brotteigführung.

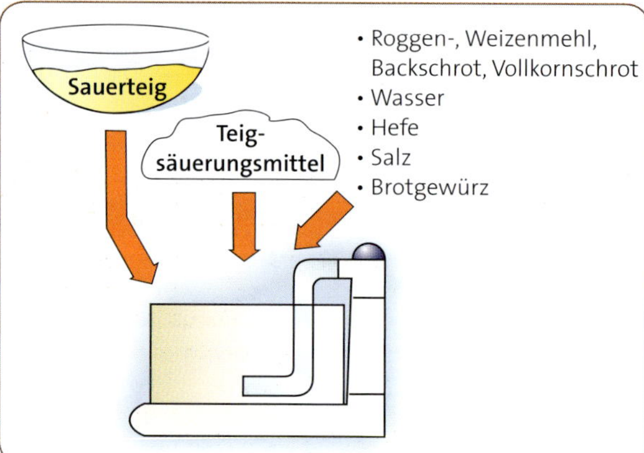


Die Bezeichnung „Sauerteigbrot“ ist bei Broten mit kombinierter Brotteigführung nicht erlaubt, weil bei dieser Bezeichnung zur Säuerung ausschließlich Sauerteig verwendet werden darf.

### Vorteile der kombinierten Brotteigführung

Bei dieser Brotteigherstellung werden die Vorteile des Sauerteigs und der Teigsäuerungsmittel für das Brot „kombiniert“.

- Verbesserung des Brotgeschmacks durch den Sauerteig.
- Längere Brotfrischhaltung durch den Sauerteiganteil.
- Durch die Teigsäuerungsmittel ist die Sicherheit, dass das Brot fehlerfrei ist, höher, da mögliche Sauerteigfehler ausgeglichen werden.

### Nachteile der kombinierten Brotteigführung

- Der Geschmack und die Dauer der Frischhaltung sind bei diesen Broten ein Kompromiss zwischen den Broten, die mit Sauerteig und denen, die mit Teigsäuerungsmittel hergestellt werden.
- Es fallen die Kosten der Teigsäuerungsmittel an.

LF 8

**Rezeptbeispiel: Roggenmischbrot mit kombinierter Brotteigführung**

Gesamtmehlmenge: 10 kg
Mehlmischung: 70 % Roggenmehl, 30 % Weizenmehl
30 % des Gesamtroggenmehls werden versäuert
≙ 2 100 g Roggenmehl im Sauerteig
Anstellgutmenge: 210 g ≙ 10 % vom Sauerteigmehl

| | | |
|---|---|---|
| **Sauerteig (Vollsauer):** | 210 g | Anstellgut |
| | 2 100 g | Roggenmehl, Type 1150 |
| | 1 260 g | Wasser |
| | 3 570 g | Sauerteig |
| | – 10 g | Anstellgut zum Neuansetzen |
| | **3 360 g** | **Sauerteig** |
| | Teigausbeute: | 160 |
| | Teigtemperatur: | 25 °C |
| | Stehzeit: | 15 bis 24 Stunden |
| **Brotteig:** | 3 360 g | Sauerteig |
| | 3 500 g | Roggenmehl, Type 1150 |
| | 3 000 g | Weizenmehl, Type 1050 |
| | 6 240 g | Wasser |
| | 160 g | Hefe |
| | 200 g | Salz |
| | 30 g | Brotgewürz |
| | 200 g | Teigsäuerungsmittel (Backmittelhersteller-angabe beachten) |
| | **16 690 g** | **Teiggewicht** |
| | Teigausbeute: | 175 |
| | Teigtemperatur: | 27 °C |
| | Teigruhe: | ca. 20 Minuten |

### Aufgaben

1. Erklären Sie folgende Brotteigführungen:
   - direkte Brotteigführung
   - indirekte Brotteigführung
   - kombinierte Brotteigführung
2. Erstellen Sie ein Rezept für Roggenmischbrote mit direkter Brotteigführung.
3. Vergleichen Sie die Teigruhezeit bei Brotteigen mit direkter und indirekter Brotteigführung.
4. Nennen Sie Vorteile der direkten Brotteigführung.
5. Geben Sie die Nachteile der Brote mit direkter Brotteigführung an. →

6. Woher stammt die Säure für Brotteige, die indirekt geführt werden?
7. Erstellen Sie ein Rezept für Roggenmischbrote mit indirekter Brotteigführung.
8. Nennen Sie die Vorteile der Sauerteigbrote gegenüber Broten mit direkter Brotteigführung.
9. Geben Sie die Nachteile der mit Sauerteig hergestellten Brote an.
10. Erstellen Sie ein Rezept für Roggenmischbrote mit kombinierter Brotteigführung.
11. Warum dürfen mit kombinierter Teigführung hergestellte Brote nicht als Sauerteigbrote bezeichnet werden?
12. Nennen Sie die Vor- und Nachteile der kombinierten Brotteigführung.
13. Lagern Sie Roggenmischbrote, die mit direkter, indirekter und kombinierter Teigführung hergestellt wurden, vier Tage lang. Vergleichen Sie jeden Tag die Frischemerkmale und den Geschmack der Brote.

## 27.3 Herstellung roggenhaltiger Teige

### Erstellen eines Arbeitsrezepts

- Für ein Arbeitsrezept sind ein Grundrezept aus 1 kg oder 10 kg Mehl und das daraus entstehende Teiggewicht die Basis.
- Das benötigte Teiggewicht, das hergestellt werden soll, muss ermittelt werden.

**Formel zur Errechnung der Schlüsselzahl:**

$$\text{Schlüsselzahl} = \frac{\text{benötigtes Teiggewicht}}{\text{Teiggewicht des Grundrezepts}}$$

Mithilfe der Schlüsselzahl werden die einzelnen Zutaten des Grundrezepts für ein Arbeitsrezept umgerechnet.

**Beispiel:**
161 kg Brotteig werden benötigt.
Das Teiggewicht des Grundrezepts beträgt 17,890 kg.

$$\frac{161\text{ kg}}{17{,}890\text{ kg}} = 9 \text{ (Schlüsselzahl)}$$

Die einzelnen Zutaten des Grundrezepts werden mit der Schlüsselzahl 9 multipliziert. Dies ergibt das Arbeitsrezept.

**Grundrezept: Roggenmischbrot**

Gesamtmehlmenge: 10 kg
Mehlmischung: 70 % Roggenmehl, 30 % Weizenmehl

| | | |
|---|---|---|
| **Sauerteig** | 70 g | Anstellgut |
| | 3 500 g | Roggenmehl |
| | 2 800 g | Wasser |
| | **6 300 g** | **Sauerteig** (ohne Anstellgut) |
| **Brotteig:** | 6 300 g | Sauerteig |
| | 3 500 g | Roggenmehl |
| | 3 000 g | Weizenmehl |
| | 4 700 g | Wasser |
| | 160 g | Hefe |
| | 200 g | Salz |
| | 30 g | Brotgewürz |
| | **17 890 g** | **Teiggewicht** |

**Arbeitsrezept des Roggenmischbrotes**

Zutatenmenge des Grundrezept· 9 = Arbeitsrezept

| | | |
|---|---|---|
| **Sauerteig** | 630 g | Anstellgut |
| | 31 500 g | Roggenmehl |
| | 25 200 g | Wasser |
| | **56 700 g** | **Sauerteig** (ohne Anstellgut) |
| **Brotteig:** | **Brotteig:** | |
| | 56 700 g | Sauerteig |
| | 31 500 g | Roggenmehl |
| | 27 000 g | Weizenmehl |
| | 42 300 g | Wasser |
| | 1 440 g | Hefe |
| | 1 800 g | Salz |
| | 270 g | Brotgewürz |
| | **161 010 g** | **Teiggewicht** |



### Zutaten für die Brotteige

#### Mehle für Brote

Für die Brotteigherstellung werden schalenreiche Mehle mit hoher Typenzahl verwendet, da die Schalen quellfähig sind und somit eine höhere Wasserzugabe zu den Brotteigen ermöglichen.
Manchmal werden auch Mehle verschiedener Typen gemischt.

| Gebräuchliche Mehle für die Brotteigherstellung | |
|---|---|
| **Weizenmehle** | • am gebräuchlichsten: Type 1050<br>• möglich sind auch<br>– für helle Brote: Type 812<br>– für dunklere Brote: Type 1200 oder 1600 |
| **Roggenmehle** | • am gebräuchlichsten: Type 997 und 1150<br>• möglich sind auch<br>– für helle Brote: Type 815<br>– für dunkle Brote: Type 1370 oder 1740 |

**Säuerung**

Sauerteig oder Teigsäuerungsmittel versäuern die Roggenmehle.

### Hefemenge

Je höher der Roggenmehlanteil im Teig ist, desto weniger Hefe wird zugegeben.

Da Roggenteige keinen Kleber besitzen und somit die Gärgase schlecht festgehalten werden können, wird die Gasbildung durch eine geringe Hefemenge gering gehalten. Bei gleicher Hefemenge in Roggenteigen wie in Weizenteigen würde das Teiggerüst dem starken Gasdruck nicht standhalten können. Die Brotteiglinge würden zusammenfallen und breit laufen. Die Brote wären nicht ausreichend gelockert, da die Gärgase in Luft übergehen.

**Hefemenge, berechnet auf das Gesamtmehlgewicht des Brotteigs:**

| | |
|---|---|
| Roggenteige: | 1 bis 1,3 % |
| Roggenmischteige: | 1,3 bis 2 % |
| Weizenmischteige: | 2 bis 2,5 % |
| Weizenteige: | 4 % |



Nur bei der dreistufigen Sauerteigführung kann auf die Hefe ganz verzichtet werden, da die Lockerung durch die Sauerteighefen und die Milchsäurebakterien ausreicht.

### Teigausbeute roggenhaltiger Teige

Je höher der Roggenmehlanteil im Teig, desto mehr Wasser kann zugegeben werden und desto höher ist die Teigausbeute. Die Gründe dafür sind:

- Roggenmehle besitzen stark quellfähige Pentosane, die Wasser binden.
- Zur Brotteigherstellung werden Roggenmehle mit hohen Typenzahlen verwendet. Diese enthalten viele Schalenteile, die ebenfalls aufquellen und Wasser binden.

Roggenhaltige Teige sind weicher und klebriger als Weizenteige. Durch den hohen Wasseranteil bleiben Roggengebäcke länger frisch als Weizengebäcke.

Brotteige sollten so weich wie möglich geführt werden. Dies ergibt eine bessere Lockerung, einen aromatischeren Geschmack und eine längere Frischhaltung der Brote.

Berechnung der Teigausbeute → Seite 365.

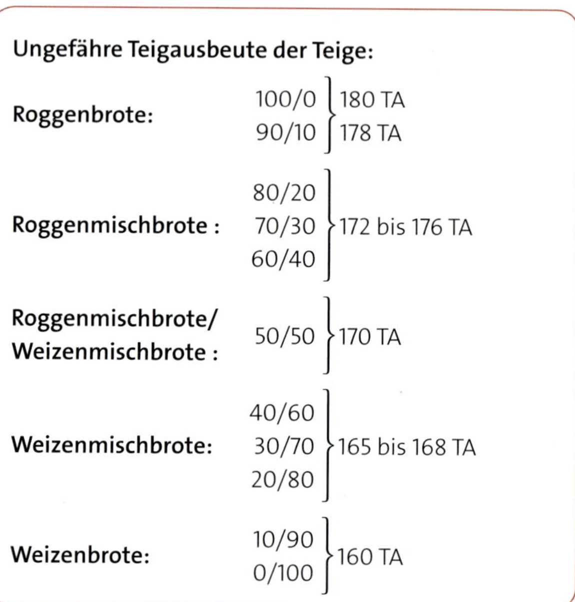

**Ungefähre Teigausbeute der Teige:**

| | | |
|---|---|---|
| **Roggenbrote:** | 100/0 | 180 TA |
| | 90/10 | 178 TA |
| **Roggenmischbrote:** | 80/20<br>70/30<br>60/40 | 172 bis 176 TA |
| **Roggenmischbrote/ Weizenmischbrote:** | 50/50 | 170 TA |
| **Weizenmischbrote:** | 40/60<br>30/70<br>20/80 | 165 bis 168 TA |
| **Weizenbrote:** | 10/90<br>0/100 | 160 TA |

### Teigtemperatur – Schüttwassertemperatur

Roggenteige werden wärmer geführt als Weizenteige. Je höher der Roggenmehlanteil, desto wärmer die Teigtemperatur.

**Teigtemperaturen:**

| | |
|---|---|
| Weizenmischteige: | 25 bis 26 °C |
| Roggenmischteige: | 27 bis 28 °C |
| Roggenteige: | 29 bis 30 °C |

Der Grund der wärmeren Teigführung liegt an der besseren Verquellung der Mehlbestandteile und somit höheren Wasseraufnahmefähigkeit der Roggenmehle. Vor allem quellen die Pentosane und Schalenteile des Getreidekorns in warmem Wasser besser.

Zu warm geführte Brotteige laufen leicht breit, weil die Hefen zu schnell gären und die Lockerungsgase nicht ausreichend festgehalten werden können. Außerdem haben die Brote einen geringeren Geschmack.

*Warm geführter Roggenteig mit hoher Teigausbeute*

### Errechnung der Schüttwassertemperatur

Die gewünschte Teigtemperatur wird durch Temperieren des Wassers, das in den Brotteig geschüttet wird, erreicht.

**Formel der Berechnung bei indirekter Teigführung:**

Gewünschte Teigtemperatur
– Kneterwärmung (pro Minute Schnellgang 1 °C)
= Temperatur der drei Hauptzutaten: Mehl, Sauerteig und Wasser

Temperatur der Hauptzutaten · 3
– Mehltemperatur
– Sauerteigtemperatur
**= Schüttwassertemperatur**

Bei Roggen- und Roggenmischteigen kann wegen der kurzen Knetzeit im Schnellgang auf die Kneterwärmung verzichtet werden.
Gewöhnlich können bei Weizenmischteigen pauschal 2 °C Kneterwärmung berechnet werden.

## Knetung roggenhaltiger Teige

Roggenteige erfordern eine schonende Knetung. Je mehr Roggenanteil im Teig, desto langsamer und somit schonender soll die Knetung erfolgen.
Durch den fehlenden Kleber haben Roggenteige eine schlechte Bindung und reißen schnell. Im starken, schnell laufenden Spiralkneter erwärmen sich Roggenteige und verlieren dabei etwas ihre Bindung. Sie neigen zum Breitlaufen.

Am besten geeignet für roggenhaltige Brote ist der schonend knetende Hubkneter.

Im Spiralkneter wird der Teig längere Zeit im Langsamgang und kurz im Schnellgang geknetet. Je mehr Roggenanteil im Teig, desto länger ist die Knetung im Langsamgang und kürzer im Schnellgang. Weizenmischteige erfordern je nach Weizenmehlanteil eine schnellere und somit stärkere Knetung.

### Ungefähre Knetzeiten

| | Hubkneter (80 UpM) | Spiralkneter (120 UpM) |
|---|---|---|
| Roggen-teige | ca. 8 Minuten | 5 Minuten langsam, 1 Minute schnell |
| Roggen-mischteige | ca. 10 Minuten | 4 Minuten langsam, 2 bis 3 Minuten schnell |
| Weizen-mischteige | 12 bis 15 Minuten | 3 Minuten langsam, 4 Minuten schnell |

*Roggenteig im Hubkneter*

### Grundsätze bei der Herstellung roggenhaltiger Teige

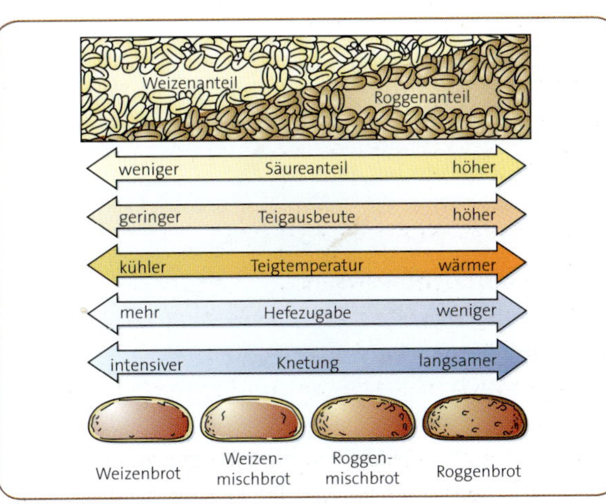


*Einfluss des Roggenanteils auf die Teigherstellung*

## Teigruhe

Die Teigruhe beginnt sofort nach dem Kneten bis zum Teigteilen beim Abwiegen des Teigs.
Die Knetzeit reicht bei roggenhaltigen Teigen nicht dafür aus, dass die Bestandteile des Roggenmehls vollständig aufquellen. Während der Teigruhe haben die Mehlbestandteile wie Pentosane, Schalenteile der Getreidekörner, Eiweißstoffe und Stärke noch Zeit zu quellen und können daher noch weiteres Teigwasser binden.

**Dauer der Teigruhe:**
Bei indirekter Teigführung kann die Teigruhe kürzer gehalten werden, da ein Teil des Mehls während der Stehzeit des Sauerteigs ausreichend quellen konnte.

- Teigruhe bei indirekter Brotteigführung: ca. 10 Minuten
- Teigruhe bei direkter Brotteigführung: ca. 30 Minuten

### Aufgaben

1. Geben Sie die Formel zur Errechnung der Schlüsselzahl zum Erstellen eines Arbeitsrezepts an.
2. Nennen Sie die Mehltypen von Roggen- und Weizenmehlen, die zur Brotherstellung verwendet werden.
3. Erklären Sie, warum bei steigendem Roggenmehlanteil in Brotteigen die Hefemenge verringert wird.
4. Warum erhöht sich die Teigausbeute, je mehr Roggenmehl sich in den Brotteigen befindet?
5. Nennen Sie die ungefähre Teigausbeute bei folgenden Broten:
   - Roggenbrote
   - Weizenmischbrote
   - Roggenmischbrote
6. Begründen Sie, warum die Brotteige bei steigendem Roggenmehlanteil wärmer geführt werden.
7. Nennen Sie die Teigtemperatur bei Brotteigen aus:
   - Weizenmischteigen
   - Roggenteigen
   - Roggenmischteigen
8. Nennen Sie die Formel zur Errechnung der Schüttwassertemperatur bei der indirekten Brotteigführung.
9. Erläutern Sie, warum Roggenteige schonend geknetet werden müssen.
10. Erklären Sie, warum Brotteigen nach dem Kneten eine Teigruhe gegeben wird.
11. Wie lange ist in etwa die Teigruhe bei Brotteigen mit
    - indirekter Brotteigführung und
    - direkter Brotteigführung?
12. Begründen Sie, warum die Teigruhe bei indirekter Brotteigführung kürzer gehalten werden kann.
13. Sie sollen einem neuen Kollegen die Grundsätze bei der Herstellung roggenhaltiger Teige nennen und erklären. Dafür nehmen Sie die Zeichnung auf Seite 461 zur Hilfe.

### Rechenaufgaben

1. Ein Teig für Weizenmischbrot mit einer Mehlmischung von 40 % Roggenmehl und 60 % Weizenmehl hat eine Teigausbeute von 168. Es werden 43,52 l Wasser geschüttet.
   a) Wie viel Roggenmehl und Weizenmehl werden für diesen Teig benötigt?
   b) Berechnen Sie Hefemenge von 1600 g in %.
   c) In den Teig werden 2 % Salz gegeben. Wie viel Gramm sind das?
2. Roggenmischteig, der mit Sauerteig hergestellt wird, sollte eine Teigtemperatur von 27 °C haben. Die Kneterwärmung wird allgemein mit 1 °C angegeben. Die Mehltemperatur beträgt 22 °C und der Sauerteig hat eine Temperatur von 29 °C.
   a) Berechnen Sie die Schüttwassertemperatur.
   b) Welche Temperatur hat das Schüttwasser bei gleichen Voraussetzungen bei direkter Brotteigführung?
3. Die Teigtemperatur eines Brotteigs beträgt 29 °C, die Schüttwassertemperatur war 28 °C und die des Mehls 23 °C. Die Kneterwärmung wird mit 2 °C berechnet.
   Welche Temperatur hatte der Sauerteig?
4. Das Grundrezept für Roggenbrot lautet:

| | | | |
|---|---|---|---|
| 9 000 g | Roggenmehl | 100 g | Hefe |
| 1 000 g | Weizenmehl | 180 g | Salz |
| 7 800 g | Wasser | 30 g | Brotgewürz |

Berechnen Sie das Arbeitsrezept für 298,815 kg Brotteig.

## 27.4 Gewicht der Brotteiglinge

**Abwiegen der Brotteige**

Das Abwiegen erfolgt
- mit der Teigwaage,
- im automatischen Teigteiler in Großbäckereien.

*Abwiegen des Brotteigs mit der Teigwaage*

Brote haben ein Mindestgewicht von 250 g. Obwohl die weiteren Brotgewichte nicht vorgeschrieben sind, werden zum besseren Überblick für die Kunden roggenhaltige Brote beim Verkauf mit einheitlichen Gewichten angeboten, z. B. 500 g, 750 g, 1 000 g, 1 250 g, 1 500 g.

Da der Brotteig vom Abwiegen bis nach dem Ausbacken der Brote an Gewicht verliert, ist ein höheres Teiggewicht als das Brotgewicht erforderlich. Deshalb müssen beim Abwiegen der Teiglinge der Gärverlust und Backverlust berücksichtigt werden, wie in folgenden Beispielen dargestellt ist:

| Teiggewicht | Brotgewicht |
|---|---|
| 600 g | 500 g |
| 900 g | 750 g |
| 1 180 g | 1 000 g |
| 1 450 g | 1 250 g |
| 1 720 g | 1 500 g |
| 2 000 g | 1 750 g |
| 2 280 g | 2 000 g |

Das Brotgewicht sollte nach dem Ausbacken etwas über dem angegebenen Gewicht beim Verkauf liegen, weil die Brote zunehmend etwas Gewicht durch Wasserverdunstung verlieren.

Der Gewichtsverlust der Teiglinge entsteht in zwei Abschnitten beim
- Gärverlust und
- Backverlust.

### Einwiegeverlust

Ein kleiner Gewichtsverlust des Teigs entsteht durch Teigrückstände in der Knetmaschine und beim Abwiegen.
Auch durch die Gärung bei der Teigruhe geht ein minimales Teiggewicht verloren.
Diese sehr geringen Gewichtsverluste des Teigs werden beim Erstellen des Arbeitsrezepts berücksichtigt.

### Gärverlust

Der Gärverlust ist der Gewichtsverlust der Teiglinge, der nach dem Abwiegen beim Gären bis zum Backen der Teiglinge entsteht.

Während der Gärzeit der Teiglinge vergärt die Hefe Zucker des Teigs in Kohlenstoffdioxid und Alkohol, was zum Gewichtsverlust führt. Aus dem Zucker werden Gase, die ohne Gewicht sind.

Der Gärverlust liegt in etwa bei 1 bis 3 %.
Er ist bei weichen Teigen und bei indirekter Teigführung höher als bei festeren Teigen und bei direkter Teigführung.

**Berechnen des Gärverlustes:**

  Teiggewicht für ein Brot
– Teiggewicht nach der Gare
= Gärverlust

**Beispiel für ein 1-kg-Brot:**

| | | |
|---|---|---|
| abgewogenes Teiggewicht | = 1 180 g | ≙ 100 % |
| – Teiggewicht nach der Gare | = 1 150 g | ≙ 97,5 % |
| = Gärverlust | = 30 g | ≙ 2,5 % |

LF 8

## Backverlust

Der Backverlust ist der Gewichtsverlust, der nach der Gare der Teiglinge beim Einschieben in den Ofen bis zum Ausbacken der Gebäcke entsteht.

Der Backverlust entsteht hauptsächlich durch Verdunsten von Teigwasser beim Backen. Er ist wesentlich größer als der Gärverlust.

Brotteigling nach der Gare, vor dem Backen — Gewichtsverlust beim Backen — Brot nach dem Backen

Der höchste Wasserverlust beim Backen entsteht
- bei kleineren und flachen Broten mit relativ großer Oberfläche,
- bei Krustenbroten mit Ausbund, weil das Wasser aus dem Brotinneren leichter entweichen kann,
- bei freigeschobenen Broten gegenüber Kastenbroten in Formen.

**Berechnen des Backverlustes:**

  Teiggewicht nach der Gare
– Gebäckgewicht nach dem Backen
= Backverlust

**Beispiel für ein 1-kg-Brot:**

| | | |
|---|---|---|
| Teiggewicht nach der Gare | = 1 150 g | ≙ 100 % |
| – Brotgewicht nach dem Backen | = 1 000 g | ≙ 87 % |
| = Backverlust | = 150 g | ≙ 13 % |

**Backverlust bei freigeschobenen Broten:**

| | |
|---|---|
| 500-g-Brote | ca. 16 % |
| 1 000-g-Brote | ca. 13 % |
| 2 000-g-Brote | ca. 11 % |

Bei einem 1 000-g-Kastenbrot beträgt der Backverlust nur 8 bis 10 %.

## Gebäckausbeute (Backausbeute)

Die Gebäckausbeute wird auch als Backausbeute oder Brotausbeute bezeichnet.

Die Gebäckausbeute gibt das Gebäckgewicht an, das man aus 100 kg (100 Teilen) Mehl oder anderem Getreidemahlerzeugnis erhält.

**Beispiel:**
100 kg Mehl ergeben 154 kg Brot ≙ 154 Gebäckausbeute.

**Formel zur Errechnung der Gebäckausbeute (GA):**

$$GA = \frac{\text{Gebäckgewicht} \times 100}{\text{Gewicht des Mehls}}$$

Rechenbeispiel zur Ermittlung der Gebäckausbeute:

Für 76 kg Brot werden 50 kg Mehl benötigt.
 50 kg Mehl ≙ 76 kg Brot
100 kg Mehl ≙ X kg Brot

$$X = \frac{76\,\text{kg} \times 100}{50} = 152\,\text{kg Brot oder } \mathbf{152\ Gebäckausbeute}$$

Der Gär- und Backverlust sind bei der Gebäckausbeute berücksichtigt.

### Gebäckausbeuten

Beispiele bei freigeschobenen 1-kg-Broten:

| | |
|---|---|
| Weizenbrote: | ca. 132 |
| Weizenmischbrote: | ca. 146 |
| Roggenmischbrote: | ca. 151 |
| Roggenbrote: | ca. 154 |

Mit der Gebäckausbeute kann die Mehlmenge ermittelt werden, die für eine bestimmte Brotmenge benötigt wird. Dafür muss die Gebäckausbeute bekannt sein.

Rechenbeispiel zur Ermittlung der Mehlmenge

Für 50 kg Roggenbrot mit einer Gebäckausbeute von 154 soll die Mehlmenge ermittelt werden.
154 kg Brot (GA) ≙ 100 kg Mehl
 54 kg Brot ≙ x kg Mehl

$$x = \frac{100\,\text{kg} \times 54}{154} = 35{,}065\,\text{kg Mehl}$$

**Aufgaben**

1. Nennen Sie die benötigten Teiggewichte, um folgende Brotgewichte zu erreichen:
   - 500 g
   - 750 g
   - 1000 g
   - 1250 g
   - 1500 g
   - 1750 g
   - 2000 g
2. Erklären Sie den Gärverlust.
3. Wie entsteht der Gewichtsverlust während der Gärzeit?
4. Wie hoch ist in etwa der Gärverlust?
5. Beschreiben Sie, wie der Gärverlust berechnet wird.
6. Erklären Sie den Backverlust.
7. Wodurch entsteht hauptsächlich der Backverlust?
8. Beschreiben Sie, wie sich der Backverlust berechnet.
9. Erklären Sie die Gebäckausbeute (Backausbeute).
10. Wie wird die Gebäckausbeute errechnet?
11. Eine Kantine bestellt in Ihrer Bäckerei 50 Vinschgauer Fladenbrote. Von Ihrem Chef erhalten Sie den Auftrag, ein entsprechendes Arbeitsrezept zu erstellen. Dabei sollen Sie vor allem bedenken, dass das fertige Brot mindestens 250 g wiegen muss, damit es zu den Broten gehört. Für die Erstellung des Arbeitsrezepts überlegen Sie, wie hoch die Gebäckausbeute sein kann oder Sie berechnen die Teigmenge mit einem realistischen Back- und Gärverlust.

**Rechenaufgaben**

1. Das Arbeitsrezept für Roggenbrot beträgt 84,500 kg. Nach der Gare wiegen die Brotteiglinge noch 82,979 kg.
   Berechnen Sie den Gärverlust.
2. Bei 108 kg Roggenmischbrotteig werden 2,2 % Gärverlust berechnet. Aus diesem Teig erhält man 125 Brote von je 750 g.
   a) Berechnen Sie den Gärverlust.
   b) Wie hoch ist der Backverlust?
3. Es werden 54 Kastenbrote von je 750 g hergestellt. Der Backverlust beträgt 9 %.
   a) Wie viel Brotteig muss hergestellt werden?
   b) Berechnen Sie das Teiggewicht je Brot.
4. Aus 21,600 kg Roggenmehl und 50,400 kg Weizenmehl werden 81 Weizenmischbrote von je 1 000 g hergestellt.
   Wie hoch ist die Gebäckausbeute?

## 27.5 Aufarbeiten und Gare der Brotteiglinge

**Erster Arbeitsschritt beim Aufarbeiten**

Das Rundwirken der abgewogenen Teigstücke ist grundsätzlich der erste Schritt, bevor die Teigstücke zu den verschiedenen Brotformen aufgearbeitet werden.

**Handwerkliches Rundwirken**

In kleineren Bäckereien erfolgt das Rundwirken mit der Hand, das jeder Bäcker beherrschen muss.

Mit etwas Roggenmehl werden die abgewogenen Teigstücke mit den Händen rundgewirkt und mit dem Schluss nach oben auf den Arbeitstisch gelegt.

- Dabei erhalten die Teigstücke eine runde Form zur Weiterverarbeitung zu verschiedenen Brotformen.
- Durch das Zusammenstoßen beim Rundwirken erhalten die Teigstücke viele kleine, gleichmäßige Poren, die sich bei der Gare ebenso gleichmäßig vergrößern. Die Brote erhalten somit eine gleichmäßige Porung.

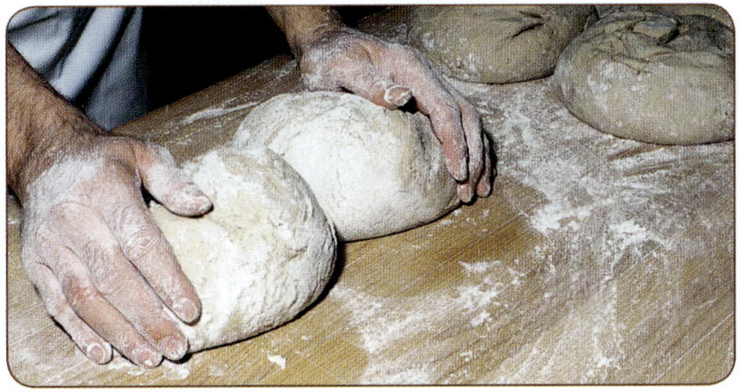

*Zusammenstoßen beim Rundwirken*

**Maschinelles Rundwirken**

In Großbäckereien erfolgt das Rundwirken der abgeteilten Teigstücke in der Rundwirkmaschine. Langbrote werden gleich anschließend in der Langrollmaschine geformt.

*Rund- und Langwirkmaschine*

## Formen der Teiglinge

### Rundbrote (Laibe)

Nach dem Rundwirken werden die runden Brotteiglinge entweder

- mit dem Schluss nach unten auf Abziehrahmen gesetzt oder
- mit dem Schluss nach oben in Brotkörbe gelegt.

### Langbrote (Wecken)

Beim handwerklichen Aufarbeiten werden die rundgewirkten Teigstücke, die mit dem Schluss nach oben auf dem Arbeitstisch liegen, länglich geformt.

Aufarbeiten der runden Teigstücke:

- Mit dem Handballen das Teigstück in der Mitte flach drücken.
- Die Teigenden von beiden Seiten zur Mitte hin einschlagen, sodass ein gerader Schluss entsteht.
- Den Teigling zur gewünschten Länge rollen.

### Vermeidung von Brotfehlern beim Aufarbeiten

- Straffes Einschlagen und Langrollen der Teiglinge ist erforderlich, damit eine gleichmäßige Porung entsteht und große Hohlräume im Brot vermieden werden.
- Beim Einschlagen und Langrollen der Teiglinge muss ein gerader, geschlossener Schluss entstehen. Deshalb darf beim Aufarbeiten nicht zu viel Mehl verwendet werden, damit der Schluss nicht offen steht und beim Backen der Brote verstärkt aufreißt.

*Aufarbeiten der Langbrote*

### Abziehrahmen

Die runden bzw. länglich geformten Brotteiglinge sowie einseitig angeschobene Brotteiglinge werden auf leicht bemehlte Abziehrahmen, manchmal auch Abziehapparate genannt, gesetzt und mit dem Gärwagen in den Gärraum geschoben.

*Brotteiglinge für angeschobenes Brot und freigeschobenes Lang- und Rundbrot*

### Brotkörbe

Runde oder längliche Brotkörbe aus Peddigrohr oder Kunststoff verhindern das Breitlaufen der Brotteiglinge, sodass die Brote einen schönen Stand haben.

*Brotteiglinge in runden und länglichen Brotkörben*

### Kastenformen (Backformen)

Die runden bzw. länglich geformten Brotteiglinge werden in gefettete Kastenformen mit dem Schluss nach unten gelegt. Diese Brote bekommen durch die Kastenformen seitlich nur eine schwach ausgeprägte Kruste.

*Brot in einer isolierten Kastenform gebacken*

LF 8

## Gare (Stückgare)

Die aufgesetzten Brotteiglinge werden zur Gare in den Gärraum geschoben. Da hierbei die einzeln aufgearbeiteten Brotteiglinge gären, bezeichnet man die Gare manchmal auch als „Stückgare".

Die Gare ist die Gärzeit der aufgearbeiteten Brotteiglinge bis zum Einschieben in den Backofen.

Bei der Gare erzeugen die Hefen und/oder die Milchsäurebakterien Kohlenstoffdioxid. Dies führt zur Lockerung der Brotteiglinge, wobei sich das Volumen vergrößert.

Die Gärverzögerung und Gärunterbrechung ist bei Broten nicht wirtschaftlich und wird deshalb kaum angewandt. Am Gärraum kann das Gärraumklima eingestellt werden.

| Gärraumklima | |
|---|---|
| Gärraumtemperatur | ca. 35 °C |
| relative Luftfeuchtigkeit | • Roggenbrote: 70 %<br>• Roggenmisch- und Weizenmischbrote: 75 %<br>• Brote in Kastenformen: 75 bis 80 % |

### Gärdauer

Die Gare der Brotteiglinge dauert je nach Brotart 25 bis 50 Minuten. Brote mit hohem Roggenanteil haben eine kürzere Gärzeit als weizenhaltige Brotteige.

### Gärreife

Die optimale Gärreife wird durch Abtasten der Brotteiglinge bestimmt. Gärreife Teiglinge sind locker und lassen sich leicht drücken. Der Teig ist jedoch noch sehr elastisch, sodass sich die Druckstelle sofort wieder aufrichtet.
Das Erkennen der richtigen Gärreife ist bedeutend für die Brotqualität; ist sie nicht optimal, entstehen Brotfehler.

*Gärreife Brotteiglinge*

## Freigeschobene Brote

### Teiglinge in Brotkörben

Brotkörbe mit Roggenmehl bestauben und die rundgewirkten bzw. länglich geformten Brotteiglinge mit dem Schluss nach oben in die Brotkörbe legen.

Nach der Gare die Brotteiglinge aus den Brotkörben stürzen (Brotkörbe umdrehen) und mit dem Schluss nach unten auf Abziehrahmen setzen.
An der Oberfläche dieser Brote zeichnen sich dünne Mehlstreifen durch die Ringe der Brotkörbe sichtbar ab.

Für Kunden, die kein Mehl auf der Brotoberfläche wünschen, werden die bemehlten Brote beim Ausbacken mit Wasser bestrichen.

*Bemehltes und mit Wasser bestrichenes Brot*

### Einschneiden der Brotteiglinge

Die Brotteiglinge werden bei knapper Gare leicht eingeschnitten.

- Rundbrote (Laibe): kreuzweise
- Langbrote (Wecken): zwei- oder dreimal schräg einschneiden

*Eingeschnittenes Rund- und Langbrot*

LF 8

**Brote mit glatter, glänzender Kruste**

Die Teiglinge für Langbrote und Rundbrote nach der Gare mit Wasser bestreichen und stippen. Überschüssige Gärgase können so beim Ofentrieb im Backofen entweichen, sodass keine Hohlräume unter der Kruste entstehen.

*Stippen des Brotteiglings*

*Brot mit glatter, glänzender Kruste*

**Gemaserte Brote**

Die glatte Oberfläche der Brotteiglinge stark in Roggenmehl tauchen, damit sie kräftig bemehlt sind, und mit dem Schluss nach unten in Brotkörbe legen oder auf Abziehrahmen setzen.

*Gemaserte Brotteiglinge*

*Gemasertes Brot*

Durch trockene Gare, bei ca. 60 % Luftfeuchtigkeit, bleibt das Mehl auf der Oberfläche der Brotteiglinge erhalten. Bei der Volumenzunahme der Brotteiglinge während der Gare erhält die Mehlfläche Risse, die als „Maserung“ bezeichnet werden.

**Stangenbrote**

Die rundgewirkten Teigstücke zu gleichmäßig dicken Stangen lang rollen.
Die Oberfläche der Teigstangen in Roggenmehl wälzen und mit dem Schluss nach unten auf Abziehrahmen setzen.
Die Stangenbrote wiegen meist 500 g.
Bei knapper Gare die Stangen mehrmals schräg einschneiden und vor dem Backen noch etwas gären lassen, damit die Einschnitte schöner aufreißen.

*Stangenbrot*

**Ringbrote**

Die Teigstücke rundwirken und gut entspannen lassen. In der Mitte mit einem Rundholz ein Loch durchstoßen. Die Teigstücke mit der Hand zu einem Ring auseinanderziehen.

Die Oberfläche der Teigringe in Roggenmehl tauchen und auf Abziehrahmen setzen.
Ringbrote wiegen meist 500 g.
Bei knapper Gare die Teigringe viermal im Kreis einschneiden.

*Ringbrot*

## Krustenbrote mit kräftigem Ausbund

Für **Rundbrote** die abgewogenen Teigstücke mit Roggenmehl nur leicht rundwirken, damit der Schluss nicht zusammenklebt.
Für **Langbrote** die rundgewirkten Teigstücke mit Roggenmehl lang formen, sodass der Schluss nicht zusammenklebt.

- Den Schluss der Rund- und Langbrote in Roggenmehl tauchen und mit dem Schluss nach unten in Brotkörbe legen.
- Die Brotteiglinge bei knapper Gare aus den Brotkörben heben, mit dem Schluss nach oben auf Abziehrahmen setzen und noch etwas gären lassen, sodass der Schluss leicht auseinandergeht.

*Krustenbrot mit Ausbund*

## Kastenbrote

Die rundgewirkten und lang gerollten Brotteiglinge mit dem Schluss nach unten in gefettete Kastenformen legen. Im feuchten Gärraum bei 75 bis 80 % Luftfeuchtigkeit die Brotteiglinge voll gären lassen.

*Kastenbrot*

Qualitätsmerkmale der Brote → Seite 472.

### Aufgaben

1. Nennen Sie den ersten Arbeitsschritt, bevor die Teigstücke zu den verschiedenen Brotformen aufgearbeitet werden.
2. Nennen Sie die zwei hauptsächlich aufgearbeiteten Brotformen.
3. Beschreiben Sie das fachgerechte Aufarbeiten der Brotteiglinge, um folgende Brotfehler zu vermeiden:
   - große Hohlräume im Brot
   - aufgerissener Schluss der Brote
4. Welchen Vorteil haben Brotkörbe, in welche die Brotteiglinge gegeben werden?
5. Erklären Sie den Vorgang während der Gare im Teig.
6. Geben Sie das Gärraumklima für Brotteiglinge an:
   - Gärraumtemperatur
   - relative Luftfeuchtigkeit
7. Wie kann man die optimale Gärreife der Brotteiglinge feststellen?
8. Beschreiben Sie das Aufarbeiten folgender Teiglinge für freigeschobene Brote:
   - Teiglinge in Brotkörben
   - Einschneiden der Brotteiglinge
   - Brot mit glatter, glänzender Kruste
   - gemaserte Brote
   - Stangenbrote
   - Ringbrote
9. Erklären Sie das Aufarbeiten von Krustenbroten mit kräftigem Ausbund.
10. Wie werden Kastenbrote aufgearbeitet?
11. Eine Seniorenanlage möchte zum Frühstück nicht nur Weizenbrote, sondern auch Roggenmischbrote anbieten. Sie empfehlen geeignete Brotsorten und erläutern Ihre Empfehlung.



### Rechenaufgaben

1. Für den Kauf eines Rund- und Langwirkers nimmt eine Bäckerei bei der Bank 36 000,00 € Darlehen auf. Nach 8 Monaten bezahlt die Bäckerei 1 560,00 € Zinsen. Welchen Zinssatz hat die Bank mit der Bäckerei vereinbart?
2. Für ein Darlehen müssen vierteljährlich 1 680,00 € bezahlt werden. Ermitteln Sie die Höhe des Darlehens bei einem Zinssatz von 5,25 %.

## 27.6 Schwadengeben und Backen von Broten

### Schwadentechnik

Feuchte Backhitze durch Schwadengeben und das Abziehen des Wasserdampfes durch Ziehen des Zuges sind beim Backen für die Brotqualität bedeutend. Eine falsche Schwadentechnik ist die Ursache verschiedener Brotfehler (→ Seite 474).

### Brote mit glatter Kruste

Die Kruste der Brote soll keine Risse aufweisen. Nach einer kurzen Einwirkzeit des Schwadens auf die Oberfläche der Brotteiglinge soll der Wasserdampf abziehen und die Brote sollen bei trockener Backhitze ausbacken.

*Brot mit glatter Kruste*

**Schwadentechnik**
- Brotteiglinge in den Backofen schieben und sofort Schwaden geben.
- Nach ca. 2 Minuten den Zug ziehen, damit der Wasserdampf entweichen kann.

**Begründung fü die Schwadentechnik**
- Durch die Schwadengabe kann sich die Teighaut beim Ofentrieb dehnen und dem Druck der Lockerungsgase nachgeben.
- Durch das Öffnen des Zuges zieht der Wasserdampf ab und es entsteht eine trockene Backhitze. Dadurch wird die Teighaut schnell fest, ein Breitlaufen der Brotteiglinge wird verhindert. Die Brote bekommen eine schöne Form und eine glatte Kruste.

**Fehler und Ursachen falscher Schwadentechnik**
Wenn bei roggenhaltigen Broten der Zug nach ca. 2 Minuten nicht geöffnet wird, bleibt die Teighaut zu lange feucht, die Brote treiben breit. Die feuchte Teighaut dehnt sich zu stark, was zu vielen kleinen Krustenrissen führt.

Brotfehler:
- zu flache Brote
- viele kleine Krustenrisse

### Brote mit Ausbund – Krustenbrote, Stangenbrote

Bei diesen Broten soll der Schluss bzw. sollen die Einschnitte aufreißen und einen kräftigen Ausbund (Rissbildung) ergeben.

*Krustenbrot*

**Schwadentechnik**
- Brotteiglinge in den Backofen schieben, ohne Schwaden zu geben.
- Nach ca. 3 Minuten den Zug schließen und Schwaden geben.
- Nach weiteren 3 Minuten den Zug öffnen.

**Begründung für die Schwadentechnik**
- Durch die trockene Backhitze ohne Schwaden bildet sich sofort eine dicke Teighaut an der Oberfläche der Brotteiglinge. Die beim Ofentrieb sich ausdehnenden Lockerungsgase reißen die offenen Stellen an der Teigoberfläche kräftig auf. Dies sind der Schluss bzw. die Einschnitte der Teiglinge.
- Nach ca. 3 Minuten hat sich ein kräftiger Ausbund gebildet. Der anschließende Schwaden fördert noch etwas die Volumenvergrößerung und die Farbverschönerung der Kruste.
- Bei geöffnetem Zug kann sich dann bei trockener Backhitze eine kräftige Kruste bilden.

**Fehler und Ursachen falscher Schwadentechnik**
Befindet sich beim Anbacken der Brotteiglinge Wasserdampf im Backherd, ergibt dies durch die feuchte Teigoberfläche nur eine schwache Rissbildung. Die Folge ist ein schwacher Ausbund mit nicht ausreichender Krustenbildung. Auch das schöne, rustikale Aussehen fehlt diesen Broten.

### Backen der Brote

Roggenhaltige Brote werden mit einer hohen Anfangsbacktemperatur angebacken und mit abfallender Backtemperatur ausgebacken.

Richtwerte der Backtemperaturen bei freigeschobenen Broten:

| | |
|---|---|
| Weizenmischbrote: | 250 °C, abfallend auf 200 °C |
| Roggenmischbrote: | 260 °C, abfallend auf 200 °C |
| Roggenbrote: | 270 °C, abfallend auf 200 °C |

LF 8

**Anfangsbacktemperatur**

Je höher der Roggenmehlanteil im Brotteig ist, desto höher muss die Anfangsbackhitze sein.

Roggenhaltige Teiglinge können dem Druck der Lockerungsgase beim Ofentrieb schlecht standhalten. Durch die hohe Anfangsbackhitze erhalten die Brotteiglinge schnell eine stabile Kruste, sodass sie nicht breit laufen.

Während der Anbackzeit ist starke Unterhitze erforderlich, die den Ofentrieb verbessert, sodass die Brote ein größeres Volumen und eine bessere Lockerung erhalten.

**Ausbacken bei geringerer Backtemperatur**

Sobald die Brotteiglinge nach dem Ofentrieb das endgültige Volumen erreicht haben, wird die Backtemperatur im Ofen reduziert. Die Brote werden bei der niedrigeren Temperatur ausgebacken und erhalten so eine kräftige Kruste mit einer appetitlichen Bräunung.

*Ende des Ofentriebs – Reduzierung der Backtemperatur*

**Backzeiten**

Je schneller die Backhitze in das Brotinnere gelangt, desto kürzer ist die Backzeit.

Die Backzeit der Brote ist abhängig von folgenden Faktoren:

- Lockere Weizenmischbrote backen schneller als kleinporige Roggenbrote, weil die Backhitze durch die größeren Poren leichter eindringen kann.
- Große Brote mit höherem Gewicht backen länger als kleinere. Die Backhitze gelangt bei kleinen Broten schneller in das Brotinnere als bei größeren Broten.
- Freigeschobene Brote sind eher ausgebacken als Brote in Kastenformen. Die Backhitze kann nicht so schnell in die isolierenden Formen eindringen.

**Richtwerte für die Backzeiten**

Backzeiten für freigeschobene Roggenbrote und Roggenmischbrote:

| | |
|---|---|
| 500-g-Brote: | ca. 45 Minuten |
| 750-g-Brote: | 45 bis 50 Minuten |
| 1000-g-Brote: | 55 bis 60 Minuten |
| 1500-g-Brote: | ca. 70 Minuten |

Die Backzeiten der Weizenmischbrote sind ca. fünf Minuten kürzer.

Bei Kastenbroten verlängert sich die Backzeit um mindestens fünf Minuten. Damit die seitliche Kruste bei Kastenbroten stabiler wird, nimmt man die Brote fünf bis zehn Minuten vor dem Backende aus den Formen und schiebt sie so noch einmal in den Ofen.

**Ausbackzeitpunkt**

Obwohl die Richtwerte der Backzeiten für die Brote in etwa stimmen, sollte der Bäcker den Ausbackzeitpunkt überprüfen. Hinweise auf den richtigen Zeitpunkt sind:

- Die Gebäckfarbe ist ein ungefährer optischer Hinweis.
- Das Abklopfen der Bodenkruste der Brote mit den Knöcheln der Hand ist ein akustischer Hinweis, der jedoch Erfahrung voraussetzt.
  Klingt das Brot hohl, hört man das Echo der stabilen Porung der Krume und das Brot ist fertig gebacken.
  Klingt das Brot dumpf und leise, so ist das Brot in der Krume noch weich und noch nicht ausgebacken.
- Eine genaue Aussage wird mit einem elektronischen Thermometer beim Messen der Kerntemperatur der Brote erreicht. Sie sollte 95 bis 98 °C betragen.

*Abklopfen der Bodenkruste*

**Aufgaben**

1. Erklären und begründen Sie die Schwadentechnik bei folgenden Broten. Beschreiben Sie auch die Brotfehler bei falscher Schwadentechnik:
   - Brote mit glatter Kruste
   - Brote mit Ausbund, z. B. Krustenbrote
2. Nennen Sie die Backtemperaturen von
   - Weizenmischbroten,
   - Roggenmischbroten,
   - Roggenbroten.
3. Erklären Sie die hohe Anfangstemperatur und geringe Ausbacktemperatur beim Brotbacken.
4. Nennen Sie die drei Faktoren, die die Backzeit der Brote verkürzen oder verlängern.
5. Geben Sie die Richtwerte der Backzeit folgender freigeschobener Roggen- und Roggenmischbrote an:
   - 500-g-Brote
   - 750-g-Brote
   - 1000-g-Brote
   - 1500-g-Brote
6. Wie sind diese Backzeiten bei Weizenmischbroten und Kastenbroten?
7. Beschreiben Sie, wie man den richtigen Ausbackzeitpunkt der Brote erkennen kann.

## 27.7 Qualitätsmerkmale und Beurteilung der Brote

### Qualitätsmerkmale der Brote

- appetitliche Krustenfarbe
- schöne Brotform
- weiche, elastische Krume, die gut schnitt- und bestreichfähig ist
- guter Brotgeschmack
- lange Frischhaltung

Nur solange die Brote frisch sind, erfüllen sie die Qualitätsmerkmale.

*Qualitätsbrote*

#### Geschmack der Brotsorten

- Weizenmischbrote sind säurearm und mild im Geschmack.
- Roggenmischbrote enthalten wegen des höheren Roggenanteils mehr Sauerteig und haben einen kräftigeren Geschmack.
- Roggenbrote sind aus dem eben genannten Grund noch kräftiger im Geschmack.

#### Besondere Eignung der Brotsorten

LF 8

- Weizenmischbrote sind säurearm und eignen sich deshalb gut für Menschen mit einem empfindlichen Magen. Die mild schmeckenden Brote sind passend für süße Brotaufstriche wie Konfitüren, Honig und Nugatcreme, aber auch für Wurst- und Käsesorten.
- Roggenmischbrote und Roggenbrote werden von Kunden geschätzt, die den herzhaften, kräftigen Geschmack bevorzugen, z. B. bei der deftigen Brotzeit. Der kräftige Geschmack entsteht durch die große Menge Sauerteig des hohen Roggenmehlanteils. Den würzigen Geschmack erhalten die Roggenmischbrote und Roggenbrote durch die gemahlenen Brotgewürze im Teig.

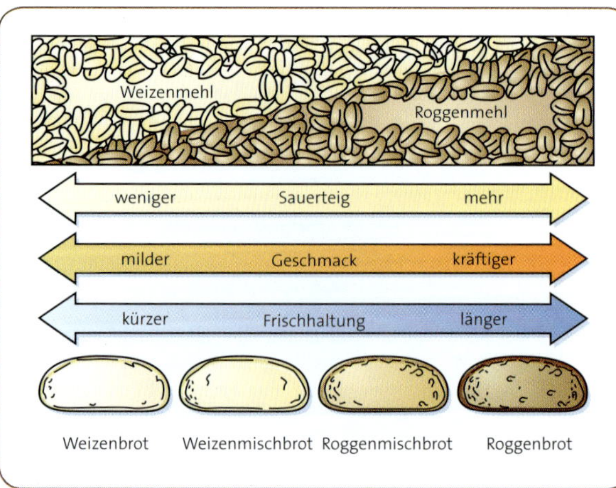


*Auswirkungen unterschiedlicher Anteile an Weizen- und Roggenmehl auf die Brotsorten.*

### Frischhaltung der Brote

Die Frischhaltung der Brote ist abhängig von zwei Faktoren:

- Je mehr Roggenmehl im Brot enthalten ist, desto länger bleibt es frisch.
  Roggenmehl bindet mehr Wasser als Weizenmehl und auch die Säure bindet Wasser. Deshalb kann in roggenhaltige Teige mehr Wasser gegeben werden.
- Brote, die mit Sauerteig hergestellt werden, sind länger frisch als Brote mit Teigsäuerungsmittel.
  Während der langen Stehzeit des Sauerteigs quellen die Mehlbestandteile und binden das Teigwasser.

Je mehr Wasser in den Brotteig gegeben wird und je mehr Wasser im Brotteig gebunden werden kann, desto länger bleiben die Brote frisch, weil sie das Wasser bei der Brotlagerung nicht so schnell abgeben.

### Veränderungen der Brote beim Altern

| Merkmale frischer Brote | Veränderungen der Brote mit zunehmendem Altern |
|---|---|
| • stabile, rösche Kruste<br>• weiche, elastische Krume<br>• aromatischer Geruch und Geschmack | • Kruste wird weicher<br>• Krume wird trockener<br>• Geruch und Geschmack werden geringer |

Brote altern, weil das Wasser der Krume zur Kruste geht und von dort in die Luft übergeht. Deshalb wird die Krume zunehmend trockener und die Kruste wird weich.

Je länger die Mehlbestandteile im Teig das Wasser quellen und somit binden konnten, desto langsamer wird das Wasser in den Broten wieder abgegeben, die dann länger frisch bleiben (→ Retrogradation, Seite 573).

### Aufbewahrung der Brote bei den Kunden

Im Bäckereiladen werden nur frische Brote verkauft. Werden Brote vom Vortag angeboten, müssen die Kunden darauf hingewiesen werden.
Die Kunden sollen über die beste Aufbewahrung der Brote im Haushalt informiert werden, damit die Brote möglichst lange frisch bleiben und die Qualitätsmerkmale behalten.

*Brot im Brotsteintopf*

Brote sollten im Haushalt bei kühler Raumtemperatur aufbewahrt werden, nicht zu trocken.
Am längsten hält Brot in einem Keramiktopf frisch. Darin trocknet das Brot nicht so schnell aus, weil die Temperatur und Luftfeuchtigkeit konstant bleiben.
Die vom Brot abgegebene Feuchtigkeit wird von der Keramik aufgenommen und nach und nach wieder an das Brot abgegeben. Zu viel Feuchtigkeit, die der Keramiktopf nicht mehr aufnehmen kann, entweicht aus den kleinen Öffnungen seitlich des Brottopfes.

Brote sollten nicht im Kühlschrank aufbewahrt werden, weil bei diesen kühlen Temperaturen der schnellste Alterungsprozess erfolgt.

Auch Plastiktaschen sind nicht gut geeignet. Sie sind luftdicht, sodass die vom Brot abgebende Feuchtigkeit nicht entweichen kann. Die Kruste wird dadurch weich.

**Brote eignen sich gut zum Tiefgefrieren.**
Frische Brote können in Plastikbeuteln tiefgefroren werden. Das Auftauen erfolgt bei Raumtemperatur.

### Brotbeurteilung durch den Betrieb

Die Qualität der eigenen Brote sollte im Bäckereibetrieb regelmäßig von den Bäckern und von den Verkäuferinnen kritisch beurteilt werden.

Positive Merkmale können dadurch weitergeführt werden und Schwachpunkte werden erkannt, sodass Brotfehler sofort abgestellt werden können.
Fehlerhafte Brote sollten im Bäckereifachgeschäft grundsätzlich nicht zum Verkauf angeboten werden.

### Brotbeurteilung durch Brotprüfer

Fachverbände und die regionalen Bäckerinnungen führen für Bäckereien freiwillige Brotprüfungen durch. Die Bäckereien können jede einzelne Brotsorte, die sie im Verkauf anbieten auf deren Qualität testen lassen.

Fachkundige, anerkannte Brotprüfer bewerten die Brote nach dem Schema der Deutschen Landwirtschaftsgesellschaft (DLG). Jedes Brot wird mit einer Nummer versehen anonym geprüft, um Beeinflussungen der Prüfer auszuschließen. Einwandfreie Brote werden mit dem DLG-Preis prämiert → Seite 31.

Prüfmerkmale der DLG für Brote → Seite 29.

**Aufgaben**

1. Nennen Sie die Qualitätsmerkmale der Brote in Bezug auf:
   - Krustenfarbe
   - Brotform
   - Krume der Brote
   - Brotgeschmack
   - Frischhaltung
2. Unterscheiden Sie den Brotgeschmack von:
   - Weizenmischbrot
   - Roggenmischbrot
   - Roggenbrot
3. Erklären Sie die zwei Faktoren, von denen die Frischhaltung roggenhaltiger Brote abhängt.
4. Beschreiben Sie die Merkmale frischer Brote in Bezug auf Kruste und Krume sowie Geschmack. Geben Sie an, wie sich die Brote bei zunehmendem Alter verändern.
5. Beraten Sie die Kunden, wie Brote im Haushalt am besten aufbewahrt werden, damit sie möglichst lange frisch bleiben.
6. Wie sollte die regelmäßige Brotbeurteilung im eigenen Bäckereibetrieb erfolgen?
7. Lagern Sie drei Roggenmischbrote jeweils für fünf Tage in einem Keramiktopf, im Kühlschrank und in Plastikbeuteln. Prüfen Sie jeden Tag die Frischeeigenschaften.

## 27.8 Brotfehler

Brotfehler sind alle Abweichungen von der optimalen Qualität der jeweiligen Brotsorte. Die Fehler werden meistens bei der Herstellung verursacht.

Brotfehler können die verschiedensten Ursachen haben. Fachkräfte sollen die Ursachen der Brotfehler erkennen und bestimmte Maßnahmen dagegen treffen.

Brotfehler werden wie folgt unterteilt:
- Fehler des Brotgeschmacks
- Fehler der Brotform
- Fehler der Brotkruste
- Fehler der Krume

### Häufige Brotfehler

**Fehler des Brotgeschmacks**
Geschmackliche Brotfehler sind schwerwiegende Fehler.

| Brotfehler | Ursachen |
|---|---|
| zu fader Brotgeschmack | • zu geringe Teigsäuerung<br>• zu wenig Salz im Teig<br>• zu kurze Backzeit |
| zu saurer Brotgeschmack | • bei zu kühler oder zu langer Stehzeit des Sauerteigs bildet sich zu viel Essigsäure<br>• zu hoher Sauerteiganteil |

**Fehler der Brotform**

| Brotfehler | Ursachen |
|---|---|
| • zu runde Brotform<br>• zu kleines Volumen | • zu fester Teig<br>• zu wenig Gare = zu kleine Porung<br>• zu hohe Anbacktemperatur |
| • zu flache Brotform | • zu weicher Teig<br>• zu geringe Teigsäuerung<br>• zu lange Gare (Übergare)<br>• zu niedrige Anbacktemperatur |

**Fehler der Brotkruste**

| Brotfehler | Ursachen |
|---|---|
| zu helle und zu dünne Kruste und somit fehlende Rösche und geringer Geschmack | • zu niedrige Backtemperatur<br>• zu kurze Backzeit |
| zu dunkle Kruste, die deshalb leicht bitter schmeckt | • zu hohe Backtemperatur<br>• zu lange Backzeit |
| aufgeplatzte Seitenkruste, zu dünne Seitenkruste | Brote wurden zu eng, mit nicht genügend Seitenabstand, in den Ofen geschoben |
| aufgeplatzter Schluss an der Bodenkruste des Brotes | • zu fester Teig<br>• zu wenig Gare<br>• zu viel Mehl beim Aufarbeiten des Brotteiglings in den Schluss eingewirkt |
| rissige Kruste | • zu fester Teig<br>• zu wenig Gare<br>• Brotteiglinge ohne Schwaden in den Ofen geschoben |

LF 8

**Fehler der Krume**

| Brotfehler | Ursachen |
|---|---|
| zu feuchte und unelastische Krume, die schlecht schnitt- und bestreichfähig ist | • zu weicher Teig<br>• zu geringe Teigsäuerung<br>• zu kurze Backzeit |
| zu kleine und dichte Porung | • zu fester Teig<br>• zu kurze Teigruhe (zu junger Teig)<br>• zu wenig Gare |
| ungleichmäßige Porung | • zu weicher Teig<br>• zu viel Hefe<br>• zu lange Gare (Übergare)<br>• zu geringe Teigsäuerung |
| großer Hohlraum im Brot | • zu schwaches Rundwirken, bei dem ein großer Hohlraum im Brotteigling entstand = Wirkfehler<br>• zu viel Mehl beim Rundwirken verwendet |
| Abbacken der Oberkruste des Brotes, d. h., die Kruste bindet sich nicht mit der Krume | • zu geringe Teigsäuerung<br>• zu hohe Anbacktemperatur |
| Wasserstreifen = waagerechte ungelockerte Verdichtung im Brot, vor allem im Kastenbrot | • zu weicher Teig<br>• zu geringe Teigsäuerung<br>• zu kurze Backzeit |

Nicht immer beeinträchtigen Brotfehler die Genussfähigkeit der Brote, manchmal sind sie nur Schönheitsfehler, z. B. aufgeplatzte Kruste bzw. Krustenrisse oder Hohlräume in der Krume.
Andere Brotfehler wiederum mindern etwas den Genusswert oder manche verschlechtern ihn sogar entscheidend, z. B. zu dünne und zu helle Kruste oder zu trockene Krume bei zu wenig Geschmack.

**Brote mit abweichender Beschaffenheit**

Es gibt spezielle Brote, bei denen der Brotteig mit einer sehr hohen Teigausbeute besonders weich geführt wird. Nach dem Abwiegen werden die Teiglinge nicht rundgewirkt, sondern nur rundgeformt und auf Gare gesetzt. Die Brotteiglinge werden bei hoher Backhitze angebacken, damit sie nicht zu sehr breit laufen.
Diese rustikal aussehenden Brote haben eine weiche Krume mit ungleichmäßiger Porung, einen besonders aromatischen Geschmack und eine lange Frischhaltung.

**Aufgaben**

1. Erklären Sie den Begriff „Brotfehler".
2. Nennen Sie die Ursachen von
   - fadem Brotgeschmack,
   - zu saurem Brotgeschmack.
3. Geben Sie die Ursachen der Formfehler an:
   - zu runde Brotform, zu kleines Volumen
   - zu flache Brotform
4. Beschreiben Sie Ursachen folgender Brotfehler:
   - zu helle und zu dünne Kruste
   - zu dunkle Kruste
   - aufgeplatzte Seitenkruste
   - zu dünne Seitenkruste
   - aufgeplatzter Schluss an der Bodenkruste
   - aufgeplatzte Kruste
5. Erklären Sie die möglichen Ursachen folgender Krumenfehler der Brote:
   - zu feuchte und unelastische Krume
   - zu kleine und dichte Porung
   - ungleichmäßige Krume
   - großer Hohlraum im Brot
   - Abbacken der Oberkruste des Brotes, die Krume bindet sich nicht mit der oberen Kruste
   - Wasserstreifen
6. Ein Kunde möchte wissen, an welchen Merkmalen er die Qualität eines Brotes beim Kauf erkennen kann und ob er ein Brot reklamieren kann, wenn er erst zu Hause Brotfehler feststellt.

28

# Roggenhaltige Kleingebäcke

**Situation**

Ihre Bäckerei soll den Grillstand im Biergarten eines Ausflugslokals mit verschiedenen roggenhaltigen Brötchen als Beilage sowie Vinschgauer Fladenbroten zum Belegen mit Schinken beliefern.

- Aus welchen Zutaten und mit welchen Methoden der Teigführung wird ein Weizenmischteig für roggenhaltige Kleingebäcke hergestellt?
- Wie wird ein Roggenmischteig für roggenhaltige Kleingebäcke hergestellt?
- Welche roggenhaltigen Kleingebäcke gibt es und wie werden sie aufgearbeitet?
- Welche geschmacksbestimmenden Zutaten werden für bestimmte roggenhaltige Kleingebäcke in die Teige eingearbeitet?
- Was ist die Besonderheit des Teigs für Vinschgauer Fladenbrote?

Roggenhaltige Kleingebäcke sind Brötchen, die aus Weizenmisch- oder Roggenmischteigen hergestellt werden. Kleingebäcke haben ein Gebäckgewicht von weniger als 250 g.

Die roggenhaltigen Kleingebäcke können entweder aus Weizen- oder Roggenmischteig hergestellt werden.

**Rezeptbeispiel: roggenhaltige Kleingebäcke aus Weizenmischteig**

Mehlmischung: 30 % Roggenmehl, 70 % Weizenmehl
Gesamtmehlmenge = 10 kg

**Direkte Teigführung**

| | |
|---|---|
| 3 000 g | Roggenmehl, Type 1150 |
| 7 000 g | Weizenmehl, Type 550 |
| 6 400 g | Wasser |
| 300 g | Hefe |
| 200 g | Salz |
| 200 g | Backmittel |
| 150 g | Teigsäuerungsmittel (Herstellerangabe beachten) |
| 100 g | Backmargarine oder Schweineschmalz |
| 30 g | Kümmel, gemahlen |
| **17 380 g** | **Teiggewicht** |

**Indirekte Teigführung**

Detmolder Einstufenführung;
50 % des Roggenmehls versäuern;
Anstellgutmenge ≙ 5 % vom Sauerteigmehl

**Sauerteig:**

| | |
|---|---|
| 75 g | Anstellgut |
| 1 500 g | Roggenmehl |
| 1 200 g | Wasser |
| 2 775 g | Sauerteig |
| –75 g | Anstellgut |
| **2 700 g** | **Sauerteig** |

Teigausbeute: 180
Teigtemperatur: 25 °C
Stehzeit: 15 bis 24 Stunden

**Teig:**

| | |
|---|---|
| 2 700 g | Sauerteig |
| 1 500 g | Roggenmehl, Type 1150 |
| 7 000 g | Weizenmehl, Type 550 |
| 5 200 g | Wasser |
| 300 g | Hefe |
| 200 g | Salz |
| 200 g | Backmittel |
| 100 g | Backmargarine oder Schweineschmalz |
| 30 g | Kümmel, gemahlen |
| **17 230 g** | **Teiggewicht** |

LF 8

Der geringe Fettanteil im Teig hat folgende Vorteile:
- etwas weichere Krume
- Gebäcke eignen sich besser zum Tiefgefrieren

**Teigausbeute:** 164
**Teigtemperatur:** 26 °C
**Knetzeit im Spiralkneter:** 3 Minuten langsam, 4 Minuten schnell

**Teigruhe:** 15 Minuten bei direkter Teigführung, 10 Minuten bei indirekter Teigführung

**Rezeptbeispiel: roggenhaltige Kleingebäcke aus Roggenmischteig**

Mehlmischung: 70 % Roggenmehl, 30 % Weizenmehl
Gesamtmehlmenge = 10 kg

**Sauerteig** (Detmolder Einstufenführung):

| | |
|---|---|
| 175 g | Anstellgut ≙ 5 % von der Sauerteigmehlmenge |
| 3 500 g | Roggenmehl ≙ 50 % versäuert |
| 2 800 g | Wasser |
| 6 475 g | Sauerteig |
| –175 g | Anstellgut |
| **6 300 g** | **Sauerteig** |

Teigausbeute: 180
Teigtemperatur: 26 °C
Stehzeit: 15 bis 24 Stunden

**Teig:**

| | |
|---|---|
| 6 300 g | Sauerteig |
| 3 500 g | Roggenmehl, Type 1150 |
| 3 000 g | Weizenmehl, Type 550 |
| 4 400 g | Wasser |
| 250 g | Hefe |
| 200 g | Salz |
| 200 g | Backmittel |
| 30 g | Kümmel, gemahlen |
| **17 880 g** | **Teiggewicht** |

Teigtemperatur: 27 °C
Teigausbeute: 172

Knetzeit im Spiralkneter:
- 4 Minuten langsam,
- 3 Minuten schnell

Teigruhe: ca. 10 Minuten

**Pressengewicht (Ballengewicht):** ca. 1 800 g
**Teigruhe der rundgewirkten Presse:** 5 Minuten

**Gare**
Gärraumtemperatur: 30 bis 35 °C
relative Luftfeuchtigkeit: 75 %
Teiglinge bei guter Gärreife in den Ofen schieben.

**Aufarbeiten**
Das Aufarbeiten erfolgt wie bei den Brötchen aus Weizenteig → Seite 376.

**Backen:** 230 °C
Beim Einschießen der Teiglinge Schwaden geben und bei geschlossenem Zug ausbacken.
**Backzeit der Gebäcke aus Weizenmischteig:**
18 bis 20 Minuten
**Backzeit der Gebäcke aus Roggenmischteig:**
20 bis 22 Minuten

### Bekannte roggenhaltige Kleingebäcke

Durch die verschiedenen Gebäckformen bieten roggenhaltige Kleingebäcke eine optische und geschmackliche Abwechslung. Spezielle Gebäcke enthalten zusätzlich noch Kümmel, Röstzwiebeln, Schinken und Kürbiskerne. Manchmal werden die Gebäcke gebietsweise mit anderen Namen bezeichnet.

Die Gebäckformen sind nicht festgelegt und können von den Bäckereien beliebig gewählt werden.

**Bestimmungen der Leitsätze**
Roggenbrötchen müssen mindestens 50 % Roggenanteil bezogen auf die Gesamtmehlmenge enthalten.

**Roggenbrötchen**
Roggenbrötchen können wie Schrippen hergestellt werden.

*Roggenbrötchen*

LF 8

Die Herstellungsmöglichkeiten sind:

- Die Teiglinge bei ca. ⅓ Gare mit dem Handballen in der Mitte eindrücken, überschlagen und etwas länglich rollen. Dabei entsteht ein gerader, schwach geschlossener Schluss, der beim Backen aufreißt. Oder:
- Die Teiglinge länglich rollen und vor dem Backen einschneiden.

**Kümmelbrötchen**

Für Kümmelbrötchen werden in den Roggenbrötchenteig Kümmelkörner gemischt. Die rundgeschliffenen (gewirkten) Teiglinge werden etwas mit Wasser besprüht und in Kümmel länglich gerollt.

*Kümmelbrötchen*

**Maurerbrötchen**

Maurerbrötchen sind doppelte roggenhaltige Brötchen mit leicht bemehlter Oberfläche und kräftigem Ausbund. Die Herstellung erfolgt wie bei Rosenbrötchen.

*Maurerbrötchen*

- Die Rillen der Schleifplatten (Wirkplatten) leicht mit Öl bestreichen und die Pressen (Ballen) mit wenigen Umdrehungen schleifen (wirken), damit der Schluss der Teiglinge nicht zusammenklebt.
- Den Schluss der Teiglinge in Roggenmehl tauchen und die Teiglinge paarweise mit dem Schluss nach unten aufsetzen und in den Gärraum schieben.
- Nach knapper Gare die doppelten Teiglinge mit dem Schluss nach oben drehen, noch kurze Zeit gären lassen, damit der Schluss etwas aufreißt, und dann backen.

**Schusterjungen (Schusterbuben)**

Die Pressen (Ballen) mit Roggenmehl bestauben und in der Schleifmaschine (Wirkmaschine) teilen.

Die Herstellungsmöglichkeiten sind:

- Die geteilten Pressen (Ballen) im Ganzen zusammenhängend gären lassen und backen. Beim Verkauf werden die einzelnen Gebäckstücke von der Presse abgebrochen und als einzelne Brötchen verkauft.

Oder:

- Die geteilten, eckigen Teiglinge einzeln aufsetzen und nach dem Garen backen.

*Schusterjungen im Ganzen*

*Schusterjungen einzeln gebacken*

LF 8

**Römische Brötchen (Römer)**

Für Römische Brötchen werden die Teiglinge leicht mit Wasser besprüht, in Kümmel oval gerollt und immer zwei Teiglinge aneinandergelegt.

*Römische Brötchen*

**Zeilenbrötchen (Partybrötchen)**

Zeilenbrötchen sind roggenhaltige Brötchen, aber mit dem halben Gewicht. Sie werden reihenweise aneinandergereiht.

- Pressen (Ballen) mit dem halben Gewicht von 900 g schleifen (wirken).
- Je fünf rundgeschliffene (gewirkte) Teiglinge reihenweise aneinandersetzen.
- Die Teiglinge nach der Gare mit glatter Oberfläche backen oder vor dem Backen der Länge nach einschneiden.

*Zeilenbrötchen*

**Zwiebelbrötchen**

Für Zwiebelbrötchen werden dem fertig gekneteten Teig Röstzwiebeln untergemischt, ca. 200 g auf 1 kg Teig.
Die Teiglinge können länglich gerollt und nach der Gare zweimal schräg eingeschnitten werden.

*Zwiebelbrötchen*

**Schinkenbrötchen**

Für Schinkenbrötchen werden in den fertigen Teig gewürfelte durchwachsene Schinkenstückchen eingearbeitet, 200 bis 250 g auf 1 kg Teig.
Die geteilten Teiglinge werden dann aufgesetzt. Sie können vor dem Backen zweimal eingeschnitten werden.

*Schinkenbrötchen*

**Kürbiskernbrötchen**

Die breitgedrückten Pressen (Ballen) des roggenhaltigen Teigs werden mit Wasser bestrichen und in Kürbiskerne gedrückt.

*Teig mit Kürbiskernen vor dem Teilen*

LF 8

Die geteilten Teiglinge aufsetzen, in den Gärraum schieben und backen.

*Kürbiskernbrötchen*

### Vinschgauer Fladenbrote

Vinschgauer Fladenbrote werden aus einem sehr weichen Roggen- oder Roggenmischteig hergestellt.

**Rezeptbeispiel: Vinschgauer Fladenbrot**

**Roggenteig mit Detmolder Einstufenführung**
Gesamtmenge = 10 kg
Mehlmischung: 90 % Roggenmehl, 10 % Weizenmehl
40 % des Gesamtroggenmehls werden versäuert.
Anstellgutmenge ≙ 5 % vom Sauerteigmehl

**Sauerteig:**

| | |
|---|---|
| 180 g | Anstellgut |
| 3 600 g | Roggenmehl, Type 997 oder 1150 |
| 2 880 g | Wasser |
| 6 660 g | Sauerteig |
| –180 g | Anstellgut |
| **6 480 g** | **Sauerteig** |

Teigausbeute: 180
Teigtemperatur: 26 °C
Stehzeit: 15 bis 24 Stunden

**Teig:**

| | |
|---|---|
| 6 480 g | Sauerteig |
| 5 400 g | Roggenmehl, Type 997 oder 1150 |
| 1 000 g | Weizenmehl, Type 812 oder 1050 |
| 5 620 g | Wasser |
| 200 g | Hefe |
| 200 g | Salz |
| 30 g | Brotgewürz |
| **18 930 g** | **Teiggewicht** |

Teigausbeute: 185
Teigtemperatur: 28 °C
Knetzeit Hubkneter:
• 8 Minuten
Knetzeit Spiralkneter:
• 4 Minuten langsam,
• 2 Minuten schnell
Teigruhe:
ca. 60 Minuten

Teiggewicht je Gebäck:
100 g bis 200 g

Das Gebäckgewicht liegt meistens bei 100 bis 200 g. Deshalb zählen Vinschgauer Fladenbrote zu den Kleingebäcken.

#### Aufarbeiten

- Die abgewogenen Teigstücke rundwirken, flach drücken und die Oberfläche in Roggenmehl tauchen.
- Die flachen, runden Teiglinge auf Abziehrahmen setzen.

#### Gare

Gärraumtemperatur: ca. 35 °C
relative Luftfeuchte: 70 %
Die Teiglinge bei voller Gare stippen und in den Backofen schieben.

**Backen:** 230 °C, kräftig Schwaden geben
**Backzeit:** ca. 25 Minuten

*Vinschgauer Fladenbrote*

### Roggenhaltige Biobrötchen

Gesundheitsbewusste Kunden bevorzugen roggenhaltige Biobrötchen. Wie bei Biobroten und Biobrötchen aus Weizenteig werden hierfür Weizen- und Roggenmehl aus biologischem Anbau verwendet. Roggenhaltige Biobrötchen werden in den Bäckereien mit Natursauerteig gesäuert.

*Roggenhaltige Biobrötchen*

### Gebäckfehler und Ursachen

Die Gebäckfehler, die bei roggenhaltigen Gebäcken vorkommen können, und deren Ursachen sind dieselben wie bei den Brötchenfehlern → Seite 386.

Prüfmerkmale der DLG für Kleingebäcke → Seite 387.

LF 8

## Verkaufsargumente

**Qualitätsmerkmale für die Kundenberatung**

Roggenhaltige Kleingebäcke haben einen kräftigen, würzigen Geschmack wegen

- der Säuerung des Teigs durch Sauerteig oder Teigsäuerungsmittel,
- des gemahlenen Kümmels bzw. Brotgewürzes,
- der kräftig gebackenen Kruste, die intensive Geschmacksstoffe enthält.

*Roggenhaltige Kleingebäcke bester Qualität*

**Frischhaltung**

Die roggenhaltigen Kleingebäcke schmecken wie alle Brötchen frisch am besten. Ihre Frische hält länger als bei Brötchen aus Weizenteigen, weil Roggenmehl und Säure bei der Teigherstellung mehr Wasser binden.

**Tiefgefrieren**

Roggenhaltige Kleingebäcke, in Folienbeuteln verpackt, eignen sich wie Brote gut zum Tiefgefrieren.

**Besondere Eignung der roggenhaltigen Kleingebäcke**

- Wegen des kräftigen Geschmacks werden roggenhaltige Gebäcke auch als „Brotzeitgebäcke" bezeichnet. Zur Brotzeit passen sie zu Würstchen, Wurstsorten, Käse, Salaten, Suppen und auch zum Grillen.
- Sie werden für eine Zwischenmahlzeit, auf Reisen und zum Wandern als Wurst- und Käsebrötchen belegt.
- Sie gehören zum Brotbüfett für ein kaltes und warmes Büfett.
- Sie eignen sich zum Belegen für Snacks.
- Sie werden gerne nebenbei zu Getränken gegessen, z. B. Zwiebel- und Schinkenbrötchen im Biergarten.

## Aufgaben

1. Erstellen Sie ein Rezept eines Weizenmischteigs mit 30 % Roggenmehl und 70 % Weizenmehl bei direkter Teigführung für roggenhaltige Kleingebäcke. Geben Sie auch die Teigausbeute des Teigs und die Knetzeit an.
2. Erstellen Sie ein Rezept eines Roggenmischteigs mit 70 % Roggenmehl und 30 % Weizenmehl mit der Detmolder Einstufenführung für roggenhaltige Kleingebäcke. Nennen Sie auch die Teigausbeute des Teigs und die Knetzeit.
3. Beschreiben Sie das Backen und die Backzeit der roggenhaltigen Kleingebäcke.
4. Wie viel % Roggenmehl müssen nach den Bestimmungen der Leitsätze Roggenbrötchen mindestens enthalten?
5. Beschreiben Sie folgende roggenhaltige Kleingebäcke:
   - Roggenbrötchen
   - Kümmelbrötchen
   - Römische Brötchen (Römer)
   - Maurerbrötchen
   - Schusterjungen
   - Zeilenbrötchen (Partybrötchen)
6. Erklären Sie die roggenhaltigen Gebäcke mit zusätzlichen geschmacksbestimmenden Zutaten:
   - Zwiebelbrötchen
   - Kürbiskernbrötchen
   - Schinkenbrötchen
7. Erstellen Sie ein Rezept eines Roggenteigs mit Detmolder Einstufenführung für Vinschgauer Fladenbrote.
8. Beschreiben Sie das Aufarbeiten und Backen der Vinschgauer Fladenbrote.
9. Warum zählen Vinschgauer Fladenbrote zu den Kleingebäcken?
10. Erklären Sie die Qualitätsmerkmale der roggenhaltigen Kleingebäcke bei der Kundenberatung.
11. Geben Sie Auskunft über die Frischhaltung der roggenhaltigen Kleingebäcke.
12. Wie verhält es sich mit dem Tiefgefrieren der roggenhaltigen Kleingebäcke?
13. Erklären Sie, wofür sich roggenhaltige Kleingebäcke besonders eignen.
14. Sie sollen für die Fahrradtour eines Sportvereins verschiedene Roggengebäcke belegen. Sie erstellen ein Angebot mit einer genauen Beschreibung der Kleingebäcke und der Beläge.

29

# Backen

**Situation**

Die Verkäuferinnen der Filialen Ihres Bäckereibetriebes besichtigen bei einer betriebsinternen Fortbildung die Backstube Ihrer Bäckerei. Jede Bäckerin und jeder Bäcker aus der Produktion bekommt vom Chef den Auftrag, einen Teil der Betriebsbesichtigung zu leiten. Sie sollen die Backöfen und das Backen von Broten erklären.

- Worin unterscheiden sich der Etagenofen und der Stikkenofen und welche Vorteile haben diese Backöfen?
- Welche Backwaren werden hauptsächlich im Etagenofen und welche im Stikkenofen gebacken?
- Welche Vorteile hat der Ladenbackofen?
- Was geschieht beim Ofentrieb in den Brotteiglingen?
- Wie bilden sich die Krume und die Kruste bei steigenden Temperaturen während des Backprozesses?
- Welche Wirkungen hat der Schwaden beim Backen und was geschieht, wenn der Zug im Ofen geöffnet wird?
- Wie werden Holzofenbrote gebacken?
- Wie werden Brote im Unterbruch-Backverfahren gebacken?

**Gebäckeigenschaften durch das Backen**

- Beim Backen erhalten die Gebäcke eine verdauliche, gut bekömmliche Krume.
- Es entstehen schnitt- und bestreichfähige Backwaren.
- Die Gebäcke erhalten durch die Backhitze zahlreiche Geruchs- und Geschmacksstoffe, vor allem an der Kruste.
- Die Kruste bekommt eine appetitliche braune Farbe.



## 29.1 Backöfen

### Etagenofen

Der Etagenofen eignet sich zum Backen aller Backwaren.

**Besonderheiten eines Etagenofens**

- Es sind mehrere Backherde übereinander angeordnet.
- Eine gleichmäßige Beschickung des Ofens zum Backen direkt auf den heißen Herdplatten mit Teiglingen für Brote und Kleingebäcke erfolgt mit Abziehrahmen.
- Die Größe der Backflächen richtet sich nach den genormten Backblechen von 58 × 78 cm und den Abziehrahmen, die 60 cm breit und 160 cm tief sind.

*Etagenofen aus Stahl*

**Vorteile eines Etagenofens**

- Jeder einzelne Backofen kann separat eingeschaltet werden, damit zur Energieeinsparung nur so viel Backfläche wie nötig beheizt wird.

- Jeder Backofen kann einzeln gesteuert werden, sodass in jedem Ofen eine unterschiedliche Backhitze eingestellt werden kann.
- Durch getrennte Thermostate kann in jedem Backofen die Ober- und Unterhitze extra geregelt werden.
- In jeden Herd kann einzeln Schwaden gegeben werden.

**Backwaren, die im Etagenofen gebacken werden**

- Brote werden direkt auf der heißen Herdplatte gebacken und erhalten somit eine stabile Kruste, vor allem eine ausgeprägte Bodenkruste.
- Brezeln, die direkt auf der heißen Herdplatte gebacken werden, bekommen eine bessere Rösche als auf Blechen im Stikkenofen.
- Großvolumige Backwaren erzielen im Etagenofen beste Backergebnisse, z. B. Kuchen, Hefezöpfe, Stollen, Osterbrote.

## Stikkenofen

Zusätzlich zum Etagenofen wird in den Bäckereien mit einem Stikkenofen gebacken.

*Stikkenofen mit Stikkenwagen*

**Besonderheiten eines Stikkenofens**

- Der gesamte Backraum ist ein schrankartiger Raum. Daher benötigt der Stikkenofen wenig Platz.
- Der Backraum wird mit einem fahrbaren „Stikken“ (Schragen oder Blechwagen) beschickt, der sich meist im Ofen dreht.
- 18 bis 22 Backbleche mit Teiglingen haben in einem Blechwagen Platz und können somit auf einmal gebacken werden.
- Es können nur gleichartige Teige und Massen von gleicher Größe, bei gleicher Backhitze und Backzeit gebacken werden, z. B. nur Brötchen oder nur Plundergebäcke.

**Vorteile eines Stikkenofens**

- Durch die gleichmäßige Hitzeverteilung der beheizten Luft und den sich drehenden Stikken (Blechwagen) entsteht ein gleichmäßiges Backergebnis aller Gebäcke.
- Das Beschicken und Ausbacken mit dem fahrbaren Stikken geht bei keinem Backofen so schnell und einfach wie beim Stikkenofen.

**Backwaren, die im Stikkenofen gebacken werden**

Es werden überwiegend Brötchen, Plundergebäcke, Blätterteiggebäcke, Mürbeteiggebäcke oder Tortenböden und Kapseln, die eine dünne Kruste haben sollen, darin gebacken.
Da sich die Backbleche nur langsam zu Beginn des Backens erhitzen, bildet sich auf diesen Gebäcken eine dünne Kruste.

## Durchlaufofen (Tunnelofen)

In Großbackbetrieben können die Backwaren in sehr großen Stückzahlen gebacken werden. Der Durchlaufofen, auch Tunnelofen genannt, mit einer Länge von 20 bis 30 m enthält riesige Backflächen. Die Teiglinge werden an einer Seite des Ofens maschinell, automatisch beschickt. Sie durchlaufen dann beim Backen den langen Ofen und kommen auf der anderen Seite fertig gebacken heraus.

*Durchlaufofen*

## Ladenbackofen

Ein Ladenbackofen ist ein kleiner Backofen, in dem die Fachverkäuferinnen im Laden Kleingebäcke backen können, z. B. Brötchen, Brezeln, Baguettes, Plunder- und Blätterteiggebäcke.

### Besonderheit eines Ladenbackofens

Ein Ladenbackofen ist ein kleiner computergesteuerter Backofen, bei dem die Backtemperatur und die Backzeit für die verschiedenen Backwaren programmiert werden.

### Backen mit einem Ladenbackofen

Wie beim Stikkenofen kann nur eine Art von Teiglingen in einem Ladenbackofen gebacken werden.

Beim Einschieben der Teiglinge wird nur das entsprechende Warensymbol angetippt und das Backprogramm läuft dann automatisch ab. Am Ende der Backzeit ertönt ein Signalton und die Bleche mit den Backwaren werden aus dem Ofen genommen.

*Ladenbackofen*

### Vorteile eines Ladenbackofens

- Durch das Ausbacken im Laden sehen die Kunden, dass die Ware frisch ist.
- Der Geruch der ofenfrischen Gebäcke macht Appetit und animiert die Kunden zum Kauf.
- Backwaren, die frisch am besten schmecken, werden mehrmals am Tag gebacken und können den Kunden frisch verkauft werden, z. B. Brötchen, Brezeln, Baguettes, Ciabattas, Plunder- und Blätterteiggebäcke.
- Es können kleine Mengen an Gebäcken gebacken werden, sodass ein Backen nach Bedarf möglich ist.

## Computergesteuerte Backöfen

Die modernen Backöfen sind computergesteuert. Für jedes Gebäck wird ein eigenes Backprogramm eingespeichert. Dies beinhaltet:

- die Backtemperatur,
- bei Broten die Anfangs- und Ausbacktemperatur,
- die Schwadengabe,
- das Ziehen bzw. Schließen des Zuges,
- die Backzeit.

Die Angaben sind auf dem Display oder Monitor sichtbar.

*Computersteuerung*

### Aufgaben

1. Welche positiven Eigenschaften bekommen Gebäcke durch das Backen?
2. Beschreiben Sie die Besonderheiten eines Etagenofens in Bezug auf
   - Aufbau der Backöfen,
   - Beschickung mit Teiglingen,
   - Größe der Backflächen.
3. Nennen Sie die Backwaren, die bevorzugt im Etagenofen gebacken werden.
4. Erklären Sie die Vorteile eines Etagenofens.
5. Nennen Sie die Besonderheiten eines Stikkenofens in Bezug auf
   - Backraum,
   - Stikken (Backblechwagen),
   - einheitliches Backprogramm.
6. Erläutern Sie die Vorteile eines Stikkenofens.
7. Nennen Sie Gebäcke, die bevorzugt im Stikkenofen gebacken werden.
8. Erklären Sie das Backen in einem Durchlaufofen.
9. Welche Backwaren werden überwiegend im Ladenbackofen gebacken?
10. Nennen Sie die Besonderheit eines Ladenbackofens.
11. Beschreiben Sie das Backen mit einem Ladenbackofen.
12. Erklären Sie die Vorteile eines Ladenbackofens.
13. Geben Sie an, was in einem computergesteuerten Backofen eingespeichert werden kann, damit das Backprogramm automatisch abläuft.
14. Backen Sie jeweils Brötchen sowie Plundergebäcke im Etagenofen, Stikkenofen und Ladenbackofen. Vergleichen Sie anschließend die Gebäcke. Sind Unterschiede festzustellen?

## 29.2 Vorgänge beim Backen (Backprozess)

Beim Backen gelangt die Backhitze von der Teigoberfläche in das Innere der Teiglinge. Wasser ist dabei ein guter Wärmeleiter. Hauptsächlich dringt die Wärme durch die Poren nach innen.
Ungelockerte Teiglinge können deshalb nicht ausbacken, sie bräunen nur an der Oberfläche und bleiben im Inneren klebrig und schlecht verdaulich.

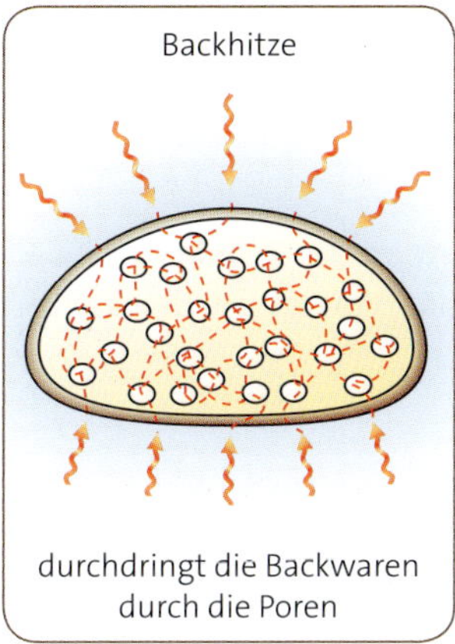


*Backen der Teiglinge zu Gebäcken*

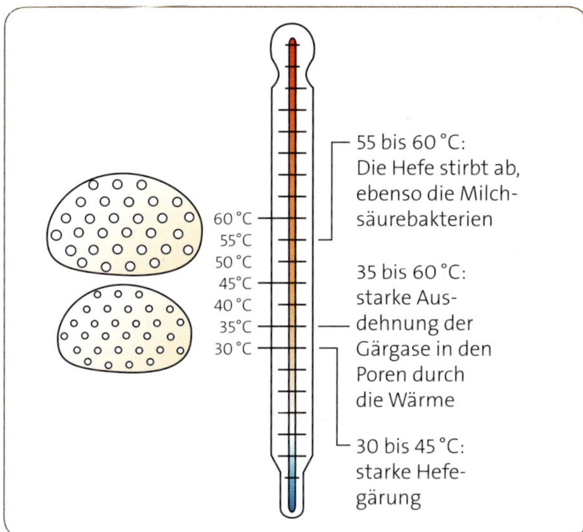


*Auswirkungen beim Ofentrieb*

Der Backprozess wird in drei Abschnitte unterteilt:

- Ofentrieb
- Krumenbildung
- Krustenbildung

### Ofentrieb

*Ofentrieb*

Beim Ofentrieb vergrößert sich das Volumen der Teiglinge sofort nach dem Einschießen in den Backofen. Nach dem Ofentrieb sind das endgültige Gebäckvolumen und die Größe der Porung erreicht.

Die Teiglinge haben nach der Gare eine Temperatur von ca. 30 °C. Durch die Backhitze erhöht sich die Temperatur in den Teiglingen zunehmend. Dabei entsteht eine starke Hefegärung und durch die Wärme dehnen sich die Gärgase in den Poren aus. Dadurch kommt es zu einer deutlichen Volumenvergrößerung der Teiglinge. Die Teighaut muss dabei feucht und somit elastisch bleiben, damit sie dem Gasdruck nachgeben kann.

### Krumenbildung

Bei der Krumenbildung wird aus dem klebrigen Teiginneren durch die Backhitze eine verdauliche, schnitt- und bestreichfähige Krume, die aromatisch schmeckt.

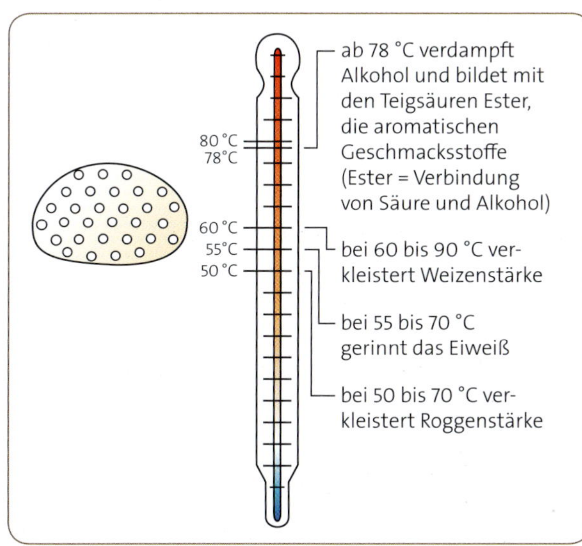


*Entstehung der Krume*

Bei ca. 60 °C ist der Ofentrieb abgeschlossen, weil sich die Teigstruktur verfestig hat und deshalb eine Volumenvergrößerung der Teiglinge nicht mehr möglich ist.
Die Krumenbildung beginnt, indem die Eiweiße gerinnen und die Stärke verkleistert.

LF 8

Beim Gerinnen geben die Eiweiße das gebundene Teigwasser wieder ab, das gleichzeitig von der Stärke bei der Verkleisterung gebunden wird. So entsteht eine elastische Krume.

In der Krume steigt die Temperatur beim Backen auf ca. 95 °C, sodass die Krume im gebackenen Gebäck weich bleibt. Erst ab 100 °C verdampft das Wasser, was zum Austrocknen führen würde.

Die Krustenbildung beginnt, wenn die Teigoberfläche durch die Wasserverdampfung zu einer stabilen und trockenen Randschicht wird. Wenn die Kruste schön gebräunt ist und sie viele Geruchs- und Geschmacksstoffe enthält, ist die Krustenbildung abgeschlossen.

## Krustenbildung

Wenn die Teigoberfläche 100 °C erreicht hat, verdampft das Wasser an der Randschicht der Teiglinge, die zur Kruste wird.

Die Backhitze dringt tiefer in die Randschicht ein, sodass die Kruste immer dicker wird. Die Braunfärbung und die Bildung der Aromastoffe nehmen zu. Je dicker die Kruste und je größer der Krustenanteil bei Gebäcken mit Ausbund ist, umso mehr Geruchs- und Geschmacksstoffe besitzen die Backwaren.

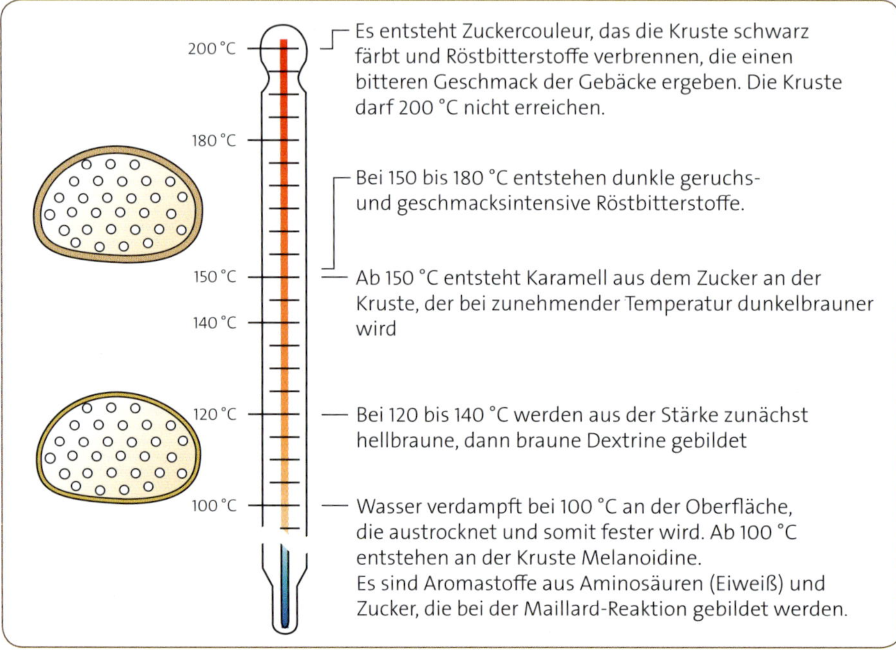


*Entstehung der Kruste*

*Elastische Krume und stabile Kruste*

### Aufgaben

1. Erklären Sie folgende Begriffe:
   - Ofentrieb
   - Krustenbildung
   - Krumenbildung
2. Beschreiben Sie die Vorgänge beim Ofentrieb:
   - 30 bis 45 °C
   - 55 bis 60 °C
   - 35 bis 60 °C
3. Erläutern Sie die Vorgänge bei der Krumenbildung:
   - 50 bis 70 °C
   - 60 bis 90 °C
   - 55 bis 70 °C
   - ab 78 °C
4. Erklären Sie, wie durch die Eiweißgerinnung und Stärkeverkleisterung eine elastische Krume entsteht.
5. Warum bleibt die Krume weich und wird nicht so fest wie die Kruste?
6. Beschreiben Sie die Vorgänge bei der Krustenbildung ab 100 °C:
   - Verfestigung der Kruste
   - Maillard-Reaktion
7. Erklären Sie die Vorgänge bei der Krustenbildung:
   - 120 bis 140 °C
   - 150 bis 180 °C
   - ab 150 °C
8. Begründen Sie, warum die Kruste der Gebäcke nicht 200 °C erreichen darf.
9. In Ihrer Bäckerei sind heute Krustenbrote im Angebot. Eine Kundin möchte von Ihnen wissen, wie über der weichen Krume die kräftige Kruste entsteht und warum die Kruste der Brote intensiver schmeckt als die Krume.

LF 8

## 29.3 Schwadengabe beim Backen

Beim Einschieben der Teiglinge mit Hefe in den Backofen wird meistens Schwaden in den Herd gegeben.

Schwaden ist der Wasserdampf im Ofen oder im Gärraum. Unter Schwadengeben versteht man das Einführen von Wasserdampf in den Backofen.

### Wirkung von Schwaden beim Ofentrieb

- Der 100 °C heiße Schwaden (Wasserdampf) kühlt auf der ca. 30 °C warmen Teigoberfläche ab und bildet darauf Kondenswasser.
- Die Teigoberfläche bleibt somit feucht und elastisch und kann so dem Druck der sich ausbreitenden Lockerungsgase beim Ofentrieb nachgeben.

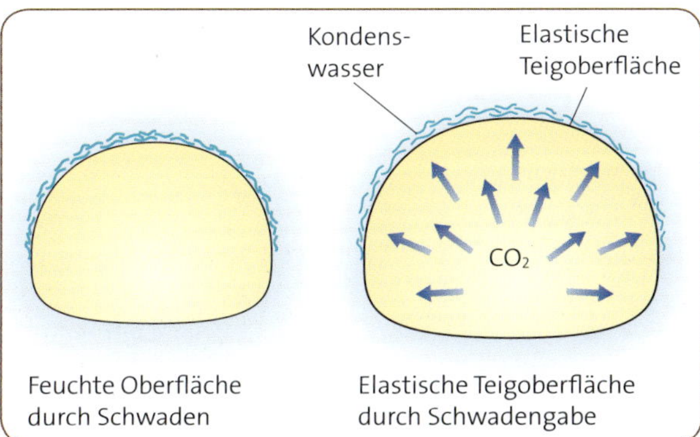


*Wirkung von Schwaden*

Durch den Schwaden kann sich das Volumen der Teiglinge beim Ofentrieb vergrößern und sie werden dadurch ausreichend gelockert.

### Wirkung des Schwadens auf die Gebäckkruste

Beim Backen bilden sich auf der Gebäckkruste aus Stärke braune Dextrine. Die Dextrine glänzen nur in Verbindung mit heißem Wasser. Deshalb ist das Kondenswasser des Schwadens erforderlich, um eine glänzende Kruste zu erzielen.

Der Schwaden bewirkt den Glanz der Gebäckkruste, weil Dextrine nur mit Wasser glänzen.

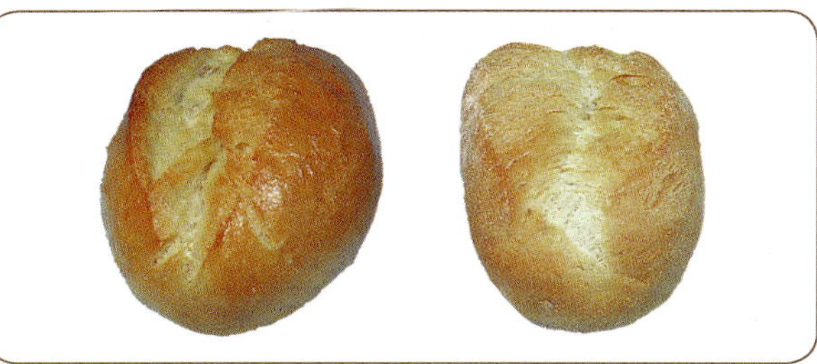

*Brötchen mit und ohne Schwaden gebacken*

### Backergebnis bei fehlender Schwadengabe

Werden Teiglinge mit Hefe ohne Schwaden oder mit zu wenig Schwaden in den Ofen geschoben, entsteht aus der trockenen Teigoberfläche sehr schnell eine stabile Kruste. Diese kann den sich ausbreitenden Lockerungsgasen nicht nachgeben und reißt.
Auch bleiben die sich bildenden Dextrine an der Gebäckoberfläche ohne Wasserdampf stumpf in der Farbe.

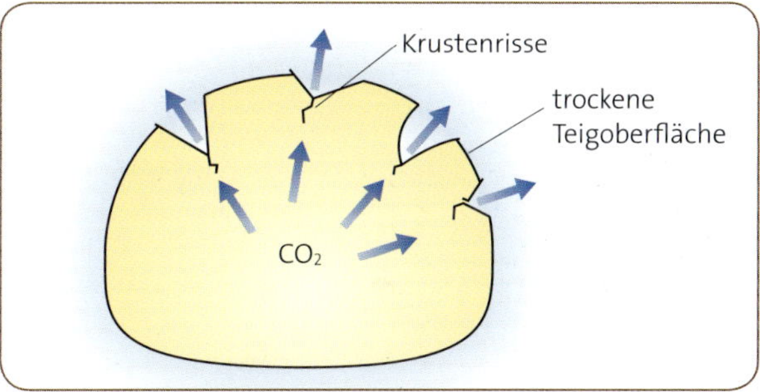


*Krustenrisse bei fehlender Schwadengabe*

Gebäckfehler durch fehlenden Schwaden sind:
- kleines Gebäckvolumen
- rissige Gebäckkruste
- matte, glanzlose Gebäckkruste

### Teiglinge, die ohne Schwaden gebacken werden

Teiglinge, deren Oberfläche beim Einschieben in den Backofen bereits feucht und somit elastisch ist, werden ohne Schwaden gebacken.

Dies trifft zu bei
- Teiglingen, die in Brezellauge getaucht sind, z. B. Laugenbrezeln, Laugengebäcke,
- Teiglingen, die mit Eistreiche bestrichen sind, z. B. Hefezöpfe, Blätterteig.

Der Schwaden würde die Brezellauge sowie die Eistreiche verwässern, sodass sich Blasen auf der Gebäckoberfläche bilden können.

### Schwadenmenge

Werden die Teiglinge bei nicht einwandfreier Gärreife in den Ofen geschoben, können durch die Dosierung der Schwadenmenge Gebäckfehler vermieden werden.

| Zu wenig Gare (Untergare) ↓ = viel Schwaden geben | Zu volle Gare (Übergare) ↓ = weniger Schwaden geben |
|---|---|
| Durch die hohe Schwadengabe entsteht auf den Teiglingen viel Kondenswasser, wodurch die Teigoberfläche längere Zeit feucht und elastisch bliebt. Durch die längere Dehnbarkeit kann sie den beim Ofentrieb gebildeten Lockerungsgasen ausreichend lange nachgeben. Dadurch können sich die Gebäcke noch vergrößern und werden ausreichend gelockert. | Die Teiglinge würden bei gewöhnlicher Schwadengabe breit laufen. Bei einer geringeren Schwadenmenge bildet sich durch die trockene Backhitze schnell eine stabile Teighaut. Das Breitlaufen wird somit verhindert, sodass das Volumen und die Form der Gebäcke zufriedenstellend ausfallen. |

*Brötchen mit richtiger Schwadengabe gebacken*

## Der „Zug" im Backofen

LF 8

Jeder Backofen enthält eine kleine Öffnung, die durch einen Kanal nach außen führt. Durch diesen Abzugskanal kann der Wasserdampf aus dem Ofen abziehen. Die Öffnung zum Abzugskanal wird als „Zug" bezeichnet, der geschlossen und geöffnet werden kann.

### Geschlossener Zug

Bei geschlossenem Zug ist die Öffnung am Abzugskanal mit einer Klappe verschlossen, sodass der Schwaden im Ofen bleibt.

Vor dem Schwadengeben beim Einschießen von Teiglingen wird grundsätzlich der Zug geschlossen. So bleibt der Wasserdampf im Herd und die Oberfläche der Teiglinge bleibt lange feucht und elastisch.

### Offener Zug

Durch Öffnen des Zuges wird die Klappe des Abzugskanals geöffnet, durch den der Wasserdampf abzieht. Es entsteht eine trockene Backhitze, bei der sich auf den Teiglingen schnell eine leichte Kruste bildet.

*Laugenbrezeln und Laugengebäcke bei offenem Zug gebacken*

### Aufgaben

1. Erklären Sie den Schwaden im Ofen und das Schwadengeben.
2. Erläutern Sie die Wirkung von Schwaden beim Ofentrieb.
3. Geben Sie die Wirkung des Schwadens auf die Gebäckkruste an.
4. Nennen Sie die Gebäckfehler in Bezug auf Gebäckvolumen und Kruste, die entstehen, wenn Teiglinge mit Hefe ohne Schwaden bzw. mit zu wenig Schwaden in den Ofen geschoben werden.
5. Erklären Sie die Dosierung der Schwadengabe
   - bei Teiglingen mit zu wenig Gare,
   - bei Teiglingen mit zu voller Gare.
6. Welche Teiglinge mit Hefe werden ohne Schwaden gebacken?
7. Erläutern Sie den Begriff „Zug" im Backofen.
8. Was bewirkt im Backofen
   - ein geschlossener Zug,
   - ein offener Zug?
9. Warum muss vor dem Schwadengeben der Zug geschlossen werden?
10. Ein Kundin, die häufiger selbst Brötchen backt, möchte von Ihnen wissen, was sie tun könne, damit ihre Brötchen auch so groß werden und eine so schöne Farbe sowie glänzende Oberfläche bekommen wie die Brötchen der Bäckerei.

## 29.4 Spezielle Backverfahren für Brote

### Backen im Holzofen

**Bestimmungen der Leitsätze**
- Der Backraum des Holzofens muss aus Stein gemauert sein.
- Der Holzofen wird direkt auf der Backfläche mit naturbelassenem Holz beheizt.
- Holzofenbrote müssen ausschließlich im Holzofen gebacken werden.

Irreführende Bezeichnungen für Brote, die nicht im Holzofen gebacken wurden, sind nicht erlaubt, z. B. Brote nach Holzofenart.

**Direkte Beheizung**
Holzofenbrote werden bei direkter Beheizung in einem steinernen Ofen gebacken, d. h., die Backfläche wird direkt mit Holz beheizt.

**Beheizung der Backfläche**
- Der Backraum wird auf der Backfläche mit Holz gefüllt.
- Man zündet das Holz an und lässt es völlig abbrennen, bis nur noch Glut und Asche auf dem Backherd liegen.
- Hat der Backherd eine Temperatur von ca. 350 °C erreicht, werden die Glut und Asche aus dem Backherd entfernt und die Backfläche gesäubert.

*Glut und Asche auf der Backfläche*

**Backen der Holzofenbrote**
- Sofort nach dem Saubermachen werden die Brotteiglinge mit einem hölzernen Brotschieber auf die heiße steinerne Backfläche geschoben.
- Die Brotteiglinge bekommen durch die hohe Backhitze ziemlich schnell eine stabile Kruste. Diese isoliert die Backhitze nach innen, sodass die Krume nicht austrocknet.
- Die hohe Anfangsbackhitze lässt während des Backens nach, sodass Holzofenbrote eine besonders lange Backzeit haben.

*Brote im Holzbackofen*

**Qualitätsmerkmale der Holzofenbrote**
- Holzofenbrote sind meist Rundbrote mit hohem Roggenmehlanteil und mit Sauerteig hergestellt.
- Sie haben eine starke Kruste und einen kräftigen Geschmack.

### Vorbacken

Sehr weiche Brotteige mit hohem Roggenanteil sollen beim Vorbacken möglichst schnell eine kräftige Kruste bekommen.

Bei voller Gare werden die Brotteiglinge in einem sehr heißen Backofen bei 350 bis 400 °C ca. fünf Minuten vorgebacken. Die weichen Brotteiglinge erhalten sofort eine stabile Kruste, damit sie nicht breit laufen können. Anschließend werden die Brote in einem kühleren Herd bei 200 bis 220 °C ausgebacken.

**Vorteil**
Die Brote erhalten durch das Vorbacken eine kräftige Kruste mit besonders aromatischem Geschmack.

### Unterbruch-Backverfahren

Beim Unterbruch-Backverfahren wird das Backen der Brote unterbrochen und zu einem späteren Zeitpunkt fortgesetzt und beendet. Dieses Backverfahren kann auch bei Brötchen angewendet werden.

### Vorbacken

Die Brote werden bei hoher Anfangstemperatur angebacken und bei reduzierter Backtemperatur bis ca. 50 % der üblichen Backzeit gebacken, bei 1-kg-Broten sind dies ca. 30 Minuten.

### Lagerzeit

Bei Raumtemperatur können die vorgebackenen Brote bis zu einem Tag gelagert werden.
Im Kühlraum beträgt die Lagerdauer bis zu 5 Tage.
Bei der Lagerung sollten die Brote mit Folie abgedeckt werden.

### Nachbacken

Die Brote werden bei der Ausbacktemperatur der Brote, ca. 200 °C, mit etwas Schwadengabe fertig gebacken. Die Backzeit beim Nachbacken entspricht in etwa 50 % der üblichen Backzeit.

### Vorteil

In den Filialen können die Brote bei Bedarf in relativ kurzer Zeit fertig gebacken werden. Es kann zu jeder Tageszeit frisches Brot mit bester Qualität angeboten werden.

## Brown and Serve

Zu den Vorbackverfahren zählt auch das Brown-and-Serve-Verfahren für Kleingebäcke, wie z. B. Brötchen, Hamburger Brötchen (Milchbrötchen), Baguettes. Diese Kleingebäcke werden meist in Großbackbetrieben hergestellt und in Lebensmittelgeschäften verkauft.

Teigherstellung, Aufarbeitung und Gare dieser Kleingebäcke erfolgen in der üblichen Weise.

*Vorgebackene, verpackte Brötchen für Brown and Serve*

### Backverfahren

- Die Teiglinge werden bis kurz vor der Krustenbräunung gebacken. Dies ist die halbe bis zwei Drittel Backzeit. Dabei ist die Krume bereits so stabil, dass sie nicht einfällt und so das Gebäckvolumen kaum verkleinert.
- Nach dem Abkühlen auf ca. 50 °C werden diese vorgebackenen Kleingebäcke in Folienbeuteln verpackt und zum Verkauf angeboten.
- Im Haushalt werden sie bei ca. 220 °C fertig gebacken, bis sie goldbraun sind. Sie werden sofort nach dem Backen gegessen.

### Vorteile

- Diese Kleingebäcke sind verpackt gut lagerfähig, z. B. in Folie luftdicht verpackt: ca. eine Woche; Schutzgasverpackt (Luft wird aus der Verpackung gezogen) oder tiefgefroren: bis drei Monate.
- Der Kunde hat jederzeit frische Backwaren im Haushalt zur Verfügung.

### Nachteile

Durch das Vorbacken verlieren die Gebäcke etwas an Volumen und Gewicht.



### Aufgaben

1. Nennen Sie die Bestimmungen der Leitsätze für Holzofenbrote:
   - Holzofen
   - Backen
   - Beheizung
2. Erklären Sie die direkte Beheizung eines Holzbackofens.
3. Beschreiben Sie das Beheizen des Holzbackofens und das Backen im Holzbackofen.
4. Geben Sie die Qualitätsmerkmale der Holzofenbrote an.
5. Beschreiben Sie das Vorbacken von Broten.
6. Welche Vorteile haben Brote durch das Vorbacken?
7. Beschreiben Sie das Backen von Broten im Unterbruch-Backverfahren:
   - Vorbacken
   - Nachbacken
   - Lagerzeit
8. Welche Vorteile hat das Backen der Brote im Unterbruch-Backverfahren?
9. Ihre Bäckerei möchte Brote nach Bedarf in den Filialen im Laden backen, damit auch die Kunden sich von der Frische der Brote überzeugen können. Beurteilen Sie die Qualität der Brote, die im Umbruch-Backverfahren gebacken werden, und die Qualität der Brote, die durchgehend in der Bäckerei gebacken werden.

**Berufliche Handlung**

Zum Marketingkonzept Ihres Bäckereibetriebes gehört es, das Brotsortiment nach den Verbraucherwünschen auszurichten. Außerdem soll mit Broten von bester Qualität geworben werden. Deshalb stellen Sie die verschiedenen Brote mit den unterschiedlichen Teigführungsarten her und legen großen Wert auf die anschließende Brotbeurteilung.

**Roggenhaltige Brote und deren Herstellung**

1. Schreiben Sie zur Information der Verkäuferinnen alle Brotsorten mit den Bestimmungen der Leitsätze auf.
2. Erläutern Sie auch die Leitsätze der Sauerteigbrote, Bauernbrote und Bio-Brote, die als spezielle Brotsorten angeboten werden.
3. Die Brote werden jetzt statt mit direkter Teigführung mit indirekter Teigführung hergestellt. Unterscheiden Sie die Teigführungsarten und geben Sie die Vorteile der Brote an, die bei indirekter Teigführung hergestellt werden.
4. Planen Sie folgende Arbeitsschritte für die Herstellung der Roggenmischbrote bei indirekter Teigführung:
   - Erstellen eines Grundrezeptes mit den entsprechenden Mehltypen, der richtigen Teigausbeute und Hefemenge.
   - Festlegen der Teigtemperatur und Berechnen der Schüttwassertemperatur.
   - Bestimmen der Knetzeiten im Hubkneter und Spiralkneter.
5. Nachdem Sie die herzustellende Brotmenge bestimmt haben, erstellen Sie ein Arbeitsrezept, ausgehend von einem Grundrezept.
6. Geben Sie das Teiggewicht für Brote mit folgenden Gewichten an: 500 g, 750 g, 1000 g, 1500 g.
7. Erklären Sie die höhere Teigeinlage der Brote wegen des Gär- und Backverlustes und erläutern Sie die Gebäckausbeute.
8. Erläutern Sie die Schwadentechnik bei Broten mit glatter Kruste und bei Krustenbroten.
9. Bestimmen Sie, bei welchen Temperaturen die Brote gebacken werden.
10. Legen Sie die Backzeiten der Brote mit den Gewichten von 500 g, 750 g, 1000 g und 1500 g fest.
11. Beschreiben Sie das Aufarbeiten des Brotteigs zu verschiedenen Brotformen und erklären Sie das Bestimmen der Gärreife bei richtig eingestellter Gärraumtemperatur und Luftfeuchtigkeit.

**Qualitätsmerkmale der Brote und Brotfehler**

12. Erklären Sie bei der Kundenberatung Weizenmischbrote, Roggenmischbrote und Roggenbrote:
    - Geschmack,
    - besondere Eignung,
    - Frischhaltung.
13. Geben Sie Tipps, wie Kunden die Brote aufbewahren sollen und erklären Sie die Veränderungen beim Altern der Brote.

**Roggenhaltige Kleingebäcke**

14. Erstellen Sie ein Grundrezept für roggenhaltige Kleingebäcke mit
    - 30 % Roggenmehl und 70 % Weizenmehl bei direkter Teigführung,
    - 70 % Roggenmehl und 30 % Weizenmehl mit der Detmolder Einstufensauerteigführung.
15. Beschreiben Sie das Aufarbeiten verschiedener roggenhaltiger Kleingebäcke.
16. Erklären Sie für die Kundenberatung die Qualitätsmerkmale, Frischhaltung und besondere Eignung der roggenhaltigen Kleingebäcke.

**Backen**

17. Erklären Sie die Vorgänge beim Backen der Backwaren bei steigender Temperatur
    - beim Ofentrieb,
    - bei der Krumenbildung und
    - bei der Krustenbildung.
18. Beschreiben Sie die Wirkung des Schwadens beim Ofentrieb und auf die Gebäckkruste.

**Spezielle Backverfahren für Brote**

19. Ihre Bäckerei hat einen Holzofen für Holzofenbrote mauern lassen. Informieren Sie sich darüber, wie der Holzofen beheizt und wie darin gebacken wird.
20. Die Filialen Ihrer Bäckerei sollen mit vorgebackenen Broten des Unterbruch-Backverfahrens beliefert werden, damit die Verkäuferinnen die Brote nach Bedarf backen können. Erklären Sie das Unterbruch-Backverfahren.

LF 9
Herstellen von Schrotbroten und Vollkornbroten sowie Spezialbroten und Spezialgebäcken

# 30 Schrotbrote und Vollkornbrote

**Situation**

Vollkornbrote und Schrotbrote sind eine Spezialität Ihrer Bäckerei. Dafür werden in Ihrem Betrieb täglich Vollkornschrot und Backschrot in verschiedenen Feinheitsgraden frisch gemahlen. Vor der Brotteigherstellung stellen Sie entweder ein Quellstück oder ein Brühstück her. Zur Qualitätsverbesserung der Brote weichen Sie geriebenes fertig gebackenes Brot ein. Die Vollkornbrote stellen Sie mit Sauerteig her.

- Worin unterscheidet sich Vollkornschrot von Backschrot?
- Wie wird ein Quellstück hergestellt?
- Wie wird ein Brühstück hergestellt?
- Welche Vorgänge vollziehen sich beim Quellen der Getreidemahlerzeugnisse?
- Auf welche Weise wird fertig gebackenes Brot für Vollkorn- und Schrotbrote verarbeitet?
- Wie wird der Teig für Vollkorn- und Schrotbrote geknetet?

## 30.1 Getreidemahlerzeugnisse und Quellung der Getreidemahlerzeugnisse

**Vollkornschrot**

Für Vollkornschrot werden die Getreidekörner bei der Vermahlung geschrotet, d. h. zerbrochen. Die Schalenteile der Getreidekörner und der Keimling sind somit als Bruchstücke im Mehl vermischt.

LF 9

*Links: Roggengetreidekörner und Vollkornschrot*
*Rechts: Weizengetreidekörner und Vollkornmehl*

**Vollkornmehl**

Für die Herstellung von Vollkornmehl werden die Getreidekörner, und somit auch die Schalenteile und der Keimling, zwischen eng gestellten Walzen so fein wie Mehl zerdrückt.

Vollkornschrot und Vollkornmehl enthält alle Bestandteile der Getreidekörner:

- das Mehl
- die Schalen, die aus Ballaststoffen bestehen und Mineralstoffe und Vitamine enthalten
- die Keimlinge, die ungesättigte Fettsäuren und hochwertige Eiweißstoffe enthalten

Deshalb haben Vollkornschrot und Vollkornmehl den höchsten Gesundheitswert aller Getreidemahlerzeugnisse.

Vollkornschrot und Vollkornmehl sollte möglichst frisch verarbeitet werden, weil es schnell ranzig wird, da die Keimlinge leicht verderbliches Fett enthalten.

Die Getreidekörner können in Getreidemühlen in den Bäckereien frisch zu Vollkornschrot bzw. Vollkornmehl vermahlen werden.

*Getreide – frisch vermahlen*

### Backschrot

In der Mühle werden von den Getreidekörnern die Keimlinge abgetrennt und entfernt. Die Schalenteile und das Mehl der Getreidekörner bleiben übrig. Diese werden in der Mühle bei der Vermahlung zerkleinert, sodass die Schalenteile in Bruchstücken im Mehl als Schrot vorliegen → Seite 95.
Backschrot ist lange lagerfähig, weil der Keimling mit den empfindlichen Fetten fehlt.

**Typenbezeichnungen von Backschrot**
- Roggenbackschrot, Type 1800
- Weizenbackschrot, Type 1700

Backschrot enthält neben Mehl alle Schalenteile der Getreidekörner, nur der Keimling fehlt.
Im Backschrot befinden sich das Mehl der Getreidekörner sowie alle Ballaststoffe, Mineralstoffe und Vitamine der Schalenteile.

*Vollkornschrot nach dem Vermahlen der Getreidekörner*

**Feinheitsgrade der Schrote**
Je nach Einstellung des Abstands der Mahlwalzen werden Vollkornschrot und Backschrot in drei Feinheitsgrade gemahlen:
- grob
- mittel
- fein

*Vollkornschrote – grob, mittel und fein*

**Wirkung der Feinheitsgrade auf die Brote**
- Grobes und mittleres Vollkorn- und Backschrot:
  Durch die großen und mittelgroßen Schalenteile werden die Brote locker und erhalten einen angenehmen Biss.
- Feines Vollkorn- und Backschrot:
  Die fein gemahlenen Schalenteile ergeben in Vollkorn- und Schrotbroten eine kompakte, schnittfeste Krume, jedoch ein etwas kleineres Brotvolumen.

Um die beste Brotqualität zu erzielen, werden in den Teigen 50 bis 60 % Grob- bzw. Mittelschrot verarbeitet, der Rest ist Feinschrot.

### Quellen von grobem und mittlerem Schrot

Grobes und mittleres Vollkorn- und Backschrot müssen in einem Teig mit Wasser quellen, damit die harten Schalenteile weich werden.

Die Quellung erfolgt in zwei Abschnitten:
- im Brühstück oder Quellstück und
- im Sauerteig.

Für feines Schrot mit den kleinen Schalenteilen reicht die Quellung während der langen Knetzeit und der Teigruhe.

## Brüh- und Quellstück

Für ein Quell- bzw. Brühstück werden grobes bzw. mittleres Vollkorn- bzw. Backschrot verwendet.

Grobes und mittleres Schrot werden vor der Brotteigherstellung mit Wasser zu einem Teig vermischt, der einige Zeit stehen bleibt. Beim Quellen nehmen die Schalenteile Wasser auf. Somit werden die Schalenteile weich.

Es gibt zwei Verfahren für die Quellung von grobem und mittlerem Vollkorn- und Backschrot, die unterschiedlich geführt werden.

| Quellstück | Brühstück |
|---|---|
| Ca. 30 bis 40 % der Schrotmenge im Brotteig werden zu einem Quellstück verarbeitet. | Höchstens bis zu 20 % der gesamten Schrotmenge im Brotteig werden zu einem Quellstück verarbeitet. |
| Führung:<br>• Teigtemperatur: 15 bis 30 °C<br>• Teigausbeute: 200<br>• Stehzeit: 10 bis 20 Stunden, meist über Nacht<br><br>Die Teigtemperatur bezieht sich auf die Stehzeit. Lange Stehzeit = niedrigere Teigtemperatur<br><br>Bei einer Stehzeit über 15 Stunden muss die Teigtemperatur unter 25 °C liegen, da sonst durch die Mikroorganismen aus der Luft eine unerwünschte Gärung eintreten kann. Um diese Fremdgärung auszuschließen, kann man etwas Salz oder Sauerteig dazugeben. | Führung:<br>• Wassertemperatur beim Ansetzen: 70 bis 100 °C<br>• Teigausbeute: 200 bis 250<br>• Stehzeit: 1 bis 3 Stunden<br><br>Die Wassertemperatur und die Teigausbeute richten sich nach der Stehzeit.<br>Kurze Stehzeit = höhere Wassertemperatur und höhere TA und umgekehrt.<br><br>Beim Brühstück kommt es zu einer teilweisen Verkleisterung der Stärke. |

*Brühstück*

Für Weizenvollkornschrot nur das kühle Quellstück herstellen, kein Brühstück. Das Klebereiweiß würde im heißen Wasser gerinnen, sodass keine Kleberbildung beim Kneten des Brotteigs möglich ist. Diesem Teig würde die elastische Bindigkeit des Klebers fehlen und die Gärgase könnten ohne Kleber schlecht festgehalten werden.

**Vorgänge im Quell- und Brühstück**

- Die groben Schalenteile binden das Wasser beim Quellen.
- Die starke Verquellung ergibt eine höhere Teigausbeute und verlängert die Frischhaltung der Vollkornbrote bzw. Schrotbrote.
- Die sehr harten Schalenteile werden weich und somit essbar und leicht verdaulich.

## Sauerteig

**Bestimmungen der Leitsätze**

Bei Vollkornbroten müssen mindestens ⅔ der zugesetzten Säuremenge aus Sauerteig stammen.

Zur Herstellung des Sauerteigs für Vollkornbrote bzw. Schrotbrote wird grobes oder mittleres Schrot verwendet. Während der Stehzeit des Sauerteigs haben die Schalenteile genügend Zeit zum Quellen und Weichwerden.

### Aufgaben

1. Erklären Sie Vollkornschrot und Vollkornmehl.
2. Erläutern Sie Backschrot und unterscheiden Sie Vollkornschrot und Backschrot.
3. Warum sollten Vollkornschrot und Vollkornmehl möglichst frisch verarbeitet werden?
4. Nennen Sie die Feinheitsgrade von Vollkornschrot und Backschrot.
5. Geben Sie die Wirkung der Feinheitsgrade auf die Vollkorn- und Schrotbrote an:
   - grobes und mittleres Schrot
   - feines Schrot
6. Welche Schrote mit welchem Feinheitsgrad werden für ein Quell- oder Brühstück sowie für den Sauerteig verwendet?
7. Erklären Sie folgende Quellverfahren bei der Herstellung von Vollkorn- und Schrotbroten und beschreiben Sie die Führung in Bezug auf Teig- bzw. Wassertemperatur, Teigausbeute und Stehzeit:
   - Quellstück
   - Brühstück
8. Beschreiben Sie die Vorgänge im Quell- und Brühstück.
9. Geben Sie die Bestimmungen der Leitsätze über die Säuerung der Vollkornbrote an.
10. Stellen Sie Vollkornbrote einmal mit einem Brühstück und einmal mit einem Quellstück her. Vergleichen Sie die Qualität der beiden Vollkornbrote.

LF 9

## 30.2 Herstellung von Vollkornbroten und Schrotbroten

**Bestimmungen der Leitsätze**

- **Vollkornbrot** enthält mindestens 90 % Roggen- und Weizenvollkorn in beliebigem Verhältnis.
- **Roggenvollkornbrot** enthält mindestens 90 % Roggenvollkorn.
- **Schrotbrot** enthält mindestens 90 % Roggen- und Weizenbackschrot in beliebigem Verhältnis.
- **Roggenschrotbrot** enthält mindestens 90 % Roggenbackschrot.

Die Prozentangaben beziehen sich auf die gesamten Getreidemahlerzeugnisse in den Broten.

### Zugabe von fertig gebackenem Brot (Restbrot)

Es darf hygienisch einwandfreies Brot in den Brotteig gegeben werden. Dieses fertig gebackene Brot für den Brotteig wurde früher als „Restbrot“ oder „Altbrot“ bezeichnet.

Das zugegebene fertig gebackene Brot darf in den Broten mit bloßem Auge nicht mehr sichtbar sein. Deshalb wird das Brot, das mindestens vom Vortag sein muss, getrocknet und gerieben.
Am besten gibt man das Restbrot in das Brüh- oder Quellstück, damit es während der Stehzeit aufweichen kann. Es kann aber auch im Schüttwasser eingeweicht und so zur Teigbereitung in die Knetmaschine gegeben werden.

Bei der Brotfermentation wird fertig gebackenes Brot in die Sauerteiganlage gegeben. Innerhalb der 42-stündigen Reifezeit weicht es im weichen Sauerteig auf.

*Geriebenes Brot in Schüttwasser eingeweicht*

**Vorteile von Restbrot im Brot**

Fertig gebackenes Brot als Zutat im Brotteig verbessert die Brotqualität.

- Es verlängert die Frischhaltung der Brote.
- Es verbessert den Geschmack der Brote.

Begründung:
Durch das Restbrot kann mehr Schüttwasser in den Brotteig gegeben werden. So werden die Teigausbeute erhöht und die Frischhaltung verlängert.
Die im fertig gebackenen Brot enthaltene Stärke ist bereits verkleistert und bindet somit eine große Menge Wasser im Teig.

Die Wirkung der verkleisterten Stärke ist vergleichbar mit Kaltcremepulver und Saftbinder (Convenience-Produkte), die beim Verrühren kühles Wasser binden.
Außerdem besitzt fertig gebackenes Brot bereits viele Geschmacksstoffe, die den Brotgeschmack verbessern.

**Bestimmungen der Leitsätze**

Es darf nur hygienisch einwandfreies, unverdorbenes Brot verwendet werden.
Zulässige Höchstmengen an fertig gebackenem Brot, bezogen auf das Gesamtmahlerzeugnis im Brot:

- Brotteige mit überwiegendem Weizenanteil: bis zu 6 % fertig gebackenes Brot
- Brotteige mit überwiegendem Roggenanteil: bis zu 20 % fertig gebackenes Brot

### Zugabe von Backsirup

Ca. 2 % Backsirup, auf die Gesamtmahlerzeugnisse berechnet, können bei der Teigbereitung zugegeben werden. Der Geschmack der Vollkorn- und Schrotbrote wird dadurch abgerundet und somit etwas verbessert.

### Knetvorgang bei Vollkorn- und Schrotteigen

Grundsätzlich werden diese Teige langsam und lange geknetet. Der Knetvorgang erfolgt in zwei Etappen mit einer Ruhezeit zwischen den Knetvorgängen.

- **1. Knetung:** 15 Minuten langsam kneten
- 15 Minuten Ruhezeit
- **2. Knetung:** 15 Minuten langsam kneten

Während des langen Knetens und der Unterbrechung quellen die Schalenteile des Feinschrots auf. Sie können dabei ausreichend Wasser aufnehmen und werden weich.

*Fertig gekneteter Roggenvollkornteig*

### Vollkornbrot

**Rezeptbeispiel: Roggenvollkornbrot mit Detmolder Einstufenführung und Quellstück**

Gesamtvollkornschrotmenge: 10 kg, davon
- 6 000 g Roggenvollkornschrot, grob
- 4 000 g Weizenvollkornschrot, fein

Anstellgutmenge: 10 % vom Roggenvollkornschrot des Sauerteigs

**Sauerteig:**

| | |
|---|---|
| 400 g | Anstellgut |
| 4 000 g | Roggenvollkornschrot, grob |
| 4 000 g | Wasser |
| 8 400 g | Sauerteig |
| –400 g | Anstellgut |
| **8 000 g** | **Sauerteig** |

Teigausbeute: 200
Teigtemperatur: 24 bis 26 °C
Stehzeit: 15 bis 24 Stunden

**Quellstück:**

| | |
|---|---|
| 2 000 g | Roggenvollkornschrot, grob |
| 2 000 g | Wasser |
| **4 000 g** | **Quellstück** |

Teigausbeute: 200
Teigtemperatur anfangs: 25 °C
Stehzeit: 10 bis 20 Stunden

**Brotteig:**

| | |
|---|---|
| 8 000 g | Sauerteig |
| 4 000 g | Quellstück |
| 4 000 g | Weizenvollkornschrot, fein |
| 2 000 g | Wasser |
| 150 g | Hefe |
| 200 g | Salz |
| 200 g | Backsirup |
| **18 550 g** | **Teiggewicht** |

LF 9

**Teigausbeute:** 180
**Teigtemperatur:** 30 °C

**Teigruhe:** ca. 15 Minuten
**Teiggewicht:** 900 g für 750-g-Brote

**Aufarbeiten**
- Die abgewogenen Teigstücke rundwirken und gleichmäßig länglich rollen.
- Die Teiglinge in Kastenformen legen. Häufig werden isolierte Kastenformen verwendet, die sogenannten Conzekästen.

*Vollkornteiglinge in Conzekästen legen*

**Gare:** Bei voller Gare in den Backofen schieben, 50 bis 60 Minuten Gärzeit.
Gärraumtemperatur: ca. 35 °C
relative Luftfeuchtigkeit: ca. 75 %
**Backen:** 240 °C, abfallend auf 180 °C;
nach ca. 10 Minuten die Backtemperatur reduzieren.
- Beim Einschießen Schwaden geben.
- Nach ca. 2 Minuten den Zug öffnen.
- Nach ca. 20 Minuten für die restliche Backzeit den Zug wieder schließen.

**Backzeit:** mindestens 90 Minuten
Kerntemperatur: ca. 98 °C

*Vollkornbrot in Kastenform mit seitlich dünner Kruste*

### Schrotbrot

**Rezeptbeispiel: Roggenschrotbrot mit Detmolder Einstufenführung und Brühstück**

Gesamtbackschrotmenge: 10 kg, davon
- 6 000 g Roggenbackschrot, Type 1800, mittel
- 3 500 g Roggenbackschrot, Type 1800, fein
- 500 g fertig gebackenes Brot

Anstellgutmenge: 10 % vom Roggenbackschrot im Sauerteig

**Sauerteig:**

| | |
|---|---|
| 400 g | Anstellgut |
| 4 000 g | Roggenbackschrot, grob |
| 4 000 g | Wasser |
| 8 400 g | Sauerteig |
| −400 g | Anstellgut |
| **8 000 g** | **Sauerteig** |

Teigausbeute: 200
Teigtemperatur: 24 bis 26 °C
Stehzeit: 15 bis 20 Stunden

**Brühstück:**

| | |
|---|---|
| 2 000 g | Roggenbackschrot, grob |
| 500 g | fertig gebackenes Brot, getrocknet und fein gerieben |
| 2 500 g | Wasser |
| **5 000 g** | **Brühstück** |

Teigausbeute: 200
Wassertemperatur: 70 bis 100 °C
Stehzeit: 1 bis 3 Stunden

**Brotteig:**

| | |
|---|---|
| 8 000 g | Sauerteig |
| 5 000 g | Brühstück |
| 3 500 g | Roggenbackschrot, fein |
| 1 700 g | Wasser |
| 100 g | Hefe |
| 200 g | Salz |
| 200 g | Backsirup |
| **18 700 g** | **Teiggewicht** |

**Teigausbeute:** 182 **Teigtemperatur:** 30 °C

**Knetzeit bei langsamer Knetung**
- **1. Knetung:** 15 Minuten
- **2. Knetung:** 15 Minuten
- Teigruhe: 15 Minuten

**Teigruhe:** ca. 15 Minuten
**Teiggewicht:** 900 g für 750-g-Brote

**Aufarbeiten**
Den Teig abwiegen, rundwirken und länglich rollen. Die Teiglinge mit dem Schluss nach unten in Kastenformen legen, z. B. in Toastbrotkästen.

**Gare:** Bei voller Gärreife in den Backofen schieben, ca. 50 Minuten Gärzeit.
Gärraumtemperatur: ca. 35 °C
relative Luftfeuchtigkeit: ca. 75 %

**Backen:** 240 °C, abfallend auf 180 °C
Nach ca. 10 Minuten die Backhitze reduzieren.
- Beim Einschießen Schwaden geben.
- Nach ca. 2 Minuten den Zug ziehen.
- Nach 20 Minuten den Zug wieder schließen und mit geschlossenem Zug ausbacken.

*Roggenschrotbrot*

**Backzeit:** 90 bis 100 Minuten
Kerntemperatur: 98 °C

### Roggenvollkornbrot mit Ölsamen

**Rezeptbeispiel: Roggenvollkornbrot mit Ölsamen mit Detmolder Einstufenführung**

Gesamtvollschrotmenge: 10 kg, davon
- 4 000 g Roggenvollkornschrot, grob
- 5 000 g Roggenvollkornschrot, fein
- 1 000 g Weizenvollkornschrot, fein
- 3 % Sonnenblumenkerne
- 3 % Leinsamen
- 2 % Sesam

Roggenvollkornschrot grob wird versäuert ≈ 40 %
Anstellgutmenge: 10 % vom Roggenvollkornschrot im Sauerteig

**Sauerteig:**

| | |
|---|---|
| 400 g | Anstellgut |
| 4 000 g | Roggenvollkornschrot, grob |
| 4 000 g | Wasser |
| 8 400 g | Sauerteig |
| −400 g | Anstellgut |
| **8 000 g** | **Sauerteig** |

Teigausbeute: 200
Teigtemperatur: 24 bis 26 °C
Stehzeit: 15 bis 20 Stunden →

LF 9

**Quellstück:**

| | |
|---|---|
| 300 g | Sonnenblumenkerne |
| 300 g | Leinsamen |
| 900 g | Wasser |
| **1500 g** | **Quellstück** |

Wassertemperatur: ca. 25 °C
Stehzeit: ca. 8 Stunden

**Brotteig:**

| | |
|---|---|
| 8 000 g | Sauerteig |
| 5 000 g | Brühstück |
| 3 500 g | Roggenbackschrot, fein |
| 1700 g | Wasser |
| 100 g | Hefe |
| 200 g | Salz |
| 200 g | Backsirup |
| **18 700 g** | **Teiggewicht** |

**Teigausbeute:** 194
**Teigtemperatur:** 30 °C

**Knetzeit bei langsamer Knetung**
- **1. Knetung**: 15 Minuten
- Teigruhe: 15 Minuten
- **2. Knetung:** 15 Minuten

**Teigruhe:** ca. 15 Minuten
**Teiggewichte:** 1150 g für 1000-g-Brote

**Aufarbeiten**
- Den Teig abwiegen, rundwirken und länglich rollen.
- Die Teiglinge mit dem Schluss nach unten in Isolierbackkästen (Conzekästen) legen.
- Die Oberfläche der Teiglinge mit Wasser besprühen (bestreichen) und mit einem Gemisch aus Sonnenblumenkernen, Leinsamen und Sesam im gleichen Gewichtsverhältnis bestreuen.

**Gare:** Bei voller Gärreife in den Backofen schieben, ca. 50 Minuten Gärzeit.
Gärraumtemperatur: ca. 35 °C
relative Luftfeuchtigkeit: ca. 75 %

**Backen:** 220 °C abfallend auf 160 °C;
Nach ca. 10 Minuten die Backhitze reduzieren.
- Beim Einschießen viel Schwaden geben.
- Nach ca. 2 Minuten den Zug ziehen.
- Nach 20 Minuten den Zug wieder schließen und mit geschlossenem Zug ausbacken.

**Backzeit:** ca. 110 Minuten
Kerntemperatur: 98 °C

LF 9

### Brotfehler bei Vollkornbroten und Schrotbroten

| Brotfehler | Mögliche Ursachen |
|---|---|
| Krustenrisse | • zu wenig Gare<br>• zu hohe Luftfeuchtigkeit im Gärraum |
| Krumenrisse | • ungenügende Schrotquellung<br>• zu lange Gare |
| schwache Krumenelastizität | • zu lange Quellzeit<br>• zu hoher Brühstückanteil<br>• zu hoher Altbrotanteil |
| feste Schalenteile im Brot | ungenügende Verquellung der Schalenteile |

### Verkaufsargumente

**Qualitätsmerkmale für die Kundenberatung**
- Vollkorn- und Schrotbrote besitzen eine weichkernige und „saftige" Krume.
- Durch den vollen Schalenanteil der Getreidekörner ist die Krume dunkel.
- Vollkorn- und Schrotbrote haben eine dünne Kruste. Die in Kastenformen gebackenen Brote besitzen seitlich keine Kruste.

**Informationen für die Kunden bei der Beratung**
Vollkornbrote und Schrotbrote enthalten die Schalen der Getreidekörner und besitzen deshalb einen hohen Anteil an Ballaststoffen sowie Mineralstoffen und Vitaminen.
- Ballaststoffe fördern die Verdauung und geben ein schnelles und anhaltendes Sättigungsgefühl.
- Mineralstoffe und Vitamine regeln die Gesundheit.

**Frischhaltung**
Vollkornbrote und Schrotbrote können mit einer hohen Teigausbeute hergestellt werden, da die Schalenteile der Getreidekörner sehr quellfähig sind. Deshalb bleiben diese Brote am längsten frisch, bei optimaler Aufbewahrung mindestens eine Woche. Vollkorn- und Schrotbrote werden im Haushalt aufbewahrt wie alle anderen Brote auch → Seite 473.

**Besondere Eignung**
- Vollkornbrote sowie Schrotbrote gehören zur gesunden Ernährung und helfen Übergewicht zu vermeiden.
- Sie eignen sich besonders für Menschen, die Diät leben und zuckerkranke Personen.

## Aufgaben

1. Nennen Sie die Bestimmungen der Leitsätze für folgende Brote:
   - Vollkornbrote
   - Roggenvollkornbrote
   - Schrotbrote
   - Roggenschrotbrote
2. Beschreiben Sie, wie fertig gebackenes Brot in den Teig für Vollkorn- und Schrotbrote gegeben wird.
3. Nennen Sie die Vorteile von fertig gebackenem Brot (Restbrot) in Vollkorn- und Schrotbroten und geben Sie die Gründe dafür an.
4. Zählen Sie die Bestimmungen der Leitsätze für die Zugabe von fertig gebackenem Brot auf:
   - Zustand des Brotes
   - Höchstmengen für Brotteige mit überwiegendem Weizenanteil
   - Höchstmengen für Brotteige mit überwiegendem Roggenanteil
5. Erläutern Sie die Zugabe von Backsirup in die Brotteige.
6. Erstellen Sie ein Rezept für Vollkornbrot mit 70 % Roggenvollkorn und 30 % Weizenvollkorn.
   - Es werden 50 % des Roggenvollkorns versäuert.
   - Die Anstellgutmenge beträgt 10 % vom Roggenvollkornschrot des Sauerteigs.
   - Aus dem restlichen Roggenvollkornschrot wird ein Brühstück hergestellt.
   - Die Teigausbeute des Brotteigs ist 180.
7. Beschreiben Sie den Knetvorgang bei Vollkorn- und Schrotbroten.
8. Erklären Sie die Gare und das Backen der Vollkorn- und Schrotbrote.
9. Erstellen Sie ein Rezept für Schrotbrot mit Detmolder Einstufenführung und Brühstück.
10. Nennen Sie die möglichen Ursachen für folgende Fehler bei Vollkorn- und Schrotbroten:
    - Krustenrisse
    - Krumenrisse
    - schwache Krumenelastizität
    - feste Schalenteile im Brot
11. Nennen Sie die Qualitätsmerkmale von Vollkorn- und Schrotbrot.
12. Geben Sie Informationen über den Gesundheitswert der Vollkorn- und Schrotbrote für die Kundenberatung.
13. Beschreiben Sie die Frischhaltung der Vollkorn- und Schrotbrote.
14. Wofür eignen sich Vollkorn- und Schrotbrote besonders gut?
15. In Ihrer Bäckerei findet eine Aktion zum Thema „Gesunde Brote für eine vollwertige Ernährung" statt. Auf einem Plakat beschreiben Sie dafür zum Vergleich den Ballaststoff-, Vitamin- und Mineralstoffgehalt folgender Brote:
    - Toastbrot
    - Weizenvollkornbrot
    - Roggenvollkornbrot

    Stellen Sie die Inhaltsstoffe mithilfe einer Nährwerttabelle zusammen.

## Rechenaufgaben

1. Ein Teig für Roggenvollkornbrot wird mit 110 kg Vollkornschrot hergestellt, davon sind 90 % Roggenvollkornschrot und 10 % Weizenvollkornschrot. Vom Roggenvollkornschrot werden 40 % im Sauerteig versäuert und 35 % für das Brühstück verwendet. Die Teigausbeute des Sauerteigs ist 190, des Brühstücks 200 und des Brotteigs 178.
   a) Ermitteln Sie, wie viel Roggenvollkornschrot versäuert und wie viel Wasser in den Sauerteig gegeben wird.
   b) Berechnen Sie die Anteile von Roggenvollkornschrot und Wasser für das Brühstück.
   c) Wie viel Roggenvollkornschrot, Weizenvollkornschrot und Wasser werden noch in den Brotteig gegeben?
2. Ein Brühstück mit 8 kg Roggenvollkornschrot und einer Teigausbeute von 250 wird mit 90 °C heißem Wasser hergestellt, bei einer Stehzeit von 1 Stunde. Wird die Stehzeit dieses Brühstücks auf 3 Stunden erhöht, wird das Wasser um 12 % kühler geschüttet und die verwendete Wassermenge verringert sich auf 17 l.
   a) Mit wie viel Wasser wird das Brühstück bei 1 Stunde Stehzeit hergestellt?
   b) Berechnen Sie die Wassertemperatur des Brühstücks mit einer Stehzeit von 3 Stunden.
   c) Um wie viel % hat sich die Wassermenge des 3-stündigen Brühstücks gegenüber dem mit 1 Stunde Stehzeit verringert?

# 31 Spezielle Brote und Kleingebäcke

**Situation**

Sie diskutieren mit Ihrer Kollegin darüber, welche Brote als Spezialbrote bezeichnet werden und ob es auch spezielle Kleingebäcke gibt. In den Leitsätzen informieren Sie sich dann über die jeweiligen Bestimmungen für diese speziellen Brote und Kleingebäcke.

- Aus welchen Zutaten und vorgeschriebenen Zutatenmengen bestehen die Rezepte für Mehrkornbrote?
- Wie unterscheiden sich Mehrkornbrote von Broten, bei denen ein Getreide, das nicht zu den Brotgetreidearten gehört, den Brotnamen bestimmt, z. B. Haferbrot?
- Welche Spezialbrote und spezielle Kleingebäcke mit besonderen tierischen und pflanzlichen Zutaten sind in der Bäckerei bekannt?
- Welche Besonderheiten haben Spezialbrote mit besonderem Backverfahren?
- Welche diätetischen Brote werden in Großbäckereien hergestellt und welche Besonderheiten besitzen diese Brote?

## 31.1 Spezialbrote

Bestimmte spezielle Brotsorten wurden früher als Spezialbrote bezeichnet. Der Begriff „Spezialbrote" ist in der Bäckerei und bei den Verbrauchern geläufig, jedoch in den Leitsätzen kein festgelegter Begriff.

Die Anforderungen an bestimmte spezielle Brotsorten sind in den Leitsätzen festgelegt. Es gibt folgende Spezialbrote:

- **Spezialbrote mit bestimmten Zutaten,** die gewöhnliche Brote nicht enthalten. Diese speziellen Zutaten bestimmen den Brotnamen, z. B.:
  - Mehrkornbrote
  - Buttermilchbrote
  - Sonnenblumenbrote

  Der Mindestanteil dieser speziellen Zutaten im Brot ist in den Leitsätzen geregelt.
- **Spezialbrote mit besonderen Backverfahren,** die in einem besonderen Ofen gebacken werden, z. B.:
  - Holzofenbrote
  - Pumpernickel
  - Knäckebrote.

LF 9

### Spezialbrote mit anderen Getreidearten

Getreidearten werden eingeteilt in

- backfähige Brotgetreidearten: Weizen, Roggen und Dinkel
- andere Getreidearten: Hafer, Gerste, Mais, Hirse, Reis und/oder Buchweizen

Brote mit mehreren Getreidearten, wobei die Anzahl der Getreidearten den Brotnamen bestimmt, sind:

- **Mehrkornbrote**
- **Dreikorn-, Vierkorn-, Fünfkorn- und Sechskornbrote**

**Bestimmungen der Leitsätze**

Mehrkornbrote, Dreikornbrote, Vierkornbrote, Fünfkornbrote und Sechskornbrote enthalten

- mindestens eine Brotgetreideart und
- mindestens eine andere Getreideart,
- insgesamt jedoch mindestens drei Getreidearten.
- Von jeder verwendeten Getreideart müssen mindestens 5 % enthalten sein.

Bespiele:
- Dreikornbrot: Weizen, Roggen und Gerste
- Vierkornbrot: Weizen, Roggen, Gerste und Hafer
- Mehrkornbrot: Weizen, Roggen, Gerste, Hafer, Mais und Reis

**Vollkornbrote** als Mehrkornbrote, Dreikornbrote usw. müssen mindestens 90 % Vollkorngetreideerzeugnisse enthalten.

**Ölsamen in Mehrkornbroten**

Ölsamen sind Sonnenblumenkerne, Leinsamen, Soja, Sesam und Kürbiskerne. Sie zählen nicht zu den Getreidearten.

Neben den verschiedenen Getreidearten enthalten Mehrkornbrote, Dreikornbrote usw. häufig noch Ölsamen zur Geschmacksverbesserung und zur Erhöhung des Gesundheitswertes. Jeder der Ölsamen hat einen speziellen Geschmack, was einen abwechslungsreichen Brotgeschmack ergibt. Ölsamen enthalten einen hohen Anteil an ungesättigten Fettsäuren und Ballaststoffen → Seite 73 und 90, die den Gesundheitswert der Brote erhöhen.

Brote mit einer Getreideart im Brotnamen, die nicht zum Brotgetreide gehört, sind z. B.
**Haferbrot, Gerstenbrot, Maisbrot, Reisbrot, Hirsebrot.**

**Bestimmungen der Leitsätze**
Der Anteil der Getreideart, die nicht zu den Brotgetreidearten zählt und im Brotnamen angegeben ist, beträgt mindestens 20 %. Die Prozente werden auf das Gesamtgetreideerzeugnis im Brot berechnet.
Beispiele:
- **Haferbrot** enthält mindestens 20 % Hafer.
- **Hafervollkornbrot** enthält mindestens 20 % Hafervollkornerzeugnisse. Wie beim Vollkornbrot sind insgesamt mindestens 90 % Vollkornerzeugnisse enthalten und die Säuerung muss mindestens aus ⅔ Sauerteig bestehen.

## Haferbrote

Meistens wird Hafervollkorn als Haferflocken verwendet. Diese werden in einem Quellstück eingeweicht und binden dabei das Wasser und werden weich.

*Quellstück mit gequollenen Haferflocken*

**Rezeptbeispiel:
Haferbrot mit Detmolder Einstufenführung**

Gesamtmahlerzeugnis: 10 kg, davon
- 4 000 g Roggenmehl
- 4 000 g Weizenmehl
- 2 000 g Haferflocken

50 % des Gesamtroggenmehls werden versäuert
= 2 000 g Roggenmehl im Sauerteig
Anstellgutmenge: 200 g ≙ 10 % vom Sauerteigmehl

**Sauerteig:**

| | |
|---|---|
| 200 g | Anstellgut |
| 2 000 g | Roggenmehl, Type 997 oder 1150 |
| 1 600 g | Wasser |
| 3 800 g | Sauerteig |
| –200 g | Anstellgut |
| **3 600 g** | **Sauerteig** |

Teigausbeute: 180
Teigtemperatur: 26 °C
Stehzeit: 15 bis 24 Stunden

**Quellstück:**

| | |
|---|---|
| 2 000 g | Haferflocken |
| 2 000 g | Wasser |
| **4 000 g** | **Quellstück** |

Wassertemperatur: 30 °C
Stehzeit: 2 bis 3 Stunden

**Brotteig:**

| | |
|---|---|
| 3 600 g | Sauerteig |
| 4 000 g | Quellstück |
| 2 000 g | Roggenmehl, Type 997 oder 1150 |
| 4 000 g | Weizenmehl, Type 1050 |
| 4 200 g | Wasser |
| 200 g | Salz |
| 200 g | Hefe |
| **18 200 g** | **Teiggewicht** |

LF 9

**Teigausbeute:** 178
**Teigtemperatur:** 26 °C
**Knetzeit im Spiralkneter:** 4 Minuten langsam, 3 Minuten schnell
**Teigruhe:** ca. 15 Minuten
**Teiggewicht:** 900 g für 750-g-Brote

**Aufarbeiten**

- Teigstücke rundwirken und zu Langbroten rollen.
- Oberfläche der Brotteiglinge mit Wasser bestreichen und in Haferflocken wälzen.
- Brotteiglinge mit dem Schluss nach unten
  - in Brotkörbe legen,
  - auf Abziehrahmen setzen oder
  - in Kastenformen legen.

*Brotteigling mit Haferflocken an der Oberfläche*

**Gare:** Die Brotteiglinge können nach der Gärreife zweimal der Länge nach oder dreimal schräg eingeschnitten werden.

**Backen:** 250 °C, Schwaden geben
**Backzeit:** ca. 50 Minuten

*Haferbrote*

LF 9

## Spezialbrote mit besonderen Zutaten

Diese Brote enthalten neben den üblichen Rohstoffen der Brote zusätzlich pflanzliche und tierische Zutaten. In den Leitsätzen sind die Mindestanteile der Zutaten im Brot festgelegt. Diese Bestimmungen der Leitsätze gelten sowohl für Brote als auch für Kleingebäcke.

Getreideerzeugnisse sind nach den Bestimmungen der Leitsätze sämtliche Erzeugnisse aus Getreide: Mehl, Vollkornmehl, Vollkornschrot, Backschrot, Getreideflocken (Haferflocken).

**Bestimmungen der Leitsätze**

| Brote mit pflanzlichen Zutaten | Anteile, bezogen auf 100 kg Getreideerzeugnisse |
|---|---|
| • Leinsamenbrot<br>• Sesambrot<br>• Sonnenblumenkernbrot<br>• Sesambrot<br>• Walnussbrot<br>• Haselnussbrot | mindestens 8 kg (8 %) der entsprechenden Ölsamen |
| • Weizenkeimbrot<br>• Kleiebrot | mindestens 10 kg (10 %) Weizenkeime bzw. Speisekleie |
| • Rosinenbrot | mindestens 15 kg (15 %) Rosinen, Sultaninen und/oder Korinthen |

*Leinsamenbrote*

**Bestimmungen der Leitsätze**

| Brote mit tierischen Zutaten | Anteile, bezogen auf 100 kg Getreideerzeugnisse |
|---|---|
| • Milchbrot | mindestens 50 l Milch |
| • Buttermilchbrot<br>• Joghurtbrot | mindestens 15 l Buttermilch bzw. Joghurt |
| • Quarkbrot | mindestens 10 kg (10 %) Speisequark |
| • Zwiebelbrot<br>• Kümmelbrot<br>• Gewürzbrot<br>• Kartoffelbrot | Der Geschmack von Zwiebeln, Kümmel, Gewürzen bzw. Kartoffeln muss deutlich wahrnehmbar sein. |

## Sonnenblumenkernbrot

**Rezeptbeispiel: Sonnenblumenkernbrot – Roggenmischbrot mit Detmolder Einstufenführung**

Gesamtmahlerzeugnis: 10 kg, davon
- 6 000 g Roggenmehl
- 4 000 g Weizenmehl

40 % des Gesamtroggenmehls werden versäuert ≙ 2 400 g Roggenmehl im Sauerteig.
Anstellgutmenge: 48 g ≙ 2 % vom Sauerteigmehl
Sonnenblumenkerne: 800 g (8 %)

**Sauerteig:**

| | |
|---|---|
| 48 g | Anstellgut |
| 2 400 g | Roggenmehl, Type 1150 |
| 1 920 g | Wasser |
| 4 368 g | Sauerteig |
| –48 g | Anstellgut |
| **4 320 g** | **Sauerteig** |

Teigausbeute: 180
Teigtemperatur: 24 bis 28 °C
Stehzeit: 15 bis 24 Stunden

**Quellstück:**

| | |
|---|---|
| 800 g | Sonnenblumenkerne |
| 800 g | Wasser |
| **1 600 g** | **Quellstück** |

Wassertemperatur: ca. 30 °C
Stehzeit: 2 bis 3 Stunden

**Brotteig:**

| | |
|---|---|
| 4 320 g | Sauerteig |
| 1 600 g | Quellstück |
| 3 600 g | Roggenmehl, Type 1150 |
| 4 000 g | Weizenmehl, Type 1050 |
| 4 680 g | Wasser |
| 200 g | Hefe |
| 200 g | Salz |
| **18 600 g** | **Teiggewicht** |

Teigausbeute: 174
Teigtemperatur: 27 °C
Teigruhe: ca. 10 Minuten

*Sonnenblumenbrote*

## Buttermilchbrot

**Rezeptbeispiel: Buttermilchbrot mit Detmolder Einstufenführung**

Gesamtmehlmenge: 10 kg, davon
- 4 000 g Roggenmehl
- 6 000 g Weizenmehl

50 % des Gesamtroggenmehls werden versäuert ≙ 2 000 g Roggenmehl im Sauerteig.
Anstellgutmenge: 5 % vom Sauerteigmehl

**Sauerteig:**

| | |
|---|---|
| 100 g | Anstellgut |
| 2 000 g | Roggenmehl |
| 1 600 g | Wasser |
| 3 700 g | Sauerteig |
| –100 g | Anstellgut |
| **3 600 g** | **Sauerteig** |

Teigausbeute: 180
Teigtemperatur: 25 °C
Stehzeit: 15 bis 24 Stunden

**Brotteig:**

| | |
|---|---|
| 3 600 g | Sauerteig |
| 2 000 g | Roggenmehl, Type 997 oder 1150 |
| 6 000 g | Weizenmehl, Type 1050 |
| 3 800 g | Buttermilch |
| 2 000 g | Wasser |
| 250 g | Hefe |
| 200 g | Salz |
| **17 850 g** | **Teiggewicht** |

Teigausbeute: 174
Teigtemperatur: 26 °C
Teigruhe: ca. 15 Minuten
Knetzeit: Hubkneter: ca. 10 Minuten
Spiralkneter: 3 Minuten langsam, 4 Minuten schnell

*Buttermilchbrote*

LF 9

## Spezialbrote mit besonderem Backverfahren

Diese Spezialbrote werden in einem besonderen Backofen oder mit einem speziellen Backverfahren gebacken und erhalten dadurch einen bestimmten Geschmack und eine andere Krustenbeschaffenheit.

### Holzofenbrote

Der Backherd für diese Brote muss aus Stein gemauert und mit Holz direkt beheizt sein → Seite 489.
Die Brotteiglinge, meist mit hohem Roggenanteil, werden auf der steinernen Backfläche freigeschoben gebacken, weil so die Brote die gewünschte kräftige Kruste erhalten. Sie dürfen auch angeschoben gebacken werden.

Typisch für Holzofenbrote sind die ausgeprägte, stabile Kruste und der kräftig-aromatische Geschmack.
Nur Brote, die im Holzofen bei direkter Beheizung gebacken werden, dürfen als Holzofenbrote bezeichnet werden. Ableitende Kennzeichnungen, z. B. „nach Holzofenart“, sind nicht erlaubt.

*Brote im Holzofen*

### Steinofenbrote

Die Backfläche, auf der Steinofenbrote gebacken werden, muss aus Natur- bzw. Kunststein oder Schamotte sein.
Steinofenbrote werden freigeschoben oder angeschoben direkt auf der steinernen Backfläche gebacken. Dadurch erhalten diese Brote eine kräftige Kruste und einen kräftiger, aromatischen Geschmack.

### Dampfbackkammerbrote – Pumpernickel

Pumpernickel sind Roggenvollkornbrote oder Roggenschrotbrote mit mindestens 90 % Roggenvollkornschrot bzw. Roggenbackschrot. Es sind die bekanntesten Dampfbackkammerbrote.

Die Brotteiglinge werden in geschlossenen Kastenformen in einer Dampfbackkammer mit Wasserdampf gebacken. Die Backtemperatur beträgt durch den Wasserdampf ca. 100 °C. Durch die niedrige Backtemperatur erfolgt eine lange Backzeit von mindestens 16 Stunden.
Pumpernickel wird in industriellen Bäckereien hergestellt und verpackt als Schnittbrot angeboten.

**Vorgänge beim Backen**

Am Anfang der Backzeit erfolgt wegen des langsamen Temperaturanstiegs in den Brotteiglingen eine verstärkte Enzymtätigkeit, wobei etwas Stärke zu Malzzucker und Traubenzucker abgebaut wird.

Traubenzucker verbindet sich mit den Aminosäuren des Teigs bei der Maillard-Reaktion zu braunen Melanoidinen, durch die die Brote stark gebräunt werden.

**Besonderheiten von Pumpernickel**

- Wegen der niedrigen Backtemperatur hat Pumpernickel keine Kruste.
- Es sind dunkle Brote.
- Pumpernickel schmecken leicht süßlich und sind sehr aromatisch.
- Pumpernickel sind gut bekömmlich.
- Es sind saftige Brote mit langer Frischhaltung.

*Pumpernickel*

### Gersterbrote, Gerstelbrote

Nach der Gare werden die Brotteiglinge für Gersterbrote an der Oberfläche mit offenem Feuer (offener Flamme) abgeflämmt. Dieser Vorgang wird als „Gerstern“ oder „Gersteln“ bezeichnet. Deshalb der Name „Gersterbrot“ oder auch „Gerstelbrot“. Durch das Abflämmen entstehen die aromatischen „Brandflecken“ an der Kruste, die die charakteristische Sprenkelung ergeben.

*Gersterbrote*

LF 9

### Knäckebrote

Knäckebrote sind getrocknete, flache Brote, die deshalb besonders knusprig sind. Sie werden mit denselben Rohstoffen wie alle anderen Brote sowie mit Sauerteig hergestellt.

*Knäckebrote*

Die industriell hergestellten Flachbrote werden verpackt angeboten und sind lange haltbar und lagerfähig.
Die Brotfehler und deren Ursachen entsprechen den Brotfehlern der roggenhaltigen Brote → Seite 474.

Prüfmerkmale der DLG für Spezialbrote → Prüfmerkmale der DLG für Brote, Seite 401. Für Trockenflachbrot (Knäckebrot) gilt ein besonderes Prüfschema. Da diese Brote nur selten in der Bäckerei hergestellt werden, wird es hier nicht näher beschrieben.

## Diätetische Spezialbrote

Diätetische Brote werden speziell für Menschen mit bestimmten Krankheiten oder Unverträglichkeiten hergestellt. Da der Absatz dieser Brote gering ist, werden sie hauptsächlich in Großbäckereien hergestellt.

*Diätetisches Spezialbrot*

### Diabetikerbrote

Die Diätverordnung schrieb früher vor, dass der Energiegehalt von 100 g Diabetikerbrot höchstens 840 kJ oder 200 kcal betragen darf. Gewöhnliche Brote enthalten ca. 1000 kJ/240 kcal.

Im Jahr 2010 wurde die Produktion von Diabetikerprodukten jedoch verboten und damit entfällt auch diese Vorschrift. Es dürfen daher nach einer Übergangsfrist keine Backwaren mehr als Diabetikerbackwaren bezeichnet werden.

### Glutenfreie Brote

Glutenfreie Brote werden für Menschen hergestellt, die an Zöliakie erkrankt sind. Diese Menschen dürfen keine Backwaren mit Getreidearten essen, die den Eiweißstoff Gluten enthalten. Dieser Klebereiweißstoff schädigt bei Zöliakiekranken die Darmwand. Getreidearten, die Gluten enthalten, sind Weizen, Roggen, Dinkel, Gerste und Hafer.
Glutenfreie Brote werden deshalb mit Buchweizen, Mais, Reis und Hirse hergestellt, die keine Klebereiweißstoffe enthalten. Die notwendige Lockerung der Brote wird durch Zugabe von Quellstoffen, z. B. Johannisbrotkernmehl oder Guarkernmehl, erreicht.

### Natriumarme Brote

Diese Brote werden mit einer geringen Salzmenge hergestellt, unter 1 %, und zwar für Menschen, die das Natrium im Salz aus gesundheitlichen Gründen meiden sollen.
- Natriumarmes Brot darf höchstens 120 mg Natrium je 100 g Brot enthalten.
- Streng natriumarmes Brot darf höchstens 40 mg Natrium je 100 g Brot enthalten.

Zur geschmacklichen Verbesserung darf Kochsalzersatz zugegeben werden, z. B. Kaliumchlorid.

## Functional Food

Functional Food (funktionelle Lebensmittel) sind Lebensmittel, die mit Stoffen angereichert werden, die einen positiven Effekt auf die Gesundheit haben sollen, z. B. mit Mineralstoffen, Vitaminen, sekundären Pflanzenstoffen, bestimmten Milchsäurebakterien und ungesättigten Fettsäuren.

Brote, die zum Functional Food zählen, sind z. B.
- Brote mit Omega-3-Fettsäuren, die vor Herz- und Kreislauferkrankungen schützen sollen,
- Brote mit probiotischem Joghurt oder mit speziellen Milchsäurebakterien, die die Darmflora positiv beeinflussen,
- vitaminisierte Brote, denen überwiegend Vitamine der B-Gruppe zugesetzt werden, die das Wohlbefinden erhalten sollen.

Weitere Beispiele für Functional Food, das in der Bäckerei und im Café verkauft wird, sind:

- Müsliriegel, mit Vitaminen und Mineralstoffen angereichert.
- ACE-Getränke, überwiegend eine Mischung aus Orangen- und Karottensaft, mit Vitaminen angereichert, um die Abwehrkräfte zu steigern.

*Functional Food*

In der Werbung werden die besonderen Zutaten und ihre Bedeutung für die Ernährung hervorgehoben. Eine gesundheitsbezogene oder krankheitsbezogene Werbung ist verboten.

Beispiel für eine erlaubte Werbung:
Brote mit Omega-3-Fettsäuren – ein täglicher Beitrag zu Ihrer Gesundheit.
Beispiel für eine verbotene Werbung:
Omega-3-Fettsäuren im Brot haben eine cholesterinsenkende Wirkung.

*Omega-Brot*

## Verkaufsargumente

**Qualitätsmerkmale für die Kundenberatung**

- Mehrkornbrote haben den abwechslungsreichen Brotgeschmack der verschiedenen Getreidearten. Enthalten Mehrkornbrote auch Ölsamen, haben die Brote zusätzlich den Geschmack der einzelnen Ölsamen und besitzen die gesunden ungesättigten Fettsäuren und Ballaststoffe der Ölsamen.
- Bei Broten mit einer namengebenden Nichtbrotgetreideart, z. B. Hafer, ist zum Brotgeschmack noch der typische Hafergeschmack deutlich erkennbar.
- Brote mit Milch, Buttermilch oder Joghurt verfügen über den entsprechenden Milchgeschmack und enthalten viel hochwertiges Milcheiweiß.
- Brote mit Weizenkeimen oder Kleie sind besonders reich an Ballaststoffen.
- Holzofenbrote haben eine kräftige Kruste und einen kräftigen Brotgeschmack.
- Pumpernickel sind Roggenvollkornbrote bzw. Roggenschrotbrote. Es sind krustenlose und leicht süßlich schmeckende Brote mit langer Frischhaltung.
- Diabetikerbrote enthalten weniger verdauliche Kohlenhydrate, die durch Ballaststoffe ersetzt werden. Deshalb haben diese Brote einen geringeren Energiegehalt und somit weniger Broteinheiten (BE) bzw. Kohlenhydrateinheiten (KE).
- Glutenfreie Brote werden mit Getreide ohne Gluten (Klebereiweiß) hergestellt und stattdessen z. B. mit Buchweizen, Mais, Hirse, Reis.
- Natriumarme Brote werden ohne oder mit wenig Salz hergestellt und enthalten somit nur eine geringe Menge Natrium.
- Brote, die zum Functional Food gehören, sind Brote mit zusätzlich einem gesundheitsfördernden Zusatz, z. B. Omega-3-Fettsäuren.

**Frischhaltung**

Spezialbrote sollen wie alle anderen Brote bei nicht zu warmer Raumtemperatur aufbewahrt werden, am besten im Brotsteintopf. Wie bei den anderen Broten halten Vollkornbrote am längsten frisch. Ansonsten gilt, je mehr Roggenmehl im Brot, desto länger ist die Frischhaltung.

**Besondere Eignung**

- Spezialbrote bieten einen abwechslungsreichen Brotgeschmack.
- Sie sind wegen ihrer geschmacklichen Vielfalt besonders für ein Brotbüfett bei Festen geeignet.
- Diabetikerbrote werden für Zuckerkranke hergestellt.
- Glutenfreie Brote werden für Menschen mit Zöliakie angeboten.
- Natriumarme Brote werden von Menschen bevorzugt, die das Natrium im Salz nicht vertragen.
- Functional-Food-Brote enthalten einen gesundheitsfördernden Zusatz.

## Aufgaben

1. Nennen Sie die Bestimmungen der Leitsätze bei Mehrkornbroten, Dreikornbroten, Vierkornbroten usw.:
   - Mischungen der Getreidearten
   - Menge der in den Broten enthaltenen Getreidearten
2. Welche Vorteile haben Ölsamen in Mehrkornbroten?
3. Nennen Sie Brote, bei denen die verwendete Getreideart im Brotnamen enthalten ist.
4. Nennen Sie die Bestimmungen der Leitsätze für Brote, bei denen das enthaltene Getreide namengebend ist, z. B. beim
   - Haferbrot und
   - Hafervollkornbrot.
5. Darf ein Brot aus Weizen, Hafer und Sonnenblumenkernen als Dreikornbrot bezeichnet werden? Begründen Sie Ihre Aussage.
6. Erstellen Sie ein Rezeptbeispiel für Mehrkornbrot mit fünf verschiedenen Getreidearten, das den Leitsätzen entspricht.
7. Nennen Sie die Mindestmenge der besonderen Zutaten auf 100 kg Getreideerzeugnisse im Brot, die für folgende Brotsorten in den Leitsätzen geregelt ist:
   - Leinsamenbrot, Sesambrot, Sonnenblumenkernbrot, Walnussbrot oder Haselnussbrot
   - Weizenkeimbrot, Kleiebrot
   - Rosinenbrot
   - Milchbrot
   - Buttermilchbrot, Joghurtbrot
   - Quarkbrot
   - Zwiebelbrot, Kümmelbrot, Gewürzbrot, Kartoffelbrot
8. Erstellen Sie ein Rezeptbeispiel für ein Brot mit besonderen Zutaten, z. B. Buttermilchbrot, Sonnenblumenkernbrot.
9. Erklären Sie folgende Brote mit besonderem Backverfahren und geben Sie die Bestimmungen der Leitsätze an:
   - Holzofenbrote
   - Steinofenbrote
   - Pumpernickel
   - Gersterbrote (Gerstelbrote)
   - Knäckebrote
10. Beschreiben Sie folgende Diätbrote:
    - glutenfreie Brote
    - natriumarme Brote
11. Was versteht man unter Functional Food? Geben Sie Beispiele für Functional Food an, das in der Bäckerei und im Café verkauft wird.
12. Erklären Sie die Qualitätsmerkmale folgender Brote bei der Kundenberatung:
    - Mehrkornbrote, auch mit Ölsamen
    - Brote mit namengebendem Getreide, z. B. Haferbrot
    - Brote mit Ölsamen, z. B. Leinsamenbrote, Sonnenblumenkernbrote
    - Milchbrote oder Buttermilchbrote
    - Brote mit Weizenkeimen oder Kleie
    - Holzofenbrote
    - Pumpernickel
13. Wofür eignen sich Spezialbrote besonders?
14. Sie planen die Einführung eines Kartoffelbrots und eines Gewürzbrots. Stellen Sie entsprechende Rezepte zusammen, die die Anforderungen der Leitsätze erfüllen, und formulieren Sie für das Verkaufspersonal die Verkaufsargumente für diese Brote.

## Rechenaufgaben

1. 90 kg Buttermilchbrotteig hat einen Gär- und Backverlust von 12,5 %.
   Die Materialkosten für dieses Buttermilchbrot betragen 42,50 €. Die Betriebskosten belaufen sich auf 290 %. Die Mehrwertsteuer ist mit 7 % anzusetzen. 750 g Buttermilchbrot kosten im Laden 2,10 €.
   a) Wie viel Buttermilchbrote von je 750 g erhält man aus dem Teig?
   b) Berechnen Sie Gewinn und Risiko in %.
2. Die Materialkosten für 150 kg Mehrkornbrot betragen 64,30 €. Jedes Brot wiegt 750 g. In der Stunde werden in der Bäckerei 40 Stück 750-g-Brote hergestellt. Der Stundenkostensatz wird mit 47,50 € angesetzt.
   Berechnen Sie den Verkaufspreis eines 750-g-Brots bei einem Zuschlag für Risiko und Gewinn von 28 % und dem üblichen Mehrwertsteuersatz.

## 31.2 Kleingebäcke mit besonderen Zutaten

Für rustikal aussehende Brötchen, z.B. Vollkorn- und Schrotbrötchen sowie Brötchen mit verschiedenen Getreidearten und Ölsamen, gelten ebenfalls die Bestimmungen der Leitsätze für Brot und Spezialbrote. Auch die Rezepturen sind den Broten meistens gleich.

*Vollkornbrötchen mit Sesam und Haferflocken*

### Kleingebäcke mit bestimmten Getreideerzeugnissen

**Bestimmungen der Leitsätze**

| Kleingebäcke | Anteile, bezogen auf die Getreideerzeugnisse |
|---|---|
| • Vollkorn brötchen | mindestens 90 % Weizen- und Roggenvollkornerzeugnisse in beliebigem Verhältnis |
| • Schrot brötchen | mindestens 90 % Weizen- und Roggenbackschrot in beliebigem Verhältnis |
| • Dreikorn-, Vierkorn- oder Mehrkorn-brötchen | mindestens 5 % von jeder verarbeiteten Getreideart; die Brötchen müssen mindestens drei Getreidearten enthalten, davon:<br>• mindestens eine Brotgetreideart (Weizen und Roggen)<br>• mindestens eine andere Getreideart (Hafer, Gerste, Hirse, Mais, Reis oder Buchweizen) |
| • Hafer-, Gerste-, Hirsebrötchen u. a. | mindestens 20 % des genannten Getreides; der Rest kann Weizen und Roggen sein. |
| • Dinkel-brötchen<br>• Dinkelvoll-kornbrötchen | • mindestens 90 % Dinkelmehl<br>• mindestens 90 % Dinkelvollkornerzeugnisse |

Die Teiglinge für Mehrkorn- und Vollkornbrötchen werden häufig an der Oberfläche in Getreideflocken, z. B. Haferflocken, sowie in Ölsamen, z. B. Sonnenblumenkerne, Kürbiskerne oder Leinsamen, getaucht.
Neben dem höheren Nährwert dieser Getreideflocken und Ölsamen erhalten diese Brötchen eine geschmackliche und optische Abwechslung.

### Kleingebäcke mit tierischen und pflanzlichen Zutaten

**Bestimmungen der Leitsätze**

| Kleingebäcke | Anteile, bezogen auf 100 kg Getreideerzeugnisse |
|---|---|
| • Milchbrötchen | mindestens 50 l Milch |
| • Buttermilch-brötchen<br>• Joghurtbrötchen | mindestens 15 l Buttermilch bzw. Joghurt |
| • Quarkbrötchen | mindestens 10 kg (10 %) Speisequark |
| • Rosinenbrötchen | mindestens 15 kg (15 %) Rosinen, Sultaninen und/oder Korinthen |
| • Leinsamen-brötchen<br>• Kürbiskern-brötchen | mindestens 8 kg (8 %) Leinsamen bzw. Kürbiskerne |
| • Mohnbrötchen<br>• Sesambrötchen<br>• Sonnenblumen-kernbrötchen | Die benannten Ölsamen müssen deutlich sichtbar auf der Gebäckkruste sein. |

*Leinsamen- und Kürbiskernbrötchen*

Die Brötchenfehler und deren Ursachen entsprechen den Brötchenfehlern bei Weizenbrötchen → Seite 386.

LF 9

## Verkaufsargumente

**Qualitätsmerkmale für die Kundenberatung**

- Vollkorn- und Schrotbrötchen besitzen einen großen Gesundheitswert, vor allem wegen des hohen Anteils an Ballast- und Mineralstoffen sowie Vitaminen.
- Mehrkornbrötchen und Haferbrötchen enthalten neben den verschiedenen Getreidearten zusätzlich noch Ölsamen mit ungesättigten Fettsäuren und einem hohen Ballaststoffgehalt. Die Getreidearten und Ölsamen bestimmen den Geschmack der Brötchen.
- Dinkelbrötchen haben wegen des biologisch hochwertigen Eiweißes einen hohen Gesundheitswert.
- Dinkelvollkornbrötchen enthalten das gesunde Eiweiß und den hohen Gehalt an Ballaststoffen, Mineralstoffen und Vitaminen der Schalen des Dinkelgetreides.
- Bei Milchbrötchen, Buttermilchbrötchen, Rosinenbrötchen u. a. dominiert der Geschmack der zugegebenen Zutaten.
- Leinsamen-, Kürbiskern-, Sonnenblumenkern-, Mohn- und Sesambrötchen schmecken nach den Ölsamen und haben den Gesundheitswert der vielen ungesättigten Fettsäuren und Ballaststoffe.

**Frischhaltung**

- Vollkornbrötchen und die Brötchen mit verschiedenen Getreidearten sowie die Brötchen mit pflanzlichen und tierischen Zutaten schmecken wie alle Kleingebäcke frisch am besten.
- In Vollkornbrötchen und Dinkelbrötchen ist mehr Wasser gebunden als bei den anderen Brötchen, deshalb bleiben sie länger frisch.

**Besondere Eignung**

Diese Brötchen eignen sich gut

- zum Frühstück,
- zur Brotzeit,
- zum Belegen als Snacks,
- als Zwischenmahlzeit, belegt mit Wurst und Käse,
- zu Würstchen und Fleisch,
- zu Salaten und Suppen,
- zum Brotbüfett für ein kaltes und warmes Büfett.

## Aufgaben

1. Nennen Sie die Bestimmungen der Leitsätze für folgende Brötchen:
   - Vollkornbrötchen
   - Schrotbrötchen
   - Mehrkornbrötchen
   - Hafer- und Gerstebrötchen
   - Dinkelbrötchen
   - Dinkelvollkornbrötchen
2. Nennen Sie die Bestimmungen der Leitsätze für die Brötchen mit tierischen und pflanzlichen Zutaten, bezogen auf 100 kg Getreideerzeugnisse:
   - Milchbrötchen
   - Buttermilchbrötchen, Joghurtbrötchen
   - Rosinenbrötchen
   - Leinsamenbrötchen, Kürbiskernbrötchen
   - Mohn-, Sesam-, Sonnenblumenkernbrötchen
3. Erklären Sie die Qualitätsmerkmale der in Aufgabe 1 und 2 genannten Brötchen für die Kundenberatung.
4. Geben Sie Auskunft über die Frischhaltung dieser Brötchen.
5. Wofür eignen sich diese Brötchen besonders gut?
6. Ihre Bäckerei soll für ein kalt-warmes Büfett passende Kleingebäcke liefern. Stellen Sie eine entsprechende Auswahl zusammen.



## Rechenaufgaben

1. 180 Mehrkornbrötchen werden wie folgt kalkuliert:
   Materialkosten: 19,80 €   Risiko und Gewinn: 25 %
   Betriebskosten: 240 %   Mehrwertsteuer: 7 %
   Berechnen Sie den Ladenpreis für 1 Mehrkornbrötchen.
2. 100 g Vollkornbrötchen enthalten 43 g verwertbare Kohlenhydrate, 7 g Eiweiß und 1% Fett. Wie viel kJ und kcal enthält 1 Vollkornbrötchen, das 46 g wiegt? 1 kcal entspricht 4,2 kJ. Runden Sie auf ganze kJ und kcal.

## Berufliche Handlung

Gesundheitsbewusste Kunden bevorzugen Vollkorn- und Schrotbrote. Dafür stellen Sie mit den entsprechenden Mahlerzeugnissen die Brote mit einem Brüh- bzw. Quellstück her. Ebenfalls beliebt bei diesen Kunden sind Spezialbrote wie beispielsweise Mehrkornbrote, Haferbrote und Sonnenblumenkernbrote. Für kranke Menschen bietet Ihre Bäckerei diätetische Brote an.

### Getreidemahlerzeugnisse und Quellung der Getreidemahlerzeugnisse

1. Unterscheiden Sie für die Herstellung von Vollkorn- und Schrotbroten Vollkornschrot und Backschrot.
2. Nennen Sie die Feinheitsgrade der Schrote und erklären Sie die Wirkungen der Feinheitsgrade auf die Brote.
3. Erläutern Sie, mit welchen Feinheitsgraden ein Brüh- und Quellstück sowie der Sauerteig für Vollkorn- und Schrotbrote hergestellt werden.
4. Stellen Sie ein Quellstück her und geben Sie die Teigtemperatur, Teigausbeute und Stehzeit an.
5. Sie wollen die Quellzeit der Schrote verkürzen und stellen deshalb ein Brühstück her. Geben Sie dafür die Wassertemperatur, die Teigausbeute und die Stehzeit an.
6. Erklären Sie die Vorgänge in den Schalenteilen der Getreidekörner im Quellstück und Brühstück sowie im Sauerteig.

### Herstellung von Vollkornbroten und Schrotbroten

7. Bei der Herstellung von Vollkorn- und Schrotbroten müssen Sie die Bestimmungen der Leitsätze einhalten. Geben Sie die vorgeschriebenen Getreidemahlerzeugnisse für Vollkornbrot, Roggenvollkornbrot, Schrotbrot und Roggenschrotbrot an.
8. Beschreiben Sie, wie fertig gebackenes Brot (Restbrot) zum Brotteig verarbeitet wird und nennen Sie die Vorteile des Restbrotes für die Brote.
9. Erstellen Sie ein Grundrezept für Roggenvollkornbrot mit der Detmolder Einstufenführung und mit einem Quellstück.
10. Schreiben Sie ein Grundrezept für Roggenschrotbrot mit der Detmolder Einstufenführung und mit einem Brühstück.
11. Beschreiben Sie das Kneten von Vollkornbroten und Schrotbroten.
12. Informieren Sie die Kunden über den Gesundheitswert, die Frischhaltung und die besondere Eignung der Vollkornbrote und Schrotbrote.

### Spezialbrote

13. Stellen Sie Getreidearten zusammen, die Sie für die Mehrkornbrote verwenden und geben Sie dafür die Bestimmungen der Leitsätze an.
14. Richten Sie Ölsamen her, die häufig für Mehrkornbrote verwendet werden.
15. Informieren Sie sich über die Bestimmungen der Leitsätze für die Herstellung der Haferbrote.
16. Erstellen Sie ein Grundrezept für Haferbrote mit Detmolder Einstufenführung.
17. Erstellen Sie ein Grundrezept eines Roggenmischbrotes für die Sonnenblumenkernbrote mit der Detmolder Einstufenführung.
18. Für kranke Kunden bieten Sie diätetische Brote an. Erklären Sie die Besonderheiten von
    - glutenfreien Broten,
    - natriumarmen Broten.
19. Schreiben Sie weitere Spezialbrote mit besonderen pflanzlichen und tierischen Zutaten auf und benennen Sie die Mindestmengen der Zutaten auf 100 kg Getreideerzeugnisse.
20. Erklären Sie Spezialbrote mit besonderen Backverfahren:
    - Holzofenbrote
    - Steinofenbrote
    - Gersterbrote
    - Knäckebrote
    - Pumpernickel
21. Dampfbackkammerbrote bezieht Ihre Bäckerei von der Backindustrie. Beschreiben Sie deshalb das Backen z. B. von Pumpernickel.
22. Erklären Sie Functional Food und geben Sie Beispiele aus der Bäckerei an.
23. Stellen Sie verschiedene spezielle Kleingebäcke zusammen und geben Sie die Bestimmungen der Leitsätze an für
    - Kleingebäcke aus besonderen Mahlerzeugnissen,
    - Kleingebäcke mit tierischen und pflanzlichen Zutaten.

LF 10
Herstellen von
Feinen Backwaren
aus Massen

# 32 Feine Backwaren aus Massen

**Situation**

Der Verkauf von Kuchen und anderen Erzeugnissen aus Massen ist zurückgegangen, weil die Kunden dieselben Waren beim Discountbäcker preisgünstiger bekommen. Um sich mit individueller Qualität von den Mitbewerbern abzusetzen, wird Ihr Betrieb in Zukunft auf Convenience-Produkte verzichten und die Massen in herkömmlicher Weise herstellen.

- Worin unterscheiden sich Teige und Massen?
- Wie wird eine Baisermasse hergestellt?
- Was versteht man unter Warm- und Kaltschlagen der Wiener Masse?
- Wie wird eine Sandmasse als Einkesselmasse hergestellt?
- Wie erfolgt die Herstellung einer Brandmasse, damit die Gebäcke entsprechend gelockert werden?
- Wie werden Zutaten für eine Röstmasse als Bienenstichauflage verarbeitet?
- Wie wird eine Makronenmasse abgeröstet und weiterverarbeitet?
- Wie ist die Herstellung von Elisenlebkuchen?

## Unterscheidung: Teige und Massen

Die Unterschiede zwischen Teigen und Massen für Feine Backwaren lassen sich an verschiedenen Merkmalen erkennen.

| Unterscheidungsmerkmale | Teige | Massen |
|---|---|---|
| **Arten** | • Hefeteige<br>• Plunderteige<br>• Blätterteige<br>• Mürbeteige<br>• Lebkuchenteige | • Biskuitmasse<br>• Wiener Masse<br>• Sandmasse<br>• Baisermasse<br>• Brandmasse<br>• Makronenmasse<br>• Lebkuchenmasse<br>• Röstmasse<br>• Hippenmasse |
| **Hauptrohstoffe** | • Mehl<br>• Wasser oder Milch | Eier, Zucker, auch Weizenmehl, Weizenpuder (Weizenstärke) und Fett |
| **Herstellung** | Kneten (Ausnahmen: gerührter Hefeteig und Spritzmürbeteig) | Aufschlagen, Rühren oder Abrösten |
| **Beschaffenheit (Konsistenz)** | formbar, rollfähig; geformte Teiglinge behalten ihre Form auch bei der Gare und beim Backen | weich, schaumig; Massen werden aufdressiert (gespritzt) oder in Formen gefüllt und sofort gebacken, da sie gering standfähig sind |
| **Lockerungsmittel** | überwiegend Hefe; Ausnahmen: Hirschhornsalz und Pottasche für Lebkuchenteige, Wasserdampf für Blätterteige und Plunderteige | Backpulver, Luft oder Wasserdampf |

Die Herstellung von Feinen Backwaren aus Massen in herkömmlicher Art erfordert Fachkenntnis und Erfahrung. Die Qualität dieser Erzeugnisse mit den individuellen Rezepturen ist jedoch unübertroffen. So wird eine Bäckerei von den Kunden als Fachgeschäft anerkannt und kann sich von den Mitbewerbern und der Backindustrie, die meistens mit Convenience-Produkten arbeiten, abheben.

Prüfmerkmale der DLG für alle Feinen Backwaren aus Massen → Prüfmerkmale der DLG für Feine Backwaren, Seite 282.

## 32.1 Baisermasse (Schaummasse)

Wegen der lockeren, schaumigen Beschaffenheit wird Baisermasse auch als **„Schaummasse"** bezeichnet.

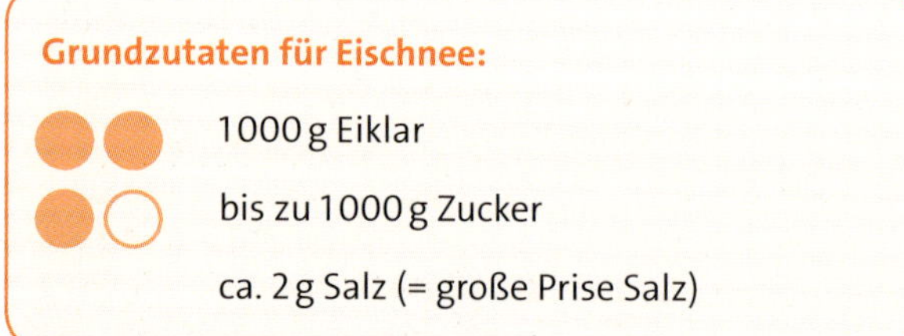

**Grundzutaten für Eischnee:**

1000 g Eiklar

bis zu 1000 g Zucker

ca. 2 g Salz (= große Prise Salz)

*Eiklar, Zucker und Salz*

LF 10

Eiklar wird mit Zucker und Salz zu Eischnee aufgeschlagen. Der Eischnee wird sofort weiterverarbeitet, z. B. zu Biskuitmasse.

Eischnee gibt wegen des geringen Zuckeranteils bei der Stehzeit allmählich wieder Wasser ab. Er verliert dabei den stabilen Stand und das große Volumen. Deshalb kann Eischnee nicht für Baisererzeugnisse verwendet werden, da diese den ganzen Tag in der Verkaufstheke stehen.

*Stabiler, cremiger Eischnee*

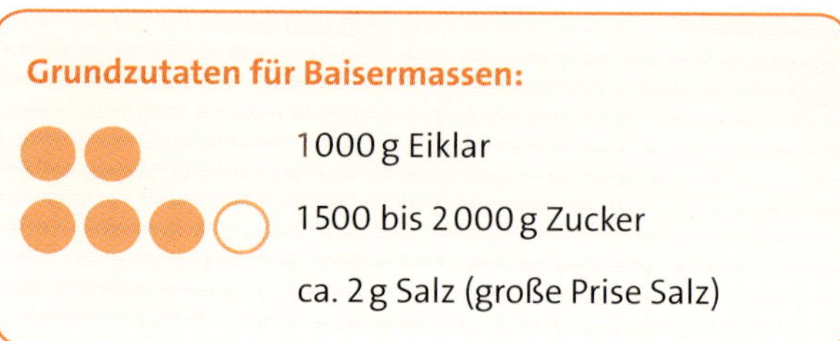

**Grundzutaten für Baisermassen:**

1000 g Eiklar

1500 bis 2000 g Zucker

ca. 2 g Salz (große Prise Salz)

Baisermasse besitzt das 1,5 bis 2-Fache an Zucker, bezogen auf den Eiklaranteil, also einen wesentlich höheren Zuckergehalt als Eischnee.
Durch den hohen Zuckergehalt in der Baisermasse wird das Wasser des Eiklars gebunden, was eine bleibende Schaumstabilität für lange Zeit gewährleistet.

Bei Baisermassen, die nicht im Backofen getrocknet werden, muss wegen der Salmonellengefahr Eiklar von frischen Eiern oder am besten Trockeneiweiß verwendet werden.

### Kalte Baisermasse

Die Voraussetzung für eine stabile, lockere Baisermasse ist ein optimal aufgeschlagener Eischnee → Seite 157.

Die gleiche Menge Zucker wie Eiklar von Anfang an zu einem Eischnee schlagen, z. B.:

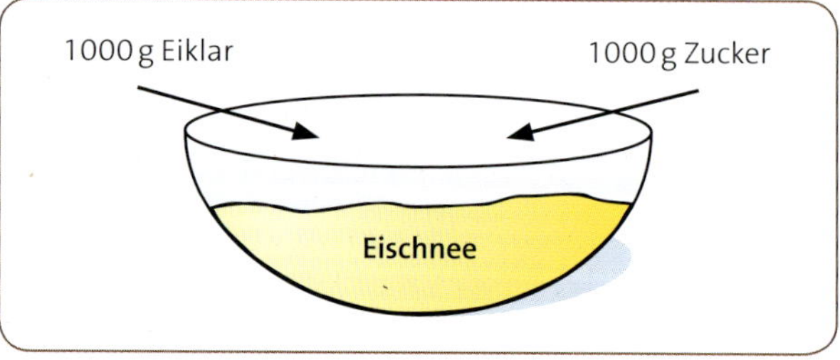


*Zutaten für einen Eischnee*

Den restlichen Zucker, 500 bis 1 000 g, in Form von Puderzucker in den fertigen Eischnee melieren, d. h. vorsichtig unterheben.

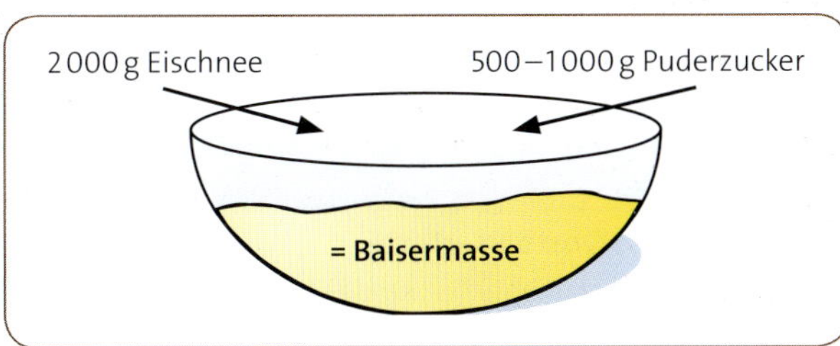


*Zutaten für eine Baisermasse*

Für bestimmte Baisererzeugnisse werden weitere Zutaten in die fertige Schaummasse meliert:

- für Schokoladenbaiser: Kakaopulver
- für Mokkabaiser: Mokkapaste
- für Japonaise-Masse (sprich Schapone): geriebene Haselnüsse oder Mandeln
  Aus Japonaise-Masse werden getrocknete Baiserböden für Sarah-Bernard-Torten hergestellt.

### Warme Baisermasse

Bei der warmen Baisermasse wird das Eiklar mit der gesamten Zuckermenge in einen Kessel gegeben, zuerst auf ca. 70 °C erhitzt und dann zu einer stabilen Baisermasse aufgeschlagen, die dabei wieder abkühlt.

### Italienische Baisermasse (warme Baisermasse)

Die Herstellung erfolgt in drei Schritten:

**Rezeptbeispiel: italienische Baisermasse**

|  |  |
|---|---|
| 1 000 g Eiklar<br>1 000 g Zucker<br>1 Prise Salz (ca. 2 g) | • Eiklar mit der gleichen Menge Zucker und dem Salz nur zu einem schwach standhaften Eischnee aufschlagen |
| 1 000 g Zucker<br>400 g Wasser | • Zucker und Wasser auf 117 °C zum Flug kochen |
| **3 400 g Baisermasse** | • Den Flugzucker in dünnem Strahl bei laufender Rührmaschine in den Eischnee rühren, bis der Eischnee stabil ist |

Die italienische Baisermasse ist eine besonders cremige und standfeste Schaummasse und eignet sich deshalb sehr gut für Obstbaisertorten, bei denen die Baisermasse nur abgeflämmt wird und innen unverändert weich bleibt.

## Baisererzeugnisse

### Schaumrollen

Blätterteigrollen (→ Seite 317) werden innen mit frisch aufgeschlagener Baisermasse mithilfe eines Dressierbeutels (Spritzbeutels) gefüllt.

*Schaumrollen*

### Mohrenköpfe (Schokoküsse)

Auf Waffeln als Unterlage werden hohe Tupfen Baisermasse gespritzt und mit Fettglasur überzogen. Mohrenköpfe werden hauptsächlich industriell hergestellt.

### Getrocknete Baisererzeugnisse

Die Baisermasse wird mit einem Dressierbeutel (Spritzbeutel) mit einer Stern- oder Lochtülle zu verschiedenen Formen auf ein mit Backpapier belegtes Blech aufdressiert (aufgespritzt).

### Meringen

Spiralen mit 15-mm-Sterntülle aufdressieren. Manchmal wird ein Teil der Meringen in Schokoladenkuvertüre oder Fettglasur getaucht.

*Meringe*

### Baiserschalen

In der Mitte mit einer 15-mm-Sterntülle einen flachen Boden spritzen und um dessen Rand hohe Tupfen aufdressieren, damit eine Schale entsteht. Die Baiserschalen werden mit Speiseeiskugeln und/oder mit Schlagsahne und Früchten gefüllt.

*Baiserschale*

### Baiserfiguren

Mit kleiner Loch- oder Sterntülle Figuren oder sonstige Dekorteile aufdressieren. Sie werden als Dekor, z. B. für Eisbecher oder zum Kindergeburtstag, verwendet.

*Baiserfigur*

**Baiserböden**

Mit einer 8-mm-Lochtülle einen tortengroßen Baiserboden spiralförmig aufdressieren.

*Baiserboden*

- Die dünnen Baiserböden werden mit Buttercreme zu einer Mokka-Baisertorte oder Japonaisetorte (Baisermasse mit Mandeln oder Nüssen) gefüllt.
- Ein einzelner Baiserboden dient als Unterlage, z. B. für Eistorten.

Durch die nebeneinanderliegenden Spiralen brechen die Torten beim Schneiden kaum. Baiserböden, die mit einem Aufstreichring aufgestrichen werden, brechen beim Schneiden leicht.

**Trocknen der Baisererzeugnisse**

Die aufdressierten Baisererzeugnisse in einem Backofen bei 100 °C, abfallend auf 80 °C und geöffnetem Zug durch und durch trocknen lassen. Je nach Größe der Erzeugnisse dauert es ca. 5 Stunden, bis das Eiweiß des Eiklars geronnen ist und so die Baisererzeugnisse fest und trocken sind.

Um Energie zu sparen und den Backofen während der Arbeitszeit nicht so lange zu blockieren, schiebt man die Baisererzeugnisse bei ca. 120 °C und offenem Zug in den ausgeschalteten Ofen und lässt sie bei sinkender Temperatur über Nacht trocknen.

Die getrockneten Baisererzeugnisse bleiben weiß und sind durch und durch trocken.

## Abgeflämmte Baisererzeugnisse

Bei abgeflämmten Obstbaisertorten und Obstbaiserschnitten wird die Oberfläche der Baisermasse bei hoher Hitze abgeflämmt, d. h. gebräunt.

LF 10

**Herstellung einer Obsttorte für eine Obstbaisertorte**

- Einen dünnen Mürbeteigboden mit etwas Johannisbeerkonfitüre bestreichen und einen halben Biskuitboden oder Wiener Boden auflegen.
- Den Wiener Boden dünn mit Johannisbeerkonfitüre bestreichen, einen Tortenring umlegen.
- Ca. 600 g säuerliche Früchte auflegen, wie Johannisbeeren, Sauerkirschen, Stachelbeeren oder Rhabarber. Eine gute Haftung auf dem Tortenboden haben gebundene Früchte, z. B. gebundene Sauerkirschen. Beispiel für gebundene Johannisbeeren: 250 g Wasser, 80 g Zucker und 30 g Cremepulver durch Kochen binden und dann die Johannisbeeren einrühren.

**Herstellung der Obstbaisertorte**

- Den Rand und die Oberfläche der Obsttorte dick mit Baisermasse einstreichen.
- Auf die Obsttorte einen Einteiler, z. B. 14 Stück, legen.
- Mit einem Dressierbeutel und Sterntülle Rosetten oder Spiralen garnieren.
- Den Rand mit gehobelten, gerösteten Mandeln absetzen.
- Die Oberfläche der Baisermasse „abflämmen", d. h. bräunen, und zwar entweder in einem ca. 230 °C heißen Ofen oder mit der offenen Flamme eines Bunsenbrenners. Innen bleibt die abgeflämmte Baisermasse unverändert weich.

Die Herstellung von Obstbaiserschnitten erfolgt genauso, jedoch im Schnittenblech.

*Stachelbeerbaiserschnitten*

*Abgeflämmte Kirschbaisertorte*

### Fehler bei Baisererzeugnissen

| Fehler | Ursachen |
| --- | --- |
| Baisererzeugnisse haben ein zu kleines Volumen, sie sind etwas breit gelaufen und die Konturen der Sterntülle sind verschwommen. | Der Eischnee war zu weich, er wurde zu kurz aufgeschlagen. |
| Getrocknete Baisererzeugnisse sind an der Oberfläche braun und aufgerissen. | Zu hohe Ofentemperatur beim Trocknen, sodass der Zucker bräunt. |
| Rissige Oberfläche der getrockneten Baisererzeugnisse | Der Zug war beim Trocknen nicht geöffnet, sodass Schwaden im Backherd war. Durch den Wasserdampf im Ofen konnte sich keine stabile Oberfläche bilden, sodass die sich ausweitenden Poren die Risse verursachten. |
| Getrocknete Baisererzeugnisse sind innen nicht ganz trocken und somit etwas zäh. | Die Baisererzeugnisse wurden zu kurz im Ofen getrocknet. |

### Verkaufsargumente

**Qualitätsmerkmale für die Kundenberatung**

- Allgemein sind Baisererzeugnisse schaumig und locker und schmecken wegen des hohen Zuckergehalts süß.
- Die säuerlichen Früchte auf Obsttorten und Obstschnitten passen gut zum süßen sowie lockeren und weichen Baiser der abgeflämmten Baiserobsttorten und Baiserobstschnitten.
- Schaumrollen sind Blätterteigrollen, die mit süßer und schaumiger Baisermasse gefüllt sind.
- Die weißen getrockneten Baisererzeugnisse schmecken süß und sind durch und durch trocken sowie beim Aufbrechen bröselig.

**Frischhaltung**

- Schaumrollen sollten am Tag der Herstellung gegessen werden, da der weiche Eischnee die röschen Blätterteigrollen aufweicht.
- Obstbaisertorten und Obstbaiserschnitten sollten am Tag der Herstellung gegessen werden. Bei längerer Lagerung verliert die Baisermasse zunehmend die Lockerung und wird etwas zäh.
- Getrocknete Baisererzeugnisse sind in einem gut verschlossenen Behälter einige Wochen lagerfähig. Bei offener Lagerung nehmen die Baisererzeugnisse durch den hohen Zuckergehalt Luftfeuchtigkeit auf, sodass sie zäh und klebrig werden.

**Besondere Eignung der Baisererzeugnisse**

- Baisererzeugnisse werden von Kunden bevorzugt, die Süßes mögen.
- Mit Sahne, Speiseeis und Früchten gefüllte Baiserschalen eignen sich als Sahne- und Eisdessert.
- Figuren aus getrocknetem Baiser sind ein schöner Dekor für Eisbecher und zum Kindergeburtstag.
- Getrocknete Baiserböden eignen sich nur für Cremetorten, weil Buttercreme bzw. Fettcreme keine Feuchtigkeit abgibt.

LF 10

### Aufgaben

1. Geben Sie Teige sowie Massen für Feine Backwaren an.
2. Nennen Sie die hauptsächlichen Unterscheidungsmerkmale der Teige und Massen in Bezug auf
   - Hauptrohstoffe,
   - Herstellung,
   - Beschaffenheit (Konsistenz),
   - Lockerungsmittel.
3. Nennen Sie die Grundzutaten für Eischnee und für Baisermasse.
4. Erklären Sie den Unterschied zwischen Eischnee und Baisermasse in Bezug auf die Rezeptur. →

5 Erklären Sie, warum sich Eischnee nicht für Baisererzeugnisse eignet.

6 Beschreiben Sie die Herstellung einer
- kalten Baisermasse,
- warmen Baisermasse,
- italienischen Baisermasse.

7 Erläutern Sie Schaumrollen.

8 Nennen Sie getrocknete Baisererzeugnisse und beschreiben Sie, wie die Baisererzeugnisse getrocknet werden.

9 Erklären Sie den Begriff „abgeflämmte Baisererzeugnisse“ und geben Sie einige Erzeugnisse an.

10 Beschreiben Sie die Herstellung einer Obsttorte und einer Obstbaisertorte.

11 Nennen Sie die Ursachen folgender Fehler bei Baisererzeugnissen:
- Baisererzeugnisse haben ein zu kleines Volumen, sie sind etwas breit gelaufen und die Konturen der Sterntülle sind verschwommen.
- Getrocknete Baisererzeugnisse sind an der Oberfläche braun und aufgerissen.
- Getrockneten Baisererzeugnisse haben eine rissige Oberfläche.
- Getrocknete Baisererzeugnisse sind innen nicht ganz trocken und somit etwas zäh.

12 Nennen Sie die Qualitätsmerkmale bei der Kundenberatung:
- allgemein für alle Baisererzeugnisse
- Obstbaisertorten und Obstbaiserschnitten
- Schaumrollen
- getrocknete Baisererzeugnisse

13 Geben Sie Auskunft über die Frischhaltung folgender Baisererzeugnisse:
- Schaumrollen
- abgeflämmte Baisererzeugnisse
- getrocknete Baisererzeugnisse

14 Nennen Sie Beispiele, wozu sich Baisererzeugnisse besonders gut eignen.

15 Stellen Sie getrocknete Baisererzeugnisse und Obstbaisertorten mit kalter und warmer Baisermasse her. Vergleichen Sie die Erzeugnisse und versuchen Sie Vor- und Nachteile festzustellen.

**Rechenaufgabe**

Aus einer Baisermasse mit 750 g Eiklar und 1 500 g Zucker werden 80 Meringen aufdressiert. Beim Trocknen verdunstet das Wasser des Eiklars, also 82 % des Eiklars.

a) Wie schwer war eine aufdressierte Meringe vor dem Trocknen? (Runden Sie auf ganze Gramm.)

b) Wie viel g Wasser des Eiklars ist beim Trocknen verdunstet?

c) Berechnen Sie das Gewicht einer Meringe nach dem Trocknen beim Verkauf. (Runden Sie auf ganze Gramm.)

## 32.2 Wiener Masse

Die Herstellung der Biskuitmasse, die der Wiener Masse ähnlich ist, wird beschrieben auf → Seite 161.

*Aufgeschlagene Wiener Masse*

Die Wiener Masse ist wie die Biskuitmasse eine eireiche Masse. Der einzige Unterschied ist:
- Wiener Masse wird mit einem geringen Anteil Fett hergestellt.
- Biskuitmasse enthält in der Rezeptur kein Fett → Seite 161.

| Wiener Masse | Biskuitmasse |
|---|---|
| • 4 Teile Eier<br>• 2 Teile Zucker<br>• 1 Teil Weizenmehl<br>• 1 Teil Weizenpuder<br>• 1 Teil Butter oder Margarine | • 4 Teile Eier<br>• 2 Teile Zucker<br>• 1 Teil Weizenmehl<br>• 1 Teil Weizenpuder |

LF 10

**Bestimmungen der Leitsätze**
Backwaren aus Wiener Masse enthalten auf 100 Teile Mehl und Weizenstärke (Weizenpuder) mindestens 66,7% Vollei und mindestens 6% Butter oder Margarine.

**Erzeugnisse aus Wiener Masse**
- Wiener Böden = helle Tortenböden
- Schokoladen Wiener Böden (Schokoböden) – mit Kakaopulver
- Nuss Wiener Böden (Nussböden) – mit geriebenen Nüssen
- einzeln gebackene Wiener Böden
- Kapseln = Wiener Masse, auf Backbleche gestrichen
- Osterlämmer

Die Erzeugnisse aus Wiener Masse können auch mit Biskuitmasse hergestellt werden.

*Heller Wiener Boden, Schokoladenboden, Nussboden*

**Vergleich der Tortenböden**
Die Unterschiede der Tortenböden aus Biskuitmasse und Wiener Masse ergeben sich durch den Fettanteil in der Wiener Masse. Wegen der Vorteile werden überwiegend Wiener Böden hergestellt.

| Biskuitböden | Wiener Böden |
|---|---|
| • lockere, großporige Tortenböden<br>• weicher, aber etwas trockenere Tortenböden<br>• kurze Frischhaltung, da die Tortenböden schnell trocken werden | • lockere, feinporige Tortenböden<br>• etwas weichere und elastischere Tortenböden<br>• etwas längere Frischhaltung, da die Tortenböden nicht so schnell trocknen |

**Rezeptbeispiel: Wiener Masse für Tortenböden und Kapseln**

Dieses Rezept ergibt einen Tortenboden von 26 cm Durchmesser und 6 cm Höhe oder von 28 cm Durchmesser und 5 cm Höhe.
Die Herstellung erfolgt nach dem traditionellen Warm- und Kaltaufschlagen.

| | | |
|---|---|---|
| 350 g | Vollei (7 Stück) | Die Eiermasse warm, ca. 45 °C, und dann kalt aufschlagen. |
| 200 g | Zucker | |
| | 1 Prise Salz (ca. 2 g Salz) | |
| | Zitronen- und Vanillearoma | |
| 120 g | Weizenmehl, Type 405 oder 550 | Mehl und Weizenpudergemisch sieben und in die Eiermasse melieren. |
| 100 g | Weizenpuder | |
| 100 g | Butter | Zum Schluss die flüssige Butter, ca. 40 °C, in die Masse heben (melieren). |
| **870 g** | **Wiener Masse** | |

**Schokoladenböden, Schokoladenkapseln**
70 g Weizenpuder und 30 g Kakaopulver statt 100 g Weizenpuder melieren.

**Nussböden, Mandelböden:**
100 g geröstete, geriebene Haselnüsse bzw. Mandeln und 50 g Weizenpuder, statt 100 g Weizenpuder melieren.

Die Lockerung der Wiener Masse erfolgt ausschließlich durch die eingeschlagene Luft.
Die Wiener Masse enthält kein Backpulver.

**Warm- und Kaltschlagen der Eiermasse**

*Gasflamme unter dem Kessel zum Warmschlagen der Eier*

- Die Eier, Zucker, Salz und Aromen zuerst auf ca. 45 °C erwärmen. Die Temperatur können erfahrene Bäcker gefühlsmäßig feststellen, indem sie mit dem Finger in die Masse fassen.
  Das Erwärmen erfolgt bei kleinen Massen auf dem Gasherd und bei größeren Massen mit einer Gasflamme am Heizring unter dem Kessel in der Rührmaschine.
  Die Eiermasse muss beim Erwärmen ständig gerührt werden, damit sie nicht anbrennt.
- Die warme Eiermasse wird nun bei hoher Geschwindigkeit so lange aufgeschlagen, bis sie auf 20 bis 25 °C abgekühlt ist.

Durch das Erwärmen wird das Eiweiß viskoser, d. h. dehnfähiger, und kann somit die eingeschlagene Luft besser zu Poren festhalten.
Wird die Eiermasse zu hoch erwärmt, über 50 °C, gerinnen die Eiweiße und verlieren ihre dehnbare Eigenschaft. Sie verkleben miteinander und können keine Luftbläschen mehr festhalten.

Das Warm- und Kaltschlagen dauert mindestens 25 Minuten. Die fertig aufgeschlagene Eiermasse ist stabil und hat ein großes Volumen. Der Fettanteil des Eigelbs beeinträchtigt das Gashaltevermögen des Eiweißes. Deshalb wird diese lange Zeit benötigt, die eingeschlagene Luft festzuhalten und stabile Poren zu bilden.
Um zu prüfen, ob die Eiermasse fertig aufgeschlagen ist, nimmt man mit dem Finger etwas Masse heraus. Zieht sich eine „Nase“, die nicht abtropft, ist die Masse fertig.

*Fingerprobe einer stabil aufgeschlagenen Eiermasse*

LF 10

## Melieren von Mehlgemisch und Fett

Beim Melieren schüttet ein Bäcker das Gemisch aus Weizenmehl und Weizenpuder vom Papier zügig nach und nach in die Masse, die ein weiterer Bäcker mit wenigen Rührbewegungen unter die Eiermasse hebt.
Anschließend wird die flüssige Butter in dünnem Strahl in die Masse gegossen und meliert, bis sie vollständig vermischt ist.

Die Butter sollte bei ca. 40 °C meliert werden. Bei zu heißem Fett gerinnen die Eiweißstoffe des Weizenmehls. Dabei werden die Luftbläschen zerstört und die Wiener Masse fällt zusammen.
Statt Butter kann Margarine oder Speiseöl verwendet werden.

## Erzeugnisse aus Wiener Masse

### Tortenböden

Die Wiener Masse sofort nach dem Melieren in Tortenringe füllen, ca. 1 cm unter den Rand des Ringes, und in den Backofen schieben.

*Einfüllen der Wiener Masse in Tortenringe*

### Backen von Wiener Böden

200 °C, bei geschlossenem Zug
**Backzeit:** ca. 30 Minuten

Fertig ausgebackene Wiener Böden geben beim Abtasten in der Mitte des Bodens dem Fingerdruck nach und gehen elastisch wieder zurück.

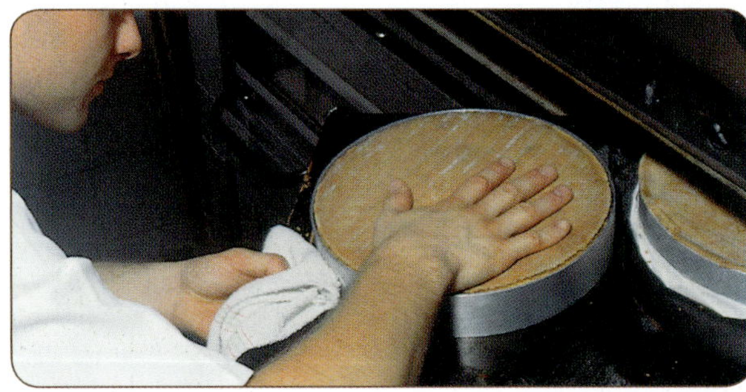

*Abtasten eines Tortenbodens*

Die Wiener Böden sofort nach dem Backen auf mit Tüchern belegte Bretter oder auf Backpapier stürzen, damit die Oberflächen der Böden glatt werden und sie besser ausdampfen können.

### Kapseln

Die Wiener Masse auf ein mit Backpapier belegtes Backblech geben und mit einer Winkelpalette oder einem Aufstreichgerät 1 bis 1,5 cm gleichmäßig dick aufstreichen.

*Aufstreichen der Wiener Masse für Kapseln*

### Backen von Kapseln

220 °C, bei geschlossenem Zug hellbraun aber stabil backen

Die flachen Kapseln werden bei hoher Backhitze flott gebacken, damit sie weich und für Rouladen rollfähig bleiben.

**Backzeit:** ca. 8 Minuten

Kapseln und einzeln gebackene Böden sofort nach dem Backen vom Blech schieben, damit sie nicht austrocknen.

### Einzeln gebackene Böden

Einen Schaber voll Wiener Masse auf gefettete oder mit Backpapier belegte Backbleche geben und mit einer Winkelpalette mithilfe eines Streichrings ca. 5 mm dicke Böden aufstreichen.

*Aufstreichen der Wiener Masse für einzeln gebackene Böden*

### Backen von einzeln gebackenen Böden

210 °C, hellbraun backen

**Backzeit:** ca. 8 Minuten

Die Böden nach dem Backen sofort vom Blech nehmen, damit sie nicht austrocknen.

### Unterschiede zwischen einzeln und in Ringen gebackenen Böden

Wiener Böden, im Ring gebacken, sind lockerer und weicher als einzeln gebackene Böden. Einzeln gebackene Wiener Böden sind kompakter und haben einen hohen Anteil an einer dünnen, weichen Kruste. Deshalb sind sie geschmackvoller. Einzeln gebackene Wiener Böden werden z. B. für Prinzregenten- und Herrentorten verwendet → Seite 558 und 576.

*Einzeln und im Ring gebackene Wiener Böden*

### Wiener Masse als Zweikesselmasse

Bei der Zweikesselmasse werden die Eier der Wiener Masse getrennt. Eiklar und Eigelb werden in jeweils einem Kessel separat aufgeschlagen.

**Rezeptbeispiel: einzeln gebackene Wiener Böden**

Dieses Rezept ergibt 6 Böden für eine Torte

| Menge | Zutat | Arbeitsschritt |
|---|---|---|
| 180 g | Eigelb (9 Stück) | Die Eigelbmasse schaumig rühren. |
| 50 g | Zucker | |
| | Zitronen- und Vanillearoma | |
| 270 g | Eiklar (9 Stück) | Eischnee aufschlagen und in die schaumige Eigelbmasse melieren. |
| 100 g | Zucker | |
| | 1 Prise Salz (ca. 2 g) | |
| 80 g | Weizenmehl, Type 405 oder 550 | Weizenmehl und Weizenpuder sieben und in die Eiermasse melieren. |
| 80 g | Weizenpuder | |
| 100 g | Butter | |
| **860 g** | **Wiener Masse** | Zum Schluss die flüssige Butter, ca. 40 °C, in die Masse melieren. |

Spezielle Wiener Böden, z. B. Spanische Vanilletorte mit Marzipanrohmasse und Kuvertürestückchen sowie Sacherböden mit hohem Schokoladenanteil, werden häufig mit der Zweikesselmasse hergestellt.

LF 10

## Sachermasse

**Bestimmungen der Leitsätze**

Die **Sachermasse** ist eine schwere Schokoladenmasse. Sie enthält auf 100 Teile Weizenmehl (und Weizenpuder)
- mindestens 100 Teile Schokolade und/oder eine entsprechende Menge Kakaopulver,
- mindestens 100 Teile Butter und
- mindestens 200 Teile Vollei.

**Rezeptbeispiel: Sachermasse**

Dieses Rezept ergibt 1 Tortenring von 26 cm Durchmesser.

| Menge | Zutat | Arbeitsschritt |
|---|---|---|
| 140 g | Butter | Die Buttermasse schaumig rühren. |
| 120 g | Eigelb (6 Stück) | |
| 60 g | Puderzucker | |
| | Zitronen- und Vanillearoma | |
| 150 g | Schokoladenkuvertüre | Die flüssige Kuvertüre in die schaumige Buttermasse rühren. |
| 180 g | Eiklar (6 Stück) | Eischnee aufschlagen und in die schaumige Buttermasse melieren. |
| 120 g | Zucker | |
| | 1 Prise Salz (ca. 2 g) | |
| 100 g | Mandeln, gehackt | Das Mehl- und Mandelgemisch zum Schluss in die Masse melieren. |
| 120 g | Weizenmehl, Type 405 oder 550 | |
| **990 g** | **Sachermasse** | |

Die Sachermasse in einen Tortenring füllen und in den Backofen schieben.

**Backen:** 190 °C, bei geschlossenem Zug

**Backzeit:** ca. 40 Minuten

LF 10

Sandmasse muss mindestens 20 % Fett enthalten. Sachermasse gehört zur Wiener Masse, da der Buttergehalt weniger als 20 % der Masse beträgt.

*Sacherboden*

## Litergewicht der Massen

Das Litergewicht gibt das Gewicht von 1 Liter Volumen einer Masse an, bei der Eier aufgeschlagen werden.

Werden Eier, Eigelb und Eiklar einer Masse aufgeschlagen, vergrößert sich durch Einschlagen von Luft das Volumen. Anschließend werden in die Eiermasse noch Weizenmehl und Weizenpuder und bei der Wiener Masse flüssiges Fett meliert. Beim Melieren werden einige Luftbläschen zerstört und das Volumen verringert sich etwas.

Die fertig aufgeschlagene Masse wird in einen 1-Literbecher gefüllt. Je weniger die Masse in dem Literbecher wiegt, desto lockerer ist sie, z. B.:

**1 Liter Biskuitmasse wiegt ca. 350 g**

**1 Liter Wiener Masse wiegt ca. 450 g**

Die Biskuitmasse enthält mehr Luftbläschen und ist somit lockerer als die Wiener Masse. Die Eiermasse der Wiener Masse verliert gegenüber der Biskuitmasse etwas an Volumen, weil mehr Weizenmehl und Weizenpuder meliert und zusätzlich noch flüssiges Fett untergehoben wird.

Besonders aufschlussreich ist das Litergewicht, um festzustellen, welche Aufschlagmethode einer Masse für den Betrieb die beste ist, z. B. bei der Wiener Masse:
- Eiermasse warm und kalt aufschlagen
- Eiermasse kalt aufschlagen
- Eier getrennt zu Eischnee und schaumigem Eigelb aufschlagen

Je lockerer eine Masse, desto mehr Volumen hat die Masse, was somit eine höhere Anzahl an Gebäcken ergibt. Deshalb ist auch der Energiegehalt der einzelnen Gebäcke geringer.

Mit dem Litergewicht kann die Lockerung der aufgeschlagenen Massen überprüft werden, die ohne Backpulver hergestellt werden.

Das Backpulver in Massen reagiert erst durch Hitze und lockert die Massen erst beim Backen, sodass das Litergewicht der Backpulvermassen keine Aussage über die Lockerung der Gebäcke ergibt.

## Fehler bei Gebäcken aus Wiener Masse

| Fehler | Ursachen |
|---|---|
| • zu niedrige Tortenböden<br>• zu geringe Lockerung der Tortenböden | • Die Masse wurde zu wenig lange aufgeschlagen.<br>• Der Kessel bzw. Rührbesen war fetthaltig. |
| eingefallene Tortenböden mit Wasserstreifen (ungelockerter, klebriger Streifen in den Tortenböden) | zu kurze Backzeit der Tortenböden |
| Die Kapsel bricht beim Rollen zu Rouladen | • zu lange Backzeit<br>• zu geringe Backhitze<br>• die Kapsel wurde ungleichmäßig aufgestrichen und hatte dünne Stellen |

### Aufgaben

1. Erklären Sie die Wiener Masse und geben Sie den Unterschied zur Biskuitmasse an.
2. Nennen Sie Erzeugnisse aus Wiener Masse.
3. Geben Sie die Unterschiede der Tortenböden aus Wiener Masse und Biskuitmasse an:
   - Porung der Böden
   - Krumenbeschaffenheit
   - Frischhaltung
4. Nennen Sie die Zutaten für eine Wiener Masse und beschreiben Sie die traditionelle Herstellung einer Wiener Masse.
5. Wodurch erfolgt ausschließlich die Lockerung der Wiener Masse?
6. Erklären und begründen Sie das Warm- und Kaltschlagen der Wiener Masse.
7. Beschreiben Sie das Backen von
   - Kapseln,
   - Wiener Böden in Tortenringen,
   - einzeln gebackenen Wiener Böden.
8. Wie erkennt man fertig ausgebackene Wiener Böden?
9. Nennen Sie den Unterschied der einzeln gebackenen Wiener Böden zu den Wiener Böden in Tortenringen.
10. Für welche Torten werden einzeln gebackene Wiener Böden verwendet?
11. Nennen Sie die Bestimmungen der Leitsätze für Sachermasse.
12. Geben Sie die Ursachen für folgende Fehler bei Gebäcken aus Wiener Masse an:
    - zu niedrige Tortenböden und zu geringe Lockerung der Tortenböden
    - eingefallene Tortenböden mit Wasserstreifen
    - Kapsel bricht beim Rollen zu Rouladen
13. Erklären Sie das Litergewicht der Massen und was es aussagt.
14. Während der Erdbeerzeit wünschen die Kunden häufig Tortenböden zum Belegen. Welche Tortenböden empfehlen Sie den Kunden mit welchen Verkaufsargumenten?

### Rechenaufgaben

1. Eine Wiener Masse für 8 Tortenböden wird mit folgendem Rezept hergestellt:

| | | | |
|---|---|---|---|
| 2800 g | Vollei | 800 g | Weizenpuder |
| 1600 g | Zucker | 800 g | Butter |
| 960 g | Weizenmehl | | |
| 40 g | Salz, Zitrone, Vanille für die ganze Masse | | |

Das Rezeptgewicht beträgt $^2/_5$ vom Litergewicht der Wiener Masse, die in den Tortenring gefüllt wird. Berechnen Sie das Litergewicht der Wiener Masse.

2. Die Sachermasse für 8 Tortenböden wird mit folgendem Rezept hergestellt:

| | | | |
|---|---|---|---|
| 1120 g | Butter | 1200 g | Schokoladenkuvertüre |
| 960 g | Eigelb | 1440 g | Eiklar |
| 480 g | Puderzucker | 960 g | Zucker |
| 80 g | Zitronen- und Vanillearoma | 800 g | Mandeln |
| | | 960 g | Weizenmehl |

a) Errechnen Sie das Massengewicht in kg.
b) Wie viel % Butter enthält die Sachermasse?

LF 10

## 32.3 Sandmasse

Sandmassen sind eireiche Massen mit den gleichen Zutaten wie bei der Wiener Masse, jedoch mit einem höheren Fettanteil sowie mehr Zucker und Weizenmehl/ Weizenpuder.
Weil bei allen Sandmassen die Butter oder Margarine schaumig gerührt und die anderen Zutaten hineingerührt werden, bezeichnet man sie manchmal als **„Rührmassen"** und die Kuchen daraus als **„Rührkuchen"**.

**Bestimmungen der Leitsätze**
Sandmasse enthält mindestens 20 % Butter oder Margarine sowie mindestens 20 % Vollei, berechnet vom gesamten Massengewicht.

### Gebäcke aus Sandmasse

| Kuchen | Blechkuchen mit Früchten | Kuchen aus kleinen Förmchen |
|---|---|---|
| • Sandkuchen<br>• Marmorkuchen<br>• Nusskuchen<br>• Eierlikörkuchen<br>• Rotweinkuchen<br>• Englischer Kuchen | Donauwellen mit Sauerkirschen, Schnitten mit Stachelbeeren, Aprikosen, Sauerkirschen | Muffins mit Früchten oder Schokoladenstückchen; kleine, runde Kuchen in Papiermanschetten und in kleinen Förmchen gebacken |

Auch Baumkuchen, das Symbol der Konditorei, werden aus einer Sandmasse hergestellt. Da sie in einem speziellen Baumkuchenofen gebacken werden müssen, werden sie in der Bäckerei selten angeboten.

*Blechkuchen aus Sandmasse*

*Baumkuchenring, Baumkuchenhalbring, Baumkuchenspitzen*

### Grundrezept für eine Sandmasse

Das Grundrezept einer Sandmasse ergibt eine „Gleichschwermasse", da alle Hauptzutaten in der Rezeptur die gleiche Menge aufweisen.

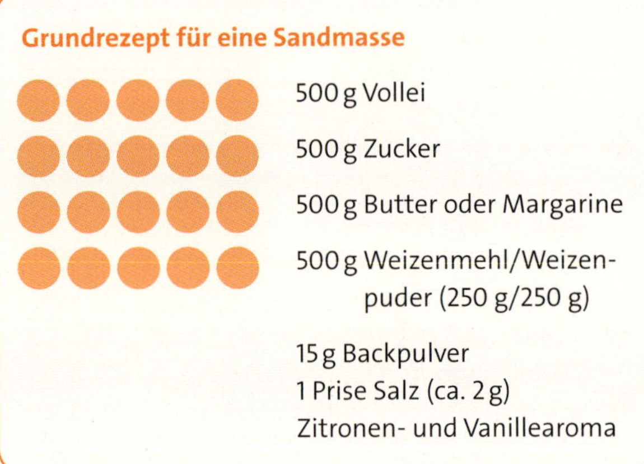

**Grundrezept für eine Sandmasse**

500 g Vollei
500 g Zucker
500 g Butter oder Margarine
500 g Weizenmehl/Weizenpuder (250 g/250 g)
15 g Backpulver
1 Prise Salz (ca. 2 g)
Zitronen- und Vanillearoma

Die Lockerung der Sandmasse erfolgt mit Backpulver, da beim Rühren der Masse zu wenig Luft eingeschlagen wird.

### Bedeutung der Weizenstärke für die Gebäcke

Sandmasse wird mit Weizenmehl und Weizenstärke zu gleichen Gewichtsanteilen hergestellt. Dadurch wird eine lockere, weiche Struktur der Kuchen erzielt.

Wird für die Sandmasse nur Weizenmehl ohne Weizenpuder verwendet, werden die Kuchen kleinporig und zu kompakt, mit zu festem Biss. Das Gebäckvolumen ist zu klein.
Begründung: Der hohe Weizenmehlanteil bildet mit dem Wasser der Eier einen zähen Kleber, sodass eine zu stabile Masse entsteht.

Durch den Weizenpuder (Weizenstärke) werden Kuchen aus Sandmasse lockerer und „sandig".
Begründung: Beim Backen verkleistert die Weizenstärke bei 60 bis 90 °C und kann dabei das 10-Fache des Eigengewichts an Wasser binden. So wird der geringe Wasseranteil der Eier in der Sandmasse völlig gebunden, sodass die Kuchen trocken werden und sandig wirken.
Verwendet man nur Weizenstärke, ist die Krume der Kuchen zu locker und zu sandig sowie etwas trocken.

*Lockere Sandkuchen*

**Bestimmungen der Leitsätze**

- **Sandkuchen:**
  Sie werden aus Sandmasse hergestellt, die mindestens 20 % Butter oder Margarine und mindestens 20 % Vollei enthält.
- **Marmorkuchen:**
  Sie werden aus heller und zu mindestens einem Drittel aus kakaohaltiger Sandmasse hergestellt.
- **Englische Kuchen:**
  Sie werden aus Sandmasse hergestellt, der auf 100 kg Sandmasse mindestens 30 kg Sultaninen, Korinthen und kandierte Früchte, wie z. B. Zitronat, Orangeat und Belegkirschen, zugegeben werden.

*Englischer Kuchen*

## Herstellung der Sandmassen als Einkesselmasse

Sandmassen werden häufig als Einkesselmasse hergestellt. Es ist die schnellste Herstellungsart.

**Rezeptbeispiel: Sandkuchen**

| Menge | Zutat | Arbeitsschritt |
|---|---|---|
| 1000 g | Butter | Butter, Zucker, Salz und Aromen leicht schaumig rühren. |
| 1000 g | Zucker | |
| | 1 Prise Salz (ca. 2 g) | |
| | Zitronen- und Vanillearoma | |
| 1000 g | Vollei (ca. 20 Stück) | Eier nach und nach zugeben, sodass die Masse immer glatt gerührt ist. |
| 500 g | Weizenmehl, Type 405 oder 550 | Weizenmehl, Weizenpuder und Backpulver miteinander sieben und zum Schluss kurz in die Masse rühren, um eine Kleberbildung zu vermeiden. |
| 500 g | Weizenpuder | |
| 30 g | Backpulver | |
| **4030 g** | **Masse** | |

Bei **Eierlikörkuchen** wird zu der Butter- und Zuckermasse noch 150 bis 200 g Eierlikörpaste zugegeben.
Bei **Zitronenkuchen** wird der Sandmasse so viel Zitronenaroma zugegeben, dass der Zitronengeschmack im Kuchen dominiert.

### Temperatur des Fettes zur Verarbeitung der Sandmasse

Das Fett sollte bei der Verarbeitung nicht zu kalt und nicht zu warm sein, damit es beim Rühren geschmeidig ist und sich mit den anderen Zutaten gut vermischen lässt; Butter ca. 20 °C und Margarine ca. 23 °C.

Zu kaltes Fett lässt sich nicht gut schaumig rühren und es verbindet sich schlecht mit dem Wasser der Eier, sodass die Masse grießig wird. Die Kuchen sind dann meist ungenügend gelockert und im unteren Teil bildet sich ein speckiger, ungelockerter Streifen.

Bei zu weichem Fett entsteht beim Rühren schnell eine zu schaumige Sandmasse. Diese kann die Lockerungsgase beim Backen schlecht festhalten, sodass die Kuchen oben flach auseinanderlaufen oder gar leicht zusammenfallen.
Beim Rühren muss die Reibungswärme berücksichtigt werden, damit das Fett bei zu schnellem oder zu langem Rühren nicht zu weich und somit die Sandmasse schaumig wird.

Auch die **Eier** sollten bei der Verarbeitung etwas temperiert und nicht zu kalt sein. So kann das Wasser der Eier besser mit dem Fett emulgiert werden, weil das Lezithin im Eigelb sofort wirkt und die Sandmasse bindiger macht.

### Einfüllen der Sandmasse in die Kuchenformen

Die Kuchenformen werden gefettet und bemehlt, damit die Kuchen nach dem Backen nicht an den Formen hängen bleiben.
Sofort nach der Herstellung der Sandmasse die Kuchenformen ca. ¾ vollfüllen. Beim Einfüllen darf die gefettete Innenseite der Form nicht beschmiert werden, da diese Masse am Rand beim Backen sofort hart wird. In rechteckige Formen kann die Sandmasse mit einem Schaber in die Formen gefüllt werden. Ein leichtes und sauberes Einfüllen, vor allem in Ringformen, ist mit einem Dressierbeutel ohne Tülle möglich.
Damit die Masse eine ebene Oberfläche erhält, werden die Kuchenformen auf den Arbeitstisch geklopft.

### Backen der Sandkuchen mit Ausbund

- Die Sandmasse für Kuchen mit Ausbund wie bei Sandkuchen wird in rechteckigen Kastenformen gebacken.
- Die Sandmasse bei 220 °C und geschlossenem Zug anbacken.
- Nach 12 bis 15 Minuten die leicht gebräunte, feste Haut an der Oberfläche mit einem in Wasser oder Öl getauchten Messer der Länge nach einschneiden.
- Die Kuchen wieder in den Backofen schieben und bei 180 °C bei offenem Zug ausbacken.

Der Ausbund entsteht, wenn das Backpulver im Ofen Lockerungsgase ($CO_2$) entwickelt. Die Masse hebt sich dann nach oben, wodurch die Schnittstelle aufreißt.

*Sandkuchen schneiden*

Die Kuchenformen für das Einschneiden vorsichtig aus dem Ofen herausnehmen und wieder einschieben, damit die noch nicht stabilen Poren in der Sandmasse durch die Erschütterung nicht einfallen.

Eine weitere Möglichkeit, einen schönen Ausbund der Kuchen zu erzielen, ist, wenn nach dem Einfüllen der Masse in die Formen ein Schaber in flüssiges Fett oder Öl getaucht wird und dieser im oberen Teil der Masse eingestochen wird. Das Fett trennt die Masse, sodass der Kuchen beim Backen an dieser Stelle aufreißt.

**Backzeit**
Die Backzeit hängt von der Größe und dem Gewicht des Kuchens ab.
Kuchen aus Sandmasse werden hell mit einer dünnen, aber stabilen Kruste gebacken.
Ein 500 g schwerer Sandkuchen benötigt ca. 40 Minuten. Größere Kuchen backen ca. 45 bis 50 Minuten.
Kuchen aus Sandmasse sind fertig gebacken, wenn beim Abtasten mit den Fingern der Fingerabdruck in der Mitte des Kuchens elastisch wieder zurückgeht.

**Fertigstellen der Sandkuchen**
Die abgekühlten Sandkuchen mit Puderzucker bestauben oder mit Schokoladenkuvertüre bzw. Fettglasur überziehen.

*Sandkuchen mit schönem Ausbund*

### Blechkuchen aus Sandmasse mit Früchten

Werden der Sandmasse für Blechkuchen Früchte zugegeben, wird die Masse ohne Weizenpuder hergestellt, weil sie nur mit Mehl kompakter ist und so die Früchte nicht nach unten sinken.

- Die Sandmasse in gefetteten Schnittenblechen (Alu-Rahmenbleche) gleichmäßig verstreichen.
- Früchte wie Sauerkirschen, Stachelbeeren, Aprikosen, Äpfel u. a. auflegen und backen.

**Rezeptbeispiel: Kirschkuchen**

Die Rezeptur ergibt ein Schnittenblech von 60 × 40 cm.

| Menge | Zutat | Arbeitsschritt |
|---|---|---|
| 500 g<br>600 g | Butter<br>Zucker<br>1 Prise Salz (ca. 2 g)<br>Zitronen- und Vanillearoma | Butter, Zucker, Salz und Aromen leicht schaumig rühren. |
| 800 g | Vollei (ca. 16 Stück) | Die Eier nach und nach in die Masse einrühren. Bevor die Masse grießig wird, das Mehlgemisch im Wechsel mit den Eiern einrühren, damit eine glatte Masse entsteht. |
| 500 g<br><br>15 g<br>70 g<br>300 g<br>200 g | Weizenmehl, Type 405 oder 550<br>Backpulver<br>Kakaopulver<br>Nüsse, geröstet und gerieben<br>süße Brösel | Weizenmehl, Backpulver und Kakaopulver miteinander sieben. Die geriebenen Nüsse und die süßen Brösel auf das Mehl geben.<br>Das restliche Mehlgemisch kurz in die Masse einrühren. |
| **2 985 g** | **Masse** | |
| 1400 g | Sauerkirschen | Die abgetropften Sauerkirschen in die Masse heben. |

Ein Schnittenblech (Alu-Rahmenblech) von 60 × 40 cm einfetten und die Masse gleichmäßig darin verstreichen.

**Backen:** 200 °C, bei geschlossenem Zug
**Backzeit:** ca. 35 Minuten

*Kirschkuchen nach dem Backen*

Die Ränder dünn abschneiden und den Kirschkuchen in Stücke schneiden, z. B. 9,5 cm × 6 cm, ergibt 40 Stück.

Die geschnittenen Kirschkuchen leicht mit Puderzucker bestauben.

*Kirschkuchen*

## Herstellung der Sandmassen als Zweikesselmasse

Die Herstellung erfolgt in zwei Kesseln:
- In einem Kessel werden Butter und Eigelb schaumig gerührt.
- Im zweiten Kessel werden Eiklar und Zucker zu Eischnee aufgeschlagen.

Beim fachgerechten Aufschlagen der Masse kann auf Backpulver verzichtet werden. Zur Sicherheit wird jedoch meistens etwas Backpulver zugegeben.

Jedes Rezept für Sandmasse kann als Einkessel- und Zweikesselmasse hergestellt werden.

**Rezeptbeispiel: Marmorkuchen**

| Menge | Zutat | Arbeitsschritt |
|---|---|---|
| 1000 g<br>400 g<br><br>400 g | Butter<br>Eigelb (ca. 20 Stück)<br>Zucker<br>Zitronen- und Vanillearoma | Butter, Zucker und Aromen schaumig rühren und das Eigelb nach und nach einrühren. |
| 600 g<br><br>600 g | Eiklar (ca. 20 Stück)<br>Zucker<br>1 Prise Salz (ca. 2 g) | Eiklar, Zucker und Salz zu Eischnee aufschlagen und den Eischnee unter die Buttermasse heben. |
| 600 g<br><br>400 g<br>10 g | Weizenmehl, Type 405 oder 550<br>Weizenpuder<br>Backpulver | Weizenmehl, Weizenpuder und Backpulver sieben und in die Masse melieren. |
| 70 g<br>150 g | Kakaopulver<br>Vollei (3 Stück) oder 100 g Milch | Kakaopulver mit Eiern oder Milch in einem Kessel anrühren und sofort ca. ⅓ der Masse einrühren, sodass eine Schokoladenmasse entsteht. |
| **4 230 g** | **Masse** | |

Eine weitere Methode der Herstellung als Zweikesselmasse ist folgende:

- Butter, Weizenpuder und Aromen leicht schaumig rühren.
- Vollei, Zucker und Salz zu einer stabilen Eiermasse aufschlagen.
- Die Eiermasse unter die Buttermasse heben.
- Zum Schluss das Weizenmehl mit Backpulver melieren.

**Einfüllen der Sandmasse in Kuchenformen**

- Kuchenformen einfetten und bemehlen.
- Die helle Sandmasse in die Formen einfüllen.
- Die Schokoladenmasse auf die helle Masse geben.
- Mit einer Gabel mit wenigen Drehungen spiralförmig kreisen, damit die Schokoladenmasse zwischen der hellen Masse ein marmoriertes Muster im Kuchen ergibt.

*Marmoriertes Muster im Marmorkuchen*

**Backen:** 200 °C, bei geschlossenem Zug
**Backzeit:** 45 bis 50 Minuten, je nach Größe der Kuchen
**Überziehen:** Die abgekühlten Marmorkuchen mit Kuvertüre oder Fettglasur überziehen.

*Überzogene Marmorkuchen*

## Sandmasse mit Speiseöl

Anstelle von Butter bzw. Backmargarine kann für Sandmassen Speiseöl verwendet werden. Diese Kuchen sind etwas saftiger und weicher.

Die Herstellung der Sandmasse mit Öl erfolgt im einfachen und schnellen „All-in-Verfahren".

**Rezeptbeispiel: Eierlikörkuchen**

| | |
|---|---|
| 1000 g | Vollei (ca. 20 Stück) |
| 1000 g | Puderzucker |
| 1000 g | Speiseöl (= 1140 ml) |
| 500 g | Weizenmehl, Type 405 oder 550 |
| 500 g | Weizenpuder |
| 40 g | Backpulver |
| 200 g | Eierlikörpaste |
| | 1 Prise Salz (ca. 2 g) |
| | Vanille- und Zitronenaroma |
| **4240 g** | **Masse** |

- Alle Zutaten zusammen in einem Kessel im All-in-Verfahren ca. 10 Minuten lang nicht zu schnell rühren.
- Die weiche Sandmasse mit einem Schöpflöffel in die gefetteten und bemehlten Kuchenformen füllen.

**Backen:** bei 190 °C und geschlossenem Zug backen
Bei Eierlikörkuchen mit Ausbund:
bei 220 °C ca. 15 Minuten anbacken,
die leicht gebräunte Haut einschneiden,
bei 180 °C ausbacken
**Backzeit:** 50 bis 60 Minuten, je nach Größe der Kuchen

Die abgekühlten Eierlikörkuchen mit Puderzucker bestauben oder mit Kuvertüre bzw. Fettglasur überziehen.

*Eierlikörkuchen mit Speiseöl*

## Amerikaner

Amerikaner werden aus einer weichen Masse hergestellt, die jedoch einen hohen Mehl- und Milchanteil, aber wenig Eier enthält. Da bei dieser Masse eine Kleberbildung entsteht, wird als Lockerungsmittel Hirschhornsalz zugegeben, das stark und großporig lockert.
Wegen der teigähnlichen Rezeptur können Amerikaner keiner Gruppe der Massen zugeordnet werden.

**Fehler bei Kuchen aus Sandmasse**

| Gebäckfehler | Ursachen |
|---|---|
| • zu kleines Volumen der Kuchen<br>• gering gelockerte Kuchen | • Die Sandmasse wurde zu wenig schaumig gerührt.<br>• Durch zu kaltes Fett wurde die Sandmasse nicht genügend schaumig gerührt.<br>• Durch zu schnell zugegebene Eier konnten sich diese nicht mit dem Fett vermischen, sodass eine grießige Masse entstand.<br>• zu wenig Backpulver in der Sandmasse |
| • zusammengefallene Kuchen<br>• speckige Kuchen<br>• Wasserstreifen im unteren Drittel des Kuchens | • zu viel Backpulver in der Sandmasse<br>• zu kurze Backzeit<br>• Erschütterung der Masse in der Kuchenform während der Anfangszeit beim Backen, z. B. durch Anstoßen. Die noch nicht stabilen Poren sind zusammengefallen. |
| breit gelaufene, flache Oberfläche der Kuchen ohne Ausbund | • Es wurde zu warmes und somit zu weiches Fett verarbeitet, sodass die Sandmasse zu schaumig wurde.<br>• Die Sandmasse wurde zu schaumig gerührt. |
| • zu dunkle Kruste<br>• zu dicke Kruste<br>• zu trockene Kuchen | • zu lange Backzeit<br>• zu kühle Backtemperatur |
| ungenügender Ausbund der Kuchen | • Die Masse wurde zu früh oder zu spät eingeschnitten.<br>• Die Masse wurde zu schaumig gerührt.<br>*Zu schaumig gerührter Sandkuchen* |
| • Bei Blechkuchen mit Früchten sind die Früchte beim Backen nach unten gesunken.<br>• Bei Marmorkuchen und Donauwellen ist die Schokomasse nach unten gesunken. | • Die Sandmasse enthält Weizenpuder oder zu viel Weizenpuder, sodass die schweren Früchte und die Schokoladenmasse in der lockeren Sandmasse nach unten gesunken sind. Mit Mehl statt Weizenpuder ist die Masse kompakter.<br>• Die Sandmasse wurde zu schaumig gerührt, sodass die schweren Bestandteile in der weichen Massen nach unten gesunken sind. |

## Verkaufsargumente

**Qualitätsmerkmale für die Kundenberatung**
- Kuchen (Rührkuchen) aus Sandmasse sind ei- und fettreiche Gebäcke.
- Es sind lockere und weiche Kuchen mit aromatischem Kuchengeschmack.

**Frischhaltung**

Rührkuchen aus Sandmasse und Baumkuchen werden bei kühler Raumtemperatur aufbewahrt. Sie sind einige Tage frisch, vor allem eingeschweißte Kuchen.

Nach Ladenschluss sollten nicht eingeschweißte Kuchen im Bäckereigeschäft über Nacht mit Folie abgedeckt werden, um das Austrocknen zu verzögern. Diese Empfehlung sollte auch den Kunden gegeben werden.

Unverpackte Kuchen sollten möglichst frisch verkauft werden, weil frische Kuchen die vollen Qualitätsmerkmale besitzen. Sie sind besonders weich und haben den gewünschten vollen Kuchengeschmack. Kaufen Kunden frische Kuchen, können sie bei den Kunden noch gelagert werden.

**Besondere Eignung der Gebäcke**
- Kuchen aus Sandmasse sind in ihrer Vielfalt auf jedem Kaffeetisch beliebt.
- Wegen der längeren Frischhaltung eignen sie sich auch als Vorratsgebäck.
- Wegen der problemlosen Lagerung werden Kuchen aus Sandmasse gerne auf Reisen mitgenommen.

## Aufgaben

1. Unterscheiden Sie die Wiener Masse und Sandmasse in Bezug auf die Zutaten der Rezeptur.
2. Nennen Sie die Bestimmungen der Leitsätze für Sandmasse.
3. Geben Sie Gebäcke aus Sandmasse an:
   - Kuchen
   - Blechkuchen
   - kleine Kuchen, in Förmchen gebacken
   - Symbol der Konditorei
4. Erstellen Sie ein Grundrezept einer Sandmasse als Gleichschwermasse.
5. Womit werden Gebäcke aus Sandmasse überwiegend gelockert?
6. Nennen Sie die Bestimmungen der Leitsätze für
   - Sandkuchen,
   - Englische Kuchen.
   - Marmorkuchen,
7. Beschreiben Sie die Herstellung einer Sandmasse als Einkesselmasse.
8. Wodurch unterscheiden sich Zitronen- und Eierlikörkuchen in der Rezeptur und im Geschmack vom Sandkuchen?
9. Erklären Sie, warum das Fett zur Verarbeitung der Sandmasse nicht zu kalt und nicht zu warm sein darf.
10. Beschreiben Sie das fachgerechte Einfüllen der Sandmasse in die Kuchenformen.
11. Wie werden Sandkuchen gebacken und bearbeitet, damit ein schöner Ausbund entsteht?
12. Beschreiben Sie die Herstellung einer Sandmasse als Zweikesselmasse.
13. Wie wird die Sandmasse für Marmorkuchen in die Formen gefüllt?
14. Beschreiben Sie die Herstellung einer Sandmasse mit Speiseöl.
15. Erklären Sie die besondere Masse der Amerikaner.
16. Nennen Sie die Ursachen für folgende Fehler bei Rührkuchen aus Sandmasse:
    - zu kleines Volumen der Kuchen, zu gering gelockerte Kuchen
    - zusammengefallene und speckige Kuchen, Wasserstreifen im Kuchen
    - breit gelaufene, flache Oberfläche der Kuchen
    - zu dunkle Kruste, zu dicke Kruste, zu trockene Kuchen
    - ungenügender Ausbund der Kuchen
    - Früchte sind bei Blechkuchen und die Schokoladenmasse ist bei Marmorkuchen abgesunken
17. Erklären Sie die Qualitätsmerkmale der Kuchen aus Sandmasse bei der Kundenberatung.
18. Geben Sie Auskunft über die Aufbewahrung und Frischhaltung der Kuchen aus Sandmasse.
19. Wofür eignen sich Kuchen aus Sandmasse?
20. Ein Kindergarten bestellt bei Ihrer Bäckerei zehn Kuchen aus Sandmasse für den Tag der offenen Tür. Machen Sie passende Vorschläge und überlegen Sie sich Möglichkeiten zur Dekoration der Kuchen.

## Rechenaufgaben

1. Die Materialkosten für 20 Nusskuchen betragen 16,80 €. Die Betriebskosten je Stunde belaufen sich auf 78,20 €. Für die Nusskuchen benötigte der Konditor 90 Minuten. Für Gewinn und Risiko werden 28 %, für Mehrwertsteuer 7 % angesetzt. Berechnen Sie den Bruttoverkaufspreis für einen Nusskuchen.
2. Ein ganzer Sandkuchen wiegt im Verkauf 350 g. Die Materialkosten für 22 Sandkuchen werden mit 15,90 € ermittelt. In einer Stunde werden in der Bäckerei 20 Sandkuchen zum Verkauf fertiggestellt. Der Stundensatz beträgt 68,40 €. Berechnen Sie den Verkaufspreis eines Sandkuchens bei einem Zuschlag für Gewinn und Risiko von 32 % und dem üblichen Mehrwertsteuersatz.
3. Eine Bäckerei möchte einen Marmorkuchen für 4,50 € verkaufen. Die Materialkosten werden mit 0,70 € berechnet. Die Betriebskosten setzt die Bäckerei mit 180 % an und die Mehrwertsteuer beträgt 7 %. Berechnen Sie, wie viel % Gewinn und Risiko die Bäckerei berechnet.
   Runden Sie die Prozentzahl auf eine Stelle nach dem Komma.
4. Ein Eierlikörkuchen kostet im Laden 6,90 €. Für Gewinn und Risiko wurden 2,85 € veranschlagt, die Betriebskosten werden mit 240 % verrechnet. Berechnen Sie die Materialkosten in € bei einem Mehrwertsteuersatz von 7 %.

## 32.4 Brandmasse

Den Namen hat die Brandmasse, weil sie bei der Herstellung abgeröstet (abgebrannt) wird.

Typisch bei den Gebäcken aus Brandmasse sind die großen Hohlräume mit den zarten, dünnen Porenwänden im Gebäckinneren.

*Brandmassegebäck im Anschnitt*

### Gebäcke aus Brandmasse

Die Brandmassegebäcke werden mit einem Sägemesser in der Mitte waagerecht auseinandergeschnitten und halbiert. Auf das Unterteil der Gebäcke wird die Füllung aufgetragen, das Oberteil, der sogenannte Deckel, wird mit Puderzucker bestaubt oder mit Kuvertüre bzw. Fettglasur sowie mit Fondant überzogen.

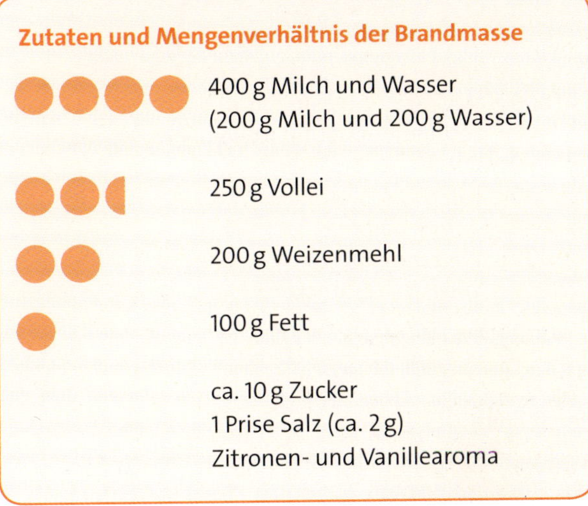


**Wirkungen der Zutaten**

- Milch und Wasser werden zu gleichen Teilen gemischt. Der Milchzucker bräunt die Gebäckkruste. Nur Wasser als Flüssigkeit ergibt zu blasse Gebäcke, wird nur Milch verwendet, wird die Gebäckkruste wegen des Milchfetts zu weich.
- Mit der Eiermenge wird die Festigkeit der Brandmasse reguliert.
- Durch etwas Zucker werden die Bräunung und Rösche der Gebäckkruste verstärkt.

| Gebäcke aus Brandmasse | Füllung | Dekor bzw. Überzug |
|---|---|---|
| **Windbeutel** | Schlagsahne, evtl. auf den Gebäckboden Früchte legen | Das Oberteil (Deckel) mit Puderzucker bzw. süßem Schnee (Dekorpuder) bestauben. |
| **Sahnekirschringe (Lucca-Augen)** | Auf das Unterteil der Brandmasseringe gebundene Sauerkirschen füllen und mit Kirschwassersahne aufdressieren. | Den Deckel aprikotieren und in Fondant tauchen. |
| **Eclairs (Liebesknochen)** | Vanillecreme | Den Deckel mit Kuvertüre oder Fettglasur überziehen. |
| **Spritzkuchen (Strauben)** | ohne Füllung | Die obere Hälfte der Gebäcke nach dem Backen in Fondant tauchen oder die Gebäcke sofort nach dem Backen in Zimtzucker wälzen. |

| Rezeptbeispiel: Brandmasse | |
|---|---|
| 1000 g | Milch |
| 1000 g | Wasser |
| 500 g | Fett (Erdnussfett, Butter oder Margarine) |
| 50 g | Zucker |
| 10 g | Salz |
| | Zitronenaroma |
| 1000 g | Weizenmehl, Type 405 oder 550 |
| 1250 g | Vollei (ca. 25 Stück) |
| **4810 g** | **Brandmasse** |

**Herstellung**

Die Brandmasse ist eine Masse mit einem besonders hohen Flüssigkeitsanteil, der durch Erhitzen der Masse gebunden wird.

- Milch, Wasser, Fett, Zucker und Salz kochen, am besten in einem Kupferkessel.
- Die Masse wird im Kupferkessel abgeröstet, weil Kupfer ein guter Wärmeleiter ist und somit auch das Anbrennen weitgehend vermieden wird.
- Das gesiebte Weizenmehl in einem Schub in die kochende Flüssigkeit schütten und mit einem Rührlöffel verrühren.
- Die Masse unter ständigem Rühren abrösten, bis sie sich zu einem Ballen bindet, sich von der Kesselwand löst und glatt ist.
  Dabei verkleistert (bindet) die Stärke des Mehls die Flüssigkeit der Masse vollständig. Ein weißer Belag am Boden des Kessels ist ein Zeichen, dass die Brandmasse fertig abgeröstet ist.
- Die abgeröstete Masse sofort in einen Edelstahlkessel umfüllen und auf ca. 40 °C abkühlen.
- Zitronenaroma der abgekühlten Masse zugeben.
- In der Rührmaschine die Eier nach und nach in die Masse einrühren, bis sie glatt und geschmeidig ist. Das Rühren erfolgt mit einem grobdrahtigen Rührbesen in der langsam laufenden Maschine.

*Abgeröstete Brandmasse*

*Glatte Brandmasse nach dem Einrühren der Eier*

Beim Einrühren der Eier darf die Masse nicht schaumig gerührt werden, die glatte Brandmasse wird dann grobporig.
Durch das Schaumigrühren trennen sich die Zutaten in der Brandmasse etwas und das Gashaltevermögen verringert sich.

Die Eier dürfen erst nach dem Abkühlen der Masse auf ca. 40 °C eingerührt werden. In der heißen Masse würde das Eiweiß der Eier gerinnen. Nach dem Auskühlen der Brandmasse lassen sich die Eier außerdem besser in der Masse verrühren. Dadurch wird das Gashaltevermögen beim Backen erhöht.

Wird die Brandmasse in einem Kupferkessel abgeröstet, muss sie nach dem Abrösten sofort in einen Edelstahlkessel umgefüllt werden. Nach einiger Zeit bildet sich beim Abkühlen der Masse am Kupferkessel durch Oxidation eine dünne Schicht giftiger Grünspan.

### Aufdressieren der Brandmasse für verschiedene Gebäcke

Die Brandmasse wird mit verschieden großen Sterntüllen auf gefettete oder mit Backpapier belegte Backbleche dressiert.

**Windbeutel**
Mit 13-mm-Sterntülle Rosetten aufdressieren (25 bis 30 g je Stück).

**Sahnekirschringe (Lucca-Augen)**
Mit 13-mm-Sterntülle Ringe aufdressieren.

**Eclairs**
Mit 13-mm-Sterntülle ca. 10 cm lange Streifen aufdressieren.

**Spritzkuchen (Strauben)**
Mit 11-mm-Sterntülle zwei Ringe übereinander auf Fettpapier oder auf Spritzkuchenbleche aufdressieren, mit einem Durchmesser von ca. 5 cm.
Die Innenseite der Ringe mit einem in Wasser angefeuchteten Finger oder Rundholz glatt streichen, um eine schöne runde Form zu erhalten.
Schneller und gleichmäßiger werden die Ringe mit einem Spritzkuchengerät aufdressiert.

*Aufdressierte Windbeutel, Eclairs, Ringe*

Für **Böden der Flockensahnetorte** wird die Brandmasse mit einem Streichring auf Backbleche gestrichen. Für eine Torte werden drei Brandmasseböden benötigt, wobei der obere Boden nach dem Aufstreichen mit Streusel bestreut wird.

*Brandmasseböden – fertig gebacken und beim Aufstreichen*

### Backen der Brandmassegebäcke

**Backtemperatur:** 210 °C
Beim Einschieben in den Ofen viel Schwaden geben. Nach der Volumenentwicklung der Gebäcke den Zug ziehen, damit sich eine kräftige Kruste bilden kann.
**Backzeit:** 20 bis 25 Minuten

Viel Schwaden ist notwendig, damit die Oberfläche der Brandmassestücke nach dem Einschieben in den Ofen möglichst lange feucht bleibt und so eine schnelle Krustenbildung verhindert wird. So kann die elastische Kruste lange Zeit dem Wasserdruck von innen nachgeben, ein großes Gebäckvolumen ist möglich.

Brandmassegebäcke müssen kräftig ausgebacken werden und eine stabile Kruste besitzen, damit die Gebäcke nicht einfallen. Deshalb werden die Brandmassestücke, wenn sie ihr endgültiges Volumen erreicht haben, bei offenem Zug und somit bei trockener Hitze fertig gebacken.

*Aufdressierte und gebackene Brandmasse*

**Backen der Spritzkuchen (Strauben) im Fettbackgerät**
Die Ringe aus Brandmasse in 175 bis 180 °C heißem Siedefett backen. Bei der ersten Backphase den Deckel auf das Fettbackgerät geben, damit der frei werdende Dampf die obere Seite feucht hält und somit keine Risse entstehen. Jede Seite der Spritzkuchen wie bei Berlinern zweimal backen, damit die Gebäcke nach dem Backen die Form behalten und nicht in sich zusammenfallen.

*Spritzkuchen (Strauben) im Fettbackgerät*

### Lockerung der Brandmassegebäcke

Die starke Lockerung der Gebäcke erfolgt ausschließlich durch Wasserdampf (physikalische Lockerung).

- Die Brandmasse besitzt einen besonders hohen Wasseranteil. Dieser verdampft beim Backen.
- Der Wasserdampf dehnt sich stark aus und wird von der Kruste festgehalten.
- Die elastische Kruste gibt dem starken Wasserdampfdruck von innen nach und dehnt sich aus.
  Die Brandmassegebäcke bekommen so ein großes Volumen.
  Im Gebäckinneren entstehen große Hohlräume, die von dünnen Zwischenräumen umgeben sind.

LF 10

**Entstehung der großen Hohlräume in den Gebäcken**
Beim Abrösten der Masse verkleistert die Stärke des Mehls und das Klebereiweiß gerinnt. Die fest gewordene Stärke und das Klebereiweiß können den entstehenden Wasserdampf in den Brandmassestücken beim Backen nicht festhalten. Deshalb entstehen große Hohlräume mit dünnen Zwischenwänden und eine Krumenbildung ist nicht möglich.

*Brandmassegebäck im Anschnitt*

### Gebäckfehler

| Gebäckfehler | Ursachen |
|---|---|
| Gebäcke sind zu klein | • zu feste Masse durch zu wenig Eier in der Masse<br>• zu wenig Schwaden im Ofen |
| Gebäcke laufen breit und sind zu flach | • zu weiche Masse durch zu viele Eier in der Masse<br>• zu kurz abgeröstete Masse, sodass die Stärke nicht vollständig verkleistert ist<br>• zu schaumig gerührte Masse beim Einrühren der Eier |
| Gebäcke fallen nach dem Backen ein | • zu kurze Backzeit, sodass die Kruste noch nicht stabil war |

### Verkaufsargumente

**Qualitätsmerkmale für die Kundenberatung**
Wegen der großen Hohlräume sind es besonders lockere Gebäcke, innen weich und mit einer röschen Kruste. Füllung und Überzug bestimmen den Geschmack.

**Frischhaltung**
Gebäcke aus Brandmasse schmecken frisch am besten, da sie wegen der feuchten Füllungen weich werden.

Ungefüllte Brandmassegebäcke eignen sich in Folie verpackt gut zum Tiefgefrieren, sodass täglich die benötigte Anzahl an Gebäcken aus dem Froster entnommen, aufgetaut und gefüllt werden kann.

**Besondere Eignung**
Erzeugnisse aus Brandmasse mit den verschiedenen Füllungen sind vorzügliche Desserts zu Kaffee und Tee.

### Aufgaben

1. Nennen Sie Gebäcke aus Brandmasse mit deren Füllungen und Überzügen bzw. Dekor.
2. Nennen Sie die Zutaten, aus denen Brandmasse hergestellt wird.
3. Warum wird Milch mit Wasser bei der Herstellung der Brandmasse zu gleichen Teilen verwendet?
4. Beschreiben Sie die Herstellung einer Brandmasse.
5. Woran erkennt man, dass die Brandmasse bei der Herstellung ausreichend abgeröstet wurde?
6. Erklären Sie, warum man die Eier nicht schon nach dem Abrösten, sondern erst nach dem Abkühlen auf ca. 40 °C in die Brandmasse einrührt.
7. Was muss beim Einrühren der Eier in die Brandmasse beachtet werden?
8. Erklären Sie das Backen der Brandmassegebäcke.
9. Wie werden Spritzkuchen gebacken?
10. Erläutern Sie den Vorgang der Lockerung der Brandmassegebäcke.
11. Geben Sie die Ursachen folgender Fehler bei Brandmassegebäcken an:
    - Gebäcke sind zu klein
    - Gebäcke laufen breit und sind zu flach
    - Gebäcke fallen nach dem Backen ein
12. Nennen Sie die Qualitätsmerkmale der Gebäcke aus Brandmasse bei der Kundenberatung.
13. Geben Sie Auskunft über die Frischhaltung der Erzeugnisse aus Brandmasse.
14. Wofür eignen sich die Erzeugnisse aus Brandmasse besonders gut?
15. Zur Karnevalszeit backen Sie frische Berliner und Spritzkuchen im Laden. Bei der Beratung erläutern Sie den Kunden die Unterschiede dieser beiden Gebäcke.

LF 10

## 32.5 Röstmasse

Der Name „Röstmasse" bezieht sich auf die Herstellungsweise dieser Masse, bei der die Grundzutaten stark erhitzt (abgeröstet) werden, damit die Masse ihre Bindigkeit erhält.
Die Röstmasse ist die einzige Masse, die ohne Eier hergestellt und nicht gelockert wird.

### Gebäcke aus Röstmasse

- Bienenstichauflage mit gehobelten Mandeln auf dem Hefeteig
- Florentiner mit gehobelten Mandeln, Orangeat und Belegkirschen
- Nussknacker mit ganzen Nüssen und einem Mürbeteigboden als Unterlage
- Mandelschnitten mit einem Mürbeteigboden als Unterlage

*Mandelschnitten*

### Grundzutaten und Herstellung der Röstmasse

Die Grundzutaten werden in einem Kupferkessel auf 112 °C erhitzt. Es entsteht eine zähflüssige Masse, weil bei 100 °C das Wasser verdampft. Anschließend werden die Mandeln bzw. Nüsse eingerührt.

Die Temperatur der erhitzten Grundzutaten kann mit dem Zuckerthermometer festgestellt werden.

Bei zu niedriger Temperatur ist die Masse zu dünn und läuft beim Backen auseinander, die Gebäcke werden zäh, statt knusprig. Wird die Masse zu stark erhitzt, ist sie zu dickfließend und die Gebäcke bekommen keinen Glanz, weil der Zucker wieder kristallisiert.

Der Zucker der Röstmasse karamellisiert beim Backen. Röstmassegebäcke haben deshalb den Karamellgeschmack und die knusprige Beschaffenheit, da der Zucker nach dem Erkalten fest wird.

### Florentiner

**Rezeptbeispiel: Florentiner**

Das Rezept ergibt 50 Florentiner bei einem Massengewicht von ca. 33 g je Florentiner.

|  |  |
|---|---|
| 200 g Honig<br>300 g Zucker<br>100 g Glukosesirup<br>200 g Butter<br>300 g Schlagsahne | Die Zutaten der Grundmasse im Kupferkessel auf 112 °C erhitzen. |
| 1100 g Grundmasse<br>ergibt nach dem Abrösten<br>**1000 g Grundmasse** | Beim Erhitzen reduziert sich das Gewicht der Grundmasse durch Verdampfen von Wasser auf 1000 g. |
| 600 g Mandeln, gehobelt<br>100 g Orangeat, fein gehackt | Mandeln und Orangeat kurz in die erhitzte Grundmasse rühren. |
| **1700 g Florentinermasse** | |

### Herstellung

Die Formen für Florentiner haben einen Durchmesser von 8 cm.
Die Röstmasse in teflonbeschichtete Florentinerformen mit leichten Vertiefungen portionieren, z. B. mit einem Eisportionierer, und flach auseinanderdrücken.
In die Mitte der Florentiner eine halbe Belegkirsche auflegen.

Statt in Teflonformen kann die Masse auch in gefettete Ringe gegeben werden, die man auf mit Backpapier belegte Backbleche legt. Die Florentinermasse flach auseinanderdrücken, backen und noch warm aus den Ringen schneiden, die Florentiner kleben am Ring.

**Kleine Florentiner** haben einen Durchmesser von ca. 4 cm. Sie werden ohne Belegkirschen hergestellt. Sie werden auch als Mandelflanges (sprich: Mandelflansch) bezeichnet.

**Backen:** 180 °C, goldbraun backen

### Überziehen

Die kalten Florentiner an der Unterseite mit temperierter Schokoladenkuvertüre bestreichen und mit einem Kammschaber wellenförmig kämmen.

*Florentiner*

### Florentinertorte

*Florentinerauflage für Florentinertorte*

Die Röstmasse für Florentiner wird mit dem gleichen Rezept auch als Auflage für Florentinertorten verwendet.

Einen Tortenring auf ein mit Backpapier belegtes Blech legen. Die Röstmasse im Tortenring flächendeckend flach drücken. Nach dem Backen den Tortenring entfernen und die noch warme und somit geschmeidige Röstmasse in 16 Tortenstücke einteilen.

*Florentinertorte*

Für die Florentinertorte einen hellen Wiener Boden mit Buttercreme, die mit Karamellpaste abgeschmeckt ist, einstreichen. Auf jedes Stück der eingeteilten Cremetorte einen Streifen Buttercreme spritzen und die in Stücke geteilte Röstmasse auflegen. Auf den Cremestreifen liegen die Florentinerstücke etwas erhöht und sehen somit schöner aus.

### Nussknacker

**Rezeptbeispiel: Nussknacker**

Das Rezept ergibt 40 Nussknacker bei einem Massengewicht von ca. 50 g je Nussknacker.

| | | |
|---|---|---|
| 200 g | Honig | Die Zutaten der Grundmasse im Kupferkessel auf 112 °C erhitzen. |
| 300 g | Zucker | |
| 100 g | Glukosesirup | |
| 200 g | Butter | |
| 350 g | Schlagsahne | Beim Erhitzen reduziert sich das Gewicht der Grundmasse durch Verdampfen von Wasser auf ca. 1050 g. |
| 1150 g | Grundmasse | |
| ergibt nach dem Abrösten ca. **1050 g Grundmasse** | | |
| 1000 g | ganze weiße, geschälte Nüsse | Nüsse in die erhitzte Grundmasse rühren. |
| **2050 g** | **Nussknackermasse** | |

- Mürbeteig 2 mm dick ausrollen, mit einem Ring Kreise von 8 cm Durchmesser ausstechen und vorbacken bis kurz vor der Bräunung.
- Über die vorgebackenen Mürbeteiggebäcke Ringe geben, die Röstmasse einfüllen und auseinanderdrücken.

**Backen:** 200 °C

**Überziehen:**
Den Mürbeteig der kalten Nussknacker mit Schokoladenkuvertüre bestreichen.

*Nussknacker*

**Bestimmungen der Leitsätze**

Florentiner und Nussknacker dürfen an der Unterseite nur mit Schokoladenkuvertüre überzogen werden. Fettglasur ist nicht erlaubt.

### Bienenstichauflage

*Bienenstich*

LF 10

| Rezeptbeispiel: Bienenstichauflage | |
|---|---|
| 250 g Zucker<br>100 g Honig<br>200 g Butter<br>250 g Sahne | auf 107 °C erhitzen (Bei 112 °C würde die Masse zu dick und somit schlecht streichbar sein.) |
| 250 g Mandeln, gehobelt | Mandeln in die Masse einrühren. |
| **1050 g Aufstreichmasse** | |

Blechgröße: 60 × 40 cm
Hefeteig: 1350 g

Die Röstmasse sofort nach der Herstellung mit einer Winkelpalette dünn auf dem ungelockerten Hefeteig verstreichen. Den Bienenstich nach knapper Gare backen.

### Gebäckfehler

| Gebäckfehler | Ursachen |
|---|---|
| Florentiner, Nussknacker und Mandelschnitten sind zäh, statt knusprig. | • Die Masse wurde zu wenig stark erhitzt, unter 112 °C.<br>• Die Backzeit war zu kurz. |
| Die Gebäcke sehen stumpf aus und glänzen nicht. | • Die Masse war zu fest.<br>• Die Masse wurde zu stark erhitzt, über 112 °C. |

### Verkaufsargumente

**Qualitätsmerkmale für die Kundenberatung**
Gebäcke aus Röstmasse sind Gebäcke mit vielen Mandeln bzw. Nüssen mit süßlichem Karamellgeschmack der Masse aus Honig, Sahne und Butter.
Florentiner sind knusprige Gebäcke, die an der Unterseite mit Schokoladenkuvertüre bestrichen sind.
Nussknacker und Mandelschnitten bestehen aus einer knusprigen Röstmasse auf einem Mürbeteigboden.
Nussknacker müssen mit Schokoladenkuvertüre bestrichen sein.
Bienenstich enthält eine dünne Schicht knusprige Röstmasse auf dem Hefeteig.

**Frischhaltung und Aufbewahrung**
Gebäcke aus Röstmasse sind Dauerbackwaren, die mehrere Tage lagerfähig sind.
Bienenstich sollte wegen des Hefeteigs und der Füllung am Tag der Herstellung gegessen werden.

Die Röstmassegebäcke bei nicht zu warmer Raumtemperatur aufbewahren. Die Gebäcke nicht in den Kühlschrank/Kühlraum geben, da der Zucker die hohe Luftfeuchtigkeit in der Kühlung aufnimmt und die Gebäcke ihre knusprige Beschaffenheit verlieren und zäh werden.

**Besondere Eignung**
Gebäcke aus Röstmasse eignen sich
- zu Kaffee und Tee,
- als kleine Nascherei während des gesamten Tages,
- wegen der problemlosen Aufbewahrung als Gebäck für Reisen (außer Bienenstich).

### Aufgaben

1. Nennen Sie Gebäcke aus Röstmasse.
2. Nennen Sie die Grundzutaten der Röstmasse.
3. Beschreiben Sie die Herstellung von
   - Florentinern,
   - Nussknackern,
   - Bienenstichauflage.
4. Womit dürfen Florentiner und Nussknacker nach den Bestimmungen der Leitsätze nur überzogen werden?
5. Geben Sie die Ursachen der Fehler bei Röstmassegebäcken an:
   - Florentiner, Nussknacker und Mandelschnitten sind zäh statt knusprig.
   - Die Gebäcke sehen stumpf aus und glänzen nicht.
6. Nennen Sie die Qualitätsmerkmale der Gebäcke aus Röstmasse bei der Kundenberatung.
7. Geben Sie Auskunft über die Frischhaltung und Lagerung der Gebäcke aus Röstmasse.
8. Wofür eignen sich Gebäcke aus Röstmasse besonders gut?
9. Eine Kundin beschwert sich, dass der Mandelbelag auf dem Bienenstich, den sie gestern gekauft hat, heute gar nicht mehr knusprig schmeckte. Dabei hatte sie ihn extra in den Kühlschrank gestellt, damit die Füllung nicht verdirbt. Sie gehen auf ihre Reklamation ein.

## 32.6 Makronenmasse

Makronenmassen bestehen aus drei Grundzutaten:
- Schalenfrüchte
  - Mandeln oder Marzipanrohmasse: Mandelmakronen
  - Haselnüsse: Nussmakronen oder Haselnussmakronen
  - Walnüsse: Walnussmakronen
  - Kokosraspeln von Kokosnüssen: Kokosmakronen
- Zucker
- Eiklar

Mandelmakronen werden häufig statt mit Mandeln mit Marzipanrohmasse hergestellt. Marzipanrohmasse besteht zu ⅔ aus Mandeln und ⅓ aus Zucker.
300 g Marzipanrohmasse setzen sich zusammen aus 200 g Mandeln und 100 g Zucker. Deshalb muss in der Rezeptur der Zuckeranteil verringert werden.
Die Makronengebäcke werden nach den verwendeten Schalenfrüchten benannt.

*Mandel-, Nuss-, Kokosmakronen*

**Bestimmungen der Leitsätze**
- Die alleinige Bezeichnung „Makronen" ist nur bei Mandel- oder Marzipanmakronen erlaubt.
- Alle anderen Makronengebäcke müssen im Gebäcknamen die verwendete Schalenfrucht enthalten wie Nussmakronen und Kokosmakronen.
- Nussmakronen dürfen nur mit Hasel- oder Walnüssen hergestellt werden. Erdnüsse dürfen nicht verwendet werden und Kokosnüsse dürfen nicht mit dem alleinigen Begriff Nüsse bezeichnet werden.
- Mandel- und Nussmakronen müssen mindestens 22 % Mandeln bzw. Nüsse enthalten.
- Mandel-, Haselnuss- und Walnussmakronen sowie Eigelbmakronen dürfen nur mit Schokoladenkuvertüre überzogen werden, Fettglasur ist nicht erlaubt.
- Die Verwendung von Mehl und/oder Stärke ist bei allen Makronen nicht erlaubt, mit Ausnahme von Kokosmakronen, bei denen höchstens 3 % auf die Masse bezogen zur besseren Bindung zulässig sind.

**Herstellung der Makronenmassen**
- Die Makronenmassen mit geriebenen Mandeln, Nüssen und Kokosraspeln bei der Herstellung auf ca. 70 °C abrösten, damit die Masse nach dem Abkühlen eine gute Bindung erhält.
- Die Makronenmasse auf 20 bis 30 °C abkühlen lassen und dann aufdressieren.
- Die weichen Mandel- und Nussmakronen nach dem Aufdressieren einige Zeit stehen lassen, bis sie an der Oberfläche eine stabile Haut bekommen und so beim Backen nicht breit laufen.

Wird die Mandelmakronenmasse mit Marzipanrohmasse hergestellt, kann auf das Abrösten verzichtet werden, weil die Rohmasse bei der Herstellung schon abgeröstet wurde und daher fein und bindig ist.

**Backen**

Makronen bei geringer Hitze von 170 bis 180 °C bei offenem Zug backen.

Die Makronen dürfen beim Backen nicht breit laufen und zu stark bräunen, deshalb werden sie bei geringer Backhitze und mit geöffnetem Zug gebacken.
- Durch den geöffneten Zug bekommen die Makronen durch die trockene Hitze möglichst schnell eine Kruste, sodass die Makronen ihre Form behalten und nicht breit laufen.
- Der Zucker in den Makronen löst sich erst, wenn die Makronen schon eine Kruste gebildet haben. Bei höherer Backhitze löst er sich sehr schnell und wird flüssig, die Makronen laufen breit.
- Bei zu hoher Backhitze karamellisiert der Zucker zu schnell, sodass die Makronen zu dunkel bräunen.

Makronen sind fertig gebacken, wenn sie eine dünne und hellbraune Kruste haben und innen weich sind.

### Gebäcke aus Mandelmakronenmasse

Das Rezeptbeispiel kann für alle Gebäcke aus Mandelmakronenmasse verwendet werden.
Weil die Masse mit Marzipanrohmasse hergestellt wird, erübrigt sich das Abrösten bei der Herstellung.

LF 10

**Rezeptbeispiel: Mandelmakronenmasse**

| | |
|---|---|
| 1000 g | Marzipanrohmasse |
| 700 g | Zucker |
| 300 g | Eiklar |
| | 1 Prise Salz (ca. 2 g) |
| | Zitronenaroma |
| **2000 g** | **Makronenmasse** |

- Alle Zutaten in der Rührmaschine zu einer glatten Masse verrühren.
- Die Masse sofort aufdressieren.
- Für Schokoladenmakronen 50 g Kakaopulver dazugeben.

### Eigelbmakronen

- Es sind Mandelmakronen, die mit Eigelb, statt mit Eiklar hergestellt werden.
- Der Zuckeranteil dieser Makronen ist geringer, sodass diese Makronen nicht so süß schmecken.
- Der Boden der Eigelbmakronen wird in Schokoladenkuvertüre getaucht.

Die kleinen Gebäcke werden auch als „Konfekt" bezeichnet.

*Eigelbmakronen*

### Schokoladenmakronen

Es sind Makronen, die mit Mandeln und/oder Nüssen sowie mit Kakaopulver hergestellt werden.

*Schokoladenmakronen*

### Mandelmakronen

Die Mandelmakronenmasse mit einer Lochtülle von 9 mm punktförmig aufdressieren.

- Für ungefüllte Mandelmakronen: Die Masse auf ein mit Oblaten belegtes Blech aufdressieren.
- Für gefüllte Mandelmakronen: Die Masse auf ein Blech mit Backpapier aufdressieren.

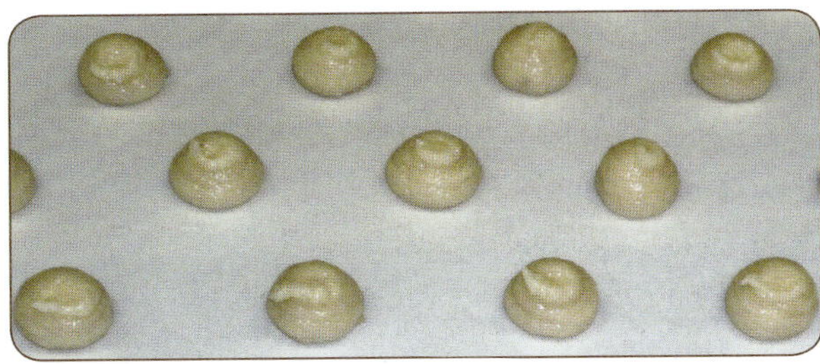

*Aufdressierte Mandelmakronen*

**Backen:** 180 °C, bei offenem Zug
**Backzeit:** ca. 25 Minuten
Schöne Mandelmakronen sind an der Oberfläche leicht gerissen und glänzen.

### Gefüllte Mandelmakronen

Jeweils zwei Makronen mit Johannisbeerkonfitüre füllen und zusammensetzen.

*Mandelmakronen*

### Makronentörtchen (Ochsenaugen)

- Mürbeteig 3 mm dick ausrollen, mit einem gewellten Ausstecher Kreise von ca. 8 cm Durchmesser ausstechen.
- Die Mandelmakronenmasse ringförmig am Rand des Mürbeteigs mit einer 13-mm-Sterntülle aufdressieren und in die Mitte etwas Johannisbeer- oder Himbeerkonfitüre füllen.
  Die Konfitüre glänzt auf dem Gebäck und klebt nicht an der Oberfläche, wenn man sie aufkocht und dann mit einem Fülltrichter in die Mitte der Makronentörtchen füllt.

**Backen der Makronentörtchen:** 180 °C, bei geöffnetem Zug
**Backzeit:** ca. 18 Minuten

Die Makronentörtchen können dünn mit Aprikotur glasiert werden, damit sie einen schönen Glanz bekommen.

*Makronentörtchen*

### Makronenschnitten

- Den auf 3 mm ausgerollten Mürbeteig in Streifen von 10 × 75 cm (Blechlänge) schneiden und auf ein gefettetes oder mit Backpapier belegtes Backblech legen.
- Die Mandelmakronenmasse mit einer Sterntülle von 13 mm streifenweise auf den Mürbeteig aufdressieren, einen Streifen jeweils seitlich am Rand und einen in der Mitte.
- Zwischen die Makronenstreifen Johannisbeer- oder Himbeerkonfitüre füllen, am besten gekochte Konfitüre.

**Backen:** 190 °C, bei geöffnetem Zug
**Backzeit:** ca. 15 Minuten

Die Makronenschnitten können mit Aprikotur abgeglänzt werden.

Die Streifen werden zu Schnitten geschnitten.

*Makronenschnitten*

### Mandelhörnchen

**Rezeptbeispiel: Mandelhörnchen**

| | |
|---|---|
| 1000 g | Marzipanrohmasse |
| 500 g | Puderzucker |
| 100 g | Eiklar (3 Stück) |
| | 1 Prise Salz (ca. 2 g) |
| | Zitronenaroma |
| **1600 g** | **Makronenmasse** |

- Die Zutaten mit der Hand glatt arbeiten.
- Diese Mandelmakronenmasse ist etwas fester, da die Mandelhörnchen beim Backen nicht breit laufen.

**Herstellung**
- Die Masse in 400-g-Teile abwiegen und diese in gehobelten Mandeln zu 40 cm langen Strängen rollen.
- Die Stränge in 4 cm breite Stücke schneiden.
- Die Stücke in gehobelten Mandeln rollen, zu Hörnchen formen und diese auf mit Backpapier belegte Backbleche setzen.

*Makronenmasse für Mandelhörnchen in Stücke schneiden*

*Mandelhörnchen auf dem Backblech*

LF 10

**Backen:** 180 °C, bei ca. 20 °C geringerer Unterhitze oder mit Unterblech backen
**Backzeit:** ca. 20 Minuten
**Abglänzen:** Die ofenheißen Mandelhörnchen aprikotieren oder mit Gummiarabikum (glänzendes Geliermittel) bestreichen.
**Überzug:** Die Enden der abgekühlten Mandelhörnchen mit Kuvertüre überziehen.

*Mandelhörnchen auf dem Backblech*

### Leipziger Lerchen

Gewellte Förmchen mit Mürbeteig auslegen und mit Mandelmakronenmasse füllen. Mürbeteigstreifen kreuzweise über die Törtchen legen.

*Leipziger Lerche*

### Nussmakronen

**Rezeptbeispiel: Nussmakronen**

1000 g Haselnüsse, geröstet und gerieben
1300 g Zucker
500 g Eiklar
1 Prise Salz (ca. 2 g)
Vanillearoma, Zimt

**2800 g Masse**

- Die Zutaten in einem Kupferkessel unter ständigem Rühren auf ca. 70 °C abrösten.
- Die Masse wegen der Grünspanbildung aus dem Kupferkessel in ein anderes Gefäß umfüllen und auf ca. 25 °C abkühlen lassen.

**Herstellung**

- Die abgekühlte Nussmakronenmasse mit einer 11-mm-Lochtülle punktförmig auf Oblaten dressieren.
- Auf jede Nussmakrone eine geschälte Haselnuss auflegen.
- Die Nussmakronen vor dem Backen gut antrocknen lassen.

**Backen:** 170 °C, bei offenem Zug
**Backzeit:** ca. 25 Minuten

*Nussmakronen aufdressiert*

*Nussmakronen*

### Kokosmakronen

**Rezeptbeispiel: Kokosmakronen**

1000 g Kokosraspeln
1300 g Zucker
800 g Eiklar
1 Prise Salz (ca. 2 g)
Zitronenaroma

**3100 g Masse**

- Die Zutaten in einem Kupferkessel unter ständigem Rühren auf ca. 70 °C abrösten.
- Die Kokosmakronenmasse sofort mit einer 15-mm-Sterntülle punktförmig auf Oblaten dressieren.

**Backen der Kokosmakronen:**
190 °C, bei offenem Zug und ca. 20 °C geringerer Unterhitze oder mit Unterblech backen
**Backzeit:** ca. 20 Minuten

*Kokosmakronen*

## Makronenähnliche Gebäcke

Auch bei diesen Gebäcken sind die Hauptzutaten wie bei den Makronengebäcken Mandeln oder Nüsse sowie Zucker und Eiklar.

### Nussecken

**Rezeptbeispiel: Nussmasse für Nussecken**

Rezept für ein Blech von 60 × 40 cm

| | |
|---|---|
| 950 g | Nüsse, geröstet und grob gerieben |
| 1000 g | Zucker |
| 650 g | Eiklar |
| | 1 Prise Salz (ca. 2 g) |
| | Vanille- und Zitronenaroma, Zimt |
| **2600 g** | **Nussmasse** |

- Die Zutaten in einem Kupferkessel unter ständigem Rühren auf ca. 70 °C abrösten.
- Die Kokosmakronenmasse sofort mit einer 15-mm-Sterntülle punktförmig auf Oblaten dressieren.

**Herstellung**
- Blech von 60 × 40 cm einfetten.
- Mürbeteig 6 mm dick ausrollen, auf das Backblech legen und stippen.
- Den Mürbeteig dünn mit Johannisbeerkonfitüre bestreichen, damit die Nussmasse darauf bindet.
- Die Nussmasse sofort nach dem Abrösten gleichmäßig auf den Mürbeteig verstreichen.
- Am offenen Ende des Backblechs eine Schiene anbringen.

**Backen:** 190 °C
**Backzeit:** ca. 40 Minuten

**Fertigstellen**
- Den Blechkuchen nach dem Backen vom Blech schieben.
- Nach dem Abkühlen 10 cm breite Streifen schneiden und diese in 10 cm lange Stücke schneiden.
- Die quadratischen 10 × 10 cm großen Stücke diagonal zu Dreiecken schneiden.
- Die Seiten der Nussecken in Schokoladenkuvertüre oder Fettglasur tauchen.

Für Kokosecken oder Kokosschnitten wird statt der Nussmasse eine Kokosmakronenmasse auf den Mürbeteig gestrichen.

*Nussecken*

### Zimtsterne

**Rezeptbeispiel: Zimtsterne**

| | | |
|---|---|---|
| 1000 g | geriebene Mandeln | Die Zutaten mit der Hand glatt arbeiten und die Masse in der Kühlung gut durchkühlen lassen, am besten bis zum anderen Tag, damit sie gut bindig und ausrollfähig ist. |
| 1300 g | Zucker | |
| 400 g | Eiklar | |
| 40 g | Zimt | |
| | 1 Prise Salz (ca. 2 g) | |
| **2740 g** | **Masse** | |
| **Eiweißglasur:** | | Wenn die Zimtsternmasse ausrollfähig ist, werden Eiklar und Zucker schaumig gerührt. |
| 150 g | Eiklar | |
| 900 g | Puderzucker | |

**Herstellung**
- Die Masse zwischen zwei Schienen mit einem Rollholz 10 mm dick ausrollen. Damit die Masse beim Ausrollen nicht anklebt, geriebene Mandeln auf den Tisch streuen.
- Die Eiweißglasur dünn, aber deckend mit einer Winkelpalette aufstreichen.
- Mit einem Zimtsternausstecher (Klappausstecher), der vor jedem Gebrauch in ein Gefäß mit Wasser getaucht wird, Sterne ausstechen.
- Die Zimtsterne auf ein gefettetes oder mit Backpapier belegtes Backblech setzen.

**Backen:** 170 °C, bei offenem Zug
Ideal ist das Backen bei 150 °C Oberhitze und 170 °C Unterhitze.
**Backzeit:** ca. 10 Minuten

*Ausrollen der Zimtsternmasse zwischen zwei Schienen*

*Aufstreichen der Eiweißglasur mit der Winkelpalette*

*Ausstechen mit dem Klappausstecher*

*Zimtsterne*

### Fehler bei Makronengebäcken

| Gebäckfehler | Ursachen |
|---|---|
| Die Makronengebäcke sind breit gelaufen, zu flach und eingefallen. | • Die Masse war zu weich.<br>• Die Masse wurde nicht ausreichend abgeröstet.<br>• Die abgeröstete Masse wurde vor dem Aufdressieren nicht genügend abgekühlt.<br>• Die Makronen wurden vor dem Backen nicht stehen gelassen, bis sie eine Haut bekommen. |
| • Die Makronen sind am Boden hohl gewölbt.<br>• Die Makronengebäcke sind breit gelaufen und zu flach. | Es wurde mit geschlossenem Zug bei feuchter Backhitze gebacken. |
| • Die Makronengebäcke sind zu klein.<br>• Die Makronengebäcke haben keinen Glanz.<br>• Die Makronen sind an der Oberfläche zu wenig, aber grob gerissen. | Die Masse war zu fest. |
| • Die Makronengebäcke sind zu dunkel.<br>• Die Makronengebäcke haben eine zu dicke Kruste. | • Die Backhitze war zu hoch.<br>• Die Backzeit war zu lang. |

*Fehler bei Makronen: zu feste – richtige – zu weiche Masse*

### Hippenmasse

Die Hippenmasse ist der Mandelmakronenmasse ähnlich. Neben Marzipanrohmasse, Zucker und Eiklar besteht die Masse noch aus Milch bzw. Sahne und Weizenmehl.

| Rezeptbeispiel: Hippenmasse | |
|---|---|
| 3 000 g | Marzipanrohmasse |
| 2 000 g | Zucker |
| 1 000 g | Eiklar |
| 1 000 g | Weizenmehl |
| 1 000 g | Milch und/oder Sahne |
| | 1 Prise Salz (ca. 2 g), Vanillearoma |
| **8 000 g** | **Hippenmasse** |

### Hippengebäcke

Hippengebäcke werden hauptsächlich von der Industrie bezogen, da diese wegen der guten Lagerfähigkeit als Massenware preisgünstiger angeboten werden können.

*Schlotfeger*

*Hippenrollen*

*Eistüten*

*Eiswaffeln*

## Verkaufsargumente

**Qualitätsmerkmale für die Kundenberatung**

- Makronengebäcke sind süß schmeckende Gebäcke aus Mandeln oder Nüssen bzw. Kokosflocken.
- Frische Makronengebäcke sind innen sehr weich.
- Eigelbmakronen sind wegen des geringeren Zuckeranteils nur leicht süß. Sie werden am Boden mit zartbitterer Schokoladenkuvertüre abgesetzt.
- Hippengebäcke sind dünne, knusprige Gebäcke mit feinem Marzipangeschmack.

**Frischhaltung und Aufbewahrung**

Solange Makronegebäcke weich sind, haben sie den vollen geschmacklichen Genusswert und werden somit als frisch bezeichnet.
Makronengebäcke trocknen wegen des hohen Eiklaranteils schon nach kurzer Zeit aus, da das Eiklar die Feuchtigkeit nicht binden kann und deshalb abgibt.

- Kleine Makronengebäcke werden deshalb möglichst bald nach der Herstellung in Klarsichtbeuteln oder in eingeschweißten Gebäckschalen verpackt. Durch die luftdichte Verpackung sind sie bei nicht zu warmer Raumtemperatur längere Zeit lagerfähig und gehören zu den Dauerbackwaren.
- Die größeren Makronengebäcke, die stückweise verkauft werden, werden unverpackt im Laden angeboten. Über Nacht sollten sie mit einer Folie abgedeckt oder in einen Klimaschrank mit hoher Luftfeuchtigkeit gelegt werden.

**Besondere Eignung**

- Die kleinen Mandel-, Nuss-, Kokos-, Schokoladen- und Eigelbmakronen sowie Zimtsterne eignen sich hervorragend für die Weihnachtsgebäckmischung.
- Die feinen Stückgebäcke, z. B. Mandelhörnchen, Makronentörtchen, Nussecken, sind begehrte Kaffeegebäcke.
- Die Makronengebäcke sind wegen der etwas längeren Lagerfähigkeit beliebte Gebäcke auf Reisen.

## Aufgaben

1. Nennen Sie die drei Grundzutaten der Mandelmakronen.
2. Welcher Rohstoff wird bei Mandelmakronen häufig statt Mandeln verwendet?
3. Geben Sie folgende Bestimmungen der Leitsätze für Makronengebäcke an:
   - die alleinige Bezeichnung „Makronen“
   - Mandel- bzw. Nussgehalt der Mandel- und Nussmakronen
   - Schokoladenüberzug von Mandel- und Nussmakronen
   - Mehlanteil der Makronen allgemein und der Kokosmakronen
4. Beschreiben Sie die Herstellung einer Makronenmasse.
5. Erklären Sie das Backen der Makronengebäcke.
6. Wann sind Makronengebäcke fertig gebacken?
7. Erklären Sie
   - Eigelbmakronen,
   - Schokoladenmakronen.
8. Beschreiben Sie die Herstellung und das Backen der Mandelmakronen.
9. Beschreiben Sie die Herstellung von
   - Makronentörtchen,
   - Makronenschnitten,
   - Mandelhörnchen.
10. Erklären Sie die Herstellung von Nussmakronen.
11. Beschreiben Sie die Herstellung von
    - Nussecken,
    - Zimtsternen.

→

12. Geben Sie die Ursachen der Fehler bei Makronengebäcken an:
    - Die Makronengebäcke sind breit gelaufen, zu flach und eingefallen.
    - Die Makronen sind am Boden hohl gewölbt und die Makronengebäcke sind breit gelaufen und zu flach.
    - Die Makronengebäcke sind zu klein. Sie haben keinen Glanz und sind an der Oberfläche zu wenig, aber grob gerissen.
    - Die Makronengebäcke sind zu dunkel und haben eine zu dicke Kruste.
13. Nennen Sie Gebäcke aus Hippenmasse.
14. Nennen Sie die Qualitätsmerkmale der Makronengebäcke bei der Kundenberatung in Bezug auf
    - Geschmack,
    - Beschaffenheit.
15. Erläutern Sie die Qualitätsmerkmale von
    - Eigelbmakronen,
    - Hippengebäcken.
16. Beschreiben Sie die Frischhaltung und Aufbewahrung der Makronengebäcke.
17. Wofür eignen sich Makronengebäcke besonders gut?
18. Stellen Sie für Mandel- und Nussmakronen eine Mandel- und Nussmakronenmasse jeweils einmal ohne und einmal mit Abrösten her. Vergleichen Sie das Aussehen und die Qualität der unterschiedlich hergestellten Gebäcke.

**Rechenaufgabe**

Aus 2400 kg Mandelmakronenmasse sollen 60 Mandelhörnchen hergestellt werden.
Wie viel g wiegt ein Mandelhörnchen, wenn beim Herstellen auf jedem Hörnchen 20 % gehobelte Mandeln – bezogen auf die Mandelmakronenmasse – an der Masse hängen bleiben und zum Überziehen der 60 Mandelhörnchen 540 g Schokoladenkuvertüre verwendet werden?

## 32.7 Lebkuchenmasse

Es werden zwei Lebkuchenarten unterschieden:
- die Braunen Lebkuchen aus Lebkuchenteigen → Seite 350
- die Oblatenlebkuchen aus Lebkuchenmassen

Die Lebkuchenteige und Lebkuchenmassen haben von der Zusammensetzung der Zutaten außer den Lebkuchengewürzen (→ Seite 350) keine Gemeinsamkeit.

### Oblatenlebkuchen

Die weichen Lebkuchenmassen werden auf Oblaten als Unterlage gestrichen, da sie sonst nicht gebacken werden können. Deshalb werden die Lebkuchen aus Lebkuchenmasse als **„Oblatenlebkuchen"** bezeichnet.

#### Zutaten der Oblatenlebkuchen

- Mandeln und/oder Hasel- bzw. Walnüsse
- Zucker
- Eiklar
- etwas Weizenmehl
- Zitronat, Orangeat
- Lebkuchengewürze
- evtl. Hirschhornsalz → Seite 256

In einer Lebkuchengewürzmischung befinden sich Zimt, Nelken, Muskatnuss, Macis, Anis, Piment, Fenchel, Kardamom, Koriander, Ingwer.

### Oblaten

Oblaten sind dünne weiße Blätter. Sie werden aus Weizenstärke und Wasser hergestellt, die zu einer flüssigen Masse verrührt und zwischen erhitzten Platten getrocknet wird.

#### Eigenschaften der Oblaten

- Sie haben keinen Eigengeschmack.
- Sie sind besonders lange haltbar.
- Sie bleiben auch unter der Masse trocken, weil sie keine Feuchtigkeit anziehen.
- Sie schützen die Oblatenlebkuchen an der Unterseite vor dem Austrocknen.

Im Fachgeschäft der Bäckerei werden nur hochwertige Oblatenlebkuchen hergestellt, deren Mindestanforderungen an die Qualität in den Leitsätzen geregelt sind. Ein hoher Mandel- und/oder Nussanteil ist Voraussetzung für einen guten Geschmack der Oblatenlebkuchen.

**Bestimmungen der Leitsätze**

- **Feine Oblatenlebkuchen** enthalten in der Masse mindestens 12,5 % Mandeln und/oder Nüsse.
- **Feinste Oblatenlebkuchen**, dazu gehören **Elisenlebkuchen**, weisen auf höchste Qualität hin. Die Masse enthält mindestens 25 % Mandeln und/oder Hasel- bzw. Walnüsse. Die Verwendung anderer Ölsamen, z. B. Erd- und Kokosnüsse, ist nicht erlaubt.
  **Feinste Oblatenlebkuchen**, dazu gehören auch **Mandel-, Marzipan- und Makronenlebkuchen,** enthalten ebenfalls mindestens 25 % Mandeln und Nüsse, wobei der Mandel- gegenüber dem Nussanteil überwiegt.
- **Nusslebkuchen oder Haselnuss- bzw. Walnusslebkuchen** enthalten in der Masse mindestens 20 % Hasel- und/oder Walnüsse. Der namengebende Nussanteil überwiegt – bei Haselnusslebkuchen die Haselnüsse, bei Walnusslebkuchen die Walnüsse. Die Verwendung anderer Nussarten ist nicht zulässig.
- **Schokoladenüberzug:** Für die Oblatenlebkuchen ist nur Schokoladenkuvertüre erlaubt, keine Fettglasur.

Bei „weißen Lebkuchen" ist kein Mandel- und Nussanteil vorgeschrieben. Sie werden auf rechteckige Oblaten gestrichen und sind nicht glasiert. Diese geringen Qualitäten werden im Fachgeschäft der Bäckerei nicht geführt.

Nürnberger Lebkuchen ist eine Herkunftsbezeichnung. Sie müssen im Raum Nürnberg hergestellt werden.

**Elisenlebkuchen**

*Elisenlebkuchen überzogen, glasiert, unglasiert*

Elisenlebkuchen gehören zu den besten Qualitäten der Oblatenlebkuchen. Deshalb wurden diese hochwertigen Lebkuchen nach der heiligen Elisabeth, der Schutzpatronin der Lebküchner, benannt.

**Rezeptbeispiel: Elisenlebkuchen**

| | |
|---|---|
| 500 g | Eiklar |
| 900 g | Zucker |
| 8 g | Hirschhornsalz |
| 500 g | Marzipanrohmasse |
| 150 g | Orangeat |
| 150 g | Zitronat |
| 500 g | Mandeln, gerieben |
| 150 g | Mandeln gehobelt und geröstet |
| 125 g | süße Brösel |
| 125 g | Weizenmehl, Type 405 oder 550 |
| 40 g | Lebkuchengewürz |
| **3148 g** | **Lebkuchenmasse** |

- Marzipanrohmasse mit einem Teil des Eiklars weich arbeiten.
- Eiklar, Zucker und Hirschhornsalz zu einem schmierigen Eischnee schlagen.
- Marzipanrohmasse in den Eischnee geben und glatt rühren.
- Orangeat und Zitronat in einer Metallschnecke, ähnlich dem Fleischwolf, fein durchdrehen.
- Orangeat, Zitronat, Mandeln, Brösel, Weizenmehl und Lebkuchengewürz in den Eischnee einrühren, bis sie gleichmäßig in der Masse vermischt sind.

**Aufarbeiten der Masse zu Elisenlebkuchen**

- Auf Oblaten mit 9 cm Durchmesser 60 g Masse wiegen, z. B. die Oblaten auf eine Waage legen und mit einem $^{1}/_{20}$-Eisportionierer abwiegen.
- Die Oblate mit der Masse auf einen Lebkuchenstreicher, einen Drehteller, legen. Mit einem Streichdeckel die Masse kuppelförmig aufstreichen.
- Die Oblatenlebkuchen auf ein mit Backpapier belegtes Backblech setzen.
- Für unglasierte und mit Fadenzuckerglasur bestrichene Elisenlebkuchen auf die Lebkuchen drei oder vier halbierte Mandeln legen und auf der Masse leicht andrücken.
- Die aufgestrichenen Lebkuchen mindestens 12 Stunden bei Raumtemperatur trocknen lassen, am besten über Nacht, und am anderen Tag backen.

In Großbetrieben wird die Masse in einer Lebkuchenstreichmaschine automatisch abgewogen und auf Oblaten gestrichen.

LF 10

*Portionieren der Lebkuchenmasse auf Oblaten*

*Aufstreichen der Masse mit dem Lebkuchenstreicher*

*Elisenlebkuchen mit Mandeln belegen*

**Backen:** 180 °C, bei offenem Zug
ca. 20 °C geringere Unterhitze oder
mit Unterblech backen
**Backzeit:** ca. 25 Minuten

**Fertigstellen der Elisenlebkuchen zum Verkauf**

Elisenlebkuchen werden verschiedenartig angeboten:

- mit Schokoladenkuvertüre (→ Seite 599) überzogen
- mit Fadenzuckerglasur (→ Seite 356) glasiert
- unglasiert, mit halbierten Mandeln belegt

**Nusslebkuchen**

Nusslebkuchen können auch wie Makronenmassen abgeröstet werden.

**Rezeptbeispiel: Nusslebkuchen**

| | |
|---|---|
| 600 g | Eiklar |
| 1200 g | Zucker |
| 600 g | Haselnüsse, geröstet, gerieben |
| 600 g | Haselnüsse, gehobelt, geröstet |
| 200 g | Orangeat, fein gerieben (Fleischwolf) |
| 100 g | Weizenmehl, Type 405 oder 550 |
| 40 g | Lebkuchengewürz |
| | Zimt |
| **3340 g** | **Lebkuchenmasse** |

Alle Zutaten in einem Kupferkessel auf ca. 70 °C abrösten und die Masse dann sofort auf Oblaten streichen.

**Aufarbeiten der Masse zu Nusslebkuchen**

- Auf Oblaten mit 9 cm Durchmesser 60 g Masse wiegen.
- Die Masse mit einem Lebkuchenstreicher aufstreichen.
- Bei Nusslebkuchen, die nicht überzogen werden, in der Mitte eine geschälte Haselnuss auflegen, bei Walnusslebkuchen eine geviertelte Walnuss.
- Die Nusslebkuchen vor dem Backen kurz antrocknen lassen.

**Backen:** 180 °C, bei offenem Zug
ca. 20 °C geringere Unterhitze oder
mit Unterblech backen
**Backzeit:** ca. 25 Minuten

Die Nusslebkuchen können mit Milchschokoladenkuvertüre überzogen werden. Bei den nicht überzogenen Nusslebkuchen ist die Nuss in der Mitte gut sichtbar.

*Nusslebkuchen*

LF 10

## Fehler bei Oblatenlebkuchen

| Gebäckfehler | Ursachen |
|---|---|
| Elisenlebkuchen laufen beim Backen über die Oblaten und reißen seitlich auf. | Die Zeit des Abtrocknens der Lebkuchenmasse nach dem Aufstreichen war zu kurz. |
| • Die Oblatenlebkuchen sind zu weich und klebrig.<br>• Die Oblatenlebkuchen sind unter der Kruste oben hohl. | Backhitze war zu hoch. |
| Die Oblatenlebkuchen sind zu trocken. | • Backhitze war zu niedrig.<br>• Backzeit war zu lang. |

### Verkaufsargumente

**Qualitätsmerkmale für die Kundenberatung**

- Elisen- und Nusslebkuchen sind feinwürzige Mandel- bzw. Nussgebäcke. Sie enthalten einen hohen Anteil an Mandeln bzw. Nüssen sowie viele verschiedene Lebkuchengewürze.
- Oblatenlebkuchen sind besonders weiche Gebäcke.
- Überzogen werden Oblatenlebkuchen nur mit hochwertiger Schokoladenkuvertüre, Fettglasur ist nicht erlaubt.

**Frischhaltung und Aufbewahrung**

Oblatenlebkuchen sind frisch, solange sie weich sind und den vollen Geschmack besitzen.
Sie trocknen bei Raumtemperatur nach einiger Zeit aus, da der Wasseranteil des Eiklars nicht gebunden ist und zunehmend in Luft übergeht. Mit dem Feuchtigkeitsverlust verlieren die Oblatenlebkuchen auch den feinen, aber vollen Geschmack.
Mit Schokoladenkuvertüre überzogene Oblatenlebkuchen bleiben länger frisch, da die Kuvertüre oben und die Oblaten unten für Luftabschluss sorgen.
Oblatenlebkuchen sollten möglichst bald in Dosen oder in Tüten luftdicht verschlossen werden, damit sie lange frisch bleiben. Sie zählen zu den Dauerbackwaren.

**Besondere Eignung**

Oblatenlebkuchen sind Weihnachtsgebäcke, die jedoch schon in der Herbstzeit beliebt sind.
Hübsch verpackt sind Oblatenlebkuchen ein begehrtes kleines Geschenk.

LF 10

### Aufgaben

1. Nennen Sie die Zutaten der Oblatenlebkuchen.
2. Erklären Sie, woraus Oblaten hergestellt werden.
3. Welche Eigenschaften besitzen Oblaten, auch unter der Lebkuchenmasse?
4. Nennen Sie die Bestimmungen der Leitsätze für folgende Oblatenlebkuchen in Bezug auf den Mandel- bzw. Nussgehalt:
   - feine Oblatenlebkuchen
   - feinste Oblatenlebkuchen wie
     – Elisenlebkuchen
     – Mandel-, Marzipan- und Makronenlebkuchen
   - Nusslebkuchen
5. Womit dürfen Oblatenlebkuchen nur überzogen werden, welcher Überzug ist nicht erlaubt?
6. Was besagt der Begriff „Nürnberger Lebkuchen“?
7. Beschreiben Sie die Herstellung einer Masse für Elisenlebkuchen.
8. Beschreiben Sie das Aufarbeiten einer Masse zu Elisenlebkuchen.
9. Wie werden Elisenlebkuchen zum Verkauf fertiggestellt?
10. Beschreiben Sie die Herstellung der Masse für Nusslebkuchen und erklären Sie das Aufarbeiten der Masse zu Nusslebkuchen.
11. Geben Sie die Ursachen folgender Fehler bei Oblatenlebkuchen an:
    - Elisenlebkuchen laufen beim Backen über die Oblaten und reißen seitlich auf.
    - Die Oblatenlebkuchen sind zu weich und klebrig und unter der Kruste oben hohl.
    - Die Oblatenlebkuchen sind zu trocken.
12. Nennen Sie die Qualitätsmerkmale von Elisen- und Nusslebkuchen im Bezug auf
    - Geschmack,
    - Beschaffenheit,
    - Überzug.
13. Geben Sie Auskunft über die Frischhaltung und Aufbewahrung der Oblatenlebkuchen.
14. Wofür eignen sich Oblatenlebkuchen besonders gut?
15. Ihre Bäckerei möchte in der Weihnachtszeit Oblatenlebkuchen als kleine Geschenke verpackt anbieten. Sie sollen dafür verschiedene Oblatenlebkuchen, die unbehandelt, glasiert und überzogen sind, auswählen. Machen Sie auch Vorschläge für geschenkmäßige Verpackungen.

**Berufliche Handlung**

Der Laden und das Café Ihrer Bäckerei werden nach der Renovierung neu eröffnet. Zur Eröffnung startet eine Aktionswoche zum Thema „Feine Gebäcke zum Kaffee". Dafür stellen Sie die verschiedensten Gebäcke aus Massen mit individuellen betriebseigenen Rezepten und in herkömmlichen Herstellungsweisen her.

**Baisermasse**

1. Für Gäste, die eine Vorliebe für Süßes haben, stellen Sie getrocknete Baisererzeugnisse her. Nennen Sie einige getrocknete Baisererzeugnisse und erläutern Sie die Herstellung einer Baisermasse.
2. Beschreiben Sie die Herstellung einer Johannisbeerbaisertorte bzw. von Johannisbeerbaiserschnitten.

**Eierhaltige, aufgeschlagene Massen**

3. Erklären Sie die traditionelle Herstellungsweise einer Wiener Masse und das Backen von Tortenböden und Kapseln.
4. Nennen Sie das Besondere der Sachermasse für Sacherböden. Geben Sie auch die Bestimmungen der Leitsätze für eine Sachermasse an, die zur Wiener Masse zählt.
5. Zu den Kaffeegebäcken gehören auch Kuchen aus Sandmasse. Stellen Sie Kuchen und Blechkuchen sowie Kuchen in kleinen Förmchen aus Sandmasse zusammen, die sich für die Aktion eignen.
6. Schreiben Sie ein Rezept einer Gleichschwermasse aus Sandmasse.
7. Sie stellen die Sandmasse mit einem Mehlgemisch aus halb Weizenmehl und halb Weizenpuder her. Begründen Sie die Bedeutung der Weizenmehl- und Weizenpudermischung.
8. Sandkuchen backen Sie in Kastenformen. Beschreiben Sie, wie diese Sandkuchen einen schönen Ausbund erhalten.
9. Erläutern Sie die Qualitätsmerkmale und die Frischhaltung der Kuchen aus Sandmasse.

**Abgeröstete Massen**

10. Gebäcke aus Brandmasse mit verschiedenen Füllungen sind Desserts zum Kaffee. Schreiben Sie für die Aktion einige Brandmassegebäcke zusammen und geben Sie die Füllungen an sowie den Dekor bzw. den Überzug, mit dem die Gebäcke überzogen werden.
11. Erstellen Sie ein Grundrezept einer Brandmasse und beschreiben Sie die Herstellung.
12. Erläutern Sie, wie Brandmassegebäcke gebacken werden.
13. Brandmasse enthält keine Hefe und kein Backpulver. Erklären Sie die Lockerung der Brandmassegebäcke und wie die großen Hohlräume in den Gebäcken entstehen.
14. Zählen Sie Gebäcke aus Röstmasse auf.
15. Richten Sie die Zutaten einer Röstmasse für Florentiner her und beschreiben Sie deren Herstellung.
16. Erläutern Sie die Qualitätsmerkmale der Gebäcke aus Röstmasse bei der Kundenberatung und geben Sie Auskunft über die Frischhaltung der Gebäcke.

**Makronenmassen**

17. Sie sollen eine Mandelmakronenmasse herstellen. Geben Sie an, welche Zutaten Sie dafür verwenden und wie Sie die Masse herstellen und backen.
18. Nennen Sie Gebäcke aus Mandelmakronenmasse und beschreiben Sie jeweils die Herstellung der Gebäcke.
19. Erklären Sie Eigelbmakronen und Schokoladenmakronen. Geben Sie auch Auskunft darüber, womit Eigelbmakronen, Mandelmakronen und Nussmakronen nach den Leitsätzen nur überzogen werden dürfen.
20. Auch Zimtsterne bestehen aus einer Mandelmakronenmasse. Beschreiben Sie die Herstellung der Zimtsterne.

**Lebkuchenmassen**

21. Nennen Sie zwei hochwertige Oblatenlebkuchen und geben Sie an, wie viel Prozent Mandeln bzw. Nüsse die Lebkuchen nach den Leitsätzen mindesten enthalten müssen.
22. Zählen Sie die Zutaten für Elisenlebkuchen auf und beschreiben Sie die Herstellung sowie das Backen.

LF 11
Herstellen von
Torten und Desserts

# 33 Torten und Desserts

**Situation**

Ihre Bäckerei soll für eine Hochzeitsfeier das Tortenbüfett liefern sowie kleine Desserts und Petits Fours, die nach dem Essen gereicht werden. Für das Büfett werden folgende Torten gewünscht: eine dekorativ garnierte, mehrstöckige Hochzeitstorte, Buttercremetorten, Sahnetorten, Obsttorten und Käsetorten.

- Was versteht man unter Anschnitttorten, Festtagstorten, Desserts und Petits Fours?
- Wie werden Torten hergestellt?
- Welche Buttercremearten werden unterschieden?
- Wie wird Schlagsahne aufgeschlagen und wie werden Sahnetorten und Sahnecremetorten zubereitet?
- Worin unterscheiden sich Konfitüren, Gelees und Marmeladen nach der Konfitürenverordnung?
- Wie werden Torten und Desserts ausgarniert und mit welchen Spritzglasuren?

## 33.1 Tortenformen, Desserts und Petits Fours

### Tortenformen

Torten waren früher Köstlichkeiten, die nur zu besonderen Anlässen gereicht wurden. Dies geht bis weit in die Geschichte zurück. Die Germanenfrauen backten zu den Sonnenwendfeiern scheibenförmige Kuchen, die als Symbol für die Sonne galten. Später wurden diese runden Kuchen in den Klöstern mit besonders feinen Füllungen versehen und bei den höchsten kirchlichen Feiertagen als kulinarische Besonderheiten gereicht.

Entsprechend ihrem Äußeren werden Torten nach ihrer Form und Verwendung unterschieden.



**Anschnitttorten**
- runde Torten
- Kuppeltorten (gewölbte Torten)
- konische Torten (nach oben kleiner werdend)
- Ringtorte: Frankfurter Kranz
- Kleintorten mit 14 bis 20 cm Durchmesser, ca. 4 cm hoch

*Kuppeltorte*
*Frankfurter Kranz*
*Konische Torte*

*Anschnitttorten*

**Tortendurchmesser:** 26 oder 28 cm (außer Kleintorten)
**Stückzahl:** hohe Torten, 5 bis 6 cm: 16 Stück;
flache Torten, ca. 4 cm: 12 oder 14 Stück
**Garnierung:** jedes Stück gleich

**Verkauf:** stückweise abgeschnitten im Laden und Café

Kleintorten, z. B. für kleine Geschenke, kleine Feste, auch als Festtagstorte zum Kindergeburtstag

### Festtagstorten

Festtagstorten sind besonders attraktiv ausgarnierte Torten zu bestimmten Anlässen, z. B. Geburtstag, Taufe, Hochzeit, Muttertag.

- runde Torten
- Formtorten, z. B. Herz-, Wappen-, Blütenform
- Etagen- oder Aufsatztorten sind mehrere Torten übereinander, wobei sich der Durchmesser der Torten nach oben verringert.
  - Auf einem Tortenständer werden mehrere Torten etagenweise übereinandergestellt.
  - Zwei bis drei Torten können direkt aufeinandergesetzt werden.

Ihr festliches und besonderes Aussehen erhalten diese Torten durch

- die Aufschrift auf einer Marzipanunterlage, die den Namen der gefeierten Person, eine besondere Widmung oder den Anlass bekannt gibt, z. B. „Zum Muttertag", „Zur Taufe – Sandra",
- die Randgarnierung, die als Torteneinrahmung dient, modellierte Marzipanartikel wie Rosen mit Stielen und Blättern oder Marzipanfiguren zum Kindergeburtstag.

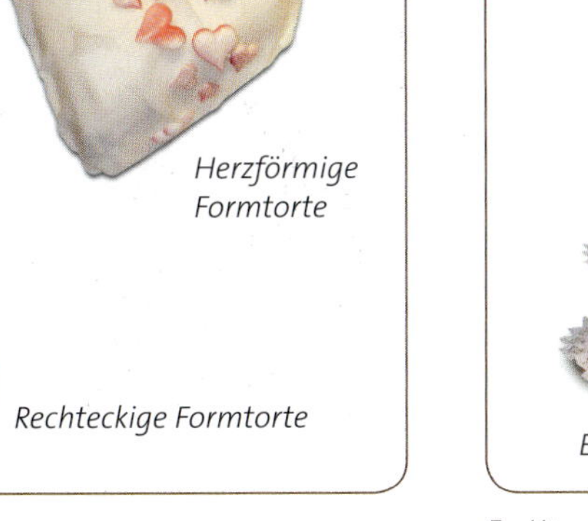

*Formtorte: Vierblättriges Kleeblatt*

*Formtorte Gesicht*

*Formtorte Spielkarte*

*Herzförmige Formtorte*

*Rechteckige Formtorte*

Formtorten

*Geburtstagstorte mit Orangenfruchtcreme*

*Kleintorte zum Kindergeburtstag*

*Bildtorte*

*Dreistöckige Hochzeitstorte*

*Etagentorte*

*Zweistöckige Geburtstagstorte*

Festtagstorten

## Desserts

Der französische Begriff „Dessert" bedeutet eigentlich Nachtisch. In der Bäckerei werden jedoch tortenähnliche Erzeugnisse, die eine andere Form als Torten haben, als Desserts bezeichnet, da sie in früherer Zeit als besonders feine Nachspeise gereicht wurden.
Die Gebäcke werden aus verschiedenen Massen mit unterschiedlichen Füllungen zubereitet.

Dessertbeispiele:
- Creme- und Sahneschnitten
- Rouladen, gefüllt mit Creme, Sahne oder Konfitüre
- Obsttörtchen und Obstschnitten
- Gebäckstücke mit Creme oder Sahne gefüllt, z. B. Windbeutel, Eclairs, Mohrenköpfe, Sahneomeletts, Sahnerollen (Schillerlocken), Schlotfeger

*Verschiedene Cremedesserts*

*Frucht-Sahnedesserts in Schnittenform*

*Cremedessertschnitten*

Die Schnitten und Rouladen werden wie die Creme- und Sahnetorten hergestellt. Bei den Schnitten werden Kapseln aus Biskuit- oder Wiener Masse in Streifen geschnitten und mit Creme, Schlagsahne oder Konfitüre gefüllt. Auch bei Rouladen werden Kapseln gefüllt und zusammengerollt.

## Petits Fours

Petits Fours sind kleine Desserts, die ca. 3 × 3 × 3 cm groß sind. Es sind feine süße Köstlichkeiten, die meistens zu besonderen Festen bestellt werden. Die schön ausgarnierten Petits Fours dienen auf wertvollen Silbertabletts oder auf Spiegeln als Blickfang für die festliche Kaffeetafel.

### Herstellung von Petits Fours

- Kapseln mit Buttercreme, Konfitüre, Nugatcreme oder mit einer mit Läuterzucker streichfähig gemachten Marzipanrohmasse füllen.
- Die Oberfläche der zusammengesetzten Kapseln dünn mit Marzipan abdecken.
- Die Kapseln gut durchkühlen lassen.
- Die gekühlten und somit stabilen Kapseln schneiden oder ausstechen, z. B. zu Rechtecken, Quadraten, Dreiecken, Rauten, Trapezen, Blüten, Kreisen und Halbmonden.
- Die Stücke in temperierten Fondant tauchen und überziehen. Zur farblichen Abwechslung kann der Fondant mit Schokoladenkuvertüre oder leicht mit Lebensmittelfarbe eingefärbt werden.
- Jedes Stück der Petits Fours mit Schokoladenspritzglasur ausgarnieren.

*Petits Fours*

*Petits Fours*

LF 11

## Käsefours

Käsefours sind pikante, schön ausgarnierte kleine Speisen (Happen). Auf Tabletts sind sie in ihrer abwechslungsreichen, kunstvollen Darstellung auf jedem kalten Büfett ein Blickfang. Sie passen auch zu Stehempfängen oder Partys.

**Herstellung von Käsefours**

- Gebäcke: Vollkornbrot, Knäckebrot, Kräcker, kleine Gebäcke aus Brandmasse, Mürbeteig, Blätterteig
- Füllung: Die Gebäcke werden gefüllt mit Käsebuttercreme oder Käsecreme (ohne Butter)
- Garnierung: verschiedenfarbige Gemüse- und Obstsorten, Küchenkräuter, Kaviar

**Käsebuttercreme** ist deutsche Buttercreme mit Käse. **Käsecreme** ist ohne Butter und deshalb wesentlich bekömmlicher.

Käsebuttercreme und Käsecreme lassen sich geschmacklich variieren, z B. mit Zugabe von Kräutern, Tomatenmark, Senf, Meerrettich.

**Rezeptbeispiel: Kräuterkäsecreme**

| | |
|---|---|
| 700 g | Weichkäse mit Kräutern |
| 50 g | Sahne, flüssig |
| 20 g | Dill |
| 10 g | Kümmel |
| | etwas Salz und süßer Paprika |
| **780 g** | **Kräuterkäsecreme** |

Alle Zutaten zusammen zu einer glatten, dressierfähigen Käsecreme rühren.

*Käsefours*

*Schwäne aus Brandmasse und Käsebuttercreme*

### Aufgaben

1. Beschreiben Sie Anschnitttorten:
   - Tortenformen
   - Tortendurchmesser
   - Stückzahl von hohen Torten und flachen Torten
   - Garnierung der Anschnitttorten
2. Erklären Sie Festtagstorten:
   - Tortenformen
   - Besonderheiten der Festtagstorten
3. Erläutern Sie, was man in der Bäckerei unter Desserts versteht.
4. Geben Sie Beispiele für Desserts in der Bäckerei an.
5. Erklären Sie Petits Fours.
6. Beschreiben Sie die Herstellung von Petits Fours.
7. Erläutern Sie Käsefours.
8. Wie werden Käsefours hergestellt?
9. Anlässlich des Firmenjubiläums Ihrer Bäckerei lädt Ihr Betrieb zu einem Sektempfang ein. Beim Sektempfang sollen Käsefours gereicht werden. Stellen Sie verschiedene Käsefours mit unterschiedlichen Backwaren und Garnierungen her.

### Rechenaufgaben

1. Der Bäckereibetrieb verlangt bei einer Bestellung für 80 Desserts 112,00 €. Die Materialkosten betragen 21,00 €. Die Betriebskosten sind mit 280 % und die Mehrwertsteuer mit 7 % zu berücksichtigen.
   Wie hoch wurden Gewinn und Risiko in € und % berechnet?
2. Ein Petits Four kostet im Laden 1,60 €. Wie viel kostet ein Stück im Café, wenn der Caféaufschlag 18 % beträgt? Es gelten die üblichen Mehrwertsteuersätze.

LF 11

## 33.2 Herstellen von Torten

Torten setzen sich aus Tortenböden und Füllungen zusammen. Die Torten werden am Rand und auf der Oberfläche eingestrichen und entsprechend ausgarniert.

### Fachgerecht hergestellte Cremetorten

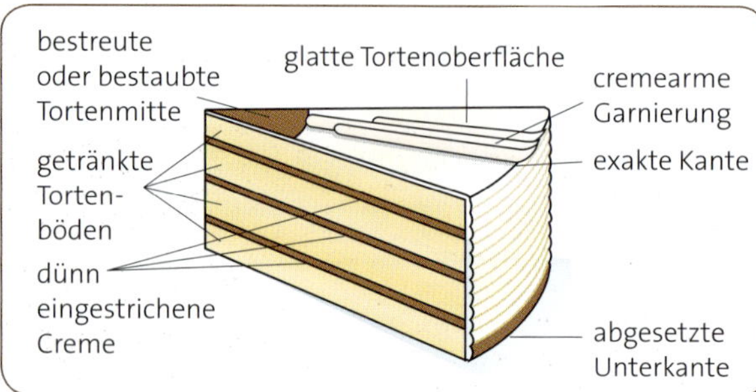


*Aufbau einer Cremetorte*

**Unterschiede zwischen Cremetorten und Sahnetorten**
Sahnetorten werden wie die Cremetorten hergestellt. Die lockere Schlagsahne wird jedoch dicker eingestrichen und garniert als die fetthaltige Creme.

- Die Tortenböden werden nur zweimal durchgeschnitten, was drei Tortenböden ergibt.
- Die Tortenböden werden dick mit Sahne eingestrichen.
- Die Tortenstücke werden mit einem dicken Punkt oder einer Rosette ausgarniert.
- Sahnetorten werden an der Unterkante der Torten nicht abgesetzt.

*Sahnetorte*

LF 11

**Tortenböden**

- Biskuitböden
- Wiener Böden: helle Wiener Böden, Schokoladenböden, Nussböden, Mandelböden
- einzeln gebackene Wiener Böden
- Sacherböden = schokoladenhaltige Böden
- Kapseln (auf Backbleche gestrichene Biskuitmasse oder Wiener Masse)
- getrocknete Baiserböden

Die in Ringen gebackenen Tortenböden können in der Kühlung einige Tage gelagert werden. Die Tortenringe werden erst beim Gebrauch der Tortenböden abgeschnitten.

Mit einem glatten Messer ohne Säge bzw. Wellenschliff den Boden eng am Ring herausschneiden, damit der Rand glatt und unbeschädigt bleibt.

### Schneiden der Tortenböden

Tortenböden werden mit einem langen Sägemesser waagerecht in gleich dicke Scheiben geschnitten. Ein Tortenboden wird für Cremetorten und für Torten, die mit Konfitüre gefüllt werden, dreimal durchgeschnitten, für Sahnetorten zweimal. Zu dicke Böden sind in Cremetorten und mit Konfitüre gefüllten Torten zu trocken.

Mit einem Schneidegerät lassen sich ganz gleichmäßige dicke Scheiben schneiden. Mit den scharfen Saiten (Drähten), deren Abstand am Rahmen des Gerätes beliebig verschoben werden kann, zieht man durch den Tortenboden, der so durchgeschnitten wird.

> Die obere dünne braune Haut der Tortenböden sollte vor dem Schneiden abgeschnitten werden. Diese dunkle Schicht stört optisch im hellen Tortenanschnitt.

*Geschnittene Tortenböden*

## Tränken der Tortenböden

Da Buttercreme und Fettcreme sowie die dünn eingestrichene Konfitüre in Torten keine Feuchtigkeit abgeben, werden die einzelnen Tortenbodenscheiben mit Läuterzucker getränkt. Auch die Tortenböden für Sahnetorten können leicht getränkt werden.

**Rezeptbeispiel: Tränke für Tortenböden – Rumtränke**

| | | |
|---|---|---|
| 1000 g<br>ca. 750 g | Wasser (1 l)<br>Zucker (Zuckermenge nach Belieben) | kochen = **Läuterzucker** |
| ca. 200 g | Rum (36 % vol) oder andere Spirituose, z. B. Weinbrand | Nach dem Abkühlen des Läuterzuckers den Rum oder andere Spirituose einrühren. |

*Zutaten einer Rumtränke*

In die Tortentränke, z. B. Rumtränke, nicht zu viel Alkohol geben, da sonst der Eigengeschmack der Torte überdeckt wird. Der Geschmack soll lediglich verfeinert werden. Der Alkohol darf nicht dominieren.

Bei Torten, die ohne Alkohol gewünscht werden, z. B. Torten für Kinder, wird kein Alkohol in den Läuterzucker gegeben. Als alkoholfreie Tortentränke kann auch Fruchtsaft verwendet werden.

Wird die Tortentränke in einen Behälter gegeben und abgedeckt, ist sie mehrere Tage lagerfähig und kann im Voraus hergestellt werden.

Die einzelnen Tortenböden ausreichend tränken, damit die Böden in den Torten immer frisch wirken und nicht trocken werden.

- Zu wenig Tortentränke führt zu trockenen Torten.
- Mit zu viel Tortentränke werden die Tortenböden zu nass, sodass der Tortenboden nicht mehr wahrgenommen wird.

*Tortenboden tränken*

## Einstreichen von Cremetorten

Jeden Tortenboden vor dem Einstreichen mit Creme tränken.
Einen Schaber Creme auf den Tortenboden geben und diese dünn und gleichmäßig verstreichen und die Torte somit füllen. Das Verstreichen und Füllen wird als Einstreichen der Torten bezeichnet.
Das Einstreichen erfolgt mit einer Palette, die länger ist als der Durchmesser der Torte.

Französische Buttercreme enthält einen hohen Butteranteil und sollte deshalb dünn eingestrichen werden. Deutsche Buttercreme mit einem hohen Anteil an Vanillecreme ist bekömmlicher und kann somit dicker eingestrichen werden.

*Einstreichen von Creme*

LF 11

Nachdem die Tortenböden fertig eingestrichen und übereinandergesetzt sind, wird die Torte außen eingestrichen.

- Zuerst die Oberfläche der Torte mit Creme einstreichen, dass ein leichter Überhang an der Kante entsteht.
- Den seitlichen Rand einstreichen und die Palette dabei senkrecht halten. Es steht nun etwas Creme nach oben über den Rand der Torte.
- Mit einem glatten oder gezackten Schaber den Tortenrand abziehen. Den Schaber dabei im spitzen Winkel an den Tortenrand halten und in einem Zug um die halbe Torte ziehen. Die Torte drehen und die andere Hälfte abziehen.
- Mit einer Palette die Tortenoberfläche „abziehen", d. h. glatt streichen. Dabei mit einer sauberen Palette von außen nach innen streichen, damit exakte Kanten und eine glatte Tortenoberfläche entstehen.
  Jetzt dürfen keine Teile des Tortenbodens mehr sichtbar sein.

*Einstreichen der Tortenoberfläche und des Tortenrandes*

*Abziehen des Tortenrandes mit einem Schaber*

*Abziehen der Tortenoberfläche*

## Ausgarnieren der Anschnitttorten

**Absetzen der Torten:** Häufig werden Cremetorten an der Unterkante der Torten mit Dekormaterial einige Millimeter hoch abgesetzt, um einen exakten Abschluss zu erzielen. Das Dekormaterial muss zum Geschmack der Buttercreme passen, z. B. Schokoladenstreusel, gehobelte, geröstete Mandeln, Krokantstreusel.

- Die eingestrichene Torte mit einem Torteneinteiler meist in 16 Stück einteilen.
- Der Mittelkreis der Torte bleibt ohne Cremegarnierung, damit die Tortenstücke genau abgeschnitten werden können. Häufig wird die Mitte mithilfe eines Ausstechers und einer Schablone darauf dünn mit Dekormaterial bestreut, z. B. mit gehobelten, gerösteten Mandeln, Krokantstreusel, Schokoladenspänen oder Kakaopulver.
- Mit dem Dressierbeutel und einer kleinen 5-mm-Lochtülle vom Mittelkreis aus garnieren. Die Garnierung sollte cremearm sein, damit sie nicht zu sättigend wirkt. Sie sollte auch neben der Stückeinteilung erfolgen, damit diese zum genauen Abschneiden sichtbar bleibt.
- Vielfach wird am Rand auf jedes Stück der Garnierung ein Dekormaterial gelegt.
- Die fertige Cremetorte auf eine Tortenplatte schieben. Ganze bestellte Torten auf eine Pappscheibe mit Spitzenpapier geben.

*Ausgarnieren einer Cremetorte*

*Fachgerechte Cremetorte: cremearme Garnierung, keine Cremegarnierung im Mittelkreis, abgesetzte Unterkante*

**Dekormaterial**
Dekormaterial für den Mittelkreis und zum Absetzen der Unterkante:
- Schokoladenspäne, Schokoladenstreusel, Kakaopulver
- gehobelte, geröstete Mandeln, grob gehackte Nüsse, Krokantstreusel, gehackte Pistazien

Dekormaterial auf der Garnierung:
- Kuvertüreornamente, Mokkabohnen
- geschälte Haselnüsse, Walnüsse, ganze Pistazien
- Belegkirschen
- gelierte Fruchtstücke, z. B. Ananas, Mandarinen
  Frischobst als Dekor muss vor dem Auflegen auf die Torten mit Tortenguss geliert werden, damit die Früchte nicht austrocknen und unansehnlich werden.

Das Dekormaterial wird der Geschmacksrichtung der Torte angepasst, z. B. auf eine Mokkatorte Schokoladenspäne streuen und eine Mokkabohne auf jedes Stück legen. Auf eine Nusstorte passen keine Schokoladenspäne, sondern beispielsweise gehobelte Mandeln.

## Eindecken und Einschlagen von Torten

Mit Schokoladenkuvertüre und Fettglasur sowie mit Fondant überzogene Torten werden häufig mit Marzipan eingedeckt oder eingeschlagen. Dafür wird Marzipan mit der Ausrollmaschine dünn ausgerollt.

**Eindecken**
Beim Eindecken mit Marzipan wird nur die Oberfläche der Torte ohne Rand bedeckt. Das dünn ausgerollte Marzipan mit einem Tortenring mit gleichem Durchmesser wie die Torte ausstechen und exakt auf die Oberfläche auflegen.

*Mit Marzipan eingedeckte Tortenoberfläche, die überzogen ist*

**Einschlagen**
Beim Einschlagen wird die ganze Torte an der Oberfläche und am Rand mit dünn ausgerolltem Marzipan eingeschlagen.

Marzipanfalten sollten möglichst vermieden werden. Das unten überstehende Marzipan an der Unterkante der Torte mit einem Messer abschneiden.

*Einschlagen mit Marzipan*

Die Vorteile des Eindeckens und Einschlagens mit Marzipan sind:
- Die Tortenoberfläche wird dadurch besonders schön glatt.
- Schokoladenkuvertüre, Fettglasur oder Fondant können nicht in die Torte sickern.
- Die dünne Schicht der Schokoladenkuvertüre bzw. des Fondants glänzt auf der festen, trockenen Marzipanunterlage. Marzipan bildet eine Trennschicht, sodass die Feuchtigkeit des Torteninneren den Überzug nicht beeinträchtigt.

## Überziehen von Torten

Die eingestrichene Cremetorte lässt man in der Kühlung etwas absteifen, damit die Creme außen fest wird, oder man überschlägt die Torte mit einer dünnen Marzipandecke.
Zum Überziehen die Torten auf einem Ablaufgitter mit Schokoladenkuvertüre oder Fettglasur sowie mit Fondant übergießen und auf der Oberfläche mit einer Palette in wenigen Zügen glatt streichen, sodass der Überzug beim Ablaufen den Rand der Torte bedeckt.

*Überziehen einer Torte mit Schokoladenkuvertüre*

LF 11

### Aufgaben

1. Beschreiben Sie, was eine fachgerecht hergestellte Cremetorte enthält und wie sie aussieht.
2. Nennen Sie die verschiedenen Tortenböden für die Tortenherstellung.
3. Erklären Sie, wie Tortenböden auseinandergeschnitten werden.
4. Erstellen Sie ein Rezeptbeispiel einer Tränke für Tortenböden, z. B. Rumtränke, und geben Sie die Herstellung an.
5. Wie wird eine alkoholfreie Tortentränke hergestellt?
6. Beschreiben Sie die Herstellung einer Cremetorte:
   - das Einstreichen
   - das Ausgarnieren einer Anschnitttorte
7. Nennen Sie mögliches Dekormaterial für Cremetorten.
8. Wie muss das Dekormaterial mit der Cremetorte abgestimmt sein?
9. Erklären Sie das Eindecken und Einschlagen von Torten.
10. Beschreiben Sie das Überziehen einer Torte mit Schokoladenkuvertüre, Fettglasur oder Fondant.
11. Ihre Bäckerei will folgende besondere Torten anbieten:

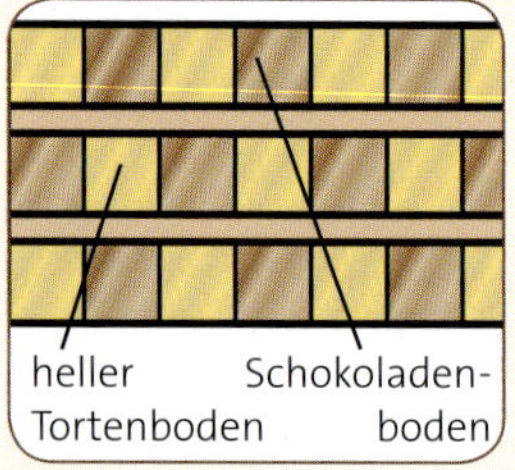


*Schachbretttorte*

*Streifentorte*

Überlegen Sie, wie die Schachbretttorte und Streifentorte hergestellt werden.

### Rechenaufgabe

Es soll Läuterzucker für eine Tortenbodentränke im Verhältnis 4 Teile Wasser und 3 Teile Zucker hergestellt werden. Dafür werden 2,340 kg Zucker verwendet.

a) Wie viel g Wasser wird verwendet und wie viel wiegt der gesamte Läuterzucker?

b) Für eine Rumtränke wird dem Läuterzucker 11 % Rum zugegeben (runden Sie auf ganze Gramm ab). Berechnen Sie den Rumanteil in g und wie viel kg die gesamte Rumtränke wiegt.

LF 11

## 33.3 Buttercremes, Fettcremes und Cremetorten

**Bestimmungen der Leitsätze**

- Für **Buttercreme** darf als Fett ausschließlich Butter verwendet werden. Der Butteranteil in der Buttercreme muss mindestens 20 % betragen.
- Wird die Butter ganz oder teilweise durch Margarine ersetzt, wird sie als **Fettcreme** bezeichnet. Auch Cremes aus Convenience-Produkten sind Fettcremes, da sie aus Margarine bestehen.

### Fettcremes

Für Fettcremes wird Crememargarine verwendet. Sie hält wegen des niedrigen Schmelzpunktes und der enthaltenen Emulgatoren die Luft beim Schaumigrühren gut fest. Die schaumige Crememargarine ist geschmeidig und glatt und lässt sich deshalb gut für Torten und Desserts zum Einstreichen und Garnieren verwenden. Die ideale Aufschlagtemperatur der Crememargarine liegt bei ca. 23 °C, also etwas wärmer als bei Butter.

Fertigcremes aus Convenience-Produkten sind besonders gut zu verarbeitende glatte Cremes, die aus Margarine mit Emulgatoren bestehen.
Auch nach der Zugabe von Butter zur Crememargarine und zu Convenience-Cremes bleiben sie Fettcremes und dürfen nicht als Buttercremes bezeichnet werden.

In der Praxis wird Fettcreme einfach als „Creme" bezeichnet, da dieser Begriff werbewirksamer ist, z. B. Schokoladencreme, Nusscreme.

### Buttercremes

Es werden drei Buttercremearten unterschieden. Jede enthält neben dem Hauptrohstoff Butter jeweils weitere typische Zutaten.

Bei allen Buttercremearten wird die Butter schaumig gerührt.
Die beste Auflockerung erfolgt bei einer Buttertemperatur von ca. 20 °C. Butter sollte also nicht zu warm verarbeitet werden, aber auch nicht in zu festem, kaltem Zustand.

| Buttecreme-arten | Deutsche Buttercreme | Französische Buttercreme | Italienische Buttercreme |
|---|---|---|---|
| **Zutaten-verhältnis** | 1 Teil Butter<br>1,5 bis 2 Teile Vanillecreme | 1 Teil Butter<br>1 Teil Eiermasse<br>= 0,5 Teile Vollei<br>+ 0,5 Teile Zucker | 1 Teil Butter<br>1 Teil Baisermasse<br>= 0,4 Teile Eiklar<br>+ 0,6 Teile Zucker |
| **Zusammen-setzung** | 1000 g Butter<br>1500 g bis 2000 g Vanillecreme<br>**2500 bis 3000 g Buttercreme** | 1000 g Butter<br>1000 g Eiermasse<br>**2000 g Buttercreme** | 1000 g Butter<br>1000 g Baisermasse<br>**2000 g Buttercreme** |
| **Rezept-beispiele für die Zugaben zur Butter** | 1500 g Vollmilch<br>300 g Zucker<br>130 g Cremepulver<br>120 g Eigelb (6 Stück)<br>1 Prise Salz (ca. 2 g)<br>**2050 g Vanillecreme** | 500 g Vollei (10 Stück)<br>500 g Zucker<br>1 Prise Salz (ca. 2 g)<br>**1000 g Eiermasse** | 400 g Eiklar (ca. 13 Stück)<br>200 g Zucker<br>1 Prise Salz (ca. 2 g)<br>400 g Zucker<br>150 g Wasser<br>**1000 g Baisermasse**<br>(Das Wasser verdampft beim Kochen zu Flugzucker.) |
| **Herstellung** | • Vanillecreme kochen und auskühlen lassen.<br>• Butter schaumig rühren.<br>• Glatte Vanillecreme in die schaumige Butter rühren. | • Butter schaumig rühren.<br>• Vollei, Zucker und Salz warm (ca. 45 °C) und dann kalt aufschlagen.<br>• Die schaumige Eiermasse in die schaumige Butter rühren, bis eine glatte Creme entsteht. | • Butter schaumig rühren<br>• Eiklar, Zucker und Salz zu einem schwach standhaften Eischnee schlagen.<br>• Zucker und Wasser auf 117 °C zum Flug kochen.<br>• Den Flugzucker in dünnem Strahl bei laufender Rührmaschine in den Eischnee rühren, bis der Eischnee der Baisermasse stabil und kühl ist.<br>• Die Baisermasse in die schaumige Butter rühren. |
| **Vorteile** | Gut bekömmliche Creme wegen des hohen Vanillecremeanteils und des geringen Buttergehalts. | Es ist die Creme mit dem intensivsten Geschmack. Die Creme enthält einen hohen Butteranteil, der sehr gut die zugegebenen Geschmacksstoffe bindet, z. B. Aromapasten (Nuss, Mokka, Schokolade). | Großvolumige und lockere sowie gut bekömmliche Creme wegen der lockeren Baisermasse. |
| **bevorzugte Verwendung** | Wegen der guten Bekömmlichkeit ist sie die ideale Füllcreme, die in Torten und Desserts auch dicker eingestrichen werden kann. | Sehr glatte und geschmeidige Creme wegen des hohen Butteranteils. Sie eignet sich deshalb besonders zum Einstreichen und Garnieren von Torten und Desserts. In Torten und Desserts nur dünn einstreichen, da sie sonst zu üppig wird. | Diese süßliche Creme wird vorwiegend zum Füllen verwendet, vor allem in Verbindung mit Obsterzeugnissen. Wegen der aufwendigen Herstellungsweise wird sie nur selten hergestellt. |

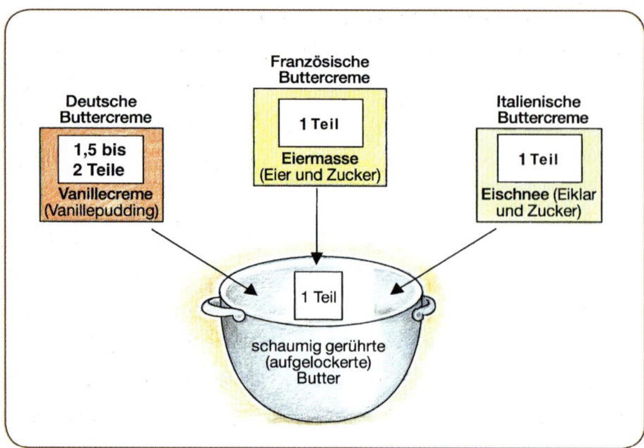


*Buttercremearten mit den dazugehörenden Zutaten*

Wegen des Butteranteils sind Buttercremes geschmacklich deutlich besser als Fettcremes. Der Begriff Buttercremetorten oder Buttercremedesserts ist deshalb besonders werbewirksam.

Buttercremes sind etwas grobporig und nicht so glatt wie Fettcremes, die sich somit besser einstreichen und garnieren lassen.

### Geschmackgebende Stoffe

In Buttercreme und Fettcreme wird zur Verarbeitung zu Torten und Desserts ein Geschmacksstoff eingerührt, der meistens den Namen der Torte bestimmt, z. B.:

- Aromapasten: Schokoladen-, Nuss-, Mokka-, Eierlikör-, Champagner-, Fruchtpasten (Ananas, Mandarine)
- gut erwärmte Schokoladenkuvertüre, wasserlöslicher Kaffee mit etwas Wasser = Mokka
- Spirituosen: Kirschwasser, Weinbrand, Rum, Eierlikör

Die richtige Dosierung der Geschmacksstoffe ist für eine gute Qualität der Cremes Voraussetzung.

## Cremetorten und Cremedesserts

Bei den Cremetorten sollen die Tortenböden mit dem Geschmack der Creme harmonieren. Die Garnierung ist beliebig und erfolgt nach der Kreativität der Bäckerei. Häufig ist der Geschmack der Creme ausschlaggebend für den Namen der Torte.



Beispiele für Cremetorten:

- **Nusscremetorten:** Nussböden, Nusscreme, Oberfläche mit Milchschokoladenkuvertüre oder Nussfettglasur überzogen, geschälte Haselnüsse, bzw. bei Walnusstorten Walnüsse

*Nusscremetorte mit deutscher Buttercreme, die etwas dicker eingestrichen wird*

- **Schokoladencremetorten:** Schokoladenböden, Schokoladencreme, Schokoladenspäne
- **Mokkacremetorten:** helle und Schokoladenböden gemischt, Mokkacreme, Mokkabohnen
- **Eierlikörcremetorten:** helle und Schokoladenböden gemischt oder Nussböden, Eierlikörcreme, Eierlikör überspritzen und/oder gehobelte, geröstete Mandeln
- **Mandarinencremetorten:** helle Tortenböden, Mandarinencreme, gelierte Mandarinenstücke

### Prinzregententorte

Zu den klassischen Cremetorten zählt die Prinzregententorte. Ein Münchner Hofkonditor stellte diese Torte für einen bayerischen Prinzregenten her, der eine Vorliebe für schokoladenhaltige Backwerke hatte. Ursprünglich wurde die Torte zu Ehren des Prinzregenten mit sieben einzeln gebackenen Böden hergestellt, die die sieben Regierungsbezirke Bayerns symbolisieren sollten.

Prinzregententorte wird hergestellt aus:

- einzeln gebackenen Wiener Böden → Seite 519; die Anzahl der Böden kann beliebig nach der Höhe der Torte bestimmt werden.
- gefüllt mit Schokoladencreme
- überzogen mit Schokoladenkuvertüre oder Fettglasur

*Prinzregententorte*

### Frankfurter Kranz

Frankfurter Kranz besteht aus:
- kranzförmigem Tortenboden aus Sand-, Wiener- oder Biskuitmasse
- gefüllt und eingestrichen mit Buttercreme beliebiger Geschmacksrichtung
- außen eingestreut mit Mandel- oder Nusskrokantstreuseln → Seite 615
- einem Tupfen Creme auf jedem Stück, evtl. mit einer Belegkirsche als Farbtupfer.

*Frankfurter Kranz*

### Cremedesserts

*Cremedessert*

Der Aufbau der Cremedesserts ist dem Aufbau der Cremetorten ähnlich. Es werden Kapseln mit Creme gefüllt und übereinandergesetzt. Die ca. 10 cm breiten Stangen werden nach dem Ausgarnieren zu Schnitten geschnitten. Auch Cremerouladen sind Desserts.

### Lagerung und Abschneiden der Cremetorten und Cremedesserts

Cremetorten und Cremedesserts werden in der Kühltheke bei ca. 12 °C gelagert.
Einen glatten Schnitt bekommen sie beim Anschneiden
- direkt aus der Kühlung,
- mit einem Sägemesser,
- das in heißem Wasser erwärmt und feucht ist.

### Verzehr von Cremetorten und Cremedesserts

Werden Cremetorten und Cremedesserts unmittelbar aus der Kühltheke genommen und gegessen, ist die Creme zu kalt und somit zu fest. Die Cremeerzeugnisse haben dann außerdem zu wenig Geschmack. Die Butter bzw. Margarine in der Creme ist zu fest und bei Kälte kommt der aromatische Geschmack der Creme nicht zur Geltung. Cremetorten und Cremedesserts sollen vor dem Verzehr aus der Kühlung genommen werden, damit sie sich bei Raumtemperatur etwas erwärmen. In temperiertem Zustand bei 18 bis 20 °C bekommt die Creme einen zarten Schmelz und es entwickelt sich der volle Geschmack, weil die Aromastoffe erst bei Wärme frei werden.

Cremetorten sind kurzzeitig bei nicht zu warmer Raumtemperatur nicht empfindlich. Sie können z. B. bei Festlichkeiten einige Zeit ohne Kühlung auf dem Tisch stehen.

### Fehler bei Buttercremes und Fettcremes

| Fehler | Ursachen |
|---|---|
| Die Creme ist zu kompakt und nicht ausreichend gelockert. | • Die Butter bzw. Crememargarine wurde zu wenig aufgeschlagen.<br>• Die Butter bzw. Crememargarine war beim Aufschlagen zu kalt. |
| Die Creme ist etwas grießig und zu weich. | • Die Butter bzw. Crememargarine war beim Aufschlagen zu warm.<br>• Die Butter- bzw. Fettcreme ist zu warm gelagert.<br>• Bei französischer Buttercreme wurde die Eiermasse zu wenig aufgeschlagen, sodass sie noch nicht stabil war. |
| Deutsche Buttercreme ist nicht glatt und enthält kleine Bröckchen. | Die Vanillecreme war beim Einrühren in die Butter nicht glatt. Sie war nach dem Abkühlen noch bröckelig. |
| Die Creme in Cremetorten und Cremedesserts ist zu hart und hat wenig Geschmack. | Die Cremetorten und Cremedesserts wurden unmittelbar vor dem Verzehr aus der Kühltheke genommen. Zu kalter Creme fehlt der cremige Schmelz und das Aroma wird bei Kälte unterdrückt. |

## Verkaufsargumente

**Qualitätsmerkmale für die Kundenberatung**
Cremetorten und Cremedesserts sind besonders geschmackvolle Erzeugnisse mit lockeren, getränkten Tortenböden bzw. Kapseln und feiner Creme, bei der der namengebende Geschmacksstoff dominiert, z. B. Schokolade, Nuss, Eierlikör.
Die Creme hat temperiert einen feinen Geschmack mit zartem Schmelz. Die Buttercreme enthält zusätzlich noch den angenehmen Buttergeschmack. Cremetorten und Cremedesserts sind keine fettig schmeckenden Erzeugnisse, da die feine, zarte Creme nur dünn eingestrichen wird.

Gekühlte Cremeerzeugnisse sind gut schnittfähig und erhalten beim Anschneiden eine glatte Schnittfläche.

**Frischhaltung**
Cremetorten und Cremedesserts werden in der Kühlung aufbewahrt und sind mindestens vier Tage lagerfähig. Sie sind frisch, solange die Tortenböden weich sind.

**Besondere Eignung**
Cremetorten und Cremedesserts sind besonders geschmackvolle Erzeugnisse zum Kaffee und Tee. Sie passen zu jeder festlichen Kaffeetafel. Cremetorten eignen sich als schön ausgarnierte Festtagstorten, die auf der Festtagstafel temperaturunempfindlich sind.

## Aufgaben

1. Nennen Sie die Bestimmungen der Leitsätze für Buttercreme und Fettcreme.
2. Mit welchen Fetten werden Fettcremes hergestellt?
3. Bei welchen Temperaturen sollten Butter und Margarine aufgeschlagen werden?
4. Nennen Sie die drei Buttercremearten und geben Sie an, woraus sie hergestellt werden.
5. In welchem Mengenverhältnis stehen die bestimmten Zugaben zur Butter bei den jeweiligen Buttercremearten?
6. Beschreiben Sie die Herstellung der drei Buttercremearten.
7. Geben Sie jeweils die Vorteile der drei Buttercremearten an.
8. Nennen Sie die Verwendung jeder Buttercremeart.
9. Nennen Sie geschmackgebende Stoffe, die in die Buttercreme für Torten und Desserts gegeben werden.
10. Beschreiben Sie den Aufbau verschiedener Cremetorten in Bezug auf Tortenböden, Creme und Dekor zur Garnierung.
11. Beschreiben Sie den Aufbau
    - einer Prinzregententorte,
    - eines Frankfurter Kranzes.
12. Wo werden Cremetorten und Cremedesserts gelagert und wie werden sie angeschnitten?
13. Erklären Sie, in welchem Zustand Cremetorten und Cremedesserts am besten schmecken. Begründen Sie die Aussagen.
14. Nennen Sie die Ursachen folgender Fehler bei Cremetorten und Cremedesserts:
    - Die Creme ist zu kompakt und nicht ausreichend gelockert.
    - Die Creme ist etwas grießig und zu weich.
    - Deutsche Buttercreme ist nicht glatt und enthält kleine Bröckchen.
    - Die Creme in Cremetorten und Cremedesserts ist zu hart und hat wenig Geschmack.
15. Erklären Sie die Qualitätsmerkmale von Cremetorten und Cremedesserts bei der Kundenberatung.
16. Geben Sie Auskunft über die Frischhaltung der Cremetorten und Cremedesserts.
17. Wofür eignen sich Cremetorten und Cremedesserts besonders gut?
18. In Ihrer Bäckerei ist der Absatz von Cremetorten zurückgegangen, weil viele Kunden meinen, dass diese Torten zu energiereich seien. Deshalb sollen Sie eine Werbeaktion planen, in der die Qualitätsmerkmale der Cremetorten herausgestellt werden. Beschreiben Sie dabei auch den Aufbau verschiedener Cremetorten, die bei der Aktion angeboten werden können. Lassen Sie die Kunden mundgerechte Stücke von Torten direkt aus der Kühlung und temperierte Cremetortenstücke probieren und stellen Sie gemeinsam die Unterschiede in Konsistenz und Geschmack fest.

### Rechenaufgaben

1. Die drei Buttercremearten haben nach dem Aufschlagen folgendes Litergewicht:
   - deutsche Buttercreme: 744 g
   - französische Buttercreme: 576 g
   - italienische Buttercreme: 480 g

   a) Wie viel kg Creme wurde jeweils hergestellt, wenn alle drei Buttercremearten nach dem Aufschlagen 2 400 g wiegen? 1 l sind 1000 g.

   b) Ermitteln Sie die Zutatenmengen der berechneten Cremes bei folgender Zusammensetzung:
   - deutsche Buttercreme:
     1 Teil Butter, 1,5 Teile Vanillecreme
   - französische Buttercreme:
     1 Teil Butter, 0,8 Teile Eiermasse
     Die Eiermasse besteht je zur Hälfte aus Eiern und Zucker.
   - italienische Buttercreme:
     1 Teil Butter, 0,9 Teile Baisermasse
     Die Baisermasse besteht zu $^{3}/_{8}$ aus Eiklar und zu $^{5}/_{8}$ aus Zucker.

   c) Ermitteln Sie den Buttergehalt jeder Creme in %.

2. Käsebuttercreme wird mit folgendem Rezept hergestellt:

| | | | |
|---|---|---|---|
| 1000 g | Vollmilch | 1000 g | Butter |
| 200 g | Vollei | 80 g | Zitronensaft |
| 80 g | Weizenpuder | 10 g | Salz, |
| 500 g | Emmentaler | | süßer Paprika, |
| 1000 g | Frischkäse | | Pfeffer |

   a) Wie viel kg Käsebuttercreme erhält man?

   b) Wie viel % Käse enthält die Käsebuttercreme?

3. Die Rezeptur für Fettcreme aus einem Convenience-Produkt enthält
   2 500 g Convenience-Creme
   500 g Eier
   500 g Wasser
   Diese Creme reicht für 4 Cremetorten.

   a) Wie viel Creme benötigt man für 1 Cremetorte?

   b) Für eine kleine Cremetorte werden 525 g Creme gebraucht. Berechnen Sie die Rezeptur für Convenience-Creme, Eier und Wasser, wenn 8 kleine Cremetorten hergestellt werden.

4. Ein ganzer Frankfurter Kranz kostet im Café 30,40 €. Wie viel kostet ein Stück Frankfurter Kranz im Laden, der in 16 Stücke eingeteilt ist, wenn die Mehrwertsteuer im Café 16 % und der Caféaufschlag 23 % betragen?

## 33.4 Schlagsahne, Sahnecreme und Sahnetorten

Schlagsahne wird in der Molkerei aus Milch mit zugegebenem Milchfett hergestellt.

**Gesetzliche Bestimmungen**
Schlagsahne, auch Schlagrahm genannt, enthält mindestens 30 % Milchfett.

Schlagsahne wird bei der Verarbeitung aufgeschlagen, z. B. in der Bäckerei für Sahnetorten und Sahnedesserts, im Café für Erdbeertorten, Eisbecher und Kaffeegetränke.

### Aufschlagmöglichkeiten

#### Rührmaschine

In der Rührmaschine wird bei hoher Rührgeschwindigkeit mit einem feindrahtigen Rührbesen Luft in die Schlagsahne eingeschlagen. Dies ergibt eine kompakte Schlagsahne mit relativ geringer Lockerung und kleinem Volumen.
Diese Aufschlagmethode wird nur noch in Bäckereien mit geringem Sahneverbrauch angewendet.

- Richtig aufgeschlagene Sahne ist locker und standfest.
- Zu kurz aufgeschlagene Sahne hat ein kleines Volumen und ist weich mit schlechtem Stand.
- Bei zu langem Aufschlagen verringert sich das Sahnevolumen zunehmend. Das immer weicher werdende Milchfett ballt sich zusammen, wobei aus der Schlagsahne Butter wird und sich Flüssigkeit ähnlich der Buttermilch absetzt.

*Sahneaufschlagen in der Rührmaschine*

LF 11

### Sahnebläser

Bei einem Sahnebläser bläst ein Kompressor an der Unterseite des Sahnebläsers Luft durch die Schlitze in den Kessel. Die Luft wird in die Schlagsahne eingeblasen, während gleichzeitig das sich drehende Rührgitter für das gleichmäßige Aufblasen sorgt.

Vorteile des Sahnebläsers:

- Innerhalb kurzer Zeit kann eine große Menge (bis 5 l flüssige Sahne) aufgeschlagen werden.
- Im Sahnebläser erhält man das größte Sahnevolumen von allen Aufschlagmethoden. 1 l flüssige Schlagsahne ergibt 3,6 l Sahnevolumen.
- Es entsteht eine besonders lockere und standfeste Schlagsahne.

*Sahnebläser*

### Sahneautomat (Sahnezapfgerät)

*Sahneautomat*

Flüssige Schlagsahne befindet sich in einem gekühlten Behälter im Sahneautomaten. Von dort wird die Sahne über ein Röhrchen angesaugt (angezapft) und Luft eingeblasen.
Sofort nach dem Einschalten des Sahneautomaten kommt lockere Schlagsahne in der gewünschten Festigkeit aus der Tülle. Das Volumen ist wesentlich größer als bei aufgeschlagener Sahne aus der Rührmaschine und etwas geringer als bei Schlagsahne aus dem Sahnebläser.

Der Sahneautomat ist ideal für den Einsatz im Laden und im Café. Es steht zu jeder Zeit frisch aufgeschlagene Sahne zur Verfügung. Außerdem bleibt kein aufgeschlagener Sahnerest übrig.

## Das Litergewicht

Die Lockerung und somit das Volumen der Schlagsahne bei den verschiedenen Aufschlagmöglichkeiten werden mit dem Litergewicht der aufgeschlagenen Sahne nachgewiesen.
Die aufgeschlagene Sahne mit den drei Aufschlagmöglichkeiten wird in ein Gefäß von einem Liter gegeben und gewogen.

| Das Litergewicht der aufgeschlagenen Sahne | | |
|---|---|---|
| Rührmaschine<br>ca. 430 g | Sahneautomat<br>ca. 370 g | Sahnebläser<br>ca. 330 g |

Je niedriger das Litergewicht, desto lockerer ist die Sahne und höher das Sahnevolumen.
Die lockerste Schlagsahne mit dem größten Volumen entsteht im Sahnebläser.

**Vorgänge beim Aufschlagen bzw. Aufblasen von Schlagsahne**

- Beim Rühren in der Rührmaschine und beim Aufblasen im Sahnebläser wird Luft in die Schlagsahne eingeschlagen bzw. eingeblasen.
- Die Eiweißstoffe der Schlagsahne halten die Luft zu vielen kleinen Luftbläschen fest, sodass eine lockere Sahne mit großem Volumen entsteht.
- Das kalte Milchfett der Sahne bildet um die Luftbläschen herum miteinander verklebende Schichten, sodass die Luftbläschen stabil bleiben und nicht zusammenfallen. Je höher der Fettanteil der Schlagsahne ist, z. B. 32 %, desto stabiler wird die aufgeschlagene Sahne.

### Sahnereifung

Frische Schlagsahne lässt sich nicht gut aufschlagen. Sie muss ca. zwei Tage in der Kühlung reifen, damit die Eiweißstoffe elastischer und dehnfähiger werden. „Zu junge Schlagsahne“ hat nach dem Aufschlagen einen ungenügenden Stand und ein geringes Volumen. Die Molkerei liefert bereits reife Schlagsahne, die sofort aufschlagfähig ist.

## Aufschlagen der Schlagsahne

Obwohl in der modernen Bäckerei die Schlagsahne nicht mehr aufgeschlagen, sondern aufgeblasen wird, spricht man nach wie vor vom „Aufschlagen der Sahne".

Nur optimal aufgeschlagene Sahne garantiert beste Qualität. Voraussetzung für eine lockere, standfeste und großvolumige Schlagsahne ist die richtige Sahnetemperatur.

### Sahnetemperatur beim Aufschlagen

Flüssige Schlagsahne wird bei kühler Temperatur unter 10 °C geliefert und in der Bäckerei sofort bei der Annahme der Lieferung in den Kühlschrank bzw. Kühlraum gegeben.

- Die ideale Sahnetemperatur beim Aufschlagen ist ca. 4 °C. Bei dieser Temperatur ist das Milchfett fest und beeinträchtigt die Eiweißstoffe beim Festhalten der Luftbläschen nicht. Vorteilhaft ist, wenn Schlagsahne vor dem Aufschlagen kurz in den Froster gegeben wird.
- Die Aufschlaggeräte wie Sahnebläser bzw. Kessel und Rührbesen vorkühlen, damit sie die Schlagsahne nicht erwärmen.
- Das Aufschlagen der Sahne sollte in einem kühlen Raum erfolgen, ideal sind ca. 20 °C.

Zu warme Sahne wird beim Aufschlagen nicht fest und die Sahne sieht etwas gelblich aus. Das zu weiche Milchfett klebt an den Eiweißstoffen und verschmiert miteinander. Deshalb kann das Eiweiß die eingeschlagene Luft nur schlecht festhalten.

*Bei richtiger Temperatur aufgeschlagene Sahne*

**Tiefgefrorene Schlagsahne** ist nicht aufschlagfähig. Durch die Eiskristalle werden die Strukturen von Fett und Eiweißstoffen zerstört.

Bei **H-Sahne** (ultrahocherhitzter Schlagsahne), die im Lebensmittelgeschäft in Bechern erhältlich ist, werden die Eiweißstoffe durch Hitze beschädigt, sodass sie sich nicht mehr so gut aufschlagen lässt.

## Bindemittel

Aufgeschlagene Schlagsahne gibt auch in der Kühlung nach ca. drei Stunden ungebundenes Wasser ab, verliert dadurch ihren Stand und das lockere Gefüge. Deshalb wird in Schlagsahne für Sahnetorten und Sahnedesserts Bindemittel gegeben. Die Bindemittel binden das freie Wasser der aufgeschlagenen Schlagsahne, sodass sie die Stabilität und Lockerung behält.

Die Bindemittel müssen geschmacks- und geruchsneutral sein und das Wasser bei Kälte binden. Dafür eignen sich Blattgelatine und pulverförmige Sahnestandmittel (modifizierte Stärke).

### Sahnestandmittel (Sahnesteif)

*Blattgelatine und Sahnestandmittel*

Das pulverförmige Sahnestandmittel besteht aus bereits verkleisterter Stärke. In der Industrie wird heißes Wasser von der Stärke verkleistert, d. h. gebunden → Seite 573, und dann pulverisiert. Die pulverförmige, verkleisterte Stärke, die auch als modifizierte Stärke bezeichnet wird, kann in kaltem Zustand Wasser binden, z. B. in der Schlagsahne.

Sahnestandmittel wird in die fertig aufgeschlagene Sahne gerührt.

### Gelatine

Gelatine ist ein besonders quellfähiges Eiweiß, das Kollagen → Seite 79. Es wird aus Knochen und Häuten von Tieren gewonnen und ist geschmack- und geruchlos. Für Schlagsahne wird es als Blattgelatine verwendet. Pulverförmige Fertigfonds (Convenience-Produkte) für Sahne enthalten meistens pulverförmige Gelatine. Gelatine quillt das kalte Wasser der aufgeschlagenen Sahne, wodurch das gequollene Wasser gebunden ist.

### Verarbeitung der Blattgelatine

- Auf einen Liter Schlagsahne werden ca. fünf Blatt Gelatine gerechnet. Ein Blatt wiegt ca. 2 g. Bei zu viel Gelatine wird die Schlagsahne unangenehm zäh.
- Blattgelatine mindestens fünf Minuten in kaltem Wasser einweichen, bis sie geschmeidig ist.
- Die geschmeidige Gelatine aus dem Wasser nehmen, ausdrücken und in einem Gefäß auf ca. 50 °C erwärmen, bis sie flüssig ist. Zu stark erwärmte Gelatine wird zähfließend und zieht in der Schlagsahne dann unangenehme Fäden. Das Gleiche passiert, wenn Gelatine zu kühl, unter 30 °C, verarbeitet wird.

Die flüssige Gelatine wird mit einem Schaber voll Schlagsahne angerührt und dann vorsichtig unter die restliche Schlagsahne gerührt. Durch das Anrühren mit etwas Sahne wird eine Klumpenbildung verhindert und Gelatinefäden werden vermieden.

*Blattgelatine, flüssig und eingeweicht*

### Schlagsahne ohne Bindemittel

In Schlagsahne, die nach dem Aufschlagen innerhalb kurzer Zeit gegessen wird, gibt man kein Bindemittel, z. B. in Schlagsahne im Sahneautomaten des Cafés, die direkt vor dem Servieren auf Erdbeertorten, Eisbecher, Kaffeegetränke oder heiße Schokoladen gegeben wird.

### Süßen der Schlagsahne

Etwas Zucker rundet den Geschmack der Schlagsahne ab. Sie sollte jedoch nicht zu stark gesüßt werden.

> Für einen Liter flüssige Schlagsahne rechnet man 30 bis 50 g Zucker.

LF 11

In den Sahnebläser und Sahneautomaten wird Flüssigzucker (Zucker in Wasser aufgelöst) zugegeben, da Puderzucker die Luftschlitze verstopfen würde.
Beim Aufschlagen in der Rührmaschine wird in die fast aufgeschlagene Sahne der Zucker, am besten in Form von Puderzucker, gerührt.

Schlagsahne auf süßen Erzeugnissen im Laden oder Café wird üblicherweise nicht gesüßt, z. B. für Obsttorten, Meringen, Baiserschalen, Eisbecher sowie für Kaffee-, Kakao- und Schokoladengetränke.

### Geschmackgebende Stoffe

Für Sahnetorten und auch für Sahnedesserts wird in die aufgeschlagene Sahne ein Geschmacksstoff eingerührt, der den Namen der Sahne angibt, z. B.:

- Aromapasten wie Vanille-, Nuss-, Mokka-, Schokoladen-, Eierlikör-, Fruchtpaste
- flüssige Kuvertüre, ca. 45 °C
- Fruchtmark wie Erdbeer- oder Himbeermark
- Spirituosen wie Kirschwasser, Rum, Weinbrand, Eierlikör

### Fertigstellen der Schlagsahne

- Die erwärmte, flüssige Gelatine und die geschmackgebenden Stoffe, z. B. Kirschwasser, werden in einen Kessel gegeben und mit einem kleinen Teil der aufgeschlagenen Sahne mit dem Handrührbesen verrührt. Durch das Glattrühren wird eine Klumpenbildung verhindert und Gelatinefäden werden vermieden.
- Anschließend wird die restliche Schlagsahne vorsichtig unter die glatte angerührte Sahne gehoben, bis die Zutaten vermischt sind und die Sahne streifenfrei ist.

### Schokoladenkuvertüre für Schokoladensahne

Die Schokoladenkuvertüre wird auf ca. 45 °C erwärmt und mit einem Schaber voll Schlagsahne angerührt. Anschließend wird die restliche Sahne untergerührt. Wird die Schokoladenkuvertüre in die gesamte Schlagsahne gerührt, verliert die Sahne an Volumen.
Ist die Schokoladenkuvertüre zu kühl, zieht sie beim Einrühren in die kalte Schlagsahne sofort an und es entstehen kleine Kuvertüreklümpchen, die in der Sahne wie schwarze Punkte aussehen.
Ist die Schokoladenkuvertüre zu warm, verringert sich das Volumen der Schlagsahne.

*Zu kühle Schokoladenkuvertüre in die Schlagsahne gerührt ergibt kleine Kuvertüreklümpchen*

## Sahnetorten und Sahnecremetorten

**Bestimmungen der Leitsätze**
- **Sahnetorten:**
  Die Füllungen und Garnierungen der Sahnetorten enthalten mindestens 60 % Schlagsahne.
- **Sahnecremetorten:**
  Die Füllungen und Garnierungen der Sahnecremetorten enthalten 20 bis 60 % Schlagsahne.

Sahnecremetorten enthalten weniger Schlagsahne als Sahnetorten, aber einen hohen Anteil an geschmackbestimmenden Zutaten.
Beispiele:
- Käsesahnetorte mit Quark
- Joghurtsahnetorte mit Naturjoghurt und meistens mit Früchten, z. B. Himbeerjoghurtsahnetorte mit Naturjoghurt und Himbeermark
- Weinsahnetorte mit Weißwein
- Fruchtsahnetorte, z. B. Heidelbeersahnetorte mit Heidelbeermark oder Orangensahnetorte mit frisch gepresstem Orangensaft

Beispiele für Füllungen und Garnierungen von Sahnetorten und Sahnecremetorten

| Schwarzwälder Kirschsahnetorte | Joghurt-Kirschsahnetorte |
|---|---|
| mindestens 60 % Schlagsahne | mindestens 20 bis 60 % Schlagsahne |
| höchstens 40 %<br>• gebundene Sauerkirschen<br>• Kirschwasser<br>• Kirschen als Dekor auf jedem Stück<br>• Schokoladenspäne | über 40 %<br>• Naturjoghurt<br>• Kirschmark<br>• Dekor |

### Sahnetorten

*Sahnetorte einstreichen*

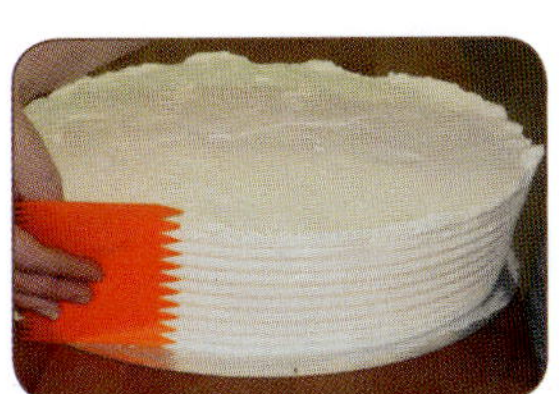
*Dick eingestrichene Sahne abziehen*

*Rosetten garnieren*

Die Tortenböden für Sahnetorten werden dick mit Schlagsahne eingestrichen und mit dicken Punkten oder Rosetten aus Schlagsahne ausgarniert.

*Sahnetorte*

Die Sahnetorten werden nach der Geschmacksrichtung der Sahne benannt. Tortenböden, Füllung und Dekor sollten zur Geschmacksrichtung passen. Im Folgenden werden bekannte Sahnetorten kurz beschrieben.

### Schokoladensahnetorte

Schokoladenböden mit Schokoladensahne einstreichen und Schokospäne als Dekor aufstreuen.

*Schokoladensahnetorte*

### Erdbeersahnetorte

Wiener Böden, manchmal helle und Schokoladenböden gemischt, mit Erdbeersahne einstreichen. Auf jedes Stück eine Sahnerosette garnieren und eine Erdbeere darauflegen. Gehobelte, geröstete Mandeln oder gehackte Pistazien als Dekor.

### Eierlikörsahnetorte

Nussböden mit Eierlikörsahne einstreichen. Als Dekor entweder Eierlikör dünn auf die Oberfläche der Torte streichen oder die ausgarnierte Torte mit Eierlikör überspritzen.

*Eierlikörsahnetorte*

### Schwarzwälder Kirschsahnetorte

**Bestimmungen der Leitsätze**

- Schokoladenböden und/oder helle Wiener Böden oder Biskuitböden
- Die Torte wird mit Sahne oder Buttercreme eingestrichen.
- Gefüllt wird die Torte mit Kirschen, auch gebundenen Kirschen.
- Das zugegebene Kirschwasser muss geschmacklich deutlich wahrnehmbar sein.
- Die Torte wird mit Schokoladenspänen garniert.

*Gebundene Sauerkirschen, Sahne und Schwarzwälder Kirschwasser als Füllung*

*Schwarzwälder Kirschsahnetorte*

### Holländer Kirschsahnetorte, Holländer Kirschsahneschnitten

*Holländer Kirschsahnetorte und Kirschsahneschnitte*

- Es werden drei Blätterteigböden benötigt.
  Den oberen Blätterteigboden an der glatten Unterseite aprikotieren und mit rötlich eingefärbtem Fondant glasieren.
- Füllung:
  - gebundene Sauerkirschen auf den unteren Blätterteigboden
  - Schlagsahne mit Vanille oder Kirschwasser abgeschmeckt
- Dekor: eine Schlagsahnerosette und evtl. eine Süßkirsche auf jedes Stück legen

### Flockensahnetorte

- Es werden drei Böden aus Brandmasse benötigt.
  Den oberen Brandmasseboden nach dem Aufstreichen mit Streuseln bestreuen und backen.
- Füllung:
  - Preiselbeeren
  - Schlagsahne, mit Rum abgeschmeckt
- Dekor: Den oberen Brandmasseboden mit den Streuseln leicht mit Dekorpuder (süßem Schnee) bestauben.

*Flockensahnetorte*

### Sahnecremetorten

In der Praxis werden Sahnecremetorten und Sahnecremedesserts ebenfalls als Sahnetorten und Sahnedesserts bezeichnet. Der geschmackbestimmende Stoff benennt die Sahnetorte bzw. Sahnedesserts, z. B. Käsesahnetorte, Joghurtsahnedesserts.

### Herstellen einer Käsesahnetorte

**Rezeptbeispiel: Käsesahnecreme**

Dieses Rezept ist für eine Käsesahnetorte.

|  |  |  |
|---|---|---|
| 150 g<br>200 g<br>80 g | Milch<br>Zucker<br>Eigelb (4 Stück)<br>1 Prise Salz (ca. 2 g) | Milch, Zucker, Eigelb und Salz unter ständigem Rühren auf ca. 85 °C erhitzen – ergibt einen **Fond**. |
| 12 g<br>500 g | Gelatine (Blatt)<br>Quark | • Eingeweichte Gelatine in den heißen Fond geben und rühren, bis sie sich aufgelöst hat.<br>• Dann den Quark unterrühren.<br>• Den Fond auf 20 bis 25 °C abkühlen lassen. |
| 600 g | Schlagsahne | Die aufgeschlagene Sahne unter den abgekühlten Fond heben. |
| **1542 g** | **Käsesahnecreme** | |

*Erhitzen der Zutaten zu einem Fond*

*Einrühren der Gelatine in den Fond*

*Quark in den Fond einrühren*

*Schlagsahne unter den Fond heben*

### Einsetzen einer Käsesahnetorte

- Mürbeteigboden, 2 mm dick, mit Aprikosenkonfitüre dünn bestreichen.
- Einen Wiener Boden zweimal durchschneiden, damit drei gleich dicke Scheiben entstehen.
- Einen der geschnittenen Wiener Böden auf den Mürbeteigboden auflegen und einen Tortenring umstellen.
- Manchmal werden Früchte auf den Wiener Boden gleichmäßig ausgelegt, z. B. Pfirsiche, Mandarinen, Weintrauben.
- Die Käsesahnecreme in den Tortenring einfüllen und oben glatt streichen.
- Die Käsesahnetorte mindestens vier Stunden in der Kühlung anziehen lassen, am besten über Nacht.

*Wiener Boden mit Früchten belegt*

*Einfüllen der Käsesahnecreme*

**Fertigstellen einer Käsesahnetorte**

- Den Tortenring von der Käsesahnetorte abnehmen.
- Einen weiteren der geschnittenen Wiener Böden in 16 Stücke einteilen und schneiden.

*Eingeteilter Wiener Boden auf der Käsesahnetorte*

- Die Käsesahnetorte mit frischer Sahne einstreichen und den geschnittenen Wiener Boden auflegen.
- Die Käsesahnetorte mit Dekorpuder (süßem Schnee) bestauben.

*Käsesahnetorte*

Bei den anderen Sahnecremetorten ist die Rezeptur der Käsesahnecreme fast gleich. Statt Quark und Milch werden die namengebenden Zutaten wie Naturjoghurt, Weißwein, Fruchtmark oder Fruchtsaft zugegeben.

## Herstellung der Sahnecremes

Sahnecremes besitzen durch Milch, Wein oder Fruchtsaft sowie durch Quark, Joghurt oder Früchte einen hohen Wasseranteil. Dieser hohe Flüssigkeitsanteil wird mit Gelatine gebunden.

- Die Flüssigkeiten zu einem Fond abziehen.
- Aufgeweichte, geschmeidige Gelatine einrühren, die sich sofort auflöst.
- Quark, Joghurt oder Fruchtmark einrühren und auf 20 bis 25 °C abkühlen lassen.
- Die aufgeschlagene Sahne unter den abgekühlten Fond rühren.
- Die Sahnecreme in Tortenringe oder Dessertrahmen, die mit Tortenböden oder Kapseln ausgelegt sind, einfüllen, d. h. einsetzen.

**Einen Fond abziehen**

Die Flüssigkeit, z. B. Milch, Weißwein, Fruchtsaft, wird mit Eigelb und Zucker zu einem Fond abgezogen. Dabei wird sie unter ständigem Rühren auf 85 °C erhitzt.
Dadurch quillt das Eiweiß die Flüssigkeit, die somit etwas gebunden wird. Das Eiweiß gerinnt nicht, weil Zucker den Gerinnungspunkt von ca. 70 °C auf ca. 90 °C erhöht.

Den Fond nicht über 85 °C erhitzen, da sonst das Eiweiß gerinnt und dabei das gebundene Wasser wieder abgibt; die Bindung des Fonds geht verloren. Außerdem wird der Fond beim Überhitzen grießig.

**Zur Rose Abziehen**

Das Abziehen des Fonds wird in der Fachsprache „zur Rose abziehen“ genannt.
Der Begriff stammt von der früheren Herstellungsweise. Beim Abziehen des Fonds rührte man mit einem Holzlöffel, bis die Bindung der Eier abgeschlossen war. Die Temperatur von ca. 85 °C und somit die Bindung der Eier wurde getestet, indem man auf den hölzernen Kochlöffel blies. Die gebundene Masse lief wellenförmig auf dem Kochlöffel auseinander, wobei sich mit viel Fantasie eine erblühende Rose erkennen ließ. Aus hygienischen Gründen wird diese Methode nicht mehr angewandt. Ein Thermometer bietet eine sichere Temperaturmessung.

**Einsetzen der Sahnecremetorten**

Sahnecreme, z. B. Käsesahne-, Joghurtsahne-, Weinsahne-, Fruchtsahnecreme, haben direkt nach der Herstellung eine sehr weiche Konsistenz und lassen sich nicht wie Schlagsahne auf Tortenböden oder Kapseln streichen. Deshalb wird die Sahnecreme in Tortenringe oder Dessertrahmen eingesetzt und einige Stunden kühl gestellt. In dieser Zeit bindet die Gelatine die flüssigen Bestandteile der Sahnecreme. Danach ist die Sahnecreme schnittfähig.

*Eingesetzte Sahnecremetorte*

## Sahnedesserts

**Sahnedesserts** sind Gebäckstücke, die mit Sahne gefüllt sind, z. B. Sahnerouladen, Windbeutel, Sahneomeletts, Sahnerollen (Schillerlocken), Schlotfeger, Savarins.

**Sahneschnitten** sind Sahnedesserts, die vom Aufbau den Sahnetorten ähnlich sind. In Schnittenbleche werden Kapseln gegeben, Schlagsahne oder Sahnecreme darauf verstrichen, eine weitere Kapsel und wiederum Schlagsahne oder Sahnecreme daraufgegeben und glattgestrichen.

**Sahnerouladen:** Kapseln werden mit Schlagsahne verschiedener Geschmacksrichtungen gefüllt und zu Rouladen gerollt. Manchmal wird die Sahne mit Früchten belegt.

**Tiramisudesserts** bestehen aus Sahnecreme mit Mascarpone, einem Frischkäse mit 50 % Fett i. Tr. aus Italien.

**Obst-Sahneschnitten** sind Sahneschnitten mit Früchten obenauf belegt, die mit Tortenguss geliert werden.

*Himbeersahnedessert*

*Zitronensahneroulade*

*Sahnedesserts*

*Tiramisudessert*

## Süßspeisen

### Süßspeisen mit Schlagsahne

Im gehobenen Bäckerei-Café werden Süßspeisen als lockere, erfrischende Desserts oder auch als Nachspeise angeboten. Beliebte Sahnecremes als Süßspeisen sind Bayerische Creme und Mousses in verschiedenen Geschmacksrichtungen.

### Mousse

Mousse ist eine lockere Süßspeise aus aufgeschlagener Sahne mit einer schaumigen Eiermasse. Eine beliebige Zutat wie Schokoladenkuvertüre oder Fruchtmark bestimmt den Geschmack der Mousse und gibt ihr den Namen, z. B. die klassische Mousse au Chocolat.

| Rezeptbeispiel: Mousse au Chocolat (Schokoladenmousse) | |
|---|---|
| 100 g Vollei (2 Stück)<br>40 g Eigelb (2 Stück)<br>70 g Zucker<br>1 Prise Salz (ca. 2 g) | Eier, Eigelbe, Zucker und Salz schaumig rühren. |
| 4 g Gelatine (2 Blätter)<br>200 g Kuvertüre<br>30 g Cognac | • Die eingeweichte Gelatine erwärmen, bis sie flüssig ist.<br>• Flüssige Gelatine, flüssige Schokoladenkuvertüre und Cognac in die schaumige Eiermasse rühren. |
| 400 g Schlagsahne | • Die Sahne aufschlagen und unter die Masse heben.<br>• Die Mousse mindestens 3 Stunden vor dem Servieren kühlen. |

*Mousses dekorativ serviert*

LF 11

### Bayerische Creme

Die Bayerische Creme ist eine lockere Süßspeise aus Milchcreme, ähnlich der Vanillecreme, und aufgeschlagener Sahne. Sie erhält eine beliebige geschmackliche Zutat, z. B. Schokolade, Mokka (Kaffee), Fruchtmark, Likör.
Im Gegensatz zur Vanillecreme, die mit Weizenstärke gebunden wird, wird die Milchcreme der Bayerischen Creme mit Gelatine gebunden.

| Rezeptbeispiel: Bayerische Creme | |
|---|---|
| 500 g Milch<br>100 g Eigelb (5 Stück)<br>120 g Zucker<br>1 Prise Salz (ca. 2 g)<br>Vanillearoma | Die Zutaten unter ständigem Rühren auf ca. 85 °C erhitzen – zur Rose abziehen. |
| 14 g Gelatine (7 Blätter)<br>Eine beliebige geschmackliche Zutat, z. B.:<br>• 150 g Schokoladenkuvertüre, flüssig<br>• 80 g Orangenlikör<br>• 30 g Kaffee- oder Espressopulver<br>• 300 g Fruchtmark, z. B. Erdbeeren | • Die eingeweichte Gelatine in die heiße Milchcreme rühren. Sie löst sich sofort auf.<br>• Eine geschmackliche Zutat einrühren.<br>• Die Milchcreme auf 20 bis 25 °C abkühlen lassen. |
| 500 g Schlagsahne | • Die Sahne aufschlagen und unter die abgekühlte Milchcreme heben.<br>• Die Bayerische Creme sofort in Gläser oder Formen füllen und kühl stellen. |

*Bayerische Creme*

Süßspeisen werden nach der Herstellung in dekorative Schalen oder Stielgläser gegeben. Nach dem Festwerden im Kühlschrank bzw. Kühlraum werden sie vor dem Servieren mit Sahne und Früchten ausgarniert.
Mousse wird auch auf Tellern dekorativ angerichtet.

*Süßspeise im Stielglas*

### Fehler bei Schlagsahne und Sahneerzeugnissen

| Fehler | Ursachen |
|---|---|
| Schlagsahne ist nach dem Aufschlagen zu weich, hat ein kleines Volumen und ist etwas gelblich. | Die Schlagsahne war beim Aufschlagen zu warm. |
| Die Schlagsahne ist nach dem Aufschlagen nicht stabil und hat ein kleines Volumen. | • Die Schlagsahne wurde zu kurz aufgeschlagen (aufgeblasen).<br>• Der Sahnebläser bzw. der Kessel ist vor dem Aufschlagen nicht vorgekühlt worden.<br>• Die Schlagsahne wurde in einem zu warmen Raum aufgeschlagen und verarbeitet. |
| Schlagsahne fühlt sich beim Essen etwas zäh an. | In die Schlagsahne wurde zu viel Bindemittel wie Gelatine ohne Sahnestandmittel gegeben. |
| Es ziehen sich dünne, zähe Fäden durch die Schlagsahne. | Die Blattgelatine war beim Einrühren in die Schlagsahne zu kühl oder zu warm. |
| Die Schlagsahne schmeckt unangenehm süß. | Es wurde zu viel Zucker in die Schlagsahne gerührt. |
| Die Schokoladensahne ist mit vielen kleinen schwarzen Punkten durchzogen. | Die Schokoladenkuvertüre war beim Einrühren in die Schlagsahne zu kühl, sodass sie sofort fest geworden ist. |

LF 11

## Verkaufsargumente

**Qualitätsmerkmale bei der Kundenberatung**

- Sahnetorten und Sahnedesserts enthalten einen hohen Anteil an lockerer und erfrischender Schlagsahne und sind trotz des hohen Fettgehalts gut bekömmlich.
- Sahnetorten und Sahnedesserts sind wegen der Schlagsahne, die mit den verschiedensten Geschmacksstoffen abgeschmeckt wird, geschmacklich besonders abwechslungsreich.
- Süßspeisen wie Bayerische Creme und Mousse sind lockere und bekömmliche sowie geschmackvolle Sahnecremes.

**Frischhaltung**

- Sahnetorten und Sahnedesserts schmecken am Tag der Herstellung am besten. Schlagsahne ist sehr locker und fällt spätestens am Tag darauf etwas zusammen und verliert an Volumen. Sie wirkt dann etwas fettig und ist nicht mehr so bekömmlich.
- Sahnetorten und Sahnedesserts mit Sahnecreme sind kompakter als Schlagsahne und deshalb ca. zwei Tage frisch.
- Sahnetorten und Sahnedesserts müssen in der Kühltheke oder im Kühlschrank/Kühlraum aufbewahrt werden. Bei hoher Luftfeuchtigkeit von 85 bis 95 % wird eine Hautbildung an der Oberfläche der Schlagsahne verhindert.

**Tiefgefrieren eingesetzter Sahnecremetorten**

Wegen der kompakten Beschaffenheit eignen sich die im Ring eingesetzten Sahnecremetorten gut zum Tiefgefrieren. So werden sie in Bäckereien rationell auf Vorrat hergestellt. Die Oberfläche wird mit luftundurchlässigem Backpapier abgedeckt, damit sie nicht austrocknet.
Bei Bedarf werden die Sahnecremetorten aufgetaut, aus den Ringen geschnitten und, wie bei Sahnetorten üblich, mit Schlagsahne eingestrichen und ausgarniert.

Sahnetorten eignen sich nicht zum Tiefgefrieren, da die besonders lockere Schlagsahne beim Frosten einfällt und somit an Volumen verliert.
Sahnecremetorten sind kompakter und nicht so locker wie Sahnetorten und können deshalb ohne Qualitätsverlust tiefgefroren werden.

**Besondere Eignung**

- Sahnetorten und Sahnedesserts sind stets beliebt zur Kaffeetafel.
- Mit ihrer geschmacklichen Vielfalt werden sie bevorzugt zu Feierlichkeiten angeboten, z. B. Hochzeit, Taufe, Geburtstag.
- Die lockeren, erfrischenden Sahnedesserts eignen sich auch als Nachspeise, da sie gut bekömmlich sind.
- Sahnecremes wie Bayerische Creme und Mousse sind erfrischende Süßspeisen als Desserts im Café oder als bekömmliche Nachspeise nach dem Essen.

## Aufgaben

1. Nennen Sie die gesetzliche Bestimmung für Schlagsahne.
2. Nennen Sie die drei Geräte zum Aufschlagen von Schlagsahne und geben Sie an, wo sie hauptsächlich eingesetzt werden. Begründen Sie auch den Einsatz.
3. Welche Merkmale hat zu kurz und zu lange aufgeschlagene Schlagsahne?
4. Was besagt das Litergewicht bei aufgeschlagener Sahne?
5. Erklären Sie die Vorgänge beim Aufschlagen bzw. Aufblasen der Schlagsahne.
6. Nennen Sie die ideale Temperatur beim Aufschlagen der Sahne.
7. Was ist beim Aufschlagen von Schlagsahne in Bezug auf den Sahnebläser bzw. den Kessel zum Aufschlagen zu beachten und welche Raumbedingungen sollten sein?
8. Wie verhält sich tiefgefrorene Schlagsahne sowie H-Sahne beim Aufschlagen?
9. Erklären Sie, warum Bindemittel in die aufgeschlagene Sahne für Sahnetorten und Sahnedesserts gegeben werden.
10. Nennen Sie die Bindemittel, die sich für Schlagsahne eignen, und erklären Sie die Bindemittel.
11. Beschreiben Sie die Verarbeitung der Blattgelatine und die Zugabe in die Schlagsahne.
12. Unter welchen Bedingungen erübrigt sich die Zugabe von Bindemittel in Schlagsahne? Geben Sie Erzeugnisse mit Schlagsahne ohne Bindemittel an.
13. Wie viel Gramm Zucker werden für 1 l flüssige Schlagsahne berechnet?
14. Erklären Sie die Fertigstellung der aufgeschlagenen Schlagsahne mit Gelatine und geschmackgebenden Zutaten.

→

15 Erläutern Sie das fachgerechte Einrühren von Schokoladenkuvertüre in die Schlagsahne für Schokoladensahne.

16 Nennen Sie die Bestimmungen der Leitsätze für
- Sahnetorten,
- Sahnecremetorten.

17 Erklären Sie die Zusammensetzung bekannter Sahnetorten, z. B. Schokoladensahne-, Erdbeersahne- und Eierlikörsahnetorte.

18 Nennen Sie die Bestimmungen der Leitsätze für Schwarzwälder Kirschsahnetorten.

19 Beschreiben Sie die folgenden klassischen Sahnetorten:
- Holländer Kirschsahnetorten
- Flockensahnetorten

20 Beschreiben Sie das Einsetzen und Fertigstellen einer Käsesahnetorte.

21 Beschreiben Sie die Herstellung der Sahnecremes.

22 Erklären Sie die Begriffe „einen Fond abziehen" und „zur Rose abziehen".

23 Erläutern Sie das Einsetzen der Sahnecremetorten.

24 Nennen Sie Beispiele für Sahnedesserts.

25 Erklären Sie Sahneschnitten, Obstsahneschnitten und Tiramisudesserts.

26 Geben Sie die Ursachen folgender Fehler bei Schlagsahnetorten und Sahnedesserts an:
- Die Schlagsahne ist nach dem Aufschlagen zu weich, hat ein kleines Volumen und ist etwas gelblich.
- Die Schlagsahne ist nach dem Aufschlagen nicht stabil und hat ein kleines Volumen.
- Die Schlagsahne fühlt sich beim Essen etwas zäh an.
- Es ziehen sich dünne, zähe Fäden durch die Schlagsahne.
- Die Schlagsahne schmeckt unangenehm süß.
- Die Schokoladensahne ist mit vielen kleinen schwarzen Punkten durchzogen.

27 Nennen Sie die Zutaten und die Herstellung von
- Bayerischer Creme,
- Mousse au Chocolat oder einer anderen Mousse.

28 Nennen Sie die Qualitätsmerkmale der Sahnetorten und Sahnedesserts sowie der Süßspeisen bei der Kundenberatung.

29 Geben Sie die Frischhaltung der Sahnetorten und Sahnedesserts an.

30 Beschreiben Sie, wie es sich mit dem Tiefgefrieren von Sahnecremetorten und -desserts sowie Sahnetorten und -desserts verhält.

31 Wofür eignen sich Sahnetorten und Sahnedesserts sowie Süßspeisen besonders gut?

32 Damit Sie für die verschiedenen Erzeugnisse mit Sahne die richtige Aufschlagmöglichkeit auswählen können, sollen Sie zusammen mit einer neuen Mitarbeiterin jeweils 1 l Sahne mit der Rührmaschine, dem Sahnezapfgerät und dem Sahnebläser aufschlagen. Anschließend halten Sie folgende Unterschiede fest: Konsistenz und Volumen sowie die beste Aufschlagmethode für Ihren Betrieb.

## Rechenaufgaben

1 Aus 1 l Schlagsahne (1000 g) erhält man beim unterschiedlichen Aufschlagen folgende Volumen:
- Rührmaschine: 2,3 l
- Sahneautomat: 2,8 l
- Sahnebläser: 3,1 l

Berechnen Sie das Litergewicht der Sahne von jedem Aufschlaggerät.

2 Sahnecreme enthält nach den Leitsätzen 20 bis 60 % Schlagsahne.
1 Käsesahnetorte wird mit folgendem Rezept hergestellt:

| | |
|---|---|
| 150 g Milch | 12 g Gelatine |
| 200 g Zucker | 500 g Quark |
| 80 g Eigelb | 600 g aufgeschlagene Sahne |

a) Die Käsesahnecreme für 8 Käsesahnetorten wiegt 12,360 kg. Wie viel g Käsesahnecreme befindet sich in einer Käsesahnetorte?

b) Die Käsesahnecreme enthält 32 % Quark. Ermitteln Sie den Quarkanteil in einer Käsesahnetorte.

c) In einer Käsesahnetorte werden 600 g Schlagsahne verarbeitet. Wie viel % Schlagsahne enthält die Käsesahnecreme? Erfüllt sie die Bestimmungen der Leitsätze?

3 Für eine Sahnetorte werden 850 g flüssige Sahne aufgeschlagen, die in aufgeschlagenem Zustand ein Volumen von 3125 $cm^3$ besitzt. Wie hoch ist die Volumenausbeute?

LF 11

## 33.5 Stärke als Bindemittel, gekochte Cremes als Füllungen und Süßspeisen

### Stärke als Bindemittel

Stärke gewinnt man aus
- Mehl vom Getreide (Mehl besteht bis zu 70 % aus Stärke),
- Kartoffeln.

Stärke wird wegen ihrer glatten, pulverförmigen Beschaffenheit auch als Stärkepuder bezeichnet. Unter dem Mikroskop sieht man sie jedoch körnerförmig.
**Weizenstärke** ist ein bedeutendes Bindemittel. Sie wird in der Praxis als **„Weizenpuder"** bezeichnet.

> Stärke kann bis zum Zehnfachen des Eigengewichts an Wasser binden.
> Den Vorgang, bei dem die Stärke das Wasser bindet, nennt man Verkleisterung. Die Stärke verkleistert (bindet) das Wasser vollständig bei 90 °C. Deshalb wird die Flüssigkeit gekocht (100 °C), damit das gesamte Wasser auch sicher gebunden ist.

#### Stärke bei ansteigender Wassertemperatur

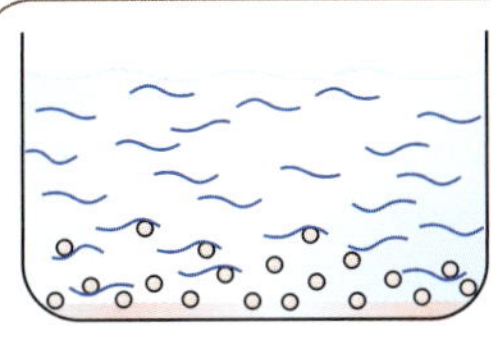

In kaltem Wasser bei ca. 20 °C:

Die Stärke ist unlöslich und setzt sich am Boden ab.

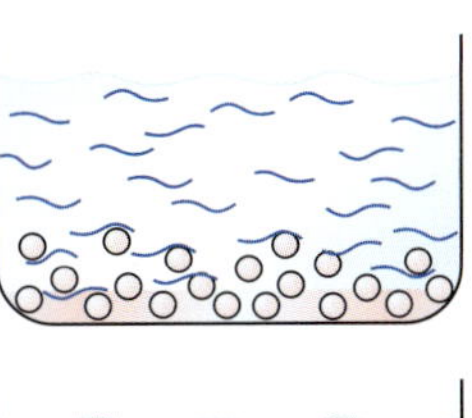

In warmem Wasser bei ca. 40 °C:

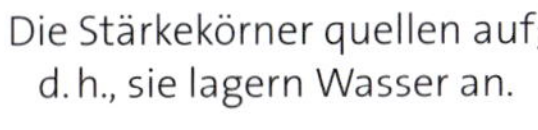

Die Stärkekörner quellen auf; d. h., sie lagern Wasser an.

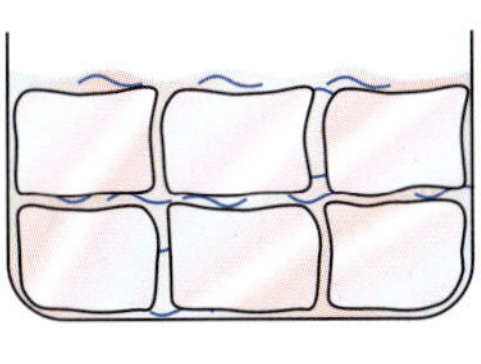

In heißem Wasser bei ca. 60 °C:

Die Stärkekörner platzen auf, sie beginnen Wasser zu binden.

In sehr heißem Wasser kurz vor dem Kochen bei ca. 90 °C:

Die Stärke hat nun das Wasser vollständig gebunden.

*Stärkebindung bei ansteigender Wassertemperatur*

**Beispiele für die Verkleisterung der Stärke**
- Vanillecreme kochen
- Binden von Fruchtsaft, z. B. bei gebundenen Sauerkirschen
- Andicken von Soßen
- Beim Backen verkleistert die Stärke des Mehls das Wasser der Teige und Massen, sodass eine elastische und schnittfähige Gebäckkrume entsteht.

*Vanillecreme*

### Entquellung der verkleisterten Stärke

Die verkleisterte Stärke gibt das gebundene Wasser nach einiger Zeit langsam wieder ab, da das gequollene (gebundene) Wasser nach dem Abkühlen nicht festgehalten werden kann.
Diese Entquellung der Stärke bezeichnet man als **„Retrogradation"** (lateinisch: Rückbildung).

Beispiel:
Gibt man Vanillecreme in eine Schüssel, befindet sich am anderen Tag etwas Wasser bei der Vanillecreme. Beschleunigt wird die Entquellung der Stärke beim Aufbewahren im Kühlschrank bzw. Kühlraum, da die Stärke bei Kälte nicht mehr gut quellfähig ist.

**Retrogradation der Backwaren**
Durch die Entquellung der Stärke werden Backwaren bei zunehmender Aufbewahrungszeit alt, d. h. trocken. Weil die Retrogradation durch Kälte beschleunigt wird, sollten Backwaren, z. B: Kuchen oder Brot, nicht in die Kühlung gegeben werden → Seite 177.

Backwaren mit Vanillecreme als Füllung sollten wegen der Stärkeentquellung (Retrogradation) am Tag der Herstellung verzehrt werden, weil sonst die Backwaren durch das abgegebene Wasser der Stärke weich werden.

### Modifizierte Stärke (Quellstärke)

Modifizierte Stärke ist ein Convenience-Produkt, für das Stärke in heißem Wasser verkleistert wird. Die verkleisterte Stärke wird getrocknet und pulverisiert und als modifizierte Stärke oder Quellstärke bezeichnet.

> Modifizierte Stärke quillt in kaltem Wasser auf und kann somit kaltes Wasser binden.

**Kaltcremepulver**
Kaltcremepulver besteht hauptsächlich aus modifizierter Stärke mit Zucker, Vollmilchpulver und Vanillearoma. 350 g Kaltcremepulver in 1 l kaltes Wasser gerührt, ergibt Vanillecreme.

**Saftbinder**
Saftbinder besteht hauptsächlich aus modifizierter Stärke, die mit Zucker in kalten Fruchtsaft gerührt wird. In den gebundenen Fruchtsaft werden die Früchte eingerührt. Bei gebundenen Sauerkirschen wird der Sauerkirschsaft der Dosenfrüchte mit Saftbinder gebunden und dann die Sauerkirschen eingerührt.

*Mit Saftbinder gebundene Sauerkirschen*

**Vorteile**
- Der Fruchtsaft für gebundene Früchte wird besonders schnell und einfach gebunden.
- Die gebundenen Früchte sind sofort nach dem Anrühren stabil und somit gut zu verarbeiten.

**Nachteile**
Vanillecreme und der gebundene Saft der Dosenfrüchte schmecken nicht so gut wie Milch und Fruchtsaft, der mit Stärke beim Kochen gebunden wird. Auch die Entquellung erfolgt schneller.

## Gekochte Cremes (Kochcremes)

Gekochte Cremes haben einen hohen Anteil an Flüssigkeit, der beim Kochen durch Stärke gebunden (verkleistert) wird.

| Gekochte Cremes | Flüssigkeit, die durch Stärke gebunden wird |
|---|---|
| • Vanillecreme<br>• Weincreme<br>• Fruchtcreme | • Milch<br>• Wein<br>• Fruchtsaft |

### Vanillecreme

Vanillecreme ist eine Milchcreme, die auch als Vanillepudding bezeichnet wird.
Puddings werden mit Puddingpulver beim Kochen gebunden. Puddingpulver ist Stärke mit Geschmacksstoffen, z. B. natürliches Vanillearoma, Kakaopulver, Erdbeer.

**Rezeptbeispiel: Vanillecreme**

|  |  |
|---|---|
| 900 g | Milch |
| 200 g | Zucker |
| 100 g | Milch |
| 80 g | Eigelb (4 Stück) |
| 90 g | Cremepulver |
| | 1 Prise Salz (ca. 2 g) |
| | Vanillearoma |
| **1370 g** | **Vanillecreme** |

- Milch und Zucker aufkochen
- Eigelb, Cremepulver, Salz, Vanillearoma mit kalter Milch anrühren.
- Das Angerührte in die kochende Milch einrühren und die Vanillecreme unter ständigem Rühren nochmals kräftig aufkochen, damit die Milch vollständig gebunden wird.

> Cremepulver ist Stärke mit Vanillearoma.

*Vanillecreme nach dem Kochen*

LF 11

*Vanillecreme zum Abkühlen*

Beim Abkühlen zieht die Vanillecreme an, d. h., sie wird fest. Wird die Vanillecreme weiterverarbeitet, z. B. als Füllung oder für deutsche Buttercreme, wird die Vanillecreme glatt gerührt.

### Leichte Vanillecreme

Leichte Vanillecreme ist eine Vanillecreme, der nach dem Kochen Eischnee untergerührt wird. Dadurch wird die Vanillecreme besonders locker und bekömmlich und eignet sich deshalb hervorragend als Füllung für Cremeschnitten und Bienenstich.

**Rezeptbeispiel: leichte Vanillecreme**

| Menge | Zutat | Arbeitsschritte |
|---|---|---|
| 1000 g | Milch | • Vanillecreme kochen. |
| 120 g | Eigelb (6 Stück) | |
| 90 g | Cremepulver | |
| | Vanillearoma | |
| 180 g | Eiklar (6 Stück) | • Eiklar, Zucker und Salz zu Eischnee schlagen. |
| 200 g | Zucker | • Den Eischnee unter die fertige, noch kochende Vanillecreme heben. |
| | 1 Prise Salz (ca. 2 g) | |
| **1590 g** | **leichte Vanillecreme** | |

*Eischnee in die Vanillecreme rühren*

### Vanillesoße

Vanillesoße ist Vanillecreme, die mit wenig Weizenstärke leicht gebunden wird und deshalb noch fließfähig ist. 1 l Milch für Vanillecreme wird mit 90 g Cremepulver gebunden und 1 l Milch für Vanillesoße mit 30 g. Cremepulver ist Weizenstärke mit Vanillearoma.
Vanillesoße wird in warmem Zustand z. B. zu Apfelstrudel und Rohrnudeln gegeben.

*Apfelstrudel mit Vanillesoße*

**Schokoladensoße (Schokosoße)**
Schokoladensoße ist Vanillesoße mit Kakaopulver.

**Rezeptbeispiel: Vanillesoße und Schokoladensoße**

| Menge | Zutat | Arbeitsschritte |
|---|---|---|
| 1000 g | Milch | Alle Zutaten unter ständigem Rühren kräftig aufkochen. |
| 200 g | Zucker | |
| 80 g | Eigelb (4 Stück) | |
| 30 g | Cremepulver | |
| | Vanillearoma | |
| **1310 g** | **Vanillesoße** | |

Für Schokoladensoße 40 g Kakaopulver zugeben.

*Schokoladensoße*

LF 11

#### Weincreme

| Rezeptbeispiel: Weincreme als Füllung für Herrentorte | | |
|---|---|---|
| 1000 g | Weißwein | Alle Zutaten unter ständigem Rühren kräftig aufkochen. |
| 300 g | Zucker | |
| 120 g | Eigelb (6 Stück) | |
| 100 g | Weizenpulver | |
| | Saft von 1 Zitrone | |
| **1520 g** | **Weincreme** | |

#### Fruchtcremes

Bei Fruchtcremes wird Fruchtsaft oder Saft der Dosenfrüchte gebunden und dann Früchte eingerührt, z. B. gebundene Sauerkirschen (→ Seite 327) und rote Grütze als Nachspeise.

#### Verwendung der gekochten Cremes

| Creme | Verwendung |
|---|---|
| **Vanillecreme** | als Füllung für:<br>• Plundergebäcke<br>• Blätterteiggebäcke<br>• Bienenstich<br>• Eclairs (Liebesknochen)<br>• Cremeschnitten<br>• Berliner (Vanillekrapfen) |
| **Weincreme** | • als Füllung für Herrentorten<br>• Desserts in Gläsern als Nachspeise |
| **Fruchtcreme** | • Fruchtcremetorten, z. B. Orangenfruchtcremetorten<br>• Nachspeise, z. B. rote Grütze<br>• Füllung, z. B. gebundene Sauerkirschen |

*Herrentorte mit Weincreme gefüllt*

#### Fehler bei gekochten Cremes

| Fehler | Ursachen |
|---|---|
| Gekochte Cremes sind zu weich und somit schlecht als Füllung zu verarbeiten. | • Die Cremes wurden bei der Herstellung nicht gekocht, zu wenig stark erhitzt.<br>• Zu wenig Cremepulver bzw. Weizenpuder verwendet. |

### Süßspeisen aus gekochten Cremes

Wein- und Fruchtcremes, in Gläsern oder aus Formen auf Teller gestürzt, werden als Süßspeisen, als Desserts oder als Nachspeisen im Bäckerei-Café angeboten.

| Rezeptbeispiel: Weincreme | |
|---|---|
| 250 g | Weißwein |
| 100 g | Ananassaft oder anderer heller Fruchtsaft |
| 100 g | Zucker |
| 40 g | Eigelb (2 Stück) |
| 30 g | Weizenpulver |
| **1520 g** | **Weincreme** |

- Alle Zutaten unter ständigem Rühren kräftig aufkochen.
- Die Weincreme sofort in Stielgläser oder Glasschalen bzw. in kleine Formen füllen und in der Kühlung anziehen lassen.

Die in den Gläsern abgekühlte Weincreme wird vor dem Servieren mit Schlagsahne und Früchten ausgarniert.

Weincreme, die in kleine Förmchen gefüllt wird, zieht beim Erkalten an. Die stabile Weincreme wird vor dem Servieren auf einen Teller gestürzt und mit Schlagsahne sowie Früchten ausgarniert.

*Weincreme auf einem Teller und im Stielglas*

LF 11

## Verkaufsargumente

**Qualitätsmerkmale bei der Kundenberatung**

- Gekochte Cremes enthalten in der Rezeptur kein Fett. Deshalb sind sie auch in größeren Mengen gut bekömmlich.
- Durch den hohen Flüssigkeitsanteil wie Milch, Fruchtsaft bzw. Wein sind gekochte Cremes erfrischend.
- Leichte Vanillecreme ist durch den Eischnee eine besonders lockere und bekömmliche Vanillecreme. Deshalb kann sie als Füllung dick eingestrichen werden, z. B. im Bienenstich.

**Frischhaltung**

Backwaren mit Vanillecreme, Weincreme und Fruchtcreme als Füllung müssen wegen der Stärkeentquellung (Retrogradation) am Tag der Herstellung verzehrt werden. Bis zum nächsten Tag setzt sich etwas Wasser ab, da die Stärke das verkleisterte Wasser wieder freigibt.

**Besondere Eignung**

Gekochte Cremes eignen sich besonders als Füllungen und sind auch Süßspeisen als Nachspeisen.

## Aufgaben

1. Woraus wird Stärke als Bindemittel gewonnen?
2. Erklären Sie die Reaktionen der Weizenstärke im Wasser bei folgenden Wassertemperaturen:
   - in kaltem Wasser, bei ca. 20 °C
   - in warmem Wasser, bei ca. 40 °C
   - in heißem Wasser, bei ca. 60 °C
   - in heißem Wasser kurz vor dem Kochen, bei ca. 90 °C
3. Erklären Sie den Begriff „Verkleistern der Stärke“ und geben Sie die Wassertemperatur bei der Verkleisterung der Weizenstärke an.
4. Wie viel Wasser kann die Stärke bei der Verkleisterung binden?
5. Nennen Sie Beispiele der Verkleisterung der Stärke in der Bäckerei.
6. Erläutern Sie den Begriff „Retrogradation der Stärke“.
7. Erklären Sie modifizierte Stärke.
8. Welche Eigenschaft hat modifizierte Stärke?
9. Beschreiben Sie Kaltcremepulver und Saftbinder sowie deren Herstellung.
10. Welche Vor- und Nachteile haben Kaltcremepulver und Saftbinder?
11. Nennen Sie gekochte Cremes.
12. Nennen Sie die Zutaten und beschreiben Sie die Herstellung einer Vanillecreme.
13. Erläutern Sie Cremepulver.
14. Erklären Sie leichte Vanillecreme und beschreiben Sie deren Herstellung.
15. Beschreiben Sie Vanillesoße und deren Unterschied zur Vanillecreme. Geben Sie auch Verwendungsmöglichkeiten an.
16. Nennen Sie die Zutaten von Weincreme und beschreiben Sie die Herstellung.
17. Erklären Sie Fruchtcremes.
18. Nennen Sie die Verwendung von
    - Vanillecreme,
    - Weincreme,
    - Fruchtcreme.
19. Welche Ursachen haben zu weiche gekochte Cremes, die als Füllung schlecht zu verarbeiten sind?
20. Nennen Sie die Qualitätsmerkmale der gekochten Cremes.
21. Geben Sie die Frischhaltung der gekochten Cremes an.
22. Wofür eignen sich gekochte Cremes besonders gut?
23. In Ihrer Bäckerei steht die Qualität an erster Stelle. Deshalb sollen Sie Vanillecreme kochen und Vanillecreme mit Kaltcremepulver herstellen. Anschließend sollen Sie die Vanillecremes geschmacklich vergleichen und die Weiterverarbeitungsmöglichkeiten beurteilen.

## Rechenaufgabe

Sie sollen 275 Plundergebäcke mit Vanillecreme als Füllung herstellen. Für 1 Plundergebäck benötigen Sie 35 g Vanillecreme. Die Vanillecreme wird mit folgendem Grundrezept hergestellt: 1 000 g Milch, 200 g Zucker, 90 g Cremepulver und 80 g Eigelb. Erstellen Sie das Arbeitsrezept für die benötigte Vanillecreme. Runden Sie die Schlüsselzahl auf 1 Stelle nach dem Komma auf.

## 33.6 Konfitüre, Gelee, Marmelade, Torten mit Konfitüre

### Konfitüre, Gelee, Marmelade

Bei der Herstellung von Konfitüren, Gelees und Marmeladen werden Früchte bzw. Fruchtsaft mit einem hohen Anteil an Gelierzucker aufgekocht.

- Konfitüren bestehen aus Früchten und Zucker.
- Gelees bestehen aus Fruchtsaft und Zucker.
- Marmeladen bestehen aus Zitrusfrüchten und Zucker. Für Marmeladen dürfen nur Zitrusfrüchte verwendet werden, überwiegend Orangen.

Gelierzucker ist Zucker mit Pektinen und etwas Zitronensäure.
Zitronensäure gibt den süß schmeckenden Konfitüren, Gelees und Marmeladen einen leicht säuerlichen Geschmack, der auch den Fruchtgeschmack etwas hervorhebt.

Pektine sind Bindemittel, die aus dem Saft und den Schalen saurer Früchte gewonnen werden.
Besonders pektinreich sind Quitten, Äpfel und Zitrusfrüchte.

**Herstellung**
Früchte bzw. Fruchtsaft und Zucker werden unter ständigem Rühren ca. vier Minuten aufgekocht. Bei ca. 105 °C binden die Pektine einen Teil des Wassers der Früchte. Das andere Wasser wird von der hohen Zuckermenge gebunden. Beim Abkühlen sind deshalb Konfitüren, Gelees und Marmeladen streichfähig.

*Zutaten für Konfitüre*

**Konfitürenverordnung**

Die Konfitürenverordnung regelt, wie viel Gramm Früchte bzw. Fruchtsaft für die Herstellung von 1 000 g Konfitüre, Gelee und Marmelade verwendet werden müssen. Der Früchteanteil bezieht sich somit auf den Fruchtgehalt vor dem Kochen.

**Gesetzliche Bestimmungen**
Für 1 000 g Konfitüre, Gelee und Marmelade wird bei der Herstellung ein Mindestanteil an Früchten verwendet, der Rest ist Zucker.

| Bezeichnungen | Mindestfruchtanteil |
|---|---|
| Konfitüre extra | 450 g Früchte (45 %) |
| Konfitüre | 350 g Früchte (35 %) |
| Gelee extra | 450 g Fruchtsaft (45 %) |
| Gelee | 350 g Fruchtsaft (35 %) |
| Marmelade | 200 g Früchte oder Fruchtsaft von Zitrusfrüchten (20 %) |

Ausnahmen:
- Johannisbeerkonfitüre extra und Johannisbeergelee extra werden mit mindestens 350 g Johannisbeeren für 1 000 g des Enderzeugnisses hergestellt.
- Johannisbeerkonfitüre und Johannisbeergelee werden mit mindesten 250 g Johannisbeeren für 1 000 g des Enderzeugnisses hergestellt.

Für Konfitüre extra und Gelee extra dürfen keine Äpfel, Birnen, nicht steinlösende Pflaumen, Melonen und Trauben verwendet werden.

*Konfitüre (oben), Gelee (links), Marmelade (rechts)*

LF 11

**Fruchtaufstrich**

*Fruchtaufstrich*

Der qualitativ hochwertige Fruchtaufstrich hat einen höheren Fruchtgehalt und somit geringeren Zuckeranteil. Der im Handel erhältliche Fruchtaufstrich fällt nicht unter die Konfitürenverordnung. Der Fruchtgehalt von 1000 g Fruchtaufstrich beträgt 500 bis 700 g. Er wird vorwiegend als Aufstrich zum Frühstück verwendet.

**Deklaration**

**Gesetzliche Bestimmungen der Deklaration**

- Die verwendete Fruchtart muss auf dem Behältnis für Konfitüre, Gelee und Marmelade angegeben werden, z. B. Aprikosenkonfitüre, Himbeergelee, Bitterorangenmarmelade.
- Bei Konfitüren und Gelees, die mit mehreren Früchten hergestellt werden, müssen die einzelnen Früchte in absteigender Reihenfolge des Gewichtsanteils gekennzeichnet werden.
  Es kann auch die Bezeichnung „Mehrfruchtkonfitüre" oder „Mehrfruchtgelee" angegeben werden.

**Backfähigkeit**

Konfitüren können in den Gebäcken gut gebacken werden. Gelees werden durch die Backhitze wieder flüssig. Gelees werden deshalb nur auf gebackene Erzeugnisse als Füllung gegeben.

**Beachtung nach der Entnahme von Konfitüren, Gelees und Marmeladen aus Eimern**

- Die Ränder der Eimer sauber abschaben, damit der Inhalt nicht an den Rändern austrocknet. So ergibt es auch ein sauberes Gesamtbild.
- Die Eimer sofort nach der Entnahme schließen.
- Konfitüren, Gelees und Marmeladen im Kühlschrank bzw. Kühlraum lagern, da sie in warmen Räumen gärig werden.

**Fruchtmark**

Die Früchte werden durch Mixen zu einem feinen Fruchtbrei püriert. Befinden sich darin störende Teile wie Samenkörnchen oder Schalen, z. B. bei Himbeeren oder Johannisbeeren, wird das Fruchtmark durch ein Sieb passiert.

**Verwendung**

Sahnetorten und Sahnedesserts, Speiseeis, Fruchtsoßen

*Mixen von Fruchtmark*

## Torten mit Konfitüre gefüllt

**Sachertorte**

Die berühmteste Schokoladentorte der Welt hat ihren Ursprung im kaiserlichen Wien. Franz Sacher hat sie 1832 schon als 16-jähriger junger Koch beim Fürst Metternich gebacken und sie so, wie sie heute noch beliebt ist, zusammengestellt. Sein Sohn, Besitzer des Hotels Sacher in Wien, führte die Tradition der original Sachertorte fort. „Bevorzugen Sie die Sachertorte mit Schlag?", so fragt die Bedienung in Wiener Cafés. Dort wird die Sachertorte auch mit Schlagsahne (Schlagobers) gegessen.

**Bestimmungen der Leitsätze**

Die Sachertorte wird mit einem Sacherboden aus schokoladenhaltiger Sachermasse hergestellt, bei der der geringe Fettanteil Butter sein muss.
Gefüllt ist Sachertorte mit Aprikosenkonfitüre extra (mindestens 45 % Fruchtanteil) und überzogen mit Schokoladenkuvertüre oder Schokoladenfondant.
Fettglasur ist nicht erlaubt.

Wegen des geringen Fettanteils gehört die Sachermasse zu den Wiener Massen. Sandmassen haben einen höheren Fettgehalt → Seite 516. Als Fett darf für die Sachermasse nur Butter verwendet werden, keine Margarine.

**Aufbau und Herstellung einer Sachertorte**

- Tortenboden: Sacherboden → Seite 520
- Füllung: Aprikosenkonfitüre extra (österreichisch: Marillenmarmelade)
- Die Torte außen aprikotieren, damit der Überzug nicht in den Tortenboden dringen kann
- Überzug: Schokoladenkuvertüre oder Schokoladenfondant → Seite 323
- Garnierung: mit Schokoladenspritzglasur auf jedes Stück der Torte das Wort „Sacher" in Schreibschrift garnieren

*Sachertorte*

*Mailänder Torte*

### Punschtorten und Punschdesserts

Punschtorten und Punschdesserts sind mit Aprikosenkonfitüre, die mit Rum abgeschmeckt ist, gefüllt und mit Fondant überzogen. Der Rumgeschmack ist in Punschtorten und Punschdesserts deutlich wahrnehmbar.

*Punschdessert*

Der Begriff Punsch bedeutet, dass die Erzeugnisse mit Rum hergestellt werden.

#### Herstellung

- Einen Wiener Boden ca. dreimal auseinanderschneiden, ergibt vier Tortenbodenscheiben. Für Punschdesserts werden Kapseln verwendet.
- Den Wiener Boden bzw. die Kapsel gut mit Rumtränke tränken → Seite 553.
- Aprikosenkonfitüre kräftig mit Rum zu einer Punschfüllung glatt rühren und dünn einstreichen.
- Die Torte und Desserts aprikotieren.
- Die Oberfläche dünn mit Marzipan eindecken.
- Die zusammengesetzten Kapseln zu rechteckigen oder trapezförmigen Desserts schneiden.
  Die Torte und Desserts mit Fondant überziehen.
- Jedes Tortenstück und jedes Dessert mit Schokoladenspritzglasur garnieren.

### Mailänder Torte

Für Mailänder Torte wird ein Wiener Boden mit Aprikosenkonfitüre oder mit Marzipanrohmasse, die mit Aprikosenkonfitüre streichfähig gemacht wird, gefüllt. Meistens wird auf der Oberfläche der Torte aus Makronenmasse (→ Seite 536) ein Gitter aufdressiert, das bei hoher Hitze abgeflämmt wird.

### Linzer Torten und Linzer Schnitten

Linzer Torten und Schnitten werden aus spritzfähigem Nuss- oder Mandelmürbeteig (Linzer Mürbeteig) hergestellt und mit Johannisbeerkonfitüre gefüllt → Seite 346.

#### Verkaufsargumente

**Qualitätsmerkmale bei der Kundenberatung**

- Sachertorten sind schokoladenhaltige Torten, mit Aprikosenkonfitüre gefüllt und mit Schokoladenkuvertüre oder Schokoladenfondant überzogen.
- Punschtorten und Punschdesserts sind süß schmeckende Torten, bei denen der helle Tortenboden mit rumhaltiger Aprikosenkonfitüre gefüllt und mit Fondant überzogen ist.
- Linzer Torten sind feinwürzige Torten aus Nuss- oder Mandelmürbeteig, die mit Johannisbeerkonfitüre gefüllt sind.
- Mailänder Torten sind helle Tortenböden, die mit Makronenmasse aus Marzipanrohmasse gefüllt und ausgarniert sind.

**Frischhaltung**

- Sachertorten und Punschtorten sowie Punschdesserts sind solange frisch, solange die Tortenböden und die Konfitüre weich sind.
- Linzer Torten sind trockene Torten, da sie aus Mürbeteig bestehen. Sie sind einige Tage ohne Kühlung bei nicht zu warmer Raumtemperatur lagerfähig.
- Mailänder Torten sind einige Tage frisch, solange die Tortenböden und die Marzipanrohmasse der Füllung weich sind.

**Besondere Eignung**

Die mit Konfitüre gefüllten Torten und Desserts sind geschmackvolle Erzeugnisse zum Nachmittagskaffee.

## Aufgaben

1. Erklären Sie, woraus folgende Erzeugnisse bestehen:
   - Konfitüren
   - Gelees
   - Marmeladen
2. Erläutern Sie Gelierzucker.
3. Was versteht man unter Pektinen?
4. Beschreiben Sie die Herstellung der Konfitüren, Gelees und Marmeladen.
5. Nennen Sie den Mindestfruchtanteil, der bei der Herstellung für 1 000 g Konfitüre, Gelee und Marmelade nach der Konfitürenverordnung verwendet werden muss:
   - Konfitüre extra
   - Konfitüre
   - Gelee extra
   - Gelee
   - Marmelade
6. Erklären Sie den Qualitätsunterschied zwischen Konfitüre extra und Konfitüre.
7. Welche Früchte dürfen nur für Marmelade verwendet werden?
8. Erläutern Sie Fruchtaufstrich.
9. Nennen Sie die gesetzlichen Bestimmungen der Deklaration für Konfitüren, Gelees und Marmeladen bei der Verwendung
   - einer Fruchtart,
   - mehrerer Fruchtarten.
10. Geben Sie Auskunft über die Backfähigkeit von Konfitüren und von Gelees.
11. Was beachten Sie nach der Entnahme der Konfitüren, Gelees bzw. Marmeladen aus dem Eimer?
12. Wie wird Fruchtmark hergestellt und wofür wird es verwendet?
13. Nennen Sie die Bestimmungen der Leitsätze für Sachertorte.
14. Erläutern Sie einen Sacherboden.
15. Beschreiben Sie den Aufbau und die Herstellung einer Sachertorte.
16. Beschreiben Sie die Herstellung von Punschtorten und Punschdesserts.
17. Erklären Sie Linzer Torten und Linzer Schnitten.
18. Nennen Sie die Qualitätsmerkmale von
    - Sachertorten,
    - Punschtorten und Punschdesserts,
    - Linzer Torten und Linzer Schnitten,
    - Mailänder Torten.
19. Geben Sie Auskunft über die Frischhaltung der
    - Sachertorten sowie Punschtorten und Punschdesserts,
    - Linzer Torten und Linzer Schnitten,
    - Mailänder Torten.
20. Wofür eignen sich die Torten und Desserts, die mit Konfitüre gefüllt sind, besonders gut?
21. In Ihrem Bäckerei-Café wird auch Frühstück angeboten. Die Gäste sollen zwischen fünf süßen Brotaufstrichen wählen können. Stellen Sie hierfür eine Auswahl zusammen und erklären Sie die Brotaufstriche beim Gespräch mit den Gästen.

## Rechenaufgaben

1. Eine Bäckerei verkauft im Café täglich 3 Sachertorten, die jeweils in 16 Stücke eingeteilt sind. Die 3 Sachertorten werden mit folgendem Rezept hergestellt:

| | | |
|---|---|---|
| 420 g | Butter | 2,10 €/kg |
| 900 g | Vollei (18 Stück) | 0,14 €/Stück |
| 540 g | Zucker | 0,95 €/kg |
| 450 g | Kuvertüre | 5,20 €/kg |
| 300 g | Mandeln | 5,40 €/kg |
| 360 g | Weizenmehl | 0,45 €/kg |
| | Salz, Aromen | 0,20 €/insgesamt |

   Wie viel kostet ein Stück Sachertorte im Café bei folgenden Kalkulationsgrundlagen:
   Betriebskosten: 240 %
   Gewinn/Risiko: 34 %
   Caféaufschlag: 23 %
   Mehrwertsteuer: 19 %
2. Eine Sachertorte, die in 16 Stücke eingeteilt ist, kostet im Laden 27,20 €. Der Gast bestellt im Café ein Stück Sachertorte mit Schlagsahne, die mit 0,40 € berechnet wird. Berechnen Sie den Preis der Sachertorte mit Sahne, den der Gast zu bezahlen hat, wenn der Caféaufschlag 21 % beträgt. Die Mehrwertsteuer im Café beträgt 19 %, im Laden 7 %.

## 33.7 Obsttorten, Obstschnitten, Käsetorten

### Obsttorten (Obstkuchen)

Obsttorten werden gebietsweise als Obstkuchen bezeichnet. Sie werden mit gemischten Früchten belegt.
Bei der Verwendung einer einzigen Obstsorte wird die Obsttorte nach der Frucht benannt, z. B. Erdbeertorte, Himbeertorte, Johannisbeertorte, aber auch Waldbeerentorte mit verschiedenen Waldbeeren.

**Herstellung von Obsttorten**

- Mürbeteig ca. 2 mm dünn ausrollen, mit einem Tortenring Mürbeteigböden ausstechen, stippen und backen.
- Einen Mürbeteigboden mit Aprikosenkonfitüre dünn bestreichen. Der Mürbeteigboden verhindert das Durchweichen der Obsttorte.
- Einen halben Wiener Boden bzw. Biskuitboden, höchstens 3 cm hoch, einmal durchschneiden und einen Tortenboden davon auf den Mürbeteig legen.
- Den Tortenboden mit Vanillecreme bestreichen und den zweiten Tortenboden auflegen.
- Die Oberfläche des Tortenbodens mit Vanillecreme bestreichen. Statt Vanillecreme kann auch Johannisbeer- oder Aprikosenkonfitüre aufgestrichen werden.
- Einen Tortenring um den Tortenboden stellen und gemischte Früchte oder Obst einer Sorte auflegen, bis der Tortenboden gut bedeckt ist.
- Einen Geleeguss kochen und sofort mit einem Pinsel auf die Früchte streichen, bis sie völlig bedeckt sind und somit nicht austrocknen. Nach dem Anziehen des Geleegusses den Tortenring abnehmen.
- Den Rand der Obsttorte mit Vanillecreme oder Konfitüre dünn einstreichen und mit gehobelten gerösteten Mandeln bestreuen.

*Aufbau einer Obsttorte*

LF 11

### Obstschnitten

Obstschnitten werden in einem Rahmen wie Obsttorten hergestellt.
Auf den mit Konfitüre bestrichenen Mürbeteigboden einen im Rahmen gebackenen Wiener Boden oder eine Kapsel auflegen und mit Vanillecreme bzw. Konfitüre bestreichen.

*Mürbeteigboden im Rahmen mit Konfitüre bestrichen*

*Kapsel auf dem Mürbeteigboden mit Vanillecreme bestrichen*

**Obsttorteletts**

Obsttorteletts sind kleine Obsttörtchen, bei denen der Mürbeteig in kleinen runden Förmchen gebacken wird. Sie werden genauso wie die Obsttorten hergestellt.

*Obsttorteletts*

**Belegen der Früchte**

- Dosenfrüchte vor dem Auflegen in einem Sieb gut abtropfen lassen.
- Tiefgefrorene Beerenfrüchte in gefrorenem Zustand auf den Tortenboden legen.
- Obsttorten mit gemischten Früchten: Früchte verschiedener Farben abwechslungsreich auflegen, dass ein schöner Farbkontrast, aber auch eine geschmackliche Abwechslung entsteht.
- Bei gemischten Obsttorten den Rand der Obsttorte mit größeren, standhaften Früchten belegen, die beim Schneiden der Obsttorte nicht herunterfallen.
- Die Früchte dicht und flächendeckend auflegen. Nicht zu wenig Obst auflegen.
- Frischobst der Saison sowie tiefgefrorene Früchte schmecken besser und sind vitaminreicher als Dosenfrüchte.

*Belegter Obstkuchen mit gemischten Früchten*

*Waldbeeren tiefgefroren auflegen*

**Gelieren der Früchte**

Den heißen Geleeguss mit einem Pinsel zuerst dünn über die Früchte streichen, damit er schnell etwas anzieht. Auf den leicht fest gewordenen Guss eine weitere Schicht Geleeguss auftragen, sodass alle Früchte gut bedeckt sind und nicht austrocknen können.

Geleeguss kann mit Lebensmittelfarbe leicht eingefärbt werden, um die Fruchtfarbe hervorzuheben. Manchmal werden Erdbeer- und Himbeertorten mit rötlich eingefärbtem Geleeguss geliert. Dies muss beim Verkauf deklariert (gekennzeichnet) werden, z. B. Geleeguss mit Farbstoff.

*Gelierte Erdbeertorte*

## Geleeguss (Tortenguss)

Früchte auf Obsttorten und Obstschnitten werden mit Geleeguss abgedeckt. Dadurch glänzen sie und behalten ihr frisches Aussehen. Ohne Geleeguss würden sie durch die Luft austrocknen und unansehnlich werden.
Auch Früchte auf Plunder- und Blätterteiggebäcken sowie Fruchtstücke als Dekor auf den Tortenstücken, z. B. Ananasstückchen, Mandarinenspalten, Kiwischeiben, werden deshalb geliert.

Geleeguss ist Wasser, das mit Geleepulver gebunden wird. Geleepulver ist ein Gemisch aus verschiedenen Bindemitteln mit starker Quellfähigkeit.

Bindemittel sind Quellstoffe, die im Wasser aufquellen und so das Wasser binden.

| Bindemittel im Geleepulver für Geleeguss | |
|---|---|
| **Agar-Agar,** Carrageen | aus Rotalgen (Meeresalgen) |
| **Alginate** | aus Grün- und Braunalgen |
| **Johannisbrotkernmehl** | ein Mehl aus den Samenkernen des Johannisbrotkernbaums |
| **Guarkernmehl** | ein Mehl aus den Samen einer indischen Bohnenart |

LF 11

**Herstellen und Verarbeiten von Geleeguss**

- Wasser oder Fruchtsaft der Dosenfrüchte kochen.
- Geleepulver mit Zucker mischen und in die kochende Flüssigkeit einrühren und nochmals kräftig aufkochen lassen.
- Den Geleeguss in heißem Zustand auf die Früchte auftragen.
- Der Geleeguss kühlt schnell ab und ist dann auf Obsttorten und Obstschnitten sofort schnittfest.

*Tortenguss auf Erdbeeren*

Der übrig gebliebene Tortenguss wird nach dem Erkalten fest. Die Bindemittel werden beim erneuten Erhitzen wieder flüssig, sodass er wieder zum Gelieren verwendet werden kann.

### Käsetorte (Käsekuchen)

Die Käsetorte, gebietsweise auch Käsekuchen genannt, ist eine gebackene Torte mit hohem Quarkanteil sowie Milch und Eiern.

**Rezeptbeispiel: Käsemasse für eine Käsetorte**

Dieses Rezept ergibt eine Käsetorte (Käsekuchen).

| | | |
|---|---|---|
| 1000 g | Speisequark (10- oder 20%iger Fettanteil) | Alle Zutaten in der Rührmaschine glatt rühren |
| 120 g | Eigelb (6 Stück) | |
| 100 g | Zucker | |
| 450 g | Milch | |
| 150 g | Weizenmehl, Type 405 oder 550 | |
| 150 g | Butter, flüssig | |
| | Zitronenaroma | |
| 180 g | Eiklar (6 Stück) | Eischnee aufschlagen und in die glatte Käsemasse melieren. In die Käsemasse können noch Sultaninen gemischt werden. |
| 150 g | Zucker | |
| | 1 Prise Salz (ca. 2 g) | |
| **2300 g** | **Käsemasse** | |

**Herstellung einer Käsetorte**

- Einen Mürbeteig 3 bis 4 mm dick ausrollen, mit einem Tortenring ausstechen, stippen und vorbacken, bis der Rand leicht bräunlich wird.
- Den vorgebackenen Mürbeteigboden mit einem Tortenring oder einem speziell isolierten Käsekuchenring umstellen.
- Den vorgebackenen Mürbeteigboden innen mit einem dünnen Mürbeteigstrang zum Ring hin abdichten.
- Die Käsemasse in den Ring einfüllen und mit einem gezackten Schaber über die Oberfläche streichen, damit dekorative Rillen entstehen.

*Mürbeteigboden am Tortenring mit Mürbeteigstreifen abdichten*

*Käsekuchenmasse in den Tortenring gefüllt*

**Backen**

- Bei 210 °C anbacken.
- Bei offenem Zug backen, damit die Oberfläche des Käsekuchens beim Backen nicht reißt.
- Nach ca. 15 Minuten mit einem Messer am Rand des Ringes entlangschneiden, damit die Käsemasse nicht anklebt und somit hochziehen kann.

Nach dem Einschneiden den Käsekuchen ca. fünf Minuten absetzen lassen.
- Nun die Backhitze auf 170 °C reduzieren und weitere 55 Minuten lang ausbacken.

*Käsekuchenmasse nach 15 Minuten Backzeit einschneiden und absetzen lassen*

*Gebackener Käsekuchen*

Wenn die Käsetorte über den Ring hochgezogen ist, wird sie aus dem Backofen genommen und man lässt sie „absetzen", d. h. wieder etwas sinken, weil die Lockerungsgase einfallen. Anschließend wird sie wieder in den Ofen geschoben.
Die Käsetorte in dieser Weise mit zweimaliger Unterbrechung backen. Dabei wird die Käsemasse kompakt. Hohlräume, vor allem am oberen Rand der Käsetorte, die zum Austrocknen beim Backen führen, werden vermieden.

*Käsekuchen*

Die Zeit, in der die Käsetorte außerhalb des Ofens absitzt, zählt nicht zur Backzeit.

Erst wenn die Käsetorte etwas abgekühlt und somit stabil ist, schneidet man den Ring ab und entfernt ihn.

### Quarktorte (Quarkkuchen) mit Früchten

Diese Torte besteht aus einer Quarkmasse und beliebigen Früchten, z. B. Kirschquarktorte.

- Einen Mürbeteig 3 mm dick ausrollen, einen niedrigen Tortenring von ca. 4 cm auf ein Backblech legen und den Tortenring am Boden und am Rand mit dem Mürbeteig auslegen.
- Eine dünne Scheibe Wiener Boden einlegen.
- Darauf ca. 300 g gebundene Sauerkirschen verstreichen.
- Die Quarkfüllung einfüllen, glatt streichen und gehobelte Mandeln oder Streusel aufstreuen.

**Rezeptbeispiel: Quarkmasse**

| Menge | Zutat | Arbeitsschritte |
|---|---|---|
| 500 g | Milch | • Milch, Zucker Cremepulver und Butter unter ständigem Rühren zu einer Creme abbinden (kochen). |
| 110 g | Cremepulver | |
| 50 g | Butter | |
| 700 g | Speisequark (10 oder 20 % Fett i. Tr.) | • Quark, Eier, Salz und Aromen in die gekochte Creme rühren |
| 100 g | Vollei (2 Stück) | |
| 100 g | Zucker | |
| | 1 Prise Salz (ca. 2 g) | |
| | Zitronen- und Vanillearoma | |
| **1560 g** | **Käsemasse** | |

**Backen:** 200 °C
**Backzeit:** ca. 40 Minuten

*Kirschquarktorte*

LF 11

## Verkaufsargumente

**Qualitätsmerkmale bei der Kundenberatung**

- Obstorten und Obstschnitten sind gut bekömmliche, fruchtige Torten bzw. Desserts, die sehr erfrischend sind. Dazu passt Schlagsahne gut.
- Die Käsetorte ist eine kompakte, aber cremige Torte, die wegen des hohen Quarkanteils sehr erfrischend wirkt. Die fettarmen Käsetorten sind gut bekömmlich.

**Frischhaltung**

- Obsttorten und Obstschnitten sollen am Tag der Herstellung verkauft werden. Wegen der feuchten Früchte sind sie höchstens zwei Tage in der Kühlung lagerfähig. Das Obst weicht dann den Tortenboden durch und die Früchte werden unansehnlich.
- Käsetorten sind in der Kühlung bis zu vier Tage lagerfähig. Dann geht die Bindung der gebackenen Käsekuchenmasse verloren.

**Besondere Eignung**

- Obsttorten, Obstschnitten und Käsetorten passen immer zu Kaffee und Tee.
- Die saftigen, erfrischenden Obsttorten und Obstschnitten sind vor allem in der warmen Jahreszeit beliebt.
- Auch Kinder bevorzugen die leichten Obsterzeugnisse.

### Aufgaben

1. Nennen Sie verschiedene Obsttorten und Obstschnitten, die nach ihrem Obstbelag benannt werden.
2. Beschreiben Sie die Herstellung von Obsttorten und Obstschnitten.
3. In welchem Zustand werden tiefgefrorene Beerenfrüchte auf die Obsttorten gelegt?
4. Beschreiben Sie das richtige Belegen und Gelieren der Früchte.
5. Erklären Sie Obstschnitten und Obsttorteletts.
6. Warum werden die Früchte auf Obsttorten und Obstschnitten mit Geleeguss abgedeckt?
7. Erklären Sie Geleeguss.
8. Nennen Sie Bindemittel im Geleepulver für Geleeguss und geben Sie ihre Herkunft an.
9. Beschreiben Sie die Herstellung und Verarbeitung von Geleeguss.
10. Was kann in Geleeguss gegeben werden, um den Fruchtgehalt von Erdbeer- oder Himbeertorten hervorzuheben?
11. Beschreiben Sie die Herstellung einer Käsetorte.
12. Beschreiben Sie das Backen einer Käsetorte.
13. Nennen Sie die Qualitätsmerkmale bei der Kundenberatung für Obsttorten, Obstschnitten und Käsetorten.
14. Geben Sie Auskunft über die Frischhaltung von Obsttorten, Obstschnitten und Käsetorten.
15. Wofür eignen sich Obsttorten, Obstschnitten und Käsetorten besonders gut?
16. Im Sommer möchte Ihre Bäckerei erfrischende Obstschnitten und Obsttorten anbieten. Sie sollen sich dekorative Belegweisen mit verschiedenen Obstsorten ausdenken, damit die Torten zu einem Blickfang werden.

### Rechenaufgaben

1. Ein Stück Käsetorte kostet im Laden 1,70 € und im Café 2,20 €. Wie hoch ist der Caféaufschlag in %, unter Berücksichtigung der gesetzlichen Mehrwertsteuersätze im Café und im Laden?
2. Ein Stück Erdbeertorte kostet im Laden 1,60 €. Für die ganze Erdbeertorte mit 14 Stück werden 7,20 € Gewinn und Risiko und 270 % Betriebskosten berechnet.
   Wie hoch ist der Materialpreis einer ganzen Erdbeertorte bei 7 % Mehrwertsteuer?
3. Geleepulver setzt sich zusammen aus Agar-Agar, Carrageen und Alginaten, die im Verhältnis 2 : 5 : 3 gemischt sind. Wie viel g von jedem Bindemittel befinden sich in 5 kg Geleepulver?
4. Für eine Obsttorte benötigt die Bäckerei Geleeguss aus 350 ml Wasser. Der Geleeguss wird wie folgt hergestellt: 1 kg Wasser, 150 g Zucker und 20 g Bindemittel. Berechnen Sie, wie viel g der einzelnen Zutaten für einen Geleeguss für 12 Obsttorten benötigt werden.

LF 11

## 33.8 Garnieren

### Spritzglasuren zum Garnieren

Die Spritzglasuren zum Garnieren werden nach dem Rohstoff, aus dem sie hergestellt werden, benannt:
- Schokoladenspritzglasur
- Eiweißspritzglasur

Die Spritzglasuren werden zum Garnieren in ein Spritztütchen gefüllt.

**Beschaffenheit der Spritzglasuren zum Garnieren**

- Spritzglasuren müssen glatt, zähfließend und elastisch sein, damit die Spritzglasur in „dünnem Faden" aus der kleinen runden Öffnung der Spritztüte gedrückt werden kann und beim Garnieren nicht abreißt.
- Außerdem müssen die Spritzglasuren ganz glatt und klumpenfrei sein. Selbst kleinste Klumpen behindern das Garnieren durch Verstopfen der winzigen Öffnung des Spritztütchens.

### Schokoladenspritzglasur (Spritzschokolade)

**Rezeptbeispiele der Schokoladenspritzglasur**

| mit Läuterzucker | mit Kondensmilch |
|---|---|
| 1 000 g Zucker, 750 g Wasser und etwas Glukosesirup zu Läuterzucker kochen und abkühlen lassen.<br><br>100 g Schokoladenkuvertüre auf 40 bis 50 °C erwärmen und mit ca. 40 ml Läuterzucker nach und nach glatt rühren. | 100 g Schokoladenkuvertüre<br>20 g Fondant oder Glukosesirup<br>ca. 40 ml Kondensmilch (10 % Fettgehalt)<br><br>• Schokoladenkuvertüre auf ca. 50 °C erwärmen.<br>• Den Fondant bzw. Glukosesirup unterrühren.<br>• Dann die Kondensmilch nach und nach einrühren. |

Wird nur eine kleine Menge Schokoladenspritzglasur benötigt, können auch einige Rippchen Zartbitterschokolade statt Schokoladenkuvertüre verwendet werden.

**Herstellen einer Schokoladenspritzglasur**
- Die Schokoladenkuvertüre z. B. in einer kleinen Schüssel oder Tasse im Wasserbad oder im Mikrowellengerät auf 40 bis 50 °C erwärmen und auflösen.
- Mit einem Löffel tropfenweise Läuterzucker bzw. Kondensmilch in die flüssige Schokoladenkuvertüre rühren.
- Die Kuvertüre verdickt sich zunächst beim Rühren und wird grießig, da die Emulsion vorübergehend verloren geht. Nach dem Verdicken sofort wieder einige Tropfen Läuterzucker bzw. Kondensmilch zugeben und intensiv verrühren.
- Unter ständigem Rühren solange Läuterzucker bzw. Kondensmilch zugeben, bis eine glatte Schokoladenspritzglasur entsteht.
- Die Schokoladenspritzglasur nun sofort zum Garnieren verwenden.

Im Handel ist Schokoladengarniermasse erhältlich, die nach dem Auflösen garnierfertig ist.

*Grießige Schokoladenspritzglasur*

*Glatt gerührte Schokoladenspritzglasur*

Schokoladenspritzglasur, auch Spritzschokolade genannt, muss glatt, geschmeidig und zäh fließend sein, sodass beim Garnieren der Faden leicht aus der Spritztüte läuft, aber nicht abreißt.
Wegen der geschmeidigen und glatten Beschaffenheit kann Schokoladenspritzglasur besonders fein und dünn garniert werden.

Schokoladenspritzglasur ist im Gefäß zwischen den Garnierarbeiten warm zu halten, damit sie fließfähig bleibt, z. B. in einem Temperiergerät oder in Ofennähe.

**Lagerung von Schokoladenspritzglasur**
Übrig gebliebene Schokoladenspritzglasur lässt man im Gefäß erkalten und bewahrt sie darin auf. Sie kann für Wochen auf Vorrat hergestellt werden, wenn sie in verschließbaren Behältern kühl gelagert wird.

Durch Erwärmen im Wasserbad bei ca. 40 °C oder im Mikrowellengerät wird Schokoladenspritzglasur wieder spritzfähig und ist sofort garnierbereit.

## Eiweißspritzglasur

Eiweißspritzglasur ist eine Spritzglasur aus Eiklar und Puderzucker im Verhältnis von ca. 1:6.

**Herstellen einer Eiweißspritzglasur**

- Eiklar in eine kleine Schüssel geben.
- Gesiebten Puderzucker nach und nach in das Eiklar mit einem kleinen Rührgerät rühren, damit sich die kleinen Mengen sofort im Eiklar lösen.
- Einige Tropfen Säure (Fruchtsäure oder Zitronensaft) zugeben, damit die Eiweißspritzglasur geschmeidiger und schöner spritzfähig wird.
- Wenn die Eiweißspritzglasur die gewünschte Festigkeit hat, wird sie kräftig schaumig gerührt. Sie ist dann glatt und geschmeidig und reißt nicht beim Garnieren.
- Die Eiweißspritzglasur kann sofort nach dem Anrühren zum Garnieren verwendet werden.

Kleine Mengen Eiweißspritzglasur, z. B. aus einem Eiklar, können in einem kleinen Gefäß mit einem Löffel glatt gerührt werden.

*Zutaten der Eiweißspritzglasur*

*Geschmeidig angerührte Eiweißspritzglasur*

**Einfärben von Eiweißspritzglasur**

Eiweißspritzglasur lässt sich zur farblichen Gestaltung mit Lebensmittelfarben einfärben. Nur dezent (unaufdringlich) einfärben, da überfärbte Spritzglasur unnatürlich aussieht.

**Eiweißspritzglasur feucht abdecken**

Eiweißspritzglasur trocknet an der Oberfläche sehr schnell aus. Deshalb muss nach dem Einfüllen in das Spritztütchen die restliche Eiweißspritzglasur im Gefäß mit einem feuchten Tuch abgedeckt werden. Angetrocknete Eiweißspritzglasur beinhaltet kleine Klümpchen, die die kleine Öffnung der Spritztüte verstopfen und somit das Garnieren behindern.

LF 11

**Verwendung von Eiweißspritzglasur**

- Garnierungen mit der weißen Eiweißspritzglasur ergeben einen besonders schönen Farbkontrast auf dunklen Festtagstorten, Desserts und Petits Fours.
- Lebkuchenfiguren und Weihnachtsbaumbehang aus Braunen Lebkuchen erhalten mit Garnierungen aus Eiweißspritzglasur ein besonders schönes Aussehen.
- Lebkuchenherzen werden mit Texten und Sprüchen garniert.
- Die Augen von Marzipanfiguren werden dick mit Eiweißspritzglasur garniert, bevor mit Schokoladenspritzglasur die Pupillen daraufgespritzt werden. Dadurch bekommen die Marzipanfiguren die übertrieben großen Augen und das lustige Aussehen.

### Fehler der Spritzglasuren

| Fehler | Ursachen |
|---|---|
| Der Faden der Schokoladenspritzglasur reißt beim Garnieren. | • Sie ist zu fest.<br>• Sie ist zu kühl. |
| Der Faden der Schokoladenspritzglasur läuft beim Garnieren breit. | • Sie ist zu weich.<br>• Sie ist wärmer als 40 °C und deshalb zu flüssig. |
| Die Eiweißspritzglasur läuft beim Garnieren breit. | Sie ist zu weich und muss mit zusätzlich Puderzucker fester gerührt werden. |
| Eiweißspritzglasur reißt beim Garnieren. | Sie ist zu fest und muss mit etwas Eiklar zur richtigen Festigkeit gerührt werden. |

## Spritztüte (Garniertüte)

**Papier**

Für die Spritztüte Wasser abweisendes Pergaminpapier oder beschichtetes Backpapier verwenden. Das Papier für die Spritztüte darf nicht durchweichen.

**Papiergröße**

Ein rechteckiges Papier von ca. 21 × 15 cm (A5) diagonal mit einem glatten Messer oder einer Palette durchschneiden, sodass zwei ungleichseitige Dreiecke entstehen.

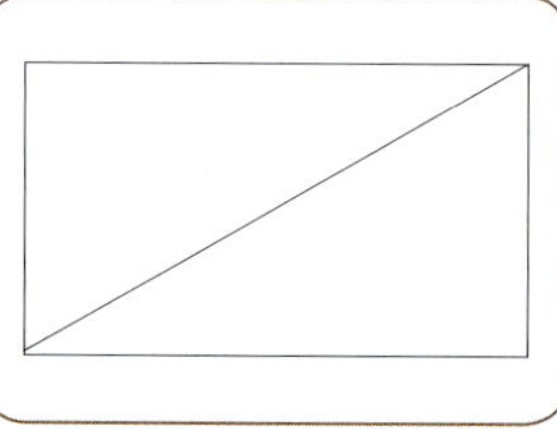

**Spritztütchen drehen**

An der langen Seite des Dreiecks befindet sich der Daumen der linken Hand, der zur rechts liegenden Spitze zeigt. Linkshänder sollten eventuell seitenverkehrt arbeiten.

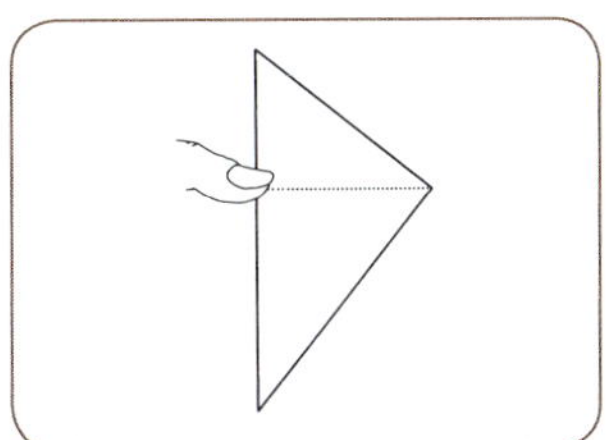

Mit Daumen und Zeigefinger der rechten Hand die obere kurze Spitze des Dreiecks nehmen und das Papier zu einer Tüte so eindrehen, dass am linken Daumen die Spitze entsteht. Mit den Fingern der linken Hand vorsichtig die Spitze festhalten, wobei die rechte Hand die Tüte fertig dreht.

Mit dem Daumen der rechten Hand in der Tüte und dem Zeigefinger außerhalb der Tüte lässt sich durch Hin- und Herschieben die Öffnung der Tüte beliebig vergrößern. So wird die gewünschte Öffnung eingestellt.

Hat die Tüte eine kleine Öffnung, wie sie für den Garnierfaden benötigt wird, wird das überstehende Ende in die Tüte eingeschlagen, damit sie stabil wird.

**Füllen der Spritztüte**

Die Spritztüte mit einem Teelöffel nur halb voll mit Garniermasse füllen und verschließen.
Wird zu viel Garniermasse eingefüllt, läuft diese beim Verschließen oder Garnieren oben aus der Spritztüte heraus, was ein sauberes Garnieren unmöglich macht.

**Verschließen der Spritztüte**

Die Spritztüte auf der gegenüberliegenden Seite der „Naht" verschließen und zusammenfalten. Zuerst die Tüte gerade verschließen und falten, dann einmal links und rechts einschlagen und das überstehende Papier der Spritztüte straff zur Füllung hin zusammenrollen.

Die Naht liegt beim verschlossenen Spritztütchen in der Mitte und ist straff gespannt, sonst vergrößert sich unten die Tütchenöffnung, sodass sich die Fadenstärke verändert.

*Gefüllte und verschlossene Garniertüte*

Wenn das Spritztütchen spitz ist und keine Öffnung aufweist, kann die Spitze mit einer scharfen Schere zur gewünscht großen Öffnung abgeschnitten werden.

**Nur mit exakten Spritztütchen garnieren**

Nur die optimale Fadenstärke ergibt eine feine Garnierung. Wenn aus dem Spritztütchen keine Garniermasse herauskommt oder der Faden zu dünn ist, ist das Abschneiden der Tütenspitze mit einer Schere keine Lösung, weil die Öffnung dabei eingedrückt wird und der Faden beim Garnieren oval herauskommt und sich dreht.

Der Faden muss gerade aus der Öffnung der Spritztüte kommen und darf sich nicht kringeln.

Ist die Öffnung der Spritztüte nicht ideal oder kringelt sich der Faden beim Garnieren, wird eine neue Spritztüte hergestellt.
Die Spitze des unbrauchbaren Spritztütchens wird vorne abgerissen und die Spritzglasur in das neue Tütchen eingedrückt.

## Das Garnieren

Zum Garnieren eine kleine Spritztüte herstellen. Nur mit einer kleinen Spritztüte hat man das nötige Gefühl zum feinen Garnieren.
Beim Garnieren wird aus der kleinen runden Öffnung der Spritztüte der sogenannte „Faden" gedrückt. Dieser feine, dünne Faden wird beim Garnieren geführt und gelegt. Buchstaben, Zahlen und Worte sowie Figuren können so garniert werden, wie sie mit einem Stift geschrieben bzw. gezeichnet werden können.

### Der Garniervorgang

- Die Tütenspitze fast an das zu garnierende Erzeugnis anlegen und ca. drei Zentimeter hochheben.
  Beim Berühren der Garnierfläche könnte die Öffnung der Spritztüte beschädigt werden.
- Nachdem der Anfang des Fadens auf der zu garnierenden Fläche haften bleibt, wird er gleichmäßig, langsam hochgezogen und kann so locker in die gewünschte Richtung geführt und gelegt werden.
- Dabei drückt der Bäcker mit dem Daumen hinten auf die Spritztüte, damit die Spritzglasur gleichmäßig aus der Öffnung fließt und beim Garnieren nicht reißt.
- Ist der Garniervorgang beendet, setzt man rechtzeitig mit dem Daumendruck aus und legt den Faden nach unten ab.

Nur mit dem richtigen Abstand zwischen Spritztüte und Garnierfläche legt sich der Faden in die geführte, gewünschte Richtung. Ist die Spritztüte unten zu weit, entstehen ungleichmäßige, zittrige Garnierungen.

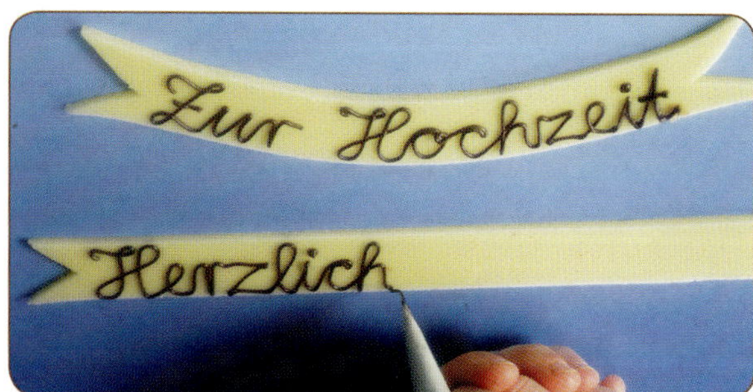


*Garnieren*

Das fachgerechte Garnieren erfordert ähnlich dem Musizieren viel Übung. Günstig ist hierfür eine abwaschbare Garnierunterlage, z. B. eine Tortenscheibe oder ein laminiertes Blatt mit vorgezeichneten Garniervorlagen.

### Fehler beim Garnieren

- Zu langes Drücken mit dem Daumen auf die Spritztüte: Der Faden wird länger als gewünscht, sodass eine unschöne Verdickung entsteht.
- Zu frühes Beenden des Drückens mit dem Daumen: Der Faden wird dünn gedehnt oder zu kurz bzw. er reißt.

*Garnieren mit hochgezogenem Faden*

### Körperhaltung beim ergonomischen Garnieren

Der Oberkörper und die Führungshand müssen beim Garnieren entspannt sein. Damit der Körper nicht verkrampft, sollte möglichst in aufrechter Haltung, leicht nach vorne geneigt garniert werden.

Das zu garnierende Objekt steht gerade unter Körper und Kopf. Der führende Arm befindet sich locker neben dem Körper. Die andere Hand stützt nur die Tüte bzw. die führende Hand, um ruhiger garnieren zu können. Sie sollte nicht ans Handgelenk fassen, weil die Bewegungen dadurch eingeschränkt würden.

Arbeitstische sind zum Garnieren häufig zu niedrig, sodass der Rücken zu sehr gekrümmt ist. Dadurch entstehen starke Rückenschmerzen und der Körper ermüdet schnell.

*Richtige Handhaltung und aufrechter Oberkörper*

Damit bei entspannter Körperhaltung mit aufrechtem, leicht nach vorne geneigtem Oberkörper garniert werden kann, sollte das zu garnierende Erzeugnis auf die richtige Höhe gestellt werden, z. B. auf eine Schüssel oder einen Tortenring.

LF 11

## Garnierschriften

Grundsätzlich darf beim Garnieren der Faden der Spritzglasur nicht direkt an einer bestehenden garnierten Linie beginnen oder enden, da sonst unschöne Verdickungen entstehen. Berühren sich zwei Linien, werden Querstriche über die Linien gelegt oder Schlaufen gebildet.

Die Beispiele der Garnierschriften können von jedem Bäcker nach Belieben und Vorliebe abgeändert werden. Die Garnierschriften müssen jedoch leicht lesbar sein.

### Garnierblockschrift

A A B C D E E F F G H
J K L M M N O P Q R
S T U V W W X Y Z
1 2 3 4 5 6 7 8 9 0

### Fadenschrift – Schreibschrift

A B C D E F G H I
J K L M N O P Qu
R S T U V W X Y Z
a b c d e f g h i j
k l m n o p q r s s ß
t u v w x y z

Bei der Fadenschrift wird jedes Wort in einem Zug durchgarniert.

### Marzipanunterlagen für Garnierschriften

Meistens werden Schriften auf dünn ausgerollte Marzipanunterlagen geschrieben. So können die garnierten Texte problemlos auf die Festtagstorten gelegt werden. Außerdem passt Marzipan geschmacklich zu allen Torten.

Der Großhandel bietet fertig garnierte Schriftbänder mit den gebräuchlichsten Texten an, z. B. „Zum Geburtstag", „Zum Muttertag". Man sieht jedoch eindeutig die industrielle Herstellung.

### Schriftbänder

Schriftbänder sind längliche Marzipanstreifen.

- Marzipan ca. 2 mm dick ausrollen.
- 1,5 bis 2,5 cm breite Streifen schneiden. Die Breite des Marzipanstreifens sollte nur etwas breiter als die Höhe der Schrift sein.
- Die Enden der Marzipanstreifen werden entweder schräg oder schwalbenschwanzähnlich geschnitten. Das Schriftband und die Enden können auch kunstvoll gebogen und gelegt werden.
- Vor dem Beschriften der Marzipanschriftbänder sollten diese mit Kakaobutter eingesprüht werden, damit sie einen leichten Glanz bekommen und nicht so schnell austrocknen. Durch die Versiegelung der Marzipanunterlage mit der Kakaobutter können evtl. misslungene Fäden der Spritzglasur nach dem Festwerden mit einem Messer entfernt werden.

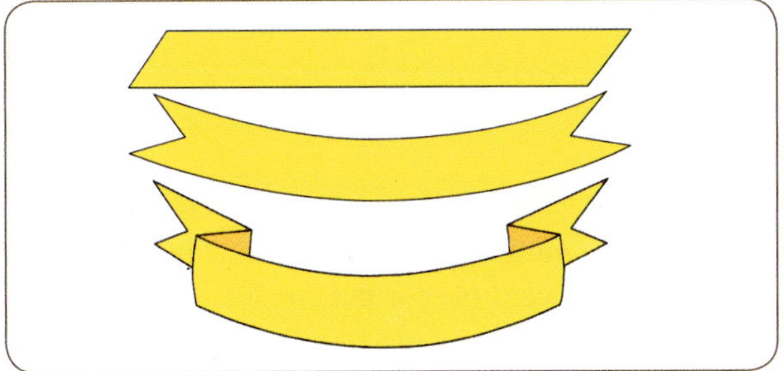

*Beispiele für Schriftbandformen*

### Randgarnierungen

Festtagstorten werden häufig am Rand mit einer schwungvollen, fortlaufenden Garnierung umrahmt. Diese Randgarnierungen vervollkommnen den künstlerischen Eindruck der Torte.

*Festtagstorte mit Schriftbändern und Randgarnierung*

LF 11

### Stückgarnierungen, Dessertgarnierungen

In der Bäckerei werden viele Erzeugnisse mit schönen Stückgarnierungen angeboten:
Jedes Stück der mit Fondant überzogenen Punschdesserts und Petits Fours wird mit filigranen Garnierungen aus Schokoladenspritzglasur ausgarniert. Dies trifft auch bei Punschtorten zu.

*Desserts mit Stückgarnierungen*

### Bilder auf Torten

Ein persönliches Bild auf einer Torte bietet einen ganz besonderen Bezug zum festlichen Anlass. Ein Foto oder Bild, das der Kunde mitbringt oder aus dem Bilderkatalog der Bäckerei wählt, wird hierfür gescannt und mit Lebensmittelfarben auf eine essbare Unterlage gedruckt.

Der Bäcker benötigt dafür
- einen Computer,
- einen Scanner,
- einen Drucker mit Lebensmittelfarben.

Das gescannte Bild wird auf eine im Handel erhältliche essbare Unterlage gedruckt, die wie ein dickes Blatt aussieht, z. B. Fondant- oder weißes Schokoladenpapier.

*Torte mit Bild*

#### Aufgaben

1. Erklären Sie die Beschaffenheit der Spritzglasuren zum Garnieren.
2. Womit können Schokoladenspritzglasuren angerührt werden?
3. Beschreiben Sie die Herstellung einer Schokoladenspritzglasur.
4. Geben Sie Auskunft über die Lagerung der Schokoladenspritzglasur.
5. Beschreiben Sie die Herstellung einer Eiweißspritzglasur.
6. Wie wird Eiweißspritzglasur vor dem Austrocknen an der Oberfläche geschützt?
7. Geben Sie Verwendungsmöglichkeiten für Eiweißspritzglasur an.
8. Nennen Sie die Ursachen folgender Fehler:
   - Der Faden der Schokoladenspritzglasur reißt beim Garnieren.
   - Der Faden der Schokoladenspritzglasur läuft beim Garnieren breit.
   - Die Eiweißspritzglasur läuft beim Garnieren breit.
   - Eiweißspritzglasur reißt beim Garnieren.
9. Beschreiben Sie die Herstellung einer Spritztüte.
10. Erklären Sie das Füllen und Verschließen einer Spritztüte.
11. Beschreiben Sie den Garniervorgang beim fachgerechten Garnieren.
12. Welche Ursache hat eine ungleichmäßige, zittrige Garnierung?
13. Welche Fehler entstehen beim
    - zu langen Drücken mit dem Daumen auf die Spritztüte,
    - zu frühem Beenden des Drückens mit dem Daumen?
14. Wie sollte die Körperhaltung beim ergonomischen Garnieren sein?
15. Beschreiben Sie die Herstellung von Schriftbändern.
16. Was versteht man unter
    - Randgarnierungen,
    - Stückgarnierungen?
17. Wie werden Bilder auf Torten hergestellt?
18. Ihre Bäckerei möchte einen Katalog mit Festtagstorten zu besonderen Anlässen zusammenstellen. Dafür sollen Sie jeweils zwei Garnierungen für folgende Torten entwerfen:
    - Geburtstagstorten
    - Hochzeitstorten
    - Torten zur Taufe

LF 11

# 34 Kakaoerzeugnisse

**Situation**

Kakaoerzeugnisse werden vielfältig in der Bäckerei verarbeitet. In der Berufsschule sollen Sie deshalb im Fachunterricht ein Referat über die verschiedenen Kakaoerzeugnisse und deren Eigenschaften sowie Verwendungsmöglichkeiten halten.

- Was ist Kakaopulver und Kakaobutter?
- Woraus bestehen Schokolade und Schokoladenkuvertüre und wie unterscheiden sie sich?
- Welche Bestandteile beinhaltet kakaohaltige Fettglasur und wie unterscheidet sie sich von Schokolade?
- Warum und wie wird Schokoladenkuvertüre temperiert?

## 34.1 Kakaomasse, Kakaopulver, Kakaobutter

### Kakaobaum, Kakaofrucht, Kakaobohnen

Der Kakaobaum wächst in den feuchtheißen Ländern am Äquator. Er trägt das ganze Jahr über Blüten sowie reife und unreife Früchte, die teilweise direkt am Stamm wachsen. Die 15 bis 25 cm langen Kakaofrüchte sind zuerst grün und färben sich dann gelb oder rotbraun.

*Kakaofrüchte*

Die längliche Kakaofrucht enthält 25 bis 50 weißlich gelbe, bohnenförmige Samenkerne, die Kakaobohnen, die sehr aromaarm sind. Die Samenkerne werden aus dem Fruchtfleisch der Kakaofrucht entfernt und aufbereitet zu Kakaobohnen für die Kakaoerzeugnisse.

*Aufgeschnittene Kakaofrucht*

### Aufbereitung der Kakaobohnen

Die hellen Samenkerne werden zu Kakaobohnen aufbereitet. Die Kakaobohnen werden dann zu den verschiedenen Kakaoerzeugnissen verarbeitet.

*Fermentierte Kakaobohnen*

| Aufbereitung der Kakaobohnen | Veränderungen der Kakaobohnen |
|---|---|
| **Fermentation**<br>Die Kakaobohnen werden bei 30 bis 50 °C fermentiert, d. h. starker Abbau der Nährstoffe durch verschiedene Enzyme. | • beginnende Aromabildung<br>• Bitterstoffe werden abgebaut |
| **Trocknen der Kakaobohnen**<br>Der Rohkakao ist danach zum Versand bereit. | Die Bitterstoffe bauen sich ab, sodass der bittere Geschmack beim Trocknen verloren geht. |
| **Rösten der Kakaobohnen**<br>Die Röstung der Bohnen erfolgt bei 120 bis 130 °C, 10 bis 35 Minuten. | Bildung<br>• des Kakaoaromas,<br>• der kakaobraunen Farbe |

LF 11

## Kakaomasse

Die gerösteten, zerkleinerten Kakaobohnen werden mehrmals durch erwärmte Walzen gegeben. Dabei schmilzt das Fett der Kakaobohnen, es entsteht eine glatte, zähflüssige, schwarze Kakaomasse.

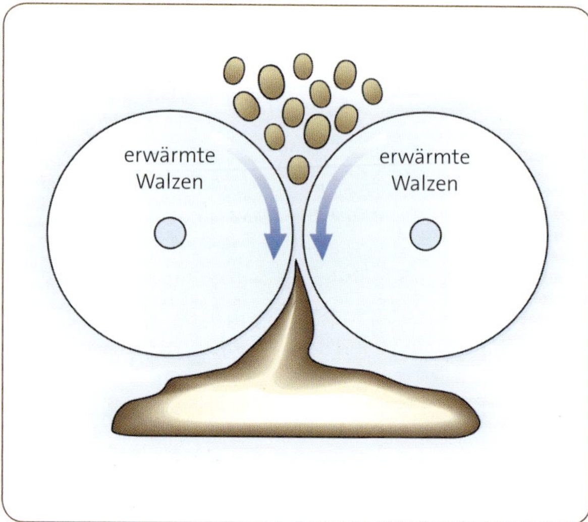


*Herstellung der Kakaomasse*

Die Kakaomasse ist eine schwarze, herb-bitter schmeckende Masse, die alle Bestandteile der Kakaobohne enthält.

*Kakaomasse*



Die Kakaomasse ist ein energiereiches Nahrungsmittel mit einem hohen Anteil an wertvollem Fett, das als Kakaobutter bezeichnet wird.

Die leicht anregende Wirkung von Theobromin sowie der Gehalt an organischen Säuren, Gerbstoffen und Aromen machen Kakaoerzeugnisse zu Genussmitteln.

| Inhaltsstoffe der Kakaomasse | Bedeutungen für die Ernährung |
|---|---|
| **54 % Kakaobutter** (Fett der Kakaobohne)<br>12 % Eiweiß<br>7 % Stärke | sehr energiereich |
| 9 % Ballaststoffe<br>5 % Wasser<br>3 % Mineralstoffe<br>Vitamine | gesunde Nährstoffe |
| 6 % Gerbstoffe | bitterer Geschmack und sie wirken stopfend |
| 2 % Säuren<br>0,6 % Aromen | appetitanregend |
| 1,2 % Theobromin<br>0,2 % Koffein | regen das Nervensystem leicht an |

### Bearbeitung der Kakaomasse

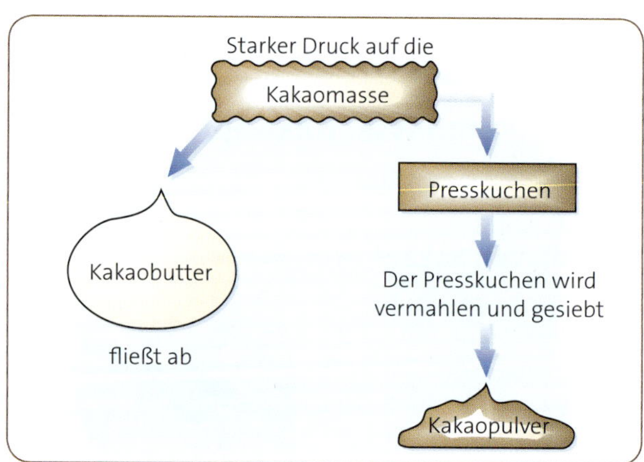


*Herstellung von Kakaobutter und Kakaopulver*

Die stark erwärmte Kakaomasse wird unter hohem Druck gepresst, wobei sich die Kakaobutter verflüssigt und der größte Teil davon abfließt. Übrig bleibt der gepresste, fettarme sogenannte „Presskuchen". Dieser wird vermahlen und dann zu Kakaopulver gesiebt.

*Presskuchen*

*Verflüssigte Kakaobutter fließt ab*

## Kakaopulver, auch Kakao genannt

Je nachdem wie stark die Kakaomasse ausgepresst wird, enthält das Kakaopulver, auch kurz Kakao genannt, mehr oder weniger Kakaobutter. Kakaopulver schmeckt wegen der weitgehend fehlenden Kakaobutter bitter, da die Bitterstoffe dominieren.

Bei Schokoladen- und Trinkschokoladenpulver wird dem Kakaopulver ein hoher Anteil Zucker zugegeben. Der Kakao und auch der Kakaobutteranteil müssen bei diesen zwei Erzeugnissen in Prozent gekennzeichnet werden.

| Arten von Kakaopulver und deren Bezeichnungen | |
|---|---|
| Kakaopulver (Kakao) | mindestens 20 % Kakaobutter |
| • fettarmes Kakaopulver (Kakao) oder<br>• stark entöltes Kakaopulver (Kakao) | weniger als 20 % Kakaobutter, der Kakaobutteranteil muss auf der Verpackung in Prozent gekennzeichnet werden |
| Schokoladenpulver | Mischung von Kakaopulver und Zucker; mindestens 32 % Kakaopulver |
| • Trinkschokoladenpulver,<br>• gezuckerter Kakao oder<br>• gezuckertes Kakaopulver | Mischung von Kakaopulver und Zucker; mindestens 25 % Kakaopulver |

### Verwendung

- Marmorkuchen
- Schokoladentortenboden
- Schokoladenspritzgebäck
- Schwarz-Weiß-Gebäck
- Schokoladeneis
- zum Bestauben von Torten als Dekor
- zum Bestauben von Tiramisudesserts

*Kakaopulver*

## Kakaobutter

*Kakaobutter in fester und flüssiger Form*

Die Kakaobutter wird durch Auspressen der Kakaomasse gewonnen.

**Aussehen:** Kakaobutter hat eine hellgelbe Farbe.

**Schmelzpunkt:** Der Schmelzpunkt liegt bei 32 bis 34 °C, weil Kakaobutter aus ca. 40 % ungesättigten Fettsäuren besteht. Deshalb spürt man beim Essen den zarten Schmelz im Mund.

**Geschmack:** Der Geschmack ist besonders mild-aromatisch.

### Verwendung

- Zum Abglänzen und Frischhalten der modellierten Marzipanerzeugnisse; Kakaobutter aus der Spraydose wird auf die Marzipanartikel gesprüht.
- Zum Verdünnen der Schokoladenkuvertüre, wenn sie besonders dünn überzogen werden soll; flüssige Kakaobutter wird in die Schokoladenkuvertüre eingerührt.

### Aufgaben

1. Beschreiben Sie den Kakaobaum, die Kakaofrucht und die Kakaobohnen in der Kakaofrucht.
2. Erklären Sie die Aufbereitung der Kakaobohnen.
3. Beschreiben Sie die Herstellung, das Aussehen und den Geschmack der Kakaomasse.
4. Ergänzen Sie die bedeutenden Bestandteile der Kakaomasse zu den entsprechenden Prozentanteilen, aus denen die Kakaomasse besteht:
   - Hauptbestandteil, 54 %
   - bitterer Geschmack, 6 %
   - gesunde Nährstoffe, 3 %
   - appetitanregend, 2 % und 0,6 %
   - regen leicht das Nervensystem an, 1,2 %
5. Welche Kakaoerzeugnisse entstehen beim Abpressen der Kakaomasse?
6. Nennen Sie die Arten von Kakaopulver und ihre Bezeichnungen. Geben Sie auch deren Bestandteile an.
7. Wofür wird Kakaopulver in der Bäckerei verwendet?
8. Beschreiben Sie die Kakaobutter:
   - Aussehen
   - Geschmack
   - Schmelzpunkt
9. Geben Sie die Verwendung der Kakaobutter in der Bäckerei an.
10. Sie sollen die Tiramisudesserts mit Kakao bestauben. Sie überlegen, ob Sie hierfür Kakaopulver, Schokoladenpulver oder Trinkschokoladenpulver verwenden sollen. Sie probieren die verschiedenen Pulversorten und entscheiden sich dann.

## 34.2 Schokolade, Schokoladenkuvertüre, kakaohaltige Fettglasur

### Schokolade und Schokoladenkuvertüre

**Bestandteile der Schokolade und Schokoladenkuvertüre**
- Kakaomasse: Kakao und Kakaobutter
- Zucker
- Erlaubt sind bis 5% andere pflanzliche Fette, die nicht von der Kakaofrucht stammen, bezogen auf das Gesamtgewicht der Schokolade.

Wird die Schokolade bzw. Schokoladenkuvertüre mit bis zu 5% anderen Fetten ergänzt, muss dies deutlich lesbar deklariert (gekennzeichnet) werden: „enthält neben Kakaobutter auch andere pflanzliche Fette".

**Unterschied: Schokolade und Schokoladenkuvertüre**
Schokolade und Schokoladenkuvertüre bestehen aus den gleichen Bestandteilen. In der Schokoladenkuvertüre ist jedoch mehr Kakaobutter enthalten.

Schokoladenkuvertüre mit dem hohen Kakaobutteranteil ist fließfähiger als Schokolade und deshalb besonders zum Überziehen von Bäckereierzeugnissen geeignet.
Daher wird Schokoladenkuvertüre in den Leitsätzen als Schokoladenüberzugsmasse bezeichnet.

Nach der Kakaoverordnung muss
- Schokolade mindestens 18% Kakaobutter und
- Schokoladenkuvertüre mindestens 31% Kakaobutter enthalten.

Das Wort „Kuvertüre" kommt aus dem Französischen und bedeutet so viel wie Umschlag oder Überzug. Dies weist bereits auf die überwiegende Verwendung der Kuvertüre hin: zum Überziehen von Waren.

Schokoladenkuvertüre wird in der Praxis kurz als Kuvertüre bezeichnet.

### Arten der Schokoladen und Schokoladenkuvertüren

**Schokolade und Schokoladenkuvertüre (Kuvertüre)**
Sie besitzen einen hohen Kakaoanteil und sind deshalb schwarz in der Farbe und schmecken zartbitter.

**Milchschokolade und Milchschokoladenkuvertüre (Milchkuvertüre)**
Sie enthalten zusätzlich noch Milchpulver.
Deshalb besitzen sie im Gegensatz zur Schokolade und Schokoladenkuvertüre einen
- geringeren Kakaoanteil,
- einen höheren Kakaobutteranteil und
- Milchfett, Milchzucker und Milcheiweiß vom Milchpulver.

Milchschokolade und Milchkuvertüre haben eine braune Farbe und einen milden Schokoladengeschmack.

**Weiße Schokolade**
Weiße Schokolade besteht aus
- Kakaobutter,
- Milchpulver und
- einem höheren Zuckeranteil.
- Sie enthält keinen Kakao.

Weiße Schokolade hat eine weiße Farbe, weil sie keinen Kakao enthält. Sie schmeckt süß und hat den milden Geschmack der Kakaobutter und der Milchbestandteile.

Es gibt keine weiße Kuvertüre, weil der Hauptbestandteil Kakaobutter der weißen Schokolade nicht mehr erhöht werden kann und somit kein Unterschied mehr besteht.

**Geschmack der Schokoladen und Kuvertüren**
- Je höher der Kakaoanteil, desto herber ist der Schokoladengeschmack.
- Kakaobutter gibt der Schokolade einen feinen mildaromatischen Geschmack.
- Je mehr Zucker oder Milchpulver, umso milder schmeckt die Schokolade, weil der bittere Kakaogeschmack etwas übertönt wird.

*Kuvertüre, Miclchkuvertüre, weiße Schokolade*

LF 11

### Verwendung von Schokoladenkuvertüre

Schokoladenkuvertüre ist von hochwertiger Qualität und kann deshalb uneingeschränkt für alle Bäckereierzeugnisse verwendet werden.
Nach den Leitsätzen gibt es besonders hochwertige Erzeugnisse, die nur mit Schokoladenkuvertüre überzogen werden dürfen, bei denen Fettglasur nicht erlaubt ist:

- Sachertorte, Herrentorte
- Mandelmakronengebäcke, Nussmakronen
- Florentiner, Nussknacker
- Printen und Spitzkuchen (Braune Lebkuchen)
- Elisen- und Nusslebkuchen
- Pralinen
- Baumkuchen
- Schokoladenspritzglasur

*Mandelhörnchen mit Kuvertüre überzogen*

**Bestimmungen der Leitsätze**

- Enthalten Bäckereierzeugnisse im Namen das Wort „Schokolade" oder die Abkürzung „Schoko", müssen diese Waren Kakaoerzeugnisse oder Kakao im Teig oder in der Masse, in der Füllung und oder im Überzug enthalten.
- Diese Kakaoerzeugnisse müssen im fertigen Erzeugnis geschmacklich deutlich wahrnehmbar sein.

Beispiele: Schokoladenspritzgebäck, Schokoladenkuchen, Schokoladentortenboden, Schokoladenbuttercreme, Schokoladensahne, Schokoeis

### Zahlenkombinationen auf der Kuvertüreverpackung

Die Zahlen auf der Verpackung der Kuvertüre geben Auskunft über Zusammensetzung, Geschmack und Qualität der Schokoladenkuvertüre.

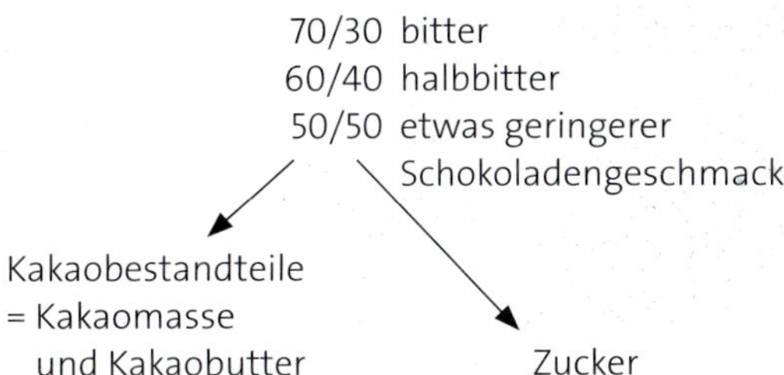


In der Bäckerei wird überwiegend 60/40 Kuvertüre verarbeitet.

Zahlenkombinationen, die die Bestandteile der Schokoladenkuvertüre genauer bestimmen:

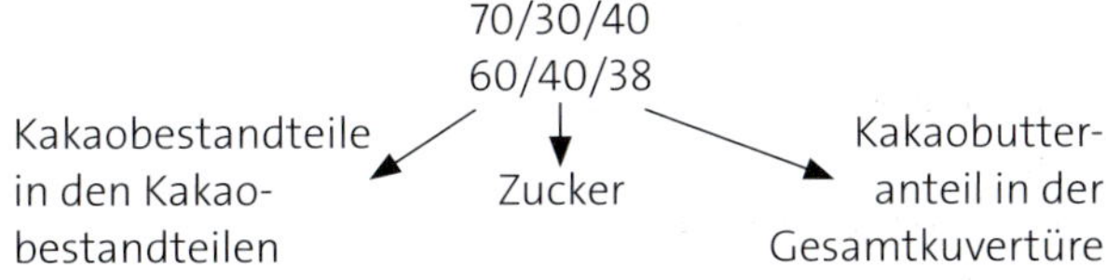


Beispiel der Bestandteile von 1000 g Schokoladenkuvertüre mit der Bezeichnung 60/40/38:
220 g Kakao, 380 g Kakaobutter = 600 g Kakaobestandteile, 400 g Zucker

## Kakaohaltige Fettglasur

**Bestandteile der Fettglasur**

- Kakao
- kakaofremde Fette wie Erdnuss-, Kokos-, Palmkernfett
- Zucker

Fettglasur ist ein preisgünstiger Ersatz für Schokoladenkuvertüre mit Kakao, jedoch ohne Kakaobutter. Die hochwertige Kakaobutter wird entnommen und durch kakaofremde Pflanzenfette, wie z. B. Kokos-, Erdnuss-, Palmkernfett, ersetzt. Fettglasur ist, wie der Name besagt, eine fetthaltige Überzugsglasur.

Fettglasur ist im Vergleich zur Schokoladenkuvertüre von geringerer Qualität. Ihr fehlt der typische Schokoladengeschmack, der durch die Kakaobutter bestimmt wird.

### Verarbeitung von Fettglasur

- Fettglasur wird in einem Temperiergerät oder im Wasserbad auf 40 bis 45 °C erwärmt und somit aufgelöst.
- Die flüssige Fettglasur wird gut durchgerührt und sofort zum Überziehen verwendet.

Die Fettglasur hat den Vorteil, dass sie nur durch Wärme flüssig gemacht und nicht temperiert werden muss. Sie zieht auf den Gebäcken schnell an und glänzt immer schön.

Dies hat folgenden Grund:
Die pflanzlichen Fette haben im Gegensatz zur Kakaobutter einen großen Schmelzbereich und bleiben deshalb mit Kakao und Zucker in der Fettglasur gleichmäßig vermischt.

Manchmal wird Fettglasur halb mit Schokoladenkuvertüre gemischt, um einen besseren Schokoladengeschmack zu erhalten. Diese Mischung braucht nicht temperiert zu werden. Diese etwas hochwertigere Überzugsglasur bleibt aber von der Bezeichnung her eine Fettglasur.

### Konsistenz der Fettglasur

Backwaren mit Fettglasur überzogen, können problemlos angefasst werden. Fettglasur ist von weicherer Konsistenz als Schokoladenkuvertüre, die hart ist. Fettglasur kann deshalb auf Torten und Desserts leicht durchgeschnitten werden und ist weich im Biss.

### Verwendung von Fettglasur

Fettglasur darf zum Überziehen für die meisten Bäckereiwaren verwendet werden, wie z. B. für Nussecken, Marmorkuchen, Mürbeteiggebäcke.

§

**Gesetzliche Bestimmungen nach der Kakaoverordnung**
Fettglasur darf für Feine Backwaren von besonders hoher Qualität nicht verwendet werden.
Sie darf auch nicht verwendet werden, wenn die Verbraucher aufgrund der Verkehrsbezeichnung (Name der Waren) erwarten, dass die Waren Schokolade enthalten.

*Mürbeteiggebäcke, mit Fettglasur überzogen*

### Deklarationspflicht

Um Verwechslungen mit Schokoladenkuvertüre auf Gebäcken auszuschließen, muss jede Ware, die mit Fettglasur überzogen ist, deklariert (gekennzeichnet) werden.

- Bei unverpackten Gebäcken im Laden erfolgt die Deklaration auf dem Preisschild oder einem zusätzlichen Schild unverwechselbar neben den Waren.

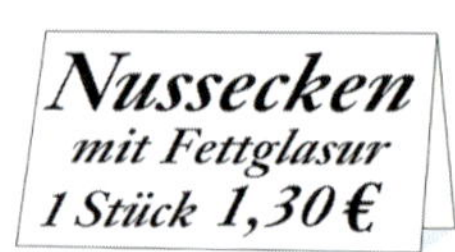


- Bei Backwaren in Fertigpackungen ist die Fettglasur auf der Zutatenliste anzugeben.

Ein Gesamtschild im Laden zur Kennzeichnung aller Waren, die mit Fettglasur überzogen sind, reicht nicht aus, z. B. „Unsere Backwaren werden mit kakaohaltiger Fettglasur überzogen."
Auch die Bezeichnung „Schokoladenüberzug" ist bei Backwaren mit Fettglasur nicht zulässig.

### Vor- und Nachteile von Fettglasur gegenüber Schokoladenkuvertüre

| Vorteile | Nachteile |
|---|---|
| • preiswerter<br>• braucht beim Verarbeiten nur erwärmt und nicht temperiert zu werden<br>• glänzt immer auf Backwaren und wird nicht grau<br>• ist weicher und kann auf den Torten und Desserts leicht durchgeschnitten werden | • der typische Schokoladengeschmack fehlt<br>• überzogene Gebäcke müssen deklariert werden<br>• darf nicht für bestimmte Qualitätswaren verwendet werden<br>• Waren mit Fettglasur dürfen folgende Bezeichnungen nicht führen:<br>– „feinst"<br>– „extra fein"<br>– „beste" |

### Lagerung aller Kakaoerzeugnisse

Kakaoerzeugnisse sind wegen des niedrigen Wassergehalts längere Zeit lagerfähig.
Optimale Lagerbedingungen:

- kühl, ideal sind 15 bis 18 °C
- trocken, bei normaler Luftfeuchtigkeit im Lagerraum
- frei von Fremdgerüchen

LF 11

**Aufgaben**

1. Nennen Sie die Bestandteile der Schokolade und Schokoladenkuvertüre.
2. Erklären Sie den Unterschied zwischen Schokolade und Schokoladenkuvertüre.
3. Warum wird in der Bäckerei nur Schokoladenkuvertüre und nicht Schokolade verwendet?
4. Beschreiben Sie folgende Schokoladenarten bezüglich
   - der Bestandteile,
   - des Geschmacks und
   - der Farbe:
     - Schokolade, Schokoladenkuvertüre
     - Milchschokolade, Schokoladenmilchkuvertüre
     - weiße Schokolade
5. Wofür wird Schokoladenkuvertüre verwendet?
6. Erklären Sie die Bestimmungen der Leitsätze, wenn im Namen der Bäckereierzeugnisse das Wort Schokolade oder die Abkürzung Schoko enthalten ist.
7. Erläutern Sie folgende Zahlenkombinationen auf der Verpackung der Kuvertüre:
   - 70/30
   - 60/40/38
8. Nennen Sie die Bestandteile der Fettglasur und unterscheiden Sie Fettglasur von der Schokoladenkuvertüre.
9. Beschreiben Sie, wie Fettglasur verarbeitet wird.
10. Erklären Sie die Konsistenz der Fettglasur auf den Bäckereierzeugnissen.
11. Beschreiben Sie, wofür Fettglasur in der Bäckerei verwendet wird, und geben Sie an, wofür Fettglasur nach den gesetzlichen Bestimmungen der Kakaoverordnung nicht verwendet werden darf.
12. Erläutern Sie die Deklarationspflicht bei mit Fettglasur überzogenen Waren:
    - bei unverpackten Waren im Laden
    - bei Waren in Fertigpackungen
13. Beschreiben Sie, wie alle Kakaoerzeugnisse fachgerecht gelagert werden.
14. Ihre Bäckerei möchte zur Weihnachtszeit Gebäcktütchen mit Buttermürbeteiggebäcken anbieten. Die Buttergebäcke sollen mit Schokoladenkuvertüre oder Fettglasur verziert werden. Sie wählen im Betrieb die Überzugsmasse aus, nachdem Sie die Vor- und Nachteile der beiden Möglichkeiten erläutert haben.

## 34.3 Temperieren von Schokoladenkuvertüre

Schokoladenkuvertüre muss vor der Verarbeitung temperiert werden, damit sich die Bestandteile der Kuvertüre verbinden und sie zum Überziehen die richtige Konsistenz (Fließfähigkeit) erhalten.

**Zu warme Schokoladenkuvertüre bei z. B. 45 °C**

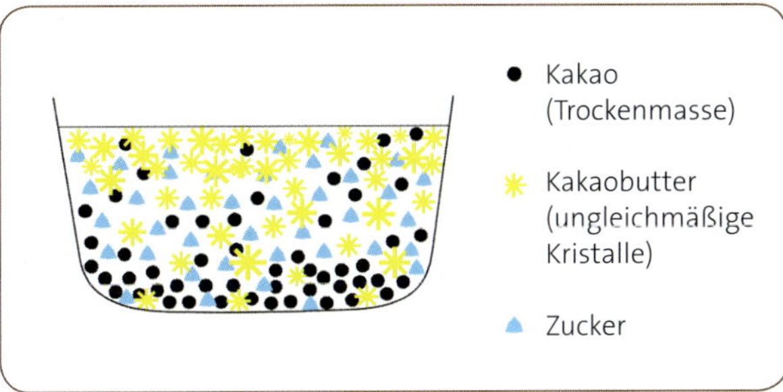


Kakaobutter besteht aus verschiedenen Fettsäuren mit unterschiedlichen Kristallgrößen. In zu warmem Zustand hat die Kakaobutter in der Schokoladenkuvertüre große unregelmäßige Kristalle. Diese binden sich schlecht mit dem Kakao und Zucker in der Kuvertüre. Zu erkennen ist dies, weil die Kuvertüre beim Erkalten sehr langsam anzieht und nicht ausreichend fest wird.

Begründung:

- Die festen, schwereren Kakaoteile setzen sich unten ab.
- Die leichtere Kakaobutter drängt an die Oberfläche. Beim Erstarren würde diese Kuvertüre grau werden.

**Temperierte bzw. vorkristallisierte Schokoladenkuvertüre**

Beim Temperieren der Schokoladenkuvertüre verändern sich die großen unregelmäßigen Kristalle der Kakaobutter zu kleinen gleichmäßig großen Kristallen. Diese verschmelzen mit dem Kakao und Zucker zu einer homogenen Einheit. Beim Abkühlen schließen sich die Bestandteile der Schokoladenkuvertüre fest zusammen, sodass sie nach dem Erstarren besonders hart wird und glänzt.

Weil beim Temperieren die Kristalle der Kakaobutter verändert werden, nennt man das Temperieren richtigerweise **„Vorkristallisieren"** der Schokoladenkuvertüre.

Das Festwerden von flüssiger Kuvertüre wird in der Fachsprache als **„Anziehen"** oder **„Erstarren"** bezeichnet.

**Merkmale richtig temperierter Schokoladenkuvertüre auf überzogenen Erzeugnissen:**
- Sie zieht bereits nach ca. drei Minuten an.
- Sie besitzt einen schönen seidigen Glanz.
- Sie ist nach dem Anziehen hart im Bruch.

**Verarbeitungstemperaturen**
- Schokoladenkuvertüre: 32 °C
- Milchschokoladenkuvertüre: 31 °C
- weiße Schokolade: 30 °C

Bei diesen Temperaturen hat Kuvertüre die ideale Fließfähigkeit. Bei zu kühler Temperatur ist die Kuvertüre zu dick.

*Ideale Verarbeitungstemperatur*

### Auflösen der Kuvertüre

Die Schokoladenkuvertüre muss zum Temperieren zuerst erwärmt und dabei aufgelöst werden. Hierfür gibt es folgende Möglichkeiten:
- Wasserbad
- Temperiergerät
- Temperiermaschine mit Rührgerät
- Mikrowellengerät

Im Temperiergerät und in der Temperiermaschine wird die Kuvertüre außerhalb des Kuvertürebehälters bzw. der Kuvertürewanne erwärmt.

Im Mikrowellengerät wird die Kuvertüre bei nicht zu starker Wärmeleistung in Intervallen von 30 bis 60 Sekunden erwärmt. Die Kuvertüre nach jedem Intervall aus dem Mikrowellengerät nehmen und gut durchrühren. Ist die Kuvertüre zu lange im Mikrowellengerät, besteht die Gefahr des Verbrennens.

**Grundsätzliches beim Arbeiten mit Kuvertüre**
- Beim Temperieren darf die Kuvertüre z. B. in einer Schüssel oder in einem Kessel nicht direkt auf einem Gasherd oder auf einer Elektroherdplatte erwärmt werden, weil die Kuvertüre durch die zu hohe Wärme sofort klumpig wird und schnell anbrennt.
- Beim Auflösen im Wasserbad darf kein Wasser oder Wasserdampf in die Kuvertüre gelangen, da sie sonst sofort stockt, d. h. fest wird.
- Kuvertüre darf nicht über 50 °C erwärmt werden, da sie sonst ihren zarten Schmelz verliert.
  Vor allem in Milchkuvertüre und weißer Schokolade bilden die Milcheiweißstoffe bei einer Temperatur über 50 °C Klümpchen, die sich nicht mehr auflösen.

## Möglichkeiten des Temperierens

### Temperiergerät

Grob gehackte Kuvertüre oder Kuvertüreplättchen in den Kuvertürebehälter einfüllen, den Thermostat auf ca. 32 °C einstellen und die Kuvertüre über Nacht auflösen. In dieser langen Zeit bilden sich gleichmäßig kleine Kakaobutterkristalle in der Kuvertüre.

Die Kuvertüre am nächsten Tag gut durchrühren. Danach ist sie verarbeitungsfähig.

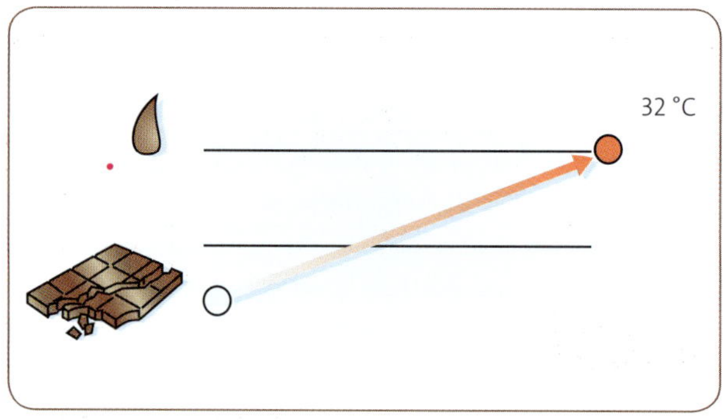


*Temperieren im Temperiergerät*

LF 11

### Temperiermaschine

Für größere Mengen Kuvertüre wird eine Temperiermaschine benutzt. Durch Einstellen des Thermostats auf 32 °C bleibt die Kuvertüretemperatur immer konstant und durch ein Rührgerät wird die Kuvertüre ständig in Bewegung gehalten, damit die Kristalle der Kakaobutter gleichmäßig klein bleiben. Die Kuvertüre ist deshalb stets gebrauchsfertig.

### Tablieren von Kuvertüre

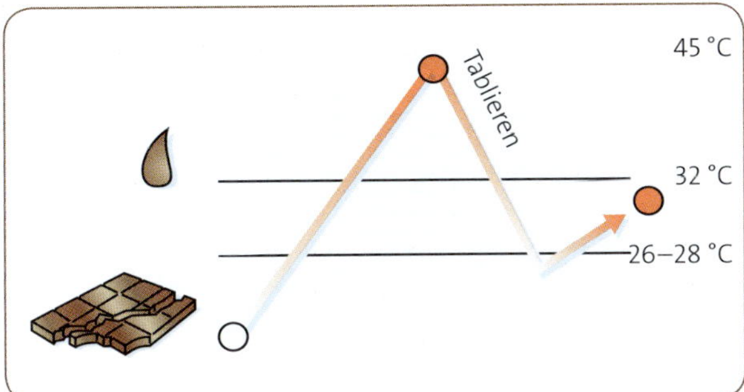


*Tablieren der Schokoladenkuvertüre*

Die Tabliermethode wird in der Bäckerei nur noch für kleine Mengen angewendet.

- Kuvertüre auf ca. 45 °C erwärmen.
- Ca. die Hälfte der warmen Kuvertüre auf einen kalten Metall- oder Marmortisch geben und ständig tablieren, d. h., die Kuvertüre mehrmalig mit der Palette auseinanderstreichen und mit einem Spachtel wieder zusammenschaben, bis sie sich verdickt, aber noch etwas geschmeidig ist.
- Die gestockte Kuvertüre in die restliche warme Kuvertüre einrühren, sodass die Kuvertüre auf 26 bis 28 °C herunterkühlt.
- Die Kuvertüre bei ständigem Rühren auf die Verarbeitungstemperatur von 32 °C bringen.

### Impfen von Kuvertüre

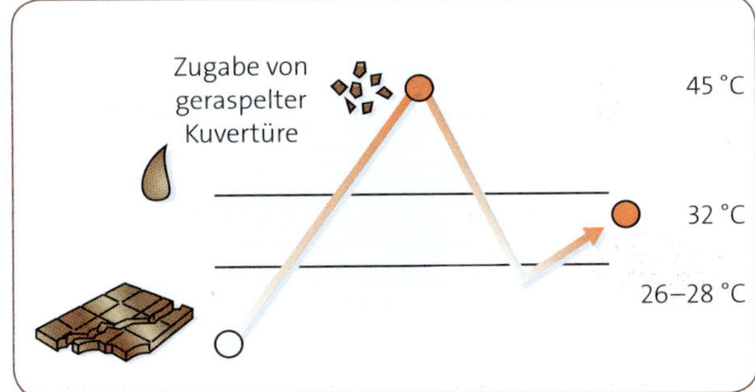


*Einrühren geraspelter Kuvertüre*

- Kuvertüre auf ca. 45 °C erwärmen.
- Fein geraspelte Kuvertüre oder kleine Kuvertüreplättchen in die Kuvertüre geben, bis sie auf 26 bis 28 ° heruntergekühlt und dick ist.
- Die Kuvertüre bei ständigem Rühren auf die Verarbeitungstemperatur von 32 °C erwärmen.

### Grundsätzliches beim Temperieren

Beim Temperieren muss Kuvertüre grundsätzlich von unten nach oben erwärmt werden, d. h. von ca. 27 °C auf 32 °C erwärmen und nie von 45 °C auf 32 °C abkühlen.

Die Kuvertüre beim Tablieren und Impfen nicht unter 26 °C abkühlen, weil sonst sehr stabile Kakaobutterkristalle entstehen und die Kuvertüre auch nach dem Erwärmen auf 32 °C zu dickflüssig bleibt.
Kuvertüre, die unter 26 °C abkühlt, muss erneut wieder auf ca. 45 °C erwärmt werden.

### Rühren der Schokoladenkuvertüre beim Temperieren

> Beim Temperieren bis zum Verarbeiten muss die Kuvertüre gut durchgerührt werden, um die Zutaten intensiv zu vermischen. Die Kuvertüre dabei nicht schaumig rühren, d. h. keine Luft einschlagen.

Das Temperieren der Schokoladenkuvertüre auf die optimale Verarbeitungstemperatur reicht nicht, um eine glänzende Kuvertüre zu erhalten. Erst durch gründliches Verrühren vor der Verarbeitung werden die Bestandteile der Kuvertüre zu einer geschlossenen Einheit zusammengeführt. Dabei darf keine Luft in die Kuvertüre eingeschlagen werden. Schokoladenkuvertüre darf nicht „schaumig gerührt“ werden.

Am schnellsten erfolgt das Verrühren der Schokoladenkuvertüre mit einem elektrischen Pürierstab (Mixstab). Dabei wird keine Luft in die Kuvertüre gerührt.

Bleibt temperierte Kuvertüre zu lange ohne Bewegung stehen, bilden sich zunehmend unregelmäßige Kakaobutterkristalle, sodass die Kuvertüre etwas zu dick wird. Die Kuvertüre muss dann wieder leicht erwärmt und dabei gut durchgerührt werden.

> Verarbeitungsfähige, temperierte Schokoladenkuvertüre muss 32 °C besitzen und gut durchgerührt sein.

**Kuvertüreprobe vor der Verarbeitung**

Trotz sorgfältigen Temperierens sollte die Schokoladenkuvertüre vor dem Verarbeiten durch eine Probe getestet werden, um Kuvertürefehler zu vermeiden. Die Probe erfolgt z. B. durch Eintauchen der Spitze einer Palette oder eines Schabers. Nach dem Anziehen der Kuvertüre wird der Probeüberzug beurteilt. Ist das Ergebnis nicht zufriedenstellend, muss der Temperiervorgang fortgesetzt werden.

*Kuvertüreproben – glänzend, streifig, grau*

## Beurteilung der Kuvertüre beim Überziehen

Die Konsistenz (Fließfähigkeit) beim Überziehen mit Kuvertüre, das Anziehen der Kuvertüre nach dem Überziehen und das Aussehen der fest gewordenen Kuvertüre auf den Waren ist je nach Temperieren unterschiedlich.

| Richtig temperierte Kuvertüre | Zu kühl temperierte Kuvertüre | Zu warm temperierte Kuvertüre |
|---|---|---|
| gut fließfähig | zu dickflüssig | sehr dünnflüssig |
| zieht schnell an | wird sofort fest | wird lange nicht fest |
| glänzt | mattes, glanzloses Aussehen, evtl. mit Grauschimmer | glanzlos und mit grauen Streifen durchzogen |

Bei richtig temperierter und gut durchgerührter Kuvertüre sind die Bestandteile der Kuvertüre zusammengeschlossen. Deshalb zieht die Kuvertüre schnell an, ist dann hart und bricht in glatten, langen Sprüngen.

Bei zu warmer und nicht ausreichend verrührter Kuvertüre ist die Kakaobutter schlecht mit dem Kakao und Zucker gebunden. Die Kuvertüre wird nach dem Überziehen lange nicht fest und ist dann grau. Sie ist nicht so hart und bricht in mehreren kleinen, unregelmäßigen Sprüngen.

*Glänzende Schokoladenkuvertüre mit hartem, glattem Bruch*

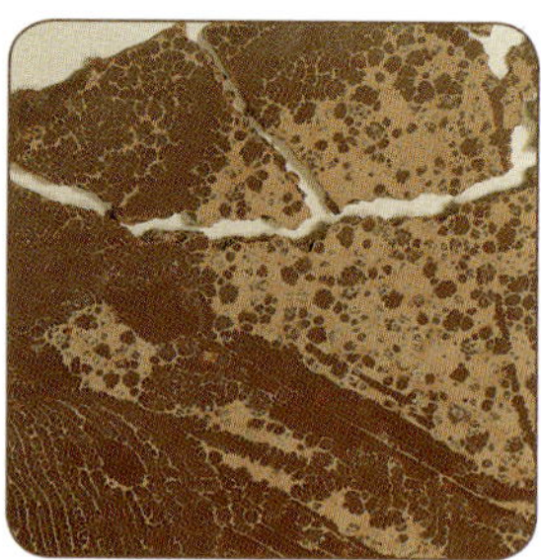

*Graue Schokoladenkuvertüre mit unregelmäßigem Bruch*

**Arbeitsraum**

Kuvertürearbeiten in einem kühlen Raum vornehmen, ideal sind ca. 20 °C.

**Temperatur der zu überziehenden Erzeugnisse**

Die ideale Temperatur der zu überziehenden Teile ist 22 bis 25 °C.

- Sind die zu überziehenden Gebäcke zu warm, erwärmt sich die Schokoladenkuvertüre, die dann grau wird. Deswegen werden Backwaren erst nach dem Auskühlen überzogen.
- Die zu überziehenden Teile dürfen auch nicht zu kalt sein, z. B. nicht direkt aus dem Kühlschrank kommen. Auf der kalten Oberfläche würde die Schokoladenkuvertüre zu schnell fest werden und außen nur langsam abkühlen. Diesen Erzeugnissen fehlt der Glanz.

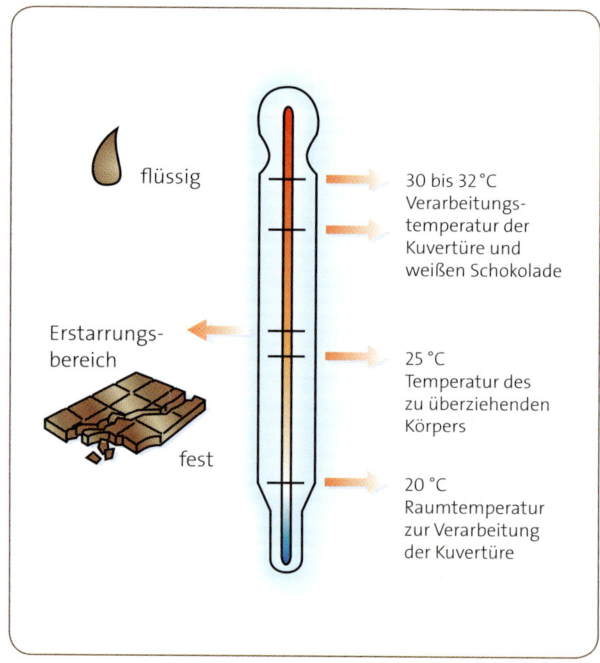


*Temperaturen beim Verarbeiten von Kuvertüre*

LF 11

### Abkühlen der überzogenen Erzeugnisse

Nach dem Überziehen sollten die Erzeugnisse am besten bei 15 bis 18 °C abkühlen und bei gleichbleibender Temperatur gelagert werden. Kuvertüre nicht zu schnell abkühlen, z. B. im Froster, da der Glanz dann verloren geht.

### Fettreif

Das Grauwerden der überzogenen Kuvertüre ist der häufigste Fehler der Kuvertüre. Übersteigt die Temperatur der Kuvertüre 32 °C, wird die Kakaobutter aufgrund ihres niedrigen Schmelzpunktes flüssig und bindet sich nur noch schlecht mit den anderen Bestandteilen. Die leichter gewordene Kakaobutter steigt nach oben und die schweren Kakaoteile sinken nach unten.

Graue Schokoladenkuvertüre auf Erzeugnissen schmeckt wie glänzende Kuvertüre, weil sich die Anteile der Bestandteile nicht verändert haben. Graue Kuvertüre ist aber nicht verkaufsfähig, da sie alt und verdorben aussieht.

*Praline mit Fettreif (links) und Praline mit Zuckerreif (rechts)*

Folgen sind:

- Die Kuvertüre wird wegen der oben liegenden Kakaobutter mit den unregelmäßigen Kristallen, die schlecht zusammenhaften, lange Zeit nicht fest.
- Nach dem Anziehen sieht die Kuvertüre durch die nach oben gestiegene gelbliche Kakaobutter grau aus oder sie ist mit grauen Streifen durchzogen.

### Fehler bei Kuvertüre

| Kuvertürefehler | Ursachen |
|---|---|
| **Fettreif** = Die Kuvertüre der überzogenen Erzeugnisse ist grau oder hat graue Streifen. | • Kuvertüre wurde zu warm temperiert.<br>• Kuvertüre wurde falsch temperiert, d. h., warme Kuvertüre nicht abgekühlt und dann auf 32 °C temperiert.<br>• Das zu überziehende Gebäck war nicht ausgekühlt.<br>• Das überzogene Erzeugnis wurde zu warm gelagert. |
| **Zuckerreif** = Die Kuvertüre der überzogenen Erzeugnisse hat eine raue Oberfläche ohne Glanz. | Die Kuvertüre auf den überzogenen Waren wurde feucht, z. B. in zu feuchter Kühlung. Durch die Feuchtigkeit wird der gelöste Zucker in der Kuvertüre körnig, er kristallisiert aus. |
| Es befinden sich Fingerabdrücke auf der Kuvertüre der Waren. | • Kuvertüre wurde mit feuchten Fingern angefasst oder<br>• Kuvertüre wurde zu lange mit den Fingern gehalten. Die Säure der Haut ergibt Flecken. |
| Auf den Waren ist die Kuvertüre zu dick und hat ein mattes, glanzloses Aussehen, manchmal mit Grauschimmer. | Die Kuvertüre war beim Verarbeiten zu kühl temperiert. |

### Einteilen des Kuvertüreüberzugs

Beim Einteilen der mit Kuvertüre überzogenen Torten wird der Torteneinteiler erwärmt. Die dünne Kuvertüreschicht schmilzt beim Eindrücken und wird somit durchtrennt. Die nicht durchtrennten Bereiche der Torten werden zudem noch mit einer erwärmten Palette durchgehend eingeteilt. Die Kuvertüre auf überzogenen Desserts muss mit einem warmen Messer durchtrennt werden.

Aufgrund der festen Beschaffenheit der Kuvertüre würde die dünne Kuvertüreschicht beim Schneiden abspringen (abbrechen).

*Durchtrennen der Schokoladenkuvertüre*

## Aufgaben

1. Erklären Sie, was in zu warmer Schokoladenkuvertüre geschieht.
2. Beschreiben Sie die Veränderung der Kakaobutter in der Schokoladenkuvertüre beim Temperieren.
3. Was versteht man unter Anziehen oder Erstarren der Kuvertüre?
4. Nennen Sie die Merkmale richtig überzogener Schokoladenkuvertüre auf überzogenen Erzeugnissen.
5. Geben Sie die Temperaturen bei der Verarbeitung der Kuvertüresorten an:
   - Schokoladenkuvertüre
   - Milchschokoladenkuvertüre
   - weiße Schokolade
6. Welche Möglichkeiten zum Auflösen der Kuvertüre gibt es in der Bäckerei?
7. Erläutern Sie das Auflösen der Kuvertüre im Mikrowellengerät.
8. Beschreiben Sie Grundsätzliches beim Arbeiten mit Kuvertüre:
   - damit sie nicht anbrennt
   - damit sie beim Temperieren nicht fest wird
   - damit sie nicht ihren zarten Schmelz verliert
9. Erklären Sie das Temperieren im Temperiergerät und in der Temperiermaschine.
10. Beschreiben Sie folgende Temperierverfahren:
    - Tablieren der Kuvertüre
    - Impfen der Kuvertüre
11. Was ist neben der richtigen Verarbeitungstemperatur beim Temperieren der Kuvertüre genauso wichtig und was muss dabei beachtet werden?
12. Wie wird vor der Verarbeitung der Kuvertüre festgestellt, ob sie einwandfrei temperiert ist?
13. Erklären Sie, wie richtig, zu kühl und zu warm temperierte Kuvertüre erkennbar ist:
    - Fließfähigkeit
    - Anziehen nach dem Überziehen der Waren
    - Aussehen der überzogenen Waren
14. Beschreiben Sie das richtige Arbeiten mit Kuvertüre:
    - beste Temperatur des Arbeitsraums
    - Temperatur der zu überziehenden Erzeugnisse
    - Abkühlen der überzogenen Erzeugnisse
15. Geben Sie die Ursachen folgender Fehler an:
    - Fettreif: Die Kuvertüre der überzogenen Erzeugnisse ist grau oder hat graue Streifen.
    - Zuckerreif: Die Kuvertüre der überzogenen Erzeugnisse hat eine raue Oberfläche ohne Glanz.
    - Es befinden sich Fingerabdrücke auf der Kuvertüre der Waren.
    - Auf den Waren ist die Kuvertüre zu dick und hat ein mattes, glanzloses Aussehen, manchmal mit Grauschimmer.
16. Erklären Sie, wie Fettreif auf Kuvertüre entsteht.
17. Wie werden Torten und Desserts, die mit Kuvertüre überzogen sind, eingeteilt?
18. Eine Kundin fragt Sie, warum die Kuvertüre, die sie zu Hause verarbeitet, nicht so schön glänzt wie die auf den Erzeugnissen der Bäckerei. Sie geben der Kundin eine fachgerechte Antwort.

## Rechenaufgaben

1. In einem Karton Kakaomasse befinden sich 16 Blöcke mit je 2 500 g. Die Kakaomasse besteht aus 54 % Kakaobutter, 6 % Gerbstoffen und 1,2 % Theobromin.
   a) Wie viel kg Kakaobutter, Gerbstoffe und Theobromin befinden sich in der Kakaomasse in diesem Karton?
   b) Diese Kakaomasse enthält 6,400 kg Kohlenhydrate, 4,800 kg Eiweiß und 1200 g Mineralstoffe.
   Berechnen Sie den prozentualen Anteil dieser drei Bestandteile in der Kakaomasse.
2. Ein Bäcker löst Schokoladenkuvertüre mit der Bezeichnung 70/30/38 im Temperiergerät auf. Die Kakaobestandteile dieser Kuvertüre betragen 4 200 g.
   a) Wie viel kg Kuvertüre hat der Bäcker aufgelöst?
   b) Zum Überziehen soll die Kuvertüre mit 12 % Kakaobutter verdünnt werden. Wie viel g Kakaobutter gibt der Bäcker zum Verdünnen in die Kuvertüre?
   c) Berechnen Sie den gesamten Kakaobuttergehalt der Kuvertüre in kg nach dem Verdünnen.
3. Schokoladenkuvertüre enthält 60 % Kakaobestandteile und 38 % Kakaobutter in der Gesamtkuvertüre. Der Kakaobutteranteil beträgt 9,500 kg. Berechnen Sie die Kuvertüremenge und den Anteil an Kakao sowie an Zucker in kg.

LF 11

# 35 Süßwaren

**Situation**

Bei einer Aktion Ihrer Bäckerei informieren Sie die Kunden über Marzipan, Nugat und Krokant. Sie präsentieren die Rohstoffe mit Texttafeln auf einem Ausstellungstisch und zeigen den Kunden das Modellieren und Schminken von Marzipan.

- Woraus besteht Marzipan- und Persipanrohmasse?
- Wie wird Marzipan angewirkt?
- Wie werden Marzipanerzeugnisse modelliert und geschminkt?
- Woraus bestehen die drei Sorten der Nugatmassen?
- Was ist eine Nusspaste, Nugat und Nugatcreme?
- Wie wird Krokant hergestellt?

## 35.1 Marzipanrohmasse, Persipanrohmasse, Marzipan

Zu Zeiten der Hanse, als die Kaufleute mit Schiffen Besonderheiten aus dem Mittelmeerraum in die norddeutschen Hafenstädte brachten, waren vor allem in Lübeck die Mandeln sehr begehrt. Dort stellte man aus geriebenen Mandeln und Zucker einen „Teig" her und bezeichnete die daraus geformten Stücke als „Marzipan". Der Name wurde von „Marci panis" abgeleitet, was Markusbrot bedeutet, da das teure, wertvolle Marzipan nur am gefeierten Markustag zu bekommen war. Vor allem die Konditoren in Lübeck verfeinerten das Marzipan, das heute noch ein Markenzeichen von Lübeck ist.

### Marzipanrohmasse

**Bestimmungen der Leitsätze**

Marzipanrohmasse besteht aus ca. zwei Dritteln Mandeln und einem Drittel Zucker (höchstens 35% Zucker).

| Marzipanrohmasse | |
|---|---|
| ⅔ Mandeln | ⅓ Zucker |

*Marzipanrohmasse und ihre Bestandteile*

**Herstellen von Marzipanrohmasse in der Industrie**

- Geschälte Mandeln in Walzen fein zerkleinern und mit Zucker vermischen.
- Das Mandel-Zucker-Gemisch bei 90 °C bis 105 °C bis zu 30 Minuten kräftig abrösten.
  Die Marzipanrohmasse erhält dadurch eine gute Bindung und einen feineren Geschmack.

LF 11

### Güteklassen

**M0** (Marzipanrohmasse-null) = beste Qualität, mit feinem Mandelaroma
Für die Marzipanrohmasse werden nur süße Mandeln verwendet. Die Güteklasse M0 wird in der Bäckerei überwiegend verwendet.

**MI** (Marzipanrohmasse-eins) = geringere Qualität, mit etwas herberem Mandelaroma durch Bittermandeln
Nach den Leitsätzen dürfen die süßen Mandeln bis zu 12% bittere Mandeln, auf das Gesamtgewicht der Mandeln bezogen, enthalten. Die Güteklasse MI wird meist als Zugabe in Teigen, Massen und Füllungen verwendet.

### Verwendung von Marzipanrohmasse

| als Hauptrohstoff für | als Zugabe in Teigen und Massen zur Verbesserung der Gebäckqualität |
|---|---|
| • Marzipan<br>• Marzipanfüllung = Franchipanfüllung → Seite 326<br>• Mandelmakronengebäcke<br>• Marzipanpralinen | • Mandelmürbeteiggebäcke<br>• Spritzgebäcke<br>• Nuss- und Mandelkuchen<br>• Elisen- und Nusslebkuchen<br>• Marzipanstollen<br>• Baumkuchen |

*Erzeugnisse aus Marzipanrohmasse*

## Persipanrohmasse

**Bestimmungen der Leitsätze**
Persipanrohmasse besteht aus ca. zwei Dritteln entbitterten bitteren Mandeln, Aprikosen- und/oder Pfirsichkernen und einem Drittel Zucker (höchstens 35%). Sie enthält zudem noch 0,5% Stärke, bezogen auf die gesamte Persipanrohmasse.

*Aprikosenkerne*

| Persipanrohmasse | |
|---|---|
| ⅔ entbitterte bittere Mandeln, Aprikosen- und/oder Pfirsichkerne | ⅓ Zucker |

0,5% Stärke, berechnet auf die gesamte Persipanrohmasse

Stärke ist in Persipanrohmasse als Hilfe für die Lebensmittelkontrolle enthalten. Jod färbt Stärke blau. So kann Persipanrohmasse einfach getestet und von Marzipanrohmasse unterschieden werden.

Persipanrohmasse wird wie Marzipanrohmasse hergestellt.

**Geschmack der Persipanrohmasse**
Bittere Mandeln und Aprikosen- sowie Pfirsichkerne enthalten bittere Stoffe (Amygdalin), aus denen im Körper giftige Blausäure gebildet wird. Diese Bitterstoffe werden bei der Herstellung der Persipanrohmasse entfernt. Persipanrohmasse schmeckt ähnlich wie Marzipanrohmasse. Sie ist jedoch leicht herbbitter im Gegensatz zur Marzipanrohmasse und hat nicht deren feinen Mandelgeschmack.

**Verwendung von Persipanrohmasse**
Die preisgünstige Persipanrohmasse hat eine geringere Qualität und wird als Ersatz für Marzipanrohmasse verwendet:
- vorrangig für Füllungen, z. B. Nuss- und Mohnfüllung,
- aber auch für Persipanstollen und Persipanmakronen.

Gebäcke mit Persipanrohmasse müssen beispielsweise als Persipanstollen und Persipanmakronen deklariert werden, damit es keine Verwechslung mit Marzipanrohmasse gibt und so die Verbraucher nicht irregeführt werden.

Bei Fertigpackungen wird die Zugabe von Persipanrohmasse in der Zutatenliste angegeben.

### Persipan

1 Teil Persipanrohmasse darf mit höchstens bis zu 1,5 Teilen Puderzucker angewirkt werden. Zur längeren Frischhaltung darf der Zucker durch bis zu 5 % Glukosesirup oder Sorbit, berechnet auf das gesamte Persipangewicht, ersetzt werden.
Persipan wird in der Bäckerei wegen der geringeren Qualität gegenüber Marzipan kaum hergestellt.

### Lagerung von Marzipan- und Persipanrohmasse

Wegen des hohen Fettgehalts der Mandeln werden Marzipan- und Persipanrohmasse wie folgt gelagert:

- kühl, ideal sind 15 bis 18 °C,
  nicht im Kühlschrank/Kühlraum, weil dort wegen der hohen Feuchtigkeit Schimmelgefahr besteht
- in Folie eingewickelt, damit die Oberfläche nicht austrocknet
- frei von Fremdgerüchen

Bei richtiger Lagerung sind Marzipan- und Persipanrohmasse längere Zeit lagerfähig, weil der Wassergehalt gering ist und dieser vom Zucker gebunden wird.

### Abnahme der Marzipanrohmasse vom Block

*Marzipanrohmasse abschneiden*

Marzipanrohmasse trocknet schnell aus. Deshalb wird sie zur Verarbeitung wie folgt vom Block abgenommen:

*Marzipanrohmasse in Folie*

- Die Folie vom Block der Marzipanrohmasse abnehmen und mit einem Messer das Marzipan abschneiden, um eine glatte Oberfläche zu erhalten.
- Die Marzipanrohmasse sofort nach dem Abschneiden wieder in Folie einschlagen. Die Oberfläche würde sonst schnell austrocknen. Die borkige Schicht würde sich nicht mehr auflösen.

Persipanrohmasse wird genauso abgeschnitten und in Folie eingeschlagen.

## Marzipan

**Bestimmungen der Leitsätze**
Marzipan wird aus Marzipanrohmasse und höchstens der gleichen Gewichtsmenge Zucker hergestellt. Der Zucker kann durch bis zu 3,5 % Glukosesirup oder 5 % Sorbit, bezogen auf das Gesamtgewicht des Marzipans, ersetzt werden.

| Marzipan | |
|---|---|
| auf 1 Teil Marzipanrohmasse | höchstens bis zu 1 Teil Puderzucker |

bis zu 3,5 % Glukosesirup oder 5 % Sorbit, auf das gesamte Marzipangewicht berechnet

**Beispiel:**

- 1000 g Marzipanrohmasse
- höchstens 1000 g Puderzucker } = 2000 g Marzipan
- höchstens 70 g Glukosesirup (3,5 % vom gesamten Marzipangewicht) und
  930 g Puderzucker statt 1000 g, weil das Glukosegewicht von der Puderzuckermenge abgezogen wird

*Marzipanrohmasse, Puderzucker, Glukosesirup*

**Glukosesirup bzw. Sorbit** werden dem Marzipan zur besseren Frischhaltung zugegeben, damit es nicht so schnell austrocknet. Sie verhindern das Auskristallisieren des Zuckers, der dann hart werden würde. Ebenso binden sie die Feuchtigkeit des Marzipans, sodass es längere Zeit feucht und geschmeidig bleibt.

### Anwirken von Marzipan

Zur Frischhaltung von Marzipan wird in Handwerksbetrieben überwiegend Glukosesirup und in Industriebetrieben Sorbit verwendet.

Marzipanrohmasse, gesiebter Puderzucker und Glukosesirup werden zusammengemischt. Diese schonende Marzipanherstellung wird als „Anwirken“ bezeichnet.
Kleine Mengen werden auf einem Arbeitstisch mit der Hand angewirkt. Das Anwirken größerer Zutatenmengen erfolgt bei schonenden Knetbewegungen im Langsamgang in der Knetmaschine, ideal im Hubkneter.

Sofort nach dem Anwirken wird Marzipan in Folie eingeschlagen oder in einem zugedeckten Behälter aufbewahrt, damit es nicht austrocknet.

*Angewirktes Marzipan*

### Auswirkungen bei zu starkem Kneten

Bei zu starken und schnellen Knetbewegungen während der Marzipanherstellung wird der hohe Fettgehalt der Mandeln ölig. Die Bindung der Zutaten in diesem etwas schmierigen Marzipan ist dadurch beeinträchtigt. Ebenso tritt das Öl nach außen, sodass das Marzipan ölig glänzend aussieht und schnell gärig wird.

### Marzipanqualität

Je höher der Anteil an Marzipanrohmasse und somit geringer der Puderzuckeranteil im Marzipan ist, desto intensiver ist der Mandelgeschmack und umso weicher ist das Marzipan. Puderzucker macht das Marzipan süß und trocken, jedoch auch preisgünstiger.

LF 11

**„Edelmarzipan“** und **„Gütemarzipan“** sind Begriffe, die manchmal als Qualitätsbezeichnungen angegeben werden. Sie sollen einen niedrigen Puderzuckergehalt im Marzipan ausdrücken. Diese Bezeichnungen haben jedoch nach den Leitsätzen keine rechtliche Bedeutung.

### Verwendung von Marzipan

- zum Modellieren von Marzipanfiguren
- für Rosen mit Blättern und Stielen
- dünn ausgerollt zum Eindecken von Torten, Desserts und Petits Fours
- als Schriftbänder zum Garnieren von Texten, z. B. „Zur Taufe“

*Mit Marzipan eingeschlagenes Dessert*

### Lübecker Marzipan

Dies sind Marzipanerzeugnisse aus hochwertigem Marzipan mit geringem Puderzuckeranteil.
„Lübecker Marzipan“ ist eine geschützte Herkunftsbezeichnung, d. h., diese Marzipanerzeugnisse müssen aus Lübeck stammen.

### Königsberger Marzipan

Königsberger Marzipan sind hochwertige Marzipanerzeugnisse mit einem geringen Anteil an Puderzucker.
Es wird nur noch selten nach altem Brauch mit etwas Rosenwasser abgeschmeckt.

Typisch für Königsberger Marzipan ist die abgeflämmte Oberfläche.
Abflämmen bedeutet, dass die Oberfläche der Marzipanerzeugnisse bei hoher Hitze im Ofen oder mittels Bunsenbrenner leicht gebräunt wird. Das Innere des Marzipans bleibt weich.

Königsberger Marzipan ist eine Gattungsbezeichnung → Seite 233, die auf die abgeflämmte Marzipanoberfläche hinweist.

*Königsberger Marzipan, gestanzt und modelliert*

## Marzipan modellieren

Modellieren heißt „Formen" des Marzipans zu verschiedenen Figuren und Formen. Das Motiv der Marzipanfiguren und Marzipanformen muss deutlich erkennbar sein, sollte jedoch originell und lustig aussehen.

*Modellierter Marzipanhase*

| Beispiele für modellierte Marzipanerzeugnisse | |
|---|---|
| Rosen | mit Stielen und Blättern |
| Marzipantiere | Elefanten, Katzen, Enten, Frösche |
| Saisonartikel | Osterhasen, Nikoläuse, Engel, Karnevalsköpfe |
| Glücksbringer | Würfel, Hufeisen, Pilze, Schweinchen |
| Marzipanfrüchte und Marzipangemüse | Birnen, Pflaumen, Bananen, Rettiche, Karotten, Spargel |
| Marzipankartoffeln | kleine Marzipankugeln mit Kakaopulver an der Oberfläche |

*Marzipanschweinchen*

### Hygiene

- Arbeitstisch und Arbeitsgeräte grundsätzlich sehr sauber halten.
- Die Hände vor dem Arbeiten mit Marzipan gründlich reinigen. Auch während des Modellierens öfter die Hände waschen, wenn sie klebrig werden.

### Hilfsmittel zum Modellieren

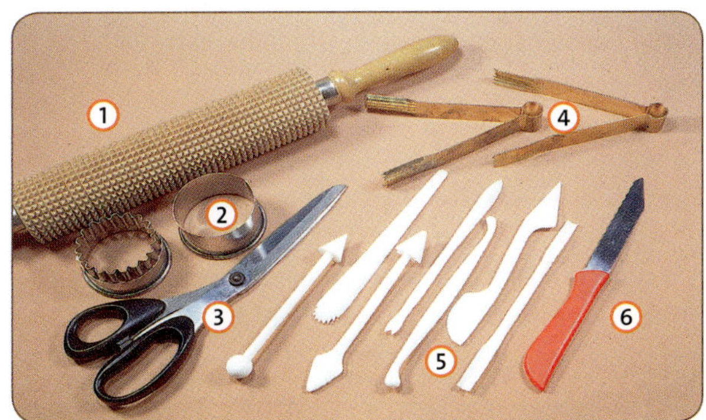


*1 Riefholz 2 Ausstecher 3 Schere 4 Marzipankneifer 5 Modellierstäbchen 6 Kleines scharfes Messer*

| Rezeptbeispiel für modellierbares Marzipan | |
|---|---|
| 1000 g | Marzipanrohmasse |
| 600 g | Puderzucker |
| 50 g | Glukosesirup |
| **1650 g** | **Marzipan** |

Dieses Marzipan hat die ideale Festigkeit zum Modellieren und ist wegen des geringeren Puderzuckeranteils von guter Qualität. Wird weniger Puderzucker in das Marzipan gegeben, ist es zum Modellieren zu weich, z. B. zum Glattstreichen von Rosenblättern. Ein höherer Puderzuckeranteil verringert die Qualität und das Marzipan trocknet zu schnell aus.

### Grundform zum Modellieren

Die Grundform aller Marzipanteile beim Modellieren ist eine Kugel, die zwischen beiden Handflächen gleichmäßig gerollt wird. Dadurch erhalten die Marzipanteile eine glatte Oberfläche. Außerdem können von der Kugel ausgehend alle Formen abgeleitet und geformt werden.
Die Marzipanerzeugnisse sollten aus optischen und wirtschaftlichen Gründen nicht zu groß sein.

### Rosen modellieren

*Aus Marzipan modellierte Rosen*

- Für jede Rose ca. fünf Blütenblätter formen. Marzipankugeln mit einem geschmeidigen Schaber dünn auseinanderstreichen, um feine, zarte Blütenblätter zu erhalten.
- Das erste Blütenblatt einrollen und die weiteren Blütenblätter jeweils gegenüber einem anderen andrücken. Jedes Blütenblatt ca. 2 mm höher setzen und den oberen dünnen Blattrand leicht nach außen biegen, um eine offene Rosenblüte zu erhalten.
- Die fertige Rose unterhalb des Blattansatzes mit einem Messer abschneiden.

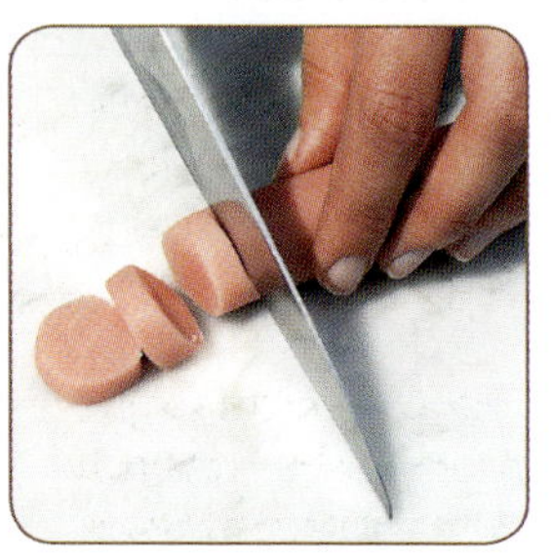

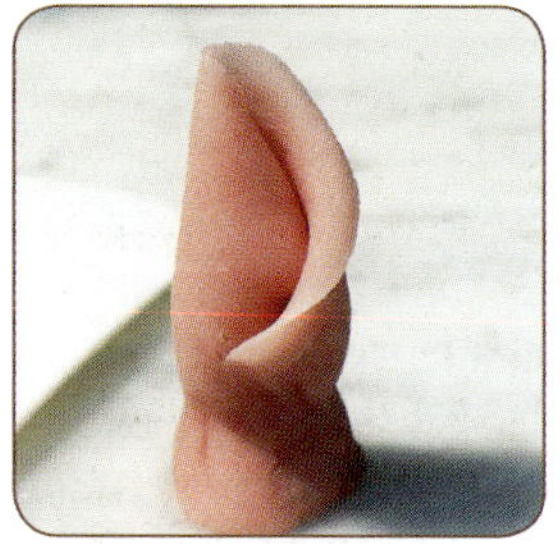
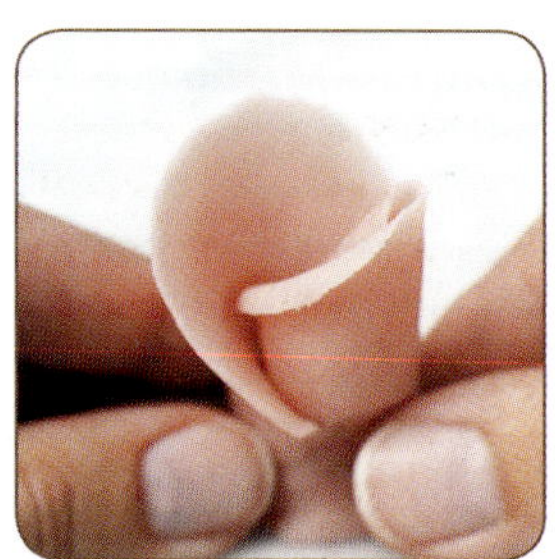

### Silikonformen für Marzipanfiguren

Am schnellsten und einfachsten ist die Herstellung von Marzipanfiguren in biegsamen Silikonformen. Der Nachteil ist, dass alle so hergestellten Figuren gleich aussehen. Die Herstellung mit Formen ist sofort erkennbar, denn die kunstvolle handwerkliche Bearbeitung fehlt.

Marzipan wird abgewogen, zu einer glatten Kugel gerollt, in die Silikonform gedrückt und das oben aus der Form überstehende Marzipan abgeschnitten. Die fertige Marzipanfigur wird nun aus der Form genommen.

*Marzipanfiguren aus Silikonformen*

### Färben von Marzipan

Gefärbte Marzipanerzeugnisse wirken lebhafter und ansprechender.
Marzipanfarben sind in den verschiedensten Farbtönen in flüssiger oder pulvriger Form und in Spraydosen im Handel.

*Geschminkte Marzipanfrüchte*

### Durchfärben von Marzipan

Mit flüssigen Lebensmittelfarben oder mit Kakaopulver wird Marzipan ganz eingefärbt und dann modelliert.

### Schminken von Marzipan

Nach dem Modellieren werden Marzipanerzeugnisse an der Oberfläche mit flüssiger Lebensmittelfarbe übersprüht.
Dabei werden Marzipanerzeugnisse mit Druckluft aus dem Airbrush-Gerät mit einer Airbrush-Spritzpistole besprüht. So ist ein schnelles und feines sowie sparsames Sprühen der Lebensmittelfarben möglich. Es können auch verschiedene Farben nacheinander gesprüht werden, sodass ein Farbverlauf zustande kommt.

Das Schminken stets mit der hellsten Farbe beginnen (grundieren), diese antrocknen lassen und dann mit der nächsten Farbe weiterschminken.

*Schminken mit Airbrush*

LF 11

### Schminken mit dem Pinsel

Streifen und Punkte auf Marzipanerzeugnissen, z. B. auf Früchten, Gemüse, Wangen auf Gesichtern, werden mit einem Pinsel aufgetragen. Dies ergibt einen besonders natürlichen Effekt. Die Farben können dabei auch gemischt werden.

Grundsätzlich sollte dezent (unaufdringlich) geschminkt werden. Überfärbte Marzipanerzeugnisse wirken unnatürlich und künstlich.

### Verzögern des Austrocknens der Marzipanerzeugnisse

- Die Marzipanerzeugnisse nach dem Modellieren und Schminken mit Kakaobutter oder Lebensmittellack aus der Sprühdose dünn besprühen. Dadurch erhält das Marzipan eine matt glänzende Oberfläche und wird etwas vor dem Austrocknen geschützt.
- Damit Marzipanfiguren nicht so schnell austrocknen und weich bleiben, werden sie in Folientütchen verpackt oder luftdicht eingeschweißt.

*In Folie verpackte Marzipanfiguren*

## Verkaufsargumente

### Qualitätsmerkmale bei der Kundenberatung

- Marzipanrohmasse ist eine hochwertige süßlich schmeckende Masse mit hohem Mandelanteil.
- Die Marzipanqualität wird bestimmt vom Marzipanrohmassegehalt. Je höher der Marzipanrohmassegehalt und geringer der Zuckeranteil bei Marzipan ist, desto intensiver ist das Mandelaroma und weniger süß schmeckt es und desto weicher ist das Marzipan.
- Königsberger Marzipan ist hochwertiges Marzipan mit abgeflämmter Oberfläche.
- Lübecker Marzipan sind hochwertige Marzipanerzeugnisse, die aus Lübeck stammen müssen.
- Persipanrohmasse schmeckt ähnlich wie Marzipanrohmasse, hat jedoch einen leicht bitteren Geschmack.
- Persipanrohmasse ist geschmacklich nicht so gut wie Marzipanrohmasse, verbessert aber dennoch als Ersatz für Marzipanrohmasse den Geschmack der Gebäcke als Zugabe in Füllungen und Teigen.

### Frischhaltung

- Marzipan- und Persipanrohmasse ist in Folie verpackt und bei kühler, nicht zu feuchter Lagerung lange haltbar.
- Marzipanerzeugnisse sind in Folie luftdicht verpackt bei kühler Raumtemperatur über Wochen lagerfähig. Marzipan ist so lange frisch, wie es weich ist und den milden Mandelgeschmack hat.
- Je geringer der Puderzuckeranteil im Marzipan ist, desto länger ist es weich und aromatisch.
- Ebenso bleiben luftdicht verpackte Konfekte aus Königsberger Marzipan bei kühler Raumtemperatur längere Zeit frisch.

### Besondere Eignung

- Marzipanerzeugnisse sind süßliche und mandelaromatische Genussmittel.
- Marzipanrosen passen auf alle Festtagstorten.
- Lustige Marzipanfiguren erheitern als kleine Geschenke und sind bei Kindern sehr beliebt.

### Aufgaben

1. Nennen Sie die Zutaten und ihre Mengenverhältnisse für
   - Marzipanrohmasse,
   - Persipanrohmasse.
2. Nennen und erklären Sie die Güteklassen von Marzipanrohmasse.
3. Nennen Sie Beispiele für die Verwendung von Marzipanrohmasse in der Bäckerei.
4. Beschreiben Sie den Geschmack der Persipanrohmasse im Gegensatz zur Marzipanrohmasse.
5. Wofür kann Persipanrohmasse verwendet werden?

→

6 Geben Sie die richtige Lagerung von Marzipan- und Persipanrohmasse an.
7 Beschreiben Sie die Abnahme von Marzipanrohmasse vom Block für die Verarbeitung.
8 Nennen Sie die Zusammensetzung von Marzipan nach den Bestimmungen der Leitsätze.
9 Warum wird Glukosesirup oder Sorbit in Marzipan gegeben?
10 Beschreiben Sie das Herstellen von Marzipan und geben Sie an, wie Marzipan dann gelagert wird, damit es nicht austrocknet.
11 Was geschieht, wenn Marzipan zu stark geknetet wird?
12 Erklären Sie, wie die Qualität von Marzipan durch die Zutaten verbessert werden kann.
13 Wofür wird Marzipan in der Bäckerei verwendet?
14 Erklären Sie
- Lübecker Marzipan,
- Königsberger Marzipan.

15 Nennen Sie modellierte Marzipanerzeugnisse.
16 Nennen Sie hygienische Voraussetzungen zum Modellieren von Marzipan.
17 Welche Hilfsmittel werden zum Modellieren benötigt?
18 Wie ist die Grundform aller Marzipanteile zum Modellieren? Begründen Sie den Vorteil dieser Form.
19 Erklären Sie das Schminken von Marzipanerzeugnissen und geben Sie die Grundregel beim Färben an.
20 Wie wird das Austrocknen der Marzipanerzeugnisse verhindert?
21 Nennen Sie die Qualitätsmerkmale bei der Kundenberatung von
- Marzipanrohmasse,
- Marzipanqualitäten,
- Lübecker Marzipan,
- Königsberger Marzipan,
- Persipanrohmasse.

22 Geben Sie Auskunft über die Frischhaltung von Marzipanrohmasse und Marzipanerzeugnissen.
23 Wofür eignen sich Marzipanerzeugnisse besonders gut?
24 Eine Kindergeburtstagstorte soll mit verschiedenen Marzipanfiguren dekoriert werden. Modellieren Sie hierfür verschiedene Tiere und schminken Sie diese.

## Rechenaufgaben

1 Die Personalkosten in einer Bäckerei betragen 154,00 € in der Stunde. Ein Meister, zwei Gesellen und ein Auszubildender sind im Betrieb beschäftigt.
a) Wie hoch ist der Stundenkostensatz der einzelnen Beschäftigten, wenn die Kosten im Verhältnis von 2 : 1,5 : 0,5 stehen?
b) Ein Geselle stellt Marzipanrosen für eine Hochzeitstorte in 50 Minuten her. Berechnen Sie die Personalkosten für die Marzipanrosen.

2 16,800 kg Marzipan wird mit 30 % Puderzucker, auf die Marzipanrohmasse berechnet, und 3,5 % Glukosesirup, auf das Gesamtgewicht des Marzipans berechnet, hergestellt. Berechnen Sie das Gewicht der einzelnen Zutaten in diesem Marzipan.

3 Es soll 4,200 kg Marzipan mit der höchstzulässigen Puderzuckermenge und der zulässigen Höchstmenge an Glukosesirup hergestellt werden. Berechnen Sie von jedem Rohstoff die Menge in kg, die benötigt wird.

4 Es werden 6,600 kg Marzipan aus Marzipanrohmasse und Puderzucker im Verhältnis 10 : 6,5 hergestellt. Der Glukosesirupanteil beträgt 3 % des gesamten Marzipangewichts, der vom Puderzuckeranteil abgezogen wird.
Die Rohstoffe kauft die Bäckerei wie folgt ein:

| | |
|---|---|
| Marzipanrohmasse | 5,10 €/kg |
| Puderzucker | 0,95 €/kg |
| Glukosesirup | 1,70 €/kg |

a) Wie viel kg von jedem Rohstoff werden verarbeitet?
b) Wie hoch ist der Materialpreis für dieses Marzipan?
c) Eine Marzipanfigur wiegt 60 g. Wie viele Marzipanfiguren erhält man aus dem Marzipan?
d) Berechnen Sie den Verkaufspreis einer Marzipanfigur, wenn 290 % Betriebskosten, 32 % Gewinn und Risiko und 7 % Mehrwertsteuer berücksichtigt werden.

LF 11

## 35.2 Nugatmassen

Neben der eingedeutschten Schreibweise für Nugatmasse ist auch die ursprüngliche französische Schreibweise Nougatmasse richtig.

### Zutaten der Nugatmassen

*Zutaten der Nugatmassen*

**Sorten der Nugatmassen**

| Mandelnugatmasse | Nussnugatmasse | Mandel-Nuss-Nugatmasse |
|---|---|---|
| • nur Mandeln<br>• milder Mandelgeschmack<br>• hellbraun | • nur Nüsse<br>• kräftiger Nussgeschmack<br>• dunkelbraun | • halb Mandeln und halb Nüsse<br>• Mandel- und Nussgeschmack |

*Helle und dunkle Nugatmasse*

**Verwendung von Nugatmassen**

- Nugatbuttercreme (Nugatcreme)
- Nugatsahne
- Nugateis
- Füllung für Teegebäcke aus Mürbeteigen und für Waffeln
- Nugatpralinen

*Gestanztes Königsberger Marzipan, mit Nugatmasse gefüllt*

### Nusspaste

Nusspaste gehört nach den Leitsätzen zur Nugatmasse. Nusspaste besteht aus Nüssen und Zucker ohne Kakaoerzeugnisse. Sie enthält höchstens 50 % Zucker.

**Verwendung von Nusspaste**

Nusspaste wird als Geschmacksstoff für

- Nussbuttercreme (Nusscreme),
- Nusssahne und
- Nusseis verwendet.

*Walnusspaste*

### Nugat (Nougat)

Nugat ist Nugatmasse mit zusätzlich Zucker. Der Nugatmasse dürfen höchstens 50 % Zucker, berechnet auf die Nugatmasse, zugegeben werden.

| Nugat | |
|---|---|
| 1 Teil Nugatmasse | höchstens ½ Teil Zucker |

Ein Teil des Zuckers kann durch Sahne- oder Milchpulver ersetzt werden, so entstehen Sahnenugat und Milchnugat.

### Nugatcreme

Unterschied zwischen Nugatcreme und Nugatmassen:
- Nugatcreme besitzt einen geringen Anteil an Haselnüssen oder Mandeln, mindestens 10 %.
- Sie enthält einen hohen Zuckeranteil, höchstens 67 %.
- Sie enthält pflanzliche Speisefette oder Speiseöle. So ist sie weich und streichfähig.

Nugatcreme wird als Füllung für industriell hergestellte Waffeln verwendet und als Brotaufstrich.

#### Lagerung von Nugatmassen, Nugat und Nugatcreme

- kühl, ideal sind 15 bis 18 °C, nicht im Kühlschrank/Kühlraum lagern, weil dort wegen der hohen Feuchtigkeit Schimmelgefahr besteht.
- frei von Fremdgerüchen, denn die fettreichen Nugatmassen nehmen sofort Fremdgerüche an
- in Plastik- oder Alufolie einschlagen, weil so das Austrocknen der Oberfläche verhindert wird

Bei richtiger Lagerung sind Nugatmassen längere Zeit lagerfähig.

#### Aufgaben

1. Nennen Sie die Zutaten der Nugatmassen.
2. Nennen Sie die drei Nugatmassen nach den enthaltenen Schalenfrüchten.
3. Beschreiben Sie, woraus Nusspaste besteht.
4. Wofür wird Nusspaste in der Bäckerei verwendet?
5. Wofür wird Nugatmasse in der Bäckerei verwendet?
6. Erklären Sie, woraus Nugat besteht.
7. Beschreiben Sie, woraus Nugatcreme besteht.
8. Geben Sie die Lagerung von Nugatmassen, Nugat und Nugatcreme an.
9. Ihre Bäckerei will zum Frühstück im Café selbst hergestellte Nugatcreme anbieten. Erstellen Sie dafür ein Rezept und achten Sie dabei insbesondere auf einen nicht zu süßen Geschmack und auf eine gute Streichfähigkeit der Nugatcreme.

#### Rechenaufgabe

Die Süßwarenindustrie stellt 145 kg Mandel-Nuss-Nugatmasse her. Die Nugatmasse enthält je 5 % Kakaobutter und Kakaopulver. Mandeln und Haselnüsse werden je zur Hälfte zugegeben. Berechnen Sie die Anteile der Zutaten in kg.

LF 11

## 35.3 Krokant

Krokant besteht aus karamellisiertem Zucker und gerösteten Mandeln oder Nüssen im Verhältnis 2 : 1.

Die Mandeln oder Nüsse werden gehobelt oder gehackt in den karamellisierten Zucker gerührt.

**Krokantarten**
- Mandelkrokant (aus Mandeln)
- Nusskrokant (aus Haselnüssen)

| Rezeptbeispiel: Krokant (Zucker und Mandeln 2 : 1) | |
|---|---|
| 1000 g | Puderzucker |
| 60 g | Glukosesirup |
| 500 g | Mandeln oder Nüsse, leicht geröstet und gehobelt oder gehackt |
| **1560 g** | **Krokant** |

*Puderzucker karamellisieren*

*Mandeln oder Nüsse in den karamellisierten Zucker rühren*

### Herstellen von Krokant

- Im Kupferkessel zuerst einen kleinen Teil des Puderzuckers unter ständigem Rühren mit dem Rührlöffel auflösen.
- In den flüssigen Zucker den restlichen Puderzucker nach und nach zugeben, damit er sich schnell auflöst, ohne dunkel zu werden.
- Glukosesirup zugeben und den Zucker hellbraun karamellisieren.
- In den hellbraunen Karamell die Mandeln bzw. Nüsse unterrühren, bis sie vollständig vom Zucker umhüllt sind.

Den Krokant auf einen mit Pflanzenöl gefetteten glatten Arbeitstisch geben. Mit einem eingeölten Rollholz den Krokant ausrollen, wobei die Dicke von der späteren Verwendung abhängt. Solange der Krokant warm ist, ist er geschmeidig und lässt sich leicht ausrollen sowie ausstechen. Das Öl verhindert das Ankleben des im warmen Zustand klebrigen Krokants.

Nach dem Abkühlen wird der Krokant sehr hart. Deshalb wird er auch als **„Hartkrokant"** bezeichnet.
Soll der hart gewordene, ausgerollte Krokant noch weiter ausgestochen werden, wird er auf einem geölten Blech im Backofen erwärmt, bis er wieder geschmeidig ist.

*Ausgerollter Krokant, ausgestochen und zu Krokantstreusel gestoßen*

### Krokantstreusel

Ausgerollter, abgekühlter Hartkrokant wird zu kleinen Stückchen gestoßen, sodass kleine, gleichmäßige Krokantstreusel entstehen.
Das Stoßen des Krokants erfolgt am einfachsten, indem der Krokant mit einem Tortenring umgeben und mit einem Gewichtsstein zerdrückt wird. Auch mit einem Rollholz kann Krokant gestoßen werden.

### Verwendung von Krokantstreusel

- als Dekor auf Torten, Desserts und Eisbecher
- als äußere Schicht für Frankfurter Kranz (Cremetorte in Ringform → Seite 559)
- als Geschmackgeber mit Biss für Marzipan-Krokant, Pralinen, Krokanteis und Krokantbuttercreme.

*Frankfurter Kranz mit Krokantstreuseln*

### Qualitätsmerkmale von Krokant

- Krokant ist sehr hart und knusprig.
- Die Mandeln bzw. Nüsse haben den süßlichen Karamellgeschmack.

*Harter, knuspriger Krokant*

### Lagerung von Krokanterzeugnissen

Krokant muss trocken, in luftdichten Behältern gelagert werden. So ist Krokantstreusel auf Vorrat hergestellt lange lagerfähig. Unverpackt zieht der hohe Zuckeranteil die Luftfeuchtigkeit an und der Krokant wird klebrig und zäh.

### Aufgaben

1. Erklären Sie, woraus Krokant besteht.
2. Beschreiben Sie die Herstellung von Krokant.
3. Erläutern Sie die Herstellung von Krokantstreusel.
4. Wofür wird Krokantstreusel in der Bäckerei verwendet?
5. Nennen Sie die Qualitätsmerkmale von Krokant in Bezug auf die Beschaffenheit und den Geschmack.
6. Wie werden Krokanterzeugnisse gelagert?
7. Zu Ostern will Ihre Bäckerei in Folie verpackte Marzipankrokant-Eier anbieten. Stellen Sie hierfür die Zutaten zusammen und machen Sie Vorschläge für die Dekoration und Verpackung.

# 36 Getränke

**Situation**

Sie helfen im Café am Büfett mit und richten für die Bedienungen die Getränke her. Es werden Kaffeegetränke, verschiedene Tees, Milchgetränke und unterschiedliche Erfrischungsgetränke bestellt

- Welche Inhaltsstoffe sind im Kaffee und wie wirken sie auf den Geschmack und im Körper?
- Welche Kaffeegetränke werden im Bäckerei-Café angeboten?
- Was ist Tee und wie wirken die Inhaltsstoffe des Tees auf den Geschmack und im Körper?
- Wie wird Tee zubereitet und wie lange ist die Ziehzeit?
- Wie werden Trinkschokolade und Eisschokolade hergestellt?
- Was sind Milchmixgetränke und Milch-Shakes?
- Welche Erfrischungsgetränke werden im Café angeboten und wie unterscheiden sie sich?

## 36.1 Kaffee und Kaffeegetränke

Kaffee ist das meistgetrunkene und beliebteste Getränk in Deutschland. Es ist wegen der anregenden Wirkung ein ideales Frühstücksgetränk und das hervorragende Aroma passt besonders gut zu Erzeugnissen der Bäckerei. Deshalb spricht man bei Feinen Backwaren und Torten von Kaffeegebäcken, obwohl sie auch zu anderen Getränken gegessen werden.

### Kaffee

**Sorten der Kaffeebohnen**

LF 11

- Kaffee Arabica sind Kaffeebohnen bester Qualität. Sie besitzen ein besonders feines und starkes Kaffeearoma. Die feine Säure ergibt einen abgerundeten Kaffeegeschmack.
- Kaffee Robusta sind Kaffeebohnen von geringerer Qualität. Sie haben weniger Kaffeearoma, jedoch einen kräftigen Geschmack wegen des höheren Säuregehalts.

**Anbaugebiete**

Die Anbaugebiete des Kaffees liegen in den tropischen Zonen des Äquators von Süd- und Mittelamerika über Afrika bis nach Asien.

*Kaffeebohnen Arabica*

**Inhaltsstoffe des Kaffees**

Die Aromastoffe sind beim Kaffee besonders intensiv und regen zum Trinken an. Auch die anregende Wirkung tritt bald nach dem Trinken ein.

| Inhaltsstoffe | Wirkungen im Körper |
|---|---|
| **Koffein**<br>Kaffee enthält 1,5 bis 2 % Koffein | • Koffein ist geruchlos und schmeckt etwas bitter.<br>• Es regt die Herztätigkeit an und fördert somit die Durchblutung, sodass der Blutdruck höher wird.<br>• Auch das zentrale Nervensystem wird angeregt. Der Körper und das Gehirn werden deshalb leistungsfähiger.<br><br>Beim Trinken von Kaffee wirkt das Koffein in kürzester Zeit, die Wirkung lässt jedoch schnell wieder nach. |
| **Gerbsäuren**<br>Kaffee enthält ca. 3,5 % Gerbsäuren | Sie regen die Bildung der Verdauungssäfte an und fördern somit die Verdauung.<br>Dabei wird mehr Salzsäure im Magen gebildet, was bei empfindlichen Menschen zu Magenbeschwerden führt. |
| **Ätherische Öle**<br>Kaffee enthält ca. 12,5 % ätherische Öle | Ätherische Öle sind die hauptsächlichen Aromageber des Kaffees.<br>Sie verflüchtigen sich im Kaffee und sorgen so für einen intensiven Geruch und Geschmack. |

### Brühmethoden

*Kaffeeautomat*

Im Kaffeeautomaten werden alle Kaffeegetränke auf Knopfdruck frisch aufgebrüht und bei gleichbleibend hochwertiger Qualität hergestellt. Kaffeegetränke können mit zwei verschiedenen Brühmethoden zubereitet werden.

#### Überbrühen

Im Kaffeeautomaten wird frisches kaltes Wasser auf ca. 90 °C erhitzt (bei 100 °C gehen Aromastoffe verloren) und auf das Kaffeepulver gegossen. Während das heiße Wasser durch das Kaffeepulver läuft, lösen sich die Inhaltsstoffe, sodass aromatischer, heißer Kaffee in die Tasse läuft.

#### Wasserdampfdruck (Espressomethode)

Frisches kaltes Wasser wird gekocht. Der entstehende Wasserdampf wird unter starkem Druck bei 8 bis 10 bar durch das Kaffeepulver gepresst. Die Inhaltsstoffe des Kaffeepulvers lösen sich im Wasserdampf, der abkühlt und als Kaffee in die Tasse läuft.
Durch den kurzen Kontakt beim Durchpressen des Wasserdampfs durch das Kaffeepulver lösen sich nicht so viel Gerbsäuren und Bitterstoffe im Wasser, sodass Espresso gut bekömmlich ist.

#### Espressobohnen

- Die Kaffeebohnen für Espresso werden stärker geröstet. Dadurch erhalten sie einen kräftigeren, leicht bitteren Geschmack.
- Espressobohnen eignen sich für beide Brühmethoden.
- Espressobohnen zum Überbrühen mit Wasserdampfdruck werden sehr fein gemahlen. Der Wasserdampf kann somit leicht die Inhaltsstoffe lösen.

#### Löslicher Kaffee

Löslicher Kaffee, auch als Instantkaffee oder Kaffeeextrakt bezeichnet, ist pulverförmig oder gekörnter Kaffee, der sich im heißen Wasser sofort auflöst. Er wird hauptsächlich als Automatenkaffee verwendet.

*Löslicher Kaffee*

#### Mokkaaroma

Wird löslicher Kaffee mit nur etwas Wasser aufgelöst, kann dieser besonders starke Kaffee als Mokkaaroma anstatt einer Mokkapaste für Cremes und Sahne verwendet werden.

#### Entkoffeinierter Kaffee

Der Koffeingehalt darf höchstens 0,1 % betragen, sodass die anregende Wirkung des Kaffees fehlt. Auch entkoffeinierter Kaffe besitzt noch das volle Aroma. Er eignet sich vor allem für Herzkranke und Menschen mit Bluthochdruck.

### Kaffeepulvermenge für Kaffeegetränke

Je mehr Kaffeepulver für eine Tasse des Kaffeegetränks verwendet wird, desto „stärker" ist der Kaffee, d.h. desto koffeinhaltiger ist der Kaffee und kräftiger ist der Geschmack.

Gute Kaffeequalitäten werden mit folgenden Kaffeepulvermengen erzielt:

- 1 Tasse Kaffee: 150 ml = 7 bis 8 g Kaffeepulver
- 1 Tasse Espresso: 40 ml = 6 bis 7 g Espressopulver
- Espresso für Cappuccino und Latte macchiato: 150 ml = 7 bis 8 g Espressopulver

*Tasse Kaffee*

*Tasse Espresso*

## Kaffeegetränke

| Name des Kaffees | Besonderheit |
|---|---|
| **Tasse Kaffee, Portion Kaffee** | • Kaffeetasse mit 150 ml<br>• große Kaffeetasse mit 200 ml<br>• Portion Kaffee mit 300 ml für zwei Tassen<br>• Kaffee mit Zucker und Kaffeesahne bzw. Schlagsahne servieren |
| **Cappuccino** (wörtlich: Kapuze aus Milchschaum) | • Cappuccinotasse mit 200 ml<br>• Espresso mit Milchschaum (aufgeschäumte Milch) obenauf<br>• Auf den Milchschaum etwas Kakaopulver streuen |
| **Milchkaffee oder Melange** (sprich: Melasch) | • große Kaffeetasse mit 200 ml<br>• halb heißer Kaffee und halb heiße Milch |
| **Latte macchiato** | • Kaffeeglas mit 200 ml<br>• unten: heiße Milch<br>Mitte: Espresso<br>oben: aufgeschäumte Milch |
| **Espresso** | starker Espresso in einer Espressotasse mit 40 ml |
| **Eiskaffee** | • hohes vorgekühltes Glas (Eiskaffeeglas)<br>• zwei Kugeln Vanilleeis<br>• das Glas mit kaltem Kaffee füllen<br>• obenauf eine Schlagsahnehaube<br>• Sahne mit Schokostreusel bestreuen |

*Cappuccino*

*Latte macchiato*

*Eiskaffee*

### Aufgaben

1. Nennen Sie die zwei Qualitäten der Kaffeebohnen und beschreiben sie die Qualitäten.
2. Zählen Sie die drei hauptsächlichen Inhaltsstoffe des Kaffees auf und erläutern Sie deren Wirkungen im Körper.
3. Erklären Sie die Brühmethoden:
   - Überbrühen
   - Wasserdampfdruck (Espressomethode)
4. Wodurch unterscheiden sich Espressobohnen von Kaffeebohnen?
5. Wie kann mit Kaffee Mokkaaroma für Cremes und Sahne hergestellt werden?
6. Nennen Sie die Menge Kaffeepulver für
   - 1 Tasse Kaffee mit 150 ml,
   - 1 Tasse Espresso mit 40 ml,
   - 150 ml Espresso für Cappuccino und Latte macchiato.
7. Beschreiben Sie folgende Kaffeegetränke:
   - Tasse Kaffee
   - Portion Kaffee
   - Cappuccino
   - Latte macchiato
   - Milchkaffee (Melange)
   - Espresso
   - Eiskaffee
8. Kaffeegetränke werden oft mit einem kleinen Gebäckstück serviert. Überlegen Sie, welche Gebäcke sich dafür eignen.

### Rechenaufgaben

1. Berechnen Sie den Kaffeeverbrauch in kg und den Wasserverbrauch in l, wenn im Café 72 Tassen mit je 8 g Kaffeepulver und $^1/_8$ l Wasser hergestellt werden.
2. In der Getränkekarte ist eine Portion Kaffee (2 Tassen) für 3,80 € angegeben, die aus folgenden Zutaten hergestellt wird:

   | | |
   |---|---|
   | 16 g Kaffeepulver | 9,90 €/kg |
   | 20 g verpackter Zucker | 2,00 €/kg |
   | 30 g Kaffeesahne | 4,35 €/kg |

   a) Berechnen Sie die Materialkosten für eine Portion Kaffee.
   b) Ermitteln Sie den Kalkulationsfaktor (runden Sie auf ganze Prozent ab).
   c) Berechnen Sie mit dem ermittelten Kalkulationsfaktor den Verkaufspreis einer Tasse Espresso in €, bei der der Materialpreis 11 Cent beträgt.

## 36.2 Tee

Unter dem Begriff „Tee“ versteht man nur das Getränk aus den jüngsten und feinsten Blättern des Teestrauches aus tropischen und subtropischen Gebieten.

Hauptsächliche Teeanbauländer sind
- Indien: Assam Tee und Darjeeling Tee,
- Sri Lanka: Ceylon-Tee,
- China: hauptsächlich grüner Tee,
- Indonesien und Afrika.

*Teeblätter*

### Teesorten

**Schwarzer Tee**
Die Teeblätter werden nach der Ernte fermentiert. Bei der Fermentation oxidiert der Zellsaft der Teeblätter mit dem Sauerstoff der Luft und Enzyme bauen den Zellsaft ab und verändern ihn. Dabei entwickeln sich ätherische Öle und die grünen Blätter verfärben sich dunkel bis schwarz.

**Grüner Tee**
Beim grünen Tee werden die Teeblätter getrocknet, jedoch nicht fermentiert. Die getrockneten Blätter sind dunkelgrün, was einen hellen Aufguss von grünem Tee ergibt.

Grüner Tee enthält etwas mehr Gerbstoffe und Koffein als schwarzer Tee und schmeckt deshalb herber und ist anregender.

*Schwarzer Tee und grüner Tee*

LF 11

**Aromatisierter schwarzer Tee**

Schwarzer Tee wird mit natürlichen Früchten, Gewürzen oder ätherischen Ölen aromatisiert. Die Geschmacksrichtung wird gekennzeichnet, z. B. „aromatisierter Tee – Wildkirsche". Bei guten Qualitäten sollte das Aroma den typischen Teegeschmack nicht ganz überdecken.

*Aromatisierte schwarze Tees*

### Blattgrade der Teeblätter

Die Teeblätter sind in verschiedenen Blattgraden im Handel und können so zur Teeherstellung verwendet werden:

- Blatt-Tee: ganze Blätter
- Broken-Tee: gebrochene Blätter
- Fannings und Dust: feinst zerkleinerte Blätter im Teebeutel

## Inhaltsstoffe des Tees und ihre Wirkungen

Tee belebt und beruhigt. Diese scheinbar widersprüchliche Wirkungsweise verdankt der Tee zwei einander ergänzenden Inhaltsstoffen: dem Koffein und den Gerbstoffen.

| Inhaltsstoffe | Wirkungen im Körper |
|---|---|
| **Koffein**<br>Tee enthält 2 bis 4 % Koffein | Koffein steigert die Durchblutung des Gehirns und stimuliert leicht das Nervensystem. Da das Koffein an die Gerbstoffe gebunden ist, geht es verzögert in das Blut über und wirkt deshalb nur leicht. |
| **Gerbstoffe** (Tannine)<br>Tee enthält 5 bis 12 % Gerbstoffe | • Gerbstoffe geben dem Tee einen herben Geschmack.<br>• Sie beruhigen den Magen und die Därme. Deshalb wirkt Tee bei Unwohlsein und Erkrankungen. |
| **Mineralstoffe**<br>Tee enthält 4 bis 6 % Mineralstoffe | Viele Mineralstoffe, z. B. Kalium, Mangan, Kalzium, Magnesium, Fluor, tragen zur Gesunderhaltung bei. |
| **Ätherische Öle**<br>Tee enthält ca. 1 % ätherische Öle | Ätherische Öle sind die hauptsächlichen Geruchs- und Geschmacksstoffe (Aromastoffe). |

## Kräuter- und Früchtetees

*Kräuter- und Früchtetees*

Kräuter- und Früchtetees sind heimische Tees, die aus getrockneten Pflanzenteilen oder aus Kräutern und Gewürzen gewonnen werden. Sie werden als **„teeähnliche Erzeugnisse"** bezeichnet.

| Pflanzenteile | Beispiele für Kräuter- und Früchtetees |
|---|---|
| Blätter | Pfefferminztee, Brennnesseltee, Melissentee |
| Blüten | Kamillentee, Lindenblütentee, Hibiskustee |
| Früchte | Hagebuttentee, Apfeltee, Malventee, Früchtetee |
| Kräuter, Gewürze | Kräutertee |

Im Gegensatz zum Tee enthalten Früchte- und Kräutertees kein Koffein und keine Gerbstoffe. Sie enthalten aber ebenso wie Tee Mineralstoffe und ätherische Öle.

LF 11

Früchte- und Kräutertees
- haben wegen der verschiedenen Pflanzenteile einen abwechslungsreichen Geschmack,
- liefern keine Energie und
- sind ideale Durstlöscher.

**Lagerung von Tee sowie Kräuter- und Früchtetees**
Sie sind in gut verschließbaren Behältern fast unbegrenzt haltbar.

## Teezubereitung

Tee aus hochwertigem Tee im Teebeutel zubereitet, hat keineswegs eine geringere Qualität als der aus losen Blättern aufgebrühte Tee. Teebeutel sind eine bequeme Art, Tee herzustellen. Es fehlt jedoch das traditionelle Ritual der Zubereitung, das die Teekenner lieben.

- Teeglas oder dünnwandige Porzellantasse bzw. Porzellankännchen vorwärmen. So kühlt das Teegetränk nicht so schnell ab.
- Für ein Teeglas oder eine Teetasse von 200 ml werden ca. 2 g Teeblätter, das entspricht einem gehäuften Teelöffel, oder ein Teebeutel gerechnet.
- Den Tee mit frischem, sprudelnd kochendem Wasser übergießen. Mit weichem Wasser schmeckt er am besten, höchstens mittelhartes Wasser verwenden.
- Den Tee sofort nach dem Aufgießen servieren. Der Gast lässt den Tee dann nach Belieben im Wasser ziehen. Den Tee ziehen lassen heißt, dass die Teeblätter im Wasser schwimmen und in dieser Zeit die Inhaltsstoffe der Teesorten herausgelöst werden.
- Der Gast nimmt die Teeblätter oder den Teebeutel nach der Ziehzeit aus dem Tee.

## Ziehzeit von Tee

**Ziehzeit des schwarzen Tees**
Die Ziehzeit beeinflusst die Wirkung des Tees auf den Körper sowie die Farbe und den Geschmack des Tees.

*Tee nach drei Minuten und nach fünf Minuten Ziehzeit*

| 1 Minute | |
|---|---|
| 2 Minuten<br>3 Minuten | Bei einer Ziehzeit von zwei Minuten hat sich das Koffein im Wasser gelöst, aber nur wenige Gerbstoffe sind gelöst. So kann das Koffein im Körper wirken. Die Geschmacks- und Farbstoffe haben sich erst teilweise gelöst.<br>• Der Tee wirkt anregend.<br>• Der Geschmack ist mild.<br>• Der Tee hat eine helle Farbe. |
| 4 Minuten<br>5 Minuten | Bei vier bis fünf Minuten Ziehzeit haben sich viele Gerbstoffe gelöst, die das Koffein binden. So kann das Koffein nur schwach im Körper wirken. Die Geschmacks- und Farbstoffe haben sich im Wasser gelöst.<br>• Der Tee wirkt beruhigend.<br>• Der Geschmack ist kräftiger.<br>• Die Teefarbe ist dunkler. |
| über fünf Minuten | Bei einer Ziehzeit über fünf Minuten wird schwarzer Tee zunehmend bitterer, da sich immer mehr Gerbstoffe im Tee lösen. |

**Ziehzeit der Kräuter- und Früchtetees**
Kräuter- und Früchtetees sollen sechs bis zehn Minuten ziehen, damit sie das volle Aroma erreichen.

**Ziehzeit und Zubereitung von grünem Tee**
- Frisches Wasser kochen und auf ca. 70 °C abkühlen.
- Das abgekühlte Wasser über den grünen Tee gießen und ca. 3 Minuten ziehen lassen.

Da grüner Tee mehr Gerbstoffe enthält, ist die Ziehzeit kürzer. Der grüne Tee würde bei längerer Ziehzeit unangenehm bitter schmecken.

Grüner Tee hat wegen der grünen Teeblätter und der kurzen Ziehzeit einen hellen Aufguss.

## Beilagen zum Tee

Tee wird gewöhnlich mit Zucker serviert, nach Wunsch mit Kandiszucker oder Honig.
Der Gast kann zum Tee bestimmte Beilagen wählen, die den Geschmack des Tees beeinflussen, z. B. Zitrone und Milch.
Niemals in den Tee Milch und Zitrone zusammen hineingeben, weil Milcheiweiß durch die Zitronensäure gerinnt und im Tee dann die ausgeflockten Teilchen zu sehen sind.

**Tee mit Rum**
Bei Tee mit Rum wird der Tee mit einer kleinen Portionsflasche Rum serviert. Der Rum sollte Raumtemperatur haben.

**Tee mit Fruchtsaft**
Fruchtsaftextrakt (Fruchtsaft, dem Wasser entzogen wurde) aus Trauben-, Orangen-, Zitronen- oder Grapefruitsaft wird in ein Glas gegeben und mit kaltem schwarzen Tee verrührt und serviert. Tee mit Fruchtsaft wird hauptsächlich in den wärmeren Zeiten als Durstlöscher im Café gewünscht.

*Teegedeck*

## Aufgaben

1. Was versteht man unter dem Begriff „Tee“?
2. Geben Sie die hauptsächlichen Anbaugebiete von Tee an.
3. Nennen Sie die zwei Teesorten und unterscheiden sie diese.
4. Nennen Sie die drei Blattgrade der Teeblätter, wie sie im Handel angeboten werden.
5. Nennen Sie die Inhaltsstoffe des Tees und beschreiben Sie deren Wirkungen im Körper.
6. Erklären Sie Kräuter- und Früchtetees und geben Sie Bespiele für Teesorten aus folgenden Pflanzenteilen:
   - Blätter
   - Blüten
   - Früchte
   - Kräuter und Gewürze
7. Geben Sie Auskunft über die Lagerfähigkeit von Tee sowie Kräuter- und Früchtetees.
8. Beschreiben Sie die Teezubereitung in Bezug auf
   - Material des Teegeschirrs,
   - Teemenge,
   - Wasser.
9. Erklären Sie die Auswirkungen folgender Ziehzeiten beim schwarzen Tee:
   - 2 bis 3 Minuten
   - 4 bis 5 Minuten
   - über 5 Minuten
10. Wie lange sollten Kräuter- und Früchtetees ziehen?
11. Erklären Sie die Zubereitung von grünem Tee.
12. Nennen Sie Beilagen, die zum Tee serviert werden.
13. Sie sollen eine informative Teekarte erstellen. Dafür beschreiben Sie die Unterschiede der zwei Teesorten und deren Zubereitung sowie den Geschmack und die Wirkung des Tees. Stellen Sie auch ein Angebot an Kräuter- und Früchtetees zusammen.

## Rechenaufgaben

1. 3 kg eines Tees zu 14,10 €/kg werden mit einem anderen Tee zu 7,60 €/kg gemischt. Die Mischung soll 10 €/kg kosten.
   a) Ermitteln Sie das Mischungsverhältnis.
   b) Berechnen Sie, wie viel kg der geringeren Qualität verwendet werden müssen.
2. Drei Teesorten werden zu einer Mischung zusammengestellt. Teesorte 1 kostet 2,32 €/100 g, Teesorte 2 kostet 2,16 €/100 g und Teesorte 3 kostet 1,24 €/100 g. Wie viel g Tee zu welchem Preis müssen von jeder Sorte verwendet werden, damit 250 g der Teemischung zum Preis von 5,10 € angeboten werden können?
3. Eine Portion Tee kostet im Café 3,10 €. Errechnen Sie die Materialkosten, wenn der Gesamtzuschlag 650 % beträgt.
4. 1 kg Zitronen kosten 2,80 €. Die Bäckerei kauft für das Café 5 kg unbehandelte Zitronen als Beilage für den Tee zu einem Preis von 20,30 €.
   a) Um wie viel € sind 5 kg der unbehandelten Zitronen teuerer als behandelte Zitronen?
   b) Berechnen Sie, um wie viel % die unbehandelten Zitronen teuerer sind.

LF 11

## 36.3 Milchgetränke

### Trinkschokolade (heiße Schokolade)

Für Trinkschokolade, auch heiße Schokolade genannt, wird Milch erhitzt und darin Schokolade verrührt, sodass der Schokoladengeschmack dominiert.

*Trinkschokolade*

**Herstellung**

- Eine große Tasse für 200 ml anwärmen.
- 200 ml heiße Milch mit ca. 15 g löslichem Schokoladenpulver verrühren. Statt Schokoladenpulver kann auch 30 g Bitterschokolade verwendet werden.
- Auf die Trinkschokolade eine Schlagsahnehaube spritzen und darauf Schokoladenspäne streuen.

Die Tasse heiße Schokolade auf einer Untertasse mit kleinem Löffel und Zucker servieren.

### Eisschokolade

Eisschokolade ist Trinkschokolade mit Vanilleeis.

- Ein hohes Glas kühlen.
- In das gekühlte Glas zwei Kugeln Vanilleeis geben.
- Das Glas mit kalter Trinkschokolade füllen.
- Eine Schlagsahnehaube aufspritzen und diese mit Schokoladenspänen oder Kakaopulver bestreuen.
- Eisschokolade auf einem Unterteller mit Trinkhalm und langstieligem Eislöffel servieren.

*Eisschokolade*

### Milchmixgetränke

Milchmixgetränke sind Milcherzeugnisse, die mit Früchten gemixt werden. Als Milcherzeugnisse werden verwendet:

- Milch (Vollmilch)
- Buttermilch
- Sauermilch
- Joghurt

**Rezeptbeispiel: Bananenmilch (Erdbeermilch)**

200 ml Milch
160 g Bananen (Erdbeeren)
1 Spritzer Zitronensaft

- Bananen (Erdbeeren) in kleine Stücke schneiden und mit einem Pürierstab oder Mixgerät fein zu Mus pürieren.
- Die Milch und den Zitronensaft auf die Bananen (Erdbeeren) gießen und mit dem Pürierstab bzw. im Mixgerät fein verquirlen.

**Rezeptbeispiel: Aprikosen-Buttermilch**

200 ml Buttermilch
160 g Aprikosen, entsteint
15 g Zitronensaft
Zucker als Beilage

- Die Aprikosen zerkleinern und mit Zitronensaft sowie etwas Buttermilch mit dem Pürierstab oder Mixgerät fein pürieren.
- Die restliche Buttermilch dazugeben und nochmals mixen.

*Milchmixgetränke*

**Milch-Shakes**

Milch-Shakes sind Milchmixgetränke mit zusätzlich Speiseeis. Das Speiseeis sollte zu den Früchten geschmacklich und farblich passen.

**Rezeptbeispiel: Erdbeermilch-Shake**

200 ml Milch
150 g Erdbeeren
100 g Erdbeereis

- Erdbeeren pürieren.
- Milch, pürierte Erdbeeren und Erdbeereis mit einem Pürierstab oder im Mixgerät mixen.

**Grundsätze bei der Herstellung und beim Servieren**
Bei der Herstellung und beim Servieren von Milchmixgetränken und Milch-Shakes gelten folgende Regeln:
- Nur frische und reife Früchte verwenden. Nur reife Früchte haben den vollen Geschmack.
- Gut gekühlte Milch verwenden und die Getränke gut gekühlt servieren.
- Milchmixgetränke und Milch-Shakes in schöne Fruchtsaftgläser oder Stielgläser geben.
- Die Getränke mit einem Trinkhalm und langstieligem Löffel servieren.

**Aufgaben**

1. Beschreiben Sie die Herstellung von
   - Trinkschokolade (heiße Schokolade),
   - Eisschokolade.
2. Welche Milcherzeugnisse können für Milchmixgetränke verwendet werden?
3. Geben Sie die Rezeptur und die Herstellung eines Milchmixgetränkes an, z. B. von Bananenmilch.
4. Erklären Sie Milch-Shakes.
5. Nennen Sie ein Rezept eines Milch-Shakes und beschreiben Sie die Herstellung, z. B. Erdbeermilch-Shake.
6. Beschreiben Sie die Grundsätze bei der Herstellung und beim Servieren von Milchmixgetränken und Milch-Shakes.
7. Stellen Sie ein Kakaogetränk mit 200 ml erhitzter Milch und 12 g Kakaopulver her. Vergleichen Sie das Kakaogetränk geschmacklich mit der Trinkschokolade und erklären Sie dann, warum im Café hauptsächlich Trinkschokolade statt Kakaogetränk bestellt wird.

**Rechenaufgaben**

1. Ein Glas Aprikosenbuttermilch wird aus 125 ml Buttermilch, 70 g entsteinten Aprikosen und 5 g Zitronensaft hergestellt. Wie viel g werden von jeder Zutat benötigt, wenn insgesamt 3,2 l von diesem Getränk hergestellt werden sollen (1 ml ≙ 1 g)?
2. 1 Glas Bananenmilch-Shake enthält 200 ml Milch. Die Milch wird mit 80 % Bananen und mit 50 ml Bananeneis, von der Milch berechnet, gemixt. Berechnen Sie, wie viel l Milch und Bananeneis sowie wie viel kg Bananen für 28 Gläser benötigt werden (1 ml ≙ 1 g).

LF 11

## 36.4 Erfrischungsgetränke, Spirituosen

Alkoholfreie Erfrischungsgetränke dienen nicht nur als Durstlöscher oder Getränke zu Speisen, sie sind auch wegen des vielseitigen und guten Geschmacks beliebt.

**Bestimmungen der Leitsätze**
Erfrischungsgetränke sind Getränke ohne Alkohol.

*Verschiedene Fruchtsäfte*

### Fruchtgetränke

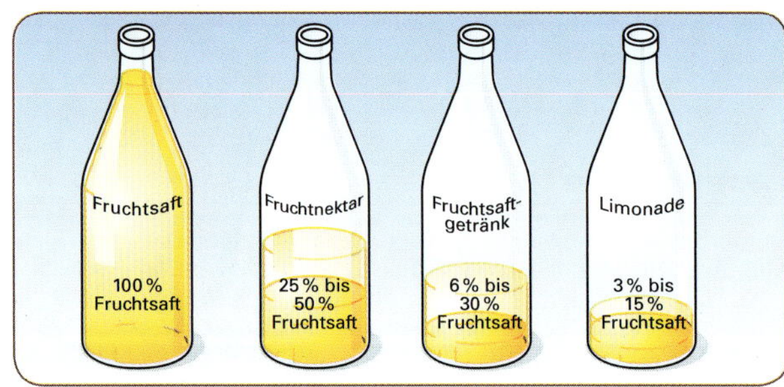


*Fruchtsaftgehalt verschiedener Getränke*

**Fruchtsäfte**
Fruchtsäfte bestehen zu 100 % aus Früchten, z. B. Apfel-, Orangen-, Traubensaft.

Gemüsesäfte bestehen zu 100 % aus reinem Saft von Gemüsesorten, z. B. Tomaten- und Karottensaft.

**Fruchtschorle**
Fruchtschorle ist eine Mischung aus Fruchtsaft und Mineralwasser, auch Trinkwasser ist erlaubt, z. B. Apfelsaftschorle, Kirschsaftschorle.

**Fruchtnektare**
Fruchtnektar enthält 25 bis 50 % Fruchtsaft oder Fruchtmark, der Rest ist Wasser und Zucker (höchstens 20 % Zucker im Fruchtnektar).

Der vorgeschriebene Fruchtanteil ist wegen des unterschiedlichen Säuregehalts verschieden. Der Fruchtgehalt muss auf dem Etikett in Prozent angegeben werden.

**Fruchtsaftgetränke**

Fruchtsaftgetränke enthalten 6 bis 30 % Fruchtsaft, der Rest ist Wasser und Zucker. Die verwendeten Früchte bestimmen den Mindestfruchtsaftgehalt:

- Kernobst: 30 %
- Zitrusfrüchte: 6 %
- alle anderen Früchte: 10 %

Um den Fruchtgehalt geschmacklich zu verstärken, enthalten Fruchtsaftgetränke auch Aromaextrakte und/oder natürliche Aromen der Früchte.

**Limonaden**

Limonaden sind süße, gezuckerte und kohlensäurehaltige Getränke mit geringem Fruchtsaftanteil. Sie bestehen aus natürlichen Stoffen:

- Wasser mit Kohlensäure
- Zucker, mindestens 7 % vom Gewicht der Limonade
- 3 bis 15 % Fruchtsaft
- Aromaextrakte und/oder natürliche Aromastoffe
- Zitronensäure

**Cola** ist eine koffeinhaltige Limonade, die durch die Zugabe von Zuckercouleur die dunkle Farbe erhält.

**Diätetische und kalorienreduzierte Fruchtgetränke**

Es sind Erfrischungsgetränke, die statt Zucker Süßstoff enthalten.

## Natürliches Mineralwasser

Mineralwasser ist Wasser mit vielen verschiedenen Mineralstoffen.

**Gewinnung von Mineralwasser**

Wasser, das aus der Quelle kommt, ist mit Mineralstoffen aus dem Boden angereichert. Dieses reine Mineralwasser wird direkt am Quellort in Flaschen abgefüllt.

Mineralwässern dürfen keine Stoffe zugegeben oder entnommen werden, außer Kohlensäure. Deshalb unterscheidet man:

- **kohlensäurehaltiges Mineralwasser**, das eine erfrischende Wirkung hat,
- **kohlensäureloses Mineralwasser**, das magenverträglicher ist.

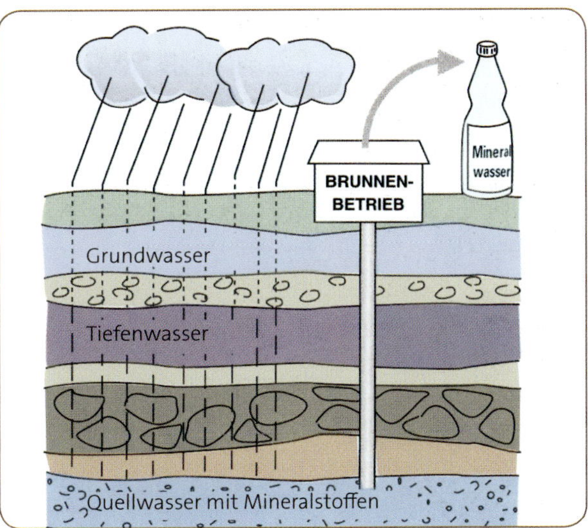


*Entstehung des Mineralwassers*

**Eignung von Mineralwasser**

- Das kalorienlose (joulelose) Mineralwasser ist der ideale Durstlöscher, da kein Zucker enthalten ist.
- Wegen der vielen gesunden Mineralstoffe ist Mineralwasser ein fester Bestandteil der gesunden Ernährung sowie bei einer Diät und beim Sport.
- Mineralwasser wird auch zum Verdünnen von Getränken verwendet, z. B. für Apfelsaft- und Weinschorle.

**Servieren von Mineralwasser**

Bei Mineralwasser ist es gesetzlich vorgeschrieben, das Glas mit der Originalflasche auf einem Tablett zu servieren, damit der Gast sicher ist, kein Tafelwasser oder Leitungswasser zu erhalten. Die Flasche wird erst am Tisch des Gastes geöffnet.

### Trinktemperatur aller Erfrischungsgetränke

Erfrischungsgetränke werden aus dem Kühlschrank heraus kühl serviert, mit 7 bis 10 °C.

## Spirituosen

Spirituosen sind Getränke mit einem hohen Alkoholgehalt von mindestens 15 % vol. Der Alkoholgehalt wird bei alkoholischen Getränken in % vol (Volumenprozent) angegeben.

In der Bäckerei werden Spirituosen als Geschmackgeber in Schlagsahne und Buttercremes sowie in Trüffelpralinen und Süßspeisen (Mousse, Bayerische Creme) gerührt.

Im Café werden „Schnäpse" und Liköre aus Geschmacksgründen und zum Wohlbefinden angeboten, auch zu Kaffee und Tee.

LF 11

## Einteilung der Spirituosen

Spirituosen werden nach den Grundrohstoffen, aus denen sie gebrannt (destilliert) oder zusammengesetzt werden, eingeteilt.

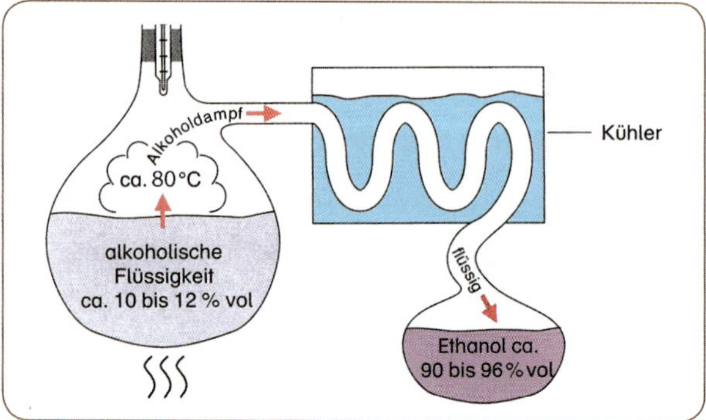


*Destillieren von Spirituosen*

**Branntwein**
Branntwein ist eine Spirituose aus Wein. In Deutschland wird er als Weinbrand und sonst als Brandy bezeichnet. Cognac ist ein französischer Weinbrand, der aus der Region der Stadt Cognac in Frankreich stammen muss.

**Obstbrand**
Obstsaft wird zu Obstwein verarbeitet und dieser wird destilliert, z. B.: Kirschwasser, Williams (Birnenschnaps), Obstler (aus Äpfel und Birnen).

**Getreidespirituosen**
Diese Schnäpse werden aus vergorener Getreidemaische gebrannt, z. B.: Whisky/Whiskey, Korn, Wodka.

**Spirituosen aus Zuckerrohr**
Aus vergorenen Zuckerrohrsaft wird Rum gebrannt. Brauner Rum erhält die Farbe vom zugegebenen Zuckercouleur.

**Liköre**
Liköre werden hergestellt aus Alkohol, Wasser und Zucker mit einem namengebenden Geschmacksstoff, z. B.: Eierlikör, Amaretto (Mandellikör aus Italien), Cointreau (Geschmack von Bitterorangen, Orangen und Kräutern), Grand Marnier (in Cognac eingeweichte Bitterorangen).

LF 11

Spirituosen werden grundsätzlich temperiert verarbeitet und auch getrunken, damit der Geschmack zur Geltung kommt; niemals aus dem Kühlschrank. Nur Wodka und Korn werden bei 1 bis 3 °C getrunken, da sie keinen Eigengeschmack besitzen.

### Aufgaben

1. Was versteht man nach den Bestimmungen der Leitsätze unter Erfrischungsgetränken?
2. Erklären Sie folgende Fruchtgetränke:
   - Fruchtsäfte
   - Gemüsesäfte
   - Fruchtschorle, z. B. Apfelsaftschorle
   - Fruchtnektare
   - Limonaden
   - Colas
   - diätetische und kalorienreduzierte Fruchtgetränke
3. Erklären Sie Mineralwasser und deren Gewinnung.
4. Wofür eignet sich Mineralwasser besonders gut?
5. Wie müssen Mineralwässer serviert werden?
6. Nennen Sie die Trinktemperatur aller Erfrischungsgetränke.
7. Ihre Bäckerei will ein Café eröffnen. Sie sollen für die Getränkekarte die alkoholfreien Getränke zusammenstellen. Es sollen vier Fruchtsäfte, zwei Gemüsesäfte, zwei Fruchtsaftschorlen, vier Limonaden und zwei Mineralwässer mit unterschiedlichem Kohlensäuregehalt angeboten werden.

### Rechenaufgaben

1. Orangensaft wird im Café frisch gepresst angeboten. Die Bäckerei kauft die Orangen für 2,10 € je kg ein. Beim Pressen der Orangen entsteht ein Verlust von 40 %. Berechnen Sie den Materialpreis für ein Glas mit 0,2 l Orangensaft (1 l entsprecht 1 000 g).
2. Der Lieferant bietet Tomatensaft in 0,7-l-Flaschen zu 0,65 € und 1-Liter-Packungen zu 0,90 € an. Welches ist das günstigere Angebot?
3. In der Getränkeindustrie werden $1^1/_4$ hl Orangenlimonade hergestellt. Die Limonade setzt sich wie folgt zusammen: 7 % Zucker, 3 % Orangensaft, 0,5 % Aromastoffe und Zitronensäure. Der Rest ist Wasser.
   a) Wie viel hl Wasser werden für die Orangenlimonade verarbeitet?
   b) Berechnen Sie den Zuckergehalt in kg.
   c) Ermitteln Sie , wie viel l Orangensaft zugegeben werden kann.
   d) Wie viel g Aromastoffe und Zitronensäure sind in der Orangenlimonade?

### Berufliche Handlung

Im Café Ihrer Bäckerei soll eine Kaffeetafel anlässlich einer Hochzeitsfeier gestaltet werden. Dafür werden folgende Bäckereierzeugnisse und Getränke gewünscht:

- eine mehrstöckige Hochzeitstorte mit Marzipanrosen sowie mit Schokoladenspritzglasur beschriftet und ausgarniert als Blickfang der Kaffeetafel
- verschiedene Anschnittorten wie Buttercreme- und Sahnetorte, Sachertorte, Käsetorte und Obsttorte
- Desserts und Petits Fours
- Kaffee und Tee, Trinkschokolade und Milchmixgetränke sowie Erfrischungsgetränke

**Torten, Desserts, Petits Fours und Süßspeisen**

1. Erklären Sie den Kunden den möglichen Aufbau einer mehrstöckigen Hochzeitstorte und bieten Sie verschiedene Dekormöglichkeiten an.
2. Beschreiben Sie die Arbeitsschritte beim Herstellen der Buttercremetorte:
   - Bereitstellen verschiedener Tortenböden
   - Tränke für die Tortenböden
   - Einstreichen der Cremetorten
   - Ausgarnieren der Anschnitttorten
3. Unterscheiden Sie die drei Buttercremearten und beschreiben Sie die Herstellung. Geben Sie jeweils die Vorteile der Buttercremes an.
4. Erstellen Sie ein Grundrezept für Vanillecreme und beschreiben Sie die Herstellung. Unterscheiden Sie auch Vanillecreme von leichter Vanillecreme und Vanillesoße.
5. Sie schlagen die Sahne für die Sahnetorte im Sahnebläser auf. Beachten Sie dabei die
   - Sahnetemperatur beim Aufschlagen,
   - Zugabe von Zucker, Gelatine und Geschmacksstoffen.
6. Unterscheiden Sie Sahnetorten und Sahnecremetorten.
7. Beschreiben Sie die Herstellung einer Käsesahnecreme und stellen Sie eine Käsesahnetorte her.
8. Fassen Sie zusammen, woraus Konfitüre, Gelee und Marmelade hergestellt werden. Geben Sie auch jeweils den Mindestfruchtgehalt nach den Bestimmungen der Leitsätze an.
9. Erklären Sie den Aufbau einer Sachertorte und formulieren Sie die Bestimmungen der Leitsätze für Sachertorten.
10. Erläutern Sie die Herstellung einer Obsttorte.
11. Nennen Sie die Bindemittel, die im Geleepulver enthalten sind und beschreiben Sie die Herstellung und Verarbeitung von Geleeguss.
12. Zum Garnieren stellen Sie eine Schokoladenspritzglasur und eine Eiweißspritzglasur her. Erklären Sie die Zubereitung.

**Kakaoerzeugnisse**

13. Für Schokoladenböden und für Sacherböden benötigen Sie Kakaopulver. Erklären Sie, wie woraus Kakaopulver besteht und wie es gewonnen wird.
14. Geben Sie die Bestandteile der Schokoladenkuvertüre an, mit der die Sachertorte überzogen wird.
15. Unterscheiden Sie die drei Schokoladenarten in Bezug auf ihre Zusammensetzung, Farbe und Geschmack.
16. Die Schokoladenkuvertüre muss vor dem Überziehen der Sachertorte temperiert werden. Nennen Sie die Möglichkeiten des Temperierens von Kuvertüre und beschreiben Sie das Temperieren.
17. Einige Desserts werden mit Fettglasur überzogen. Erläutern Sie die Fettglasur und beschreiben Sie die Vor- und Nachteile der Fettglasur gegenüber der Schokoladenkuvertüre.

**Süßwaren**

18. Für die Hochzeitstorte modellieren Sie Marzipanrosen. Zählen Sie die Zutaten für Marzipan auf und beschreiben Sie die Herstellung von Marzipan.
19. Auf die Cremetorte sollen Sie auf jedes Stück Krokantplättchen als Dekor geben. Beschreiben Sie die Herstellung von Krokant.

**Getränke**

20. Bieten Sie den Gästen zu den Torten und Desserts verschiedene passende Kaffeegetränke an.
21. Bereiten Sie schwarzen und grünen Tee zu, den manche Gäste wünschen. Beachten Sie die Ziehzeiten und erklären Sie die Veränderungen des Tees während der Ziehzeit.
22. Erläutern Sie das Herrichten von Trinkschokolade.

LF 12
Herstellen von kleinen Gerichten

# 37 Kleine Gerichte

**Situation**

Im Terrassencafé Ihrer Bäckerei werden den ganz Tag über kleine Gerichte serviert, angefangen beim Frühstück über frische Salate, verschiedene Nudelgerichte und Gratins bis hin zu pikanten und süßen Eierspeisen. Besonders beliebt sind auch die Toastvariationen und Suppen.

- Aus welchen Bestandteilen besteht ein Frühstück?
- Welche Suppen eignen sich für das Café?
- Welche Zutaten werden für Salate und Obstsalate benötigt?
- Woraus bestehen Nudelgerichte?
- Was sind Aufläufe und Gratins?
- Wie werden gekochte Eier, Rühreier und Spiegeleier hergestellt?
- Was versteht man unter Omeletts, Pfannkuchen, Palatschinken, Crêpes und Kaiserschmarrn?
- Wie wird Toast Hawaii zubereitet?

## 37.1 Frühstück

Das gemütliche Frühstück im Bäckerei-Café zählt für viele Gäste zu den angenehmen Gewohnheiten. Vor allem am Wochenende und an arbeitsfreien Tagen ersetzt das erweiterte Frühstück zum Teil das Mittagessen.

In der Speisekarte wird das Frühstück in verschiedenen Varianten angeboten. Zusätzlich können spezielle Wünsche berücksichtigt werden.

**Standardfrühstück**

- Getränke:
  Kaffee, Tee, Früchte- oder Kräutertee, Kakaogetränk, Trinkschokolade (heiße Schokolade) oder Milch
- Backwaren:
  Brötchen, Brot, getoastete Toastbrotscheiben
- Aufstrich:
  Butter, Konfitüre, Honig, Nugatcreme, Schinken, Wurst, Käse

Auf Wunsch können Vollkornbrötchen oder Vollkornbrot bestellt werden.

**Zugaben für ein erweitertes Frühstück**

- weich gekochtes Ei oder Rührei
- Speck mit Ei
- Croissant, Hefezopf
- Müsli:
  Joghurt, Quark oder Milch mit
  – Cornflakes, Haferflocken,
  – Trockenobst, in Stückchen geschnittenes Frischobst
- Joghurt natur oder Fruchtjoghurt
- Fruchtsäfte, Gemüsesäfte
- Frischobst
- ein Glas Sekt, evtl. mit Orangensaft gemischt

Das erweiterte Frühstück bietet sich bei besonderen Anlässen und auch zum Brunch (spätes, ausgedehntes Frühstück) an.

**Das Frühstücksei**

Die meisten Gäste wünschen ein weich gekochtes Frühstücksei. Der Gast sollte jedoch nach seinen Vorlieben wählen können.
Kochen und Kochzeiten für Eier → Seite 639.

**Aufgaben**

1. Was kann der Gast zum Standardfrühstück wählen?
   • Getränke • Backwaren • Aufstrich
2. Nennen Sie die Zutaten für ein erweitertes Frühstück.
3. Geben Sie die Zutaten für ein Müsli an.
4. Sonntags bieten Sie in Ihrem Bäckerei-Café einen Brunch an. Überlegen Sie, wie hierfür die Tische eingedeckt und dekoriert werden können.

## 37.2 Suppen

Die Grundlagen der Suppen sind Brühen, die meist mit Gemüse und Fleisch gekocht werden.
Suppen werden in klare und gebundene Suppen unterteilt:

- Die aromareichen klaren Suppen sind appetitanregend für die nachfolgenden Speisen, z. B. Rinder-, Geflügel-, Fischbrühe (Bouillon = Brühe aus Fleisch und Knochen).
- Gebundene Suppen sind sättigende Suppen, je nach verwendeten Rohstoffen, z. B. Cremesuppen, Tomatenrahmsuppen, gebundene Gemüsesuppen, Gemüseeintöpfe.

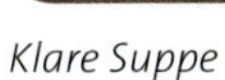

*Klare Suppe*

*Gebundene Suppe*

**Rezeptbeispiel: klare Suppe – Rindfleischbrühe**

| | |
|---|---|
| 1500 g | Rinderknochen |
| 750 g | Rinderkochfleisch (Querrippe oder Tafelspitz) |
| 3500 g | Wasser |
| 200 g | Gemüsebündel: Karotten, Lauch, Sellerie, Zwiebeln |
| | Kräutersträußchen: Petersilie, Liebstöckel u. a. |
| | Salz und Gewürze: Pfefferkörner, Thymian, Lorbeer, Wacholderbeeren |

→

**Rezeptbeispiel: klare Suppe – Rindfleischbrühe**

- Klein gehackte Rinderknochen blanchieren, bis das Fleisch weich ist.
- Fleisch kalt abspülen und mit kaltem Wasser langsam aufkochen lassen, dabei den auftretenden . Schaum ab und zu mit der Schöpfkelle abschöpfen.
- Rinderkochfleisch dazugeben und langsam kochen lassen, 2 bis 3 Stunden, bis das Fleisch gar ist – nicht wallend kochen, sonst wird die Brühe trübe.
- Ca. 1 Stunde vor dem Abseihen Salz, Gewürze und Kräuter dazugeben.
- Das Fleisch herausnehmen, wenn es weich ist, und in kleine Würfel schneiden.
- Die Brühe abseihen.

Zum **Servieren** die Fleischwürfel in vorgewärmte Suppentassen geben, mit Brühe auffüllen und mit gehackter Petersilie bestreuen.

**Rezeptbeispiel: Zwiebelsuppe – gratiniert (überbacken)**

| | |
|---|---|
| 1800 g | Zwiebeln |
| 200 g | Butter |
| 2500 g | Kraftbrühe |
| 300 g | Weißwein |
| 250 g | Weißbrot |
| 100 g | Parmesan |
| | Pfeffer, Muskat, evtl. Knoblauch |

- Zwiebeln in Streifen schneiden und in einem Topf in der Butter glasig dünsten.
- Brühe und Weißwein einfüllen und ca. 15 Minuten leicht am Siedepunkt haltend kochen lassen.
- Getoastete Weißbrotscheiben auf die Suppe legen, mit Käse bestreuen und gratinieren (überbacken).

*Zwiebelsuppe*

LF 12

**Rezeptbeispiel: Gulaschsuppe**

| | |
|---|---|
| 1000 g | Rinderschmorfleisch |
| 300 g | Öl (360 ml) |
| 500 g | Zwiebeln, gewürfelt |
| 3 000 g | Fleischbrühe oder Wasser |
| 150 g | Paprika, edelsüß |
| 500 g | Kartoffeln, gewürfelt |
| 500 g | Gemüsepaprika, rot und grün, gewürfelt |
| 300 g | Tomaten, gewürfelt |
| | Salz, Pfeffer, Kümmel, Knoblauch, Majoran |

- Rindfleisch in ca. 2 × 2 cm große Würfel schneiden.
- In genügend großem Topf das Öl erhitzen und gewürfeltes Rindfleisch und Zwiebeln dünsten.
- Edelsüßen Paprika darüberstreuen sowie Salz und die Gewürze hinzufügen.
- Fleischbrühe oder Wasser in den Topf gießen.
- Auf kleiner Hitze garen und nach ca. 1 Stunde Kartoffeln, Gemüsepaprika und Tomaten zugeben Die Kartoffeln sollen während des Garprozesses leicht zerfallen und die Suppe binden.
- Wenn das Fleisch gar ist, die Suppe mit Salz und Gewürzen abschmecken, kurz ziehen lassen und servieren.

Zur rationellen Herstellung kann Gulaschsuppe portionsweise tiefgefroren werden.

*Gulaschsuppe*

**Anrichten von Suppen**

- Suppen in Suppentassen mit Untertassen oder Suppenteller von 0,2 oder 0,25 l geben.
- Das Geschirr vorwärmen.
- Garnieren der Suppen mit Kräutern, saurer oder süßer Sahne, Currypulver oder Paprikapulver.
- Mit einem Esslöffel servieren.

*Suppenteller*

*Suppentasse*

**Verkaufsargumente**

**Qualitätsmerkmale bei der Beratung**

- Suppen sind gesunde und gut bekömmliche Speisen.
- Klare Suppen sind appetitanregend und deshalb gut geeignet als Vorspeisen.

**Informationen bei der Beratung**

- Gulaschsuppe ist eine würzige Suppe mit Rindfleisch, Kartoffeln und Gemüse.
- Zwiebelsuppe ist eine schmackhafte Suppe mit getoasteter Weizenbrotscheibe mit Käse bestreut.

**Besondere Eignung der Suppen**

- Im Bäckerei-Café werden allgemein Suppen als Zwischenmahlzeit oder kleine Mahlzeit gegessen.
- Gebundene Suppen, z. B. Gulaschsuppe, Serbische Bohnensuppe, dienen mit Brot oder Brötchen serviert als kleine Mahlzeit.

**Aufgaben**

1. Nennen Sie Suppen, die im Bäckerei-Café angeboten werden.
2. Nennen Sie Qualitätsmerkmale der Suppen bei der Beratung.
3. Geben Sie Informationen über
   - Gulaschsuppe,
   - Zwiebelsuppe.
4. Beschreiben Sie das Anrichten der Suppen zum Servieren.
5. Wofür eignen sich Suppen besonders gut?
6. Während eines Straßenfestes möchte Ihr Bäckerei-Café eine vegetarische Gemüsesuppe und Serbische Bohnensuppe anbieten. Informieren Sie sich über entsprechende Rezepte, z. B. im Internet, und beschreiben Sie die Herstellung.

## Rechenaufgaben

1. Eine zubereitete Gulaschsuppe wiegt 5,850 kg. Dafür wurden verschiedene Gemüse verarbeitet wie 500 g Zwiebeln, 550 g Kartoffeln, 450 g Gemüsepaprika und 300 g Tomaten.
   a) Wie viel kg Gemüse müssen insgesamt eingekauft werden, wenn 150 g Putzverlust entstehen?
   b) Ermitteln Sie den Putzverlust in %.
   c) Der Gewichtsverlust beim Zubereiten der Gulaschsuppe durch Erhitzen betrug 500 g. Berechnen Sie den Gewichtsverlust in %.
2. Eine Zwiebelsuppe für 10 Portionen wird mit folgendem Rezept hergestellt:

| | | |
|---|---|---|
| 800 g | Zwiebeln | 0,87 €/kg |
| 200 g | Butter | 4,17 €/kg |
| 2 500 g | Kraftbrühe | 1,95 €/kg |
| 300 g | Weißwein | 6,13 €/kg |
| 250 g | Weißbrot | 1,99 €/kg |
| 100 g | Parmesan | 12,78 €/kg |
| | Würzmittel | 0,60 €/10 Portionen |

   a) Berechnen Sie das Rezeptgewicht und die Materialkosten für 25 Portionen.
   b) Errechnen Sie die Betriebskosten, die 260 % betragen.
   c) Wie hoch sind die Selbstkosten für die 25 Portionen?
3. Die Materialkosten für 15 Portionen einer Gulaschsuppe nach dem betriebseigenen Rezept betragen 4,80 €. Es wird der Bäckerei Gulaschsuppe für 150 Portionen als Convenience-Produkt zu einem Preis von 60,00 € angeboten.
   a) Berechnen Sie die Materialkosten für 1 Portion der Gulaschsuppe nach dem betriebseigenen Rezept und des Convenience-Produkts.
   b) Welche Gulaschsuppe ist teurer und um wie viel Cent ist 1 Portion teurer?
   c) Um wie viel % ist eine der Gulaschsuppen teurer?
4. Die Materialkosten für 8 Portionen Suppen betragen 2,87 €. Der Rohaufschlag liegt bei 820 %.
   a) Berechnen Sie den Bruttoverkaufspreis im Café für 1 Portion der Suppe.
   b) Ermitteln Sie den Nettoaufschlag in %.
5. Die Materialkosten für 25 Portionen Tomatenrahmsuppe betragen 8,75 €. Mit welchem Bruttoaufschlag wurde gerechnet, wenn 1 Suppe für 3,40 € im Café verkauft wird? Runden Sie auf ganze Prozentzahlen ohne Komma.

# 37.3 Salate

Salate liegen voll im Trend gesunder und leichter Ernährung. Im Gegensatz zu vielen anderen Speisen sind Salate energiearm, gut bekömmlich und erfrischend.

*Salatteller*

## Zutaten für Salate

**Blattsalate**
- Kopfsalat
- Feldsalat
- Eisbergsalat
- Endiviensalat
- Radicchio
- Chicorée (Schikoree)
- Chinakohl
- Lollo bionda
- Rucola

**Gemüse**

rohes Gemüse:
- Tomaten
- Gurken
- Radieschen
- Rettich
- Karotten
- Paprika (grün, gelb, rot)
- Kohlrabi
- Oliven

gegartes Gemüse (in gesalzenem Wasser vorsichtig kochen, sodass es noch etwas „Biss“ hat):
- Blumenkohl
- Spargel
- Bohnen
- Erbsen
- Sellerie
- Weißkohl

**Geschmackgebende Zutaten**
- gekochte Eier
- Schinken
- Puten- und Hühnerfleisch, in Streifen geschnitten
- Krabben, Thunfisch, Sardellen, Meeresfrüchte
- Pilze, z. B. Champignons
- Käse: Emmentaler, Edamer, Gouda, Parmesan, Schafskäse, Mozzarella
- Zwiebeln
- Peperoni

**Würzstoffe**
- Salz
- Gewürze, z. B. Pfeffer, Oregano, Thymian
- Kräuter, z. B. Schnittlauch, Petersilie, Dill, Estragon, Borretsch, Zitronenmelisse, Kerbel
- Zitronensaft

LF 12

### Nur frische Zutaten für Salate

*Salatteller mit Dressing*

Grundsätzlich werden nur frische Zutaten für Salate verwendet. Nur frische Zutaten haben

- den beliebten Biss,
- die frische, natürliche Farbe,
- den erfrischenden Geschmack und
- einen geringen Vitaminverlust.

> Nur so viel Salate und Gemüse einkaufen, wie kurzfristig verwendet werden – je frischer, desto besser.

Die kurzzeitige Lagerung erfolgt am besten im Kühlschrank bzw. Kühlraum bei 1 bis 4 °C.

Wenn möglich, sollte Gemüse der Saison verwendet werden. Es schmeckt besser und ist preiswerter.

#### Waschen und Putzen von Salaten und rohem Gemüse

- Salate und Gemüse gründlich waschen, am besten in einer Schüssel in viel kaltem Wasser, aber nicht im Wasser liegen lassen, damit die wasserlöslichen Vitamine nicht auslaugen.
- Bei Blattsalaten alle äußeren ungenießbaren und welken Blätter entfernen.
- Die Salatblätter nach dem Waschen gründlich abtropfen lassen, damit die Salatsoße beim Anmachen des Salats nicht zu wässrig wird.

#### Zubereiten der Blattsalate und Gemüse

- Gemüse schneiden oder reiben, z. B.
  - Gurken in Scheiben,
  - Tomaten in Stücke oder Scheiben,
  - Zwiebeln in dünne Scheiben oder Würfel,
  - Radieschen halbieren oder vierteln,
  - Karotten reiben.
- Salate in mundgerechte Stücke zerpflücken.

LF 12

## Salatsoßen (Salatsaucen)

*Salatsoßen*

#### Essig-Öl-Salatsoße – Vinaigrette

Die Essig-Öl-Salatsoße eignet sich für alle Salate. Sie wird in der Fachsprache Vinaigrette (sprich: Vinägret) genannt. Zutaten der Essig-Öl-Salatsoße:

- 100 ml Essig
- 200 ml Salatöl
- ca. 3 g Salz
- mit Pfeffer, Salatkräutern und etwas Zucker abschmecken

#### Salate marinieren

Kurz vor dem Servieren werden die Salate mit Salatsoße „angemacht". Dies heißt in der Fachsprache die Salate werden „mariniert".

Beim Marinieren werden alle Salatzutaten in eine ausreichend große Schüssel gegeben und die Salatsoße darüber. Den Salat behutsam, aber gründlich wenden, damit die Salatsoße alle Zutaten umfließen kann und die Salatzutaten dabei nicht beschädigt werden. Marinierter Salat sollte saftig sein, jedoch nicht in der Salatsoße schwimmen.

> Bei marinierten (angemachten) Salaten sind alle Salatzutaten von der Salatsoße umgeben und werden somit geschmacklich verbessert.

#### Dressings

Dressings sind Salatsoßen mit Öl, auch Essig, Salz und Salatkräutern, mit einer geschmackgebenden Hauptzutat, die geschmacklich dominiert, z. B. Joghurt, Crème fraîche, Quark, Mayonnaise, Senf. Dressings sind wegen der Hauptzutaten etwas dick fließende Salatsoßen.

**Rezeptbeispiel: Joghurtdressing (Sauerrahmdressing)**

200 g Joghurt oder Crème fraîche
40 g Orangensaft
20 g Zitronensaft
40 g Öl
2 bis 3 g Salz,
mit Pfeffer, Salatkräutern, etwas Zucker abschmecken

### Anrichten und Servieren von Salaten

- Den marinierten, gut gekühlten Salat in angemessenen Portionsgrößen auf Teller geben.
- Auf eine harmonische Farbgestaltung mit Farbkontrast der Salatzutaten achten.
- Frische Küchenkräuter aufstreuen, damit die Salate pikant und würzig schmecken sowie gesund aussehen.
- Dressings unmittelbar vor dem Servieren auf den Salat geben oder getrennt dazureichen.
- Salatteller mit Scheiben von Weißbrot, Fladenbrot, Ciabatta oder Brötchen im Körbchen servieren.
- Als Besteck werden Messer und Gabel z. B. mit einer Serviette umwickelt.

*Salat mit Dressing*

## Salatteller

Salate können aus einem Gemüse, nach dem die Salate benannt werden, zubereitet sein, z. B. Tomatensalat, Gurkensalat, Weißkrautsalat oder Blattsalat.

Rohkostsalat wird aus rohem und gegartem Gemüse zusammengestellt.

Gemischte Salate lassen sich aus beliebigen Salatzutaten zusammenstellen sowie mit Salatsoßen oder Dressings anrichten und verfeinern.

Salate mit einer speziellen Hauptzutat sind z. B. Kartoffelsalat, Nudelsalat, Reissalat, Wurstsalat.

*Rohkostsalat*

*Gemischter Salat*

**Rezeptbeispiel: griechischer Bauernsalat**

| | | |
|---|---|---|
| 400 g | Tomaten | Die Tomaten in Scheiben oder Stücke schneiden, |
| 250 g | Gurken | in Scheiben schneiden und diese halbieren, |
| 150 g | Paprika | in Streifen oder Würfel schneiden, |
| 100 g | Eisbergsalat | in Streifen schneiden, |
| 150 g | Zwiebeln | in Ringe schneiden, |
| 150 g | Oliven und einige milde Peperoni dazugeben. | |

Die Zutaten mit Vinaigrette (Essig-Öl-Salatsoße) marinieren (anmachen) und auf Tellern anrichten.

250 g gewürfelten Schafkäse auf dem Salat verteilen. Als Dekor Salatkräuter über den Salat streuen.

*Griechischer Bauernsalat*

LF 12

## Obstsalate

### Zutaten für Obstsalate

Für Obstsalate eignet sich jedes Frischobst. Nur reife Früchte besitzen das typische Fruchtaroma, den gewünschten Biss und die natürlichen frischen Farben. Dosenfrüchte sollten nur dann verwendet werden, wenn kein Frischobst angeboten wird.

*Frisches, reifes Obst*

### Herrichten von Obstsalat

- Verschiedene Früchte herrichten, die einen farbenprächtigen und geschmacklich abwechslungsreichen Obstsalat ergeben.
- Früchte waschen, entkernen, entsteinen oder schälen.
- Größere Früchte in kleine, mundgerechte Stücke schneiden.
- Bananen, Birnen, Äpfel und frische Ananas müssen gleich nach dem Schneiden mit Zitronensaft gemischt werden, weil sie sonst unansehnlich braun werden.
- Die hergerichteten Früchte in eine genügend große Schüssel geben, durchmischen und gekühlten Fruchtsaft, z. B. Orangensaft, nach Belieben zugeben.
- Den Obstsalat eventuell noch mit Spirituosen abschmecken, z. B. mit Grand Marnier, Amaretto, Kirschwasser, Rum.
- Der Obstsalat sollte vor dem Verzehr noch ca. ein bis zwei Stunden im Kühlschrank/Kühlraum ziehen.

### Anrichten von Obstsalat

Den gut gekühlten Obstsalat in Schalen oder tiefe Teller portionieren und mit kleinen Löffeln servieren.
Auf den Obstsalat kann noch eine Kugel Speiseeis gegeben werden.

*Obstsalat in verschiedenen Gläsern*

### Verkaufsargumente

**Qualitätsmerkmale bei der Beratung**
Salate gehören zur gesunden Ernährung. Sie sind energiearm, dafür aber reich an Vitaminen und Mineralstoffen sowie Ballaststoffen.
Salate und Obstsalate sind zu jeder Gelegenheit gut bekömmlich und erfrischend.
Salate und Obstsalate sind mit ihren verschiedenen Zutaten bzw. Früchten geschmacklich ein abwechslungsreicher Genuss.

**Frischhaltung**
Je frischer die Salatzutaten sind, desto besser sind der Geschmack und der Biss und umso schöner ist das Aussehen. Salatzutaten deshalb nicht zu lange auf Vorrat kaufen.
Hergerichtete Salatzutaten müssen innerhalb eines Tages zu Salaten angemacht werden.

**Besondere Eignung**
- Salatteller mit ihrer geschmacklichen Vielfalt eignen sich sowohl als Zwischenmahlzeit oder als Hauptgericht, aber auch als Beilage zu Speisen.
- Obstsalate sind als gut bekömmliche Nachspeisen oder als erfrischender Obstgenuss für zwischendurch geeignet.
- Bekömmliche, erfrischende Salate und Obstsalate sind vor allem in den Sommermonaten sehr begehrt.

### Aufgaben

1. Nennen Sie die Hauptzutaten für Salate:
   - Blattsalate
   - Gemüse
   - geschmackgebende Zutaten
   - Würzstoffe.
2. Beschreiben Sie, wie Salate und Gemüse gewaschen und wie Blattsalate geputzt werden. →

LF 12

3. Womit wird die Salatsoße Vinaigrette hergestellt?
4. Erklären Sie das Marinieren der Salate.
5. Erläutern Sie, woraus Dressings bestehen.
6. Beschreiben Sie das Anrichten und Servieren der Salate.
7. Nennen Sie verschiedene Salate.
8. Beschreiben Sie das Herrichten von Obstsalat.
9. Wie wird Obstsalat zum Servieren angerichtet?
10. Nennen Sie die Qualitätsmerkmale von Salaten und Obstsalat bei der Beratung.
11. Geben Sie Auskunft über die Frischhaltung der Salatzutaten.
12. Wofür eignen sich Salate und Obstsalate besonders gut?
13. Da in den Sommermonaten Obstsalate sehr gefragt sind, sollen Sie verschiedene Früchte so kombinieren, dass sie geschmacklich gut harmonieren und dass zwei verschiedene dekorative Obstsalate entstehen.

### Rechenaufgaben

1. Es werden für einen Obstsalat verarbeitungsfertige Früchte ohne Schalen benötigt: 2750 g Bananen, 2400 g Orangen und $2^1/_4$ Ananas. Der Schalenanteil der Bananen beträgt 8,4 %, der Orangen 7 % und der Verschnitt der Ananas 800 g. Berechnen Sie, wie viel kg Bananen, Orangen und Ananas benötigt werden und wie viel % Verschnitt bei der Ananas entsteht.
2. Für einen Obstsalat werden 2,300 kg Ananas aus Dosen benötigt. Eine Dose wiegt samt Inhalt 850 g. Die Tara beträgt 3,53 %, Saft sind 360 ml (g) enthalten. Wie viele Ananasdosen müssen geöffnet werden?
3. 1 kg Aprikosen kostet im Einkauf 1,60 €.
   a) Berechnen Sie die Kosten für die Aprikosensteine, die mitbezahlt werden müssen, wenn von 20 kg Aprikosen nach dem Entsteinen 16,050 kg übrig bleiben.
   b) Wie viel % machen die Steine der Aprikosen aus?
4. Zum Anrichten von Salat werden 6,500 kg Gemüse benötigt. Der Putzverlust beträgt 7 %.
   a) Wie viel kg Gemüse müssen eingekauft werden?
   b) Durchschnittlich kostet 1 kg Gemüse 2,90 €. Wie viel € kostet das Gemüse im Einkauf?
   c) Wie viel € beträgt der Putzverlust?

## 37.4 Teigwaren, Nudelgerichte, Strudel

Teigwaren sind Nudeln in den verschiedenen Formen, z. B. Spaghetti, Bandnudeln, Makkaroni, Penne, Rigatoni.

*Spaghetti, Bandnudeln, Makkaroni, Penne, Rigatoni*

### Zutaten für Nudeln

Nudeln werden aus einem Weizenteig mit kleberstarkem Weizenmehl, Type 550, hergestellt. Vorteilhafter als Weizenmehl ist Hartweizengrieß, wodurch die Nudeln nach dem Kochen bissfester bleiben.

Hartweizengrieß ist mit körnigen, griffigen Schalenteilen der Getreidekörner behaftet. Weizenmehl der Type 550 wird feiner vermahlen, sodass die körnigen Schalenteile kaum spürbar sind.

Hartweizengrieß oder Weizenmehl wird mit hohem Eieranteil statt Flüssigkeit und Öl sowie mit Salz zu einem Weizenteig verarbeitet. Deshalb werden Nudeln als Teigwaren bezeichnet.

**Rezeptbeispiel: Weizenteig für Nudeln**

| | |
|---|---|
| 1000 g | Hartweizengrieß oder Weizenmehl, Type 550 |
| 500 g | Vollei (ca. 10 Stück) |
| 80 g | Öl (100 ml) |
| 10 g | Salz |
| **1590 g** | **Teig** |

Manchmal wird auf Öl verzichtet.

- Die Zutaten zu einem glatten Teig kneten, ca. 6 Minuten im Spiralkneter.
- Teigruhe mindestens 60 Minuten, dabei den Teig in Folie einschlagen.
- Nudelteig aufarbeiten, z. B. dünn ausrollen und schneiden.
  Nudelmaschinen erleichtern das Aufarbeiten und ergeben bekannte Nudelformen.
- Die Nudeln auf einem Blech ausbreiten und mindestens über Nacht trocknen lassen.

LF 12

Nudeln werden auch mit färbenden Lebensmitteln hergestellt, z. B. Spinat, Karottenpüree, Tomatenmark.

Meistens werden industriell hergestellte, getrocknete, kochfertige Nudeln verwendet. Sie können aber auch ganz einfach in der Bäckerei hergestellt werden.

**Gefüllte Teigwaren**

- Ravioli und Tortellini: gefüllt mit Fleisch, Käse oder Gemüse
- Maultaschen: gefüllt mit Spinat und Hackfleisch
- Lasagne und Cannelloni werden in einer Auflaufform mit Hackfleisch, Gemüse, Tomaten- und Béchamelsoße (besteht überwiegend aus Milch und Kalbsbrühe) gefüllt und mit Käse überbacken.

*Gefüllte Teigwaren und Teigwaren zum Füllen*

**Nudeln kochen**

- In einem großen Topf ausreichend Wasser kochen und Salz dazugeben. Auf 1 kg Nudeln rechnet man ca. 5 l Wasser und auf 1 l Wasser ca. 10 g Salz.
- Nudeln in das sprudelnd kochende Salzwasser geben. Wenn das Wasser wieder aufkocht, werden die Nudeln umgerührt, damit sie nicht zusammenkleben.
- Je nach Dicke der Nudeln 5 bis 14 Minuten bei geöffnetem Deckel fertig kochen, bis sie bissfest sind. Dabei sollte zwischendurch eine Nudel herausgenommen und der Biss probiert werden.
- Nach dem Kochen in ein Sieb schütten und das Wasser gut abtropfen lassen.

> Nudeln werden unbedingt „al dente" gekocht. Das heißt, die Nudeln sind nicht mehr hart, aber noch etwas fest im Biss.

LF 12

Einen volleren Geschmack erhalten die Nudeln, wenn sie nach dem Absieben in zerlassener Butter in der Pfanne erhitzt werden – die Nudeln dabei nicht anrösten.

**Nudeln können auf Vorrat gekocht werden**

Auf Vorrat gekochte Nudeln werden nach dem Kochen mit kaltem Wasser abgebraust, mit Folie oder in einem Behälter abgedeckt und kühl gelagert. So wird das Austrocknen der Nudeln verhindert.

## Nudelgerichte

Nudelgerichte lassen sich mit verschiedensten Soßen abwechslungsreich zubereiten. Tomatensoße und Sauce Bolognese zählen zu den klassischen (traditionellen) Soßen.

**Spaghetti bolognese**

**Rezeptbeispiel: Sauce bolognese**

Rezept für 4 Portionen

| | |
|---|---|
| 200 g | Zwiebel, gehackt (1 große Zwiebel) |
| 40 g | Speiseöl (50 ml) |
| 80 g | durchwachsener Speck, fein gehackt |
| 400 g | mageres Rinderhackfleisch |
| 500 g | Tomatensoße (aus dem Glas) |
| 40 g | Rotweinessig |
| 50 g | Zucker |
| 1 | Teelöffel Oregano |
| **1310 g** | **Sauce bolognese** |

500 g Spaghetti

frisch geriebener Parmesan zum Servieren

- Öl in einer Pfanne erhitzen, gehackte Zwiebeln darin dünsten und den fein gehackten Speck darin leicht anbräunen.
- Das Rinderhackfleisch zugeben und unter Rühren gut bräunen.
- Mit Tomatensoße und Rotweinessig aufgießen sowie Zucker und Oregano zugeben.
- Aufkochen und dann bei niedriger Hitze 15 Minuten köcheln lassen. Dabei ständig rühren, damit die Soße nicht anbrennt.

- Spaghetti al dente kochen, abtropfen lassen und in einer Pfanne mit Butter etwas erhitzen.

**Anrichten und Servieren von Spaghetti bolognese**

- Spaghetti auf einen Teller geben.
- Die Sauce bolognese in der Mitte darübergeben.
- Frisch geriebenen Parmesan darüberstreuen.
- Evtl. mit Basilikumblättern dekorieren.
- Mit einem Löffel und einer Gabel servieren.

*Spaghetti bolognese*

**Schinkennudeln**
Schinkennudeln ist eine schnell zubereitete, kleine Speise. Nudeln, z. B. Bandnudeln oder Penne, werden mit Stücken von gekochtem Schinken vermischt. Manchmal werden sie in der Pfanne noch mit Eiern erhitzt und dann sofort serviert. Zu Schinkennudeln passt gemischter Salat.

## Käsespätzle

Zu den Teigwaren zählen auch Spätzle, bei denen vor allem Käsespätzle als kleines Gericht angeboten werden.

*Käsespätzle*

**Rezeptbeispiel: Käsespätzle**

**Teig:**
1000 g Weizenmehl, Type 550
500 g Eier
400 g Wasser
10 g Salz

- Die Zutaten zu einem glatten Weizenteig kneten.
- Den Teig durch einen Spätzlehobel in kochendes Salzwasser schaben.
- Die Spätzle so lange kochen, bis sie an der Wasseroberfläche schwimmen.
- Die Spätzle in ein Sieb geben und das Wasser abtropfen lassen. →

**Zutaten zum Anrichten:**
500 g Emmentaler
150 g Butter
400 g Zwiebeln

- Etwas Spätzle in eine Schüssel geben, geriebenen Käse aufstreuen und den Käse schichtweise mit den Spätzlen vermischen.
- Die heißen Käsespätzle auf einem angewärmten Teller anrichten.
- Zwiebeln in Butter anbräunen und auf der Oberfläche der Spätzle verteilen. Auch Röstzwiebeln können verwendet werden.
- Käsespätzle grundsätzlich heiß servieren.

## Pikante Strudel

Pikante Strudel enthalten im Gegensatz zu den süßen Strudeln, z. B. Apfel- und Quarkstrudel → Seite 330, pikante Füllungen. Der Strudelteig ist der gleiche.
Füllungen für pikante Strudel sind z. B. Spinat, Käse und Fleisch, Weißkraut, Spargel mit Sauce hollandaise, Pilze.

**Rezeptbeispiel: Strudelteig**

Rezept für
- 1 Schnittenblech (Alu-Rahmenblech) von 60 × 40 cm oder
- 2 Schnittenbleche von 60 × 20 cm oder
- Reinen (rechteckige Pfanne mit hohem Rand)

1000 g Weizenmehl, Type 550
500 g Wasser
100 g Vollei (2 Stück)
100 g Öl (= 120 ml)
10 g Salz

**1710 g Strudelteig**

Teigtemperatur: ca. 22 °C, kaltes Wasser, evtl. Eiswasser verwenden

Knetzeit im Spiralkneter:
- 2 Minuten Langsamgang,
- 6 Minuten Schnellgang

**Abwiegen:** Den Strudelteig zu 4 Teigstücken von je 400 g abwiegen.

**Teigruhe:** ca. 60 Minuten, in Folie eingeschlagen
Der Strudelteig kann auch in Folie eingeschlagen einige Stunden entspannen oder über Nacht in den Kühlschrank bzw. Kühlraum gestellt werden.

**Tiefgefrieren:** Der Strudelteig kann auch sofort nach dem Kneten in Portionen abgewogen und in Folie verpackt tiefgefroren werden. Der Strudelteig ist sofort nach dem Auftauen ausrollfähig.

**Rezeptbeispiel: Füllung mit Lachs und Blattspinat**

Rezept für 400 g Strudelteig

| | |
|---|---|
| 60 g | Öl (60 ml) |
| 200 g | Zwiebeln (1 große Zwiebel, gehackt) |
| 600 g | frisch zubereiteter oder aufgetauter Blattspinat |
| 1 | Knoblauchzehe |
| 300 g | Lachsfilet |
| 200 g | Käse, Gouda |
| 75 g | Semmelbrösel |
| 5 g | Salz, Pfeffer, Muskat |
| | Saft einer halben Zitrone |
| 80 g | Schlagsahne |
| **1520 g** | **Füllung** |

Butter zum Bestreichen

- Die gehackten Zwiebeln in heißem Öl in einer Pfanne glasig dünsten.
- Abgetropften Spinat und gepressten Knoblauch zu den Zwiebeln geben und durchmischen.
- Abgetrocknetes Lachsfilet in größere Würfel schneiden.
- Den Käse in längliche Streifen schneiden.

**Herstellung**

- Den Strudelteig ca. 60 × 40 cm ausrollen und mit Semmelbrösel bestreuen.
- Auf zwei Drittel der Teigfläche den Blattspinat verteilen, die Lachs- und Käsestücke abwechselnd auflegen.
- Salz, Pfeffer, Muskat und Zitrone darübergeben und mit Schlagsahne beträufeln.
- Den Strudel einrollen, in eine gefettete Form geben.
- Die Oberfläche des Strudels mit Butter bestreichen.

**Backen:** 200 °C
**Backzeit:** ca. 55 Minuten

Statt Lachsfilet können auch Heilbutt oder Schellfisch verwendet werden.

LF 12

Den Strudel heiß auf vorgewärmtem Teller mit Messer und Gabel servieren.
Passend dazu ist eine pikante Sauce hollandaise.

*Spinatstrudel*

Zubereitung von **gebackenen und überbackenen Snacks**
→ Seite 425 und 423.

**Aufgaben**

1. Nennen Sie die Zutaten für Nudeln und beschreiben Sie die Herstellung.
2. Welches Mahlerzeugnis ist statt Weizenmehl vorteilhaft und warum?
3. Nennen Sie gefüllte Teigwaren.
4. Beschreiben Sie das Kochen von Nudeln.
5. Erläutern Sie das Anrichten und Servieren von Spaghetti bolognese.
6. Erklären Sie Schinkennudeln.
7. Nennen Sie die Zutaten von Käsespätzle und beschreiben Sie die Herstellung.
8. Nennen Sie Füllungen von pikanten Strudeln.
9. Machen Sie Vorschläge für einfach zuzubereitende Nudelgerichte.

**Rechenaufgabe**

Käsespätzle für 3 Portionen werden aus folgendem Rezept hergestellt:
Teig:

| | |
|---|---|
| 500 g Weizenmehl | 0,45 €/kg |
| 250 g Eier (5 Stück) | 0,13 €/Stück |
| 200 g Wasser und Salz | 0,05 €/pauschal |

Käse zum Schmelzen in den Spätzlen:

| | |
|---|---|
| 250 g Emmentaler | 8,90 €/kg |
| 200 g Zwiebeln | 0,80 €/kg |
| 80 g Butter | 3,20 €/kg |

Berechnen Sie den Preis einer Portion Käsespätzle im Café bei folgender Kalkulation:

| | |
|---|---|
| Betriebskosten: | 370 % |
| Gewinn und Risiko: | 34 % |
| Caféaufschlag: | 25 % |
| MwSt: | 19 % |

## 37.5 Eierspeisen

### Gekochte Eier

Gekochte Eier gehören zum Frühstück, sind Bestandteil von gemischtem Salat und werden in belegte Snacks gegeben.

- Die Eier am stumpfen Ende mit einem Eierpieker einstechen. So kann beim Kochen der Eier die sich ausdehnende Luft entweichen. Dadurch platzen die Eierschalen beim Kochen nicht auf.
- Die Eier vorsichtig mithilfe eines Löffels oder Schaumlöffels in kochendes Wasser legen.
- Die Eier bei siedendem (kochendem) Wasser einige Minuten kochen lassen. Bei steigender Temperatur in den Eiern gerinnt das Eiweiß, sodass der Eiinhalt fester wird.
- Die Eier nach dem Kochen in kaltem Wasser abschrecken, damit sie nicht nachgaren. Außerdem lösen sich dadurch die Schalen leicht beim Abschälen, weil sich der Eiinhalt durch das kalte Wasser etwas zusammenzieht und sich so von der Schale trennt.

Die Kochzeiten der Eier richten sich nach der gewünschten Festigkeit, die die Eier haben sollen, und nach der Größe der Eier:

- weiche Frühstückseier: 4 bis 6 Minuten
- hart gekochte Eier für Salate: 8 bis 10 Minuten
- schnittfeste Eier für belegte Snacks: 12 Minuten

*Die Eier mit einer Nadel pieken*

*Hart gekochte Eier geschnitten und geviertelt*

### Spiegeleier

- Fett in einer Pfanne erhitzen und zerlaufen lassen.
- Eier aufschlagen und vorsichtig nebeneinander in die Pfanne geben.
- Nur das Eiklar leicht salzen.
- Die Eier so lange stocken lassen, dass das Eigelb noch weich bleibt.

Die Spiegeleier auf einen vorgewärmten Teller geben und mit Brot servieren.
Spiegeleier werden beim Strammen Max auf ein Salamibrot gegeben und serviert.

**Schinken und Eier (Ham and eggs)**
Schinkenspeck in einer Pfanne mit Fett anbraten und dann die Eier daraufgeben und stocken lassen. Sofort heiß servieren.

*Spiegeleier*

### Rühreier

Eigelb und Eiklar sind bei Rühreiern völlig vermischt.

- Eier in eine Schüssel einschlagen und mit etwas Salz und Pfeffer würzen.
- In einer Pfanne etwas Fett erhitzen und die verrührten Eier in die Pfanne gießen.
- Bei geringer Hitze die Eier unter ständigem Bewegen mit einem Pfannenwender zu einer weichen, saftigen Eiermasse stocken lassen.

Die Rühreier können noch mit weiteren Zutaten ergänzt werden, z. B. mit Schinken, Spargel, Champignons, Pilzen, Krabben. Dabei werden die Zutaten in einer Pfanne mit etwas Fett angebraten und die verrührten Eier dazugegeben. Rühreier werden auf einem vorgewärmten Teller heiß serviert.

*Rühreier*

## Omeletts

**Qualitätsmerkmale**
Omeletts sind weiche, saftige Eierspeisen.

**Zutaten**
Sie werden nur aus Eiern und etwas Salz hergestellt.

Da Omeletts nur aus Eiern bestehen, ohne Zucker und Mehl, werden sie auch als Eier-Omeletts oder Eierkuchen bezeichnet.
Omeletts dürfen nicht mit den Sahneomeletts aus Biskuitmasse verwechselt werden → Seite 163.

Bei der Herstellung von Omeletts werden pro Portion drei Eier gerechnet, die zur Geschmacksabrundung etwas gesalzen werden.

### Herstellen von Omeletts

- Eier und etwas Salz mit einem Handrührbesen oder Rührgerät kräftig durchrühren.
- Etwas Butter in einer Pfanne erhitzen und die verrührten Eier hineingießen.
- Die Eier mit einem Bratenwender bewegen, damit sich frische und leicht gestockte (geronnene) Eiermasse gleichmäßig vermischen. Das fertige Omelett ist leicht gestockt, aber innen weich.

### Omeletts auf einen Teller geben

- Durch Schräghalten der Pfanne mit dem Bratenwender die hintere Hälfte des Omeletts nach vorne überschlagen.
- Die Pfanne schräg halten und das Omelett auf einen vorgewärmten Teller gleiten lassen und sofort heiß servieren.

*Eier in die Pfanne gießen*

*Omelette zur Hälfte überschlagen*

### Füllungen

Omeletts werden häufig mit Schinken, Spargel, Speck, Pilzen und Käse gefüllt. Die Füllung wird auf das fertige Omelett gegeben, das dann zusammengelegt wird. Es können aber auch Schinken, Käse, Kräuter u. a. mit den Eiern in der Pfanne mitgebacken werden.

*Spargelomelette*

**Rezeptbeispiel: Pilzfüllung für Omeletts**

| | |
|---|---|
| 100 g | Butter |
| 100 g | Zwiebeln, fein gehackt |
| 250 g | Champignons, Austernpilze oder Pfifferlinge |
| 100 g | durchwachsener Speck, gewürfelt |
| 50 g | Weißwein |
| | Petersilie, fein gehackt |
| | Salz |
| | Pfeffer, frisch gemahlen |
| **600 g** | **Füllung** |

- Zwiebeln in Butter glasig dünsten und mit dem Speck anbraten.
- Pilze dazugeben und bei kräftiger Hitze heiß rühren.
- Weißwein und Petersilie zugeben, leicht salzen und pfeffern.
- Füllung auf das Omelett geben und das Omelett überschlagen.

Süße Omeletts werden gefüllt mit
- Konfitüre,
- Apfelmus.

LF 12

## Pfannkuchen (Eierkuchen)

Pfannkuchen werden aus einer Eiermasse hergestellt, die aus Eiern, Milch und Weizenmehl besteht. Die Eiermasse wird dünn in eine Pfanne gegossen und goldbraun gebacken.

Pfannkuchen werden meist mit Konfitüre oder Obst gefüllt und mit Puderzucker bestaubt. Zu Pfannenkuchen kann aber auch Apfelmus serviert werden.

Für einen Schinken-Pfannkuchen wird die Eiermasse dünn in die Pfanne gegossen und dann Stücke von gekochtem Schinken darauf verteilt.

### Besondere Eignung

Pfannenkuchen eignen sich als feine warme Zwischenmahlzeit oder als Dessert. Sie werden sofort nach der Herstellung warm serviert.

*Gefüllte Pfannkuchen*

**Rezeptbeispiel: Pfannkuchen**

| | |
|---|---|
| 250 g | Milch |
| 100 g | Weizenmehl, Type 405 oder 550 |
| 20 g | Zucker |
| | 1 Prise Salz (ca. 2 g) |
| 150 g | Vollei (3 Stück) |
| **520 g** | **Masse** |

- Milch, gesiebtes Weizenmehl, Zucker und Salz gut verrühren.
- Eier einrühren und zu einer glatten Masse rühren.
- Fett in einer Pfanne erhitzen und die Masse in die Pfanne gießen, sodass der Boden gleichmäßig bedeckt ist.
- Pfannkuchen mit einem Bratenwender umdrehen, wenn er hellbraun ist, und die andere Seite goldbraun backen.

### Palatschinken

Palatschinken sind kleine gefüllte Pfannkuchen, z. B. Quark-, Sahne-, Früchte-, Schokoladenfüllung oder Konfitüre.

### Crêpes

Crêpes sind besonders dünne Pfannkuchen, die nach dem Backen mit verschiedenen Füllungen verfeinert werden, z. B. mit Nugatfüllung, Schokolade, Konfitüren, Fruchtsoßen, Likören.

*Crêpe mit Fruchtsoße*

Nach dem Füllen wird der Crêpe zusammengerollt oder zusammengelegt und sofort serviert.

### Kaiserschmarrn

Kaiserschmarrn ist ein lockerer fingerdicker Pfannkuchen, der in mundgerechten Stücken serviert wird.

*Kaiserschmarrn*

**Rezeptbeispiel: Kaiserschmarrn**

| | |
|---|---|
| 250 g | Milch |
| 150 g | Weizenmehl, Type 405 oder 550 |
| 80 g | Eigelb (4 Stück) |
| 120 g | Eiklar (4 Stück) |
| 20 g | Zucker |
| | 1 Prise Salz (ca. 2 g) |
| **520 g** | **Masse** |

In die Pfannkuchenmasse können noch Sultaninen gegeben werden.

- Milch, gesiebtes Weizenmehl und Eigelb mit einem Rührgerät gut verrühren.
- Eiklar, Zucker und Salz zu einem Eischnee schlagen.
- Den Eischnee unter die Milchmasse heben.
- Fett in einer Pfanne erhitzen und die Masse etwas dicker in die Pfanne gießen.
- Den fingerdicken Pfannkuchen auf beiden Seiten goldbraun backen.
- In der Pfanne zu mundgerechten Stücken teilen, etwas Butter zugeben und noch kurz backen.

Nach dem Backen wird der Kaiserschmarrn mit Puderzucker bestaubt und sofort serviert.

Als Beilage zum Kaiserschmarrn wird Apfelmus serviert.

## Aufgaben

1. Erklären Sie die Herstellung von gekochten Eiern und geben Sie die Kochzeiten für weiche, hart gekochte und schnittfeste Eier an.
2. Beschreiben Sie die Herstellung von Spiegeleiern.
3. Beschreiben Sie die Herstellung von Rühreiern.
4. Nennen Sie die Qualitätsmerkmale und die Zutaten, aus denen Omeletts hergestellt werden.
5. Beschreiben Sie die Herstellung von Omeletts und wie sie auf die Teller gegeben werden.
6. Nennen Sie Füllungen, mit denen Omeletts gefüllt werden können.
7. Erklären Sie, aus welchen Zutaten Pfannkuchen hergestellt werden.
8. Beschreiben Sie die Herstellung von Pfannkuchen.
9. Womit werden Pfannkuchen gefüllt und wie werden sie serviert?
10. Wofür eignen sich Pfannkuchen besonders? →
11. Erklären Sie
    - Palatschinken,
    - Crêpes.
12. Nennen Sie die Zutaten für Kaiserschmarrn und beschreiben Sie die Herstellung.
13. Im Café soll das Angebot an gefüllten Omeletts erweitert werden. Stellen Sie Rezepte für mögliche Füllungen zusammen.

## Rechenaufgaben

1. Für 15 Omeletts mit Pilzfüllung wurden 17,85 € Materialkosten und 42,84 € Betriebskosten ermittelt.
   a) Mit welchem Betriebskostensatz hat der Bäckereibetrieb kalkuliert?
   b) Wie hoch sind die Selbstkosten in € für 1 Omelett?
2. 4 Portionen Kaiserschmarrn werden mit folgendem Rezept hergestellt:
   200 ml Milch
   200 ml Schlagsahne
   400 g Eier (8 Stück)
   350 g Weizenmehl
   80 g Zucker
   60 g Butter
   150 g Sultaninen
   Puderzucker zum Bestauben
   Berechnen Sie den Materialpreis für 1 Portion Kaiserschmarrn bei folgenden Einkaufspreisen:

   | | |
   |---|---|
   | Milch: | 0,68 €/l |
   | Schlagsahne: | 1,95 €/l |
   | Eier: | 0,12 €/Stück |
   | Weizenmehl: | 0,43 €/kg |
   | Zucker: | 0,90 €/kg |
   | Butter: | 3,70 €/kg |
   | Sultaninen: | 4,75 €/kg |
   | Puderzucker: | 0,15 €/pauschal |

3. Die Rezeptur in der zweiten Rechenaufgabe ergibt vier Portionen Kaiserschmarrn.
   a) Ermitteln Sie das Gewicht einer Kaiserschmarrnportion.
   (1 ml Milch bzw. Sahne entspricht 1 g.)
   b) Das Gewicht des Apfelmuses als Beilage zum Kaiserschmarrn beträgt 35 % des Kaiserschmarrngewichts. Wie viel kg Apfelmus werden für 18 Portionen benötigt?

LF 12

## 37.6 Toasts

Toasts sind getoastete (geröstete) Toastbrotscheiben, die mit verschiedenen Zutaten wie Schinken, Salami, gegartem Fleisch oder Fisch belegt und mit Käse überbacken werden.

**Toastbrote**

Toastbrote werden aus einem Weizenbrotteig mit Butter oder Margarine und Milch sowie etwas Zucker hergestellt und in Kastenformen gebacken. Toastbrote haben deshalb

- eine dünne Kruste und
- eine weiche, zarte Krume → Seite 402.

**Toasten der Toastbrotscheiben**

Unter Toasten versteht man das leichte Anrösten der Oberfläche der Toastbrotscheiben. Dafür wird Toastbrot in 1 cm dicke Scheiben geschnitten. Die Toastbrotscheiben werden in einem Toaster von den Heizschlangen an der Oberfläche leicht geröstet (getoastet).

Die getoasteten Toastbrotscheiben sind außen leicht knusprig und innen weich.

*Getoastete Toastbrotscheiben*

**Herstellen von Toasts**

- Die getoasteten Toastbrotscheiben etwas abkühlen lassen und dann mit Butter bestreichen.
- Die bestrichenen Toastbrotscheiben mit Schinken, Salami, gegartem Fleisch oder Fisch belegen.
- Darauf Gemüse legen, z. B. Tomaten, Gurken, Spargel. Auf manche Toastarten werden Pilze oder Ananas gelegt.
- Scheibenkäse (Schmelzkäse) obenauf legen.
- Im Ofen bei hoher Hitze überbacken, bis der Käse zerlaufen ist. Statt im Ofen können die Toasts auch im „Salamander" überbacken werden, in dem durch Heizschlangen nur Oberhitze entsteht.
- Den Toast auf einen vorgewärmten Teller legen und sofort servieren.

*Überbacken der Toasts im Salamander*

*Spargeltoast*

### Toast Hawaii

Dieser klassische Toast ist mit gekochtem Schinken und einer Scheibe Ananas belegt sowie mit Käse überbacken.

- Abgekühltes getoastetes Toastbrot mit Butter bestreichen.
- 2 Scheiben gekochten Schinken auflegen und darauf 1 Scheibe Ananas legen.
- 1 Scheibe Käse auflegen.
- Im Ofen oder Salamander den Käse überbacken.

*Herstellung Toast Hawaii*

*Toast Hawaii*

Toasts eignen sich als Zwischenmahlzeit, aber auch als Hauptmahlzeit.

### Aufgaben

1. Erklären Sie Toasts.
2. Woraus werden Toastbrote hergestellt und welche Eigenschaften haben sie?
3. Erklären Sie das Toasten der Toastbrotscheiben und wie dann die Toastbrotscheiben beschaffen sind.
4. Beschreiben Sie allgemein die Herstellung von Toasts.
5. Beschreiben Sie die Herstellung von Toast Hawaii.
6. Wofür eignen sich Toasts besonders gut?
7. Sammeln Sie Stichpunkte für eine Aktion mit dem Thema „Toasts – lecker und vielseitig".

### Rechenaufgaben

1. 1 Spargeltoast mit Salat kostet jetzt nach der Preiserhöhung im Café 6,80 €. Berechnen Sie, wie viel der Spargeltoast vorher kostete, wenn der Preis um 5,5% erhöht wurde.
2. Im Café kosten 2 Toasts Hawaii 6,40 €. Berechnen Sie die Materialkosten, wenn mit 28 % Gewinn und Risiko und mit 290 % Betriebskosten gerechnet wird. Berücksichtigen Sie auch die gesetzliche Mehrwertssteuer.
3. Die Materialkosten für Salami-Eier-Toast betragen 5,44 €. Die Betriebskosten ergeben sich aus dem Stundenkostensatz von 56,80 € und der Arbeitszeit von einer $^3/_4$ Stunde. Für Gewinn und Risiko werden 24 % angesetzt. Berechnen Sie den Cafépreis für die Salami-Eier-Toasts bei einem Mehrwertsteuersatz von 19 %

LF 12

## 37.7 Aufläufe und Gratins

Aufläufe und Gratins sind in Formen (Auflaufformen) gebackene Zutaten, wie z. B. Kartoffeln, Nudeln, Gemüse, Schinken, Käse.

Die runden oder ovalen hitzebeständigen Formen aus Porzellan, Glas, Edelstahl oder Aluminium eignen sich zum Zubereiten und Servieren.

**Rezeptbeispiel: Nudelauflauf – pikant**

für eine Form von 475 cm³

| | |
|---|---|
| 600 g | Nudeln (grüne Bandnudeln, Röhrennudeln, Makkaroni u. a.) |
| 400 g | Hackfleisch |
| 50 g | Zwiebeln, gehackt |
| 20 g | Öl |
| 150 g | Schafskäse, geviertelt |
| 100 g | Peperoni, mild |
| 300 g | Tomatensoße |
| 100 g | Käse, gerieben |
| **1720 g** | **Nudelauflauf** |

- Nudeln bissfest kochen (al dente), abgießen und abtropfen lassen.
- Hackfleisch mit Zwiebeln und Öl etwas anbraten.
- Ca. ⅔ der Nudeln in die Form geben.
- Hackfleisch, Schafskäse, Peperoni darauf verteilen und mit den restlichen Nudeln bedecken.
- Tomatensoße übergießen.
- Käse darüberstreuen.

**Tomatensoße:**

| | |
|---|---|
| 200 ml | Tomaten, geschält, frisch oder aus der Dose |
| 70 g | saure Sahne |
| 30 g | Tomatenmark |
| | Salz |
| | Pfeffer, Paprika, Oregano |
| **300 g** | **Tomatensoße** |

Alle Zutaten glatt rühren.

**Backen:** 180 °C
**Backzeit:** ca. 30 Minuten

Das **Gratin** ist, wie der französische Name besagt, ein überbackenes Gericht, wobei beim Gratinieren an der Oberfläche eine goldbraune Kruste entsteht. Diese Kruste entsteht durch die Röststoffe, die aus Eiweiß und Einfachzucker entstehen → Mailland-Reaktion, Seite 486.

**Rezeptbeispiel: Kartoffelgratin – Grundrezept**

| | |
|---|---|
| 600 g | rohe Kartoffeln |
| 250 g | Bouillon oder Milch |
| 125 g | Sahne |
| 100 g | Vollei (2 Stück) |
| 100 g | Käse, gerieben (Parmesan oder Emmentaler) |
| | Salz und Pfeffer |
| | evtl. 1 Knoblauchzehe, gepresst |
| 20 g | Butterflöckchen |
| **1195 g** | **Kartoffelgratin** |

- Eine feuerfeste, möglichst breite, weite Gratinform mit Fett ausstreichen.
- Kartoffeln schälen, in 3 mm dicke Scheiben schneiden und dachziegelartig (fächerartig) in die Form einlegen.
- Wird Gemüse verwendet, dieses gleichmäßig zwischen den Kartoffeln verteilen.
- Salz und Pfeffer darüberstreuen.
- Bouillon bzw. Milch, Sahne, Eier und gepresste Knoblauchzehe verrühren und den geriebenen Käse einrühren.
- Den Guss zuerst den Rand entlang, dann über die Oberfläche gießen.
- Butterflöckchen darauf verteilen.

**Backen:** 210 °C goldbraun backen
**Backzeit:** ca. 30 Minuten

*Kartoffelgratin*

**Gemüsegratins**

Das Grundrezept des Kartoffelgratins lässt sich mit Gemüse ergänzen, das beim Einlegen in die Form zwischen den Kartoffeln verteilt wird.

| | |
|---|---|
| **Kartoffel-Lauch-Gratin** | 400 g Lauch in 3 cm breite Ringe schneiden |
| **Kartoffel-Karotten-Lauch-Gratin** | 200 g Lauch in 3 cm breite Ringe schneiden, 200 g Karotten, in dünne Scheiben schneiden |
| **Kartoffel-Zucchini-Gratin** | 400 g ungeschälte Zucchini in 3 mm breite Scheiben schneiden |
| **Kartoffel-Pilz-Lauch-Gratin** | 200 g Wild- oder Zuchtpilze beliebiger Art vierteln oder in dicke Scheiben schneiden, 200 g Lauch in 3 cm breite Ringe schneiden |

**Servieren**

Aufläufe und Gratins werden in der Auflaufform heiß serviert.

**Aufgaben**

1. Worin werden Aufläufe und Gratins gebacken?
2. Erklären Sie den Begriff „Gratin".
3. Nennen Sie bekannte Aufläufe und Gratins.
4. Wie werden Aufläufe und Gratins serviert?
5. In der Caféküche sollen Sie einen mit Käse überbackenen Auflauf aus Rigatoni und Sauce bolognese herstellen. Beschreiben Sie die Herstellung und das Servieren.

## 37.8 Erwärmen im Mikrowellengerät

### Funktion der Mikrowellen

Mikrowellen sind wie Radio- und Fernsehwellen elektromagnetische Wellen, die mit ca. 2,5 Milliarden Schwingungen in der Sekunde im Mikrowellengerät arbeiten.

Die Mikrowellen bringen die Wassermoleküle der Lebensmittel in sehr schnelle Bewegungen, wobei sie sich gegenseitig reiben und dadurch Wärme erzeugen, die die Lebensmittel erhitzt.

Während bei der herkömmlichen Erwärmungsart im Ofen die Hitze langsam von außen in die Lebensmittel eindringt, erhitzen die Mikrowellen die Lebensmittel direkt im Inneren.

Bei der ausschließlichen Erwärmung durch Mikrowellen erhalten die Lebensmittel jedoch keine Bräunung und keine Kruste. Diese erwünschten Eigenschaften werden nur in **Kombinationsgeräten** mit integrierter Heißluft oder mit Grill erzielt.

**Vorteile der Erwärmung durch Mikrowellen**
- sehr schnelles Erwärmen bzw. Erhitzen der Lebensmittel
- geringer Energieverbrauch
- Speisen können im Serviergeschirr erhitzt werden

*Mikrowellengerät*

## Eigenschaften der Mikrowellen

**Nichtmetallische Gegenstände** lassen Mikrowellen durch, z. B. Schüsseln oder Teller aus Glas, Porzellan, Kunststoff, Keramik, Holz und Papier. Diese Materialien sind für die Mikrowellen durchlässig. Weil der erhitzte Inhalt auch die Behälter erwärmt, sollten ausschließlich hitzebeständiges Glas und Kunststoff verwendet werden.

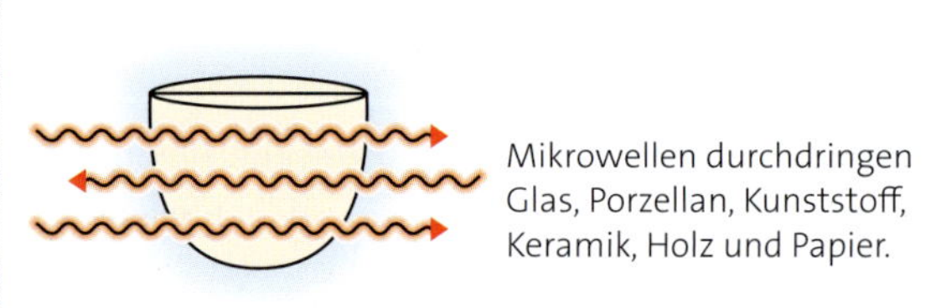
Mikrowellen durchdringen Glas, Porzellan, Kunststoff, Keramik, Holz und Papier.

**Metalle** reflektieren (zurückstrahlen) die Mikrowellen. Metallgeschirr und Metallbesteck dürfen deshalb nicht in das Mikrowellengerät gegeben werden. Auch Metallränder oder Metalldekor an den Gefäßen ist ungeeignet, z. B. Goldränder an Tellern und Gläsern.

Alufolie kann jedoch gezielt zum Abdecken empfindlicher Lebensmittelteile als Schutz vor dem schnellen Eindringen der Wellen auf deren Oberfläche verwendet werden, z. B. über Fisch.

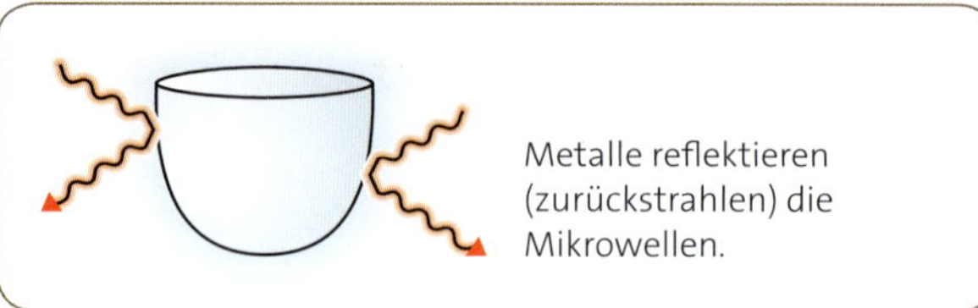
Metalle reflektieren (zurückstrahlen) die Mikrowellen.

**Lebensmittel und Wasser** absorbieren (aufnehmen) die Mikrowellen. Deshalb werden Lebensmittel von innen erwärmt.

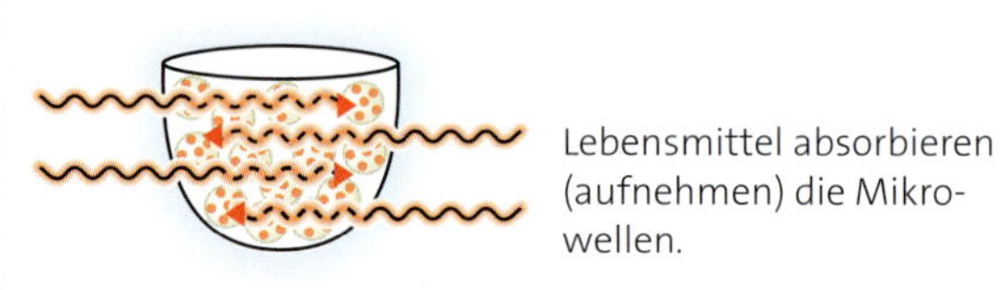
Lebensmittel absorbieren (aufnehmen) die Mikrowellen.

**Verwendungsbeispiele in der Bäckerei**
- Auflösen von Schokoladenkuvertüre, Fettglasur, Schokoladenspritzglasur
- Erwärmen und Schmelzen von Butter und Margarine
- Erwärmen von Fondant
- Weichmachen von Nugatmassen
- Auftauen von Backwaren und Speisen
- Erhitzen von Snacks und Speisen

### Aufgaben

1. Erklären Sie, wie Mikrowellen Lebensmittel erhitzen.
2. Nennen Sie Vorteile durch die Erwärmung mit Mikrowellen.
3. Was passiert beim Auftreffen von Mikrowellen auf
   - Glas, Porzellan, Kunststoff, Keramik, Holz und Papier,
   - Metalle,
   - Lebensmittel und Wasser?
4. Warum werden im Mikrowellengerät nur Lebensmittel und Wasser erwärmt und nicht die Gefäße, in denen sie sich befinden?
5. Nennen Sie Verwendungsmöglichkeiten des Mikrowellengeräts in der Bäckerei und im Café.
6. Informieren Sie sich über die verschiedenen Leistungsstufen (Wattstufen) der Mikrowellengeräte und wofür sie jeweils geeignet sind. Stellen Sie Ihre Ergebnisse in einer Tabelle zusammen.

**Berufliche Handlung**

Die Gäste essen in gemütlicher Caféatmosphäre und auf der Caféterrasse gerne kleine Gerichte, die sie von der Speisekarte auswählen. Sie sind für den Einkauf der Zutaten zuständig und richten die Speisen nach der Bestellung für die Bedienungen her. Außerdem geben Sie den Bedienungen Tipps für das fachgerechte Servieren der kleinen Gerichte.

**Frühstück**

1. In die Speisekarte sollen Frühstücksangebote aufgenommen werden. Formulieren Sie die Angebote für die Speisekarte:
   - Getränke, Backwaren sowie Aufstriche und Beläge eines Standardfrühstücks
   - Zugaben zum Standardfrühstück für ein erweitertes Frühstück bzw. ausgedehntes Frühstück zum Brunch
2. Das Frühstücksei wünschen die Gäste mit verschiedener Festigkeit. Beschreiben Sie das Eierkochen und geben Sie die Kochzeiten für weiche, hart gekochte und schnittfeste Eier an.

**Suppen**

3. Erklären Sie folgende Suppen bei der Beratung der Gäste:
   - Gulaschsuppe
   - Zwiebelsuppe
4. Beschreiben Sie das Einfüllen der Suppen in Teller oder Tassen sowie das Garnieren und Servieren der Suppen.

**Salate**

5. Sie sind für die Bestellung der Zutaten für verschiedene Salatteller zuständig. Wählen Sie drei Salatteller aus und notieren Sie dafür die Zutaten:
   - Blattsalate
   - Würzstoffe
   - rohes und gegartes Gemüse
   - geschmackgebende Zutaten
6. Erklären Sie, warum Sie nur frische Zutaten für die Salatteller verwenden und was sie deshalb beim Einkauf beachten.
7. Erstellen Sie ein Rezept für eine Vinaigrette – eine Essig-Öl-Soße – und erläutern Sie das Marinieren der Salatzutaten mit einer Salatsoße.
8. Unterscheiden Sie Dressings von der Essig-Öl-Salatsoße.
9. Beschreiben Sie das Anrichten und Servieren von Salaten.
10. Nennen Sie einige verschiedene Salatteller und geben Sie deren Zusammensetzung an.
11. Obstsalat bieten Sie im Café als erfrischende und gut bekömmliche Speise an. Richten Sie die Früchte für Obstsalat her und geben Sie an, in welchen Gefäßen Obstsalat serviert wird.

**Teigwaren, Nudelgerichte, Strudel**

12. Ihre Speisekarte zeichnet sich durch Nudelgerichte mit verschiedenen Nudeln aus. Nennen Sie die Bezeichnungen für verschiedene Nudelformen.
13. In Ihrer Bäckerei werden die Nudeln selbst hergestellt. Erstellen Sie ein Nudelrezept und beschreiben Sie die Herstellung der Nudeln.
14. Gefüllte Teigwaren werden häufig als kleine Mahlzeit bestellt. Zählen Sie bekannte gefüllte Teigwaren auf und geben Sie jeweils die Füllungen an.
15. Sie sollen Spaghetti Bolognese herstellen und kochen dafür die Nudeln al dente. Erklären Sie das Kochen der Nudeln.
16. Bereiten Sie Schinkennudeln zu.
17. Es wurden Käsespätzle bestellt. Stellen Sie die Spätzle her und erläutern Sie die Weiterverarbeitung zu Käsespätzle.
18. Pikante Strudel sind beliebte Zwischenmahlzeiten in Ihrem Café. Stellen Sie einen Strudelteig her und geben Sie verschiedene Füllungen für pikante Strudel an.

**Eierspeisen**

19. Die Bedienung bestellt bei Ihnen verschiedene Eierspeisen. Erläutern Sie die Herstellungsweisen von
   - Spiegeleiern,
   - Rühreiern,
   - Schinken und Eiern (ham and eggs).
20. Stellen Sie Omelettes her.
21. Unterscheiden Sie Omeletts von Pfannkuchen, Palatschinken und Crêpes.

**Toastgerichte**

22. Als Zwischenmahlzeit oder kleine Mahlzeit richten Sie Toastgerichte mit verschiedenen Belägen her. Beschreiben Sie die Herstellung von Toastgerichten, z. B. von Toast Hawaii.

LF 13
Planen und Durchführen einer Aktionswoche

# 38 Aktionen im Bäckereibetrieb

## Situation

Ihre Bäckerei möchte eine Aktionswoche zum Thema „Fitnesswoche" durchführen. Sie erstellen mit den Kolleginnen und Kollegen in Ihrem Betrieb einen Ablaufplan, in dem Sie die Aktion planen, um sie anschließend durchführen zu können, und stellen abschließend die Grundsätze der Auswertung und Bewertung auf.

- Welche Anlässe gibt es für Aktionen der Bäckerei?
- Welche Punkte müssen bei der Orientierung und Information sowie bei der Planung einer Aktion berücksichtigt werden, damit die Durchführung ein Erfolg wird?
- Wie wird die Aktion nach der Durchführung bewertet?

### Gründe für Aktionen

- Durch eine Aktion wird die Bäckerei bei vielen Menschen bekannt oder wieder in Erinnerung gerufen.
- Es können neue Kunden gewonnen werden.
- Gelegenheitskunden werden zu Stammkunden.
- Stammkunden werden noch enger an den Betrieb gebunden.
- Bei einer Aktion können neue oder spezielle Waren vorgestellt und bekannt gemacht werden.
- Durch eine leistungsstarke Aktion kann sich die Bäckerei von der Konkurrenz abheben.
- Das Image des Bäckereibetriebes und der Mitarbeiter wird erhöht.

## Anlässe für Aktionen

Die Anlässe für Aktionen muss jeder Bäckereibetrieb entsprechend den Bedürfnissen finden. Beispiele für Anlässe sind:

- Geschäftseröffnung, Wiedereröffnung nach einer Renovierung, Eröffnung einer Filiale
- Firmenjubiläum
- saisonale Festtage, z. B. Silvester, Karneval, Schulanfang, Valentinstag
- festliche Feiertage, z. B. Ostern, Weihnachten, Muttertag
- Bürgerfest, Stadt- bzw. Ortsfest, Fest eines Vereins
- große Sportereignisse, z. B. Weltmeisterschaft, Olympiade
- regionale oder internationale Spezialitäten
- Steigerung des Verkaufs spezieller Waren oder Spezialitäten der Bäckerei
- Einführung eines neuen Erzeugnisses
- gemeinnützige Aktionen, z. B. Zuschuss für einen Kindergarten oder andere Spenden

### Ideenfindung im Team

Die Betriebsleitung sollte zusammen mit den Mitarbeitern Anregungen und Ideen für die Aktionswoche sammeln. Jeder Mitarbeiter hat eigene Ideen und Erfahrungen, was Kunden wünschen. Dabei ist es wichtig, die Mitarbeiter früh einzubeziehen, damit sich das ganze Team mit der Aktion identifiziert.

Die Maßnahmen für Aktionen werden nachfolgend allgemein und speziell anhand der folgenden Aktion beschrieben:

***„Fitnesswoche mit Ihrer Bäckerei"***

**Ablaufplan einer Aktion**

**Planen:**
- Ziel festlegen
- Zielgruppe ermitteln
- Motto zum Thema finden
- Zeitraum und Dauer der Aktion bestimmen
- Waren für die Aktion zusammenstellen
- Materialbedarf ermitteln
- Möglichkeiten für die Dekoration suchen
- Werbemöglichkeiten festlegen
- Aktionen und kostenlose Zugaben einplanen
- Kalkulation der Waren und der Werbemittel durchführen
- Personaleinsatz und Personalschulung bestimmen

**Durchführen**

**Auswerten und Bewerten**

## Planen von Aktionen

### Zielsetzung

Das Ziel der Aktion sollte genau definiert werden, da es als Grundlage für die weiteren Schritte dient.
Bei der Fitnesswoche sollen Erzeugnisse für eine gesunde und vollwertige Ernährung angeboten werden, hauptsächlich mit einem hohen Anteil an Ballaststoffen, Vitaminen und Mineralstoffen. Außerdem sollen sie kalorienarm und bekömmlich sein und so das Wohlbefinden und die Fitness der Kunden steigern.

### Zielgruppe

Es muss herausgefunden werden, welche Kundengruppen von diesem Thema besonders angesprochen werden, z. B. Kinder, Jugendliche, Erwachsene, Qualitätsbewusste, um die entsprechenden Erzeugnisse für den Verkauf im Laden und im Café auswählen zu können. Auch die Dekoration und die Werbung sind darauf abzustimmen.
Die Fitnesswoche wird überwiegend für sportliche und gesundheitsbewusste Menschen ein Anreiz sein.

### Motto zum Thema der Aktion

Damit die Aktionstage bzw. -wochen bei den Kunden Interesse finden, wird das Thema unter ein bestimmtes Motto gestellt. Dies könnte bei der Fitnesswoche z. B. sein:

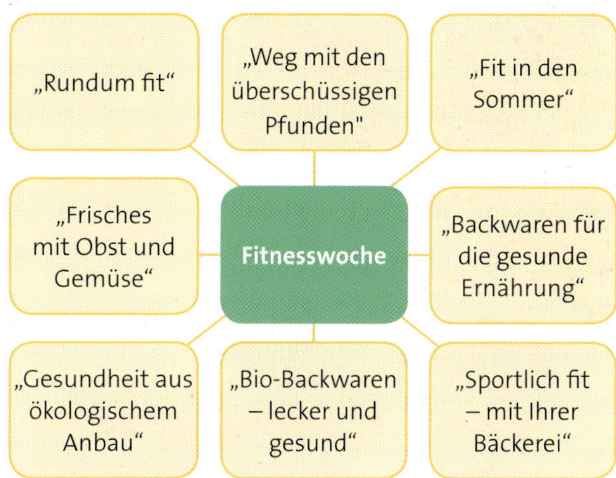


### Zeitraum und Dauer der Aktion

Für die Durchführung einer Fitnesswoche eignet sich das Frühjahr sehr gut, da dann viele Menschen ihren Winterspeck loswerden möchten und deshalb verstärkt auf eine gesunde Ernährung achten.

Die Fitnesswoche sollte mindestens eine Woche dauern, damit sie zum Erfolg für die Kunden und die Bäckerei wird. Bei der genauen Festlegung der Termine müssen Urlaubs- und Schulferienzeiten berücksichtigt werden, damit möglichst viele Kunden zu Hause sind. Auch Feiertage würden die Aktion unterbrechen.

### Waren für die Aktion zusammenstellen

Um den Kunden ein vielfältiges Aktionsangebot machen zu können, sollten möglichst viele Erzeugnisse der Bäckerei und des Cafés auf das Thema abgestimmt werden.

*Fitnesssalat*

LF 13

Während der Fitnesswoche können folgende Produkte angeboten werden:

**Fitnessangebot im Laden**
- Bio-Backwaren
- Vollkornbrötchen und Vollkornbrote
- Mehrkornbrötchen und Mehrkornbrote mit gesunden Ölsamen
- Omega-3-Brote mit ungesättigten Omega-3-Fettsäuren
- Natursauerteigbrote nur mit natürlichen Zutaten
- Müsliriegel
- Snacks mit Salaten und Gemüse

*Biovollkornbrötchen*

**Fitnessangebot im Café**
- Fitnessfrühstück, Powerfrühstück, z. B. mit Vollkorn- und Mehrkornbrötchen, Müsli, frischen Früchten und frisch gepresstem Fruchtsaft, Biojoghurt
- Salatteller
- Obstsalat
- Milchgetränke, z. B. Erdbeermilch, Orangenmilch, Aprikosenbuttermilch
- frisch gepresste Fruchtsäfte
- Früchte- und Kräutertees
- Mineralwasser

*Orangenmilch*

## Materialbedarf

- **Rezepturen:**
  Nachdem das Warensortiment für die Aktion zusammengestellt ist, werden Rezepte erstellt und die Herstellungsweisen festgelegt.
- **Warenmengen:**
  Als Nächstes werden die benötigten Mengen der Rohstoffe für die einzelnen Tage und für die Aktion insgesamt ermittelt. Es müssen ausreichend Rohstoffe bestellt werden, aber aus wirtschaftlichen Gründen nicht zu viel.
- **Verpackungsmaterial:**
  Um die Aktionswaren verkaufsfördernd zu verpacken, werden die Arten der Verpackungen festgelegt. Die Menge der Verpackungsmaterialien wird anhand der benötigten Warenmenge ermittelt.

## Lieferantenauswahl und Warenbestellung

- Mögliche Lieferanten werden ausgesucht.
- Dann werden die Qualität und die Preise der Rohstoffe sowie der Verpackungsmaterialien der Lieferanten verglichen.
- Bei den ausgesuchten Lieferanten wird nachgefragt, ob die Waren zu der Aktionszeit erhältlich sind.
- Die Warenbestellung erfolgt dann rechtzeitig.

## Dekoration

*Ernährungspyramide als Dekoration*

Die Dekoration macht auf die Aktion aufmerksam und bringt sie den Kunden nahe. Je auffälliger eine Aktionswoche gestaltet ist, desto größer wird der Erfolg sein. Die Fassade der Bäckerei, der Laden und das Café sollten entsprechend dem Motto dekoriert werden, z. B.:

- An der Hausfassade und dem Bäckereivorplatz machen Plakate, Luftballons, ein Informationsstand usw. die Passanten auf die Aktion aufmerksam.
- Das Schaufenster weckt das Interesse der Passanten und informiert sie über die Aktion, z. B. mit Plakaten, Dekorationsmaterial passend zur Aktion wie Getreideähren, Getreidekörnern und Getreidemühle.
- Beim Eintreten in den Verkaufsraum oder in das Café steuern Poster, Plakate und Aufkleber die Aufmerksamkeit auf die Aktion.
- Ein Tisch wird passend zum Motto dekoriert, z. B. mit Getreidekörnern, Vollkornschrot, Ölsamen, Obst, Trockenfrüchten, Gemüse und Fruchtsäften.
- Das Verkaufspersonal ist attraktiv und nett gekleidet, z. B. mit einheitlich bedruckten Arbeitsschürzen, auffallenden Krawatten und pfiffigen Kopfbedeckungen.
- Auf den Preisschildern ist das Motto der Aktion sichtbar.

### Werbung

*Flyer für eine Fitnesswoche*

Um eine möglichst große Zielgruppe anzusprechen, ist die Durchführung von Werbemaßnahmen notwendig, um rechtzeitig auf die Aktionswoche aufmerksam zu machen.

### Werbemittel

- Werbeplakate und Straßenaufsteller im und vor dem Betrieb kündigen die Aktion an und machen auf die Aktion aufmerksam.
- In der Bäckerei ausgelegte Flyer informieren genau über die Aktion und deren Ablauf.
- Postwurfzettel werden vielen Menschen im Umkreis ausgehändigt.
- Auf dem Verpackungspapier aufgedruckte Hinweise oder Aufkleber machen die Aktionswoche bekannt.
- Spezielle Speise- und Getränkekarten für die Aktion werden im Laden und Café ausgelegt.

*Speisekarte zur Fitnesswoche*

### Öffentliche Werbung

- Anzeige in der lokalen Presse, Rundfunk und Fernsehen
- Internetseite mit Informationen zur Aktion
- Aufkleber auf den Lieferautos

### Kooperationspartner

In die Aktion können Kooperationspartner einbezogen werden, um einen noch größeren Personenkreis anzusprechen und die Kosten der Aktion aufteilen zu können. Mögliche Kooperationspartner für die Fitnesswoche könnten sein: Fitnessstudios, Krankenkassen, Sportvereine, Lieferanten von gesunden Lebensmitteln.

Bei der Auswahl der Werbemaßnahmen müssen die Kosten durchdacht und die Zeiten für die Fertigstellung der Werbemittel berücksichtigt werden.

### Werbewirksame Rohstoffe

Auch die Rohstoffe für die Bäckereierzeugnisse müssen auf die Aktion abgestimmt werden.
Werden die Erzeugnisse für die Fitnessaktion mit ökologischen Rohstoffen hergestellt, treffen diese das Gefühl der gesundheitsbewussten Menschen.
Werbewirksame Aussagen sind, z. B.:
- Getreideerzeugnisse, Obst und Gemüse aus ökologischem Anbau
- Eier von frei laufenden Hühnern
- Die verarbeiteten Lebensmittel sind aus der Region.

*Bio-Gemüse aus der Region*

### Aktionen für Kunden

Gewinnspiele mit kleinen Gewinnen, auch mit einem größeren Hauptgewinn, ziehen Kunden förmlich an, z. B.
- ein Kreuzworträtsel,
- eine Glücksdrehscheibe in Form eines Getreidekorns,
- ein Los beim Einkauf für jede Ware.

### Kleine kostenlose Zugaben bei der Aktion

Kostenlose Zugaben stimmen die Kunden positiv, Kostproben erleichtern ihnen die Entscheidung, ob sie ein Produkt kaufen möchten.

*Kleine Kostproben*

**Kleine Kostproben,** z. B.
- Minivollkornbrötchen
- Vollkornkekse
- kleine Müsliriegel

**Informationsbroschüren,** z. B.
- Broschüren über gesunde Ernährung
- Broschüren über ökologischen Landbau
- Broschüren über Warenlieferanten aus der Region

**Geschenke für Kinder,** z. B.
- Luftballons
- Figurengebäcke
- Bäckermützen mit Aufdruck aus Papier
- kleine Schürze mit dem Aufdruck der Aktion
- Malzettel

### Kalkulation

Die Preise der Waren für den Laden und für das Café müssen genau kalkuliert werden, damit die Aktion auch wirtschaftlich ein Erfolg wird. Dies bezieht sich auf den Aktionszeitraum und auf das Nachfolgegeschäft, das man durch die Aktion erhofft.

Für die Kalkulation der Warenpreise müssen folgende Punkte feststehen:
- Preis der Rohstoffe
- Kosten, die bei der Aktion anfallen, z. B. für Dekoration und Werbung

Wenn verschiedene Erzeugnisse mit dem gleichen Preis ausgezeichnet werden können, erleichtert dies die Preisangabe bei der Werbung und gibt den Kunden eine einfache Übersicht.

### Personalplanung und Personalschulung

Im Team der Beschäftigten werden die notwendigen Arbeitsschritte und Aufgaben besprochen und die Verantwortungen verteilt sowie die einzelnen Arbeiten den Mitarbeitern übertragen. Zur besseren Übersicht werden Ablaufpläne und Checklisten entwickelt.

## Durchführen von Aktionen

Die Aktionswoche wird entsprechend der Planung durchgeführt. Auf Rückmeldungen der Kunden und des Teams während der Aktion wird möglichst schnell reagiert. Die Ablaufpläne und Checklisten werden kontinuierlich auf ihre Umsetzbarkeit hin überprüft.

## Auswerten und Bewerten von Aktionen

Der Erfolg der Aktionswoche lässt sich konkret am Umsatz messen. Wenn viele neue Kunden gekommen sind, spricht dies für eine passende Auswahl der Waren und Werbemittel.

> Die Auswertung der Aktion sollte gemeinsam mit allen Mitarbeitern erfolgen. Positives wie Negatives sollte notiert und besprochen werden. So können die Erfahrungen und Ergebnisse der Aktion in Zukunft auf andere Aktionstage bzw. Aktionswochen übertragen werden.

Anhand des Absatzes bestimmter Backwaren, Speisen bzw. Getränke lassen sich Vorlieben erkennen. Auch die Rückmeldungen der Kunden haben eine große Aussagekraft, z. B. „Die Müsliriegel waren ausgesprochen lecker.“ Die Mitarbeiter berichten über die positiven und negativen Eindrücke während der Aktion.
Auch bestimmte Kundengruppen, die die Aktion angesprochen hat, können festgestellt werden.

Die Betriebsleitung gibt zum Schluss allen Mitarbeitern ein Feedback zur Aktion.

- Welche Waren wurden gerne und welche nicht so gut angenommen?
- Waren die Kunden zufrieden? Gab es Lob und Kritik der Kunden?
- Gab es Reklamationen?
- Wurden neue Kunden dazugewonnen?
- Wurde der geplante Umsatz erreicht?
- Waren Zeit und Dauer der Aktion richtig geplant?
- Reichte das anwesende Personal? War die Arbeitsbelastung für das Personal angemessen?
- Welche Werbemittel und Werbemaßnahmen waren besonders wirkungsvoll?
- War die Werbung ausreichend?

Abschließend wird festgestellt, ob ähnliche Aktionen sinnvoll sind und was bei einer neuen Aktion verbessert werden kann.

Auf jeden Fall werden die Leistungen der Beschäftigten gewürdigt. Dies verspricht erneute Motivation für weitere Aktionen.

### Aufgaben

1. Welchen Sinn haben Aktionstage bzw. -wochen für die Bäckerei?
2. Nennen Sie Anlässe für Aktionen einer Bäckerei.
3. Beschreiben Sie die Einzelschritte eines Ablaufplans für eine Aktion.
4. Nennen Sie mögliche Mottos zum Thema „Frisch aus dem Ofen“.
5. Planen Sie einen Aktionstag mit dem Motto „Alles Liebe zum Muttertag“.
6. Beschreiben Sie einen Ablaufplan zu folgenden Aktionsthemen:
   - „Rund um die Erdbeere“
   - „Festtagstorten“
7. Ihre Bäckerei eröffnet eine weitere Filiale in einer Einkaufsstraße. Überlegen Sie, welche Aktionen anlässlich dieser Geschäftseröffnung durchgeführt werden können.

### Rechenaufgaben

1. Eine Bäckerei hat pro Monat einen durchschnittlichen Umsatz von 28 900,00 €. Durch die Aktionswoche steigerte sich der Umsatz um 6 %. Für die Werbung wurden im Vorfeld 1734,00 € ausgegeben. Berechnen Sie die Werbungskosten in %.
2. Der Einheitspreis für einige verschiedene Speisen einer Aktion im Café beträgt je 5,50 €. Dabei wird mit 145 % Gemeinkosten, 13 % Caféaufschlag und der gesetzlichen Mehrwertsteuer kalkuliert. Berechnen Sie den Materialpreis dieser Waren.

**Berufliche Handlung**

Gezielte Aktionen wecken bei vielen Menschen das Interesse für Ihren Bäckereibetrieb und sorgen in der Folgezeit nach der Aktion für neue Kunden, die ab und zu oder sogar regelmäßig einkaufen. Die Betriebsleitung hat sich mit den Mitarbeitern für die Durchführung einer Aktion „Fruchtiges aus Obst schmeckt gut und erfrischt“ entschieden. Mit Ihren Kolleginnen und Kollegen planen Sie die Aktion, führen sie durch und werten sie zum Schluss aus.

1. In der Orientierungsphase überlegen Sie, welche Gründe für die Durchführung einer Aktion sprechen.
2. Im Team stellen Sie in Ihrer Bäckerei Anlässe für Aktionen zusammen, die jederzeit im Jahr durchgeführt werden können.
3. Für die Aktion „Fruchtiges aus Obst schmeckt gut und erfrischt“ entwickeln Sie mit Ihren Kolleginnen und Kollegen einen Ablaufplan. Legen Sie zuerst das Ziel der Aktion fest, d. h. welche Waren passen zu diesem Motto, welche Zielgruppen werden bei den Kunden mit diesen Waren angesprochen?
4. Überlegen Sie im Betrieb, welche werbewirksamen Formulierungen zu dem Motto passen.
5. Diskutieren und notieren Sie, in welchen Monaten diese Aktion durchgeführt werden kann.
6. Wählen Sie ein passendes Warenangebot für den Laden und das Café aus, das bei der Aktion angeboten werden soll.
7. Damit Ihre Bäckerei den Materialbedarf ermitteln kann, stellen Sie die Rezepturen für die ausgewählten Erzeugnisse zusammen.
8. Informieren Sie sich, welches Verpackungsmaterial für die Aktion geeignet ist und sich gleichzeitig als Werbeträger eignet.
9. Planen Sie, wie der Bäckereibetrieb für die Aktion im Laden und Café sowie an der Hausfassade und im Terrassencafé dekoriert werden kann. Auch das Verkaufs- und Bedienungspersonal kann durch ein passendes Outfit zur Gesamtdekoration beitragen.
10. Durch die Werbung soll eine möglichst große Zielgruppe angesprochen werden. Nennen Sie geeignete Werbemittel und Möglichkeiten der öffentlichen Werbung.
11. Schreiben Sie ein Werbeplakat mit dem Motto der Aktion für das Schaufenster und skizzieren Sie die Dekoration des Schaufensters.
12. Entwerfen Sie eine Anzeige für die örtliche Presse.
13. Gestalten Sie einen Aktions-Flyer im A-4-Format.
14. Stellen Sie eine Speisekarte für das Café zusammen und überlegen Sie, wie sie zu einem Blickfang wird.
15. Überlegen Sie, ob andere Betriebe in die Aktion eingebunden werden können.
16. Diskutieren Sie im Betrieb, ob werbewirksame Aussagen über die Hauptrohstoffe für z. B. gesundheits- und umweltbewusste Kunden möglich sind.
17. Finden Sie Anreize für die Kunden bei der Aktion, z. B. Gewinnspiele, Kostproben, Geschenke für Kinder und informative Broschüren.
18. Erstellen Sie eine Tabelle mit allen erforderlichen Arbeitsschritten während der Aktion und beauftragen Sie Ihre Kolleginnen und Kollegen mit deren Durchführung.
19. Geben Sie an, welche Fragen die Betriebsleitung sowie die Mitarbeiterinnen und Mitarbeiter bei der Auswertung der Aktion beantworten sollten, um positive sowie negative Erfahrungen festzustellen und somit den Erfolg zu beurteilen.

**Rechenaufgaben**

1. Der Materialpreis für 54 Joghurt-Obstschnitten für die Aktion beträgt 23,50 €. Berechnen Sie den Verkaufspreis für 1 Joghurt-Obstschnitte, wenn 290 % Betriebskosten, 32 % Gewinn und Risiko und 7 % Mehrwertsteuer berücksichtigt werden.
2. Die Bäckerei machte bei der Aktion am Freitag 4 137,00 € Umsatz. Das sind 18,2 % mehr als im Durchschnitt an Freitagen ohne Aktion. Wie hoch ist der Umsatz an gewöhnlichen Freitagen im Durchschnitt?
3. Die Bäckerei berechnet die Werbekosten für Dekoration, Plakate und Flyer. $^5/_8$ der Gesamtkosten entfallen auf die Dekoration, 5,3 % auf Plakate und die Kosten für die Flyer betragen 76,80 €. Berechnen Sie die Gesamtkosten in € sowie die Kosten für die Dekoration und die Plakate.

# Rezeptverzeichnis

# Sachwortverzeichnis

## T



## U



## V

## Z

# Bildquellenverzeichnis

## A

AICHINGER MP, Einrichtungsbau GmbH, Wendelstein: S. 15; 204/1
Archiv für Kunst und Geschichte, Berlin: S. 8/2
Archiv Gerstenberg, Wietze: S. 12/5
AT Produktentwicklung GmbH, Blaustein: S. 100/2
Attrappen-Döring GmbH, München: S. 650/3

## B

Backaldrin, Alois Augendopler GmbH, Wien: S. 359/1; 455/3d
Bäckerei Schwarz GmbH & Co. KG, Lindenberg: S. 25
Bäckerei und Konditorei Hufgard, Eschwege: S. 30/2
Bäckerei von Allwörden GmbH, Mölln: S. 197
Bayerische Bäckereifachschule Lochham, Gräfelfing: S. 576/1
Berufsgenossenschaft Nahrungsmittel und Gaststätten, Mannheim: S. 34/1
BIB-Ulmer Spatz, Bingen/Rhein (BakeMark Deutschland GmbH): S. 179/2; 379/1,3; 386/5; 387/1; 389/3; 455/3e; 504/3
Blessing GmbH & Co. KG, Reichenbach: S. 14/1; 219/2
Böcker, Ernst, GmbH & Co. KG, Minden: S. 199/1; 371
bpk Bildagentur für Kunst, Kultur und Geschichte, Berlin: S. 8/1
Braun KG, Martin, Hannover: S. 162/3; 580/3
BUB Höcht GmbH, Bayreuth: S. 13/2
Bundesanstalt für Arbeitsschutz und Arbeitsmedizin, Bonn: S. 34
Bundesanstalt für Getreide-, Kartoffel- und Fettforschung, Detmold: S. 103/2; 412

## C

Café Schöner, Bonn: S. 222
Café Schwarz, Stuttgart: S. 203/3
Café Weiler, Schorndorf: S. 43/5
Callebaut Belgium nv., Barry, Lebbeke-Wieze/Belgien: S. 594/2
Carstens Lübecker Marzipan: S. 223/2
Classic Conditorei & Café Röntgen GmbH, 18209 Steffenshagen: S. 18
CMA, Bonn: S. 99/2; 112/3; 119/1; 231/1; 634/1; 641/1
Conditorei-Museum, Kitzingen/Rhein: S. 9/1

## D

DGE-Ernährungskreis®, Copyright: Deutsche Gesellschaft für Ernährung e. V., Bonn: S. 189/1
Detia Degesch GmbH, Lautenbach: S. 63; 64
Dettmer, Harald: Kochen als Beruf (HT 4966): S. 131/3,10; 138/5,6; 142/4–7; 144/2–6
Diabetes Zentrum, Mergentheim: S. 71/2
DIOSNA, Dierks & Söhne GmbH, Osnabrück: S. 19/2
Döhler GmbH, Darmstadt: S. 163/2,3; 270/2; 375/1; 580/1; 641/3
Deutsche Landwirtschafts-Gesellschaft (DLG), Frankfurt/M.: S. 30/1
Deutsche Zöliakie-Gesellschaft e. V., 70565 Stuttgart: S. 195/1,2
Deutsches Brotmuseum, Ulm: S. 7/2
dpa Picture-Alliance GmbH, Frankfurt/M.: S. 619/1

## E

Eberhardt Bäckereitechnik GmbH, Gräfelfing/München: S. 21/1; 400/1; 465/2
EIPRO Vermarktung GmbH & Co. KG, Lohne: S. 139
Elger-Miehe: Die neue Schule der Nahrungszubereitung (HT 4391): S. 640/1,2
Entrup-Haselbach GmbH & Co. KG, Gevelsberg: S. 12/1

## F

Fortuna Maschinenbau Holding AG, Bad Staffelstein: S. 364/1; 376
Fotohaus Rudolf Scholz, Werbe- und Industriefotografie, Deggendorf: S. 97/2;123/3; 125/1; 141/3,4,5; 142/2,3; 174; 229/1; 354/1; 355/1,3; 522/2; 582/1; 603; 620/2; 624/1; 640/3; 643/3
Fotolia Deutschland, Berlin © www.fotolia.de: S. 296/4 (© Luiz)
Fritsch GmbH & Co. KG, Markt Einersheim: S. 21/2

## G

Gebr. Jung GmbH, Frankfurt/M.: S. 363/2; 508/1
G 3 Werbefotos Roman Graggo, Regensburg: 75/4
GMF, Vereinigung Getreide-, Markt- und Ernährungsforschung GmbH, Bonn: S. 96/3

## H

Hahn, Konrad, München: S. 12/6; 13/3; 14/2; 19/3; 21/4; 22; 23/1,4,5; 24; 26; 33; 49/1; 50/1; 54/2,3; 78/5; 79/1,2; 93/1; 96/1; 102/1; 123/1; 125/3; 130/1; 134/1,2; 135; 137/3; 144/7,8; 145/2–5; 146/2–4; 148/1; 157; 159/3; 162/1; 168/1; 171/2; 179/1; 198; 200/1; 205/1,3–5; 206/2,4,5; 219/1; 223/1; 228/2,3; 233/3; 239/1; 253; 254; 255/1; 256/1; 258/2; 259/3; 260/2; 267/1; 276/2; 277/2; 281; 288; 292/3,4; 293/1,2,4; 294; 296/2,3; 298/5; 300/2; 305/5–8; 313; 316/1–4; 317/3,4; 318/3,4; 323/2; 324/2; 326/2,3; 328/1,3; 330/2; 331/5,6; 334/1; 337/1,5; 338/2,3; 340; 341/2–4; 342/2; 343/1; 345; 346/2,3; 350/2; 353/2; 354/2; 357; 359/2; 360/4; 377/1; 378/1,3; 386/2; 390/1; 392/1; 393/1; 394/1a; 397/2; 399; 400/2; 406; 414/2; 425/2; 431/1,3; 432/2; 435/1; 438; 439; 463; 465/1; 466; 468/1; 471/2; 473; 485/2; 487/2; 490; 495; 500; 503/2; 513/2; 514/2,3; 517/2; 518/1,3; 529/1,3; 531/2–4; 533/1; 534/1,3,4; 537/1,2; 538/2; 539/2; 541/1–3,5; 545/1,2; 548/1,2a,c; 550/1,2,4; 551; 554; 555/1,3,4; 556/2; 558/2; 564/1; 566/4,5; 569/2; 575/3,4; 578/2; 579/2; 580/2; 584/1; 587; 588; 589; 590/2,3; 591/4; 592/1; 595/2; 598/1; 602/1–3; 608/2,3; 609/2–4; 610/1–6,8; 613/2,3; 616/1; 621; 623/2; 638
Harry-Brot GmbH, Schenefeld/Hamburg: S. 455/2
HB-Technik Nord, Heinsen: S. 449; 450/1
Hecker/Herrmann: Grundstufe Nahrungsgewerbe, Gastronomie, Hauswirtschaft (HT 40030): S. 236/2
Heimbs & Sohn GmbH, Braunschweig: S. 623/1
Hiestand Backwaren GmbH, Offenburg: S. 394/1b
H&G Tassold Bäckereitechnik-Sondermaschinen, Ampflwang: S. 36/2
HOBART GmbH, Offenburg: S. 166/1; 566/1
Homann Lebensmittelwerke GmbH & Co. KG, Dissen: S. 304/5

## I

Info-Zentrum Schokolade, Leverkusen: S. 594/4,5
IREKS GmbH, Kulmbach: S. 86/2; 103/1; 342/1; 386/6,7; 387/2–4; 414/1; 454/2; 455/3f; 468/5; 502/3; 503/1
iStockphoto, Berlin: S. 630/1 (Elke Dennis); 181/1 (Catherine Yeulet)

## K

Kasper, Johann, GmbH, Weiden/Opf.: S. 488/2
KESSKO, Bonn: S. 606/1; 609/1
KOMA Deutschland, Heinsberg-Dremmen: S. 374
Kopyform GmbH, Beindersheim: S. 592/2
Krausen, Scott, Mönchengladbach: S. 59
Kroschke, sign-international GmbH, Braunschweig: S. 41/1
K+S Aktiengesellschaft, Kassel: S. 128/1

## L

Landesinnungsverband für das bayerische Bäckerhandwerk, München: S. 468/2
Loderbauer, Josef, Deggendorf: U1; S. 9/2; 10/1; 11; 12/2–4,7; 13/1; 16; 21/3; 23/2,3; 29; 31/1,4; 32; 45; 49/2; 51; 52; 57; 60/1; 61; 66/6; 67/1; 70/2; 71/1; 73; 75/2; 77; 78/2–4,6; 79/3,4; 80; 83/2; 88/1,3; 89; 90/1; 91; 92/2; 93/2; 97/1; 98/3; 102/2; 106; 108/1; 109/2,3; 110; 111/1; 112/1; 113; 115; 116; 117/1,2; 119/4; 120; 121; 122/3–5; 123/2; 124; 125/2; 126/1; 127; 129; 131/1,2,4–9; 132; 133; 134/3,4; 137/1,2; 138/1–4; 141/1,2; 142/1,8; 143; 144/9; 145/1; 146/5; 147; 148/2; 149/2; 151/1,2; 152; 153; 154; 155; 156; 159/1,2; 161; 163/1; 165; 166/2; 172; 173; 176/2; 177/1,3; 178; 185/3; 187/1; 189/3; 193; 194/2,3; 196; 199/2; 201; 202; 203/1,2; 204/2–4; 205/2; 206/3; 207/1,2; 208; 209/2; 211/2; 213; 214/1–4; 215; 216; 217; 218; 220; 223/2; 225; 226; 227; 228/1,4; 229/2; 230/1; 231/2,3; 232; 233/1; 235/2; 237; 238; 239/2; 240; 241; 242; 244/2; 246/2; 249; 252/2; 255/3; 256/3; 257/3,5; 259/1,2; 260/3; 261; 262; 263/1; 264/1,3; 265; 268/2,4; 270/1,3,4; 271; 272/1,2; 275; 276/1,3; 277/1,3; 278/1,3; 279; 280; 284; 285; 286; 287; 291; 292/1,2,5–8; 293/3; 295; 296/1; 297; 298/1–4; 300/1,3; 302; 303; 304/1–4; 305/1,2; 306; 308; 309; 311; 312; 314; 315/2; 316/5; 317/1,2,5; 318/1; 319; 321; 322/1,2; 323/1; 324/1,3; 325; 326/1,4,5; 327; 328/2; 329; 330/1,3; 331/1–4; 332; 335; 336; 337/2–4;

338/1,4,5; 341/1; 343/2; 346/1; 348; 349; 350/3; 351; 352; 353/1; 355/2; 356; 360/1–3; 363/1; 364/2; 365; 366; 367; 368; 372; 377/2; 378/2; 379/2,4,5; 380; 381; 384; 385; 386/1,3,4; 389/1,2; 390/2; 391; 392/2; 394/2,3; 395; 397/1; 400/3; 401; 403; 404; 407; 408; 409; 410; 411; 413; 416; 417; 418; 419; 420/1; 422; 423; 424; 425/1; 426; 428; 429; 430; 431/2; 432; 434; 435/2; 436; 437; 441/2,3; 445/1; 446; 448; 453; 454/1; 455/3a,b; 461/1,2; 464; 467; 468/3,4,6; 469; 470; 471/1; 472/1; 474; 475; 476; 477; 478; 479; 480; 481; 482/1; 486/2; 488/1; 489; 492/2; 493/2,3; 494; 496; 497; 501; 502/1,2; 504/1,2; 505; 506/1; 508/2; 509; 511; 512/1,2; 513/3–5; 514/1; 516; 517/1; 518/2; 519; 520; 522/1; 523/1; 524; 525; 526; 527; 529/2,4,5; 530; 531/1; 532; 534/2,5; 536; 537/3,4; 538/1,3,4; 539/1,3,4; 540; 541/4; 542; 544; 545/3,4; 548/2b; 549; 550/3; 552/2,3; 553; 555/2; 558/3; 559; 561; 562; 563; 564/2; 565; 566/2,3; 567; 568; 569/1,3–5; 570; 573; 574; 575/1,2; 576/2; 578/1; 579/1; 582/2–4; 583; 584/2,3; 585; 590/1; 593/1; 595/1; 596; 597; 600/1; 605; 606/2; 607; 608/1; 610/7,9; 611; 613/4; 614; 615; 616/2; 617; 618/1–3; 619/2; 622; 623/3; 628; 631; 632/1; 633/1–3; 635; 636; 637/2; 639; 642; 643/1,2,4; 644; 646/1; 649; 650/1,2; 652
Loderbauer, Josef/Gessler, Josef – Bäckerei-/Konditorei-Fachverkäuferinnen (HT 40111): S. 618/5
Loderbauer, Josef – Das Bäckerbuch – Grund- und Fachstufe (HT 40201): S. 593/2–4

## M

Mauritius Bildagentur, Mittenwald: S. 128/2
MeisterMarken GmbH, Bremen (BakeMark Deutschland GmbH): S. 162/2; 278/2; 290; 305/3; 334/2; 420/2; 523/2
Melitta Systemservice, Minden: S. 618/4
Mertes, Anneliese, GmbH, Eschweiler: S. 60/3
Ministerium für Umwelt, Naturschutz und Landwirtschaft des Landes Schleswig-Holstein, Kiel: S. 236/1
MIWE Michael Wenz GmbH, Arnstein: S. 168/2; 483; 484

## N

Niedermayer OHG, Bäckerei-Konditorei, Ramsau: S. 506/2

## O

OKAPIA KG Michael Grzimeck & Co., Frankfurt/M.: S. 69; 188

## R

Riehle Maschinenbau GmbH & Co. KG, Aalen: S. 393/2

## S

Schmidt, E. Otto, GmbH & Co. KG, Nürnberg: S. 8/3
Schnitzer OHG, St. Georgen: S. 100/1; 195/3; 455/1; 492/1; 493/1
Schülke & Mayr, Norderstedt: S. 37
Schröder, Edmund, Maschinenfabrik GmbH & Co. KG, Staffelstein: S. 20/1
Seeberger KG, Ulm: S. 140; 171/1
Stadtbäckerei Nidda, Rank GmbH: S. 200/2
Stadtbibliothek Nürnberg, Amb. 279.2°, f. 11 v: S. 350/1
Steitz, Louis, Secura GmbH & Co. KG, Kirchheimbolanden: S. 38/2

## T

Techniker Krankenkasse, Hamburg (Broschüre „Sicherheit"): S. 38/3
Teekanne GmbH, Düsseldorf: S. 620/1

## U

Unilever Bestfoods GmbH, Hamburg: S. 629/1,2; 630/2,3; 632/2; 634/2; 637/1; 645

## W

Weber Verpackungen GmbH & Co. KG, Wickede/Ruhr: S. 224
Werbegemeinschaft des Deutschen Bäckerhandwerks e. V., Berlin: S. 10/2
Werner & Pfleiderer Lebensmitteltechnik GmbH, Dinkelsbühl: S. 14/3; 20/2,3
Winkler GmbH & Co. KG, Villingen-Schwenningen: S. 482/2
Wirtschafts- und Ordnungsamt Altona, Hamburg: S. 236/3
www.bernds-welt.de: S. 633/4
www.kokk.no: S. 117/3
www.marions-kochbuch.de: S. 629/3

## Z

Zentralverband des Deutschen Bäckerhandwerks e. V., Bad Honnef, www.baeckerhandwerk.de: S. 7/1

**Illustrationen:**
Susanne Kleiber, Hamburg